U0916177

SHENYANG YEARBOOK

（总第二十九卷）

2013

沈阳市统计局　编

中国统计出版社
China Statistics Press

图书在版编目(CIP)数据

沈阳年鉴. 2013 / 沈阳市统计局编 . —北京：中国统计出版社，2013 . 9
ISBN 978-7-5037-6931-3

Ⅰ. ①沈… Ⅱ. ①沈… Ⅲ. ①沈阳市—2013—年鉴
Ⅳ. ①Z523.11

中国版本图书馆 CIP 数据核字(2013)第 201690 号

沈阳年鉴—2013

作　　者 / 沈阳市统计局
责任编辑 / 陈越月
责任校对 / 梁家平　阎　力
出版发行 / 中国统计出版社
地　　址 / 北京市丰台区西三环南路甲 6 号
邮　　编 / 100073
电　　话 / 邮购(010)63376909　书店(010)68783171
网　　址 / http://csp.stats.gov.cn
经　　销 / 新华书店
开　　本 / 890×1240 毫米　1/16
字　　数 / 1300 千字
印　　张 / 34.5
印　　数 / 1000 册
版　　别 / 2013 年 9 月第 1 版
版　　次 / 2013 年 9 月第 1 次印刷
定　　价 / 200.00 元

如有印装错误，本社发行部调换。

2012

国土面积	12860	平方公里
户籍人口	724.8	万人
地区生产总值	6602.6	亿元
第一产业增加值	315.2	亿元
第二产业增加值	3383.2	亿元
第三产业增加值	2904.2	亿元
公共财政预算收入	715.0	亿元
公共财政预算支出	766.1	亿元
固定资产投资额	5625.4	亿元
社会消费品零售总额	2802.2	亿元
外贸进出口总额	127.5	亿美元
新签利用外资项目(合同)	158	个
实际利用外资额	58.04	亿美元
接待国际旅游者	75.0	万人次
城市居民人均可支配收入	26431	元
农村居民人均纯收入	13045	元
城镇非私营单位在岗职工平均工资	49900	元/人

2012年沈阳市先进集体和劳动模范表彰大会

成立农村残疾人现代产业技能培训就业基地

沈阳市庆祝“五一”国际劳动节文艺晚会

举办“2012 年沈阳市残疾人职业技能竞赛”

举办个体私营企业“百企千岗”残疾人及困难群体就业专场招聘会

技能大赛现场

劳模走出表彰大会会场

沈阳市举行新一轮地铁建设新闻发布会

城市

市府广场地铁配套工程主体结构封顶

沈阳市地铁九号线工程
初步设计评审会

地铁九号线初步设计评审

B-203L

建设

沈飞生产的 L162 飞机正式走向国内市场

南二环沥青摊铺作业

环卫湿式作业

环卫洒水

改造后的青年大街

四环快速路东段改造

四环快速路堑道

改造后的东西快速干道

蒲河新貌

市容亮化效果图

改造后的科普公园

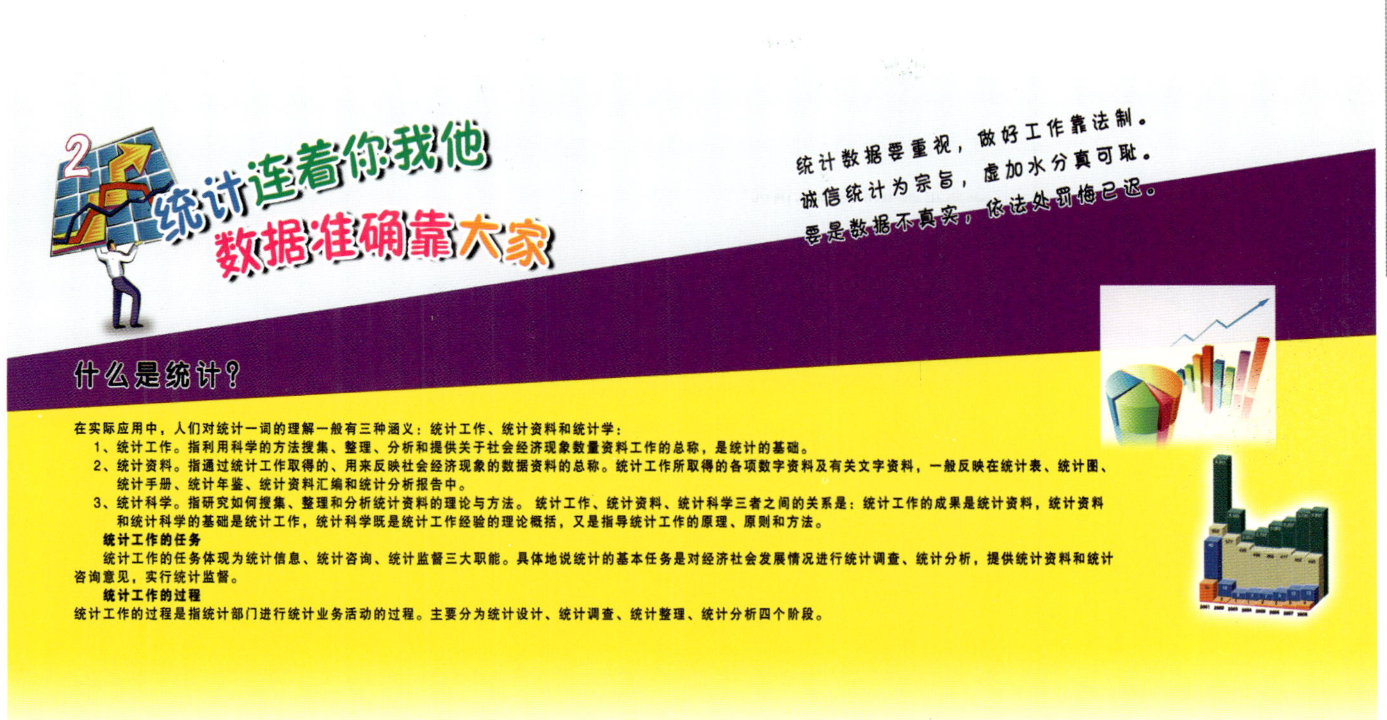

2

统计连着你我他 数据准确靠大家

统计数据要重视，做好工作靠法制。
诚信统计为宗旨，虚加水分真可耻。
要是数据不真实，依法处罚悔已迟。

什么是统计？

在实际应用中，人们对统计一词的理解一般有三种涵义：统计工作、统计资料和统计学：

1、统计工作。指利用科学的方法搜集、整理、分析和提供关于社会经济现象数量资料工作的总称，是统计的基础。

2、统计资料。指通过统计工作取得的、用来反映社会经济现象的数据资料的总称。统计工作所取得的各项数字资料及有关文字资料，一般反映在统计表、统计图、统计手册、统计年鉴、统计资料汇编和统计分析报告中。

3、统计科学。指研究如何搜集、整理和分析统计资料的理论与方法。统计工作、统计资料、统计科学三者之间的关系是：统计工作的成果是统计资料，统计资料和统计科学的基础是统计工作，统计科学既是统计工作经验的理论概括，又是指导统计工作的原理、原则和方法。

统计工作的任务

统计工作的任务体现为统计信息、统计咨询、统计监督三大职能。具体地说统计的基本任务是对经济社会发展情况进行统计调查、统计分析，提供统计资料和统计咨询意见，实行统计监督。

统计工作的过程

统计工作的过程是指统计部门进行统计业务活动的过程。主要分为统计设计、统计调查、统计整理、统计分析四个阶段。

地区生产总值及增长情况

(亿元)
(%)
7000
6500
6000
5500
5000
4500
4000
3500
3000
2500
2000
1500
1000
500
26
24
22
20
18
16
14
12
10
8
6
4
2
0
地区生产总值
地区生产总值增长情况
1067.0
1174.0
1326.0
1501.9
1772.9
2084.1
2519.6
3159.7
3780.9
4268.5
5017.5
5915.7
6602.6
10.3
10.1
13.1
14.2
15.5
16
16.7
20.5
16.3
14.1
14.1
12.3
10
2000 年
2001 年
2002 年
2003 年
2004 年
2005 年
2006 年
2007 年
2008 年
2009 年
2010 年
2011 年
2012 年

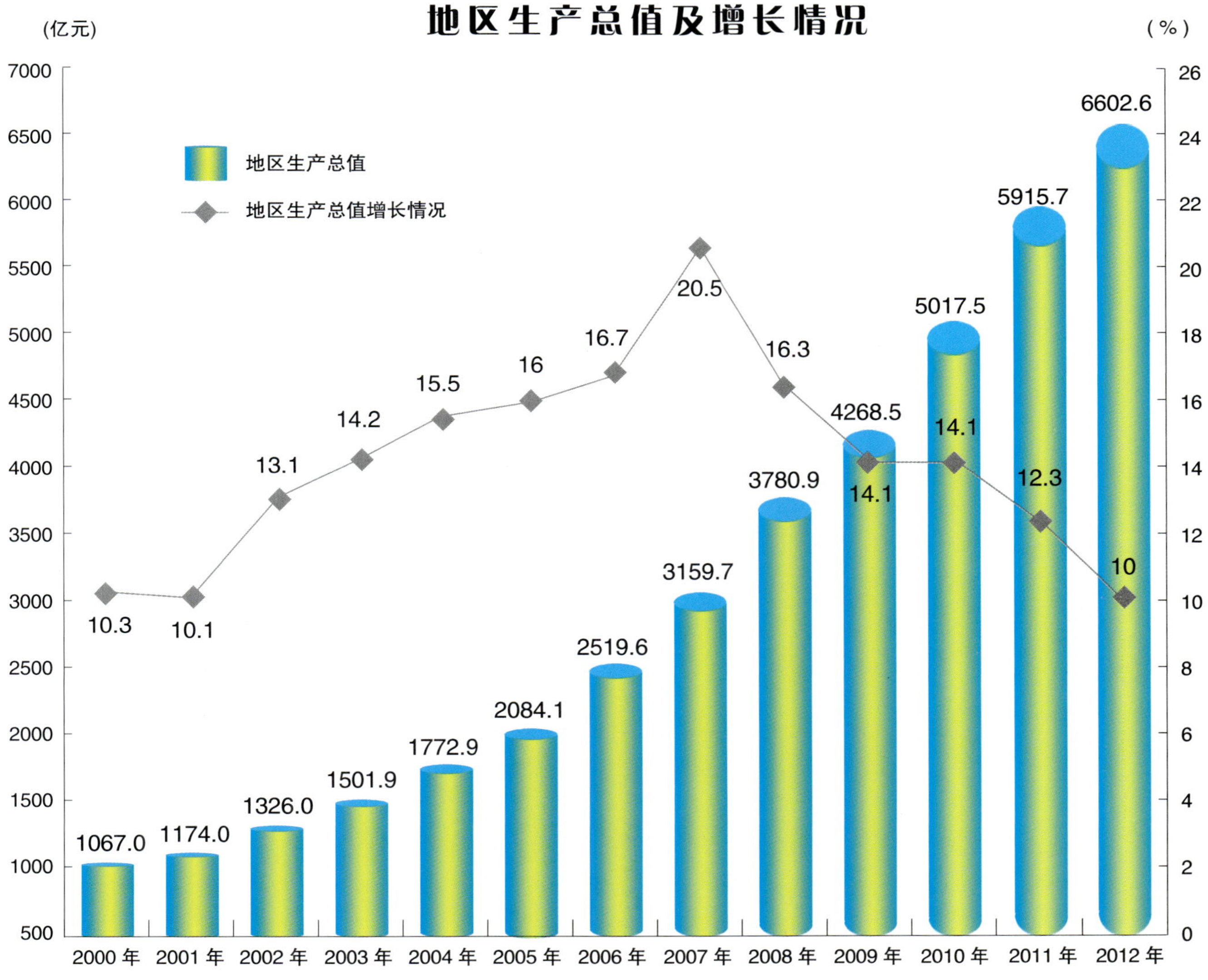

规模以上工业企业增加值及增长情况

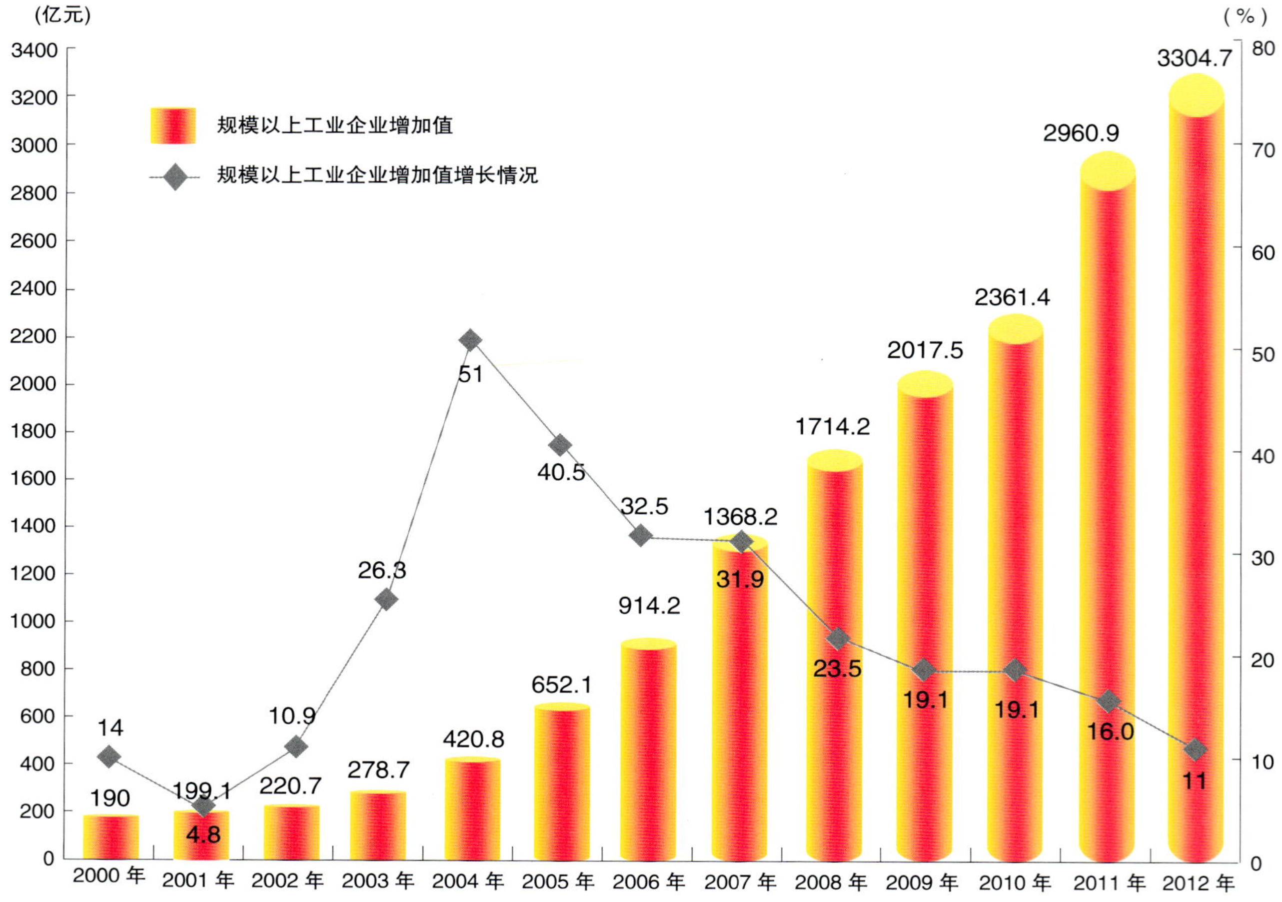

(亿元)　(%)

3400 3200 3000 2800 2600 2400 2200 2000 1800 1600 1400 1200 1000 800 600 400 200 0

80 70 60 50 40 30 20 10 0

规模以上工业企业增加值
规模以上工业企业增加值增长情况

190 199.1 220.7 278.7 420.8 652.1 914.2 1368.2 1714.2 2017.5 2361.4 2960.9 3304.7

14 4.8 10.9 26.3 51 40.5 32.5 31.9 23.5 19.1 19.1 16.0 11

2000 年 2001 年 2002 年 2003 年 2004 年 2005 年 2006 年 2007 年 2008 年 2009 年 2010 年 2011 年 2012 年

第三产业增加值及增长情况

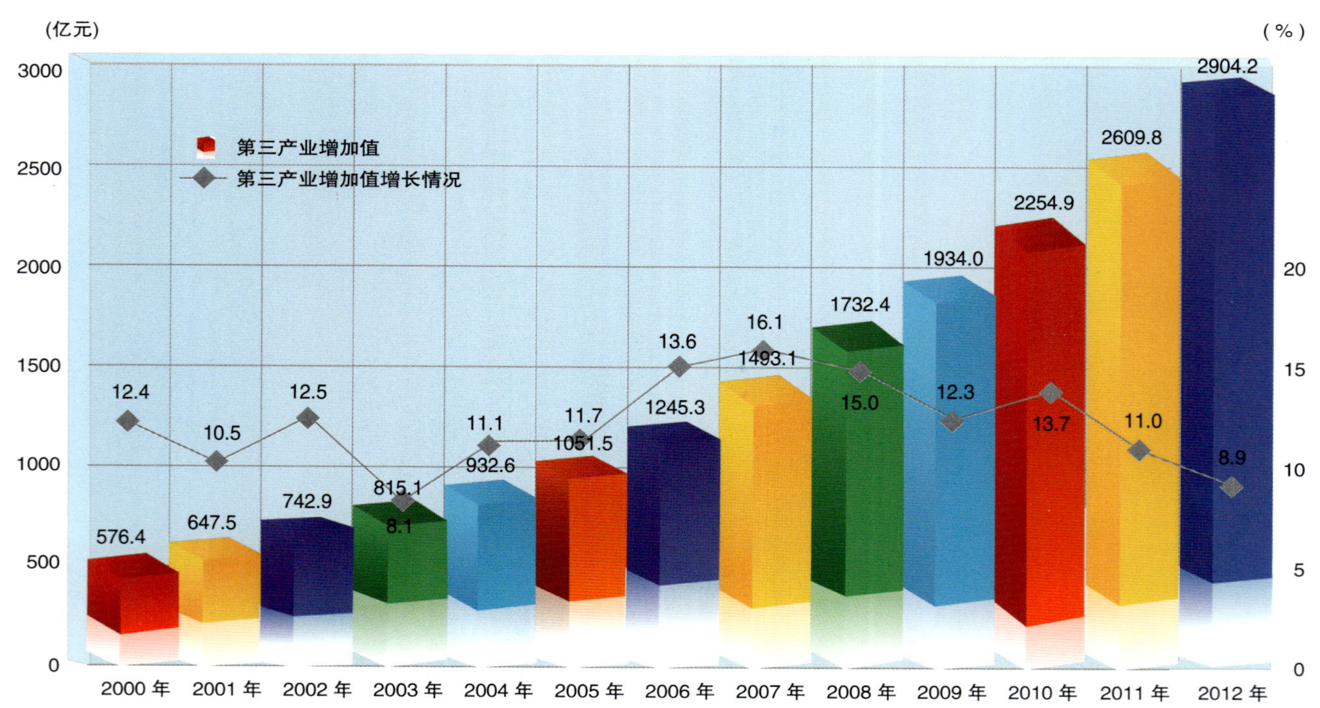

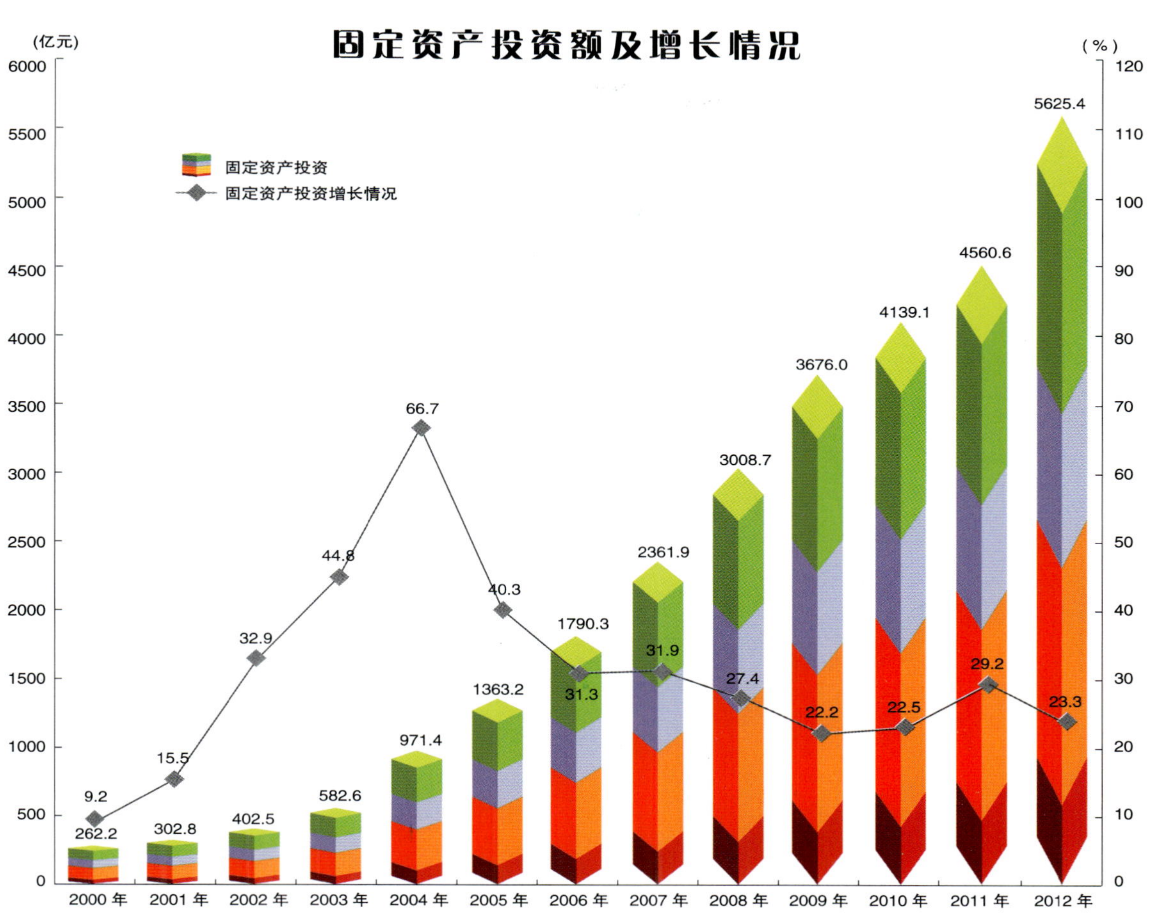
固定资产投资额及增长情况
(亿元)
(%)
固定资产投资
固定资产投资增长情况
262.2
302.8
402.5
582.6
971.4
1363.2
1790.3
2361.9
3008.7
3676.0
4139.1
4560.6
5625.4
9.2
15.5
32.9
44.8
66.7
40.3
31.3
31.9
27.4
22.2
22.5
29.2
23.3
2000 年
2001 年
2002 年
2003 年
2004 年
2005 年
2006 年
2007 年
2008 年
2009 年
2010 年
2011 年
2012 年

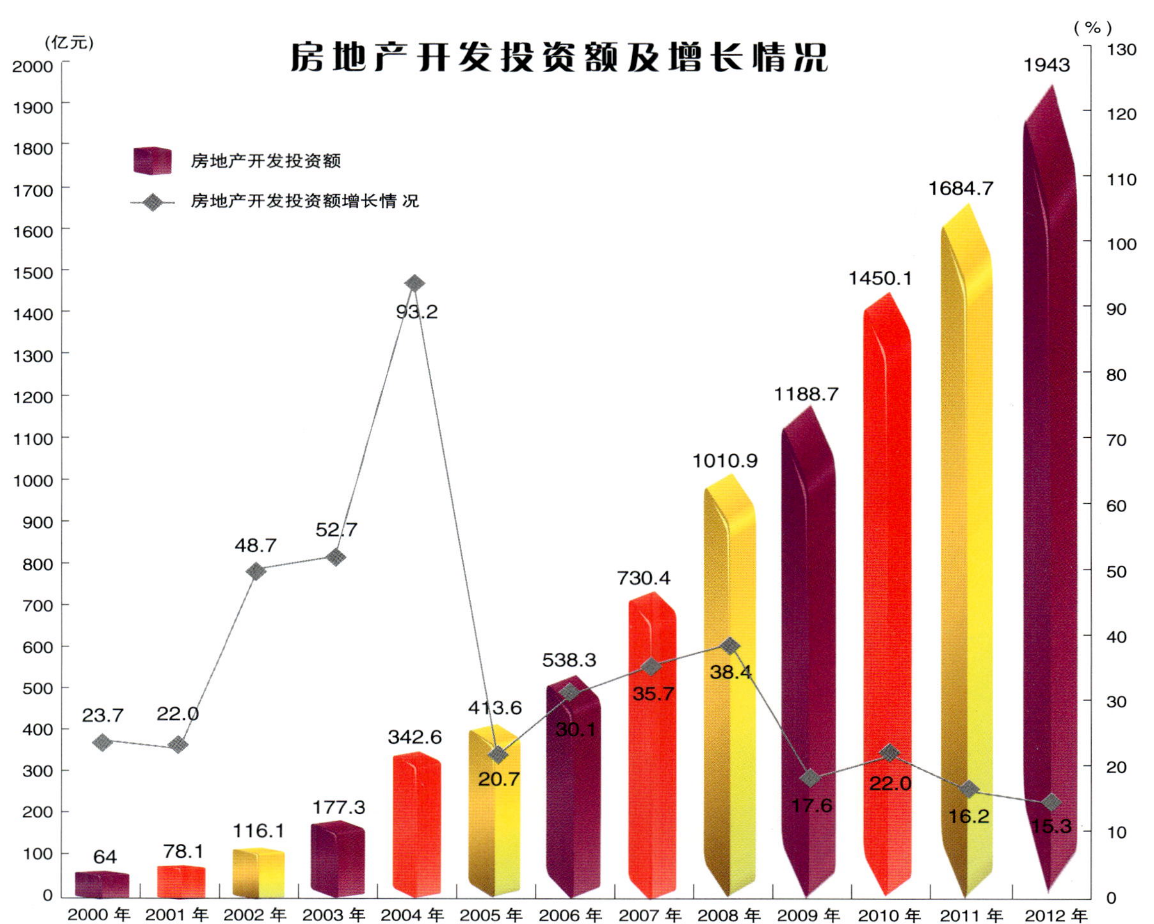
房地产开发投资额及增长情况
(亿元)
(%)
房地产开发投资额
房地产开发投资额增长情 况
64
78.1
116.1
177.3
342.6
413.6
538.3
730.4
1010.9
1188.7
1450.1
1684.7
1943
23.7
22.0
48.7
52.7
93.2
20.7
30.1
35.7
38.4
17.6
22.0
16.2
15.3
2000 年
2001 年
2002 年
2003 年
2004 年
2005 年
2006 年
2007 年
2008 年
2009 年
2010 年
2011 年
2012 年

·社会消费品零售总额及增长情况

•（单位：亿元）

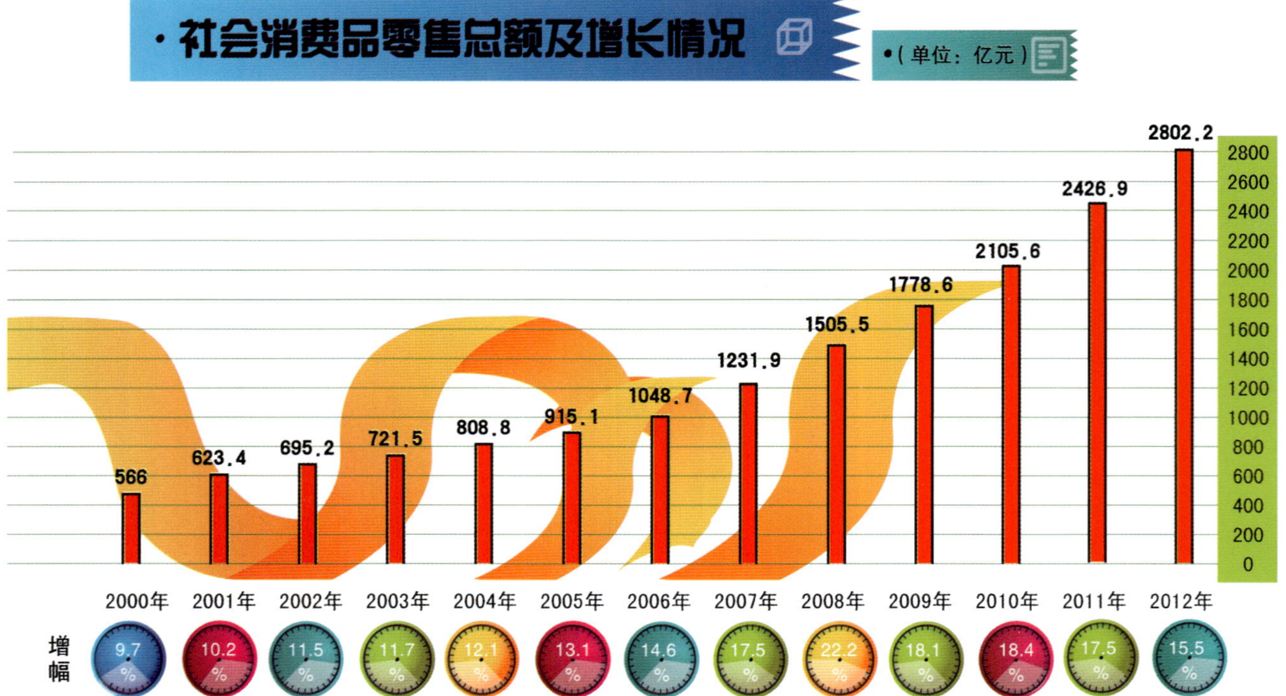

实际利用外资额及增长情况

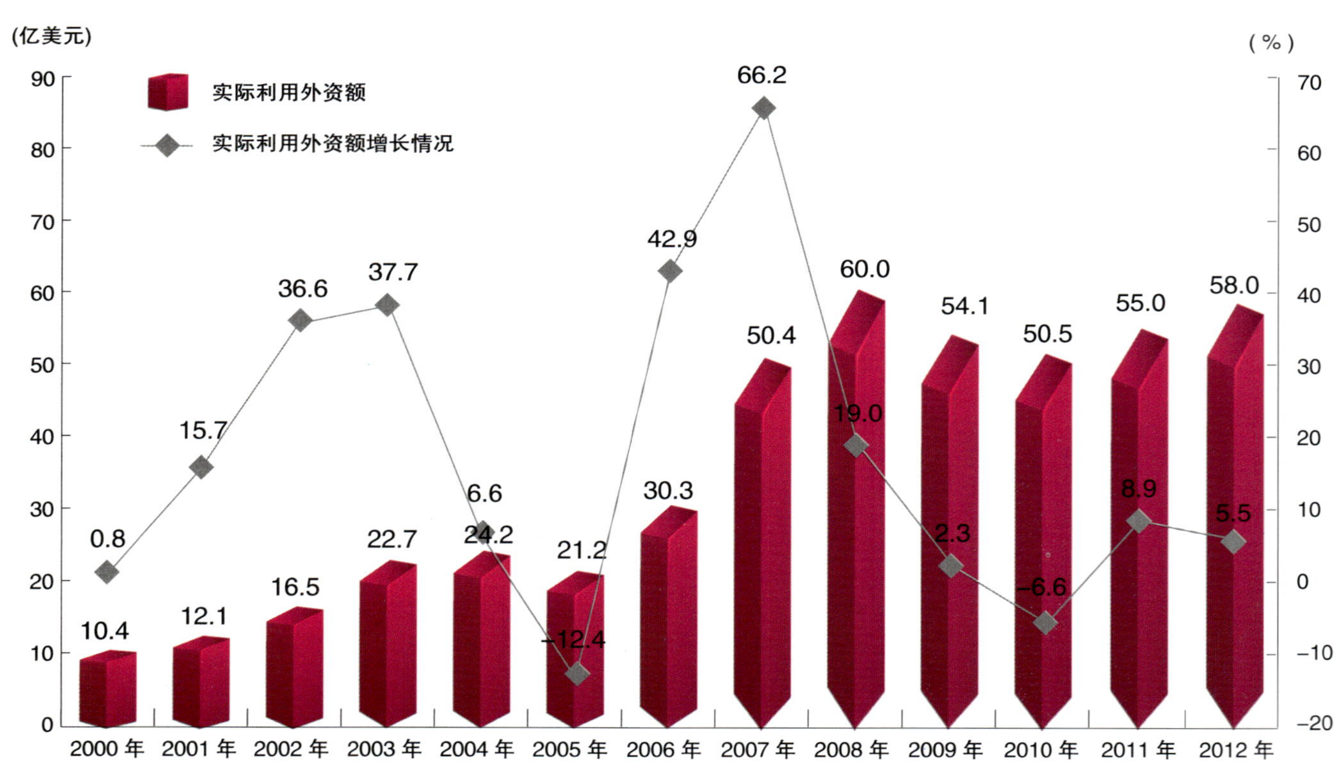

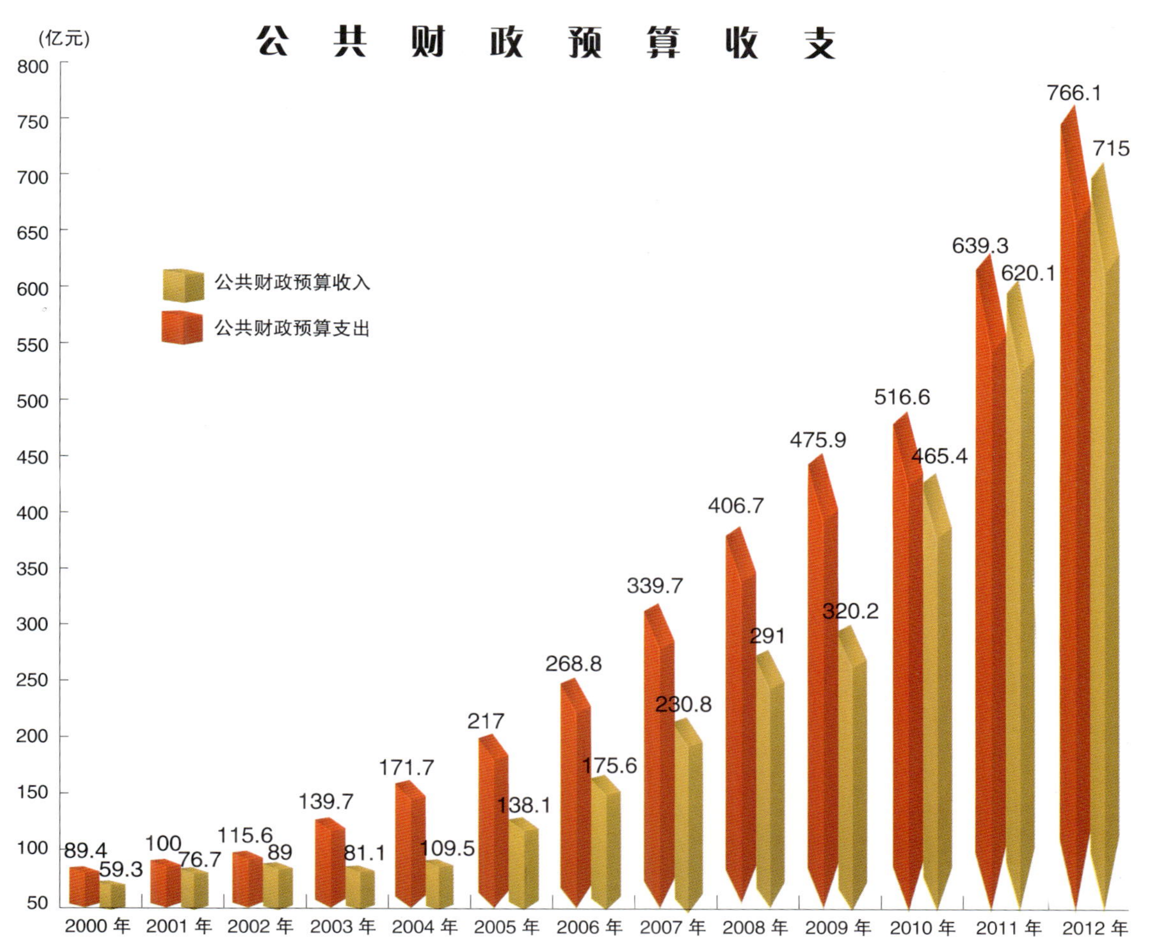

城镇非私营单位在岗职工平均工资及增长情况

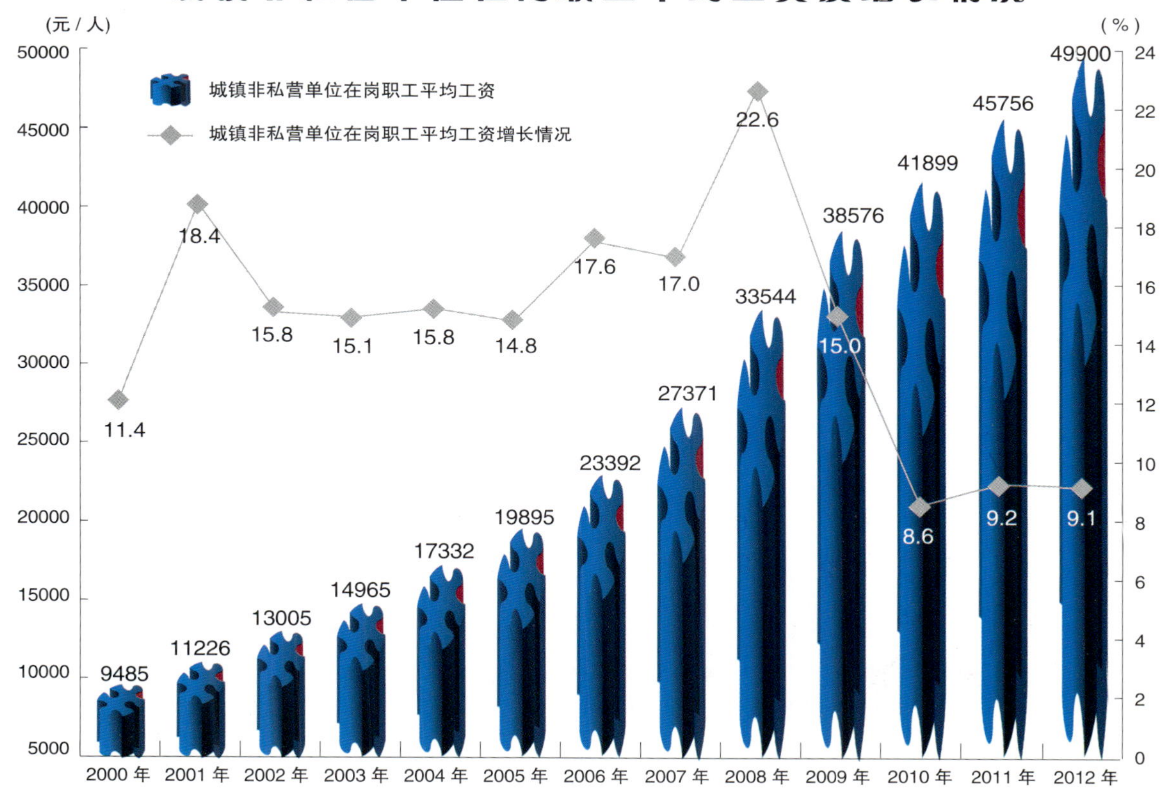

城市居民生活

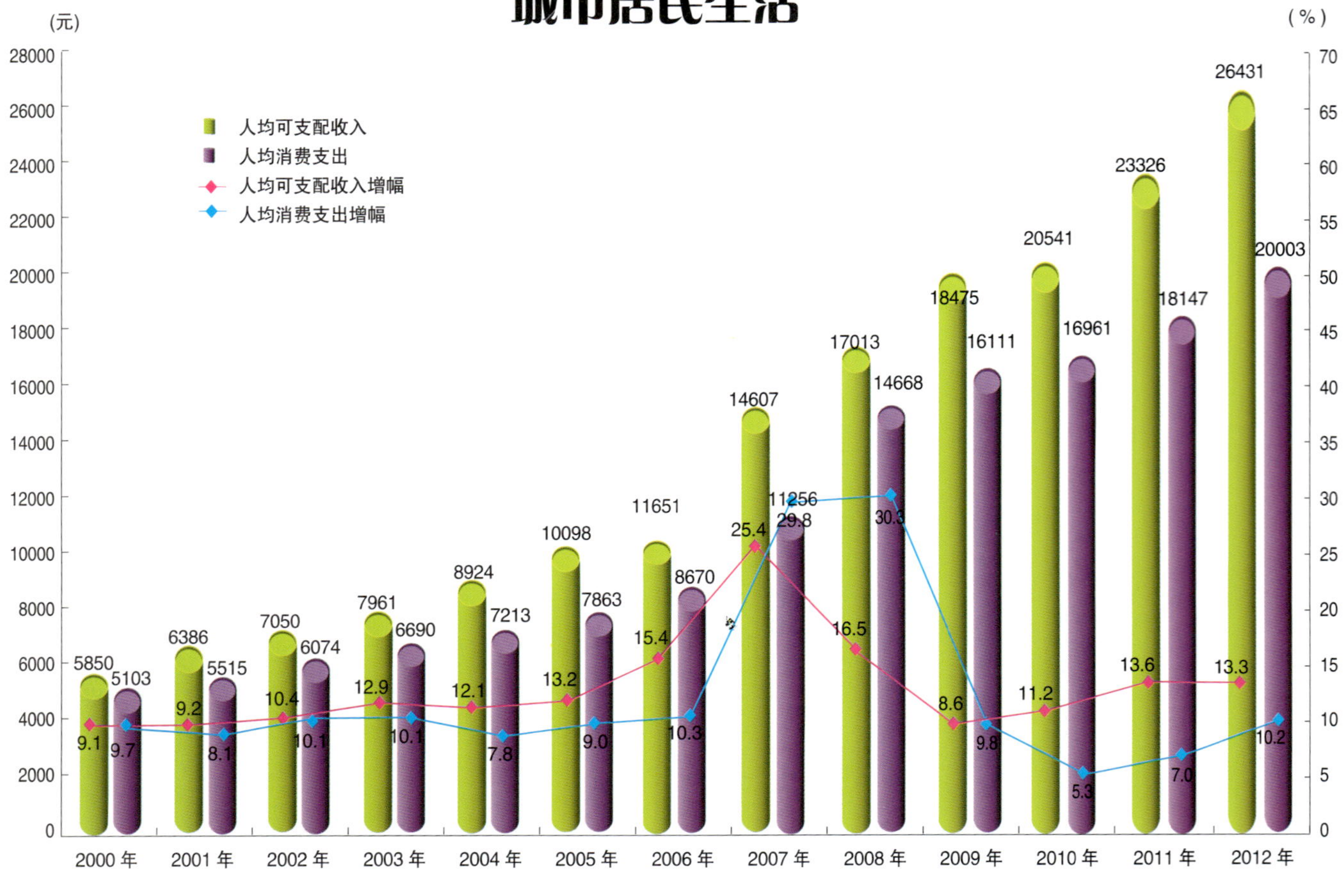

年份	人均可支配收入（元）	人均消费支出（元）	人均可支配收入增幅（%）	人均消费支出增幅（%）
2000 年	5850	5103	9.1	9.7
2001 年	6386	5515	9.2	8.1
2002 年	7050	6074	10.4	10.1
2003 年	7961	6690	12.9	10.1
2004 年	8924	7213	12.1	7.8
2005 年	10098	7863	13.2	9.0
2006 年	11651	8670	15.4	10.3
2007 年	14607	11256	25.4	29.8
2008 年	17013	14668	16.5	30.3
2009 年	18475	16111	8.6	9.8
2010 年	20541	16961	11.2	5.3
2011 年	23326	18147	13.6	7.0
2012 年	26431	20003	13.3	10.2

农村居民生活

年份	人均纯收入（元）	人均消费支出（元）	人均纯收入增幅（%）	人均消费支出增幅（%）
2000 年	3135	1996	1.1	16.3
2001 年	3230	1945	3.0	-2.6
2002 年	3500	1978	8.4	1.7
2003 年	3818	2110	9.1	6.7
2004 年	4347	2377	13.9	12.7
2005 年	5050	3095	16.2	30.2
2006 年	5712	3494	13.1	12.9
2007 年	6806	3847	19.2	10.1
2008 年	8029	4495	18.0	16.8
2009 年	8753	4808	9	7.0
2010 年	10022	5388	14.5	12.1
2011 年	11575	5989	15.5	11.1
2012 年	13045	6625	12.7	10.6

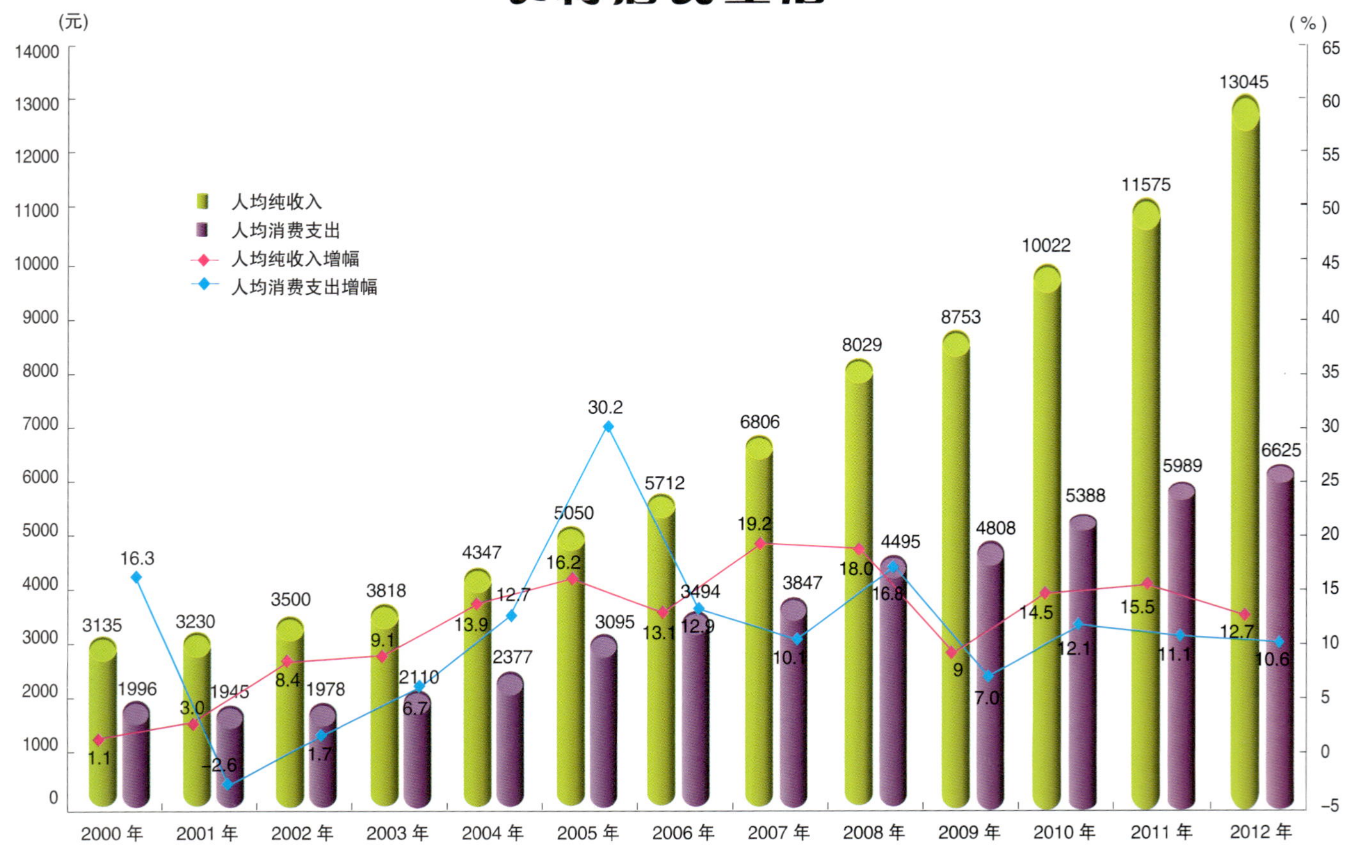

《沈阳年鉴》编纂委员会

《沈阳年鉴》编辑部

《沈阳年鉴》编辑部

地址：沈阳市沈河区奉天街305号

邮编：110013　电话：(024)22739160

E—mail：nj. sy@163. com

编辑说明

一、《沈阳年鉴》是沈阳市人民政府主办、由沈阳市统计局负责编辑出版的综合性地方年鉴。自1985年创刊以来,已连续出版29卷。是国内外公开发行的集知识、信息、资料为一体的具有公报性、资料性、权威性的工具书。

二、《沈阳年鉴－2013》旨在全面、系统、翔实地记载2012年沈阳市社会经济和社会发展的基本情况和基本资料,为海内外各界人士了解沈阳、研究沈阳和建设沈阳提供翔实的资料和信息,为"让沈阳走向世界,让世界了解沈阳"提供窗口,发挥桥梁作用。

三、《沈阳年鉴－2013》在编纂体例上基本保持了类目的相对稳定。全书共设30个部类:(1)特辑;(2)沈阳概貌;(3)党政机关;(4)群众团体;(5)地方军事;(6)政法;(7)工业;(8)民营经济;(9)交通·邮政;(10)城乡建设;(11)建筑·房地产;(12)国内贸易;(13)旅游;(14)对外经济贸易;(15)农村经济;(16)经济管理;(17)财政·税收;(18)金融;(19)科学技术;(20)教育;(21)文化;(22)卫生·体育;(23)社会·民生;(24)区、县(市)及开发区;(25)人物;(26)光荣榜;(27)统计资料;(28)文献·法规选编;(29)沈阳大事记;(30)附录。

四、《沈阳年鉴》统计资料版采用中英文对照,为海外各界人士了解沈阳经济和社会发展提供方便。

五、《沈阳年鉴》采用分类编辑法,以条目为主体。体例分一、二、三级目。一级目为大类,二级目为分目,三级目为条目,用黑体字加【】号作标题。

六、《沈阳年鉴》采用的稿件均由各有关部门和行业专人撰写,并经撰稿单位领导审定。统计资料由沈阳市统计局提供。因统计口径等原因,有关部门所用的个别数据与"统计资料"中的不尽一致,采用时请予注意。凡涉及沈阳市地区国民经济和社会发展的全局性数据,概以沈阳市统计局提供的资料为准。

七、《沈阳年鉴》的编撰工作得到了沈阳市各级领导和社会各界的大力支持,在此谨表谢意。并恳祈各界人士继续给年鉴工作以更多的支持和帮助,对书中错漏之处给予批评指正,以期不断完善提高。

目 录

特 辑

·党和国家领导人来沈视察·

·专 文·

·重大活动·

·“十二运”沈阳赛区筹备·

·沈城美誉·

沈阳概貌

·自然概况·

·国民经济与社会发展·

·精神文明建设·

·软环境建设·

·经济协作·

党政机关

·中共沈阳市委·

组　织

宣　传

统　　战

政策研究

对台工作

保　　密

信　　访

老干部工作

·纪检监察·

·市人大常委会·

·沈阳市人民政府·

外　　事

侨　　务

机构编制

·政协沈阳市委员会·

·民主党派和工商联·

群众团体

·市总工会·

·共青团市委·

·市妇女联合会·

·市科学技术协会·

·市台湾同胞联谊会·

·市华侨联合会·

·市残疾人联合会·

·市黄埔军校同学会·

地方军事

·沈阳警备区·

·陆军预备役部队·

·爱国卫生·

·园林绿化·

·地铁建设·

·城管行政执法·

·公用事业·

·环境保护·

建筑·房地产

·建 筑·

·房 地 产·

国内贸易

·综　　述·

·商品市场·

·供销社商业·

·粮食市场·

·烟草专卖·

·会 展 业·

·行业监管·

·商品交易市场·

旅　　游

·规划发展·

·宣传推广·

·假日旅游·

·景区建设·

·行业管理·

对外经济贸易

·对外贸易·

·口　　岸·

·出入境检验检疫·

·海　　关·

农村经济

·综　　述·

·农业产业化·

·农业科技·

·农业监管·

·种 植 业·

·水 产 业·

·农机化发展·

·林 业·

·畜 牧 业·

·水 利·

经济管理

·综 述·

·国有资产监督管理·

·统 计·

·审　　计·

·质量技术监督·

·食品药品监督管理·

·安全生产监督管理·

·工商行政管理·

·物价管理·

财政·税收

·财　　政·

·国　　税·

·地　　税·

金 融

·综 述·

·银 行·

人民银行

中国银行

工商银行

农业银行

盛京银行

交通银行

招商银行

中信银行

·保 险·

人保财险

人保寿险

平安寿险

科学技术

·科学研究与发展

·科学普及

·科技成果

·气　　象

·地　　震

教　　育

·综　　述·

·学前教育·

·基础教育·

·职业教育·

·高等教育·

·终身教育·

·民办教育·

·民族教育·

·特殊教育·

文　化

·综　　述·

·群众文化·

·文艺创作与表演·

·文物保护·

·文化产业·

·文化市场管理·

·档 案·

·新闻出版·

·广播电视·

沈阳广播电视台

卫生·体育

·卫 生·

·体 育·

社会·民生

·百姓关注·

·人口与计划生育·

·人力资源管理·

·社会保险·

·劳动就业·

·民　政·

·民　族·

·宗　　教·

区、县(市)及开发区

·和 平 区·

·沈 河 区·

·大 东 区·

·皇 姑 区·

·铁 西 区·

·于 洪 区·

·苏家屯区·

·东 陵 区·

·沈北新区·

·市管领导干部名单·

光　荣　榜

统计资料

·综合平衡·

·人口与就业·

·工业、能源、物资、交通、邮电·

·农村经济·

·固定资产投资·

·国内贸易·

·外经外贸、旅游业·

·财政、金融·

·教育、文化、卫生·

·城市建设、环境保护·

·其他经济指标·

文献·法规选编

·文　献·

·法规·规章·

沈阳大事记(2012年)

附　录

CONTENTS

SPECIAL ARTICLES

GENERAL SURVEY OF SHENYANG

POLITICS

SOCIAL ORGANIZATION

LOCAL MILITARY AFFAIRS

LEGAL SYSTEM

INDUSTRY

PRIVATELY MANAGED ECONOMY

TRANSPORTAION AND POSTAL SERVICES

CITY AND VILLAGE CONSTRUCTION

CONSTRUCTION AND REAL ESTATE

DOMESTIC TRADE

TOURISM

FOREIGN ECONOMY TRADE

RURAL ECONOMY

ECONOMY MANAGEMENT

FINANCE AND TAX

BANKING AND INSURANCE

SCIENCE RESEARCH AND COMPREHENSIVE TECHNOLOGY SERVICE

EDUCATION

CULTURE

PUBLIC HEALTH AND SPORTS

SOCETY AND LIFE

SURVEY OF DISTRICTS

FIGURES

Glory list ······ 355

STATISTICAL DATA

SELECTED DOCUMENTS AND LOCAL LAWS

CHRONICLE OF EVENTS IN 2011 ······ 453

APPENDIX ······ 463

特　　辑

党和国家领导人来沈视察

【李长春来沈视察】 2012年6月29日至7月3日,中共中央政治局常委李长春先后到辽阳、鞍山、营口、盘锦、沈阳等地,深入企业、高校、农村、社区和宣传文化单位,就贯彻落实党的十七届六中全会精神、加快转变经济发展方式、推进文化改革发展等进行调研。其中7月1日至7月2日在沈阳调研。

7月1日,视察沈阳市城市规划展示馆,浑南新城中央公园。7月2日,视察蒲河生态廊道、特变电工沈阳变压器集团有限公司、沈阳远大企业集团、沈阳机床(集团)有限责任公司、中国工业博物馆;视察沈阳飞机工业(集团)有限公司、华晨汽车集团控股有限公司、沈阳黎明航空发动机(集团)有限责任公司、沈河区多福社区。

李长春对辽宁老工业基地振兴的情况一直牵挂于心。他走进生产车间,了解研发生产情况,看到这些企业在改革大潮中重振雄风、焕发生机,十分欣慰。他勉励企业积极构建现代企业制度,建立强大研发团队,加大研发投入,提高成套生产、成套供应、成套服务能力,不断推出新产品、新技术、新标准,在国际国内市场竞争中占据制高点。在华晨汽车控股公司,李长春了解"中华"汽车生产销售情况,希望企业加强自主创新,提高技术水平和竞争能力,把"中华"汽车打造成为名副其实、真正代表国家水准的自主品牌。在沈阳远大集团、盘锦和运新材料公司等民营企业,李长春勉励他们加强企业文化建设,用事业吸引人、用待遇激励人、用企业文化凝聚人,促进非公有制经济健康发展。

(吴　洋)

【张德江来沈视察】 2012年2月24日,中共中央政治局委员、国务院副总理张德江到中航工业沈飞、黎明考察。国务院副秘书长肖亚庆,工业和信息化部副部长兼国防科技工业局局长陈求发,工业和信息化部副部长苏波,辽宁省委书记王珉、省长陈政高、副省长刘国强,辽宁省委常委、秘书长周忠轩,辽宁省委常委、沈阳市委书记曾维,市长陈海波,中航工业总经理林左鸣等领导陪同前往。

在沈飞,张德江先后参观了军机、民机、通航项目生产线和试飞站。在生产现场,沈飞相关领导向张德江介绍了航空产品科研生产情况,汇报了数字化制造、定位及模拟仿真和柔性装配等新技术的应用情况以及沈阳地区厂所开展并行工程、建立新机快速试制中心管理模式等方面的工作进展。在民机生产现场,张德江详细了解了沈飞承担的C919、ARJ21、C系列和波音项目生产研制情况,指出中航工业民机要加快融入世界航空产业链、融入区域发展经济圈步伐,形成全价值链竞争模式,全力推动民机产业快速发展。在L162飞机生产现场,张德江兴致勃勃地进入机舱了解L162飞机相关性能及生产情况,要求沈飞发展好通用航空产业,并与L162飞机项目团队合影留念。在试飞站,张德江一行观看了沈飞科研生产专题片《倚天铸剑》。张德江充分肯定了沈飞在国防现代化建设和推动航空产业发展方面做出的突出贡献,希望沈飞充分利用自身优势,在科技上不断创新,为增强我国综合实力做出更大贡献。

在黎明,张德江一行兴致勃勃地观看了重型燃机零部件展台。林左鸣简要介绍了中航工业研制燃气轮机的历史,阐述了燃气轮机的发展前景以及研制过程中面临的问题,张德江认真倾听并不时询问。

在通往发动机试车厂试车台的走廊里,墙壁上一系列党和国家领导人视察黎明的照片格外引人注目。排在首位的"毛主席视察黎明"的大照片吸引了张德江的目光。他停下了脚步,详细了解了这张照片拍摄的背景和过程,并深有感触地说:"黎明公司多年来承担着中国航空发动机研制的重任,所以历任党和国家领导人都来看望大家!"

张德江还参观了某号试车台,并饶有兴致地坐到了操作台前。在操作人员的指导下,张德江缓慢地推起操纵杆,轰隆的发动机试车声随即响起。体验结束后,张德江握住年轻的操作员的手并风趣地说:"小师傅,谢谢你啊!"张德江副总理亲切的话语赢得了在场人员的阵阵掌声。

(鉴　闻)

【陈昌智来沈视察】 2012年9月13日,第七届中国风险投资论坛振兴东北投资高峰会在沈阳隆重开幕,众多知名专家学者、业界精英聚集一堂,共话经济大市,把脉行业发展,助推转型升级。全国人大常委会副委员长、民建中央主席陈昌智参加了本次峰会。陈昌智表示,资本将在东北经济振兴中发挥更加重要的作用。陈昌智指出,目前,全球经济并不稳定,发达经济体困难重重,新兴的经济体已出现较大的起伏。我国已将稳增长放在了宏观调控更加重要的位置上,本届峰会以资本助力创新创业、科技推动转型发展为主题,在调结构、稳增长成为目前国内经济重要任务的背景下,提出借助资本与科技之力加快创新驱动,推动企业产业的转型升级,培育新的经济增长点,具有非常重要的现实意义。实施东北地区等老工业基地振兴战略以来,东北地区的经济发展明显加快,奠定了深厚的物质基础,经济发展和社会进步取得了积极的、可喜的成绩。随着广受关注的各部委42项民间投资实施细则的出台、创业投资制度的建设，和政策的扶持日臻完善，我国的创投市场也取得了巨大的进步，整个行业正在向着更加良性的发展方向前进。相信，在资本的助推下，东北地区产业结构的调整和经济发展方式的转变将会取得更加可喜的成绩。

（胡士俊）

【孙家正来沈视察】 2012年6月11日，由全国政协副主席孙家正带队，全国政协教科文卫体委员会组织部分全国政协委员，文化部、国家博物馆有关部门负责人组成的“博物馆馆藏文物保护现状和发展”专题调研组来沈调研。省委常委、市委书记曾维，省政协副主席高鹏，市政协主席刘雅琴陪同调研。

调研组一行在沈阳参观了沈阳故宫及故宫馆藏，听取了沈阳故宫博物院关于馆藏文物保护情况的汇报。沈阳故宫博物院在保护世界文化遗产方面所付出的努力及其丰富珍贵的馆藏，得到调研组一行的充分肯定和高度评价。“博物馆馆藏文物保护现状和发展”专题调研组将对不同地区和规模的博物馆进行实地考察，重点针对各地博物馆在文物藏品家底、保管环境质量、安全保护状况、保护管理水平等方面存在的问题提出解决的对策，并为正在征求意见的《中华人民共和国博物馆条例》尽快出台建言献策。

（朱佳音）

【李金华来沈视察】 2012年9月1日，第十一届中国国际装备制造业博览会暨国家新型工业化装备制造产业示范基地成果展在沈阳国际展览中心隆重开幕。全国政协副主席李金华出席开幕式并宣布开幕。省长陈政高在开幕式上致辞。本届制博会共设置8个室内展馆及室外展场，参展企业982家，展位4300个，展览面积约11万平方米。参展的世界著名企业共有18家，其中包括日本大隈、山崎马紮克、天田等，世界500强及跨国公司企业共有66家，境外参展企业和外商投资企业展位数超过展位总数的31%。

（朱佳音）

【白立忱来沈视察】 2012年9月25日，全国城市供销合作社工作会议在辽宁省沈阳市召开，全国政协副主席、中华全国供销合作总社理事会主任白立忱出席会议并围绕充分发挥城市供销社功能，统筹城乡供销社发展等内容发表讲话。中华全国供销合作总社党组书记、理事会常务副主任周声涛主持会议，中华全国供销合作总社理事会副主任赵显人作工作报告。中华全国供销合作总社有关部局、直属企业、事业单位，各省（区、市）、中心城市供销合作社负责人参加了会议。会上，沈阳市供销合作社等单位作了典型发言，与会代表还参观了沈阳秋实种苗繁育基地、沈阳果品中心批发市场。

（朱佳音）

专　文

保持发展激情
坚定必胜信心
以振兴发展的新业绩
向党的十八大献礼

——曾维同志在中共沈阳市委十二届四次全会上的报告

（2012年7月23日通过）

各位委员、同志们：

现在，我受市委常委会委托，向全会报告工作。

一、上半年的工作总结

年初以来，面对严峻复杂的国际国内经济形势，全市上下深入贯彻落实科学发展观，牢牢把握中央“稳中求进”的总基调和省委“稳中求进、稳中求快”的要求，按照市委十二届二次全会的部署，紧紧围绕完成“五大任务”、实现“三大目标”，突出抓好“深化改革、推进创新、提升文明、改善民生”四项重点工作，迎难而上，奋力拼搏，经济社会继续保持了平稳较快发展的良好势头。预计上半年，全市实现地区生产总值3244.5亿元，同比增长11.1%；公共财政预算收入382.2亿元，增长20.3%；固定资产投资2642.9亿元，增长28.1%；社会消费品零售总额1339.4亿元，增长16%；城市居民人均可支配收入13068元，增长14%，农民人均现金收入9484元，增长13.8%，万元GDP能耗下降3.78%，各项主要经济指标增幅高于副省级城市平均水平。与此同时，政治建设、文化建设、社会建设以及生态文明建设和党的建设全面加强。

上半年，市委主要抓了以下几个方面工作：

1.科学研判形势，积极应对挑战，经济保持平稳较快发展。年初以来，针对国际政治经济环境依然复杂多变，国内经济社会发展面临新情况新变化，我们不断加强对形势的跟踪研判，及时提出“稳增长、促振兴”的工作要求，牢牢把握了推动科学发展的主动权。坚持重点工作推进组和市领导包区县（市）制度，加大经济运行组织协调和工作抓实力度，组织广大党政干部深入企业、深入项目、深入一线，主动做好服务，切实解决问题，有力地促进了经济社会持续健康发展。产业结构进一步优化，装备制造业支撑作用明显增强，现代建筑等优势产业发展步伐加快，金融、物流、会展、旅游等现代服务业较快发展，县域经济保持强劲增长势头。市领导带队赴国内外招商活动成果丰硕，一批重大项目成功引进，华晨宝马铁西工厂、日本精工生产基地等重点项目建成投产，经济发展后劲进一步增强。

2.不断深化改革，实施重点突破，综改各项任务有序推进。我们坚持把新型工业化综合配套改革贯穿于经济社会发展的全过程，先后组织召开了一系列专题会议，对统筹推进各项改革作出了全面部署，并组织相关部门和各试点地区深化研究、细化措施、先行先试，在重点领域和关键环节实现了新突破，为振兴发展注入了强大动力。“两化”融合的深度和广度不断拓展，试验区建设深入推进，公共服务平台功能全面提升，示范企业引领带动作用日益增强，具有较强自主创新能力、充满内生动力与活力的现代产业体系加快构建。东北区域金融中心建设步伐加快，国家优化金融生态综合试验有序开展。统筹城乡发展和新型城镇化综合配套改革示范区建设加速推进,城乡发展一体化水平不断提升。文化体制改革继续深化,我市连续三次获得全国文化体制改革先进地区殊荣,和平区成为首批国家级文化和科技融合示范基地。一些地区在机构及公车改革等方面迈出了实质性步伐,政府社会管理和公共服务职能全面加强。

3. 大力推进创新,加强社会管理,和谐稳定局面得到巩固。我们坚持以人为本、服务为先、创新为要、基层为重、形成合力的工作原则,制定出台了加强和创新社会管理的实施意见,组织学习先进地区经验,有效推动了全市社会管理创新工作的深入开展,社会管理格局更加完善、体制更加健全。用群众工作统揽信访工作的"沈阳模式"进一步完善,各负其责、齐抓共管的"大调解"工作格局加快构建,社会矛盾得到有效化解。社会管理基层基础工作进一步强化,机关干部"四进四加强"活动深入开展,推动社会管理重心下移、力量下沉成为各地区的普遍做法,多位一体的基层服务网络基本形成。平安沈阳建设扎实推进,社会治安"大防控"体系进一步健全,社会治安热点问题得到有效整治,公共安全管理全面加强,为振兴发展营造了良好社会环境。

4. 全力提升文明,优化发展环境,城市文明程度显著增强。我们以筹备第十二届全运会为契机,继续加大环境建设力度,城市发展环境、生态环境和人居环境进一步改善。深化"四个一"、实施"四项工程"活动深入开展,"双进双解"活动成效显著,服务发展、服务企业、服务群众的意识显著增强,行政效能进一步提高,软环境全面持续优化。重大基础设施建设步伐加快,浑南新城建设如火如荼,全运场馆建设进展顺利,道路改扩建和地铁配套工程加速推进,市容环境综合整治力度不断加大,城市综合服务功能全面提升。生态环境明显改善,全国环境建设样板城创建和国家生态市建设步伐加快,卧龙湖被列入国家重点湖泊生态环境保护试点,长期困扰秀湖的污水直排问题得到彻底解决,蒲河生态廊道建设已经进入巩固生态化、景观化成果和加快城镇化、产业化进程的新阶段。创建全国文明城市工作全面启动,"微笑沈阳"活动有声有色,市民文明素质和城市文明程度进一步提升。

5. 着力改善民生,发展社会事业,人民生活水平明显提高。我们坚持把保障和改善民生作为一切工作的出发点和落脚点,深入推进各项民生工程,有效解决了人民群众最关心、最直接、最现实的利益问题。大力实施就业优先战略,促进就业和扶持创业工作力度继续加大,和谐劳动关系加快构建。覆盖城乡的社会保障体系更加完善,保障能力不断增强,社会救助水平进一步提升,城乡居民低保标准、新农合筹资标准大幅提高。住房保障体系建设步伐加快,保障性安居工程全力推进,弃管住宅区综合改造进展顺利,赢得了人民群众的高度赞扬。城乡义务教育高水平均衡发展,文化事业繁荣兴旺,医药卫生体制改革继续深化。全运竞赛组织等筹备工作有序推进,全民健身活动蓬勃开展,喜迎全运的社会氛围更加浓厚。

6. 加强党的建设,提升科学化水平,执政能力和领导水平进一步提高。市委坚持理论中心组学习制度,深入开展"学经典、重品行、讲奉献"活动,全市上下用科学理论武装头脑、指导实践、推动工作的自觉性不断提高。坚持正确的选人用人导向,完善干部选拔任用和考核评价机制,提高选人用人的公信度,领导班子和干部队伍建设进一步加强。以基层组织建设年为契机,深入开展创先争优活动,机关党的建设不断加强,基层党建工作水平全面提升,基层党组织的战斗堡垒作用和党员的先锋模范作用得到充分发挥。深入开展反腐倡廉工作,以"五大系统"为重点的惩防体系建设整体推进,党风廉政建设和反腐败斗争取得明显成效,风清气正的良好环境进一步形成。

在宏观经济形势趋紧的情况下,我市经济仍然保持了平稳较快的发展势头,开创了科学发展、创新发展、和谐发展的新局面。这些成绩的取得,主要得益于我们始终坚持落实科学发展观不动摇,坚决打破粗放发展的路径依赖,不断优化空间布局,大力推进发展方式转变,积极促进产业结构优化升级,着力提升自主创新能力,切实提高经济增长质量和效益;得益于我们始终坚持咬定发展目标不动摇,将长远目标与阶段性任务有机结合,保持思路的稳定性和连续性,紧紧围绕完成"五大任务"、实现"三大目标",确定年度主题,明确工作重点,创新突破举措,合力攻坚克难;得益于我们始终坚持推进改革开放不动摇,积极深化国有企业改革,大力发展非公有制经济,不断优化发展环境,全力消除体制机制障碍,主动承接国内外产业和资本转移,引进和培育一大批体量大、效益好、牵动作用强的项目,为老工业基地振兴发展注入新的生机与活力;得益于我们始终坚持加强干部队伍建设不动摇,强化德才兼备、以德为先的用人标准,树立以振兴论英雄、凭实绩用干部的正确导向,大胆提拔重用那些不事张扬、埋头苦干,重长远、打基础的干部,打造一支作风过硬、群众信赖的高素质干部队伍,努力为老工业基地振兴发展提供坚强的组织保证和人才支撑。这"四个不动摇",既是我们取得老工业基地振兴重大阶段性成就的基本经验,也是我们继续前进、开创未来的宝贵财富。在下半年乃至今后的工作中,必须一以贯之、毫不动摇地坚持下去。

二、下半年的主要任务

做好下半年工作,必须正确分析当前形势。年初以来,国内外经济发展环境更加错综复杂,国际市场需求持续萎缩,国内经济下行压力加大,各地区经济指标增速普遍下滑,一些地区甚至出现负增长的态势。在宏观经济形势趋紧的情况下,我市的经济发展步伐也有所放缓,制约经济发展的深层次矛盾和问题更加凸显,经济结构调整任重道远,自主创新能力亟待提升,城市基础设施有待完善,生态环境建设任务繁重,保持经济持续稳定增长面临诸多压力和挑战。面对经济运行出现的新情况和新变化,我们要深刻认识到,这一轮经济增长放缓,既是全球经济普遍低迷的负面影响,也是国家科学进行宏观经济调控的积极预期。历史经验表明，经济危机或者经济下滑的时候，往往是转方式、调结构的有利时机。从国家的政策取向看，没有采取大规模投资拉动措施，也没有松动房地产市场的调控政策，而是通过有针对性的政策微调防止经济大幅下滑，凸显了党中央、国务院推动科学发展的信心和决心。我们既要准确判断发展形势，更要把握沈阳所处历史方位。在全国大的发展格局中，沈阳既不同于经济发达的东部沿海地区，也不同于欠发达的中西部地区，正处于做大总量与调整结构并行的历史阶段。这就要求我们必须坚持“两条腿”走路，既要应对复杂局面、战胜眼前困难稳增长，更要转方式调结构、谋求长远发展促振兴。全市上下必须深刻领会中央战略意图，准确把握形势，立足沈阳实际，将“稳增长、促振兴”作为当前乃至今后一个时期工作的总要求，保持发展激情，坚定必胜信心，狠抓工作落实，统筹推进“深化改革、推进创新、提升文明、改善民生”四项重点工作，确保全年目标顺利实现，以振兴发展的新业绩向党的十八大献礼。为此，要切实抓好以下七个方面工作：

1. 千方百计稳增长，坚定不移完成各项经济指标。要密切关注宏观经济发展态势，落实好国家出台的预调微调政策措施，加强对全市经济运行情况的监测和分析，特别是要针对全市工业经济运行中出现的新情况新问题，深入开展“双进双解”活动，组织各级干部继续深入生产企业，主动搞好服务，加大对中小微企业的支持力度，帮助企业有效解决订单减少、产销率下降、开工率不足等困难，促进企业提振发展信心、抢占市场份额、增强应变能力和发展活力。紧紧抓住项目建设黄金期，加快重大项目建设步伐，严格落实项目推进责任制，切实解决项目建设中土地、资金等瓶颈问题，确保全市重点项目建设达到进度要求，争取早日竣工投产，尽快形成新的经济增长点。积极推进国家现代服务业综合试点工作，加快发展生产性服务业和生活性服务业，进一步优化消费环境，活跃消费市场和房地产市场，培育和发展新的消费热点，不断增强消费对经济增长的拉动作用。进一步扩大开放，加大对日韩招商引资力度，加强对俄罗斯远东等地区经贸合作与交流，精心组织中国法库国际飞行大会等重大活动，扩大沈阳的知名度和影响力。以加快推进蒲河生态经济带和沈康高速现代农业示范带建设为牵动，继续保持县域经济发展的强劲势头，确保农业丰收，促进县域地区为全市实现稳增长目标多作贡献。与此同时，要立足当前、着眼长远，把稳增长与转方式、调结构结合起来，把推动自主创新摆在更加突出的位置，完善鼓励创新的政策措施，加大科技研发投入，加强各类公共研发平台和院士工作站建设，所有大中型企业都要建立研发中心，建立健全科技创新指标体系，以自主创新驱动来支撑内生增长，引领科学发展，不断提高经济发展的稳定性、协调性和可持续性。

2. 扎实推进重点领域和关键环节改革，务求取得实质性突破。要以更大的决心、更大的力度，将综合配套改革推向深入。浑南、沈北、于洪和苏家屯等地区要发挥好先导作用，进一步解放思想，大胆探索创新，敢于先行先试，在已经取得成果的基础上，咬定改革目标，加大攻坚力度，务求在行政管理体制改革、统筹城乡和新型城镇化等专项改革方面取得实质性进展，为深入实施新型工业化综合配套改革作出更大贡献。铁西、大东、沈河等地区，要发挥自身优势，突出自身特色，抓住关键环节，在“两化”融合、金融改革及金融与产业融合等方面迈出新步伐、取得新突破。特别是要把推进“两化”融合作为提升工业发展质量和水平的关键环节，进一步加强示范区、服务平台和示范企业的建设力度，真正使“两化”融合得到实质性推进，对工业发展的贡献率有明显提升。市直有关部门要与各区县（市）密切合作，充分发挥职能作用，条块结合，统筹推进，形成合力，确保年初确定的各项改革任务取得实实在在进展。

3. 切实加强基础设施和生态环境建设，确保城市功能、城市品位有大幅提升。今年我市基础设施和生态环境建设任务极为繁重。要加大浑南新城和“金廊”沿线开发建设力度，力争年底前一批重点项目如期竣工。加快道路交通等重大基础设施建设步伐，抓紧启动地铁环线建设，确保主要路网及地铁配套工程、现代有轨电车等重大项目的工程进度。加强城市道路整修、市民过街设施、交通换乘设施和停车场建设，进一步改善交通出行条件。强化项目建设监督管理，力争把每一个项目都打造成精品工程，推动城市建设跃上新台阶。进一步完善城市管理长效机制，加快“数字沈阳”建设步伐，提高公共交通运营能力，抓好主要街路市容管理和城乡环境卫生综合整治，巩固“清洁沈阳”活动成果，落实安全文明施工责任制，做好城市防汛工作，不断提升城市管理水平。进一步优化生态环境，高标准完成蒲河生态廊道建设的各项任务，加快浑河两岸改造和景观提升，搞好青山工程和辽河治理保护，加快卧龙湖生态保护、浑河西峡谷生态廊道建设，深入实施大气环境综合治理，全面完成节能减排目标任务，稳步推进全国环境建设样板城创建工作，力争进入国家生态市行列。

4. 全力做好“创城”和全运会筹备工作，进一步提升城市文明程度。创建全国文明城市，是市委、市政府立足当前、着眼长远作出的重大决策。全市上下一定要把“创城”工作摆上重要位置，抓紧细化方案，分解任务，落实责任，加强督导，扎实做好“全面推进年”的各项工作，特别是要全力做好国家第一次测评迎检工作，坚决打赢“创城”工作第一仗。要把筹备全运会作为创建全国文明城市的一次全面检验，紧紧抓住全运会筹备的决战决胜期，优质高效推进“十二运”场馆、全运村、市区两级全民健身中心及相关配套设施建设，全力以赴做好竞赛组织、服务保障等各项准备工作，深入开展“全运之城、沈阳力量”系列主题活动，抓好沈阳赛区志愿者招募、选拔和培训工作，加大宣传声势，营造浓厚氛围，引导全市人民都来关心全运、支持全运、参与全运，确保办出一届高水平、有特色、更精彩的全运盛会，充分展示沈阳开放之城、友谊之城、文明之城、魅力之城的良好形象。

5. 全面加强和创新社会管理，努力营造更加和谐稳定的发展环境。进一步树立"重在基层、贵在创新"的理念，总结推广"沈河经验"，强化组织领导、增强服务意识、夯实基层基础、推动资源整合，务求在解决民生诉求、优化社区服务、推进系统创新和加强非公有制经济组织、社会组织服务管理等方面取得新的突破。水、电、煤气等职能部门和社会组织要切实加强对各区县（市）的支持配合，注重工作互动，加速构建共同参与解决社会管理问题的有效机制。党的十八大召开在即，我们必须以高度的政治责任感，全力做好社会稳定工作，特别是要进一步完善落实信访工作领导责任制和工作运行机制，积极开展社会矛盾大排查活动，妥善化解因房屋征收、土地征用、社会保障等热点问题引发的社会矛盾，确保不发生大规模集体进京上访，不发生极端恶性事件，不发生重大群体性事件。深入推进平安沈阳建设，健全社会治安防控体系，强化网络舆论监控和舆情引导，大力排查整治公共安全隐患，严厉打击各种刑事犯罪，切实增强全市人民的安全感。继续强化安全生产和食品药品监管工作，认真组织开展好"打非治违"专项行动，加大对食品药品领域违法犯罪活动的打击力度，不断提高应对突发公共事件和抵御各种风险的能力，确保广大人民群众的健康与安全。

6. 着力解决好重大民生问题，让振兴发展成果惠及最广大人民群众。坚持一切以群众利益为重，深入实施以"办实事"为重点的各项民生工程，及时兑现市委、市政府对全市人民作出的各项承诺。要把就业和再就业工作放在更加突出的位置，认真落实各项就业政策，加强普惠制就业培训，多渠道开发公益性岗位，积极引导广大劳动者自主创业，突出抓好大学生实名制就业，确保就业困难群体实现稳定就业。继续稳步推进工资集体协商，强化特殊劳动群体权益维护工作，构建更加和谐的劳动关系。进一步落实好城乡居民社会保险政策，尤其要以非公单位员工、灵活就业人员和农民工为重点，加大征缴力度，扩大社会保险覆盖面。着眼于全面提高义务教育均衡化水平，深入推进百所义务教育学校提升工程，逐步解决择校热问题，高质量实施惠民幼儿园和学校食堂工程，全面加强职业教育国家试验区建设，不断提高各级各类教育的质量和水平。继续以深化医改为主线，积极推进公立医院改革，推广和平区"医改模式"，努力在促进公共卫生服务均等化、破解百姓看病难看病贵问题等关键环节上取得明显效果。进一步加快养老服务体系建设。完善城乡最低生活保障制度，全面提高社会救助水平。切实抓好保障性住房建设，搞好居民住宅小区环境综合整治，不断改善群众的居住条件和生活质量。

7. 加强对换届工作的领导，不断提高党的建设科学化水平。今年底明年初，我市各级人大、政府、政协相继换届，这是全市人民政治生活中的一件大事，我们要按照中央和省委的统一部署，精心组织指导，周密安排部署，严格工作程序，严肃换届纪律，切实把那些工作有思路、有激情、有韧劲、贡献大的干部选拔到重要领导岗位，选好配强各级领导班子，圆满完成换届任务，确保换届工作与各项重点工作"两不误、两促进"。各级党组织和广大党员干部要常怀爱党之情、常思建党之策、常尽管党之责，切实增强政治意识、大局意识、忧患意识、责任意识，确保在思想上、政治上、行动上与党中央保持高度一致。深化创先争优活动和基层组织建设年工作，进一步完善惩治和预防腐败体系，深入开展以治浮、治庸、治散、治奢为重点的机关作风建设。各级领导干部要始终保持昂扬向上、奋发有为的发展激情，坚持深入一线、靠前指挥，尤其是重点工作推进组和包区县（市）的市领导要尽职尽责、加强指导、解决难题，推动重点工作取得实效。各级党委要坚持总揽全局、协调各方，注重发挥人大、政协以及各民主党派、工商联、各人民团体的优势和作用，调动一切积极因素，凝聚各方智慧力量，推动形成共谋发展、共克时艰的强大合力。

同志们，做好下半年各项工作、实现全年目标，形势紧迫、任务艰巨、责任重大。让我们更加紧密地团结在以胡锦涛同志为总书记的党中央周围，在省委的正确领导下，团结带领全市人民，保持发展激情，坚定必胜信心，以更加昂扬的斗志、更加扎实的作风、更加有力的措施，圆满完成全年各项工作任务，以振兴发展的新业绩向党的十八大献礼！

深入贯彻党的十八大精神 奋力夺取沈阳老工业基地全面振兴的新胜利

——曾维同志在中共沈阳市委十二届五次全会暨经济工作会议上的报告

（2012年12月19日通过）

各位委员、同志们：

现在，我受市委常委会委托，向全会报告工作。

一、2012年工作的简要回顾

年初以来，在省委的正确领导下，市委团结带领全市广大党员、干部和群众，坚持以科学发展观为指导，以喜迎党的十八大胜利召开为动力，按照市委十二届二次、四次全会的部署和"稳增长、促振兴"的总要求，突出抓好"深化改革、推进创新、提升文明、改善民生"四项重点工作，迎难而上，合力攻坚，圆满完成了年初确定的各项目标和任务，预计全市地区生产总值实现6700亿元，比上年增长11%；公共财政预算收入715亿元，增长15.3%；城市居民人均可支配收入26430元，增长13.3%；农民人均纯收入13260元，增长14.5%。在外部环境总体趋紧、国内经济下行压力较大的情况下，沈阳老工业基地开创了科学发展、创新发展、和谐发展的新局面。

1. 深入推进新型工业化综合配套改革，加快产业转型升级步伐，推动经济平稳较快发展。我们把推进重点领域和关键环节的改革，作为破解瓶颈的突破口、加快发展的动力源，创造性地落实国家赋予的先行先试权，解放思想，大胆探索，新型工业化综合配套改革迈出了实质性步伐。信息化与工业化融合的深度和广度不断拓展，优化金融生态综合试验有序进行，统筹城乡发展和新型城镇化综合配套改革取得新突破，文化体制改革成果得到巩固和提升，行政管理体制改革迈出坚实步伐。同时，坚持把改革贯穿于经济社会发展的全过程，有力推动了项目建设、结构调整和发展方式转变。一批重大项目加快建设，拉动经济增长和增强发展后劲的作用进一步凸显。产业结构不断优化，装备制造业支撑作用突出，现代建筑产业、战略性新兴产业和现代服务业发展步伐加快，县域经济增长势头强劲。高新技术产业快速发展，自主创新能力显著增强，产学研合作不断深化。经济运行质量显著提升，发展的协调性进一步增强。

2. 大力加强和创新社会管理，认真解决影响和谐稳定的突出问题，努力为振兴发展营造良好的社会环境。我们坚持重心下移、力量下沉，扎实开展“四进四加强”活动，积极推动各方资源整合，大力强化基层社会管理和服务体系建设，有效提高了社会管理科学化水平。用群众工作统揽信访工作的“沈阳模式”进一步完善，齐抓共管、多方参与的全社会大调解格局加快构建，社会矛盾得到有效化解。“96123 热线”架起政府与市民沟通的桥梁，群众诉求渠道更加畅通。社区管理体制和运行机制进一步健全，多位一体的基层服务网络基本形成，社会管理的信息化水平全面提高。平安沈阳建设扎实推进，社会治安“大防控”体系更加健全，打击各种犯罪成果突出，公共安全管理全面加强，和谐稳定局面进一步巩固。

3. 精心做好“创城”和全运会筹备工作，全力提升城市文明程度，全方位塑造城市的良好形象。我们以创建全国文明城市和筹备第十二届全运会为契机，大力推进软硬环境建设，城市形象显著提升。深化“四个一”、实施“四项工程”活动深入开展，“双进双解”活动成效显著，法治意识和服务意识明显增强，行政效能不断提高，软环境进一步改善。重大基础设施建设步伐加快，重点道路改扩建工程进展顺利，市容环境综合整治取得阶段性成果，城市综合服务功能进一步完善。生态环境明显改善，国家生态市建设指标全部达标，全国环境建设样板城创建工作扎实推进。浑南新城建设取得显著成效，全运会筹备工作紧张有序，场馆建设进展良好，竞赛组织稳步推进，服务保障不断完善，喜迎全运氛围更加浓厚。创建全国文明城市工作开局良好、进展顺利，市民文明素质和城市文明程度进一步提高。

4. 扎扎实实为人民谋利益，着力保障和改善民生，切实让振兴发展成果更多地惠及人民群众。我们坚持把保障和改善民生作为一切工作的出发点和落脚点，深入实施以“办实事”为重点的民生工程，有效解决了人民群众最关心、最直接、最现实的利益问题。和谐劳动关系加快构建，促进就业和扶持创业工作力度继续加大，进入国家级创业型城市行列。覆盖城乡的社会保障体系更加完善，保障能力不断增强，社会救助水平进一步提升，离退休人员养老金和城乡居民低保标准、新农合筹资标准大幅提高。保障性安居工程进展顺利，弃管住宅区综合改造成效显著。文化、教育、卫生、体育等社会事业取得新进步，人民群众的幸福感进一步增强。

5. 全面加强党的建设，保持党的先进性和纯洁性，进一步提高执政能力和领导水平。我们认真组织学习党的十八大精神，引导党员、干部全面把握和深刻领会新思想、新观点和新要求，在全社会迅速兴起了学习贯彻党的十八大精神的热潮。坚持理论中心组学习制度，深入开展“学经典、重品行、讲奉献”活动，科学发展理念更加深入人心。坚持正确的政绩观，完善干部选拔任用和考核评价机制，切实形成了凭德才用干部、以政绩论英雄的正确导向。圆满完成区县(市)人大、政府、政协换届工作，一批政治坚定、能力过硬、作风优良的干部走上领导岗位。以基层组织建设年为契机，深入开展创先争优活动，基层党组织的战斗堡垒作用和党员的先锋模范作用得到充分发挥。深入开展反腐倡廉工作，“五大系统”建设整体推进，一批群众反映强烈的突出问题得到解决，党风廉政建设和反腐败斗争取得明显成效，风清气正的良好环境进一步形成。

在充分肯定成绩的同时，我们也必须清醒地看到存在的差距和不足，主要表现在：经济结构还不尽合理，自主创新能力还不强，经济增长的质量和效益还不高，城市建设管理水平还亟待提升，维护稳定压力仍然很大，少数领导干部精神状态和工作作风需要进一步转变。这些问题需要我们在今后工作中认真加以解决。

二、全面贯彻党的十八大精神，准确把握老工业基地全面振兴的新要求

党的十八大是在我国进入全面建成小康社会决定性阶段召开的一次十分重要的大会，对凝聚党心军心民心、推动党和国家事业发展具有十分重大的意义。党的十八大报告描绘了全面建成小康社会、加快推进社会主义现代化的宏伟蓝图，为党和国家事业进一步发展指明了方向，是我们党团结带领全国各族人民夺取中国特色社会主义新胜利的政治宣言和行动纲领，是马克思主义的纲领性文献。当前和今后一个时期的首要政治任务，就是要认真学习宣传贯彻党的十八大精神。

学习宣传贯彻党的十八大精神，必须用党的十八大精神统一思想。党的十八大进一步向世人昭示了我们党高举中国特色社会主义伟大旗帜的坚定信念，鲜明回答了我们党举什么旗帜、走什么道路、保持什么样的精神状态、朝着什么样的目标继续前进的重大问题。全市各级党组织一定要以高度的政治责任感和强烈的历史使命感，组织广大党员干部和群众认真研读党的十八大文件，原原本本学习党的十八大报告和党章，学习习近平同志一系列重要讲话精神，深刻领会党的十八大的主题主线，深刻领会科学发展观的历史地位和指导意义，深刻领会建设中国特色社会主义的总依据、总布局、总任务，深刻领会夺取中国特色社会主义新胜利的基本要求，深刻领会全面建成小康社会的新要求，深刻领会全面提高党的建设科学化水平的重大举措，切实把思想统一到党的十八大精神上来，坚定不移地高举中国特色社会主义伟大旗帜，更加坚定道路自信、理论自信和制度自信。

学习宣传贯彻党的十八大精神，必须用中国特色社会主义理论体系武装头脑。中国特色社会主义理论体系，包括邓小平理论、“三个代表”重要思想、科学发展观，是马克思主义中国化最新成果，是党最可宝贵的政治和精神财富，是全国各族人民团结奋斗的共同思想基础。在当代中国，坚持中国特色社会主义理论体系，就是真正坚持马克思列宁主义。我们一定要紧密结合实际自觉主动地学，认真踏实地学，持之以恒地学，进一步加深对中国特色社会主义理论体系的政治认同、理性认同和感情认同，准确把握这一理论体系的科学内涵、精神实质和根本要求，深刻领会这一理论体系同马克思列宁主义、毛泽东思想既一脉相承又与时俱进的内在关系，系统掌握这一理论体系所体现的马克思主义立场、观点和方法，以理论上的清醒保证政治上的坚定和行动上的自觉。

学习宣传贯彻党的十八大精神，必须用科学发展观指导全部工作。科学发展观是中国特色社会主义理论体系最新成果，是中国共产党集体智慧的结晶，是指导党和国家全部工作的强大思想武器。我们必须坚持以科学发展观统领各项工作，使之延伸到各个领域，渗透到各个层次，体现到各个环节，切实把科学发展观转化为推动科学发展的坚强意志、谋划科学发展的正确思路、促进科学发展的政策措施、领导科学发展的实际能力，让科学发展观在老工业基地全面振兴的伟大实践中显示出强大的真理力量。党的十六大特别是十七大以来，沈阳抢抓中央实施振兴战略的重大机遇，创造性地贯彻落实科学发展观，提出了完成“五大任务”、实现“三大目标”的总体思路，使经济社会步入了又好又快发展的轨道，城市形象发生了巨大变化，老工业基地振兴发展取得了重大阶段性成果，迈入了全面振兴的新阶段。党的十八大对继续实施区域发展总体战略，全面振兴东北地区等老工业基地作出了新部署，振兴东北地区等老工业基地新的十年规划也即将出台，沈阳经济区改革发展上升为国家战略、十二届全运会主会场设在沈阳等重大机遇的叠加效应必将在未来一个时期得到更加充分释放，这为我们加快实现全面振兴创造了极为有利的条件。我们一定要抢抓难得机遇，丰富发展思路，完善政策措施，推动沈阳老工业基地在科学发展道路上加快全面振兴。

学习宣传贯彻党的十八大精神，必须紧密结合沈阳老工业基地全面振兴的实际。一是要把转方式调结构作为重中之重，积极推进经济结构战略性调整，加快形成新的经济发展方式，进一步提高经济发展的稳定性、协调性和可持续性。二是要把生态文明建设摆在更加突出的位置，不断加强环境保护和综合整治，加快建设国家生态文明市和全国环境建设样板城，探索出一条老工业基地振兴发展与环境保护的双赢之路。三是要把改革开放创新作为强大动力，深入推进新型工业化综合配套改革，推动外向型经济发展迈上新台阶，进一步提高自主创新能力，不断增强经济发展的活力与动力。四是要把优化发展环境作为新的竞争优势，切实转变政府职能，不断提高办事效率和服务水平，加快重大基础设施建设，实现城市功能和品位的新跨越，努力打造中国北方最佳投资环境。五是要把保障和改善民生作为根本出发点和落脚点，下大力气解决好人民群众最关心、最直接、最现实的利益问题，多谋民生之利，多解民生之忧，切实让振兴发展成果更多更公平惠及全市人民。只要我们认真落实这些新要求，把握机遇，应对挑战，坚定信心，攻坚克难，到2017年，就一定能够实现地区生产总值和城乡居民人均收入比2010年翻一番，就一定能够提前实现全面建成小康社会的目标，基本实现老工业基地全面振兴。

三、2013年的主要任务

2013年是深入贯彻党的十八大精神的第一年，也是落实全面振兴新要求的起步之年。做好明年各项工作，对实现今后五年目标任务至关重要。明年工作的总体要求是：按照省委的要求和部署，全面贯彻落实党的十八大和中央经济工作会议精神，坚持以邓小平理论、“三个代表”重要思想、科学发展观为指导，以转方式调结构为主线，以改革开放创新为动力，围绕实现“三大目标”，扎实推进“五大任务”，突出做好“稳增长、办全运、惠民生、抓党建”四项重点工作，继续保持经济社会持续健康发展的良好势头，奋力夺取老工业基地全面振兴的新胜利，为全面建成小康社会奠定坚实基础。

综合考虑各方面因素，明年全市地区生产总值预期增长10%，公共财政预算收入增长12%，城市居民人均可支配收入和农民人均纯收入分别增长11%和12%。

（一）稳增长

稳增长是明年全市工作的首要任务。要继续把握好稳中求进的工作总基调，以提高经济增长质量和效益为中心，坚持抓项目促调整、抓创新促提升、抓改革促转变，推动全市经济持续健康发展。

1. 抓项目促调整。坚持发展项目经济不动摇，大力推进项目开发建设，通过扩大增量来调整结构，在不断优化结构中实现稳增长。紧紧围绕优势产业、新兴产业发展和重点空间、重要园区建设，精心策划一批新项目和大项目，创新招商方式，加大选资力度，引导更多资金投向有利于结构调整的重大产业项目，力争让更多的牵动作用大、科技含量高、经济效益好、发展后劲足的大项目落户沈阳，加快形成新的经济增长点。要打牢实体经济根基，把发展实体经济作为稳增长调结构的突破点，加快调整产业结构，提高产业整体素质。继续巩固工业经济快速发展的强劲势头，进一步增强装备制造业对全市经济发展的支撑作用，依托三大聚集区和两大配套区，加快推进传统产业的转型升级，积极发展重大成套装备，提高产品的成套化、高端化和国际化水平，加快建设具有国际竞争力的先进装备制造业基地。大力发展高新技术产业，培育壮大战略性新兴产业，重点支持现代建筑产业园、航空产业园、泗水科技城和金属新材料产业园建设，切实增强发展后劲。加快服务业聚集区建设，不断壮大服务业规模，积极发展有利于经济结构战略性调整的生产性服务业，壮大电子商务、会展、总部经济等新兴业态，做大做强创意、设计、演艺等文化产业。加快发展县域经济，高标准推进重点工业园区和产业集群建设，深入实施蒲河生态经济带开发战略，加快蒲河生态经济带沈北核心区、永安新城等重点区域建设，抓好沈康高速现代农业示范带、光辉现代农业示范区建设，提升现代农业发展水平。加快所有制结构调整步伐，毫不动摇地鼓励、支持、引导非公有制经济特别是中小微企业发展，保证各种所有制经济依法平等使用生产要素、公平参与市场竞争、同等受到法律保护，相互促进、共同发展。

2. 抓创新促提升。坚持实施创新驱动发展战略，大力提升企业核心竞争力，在创新发展中实现稳增长。要按照市委、市政府出台的加快推进科技创新意见的要求，切实加大自主创新工作力度，不断提高原始创新、集成创新和引进消化吸收再创新能力，更好地发挥科技对经济发展的支撑作用。总结推广机床集团自主创新的经验，强化企业在科技创新中的主体地位，培育一批有实力、有潜力的创新型示范企业。实施科技创新重大专项，落实重大技术装备首台套政策，推动并购海外科技型企业和引进先进技术，积极引导全市规模以上企业建立研发中心，提升企业的持续创新能力和核心竞争力。充分发挥在沈高校、科研单位人才优势，加快构建以企业为主体、市场为导向、产学研相结合的技术创新体系，促进创新资源高效配置和综合集成，组建产业技术创新战略联盟，加快大学科技城建设，建立健全科技成果转化服务体系，促进科技成果产业化。加快引进海外研发团队和高端创新人才，积极构建创新人才聚集高地。进一步完善指标考评体系，加大对科技创新的考核力度，充分激发全社会推进自主创新的活力与动力。

3. 抓改革促转变。坚持走新型工业化道路，深入推进综合配套改革，加快形成新的经济发展方式，在转变发展方式中实现稳增长。要按照增强改革的系统性、整体性、协同性的要求，进一步细化实施方案，明确路线图、时间表，力争在重要领域和关键环节取得新突破。大力推进国家优化金融生态改革试验，加快金融商贸开发区和金融街建设，加大区域性金融总部和非银行金融机构引进力度，培育多层次资本市场，不断发展壮大产业金融，进一步建立健全金融服务体系，努力建设东北区域金融中心。加快推进信息化与工业化深度融合，进一步加大资金投入和政策支持力度，加强市级试验区建设，充分发挥核心骨干企业提升信息化水平的带动引领作用，推动企业实现设计研发智能化、生产过程自动化、经营管理信息化，力争进入国家首批“两化”融合示范区行列。深入推进行政管理体制改革，进一步优化政府组织机构，减少行政层级，提高行政效能，加快推行网上审批，强化政府社会管理和公共服务职能，增强法治意识和服务意识，切实优化发展软环境。把沈抚同城化作为沈阳经济区一体化发展的重点和突破口，统筹推进新城新市镇建设，进一步完善政策支持体系和协调联动机制，加快沈阳经济区一体化进程。深入推进统筹城乡发展改革，积极支持于洪统筹城乡发展和苏家屯新型城镇化综合配套改革，加快新民、辽中郊区化步伐，有序推进农业转移人口市民化，切实在提高城镇化质量上取得新成效。

（二）办全运

第十二届全运会将于明年8月末在沈阳隆重开幕。我们一定要紧紧抓住这一难得历史机遇，在更高起点、更高水平上完善城市功能、改善生态环境、提升城市品位，把一个更加清新、靓丽、文明的沈阳展现在世人面前。

1. 全力以赴办好全运盛会。加快浑南新城建设步伐，精心抓好全运场馆、全运村、市区两级全民健身中心及相关配套设施建设，抓紧做好场馆内部施工，确保按时保质交付使用。超前谋划好全运场馆的后续运营管理，让全运成果惠及更多市民。精心做好竞赛组织、服务保障、安全保卫、志愿者服务等工作，确保实现“平安全运”目标。深入开展“全运之城、沈阳力量”系列主题教育实践活动，加大宣传力度，优化窗口行业服务，激发全市人民关心全运、服务全运、奉献全运的热情，努力办出一届既隆重又节俭，特色鲜明、精彩纷呈的体育盛会。

2. 进一步提升城市建设和管理水平。加快完善交通基础设施，高质量完成好桃仙机场T3航站楼建设、沈阳北站南广场改造等工程，加快启动地铁新环线建设，全面完成三、四环建设改造任务，启动一、二环快速路二期工程，加快形成层次分明、密度合理、有效衔接的现代化交通体系。优先发展公共交通，积极推广使用新能源汽车，进一步提高市民公交出行比例。抓好城市公园、文化广场、街巷路建设改造和景观绿化，加快公共停车场建设，加强排水管网改造，解决汛期街路积水严重问题。深入开展“清洁沈阳”活动，抓好重点街路两侧牌匾、广告整治改造，加强主要场所、重点区域和薄弱部位环境综合整治，努力营造更加整洁优美的市容环境。加快智慧城市建设，不断提高城市生产、经营、管理、公共服务及人民生活的信息化、科学化水平。

3. 加强生态文明建设。继续高标准推进辽河、浑河及主要支流的生态修复、景观建设和综合整治，巩固蒲河流域生态化、景观化成果，加强卧龙湖生态保护试点工程建设，使之成为国家湖泊生态环境保护与生态文明建设的典范。抓好百里环城水系景观提升，打造健康生态水环境。深入实施青山工程，大力开展防沙治沙、造林绿化，扎实推进农村环境连片整治示范工程建设。加快发展节能环保产业，启动棋盘山环保服务业聚集区建设，创建东北生态环保城。抓好城乡垃圾、污水处理，深入推进节能减排，确保完成全年节能减排目标任务。采取扩大硬覆盖、增加绿地和加强建筑工地管理等措施，降低粉尘污染，提高大气质量，确保通过国家环保模范城复检。巩固和深化国家生态市创建成果，适时启动生态文明建设示范市创建工作，不断提升全社会生态文明水平，努力建设天蓝、水清、地绿、宜居的美丽沈阳。

4. 扎实推进全国文明城市创建工作。明年是创城工作全面达标年。要巩固提升创建成果，努力使市民文明素质和城市文明程度有更大提升。广泛开展理想信念教育，大力弘扬中华民族传统美德，把“热爱祖国、孝敬父母、关爱他人”作为全市人民共同践行的最基本的道德准则，积极培育和践行社会主义核心价值观。深化群众性精神文明创建，深入开展“迎全运、讲文明、树新风”活动，展示沈城人民乐观自信、热情友善、开放包容的良好形象。要针对创城薄弱环节，整合资源、凝聚力量，形成多方联动的良好态势，全力做好国家第二次测评迎检工作，确保各项指标全面达标，为实现创城目标奠定坚实基础。

(三)惠民生

民生是振兴之要,和谐之本。必须从维护群众根本利益的战略高度,加大管理创新力度,大力实施以“办实事”为重点的民生工程,努力让全市人民过上更加美好的生活。

1.千方百计做好就业工作。实施更加积极的就业政策,努力探索与市场需求相适应的普惠制就业培训模式,建立健全就业困难人员长效帮扶机制,大力强化公共就业服务,引导高校毕业生和新生代农民工在新型工业化和家政服务等新兴服务领域就业发展,确保困难家庭高校毕业生稳定就业。加强国家创业型城市建设,不断完善创业服务体系,鼓励更多的人自主创业。认真落实工资集体协商制度,推动实现劳动争议调解组织全覆盖,强化劳动人事争议调解仲裁,构建更加和谐的劳动关系。

2.全力提升社会保障水平。按照全覆盖、保基本、多层次、可持续的要求,探索建立覆盖城乡居民的社会保障制度,加大职工养老保险、新农保、城镇居民养老保险的扩面和征缴力度,不断提高各项社会保险待遇水平。健全残疾人社会保障和服务体系,有效保障残疾人权益。完善养老服务体系,加快推动老龄事业健康发展。以农村低保信息化建设为重点,加快推进城乡低保工作一体化,确保城乡低保家庭生活稳定。创新社会救助模式,建立街道、社区两级社会综合救助组织,进一步提高城乡贫困群体救助水平。切实加大保障性住房建设和分配管理力度,强化城市供暖、供气、供水工作,做好生活必需品价格调控监管,保障人民群众特别是困难群众的基本生活。

3.加快推进基本公共服务均等化。按照建设教育强市的目标要求,深化教育领域综合改革,积极办好学前教育,高水平均衡发展义务教育,全面提升普通高中教育和职业教育,努力完善终身教育,支持和鼓励在沈高校发展,切实提高各级各类教育的质量和水平。进一步深化文化体制改革,繁荣文化事业,不断提升城市文化软实力。深化医药卫生体制改革,全面落实国家基本药物制度,大力推广和平区社区医疗卫生服务模式,积极推进新民市县级公立医院改革试点,着力为群众提供安全有效、方便价廉的公共卫生和基本医疗服务。加快推进城乡公共体育设施建设,广泛开展全民健身运动,确保群众体育普遍惠民、竞技体育水平提升、体育产业不断壮大,努力形成群众体育与竞技体育相互促进、相互支撑、协调发展的良好局面。

4.加强和创新社会管理。积极构建“党委领导、政府负责、社会协同、公众参与、法治保障”的社会管理体制,确保全市社会管理和服务水平上升到一个新的高度。加强流动人口和特殊人群管理服务,强化非公有制经济组织和社会组织服务管理。完善基层社会管理和服务体系,增强城乡社区服务功能,推广沈河区全社会调解工作模式,集中解决土地征用、房屋征收、劳资纠纷等群众关心的热点问题,从源头上预防和化解各种社会矛盾。深化平安沈阳建设,强化公共安全和安全生产保障,加强食品药品及危险品监管,完善立体化社会治安防控体系,不断增强人民群众安全感。

(四)抓党建

夺取沈阳老工业基地全面振兴的新胜利,关键在党。要牢牢把握加强党的执政能力建设、先进性和纯洁性建设这条主线,继续以改革创新精神全面推进党的建设新的伟大工程,努力建设学习型、服务型、创新型党组织,确保党始终成为全市人民的主心骨和振兴大业的坚强领导核心。

1.切实加强党的作风建设。认真贯彻落实中央政治局关于改进工作作风、密切联系群众的八项规定,着力解决作风建设方面存在的突出问题,以优良党风凝聚党心民心、带动政风民风。大力弘扬密切联系群众之风,组织开展以为民务实清廉为主要内容的党的群众路线教育实践活动,完善维护群众权益机制和党员干部直接联系群众制度,坚持问政于民、问需于民、问计于民,不断从群众中汲取经验、智慧和力量。大力弘扬求真务实之风,坚持以正确政绩观践行科学发展观,坚决反对形式主义和官僚主义,坚决纠正主观脱离客观、思想脱离实际、感情脱离群众的问题,敢于直面矛盾、善于攻坚克难、勇于负责担当,坚持察实情、出实招、办实事、求实效,进一步改进学风文风会风,提倡发短文、开短会、讲短话,切实整治庸懒散奢等不良风气。大力弘扬无私奉献之风,教育引导党员干部牢固树立正确的权力观、地位观、利益观,始终把人民利益放在第一位,淡泊名利,艰苦奋斗,坚守共产党人的精神家园,永葆共产党人的政治本色。

2.努力建设高素质干部人才队伍。坚持民主、公开、竞争、择优方针,扩大干部工作民主,完善竞争性选拔干部方式,提高选人用人公信度,不让老实人吃亏,不让投机钻营者得利。加大培养选拔优秀年轻干部力度,科学制定规划,坚持用人标准,大胆使用新人,努力造就一支数量充足、质量较高、素质过硬、结构合理的优秀年轻干部队伍。统筹推进各类人才队伍建设,加快培养和引进急需紧缺的高层次、创新型人才,激发人才创造活力,为沈阳实现全面振兴提供智力支持。

3.大力加强党的基层组织建设。巩固和发展创先争优活动成果,推动创先争优常态化、长效化。落实党建工作责任制,总结推广新民市周坨子镇党委推动科学发展、建设社会主义新农村的基层党建工作经验,统筹推进机关、农村、社区、国企以及“两新”组织等各领域基层党组织建设,突出抓好非公有制企业党建工作,不断扩大党的组织覆盖和工作覆盖。认真贯彻习近平总书记重要批示精神,深入开展向罗阳同志学习活动,引导全市党员干部讲党性、重品行、作表率,更好地发挥先锋模范作用。积极发展党内民主,保障党员主体地位,落实党代会代表任期制,完善常委会议事规则和决策程序,以党内民主带动人民民主。

4.坚决惩治和有效预防腐败。反对腐败、建设廉洁政治,是党一贯坚持的政治立场。我们必须旗帜鲜明地反对腐败,全面推进惩治和预防腐败体系建设,确保干部清正、政府清廉、政治清明。加强反腐倡廉教育和廉政文化建设,认真贯彻落实党风廉政建设责任制,严格执行领导干部重大事项报告制度,不断增强领导干部廉洁从政的自觉性。深化重点领域和关键环节改革,完善“五大系统”的整体功能,加快建立廉政风险防控机制,强化对权力运行的制约监督。坚决查办各类违纪违法案件,着力解决发生在群众身边的腐败问题,始终保持惩治腐败的高压态势,以反腐倡廉实际成效取信于民。

夺取沈阳老工业基地全面振兴的新胜利,需要全市人民万众一心、团结奋斗。要充分发挥党委总揽全局、协调各方的领导核心作用,全力支持人大、政府、政协按照各自职能开展工作,注重发挥各民主党派、工商联、无党派人士以及工会、共青团、妇联等人民团体的作用,不断巩固和发展民主团结、生动活泼、安定和谐的政治局面,把方方面面的积极性充分调动起来,把各行各业的智慧和力量充分凝聚起来,形成一心一意谋发展、群策群力促振兴的强大合力。

同志们,推动沈阳老工业基地在科学发展道路上加快全面振兴,重任在肩,时不我待。让我们高举中国特色社会主义伟大旗帜,坚持以邓小平理论、“三个代表”重要思想、科学发展观为指导,紧密团结在以习近平同志为总书记的党中央周围,全面贯彻落实党的十八大精神,在省委的正确领导下,团结带领全市广大党员、干部和群众,同心同德,开拓进取,扎实工作,奋力夺取沈阳老工业基地全面振兴的新胜利!

沈阳市第十四届人民代表大会常务委员会工作报告

沈阳市人大常委会主任　赵长义

各位代表:

我受沈阳市第十四届人民代表大会常务委员会的委托,向大会报告五年来的工作,对新一届市人大常委会提出工作建议,请予审议。

五年来的主要工作回顾

市十四届人大及其常委会在市委的正确领导下,坚持以邓小平理论和“三个代表”重要思想为指导,深入贯彻落实科学发展观,紧密围绕全市工作大局,认真履行宪法和法律赋予的职权,各项工作取得了新的成效,为加强社会主义民主法制建设,推动我市科学发展,加快实现全面振兴作出了重要贡献。

一、扎实开展地方立法工作,为沈阳经济社会发展提供有力的法制保障

常委会在本届第一年就召开立法工作会议,确定立法任务目标,明确“注重管用有效,突出地方特色”和“针对问题立法,立法解决问题”的工作思路,并贯穿于立法工作实践。五年来,共完成37件立法项目,其中制定14件、修改13件、废止10件。

第一,突出民生立法。常委会坚持立法为民,努力从法规层面解决人民群众最关心、最直接、最现实的利益问题。多年来,人民群众对城市养犬扰民反响强烈,我们在反复调研论证、广泛征求社会各界意见的基础上,制定了养犬管理条例,对规范养犬行为、加强养犬管理、维护市容环境,发挥了重要的规范引导作用。针对百姓反映突出的规范物业管理、保障供暖达标等问题,制定了物业管理条例、民用建筑供热用热管理条例,使我市物业和供热市场的发展更加有章可循。针对社会普遍关注的上学难、校园安全等热点问题,制定了义务教育条例,在均衡教育资源、经费保障、学校和学生的安全管理等方面都提出了明确规范,并将素质教育、减轻学生课业负担、外来务工人员子女就学等方面内容写入法规,为维护教育公平提供了保障。

第二,推进经济和社会领域立法。为强化中小企业权益保护、优化发展环境,制定了促进中小企业发展条例,在资金支持、创业扶持、技术创新、融资担保等方面做出具体规定;为维护工业热力市场秩序,制定了工业热力管理条例;为推动自主创新、加快创新型城市建设,制定了专利促进条例,修订了科学技术进步条例,为促进我市工业经济发展、加快转变经济发展方式提供了立法支持。在制定和修改沈阳市历史文化名城保护、防御雷电灾害、供水用水管理等法规中,重点规范了政府公共服务及社会管理职责,推动经济和社会事业统筹协调发展。

第三,加强城市管理和生态环境立法。城乡规划关系全局,涉及长远,为更好发挥规划在城市建设管理中的调控引导作用,制定了市城乡规划条例,明确建立层级有序的规划监管机制,维护城乡规划的严肃性和稳定性,特别是对地下空间开发利用、雨污分流改造建设做出明确规定,填补了这一方面的立法空白。针对城市管理中的新情况,修改了道路客运市场管理、机动车维修市场管理、社会保险费征缴、公路路政管理等条例。为促进资源节约型和环境友好型社会建设,制定了再生资源回收利用、民用建筑节能、危险废物污染环境防治、绿化等4部条例,修改了水污染防治、节约能源等条例。这些地方性法规,为强化城市管理、推动生态文明建设提供了更为可行的法规依据。

在推进立法过程中,常委会坚持科学和民主立法,注重立法的公正性,妥善处理各种利益关系,及时协调解决法规起草中的难点问题,发挥立法在表达、平衡、调整社会利益方面的重要作用;注重规范行政行为,严格控制行政许可、行政收费、行政处罚和行政强制的设定,防止部门利益倾向;注重扩大公民的有序参与,利用多种方式征集采纳人民群众和社会各界的意见;注重立法工作创新,对城市供水用水管理条例等8部地方性法规开展了立法后评估。

二、依法行使监督权,不断增强监督工作实效

常委会围绕市委决策部署和事关全市振兴发展大局、事关人民群众切身利益的问题,依法开展监督工作,五年来共听取审议“一府两院”专项工作报告136项,集中进行了8次执法检查,开展了2次专题询问,推动了依法行政和公正司法。

第一,加强了计划和预决算审查监督。坚持把审查国民经济和社会发展计划、预算执行情况、“十一五”规划纲要中期评估和“十二五”规划纲要编制情况作为监督的重要内容,对本届人大历次会议批准的计划、预算执行情况进行督办审查,听取审议了相关工作情况的报告,并作出审查批准及调整的决议。进一步完善了对国民经济和社会发展计划的监督机制,促进政府将财政投资重大项目纳入年度国民经济和社会发展计划,首次将政府投资重大项目建设情况纳入审议议题。对政府性基金和专项资金预算、部门预算编制和执行、重点城建项目安排等方面,加强了审查监督,就防范政府债务风险、加强预算执行刚性约束、提高预算编制完整性、完善政府预算体系、加强专项资金管理、推进部门预算改革、强化国有资产监管等15个方面提出了审议意见。注重发挥审计监督的职能作用，对每年审计查出问题的整改情况加大监督力度，促进有关部门对挤占、挪用专项资金等屡审屡犯问题，从机制上进一步完善监管措施。支持审计部门选择污水处理厂项目开展绩效审计试点，对统筹解决污水处理厂有效运行问题进行了专题审议，提出了一系列有针对性的意见建议，对促进项目建设和财政经济稳定运行发挥了积极作用。

第二，加强了民生问题监督。常委会抓住群众关心、社会关注的重点民生问题，实施了持续监督。围绕保障食品安全，让百姓吃上安全放心食品，连续3年对我市贯彻实施食品安全法情况进行执法检查，通过听取专项汇报、明察暗访、实地调研、集中检查与委托检查相结合、随机抽样检测与百姓餐桌密切相关的食品、邀请代表全程参与等多种形式，加大监督力度，并围绕加强食品安全有效监管开展了专题询问。结合审议和专题询问，就落实监管责任、实施责任追究、健全监管机制、开展集中整治、强化源头管理、规范农贸大厅建设等12个方面的重点问题，提出了意见建议，督促政府改进食品安全监管工作，不断改善我市食品安全状况。围绕保障饮水安全，让百姓喝上干净水，结合对水污染防治法的执法检查和对涉水议案建议的跟踪督办，对老旧小区自来水管网和二次加压泵站改造、地下水资源保护、东水西调配套工程建设以及农村饮用水安全工程建设等方面，进行了连续跟踪问效，促进政府改造城市供水二次加压泵站612处、城市供水管网355公里，解决了104.6万村民饮水问题。

围绕解决“看病难、看病贵”问题，听取了市属重点医院和医疗卫生服务体系建设、开展新型农村合作医疗等工作情况汇报，把市一院、四院、七院、儿童、妇婴、骨科、奉天等7所医院建设情况纳入监督计划，通过工作视察、专题调研、听取专项汇报、督办议案和建议等形式不断加以推动，促进7所市属重点医院改造如期完成，使医院规模扩大，设施得到更新，住院就诊床位大幅增加，中心城市公共医疗服务能力得到较大提升。围绕改善百姓居住环境，结合老旧弃管住宅小区综合改造议案的督办落实，先后5次听取和审议专项工作报告，多次组织专题调研视察，尤其是将改造弃管住宅小区确定为首次开展专题询问的内容，提出弃管小区改造“标本兼治”，加强后续管理，统筹道路、管网和墙体保温改造，确保工程质量等方面的建议，得到了市政府的高度重视，连续3年纳入为城乡群众办实事项目，完成了1502个弃管住宅小区改造任务，惠及165.5万城市居民。

围绕推动“平安沈阳”建设，结合公安派出所改造建设的议案督办工作，从2010年开始，每年通过审议专项报告、听取工作汇报、组织专题视察，督促政府按照标准化、规范化和功能化的要求，加快公安派出所改造建设，新建改造的68个公安派出所实现了布局合理、统一规范、功能齐全、方便群众的目标要求，为提高群众见警率、增强百姓的安全感奠定了基础。此外，常委会还听取了我市促进就业、解决低收入家庭住房困难、发展养老事业、学前教育、职业教育、综合整治道路交通、建设和谐社区、规范发展家庭服务业、丰富群众文化生活等16个方面的专项报告和工作汇报，推动了各项惠民举措落实，使一些事关群众切身利益的民生问题得到较好解决。

第三，加强了生态环境保护工作监督。常委会始终把资源环境问题摆在重要监督位置，听取审议了生态市建设总体规划修编、污染减排等专项工作报告，督促政府加强资源环境保护，加快节能减排目标实现。对污水处理厂配套建设与有效运营、垃圾和污泥无害化处理、农村面源污染治理进行了持续跟踪监督，提出的意见建议得到有效落实。为推进辽河流域水污染治理，从流域治理规律和人大自身特点出发，倡导发起了以“协同治理水污染，联手保护母亲河”为主题的“沈阳经济区八城市人大常委会依法推进辽河流域水污染治理协调行动”，围绕完善辽河流域治理法规、健全水污染监管体系、污水处理厂配套建设、保证治理改造资金落实、形成协调联动工作机制等内容，召开8次联席会议，组织了6次联合调研视察，提出的一系列意见建议都得到重视和采纳，为改善辽河流域水环境作出了重要贡献，得到了全国人大、省人大和省政府的高度评价和充分肯定。

第四，加强了“三农”工作监督。着眼推动城乡统筹发展，将事关“三农”的重要事项适时列入常委会审议议题和视察检查内容。五年来，共听取审议了农村改革发展、新农村建设、发展县域经济、加快农业产业结构调整、加强农田水利基础设施和农业科技服务体系建设等7个专项报告，听取了发展现代农业、推进基层农技推广机构建设等工作汇报，多次围绕县域重大项目建设、农业综合开发、新城镇建设、林权制度改革、农村冷链物流体系建设等情况开展专项调研，就农业产业化、农产品质量安全以及防汛、春耕生产等情况进行工作视察。尤其是结合办理农业万亩大桥改造的议案，对农田水利基础设施建设情况、农田排涝工程多次开展视察检查，推动政府加强农田水利基础设施建设。针对制约我市农民专业合作社发展的突出问题，连续3年通过执法检查、审议工作报告等形式进行专项监督，就示范社建设、领办人培训、政策扶持、农产品营销以及流通体系建设等问题提出具体意见建议，有效促进了我市农民专业合作社水平和市场化程度的提升。

第五，加强了司法工作监督。针对社会普遍关注、群众反映强烈的执行难问题，连续两年听取市法院关于民事执行工作情况的报告，推动法院有效开展专项清理活动，不断创新执行方式，规范执行行为，切实提高民事案件实际执结率和执行效果，特别是加大对不履行生效判决与裁定的处罚力度，最大限度保护当事人合法权益。支持法院在实施分段集约执行模式试点基础上，加快全市执行案件操作流程改革，使执行过程中一人专断和滥用执行权的情况得到明显改变。支持促进检察机关加强诉讼监督工作，听取审议了检察机关开展诉讼监督情况的报告，并进行了专题视察，督促检察机关巩固诉讼监督年专项活动成果，加强对有案不立、有罪不究、以罚代刑、违法立案或撤案、违法减刑假释等问题的监督，严查在诉讼活动中滥用侦查权、审判权和执行权的职务犯罪案件，增强执法公信力。加强了对争议较大、检察机关抗诉案件的庭审监督，创新旁听庭审活动方式，促进了阳光司法。同时，将加强信访工作与开展监督有机结合，对503件重点信访事项进行转办督办，为维护社会和谐稳定发挥了应有作用。

第六，加强了法律法规实施情况监督。在对劳动合同法等重要法律集中开展执法检查的同时，听取审议了归侨侨眷权益保护、企业国有资产、体育法以及全民健身、宗教事务、散居少数民族权益保障条例等9部法律法规贯彻实施情况的专项工作报告。听取审议了市政府依法行政和“五五”普法工作情况的报告，并作出加强法制宣传教育的决议。听取了农业法、农产品质量安全、民事诉讼、人口与计划生育、台胞投资保护、旅游条例和清真食品生产管理规定等7部法律法规实施情况的工作汇报。配合全国和省人大对文物保护、地下水资源保护等8部法律法规进行了执法检查和调研视察。召开了全市规范性文件备案审查工作会议，对49件行政规章进行了备案审查。通过这些举措，保障相关法律法规在我市的贯彻实施，推进了依法治市进程。

三、认真行使重大事项决定权和人事任免权，保证和促进全市重大决策部署的有效落实

常委会将讨论决定重大事项与开展监督工作有机结合，对我市经济社会发展中带有全局性、长远性和事关人民群众切身利益的重大事项，适时纳入审议议题，依法进行审议，共作出47项决议和决定。五年来，根据市委的决策部署，围绕加快推进沈阳经济区新型工业化综合配套改革、“十二运”设施和浑南新城规划建设、政府重大投资项目实施、四大发展空间拓展、发展现代服务业和推进旅游产业发展等重大问题开展视察调研，促进了重大事项科学决策，推动了重点工作有效落实。围绕打造具有国际竞争力的先进装备制造业基地，就装备制造业发展中的深层次和关键性问题开展深入调研，促进政府加快推进“三大聚集区”和“两大配套区”建设，加速装备制造产业配套、生产性服务业和企业员工生活居住的有效聚集；推广机床集团通过产品扩散、合作生产方式整合零部件配套资源的成功经验，加快形成专业化、规模化、社会化的配套体系，发展壮大产业集群；积极探索产业与金融资本的深度融合，加快大企业总部基地建设，努力打造公共服务平台，使装备制造产业形成新的发展格局。修订了常委会讨论决定重大事项规定，明确了重大事项范围，规范和完善了工作程序，健全了对落实决议决定的监督机制，解决了在一些重点问题上的监督缺位问题，使讨论决定重大事项工作更具针对性和可操作性。在行使人事任免权方面，坚持党管干部和人大依法任免相统一，严格工作程序，保证人事任免工作的规范有序。五年来，共依法任免国家机关工作人员623人次，为我市地方国家机关正常运转提供了组织保证。

四、加强改进代表工作，充分发挥代表主体作用

常委会本着“人大工作开展靠代表，人大工作水平看代表”的理念，不断创新代表活动方式，健全人大代表在闭会期间行使职权和发挥作用的机制。在全市人大代表中开展了“深入调研，为沈阳科学发展献良策；深入基层，为保增长促和谐解难题；深入走访，为人民群众办实事”的“三深入”活动，展示了代表们在反映民意、关注民生、助推发展中的积极作为。召开了全市人大代表工作会议，出台了加强人大代表工作的若干意见。制定了代表建议办理工作问责和绩效评估办法，完善了组成人员联系选举单位和代表小组、代表资格审查等多项制度程序。坚持两年开展一次优秀履职代表和先进代表小组评选表彰活动，共评选出先进代表小组16个、履职优秀代表123人次，激励和调动了代表依法履职的积极性。通过加强服务保障、搞好履职培训、开展代表联系群众见面日活动、建立“代表之家”等系列举措，使代表闭会期间的活动实效明显增强。五年来，在市人大代表中，共有380人次列席常委会会议，3000多人次参与工作调研、执法检查、工作视察等活动，代表们用实际行动兑现了“人民选我当代表，我当代表为人民”的庄严承诺。

常委会把审议代表议案办理情况报告和督办代表建议作为保障人民民主权利的重要工作，五年来，围绕14件代表议案的督办，先后8次听取审议办理情况专项报告，集中开展了12次专题视察检查。特别是对办理难度较大、见效周期较长的议案，每年都列入重点督办日程，促进政府认真办理。经过努力，这些涉及沈阳经济发展、公共安全、农田水利基础设施建设、环境保护、新农村建设、历史文化名城保护等方面的议案，都得到较好落实，代表和人民群众给予充分肯定。对代表提出的3852件建议、批评和意见，认真转办交办，对68件建议进行了重点督办，听取了“一府两院”的办理情况报告，并通过重点督办与跟踪督办相结合、召开办理工作现场会、领衔代表参加督办、通报办理情况等办法，保证代表建议办理工作认真落实，五年来代表建议的办结率累计达到87.1%。

人大代表选举是事关民主政治建设的一件大事，常委会按照市委统一部署，针对选举法修改后的新变化，在充分调研基础上提出指导意见，结合我市实际作出了代表换届选举工作的相关决定，严格按照法定程序做好代表名额分配、结构比例和代表候选人提名、推荐等工作，加强了对区县(市)人大换届选举工作指导，落实了“两升一降一保证”的要求，优化了代表结构，使本届市人大代表更具广泛性和代表性，为开好市十五届人大一次会议奠定了基础。

五、加强常委会自身建设，不断提高依法履职能力和水平

深入推进“学习型”机关建设，认真安排理论中心组学习，开展读书活动，有针对性地组织专题培训，举办了宏观经济形势预测、人大工作理论、宗教与社会和谐、立法法等专题讲座15次，为提高履职水平创造了有利条件。坚持深入实际，认真开展调查研究，形成了100余篇重点调研报告，对提高审议质量发挥了基础作用。协助市委开好人大工作会议，在深入调研基础上提出了一系列有针对性的建议，为市委出台加强人大工作若干意见提供了决策依据，使一些影响人大工作的实际问题得到了解决。修订了常委会议事规则，健全了相关工作制度，推进了人大工作的规范化和程序化。重视发挥各专门委员会和工作机构作用，增设预算审查工作委员会，提升了常委会整体工作效能。坚持新闻发言人制度，扩大公民对常委会活动的参与，邀请了410名市民旁听常委会会议，提高了人大工作透明度。通过《沈阳人大》刊物、人大公报、人大网站以及加强主流媒体宣传报道等多种渠道，扩大了人大宣传工作的广度和深度，提高我市人大工作的影响力。通过纪念市人大常委会设立30周年活动，认真总结人大工作经验，对人民代表大会制度进行了广泛宣传。健全了机关干部培训制度，机关队伍整体素质有较大提高，围绕和谐机关建设，开展了丰富多彩的文化活动，展现出人大机关积极进取、奋发有为的精神风貌。

加强了与区县（市）人大工作的联系指导，通过坚持和完善市与区县（市）人大常委会主任座谈会、区县（市）人大常委会主任列席常委会会议、联合调研考察、专委会对口联系等各项制度，加强情况沟通，听取意见建议。两级人大对立法调研、执法检查、工作视察、代表活动等重要工作实施联动，密切配合，共同推动全市人大工作发展。加强了同兄弟城市人大的学习交流。与20个国家的地方议会和友城议会开展了友好交往。

各位代表，本届常委会工作所取得的成绩，是在中共沈阳市委的正确领导下，常委会组成人员、各专门委员会和全体代表共同努力的结果，也得益于“一府两院”的有力配合，得益于区县（市）人大的鼎力支持和全市各民主党派、人民团体以及社会各界的热情帮助。在此，我谨代表市十四届人大常委会，向所有关心、支持人大工作的同志们和各界朋友，表示衷心的感谢并致以崇高的敬意！

五年来的实践，使我们对做好人大工作有了更加深切的体会：一是人大工作只有坚持党的领导，努力在市委“总揽全局、协调各方”的领导格局中发挥地方国家权力机关的职能作用，才能保证沿着正确的政治方向不断前进；二是人大工作只有真诚倾听百姓呼声，真实反映人民意愿，真情关心群众疾苦，努力把人民群众的根本利益实现好、维护好、发展好，才能具有坚实的群众基础，得到广大人民群众的拥护；三是人大工作只有围绕党和国家工作大局，与全市中心工作保持协调一致，正确处理与“一府两院”的关系，寓支持于监督之中，才能使依法监督更加富有实效；四是人大工作只有始终坚持与时俱进，在依法按程序行使职权的同时，以创新的思维推进各项工作，不断探索新的工作方式方法，才能保持人大工作的生机与活力。

回顾总结五年来的工作，我们也清醒看到，常委会工作与党的要求、同人大代表和人民群众的期望相比还有一定差距，主要是常委会立法主导作用还需进一步强化；监督工作的方式方法还需不断丰富完善，在开展专项工作评议和对垂直管理部门的监督方面还应加快推进；重大事项决定权的行使还不够充分；密切联系人大代表和人民群众的工作还应进一步加强。

对新一届市人大常委会的工作建议

各位代表：

未来五年，是我市在科学发展道路上加快全面振兴、实现全面建成小康社会目标的关键时期。建议新一届市人大常委会，在市委的正确领导下，全面贯彻落实党的十八大精神和市委的各项要求部署，坚持以邓小平理论、“三个代表”重要思想和科学发展观为指导，坚持党的领导、人民当家做主和依法治国的有机统一，紧密围绕实现“三大目标”、扎实推进“五大任务”，充分发挥市人大及其常委会作为地方国家权力机关的职能作用，动员和凝聚全市人民的力量和智慧，奋力夺取老工业基地全面振兴的新胜利。

立法工作要有新进展。加强重点领域立法，在完善经济发展、城市管理方面地方性法规的同时，更加重视社会领域立法、民生立法和生态保护方面立法。深入推进科学立法、民主立法，扩大公民有序参与立法的途径，在发挥地方性法规维护经济和社会秩序功能的同时，更加重视对公民、法人和其他组织合法权益的平等保护。要充分发挥常委会在立法工作中的主导作用，加强立法工作的组织协调，适时召开立法工作会议，研究制定五年立法规划和年度立法计划，统筹做好地方立法工作。

监督工作要有新作为。坚持议大事、谋全局，把行使监督权同行使重大事项决定权有机结合，不断强化监督工作效能。加强对政府全口径预算和决算的审查监督，促进政府逐步建立包括公共财政预算、政府性基金预算、国有资本经营预算和社会保险基金预算在内的完整预算管理体系。把促进生态文明建设摆在更加突出的位置，继续加强对污水处理厂建设运营、垃圾和污泥无害化处理、农村面源污染的专项监督，推动建设国家生态文明市和全国环境建设样板城。按照常委会讨论决定重大事项规定所明确的范围程序，适时作出决议决定，推进重大决策科学化、民主化。要重视软环境建设，推动政府不断提高行政效率，提升公信力和执行力。继续关注和重视“三农”问题，推进城乡统筹发展。加强对权力运行的监督，促进“一府两院”依法正确行使职权。更加注重维护社会公平正义，加快制定常委会监督司法工作规定，支持法院深化执行工作改革，督促检察机关强化诉讼监督，维护司法公正。倡导八城市人大依法推进沈阳经济区旅游一体化协调行动，共同推动“大沈阳旅游圈”的建设。

保障民生要有新成效。把保障和改善民生作为工作出发点和落脚点，多谋民生之利，多解民生之忧，围绕让全市人民过上更加美好生活，依法监督推进民生工程，督促政府有效落实各项惠民举措，把顺民意、解民忧、惠民生的各项实事办好、办到位。综合运用各种监督形式方法，持续对群众关注的饮水安全、食品安全、义务教育均衡发展、养老保障、老旧小区改造以及就业难、入托难、看病难、出行难、执行难等问题加强跟踪监督，让振兴发展成果更多更公平地惠及全市人民。

代表工作要有新起色。进一步加强服务保障，强化代表履职学习培训，完善信息服务，保证代表的知情权。扩大代表对立法、监督等工作的参与，改进代表议案建议办理工作，推动解决经济社会发展和民生领域中的突出问题。发挥代表密切联系群众的桥梁纽带作用,完善代表联系群众制度,不断改进代表联络工作。通过履职优秀代表评选、建立代表履职档案和履职写实,进一步完善代表激励机制。创新和规范代表活动的内容方式,继续深化“三深入”活动,拓展代表闭会期间发挥作用的途径,提高代表工作实效。

自身建设要有新提高。深入推进“学习型”机关建设,不断深化科学理论、法律法规、专业知识等方面的学习培训,不断提高人大常委会依法履职的能力和水平。进一步转变作风,坚持务实创新,深入实际,认真搞好调查研究,不断提升审议水平和工作质量。继续加强与区县(市)人大常委会的密切联系,协调一致推进全市人大工作创新发展。继续依法做好人事任免工作,完善对选举和任命人员的监督方法和形式。

各位代表:市十四届人大常委会已经圆满完成了历史使命,新一届市人大常委会即将依法选举产生,我们坚信,新一届市人大常委会一定会继往开来,不辱使命。让我们紧密团结在以习近平同志为总书记的党中央周围,在市委的领导下,开拓进取,扎实工作,为夺取沈阳老工业基地全面振兴的新胜利而努力奋斗!

政府工作报告

——2013 年 1 月 6 日

在沈阳市第十五届人民代表大会第一次会议上

沈阳市人民政府市长　陈海波

各位代表:

现在,我代表市政府向大会报告工作,请予审议,并请市政协各位委员提出意见和建议。

一、过去五年政府工作回顾

过去五年,在市委的正确领导下,在市人大及其常委会依法监督和市政协民主监督下,市政府团结带领全市人民,深入贯彻落实科学发展观,紧紧围绕完成“五大任务”、实现“三大目标”,抢抓机遇、开拓进取,圆满完成了市十四届人民代表大会确定的各项任务,沈阳老工业基地振兴取得了新成就。

——预计 2012 年全市地区生产总值实现 6700 亿元,比上年增长 11.0%,比 2007 年翻一番;

——固定资产投资完成 5600 亿元,比上年增长 22.8%,是 2007 年的 2.8 倍;

——社会消费品零售总额实现 2798 亿元,比上年增长 15.3%,是 2007 年的 2.3 倍;

——公共财政预算收入完成 715 亿元,比上年增长 15.3%,是 2007 年的 2.5 倍;

——城市居民人均可支配收入实现 26430 元,比上年增长 13.3%,是 2007 年的 1.8 倍;农民人均纯收入实现 13260 元,比上年增长 14.5%,是 2007 年的 1.9 倍;

——城镇登记失业率为 3%,五年来始终保持在较低水平;

——单位地区生产总值能耗比 2007 年下降 19.7%,化学需氧量、二氧化硫排放总量分别下降 27.9% 和 15.3%,圆满完成省政府下达的各项节能减排任务。

过去五年,经济结构不断优化,综合实力持续提升。坚持以增量调整经济结构,以创新促进产业升级,经济发展的协调性进一步增强。项目建设取得较大进展。五年开工建设投资 100 亿元以上项目 34 个,华晨宝马新工厂、上通北盛(三期)等一批质量高、效益好的重大项目已经投产或正在建设,为经济发展和结构调整提供了强大支撑,我市企业“山多峰少”的现状正在得到改变。

工业实力不断增强。大力实施工业“五项工程”,加快装备制造业三大聚集区和两大配套区建设,2012 年规模以上工业总产值实现 12850 亿元,是 2007 年的 2.7 倍,工业增加值实现 3200 亿元,是 2007 年的 2.3 倍。汽车及零部件、机械装备、电子信息、现代建筑、农产品加工等 5 大产业实现千亿产出,28 个重点产业集群销售收入实现 6500 亿元,其中 19 个超百亿元。华晨汽车、华晨宝马、上通北盛、机床、沈化、北方重工、远大、沈飞、沈煤、黎明航发、辽宁电力和东北电网等 12 家企业销售收入超百亿元,沈鼓 20 兆瓦电驱压缩机、沈变百万伏输变电设备等 66 个产品进入世界先进行列。

服务业发展全面提速。2012 年服务业增加值实现 2945 亿元,比 2007 年翻一番;现代服务业占服务业比重为 54.0%,我市成为国家现代服务业综合试点城市。东北总部基地等重大服务业项目加快建设,32 个重点服务业集聚区营业收入突破 3000 亿元,其中 7 个超百亿元。金廊建设加速推进,成为高端业态集聚发展的现代服务业集中展示区。中街、太原街、长江街、兴工街等商业街区服务功能不断提升,华润万象城、恒隆广场、龙之梦亚太城等一批设施先进、功能完善的大型城市综合体投入运营。14 家企业荣获“中华老字号”称号,五爱市场位居商品交易批发市场全国百强。东北区域金融中心初具规模,分行分公司以上金融机构已有 118 家。装备制造业物流集中发展区、临空现代物流港等物流园区和项目加快建设,全市营业收入超亿元物流企业已有 38 家。制博会、农博会、汽博会、陶博会、手机博览会等品牌展会知名度不断扩大,我市成为中国十大影响力会展城市。华强文化产业基地建设加快推进,和平区成为首批国家级文化和科技融合示范基地,全市文化产业增加值年均增长 20.0%。沈阳国际旅游节影响力不断提升,2012 年全市旅游总收入实现 827 亿元,是 2007 年的 2.5 倍。房地产市场始终保持平稳健康发展。

县域经济快速发展。2012 年一市三县地区生产总值实现 1273 亿元,是 2007 年的 3.6 倍;公共财政预算收入完成 88 亿元,是 2007 年的 6.2 倍。农业基础设施建设不断加强,设施农业、高效特色农业面积快速增长,重要农产品实现有效供给,粮食产量达到 81 亿斤,实现“九连丰”。县域工业不断壮大,新民药业、辽中铸锻造机加、法库陶瓷、康平塑编等产业集群快速发展。县城建设步伐加快,城乡面貌变化明显。县域第一轮“三年倍增”计划提前完成,新民、辽中进入全国县域百强,法库进入全省县域第一集团。

新兴产业加快发展。大力培育和发展高端装备制造、电子信息、生物医药等战略性新兴产业，我市成为国家四大航空制造业基地之一，软件和信息服务业收入连续三年位居东北之首。国家创新型城市试点工作有序推进，产学研合作不断加强，新增国家级重点实验室8个、国家级质量检测中心9个，有46个项目列入国家重大科技专项。国际特种机床装备城成为国家级高新技术产业化基地，泗水科技城成为首批国家级科技成果转化示范基地。全市规模以上高新技术产品增加值完成1390亿元，是2007年的2.7倍。

过去五年，城乡面貌显著变化，城市功能不断完善。坚持全域规划、统筹发展，不断加快城乡建设步伐，2012年城建投资完成506亿元，五年累计投资1983亿元，年均增长18.5%。

空间布局进一步优化。全面修编城市总体规划，实施行政区划调整，东西南北中各具特色的空间格局基本形成。浑南新城建设日新月异，蒲河生态经济带建设全面启动，新城、新市镇建设步伐加快，城乡一体化发展全面推进。

基础设施建设成效明显。东一环、东二环快速路一期工程竣工通车，三环高速路改扩建工程部分通车，四环快速路全线贯通，五年新建改造公路3125公里，新建大中型桥梁92座，地铁1号线、2号线通车运营，地铁9号线、10号线完成前期工作，桃仙国际机场T3航站楼主体结构封顶，沈阳南站建设和沈阳站、沈阳北站改造进展顺利，沈本产业大道、沈彰开发大道、沈阜开发大道、沈抚二号公路建成通车，哈大高铁开通运营，连接城乡、辐射周边、便捷快速的立体化综合交通网络正在形成。全运会40个体育场馆新建改造工程全部完工，国际展览中心、城市规划展示馆等一批公共服务设施投入使用。大伙房水库输水工程竣工送水，西气东输工程向沈阳供气，智能电网加快建设，城市运行保障能力显著增强。

生态环境不断改善。大力实施城乡绿化，辽河、浑河、蒲河、棋盘山、卧龙湖等重点区域生态保护治理成效明显。完成9家热电厂及140余台大型燃煤锅炉脱硫改造，城市环境空气质量优良天数稳定在330天左右。新建污水处理厂24座、垃圾填埋场12个，城市污水处理率和垃圾集中处理率分别达到85.5%和100%。全国环境建设样板城创建工作扎实推进，9个涉农区县(市)、开发区全部通过国家生态区县验收，生态市创建工作全面达标。

城市管理水平不断提升。构建以市级为主导、区级为主体、街道为基础、社区为前沿的四级城管格局，推动城市管理重心下移。大力推进小街小巷和城中村、城边村改造，实施街路景观提升工程，加大拆违治乱力度，园林绿化档次、环境卫生质量和市容景观形象不断提升。改善环卫作业装备，道路机械化清扫率大幅提升。加大交通设施投入力度，新增更新公交车辆3700余台。全面开展"数字沈阳"建设，市区两级数字化城管平台投入使用，城市管理的精细化、信息化水平得到提升。

过去五年，改革开放全面推进，发展活力不断增强。深入推进改革开放，努力破解体制机制障碍，不断为老工业基地振兴注入新的活力。

重点领域改革不断深化。全面启动国家新型工业化综合配套改革，信息化与工业化融合、优化金融生态、统筹城乡发展和新型城镇化、文化体制、行政管理体制等重点领域和关键环节改革取得新进展。国有企业改革继续深化，公共资源交易平台建设扎实推进，土地集中统一管理进一步加强，行政审批事项始终保持全国副省级城市最少。农村改革不断深化，发展活力进一步增强。非公有制经济加快发展，经济总量占全市比重为65.9%。

对外开放水平稳步提升。五年实际利用外商直接投资277亿美元，26户世界500强在我市新设立企业44家。全市外贸进出口总额实现441亿美元，年均增长13.4%。新批境外投资项目141个，协议投资额7亿美元。沈阳综合保税区通过国家验收，法国、德国总领事馆开馆，韩国周、东北亚论坛成为对外交往的重要平台。加大对内招商力度，调入内资实现4652亿元。

沈阳经济区一体化建设步伐加快。8城市共同签署了系列合作发展框架协议，沈抚同城化等区域合作扎实推进，沈、抚、铁三市实现024电信区号共享，19个新城新市镇建设步伐加快，中心城市聚集辐射作用进一步增强。

过去五年，和谐社会建设成效显著，人民生活不断改善。坚持把保障和改善民生作为政府工作的根本出发点和落脚点，五年累计民生投入1266亿元，发展成果更多惠及全市人民。

就业和社会保障工作扎实推进。加大就业、创业扶持力度，每年约有10万名高校毕业生实现就业，困难家庭大学毕业生就业率达100%。实行困难群体就业援助，五年开发公益性岗位11000个，零就业家庭始终保持动态为零。全市企业普遍建立工资集体协商制度，合理调整初次分配，劳动关系更加和谐。全社会养老保险待遇水平逐年提高，城镇居民医疗保险、新型农村合作医疗年人均补助标准大幅提升。城乡社会救助体系不断健全，低保标准五年翻了一番。加大市区两级养老服务中心和社区日间照料站建设力度，全市养老机构新增床位1万张。我市成为全国实施妇女儿童发展纲要先进市和全国残疾人工作示范市。通过廉租房、公租房、经济适用房等保障方式，解决了20余万户低收入家庭住房困难。投入15亿元，改造弃管住宅小区1502个。投入4亿元，改造城市供水二次加压泵站612处、供水管网355公里。投入9.4亿元，解决了农村104.6万人口饮水安全。

社会事业全面发展。努力促进教育公平，提前两年完成"双高普九"任务，投资35.3亿元，新建改造107所九年一贯制学校、100所义务教育学校、216所农民工子女学校和5所万人规模职业学校，我市成为国家装备制造业职业教育试验区。各项医改工作全面推进，看病难、看病贵问题得到缓解。投资24.1亿元，实施7所市属重点医院改扩建和一市三县中心医院改造，就医条件得到改善。大力推进市艺术中心、工业博物馆等公共文化设施建设，加强文物遗迹修缮保护，广泛开展艺术惠民工程，艺术精品创作屡获大奖，我市连续四年成为全国文化体制改革先进地区。改造123个老旧社区公共用房，便民服务条件得到改善。城乡新建改造健身广场108个，增设户外健身器材4.1万件,市民拥有了更多的健身设施和休闲空间。

社会管理水平不断提升。加强法治政府建设,自觉接受市人大及其常委会的依法监督和市政协的民主监督,人大代表建议、政协提案办复率始终保持100%。五年提请市人大常委会审议地方性法规草案23件,发布实施政府规章36件。加强和创新社会管理,“党委领导、政府负责、社会协同、公众参与”的工作格局不断完善。新建改造68个公安派出所,加强治安防控管理体系建设,“平安沈阳”建设成效明显,社会治安状况持续好转。信访“沈阳模式”全国推广,安全生产形势保持稳定,食品药品监管力度不断加大,文明城市创建工作全面推进,城市文明程度和市民文明素质持续提升。

国防动员、人防和民兵预备役建设进一步加强,双拥模范城创建实现“七连冠”。民族团结进步事业不断发展,对口支援工作成效显著。国家安全、保密、统计、审计、工商行政管理、参事、宗教、侨务、贸促、广播电视、新闻出版、气象、防震减灾、档案、修志、文史、人口与计划生育、红十字会和慈善等工作都取得了新成绩。

各位代表,过去五年所取得的成就来之不易。这是市委正确领导的结果,是全市人民团结一心、努力拼搏的结果。过去五年,勤劳智慧的沈阳人民用激情和汗水谱写了和衷共济、开拓奋进的新篇章。在此,我代表市政府,向全市各族人民致以崇高的敬意!向人大代表、政协委员,向各民主党派、工商联、无党派人士和各人民团体,向驻沈人民解放军、武警部队官兵和中、省直单位,向所有关心、支持沈阳的港澳台同胞、海外侨胞和国际友人表示衷心感谢!

在总结成绩的同时,我们也清醒地看到,全市经济社会发展还面临着一些突出的矛盾和问题。一是经济结构调整力度还不够大,自主创新能力有待进一步增强;二是中心城市建设步伐还不够快,辐射带动能力有待进一步提升;三是一些关系人民群众切身利益的问题还没有解决到位,保障改善民生任务依然繁重。对此,我们一定要在今后工作中采取有力措施,进一步加以解决。

二、今后五年政府工作的主要目标和任务

今后五年,是沈阳实现老工业基地全面振兴和率先全面建成小康社会的关键时期。我们必须紧紧抓住国家继续深入实施振兴东北地区等老工业基地战略、支持沈阳经济区开展新型工业化综合配套改革的难得机遇,发挥比较优势,应对各种挑战,凝心聚力,攻坚克难,推动沈阳在科学发展道路上加速前行。

今后五年经济社会发展的奋斗目标是:全面完成“十二五”规划任务,努力实现“十三五”良好开局,到二〇一七年,地区生产总值和城乡居民人均收入比二〇一〇年翻一番,基本实现老工业基地全面振兴,提前全面建成小康社会。

今后五年经济社会发展的主要任务是:

——深化改革开放,全面激发发展活力。深入推进国家新型工业化综合配套改革,务求在形成产业创新机制、完善科技创新体系、促进区域一体化发展等重点领域和关键环节取得重大突破,协同推进投融资管理、城乡统筹、社会管理、土地科学合理利用等各方面改革创新,着力破除制约经济社会发展的瓶颈和障碍。实施更加积极主动的开放战略,实际利用外商直接投资稳步增长,外贸进出口总额年均增长10%以上。建立健全区域合作机制,加快沈阳经济区一体化进程。

——推动转型发展,不断增强综合实力。把推进经济结构调整作为加快转变经济发展方式的主攻方向,不断提高经济增长的质量和效益。深入推进两化融合,改造提升传统产业,加快发展优势产业,大力发展战略性新兴产业,促进装备制造业走向智能化、成套化、高端化,全市规模以上工业总产值突破25000亿元,基本建成具有国际竞争力的先进装备制造业基地。扎实推进国家现代服务业综合试点,推动服务业走向高端化,现代服务业占服务业比重达到62%,加快建设东北区域金融中心、物流中心和现代商贸中心。加大城乡统筹力度,推动城乡一体化发展,一市三县地区生产总值和公共财政预算收入占全市比重分别达到25%和20%。实施创新驱动,加强人才培养和智力资源开发,着力构建完善技术创新和知识创新体系,全社会研发投入占地区生产总值比重达到3.5%以上,综合创新能力进入国家创新型城市前列。完善城乡规划体系,加强基础设施建设,提升城市功能,加快建设国家中心城市。

——大力发展文化事业和文化产业,加快建设文化强市。注重社会效益与经济效益的有机统一,推动文化事业全面繁荣、文化产业快速发展。深化文化体制改革,加强公共文化设施建设,完善公共文化服务体系,繁荣艺术精品创作,推进文化惠民工程,不断满足人民群众日益增长的多层次、多样化文化需求。加快重大文化产业项目建设,大力发展新型文化业态,文化产业增加值年均增长20%以上。加强历史文化遗产的保护和利用,挖掘沈阳文化底蕴,叫响历史文化名城品牌。大力加强社会公德和职业道德教育,弘扬中华传统美德和时代新风,提升城市文明和市民素质,建设国家文明城市。

——着力保障改善民生,努力构建和谐社会。把解决好人民群众最关心最直接最现实的利益问题作为保障改善民生的重中之重,努力让全市人民过上更好生活。实施更加积极的就业政策,推动实现更高质量的就业。千方百计增加居民收入,确保城乡居民收入与经济发展同步增长。继续扩大社会保险覆盖面,稳步提高社会保障水平,全面建成全覆盖、保基本、多层次、可持续的城乡社会保障体系。积极应对人口老龄化,加快发展老龄事业。全面实施素质教育,完善终身教育体系,促进教育均衡协调优质发展,努力办好人民满意的教育。深入推进医药卫生体制改革,为城乡群众提供安全有效方便价廉的公共卫生和基本医疗服务。加强和创新社会管理,进一步提高社会管理科学化水平。

——加强生态文明建设,打造生态宜居之都。把生态文明建设放在突出地位,推进绿色发展、循环发展、低碳发展,不断增强经济社会可持续发展能力,努力打造全国环境建设样板城。严格执行城市总体规划,推动各地区按照功能定位建设发展，形成科学合理的生产空间、生活空间和生态空间。推进节能减排，支持节能低碳产业发展，增强市民环保意识，提升全社会生态文明水平。继续实施“青山”、“碧水”、“蓝天”工程，城市环境空气质量稳步提升，努力把沈阳建设成为生态宜居的美丽家园。

三、2013 年政府主要工作

今年是全面贯彻落实党的十八大精神的第一年，是新一届政府的开局之年，也是沈阳的全运之年，做好今年各项工作意义重大。今年政府工作的总体要求是：全面贯彻落实党的十八大精神，按照市委十二届五次全会部署，坚持以科学发展观为指导，围绕实现“三大目标”，扎实推进“五大任务”，突出做好稳增长、办全运、惠民生等重点工作，继续保持经济社会持续健康发展，实现新一届政府工作扎实开局。

今年全市经济社会发展的主要预期目标是：地区生产总值增长 10%，固定资产投资增长 15%，公共财政预算收入增长 12%，社会消费品零售总额增长 15%，城市居民人均可支配收入增长 11%，农民人均纯收入增长 12%，城镇登记失业率控制在 4% 以内。

今年要重点做好以下五方面工作。

（一）推动经济持续健康发展

把稳增长作为经济工作的首要任务，牢牢把握稳中求进的总基调，积极应对形势变化，强化经济运行组织协调，进一步增强经济发展的稳定性、协调性和可持续性。

加大投资工作力度。充分发挥投资对经济增长的拉动作用，突出抓好以 290 个市级重点项目为代表的一批重大产业项目，强化土地、资金等各类要素保障。继续开展“双进双解”活动，及时解决项目建设中遇到的困难和问题，确保项目按既定时间开工建设、按工期计划竣工投产。

全力推进工业发展。全面推进工业“五项工程”，坚持以龙头企业为核心，实施创新驱动，深化两化融合，不断提升工业竞争力，规模以上工业增加值增长 12%。继续推动汽车及零部件、机床及功能部件、电力电气、通用及专用机械、现代建筑、农产品加工、医药化工、手机等优势产业加快发展，密切关注企业运行状况，支持优势骨干企业开拓市场、加快发展，加大对中小微企业扶持力度，帮助企业排忧解难、减轻负担。加快三大聚集区、两大配套区和特色产业园区建设，推动装备制造业不断提高自主创新能力、重大装备成套能力、基础产业配套能力和生产性服务业支撑能力。以现有优势产业为依托，大力发展 IC 装备、智能装备、通用航空等高端装备制造业及电子信息、生物医药、新能源汽车等战略性新兴产业，着力培育具有自主核心技术的领军企业，积极抢占新一轮发展制高点。抓好产业集群建设，加快华晨宝马发动机、上通北盛（三期）等重大项目及大东汽车城、铁西滨河新城、蒲河新城、现代建筑产业园和金属新材料产业园等重点园区建设步伐，吸引配套企业加速集聚。

加快发展服务业。深入推进国家现代服务业综合试点，推动服务业特别是现代服务业发展壮大。加快发展生产性服务业，推动生产性服务业与制造业分立、互动和融合发展。依托金融商贸开发区和金融街，加快金融机构集聚。推进沈阳国际物流港等大型物流园区、重大物流项目及浑南国家电子商务示范基地建设。大力发展生活性服务业，突出发展特色、打造知名品牌、推动产业集聚、培育领军企业。加快金廊建设步伐，打造国家级中央商务区。加快太原街、中街、南塔、五爱市场、兴华街、长江街、东中街、奥体商圈等商业街区的建设及业态升级，培育新兴消费热点，大力发展夜间经济，满足城乡居民消费需求。加快和平区国家级文化和科技融合示范基地、棋盘山国家文化产业示范区建设，推进皇城、北市等地区综合改造。精心办好品牌展会。依托历史文化、民俗风情和自然资源，大力发展特色旅游。认真落实国家调控政策，继续保持房地产市场平稳健康发展。

进一步增强县域经济实力。落实强农惠农政策，加大农田水利等基础设施投入，巩固农业基础地位，保障粮食和主要农产品有效供给。大力发展现代农业，开工建设 100 个规模以上农业产业化项目，加快蒲河生态经济带、沈康高速现代农业示范带和光辉现代农业示范区建设。充分发挥比较优势，做大做强优势产业，不断壮大产业集群，带动县域工业加快发展。继续推进“万村千乡市场工程”和“新网工程”建设，进一步完善农村流通体系。积极稳妥推进城镇化，加快县城和新城新市镇建设，努力增强城镇综合承载能力，有序推进农业转移人口市民化。

（二）提高城乡环境建设管理水平

紧紧抓住筹办全运会有利契机，推进基础设施、城乡环境和城市文明再上新台阶。

加大基础设施建设力度。启动一环、二环快速路二期工程，完成三环高速路改扩建和四环快速路新建工程，建设各环线之间连接线，改造新建一批主干道和桥梁。开工建设地铁 9 号线、10 号线，推进沈阳至新民、沈阳至辽中轨道交通建设前期工作，浑南现代有轨电车投入运营。完成桃仙国际机场 T3 航站楼、沈阳北站、沈阳南站等交通枢纽改造建设。加快给排水设施和地下管网综合改造步伐。

着力改善生态环境。加快实施三四环沿线、机场路、沈西北防风阻沙带等重点区域绿化，完成植树造林 40 万亩。加强辽河、浑河、蒲河流域生态治理和棋盘山、卧龙湖生态保护利用，实施百里环城水系游园景观提升工程，完成浑河核心段滩地公园改造。加快推进雨污分流及西部污水处理厂扩建工程，南部污水处理厂投入使用。实施污泥无害化处理，推进生活垃圾分类收集和焚烧处理，完成农村环境连片整治示范工程。深入推进节能减排，实施燃煤锅炉脱硝改造，全市单位地区生产总值能耗下降 3.77%，化学需氧量、二氧化硫排放总量分别下降 2.5% 和 1.5%。确保通过国家环保模范城复检，力争生态市建设通过国家技术核查。

提升城市管理水平。强化城市精细化管理，加快“数字沈阳”建设，深入推进数字城管、三网融合等项工作。优先发展公共交通，加快停车场、过街通道等基础设施建设。加强机场、车站、城市出口路、全运场馆周边及旅游景区等窗口、区域和重点街路环境整治，提升主要街路亮化水平。

做好全运会服务保障。加速浑南新城建设步伐，完成“三村三中心”和各类体育场馆建设。精心做好竞赛组织、指挥通讯、来宾接待、医疗卫生、对外宣传、志愿者服务等工作，协助做好火炬传递、开闭幕式等大型活动，加强交通保障、食品安全保障和安全保卫。深入开展“迎接全运会、创建文明城”系列活动，努力形成全民参与全运、合力推动创城的良好局面。

（三）深入推进改革开放

大力推进新型工业化综合配套改革，进一步扩大对外开放，不断为经济社会发展提供新的动力与活力。

深化重点领域改革。加速推进信息化与工业化深度融合，加快市级试验区和示范企业建设，深化信息技术在关键环节的集成应用，力争在设计研发智能化、生产过程自动化、经营管理信息化等方面取得突破。深入推进科技体制改革，以企业为主体，以市场为导向，加强产学研合作，以创新驱动产业升级。建立健全科技创新指标体系，加快完善科技创新评价标准和激励机制，加快建设国家创新型城市。深化国有企业改革，推动重点国有企业股份制改造和战略重组，进一步释放国有企业发展潜能。以沈抚同城化和城际连接带新城新市镇建设为重点，加快沈阳经济区一体化进程。

统筹推进各项配套改革。深入开展金融创新，积极推进国家优化金融生态综合试验，大力发展产业金融，培育多层次资本市场。积极探索节约集约利用土地新机制和新模式，进一步提高土地利用率。总结于洪区、苏家屯区统筹城乡发展和新型城镇化试点经验，着力在城乡规划、基础设施、公共服务等方面加速城乡一体化发展步伐。总结东陵区、沈北新区行政管理体制改革经验，推动政府职能向创造良好发展环境、提供优质公共服务、维护社会公平正义转变。继续推进事业单位分类改革。

进一步提高对外开放水平。加大招商引资力度，鼓励支持大企业（集团）在沈设立总部（区域总部）和研发中心，实现利用外资和吸引内资稳定增长。推进出口基地建设，支持企业开拓海外市场。

（四）扎实做好民生工作

进一步加大民生投入，让全市人民共享振兴发展成果。

加强就业和社会保障工作。重点做好高校毕业生、农村转移劳动力、就业困难人员就业服务。强化政府、工会、企业组织三方协调机制，全面落实工资集体协商制度，积极构建和谐劳动关系。深化收入分配制度改革，千方百计增加居民收入。健全社会保障体系，不断提高社会保险待遇水平和城乡低保标准。推进养老服务设施建设，养老机构新增床位6000张，加快残疾人区域康复中心建设，加强农村困难家庭常年病人集中康复托管服务。

改善城乡居民生活条件。进一步解决城乡低收入家庭住房困难，完成保障性住房3.5万套，补贴农村贫困户建房3622套。继续实施“节能暖房”工程，推进弃管小区的有效管理。统筹推进菜市场、早餐店、便利店等网点布局，打造8－10分钟便民商圈，新建改造76个便民菜市场。推进城市供水管网改造，加强农村饮水安全工程建设和管理。继续实施小街小巷整修工程，推进街路无障碍设施建设，修建500公里农村公路，新增更新公交车辆1000台，新开调整公交线路20条，让市民出行更便捷、乘坐更舒适。

加快发展社会事业。深入推进教育均衡发展，继续实施百所义务教育学校提升工程，改造14所特殊教育学校，新建改造50所普惠制幼儿园和1所特殊教育幼儿园，加强教师队伍建设，提高师德水平和业务能力，加快职业教育国家试验区建设步伐。深化医药卫生体制改革，健全农村三级医疗卫生服务网络和城市社区卫生服务体系，推进县级公立医院改革，加快市一院（二期）、儿童医院（二期）和公共卫生服务中心建设。加快数字化图书馆、艺术中心等公共文化服务设施建设，继续实施艺术惠民工程。新建改造沿河健身带和一批农村社区文体广场，逐步实施学校文体设施向市民开放，市区两级全民健身中心全部投入使用。

加强和创新社会管理。改进政府服务方式，加强基层社会管理和服务体系建设，增强城乡社区服务功能。畅通和规范群众诉求表达、利益协调、权益保障渠道，加强重大决策社会稳定风险评估，强化安全生产和食品药品监管，严防各类重特大安全事故发生，严打食品药品领域违法犯罪行为，健全社会治安防控体系，依法防范和惩治各类违法犯罪活动，保障人民生命财产安全。继续深化双拥工作，加强国防后备力量建设，推进军民融合发展。

（五）加强政府自身建设

站在新的起点上推动全市经济社会实现持续健康发展，人民高度期盼，政府责任重大，必须以改革创新的精神全面加强政府自身建设，不断提高推动科学发展的能力与水平。

必须严格坚持依法行政。加强政府立法工作，强化行政执法监督，加大政务公开力度，努力建设法治政府。各级政府必须更加自觉地接受人大及其常委会的依法监督和政协的民主监督，坚持向人大报告工作和向政协通报工作，认真办理人大代表建议、议案和政协提案，不断提高依法行政水平。

必须增强公信力和执行力。建立健全科学民主决策机制，完善重大公共政策群众参与制度，确保各项决策体现民意、符合实际。加强软环境建设，创新行政管理方式，规范行政审批行为，提高政府行政效力和办事效率。各级政府一经做出决定决策，必须一抓到底、抓出成效，以实际行动兑现承诺、取信于民。各级领导干部要恪尽职守、率先垂范，进一步改进工作作风，把心思用在干事业上，把精力用在谋发展上，把本事用在抓落实上，直面矛盾、敢于担当、顾全大局、真抓实干，以奋发有为、昂扬向上的精神状态开创各项工作的新局面。

必须加强廉政建设。建立健全惩治和预防腐败体系，增强制度约束力，努力从源头上防治腐败。加强对政府重大投资项目、重大资金支出的监管和跟踪审计，严厉查处违纪违法案件，确保行政权力在阳光下运行。政府各级领导干部和全体公务员要克己奉公、廉洁自律、勤勉尽责，做人民满意的公仆。

各位代表，沈阳已经步入了科学发展的新阶段，踏上了全面振兴的新征程。

让我们在市委的正确领导下，锐意进取，埋头苦干，为加速沈阳老工业基地全面振兴、率先全面建成小康社会而努力奋斗！

中国人民政治协商会议沈阳市第十三届委员会常务委员会工作报告

——2013年1月5日在政协沈阳市第十四届委员会第一次会议上

刘雅琴

各位委员：

我代表政协沈阳市第十三届委员会常务委员会，向大会报告过去五年的工作，对新一届市政协提出工作建议，请予审议，并请列席会议的同志提出意见。

一、过去五年工作回顾

政协沈阳市第十三届委员会，在中共沈阳市委的正确领导下，以邓小平理论、“三个代表”重要思想、科学发展观为指导，牢牢把握团结和民主两大主题，团结组织参加政协的各民主党派、工商联、各人民团体和全体委员，认真履行政治协商、民主监督和参政议政职能，努力开创政协工作新局面，在全市经济、政治、文化、社会和生态文明建设中发挥了应有的作用。

（一）坚持协商议政，推进我市决策科学化民主化。五年来，市政协第十三届委员会认真贯彻中共沈阳市委政协工作会议精神，充分运用人民政协这一政治组织和民主形式，对我市重大人事安排和经济社会发展中具有全局性的问题进行民主协商，为全市各民主党派、工商联、无党派人士和各族各界代表人士参政议政创造条件，发挥了人民政协在扩大公民有序政治参与中的重要平台作用。先后召开五次全体会议，通过联组讨论、对口协商、大会发言，对年度“一府两院”工作报告和政府相关工作报告进行广泛深入的协商讨论，提出了大量意见、建议，集中体现了人民政协的政治协商特色。全体会议闭会期间，市政协常委会议和主席会议，根据中共沈阳市委的工作部署，紧紧围绕全市重大决策，先后针对我市制定“十二五”发展规划、行政区划调整、做强县域经济、发展非公有制经济、生态文明建设以及应对国际金融危机等重要问题，认真开展调查研究、协商建言。特别是围绕大力发展现代服务业，连续三年开展调研，提出一系列建议，为推动我市经济结构调整，促进经济转型提供了决策参考。五年来，市政协共召开了30余次专题协商会议，形成了300余万字的建言立论成果，提出了一系列决策参考建议，得到市委、市政府的高度重视和认真采纳，为促进领导决策的科学化和民主化发挥了重要作用。

（二）积极议政献策，致力我市全面振兴发展。五年来，着眼于沈阳全面完成“五大任务”，加快实现“三大目标”，市政协注意把握发展大局，主动适应形势变化，超前思考研究问题，面对经济转型、产业融合的迫切需要，发挥人才荟萃、智力雄厚的优势，先后围绕打造具有国际竞争力的先进装备制造业基地、信息产业发展和信息化建设、发展现代农业、加快推进大浑南建设、促进城乡一体化发展、改善投资环境、承办北京奥运会沈阳赛区赛事和第十二届全运会、创建文明城市、保护历史文化建筑、发展旅游业，推进群众文化、打造艺术精品等事关沈阳振兴发展的重大问题开展了专题调研，提出了许多重要意见和建议。围绕沈阳经济区建设，在省政协的正确指导和省政府相关部门的大力支持下，与区域内各兄弟市政协，联合举办了五次政协论坛，就经济区一体化发展中一系列宏观的、深层次的和关键性的问题，进行了深入的研讨，向国家和省委、省政府提出了多项重要建议。其中，2008年6月政协论坛会上提出的关于“将沈阳经济区设立为国家新型工业化综合配套改革试验区”的建议得到采纳，为沈阳经济区最终上升为国家战略作出了贡献。

（三）关注民生改善，助推社会稳定和谐。五年来，市政协自觉地把维护人民群众的根本利益作为工作的出发点和落脚点，认真倾听群众呼声，关注不同阶层的利益诉求，始终把协调关系、汇聚力量、理顺情绪、凝聚人心作为十分重要的工作，积极协助市委、市政府及有关部门，促进民生工程的加快实施，妥善化解群众反映强烈的热点问题。先后围绕促进我市老龄事业发展、加快社会保障体系建设、推动学前教育、搞好全民创业就业工作、改善城市低收入人群和特困家庭住房条件、有效控制人口出生缺陷等问题提出了建议。针对群众“就医难、看病贵”问题，提出加快医疗体制改革，完善医疗机构医保运行机制，扩大医保单病种范围等建议，引起卫生部主要领导的重视并作出具体批示。为促进我市社区卫生服务体系建设，提出增加政府投入、推行双向转诊制度等建议，得到市政府的高度重视和采纳。“关于加快实施儿童医院改扩建工程”等提案，得到市政府的积极落实。与沈阳广播电视台联办的“委员在线”节目，近400名委员先后走进直播间，倾听群众心声，为群众解疑释惑、排忧解难，在社会上产生了积极影响。

（四）拓展工作载体，不断提高民主监督成效。五年来，市政协始终把加大民主监督力度，摆在履行职能的突出位置，重点从拓展工作载体入手，通过专题协商、委员视察、委员提案、大会发言等多种形式，进一步完善民主监督机制，提高民主监督的成效。特别是近年来，积极探索开展民主评议的新方法、新途径，先后组织委员围绕职业教育、法院立案、城市管理、新型农村合作医疗与农村公共卫生、社区警务等政府和司法部门的工作进行评议，通过明察暗访、问卷调查、座谈剖析，帮助被评议单位总结经验、查找在工作上、管理上和服务上存在的问题，并提出改进的意见和建议，取得良好的工作成果和社会效果。组织委员广泛反映社情民意，先后围绕创新社会管理体制、加强市政设施建设与管理、强化食品安全措施、减轻中小学生负担、保障农民工合法权益、优化中小企业生存发展环境等专题召开座谈会，编发《社情民意》专报80期，专报中反映出的带有普遍性和倾向性问题，特别是涉及的重大民生问题都得到市委、市政府领导的高度重视，多位领导在专报上多次作出批示，责成相关部门进行调查处理，使很多问题得到圆满解决。注重加强民主监督的队伍建设，进一步完善了民主监督员工作制度，选派300余名委员担任政府28个部门和司法机关特邀民主监督员，有力推进了政协民主监督工作的制度化、经常化建设。

（五）开展界别活动，发挥委员主体作用。五年来，市政协充分尊重委员主体地位，维护委员民主权利，为广大委员履职创造条件，注意发挥界别专业优势，整合界别智力资源，建立界别活动组，使委员界别活动开展得有声有色。围绕全市重点工作，组织委员开展了150余项专题界别调研和视察活动，并针对相关工作提出意见和建议。其中，科技界委员联名建议“在党报设立科技专版，进一步营造自主创新浓厚氛围”，被市委宣传工作主管部门和沈阳日报社所采纳。经济界和建筑等领域委员对我市地铁站的装修设计、命名等问题提出建设性意见，得到有关部门的认可与实施。文化艺术界百余名委员提出成立我市文物保护协会和沈阳民营博物馆协会的建议，得到市委主要领导的高度重视和相关部门大力支持，促成两个协会在较短时间内得以成立。广大委员关心贫困群体和受灾群众生活，积极开展“献爱心、促和谐”惠民服务活动，医药卫生界委员坚持多年为农村义诊，协调解决了部分贫困低保家庭医疗问题。许多委员包括港澳委员慷慨解囊，在群众最需要的时候伸出援助之手。据不完全统计，五年来，市政协各界委员向困难群众捐款捐物折合人民币近两千万元，充分体现了广大委员强烈的社会责任感。

（六）协调各方力量，增进团结合作。五年来，市政协充分发挥政协组织包容性强、联系面广的优势，不断增进统一战线各层面的团结合作。加强政协组织的思想理论建设，在坚持中国特色社会主义的政治认同和思想认同的基础上，通过开展形式多样的学习实践活动，切实增强贯彻落实科学发展观的自觉性，增强各界别委员的责任感和使命感，努力形成致力于沈阳全面振兴的广泛共识。注重发挥政协组织中各个方面的积极性，以市政协各专门委员会为依托，与各民主党派、工商联、各人民团体和各区县（市）政协建立了紧密的合作关系，共同开展重要调研和其他重要活动60余项，形成了多方联合、上下联动的良好工作局面。注重维护民族团结，关注少数民族地区经济发展，通过专题调研向政府提出建议，促进少数民族共同繁荣进步。注重维护宗教和睦，宣传党的宗教政策，通过提案等多种方式反映宗教界人士的愿望和要求，协助市政府妥善解决了我市宗教教职人员医疗保险和部分宗教房产遗留问题，在全国率先实现突破。加强了海外联谊和外事工作，密切与在沈的港澳台侨人士的联系，积极协调解决外商投资遇到的实际问题；建立了市政协委员留学归国人员档案，搭建联谊交流平台，积极吸引留学归国人员来沈创业，鼓励他们为沈阳振兴发展多作贡献。

（七）完善工作机制，提升政协履职科学化水平。五年来，市政协在工作的制度化、规范化和程序化建设方面取得了新的进展。协调市政府建立完善重大事项定期向政协委员通报制度，为委员知情明政创造了条件。坚持和完善了各专门委员会与党政部门对口联系制度，及时通报工作安排、做好工作衔接。市政协还先后制定完善了政协全体会议、常委会议、主席会议工作规则和提案工作条例等十几项规章制度；修订了百余项机关工作制度。积极探索规范委员履行职责的方式方法，成立了委员工作委员会，强化了为委员服务的力度，建立健全委员履职的管理和考核制度，及时掌握和通报委员履职动态，有效增强了委员的自律性，促进了委员队伍建设；成立了政协理论研究会，积极开展人民政协理论研究工作，探索和把握政协工作规律，两年来，共征集论文300余篇，《论新形势下推进政治协商的制度化》等25篇论文入选《中国政协年鉴》。加强了对区县（市）政协工作指导，先后三次召开区县（市）政协工作经验交流会，总结交流在履行职能中创造的新方法、新经验。推动有关部门较好地解决了区县（市）政协机构设置、人员编制和委员活动经费方面存在的困难和问题，促进了全市政协工作整体水平不断提高。

（八）注重夯实基础，做好经常性工作。五年来，市政协高度重视提案工作，在努力提高提案质量的前提下，着力加大提案办理力度，进一步完善了提案工作机制，创新督办方式，增强落实成效。以适应新形势、新任务，提高履职水平为目的，切实加强了委员培训工作，先后围绕“和谐文化建设”、“世界经济发展趋势”和“新时期政协工作”等专题举办报告会；邀请上级政协有关部门负责人，就政协如何开展调查研究、写好提案和反映社情民意工作进行辅导讲座；请市政协优秀委员介绍自己履行职责的经验和体会。几年来，我们不断强化政协新闻宣传工作，拓宽宣传渠道，提升宣传效果，在市委主管部门的支持协调下，各级媒体积极宣传我市政协委员履职的业绩，展示委员风采，先后在人民日报、新华网、人民政协报等中央级媒体和地方主流媒体刊发、播发新闻稿件3000余篇；与沈阳日报、沈阳广播电视台分别联办的“政协园地”、“委员在线”等专栏节目，影响力进一步扩大。通过连续五年举办的“政协好新闻评选活动”和政协新闻通讯员培训班，进一步提高了政协宣传队伍水平和工作质量。政协文史工作有了新的提升，本届政协以来，共征集史料450余万字，编辑出版了《亲历沈阳改革开放30年》、《闯世界的沈阳人》、《沈城纪事》等五辑文史资料，更好地发挥了“存史、资政、团结、育人”的独特作用。政协机关的自身建设得到进一步加强，干部队伍的思想建设、作风建设和服务能力都有了进一步的提高。

回顾总结本届市政协五年的工作，主要有以下五点体会：

第一，必须以坚持中国共产党的领导为根本，不断巩固人民政协团结合作的思想政治基础。我们始终坚持在党委“总揽全局、协调各方”的工作格局中，找准政协工作的着力点；在贯彻落实市委重大决策部署中，发挥政协优势，体现政协特点，在工作实践中坚持和完善中国共产党领导的多党合作和政治协商制度。实践证明，只有坚持党的领导，才能确保人民政协工作沿着正确的政治方向前进。

第二，必须以推动科学发展作为履职的第一要务，不断提高服务大局的能力和水平。我们深入贯彻落实科学发展观，坚持“以科学建言促科学发展，以全面履职促全面振兴”的工作理念指导履职实践，全力促进和服务于沈阳的发展振兴。实践证明，只有牢固树立推动科学发展的大局意识，人民政协工作才能见实效、有作为。

第三，必须以履职为民作为工作的立足点，不断发挥促进社会和谐的重要作用。我们注重围绕事关人民群众根本利益的事项与决策开展协商议政，及时反映人民群众的愿望和要求，切实为人民群众办好事、办实事。实践证明，只有以关注民生、为民谋利为己任，人民政协才能发挥日益广泛的作用。

第四，必须以把握团结民主两大主题作为内在要求，不断增强人民政协的感召力和凝聚力。我们始终坚持民主协商、平等议事、求同存异的原则，努力营造畅所欲言、生动活泼的政治氛围，充分发挥了界别的纽带作用和委员的主体作用。实践证明，只有实行广泛的团结民主，人民政协的协商议政活动才能更加富有成效。

第五，必须以开拓创新作为工作发展动力，不断拓展政协组织履行职能的渠道和载体。我们积极探索履行职能的新思路、新途径，注重在工作创新、理论创新、制度创新等方面下功夫，推动政协工作发展。实践证明，只有坚持与时俱进、不断开拓创新，人民政协才能充满生机、永葆活力。

各位委员，政协沈阳市第十三届委员会在中共沈阳市委的领导下，经过全体政协委员和政协工作者的共同努力，充分发挥了政协组织的职能作用，圆满完成了各项工作任务。五年来，市政协的工作得到了市委的高度重视和市政府的大力支持，得到了上级政协的指导和各区县（市）政协及各兄弟市政协的协助，得到了各民主党派、工商联、无党派人士、各人民团体、全体委员和全市各族各界人士的支持与配合。在此，我代表政协沈阳市第十三届委员会常务委员会向大家表示衷心的感谢！

在肯定五年来所取得工作成绩的同时，我们也清醒地认识到，对新时期新形势下做好政协工作理论与实践的研究方面还需进一步深入；对政协履行职能的制度化、规范化和程序化建设上还要进一步加强；对民主监督的方法、途径及运行机制尚需进一步探索完善。这些不足之处有待于在今后的工作中认真加以改进。

二、对新一届市政协工作的建议

今后五年我市将进入一个新的历史发展时期，人民政协事业也必将得到新的发展。建议市政协第十四届委员会，认真贯彻中共十八大精神，坚持以邓小平理论、“三个代表”重要思想、科学发展观为指导，按照中共沈阳市委十二届五次全会的部署，把握团结民主两大主题，认真履行政协职能，充分发挥协调关系、汇聚力量、建言献策、服务大局的作用，进一步开创政协工作新局面，为基本实现沈阳老工业基地全面振兴，提前实现全面建成小康社会的目标作出新贡献。

（一）认真学习贯彻中共十八大精神，不断巩固团结合作的思想政治基础。中国共产党第十八次全国代表大会，对今后五年的工作做了全面的部署，是全党全国各族人民共同的旗帜和行动纲领。认真学习贯彻中共十八大精神，是当前和今后一个时期人民政协的首要政治任务。要通过常委会议、主席会议、中心组学习、专题报告会、委员培训等有效形式，深入扎实地开展学习活动，牢牢把握十八大主题，深刻领会精神实质，引导各党派团体和各族各界人士进一步增强坚持中国共产党领导的自觉性，增强走中国特色社会主义政治发展道路的坚定性，充分发挥人民政协作为协商民主重要渠道作用，推进协商民主广泛、多层、制度化发展。要大力弘扬理论联系实际的学风，加强人民政协理论建设，做到学习理论与推动工作紧密结合，切实把人民政协履行职能的重心放在对推动沈阳又好又快发展重大问题的分析上，放在对完成“五大任务”、实现“三大目标”重大课题的思考上，放在对沈阳全面振兴重要措施的研究上，真正使学习贯彻十八大精神的过程，成为统一思想、增进共识、提升能力素质的过程，成为汇集智慧力量、增强合力、推动老工业基地全面振兴的过程。

（二）围绕中心积极建言，不断为推动沈阳科学发展贡献力量。要把推动科学发展作为履行职能的第一要务，把推动创新发展作为献计出力的重要领域，把推动和谐发展作为议政建言的主攻方向，组织广大政协委员就我市经济社会发展的重大问题，广泛深入进行专题协商、对口协商、界别协商、提案办理协商。要按照中共沈阳市委十二届五次全会提出的工作总要求，抓住转变发展方式、调整经济结构、全面推进沈阳经济区新型工业化综合配套改革、承办第十二届全国运动会、创建全国文明城市、推动国家现代服务业综合试点、扎实促进“两化”深度融合、加快建设蒲河生态经济带等重大课题，积极研究谋划新思路、新措施、新办法，紧紧围绕收入分配、教育、医疗卫生、住房、公共安全、就业、社会保障等群众最关心、最直接、最现实的利益问题，深入开展调查研究和协商议政活动，积极建言献策，为市委、政府科学民主决策提供重要参考。要拓宽反映社情民意的渠道，了解和反映人民群众的意愿和要求，力所能及地为群众办实事、解难题，不断拓展服务改善民生的广度和深度，以我们的科学建言、努力工作，为人民群众带来更多的福祉。

（三）探索创新政协工作，不断激发人民政协事业的活力。要积极探索创新人民政协工作的履职载体和履职方式，通过加强制度建设，完善具体工作规则、运行机制和主要环节，形成科学完备管用的制度体系、具体可行的操作规范、相互衔接的工作流程，更好地发挥人民政协的政治优势、组织优势和界别优势。进一步加强和改善党对人民政协的领导，加强人民政协的思想理论建设，完善人民政协履行职能的制度规定，加强政协委员队伍建设，提升政协工作科学化水平。要积极拓展民主监督的内容、创新民主监督的载体、提升民主监督的实效，注重发挥民主监督在维护人民群众合法权益方面的独特作用，使民主监督、民主评议更加贴近事关群众切身利益的实际问题，推动涉及民生重要政策措施的落实。要逐步完善政协组织、政协委员联系界别群众的工作机制，全心全意、尽心竭力地服务人民群众，体现人民政协履职为民的根本目的，为更好地履行职能、发挥作用奠定坚实的基础。

（四）切实搞好自身建设，不断提高政协工作科学化水平。要进一步发挥党派团体在政协工作中的重要作用，努力丰富界别活动的形式和内容。要扎实推进委员队伍和政协专门委员会的建设，提高委员整体素质，尊重委员首创精神，维护委员民主权利，切实发挥委员在本职工作中的带头作用、政协工作中的主体作用、界别群众中的代表作用。要继续加强对区县（市）政协工作的联系和指导，共同开展重点课题调研和民主评议，搞好整体协调、上下联动，实现优势互补、成果共享。要努力创办学习型、服务型、创新型政协机关，不断创新工作思路和方式，切实增强机关工作的活力和实效，努力提高工作质量和水平，营造风清气正、团结协作、和谐融洽、干事创业的良好氛围，为委员履行职能、开展活动做好服务工作。

（五）扎实做好今年工作，不断开创政协工作的新局面。今年是新一届政协履职的第一年。要按照中共十八大的新部署和新要求，紧扣市委十二届五次全会确定的工作主线，围绕稳增长、办全运、惠民生等重点工作，认真履行职能，积极建言献策，切实发挥人才智力优势，为完成全年工作任务贡献力量。

召开常委会议和主席会议搞好协商议政，重点围绕"加强环境治理，进一步推进我市生态文明建设"和"进一步提高科技体制机制建设水平，加快科技创新步伐"等重点课题召开常委会；围绕"改进政府行政审批事项"和"促进我市公共交通事业发展"开展民主评议，并召开主席会议提出意见建议，为市委、市政府科学决策提供依据。

认真开展专项调研和专题视察，针对优化我市工业经济结构、推动商贸流通服务业发展、公共文化体育设施建设和开展全民健身运动、提高医疗机构服务水平、廉租房和保障性住房建设、创新社会管理等事关振兴发展的重要问题，组织各界委员广泛开展调查研究、咨政建言。

各位委员，政协沈阳市第十三届委员会已经完成光荣使命，新一届市政协将继续肩负重任，开辟未来。我们祝愿新一届政协委员不负党和人民的重托，恪尽职守，戮力同心，抓住当前人民政协事业发展的大好机遇，在中共沈阳市委的正确领导下，坚定信心、振奋精神、开拓进取、扎实工作，不断谱写人民政协事业的新篇章！

重大活动

【第十一届中国国际装备制造业博览会】 由商务部、国家发改委、工业和信息化部、科技部、中国贸促会和辽宁省政府主办，沈阳市政府承办的第十一届中国国际装备制造业博览会暨国家新型工业化装备制造产业示范基地成果展（简称：制博会），于2012年9月1日至5日在沈阳国际展览中心成功举办。

本届制博会展览面积达11万平方米，共设置国家新型工业化装备制造业示范基地成果展区、装备制造业国际展区、重型工业装备综合展区、新能源与电力设备展区、工业自动化展区、通用设备展区、日本装备制造业展区、台湾地区装备制造业展区、机床（金属切削设备）展区、机床附件展区、机床（钣金设备）及激光加工设备展区、工程机械及特种车辆展区。展位4300个，参展企业982家，观众达15.6万人次。参展企业分别来自美国、英国、德国、法国、俄罗斯、日本、韩国、意大利、瑞士、瑞典、芬兰、波兰、印度、香港、台湾等16个国家和地区，参展的世界著名企业共有18家，世界500强及跨国公司企业共有66家，境外参展企业和外商投资企业展位数超过展位总数的31%。制博会还首次在于洪区设立了1万平方米分展场。

制博会暨成果展，现场共签订销售合同金额为2.56亿元人民币，意向合同金额为4.78亿元人民币，合计7.34亿元人民币。制博会已经成为国内外装备制造企业产品展示、信息交流和贸易成交的重要平台。

为纪念中日邦交正常化40周年，本届制博会举办了系列纪念活动，日本前首相福田康夫和村山富市等100余名日本政要、自治体代表以及国际知名企业代表出席制博会活动并参观了制博会。日本多家国际知名企业参展，并对展会给予充分肯定和高度评价。

台湾地区工具机及零组件同业工会也组织了几十家台湾地区企业参加制博会，有效提升了制博会的全球影响力。继商务部、国家发改委、中国贸促会、辽宁省政府、工业和信息化部之后，科技部正式出任制博会的主办单位，进一步提高了制博会的权威性和影响力，充分发挥科技部对制博会服务于我国高端装备和智能装备制造业发展的指导作用，充分发挥国家科技重大专项的核心引领作用，对制博会长远发展具有十分重要的意义。

国家工信部为推进国家工业转型升级的步伐，突出国家依托重点工程和重大项目，推动装备制造业产业发展，首次在制博会期间举办"国家新型工业化装备制造产业示范基地成果展"。来自16个省、市（区）的34个国家新型工业化装备制造产业基地参加了展出。这是自2009年工业和信息化部创建国家级新型工业化装备制造产业示范基地以来，首次大规模组织产业示范基地展出。这也是制博会承办的第4个国家级大型专项展览活动。

展会期间，围绕装备制造业的发展，举办了中国装备制造业发展高峰论坛、沈阳·日本装备制造业合作发展交流会、沈阳·日本装备制造业企业项目对接会、中国制博会采购商大会、沈阳·日本机器人大赛、制博会参展展品评奖和颁奖仪式、南通－沈阳装备制造产业合作恳谈会等9个专业子项活动。另外，各区、县（市）、开发区和省内外的一些城市借助制博会这个平台，开展了多项经贸活动。

制博会还本着"公平、公开、公正"的原则对展品进行了分类评奖。本共评出特别奖1个、金奖3个、银奖8个、铜奖11个、最最佳展示奖15个、优秀组织奖15个，同时对连续参加十一届制博会的11家企业颁发了纪念奖。

人民日报、新华社、经济日报、光明日报、中央电视台、中央电台、中国日报、中新社、中国工业报等主流媒体以及香港大公报、香港文汇报等多家国内外新闻媒体的100余位记者对本届展会进行了深入报道,共刊(播)发稿件3000多篇(条),对本届展会进行了全面报道。

全国政协副主席李金华、辽宁省省长陈政高、湖南省省长徐守盛、商务部副部长蒋耀平、工业和信息化部党组成员、总工程师朱宏任、工业和信息化部装备工业司司长张相木等部委领导亲临制博会视察,商务部、国家发改委、科技部、中国贸促会、中国机械工业联合会、中国机电产品进出口商会等单位领导和相关领导亲临现场。

(丁　玲)

【2012中国沈阳韩国周】　由沈阳市人民政府和大韩民国驻沈阳总领事馆共同主办的2012中国沈阳韩国周(以下简称韩国周)于2012年8月24日至28日在沈阳举行。本次韩国周恰逢中韩建交20周年,主要活动包括韩国周开幕式暨专场文艺演出、区县招商推介系列活动、中韩歌唱比赛、韩国电影周、首届朝鲜族美食文化节等17项主要活动,中韩经贸合作项目签约12项,项目总额14.17亿美元,参加各项活动的韩国来宾达到1000余人。

2012韩国周的主要特点和取得的成果是:

一、经贸活动更加务实、内容丰富、成效显著

韩国周经贸活动以区县为主体,各区、县(市)、开发区都结合本地的优势,开展丰富多彩的经贸活动。韩国C&N全球集团、美国新星房地产集团联合开发建设西塔一期A地块项目、韩国SK实业株式会社开发滨河特色休闲酒吧美食街项目、韩国产业银行设立沈阳分行项目、乐天信息技术(北京)有限公司沈阳分公司项目、韩国软件开发业协同组合与浑南新区合作项目、沈北新区与韩国仁川经济自由区缔结友好区项目、沈阳敏像科技公司在韩国仁川自由区投资设立研发中心项目、沈阳五洲龙新能源汽车公司生产出口新能源汽车项目、韩国农心株式会社增资扩股项目、韩国玄潭产业株式会社增资扩股项目、韩国现代摩比斯株式会社汽车零部件项目、韩国现代岱摩斯株式会社汽车零部件项目在本届韩国周期间签订了协议、意向或备忘录。

二、韩国各界广泛关注,积极参与

2012年是中韩建交20周年,韩国各界对韩国周都给予较高的重视和支持,韩领馆3月份就在韩国开始启动韩国周的宣传和邀请工作,并与韩国各界联合提出多项经贸和文化交流活动。韩国前总理金硕洙、郑云灿、韩国外交通商部交涉本部部长朴泰镐、韩国国会议员李学永、韩国产业研究院院长宋秉俊以及韩国城南市副市长朴正梧,平泽市副议长林承根、安城市副议长刘惠玉、仁川市国际协力官俞炳崙以及大田广域市、龙仁市、全州市、全罗北道镇安郡等8个城市代表团和韩国海外建设协会、希杰集团、韩国电气工业协同组合、LS技术、平和集团、晓星集团等多家企业团组参加了韩国周活动。

三、加大了市场化运作力度,节约了大量经费

韩国周的各项活动经费分别由市政府、各区县政府、韩领馆和韩国相关组织、企业共同承担,以及通过市场化运作方式解决。沈阳市政府只承担开幕式部分费用和开幕新闻发布会费用,各区县政府只承担各自经贸招商活动费用,其他费用全部由韩方或通过市场化运作方式解决。

四、开幕式简朴,演出热烈,气氛高涨

本着“注重实效,厉行节约”的原则,韩国周开幕仪式力求简短、简朴。专场文艺演出更是精彩纷呈,辽宁歌舞团、辽宁芭蕾舞团、韩国first组合等专业团体的精彩演出使辽宁大剧院成为了一片欢乐的海洋,中韩文化在这一时刻实现了真正的碰撞和交流。开幕式现场及周边的精心布置,更彰显出韩国周开幕的喜庆气氛。

五、市民广泛参与,庆祝氛围更加浓厚

韩国周活动已逐渐成为中韩友好交往的盛大节庆活动,成为韩国人在国外欢度的最隆重庆典活动。韩国周的开幕式暨专场文艺演出、和平区政府举办的西塔首届朝鲜族美食文化节以及韩领馆举办的互动性较强的体育竞赛,使纪念中韩建交20周年的气氛更加浓厚。在西塔首届朝鲜族美食文化节现场制作供2000人同吃的“巨型拌饭”,共用了150斤大米、40斤拌饭辣酱,20种蔬菜和调料,千人同吃一锅饭的场面异常火爆。在中街希杰影城举办的韩国电影周上,共有《阳光姐妹淘》、《北村方向》、《铁线虫入侵》、《这就是我》、《少年,菀得》五部韩国热播影片首次与沈城观众见面,到现场观看影片的观众达到5000多人次。在沈水湾公园举办的中韩健身走活动吸引了1500名中韩两国体育爱好者参加。此外,韩国周对相关产业产生了极大拉动作用,使沈阳的旅游、商贸、餐饮、娱乐和酒店服务业的人气大增,西塔街、中兴、商业城等商家的营业额大幅攀升。

六、以中韩建交20周年为契机,国内外媒体广泛关注韩国周

2012年是中韩建交20周年,国内外媒体对韩国周的宣传力度明显加大,人民日报、新华社、经济日报、中央人民广播电台、中新社、中国日报、香港大公报、香港文汇报、香港商报、香港凤凰资讯以及辽宁省、沈阳市主要新闻媒体等70余家参与报道和宣传。中外媒体共刊播刊发稿件300余篇,转载千余篇,网络搜索“2012中国沈阳韩国周”相关信息共986万条,全面报道了本届韩国周取得的丰硕成果。

(丁　玲)

【2012东北亚发展论坛】　2012年9月26日至28日,以“加强合作、共谋发展”为主题的2012东北亚发展论坛在沈阳市隆重举行。活动由中国国家发展和改革委员会、俄罗斯联邦地区发展部、中国人民对外友好协会、中国人民外交学会、辽宁省人民政府共同主办,由沈阳市人民政府、辽宁省发展和改革委员会、辽宁省外事办公室承办。

俄罗斯联邦委员会前副主席梅津采夫、上海合作组织副秘书长季雁池出席了论坛,俄罗斯国家部门、1州6市的政府议会代表团,以及俄商会、企业、主流新闻媒体、在华专家学者和留学生代表等22个团组、180余位国外嘉宾参加了论坛活动,是近年来沈阳市与俄罗斯间规模最大的交流活动。俄通－塔斯社、俄新社、俄罗斯全国广播电视公司、俄罗斯报、俄罗斯国际文传－中国电讯社对

论坛盛况进行了报道。俄媒体认为，作为国家级涉外活动，东北亚发展论坛已经成为沈阳的一张靓丽名片，并日益成为东北亚各国和地区密切交流往来的坚实纽带和重要平台。

论坛由开幕式、中国（沈阳经济区）—俄罗斯（远东及西伯利亚地区）沈阳经贸合作会议、中俄经贸合作项目说明会暨中俄经贸合作签约仪式、《中国东北地区与俄罗斯远东及东西伯利亚地区合作规划纲要（2009 年—2018 年）》研讨会等主体活动构成，并开展了友城交流、经贸推介、展览展示、参观考察等多项系列活动，取得了一系列显著成果。

本届论坛首次加强了与上合组织的紧密合作。上海合作组织秘书长伊马纳利耶夫在论坛开幕式上发来贺信，充分肯定了论坛对于推进地区合作的重要意义。即将于 2013 年接任上合组织秘书长的梅津采夫则表示将把沈阳作为加强中俄地区间合作机制的重要城市，推动与上海合作组织及各成员国全方位的合作。

本届论坛全面拓展了面向俄罗斯的城际友好工作。论坛期间，沈阳市与俄罗斯新西伯利亚市签署了《建立友好城市关系意向书》，确定了在经济、科技、文化、教育、体育、卫生等各个领域的全面合作与交流。此外，勘察加－彼得罗巴甫洛夫斯克市、乌兰乌德市、符拉迪沃斯托克市、哈巴罗夫斯克市也表示愿意与沈阳市结为友好合作关系城市，推动双方多领域合作。

本届论坛务实推进了与俄罗斯在经贸领域的合作。沈阳市贸促会与俄罗斯中西伯利亚商会签订了合作协议，沈阳市对外贸易经济合作局与俄罗斯西伯利亚地区企业家协会签订了经贸合作战略协议，辽宁省中俄合作协会与俄罗斯西伯利亚无疆界企业家联合会签订了经贸合作协议。辽宁高科能源集团与俄罗斯能源科技生产联合体就合作建立热电站项目签订了合作协议。

（*李　丹*）

【2012 中国国际种业博览会·中国沈阳国际农业博览会】 2012 中国沈阳国际农业博览会与中国国际种业博览会于 2012 年 9 月 12－14 日在沈阳国际展览中心成功举办。本届展会由中华人民共和国农业部支持，辽宁省人民政府主办，沈阳市人民政府、辽宁省农委和农业部贸易促进中心承办。此次中国国际种业博览会与中国沈阳国际农业博览会继 2010 年之后再度在沈联合举办。沈阳市政府也将中国沈阳国际农业博览会列为沈阳市由市政府主办的八个大型活动之一。

展会以“绿色、和谐、交流、发展”为主题，以政府主导、市场运作的方式，搭建现代农业展示平台，充分展示了国内外及辽沈地区农业发展新成果、新技术，达到宣传辽沈农业，扩大对外开放，促进现代农业发展，实现农业增收的目的。

本届展会展馆设为国际展区、国内种子企业展区、沈阳经济区各市展区、沈阳市综合展区、龙头企业展区和名优新特农产品展区六个展区。展出面积 4.5 万平方米，特装面积达 1.8 万平方米，共 1500 个展位，参展企业达 1325 家，是历届最多的一次。来自美国、欧盟、东南亚等 14 个国家和地区的 210 多家境外种子企业，国内 19 个省、市、自治区的 1200 余家农产品加工龙头企业，越南、韩国、台湾、宁波、丽水等 15 个国内外展团参加了展会。近 2000 个品种参加展示，参展种类涵盖名优新特农产品、种子、花卉、农机、化肥、农药、现代农业设施等，是历届展品最多的一次。其中，种业展位 340 个，农资展位 170 个，市级以上龙头企业展位 400 个，农民专业合作社及其他展位 590 个。美国杜邦－先锋公司、德国拜尔公司、隆平高科种业有限公司等国内外著名涉农企业也都参加了本届展会。

为扩大农博会的影响力，提高农博会功能性，丰富农博会的内容，将农博会打造成为城市与农村互动、市民与农民共参与的隆重、热烈的盛会，组委会在各区、县（市）组织了丰富多彩、各俱特色的活动。组委会上展会期间安排了六项主体活动（包括开幕式、参加兰花展并参观种业展示基地、国际种业高峰论坛、新品种推介暨采购商洽谈会以及成果发布会）、七项主题活动（康平卧龙湖旅游观光节、沈北新区熏衣草节、苏家屯区特色农产品展示推介会、于洪区现代农业观光活动、新民市西瓜节、农垦兰花展和农垦种业基地展示活动），为期 3 天的展览期间，吸引了超过 30 万观众到现场参观，现场交易额达到 9600 万元，合同签约额达到 19.6 亿元。经过评选，最终展会有 125 个参展产品荣获 2012 中国沈阳国际农业博览会优质农产品金奖。

此次展会得到了国家农业部、省及各兄弟市政府的大力支持和鼎力相助，取得了丰硕成果。一是上百家种业龙头齐聚种博，展示了种子科研、生产、销售、种子机械等方面最先进、最权威的产品和技术，种博会签订交易合同 47 个，合同交易额 2.8 亿元。二是近千家农事企业相聚农博，现场交易火爆。来自韩国、越南、台湾等 14 个国家和地区、国内 19 个省市的 1300 余家企业参展。本届展会观展人数累计达 31 万人次，本届农博会签订交易合同 55 个，合同交易额 5.4 亿元，现场交易额达 7100 万元。三是两大示范基地各有千秋，现代农业发展成果斐然。光辉现代农业示范区温室展示面积 3 万平方米，陆地展示面积13.33公顷，展示品种近 2000 个。小韩村蔬菜工厂有机蔬菜生产基地，展示面积 4 万平方米，现代农业新品种近百种，观赏植物近千种。展会期间共接待市民约3.5万人次。四是主题活动各俱特色，市民参与热情高涨。农垦兰花展、康平县卧龙湖旅游节、苏家屯区特色农产品展示推介等等 7 大主题活动深入基层、贴近民生，让广大市民充分感受到现代农业发展的丰硕成果。活动期间共接待市民约 24.3万人次，累计销售额达 7700 万元。

中国沈阳国际农业博览会已经由辽沈地区的区域性展会发展成为国内知名的农业综合性展会，成为沈阳农业与海内外客商扩大交流、增进友谊、加强合作的重要桥梁，对加快发展沈阳外向型农业、推进全市农村经济社会健康持续发展起到了重要的促进作用。

本届展由会与往届相比，有四大特点：一是两会合办三级联动。本届展会得到了国家农业部、省政府的高度重视和大力支持，实现了部、省、市三级联动。种博会、农博会两会合办，参展企业更多，农产品品种更丰富，充分展示了国内外种业发展的新成果及辽沈地区农业、农村经济发展取得的新成就。二是宣传工作有新亮点。首次成立了由省内13家主流媒体记者参加的新闻记者团，开展了“聚焦农博“系列报道活动，展会现场还搭建直播间进行现场直播。新闻媒体全方位融入展会，深入宣传展会，为本届展会增添了新的元素，架起了企业与市民之间沟通桥梁。三是群众参与度大幅提升。展会前及展会期间，各项主题活动让绿色农博走进千家万户，主题活动环环相扣、异彩纷呈，市民参与度空前高涨，为种博会·农博会的成功举办起到了极大的铺垫和烘托作用，使市民充分地体验到现代农业发展的累累硕果，感受到农村经济发展的勃勃生机，品享到优质农产品的饕餮盛宴。四是服务意识进一步增强。为更好地为展商和观众服务，组委会采取在展会现场设立服务处、组织志愿者、开通农博热线、设置专用通道、开设公交专线等措施，全方位、多角度做好本届种博会·农博会的服务工作，极大地方便企业参展、市民参与。

（邓　奇）

【2012中国（法库）国际陶瓷博览交易会】　2012年9月25—27日，由中国陶瓷工业协会、中国建筑卫生陶瓷协会、沈阳市政府联合举办，中共法库县委、县政府承办的中国（法库）国际陶瓷博览交易会在法库国际会展中心举行。

开幕式由县长陈佳标主持，沈阳市市长陈海波、副市长王翔坤出席开幕式。冯守权、王翔坤分别致辞，王翔坤指出，法库县近几年有了突飞猛进的发展，是沈阳市县域经济发展的重大突破和一大亮点，陶瓷产业是法库的支柱产业和主导产业，也是沈阳市乃至全省产业集群发展的一面旗帜；法库陶博会影响越来越广，真诚希望企业家朋友以陶瓷为纽带，以会展为平台，与沈阳扩大交流，加深友谊。中国商业联合会秘书长骆毓龙为法库县颁发“中国瓷谷”牌匾，市、县领导和嘉宾共同为博览会开幕剪彩，随后进入展厅参观展品。

本次博览会以“打造千亿产业集群、争创中国陶瓷之都”为主题，通过产业营销论坛、开幕式、主体招商推介会、歌舞晚会及市民观陶博、看展会等一系列活动，展示了国内外优秀陶瓷产品、顶尖陶瓷艺术、最新陶瓷科技和源远流长的陶瓷文化。法库县知名书画家、民间艺人现场创作助兴，并特邀李尚哲、郭丽华等5位国家级工艺美术大师现场进行陶瓷艺术创作，为陶博会增添色彩。

博览会展区面积达10万平方米，参展陶瓷达13个系列、27个品种，接待观众15万人次，吸引国内外陶瓷生产、配套企业80余家。全国20多个地区300多名陶瓷采购商、经销商前来采购和洽谈合作，现场交易额和销售意向额达25亿元。期间，签约项目7个，达成合作意向项目15个，意向投资总额达24亿元。

在27日举行的闭幕式上，公布了“百姓最喜爱的展厅和产品”，并分别为获奖企业颁奖。县委书记冯守权在致答谢辞中指出，这次博览会取得圆满成功和丰硕成果，通过本次博览会全面回顾了法库陶瓷产业十年发展历程，更加坚定了全县人民做大做强陶瓷产业的必胜信心，特别是法库县荣获“中国瓷谷”称号，标志着法库陶瓷产业进入了新一轮快速发展阶段。他热切希望企业家朋友和新闻媒体更多地关注、支持法库，为法库县域发展贡献力量。

（县志办）

【2012中国风险投资论坛】　由民建中央、科学技术部、辽宁省人民政府和沈阳市人民政府共同主办，沈阳市人民政府、中国风险投资研究院联合承办的“2012（第七届）中国风险投资论坛—振兴东北投资高峰会”于2012年9月13日至14日在沈阳举行。本次峰会以“资本助力创新创业，科技推动转型发展”为主题，成功邀请近百位国家领导、部委领导和知名经济学专家、学者、投资商到会并发表演讲，600余家科技型企业参会，118家风险投资机构到会与优秀企业进行对接，70余家媒体机构对活动进行现场报道。在峰会同期召开的项目对接会上，有20多家企业与投资机构达成合作意向，意向投资额近8亿元。

（杨竞喆）

【2012中国沈阳国际旅游节】　2012中国沈阳国际旅游节于8月至9月在沈阳成功举办。旅游节以“喜迎十八大、精彩欢乐游”、“交流、合作、发展、共赢”为主题，始终坚持“旅游惠民、百姓节日”的原则，紧紧围绕2012中国欢乐健康游主题，通过举办旅游节主题晚会、国际旅游联展、东南亚风味美食节、国际旅游友好交流月、啤酒美食节、欢乐给力购物节、原生态采摘节、百万市民看沈阳、关东民俗文化节、荷花节、浑河花船景观游、辽中湿地旅游文化节等活动，充分展示沈阳市的旅游资源、地域文化、人文风情、城市风貌，全力打造沈阳旅游节会品牌。进一步加强沈阳与海内外的旅游交流合作，不断扩大沈阳在海内外的影响力。旅游节期间，共接待中外游客达300多万人次。

旅游节主题晚会通过《天》、《地》、《人》、《和》四个篇章，充分展示了沈阳厚重的历史文化，丰富的旅游资源，辉煌的现代化成就。国际旅游联展设立了130个展位。分为国际展区、温泉展区、外省市展区、沈阳经济区展区等，国际展区有24个国家和地区34个参展单位；8家航空公司；温泉展位11个；国内有来自15个省（自治区）31个城市（地区）的37个景区参加。参展单位以宣传路演、专项洽谈、咨询讲解、展板展示等形式，面向旅游界人士及中外游客开展宣传展示活动，增进了解，促进旅游合作与发展。同时，制作沈阳国际旅游节成功举办10周年，沈阳旅游业科学发展10周年画册，收录历届旅游节的精彩瞬间，展示旅游业发展辉煌成果。

国际旅游节邀请了中央电视台（辽宁记者站）、香港电视台、凤凰卫视等媒体前来报道旅游节活动的盛况，沈阳广播电视台对旅游节主题晚会进行了现场直播，辽宁广播电视台《辽宁新闻》、《第一时间》的栏目进行了报道；沈阳日报在头版头条进行了报道；辽宁日报、辽沈晚报、时代商报、华商晨报、中国旅游报、中国日报、香港文汇报等平面媒体，都在头版和二、三版图文并茂的宣传，截至2012年12月，共刊登新闻35万条，10万多字，摄影图片百余张。央视网、新浪网、腾讯网、搜狐网、辽宁省人民政府网、辽宁新闻网、沈阳政府门户网等媒体报道2012中国沈阳国际旅游节新闻。网站访问的累计点击流量超过100万次。以多种媒体的不同视角审视沈阳国际旅游节，感受沈阳国际旅游节，传播沈阳国际旅游节，从而使沈阳国际旅游节的品牌形象更加立体和深入人心，并进一步提升其国际影响力。

（佟胜富）

【第十五届中国沈阳国际冰雪节】 由沈阳市人民政府、辽宁省旅游局主办，沈阳市旅游局、沈阳市服务业委、棋盘山开发区管委会承办，沈阳经济区城市（鞍山、抚顺、本溪、营口、阜新、辽阳、铁岭）联办的第十五届中国沈阳国际冰雪节，于2012年1—3月隆重举行。本届冰雪节共接待游客84.1万人次，实现旅游收入8479万元。

冰雪节充分利用冬季冰雪资源的优势，按照“政府主导、市场运作、多方参与、社会支持”的原则，结合国家旅游局“2012中国欢乐健康游”主题，按照全省冰雪温泉市场推进工作的要求，通过整合全市冰雪、温泉旅游资源，推出适合不同游客需求的多层次冰雪旅游项目和产品，刺激旅游消费，展示沈阳冰雪旅游文化内涵，提高沈阳国际冰雪节的综合竞争力，打造沈阳冬季冰雪旅游活动品牌，巩固“东北冰雪旅游第一站”的地位，拉动沈阳市旅游快速发展。

冰雪节宣传口号为：“人间有大美、冬到盛京城”、冬季到沈阳来玩雪、“东北冰雪旅游第一站——沈阳”。为扩大冰雪节活动内容，便于市民和游客参与，本届冰雪节设一个主会场，三个分会场。主会场设在棋盘山冰雪大世界，分会场设在东北亚滑雪场、白清寨滑雪场、怪坡国际滑雪场。冰雪节期间，举办第十五届中国沈阳国际冰雪节开幕式、2012辽宁省“滑冰雪、泡温泉、双万人大狂欢”活动主会场（沈阳）启动仪式、辽宁省“百万市民上冰雪”活动启动仪式、2012滑雪季开滑式、迎新年走龙字——天下第一龙、盛京灯会、关东庙会、家庭冰雪趣味运动会、大型冰雪雕会展、沈阳冬泳表演、圣诞节千人狂欢东北亚、白清寨平安狂欢夜、沈北“光猪”节等大型冰雪活动50余项。在小韩村温泉会所、世界温泉部落美国郡推出冬季泡温泉活动，推出十大冬季旅游精品线路，组织全市百家旅行社销售冰雪温泉产品和线路。

为广泛宣传冬季各项冰雪、温泉活动，加速扩大市场总量。组织设计印制了沈阳冰雪温泉旅游指南和宣传折页，在全市四星级以上饭店等服务窗口摆放，供游客免费取阅。组织国家、省、市媒体全方位报道冰雪节各项活动举办情况，进一步扩大了冰雪节的知名度和影响力。

（佟胜富）

【开展“双进双解走进企业”活动】 按照市政府的统一部署，市经信委在全市“双进双解”活动中，承担“企业指导组”的工作，负责组织和实施4个市直部门（市经信委、金融办、服务业委、中小企业局）和14个区县（市）共计18个帮扶责任单位、537户企业的“走进企业”帮扶活动。

“双进双解”活动开展以来，企业指导组认真履行工作职责，精心组织策划，全力推进实施，使“走进企业”帮扶活动在全市全面深入展开，圆满完成了活动的各项任务。据统计（不包括“自选动作”，即区县自选的帮扶企业），18个帮扶责任单位实名制帮扶人员总数达到558人，累计深入企业帮扶7038人次，在现场解决企业提出问题的基础上，共汇总整理了需要解决的问题366个，并全部予以解决。曾维书记批示：“企业的表扬应该是政府各部门的最高荣誉。向这几个局（部门）学习，深入一线，深入企业，现场办公解决问题。”由于工作出色，在18个帮扶责任单位中，市经信委等8个单位被市政府评为“双进双解活动最佳组织奖”，东陵区等10个被评为“双进双解活动组织奖”，有60人被评为“双进双解活动最佳贡献奖”，另有40人被评为“双进双解活动贡献奖”。

一、加强活动策划，建立实名制帮扶工作体系和有效的工作制度

1. 建立实名制帮扶体系，使“双进双解”帮扶企业活动有了可靠有效的组织保障和工作体系。企业指导组组织各帮扶责任单位，按照一对一的帮扶实名制要求，与市政府确定的537户被帮扶企业实现了100%的对接。

2. 建立联络员工作制度，使帮扶双方之间形成了方便、快捷、畅通的沟通渠道。企业指导组印发了《“双进双解”帮扶企业联络员工作制度》，要求每个帮扶责任单位指派一名联络员，并保持八小时工作时间信息通畅。

3. 建立信息反馈周报制度，及时收集汇总各地区的工作进展情况，了解企业在发展中存在的问题，以及各帮扶责任单位对问题的解决意见和解决问题的进展情况。

4. 建立闭环式工作流程，有效推进了解决问题的进程。闭环式工作流程，就是被帮扶企业提出问题，由帮扶责任单位予以协调解决，企业对解决情况予以评价。

5. 建立《协调函》制度，对于情况比较复杂、涉及一个或多个部门（地区）协作解决的问题，通过向相关协办单位下达《协调函》，明确所需解决问题的责任人和工作内容，并要求按照预计办理时限，反馈办理结果。

二、加强工作调度和督查指导，注重宣传报道，扎实推进“双进双解走进企业”活动

一是加强调度，指导和部署工作，推进活动全面开展。企业指导组先后印发各类相关文件20余份，先后六次组织召开由各区县、各相关部门参加的双进双解工作会议，调度和通报活动进展情况，协调解决活动中遇到的困难和问题，并对下一阶段工作提出具体要求和部署。二是深入基层调查研究，检查督导活动开展情况。企业指导组多次到各区县（市）走访调研，落实、检查和督导活动开展情况，对各地区的帮扶工作有针对性地提出工作建议和要求。三是加强宣传报道，营造良好地舆论氛围。企业指导组共刊发41期“双进双解”走进企业专题信息，大力宣传和推广“双进双解”活动中的好典型、好经验、好做法。

三、扩大帮扶范围，创新活动内容，深入企业开展帮扶活动，促进了全市工业经济的发展

全市各帮扶责任单位结合自身情况，自加压力，创新工作，既完成了帮扶的“规定动作”，又开展“自选动作”，拓展了“双进双解走进企业”活动的深度和广度。市经信委实施了“双五百工程”，组织本单位100名机关干部，集中抓好500户重点工业企业和500个重大工业项目，深入企业、深入项目、深入基层，开展帮扶活动。市金融办将全市金

融机构纳入帮扶服务范围，全力支持金融企业发展，多渠道、多方式帮助企业和项目解决金融需求，累计走进银行、保险企业50余户，帮扶400余人次，协调解决60余个难点问题。大东区开展了“双进双解，双推双促”活动，为华晨中华、华晨宝马、上通北盛、三洋重工等重点企业在环境整治、项目帮扶、生产协调等方面做了大量工作，深受企业好评。沈北新区举行了“双进双解双落实”活动，推出了“网上审批”、“绿卡服务”、“企业服务日”、“企业服务110热线”等十大创新举措，与130家重点企业和项目单位进行了对接，全面开展帮扶活动。于洪区开展了“三联三解一提升”活动，重点帮扶对象由10户增加至204户，为企业解决了基础设施建设、生产经营、行政审批、资金和技术、用工招聘、市场开拓等诸多方面的问题。通过开展“双进双解走进企业”活动，促进了机关干部的作风转变，密切了政企关系，提高了行政办事效能，促进了软环境建设，解决了企业生产经营中存在的困难和问题，为全市工业经济平稳较快发展提供了有力的支撑。在被帮扶的工业企业中，主营业务收入同比增长的占70.8%。

（李日松）

“十二运”沈阳赛区筹备

【“十二运”场馆建设】　2012年，“十二运”沈阳赛区场馆建设工作按照全国组委会和市政府要求，40个场馆建设项目按时间节点完成计划工作任务，实现了省政府对沈阳市提出的场馆建设目标。全民建设中心建设方面，市级全民健身中心全部完工，铁西区、皇姑区、大东区等13个区级全民健身中心项目完工，10个项目投入使用。同时，各区积极增加了全民健身中心项目，包括铁西区滑翔公园项目、于洪区恒大城项目、和平区砂山体育场项目、蓝海项目，沈河区保利生活馆项目、方家栏项目等。对场馆周边环境进行改造。2012年场馆周边环境改造项目共7项，包括4项道路改造工程和3项土地整理项目，其中，4项道路改造工程完工3项，市军事体育陆上运动学校周边“三路一桥”改造项目正在实施，预计2013年5月完工。3个土地整理项目中，阳山路南地块及原齿轮厂地块土地整理工作，计划2013年5月底前完成。

做好城市供电、供水、供气保障工作。供电保障方面，市供电公司对“十二运”场馆的输、变、配电设备进行隐患排查；编制完成了市属场馆电力改造方案；配合编写了《“十二运”场馆供配电系统建设规范》；实施了25项配套电网建设项目等。供水保障方面，市水务集团编制完成“十二运”供水保障工作方案，围绕全运会各赛事场馆，对每个关键点位的陈旧管线和供、排水设施进行全面改造；供气保障方面，市燃气集团编制完成“十二运”供气保障工作方案；对全市重点保障区域进行走访调查，包括所有场馆、全运村和宾馆酒店等；对58家液化气销售企业进行安全检查。

2012年，全市场馆建设以改造为主，力求节俭，兼顾赛后利用。在22个比赛场馆中，8个场馆选在各高校体育馆，5个场馆选在专业训练基地，5个场馆利用自然条件建设，其余4个场馆均为改造场馆，可通过改造提升场馆功能，提高运营水平。同时，加强质量安全管理，对场馆施工现场加大检查力度，实现场馆建设零事故。

（赵萍萍　张翼鹏）

【全民健身中心运营专题讲座】　为贯彻落实市政府关于“全民健身中心建成一个，投入使用一个、成功运营一个”的要求，深入思考体育场馆赛后利用与发展问题，2012年5月16日、17日，“十二运”沈阳赛区组委会组织了两场全民健身中心暨场馆运营管理专题讲座。讲座聘请了北京体育大学管理学院副院长、博士生导师林显鹏教授，上海体育学院经济管理学院管理科学教研室主任陈锡尧教授，分别就国内外全民健身中心暨场馆运营管理问题进行了授课。“十二运”沈阳赛区组委会第一副主任、沈阳市委副书记邢凯参加了专题讲座。两位教授就国内外大型体育场馆及全民健身设施的运营、运行特点向市委、市政府20个部门领导，各区、县（市），开发区政府主管领导，市、区级体育部门及场馆业主单位300余人进行了介绍，为沈阳市如何将体育场馆与全民健身中心的建设工作和赛后运营有效结合启发了思路、开拓了视野。

（叶　新）

【大东区全民健身中心】　大东区全民健身中心建筑工程投资约为1.1亿元人民币，2008年8月开工，2012年竣工并投入使用。总占地面积6.8万平方米，包括体育馆、田径场、景观区三部分，体育馆总建筑面积1.58万平方米，赛场总面积5115平方米，观众坐席600个，可同时容纳2000余人健身。一层设有篮球馆、击剑馆、乒乓球馆、跆拳道馆、力量训练馆、健身馆等设备一流的专业场馆。二层主要为羽毛球馆，设有21块标准羽毛球场地。田径场总占地面积近2万平方米，标准的400米塑胶田径场，内设1块人造草坪足球场地，田径场的西侧观众看台设有3500个坐位。拥有5000平方米的体育健身广场，1000平方米的小足球场，360平方米的排球场，750平方米的网球场，3656平方米的篮球场。大东区全民健身中心将为百姓搭建起一个良好的健身平台，成为市民最理想的健身场所之一。

（叶　新）

【加强“十二运”安保筹备】　2012年，在“十二运”组委会安保部的具体指导下，沈阳市公安机关紧紧围绕2012年重点工作计划，紧扣时间节点，倒排工期，科学部署、狠抓落实，全力推进各项安保工作落实，取得了显著的阶段性成效。一是推进了场馆安保配套设施建设工作。按照“五个同步”要求，编制完成了安保配套系统建设指导意见、工作规范和具体需求标准，涉赛场馆将需求标准纳入设计方案，23个场馆通过了消防审核、8个场馆通过了消防验收、29个场馆通过了技防设施方案报备工作。二是初步完成了安保方（预）案制订工作。制订了《沈阳赛区安全保卫工作方案》、《安保重点专项工作方案》等118个方（预）案。三是开展了安保基础信息调研工作。组织开展了火炬传递线路、群先代表驻地等涉赛场所的基础调研工作，编制了火炬传递安保工作规范和省、市组委会初步确定的32家签约宾馆基础信息台账。四是全面开展了安保培训和实战演练工作。制定了《安保人员培训总体方案》和《专业岗位培训实施方案》。编写了《安保知识手册》和《安保勤务岗位职责实用手册》。共组织培训182期,参训人员到达9000余人次。开展了地铁反恐、环城堵控、全国特警系统演练等14次实战演练。五是部署启动了证件管理和背景审查工作。明确省、市组委会证件制作和背景审查的职责事权划分。组建了沈阳赛区证件管理协调小组,制定了《沈阳赛区证件管理工作方案》。六是重点谋划了开幕式安保运行模式。完成了开幕式交通封闭区域规划工作,谋划了开闭幕式安检总体规划和观众抵离模式,论证了开幕式现场安保和社会面防控规划。七是科学规划了"十二运"涉赛交通路线。本着"少限制、不扰民"的原则,初步确定了36条市政道路、15条公路、2条高速公路及四环快速路的东南段,共计317公里的全运会涉赛道路。八是全力推进了安保经费、装备保障工作。本着"节俭办全运"的指导思想,按照"能借不租、能租不买、尽量压缩资金规模"的原则,积极申请"十二运"沈阳赛区安保经费,推进安检设备、交通设施等器材、装备尽快配备到位。九是确保了一系列活动的绝对安全。圆满完成了"十二运倒计时一周年启动仪式晚会"、"沈阳赛区倒计时一周年主题活动"等14场次大型活动安保工作,参与观众达6.83万余人,共出动警力2570人次,确保了活动安全顺利举行。十是全面加强了沟通协调工作。与沈阳武警支队、机场、铁路分局、武警指挥学院等单位沟通,做好赛时期武警警力测算工作,开展"绿色通道"和"嘉宾窗口"创建活动,完成了安保志愿者需求初步测算工作。

(张　磊)

【场馆建设安保工作】 为确保场馆建设期间安保工作万无一失,场馆安保团队由24个增至37个,团队第一负责人由属地分局主要领导担任,团队主任由属地分局主管领导担任。及时开展培训工作,确保团队成员了解场馆安保配套设施标准与各自职责;下达场馆安保团队任务书,确保场馆安保团队有的放矢地推动场馆建设期间的安全保卫工作。出台"十二运"临战阶段安保工作纪律规定。规定提出8条"严禁"要求,对违反的责任民警和领导干部,将根据违规程度,依照规定严格惩处。倡议各场馆业主(施工)单位要积极配合公安机关,全力确保场馆设施安保配套系统建设落实到位,严格遵守"五个同步"的工作要求。组成联合督导检查组,对沈阳赛区40个场馆、全运村、属地分局、属地派出所逐一进行了实地督导检查;并着手组建开闭幕式场馆和全运村等三个重点场馆安保督导检查团队。

(叶　新)

【安检规划布局论证】 2012年7月21日,"十二运"沈阳赛区召开"十二运"安检规划布局论证工作会议。会上,市公安局特警支队利用课件演示形式讲解了"十二运"开、闭式场馆、全运村和比赛场馆安检规划布局情况;与会相关单位结合奥运经验对"十二运"安检规划布局进行了研讨论证。

会议对做好安检规划布局论证工作提出四项要求:一是高度重视,明确目标。要切实提高对安检工作的重视程度,要提早打算、提早谋划、提早部署各项安检工作任务。二是要切合实际,深入研究。要充分结合沈阳实际,谋划出最佳、最好、最切合实际的安检工作方案。三是注重细节,科学规划。要合理估算安检人员、安检流量和安检速度,科学规划隔离区、分流区和缓冲区,要把各项安检措施谋划的更深入、更细致,四是细化任务,明确责任。明确各部门负责工作,要严格按照实名制管理责任制,落实各项工作措施,坚决确保安检工作的万无一失。

(叶　新)

【沈阳赛区专题宣传】 2012年5月16日沈阳赛区组委会召开上半年筹备工作新闻发布会之后,省市多家媒体纷纷开展"聚焦'十二运'沈阳赛区"专题新闻宣传活动,集中宣传报道沈阳赛区筹备工作情况。5月17日,辽宁日报刊发《沈阳让810万市民共享全运会》专题报道,沈阳日报头版刊发《沈阳赛区全面进入"全运时间"》专题论述。从当日起,沈阳日报、沈阳晚报在体育版开辟"聚焦'十二运'沈阳赛区组委会"系列专版,重点报道沈阳赛区组委各部室科学管理、统筹推进各项筹备工作取得的成果和良好的工作状态。沈阳广播电视台在新闻频道《沈阳新闻》栏目连续播发专题新闻,沈阳网、赛区官方网站和微博开设专题网页,以文字、图片、视频、论坛等多种方式进行宣传。真正做到了自采新闻和转载报道相结合,进一步增强报网互动。辽宁日报刊发专题报道3篇,沈阳日报、沈阳晚报分别刊发专版12块,辽沈晚报、华商晨报等省属都市类媒体发稿23篇,沈阳网、赛区官方网站和官方微博发稿17篇,点击量超千余次。

通过本次集中宣传活动,大力营造了全社会关注全运、参与全运、奉献全运的浓厚氛围,进一步激发了组委会全体工作人员积极备战全运的热情和动力。

(叶　新)

【第十二届全国运动会吉祥物】 2012年6月2日,第十二届全国运动会吉祥物在辽宁省沈阳市揭晓,寓意"辽宁、安宁"的斑海豹"宁宁"被确定为吉祥物。

第十二届全国运动会吉祥物——"宁宁"的创意灵感来源于具有"渤海明珠"美誉的斑海豹。斑海豹来自于渤海辽东湾。那里是斑海豹在我国主要的繁衍、栖息地;那里有成立于1997年的我国惟一的国家级斑海豹自然保护区;那里有民间与政府联动、共同保护斑海豹栖息地的默契与信任;那里是怀抱辽东湾的东北惟一沿海省份、富有海洋文化底蕴的辽宁。

斑海豹(俗称海狗)属于国家二级野生保护动物,是惟一能在我国海域进行繁殖的海洋哺乳动物,具有很高的水生动物价值。斑海豹"宁宁"的诞生正是希望唤起全国人民对海洋环境与珍稀物种的关注与保护意识,进而共筑万物和谐共存的美好家园。

"宁宁"的名字取自"辽宁、安宁"。民间流传着"海狗把门"的传说。寓意守候一方平安与富庶。承办地辽宁,作为沿海大省,海岸线长度占全国的12%,是未来的东北亚航运中心;作为东北经济区和环渤海经济区的重要接合部，是欧亚大陆桥的重要门户和前沿地带。沿海经济的强势崛起为辽宁经济腾飞注入了澎湃动力。人们在欢呼辽宁沿海经济带开发开放高起点、高水平的同时，保护环境与开发建设的和谐并举，正日益成为辽宁人共同关注的话题。

斑海豹"宁宁"个性活泼、自信、友善、富有亲和力。圆圆的眼睛明亮而又朝气勃发；海蓝色源自大海，具有包容性和生命力；"宁宁"高举火炬，张开怀抱，发出热情洋溢的邀约，那是胸怀博大的辽宁人精神风貌的写照。饱含着辽宁人民对全运会的美好憧憬，对全国运动健儿的良好祝愿以及对来自于五湖四海宾朋的热诚欢迎。

欢快乐观的性情，执着进取的热情，开拓创新的激情，勇于担当的豪情构成了辽宁人质朴美好的品格。斑海豹"宁宁"承载着辽宁人的意气风发和志存高远。充满发展希望与潜力的辽宁人，开发沿海，经略海洋，促进老工业基地全面振兴。其所形成的独特的地域特色、文化魅力和精神风貌必将凝聚成共筑和谐家园的巨大能量与爆发力。

（叶　新）

【第十二届全运会沈阳赛区城市志愿者招募暨"V公益"实践行动启动仪式】 沈阳团市委、"十二运"沈阳赛区志愿者部于2012年9月23日举行了第十二届全运会沈阳赛区城市志愿者招募暨"V公益"实践行动启动仪式。仪式上，团市委书记、"十二运"沈阳赛区志愿者部部长王志刚同志介绍了沈阳赛区城市志愿者招募的相关情况，并公布了《中华人民共和国第十二届运动会沈阳赛区城市志愿者通用政策》。市委常委、市总工会主席、"十二运"沈阳赛区副主任鞠秀礼宣布第十二届全运会沈阳赛区城市志愿者招募正式启动，"十二运"沈阳赛区志愿者官方网站随即开通。仪式结束后，"V公益"实践行动正式启动，200余名志愿者在中街步行街沿线以传播公益行为为主题，开展了形式多样的公益宣传活动。

（闫占峰）

【"迎全运城市志愿服务V计划"启动】 3月25日，团市委、"十二运"沈阳赛区志愿者部启动了"迎全运城市志愿服务V计划"行动（以下简称V计划）。V计划行动于3月至12月集中开展，旨在在全社会汇聚"V"力量，打造"V"文化，引导广大团员青年积极参与社会公益事业和全运志愿服务。V计划推行"V"理念（包含：志愿Volunteer、青春Vernal、承诺Vow、时尚Vogue、勇敢Valiancy、活力Vibrant、美德Virtue、胜利Victory）。"V"标志着广大青年志愿者们绽放青春、展示自我，真诚的理解、关怀和帮助身边的人们，将"V"的力量传递给身边的每一个人。V计划行动包含三个主体活动，即"V文明传播行动，V公益实践行动，V奉献示范行动"。

（闫占峰）

【迎全运百万市民上冰雪冬泳日活动】 为激发广大市民冬季健身的热情，普及和发展冬泳运动，丰富市民体育文化生活，营造"全民参与全运会，健康生活办盛会"的良好氛围，2012年1月1日，由沈阳市体育局、棋盘山开发区管委会主办，"十二运"沈阳赛区组委会群体工作部、棋盘山文化产业集团承办，沈阳市冬泳协会协办的沈阳市迎全运"百万市民上冰雪冬泳日"活动在风景秀丽的棋盘山秀湖冰面举行。

冬泳运动是一项锻炼意志、增强体质、挑战严寒的健身项目，深受广大健身爱好者的喜爱。本次活动作为沈阳市迎全运百万市民上冰雪系列活动的重要内容，共吸引了400多名冬泳健身爱好者参与。在零下近20℃的严寒天气下，冬泳健身爱好者表演了男女高台跳水、接力赛、大合唱等节目，展示了冬泳健身爱好者的风采，诠释了冬泳运动的魅力，激发了广大市民冬季健身的热情，营造了全民全运的浓厚氛围。

（叶　新）

沈城美誉

【沈阳市文化体制改革工作受到国家表彰】 2012年9月26日，沈阳市委常委、宣传部部长王凤波代表沈阳市，参加在北京举行的全国文化体制改革工作表彰大会。会前，中共中央总书记、国家主席、中央军委主席胡锦涛亲切会见全体与会代表，向全国广大文化工作者表示诚挚的问候。国务院总理温家宝，国家副主席、中央军委副主席习近平，国务院副总理李克强参加会见。中共中央政治局常委李长春参加会见并在会上作重要讲话。会上，沈阳市被评为"全国文化体制改革工作先进地区"，沈阳杂技演艺集团、沈阳市和平区图书馆、沈阳市文化市场行政执法总队被评为"全国文化体制改革工作先进单位"，沈阳文改办副主任周振亚被评为"全国文化体制改革工作先进个人"。

（胡峻源）

【全市共有14家单位荣获全国文明单位称号】 2012年，中央文明委决定，对沈阳市申报的沈阳市国家税务局（机关）、沈阳市行政审批服务中心管理办公室、中国移动通信集团辽宁有限公司沈阳分公司等3家单位授予全国文明单位称号；法库县冯贝堡镇东团山子村授予全国文明村镇称号。同时，在自查的基础上，经省文明委组织复查和中央文明办审核抽查，报中央文明委批准，继续保留辽宁省实验中学、沈阳市桃仙国际机场海关、沈阳桃仙国际机场股份有限公司、中国医科大学附属第一医院、沈阳市气象局、沈阳市煤气总公司、沈阳市铁西区国家税务局、沈阳市铁西区人民检察院、沈阳市于洪区地方税务局、沈阳鼓风机（集团）有限公司等10家单位全国文明单位荣誉称号。

（孙靖靖）

【沈阳市市民诉求专线管理办公室被授予"全国信访系统先进集体"】 2012年7月13日至14日，第七次全国信访工作会议在北京召开。这次会议是经中央领导批准召开的，是信访工作历史上规格最高的一次会议。党和国家领导人胡锦涛、温家宝、习近平、李克强、周永康、令计划、李建国、马凯等同志接见了会议代表并合影留念。中央政治局常委、中央政法委书记周永康作了重要讲话。国务委员兼国务院秘书长马凯同志作了总结讲话。这是一次充分体现中央对信访工作高度重视的会议；一次立足当前、谋划长远、推动信访工作科学发展的会议；一次鼓舞士气、振奋精神、激励斗志的会议。会议表彰了全国信访系统先进集体和先进个人。沈阳市市民诉求专线管理办公室被授予“全国信访系统先进集体”称号;陈国强同志被授予“全国优秀信访局长”称号。市信访局两名在职干部和五名退休同志获得从事25年信访工作者荣誉证书。省委常委、政法委书记苏宏章同志介绍了辽宁省“全面推行联合接访机制,形成‘事要解决’的强大合力”经验做法;沈阳市以市委、市政府名义书面交流了“创新体制机制,搭建为民服务平台”经验做法。中央领导接见与会代表时,国家信访局特意安排陈国强同志第一个向总书记汇报工作。陈国强同志代表市委、市政府说:“总书记您好!我是辽宁省沈阳市的信访局长陈国强,我们坚决按照您提出的为党分忧、为民解难和奋力拼搏、苦干实干的要求,努力做好各项工作,推进了沈阳市信访工作的创新发展,取得了良好成效”。

(龚 伟)

【沈阳市荣获“2012 中国会展年度管理大奖”】 2012年12月23日,在北京国家会议中心举行的“2012 会展风尚大典”上,沈阳市被中国会展杂志社授予“2012 中国会展年度管理大奖”。本次活动由中国会展杂志社组织,是全国最具权威性的会展业评选活动之一,旨在表彰中国会展领域,特别是在管理方面表现突出的会展城市。此项大奖是沈阳市继荣获“2012 年中国会展业年度十佳品牌城市”后的又一国家级殊荣。沈阳市是北方地区惟一获此殊荣的城市,上海、天津、成都、南京、贵阳、厦门、义乌等城市与沈阳市共摘桂冠。国际博览局名誉主席吴建民亲自颁奖。《人民日报》、《新华社》、《经济日报》、中央电视台、北京电视台、人民网、新华网、新浪网等媒体参与宣传。

2012 年,沈阳会展业凭借显著的成效、科学的管理、勃勃的生机摘此殊荣。全年会展数量不断增加、会展面积持续扩大、会展品质稳中有升、会展创新屡有举措、国际化水平日益提升。沈阳会展业以其独特的生命力、创造力和日趋成熟的管理模式,逐渐成为推动经济、社会、文化、环境发展的重要力量。一是不断加强行业指导。坚持做好沈阳大型会展活动的指导工作,提高沈阳展会的办展质量和国际影响力。鼓励和支持全市品牌展会开拓国内国际市场,大力开展了品牌展会的推广工作,提高了展会的知名度。二是切实增进沟通协调。在筹备和举办展会期间,积极与交通、公安、卫生、宣传等部门密切沟通协作,明确职责分工,落实工作责任;树立各办展场馆“客户至上,负责到底”的价值理念,切实保证展馆功能的正常运转,为会展的成功举办奠定了坚实的基础,创造了良好条件,取得了显著成效。三是创新管理服务理念。在大型展览会管理和服务的专业化、标准化、规范化上与国际接轨,逐步探索并形成一套具有自身特色、符合市场经济规律和国际惯例的服务运作体系,并打造了一支勇于探索、积极实践、甘于奉献的会展工作队伍。四是探索建立新的机制。把工作重点放在规划、指导和制定法律、法规及政策上,使管理从微观管理向宏观管理转变,逐步构建市场化运作新机制,推进沈阳会展业逐步形成政府主导协调,协会规范监管,企业组织承办,市场化操作运行,公平竞争,规范有序的运营体制。

(吕晓波)

【沈阳市荣获“国际友好城市交流合作奖”】 2012 年 9 月 11 日至 13 日,“2012 中国国际友好城市大会”在成都召开,沈阳市荣获全国友协颁发的“国际友好城市交流合作奖”。沈阳市友城日本川崎市荣获“对华友好城市交流合作奖”。

友城大会由中国人民对外友好协会和中国国际友好城市联合会主办,共有来自49个国家,95个国外城市,90个国内城市的代表参加,大会向38个国内城市颁发了“国际友好城市交流合作奖”,向80个国外友城颁发了“对华友好城市交流合作奖”。

(李 丹)

【《沈阳日报》荣膺“城市日报十强”】 “第五届中国报刊广告峰会暨 2011 - 2012 中国报刊广告投放价值排行榜发布会”10 月25 至26 日在天津举行。来自全国百余家知名报刊的代表和清华大学、北京大学的学术界权威以及广告业界高端人士汇聚一堂,共同研讨中国报刊业的发展趋势。峰会同时揭晓了“2011 - 2012 中国报刊广告投放价值排行榜”。凭借不断创新的思维,不断提升的媒体地位,沈阳日报在全国百余城市日报广告投放价值角逐中脱颖而出,荣膺“城市日报十强”。

作为一份极具活力的城市党报,《沈阳日报》的主流媒体影响力持续提升,深刻地影响着有影响力的人群。从政府机关到企事业单位,从大专院校到居民社区,从出港航班到高档长客,从宾馆酒店到各大写字楼,从沿街商铺到各大超市,到处都能看到读者捧读《沈阳日报》的身影。《沈阳日报》发行数量在东北三省党报中名列前茅,已连续三年荣获“中国新闻奖”,并获得“中国地标大报”荣誉称号。

(广 闻)

沈 阳 概 貌

自然概况

【位置与地貌】 沈阳位于中国东北地区的南部,辽宁省的中部,在东经122度25分9秒—123度48分24秒、北纬41度11分51秒—43度2分13秒之间。东西长115公里,南北宽205公里。

沈阳市国土总面积为12860平方公里,其中建成区面积430平方公里。沈阳地区以平原为主,地势平坦,平均海拔50米左右,山地丘陵集中在东北、东南部,属辽东丘陵的延伸部分。西部是辽河、浑河冲积平原,地势由东向西缓缓倾斜。全市最高海拔高度为447.2米,在法库县境内;最低海拔高底为5.3米,在辽中县于家房镇。

沈阳市现有林木面积46.8万公顷,林木绿化率为36.1%,水资源总量为37.89亿立方米,地下水资源量为28.49亿立方米,地表水资源量为18.52亿立方米,沈阳的周围有风景秀丽的辉山、天柱山和碧波荡漾的浑河、辽河、北沙河、新开河、南运河等。

(*鉴　闻*)

【历史沿革】 沈阳市位于浑河北岸,浑河古称沈水,因古代以水北为阳,故称沈阳。沈阳历史悠久,远在7200年前,先民们便在这里农耕渔猎,繁衍生息,创造出新乐文化,经测定属新石器时期。春秋战国时期,秽貊、肃慎、东胡、华夏等各族共同开发着这块土地,据郑家洼子出土的青铜短剑等文物表明,那时沈阳已进入青铜文化时代。公元前300年(燕昭王十二年),燕国名将秦开在此屯兵戍边,设立侯城,为沈阳建城之始。秦始皇统一六国后,分天下为36郡,沈阳属辽东郡境。西汉时沈阳是东北的军事重镇,为中部都尉治所,已初具县邑规模。公元前108年(汉武帝元封三年)设玄菟郡。经魏晋至隋唐,沈阳地区部分属辽东郡,部分为玄菟郡所辖。公元668年(唐总章元年)后,隶安东都护府。公元921年(辽神册六年),在沈阳境内设置沈州,筑有土城。1116年金太祖完颜旻攻克沈州后,在境内设驿站多处,扼守交通,并发展了瓷器、铜镜等手工业。13世纪初元金交兵时,沈州土城被毁。1296年(元元贞二年),元改沈州为沈阳路,至此沈阳见于史册,并重筑土城,沈阳已成为关内外交通要冲、商品交易集散地和文化联系纽带,是东北重镇之一。1372年(明洪武五年)明军攻克沈阳,1386年改沈阳路为沈阳中卫。为加强防御,1388年在元代土城基础上新建砖城,设东南西北4门,并在城内修"十"字街通向各门。此时,在沈阳附近有开原、广宁、抚顺3大马市,促进了沈阳商业、手工业发展。1621年(清天命六年),后金汗王努尔哈赤领兵攻占沈阳,1625年把都城从辽阳迁至沈阳,将明代砖城加宽加高,改4门为8门,将城内"十"字街改为"井"字街,并大兴土木,修建了融汉、满、蒙、藏等各族文化艺术特色的宫殿及寺塔。1634年(清天聪八年),皇太极改沈阳为盛京(汉文为天眷盛京、满文音为谋克敦、英译MUKDEN)。1644年(清顺治元年)迁都北京后,清以沈阳为陪都,并于1657年(清顺治十四年)以"奉天承运"之意在沈阳古城区设奉天府,这便是沈阳又名奉天的由来。19世纪中后期,沈阳城内民族手工业和工商业迅速发展,关内外交往规模不断扩大,沈阳逐渐成为关外政治、经济、文化中心。1911年辛亥革命后,沈阳成为奉系军阀首领张作霖统治东北的中心,修铁路、开矿山、办工厂、建银号,使沈阳近代工业得到长足发展。1923年8月,奉天省划沈阳县城区及商埠地一带为市区,正式设立奉天市政公所,沈阳首次出现市的建制。1928年6月3日,张作霖被日军炸死于皇姑屯三洞桥后,张学良执政,于同年12月29日在沈阳宣布"东北易帜",并于1929年4月2日将奉天市改名为沈阳市。1931年日本帝国主义发动"九一八"事变并侵占沈阳,将沈阳市改为奉天市。1945年8月,抗日战争胜利,八路军进驻沈阳,奉天市恢复沈阳市名称。10月10日,沈阳市民主联合政府成立,白希清任市长,焦若愚任副市长。1946年3月,国民党军队进驻沈阳并发起内战。1948年11月2日,沈阳获得解放。11月3日,沈阳特别市政府成立,隶属东北行政委员会,朱其文任市长,焦若愚任副市长兼秘书长。同月20日,市政府决定将市内22个区合并为沈河、大东、北关、北市、南市、铁西、皇姑、和平8个区。1949年5月1日,沈阳特别市政府改为沈阳市人民政府,同年8月,沈阳市隶属东北人民政府领导。1953年2月,苏家屯镇改为苏家屯区,沈阳市辖区增至9个。1953年3月12日,沈阳市改为中央直辖市。1954年8月11日,沈阳市改为辽宁省辖市。1955年1月21日,沈阳市人民政府改称沈阳市人民委员会。1959年1月1日,辽宁省人民政府决定将原铁岭地区的铁岭、法库、康平、开原、昌图、西丰和原辽阳专区的沈阳、辽中、新民、台安10个县划归沈阳市领导,沈阳市共辖9个市区、10个县。同年2月24日,市人民委员会撤销北市、南市、北关3个区的建制,并入和平、沈河、大东等区。同年12月31日,撤销沈阳县建制,其所辖地区分别划入市内邻近各区,并设立新城子区。1964年3月16日,中共辽宁省委决定设立沈阳专区,将沈阳市所辖的铁岭、法库、康平、昌图、开原、西丰、新民、辽中、台安9县划归沈阳专区领导。1964年3月24日,市人民委员会决定设立东陵、于洪2个郊区。1968年5月10日,沈阳市革命委员会成立。1969年12月26日、1970年1月1日,辽中县、新民县分别划归沈阳市领导。1980年4月19日,沈阳市革命委员会改为沈阳市人民政府。1993年1月1日经国务院批准,原铁岭市的法库、康平县划归沈阳管辖。同年经国务院批准,新民县撤县设市。至2004年末,沈阳市辖和平、沈河、大东、皇姑、铁西、于洪、苏家屯、东陵、新城子9个市区以及新民、辽中、法库、康平4个县(市)。2006年10月8日,经国务院批准将新城子区和辉山农业高新技术开发区合并,成立沈北新区。

(鉴 闻)

【经济地理位置】 沈阳地处东北地区的南部,辽宁省的中心。她背倚长白山麓,面向渤海之滨,是辽东半岛的腹地。在以沈阳为中心的150公里半径内,有中国著名的钢都鞍山、煤都抚顺、煤铁之城本溪、煤电之城阜新、石油之城盘锦、轻纺之城丹东、化纤之城辽阳和粮食煤炭基地铁岭,这些资源丰富、实力雄厚的辽宁中部工业城市形成了世界上罕见的城市群。沟通世界各大港口的大连港,正在开发的营口新港和锦州港、距沈阳不超过400公里。

沈阳作为中国东北地区最大的经济中心城市和通往中国长城以南地区必经之路,长期的经济发展,形成了密如蛛网的航空、铁路、公路运输网络。

中国南方航空股份有限公司北方分公司(以下简称南航北方分公司)前身系原中国北方航空公司。2004年底,经国家有关部门批准,北方航空公司正式将航空主业资产注入中国南方航空股份公司。作为中国南方航空股份公司在沈阳设立的分支机构,南航北方分公司从2005年1月1日起,正式按照分公司模式运营,该分公司位于沈阳东塔机场,以沈阳桃仙国际机场为基地机场,主要经营沈阳出港至国内外大中城市的航线。2012年底,北方分公司拥有A320系列运输飞机24架,经营沈阳始发航线44条,国际航线连通日本、韩国、新加坡等多个国家。

沈阳的铁路是东北地区最大的铁路枢纽,沈山线、沈吉线、长大线、沈丹线、苏抚线等铁路干线,沟海线、辽溪线、开本线、溪田线、铁法线、丹大线等支线都交汇在沈阳。

沈阳的公路四通八达。不仅农村实现了村村通公路,而且与大连、本溪、抚顺、铁岭、锦州等省内城市全部实现高速公路化,形成了全国少有的高速公路网络。

(鉴 闻)

【气候】 沈阳位于辽宁省中部,以平原为主,山地、丘陵集中在东南部。沈阳属于北温带受季风影响的半湿润大陆性气候,全年气温、降水分布分别由南向东北和由东南向西北方向递减。全年气温变化范围在-29℃—36℃之间,年平均气温为6.2—9.7℃,极端最高气温38.3℃,极端最低气温-33.1℃。全年降水量600—800毫米,全年无霜期150—170天。受季风影响,降水集中,温差较大,四季分明。沈阳地区气候特点是沈阳的冬季漫长;春季回暖快,日照充足;夏季热而多雨,空气湿润;秋季短促,天高云谈,凉爽宜人。冬寒时间较长决定了沈阳人的穿着特点通常是冬棉夏单,在春秋两季穿毛线衣、羊毛衫,夏季着单衣。

无论湿度和风速如何,只要气温在25℃以下,一般全裸人体的体表温度就会降低到32℃以下,从而有了凉的感觉,需要着装。人类着装除了文化因素外,主要功能还是抵御天气变化的保护措施,从这个角度看,着装是人类为了获取舒适的小气候环境,对外界环境偏离舒适水平的一种修正,以获得舒适的体表温度。沈阳市气象局2002年开始开展环境气象指数业务开发和服务工作,对公众媒体发布穿衣指数预报,根据未来环境气象条件的变化做出未来24小时穿衣指数的等级预报,并给出合适的着装建议。

(张 菁)

【人口】 2012年,沈阳市总户数为257.6万户,户籍人口为724.8万人,比2011年分别增加2.5万户和2.1万人。其中市辖区户数为188.0万户,占全市总户数73.0%,人口为522.1万人,占全市总人口的72.0%。在全市13个区、县(市)中,铁西区人口最多,为88.7万人,东陵区人口最少,为30.6万人。

在总人口中,男性人口为360.2万人,占总人口的49.7%,女性人口为364.6万人,占总人口的50.3%,性别比为98.8。出生人口中,男性人口32324人,女性人口30273人,性别比为106.8。

2012年,全市出生人口62597人,出生率为8.65‰,比上年提高0.92个千分点,死亡人口63231人,死亡率为8.74‰,比上年提高0.89个千分点,自然增长率为-0.09‰。

全市共迁入人口5.7万人,比上年减少1.6万人。其中,省内迁入人口2.7万人,省外迁入人口3.0万人;迁出人口3.5万人,比上年减少0.3万人。其中,迁往省内人口1.1万人,迁往省外人口2.4万人。全年人口机械增加2.2万人,比上年减少1.3万人。

人口年龄结构与上年相比变化不大,全市18岁及18岁以下人口90.7万人,比上年减少0.2万人,占总人口的12.5%,比重下降0.1个百分点;19—35岁人口179.6万人,减少2.0万人,占总人口的24.8%,比重下降0.3个百分点;36—60岁人口319.6万人,减少2.1万人,占总人口的44.1%,比重下降0.4个百分点;60岁以上人口135.0万人,比上年增加6.3万人,占总人口的18.6%,比重比上年提高0.8个百分点,人口老龄化程度愈发严重。

(赵艳霞)

【行政区划】 2012年4月10日,经辽宁省人民政府(辽政[2012]74号)批准,撤销法库县五台子乡、包家屯乡,设立五台子镇、包家屯镇,所辖行政区域和政府驻地不变。2012年7月13日,经辽宁省人民政府(辽政[2012]165号)批准,撤销辽中县辽中镇,建立蒲西街道办事处,实行街道管村体制,调整后办公驻地和所辖区域面积不变;撤销老观坨镇,原老观坨镇所辖行政区域划入肖寨门镇,调整后政府驻地为肖东社区。

2012年8月7日,经沈阳市人民政府(沈政[2012]76号)批准,将辽中县蒲西街道办事处管辖的蒲河以东区域划出,设立蒲东街道办事处,办公地址为辽中县滨水路26号。2012年8月7日,经辽宁省人民政府(辽政[2012]192号)批准,撤销康平县康平镇、东关屯镇,分别设立胜利街道办事处、东关街道办事处,所辖区域和办公驻地不变。2012年8月15日,经沈阳市人民政府(沈政[2012]83号)批准,对苏家屯区临湖、湖西和民主3个街道办事处行政管辖范围进行调整。将临湖街道办事处的河畔、振兴东、振兴西、南营子、碧桂园、工人村、小格镇7个社区和联盟、星光2个村整建制划入民主街道;将临湖街道办事处的金电社区和金宝台村整建制划入湖西街道办事处。办公地址为临湖街道北营子村;湖西街道办事处行政管辖范围:东至迎春街,南至枫杨路,西至沈大高速公路,北至和平区浑河站西街道满融村,办公地址不变;民主街道办事处行政管辖范围:东至雪莲街,南至沙河街道韩城堡村和林盛街道文成堡村,西至沈大高速,北至枫杨路,办公地址不变。2012年9月18日,经沈阳市人民政府(沈政[2012]99号)批准,对东陵区祝家、李相、深井子、营城子街道办事处行政管辖范围进行调整,将李相街道的高八寨社区、营城子街道的永安社区和深井子街道的于胜、金德胜、东靠山、龙红、潘李、后康等6个社区整建制划入祝家街道。办公地址不变;李相街道办事处行政管辖范围为:东至祝家街道山城子村,南至苏家屯区佟沟街道胜利村,西至桃仙街道班家寨村,北至营城子街道孙家寨村;深井子街道办事处行政管辖范围为:东至祝家街道于胜村,南至祝家街道龙三家子村,西至东湖街道古城子社区,北至汪家街道大甸子村;营城子街道办事处行政管辖范围为:东至祝家街道永安村,南至祝家街道高八寨村,西至五三街道文澜苑社区,北至东湖街道麦子屯村,办公地址不变。

截至2012年底,沈阳市辖和平区、沈河区、大东区、皇姑区、铁西区、苏家屯区、东陵区、沈北新区、于洪区9个区,辽中县、康平县、法库县、新民市4个县(市)。区、县(市)下设18个乡,55个镇,141个街道办事处。

(刘志明)

【民族】 截至2012年底,全市有17个少数民族相对聚居的街道,分别是:和平区西塔街道、浑河站西街道,沈河区朱剪炉街道,皇姑区明廉街道,铁西区大青街道,沈北新区黄家街道、石佛寺街道、兴隆台街道、尹家街道,于洪区大兴街道,东陵区(浑南新区)王滨街道、祝家街道、汪家街道、浑河站东街道,棋盘山开发区满堂街道、高坎街道、英达街道。全市有少数民族相对聚居的社区190个,具体分布是:和平区8个、沈河区4个、铁西区15个、皇姑区5个、大东区6个、东陵区(浑南新区)44个、于洪区8个、沈北新区51个、苏家屯区4个、新民市3个、法库县1个、康平县1个、棋盘山开发区40个。全市有5个民族乡:法库县四家子蒙古族乡,康平县西关屯蒙古族满族乡、沙金台蒙古族满族乡、柳树屯蒙古族满族乡、东升满族蒙古族乡。5个乡人口总数84848人,其中少数民族人口46126人,占总人口的54.4%。全市有少数民族村261个(锡伯族人口比例超过20%或少数民族人口比例超过30%),其中满族村104个,蒙古族村53个,朝鲜族村42个,回族村16个,锡伯族村46个。人口总数36.45万人,其中少数民族人口19万人,占总人口的52.16%。具体分布是:和平区4个、铁西区7个、大东区1个、东陵区(浑南新区)21个、于洪区24个、沈北新区40个、苏家屯区16个、新民市40个、辽中县15个、法库县18个、康平县49个、棋盘山开发区26个。

(李国臣)

【宗教】 沈阳市有佛教、道教、伊斯兰教、天主教、基督教5种宗教,7个市级爱国宗教团体,依法登记的宗教活动场所328处,另有2处外国人临时基督教活动点,全市信教群众40.5万人,宗教教职人员442人。佛教于魏晋时传入沈阳。现有一个市级爱国宗教团体,即沈阳市佛教协会,有寺庙及固定处所58处,宗教教职人员170名,信教群众约15万人。道教于唐代传入沈阳。现有一个市级爱国宗教团体,即沈阳市道教协会,有宫观及固定处所10处,全真派乾、坤道33人,信教群众约1万人。伊斯兰教传入沈阳的最早文字记载始于1352年。现有一个市级爱国宗教团体,即沈阳市伊斯兰教协会,有清真寺23座,阿訇35人,全市穆斯林约8万人。天主教于1696年传入沈阳。现有2个市级爱国宗教团体,即沈阳市天主教爱国会和沈阳市天主教教务委员会,有教堂14处,天主教教职人员22人,信教群众约1.5万人。基督教于鸦片战争后传入沈阳。现有2个市级爱国宗教团体,即沈阳市基督教协会和沈阳市基督教三自爱国运动委员会,有教堂及活动点223处,基督教教职人员182人,信教群众约15万人。

2012年,经依法审批登记,沈阳市新增宗教活动场所3处,均为佛教固定处所。全市宗教活动场所总数为328处,其中佛教寺院及固定处所58处。

(李国臣)

【旅游景点概况】 2012年沈阳市A级景区数量达到52家,其中5A级景区1家,4A级景区12家,3A级景区26家,2A级景区13家。涵盖史迹景观、绿色休闲景观、文博科普景观、工业文明景观、乡村农业景观、宗教文化景观等多个门类。

史迹景观以清沈阳故宫、清昭陵、清福陵、张氏帅府博物馆、新乐遗址为代表。“一宫两陵”于2004年作为“明清皇家宫殿和陵寝”的扩展项目被列入世界遗产名录。张氏帅府博物馆是张作霖及其长子张学良将军主政东北时期的官邸和私宅,为东北地区规模最大、保存最为完好的名人故居。

绿色休闲景观以沈阳植物园、沈阳怪坡风景区、沈阳棋盘山风景区等为代表。沈阳植物园是2006中国沈阳世界园艺博览会的会址,是国家首批5A级景区。怪坡风景区以其“上下颠倒”的奇异现象,令游客纷至沓来。棋盘山风景区自然风光独特,是集风景旅游、生态旅游、冰雪旅游、商务会展为一体风景名胜区。

文博科普景观以“九一八”历史博物馆、辽宁古生物博物馆、沈阳科学宫、沈阳城市规划展示馆等景区为代表。辽宁古生物博物馆是我国迄今规模最大的古生物博物馆,集展示、收藏、科研、科普和教学于一体。沈阳科学宫是东北地区最大的科普场馆之一,展品包括基础科学、数字世界、机器人、防震减灾、航空航天、数学等领域。

工业文明景观以中国工业博物馆、沈飞航空博览园、工人村生活馆和一批知名企业游览区为代表。中国工业博物馆在原铸造博物馆(沈阳铸造厂原址)改扩建而成,一期共展出实体文物1300余件,展现了共和国工业走过的辉煌历程。沈飞航空博览园由沈飞集团公司投资兴建,集中展示了国防教育与航空科普知识。沈阳工人村生活馆由建于20世纪50年代的7栋工人宿舍楼半合围而成,通过当年的实物、图片和文字说明,复原了工人村老住户的居住与生活场景。

乡村农业景观以沈阳三农博览园、马耳山风景区、五龙山风景区等景区为代表。沈阳三农博览园(新民文化博览园)位于新民市大柳屯镇,将三农百年史诗、民族文化博览、农业科学实践相结合,为全国农业旅游示范点。马耳山风景区位于苏家屯区姚千街道,景区拥有数千亩蔬菜和水果采摘园以及一批特色农家乐。五龙山风景区位于法库县丁家房镇,是沈阳周边最大保存最完好的原始次生林,蕴藏着浓厚的历史文化、宗教文化和自然文化。

宗教文化景观以沈阳太清宫、南关天主教堂、实胜寺等景区为代表。太清宫是道教全真派在东北地区规模较大的一处宫观。南关天主教堂建筑面积1100平方米，属于典型的哥特式建筑教堂，可同时容纳1500人。实胜寺是清政府在东北地区建立的第一座正式藏传佛教寺院。

（杨　芳）

国民经济与社会发展

【经济总量】 2012年，全市地区生产总值（GDP）6606.8亿元，按可比价计算，比上年增长10.0%。其中，第一产业增加值315.2亿元，增长5.1%；第二产业增加值3389.1亿元，增长11.4%；第三产业增加值2902.5亿元，增长8.9%。按常住人口计算，人均GDP为80532元，增长9.2%。

2012年，"一市三县"实现地区生产总值1271.8亿元，比上年增长12.2%。实现规模以上工业增加值1021.8亿元，增长16.4%；固定资产投资1118.1亿元，增长31.4%；社会消费品零售额250.8亿元，增长17.7%；实际利用外商直接投资2.6亿美元，增长14.6%；公共财政预算收入87.9亿元，增长24.0%；地方税收收入69.2亿元，增长39.3%。

（赵　红）

【农业】 全年农林牧渔业总产值603.3亿元，比上年增长5.4%。其中，种植业产值242.4亿元，林业产值10.5亿元，畜牧业产值304.5亿元，渔业产值24.7亿元，农林牧渔服务业产值21.2亿元。

全市农作物播种面积66.7万公顷，其中粮食作物播种面积50.3万公顷。粮食总产量400.7万吨，实现了连续九年粮食生产丰收，其中水稻产量105.5万吨，玉米产量276.4万吨。水果产量24.4万吨，比上年增长15.5%；蔬菜产量501.8万吨，增长8.4%；肉类总产量99.9万吨，增长9.0%，其中猪、牛、羊肉分别增长5.9%、11.2%和8.9%；禽蛋产量74.9万吨，增长8.2%；牛奶产量48.1万吨，增长7.6%。

全年农业机械总动力326.3万千瓦，比上年增长4.3%。农用化肥施用量（折纯）20万吨，地膜覆盖面积5.7万公顷。

全市规模以上农业产业化龙头企业917个，其中省级以上重点龙头企业60个。农民专业合作社达到3399个，带动农户27万户。改造中低产田6.7万公顷；新增设施农业面积1.4万公顷，累计达到12.7万公顷；高效特色农业面积累计达到21.8万公顷。争取国家级玉米、水稻高产创建示范区94个，比上年增加29个。新建农村饮水安全工程93处。到2012年末，60个乡镇达到"一乡一业"标准，"一村一业"专业村发展到920个。

（赵　红）

【工业】 全市规模以上工业增加值3304.7亿元，比上年增长11.0%。其中，重工业增加值2400.6亿元，增长10.9%；轻工业增加值904.1亿元，增长11.2%。装备制造业实现增加值1531.8亿元，增长12.6%，占全市规模以上工业增加值的46.4%。汽车及零部件、建筑产品、农副产品加工、化工产品制造业、钢铁及有色金属冶炼及压延业等五大优势产业实现增加值1496.8亿元，增长13.8%。规模以上工业实现高新技术产品增加值1389.8亿元，增长14.0%，占全市规模以上工业增加值的42.1%。工业出口产品交货值282.9亿元，增长17.5%。

全市规模以上工业企业实现利税总额1099.7亿元，比上年增长13.9%；利润总额716.1亿元，增长13.2%。工业经济效益综合指数354.34%，比上年提高23.56个百分点；工业产品产销率98.7%，下降0.4个百分点。

（赵　红）

【建筑业及固定资产投资】 全市建筑业增加值336.2亿元，比上年增长9.2%。资质等级以上建筑业企业完成总产值1741.2亿元，增长20.3%；按建筑业总产值计算的全员劳动生产率23.4万元/人，比上年提高25.1%。

全年固定资产投资5625.4亿元，比上年增长23.3%。从投资主体看，国有经济投资1035.1亿元，增长23.7%；外商及港澳台经济投资928.2亿元，增长10.6%；民间投资3663.8亿元，增长27.0%。从产业分布看，第一产业投资94亿元，增长28.8%；第二产业投资1915.8亿元，增长22.2%，其中工业投资1864.1亿元，增长22.3%；第三产业投资3615.6亿元，增长23.8%。全年新增固定资产3213.9亿元，增长44.2%。全年计划总投资3000万元以上项目完成投资5259.3亿元，比上年增长29.7%，占全市投资的93.5%，其中10亿元以上项目完成投资占34.9%。全年房地产开发投资1943亿元，比上年增长15.3%，其中住宅建设投资1331.4亿元，增长5.6%。房屋施工面积11002.6万平方米，增长7.9%；房屋竣工面积2066.4万平方米，增长4.2%，其中住宅1644.8万平方米，增长2.4%。商品房销售面积2469.7万平方米，增长14.1%，其中商品住宅销售面积2201.5万平方米，增长13.0%；商品房销售额1561.1亿元，增长22.5%，其中商品住宅销售额1318.6亿元，增长20.6%。

（赵　红）

【国内贸易】 全年社会消费品零售总额2802.2亿元，比上年增长15.5%。按地区分，城镇零售额2712.3亿元，增长15.4%；乡村零售额89.9亿元，增长19.0%。

限额以上批发零售贸易企业实现零售额1423.7亿元，比上年增长18.6%。其中家用汽车类零售额385.6亿元，增长7.9%；服装、鞋帽、针纺织品类零售额195.3亿元，增长20.0%；中西药品类零售额165亿元，增长38.4%；食品、饮料、烟酒类零售额121.8亿元，增长17.1%；家用电器和音像器材类零售额98.4亿元，增长31.5%；日用品类零售额55亿元，增长24.7%；通讯器材类零售额40.8亿元，增长42.6%；家俱、建筑及装潢材料类零售额35.4亿元，增长35.7%。

全年成交额超亿元的商品交易市场59个，交易额1589.4亿元。

（赵　红）

【对外经济贸易与旅游】 沈阳综合保税区通过国家验收，法国、德国总领事馆开馆，韩国周、东北亚论坛成为对外交往的重要平台。全年进出口总额127.5亿美元，比上年增长20.1%。其中，进口总额67.8亿美元，增长17.2%；出口总额59.7亿美元，增长23.6%。

全年新签外商投资合同项目158个，合同外资额29.9亿美元，实际利用外商直接投资额58亿美元，比上年增长

5.5%。全年对外承包工程与劳务合作合同金额19.4亿美元,增长32.0%;实现营业额9.7亿美元,增长36.0%;外派人员1.1万人次。

开通城市旅游观光巴士,温泉生态、乡村沟域等旅游新业态建设步伐加快,沈北新区薰衣草庄园被国家农业部、旅游局评定为全国休闲农业与乡村旅游示范点之一。全市旅行社180家,星级饭店99家,国家A级旅游景区52家,国家工农业旅游示范点11家。全市旅游总收入826.6亿元,比上年增长24.6%。其中,国内旅游收入788.2亿元,增长24.5%,外汇收入6亿美元,增长29.3%;接待国内外旅游者6947万人次,增长11.6%,其中,国内旅游者6872万人次,增长11.5%,入境旅游者75万人次,增长18.1%。

(赵 红)

【财政、金融】 全年公共财政预算收入715亿元,比上年增长15.3%,其中各项税收575.4亿元,增长17.2%。在各项税收中,增值税52.1亿元,增长12.1%;营业税180.4亿元,增长10.7%;企业所得税74.9亿元,增长12.4%;个人所得税17.6亿元,下降12.7%;土地增值税50亿元,增长55.2%;耕地占用税44.3亿元,增长62.9%;契税50.4亿元,下降4.7%。

公共财政预算支出765.1亿元,增长19.7%。其中,节能环保支出增长56.4%,城乡社区事务支出增长38.1%,农林水事务支出增长26.8%,教育支出增长24.4%,科学技术支出增长21.9%。到2012年末,全市银行机构营业网点1300余个,金融机构本外币存款余额10441.6亿元,比年初增长15.5%,其中个人储蓄存款余额4370.8亿元,增长15.7%;本外币贷款余额8070.7亿元,增长14.6%。

全市证券营业部76个。全年证券交易额8699.9亿元,比上年下降12.9%。其中,股票交易额5940.7亿元,下降28.9%;基金交易额225.5亿元,增长36.3%。全市保险机构及网点290余家。全年保费收入142.8亿元,比上年增长13.8%。其中,国内财产险保费收入48.1亿元,增长6.0%;人身险保费收入92.3亿元,增长18.6%。支付各类保险赔款总额46.4亿元,增长9.5%。其中,国内财产险赔款金额24.3亿元,增长0.2%;人身险赔付金额21.3亿元,增长23.3%。

(赵 红)

【交通运输、邮政和信息传输业】 全年货物运输总量21719.6万吨,比上年增长11.9%。其中,铁路456.4万吨,下降9.5%;公路21258.7万吨,增长12.5%;民用航空4.5万吨,增长5.2%。全年旅客发送量32868.6万人次,增长3.9%。其中,铁路3348万人次,下降5.5%;公路29121万人次,增长5.0%;民用航空399.5万人次,增长14.4%。

年末,全市民用汽车保有量112.9万辆,比上年末增长15.1%。其中,载客汽车93.2万辆,载货汽车17.3万辆。私人汽车保有量81.2万辆,增长18.9%。

沈阳与国际16个城市、国内59个城市(地区)通航。沈阳机场航线达到130条,其中国际航线20条,国内航线110条。运输飞机起降8.13万架次,增长6.3%;机场旅客吞吐量1101.2万人次,增长7.6%。

全年邮电业务总量121.8亿元(2010年不变价),比上年增长8.5%。其中,邮政业务总量5亿元,增长9.9%;电信业务总量116.8亿元,增长8.4%。年末固定电话交换机总容量432.3万门。城乡固定电话用户281.2万户,其中住宅电话用户207.5万户。移动电话交换机总容量1484万户。移动电话用户995.5万户,新增114万户。国际互联网络登记注册用户175.8万户,新增22.8万户,其中宽带接入用户144万户,减少6.3万户。固定电话普及率38.8部/百人,移动电话普及率137部/百人。

(赵 红)

【城市建设】 全年城建投资506亿元,比上年增长5.4%。东一环、东二环快速路一期工程竣工通车,三环高速路改扩建工程部分通车,四环快速路全线贯通,地铁9号线、10号线完成前期工作,桃仙国际机场T3航站楼主体结构封顶,沈阳南站建设和沈阳站、沈阳北站改造进展顺利,沈本产业大道、沈彰开发大道、沈阜开发大道、沈抚二号公路建成通车,哈大高铁开通运营,连接城乡、辐射周边、便捷快速的立体化综合交通网络正在形成。全运会40个体育场馆新建改造工程全部完工,国际展览中心、城市规划展示馆等一批公共服务设施投入使用。大伙房水库输水工程竣工送水,西气东输工程向沈阳供气,智能电网加快建设,城市运行保障能力显著增强。完成413个弃管小区改造工程,改造面积837万平方米,改造121处居民供水二次加压泵站。

城市公交运营线路206条,其中新开、调整城市公交线路30条;公交运营线路长度达到3957.4公里;年内新增、更新公交车辆1669台,公交标准运营车辆6781.7标台,比上年增长3.0%;全年公共交通客运总量达到11.5亿人次。地铁1、2号线运营里程达到759万列公里,客运量30亿乘次。年末全市出租汽车21839辆,其中市区17844辆。

年末市区道路总长度3137.6公里,总面积6647.5万平方米。路灯22.3万盏,永久性桥梁325座。全年新增供水管网249.9公里,供水管道总长度3156.2公里,供水量5.6亿立方米。供热管网总长度4389公里,新增供热能力771兆瓦,全市供热面积达到2.4亿平方米。天然气供气管道总长度3864.1公里。

全年植树275万余株,建成区绿化覆盖率42.2%,城区人均公园绿地面积12.5平方米。

(赵 红)

【环境保护】 大力实施城乡绿化,辽河、浑河、蒲河、棋盘山、卧龙湖等重点区域生态保护治理成效明显。完成9家热电厂及140余台大型燃煤锅炉脱硫改造,年度环境空气优良天数329天。新建日处理能力1万吨以上污水处理厂8座,城市污水处理率和垃圾集中处理率分别达到85.5%和100%。机动车尾气检测率91.7%,水源地水质达标率继续保持100%,危险废物处置利用率100%,医疗废物无害化处置率100%。

全国环境建设样板城创建工作扎实推进,9个涉农区县(市)、开发区全部通过国家生态区县验收。

(赵 红)

【人口与就业】 2012年末,全市常住人口822.8万人,比上年增长0.59%。户籍人口724.8万人,增长0.29%。其中,市区人口522.1万人,县(市)人口202.7万人;男性人口360.2万人,女性人口

364.6万人。人口出生率8.65‰,提高0.92个千分点,出生人口性别比106.8;人口死亡率8.74‰,提高0.89个千分点。人口自然增长率-0.09‰,回升0.03个千分点。计划生育率97.8%。

全市城镇非私营单位从业人员121.9万人,比上年增长1.0%,其中在岗职工116.2万人,增长1.0%。在岗职工中,国有经济单位63.3万人,增加0.15万人;集体经济单位5.3万人,减少0.03万人;其他经济单位47.5万人,增加1万人。在岗职工产业分布,第一产业0.7万人,减少0.22万人;第二产业45.5万人,增加3.4万人;第三产业70万人,减少2.1万人。

全年新增实名制就业20.9万人。援助就业困难群体就业0.95万人。年末,城镇登记失业人员7.7万人,城镇登记失业率3.0%。

(赵　红)

【人民生活和社会保障】 2012年,城市居民人均可支配收入26431元,比上年增长13.3%;人均消费支出20002元,增长10.2%。农民人均纯收入13045元,增长12.7%;人均生活消费支出6625元,增长10.6%。

到2012年末,全市参加城镇基本养老保险320.7万人,比上年末增加12.8万人,其中职工220.3万人,增加9.3万人;城镇居民养老保险参保人数7.38万人,增加0.9万人;参加城镇职工基本医疗保险351.22万人,增加11.3万人;参加城镇居民医疗保险110.82万人,增加13.53万人;失业保险133.3万人,增加6.8万人;工伤保险172.8万人,增加9.8万人;生育保险274.24万人,增加14.88万人。新型农村社会养老保险参保农民103.47万人,增加2.91万人;被征地农民养老保障参保人数16.67万人。新型农村合作医疗参合人数228.26万人,参合率99.1%,人均筹资标准提高到290元。

全年发放最低生活保障金5.6亿元。其中,城市发放最低生活保障金4.2亿元,6万户、10.4万人享受城市居民最低生活保障;农村发放最低生活保障金1.4亿元,4.5万户、8.3万人享受了农村居民最低生活保障。4921户、1.1万人享受城市低保边缘户救助;4437户、1.1万人享受农村低保边缘户救助。

企业离退休人员基本养老金人均每月1632元,比上年提高228元。失业保险金人均支出标准为每月815元,提高160元。职工最低工资标准:市区和开发区1100元,四县(市)900元。城镇居民最低生活保障标准:九区及开发区每人每月440元,四县(市)每人每月370元。农村最低生活保障标准:各区每人每年3080元,四县(市)每人每年2480元。

养老服务设施建设步伐加快,新建示范性日间照料站100个,新增养老床位3500张。到2012年末,全市各类收养性社会福利机构150个,床位2.9万张,收养各类人员1.6万人。

全年福利彩票销售15.3亿元,筹集福利彩票公益金4.3亿元。全年共募集慈善资金1749万元。

(赵　红)

【社会事业】 2012年,全市拥有市及市以上独立科学研究与技术开发机构104个;省级以上工程(技术)中心206个,其中国家级14个;省级以上重点实验室243个,其中国家级14个。全年市以上登记认定的科技成果229项,其中应用技术成果205项。应用技术成果中,达到国际水平108项(国际领先22项,国际先进86项);达到国内水平97项(国内领先80项,国内先进17项)。软科学成果及基础理论成果24项。各类技贸机构技术贸易成交额120.7亿元。专利申请12899件,其中发明专利申请5709件;专利授权6771件,其中发明专利授权1595件。

到2012年末,全市普通高等院校43所,招收本、专科学生10.9万人,在校生36.9万人,本、专科毕业生9.4万人。普通高等院校和科研机构招收研究生1.5万人,在校研究生4.2万人,毕业研究生1.3万人。高等教育毛入学率54%。普通中学322所,在校生28.2万人;普通中专40所,在校生6.7万人;职业高中44所,在校生2.1万人;技工学校37所,在校生2.3万人。初中毕业生升学率109.6%,高中阶段毛入学率106.4%。小学325所,在校生34.4万人。小学适龄人口毛入学率112.2%。全市学前教育幼儿入园率86.4%。

市属专业艺术院团创(复)排15台传统大戏、30余出折子戏,全年惠民演出520场,观众达120万人次,商演650场。全年共组织开展各级各类群众文化活动1.5万余场,参与群众达1600万人次;在城乡放映公益电影2.5万场,观众达380万人次。推进市艺术中心、工业博物馆等公共文化设施建设,加强文物遗迹修缮保护,沈阳故宫、新乐遗址保护规划立项获得国家文物局批准。已发掘的沈阳农业大学后山旧石器遗址,将沈阳地区的人类居住历史,由新乐遗址的7200年提前到10万年以上。沈阳连续四年成为全国文化体制改革先进地区。

完成3所市属医院改扩建工程。到2012年末,全市医疗卫生机构1892个(不含村级卫生组织)。其中,医院191个;卫生院113个;社区卫生服务机构299个,其中社区卫生服务中心82个、社区卫生服务站217个;疾病预防控制中心(防疫站)17个;妇幼卫生保健机构15个;专科疾病防治机构24个;卫生监督所17个。年末实有病床50933张,各类卫生技术人员57989人,其中执业医师21185人,执业助理医师1514人,注册护士24429人。

第十二届全运会沈阳赛区筹备工作取得新进展,成功举办2012世界女子九球锦标赛、世界花式撞球大师表演赛两个国际知名品牌赛事,特别是将美式花式撞球首次引入中国,开创了零投入举办国际赛事的先河。开展各类市级群众体育活动100余项,参与健身活动人数600万人次。城乡新建改造健身广场近170个,增设户外健身器材近7000件。实施完成"百千万"工程,在户外公共场所建成足球、篮球场100个以上,建成羽毛球场1000个以上,配置乒乓球台10000个以上。开展科学健身大学堂活动200余场次,吸引群众400万人次。体育彩票年销售额达到17亿元。

(赵　红)

精神文明建设

【举办第四届沈阳全民读书月活动】 沈阳市以"阅读·进步·和谐"为主题,按照"组织推动、社会支持、全民参与、市场运作"的原则,从2012年4月23日至5月23日,成功举办第四届沈阳全民读书月活动，开展11项重点活动，47项主体活动，百余项群众读书活动。举办第四届沈阳"全民读书月"启动仪式，向全市市民发出《读书宣言》，由市领导启动读书月"文化闹钟"。精选历史上最有价值、最具代表性、最精美经典文章，编制出版《品读经典——立德修身之道》图书，向全市市民免费发放，并以此书作为漂流书向全市开展图书漂流活动，吸引3000余名市民参与。开展"春风伴我读好书"全民读书系列活动，在全市各行业广泛组织书香单位、书香校园、书香社区评选活动，举办"书香"评选颁奖晚会予以表彰。开办名家讲坛，邀请著名文化学者来沈举办读书讲座，将沈阳名家讲坛活动精心打造成融"大众性、时代性、经典性"为一体的品牌活动。以"读书、健身、收获"为主题，举办沈阳大型图书联展活动，汇集百家出版社最新、最畅销，涵盖旅游、文艺、少儿、家居、保健、社科及科技等7大类约12万种图书。举办图书交换大集，免费为市民提供自由交换图书的平台。大力倡导网络阅读、电子阅读、手机阅读等新型读书方式，开展读书微博大赛，推进读书活动的深度和广度。组织全市各地区、各系统、各单位开展全民捐赠图书活动，全市共捐赠图书100多万册，为全市农家书屋建设做出了重要贡献。

（杨　光）

【举办2012年度"感动沈阳"人物暨沈阳市道德模范评选活动】 2012年度"感动沈阳"人物评选活动自年初开始，每月由基层单位推荐或个人自荐，年底进行初步筛选，从数百名推荐者中确定100名候选人参加现场演讲会，再经大众评委投票、专家评审等环节，确定20名候选人，在各媒体公示，市民通过报纸、网络等投票方式参与，收到社会各界有效选票101万余张，最终刘同霞、牟玲、张振杰、李诗、杨烁、沈阳医学院2011级临床医学7班、陈德兰、孟春玉、罗阳、曹玉兰10名个人（集体）脱颖而出，被评选为2012年度"感动沈阳"人物；冯平、刘羽、宋德官、张红敏、李子娟、李刚、李晓燕、李萍、郭勇、梁忠祥10名个人被评选为2012年度"感动沈阳"人物提名奖。20名"感动沈阳"人物及提名奖获得者同时被授予"沈阳市道德模范"称号。2013年1月13日下午，在中华剧场举行了隆重的颁奖典礼。

（杨　光）

【开展微笑沈阳活动】 为进一步提升城市文明素质，迎接全运会，创建全国文明城市，把微笑沈阳活动的理念传播更远、影响更大，展示沈阳良好城市形象，精心策划、编辑、出版了中国首部微笑漂流书——《此致微笑》。5月8日"世界微笑日"当天举行了隆重的"微笑从沈阳出发——《此致微笑》图书漂流启动仪式"，省委常委、市委书记曾维亲自启动图书漂流，现场2000名大学生摆出沈阳与笑脸的造型，人民日报、中央电视台新闻联播、香港大公报等40余家国内外重点媒体大篇幅报道，新浪、搜狐、网易等上百家网站进行转载，引起社会广泛关注。全市各行各业和社会各界人士积极参与，微笑领航员总计放漂图书近7000册，《此致微笑》在祖国大江南北、欧美韩日等不同地域、不同肤色和语言的人手中传递，经过45天的漂流活动，返回微笑书仓的图书近2000册，收集到诗歌、散文、书法、绘画、图片，以及盲文、指画、烙画、雕刻、刺绣、剪纸等微笑作品1万多件。微笑漂流书成为沈阳城市文明的新名片。

（杨　光）

【创建全国文明城市】 2012年是沈阳市创建全国文明城市的全面推进年。以6月12日召开全市创建全国文明城市动员大会为标志，全市创建全国文明城市工作全面启动。成立了市区两级创城工作领导体制的工作机制。各地区，各部门、各单位对照测评体系，梳理考核指标，查找问题差距，制定实施方案，落实工作责任，开展专业培训，广泛发动群众参与，形成了浓厚创建氛围。《全国文明城市测评体系》指标达标率在85%以上。坚持以"创城促振兴，创建惠民生"为根本宗旨，利用各种渠道和媒介加大创城工作宣传，营造浓厚社会舆论氛围，建立完善创城体制机制，召开7次创城指挥部工作会议，初步形成全民认识统一，上下协调顺畅，组织领导有力的创城工作格局。坚持"以测促创，测评排序"为总抓手，分解指标、落实责任、邀请专业调查机构对全市各地区、各部门进行测评检查，并对测评结果进行综合排名，有力调动各地区、各单位开展创城工作的积极性。坚持以"解决问题，惠及民生"为重点，推出"入户大走访"、"卫生大清扫"、"业务大培训"等五大创城活动，引导广大干部改进作风，深入基层、深入群众，征求市民意见建议，因地制宜、实事求是地帮助解决实际问题，切实把老百姓的需求作为创城工作的方向，市民对创城工作的知晓率、支持率和满意度不断提升，创城质量和水平大幅度提高。

（孙靖靖）

【打造志愿服务工作新平台】 市文明办率先在全国打造"一网、一卡、一站、一学院"志愿服务工作新平台。一网即沈阳志愿服务网，通过建设志愿服务网站，搭建起志愿服务工作网络化、信息化平台。使全市广大志愿者通过网络进行实名注册，及时了解全市志愿服务工作信息，下载志愿服务培训教材。一卡即沈阳志愿卡，沈阳志愿卡与实名注册志愿者对应，是志愿者有效身份证明。志愿卡集志愿服务时间累计、办理人身意外伤害保险、参与志愿者体检等多项功能于一身。一站即社区学雷锋志愿服务工作站，由社区书记担任站长，由驻区物业服务企业经理担任副站长，服务站集合了社区居委会、驻区单位、业主委员会、物业服务企业等多种有效力量。一学院即全国首家志愿者学院，志愿者学院依托沈阳大学雄厚的教学资源，全面承担起志愿者培训工作的规划协调和组织实施，广泛开展志愿者通用培训、岗位培训等专业化培训工作。通过打造志愿服务工作新平台，实现四点联动推进沈阳市志愿服务工作常态化。

（刘　洋）

【开展"关爱他人、关爱社会、关爱自然"志愿服务活动】 2012年6月5日，市文明办承办了由中央文明办主办的"关爱他人、关爱社会、关爱自然"志愿服务活动启动仪式。中国志愿服务基金会副理事长曹分田、省文明办主任戴小梅出席启动仪式，市委常委宣传部长王凤波出席启动仪式并宣布沈阳市"关爱他人、关爱社会、关爱自然"志愿服务活动启动。全市各地区、各部门发动广大志愿者广泛开展了关爱空巢老人、文明交通、保护山川河流等10项主题志愿服务活动。全市共有35.6万名志愿者参加活动，举行各种主题志愿服务活动1865场（次），累计帮扶对象达到19.8万人。

活动得到中央文明办领导的充分肯定。

（刘 洋）

【中华经典诵读经验在全国推广】 2012年3月9日，中央文明办主任王世明来沈视察未成年人思想道德教育工作，对沈阳市中华经典诵读活动给予高度评价，要求在全国推广沈阳市中华经典诵读活动经验，市文明办主任王久成在全国文明办主任培训班上先后做了3次经验介绍，“沈阳经验”成为全国学习模板，列入《2012年全国未成年人思想道德建设工作测评体系》。市文明办与市教育局重点打造了29个中华优秀传统文化教育基地，在全市800余所中小学中广泛开展中华经典诵读活动，40余万名中小学生参与活动。通过“读诵吟”、“书乐武”、“影视剧”等多种形式，使学生在实践中体会国学教育的要义，实现自我人格的提升。上海、广西、山西、柳州等省市纷纷来沈阳市学习经验。

（刘 洋）

软环境建设

【“双进双解”和重点项目“百日攻坚”活动】 2012年，按照市委、市政府的要求部署，市软环境建设办公室紧紧围绕重点项目建设，组织各地区、各部门深入开展“走进企业、走进项目，解决问题、解决困难”，对重点企业和项目实名制帮扶推进活动，着力解决企业在项目审批手续办理、配套设施建设等方面遇到的问题。市发改委、市政务服务办等部门通过发放重点项目证书、建立绿色审批通道、开展全程代办等措施，进一步缩短审批时限，提高重点项目审批手续办理效率。市建委、市科技局、市发改委、市经信委、市规划局等部门各司其职，通力合作，集中解决了香港金道综合体项目核准难，东方国际广场项目拟建围挡与经纬客运公司售票亭及停放车辆互相干扰，华晨宝马铁西工厂和大东工厂扩建前期手续审批，北盛汽车有限公司办理进口设备免税事项等一批重点项目建设中存在的资金、施工和外部配套等问题，确保了项目早开工、早建设。全市288个重点项目于9月底全部实现开复工，开复工率达100%，在投资总量、项目总数、建设进度等方面明显好于往年。除了重点解决项目审批、手续等方面的问题外，各地区、各部门还结合实际，积极为企业提供多角度、全方位的服务。市中小企业局开展“中小企业融资服务年”活动，组织银行、担保及企业供应链、融资租赁、信用保险等新型融资机构一起与企业进行集中对接，为企业提供“一站”、“一网”式融资服务。市外经贸局深入打造“外企之家”，积极构建“外企综合服务平台”，为在沈外商和外资企业提供全方位、多领域的综合性服务。市金融办将工业融资信息与重点工业项目情况及“十二五”产业集群发展情况与银行对接，为银政企多方信息交流搭建平台。市直机关工委在全市党员干部中开展深化“四个一”、实施“四项工程”活动，大力营造全市机关干部服务企业、服务发展的良好氛围。2012年，全市27个职能部门、14个区县（市）开发区共组织机关干部1542人（其中市管干部456人），深入企业、深入项目建设一线7300余人次，协调解决问题1028个，受到企业和投资者的普遍欢迎和好评。

（吕兴宇）

【软环境建设“百千万”活动】 为了推动软环境建设任务的全面落实，2012年，市软环境建设办公室组织开展了“实施百项工作举措、创建千个人民满意窗口、组织万人民主评议”活动。在实施百项工作举措中，共组织全市104个地区和单位，结合上级部署和本地区、本单位的工作特点，认真研究确定改进政风行风和优化软环境的工作举措。在研究制定过程中，从选题立项、制定目标、保障措施和取得成效，全部通过网站和媒体进行公示，全程接受群众评议和监督。一年来，全市各地区、各单位共制定出政风行风和软环境建设举措179项，其中有20项被评为群众最满意的工作举措。通过坚定不移地落实各项工作举措，不仅使上级部署的重点工作任务得到很好完成，而且在群众反映强烈的行政审批、行政处罚、假冒伪劣商品、出租车服务态度等方面存在的突出问题也得到有效治理和解决。在创建千个人民满意窗口活动中，本着便企利民的指导思想，将全市与企业和群众接触最为密切的4624个基层窗口单位全部纳入创建活动之中。为所有窗口设计了统一的创建标识，制作了宣传海报，开发了短信评议系统，并为每个窗口赋予了短信评议码，开通了网站、短信即时评议和电话投诉等多条监督渠道。与此同时，组织行业主管部门公开窗口办事程序、收费标准和投诉电话，并围绕创建活动在全市开展互查互检，发动群众进行网上和短信评议，相关部门及时下发窗口评议通报，对有问题的窗口单位提出整改意见，并在年终评选表彰人民满意窗口，以推进整个创建活动的深入开展。在组织万人民主评议活动中，由各地区、各单位重点从管理和服务对象中推荐产生1.2万名评议代表，全年组织开展了3次大规模评议活动，年初评议“百项举措”工作选题、目标和措施；10月末评议“百项举措”工作成效、评选人民满意窗口；年末评价政风行风和软环境建设总体情况。3次评议全部纳入全市民主评议软环境建设工作结果之中，充分体现了请人民评议、让人民满意的工作理念。“百千万”活动的深入开展，极大地推进了全市政风行风和软环境建设。各地区、各部门齐抓共管、争先创优的态势基本形成，各部门、各行业的服务水平和管理水平得到大幅度提升，大量群众反映强烈的突出问题得到有效治理。

（吕兴宇）

【软环境突出问题专项治理】 2012年，市软环境建设办公室将软环境建设与纠风工作有机结合，针对企业和群众反映强烈的软环境建设方面的突出问题，组织开展了违法违规征地问题专项治理、市场中介组织清理规范、保障性安居工程监督检查、清理庆典研讨会论坛活动、治理教育乱收费、纠正医药和医疗购销服务不正之风、食品药品安全监管、纠正损害农民利益问题、治理公路“三乱”、加强“四项”资金监管等十项专项治理工作。为确保各项专项治理任务取得实效，市软环境建设办公室强化组织协调力度，一是要求各地区、各单位在向社会公示，征求群众意见的基础上，遴选出一两个企业和群众反映强烈的突出问题，作为全年的治理和整治重点；二是围绕专项治理重点任务，制定实施方案，明确组织领导机构、工作目标和具体治理措施，并通过公开接受社会监督；三是将重点专项治理任务纳入年度党风廉政建设责任制，明确分工，落实责任；四是定期召开调度会议，准确把握工作进展，及时发现问题，解决问题，确保专项治理工作有序推进。经过严密的组织指导和深入扎实的工作,各专项治理重点任务均取得突破性进展。在违法违规征地拆迁问题专项治理工作中,对797个征地拆迁项目进行了全面排查,组织整改问题913个,落实补偿安置费82.12亿元,为群众追回补偿安置费2644.7万元。在全面启动市场中介组织清理规范工作中,对全市10大类4669个中介组织进行登记造册。共取消68个有突出问题的中介机构的从业资质,取缔违法违规中介机构54个,对575户轻微违法违规市场中介机构进行整改规范。在开展全市保障性安居工程监督检查工作中,对16个县区和2个建设单位保障房建设和分配方面的情况进行了集中审核,纠正整改了实物房建设项目土地和规划手续滞后、县区经济适用住房配比资金缺口较大、部分县区保障房管理机构不健全等方面的问题,并取消了9名隐瞒住房信息申请人的公租房配租资格。在治理教育乱收费工作中,重点围绕公办中小学校招生择校、在职教师乱办班乱补课、民办教育机构收费和办学行为等问题开展专项整治,查处违规收费案件7起,取缔黑补课班65个,对53名责任人给予严肃处理,进一步全面规范了办学行为。在纠正医药购销和医疗服务不正之风工作中,通过深入治理不合理检查、不合理用药、不合理收费等问题,进一步严格落实了诊疗收费“一日清单制”和诊疗收费查询审核等制度,全市医疗服务行为进一步规范,医疗机构行业作风建设水平进一步提升。

(吕兴宇)

【畅通软环境建设问题诉求渠道】 2012年,市软环境建设办公室对96123市民热线网站进行了全面升级,优化了工作流程,完善了企业和群众诉求办理的考核指标体系;将96123电话呼叫中心交由市电信公司管理,使管理更加规范,进一步提升了投诉受理质量;建立健全了诉求办理的社会评价机制,每件诉求办结后,设置了由诉求人评价环节,进一步体现了让群众满意的工作原则;启动了疑难问题调度会机制,对涉及多个地区和部门的疑难问题,组织召开协调会议,直接督办解决,收到了良好效果。此外,还将对窗口的评议与诉求办理系统相连接,企业和群众通过网站和手机短信提出的意见和建议均作为诉求办理,形成了诉求和评议的一体化管理。2012年,通过“96123市民热线”、“民心网”等渠道受理群众诉求234万余件,办结226万件,办结率96.6%,群众满意率95.7%,制止和纠正违纪违法问题1545件,276人被追究了相关责任,为群众挽回经济损失7812万元,一大批损害群众利益、不作为乱作为、吃拿卡要、乱收费乱罚款乱摊派、与民争利等问题得到有效解决。

(吕兴宇)

【查办软环境案件】 2012年,市软环境建设办公室进一步建立健全案件排查、复查、考核、通报和问题整改督办制度,加大软环境建设方面的违纪违法案件查处力度。一年来,全市共查办软环境和纠风方面的案件166件,给予党政纪处分179人,组织处理21人,移送司法机关10人,挽回经济损失1154万元,对132起案件在地区和行业内予以通报,其中,市安监局在推进安全生产标准化达标活动中对企业乱收费、市文广局强迫网吧业主购买软件等案件,在全市廉政工作会议上进行了通报,引起了社会广泛关注,人民日报等各大报纸予以转载,各大网站也予以转发。

(吕兴宇)

经济协作

【概况】 2012年,沈阳市经济协作紧紧围绕着“请进来”招商活动、外埠省市政府驻沈办事处机构的衔接、各区域间的经济交流与合作、组织全市中小企业参加各类展洽活动、推进对外埠机构驻沈办事处服务等五项重点工作,立足经济协作工作重心和任务,以优化对内开放环境,推进国内合作交流为导向,主动拓展区域合作领域,努力营造优良发展环境,使各项经协工作顺利推进,较为圆满地完成了各项工作任务,为下一步开展与沈阳经济区、东北经济区、环渤海经济区区域间的深层次交流和合作,打下良好的基础。

(董雪松)

【环渤海区域合作】 2012年6月25日,天津现代职业技术学院与沈阳市教育系统对接会议在天津市人民政府驻沈阳(东北地区)办事处举行。会上,天津校方就学院的基本情况、软硬环境建设及2012年招生计划进行了全方位的系统推介;沈阳市教育系统介绍了本市生源情况;各方开展了答疑交流,并达成共识。“环渤海区域银地、银企对接活动暨环渤海区域合作市长联席会2012年市长特派员集中办公会议”于8月22日—24日在内蒙古自治区赤峰市举行,41个市长联席会成员单位中有31个城市派出代表与会。会上,各城市间对2011年5月在天津举行的市长、市长特派员会议通过的《关于加强环渤海区域合作的天津共识》的落实情况进行了阶段性总结与交流。10月31日,“环渤海区域中小企业发展联盟工作会议”在大连市国际金融会议中心举行,来自天津、大连、太原等8个中小企业主管部门的30多位代表与会。审议通过了辽宁鞍山市、山东省滨州市、河北省秦皇岛市、晋州市、内蒙古自治区赤峰市等5个城市为环渤海区域中小企业发展联盟新成员市。

(陈明辉)

【沈阳经济区合作】 随着沈阳经济区一体化进程加快、区域要素资源配置不断优化,沈阳市积极加强与经济区各市合作,不断拓宽区域合作的领域,在要素市场、产业发展、生态建设、社会服务等众多领域的一体化发展上,取得了新的进展,沈阳市与沈阳经济区其他成员市间合作不断加强。以环沈阳经济区高速公路,5条城际开发大道、沈抚城际铁路和沈抚、沈铁、沈鞍多条城际公交构筑的沈阳至周边7城市1小时交通圈初步形成,全面促进了8城市一体化的融合。2月4日,辽阳市中小企业局来沈考察学习近几年沈阳促进非公有制经济、中小企业发展的措施和做法及出台的鼓励政策,为两地日后继续开展经济合作奠定了坚实的合作基础。

(陈国良)

【跨地区经济合作】 2012年10月22—24日,“第九届全国大中城市国内合作交流工作研讨会”在杭州天元大厦举行,来自国内30余个城市和地区经济交流合作组织的150多位代表与会。会上,沈阳市中小企业局以《强化区域合作助推沈阳经济区协调发展》为题,进行了会议交流,比较全面地阐述了沈阳区域经济合作交流迈向“核心突破、区域共振”发展的快车道。

12月10—12日，由国家发改委地区经济司组织召开的“2012年全国发展改革系统地区经济工作会议暨区域合作座谈会”在广州市白云国际会议中心举行，来自全国各省、自治区、直辖市及计划单列市、副省级省会城市的发改委系统、经济协作部门的340多位代表与会。会议以紧紧围绕促进区域协调发展为主题，回顾总结了一年来的工作成绩与经验，对当前和未来一个时期的发展形势进行了研判，并部署下一阶段的重点任务。接待了天津市人民政府合作交流办公室等兄弟单位来沈考察的衔接联络服务工作，为推动沈阳与友好城市间今后在多层次、多领域的经贸合作奠定了良好的基础。

（陈国良）

【参加国内区域展洽活动】 组织完成了沈阳市中小企业参加各类展洽活动。5月协调辽宁富程玻璃钢管有限公司等5户企业参加“天津中小企业绿色产业峰会”，其董事长作为参加会议的企业界人士在峰会论坛上做了题为《玻璃钢管在供热管网中的应用》的主题演讲。

组织沈阳奥吉娜集团等8家企业参加在成都举办的“第七届APEC中小企业技术交流暨展览会”，会上，签订贸易合同2项，合同成交额为2200万元，较为出色地展示了沈阳中小企业的风采。组织沈阳华利能源设备制造有限公司等8户企业参加了在广州举办的由工业和信息化部、广东省政府等联合主办的以“节能、环保、绿色、低碳”为主题的“第九届中国国际中小企业博览会”，参展企业数量居省内9个参展城市之首。

（陈明辉）

【外埠企业办事处登记】 2012年，共办理外埠驻沈办事机构登记备案317件。其中完成年检176户，新办43个、延期58件、变更40件、撤销9件，接受咨询230余人次。完成了外埠企事业单位驻沈办事机构备案2007年—2011年共80卷档案的归集整理工作。其中年检档案26卷、新办25卷、延期14卷、变更10卷、撤销5卷。

（航凤琴）

【对口支援】 2012年，沈阳市援建塔城市共有11个项目，计划总投资1.9亿元，援疆资金9370万元（含辽塔新区统筹使用资金4454万元），11个援建项目均按计划顺利开展。9月初，沈阳市与辽宁省政府签订了产业援疆5年规划（2011年－2015年）责任状，确定2011年－2015年沈阳市产业援疆项目17个。已有落地产业援疆项目11个，总投资金额18.6亿元。

2012年，沈阳市共承接了2批59名塔城地区未就业大学生来沈进行学习培养工作。59名学员全部完成在沈一年半的学习任务，顺利返疆；东北育才学校接收77名“内高班”新生，沈阳市金融学校接收80名、沈阳市汽车工程学校接收95名、沈阳市艺术幼儿师范学校接收80名“内地中职班”新生；8月中旬，组织8名教育专家赴新疆塔城市开展塔城市名校长、名教师评审活动。9月初，塔城市首批2名高中教师和7名新高一学生抵达沈阳市第五十一中学开始正式交流学习。东北育才学校、沈阳市汽车工程学校还承接了10名塔城市校长、教师来沈为期3个月的学习交流工作。市计生委为塔城市培训计划生育临床类技术人员3人、医技类技术人员2人。

2012年，市科技局协助塔城市申报、编制了《国家科技援疆计划》和《沈阳市援建塔城市科技规划（2011—2020年）》，签订《塔城市科技综合服务中心建设》合作协议；沈阳市规划设计研究院驻塔城办事处全程参与《辽塔新区总体规划》的编审工作，形成的辽塔新区新城区核心部分控详规划中期成果，已于2012年6月报审地区建设领导小组会议审查通过。完成《辽塔新区重点地区控制性详细规划全覆盖》、《辽塔新区苗圃公园规划》等多项规划编制工作。沈阳市建筑设计院驻塔城办事处承揽完成辽塔新区核心区域六合广场规划和城市设计、文博书苑规划和建筑设计等多项设计任务。为塔城市节约设计资金700余万元；沈阳市农科院与塔城市达成了合作建设玉米良种繁育基地的意向。在塔城试种玉米良种后，长势良好，取得成功。6月11日，市农委组织2名农业专家赴塔城市开展工作。与塔城市农业局签订了技术合作协议。

2012年，18名援疆干部、人才组成的市援疆工作队全年出刊《援疆路》4期，发表通讯报道、文艺作品100多篇，被省前指评为优秀单位，被自治区政府评为“创先争优”先进集体；塔城地区来沈的6名干部分别进入沈阳市统计局、市环保局等部门进行挂职锻炼；共承接了7期新疆塔城市组织、民政系统选派的347名乡镇基层干部到沈阳市委党校的轮训任务；3位援疆医生和市卫生局选派的5位短期交流医生，2012年共为塔城诊治各类病患7000余人次，其中急难险重患者300多人次，开展手术百余例，填补当地技术空白2处，为当地培训医务工作者50余场，培训医护人员2000余人次。组织义诊10余次，诊治病人约1000余人次；2名援疆农业、畜牧专家在市农委的帮助下为塔城市引进了十几个玉米新品种，推广和普及了肉羊杂交技术。建立了塔城地区年度业务综合考核第一名的高水平塔城市兽医实验室。6月11日，市委组织部组织16专家赴塔城开展了“沈阳－塔城人才发展论坛”，签署了《沈阳市和塔城市人才工作合作框架协议》并开展智力服务，提出合理化建议和意见60条，与相关部门和单位初步达成协作意向32项，签署技术合作协议8项。2012年7月中旬，市援疆前方工作队完成了11名援疆专业技术人才的中期轮换任务。

（刘宏伟）

【对口支援重庆忠县】 2012年，沈阳市共安排300万元援助资金，重点用于三峡库区重庆忠县花桥镇显周小学校公路桥及附属工程、忠县野鹤镇文化站建设工程、忠县汝溪镇白庙水厂及科技人员技能培训等8个援助项目。11月中旬，在沈阳大学正式启动了沈阳市对口支援三峡库区忠县2012年公益项目及干部技能培训工作，共为忠县培训2批59名致富带头人及基层干部，本次培训活动共分两期进行，为期15天，为忠县培训60名致富带头人。

应忠县县委、县政府邀请，为进一步推进对口支援三峡库区忠县移民工作，并对今后援助忠县工作进行对接，12月底，副市长黄凯率团赴忠县考察调研，并送交300万援助资金。该批资金到位，标志沈阳市已全面完成国务院三峡办关于《全国对口支援三峡库区移民工作五年（2008－2012年）规划纲要》的总体的援助资金要求，总计无偿援助三峡库区忠县移民资金为1100万元。

（李树民）

党 政 机 关

中共沈阳市委

【市委十二届三次全体会议】 2012年2月14日召开。全会听取关于全市出席党的十八大代表候选人初步人选推荐情况的说明，讨论通过《沈阳市出席党的十八大代表候选人初步人选推荐人选表决办法》，表决通过沈阳市9名出席党的十八大代表候选人初步人选推荐人选。省委常委、市委书记曾维主持会议。

(吴 洋)

【市委十二届四次全体会议】 2012年7月23日召开。会议由市委常委会主持。省委常委、市委书记曾维代表市委常委会作题为《保持发展激情，坚定必胜信心，以振兴发展的新业绩向党的十八大献礼》的工作报告。会议强调，下半年要重点抓好千方百计稳增长，坚定不移完成各项经济指标等7个方面工作。会议审议通过市委常委会工作报告和《关于市委候补委员关锡友同志递补为市委委员的决定》。

(吴 洋)

【市委十二届五次全会暨经济工作会议】 2012年12月19日召开。会议由市委常委会主持。省委常委、市委书记曾维代表市委常委会作题为《深入贯彻党的十八大精神，奋力夺取沈阳老工业基地全面振兴的新胜利》的工作报告，市委副书记、市长陈海波就2013年全市经济工作作出部署。会议审议通过市委常委会工作报告和《关于市委候补委员孙汉友同志递补为市委委员的决定》。会议还对2012年度干部选拔任用工作进行民主评议。

(吴 洋)

【抓环境促提升工作总结大会】 2012年1月10日召开。省委常委、市委书记曾维出席会议并作重要讲话。曾维强调，全市上下要倍加珍惜新一轮环境建设取得的阶段性成果，总结好、运用好成功经验，切实以更大的力度、更实的举措投身环境建设各项工作，使沈阳以整洁有序、清新靓丽、功能现代、文明和谐的崭新形象，在科学发展道路上实现全面振兴。市委副书记邢凯，市委常委、常务副市长顾春明，副市长许文有分别就硬环境建设、软环境建设和“打假”工作进行总结和部署。市委常委、秘书长马占春主持会议。

(吴 洋)

【市委工作会议】 2012年1月17日召开。会议认真学习贯彻中央、省委有关会议精神，总结部署全市党委部门工作。省委常委、市委书记曾维出席会议并作重要讲话。他强调，要按照市委十二届二次全会的要求，牢牢把握振兴发展大局、和谐稳定大局、选人用人大局，以更高站位、更高标准做好各项工作，为沈阳继续保持又好又快发展的良好势头提供坚强保证，以优异成绩迎接党的十八大胜利召开。市委副书记邢凯主持会议，市委常委、组织部部长姜宏，市委常委、政法委书记常明，市委常委、秘书长马占春，市委常委、宣传部部长王凤波，市政协副主席、市委统战部部长聂洪升分别作工作总结部署。

(吴 洋)

【惩治和预防腐败体系建设工作会议】 2012年5月9日召开。会议全面总结2011年全市惩防体系建设工作情况，对2012年工作进行安排部署。省委常委、市委书记曾维，市长陈海波作重要讲话。市委常委、市纪委书记徐兴华主持会议并通报2011年全市惩防体系建设工作情况。会上，沈北新区、和平区、沈河区、新民市、辽中县、市工商局负责人作典型经验交流。

(吴 洋)

【创建全国文明城市动员大会】 2012年6月12日召开。省委常委、市委书记曾维出席并作重要讲话。市长陈海波作工作部署，市政协主席刘雅琴出席会议。市委副书记邢凯主持会议，市委常委、宣传部部长王凤波，副市长、市公安局局长许文有，副市级干部佟晶石，和平区区委书记林强作表态发言，市民代表吴亚玲宣读《致全体市民倡议书》。

(吴 洋)

【庆祝中国共产党成立91周年暨创先争优表彰大会】 2012年6月28日召开。省委常委、市委书记曾维出席会议并作重要讲话，他强调，要全面继承、大力发扬党的优良传统，进一步将党的政治优势、组织优势转化为助推沈阳又好又快发展的强大力量，奋力谱写振兴新篇章，向党的十八大献礼。会议由市委副书记邢凯主持。市委常委、组织部部长姜宏宣读表彰创先争优先进基层党组织、优秀共产党员、优秀党务工作者和创先争优活动先进区(县、市)委的决定。沈河区五里河街道药大社区党委书记吴亚玲、沈阳金杯车辆制造有限公司涂装车间工艺员王桂荣、新民市周坨子镇党委书记徐占海先后发言。市人大常委会主任赵长义、市政协主席刘雅琴出席会议。

(吴 洋)

【决战四季度圆满完成全年任务动员部署大会】 2012年9月28日召开。省委常委、市委书记曾维出席会议并作重要讲话。他强调，全市上下要进一步增强责任感和紧迫感，坚定必胜信心，抢抓难得机遇，发扬优良作风，齐心协力攻坚，迅速掀起决战四季度的工作热潮，确保圆满完成全年各项目标任务，以振兴发展的优异成绩向党的十八大献礼。市长陈海波通报前三季度经济运行情况，对第四季度工作进行具体部署，市人大常委会主任赵长义、市政协主席刘雅琴出席会议。市委副书记邢凯主持会议。和平区、沈北新区、新民市负责人分别作表态发言。

(吴 洋)

2012 年中共沈阳市委常委会议

日期	会议名称	主要内容
1.10	十二届委员会常务委员会第 17 次会议	传达学习上级有关会议精神，听取沈阳警备区、辽宁陆军预备役高炮一师工作情况汇报，研究部署加强国防动员和后备力量建设工作。
2.10	十二届委员会常务委员会第 19 次会议	研究讨论并原则同意 2012 年城建计划安排。
3.16	十二届委员会常务委员会第 22 次会议	传达全国人大十一届五次会议、全国政协十一届五次会议精神，研究部署沈阳市贯彻落实意见。
4.14	十二届委员会常务委员会第 24 次会议	听取一季度全市经济运行情况汇报，全面分析当前面临的形势，研究部署二季度经济工作。
6.8	十二届委员会常务委员会第 27 次会议	研究进一步做好稳增长、促振兴工作。
8.1	十二届委员会常务委员会第 31 次会议	专题学习胡锦涛在省部级主要领导干部专题研讨班上的重要讲话精神，传达学习省委十一届四次全会精神，就抓好贯彻落实工作提出具体要求。
8.12	十二届委员会常务委员会第 32 次会议	就进一步优化发展环境，全力助推稳增长、促振兴各项任务的完成进行专题研究部署。
11.19	十二届委员会常务委员会第 43 次会议	集中学习党的十八大精神，对抓好深入学习宣传贯彻工作进行研究部署。
12.5	十二届委员会常务委员会第 45 次会议	认真学习贯彻中央政治局关于改进工作作风、密切联系群众的八项规定。
12.26	十二届委员会常务委员会第 49 次会议	传达学习省委十一届五次全会暨经济工作会议精神，就抓好贯彻落实工作提出具体要求。

（吴　洋）

·组　　织·

【全市老干部工作会议】 2012 年 2 月 17 日，沈阳市召开全市老干部工作会议。市委常委、组织部部长姜宏出席会议并讲话，对 2011 年全市老干部工作取得的成绩给予了充分肯定，并对做好 2012 年老干部工作提出了要求。姜宏强调，要深刻理解做好老干部工作的重要意义，切实抓好老干部相关政策的有效落实，做到政治上尊重老干部，生活上关心老干部，发挥好老干部的作用。同时，要切实加强对老干部工作的组织领导。

（贾　佳）

【“纪念党中央建立老干部离退休制度 30 周年”座谈会】 2012 年 2 月 20 日，市委召开“纪念党中央建立老干部离退休制度 30 周年”座谈会。市委常委、组织部部长姜宏出席会议并讲话。姜宏回顾了沈阳市老干部工作 30 年辉煌历程，对广大老干部在社会主义物质文明、政治文明、精神文明、生态文明和党的建设中发挥的积极作用给予了充分肯定。同时，要求全市各级老干部工作部门高度重视老干部工作，做到政治上关心老干部、生活上关照老干部、感情上关怀老干部，推动新形势下的老干部工作不断取得新成效。

（贾　佳）

【国有企业外派监事会主席工作会议】 2012 年 3 月 27 日，沈阳市召开国有企业外派监事会主席工作会议，市委常委、组织部部长姜宏出席会议讲话。姜宏指出，在国有企业实行外派监事会主席，是市委、市政府按照国家有关规定，经过慎重考虑作出的决定，是国有企业监管体制的一次重大改革。姜宏要求监事会主席要切实发挥作用，做到敢于履职；国有企业要积极配合工作，做到自觉接受监督；国有资产管理部门要完善工作制度，做到协调指导到位。

（贾　佳）

【区县（市）、乡镇人大、政协换届部署】 2012 年 6 月 25 日，市委召开区县（市）、乡镇人大、政府和区县（市）政协换届工作会议，对换届工作进行动员部署。省委常委、市委书记曾维出席会议并作重要讲话，对换届工作作出全面部署；市委副书记、市长陈海波主持会议并就贯彻落实会议精神，扎实做好换届工作提出明确要求。会上，市委常委、组织部部长姜宏就做好换届工作，市委常委、市纪委书记徐兴华就严肃换届纪律工作，市人大常委会副主任连加诚就县乡两级人大换届选举工作，市委统战部部长汪涛就区县（市）政协换届工作进行了部署。市领导邢凯、李继安、杨亚洲、赵晓川，副市级干部张东阳、张景辉，副市级调研员张晨，副市级巡视员铁岩、鞠保平出席会议。

（贾　佳）

【加强高校党的基层组织建设工作座谈会】 2012 年 7 月 10 日，沈阳市召开加强高校党的基层组织建设工作座谈会。市委常委、组织部部长姜宏出席会议并讲话，对驻沈高校近年来取得了突出成效给予了充分肯定，要求各高校要扎实开展好基层组织建设年活动，加强高校基层党组织和党员队伍建设，以改革创新精神推进高校党的基层组织建设迈上新台阶。副市级调研员张晨、市委组织部副部长吴奇汉、市委教科工委有关领导出席会议，在沈27所高校党委书记参加会议。

（贾　佳）

【中省直企业系统加强党建工作座谈会】 2012年7月12日，沈阳市召开中省直企业系统加强党的建设工作座谈会。市委常委、组织部部长姜宏出席会议并讲话，要求在沈中省直企业扎根沈阳，努力实现沈阳振兴与企业科学发展的深度融合。强调要发挥优势、创新举措，努力提升国企党建工作科学化水平。副市级调研员张晨、市委组织部副部长吴奇汉、市委中省直企业工委有关领导出席会议，15个在沈中省直企业的党委书记参加会议。

（贾　佳）

【筹备市人大第十四届五次会议、政协第十三届五次会议人事选举】 按照大会日程安排，提出了大会组织机构名单并提交市委常委会审议通过；形成了候选人名单、登记表、主要表现和有关人选说明等材料。经过精心组织，努力工作，圆满完成大会组织组的各项任务，特别是顺利完成大会选举工作，市人大常委王柏岩、史文昌、付刚、安俊辉、李铁、郑继俊、宫文义、崔敬禹和市政协秘书长徐大地均高票当选。

（贾　佳）

【在全市公推比选7名市管副职领导干部】 2012年6－7月，市委着眼于区县（市）人大政府政协换届形势，决定面向全市各级党政机关、事业单位及市属企业，通过笔试、无领导小组讨论、半结构化面试、量化考察等环节，实行差额酝酿、差额考察、差额票决，公推比选7名35岁以下市管副职领导干部。这次公推比选是沈阳市进一步深化干部人事制度改革、提高选人用人公信度的实际步骤；是改善市管领导班子结构、为区县（市）领导班子换届储备人才的迫切需要；是加大年轻干部选拔培养力度、增强市管领导干部队伍功能活力的有力举措。这次公推比选工作得到省委组织部的充分认可，同时在全市也起到了很好的示范作用，各区县（市）纷纷采取这种竞争性选拔干部方式，选拔了一大批优秀青年干部，为干部队伍注入源源不断的新鲜血液。

（贾　佳）

【市管领导班子和领导干部年度考核】 2012年1月12日，市委组织部组织召开了年度考核工作部署会，印发《关于做好市委管理的领导班子和领导干部2011年度考核工作的通知》（沈组发［2011］1号），对有关工作进行了周密部署和详细说明。这次年度考核工作，创新和完善领导班子和领导干部年度考核评价体系，通过考核工作统一组织、评价项目统一设计、量化结果统一计算，实现了“于法周延、于事简便”目标；制定《年度考核综合评价计分办法》，积极推动定量比较与定性分析相结合，增强了考核工作的科学性和真实性。完成对134个市委管理的领导班子和1436名市管干部综合考核评价工作，形成了报市委的《关于2011年度考核有关情况的综合报告》、《市管领导班子和领导干部年度考核主要情况报告》和《市管领导班子和领导干部2011年度考核结果汇总表》等材料。根据年度考核结果对存在问题的班子和干部进行了适时调整，有效发挥了年度考核“指挥棒”的作用。

（贾　佳）

【干部人事制度改革】 为加强对市属国有企业运行的监督，防止国有资产流失，起草《关于市国有企业监事会主席选配人选问题的原则意见》，对监事会主席的任期、提名、任免、日常管理和年度考核等进行了规范。为进一步理顺市属院校管理关系、整合干部资源，起草并实施了《关于调整部分市管干部管理权限的意见》，确定了沈阳医学院、沈阳职业技术学院、沈阳广播电视大学副职和沈阳市装备制造工程学校、沈阳市化工学校、沈阳现代制造服务学校、沈阳市教育研究院正职等副局级领导干部的任免，由市属高校领导干部管理工作领导小组审批调整为市委常委会审批。结合市管领导班子和领导干部年度考核工作，起草了《关于当前市管干部队伍结构现状的分析报告》和《开展“市管干部全员谈心谈话”活动工作方案》。

（贾　佳）

【完成市管后备干部补充调整】 着眼于建立一支政治上强、善于领导科学发展、堪当历史重任的高素质后备干部队伍，制定下发《关于做好2012年市管党政领导班子后备干部补充调整工作的通知》（沈组发［2011］2号），结合2011年度考核对市管后备干部队伍进行了补充调整，全市新补充市管正职后备干部14人、副职后备干部75人，为市管党政领导班子的长远发展奠定了扎实基础。

（贾　佳）

【市管非领导职务晋升】 为进一步改善市管干部队伍结构，拓宽干部出口渠道，印发了《关于做好2012年度市管综合管理类公务员非领导职务晋升工作的通知》（沈组发〔2011〕3号），积极稳妥完成了市管非领导职务晋升工作，共24人晋升为市管非领导职务。

（贾　佳）

【完成援藏援疆专业技术人才轮换】 按照省委组织部的要求和有关工作安排，分别选派孟红军等2名和鲍振平等11名党性强、工作经验丰富的专业技术人才到西藏安多县和新疆塔城市开展为期一年半的对口援建工作。

（贾　佳）

【各级人大、政府、政协换届】 启动各级人大、政府、政协换届筹备工作，科学制定换届工作方案，成立换届工作领导小组，召开全市换届工作会议，对换届工作做到细致谋划、全面部署，市委人事安排意图顺利实现。在区县（市）人大、政府、政协换届筹备工作中，成立了13个换届工作督导组和8个换届考察组，采取民主测评、全额定向推荐、个别谈话推荐、民主评议、民意调查、民主协商、分析实绩、廉政鉴定、查阅档案、专项调查、书面公示等方式进行换届考察，全市13个区县（市）人大、政府、政协领导班子和法检“两长”换届考察工作均一次性圆满成功。按照区县（市）换届要求，充分运用考察结果，科学合理提出换届人事方案。在市本级换届筹备工作中，起草了市本级换届工作时间表，预测分析进退留转情况，详细制定各项预案，积极配合省委考察组做好换届人事考察工作，认真做好新一届市人大代表、政协委员提名工作，并参考上届有关做法，研究起草了《市人大、政协常委和全国、省人大代表及政协委员的提名推荐原则》，为确定市本级换届相关人选和全国、省人大代表及政协委员奠定了基础。

（贾　佳）

【“沈阳干部在线学习网”开通】 根据

中央、省委关于干部教育培训工作改革的精神，按照《沈阳市贯彻落实〈2010－2020年干部教育培训改革纲要〉的实施意见》（沈委办发［2011］15号）的要求部署，市委组织部积极开展了沈阳干部在线学习平台建设，下发了《关于在全市开展干部在线学习工作的通知》（沈组通字［2012］28号）。并于11月6日隆重举行了"沈阳干部在线学习网"开通仪式，市委常委、市委组织部部长姜宏出席，并做重要讲话。各区县（市）委组织部常委部长、各市直单位、市管企业分管领导200多人与会。这是贯彻落实《2010－2020年干部教育培训改革纲要》部署的重要举措，是继续完成好"大规模培训干部，大幅度提高干部素质"的具体行动，是创新全市教育培训工作的有效载体。"沈阳干部在线学习网"合理解决工学矛盾，为干部自主学习和终身学习提供了全新平台。学习网首期面向全体市管干部，并逐步推广。市委组织部为市管干部配发了"沈阳干部在线学习网学习卡"，并对干部开展在线学习和参加调训学习实行电子化管理，使全市干部教育培训工作进入数字化教学和管理新阶段。

（贾　佳）

【"名家讲堂"成为全国干部教育培训工作知名品牌】 "名家讲堂"是沈阳市重要的科学理论宣讲平台，自2003年创办以来已经十年，深受全市领导干部欢迎。2012年，市委组织部在继续办好专题大讲座的基础上，不断深化"名家讲堂"系统工程建设，大力加强新闻宣传和舆论引导工作，在省《刊授党校》杂志刊发了"崇德尚学、力行致远——沈阳市打造'名家讲堂'创新干部教育培训工作"专题报道，在全省宣传推广高端讲座培训经验。对此，省委常委、省委组织部长辛桂梓，市委常委、市委组织部长姜宏分别做出了重要批示。《人民网》、《辽宁日报》等主流媒体接续报道了此项工作，进行了扩大宣传。党的十八大召开前夕，"名家讲堂"工作作为全省"科学发展、成就辉煌"系列宣传报道的重要组成部分，在省《刊授党校》杂志第10期刊发了24个版面的深入报道，得到了广泛关注和好评。《人民网》、《凤凰新闻网》等知名主流媒体纷纷全文转载"名家讲堂"专题报道。浙江省湖州市委组织部、沈阳铁路局组织部等有关单位专程来沈学习"名家讲堂"工作经验。清华大学、北京大学、人民大学、对外经贸大学等知名学府的著名专家纷纷寄语"名家讲堂"，大大提升了"名家讲堂"工作的知名度。"名家讲堂"逐渐成为具有全国影响力的干部教育培训工作知名品牌。

（贾　佳）

【学习十八大精神】 一是充分发挥党校主阵地作用。党的十八大刚刚闭幕，就选调党校系统优秀教师和理论骨干赴北京大学参加"深入学习贯彻党的十八大精神专题讲习班"，充分做好培训师资储备。围绕十八大主题与科学发展观、坚定不移走中国特色社会主义道路、为全面建成"五位一体"的小康社会而努力奋斗和推进党的建设科学化水平等四个专题，举办6期市管干部和7期处级干部短期培训班，深入学习和贯彻党的十八精神。二是充分发挥"名家讲堂"主渠道作用。邀请中央党校党建部教授高新民、清华大学教授蔡继明分别作了题为《深入学习党的十八大精神，努力提高党建科学化水平》的报告和《贯彻党的十八大精神，推进改革与发展》的报告，从不同角度和不同侧面对党的十八大精神作了系统阐述和深刻解读。三是充分发挥"沈阳干部在线学习网"主窗口作用。开展干部网上学习培训，主动与中央党校、国家行政学院、清华大学等知名院校联系，预约十八大精神专题辅导课程50余门，及时链接到"沈阳干部在线学习网"，确保全市广大党员干部第一时间学习收看到关于十八大精神的权威解读，全面掀起学习党的十八大精神的高潮。

（贾　佳）

【严肃人大、政府、政协换届纪律】 把严肃换届纪律，营造良好风气贯穿换届工作始终。扎实宣传"5个严禁、17个不准和5个一律"的纪律要求，集中送阅严肃换届纪律文件及警示教育材料4.1万份，签署换届纪律承诺书5655份，组织观看换届纪律教育专题片5万余人次，制作发放学习卡3000余套，在广大干部群众特别是人大代表、政协委员和换届工作人员心目中牢固建立起自觉严守纪律的"防火墙"。在换届风气测评中，13个区县（市）的2850名人大代表和2942名政协委员对换届风气、严肃换届纪律工作及治理拉票工作效果的满意比例均在98%以上，圆满实现了中央和省、市委提出的换届工作"好风气"的目标。

（贾　佳）

【开展《干部任用条例》颁布十周年学教活动】 以《干部任用条例》颁布十周年为契机，举办系列学习教育活动，进一步增强广大干部群众对干部选拔任用工作政策法规的了解和掌握，提高市管单位干部选拔任用工作规范化水平。邀请专家围绕学习宣传和贯彻执行干部选拔任用工作政策法规、严肃换届纪律等内容进行专题辅导，进一步明确当前干部选拔任用工作面临的形势和任务，增进组织人事部门对干部选拔任用工作政策法规的了解。归纳总结出179条常见问题，编发《干部选拔任用工作有关政策法规问答》，为各市管党（工）委（党组）规范干部选拔任用工作提供系统的、便捷的政策指导。会同市直机关工委在全市机关干部中举办干部选拔任用工作政策法规知识网上答题活动，100个市管单位的2.6万多名机关干部参加网上答题，占全市相关单位总数的95%以上，机关干部总数的60%以上，提高了干部选拔任用工作政策法规的知晓率，为满意度的提高奠定了坚实的群众基础。

（贾　佳）

【建立买官卖官"特别监督档案"】 沈阳市被中组部确定为建立整治买官卖官问题"特别监督档案"试点单位，在市县两级建立"特别监督档案"。召开市纪委（监察局）、市检察院和市法院联席会议，对2008年4月以来违纪违法的市管领导干部党政纪处分决定书、检察院起诉书、法院判决书中涉及到的买官卖官人员进行梳理，纳入到"特别监督档案"中。指导各区县（市）建立"特别监督档案"并报市委组织部备案。按照中组部要求，在每次提拔干部时，都与"特别监督档案"进行核对，严格把关，防止干部"带病提拔"和"带病上岗"。

（贾　佳）

【深入开展创先争优活动】 紧紧围绕"完成五大任务、加快全面振兴"的主题，开展了"与时俱进学雷锋，创先争优促振兴"、建立"创先争优促振兴群英谱"、"办实事解民忧惠民生"、"合力促振兴、献礼十八大"、窗口单位服务行业"四个一"活动等载体活动，推动全市设立"共产党员工程"项目1.5万个，党员责任区、先锋岗12.6万个，完成急难险重任务2.8万个，提出合理化建议15万条，解决制约科学发展的突出问题6万余个。全市2.7万个基层党组织和57.9万名党员做出各类公开承诺80余万个，深入基层为民服务的机关党员干部达2.93万人，帮助困难群众解决实际问题3.7万件。在全市选树不同层面的党组织先进典型3000余个、党员先进典型1万余人。沈阳市创先争优活动的经验做法分别在中央、省级新闻媒体和工作简报宣传报道了50余篇和260余篇，位居全国副省级城市和省内各市前列。李源潮同志对沈阳市开展创先争优活动的做法作出重要批示，给予充分肯定。

（贾　佳）

【深入开展基层组织建设年活动】 市委出台文件，不断健全各项制度，明确责任办法，在建立健全“三级联述联评联考”中，切实体现了“书记抓、抓书记”的根本要求。通过在农民专业合作社中建立党组织，在“两新”组织中推动党务政务进楼宇，选派党员干部担任党建工作指导员，大力开展“三建三送”活动。符合条件的“两新”组织中党组织组建率达100%。深入开展基层党建工作“领头雁”工程，大力加强基层党组织带头人队伍建设。认真抓好区县（市）、乡镇、村和社区党委换届工作，建立了市、区、街三级“立体式”基层党组织带头人培训机制，培训各领域基层党组织负责人7000余人次。市、区县（市）两级财政不断加大对基层党建经费的支持力度，市本级财政对基层党组织工作经费投入1000万元，使基层党组织工作经费保障水平得到较大提升。建立健全了党建工作项目化推进、在职党员“四进四建”等制度机制，切实把有效做法制度化、管用经验长效化。

（贾　佳）

【对中央、省、市三级创先争优先进集体和个人进行表彰】 按照中央和省市委的部署，制发了《关于做好2010—2012年创先争优先进基层党组织、优秀共产党员、优秀党务工作者和创先争优活动先进县（市、区）委推荐工作的通知》，在全市基层党组织和广大党员中开展了推荐创先争优先进典型工作。经层层申报和逐级审批，辽中县被评为全国创先争优活动先进县，和平区南湖街道文安路社区党委、辽宁中医药大学党委、中国医科大学附属盛京医院党委成功获评全国先进基层党组织；50个基层党组织、32名优秀共产党员、14名优秀党务工作者，2个县区获得省委表彰；200个基层党组织、299名党员、150名党务工作者、3个县区获得市委表彰。市委召开“纪念中国共产党成立91周年暨创先争优表彰大会”，对全市创先争优先进集体和个人进行表彰。

（贾　佳）

【深入开展“千名干部进企业”活动】 结合“四进四加强”活动组织千名机关干部走进企业，指导和帮助非公有制企业构建和谐劳动关系、维护职工权益、平安企业创建和党建工作，扩大党在非公有制企业中的组织覆盖面和工作覆盖面，推动创先争优活动在非公有制企业深入开展。千名机关干部共深入企业2350余次，指导53户企业建立了党组织，210家重点企业正在筹建党组织，帮助企业解决问题442个，提出合理化建议27条。

（贾　佳）

【整顿帮扶后进村】 2012年，沈阳市深入贯彻落实全省后进村党组织整顿建设工作推进会议精神，多方合力，多措并举，通过开展“率先转化典型谈转化、强化部门帮扶促转化、外出学习考察看转化”等系列活动，全市后进村全部实现转化。2月16日，召开全市强化部门帮扶促进后进村转化工作会议，9个帮扶部门作典型发言，姜宏部长作重要讲话。3月12日至15日，组织全市119名后进村党组织书记赴山东潍坊学习考察，推动后进村转化工作。向全市119个后进村选派“第一书记”，并在市委党校对“第一书记”进行全员培训，切实发挥“第一书记”在后进村整顿转化工作中的重要作用。深入开展以“承诺、践诺、述诺、党员群众评议”为主要内容的“三诺一评”活动，巩固扩大整顿建设成果，扎实推进后进村党组织全面晋位升级。新华社《高层参考》刊登了题为《沈阳市有效破解后进村党组织转化难题》的后进村整顿建设工作经验做法。5月7日，《农民日报》头版头条刊登了《党旗飘飘增活力——沈阳市推进后进村党组织整顿转化工作见成效》宣传报道文章。全市119个后进村已经步入健康发展的轨道，部分后进村已经迈入先进村行列。

（贾　佳）

【农民专业合作社党组织建设】 沈阳市农民专业合作社党组织建设工作一直是全省乃至全国的品牌和标杆。2012年，沈阳市扎实推进农民专业合作社党组织建设工作，组织各区、县（市）开展了农民专业合作社党建示范社申报工作，组织力量进行检查验收，在全市选树了50个农民专业合作社党建示范社，市委组织部对年内新增的10个党建示范社每个投入2万元，配备电视机、电脑、图书等办公和学习用品，加强阵地建设和硬件建设。8月24日，在新民市召开全市农民专业合作社党建工作现场会，进一步推动全市农民专业合作社党建工作健康发展。编印了《党旗飘飘——沈阳市农民专业合作社党建示范社经验汇编》一书。组织50名党建示范点党组织书记赴福建省福州、厦门等地学习考察，有力地促进了农民专业合作社的规范化建设与发展。7月24日，辽宁组工信息供领导参阅第11期刊登了《沈阳市农民专业合作社党组织成为农村经济发展的“助推器”》，省委常委、组织部长辛桂梓作出重要批示：“沈阳市在农民专业合作社建立党组织，发挥基层党组织和党员作用，是创新基层党组织设置的有益探索，可以对沈阳的经验作系统总结，通过媒体和‘工作通讯’宣传推广，供各地借鉴。”9月1日，《农民日报》头版头条刊登了《党建强社，合作富民——对沈阳市农民专业合作社党组织建设的调查》，大力宣传沈阳市的经验做法。

（贾　佳）

【启动全市第三轮村级组织活动场所建设】 2012年，市委组织部牵头，协调市发改委、市民政局、市财政局和市建委等部门，扎实推进全市第三轮农村社区服务设施建设。3月9日，召开了全市农村社区服务设施建设工作会议，姜宏部长出席会议并作重要讲话。市委组织部、市发改委、市建委、市财政局等部门联合印发了《2012年沈阳市农村社区服务设施建设实施方案》，提出了村级组织党员活动室建设规范等。计划用3年时间，对全市建筑面积低于300平方米和使用年限超过20年的595个村级组织活动场所，以及尚未达标的856个村民活动广场进行彻底改造，总投资达到2.2亿元。新建的171个农村社区服务中心已经全部竣工。极大地提升了全市村级组织阵地建设水平。

（贾 佳）

【开展全市发展党员工作大检查】 为深入做好发展党员工作，规范发展党员工作程序，从5月下旬到8月中旬，市委组织部牵头，利用2个多月的时间对全市各地区、各单位和各部门近三年发展党员工作进行全面检查。检查中抽调人员组成3个检查组，以市委组织部文件下发《检查通知》，对全市75家单位进行全面检查，下发检查专报20余期，得到省委组织部充分肯定。全市共下发问卷2269份，征求意见1567条，其中，征求党外群众意见163条。党员和群众代表对本单位发展党员工作的总体满意率均在95%以上；在检查中共计个别访谈1224人，谈话内容包括发展党员程序、党章基础知识等3000余个问题，新党员、入党积极分子和党务工作者代表答题正确率达到80%左右。

（贾 佳）

【开展"党的知识进校园"活动】 2012年，市委组织部会同市委宣传部、市教育局、团市委等部门，在全市中小学全面开展以"十个一"为主要内容的"党的知识进校园，党员形象进校园"活动，并在沈河区皇城街道召开"双进"活动推进会，进一步丰富活动内容，创新活动形式，推动活动扎实有效开展，省、市多家媒体对此进行宣传报道，被推荐为全省"党的知识进校园"活动优秀组织奖。

（贾 佳）

【出席党的十八大代表推选】 按照中央和省委的各项要求，沈阳市采取了切实有效的工作措施，研究制定了周密的工作方案和流程，圆满完成了十八大代表推选的各项工作任务。在推选过程中，严格按照中央和省委的有关规定，坚持自下而上、上下结合、反复酝酿、逐级遴选的原则进行全额推荐。在人选的推荐、征求意见、考察、公示等各环节，全市各级基层党组织和广大党员的参与率均达到100%，整个推选工作得到省委的充分认可。省党代表会议上，圆满完成了沈阳团的各项会务保障工作，同时组织完成了辽宁省出席党的十八大代表分团预选工作，为省党代表会议选举的圆满成功做出了贡献。经省党代表会议选举，共产生了辽宁省出席十八大代表63名，其中，沈阳市有6名同志当选。

（贾 佳）

【出席省第十一次党代表大会代表核查】 2012年3月，按照省委《关于对省第十一次党代表大会代表情况进行核查的通知》要求，向13个区县（市）和31家市直党（工）委下发了《各单位出席省党代表会议代表变动情况汇总表》，积极了解各选举单位代表的变动情况。通过电话询问的方式，对出席省第十一次党代会代表的现实表现情况进行认真核查，并形成《关于沈阳市出席省第十一次党代表大会代表核查情况的报告》，上报省委组织部，圆满完成了党代表核查工作。经核查，沈阳市负责的109名省党代表普遍政治素质过硬、品德作风优良、群众公认度高，在廉洁自律方面未发现任何问题。

（贾 佳）

【进一步完善机关党建工作制度】 2012年2月，按照中央和省委贯彻落实《中国共产党党和国家机关基层组织工作条例》的有关要求，在深入进行调查研究、认真借鉴外地先进经验、反复征求各部门意见建议的基础上，以市委文件形式下发了《中共沈阳市委关于进一步加强和改进机关党建工作的意见》（沈委发〔2012〕3号）。为加强和改进机关党建工作，从明确总体要求、选优配强干部、强化经费保障、提高组织生活质量、落实机关党建工作责任制五个方面提出了具体要求。

（贾 佳）

【公务员考试录用】 2012年全省考试录用公务员工作于3月在沈阳市全面启动。市委组织部、市人社局对此次考试十分重视，多次召开考前会议，明确责任，就考务工作进行周密部署。考试期间，考点周围安排了无线电监测车辆，对考场全面实施了电子屏蔽，派出监察人员对各考点考试情况进行了全程监督，并由公安、武警部门负责维护安全检查秩序、考点及周边的治安秩序和交通秩序，在考生进入考场时进行了严格的安全检查。为进一步增强考试的公平性，面试期间严格执行考官异地执考制度，并采取考官与考生"双抽签"及"隐名制"办法，有效保证考试顺利进行。2012年，沈阳市拟考试录用公务员（工作人员）694人，其中：党群系统128人、政府系统566人。经过网上报名，最终报考沈阳市公务员（工作人员）30878人，考录比例为44∶1，其中，报考党群系统2866人，考录比例为22∶1。按照省委组织部、省人社厅、省公务员局的统一部署，2012年各级机关和参照公务员法管理单位考试录用公务员（工作人员）笔试、面试、体检、考察、录用工作在市委组织部、市人社局的精心组织下全部顺利完成，共有650名拟录用人员办理了录用手续。其中：党群系统119人，政府系统531人。

（贾 佳）

【换届当选乡镇党委委员登记】 为做好2010年底到2011年初乡镇事业编制人员、优秀村干部和大学生村官换届当选乡镇党委领导人员后进行公务员登记有关工作，按照省委组织部辽组通字〔2011〕64号文件的要求，2012年4月起，公务员管理处组织铁西区、新民市、辽中县、康平县和法库县委组织部门报送上述三类人员公务员登记材料，并报省委组织部审核。经省委组织部批准，12月初各单位对拟登记的147人进行了公示，并办理了公务员登记手续。

（贾 佳）

【到村任职高校毕业生定向招录公务员】 按照省委组织部辽组通字〔2012〕60号文件要求，2012年9月11日，沈阳市正式启动从2010年选聘到村任职高校毕业生中定向招录市县乡机关公务员（参公单位工作人员）工作。全市共有33名大学生"村官"申请参加公务员考试。其中公务员岗位30个，事业岗位3个。9月23日，省委组织部、省公务员局在沈阳市委党校统一组织省内各市305名大学生"村官"笔试工作。本着公平、公正、公开、竞争、择优的原则，10月17日，沈阳市组织大学生"村官"按照笔试成绩排名进行了职位选择，并协调各录用单位积极做好体检、考察、录用审批工作。这批人员已于2012年12月前全部报到工作。

（贾 佳）

【落实公务员信息管理系统建设】 为加强公务员队伍建设，进一步提高公务员管理的信息化、科学化、规范化水平，根据中组部、人社部和国家公务员局《公务员管理信息系统建设工作方案》（中组发〔2011〕14号）文件精神，2012年9月，省委组织部、省人社厅、省公务员局共同组织召开了"全省公务员管理信息系统建设视频会议"，正式启动全省公务员管理信息系统建设工作。按照省委组织部的部署和要求，沈阳市组织开展了全市公务员管理信息系统建设工作。9 月份市委组织部，市人社局，各区、县(市)委组织部和人社局的有关负责同志参加了全省公务员管理信息系统建设软件培训班，系统学习了本次公务员管理信息录入软件的使用和维护办法，并结合公务员队伍实际情况和特点，对市直各单位进行了公务员管理信息系统软件使用培训。到 12 月底，已完成了各项既定的工作目标。一是通过多种途径的业务培训，使全市各级机关组织人事部门熟练掌握了公务员管理信息系统的使用、管理和日常维护，为今后系统完善提供了技术保障。二是基本完成了全市各级机关公务员(参照公务员法管理人员)的基本信息录入、审核、校验、汇总工作，并以上报省委组织部。三是逐步建立起以市委组织部为中心、市人力资源和社会保障局为分中心的公务员(参照公务员法管理人员)信息资源库。四是建立起覆盖市、县区(市)、乡镇(街道)三级畅达、准确、快捷的公务员(参照公务员法管理人员)信息交流平台，并实现与上级组织部门的数据对接。

(贾　佳)

【中国共产党沈阳市组织史资料第四卷编纂】 2012 年 3 月，按照省委要求，沈阳市成立了市组织史编纂工作领导小组，组长由市委常委、组织部长姜宏担任。为高标准高质量地完成工作，编辑组配备了办公室和办公设备，抽调专门人员集中进行编纂，以确保史料的专业性、规范性和科学性。组织部门发挥牵头抓总的职能。同时，建立了周调度会和工作月计划的台帐制度，以把握工作进度。为使组织史资料第四卷编辑工作顺利有序地进行，2012 年 3 月至 6 月，编辑组先后多次召开会议及调度会研究如何推进工作，并对组织史第四卷编纂体例的设置进行了调整，重新编制了组织史第四卷《编辑说明》，确定并形成了组织史资料第四卷收录范围的原则和具体单位名单，编制采集收编党、政、军、统、群、企事业及非公经济组织资料的各种模板。7 月下旬，召开了中共沈阳市组织史资料第四卷编纂工作会议，对全市各单位组织史编纂工作的主要任务、时间安排、基本要求进行了部署。8 至 10 月，各单位将初稿陆续上报；11 至 12 月，编辑组对各单位上报的初稿进行了初步审核。

(贾　佳)

【“双争双创促振兴”活动】 为贯彻落实中央“一迎双争”和省委“迎十八大双争”活动要求，在全市组织系统范围内开展了“双争双创”活动。在前期认真调研的基础上，制定了《关于在全市组织系统开展“迎十八大争创党性最纯洁的部门、争做党性最纯洁的干部”学习实践活动的实施意见》，并组织召开了全市千名组工干部参加的动员大会，此做法得到省委常委、组织部长辛桂梓同志的肯定和批示。开展了全市范围内关于党性问题的大讨论。经过三个阶段的活动，全市组织部门基本实现了“提素质、强党性，转作风、求实效，守纪律、作表率，促工作、上水平”的预期目标，活动取得了扎实的成效。还从全市组织系统中择优推荐出省“双十佳”先进集体和先进个人人选，并上报省委组织部。沈河区委组织部获全省十佳组织部门，皇姑区委组织部副部长袁洁获全省十佳组工干部。

(贾　佳)

【实施人才工作目标责任制考核】 为进一步改进和完善此项工作，年初，市人才办认真总结了经验，深刻剖析了不足，积极改进了方法。一是突出了考核重点。坚持以科学人才观为指导，着眼于围绕发展中心、突出考核重点、带动工作全局，重新审视七项内容，紧扣《沈阳市 2010—2020 年人才发展规划》、《沈阳市人才工作目标责任制》和 2011 年度人才工作要点，按区县(市)、市直单位和市管企业三种类别，深入分析了各市管单位在机构性质、“涉才”职能、工作要求等方面的异同，逐一敲定了每类每项中的具体考核内容，突出了对党管人才工作的领导体系、工作机制、队伍建设情况和重大人才工程、重点目标任务完成情况的考察，既体现了党管人才的总体要求，又明确了人才发展的工作重点，有效地增强了考核的针对性和指导性。二是实行了立体考核。为解决单位内部测评评价主体单一的问题，在开展单位内部民主测评的同时，扩大考核评价主体，增加了外部考核评价，组织市人才工作领导小组成员单位考核评价各市管单位，组织区、县(市)评价市人才工作领导小组成员单位，市人才办也根据平时掌握情况，采取集体研究、划分档次、直接赋分的方式，对所有单位进行了考核评价。通过内外结合、上下互评、多方参与，有力地提升了考核的公开性、公正性、全面性、客观性和权威性。三是完善了量化办法。为便于进行打分与计算，考核测评实行百分制，通过划测评票、求平均分、加权求和的方式进行。这种分值设定与计分计算办法，借鉴了多年来干部量化考核的实践和成果，具有一定的合理性和可操作性。四是合理确定评价等次。考核评价设定“好”、“较好”、“一般”、“差”四个等次，便于科学评价各单位人才工作情况。五是强化了考评结果运用。根据目标责任制考核结果，分层次、有重点的对各单位考核结果进行了反馈，有效促进了各单位人才工作。

(贾　佳)

【推进以高层次人才为重点的各类人才队伍建设】 一是认真落实国家“千人计划”。按照中组部和省委组织部统一部署，在全市范围开展了第七批国家“千人计划”后续人选申报动员、资格审查和报名工作，市本级共有 2 人申报。一年中，共有 7 人成功入选国家千人计划、青年千人计划和外专千人计划，千人计划人数已达到 16 人。二是完成“青年拔尖人才支持计划”申报工作。按照《关于做好国家青年拔尖人才支持计划人选推荐工作的通知》(辽组通字[2011]62 号)要求，在相关领域广泛宣传计划内容，并动员青年科技人才申报该计划。经过各部门和地区初审，市人才办复核，共有 30 位青年科技人才申报了“青年拔尖人才支持计划”项目。三是推动海外人才引进工作。参与市总工会“十大海外学子创业奖”评选活动，会同市政协、市委统战部共推荐 23 位海外人才典型参与该项目评选。积极筹备“2012 中国海外学子创业周”，按照省委组织部的统一要求，起草了“凤来雁归”工程简介材料及沈阳市情简介，收集了反映沈阳市良好人才工作环境的图片资料，整理了“千人计划”典型事迹材料，安排市属骨干企业与引进人才现场签约。

(贾　佳)

【新一届省、市优秀专家初审推荐和资格审查】 2 月下旬，省委组织部下发了《关于评选辽宁省第二批领军人才和第六批优秀专家的通知》，启动了新一届领军人才和优秀专家评审工作。在全市范围进行了广泛动员。经过个人申报、单位推荐、区县(市)和市直部门初审、市人才办复核等程序,全市共有157人符合参评条件。按照省委组织部规定的资历和参评条件,对审查合格的优秀人才按照自然科学领军人才、自然科学优秀专家、社会科学领军人才、社会科学优秀专家四个领域进行了排名,经部领导审阅通过后上报省委组织部。启动了沈阳市第二届创新型领军人才和优秀专家评选工作,印发了评选工作通知,利用沈阳人才工作网和沈阳人才手机报广泛宣传了专家评审相关事项。

(贾 佳)

【组织开展"沈阳专家塔城行"智力援疆活动】 为进一步做好沈阳市干部人才援疆工作,积极搭建汇聚高端智力、提供援疆服务的实践平台,充分发挥沈阳市优秀专家智力优势,推动沈阳塔城两地人才交流,按照塔城经济社会事业发展的对人才和智力的需求,6月6—16日组织部分沈阳市行业领导和专家共16人赴塔城市开展智力援疆活动。活动期间,举办了沈阳·塔城人才发展论坛,按照专业和行业划分开展了专家对接与智力服务活动,赴塔专家同受援地有关部门进行对接并提供智力服务。在沈阳市、塔城市人才合作框架协议签约仪式暨专家论坛上,塔城市委、市人大、市政府、市政协班子成员、科以上干部、全体援疆干部及沈阳代表团一行共400余人参加了会议。

(贾 佳)

【人才专项资金资助项目评审】 年初,制定了《沈阳市人才资源开发专项资金项目受理评审工作指南》和《市人才资源开发专项资金资助项目评审量化计分工作实施方案(试行)》,首次以量化计分方式,由区县(市)人才部门和各领域专家对拟资助项目进行打分,并最终以项目得分多少确定资助范围,有力指导了各区、县(市)委组织部(人才办)和各专项资金协管单位审核项目,促进人才专项资金管理和使用工作更加规范透明。全年,各协管部门和市人才办累计建议资助项目217个,人才引进和现有人才创新项目176个,人才基础建设项目37个,"双选生"项目4个,累计建议资助资金2958.9万元。

(贾 佳)

【启动"女选聘生导师行动"】 结合选聘生女多男少的性别特点,市人才办会同市妇联共同谋划了旨在促进女选聘生成长成才、体现女性工作特点的"女选聘生导师行动"。该项活动从2012年3月开始,至2013年12月结束。期间市人才办与市妇联指导女选聘生与导师开展互动式的"三个一"活动;依托沈阳大学女子学院等各类教育培训基地,有计划地组织女选聘生开展多种形式的教育培训;适时召开"女选聘生导师行动"总结经验交流会,并对活动开展过程中表现突出、典型作用明显的导师和女选聘生进行表彰。3月1日,"沈阳市女选聘生导师行动"启动仪式在沈阳宾馆举行。启动仪式上,共有47名工作经验丰富、责任感强的女社区(村)书记受聘为女选聘生结对导师。7月24日,组织召开了女选聘生导师行动工作交流会。会上,导师行动导师代表对女选聘生进行了工作培训,女选聘生代表作了阶段性工作汇报和交流,往届优秀女选聘生代表介绍了工作经验和体会,发放了导师行动《工作手册》。

(贾 佳)

【2012年"双选生"及服务期满选聘生安置】 2012年,沈阳市新接收省派选调生83名,选聘生240名。按照省委组织部要求,本着"重点与普通院校结合、数量均衡、支持区域发展、兼顾属地"等原则,确定了各区、县(市)接收名额及人员名单,之后各区、县(市)按要求落实了选调生的具体安置岗位。组织开展了2012年选聘生任前培训活动,围绕基层工作知识和技巧及等方面对选聘生进行了全方位培训。按照省委组织部统一部署,完成了2010届选聘生年度考核及报考选调生资格审查、推荐报名工作,推荐39名选聘生参与省派选调生考录,其中19名进入考核范围,有8人成功考录,两项数据均居全省之首。

(贾 佳)

【实现城乡远程教育站点全覆盖】 2012年5月,省委组织部启动远程教育进社区工作。市远程办认真贯彻落实省委组织部《关于全面开展党员干部现代远程教育进城市街道社区工作的实施意见》(辽组通字〔2012〕32号)及全省党员干部现代远程教育进城市街道社区推进会的精神和要求,为全市1002个城市街道社区建设远程教育终端站点,实现了全市1002个城市街道社区和1543个行政村远程教育站点全覆盖,进一步夯实了远程教育工作基础。

(贾 佳)

【加强领导干部政德教育】 2012年9月,沈阳市按照中组部和省委组织部学习收看《信仰》的部署要求,在全市开展学习收看《信仰》活动。要求基层党组织把《信仰》作为近一时期开展党员教育的必学内容,采取集中观看、座谈交流、撰写观后感和学习体会等方式,积极组织广大党员干部和入党积极分子学习观看,确保学习取得实效。在通过远程教育平台和互联网平台收看的同时,沈阳市远程办还与沈阳广播电视台积极沟通,确定9月2日在新闻频道播出大型历史文献纪录片《信仰——我们的故事》,三集连播。通过传真、电话等方式,迅速将收看通知传达到各级党组织。并同市纪委、市监察局联合发送收看短信1.2万余条,及时快速地将收看短信覆盖到全市处级以上干部,确保学习收看效果。全市学习观看《信仰》的党员干部和入党积极分子达到了26.2万人次,收到讨论摘录106条,体会文章56篇,诗歌2首。9月21日,沈阳市学习收看《信仰》情况,被中华先锋网以《沈阳26万余党员干部和入党积极分子收看学习〈信仰〉》为题刊发。

(贾 佳)

·宣 传·

【概述】 2012年,全市宣传思想文化战线在市委的正确领导下,以迎接学习宣传贯彻党的十八大为统领,突出抓好"四抓四促"工作,为加快沈阳全面振兴做出了积极的贡献。一是抓宣传促舆论引导成效显著。深入开展"科学发展,成就辉煌"主题宣传,广泛开展"喜迎十八大,放歌新沈阳"群众文化活动,组织十八大精神宣讲1294场,受众28万人次。创作推出"风尚辽宁、微笑沈阳"城市广告宣传片在央视播出,城市歌曲《阳光传奇》、《微笑沈阳》在社会中广为传唱。全面完成"五环联盟"网络协作体建设,在新浪网建立沈阳官方政务微博"沈阳发布",不断壮大盛京文化网,为沈阳振兴发展营造了良好的舆论环境。二是抓学习促理论武装深入开展。深入实施学习型党组织建设"排头兵"

工程,组织市委中心组围绕“稳增长,促振兴”等主题集中学习7次,中宣部刊发了沈阳市学习经验。在新浪网开通全国首个理论微博“理尚网来”,粉丝达1.2万名,收到很好的社会效果。建立全市四级宣讲体系,充分发挥“全民读书月”、“辽海·沈阳讲坛”、“社会科学百日宣传普及”的作用,组织宣讲1112场,受众37.4万人次,推动马克思主义大众化。三是抓文化促繁荣发展影响广泛。不断拓展、提升和创新艺术惠民“双百万”工程。举办“爱在深秋,放歌沈阳”专场综艺晚会,组建了1006支群众合唱团,推动“千团百场”群众合唱展演常态化;投资500万元为全市社区、村文化活动室改善硬件条件,艺术惠民“双百万”工程累计受益群众突破800万人次,受到了李长春同志高度赞扬。电影《抵抗!抵抗!》荣获中国数字电影“百合奖”;参与拍摄电影《郭明义》等11部作品获国家和省“五个一工程”奖;创拍电影《国徽》、《秀水河子歼灭战》、《二战盟军战俘营》。组织参加第八届深圳文博会,签约总额达到150.3亿元;2012年文化产业实现增加值335.2亿元,占全市GDP比重4.82%,和平区被授予首批“国家级文化和科技融合示范基地”,沈阳市连续四年被中宣部等国家四部委评为“文化体制改革先进地区”。四是抓创建促文明提升扎实推进。以“创城促振兴,创建惠民生”为牵引,广泛开展“入户大走访”等五大创城系列活动,市民知晓率、参与率和满意度不断提升,成立社区志愿服务站和全国首家志愿者学院,全市注册志愿者人数97.68万人。开展了《此致微笑》漂流书启动仪式等50多项活动,央视《新闻联播》进行了报道,曾维书记给予了充分肯定。举办了沈阳市第四届“感动沈阳人物”评选,推出14期19人《最美沈阳人》,推动学雷锋、学习道德模范常态化。

(*刘　刚*)

【学习宣传贯彻党的十八大精神】 党的十八大是在我国进入全面建成小康社会决定性阶段召开的一次十分重要的会议。学习宣传贯彻党的十八大精神,是当前和今后一个时期理论武装工作的重要任务。市委中心组发挥表率作用,2012年集中学习7次,其中2次是集中学习党的十八大精神。一是省委常委、市委书记、党的十八大代表曾维同志为中心组成员宣讲十八大精神;二是邀请中国人民大学教授李义平解读党的十八大报告。市委宣传部代市委起草了《中共沈阳市委关于认真学习宣传贯彻党的十八大精神的通知》;组织开展“党的十八大代表宣讲党的十八大精神”活动,沈阳市六位代表深入各条战线共宣讲十八大精神30多场。组织召开沈阳理论界学习贯彻党的十八大精神座谈会,在《沈阳日报》编发座谈会发言摘要8篇。11月29日,学习贯彻党的十八大精神中央宣讲团成员、中央党校常务副校长李景田一行来到沈阳市和平区南湖街道文安路社区,与基层群众交流学习党的十八大精神的体会。省委常委、宣传部部长张江,市委常委、宣传部部长王凤波参加交流活动。12月6日,省委宣讲团成员、省人大法制委员会副主任委员门泉东在沈阳作党的十八大精神宣讲报告。市委常委、宣传部部长王凤波出席报告会。市直机关、企业党员干部、理论工作者和高校师生,共700人参加了报告会。12月,成立党的十八大精神市委宣讲团,编写《宣讲提纲》,开展集中备课,让党的十八大精神进机关、进企业、进农村、进学校、进社区,截至2012年底,成员共宣讲87场,受众约8万人。12月20-21日,市委宣传部、市委讲师团联合举办全市学习宣传贯彻党的十八大精神理论骨干培训班。辽宁社科院副院长梁启东研究员、省委党校哲学教研室主任王桂泉教授、市委宣传部副部长唐明、辽宁大学王鑫副教授,为培训班学员作专题辅导报告。

(*洪森焱*)

【开通沈阳理论微博“理尚网来”】 为深入推进马克思主义大众化,构建现代传播体系,2012年4月,市委宣传部理论处在新浪网实名注册了官方微博“理尚网来”。“理尚网来”微博的主要任务是传播理论、启迪智慧、分享快乐、滋润心灵,其话题标签主要包括微理论,热话题;朝闻道,思共享;书推荐,工作动态等。5月31日,举行“理尚网来”微博开通仪式。市委常委、宣传部部长王凤波启动开通按钮并讲话。王凤波指出,理论微博“理尚网来”正式开通,是沈阳市理论宣传工作的一个创新,是理论走进网络、占领新兴媒体的一个尝试,非常有意义。为保证微博的有序运行,拍摄了微博宣传短片,制定了《“理尚网来”微博使用和管理办法》,组建了基层微博信息员队伍,聘任了微博评论专家。截至2012年底,粉丝1.2万,发布微博2200多条。9月-10月,为进一步拓展微博影响力,市委宣传部组织开展了“品读经典,分享智慧”微博有奖征文。经过筛选,在400多篇符合主题的作品中,评出优秀作品37篇。11月,召开了微博征文表奖暨聘请评论专家会议,向获奖作者颁发证书,为微博评论专家颁发聘书,专家学者以“办好‘理尚网来’,拓展传播阵地”为主题,进行座谈交流。

(*洪森焱*)

【全市重大主题、重大活动宣传氛围浓厚】 根据中央、省、市委的统一部署,于6月19日下发了《沈阳市“科学发展成就辉煌”主题宣传报道工作方案》,组织市属新闻媒体开设“科学发展成就辉煌”专栏,要求媒体积极刊播重点报道,精心撰写系列理论和评论文章。沈阳日报从6月29日起,在一版设“科学发展成就辉煌”专栏,刊发《科学发展引领老工业基地全面振兴》等系列综述报道21篇,每篇1200字左右。从7月4日开始,沈阳日报围绕“科学发展成就辉煌”主题,策划推出“十年振兴看沈阳”、“百姓身边事”等一批富有特色的专栏,截至10月末,已发稿86篇,同时刊发理论、评论文章66篇,转载新华社、人民日报、辽宁日报刊发的重点稿件30余篇。沈阳广播电视台新闻广播以《沈阳新闻》栏目为龙头,全频率参与进行宣传报道,已发稿83篇。沈阳广播电视台新闻频道在《沈阳新闻》中开设“科学发展成就辉煌”专栏,启动“喜迎党的十八大”系列报道,全面展示近五年来沈阳经济社会发展成就,共播发相关稿件100多篇,推出一批特色鲜明的专栏专题,集中宣传党的十六大特别是党的十七大以来,市委、市政府的重大决策、重点工作和重大典型,全面展示沈阳市在政治、经济、文化、社会、党建等方面发展成果。

围绕“四项重点工作”,策划推出了四个系列宣传报道。一是“深化改革”系列宣传。本次宣传以“深化改革振兴沈阳”为主题,以2月16日召开“综合配套改革动员大会暨行政管理体制改革现场会”、2月23日“铁西区‘两化融合’现场会”为契机,集中宣传报道的时间为2月16日至3月2日。市属各媒体除刊发会议消息、动态信息外,还撰写了大量的评论员文章、综述以及专访、解读等文章。二是"推进创新"系列宣传。本次宣传报道以"创新社会管理建设和谐沈阳"为主题,时间为2月2日至3月2日,共分两个阶段进行,历时一个月。先后宣传了和平区沈水湾街道滨河湾社区创新流动人口服务管理新机制、铁西区七路街道开发社区扎实开展人民调解工作、市公安局交警支队创建"全警管交通"新格局等先进经验。三是"提升文明"系列宣传。本次宣传以""提升文明·微笑沈阳"为主题,分宣传发动、全面推进、巩固提高三个阶段进行,时间从2月23日开始到年末。整个宣传活动共分动态、理评、访谈、专版专题、公益五个系列进行,其中系列评论方面,沈阳日报在一版,连续推出12篇"沈轩言"系列评论。此外,从6月12日在沈阳市创建全国文明城市动员大会后,市属媒体迅速行动起来,开设专版专栏专刊,沈阳日报已出200余块专版,沈阳广播电视台报道千余篇。四是"改善民生"系列宣传。本次宣传以"改善民生幸福沈阳"为主题,时间从5月初至5月中旬,沈阳日报在一版,沈阳广播电视台广播和电视在《沈阳新闻》开篇均配发了"编者按",并刊播全市年初以来"改善民生"工作综述,之后对十个方面民生问题进行了集中宣传。

(王化镭)

【举办第十三届记者节系列活动】 沈阳市庆祝第十三届记者节期间,集中开展了"七个一"系列活动,即:组织一次评选、进行一次采访、开展一次培训、举办一次展览、开通一个网站、落实一件实事、召开一次表彰会。

1. 组织一次评选。9月15日至10月15日,在全市新闻媒体中,自下而上开展了"六个十佳"评选活动,推出十佳记者、十佳编辑、十佳主持人、十佳工程技术人员、十佳经营人员、十佳基层新闻工作者。

2. 进行一次集中采访。从10月份开始,持续一个月的时间,组织市属各新闻媒体,通过与市民代表结对的形式,以深入贯彻落实党的十八大精神,开展走转改活动为主要内容,分十条战线进行体验式采访活动。

3. 开展一次培训。9月末在全市新闻战线中,举办"三项学习教育活动"专题培训班。

4. 举办一次展览。在沈阳新闻界举办了摄影、书法展。

5. 开通一个网站。利用现代化手段,开通了沈阳市新闻工作者协会网站及记者协会微博,建立媒体人网上之家,更好地服务和管理媒体。

6. 落实一件实事。为市属新闻媒体每一名记者办一份人身意外险。

7. 召开一次表彰会。召开全市庆祝第十三届记者节表彰大会,表彰"六个十佳"。

(王化镭)

【深入开展社会宣传】 2012年2月22日启动开展"微笑沈阳"系列活动,在社区、窗口单位、服务行业、教育系统开展微笑大讲堂,举办近百场,受众达20万人以上;3月初,以沈阳市民迎全运系列活动启动仪式为契机,开展"迎接全运会、创建文明城"为主题的迎全运社会宣传工作;6月初,采用多种方式,充分调动全民全社会参与创建全国精神文明城市工作;8月16日在市属主要媒体开设了《最美沈阳人》专栏、专题,在全市营造了弘扬正气、鼓励先进的浓厚氛围,有效推进全市先进典型选树工作常态。

(白云鹏)

【加强公益广告制度建设】 为加强"迎接十二运、创建文明城"社会宣传工作机制体制建设,进一步统筹协调、整合资源、明确职责、形成合力,促进社会公益宣传管理的制度化、规范化和常态化,建立了沈阳市社会公益宣传联席会议制度。联合市工商局起草《沈阳市公益广告管理暂行办法(讨论稿)》。在此基础上,召集沈阳市公益广告管理办公室成员单位:市文明办、市建委、市城建局、市工商局、沈阳日报报业集团、沈阳广播电视台、市文广新局、市地铁建设指挥部有关负责同志召开座谈会,针对《沈阳市公益广告管理暂行办法(讨论稿)》提出修改意见和建议,并在7月18日市创城指挥部召开的"迎接十二运、创建文明城"社会宣传工作会议上讨论通过,市工商局正按市司法办要求报市政府立项审批。

(白云鹏)

【践行"热爱祖国孝敬父母关爱他人"基本道德准则主题实践活动】 2012年12月28日,市委宣传部组织全市宣传系统召开了践行"热爱祖国、孝敬父母、关爱他人"道德准则座谈会。会上,市委常委、宣传部部长王凤波出席会议并做了重要讲话,辽宁社科院研究员张志强等进行座谈发言。会议印发了"热爱祖国、孝敬父母、关爱他人"主题实践活动实施方案,启动了辽海沈阳讲坛系列讲座"五进"、道德讲堂等活动,并通过各种载体进行了广泛的社会宣传。

(白云鹏)

【艺术惠民"双百万"工程总结表彰晚会】 2012年4月22日,沈阳市举行"共享阳光——艺术惠民'双百万'工程实施两周年暨2011年度总结表彰晚会"。市委副书记邢凯、市人大常委会副主任徐璐、市政协副主席赵晓川出席表彰会,市委常委、宣传部长王凤波致辞。与会领导为获得"十佳突出贡献单位"代表颁奖。晚会上,表演了精彩的文艺节目。自2010年4月艺术惠民"双百万"工程实施以来,全市宣传思想文化战线、参与培训各高校以及有关单位高度重视,认真组织,精心策划,开展了一系列艺术惠民工作,成效显著,受到广大市民的欢迎。艺术惠民"双百万"工程,连续两年被纳入市委、市政府向全市人民承诺办好的十件实事。截至2011年底,受益人数达600多万人次。

(梁 源)

【组织筹拍电影《二战盟军沈阳战俘营》】 2012年5月29日,省委常委、市委书记曾维会见曾获奥斯卡奖的美国好莱坞著名编剧、音效导演李察·安德森,就合作拍摄沈阳二战盟军战俘营题材影片的事宜进行商谈。市委常委、宣传部部长王凤波参加会见,向李察·安德森颁发电影《二战盟军(沈阳)战俘营》国际顾问聘书。沈阳二战盟军战俘营是二战期间日本在中国东北地区建立的中心战俘营。战俘营面积约5万平方米,共关押来自美国等6个国家2000多名战俘。2005年战俘营被列为市级文物保护单位,沈阳市共对二战盟军战俘营陈列馆投入近8000万元整修、保护资金,二战盟军(沈阳)战俘营对世界反法西斯战争胜利做出积极贡献。电影《二战盟军(沈阳)战俘营》是沈阳市重大文艺精品创作题材电影,经过1年多的宣传、推介、沟通、协调,已按国际大片模式进入实质性运作阶段,已完成剧本创作。

(梁 源)

【2012年度艺术惠民"双百万"工程工作

会议】 2012年的“双百万”工程比前两年有了新的亮点，一是思路清晰，内容更加丰富。二是参与培训的力量更加壮大。三是规模更加宏大。四是品质更加提高。五是宣传更加全面，通过市属媒体、盛京文化网的信息发布，让群众提前了解了艺术培训、公益电影的时间、地点。9月13日，市委宣传部召开2012年度沈阳市艺术惠民“双百万”工程工作会议，通报了“双百万”实施情况，并对下一步的工作进行了安排，市委常委、宣传部部长王凤波出席会议，提出按照建设国家公共文化服务体系示范区标准和创建全国文明城市标准，不断深化、拓展、提升艺术惠民“双百万”工程。

（梁 源）

【组织拍摄电影《国徽》】 电影《国徽》是第一部全景展示新中国国徽诞生全历程的3D故事片，影片采用双线并进的叙述方式，一方面讲述了梁思成、张汀、高庄等一批艺术家几易其稿，为国徽能够展示民族和国家的鲜明特点而集思广益、反复推敲，最终设计出中华人民共和国国徽；另一方面，突出描绘了沈阳第一机器制造厂以焦百顺为代表的、当家作主站起来的、新中国第一代产业工人，在国徽铸造的过程中不断攻克技术难题，将新中国第一面金属国徽挂上了天安门城楼。

9月28日，由国家广播电影电视总局电影卫星频道节目制作中心出品，市委宣传部、泰州数字领海电影科技有限公司、黑龙江电影制片厂有限公司联合摄制的第一部全景展示新中国国徽诞生历程的3D故事片电影《国徽》在沈阳机床集团B2.1车间正式开机拍摄，市领导邢凯、王凤波出席启动仪式。

（梁 源）

【“五个一工程”获奖作品表彰大会】 在中共中央宣传部组织实施的全国第十二届精神文明建设“五个一工程”评选中，沈阳市有1部作品获奖。在省委宣传部组织实施的辽宁省第十二届精神文明建设“五个一工程”评选中，沈阳市有9部作品获奖，市委宣传部获得组织工作奖。在沈阳市第十二届精神文明建设“五个一工程”评选中，有29部作品获“优秀作品奖”，7部作品获“入选作品奖”。

为进一步鼓励优秀精神文化产品的创作生产，推动文化艺术事业的繁荣发展，加快实现文化强市的宏伟目标，经研究决定，对第十二届精神文明建设“五个一工程”获奖作品单位给予表彰，以兹鼓励。11月28日，沈阳市第十二届精神文明建设“五个一工程”获奖作品表彰大会在沈阳市委隆重举行。市委副书记邢凯、市委常委、宣传部部长王凤波、市政府副市长姜军等领导出席大会并为获奖代表颁奖。市委副书记邢凯发表讲话，市委常委、宣传部长王凤波主持会议。

（梁 源）

【组织拍摄电影《秀水河子歼灭战》】 2012年10月19日，由国家广播电影电视总局电影卫星频道节目制作中心出品，市委宣传部、法库县委、法库县政府、黑龙江电影制片厂有限公司联合摄制的电影《秀水河子歼灭战》，在法库县举行剧本研讨会。

电影《秀水河子歼灭战》通过再现历史的纪实手法，讲述了1945年抗战胜利后，国民党政府在美国的援助下，向东北大举运兵，企图消灭中共领导的人民革命力量，独占东北。为打破国民党的企图，中共中央依据“向北发展，向南防御”的战略方针，决定从关内各解放区抽调一批部队和干部挺进东北，会同东北原有的配合苏军作战的东北民主联军等部队执行发展东北的战略任务，国共双方展开了争夺战，秀水河子战斗就是1946年2月东北民主联军在辽宁省法库县秀水河子进行的歼灭战。当时，国民党军企图向北驱逐民主联军，为进占沈阳创造条件。东北民主联军总部决定集中优势兵力歼灭北进的国民党军一部，打击其进攻气焰。2月11日，当国民党军第13军第89师之266团等部进至秀水河子时，民主联军总部乘其突出孤立之机，令新四军3师7旅、山东军区第1师和保安第1旅之第1团等部，以7个团的兵力实施围歼。此战东北民主联军共歼国民党军1600余人，缴获各种炮30余门、轻重机枪100余挺、步枪800余支、汽车200余辆和其他军用物资。秀水河子歼灭战是解放战争初期东北民主联军取得的第一个歼灭战胜利，一扫前期屡战不胜的被动局面。同时，在此次战斗中的“一点两面三三制”战术指导思想第一次贯彻到实战当中，并在此后逐步形成战术体系，堪称解放战争中具有战例教学意义的重大胜利。

（梁 源）

【组织摄制沈阳城市形象系列宣传片】 2012年，市委外宣办加强沈阳城市形象宣传片的制作力度，先后策划、摄制和配合制作了6部城市形象宣传片：一是摄制新版沈阳城市形象广告片——“风尚辽宁·微笑沈阳”（10秒），以全新的视角展示沈阳旅游景点、自然风光、微笑人文和城市发展，并在央视播放；二是配合湖南卫视摄制电视专题片《文化的力量》，展现沈阳依托文化品牌推进社会和谐、经济繁荣和老工业基地振兴；三是与中央电视台中文国际频道流行无限栏目组合作，组织拍摄《沈阳花甲夫妇自造房车环游全国》专题电视片（55分钟），反映沈阳市东基集团退休职工李林祥夫妇自造房车环游全国，从民生角度展示沈阳人民的幸福生活；四是摄制沈阳城市歌曲《阳光传奇》MV，进一步宣传沈阳，唱响沈阳；五是摄制沈阳城市形象宣传片（7分钟）和电视广告片（30秒），在美国友好城市芝加哥市电视台、奥黑尔国际机场大屏幕播出，有效推介沈阳城市形象，提升沈阳市国际地位；六是摄制沈阳电视专题宣传片，利用辽宁沈阳城市系列宣传活动的契机，在美国纽约中文电视台播出，提升沈阳的对外知名度和影响力。

（陈 华）

【第四届沈阳市中外朋友同乐会】 沈阳市政府新闻办公室、沈阳市对外文化交流协会、沈阳广播电视台于2012年6月20日，以“粽香端午·微笑沈阳”为主题，举办“第四届中外朋友端午节同乐会”，组织在沈投资、工作、生活、学习的外国友人，共度中国传统端午佳节，密切沈阳市与驻沈外国人的友好关系，打造对外文化交流活动品牌，展示沈阳城市新形象。省、市领导，涉外单位、驻沈总领事馆官员、外资企业高层CEO，外国专家学者、留学生，共20多个国家和地区约300人参加了活动。同乐会突显沈阳“清文化”元素和“微笑沈阳”主题，让外国朋友深入感受清文化，让《微笑》漂流书从沈阳出发，传向世界，充分展示了沈阳城市魅力。境外、中央、省、市20余家新闻媒体进行现场采访报道，全国20余家知名网站对活动进行了网络图片和视频报道。市委常委、宣传部部长王凤波做了热情洋溢的致辞。沈阳电视台进行现场录制，并于6月23日端午节当天以专题形式播放。

（陈　华）

【赴南美开展“沈阳城市形象对外宣传活动”】 中共沈阳市委对外宣传办公室、沈阳市政府新闻办公室于9月23日—10月2日，组织沈阳市新闻文化交流团，赴南美巴西、阿根廷开展“沈阳城市形象对外宣传活动”。出访期间，召开了沈阳城市形象推介会暨文化建设研讨会，开展了新闻媒体、文化艺术、遗产保护、文化产业发展等方面的交流活动，并就新闻文化合作达成了共识和初步合作意向，全面展示和推介沈阳城市形象，加大了沈阳装备制造业及沈阳经济区的对外宣传，畅通了对外宣传渠道，提升了沈阳在国外的知名度和影响力。巴西ABI新闻协会网对活动情况进行了全面报道，《巴西ABI新闻协会报》（第383期）对活动进行了整版文字图片报道。

（陈　华）

【赴美国、加拿大开展辽宁沈阳系列宣传活动】 应美国纽约中文电视台和加拿大新时代传媒集团的邀请，沈阳市政府新闻办公室于10月22—31日，随辽宁新闻代表团赴美国、加拿大开展系列宣传活动。在美国纽约中文电视台播出了沈阳电视宣传片，全面展示沈阳的经济建设、历史文化和社会发展新成就。举办了沈阳城市形象图片展，向当地民众发放沈阳外宣品和纪念品，推介沈阳城市新形象。召开沈阳民间文化专场展示说明会，播放沈阳民间文化艺人及作品VCR，让沈阳民间文化走向世界。开展了媒体互动交流论坛，有效推动了沈阳与当地媒体的合作与发展。

（陈　华）

【创作城市歌曲《阳光传奇》】 中共沈阳市委对外宣传办公室、沈阳市政府新闻办公室充分利用“十二运”在沈阳市举办的有利时机，与中国著名音乐人小柯共同创作了城市歌曲《阳光传奇》，于2012年5月—12月，拍摄制作了歌曲《阳光传奇》MV，展现沈阳城市特征，体现沈阳城市精神，反映沈阳城市精神风貌，凝聚人心，鼓舞斗志，增强沈阳市民的荣誉自豪感，形成新一轮的热爱沈阳、建设家乡的热情，打造时代性、思想性、艺术性融为一体的城市歌曲。同时，召开歌曲《阳光传奇》专场新闻发布会，以歌曲推广传唱为载体，借助平面媒体、广播电视、车载媒体、街路LED屏幕、网络、手机彩铃等有效资源，进一步宣传沈阳，唱响沈阳，吸引国内外各界对沈阳的关注，展示沈阳城市形象，树立沈阳品牌，提升沈阳的对外知名度和影响力，大力推进沈阳全面振兴发展的步伐。歌曲《阳光传奇》由小波和中国著名音乐人小柯共同作词，小柯作曲，沈阳音乐学院的《中国好声音》优秀学员李代沫、吴莫愁演唱。

（陈　华）

【开通沈阳政务微博发布平台】 2012年7月19日，沈阳政务微博发布平台上线新闻发布会暨“沈阳发布”开通上线仪式。市公安局等20家市直相关部门作为首批政务微博试点单位入驻微博群，同时“民声微博”在沈阳网正式改版上线。政务微博平台正式上线运行，使沈阳成为东北地区首家开通政务微博发布厅的城市，中共沈阳市委常委、宣传部部长王凤波，中共辽宁省委宣传副部长、省互联网信息办公室专职副主任孟繁华，中共沈阳市委宣传部副部长梁利人，新浪辽宁总经理吴晓波参加开通仪式。

（孙　威）

【举办首次市管领导干部国防教育专题讲座】 2012年4月19日，在市委党校新主楼礼堂，市委宣传部市国教办与市委组织部首次联合举办了市管领导干部国防教育专题讲座。以设在市委党校的“名家讲堂”为平台，邀请国防大学孟祥青教授（国防大学战略研究所副所长、大校军衔），以“当前国际形势与我国安全环境”为题，为全市市管干部及各区县（市）国教办主任、市“十位一体”（组织部、宣传部、教科工委、人社局、文广局、教育局、人防办、民政局、警备区、预备役一师）部门负责人共计约700人，作了国防教育专题报告，得到了一致好评，深受欢迎，对于强化忧患意识、国防观念产生了积极的推动作用。

（徐睿达）

【开展“九一八”撞钟鸣警仪式】 2012年9月18日上午9时18分，在沈阳“九一八”历史博物馆残历碑前成功地举办了辽宁省暨沈阳市“九一八”撞钟鸣警仪式。出席仪式的有省委副书记夏德仁等13名省市领导；张学良将军长孙张居信先生、上海阎宝航社会公益基金会理事长阎明光女士两位嘉宾和省、市国防教育委员会成员单位的领导和解放军指战员、预备役官兵以及学生代表，李淑芳等五名群众撞钟手，共计800人。央视和辽宁卫视现场直播，共有15家新闻媒体参加了新闻报道，动态新闻、人物专访、专题专栏、手机短信等多形式的集中宣传，在全社会产生了积极影响，大大提升了社会各界对国防教育的关注程度和参与热情，品牌效应进一步扩大。

（徐睿达）

·统　战·

【政治协商】 为贯彻落实中发〔2005〕5号文件和沈委发〔2006〕8号文件精神，推动政治协商工作制度化、规范化、程序化，制定了《2012年中共沈阳市委同各民主党派、工商联、无党派人士进行民主协商的安排计划》，协助市委召开党风廉政建设情况通报会、迎接“十二运”城市建设改造情况通报会、民主党派新一届领导班子负责人座谈会，听取民主党派对贯彻中发4号文件精神和人大、政府、政协换届工作中党外人士安排的意见和建议座谈会及协助做好市委全会报告书面征求民主党派意见等重要政治协商。

积极协助民主党派负责人参加重要内外事活动。落实各民主党派负责人参加中央关于加强党外代表人士队伍建设电视电话会议、市委第十二届委员会第四次全体会议、市委市政府关于决战四季度圆满完成全年任务动员部署大会、市政府十八届九次（全体）扩大会议、全市领导干部会议等。

（安力军）

【统一战线“同心”品牌建设】 把践行“同心”思想、打造“同心”品牌作为统一战线服务主题主线的载体平台，多形式深化“同心”思想，多领域实施“同心”工程，形成了纵横联动、共建共赢的“同心”品牌集群效应和各具特色的“同心”系列品牌。各民主党派、无党派人士形成了“一党派一特色”的党派“同心”品牌。各区县（市）发动广大统战成员积极参与“同心”实践，热心扶助特困群体、特困家庭、资助特困学生、安置下岗职工就业，扩大了统一战线影响力。全市非公经济代表人士积极参加光彩事业

"九个一"系列活动，为贫困地区修路31条、修桥涵6座、开发项目40个、引进招商项目113个、援建光彩小学11个、帮扶贫困学生和贫困户9988人次、帮扶重点优抚对象839人次，非公有制企业安置下岗职工就业2.34万人次。

（苗立义　石春鹰）

【加强党外代表人士队伍建设】 年初，中共中央专门下发了加强党外代表人士建设的4号文件，并召开了全国学习贯彻文件的电视电话会议。市委统战部根据中央4号文件和贾庆林主席的重要讲话精神，起草了向市委汇报的提纲。市委办公厅将市委统战部学习贯彻中发[2012]4号文件和全国电视电话会议精神汇报提纲以《送审件》形式送市委常委和市人大、政协主要领导审阅，曾维书记作了批示，"同意市委统战部关于贯彻落实'4号'文件的建议。请统战部和组织部按贾庆林主席重要讲话要求，认真抓好落实。特别是在党外干部培养和配备上力度要大一些"。部主要领导到13个区、县(市)进行调研，并赴大连进行了考察学习。与市委组织部联合召开了各民主党派、工商联负责人、无党派人士座谈会和各区、县(市)统战部长座谈会，就贯彻落实4号文件征求了意见。提出了关于市及区、县(市)人大、政府、政协换届党外干部安排的建议和补充建议，向市委组织部推荐市管党外干部、党外后备人选近50人。经过积极推荐，沈河区党外副区长、民进市委副主委徐爱秋同志被提名为沈阳市计生委主任人选。在党外干部正职安排上实现了新突破。协助市委召开了全市加强党外代表人士队伍建设会议，市委书记曾维同志作了领导讲话。积极协调市人大、市政协、市委组织部、市委宣传部、市委政法委、市财政局、市委党校等单位，结合沈阳实际，起草了贯彻落实《实施意见》，并以市委名义下发。参照中央统战部的做法，对《实施意见》(沈委发[2012]18号)重要政策措施方案进行了分解，经领导审定后，予以市委办公厅名义进行转发。针对4号文件贯彻情况，市委统战部下发了《通知》，对全市各区县(市)人大、政府、政协换届党外人士安排情况提出了相关要求，并进行了全方位统计。

（刘　朋）

【政协换届】 在市委和市换届领导小组的领导下，市委统战部会同市委组织部、市政协党组，在各级党委(党组)、各民主党派、工商联、无党派人士及各相关部门的大力支持与配合下，根据中央、省、市委关于政协换届工作有关文件的要求和曾维书记"在保证质量的前提下满足结构要求"的重要批示，对市政协换届相关人事安排进行了广泛的推荐、沟通和协商。一是召开了各区、县(市)统战部长座谈会，对13个区县(市)政协换届工作进行了全面部署和培训，并下发了关于区县(市)政协换届委员安排工作的实施意见。二是市委统战部与市政协党组密切配合，对本届政协委员的情况进行了全面细致的了解，对现任委员退、留情况进行了分析和测算。市委统战部通过召开政协委员推荐单位相关负责人会议，对政协委员提名工作进行了全面部署。各推荐单位经过充分酝酿，提出了推荐人选并进行严格考察。三是市委统战部召开了民主协商会听取各民主党派、工商联、无党派人士的意见和建议。并经市政协党组审议、市委常委会议审定、政协主席会议审议和市政协常委会讨论通过，形成了十四届市政协委员名单。由于这次换届时间紧、任务重，市委统战部与市政协党组、市委组织部配合紧密、衔接有力，顺利圆满地完成市政协换届工作。

（刘　朋）

【基层统战工作服务社会管理创新】 一是大力推进社区统战试点工作。确定在8个城区的17个社区进行试点，制发了关于开展社区统战工作试点安排的指导意见和社区统战工作参考模版，提出了加强和改进全市社区、社会组织、新经济组织等社会领域统战工作的实施意见，推动工作深入开展。二是积极构建社区统战工作有效运行体系。结合实际，建立了区、街道、社区三级统战工作网络体系，形成了社会化、区域化社区统战工作新格局。各区街道和社区也都成立了领导小组，配备了专兼职统战委员或统战干事，推动工作落实。三是注重结合，整合资源，增强社区统战工作活力。把社区统战工作与党建工作相结合，实现抓党建带统战，做统战促党建；与社区其他工作相融合，共同推进社区统战工作；与"同心"品牌工程相结合，凝聚同心，汇聚力量，服务于社区发展稳定，服务于社会管理创新。四是突出特色，创新载体，搭建开展社区统战工作的平台依托。各街道社区根据统战成员构成特点，构建了各具特色的工作平台。有的社区创建了党外知识分子联谊会、少数民族联谊会、企业家沙龙、同心论坛、爱心之家、爱心超市、法律服务站等载体，助推社区建设与发展。五是夯实工作基础，形成特色模式，服务社会管理创新作用显现。各试点街道、社区建立了10余种信息台账，构筑了开展社区统战工作的资源信息基础。建立了各种会议、情况通报、学习宣传、联系交友、目标考核制度等10余种，推进了社区统战工作的规范化、制度化和日常化。试点街道、社区根据各自实际，以各类载体建设为抓手，探索形成了不同特色的工作模式。各试点社区还广泛开展了"暖心、诚心、连心、爱心"、"同心讲坛"、"同心文化广场"、"同心一帮一"、"同心·送科技、送文化、送医药、送法律"、"同心·和谐共建"等丰富多彩的活动，帮助特困群体解难题500余件，安置下岗再就业2000余人次，帮扶特困学生1000余人次，帮助特困家庭3000余户。

（苗立义）

【支持民主党派加强自身建设】 支持和协助民主党派加强思想建设、组织建设、制度建设、领导班子建设和机关建设。全年召开民主协商会、市情通报会等9次；制定了《中共沈阳市委统战部关于加强民主党派代表人士队伍建设的实施意见》，举办了6期培训班，培训各层次党派成员700余名。协助各民主党派省级组织圆满完成换届工作；完成了《关于新一轮政治交接形式载体的探索》的调研报告。截至2012年12月31日，全市民主党派成员总计12741人，全年共发展新成员719人。

（安力军）

【民族、宗教统战】 坚持贯彻落实好党的民族政策，认真宣传党的民族政策法规，积极为少数民族群众解决实际困难，扶持少数民族村的经济发展，妥善解决涉及少数民族群众的突发事件。

全面贯彻党的宗教政策法规，会同市宗教局，举办了沈阳市宗教界宗教政策法规学习月、"宗教慈善周"、南关天主教堂建堂百年庆典、"迎全运祈福法会"、浑南白塔弥陀寺主体工程封顶庆典等活动,并组织沈阳市基督教“两会”班子成员参加了援建四川安县“奉安堂”落成活动。加强宗教代表人士队伍建设。坚持做好宗教“三支队伍”的教育培训,举办了全市民族宗教工作干部、宗教界代表人士培训班9班次。坚持宗教界代表人士的联系制度,召开了全市宗教界上层代表人士迎春座谈会,组织全市宗教界代表人士参观试乘沈阳地铁二号线,组织市基督教“两会”班子成员赴韩国考察学习;依法开展宗教工作专项治理。治理非法宗教活动已达48起,成功阻止了10起有较大社会影响的境外敌对势力的渗透活动。妥善解决六起涉及宗教房产拆迁安置、土地证遗留等问题。中央统战部《情况交流》介绍了沈阳市基督教私设聚会点专项治理工作经验。

(范世生)

【海外统战】 组团赴香港,与香港中联办会商,完成了对沈阳市香港政协委员的考核工作。组团赴东南亚招商考察,拜会了当地的商会和侨领,推介了沈阳市的招商引资项目,密切了与海外华侨华人的联系。

全年共计接待港澳台海外来访团组5个,海外客人30余人。接待了香港中华国际商贸物流商会常务副会长李远恒考察古玩博览城项目一行、澳门中联办副主任李本钧带队的澳门青年企业家参访团一行、台湾东昌投资有限公司董事长徐正文一行、台湾省桃园县议员李柏坊为团长的台湾企业家沈阳考察团一行、美国圣路易斯大学副校长高杰一行。积极协调安排参观考察、投资洽谈等事宜,促进了对外经济、文化的交流与合作。

全年走访了新世界(沈阳)房地产开发有限公司、沈阳丰城巴士有限公司等8家企业。在春节前召开了港澳台海外代表人士座谈会,在元旦和圣诞节前向海外朋友邮寄贺卡500多封,进一步加强了与国内和海外朋友的沟通联系。帮助金鑫浆纸业等在沈投资的港澳台侨企业解决在投资和经营过程中遇到的一些问题,通过提供有效服务,为港澳台侨企业在沈发展营造良好氛围。

按照中央统战部文件要求,进一步加强港澳台海外代表人士队伍建设。于8月召开会议,部署各区、县(市)开展港澳台海外代表人士队伍建设相关工作,指导各区、县(市)在现有基础上开展了港澳、台和海外三个领域的代表人士的登记工作,充实了全市港澳台海外代表人士档案。推荐15名港澳台海外代表人士加入省海外联谊会,推荐3人参加了全省第二期港澳台海外代表人士国情培训班。

(池建宇)

【留学人员统战】 按照中央统战部在全国留学人员统战工作经验交流会上提出的打基础、建队伍、强教育、起作用的总体工作思路,在全市18所重点高校开展了归国和出国留学人员代表人士登记工作,将200多名留学人员充实到留学人员代表人士队伍中。

积极探索推动吸引留学人才工作机制创新。学习大连留学报国基地成功经验,借助欧美同学会·中国留学人员联谊会广泛联系海外留学人才的资源优势,与相关区县达成建立的海外留学人员创业基地合作意向,进一步畅通人才引进的渠道,构建有利于人才发展的平台。

(池建宇)

【非公有制经济统战】 深入贯彻《中共中央国务院关于加强和改进新形势下工商联工作的意见》精神,以市委、市政府名义召开了全市加强和改进工商联工作会议,制定了实施意见。结合非公有制经济代表人士综合评价工作,开展大走访活动,先后与各区、县(市)委统战部共同走访了200多家非公有制企业,了解意见建议,宣讲党的方针政策,深入做好思想政治工作。注重典型引导,借助沈阳统一战线期刊、沈阳商会杂志、同舟网、沈阳日报、沈阳电视台等媒体,开辟专栏宣传非公经济企业和代表人士的先进事迹。协调政府相关部门扎实做好非公有制经济代表人士综合评价工作,对提名担任省市人大代表、政协委员的500多名非公有制经济人士进行了综合评价,并积极指导各区县(市)开展评价工作,建立和完善了涵盖1800多名非公有制经济代表人士数据库,使综合评价成果得到广泛应用。进一步做好非公有制经济组织创先争优活动的指导工作,4月初,市非公有制经济组织创先争优活动指导小组举办了非公有制经济组织创先争优活动指导工作培训班。

(石春鹰)

【加强党外知识分子联谊会建设】 贯彻中央、省委统战部关于加强党外知识分子联谊会建设的意见,以“抓队伍、强教育、起作用”为主题主线,进一步加强党外知识分子联谊会建设。筹备召开了市党外知识分子联谊会一届四次理事会议,增补了29名会员、23名理事、6名常务理事、2名副会长,巩固了组织,优化了结构,也为无党派代表人士队伍增添了新的力量。举办了党外知识分子“同心”事迹报告会,4名党外知识分子作报告,近170人参加。组织召开了党外知识分子联谊会建设经验交流推动会,5个基层单位在会上介绍了党外知识分子联谊会建设的经验做法,有力地促进了党外知识分子联谊会的科学化、规范化建设。推动沈阳鼓风机集团和中煤集团沈阳设计院成立了党外知识分子联谊会,进一步拓展了无党派人士、党外知识分子工作载体网络。

(苗立义)

【统战信息】 全年报送信息214条,在省委统战部统战信息工作考核中,部机关、苏家屯区委统战部、民进沈阳市委会被评为全省统战信息先进集体,刘刚、吴涤、孙晓敏被评为全省统战信息优秀信息员。

(刘 钢)

·政策研究·

【重要会议筹备和重要文稿起草】 2012年是市委政研室以文辅政亮点纷呈,服务决策成果丰硕,助推振兴再立新功的一年。一年来,在市委的正确领导下,全室干部职工深入贯彻落实科学发展观,按照市委十二届二次、四次全会的部署和“稳增长、促振兴”的总要求,紧紧围绕完成“五大任务”、实现“三大目标”和做好“深化改革、推进创新、提升文明、改善民生”四项重点工作,求真务实,开拓进取,辛勤工作,无私奉献,圆满完成了各项目标任务,全年共起草各类文稿320余篇,文字总量近120万字,各类主要文稿得到市委领导的充分肯定,较好地发挥了参谋助手作用,为沈阳市继续保持经济社会平稳较快发展的良好势头,开创科学发展、创新发展、和谐发展新局面作出了积极贡献。市委政研室围绕中心，科学谋划，圆满完成重要会议筹备和重要文稿起草工作，服务市委决策的能力和水平得到新提升。坚持超前思考，超前谋划，集中骨干力量，开展深入的调查研究，精心组织起草了市委主要领导在十二届四次、五次全会上的报告，较好地完成了会议其他文稿的起草任务。特别是在五次全会筹备中，认真学习党的十八大精神，深刻领会新思想、新观点、新论断，结合沈阳实际，提出了老工业基地全面振兴的新目标、新要求，使全会报告具有理论高度，富有时代特点，得到了与会同志和各方面的一致好评，进一步激发了广大党员干部奋力夺取沈阳老工业基地全面振兴新胜利的信心和决心。同时，全力做好市委重要文稿起草工作，先后参与全市传达贯彻党的十八大精神大会、市委理论学习中心组专题学习会议、全市季度经济形势分析会、决战四季度动员部署大会、蒲河建设总结表彰会等重要会议筹备，较好地完成了市委主要领导在会议上的讲话、报告等多篇会议文稿，参与起草了市委贯彻李长春同志讲话精神的报告和落实李克强同志批示精神的报告，起草了以创先争优助推老工业基地科学发展的实践与思考理论文章，被收录于全国创先争优优秀理论成果文集。这些文稿不仅准确体现了市委决策意图，有力地推进了事关全局的重点工作，为重大决策出台作出了突出贡献，而且引起了各方面的高度关注，新华社、《人民日报》、《求是》杂志、《光明日报》等中央媒体纷纷聚焦沈阳，刊发了一系列反映老工业基地振兴发展辉煌成就和巨大变化的文章，《共产党员》杂志刊登了《振兴之道——沈阳市深入贯彻落实科学发展观的实践与思考》等相关文章，对于宣传沈阳市振兴发展取得的新成就、新变化，展示市委推动科学发展、加快全面振兴的执政理念和实践成果都产生了积极影响。

（苏明飞）

【开展调查研究】 市委政研室创新方式，强化调研，形成了一批服务振兴发展的精品力作，调研成果向决策转化取得新突破。为喜迎党的十八大胜利召开，市委政研室组织开展了“振兴十年看沈阳”大调研活动，全面总结国家振兴战略实施以来，特别是党的十七大以来，沈阳市在实现“三大目标”、完成“五大任务”中所采取的重大举措、取得的巨大成就和积累的宝贵经验，坚持点面兼顾、条块结合，既全方位总结全市振兴发展取得的丰硕成果，也突出铁西、浑南、辽中等一些地区科学发展的重大典型，多角度、全景式地反映国家振兴战略给沈阳老工业基地带来的深刻变化，形成了一大批有深度、有价值、有水平的精品力作。开展了铁西重大典型调研，深入挖掘和全面总结铁西区合署办公十年来发生的翻天覆地的巨大变化，形成了一系列专题调研报告，得到省委、市委主要领导的充分肯定和批示。总结了全市县域经济发展的典型经验，形成了《关于辽中县在科学发展道路上走向全面振兴的调查报告》，配合市委组织部完成了《关于新民市周坨子镇党委推动科学发展、建设社会主义新农村的调查报告》，都得到市委主要领导批示，并在《沈阳日报》全文刊发。同时，还围绕“稳增长、促振兴”和突出抓好“深化改革、推进创新、提升文明、改善民生”四项重点工作，深入开展调查研究，形成了30余篇调研报告。其中《关于沈河区加强和创新社会管理工作的调查》、《关于苏家屯区深化行政审批制度改革推动软环境建设的调查》、《关于加强我市院士工作站建设的几点建议》、《关于加快发展县域经济，推动城乡统筹发展主要成就和基本经验的调查》等16篇调研报告，得到市委主要领导和有关市领导的充分肯定和批示，为推动全市经济社会继续保持平稳较快发展提供了决策依据。《关于沈河区创新信访调解工作促进社会和谐稳定的调查》引起国家信访总局高度重视，组织专题调研组赴沈阳系统总结做法和经验，并将在全国推广。配合中国社会科学院和省委专题调研组，开展了棚户区改造情况调研，相关报告被纳入中国社科院、联合国人居署出版发行的《中国辽宁棚户区改造的经验》一书。此外，开展了沈阳建设创新型城市系统研究和推进实力、活力、宜居、文明、和谐沈阳的课题研究。

（苏明飞）

【决策咨询和信息编研】 市委政研室发挥优势，整合资源，加强决策咨询和信息编研工作，推进决策科学化民主化实现新进步。为更好地发挥咨询委员的积极作用，市委政研室组织开展了决策咨询重大研究课题公开征集工作，围绕事关沈阳发展的全局性、战略性、前瞻性重大问题确定了17个课题，得到了专家学者、咨询委员的高度重视，形成了一批高质量的研究成果，为市委、市政府决策提供了有力的智力支持。同时，不断完善决策咨询工作机制，积极组织咨询委员围绕全市中心工作，建言立论、献计献策，形成了一系列咨询文章，有效推动了决策的科学化、民主化。全年共编发《决策咨询》24期，其中《关于推动沈阳“两化”深度融合的对策》得到市委主要领导的批示，《关于完善我市社会养老服务体系的对策建议》等5期获得市政府相关副市长的肯定性批示，提供了高质量、高水平的咨询服务。紧跟市委主要领导的关注点和事关全局的重大问题，加大了综合性资料信息的编研工作力度，围绕分析判断当前面临的经济形势、“稳增长、促振兴”的总要求和统筹推进四项重点工作，综合形成了信息量较大、针对性和实效性较强的38期综合性信息，其中《关于沈阳与副省级城市经济发展情况的比较研究》信息专报得到市委主要领导充分肯定，《智能城市：现代城市发展新动力》等3篇资料分析报告，引起了有关市领导的高度关注，为市委、市政府科学研判形势、进行正确决策提供了重要参考依据。

（苏明飞）

·对台工作·

【对台经济】 结合实际、灵活招商，对台经济工作稳步增长。坚持以招商引资为重点，不断推进沈阳市与台湾的经贸交流与合作。一是结合产业特点，开展招商活动。从调整产业结构出发，针对装备制造业、汽车及零部件业、现代服务业等优势产业，注重与台湾企业的优势互补。市领导先后6批次赴台及到广东、福建开展招商活动。同时，各县区也组织经贸团组赴台，利用各自的地域优势和产业特点进行有针对性的招商。特别是在年底的机床产业专项招商中，就沈阳机床关键功能部件项目与60余家岛内企业深入交流，洽谈项目22个。皆盈绿电动汽车、台玻集团镂艺玻璃、富士康(沈阳)科技工业园、台湾工业园综合体、台湾总部大厦等一大批在谈重点项目得到积极推进。二是依托大型活动,搭建招商平台。6月,协助沈阳台商协会承办了"两岸航空业者联谊会高尔夫球赛",邀请两岸航空业者及全国台企联、各地台协会长100余人参加活动,广交朋友,深化交流,巩固了合作基础。8月,举办了"第十一届辽宁台湾周",邀请了台湾工业总会、台南市中小企业协会、台湾电电公会、台湾车辆工业同业公会等7个行业公会团组来沈参加活动,达成一批合作意向,签约意向投资5.2亿美元。三是发挥台协作用,实现以商招商。9月,指导台商协会顺利进行了换届,并进一步加强了对台协的管理和指导。在实际工作中,注重发挥台商协会凝聚台商作用,充分调动台商投资热情,积极为对台招商引资献策出力,有力促进了招商工作的深入开展。

(刘宁华)

【台商合法权益保护】 加强协调、注重实效,涉台信访工作有序推进。通过深入贯彻落实《台湾同胞投资保护法》,不断加大投诉协调力度,积极开展走访调研,切实做好亲商安商工作。一方面,认真贯彻落实"保护法",不断加大协调力度。认真贯彻《台湾同胞投资保护法》,积极解决台商反映的问题,切实保障台商的合法权益,更好为台资企业在沈发展服务。9月,通过积极努力与扎实工作,使久拖不决的台湾中华汽车与辽宁新锐的合作纠纷案得到彻底解决,受到国台办表扬。另一方面,积极开展走访调研,切实做好安商工作。协调市相关部门经常到台资企业开展走访和调研,积极解决生产生活中的实际问题,努力营造良好的投资环境,使在沈台商生活安心、工作顺心、投资有信心。

(刘宁华)

【对台交流交往】 把握重点、拓宽领域,对台交流交往更加热络。通过积极整合交流资源,开展形式多样的交流活动,不断深化两岸交流合作的民意基础。一是重点开展好沈台文化交流。3月,组织了以市文化局、市图书馆为主体赴台参加"中华文化云数字图书馆平台建设研讨会";9月,组织了以北约克酒店为依托的"青春万岁—两岸校园经典名曲35周年演唱会";全年,还分别组织了以沈阳故宫为平台的"台湾山水之美作品展"、"翠与玉——现代与古代的对话艺术展"和"皇家风尚——清代宫廷与西方贵族珠宝特展"等系列展出活动,有力推动了沈台两地文化交流深入开展。二是突出做好国台办交流项目。7月和10月,分别承办了"舞动青春,耀动未来——沈台两地青少年中国民族民间舞夏令营"和"台湾中华道教总会参访团来沈参访"两项国台办重点交流项目。通过台湾50名师生来沈与芭蕾舞专业团体学习交流、同台演出等活动,进一步增加了台湾青年一代的民族认同感。通过台湾中华道教总会参访团一行40人来沈参访,与道教界人士座谈,深挖祖国宗教文化内涵,构建了两地宗教互动的平台,进一步拓宽了沈台交流领域。三是认真做好台湾上层人士来访。8月,中国国民党荣誉主席吴伯雄、台湾海基会董事长江丙坤分别来沈参访,与市委、市政府主要领导会面,并就沈阳的快速发展和沈台的交流合作交换了意见。年内,还先后接待了国民党嘉义县青工会一行、台湾"立委""立法院"文化教育委员召集人蒋乃辛一行、台湾新北市中和区区政干部一行来访,对沈台两地党际交流、构建和谐社区生活新模式等方面进行积极有宜的探索。四是巩固深化各领域对口交流。年初以来,组织了工会、卫生、教育、科技、体育、灾害防御等部门与台湾有关的对口交流活动,并在卫生、科技、灾害防御等方面签署了对口交流协议,巩固了沈台常态化、制度化的交流机制。组织赴台参加交通、医疗等10个领域交流活动,增进沈台社会各领域相互了解,推动沈台各领域的交流与合作。11月,为适应沈台交流快速发展的需要,在全市印发《沈阳市公职(非公职)人员应邀赴台审批管理办法》及《实施细则》。

(刘宁华)

【涉台宣传教育】 突出主题、积极互动,对台舆论宣传扎实有效。坚持以"活力沈阳、魅力台湾"为宣传主题,不断拓展对台舆论宣传空间。一是积极开展入岛宣传。4月,组织沈阳市媒体参访团赴岛交流考察,这是近十年来沈阳市属媒体首次赴台交流,通过与岛内10余家媒体及业内公会组织的交流互动,初步达成了经验借鉴、栏目互动、人员互访的意向,实现入岛宣传新突破。5月,接待了"台湾中南部媒体辽宁采风之旅"传媒参访团和《大陆台商财富故事》联合报道组等15家媒体来沈交流专访,通过专题报道、网上视频等方式,以"借船出海"形式,实现宣传入岛。二是加强涉台宣传报道。10月,拟制并印发了《关于加强对台宣传报道工作的通知》,建立健全全市对台宣传报道通讯员队伍,进一步强化工作责任。全年,依托华夏经纬网"辽台往来"和完善更新"沈阳与台湾"城市网页,全方位宣传沈阳市各领域发展变化,共发稿500余篇,位居全省前列。与市属媒体建立沟通联络机制,按照属地化和归口管理原则,指导媒体开展涉台新闻报道。三是扎实开展涉台教育。通过《两岸关系》、《台湾工作通讯》的征订和《沈阳对台工作》的刊发,有力指导全市涉台宣传教育的开展,及时宣传中央对台方针政策和沈阳市对台工作的新进展、新成果。按照涉台教育入耳、入脑、入心的要求,开展涉台教育进机关、进企业、进社区、进学校活动。市台办及沈河区、沈北新区、大东区、皇姑区、康平县台办被中央台办宣传局评为"两刊"宣传工作先进单位。

(刘宁华)

·保　　密·

【概况】 2012年,沈阳市国家保密局加强党政机关保密行政管理,同市外办联合制发《关于加强党政机关和涉密单位出国(境)团组保密管理的通知》,进一步强化全市出国(境)团组的保密管理;与市纪委联合制定《沈阳市工程建设领域信息公开保密审查办法(试行)》,规范信息公开保密审查程序、责任;开展涉密项目确认工作,规范涉密工程确认审查程序,进一步夯实党政机关保密基础工作。加强军工科研生产单位的保密管理,配合省军工认证办完成了首轮和重新认证的现场审查,并积极和省机要通信局进行沟通协调,将民营军工认证企业纳入机要通信管理,解决了民营军工认证单位密件传递的问题。加强保密宣传教育,依托市委党校保密教育阵地,由党校专职保密教师按照保密教学计划,在市管干部、后备干部培训班上开设保密教育课，全年共完成150学时课程，1000多名领导干部受到保密教育。组织编写《保密知识试题》，开展网上保密知识答题活动，全市共3400人参加。继续做好《保密工作》、《保密科学技术》杂志学刊用刊工作，充分发挥《沈阳保密工作》简报宣传教育作用。开展保密检查，坚持先培训再检查的原则，明确检查内容、程序、方法，统一配发检查工具，先后组织开展了涉密科研项目保密检查、保密专项检查、涉密文件信息资料印制销毁情况检查等，对检查中发现的泄密隐患和漏洞，责令相关单位限期整改，确保党和国家秘密安全。下大力气提高技防手段，开展电子政务内网保密技术防护和监管平台建设，实现对电子设备的保密技术管理。抓好各类国家统一考试试卷的保密管理，加强与教育、招考、司法等部门的配合，强化试卷命题、印刷、交接、运输、保管等环节的监管，确保试卷在各个环节的安全保密。组织开展沈阳市保密工作考核和先进集体、先进工作者表彰工作，经严格考核、组织推荐，62个单位被授予“沈阳市保密工作先进集体”称号，56名同志被授予“沈阳市保密工作先进工作者”称号。全市20个单位被授予“辽宁省保密工作先进集体”称号，14名同志被授予“辽宁省保密工作先进工作者”称号。

（保密局）

【中共沈阳市委保密委员会召开扩大会议】 为贯彻落实中央、省委保密委员会会议精神，研究部署全市保密工作任务，3月13日，中共沈阳市委保密委员会召开扩大会议。市委保密委员会主任、副主任、委员出席会议，各区、县（市）保密委主任、保密局局长，人大、政协办公厅和一级保密资格军工单位的保密委主任列席会议。会议通报了2011年全省泄密案件及违规事件，总结了2011年全市保密工作，审议通过了《“十二五”时期沈阳市保密事业发展规划》和《中共沈阳市委保密委员会2012年工作要点》，市委常委、秘书长马占春同志作了重要讲话。通过召开此次会议，明确了年度各项重点工作，增强了做好保密工作的责任感和紧迫感，为圆满完成全年保密工作任务奠定了坚实基础。

（保密局）

【加强党的十八大期间保密工作】 为切实做好党的十八大期间全市保密工作，按照中央保密委员会《关于集中开展网络清理检查工作的通知》精神，在全市机关单位普遍开展自查的基础上，会同市委办公厅、机要局、经信委等单位组成联合检查组，对涉及十八大维稳安全保障的主要单位进行了抽查，并利用网络检查专业工具开展社会网站保密检查。为落实省委保密委员会《关于切实加强党的十八大筹备和召开期间保密工作的通知》要求，配和省国家保密局对我市4个区12家废旧物收购站进行了检查，确保保密工作万无一失。同时，市国家保密局同市委宣传部联合发文，对全市各级党政机关网站安全管理提出了具体要求，全力做好十八大期间宣传舆论管理工作，保证党政机关网站运行安全。

（保密局）

【开展党政机关保密普查】 根据《辽宁省保密普查试点工作实施方案》部署，8月3日至15日，全市各级党政机关、涉密单位开展保密普查工作。普查工作前，市国家保密局召开工作培训会，详细讲解普查内容、程序、方法、要素、指标。全市各地区、各单位按照保密普查工作要求，认真统计国家秘密事项、涉密人员、涉密计算机、保密要害部门部位等，按时完成了数据上报工作，进一步摸清了保密工作底数，为改进和加强党政机关保密管理，堵塞泄密渠道、消除泄密隐患提供了科学依据。

（保密局）

【积极落实“六五”保密法制宣传教育规划】 2012年，市国家保密局新编了《定密基础知识》、《依法提高管理国家秘密载体的水平》等培训课件，结合放映警示教育片和现场保密技术演示等方式，形象生动地开展保密教育。全年共为沈北新区、市地税局、中小企业局、造币厂等14个地区和单位进行了授课培训。各地区、各单位在分阶段完成“六五”期间各项保密法制宣传教育工作任务的基础上，结合各自实际，开展各具特色的保密宣传教育活动。黎明公司举办保密知识竞赛、开展网上答题、组织改编保密歌曲、创作保密宣传口号等活动，对表现优秀的员工进行物资奖励。辽沈工业集团、铝镁设计院等单位通过内部刊物进行保密理论和知识宣传。

（保密局）

【《保密工作》杂志订刊用刊】 不断扩大《保密工作》杂志的覆盖面，充分发挥《保密工作》在宣传保密方针政策、法律法规、普及保密知识和防范技能、交流保密工作经验的重要作用，2012年全市18个地区和单位的通联工作达到国家标准要求，沈阳市通联工作连续13年荣获全国副省级城市第一名，征订数创历史新高，受到国家、省保密局的表奖。7月出版的《保密工作》刊发了题为《沈阳：军工大市的保密经》的专题报道，全面介绍了沈阳市保密工作的经验和做法，全年共登载了4篇沈阳市推荐的保密工作通讯和信息报道。

（保密局）

【党政机关涉密（内部）计算机保密监管平台系统建设】 为贯彻落实市委保密委员会扩大会议关于做好监管平台安装工作的精神，在已经建立的涉密计算机违规外联监管平台的基础上，3月30日，市国家保密局召开各区、县（市）保密监管平台安装工作专项部署会议，推动区、县（市）党委办、政府办等重点涉密部门的监管平台安装工作，并对平台安装工作完成不好的市直单位进行跟踪督办。全年，违规外联系统共收到15个单位70余条报警信息，制发24份《涉密（内部）计算机违规外联情况调查通知书》，真正筑牢安全保密的高科技长城，进一步减少了泄密隐患、堵塞了泄密漏洞，通过技防手段的加强确保国家秘密的安全。

（保密局）

【加强军工科研生产单位的保密管理】

认真总结全市军工科研生产单位保密管理工作的经验，扎实做好申请军工认证单位的涉密人员培训，提供组织建设、制度建设、技防保障等方面的咨询、指导与服务。配合省军工认证办完成了对19个单位的首轮和重新认证的现场审查。积极和省机要通信局进行沟通协调，将民营军工认证企业纳入机要通信管理，解决了民营军工认证单位密件传递的问题，既为这些企业节约了资金，又保证了国家秘密在传递过程中的安全，受到了民营军工企业的一致好评。

（保密局）

·信　访·

【信访工作“沈阳模式”】 以群众工作

统揽信访工作，沈阳成功地走出了一条化解社会矛盾的新路，老工业基地在体制转轨和社会转型中积淀的大量问题彻底解决，全国信访大市一跃成为信访工作先进市，“沈阳模式”在全国推广。涌现出潘作良等一大批为党分忧、为民解难的先进典型，得到胡锦涛总书记的重要批示。坚持以人为本，全面做好国家社会管理创新综合试点工作，为沈阳全面振兴构筑了更加稳固的社会基础。

（龚　伟）

【信访积案化解】 年初以来，认真贯彻落实省委常委、市委书记曾维提出的“事要解决、人要留住”的要求，抓解决问题关键环节，不断创新方式方法。在积案化解上形成三条线化解。第一条线，市委政法委负责督办全市涉法涉诉积案；第二条线，市信访局负责督办区县信访积案；第三条线，市信访局督办市直部门信访积案，又化解了3187件积案。十八大结束后，按照邢凯副书记的意见，全市开展了“信访积案冬季百日会战”活动，印发了《沈阳市信访积案化解冬季百日会战工作方案》，集中对人大、纪委、政府等上三级交办未化解的以及十八大期间进京、到省、来市访进行了一次清仓见底的交办。排查梳理出了1335案（涉行政1201案，涉法涉诉134案）纳入百日会战中，又息访559件。同时，市信访局牵头，抽调有关部门参加的14个专案组，集中时间、集中办公，一方面负责专题案件的破解，一方面负责当事人的稳定工作。“黎明毛纺厂、木兰电子、金信公司、第三电器开关厂信访问题”等9件已息访。

（龚　伟）

【总结推广沈河区全社会调解工作模式】 年初以来，全力扶持、规范、提炼、总结沈河区“全社会调解工作模式”。市委副秘书长陈国强亲自挂帅，副局长张雅书具体负责，抽调创新意识强、文字功底好、有基层工作经验的同志组成“全社会调解工作模式”专题调研组，对沈河区“全社会调解工作模式”进行了认真全面总结，形成了配套的全社会调解工作经验材料，受到沈阳市委、国家信访局主要领导的充分肯定。关于总结推广沈河区全社会调解工作模式被写进市委十二届五次全会报告中。沈河区全社会调解工作模式（简称沈河区“四个全”调解工作模式），就是依据“属地管理、分级负责”和“谁主管、谁负责”的信访工作原则，组织全社会力量，以及时维护群众合法权益和不断满足民生利益需求为核心，开展全社会大调解，通过“组织全覆盖、社会全参与、调解全联动、矛盾全化解”预防和减少信访问题发生，实现及时就地化解矛盾纠纷的模式。组织全覆盖就是在党委、政府领导下，创新构建上下贯通，覆盖地区的调解组织体系，使所有矛盾纠纷都能通过调解组织得到全面调解。社会全参与就是整合社会资源、组织社会力量，最大范围地把人民群众组织好，形成全社会有序参与的调解矛盾纠纷工作格局。调解全联动就是建立人民调解、行政调解、司法调解、信访调解联动工作体系，整合调解资源和力量，最大效率地使各种调解事项都能够得到有效对接。矛盾全化解就是对于区域内的人民内部矛盾，无论是一般的矛盾纠纷还是疑难复杂的信访事项，都能够得到全部化解，真正实现“琐事不出网格，小事不出社区，大事不出街道，难事不出沈河”。

（龚　伟）

【十八大期间信访稳定】 在市委、市政府坚强领导下，全市各级党政组织把确保十八大顺利召开当作一项政治任务来完成，思想上高度统一、认识上高度自觉、目标上高度清晰。自觉按照曾维书记全市大会上提出“万无一失、全面告捷”的要求，贯穿任务始终。曾维书记、陈海波市长先后两次亲自召开会议部署全市信访稳定工作，曾维书记还同各区县（市）、开发区签订了责任状。“十一”长假过后第一天，曾维书记带领市信访稳定三人领导小组考察全市信访稳定工作，再动员再部署。陈海波市长多次听取分管市长关于安保和信访维稳工作情况，并提出了具体要求，其他分管市长坚持一岗双责，千方百计保稳定。书记、市长担当“第一责任人”为全市打赢这场硬仗鼓足了干劲、增强了必胜信心。这种前所未有的重视程度、认识高度、落实力度受到了中央、省信访工作督导组的高度好评。信访稳定三人小组（市委副书记邢凯，市委政法委书记常明，副市长、市公安局局长许文有）分兵把守，指挥北京、沈阳“两个体系”高效运行。十八大期间，常明书记坐镇北京一线指挥。10月31日起，市联席会议提前一天进入日研判调度状态，邢凯、许文有同志每天下午在市委常委会议室召开日研判会议，主管安全生产的副市长、主管教育领域的副市长及时通报分管领域工作，提出了具体要求做到警钟长鸣。驻京工作组情况一天一报，京沈信息情报全天候联动。14个各区、县（市）、开发区主管信访稳定的在家领导和市直部门负责同志全程参加会议，确保工作当天调度、情况当天上报、问题当天通报。各地区参照市里模式每天召开日研判会议，做到了守土尽责、守土有责，省十八大安保维指挥部通报表扬沈阳市日研判会议质量高、效果好。各区县（市）、开发区和部门领导坚持实行“一把手”负总责、班子成员分兵把守的工作格局，亲自组织、亲自部署、亲自研究、亲自督查。全部成立了由主要领导负总责的十八大安保维稳工作领导小组，制定工作方案，完善工作措施。多次召开会议进行专题动员部署，并在本地区层层签订责任状。实现了十八大信访维稳工作指挥体系横向到边、纵向到底，确保了各项工作的有序开展，为圆满完成工作目标奠定了坚实的基础。经过各级党政组织，公安、信访、维稳战线全体同志共同努力，实现了“两个下降、三个确保”的总目标，以政治上高度自觉、职责上为党分忧，工作上一流标准，苦干实干、奋力拼搏，充分发挥体制机制的优势，全市上下“一盘棋”、全面筑牢“护城河”工程，也实现了十八大召开期间“进京正常访登记为零、进京非正常访为零、进京访回流为零、进京集体访为零、个人滋事为零、驻京控访工作人员违纪为零”六个为零和到中纪委访继续下降的目标。卓有成效地完成了党的十八大信访稳定工作各项任务，受到中央联席会议和省联席会议的通报表彰。

（龚　伟）

【筹备创作拍摄完成电视剧《信访局长》】 受中央联席会议、国家信访局的委托，由沈阳市组织创新拍摄电视剧《信访局长》，这是党的历史上第一部反映信访工作的影视作品。2012年2月5日，在邢凯副书记的亲自安排下，成立了电视连续剧《信访局长》创作组，筹备各项拍摄工作。该剧由国家信访局、中共辽宁省委宣传部、辽宁省信访局、辽宁省广播电视局、中共沈阳市委宣传部荣誉出品，辽宁沈阳文化知识产权交易所全面统筹拍摄、沈阳市信访局和沈阳喜剧厂文化传媒有限公司联合摄制。

中央领导、国家信访局领导和市委领导对电视剧的创作、拍摄工作高度重视，多次作出批示。国务委员、国务院秘书长马凯同志指示："精心拍摄，不断完善、力成精品。并请国家广电总局、中央电视台予以支持"。同日，国务院副秘书长、国家信访局局长王学军批示："请恩玺同志落实马凯同志批示要求，并将指示批示精神告国强同志，并报曾维书记"。省委常委、市委曾维书记、市委邢凯副书记也分别作出了批示。9 月 11 日，国务院副秘书长、国家信访局局长王学军在沈阳市信访局上报《沈阳市及电视剧〈信访局长〉摄制组落实马凯同志批示的情况报告》上再次批示：请马凯同志阅知，我们将与沈阳方面一起努力，确保既定工作目标。

创作组从 2 月初开始深入实地体验生活，先后对本溪市、铁岭市、辽阳市、盘锦市等省内先进典型及沈阳市 15 个区县信访局长作了大量的采访工作，收集整理了近 10 万字的创作素材，为剧本的创作奠定了基础。7 月 26 日，市委曾维书记会见来沈慰问电视剧《信访局长》创作组并审查剧本的国家信访局副局长张恩玺一行，指出拍摄以信访干部为题材的电视剧，对于反映新时期信访干部的精神，构建以群众工作统缆信访工作的格局，做好新形势下的信访工作具有重要意义。并责成市委邢凯副书记主抓，要求全力支持电视剧的制作，完成一部精品力作。

该剧由国家一级导演张惠中担任总导演，全国优秀信访局长，沈阳市委副秘书长、中共沈阳市委群众投诉受理和权益保障工作部部长、沈阳市信访局局长陈国强、中国戏剧文学学会副会长、辽宁人民艺术剧院羊驰担任编剧，辽宁人民艺术剧院副院长张玉春担任导演，实力派演员郑晓宁、吴越领衔主演。

9 月 22 日，电视连续剧《信访局长》开机拍摄。"十一"长假后的第一天 10 月 8 日上午，省委常委、市委书记曾维同志第一时间来市信访大厅考察，并详细了解《信访局长》拍摄工作进展情况，对全面工作给予充分肯定，并提出具体要求。要求方方面面积极提供保障，并责成邢凯副书记第一时间向国家信访局主要领导汇报，听取指示，把剧拍好。邢凯副书记"十一"期间每天都到拍摄现场了解拍摄进度，掌握质量，并及时提出一些具体的整改意见。沈阳市副市长、市公安局局长许文有同志对所属部门提出具体要求。要求所涉及的警种、消防、特警等全力支持电视剧的拍摄工作，并亲自组织局内的法制办人员认真研究剧本中涉警的语言和情节，及时提出了有价值的修改建议。他还把自己的警服、警号、肩章、衬衫等借给剧组使用。10 月 7 日，副市长主管文化工作的姜军同志，专程到市信访大厅拍摄现场探班并宴请主创人员，表示市政府全力支持《信访局长》电视连续剧的拍摄工作。

12 月 20 日，剧组杀青。电视剧进入后期编辑、剪辑、音乐、配音和国家信访局、央视审查等。拟在 2013 年全国两会前后在中央一台黄金时段播出。

（龚　伟）

·老干部工作·

【**概况**】　全市各级老干部工作部门以迎接党的十八大召开和纪念干部离退休制度建立 30 周年为契机，努力实现全市老干部工作新发展。全年共组织参观考察 330 次/13097 人次，形式报告 216 次/12791 人次，走访慰问 1363 次/14298 人次，大型文体活动 226 次/22547 人次，健康疗养 132 次/2874 人次。

截至 2012 年底，全市有离休干部 13062 人，其中：市属 10962 人，比上年减少 606 人。其中：红军时期参加革命 9 人，占0.1%；抗日战争时期参加革命 927 人，占7.1%；解放战争时期参加革命 12126 人，占92.8%；行政机关 2514 人，占 19.25%；事业单位 3494 人，占 26.75%；企业单位 7054 人，占54.00%；正省级单项待遇 1 人，副省级单项待遇 11 人，地（厅）级待遇 11 人，副地（厅）级待遇 646 人，县（处）级待遇 1735 人，副县（处）级待遇 4815 人，正副乡（科）级待遇 928 人，其它待遇 4915 人；75 - 79 岁 1008 人，占7.72%；80 - 89 岁 11068 人，占 84.74%；90 岁以上 986 人，占 7.54%。离休干部中党员 9497 人，占 72.71%。党支部 682 个，党小组 843 个。

（杨薪玉）

【**落实离休干部政治待遇**】　改进离退休干部党支部建设、思想政治建设。改进离退休干部党支部设置方式、活动方式和活动内容，不仅满足身体好的老干部正常参加组织活动的需求，还通过送学习资料、上门传达会议精神和通报活动情况等方式满足居家老干部的思想政治方面的需求。在全市推广了和平区、铁西区、沈河区、苏家屯区、市疾控中心、机床集团等单位离退休干部党支部适应"双高期"特点开展活动的先进经验。《中国老年报》还专题报道了和平区轻工五金制品工业总公司离退休干部党支部的先进事迹。举办全市离退休干部党支部书记培训班、副市级以上老领导读书班和地专级老干部读书班，均采取"订单式"的服务来组织和安排。根据老干部的愿望确定"三班"的时间、内容和方式，寓教于乐，寓学于闲，受到了老干部的一致好评。

精心设计参观考察活动。市委老干部局先后组织副市级以上老领导和离休干部代表参观考察了法库工农业生产项目、"十二运"沈阳赛区准备工作、市档案馆、世博园、沈北蒲河生态廊道工程、方特欢乐世界、薰衣草庄园。还根据老干部的需要，积极协调棋盘山管委会继续为全市老干部免费参观世博园和关东影视基地提供支持和方便，一年来有 700 余名老干部前去参观。

（杨薪玉）

【**落实离休干部生活待遇**】　巩固和完善"三个机制"。离休干部"三个机制"运行良好，离休费按时足额发放；医疗统筹应保尽保，医药费季度内报销；财政支持更加有力。大病医疗费垫付周转资金医药费节约奖励基金、特困老干部帮扶等机制得到进一步巩固和完善。市直医疗统筹标准由 1.6 万元提高到 3.2 万元，共完成收费 6419 万元，除按政策办理减免和缓征外，基本做到应收尽收。为解决离休干部按现定点医院看病不方便问题，积极与有关部门沟通协调，促进修订《市直企业离休干部医疗统筹管理办法》，争取早日实施。护理费已按新标准全部提升。抚恤金标准全面提高到 40 个月基本离休费。为易地安置离休干部协调建立30万元医疗费垫付基金，并核定报销医药费49.6万元。扩大用药目录范围，增加700多种药品，实现老干部进入全民医保用药规范调整体系，更好地满足了老干部看病用药的需要。加大协调力度，鼓励干诊医院进一步创新个性化医疗服务内容和形式，提高服务质量。

创新个性化服务。针对"双高期"的新特点，全市各单位积极改进工作方式，满足老干部的不同需求，使各项服务更加实用和有效。和平区建立"96127"服务热线，为老干部提供第一时间的服务；大东区细化和创新"十进家庭"活动内容，发动社会力量共同参与，提供上门服务；沈河区社区网格管理员每周至少两次走访网格内老干部，了解实情，解决问题，并用政府购买服务的方式，选派100名社区公益岗位人员和志愿者作老干部家政管理员，为老干部代交费用、代买物品、代做保洁；皇姑区对实施"网格化"管理的老干部逐户走访，以家庭困难老干部为重点开展服务；市卫生局等市直单位安排专人送药到老干部家中，帮助缴纳各项费用，使老干部足不出户就享受到周到的服务。此外，继续向年满90周岁的市属离休干部赠送彩电，全市已有858名离休干部享受到这一特殊待遇。

离休干部住房分配货币化补贴工作有新突破。全市9个区共投入7952万元解决住房分配货币化补贴。东陵区（浑南新区）、于洪区、沈北新区、苏家屯区已全部解决。市直企业离休干部住房分配货币化补贴工作已经启动。全市离休干部住房分配货币化补贴已解决7317人。

（杨薪玉）

【阵地建设】 全市各级老干部活动中心以迎接党的十八大为主线，组织开展各类文体活动，举办大型文艺演出，受到老干部的欢迎。市老干部大学形成了新的办学理念，编制《课程标准》，制定《招生简章》，并在全市开展示范校建设活动，使教学管理更加科学合理，赢得了学员的好评。市老干部疗养院针对老干部身体特点，改造庭院等基础设施，强化服务质量管理，提升服务水平。市干休所坚持定期逐户走访，及时提供各项服务，并承担起无主管企业离休干部的管理服务工作。

（杨薪玉）

【队伍建设】 全市各级老干部工作部门通过大力开展岗位培训、业务学习、调查研究等活动，不断创新工作思路，提高服务水平，使老干部工作队伍的党性作风、素质能力、工作水平都有了新的提高。进一步树立了老干部工作者政治强、业务精、作风正的形象。全市各级党委注重强化老干部工作部门的领导班子和工作人员队伍建设，选拔了一批政治素质高、工作能力强、热心老干部工作的同志做老干部工作，并积极搭建平台、设立载体，多种形式培养锻炼年轻干部，为新时期老干部工作注入活力。

重新制定宣传信息工作考核机制，促进老干部宣传信息工作再次成为全省第一。围绕工作重点，及时通过简报和网站刊登有指导意义的信息，促进工作交流。全年共编辑《工作动态》12期，在《老干部之窗》上刊登信息350余条，点击率达3.3万人次，被中组部老干部局《情况交流》采用2篇，受到省局表扬。在《中国老年报》上刊登稿件39篇，被市级新闻媒体采用543篇，为历年之最。在中组部老干部局组织的理论研讨活动中，沈阳市有两篇论文获奖。

（杨薪玉）

纪检监察

【综述】 2012年，全市各级纪检监察机关认真落实市纪委十二届二次全会的各项工作任务，党风廉政建设和反腐败斗争取得了新的成效。

强化监督检查，保证了中央和省、市重大决策部署的贯彻落实。全市各级纪检监察机关紧紧围绕实施"十二五"规划、加快转变经济发展方式等决策部署，会同有关部门重点对节能减排、环境保护、水利改革发展、规范和节约用地、保障性安居工程建设、安全生产等工作进行了监督检查，及时发现和纠正了一些突出问题。围绕"廉洁办全运"，对"十二运"场馆建设、资金使用等情况进行监督检查，确保了各项筹备工作规范有序、廉洁高效。

加强教育管理，规范了党员干部的从政行为。举办"党旗飘飘、廉洁沈城"反腐倡廉建设成就展，对党的十七大以来全市反腐倡廉建设成果进行了集中展示。认真贯彻落实《廉政准则》、党风廉政建设责任制和党政主要领导"四个不直接分管"、述职述廉等领导干部廉洁自律规定和监督制度，深入开展反腐倡廉警示教育和廉政文化建设，着力治理庸懒散奢等作风方面的突出问题，党员领导干部廉政从政意识进一步增强。

深入查办案件，保持了惩治腐败的高压态势。全市各级纪检监察机关共受理信访举报7874件（次），新立案1005件，给予党政纪处分858人，移送司法机关77人。查办大案要案271件，其中涉及市管干部10人、处级干部85人，通过办案挽回经济损失2.05亿元。

积极构建"五大系统"，惩治和预防腐败体系建设进一步完善。在全市党群、人大、政协、检法机关开展廉政风险防控工作，建立各项反腐倡廉制度171项。深化公共资源交易系统建设，建立了市一级新的公共资源交易场所。进一步提升行政绩效考评系统效能，强化了对政府履职情况的考核评价。继续完善行政权力电子监察系统建设，审批数据上传业务总量和单月业务量均居全省首位。充分发挥民意诉求反馈系统作用，通过"96123市民热线"、"民心网"等渠道受理群众诉求255万件，办结率达96.6%。

坚持纠建并举，解决了一批群众反映强烈的突出问题。深入开展"百千万"、"双进双解"等系列活动，在全市行业和窗口营造服务群众、服务企业、服务发展的良好氛围。对工程建设领域、庆典研讨会论坛活动、公务用车、进京访、征地拆迁、市场中介组织、教育、医疗、食品药品安全、落实惠农政策、社保基金等方面的突出问题开展专项治理，群众反映强烈的突出问题得到有效解决。

注重自身建设，提升了纪检监察干部队伍的履职能力。通过开展了"保持纪检监察干部'四洁'、争做党的忠诚卫士"主题教育活动，实行办案人员执纪执法资格考试和持证上岗制度，纪检监察干部队伍的思想政治素质和业务得到了明显提升。

（吕兴宇）

【市纪委十二届二次全会】 2012年2

月6日，中共沈阳市第十二届纪律检查委员会第二次全体会议举行。全会传达了十七届中央纪委七次全会、省纪委十一届二次全会精神，回顾总结了2011年全市党风廉政建设和反腐败工作，对2012年反腐倡廉工作进行了全面部署。全会审议通过了市委常委、市纪委书记徐兴华代表市纪委常委会所作的题为《坚持求真务实，勇于开拓创新，努力提高反腐倡廉建设的科学化水平》的工作报告。

全会认为，2011年全市各项反腐倡廉重点工作扎实推进。在推动中央和省、市重大决策部署贯彻落实上取得新成效，领导干部廉洁自律工作取得新进展，查办党员干部违纪违法案件实现新突破，纠正损害群众利益不正之风工作得到新加强，解决反腐倡廉建设中人民群众反映强烈的突出问题取得新成果，从源头上预防腐败工作得到新推进，为促进全市经济社会又好又快发展提供了有力保证。全市共查办违纪违法案件824件，给予党政纪处分815人，通过办案挽回经济损失1.83亿元。

全会提出，2012年全市党风廉政建设和反腐败工作要全面贯彻中央纪委、省纪委全会及省、市党代会精神，坚持把“以人为本、执政为民”的理念和保持党的纯洁性的要求落实到反腐倡廉各项工作之中，着力解决人民群众反映强烈的突出问题，为全面完成市委提出的“深化改革、推进创新、提升文明、改善民生”四项重点工作，推进沈阳老工业基地全面振兴提供坚强保证。各级纪检监察机关要严明党的纪律，确保中央和省、市重大决策部署的贯彻落实。要加强作风建设，着力解决领导干部廉洁自律方面的突出问题。要全面推进“五大系统”建设，不断提升预防腐败的整体水平。要加大查办案件力度，继续保持惩治腐败的强劲势头。要深化软环境建设，坚决纠正损害群众利益的不正之风。要扎实开展专项治理，切实解决反腐倡廉建设中人民群众反映强烈的突出问题。要加强基层党风廉政建设，进一步解决好群众身边的腐败问题。

（吕兴宇）

【全运会筹办工作监督检查】 2012年，按照廉洁、节俭、文明办全运的总体要求，市纪委监察局会同审计部门，围绕筹办工作的中心任务和关键环节，深入开展监督检查。3月下旬，市监察局印发《2012年“十二运”沈阳赛区筹备工作专项执法监察实施方案》，对监督检查工作全面部署。自4月份开始，市监察局会同市审计局、市财政局、市建委成立了场馆建设项目联合检查监督领导小组，对市、区投资和市场化运作的29个场馆建设项目开展两轮监督检查，发现和纠正开工手续不完备、实施进度迟缓以及项目资金管理不规范等问题20余个。市审计局对组委会2011年度和2012年上半年经费预算执行情况、固定资产管理情况、全民健身中心等9个市财政投资的场馆建设项目开展专项审计，下达跟踪审计监督意见书40份。同时，围绕全年筹备工作重点环节，开展灵活多样的廉政勤政教育活动。邀请检察官走进全运村施工现场，开展“预防职务犯罪、抓好工程安全”法律知识讲座；组织观看《廉洁世博廉洁亚运》宣传教育片和宋勇腐败案件警示教育片；向组委会全体人员发放《廉政准则》、《廉政视野》和廉政制度等学习资料380份；以手机短信的形式，每月2次向组委会全体工作人员发送廉政短信，切实增强组委会工作人员自觉遵纪守法、廉洁自律和依法办事意识。

（吕兴宇）

【工程建设领域突出问题专项治理】 2012年4月，市纪委监察局会同有关部门对全市2011年以来政府投资和使用国有资金500万元以上、非政府投资和未使用国有资金3000万元以上的建设项目进行集中排查，排查出政府投资项目存在的问题1150个，非政府投资项目存在问题的2705个，并督促有关地区和部门进行认真整改。6月至8月，开展工程建设中挂靠借用资质投标和违规出借资质问题专项清理，对2011年以来新开工和续建的政府投资和使用国有资金500万元以上319个项目的勘察、设计、施工、监理等招投标环节和施工现场进行了集中检查，发现和处理5个项目存在挂靠借用资质投标、违规出借资质问题，对5家违规企业进行了行政处罚，并责令限期整改。围绕工程建设领域项目信息公开和诚信体系建设，依托市政府门户网站，建立了工程建设领域项目信息和信用信息公开共享专栏，集中组织发布了一批相关项目信息和信用信息11226条，并逐步实现常态化发布机制；同时，还顺利完成省级综合检索平台建设，通过了国家验收。沈阳市工程建设领域信息公开专栏在中国政府网站绩效评估中获得全国副省级城市第二名。

（吕兴宇）

【沈阳市反腐倡廉建设成就展】 2012年9月24日，由市委、市政府主办，市纪委、市监察局承办，市科技局协办的“党旗飘扬、廉洁沈城”——沈阳市反腐倡廉建设成就展在市科学宫举行开幕式。中央纪委副秘书长袁春，省委常委、省纪委书记王俊莲，省委常委、沈阳市委书记曾维，市长陈海波出席开幕式。市委常委、市纪委书记徐兴华主持开幕式。

曾维在开幕式上致辞。他强调，要通过集中展示惩治和预防腐败取得的显著成果，使全市上下进一步增强抓好党风廉政建设和反腐败斗争的信心决心；引导广大党员干部特别是领导干部，始终保持对事业的进取之心、对权力的敬畏之心、对群众的公仆之心，永葆共产党人的政治本色；鞭策各级党组织切实把反腐倡廉建设摆在重要位置，不断把反腐倡廉建设引向深入，为沈阳科学发展、创新发展、和谐发展凝聚强大力量。

此次展览全面展示了党的十七大以来，沈阳市在中、省纪委的正确领导下，反腐倡廉建设所走过的光辉历程，对全市五年来党风廉政建设和反腐败工作各阶段、各层面取得的成果，以声、光、电等多媒体手段进行了形象生动的展示。展览分为前言、工作成果、展望三个展区，共设立展板169块，展出图片1500张。展览历时12天，近10万名党员干部和群众参观了展览。

（吕兴宇）

【国庆长假期间封存公务用车】 针对中秋、国庆长假高速公路实行对小型客车免收通行费规定的新情况，为减轻交通压力，减少公车消费，加强党政机关廉政建设，杜绝群众反映强烈的公车私用不正之风的发生，9月28日，沈阳市委、市政府办公厅下发通知，要求“两节”期间，全市党政机关、事业单位实行公务车辆集中管理，除值班车辆外一律由单位封存。确因工作需要动用公务车辆的，必须报分管领导审批备查，严禁任何个人动用公车探亲、旅游、参与婚庆及用于其他私人活动。按照市委、市政府的要求,沈阳市纪委在新闻媒体公开监督举报电话,实行专人值守受理,并先后深入全市40多个市直单位,对车辆集中停放场地实地查看核实。同时,沈阳市纪委和各区、县(市)纪委会同交警、新闻媒体等单位,组成三十多个检查组,分别到市内各大景区、高速公路道口、商业街区进行明察暗访,保证了市委、市政府节假日封车要求的认真执行。

(吕兴宇)

【政风行风和软环境建设“百千万”活动】 2012年,沈阳市政府纠风办在全市开展了“实施百项工作举措、创建千个人民满意窗口、组织万人民主评议”活动,组织全市104个地区和单位,针对企业和群众反映强烈出租车服务、有偿新闻、审批效率低下、执法不规范等突出问题,实施工作举措179项;在全市为企业和群众服务的4624个基层单位中开展创建人民满意窗口活动,公开办事程序、收费标准和投诉电话,规范和优化服务流程,并通过工作检查、明察暗访、群众评议等方式,加强服务监督和考核评价,对存在问题的50个窗口单位提出整改建议,处理和调整违反纪律的窗口工作人员30名;组织万名代表通过互联网络先后对“百项举措”目标、措施和成效、窗口单位,部门政风行风和软环境建设情况进行集中评议,评议结果作为评价各地区各部门和窗口单位软环境建设和政风行风建设的主要依据。

(吕兴宇)

【廉政风险防控】 2012年5月,市委成立了由省委常委、市委书记曾维任组长的廉政风险防控工作领导小组,印发《沈阳市推进廉政风险防控工作实施方案》,在市和区县(市)党的机关、人大机关、政协机关、审判机关、检察机关、人民团体以及具有行政职能的事业单位中组织开展廉政风险防控工作。按照省纪委和市委的要求,沈阳市纪委监察局认真履行领导小组办公室的职能,会同编办、法制办等相关部门,组织开展清权确权、编制权力目录和权力运行流程、查找廉政风险点、制定廉政风险防控措施、公开权力事项等各项工作任务。经过部门申报、相关部门审核,市、区两级261个机关、部门共确认权力事项5045项,取消权力事项496项,编制权力运行流程图5164张;查找廉政风险点30225个,制定风险防范措施34977项;印制公开手册5000册,利用机关内网公开权力5045项,公开权力运行流程图5164张,公开率达100%,利用社会网站公开外部职权2712项,公开权力运行流程图2735张,除涉密事项暂未公开外,其余事项外部公开率达100%,基本实现了权力事项的应查尽查、运行规范和公开透明。

(吕兴宇)

【公共资源交易系统建设】 5月初,市委印发《沈阳市推进公共资源交易系统建设实施方案》,在全市组织开展了公共资源交易系统建设。按照省纪委建立“一委一办一中心”的模式要求,沈阳成立了由市长任主任,市发改、监察、财政、国土、建委、交通、水利、卫生、法制、国资、公管办等部门为成员的沈阳市公共资源交易管理委员会,组建了市公共资源交易管理办公室和市公共资源交易中心,制定了《沈阳市政府投资基建项目招标代理机构选取管理办法》、《沈阳市公共资源项目进场交易目录》等相关制度,并积极推进统一公共资源交易场所建设。2012年11月26日,沈阳市公共资源交易中心全面建成,总建筑面积1.03万平方米,设有受理窗口25个,开标室8个(其中拍卖大厅1个),评标室24个(其中电子评标室12个、远程评标室1个),答疑室8个,专家隔夜评审休息室24间、监控室5个。配备了远程监控、代理机构选取、综合信息发布、专家抽取和门禁等多个系统。建设工程、政府采购、土地交易、产权交易、铁路工程等全部进入公共资源交易中心交易。享有市级管理权限的新民市、辽中县、康平县、法库县和浑南新区、沈北新区、铁西新区、张士开发区等8个区县(市)也按照要求建立了统一的公共资源交易平台,并按“一委一办一中心”管理模式开展工作。

(吕兴宇)

【实施纪检监察机关办案人员持证上岗制度】 自2012年开始,沈阳市纪委在全市纪检监察机关办案人员中开展了执纪执法资格考试工作,并实行持证上岗、资格准入制度。市纪委专门成立了执纪执法资格考试工作领导小组,召开了全市执纪执法资格考试动员大会,下发了《关于在全市纪检监察机关开展办案人员执纪执法资格考试的工作方案》,并将资格考试结果作为年度考核、评先评优和职级晋升的重要依据。未取得资格考试合格证书的人员不得办案,年度考核不得评为称职以上等次,不得提拔到执纪执法领导岗位职务。未取得考试合格证的办案部门领导,市纪委将对其职务进行调整。市纪委邀请专家参与编写了《考试学习指导》和10套《考试训练题库》,供参试人员考前复习,并先后组织了三次案件检查业务培训,还在机关内部召开案件业务座谈会,组织办案人员就查办案件中的相关业务问题进行深入交流和探讨。考试采取闭卷形式答题,考题在临考前从《考试训练题库》中随机抽取。市纪委制定了严格的监考程序,对考场进行全程电子监控,确保考试公平公正。考试分别于8月3日、8月31日、9月22日进行,全市纪检监察系统1056名干部顺利通过考试,取得了资格证书,考试通过率达到97%。

(吕兴宇)

【“保持纪检监察干部‘四洁’、争做党的忠诚卫士”主题教育活动】 2012年4月至12月,市纪委在全市纪检监察系统集中开展了“保持纪检监察干部‘四洁’(思想纯洁、队伍纯洁、作风纯洁、清正廉洁)、争做党的忠诚卫士”主题教育活动。活动主要有四个方面内容:一是开展政治教育。通过学习当代雷锋郭明义和全国纪检监察系统先进个人崔嘉林、观看影片《忠诚与背叛》、开展“纪检监察干部如何讲党性、如何作党的忠诚卫士”座谈讨论、撰写体会文章等形式,引导党员干部增强党性观念,注重道德操守,发扬奉献精神。二是开展素质教育。市纪委先后组织289名业务骨干和乡镇纪检干部,参加北京大学,清华大学、中纪委北戴河、杭州培训中心,以及市委党校举办的纪检监察干部培训班,系统学习纪检监察业务知识。实施了机关与基层双向挂职锻炼制度,全市纪检监察系统共有54名基层干部到上级机关挂职锻炼,下派19名负责案件检查、经验丰富的干部到乡镇和基层挂职,加强对基层纪检监察工作的指导。各地区各部门采取邀请省、市有关部门领导、专家授课,座谈研讨等多种形式开展岗位练兵和业务培训活动,有力地促进了纪检监察干部执纪办案能力的提升。三是开展作风教育。通过征求意见、召开民主生活会、开展批评与自我批评等形式，组织纪检监察干部深入查找个人在思想观念、精神状态、业务素质和工作作风等方面存在的突出问题，并制定整改方案，认真进行了整改。全市广大纪检监察干部主动驻基层、访民情、办实事，帮助农村修公路、搞绿化、安路灯、建菜棚，对200个重点项目、215企业和360个家庭实行"一对一"帮扶，进一步密切了与基层群众的血肉联系。四是开展廉洁教育。组织纪检监察干部观看违纪违法警示教育专题片、参观省反腐倡廉警示教育基地、请中国纪检监察学院领导和上级纪委领导作廉政知识讲座等形式，加强对纪检监察干部的廉政教育，引导纪检监察干部增强廉洁自律意识，提高抵御腐败的免疫力。

（吕兴宇）

市人大常委会

【市十五届人大一次会议】 沈阳市第十五届人民代表大会第一次会议于1月6日至1月11日隆重召开。来自全市各条战线的人大代表，肩负着全市人民的重托，以饱满的政治热情和强烈的使命感参加盛会，为沈阳实现老工业基地全面振兴、提前全面建成小康社会贡献智慧力量。沈阳第十五届人民代表大会第一次会议实有代表528人，出席开幕大会的代表522人。市领导、原市老领导参加了会议，部分市领导、原市老领导特邀列席会议，出席政协沈阳市十四届一次会议的全体委员、市十四届人大常委会委员、市政府组成人员和市法院、市检察院有关领导；市委、市人大常委会、市政府有关部门负责人和有关机关、企事业单位、人民团体负责人；市委、市政府决策咨询委员会、市政府参事，外地政府驻沈阳办事处和有关商会负责人列席了会议。30名公民旁听了会议。会议选举产生了沈阳市第十五届人民代表大会常务委员会主任、副主任、秘书长、委员，市人民政府市长、副市长，市中级人民法院院长，市人民检察院检察长，市106名出席辽宁省第十二届人民代表大会的代表。新当选的市第十五届人大常委会主任、副主任、秘书长、委员，市人民政府市长、副市长，市中级人民法院院长，市人民检察院检察长同代表们见面。大会表决通过了沈阳市第十五届人民代表大会各专门委员会组成人员名单；表决通过了关于《政府工作报告》的决议；表决通过了关于沈阳市2012年国民经济和社会发展计划执行情况及2013年国民经济和社会发展计划的决议；表决通过了关于沈阳市2012年预算执行情况和2013年预算的决议；表决通过了关于《沈阳市第十四届人民代表大会常务委员会工作报告》的决议；表决通过了关于《沈阳市中级人民法院工作报告》的决议；表决通过了关于《沈阳市人民检察院工作报告》的决议。

（胡士俊）

·市人大常委会会议·

【第十四届人民代表大会常务委员会第三十六次会议】 沈阳市第十四届人民代表大会常务委员会第三十六次会议于2012年2月21日举行，会期一天半。（一）会议审议了《沈阳市城市房屋安全管理条例（草案）》（一审）和《沈阳市工业热力管理条例（草案）》（一审）。常委会组成人员对制定《沈阳市城市房屋安全管理条例》和《沈阳市工业热力管理条例》的必要性和可行性进行了讨论，对条例（草案）的具体内容提出了修改意见和建议。（二）会议审议通过了沈阳市第十四届人大常委会2012年工作要点（草）。常委会组成人员认为，工作要点是对年初市人大常委会向市人代会所作的工作报告中确定的2012年工作任务的具体化，工作安排重点突出，与全市的中心任务结合紧密，符合换届之年人大工作的实际，具有很强的针对性和操作性。（三）会议听取审议了市政府副市长许文有作的关于沈阳市"五五"法制宣传教育基本情况的报告，通过了《沈阳市人民代表大会常务委员会关于进一步加强法制宣传教育的决议》。（四）会议审议通过了关于接受李宝权同志辞去沈阳市第十四届人民代表大会常务委员会副主任职务请求的决定。（五）会议进行了人事任免事项。决定免去赵颖的沈阳市人民政府研究室主任职务。决定任命魏海军为沈阳市人民政府研究室主任。

（胡士俊）

【第十四届人民代表大会常务委员会第三十七次会议】 沈阳市第十四届人民代表大会常务委员会第三十七次会议于2012年4月18日举行，会期一天半。（一）会议审议了《沈阳市城市供水用水管理条例（修订草案）》（一审）、《沈阳市城市房屋安全管理条例（草案）》（二审）和《沈阳市工业热力管理条例（草案）》（二审）。常委会组成人员认为，这三部条例都是2012年市人大常委会重点立法项目，事关民生和沈阳振兴发展，社会普遍关注。审议过程中，组成人员对这三部条例草案提出了许多修改意见和建议。（二）会议审议通过了《沈阳市人民代表大会常务委员会关于修改部分地方性法规的决定（草案）》，要按程序提报省人大常委会批准。（三）会议听取、审议并通过了市人大环境与资源保护城乡建设委员会关于市十四届人大五次会议主席团交付审议的《关于加强弃管小区后续管理的议案》、《关于加速老旧弃管小区综合改造的议案》审议结果的报告。（四）会议审议了市政府关于沈阳市2011年度依法行政工作情况的报告（书面）。常委会组成人员认为，2011年度，市政府及其相关职能部门高度重视依法行政工作，切实加强组织领导，努力转变政府职能，深化行政管理体制和行政审批制度改革，严格规范行政行为，加强行政执法主体和行政执法人员管理，全面推进行政执法责任制，沈阳市法治政府的制度体系进一步健全，行政权力的运行逐步规范，依法行政意识和能力不断提高，市政府依法行政工作取得了新的成效。（五）会议进行了人事任免事项。决定免去：徐兴家的沈阳市体育局局长职务。决定任命：程晓龙为沈阳市体育局局长。

（胡士俊）

【第十四届人民代表大会常务委员会第三十八次会议】 沈阳市第十四届人民代表大会常务委员会第三十八次会议于2012年6月13日举行，会期2天。（一）会议审议通过了《沈阳市工业热力管理条例（草案）》和《沈阳市城市供水用水管理条例（修订草案）》。组成人员对这两部条例草案进行了认真审议，提出了修改意见和建议，会议充分吸纳了这些意见建议，对条例进行了进一步修改和完善。（二）会议审议了《沈阳市城市房屋安全管理条例（草案）》。组成人员对条例草案进行了第三次审议，对一些重要条款提出了修改意见，认为条例草案的有些内容仍需要进一步研究、修改和完善。为了审慎严谨做好立法工作，确保立法质量，按照《沈阳市制定地方性法规条例》的有关规定，会议决定本次会议对此条例草案暂不进行表决。（三）会议听取审议并通过了市政府副秘书长徐兴家作的关于全市农业科技发展情况的报告。常委会组成人员认为，农业科技是引领和推动农村经济发展的重要支撑，也是提升农业现代化水平、实现农业可持续发展的重要保证。（四）会议听取了市政府关于《沈阳市城市总体规划（2011－2020年）》（以下简称《城市总规》）编制情况的报告。审议通过了《沈阳市城市总体规划（2011－2020年）》。常委会组成人员认为，《城市总规》是引导城市科学建设、科学管理和可持续发展的蓝图和指针，编制和实施好《城市总规》，事关建设"实力沈阳、活力沈阳、宜居沈阳、文明沈阳、和谐沈阳"的全局。市政府及其相关部门高度重视《城市总规》的编制工作，各部门通力合作，充分发挥专家作用，广泛听取各方面意见和建议，《城市总规》编制工作科学有序，卓有成效。（五）会议进行了人事任免事项。决定免去：王玲的沈阳市人民政府副市长职务；王勇进的沈阳市人民防空办公室主任职务。决定任命：姜军为沈阳市人民政府副市长；徐学东为沈阳市人民防空办公室主任。

（胡士俊）

【第十四届人民代表大会常务委员会第三十九次会议】 沈阳市第十四届人民代表大会常务委员会第三十九次会议于2012年7月24日举行，会期一天半。（一）会议听取审议了市政府关于沈阳市2012年上半年国民经济和社会发展计划执行情况的报告。会议同意这个报告。常委会组成人员认为，上半年，在经济运行环境复杂多变和下行压力增大的情况下，市政府努力克服各种不利因素影响，采取一系列政策措施，稳增长，促振兴，使全市经济继续保持了平稳较快发展。工业在全市"稳增长"中继续发挥了引领拉动作用，装备制造业的支撑作用明显增强，县域经济对全市经济发展的贡献力不断提升，一批重大项目成功引进，重点民生工程加速推进，各项主要经济指标增幅均高于全国副省级城市平均水平，为实现全年经济社会发展目标奠定了良好基础。（二）会议听取审议了市政府关于沈阳市2011年市本级决算和2012年上半年全市预算执行情况的报告。会议同意这个报告。会议结合审议审计工作报告，对《沈阳市2011年市本级决算（草案）》和市本级决算报告进行了审查，同意市人大财政经济委员会提出的《关于2011年市本级决算审查结果的报告》，决定批准《沈阳市2011年市本级决算》。（三）会议听取审议了市政府关于2011年度沈阳市本级预算执行和其他财政收支的审计工作报告。会议同意这个报告。组成人员建议：一要高度重视审计查出的问题，切实做好整改工作。二要突出审计重点，进一步深化审计监督。在当前财政收支矛盾突出的情况下，市政府要更加重视审计工作，充分发挥审计监督职能作用。三要积极推进绩效审计，不断提升审计监督水平。不断创新和完善审计监督手段，积极探索建立财政资金绩效审计长效体系。（四）会议审议了市政府关于2012年上半年市本级财政专项资金预算执行及市政府投资重大建设项目进展情况的报告（书面）。会议同意这个报告。常委会组成人员认为，上半年，市政府及相关部门在积极落实财政专项资金预算安排的基础上，对政府投资重大项目启动较早，建立和完善了项目推进机制，项目建设资金得到较好保障，项目管理更加规范有序，重大项目建设进度快、势头好，项目的推进工作取得了明显成效。对此，组成人员给予充分肯定。（五）会议审议了市政府关于污水处理厂建设、管理和运营绩效审计情况的报告（书面）。会议同意这个报告。组成人员建议：一要统筹解决现有污水处理厂运行相关问题。二要统筹规划，合理布局。对新建污水处理厂要切实根据本地区城市建设和发展的实际需要，进行充分论证，统筹规划安排，有效合理布局，确保新建污水处理厂与城市开发建设等相协调，提高城市的整体环境质量水平。三要加强市政排水管网等配套设施建设。尽快完善汇水管网、雨污分流等配套设施建设，增强污水的收集能力和污水处理的能力。（六）会议听取审议了市政府和市法院关于市十四届人大五次会议以来代表建议、批评和意见（以下简称代表建议）办理情况的报告。常委会组成人员认为，市政府和市法院高度重视代表建议办理工作，坚持主要领导亲自领办、督办，层层落实办理工作责任制，不断创新工作机制，强化工作措施，努力提高办理工作质量，使办理工作取得明显成效。（七）审议通过了沈阳市人大常委会关于沈阳市区县（市）、乡（镇）人民代表大会换届选举时间及成立换届选举工作办公室的决定。根据有关法律规定和《中共辽宁省人大常委会党组关于做好全省县乡两级人民代表大会换届选举有关工作的意见》的要求，沈阳市区县（市）、乡（镇）人民代表大会换届选举工作从2012年7月1日开始，到2012年12月31日结束。为了做好换届选举工作，市人大常委会决定成立换届选举工作办公室，负责指导各区县（市）、乡（镇）人民代表大会换届选举工作，换届选举工作办公室主任由市人大常委会副主任连加诚兼任，设副主任若干人。（八）进行了人事任免事项。

（胡士俊）

【第十四届人民代表大会常务委员会第四十次会议】 沈阳市第十四届人民代表大会常务委员会第四十次会议于2012年8月29日举行，会期半天。（一）会议审议通过了《沈阳市人大常委会关于沈阳市第十五届人民代表大会代表选举时间及各选举单位代表名额的决定》。根据宪法和地方组织法的有关规定，沈阳市第十四届人民代表大会任期将于2013年初届满。为做好召开沈阳市第十五届人民代表大会第一次会议的筹备工作，全市各选举单位要在2012年12月10日前选出沈阳市第十五届人民代表大会代表。经省人大常委会确定，沈阳市第十五届人民代表大会代表名额为529名。结合沈阳市的实际情况，依法重新确定各选举单位应选举的市人大代表名额为：和平区50名；沈河区50名；铁西区62名；皇姑区55名；大东区50名；东陵区（浑南新区）29名；于洪区30名；沈北新区25名；苏家屯区30名；新民市40名；辽中县32名；法库县29

名；康平县 24 名；解放军 13 名；棋盘山开发区 7 名。保留 3 名机动名额。（二）进行了人事任免事项。决定免去：佟晶石的沈阳市城乡建设委员会主任职务；于振明的沈阳市城市建设管理局局长职务；谢石的沈阳市文化广电新闻出版局局长职务。决定任命：于振明为沈阳市城乡建设委员会主任；孙晓光为沈阳市城市建设管理局局长；冯彦为沈阳市文化广电新闻出版局局长。

（胡士俊）

【第十四届人民代表大会常务委员会第四十一次会议】 沈阳市第十四届人民代表大会常务委员会第四十一次会议于 2012 年 10 月 25 日举行，会期一天半。（一）会议听取审议并通过了市政府《关于加强弃管小区后续管理的议案》、《关于加速老旧小区综合改造的议案》办理情况的报告。常委会组成人员认为，该议案交由市政府办理后，市政府及各承办部门高度重视，将弃管小区综合改造和后续管理工作，作为一项民生和民心工程列入重要的议事日程，加大资金投入，提高工作效率，议案所提出的各项工作任务得到了积极推进和有效落实。（二）会议听取审议并通过了市政府关于在沈阳经济区建设中的工作情况的报告。组成人员建议：一要科学、统一规划沈阳经济区的产业发展。二要大力推进新型工业化综合配套改革。三要加快新城、新市镇建设步伐。（三）会议听取审议了市人大常委会执法检查组关于检查贯彻实施《中华人民共和国食品安全法》（以下简称《食品安全法》）情况的报告。市人大常委会执法检查组于 6 月上中旬，对贯彻实施《食品安全法》的情况进行了执法检查。本次会议在对执法检查报告进行分组审议的基础上，通过联组审议对食品安全工作进行了专题询问。（四）会议审议通过了沈阳市人大常委会关于补充调整沈阳市十四届人民代表大会常务委员会代表资格审查委员会组成人员的决定。根据工作需要，依照《中华人民共和国地方各级人民代表大会和地方各级人民政府组织法》的有关规定，会议决定，补充调整王柏岩同志为沈阳市第十四届人民代表大会常务委员会代表资格审查委员会副主任委员；史文昌、付刚、宫文义同志为沈阳市第十四届人民代表大会常务委员会代表资格审查委员会委员。（五）会议进行了人事任免事项。决定免去：阎秉哲的沈阳市人民政府秘书长职务；韩晓明的沈阳市人口和计划生育委员会主任职务。

（胡士俊）

【第十四届人民代表大会常务委员会第四十二次会议】 沈阳市第十四届人民代表大会常务委员会第四十二次会议于 2012 年 12 月 4 日举行，会期一天。（一）会议审议通过了《沈阳市人民代表大会常务委员会关于召开沈阳市第十五届人民代表大会第一次会议的决定》。会议决定：沈阳市第十五届人民代表大会第一次会议于 2013 年 1 月 6 日召开。建议会议的主要议程是：（1）听取和审议沈阳市人民政府工作报告；（2）审查和批准沈阳市 2012 年国民经济和社会发展计划执行情况与 2013 年国民经济和社会发展计划草案的报告，批准沈阳市 2013 年国民经济和社会发展计划；（3）审查和批准沈阳市 2012 年预算执行情况和 2013 年预算草案的报告，批准沈阳市 2013 年市本级预算；（4）听取和审议沈阳市人民代表大会常务委员会工作报告；（5）听取和审议沈阳市中级人民法院工作报告；（6）听取和审议沈阳市人民检察院工作报告；（7）选举沈阳市第十五届人民代表大会常务委员会主任、副主任、秘书长、委员，选举沈阳市人民政府市长、副市长，选举沈阳市中级人民法院院长和沈阳市人民检察院检察长，选举沈阳市出席辽宁省第十二届人民代表大会代表；（8）通过沈阳市第十五届人民代表大会内务司法、财政经济、农业与农村、环境与资源保护城乡建设、教育科学文化卫生、民族华侨外事、法制委员会组成人员人选；（9）其他。（二）会议审议并原则通过了市人大常委会向市十五届人大一次会议所作的工作报告（草）。（三）会议听取审议了市政府关于市十四届人大五次会议以来代表建议、批评和意见办理情况的报告，审议了市法院关于市十四届人大五次会议以来代表建议、批评和意见办理情况的报告（书面）。（四）会议审议了市政府关于《2011 年度沈阳市本级预算执行和其他财政收支的审计工作报告》提出问题整改情况的报告（书面），会议同意这个报告。（五）会议进行了人事任免事项。

（胡士俊）

【第十四届人民代表大会常务委员会第四十三次会议】 沈阳市第十四届人民代表大会常务委员会第四十三次会议于 2012 年 12 月 20 日举行，会期半天。（一）会议审议通过了沈阳市第十五届人民代表大会第一次会议议程（草案）和日程（草案）。会议议程（草案）和日程（草案），将按程序提请市十五届人大一次会议预备会议和主席团第一次会议通过。（二）会议听取了市人大常委会副秘书长、办公厅主任李志伟作的关于沈阳市第十五届人民代表大会第一次会议筹备工作情况的报告。（三）会议听取、审议并通过了沈阳市人大常委会代表资格审查委员会关于沈阳市第十五届人民代表大会代表资格审查报告。辽宁省人大常委会确定沈阳市第十五届人民代表大会代表名额为 529 名，经过 14 个选举单位召开的人民代表大会或军人代表大会，实选代表 528 名，保留 1 名机动名额。市人大常委会代表资格审查委员会于 12 月 18 日召开会议，对当选代表的代表资格情况进行了审查。本次会议审议通过了代表资格审查委员会提出的报告，确认这次选举产生的 528 名代表的代表资格全部有效。在 528 名人大代表中，工人、农民代表 51 名，占代表总数的 9.66%；知识分子代表 85 名，占代表总数的 16.1%；党政干部代表 181 名，占代表总数的 34.28%；企业管理者代表 195 名，占代表总数的 36.93%；解放军代表 13 名，占代表总数的 2.46%；其他方面代表 3 名，占代表总数的0.57%。代表中，少数民族代表 62 名，占代表总数的11.74%；妇女代表 125 名，占代表总数的23.67%；非中共党员代表 149 名，占代表总数的28.22%。与沈阳市第十四届人民代表大会代表结构相比较，一线工人和专业技术人员代表的比例上升了1.7个百分点，妇女代表比例上升了 4.9个百分点，党政干部代表比例下降了 6.43个百分点，实现了中央和省、市委提出的代表结构"两升一降一保证"的目标。（四）会议审议通过了沈阳市第十五届人民代表大会第一次会议列席人员建议名单。市十五届人大一次会议列席人员建议名单，是根据有关法律规定和工作需要提出的，共 303 名。其中，市级领导和老领导 62 名；市十四届人大常委会委员 32 名；市政府组成人员和"两院”有关领导42名；有关机关、企事业单位、人民团体及相关人员167名。

（胡士俊）

【第十四届人民代表大会常务委员会第四十四次会议】 沈阳市第十四届人民代表大会常务委员会第四十四次会议于2012年12月27日举行，会期半天。（一）会议审议通过了沈阳市第十五届人民代表大会第一次会议主席团和秘书长、主席团常务主席、副秘书长建议名单。建议名单将按程序提请市十五届人大一次会议预备会议和主席团第一次会议选举、推选和决定。（二）会议审议通过了沈阳市第十五届人民代表大会第一次会议议案审查委员会和计划预算审查委员会主任委员、副主任委员、委员建议名单。议案审查委员会由14名市十五届人大代表构成，计划预算审查委员会由16名市十五届人大代表构成。建议名单将按程序提请市十五届人大一次会议预备会议通过。

（胡士俊）

【地方立法】 常委会在本届第一年就召开立法工作会议，确定立法任务目标，明确“注重管用有效，突出地方特色”和“针对问题立法，立法解决问题”的工作思路，并贯穿于立法工作实践。5年来，共完成37件立法项目，其中制定14件、修改13件、废止10件。第一，突出民生立法。常委会坚持立法为民，努力从法规层面解决人民群众最关心、最直接、最现实的利益问题。多年来，人民群众对城市养犬扰民反响强烈，常委会在反复调研论证、广泛征求社会各界意见的基础上，制定了养犬管理条例，对规范养犬行为、加强养犬管理、维护市容环境，发挥了重要的规范引导作用。针对百姓反映突出的规范物业管理、保障供暖达标等问题，制定了物业管理条例、民用建筑供热用热管理条例，使物业和供热市场的发展更加有章可循。针对社会普遍关注的上学难、校园安全等热点问题，制定了义务教育条例，在均衡教育资源、经费保障、学校和学生的安全管理等方面都提出了明确规范，并将素质教育、减轻学生课业负担、外来务工人员子女就学等方面内容写入法规，为维护教育公平提供了保障。第二，推进经济和社会领域立法。为强化中小企业权益保护、优化发展环境，制定了促进中小企业发展条例，在资金支持、创业扶持、技术创新、融资担保等方面做出具体规定；为维护工业热力市场秩序，制定了工业热力管理条例；为推动自主创新、加快创新型城市建设，制定了专利促进条例，修订了科学技术进步条例，为促进工业经济发展、加快转变经济发展方式提供了立法支持。在制定和修改沈阳市历史文化名城保护、防御雷电灾害、供水用水管理等法规中，重点规范了政府公共服务及社会管理职责，推动经济和社会事业统筹协调发展。第三，加强城市管理和生态环境立法。城乡规划关系全局，涉及长远，为更好发挥规划在城市建设管理中的调控引导作用，制定了市城乡规划条例，明确建立层级有序的规划监管机制，维护城乡规划的严肃性和稳定性，特别是对地下空间开发利用、雨污分流改造建设做出明确规定，填补了这一方面的立法空白。针对城市管理中的新情况，修改了道路客运市场管理、机动车维修市场管理、社会保险费征缴、公路路政管理等条例。为促进资源节约型和环境友好型社会建设，制定了再生资源回收利用、民用建筑节能、危险废物污染环境防治、绿化等4部条例，修改了水污染防治、节约能源等条例。这些地方性法规，为强化城市管理、推动生态文明建设提供了更为可行的法规依据。在推进立法过程中，常委会坚持科学和民主立法，注重立法的公正性，妥善处理各种利益关系，及时协调解决法规起草中的难点问题，发挥立法在表达、平衡、调整社会利益方面的重要作用；注重规范行政行为，严格控制行政许可、行政收费、行政处罚和行政强制的设定，防止部门利益倾向；注重扩大公民的有序参与，利用多种方式征集采纳人民群众和社会各界的意见；注重立法工作创新，对城市供水用水管理条例等8部地方性法规开展了立法后评估。

（胡士俊）

【增强依法监督实效】 常委会围绕市委决策部署和事关全市振兴发展大局、事关人民群众切身利益的问题，依法开展监督工作，5年来共听取审议“一府两院”专项工作报告136项，集中进行了8次执法检查，开展了2次专题询问，推动了依法行政和公正司法。第一，加强了计划和预决算审查监督。坚持把审查国民经济和社会发展计划、预算执行情况、“十一五”规划纲要中期评估和“十二五”规划纲要编制情况作为监督的重要内容，对本届人大历次会议批准的计划、预算执行情况进行督办审查，听取审议了相关工作情况的报告，并作出审查批准及调整的决议。进一步完善了对国民经济和社会发展计划的监督机制，促进政府将财政投资重大项目纳入年度国民经济和社会发展计划，首次将政府投资重大项目建设情况纳入审议议题。对政府性基金和专项资金预算、部门预算编制和执行、重点城建项目安排等方面，加强了审查监督，就防范政府债务风险、加强预算执行刚性约束、提高预算编制完整性、完善政府预算体系、加强专项资金管理、推进部门预算改革、强化国有资产监管等15个方面提出了审议意见。第二，加强了民生问题监督。常委会抓住群众关心、社会关注的重点民生问题，实施了持续监督。围绕保障食品安全，让百姓吃上安全放心食品，连续3年对贯彻实施食品安全法情况进行执法检查，通过听取专项汇报、明察暗访、实地调研、集中检查与委托检查相结合、随机抽样检测与百姓餐桌密切相关的食品、邀请代表全程参与等多种形式，加大监督力度，并围绕加强食品安全有效监管开展了专题询问。结合审议和专题询问，就落实监管责任、实施责任追究、健全监管机制、开展集中整治、强化源头管理、规范农贸大厅建设等12个方面的重点问题，提出了意见建议，督促政府改进食品安全监管工作，不断改善食品安全状况。围绕保障饮水安全，让百姓喝上干净水，结合对水污染防治法的执法检查和对涉水议案建议的跟踪督办，对老旧小区自来水管网和二次加压泵站改造、地下水资源保护、东水西调配套工程建设以及农村饮用水安全工程建设等方面，进行了连续跟踪问效，促进政府改造城市供水二次加压泵站612处、城市供水管网355公里，解决了104.6万村民饮水问题。围绕解决“看病难、看病贵”问题，听取了市属重点医院和医疗卫生服务体系建设、开展新型农村合作医疗等工作情况汇报，把市一院、四院、七院、儿童、妇婴、骨科、奉天等7所医院建设情况纳入监督计划，通过工作视察、专题调研、听取专项汇报、督办议案和建议等形式不断加以推动，促进7所市属重点医院改造如期完成，使医院规模扩大，设施得到更新，住院就诊床位大幅增加，中心城市公共医疗服务能力得到较大提升。围绕改善百姓居住环境，结合老旧弃管住宅小区综合改造议案的督办落实，先后5次听取和审议专项工作报告，多次组织专题调研视察，尤其是将改造弃管住宅小区确定为首次开展专题询问的内容，提出弃管小区改造“标本兼治”，加强后续管理，统筹道路、管网和墙体保温改造，确保工程质量等方面的建议，得到了市政府的高度重视，连续3年纳入为城乡群众办实事项目，完成了1502个弃管住宅小区改造任务，惠及165.5万城市居民。围绕推动“平安沈阳”建设，结合公安派出所改造建设的议案督办工作，从2010年开始，每年通过审议专项报告、听取工作汇报、组织专题视察，督促政府按照标准化、规范化和功能化的要求，加快公安派出所改造建设，新建改造的68个公安派出所实现了布局合理、统一规范、功能齐全、方便群众的目标要求，为提高群众见警率、增强百姓的安全感奠定了基础。第三，加强了生态环境保护工作监督。常委会始终把资源环境问题摆在重要监督位置，听取审议了生态市建设总体规划修编、污染减排等专项工作报告，督促政府加强资源环境保护，加快节能减排目标实现。对污水处理厂配套建设与有效运营、垃圾和污泥无害化处理进行了持续跟踪监督，提出的意见建议得到有效落实。为推进辽河流域水污染治理，从流域治理规律和人大自身特点出发，倡导发起了以“协同治理水污染，联手保护母亲河”为主题的“沈阳经济区八城市人大常委会依法推进辽河流域水污染治理协调行动”，围绕完善辽河流域治理法规、健全水污染监管体系、污水处理厂配套建设、保证治理改造资金落实、形成协调联动工作机制等内容，召开8次联席会议，组织了6次联合调研视察，提出的一系列意见建议都得到重视和采纳，为改善辽河流域水环境作出了重要贡献，得到了全国人大、省人大和省政府的高度评价和充分肯定。第四，加强了“三农”工作监督。着眼推动城乡统筹发展，将事关“三农”的重要事项适时列入常委会审议议题和视察检查内容。结合办理农业万亩大桥改造的议案，对农田水利基础设施建设情况、农田排涝工程多次开展视察检查，推动政府加强农田水利基础设施建设。针对制约农民专业合作社发展的突出问题，连续3年通过执法检查、审议工作报告等形式进行专项监督，就示范社建设、领办人培训、政策扶持、农产品营销以及流通体系建设等问题提出具体意见建议，有效促进了农民专业合作社水平和市场化程度的提升。第五，加强了司法工作监督。针对社会普遍关注、群众反映强烈的执行难问题，连续2年听取市法院关于民事执行工作情况的报告，推动法院有效开展专项清理活动，不断创新执行方式，规范执行行为，切实提高民事案件实际执结率和执行效果，特别是加大对不履行生效判决与裁定的处罚力度，最大限度保护当事人合法权益。加强了对争议较大、检察机关抗诉案件的庭审监督，创新旁听庭审活动方式，促进了阳光司法。同时，将加强信访工作与开展监督有机结合，对503件重点信访事项进行转办督办，为维护社会和谐稳定发挥了应有作用。

（胡士俊）

【行使重大事项决定权和人事任免权】 常委会根据市委的决策部署，围绕加快推进沈阳经济区新型工业化综合配套改革、“十二运”设施和浑南新城规划建设、政府重大投资项目实施、四大发展空间拓展、发展现代服务业和推进旅游产业发展等重大问题开展视察调研，促进了重大事项科学决策，推动了重点工作有效落实。围绕打造具有国际竞争力的先进装备制造业基地，就装备制造业发展中的深层次和关键性问题开展深入调研，促进政府加快推进“三大聚集区”和“两大配套区”建设，加速装备制造产业配套、生产性服务业和企业员工生活居住的有效聚集；推广机床集团通过产品扩散、合作生产方式整合零部件配套资源的成功经验，加快形成专业化、规模化、社会化的配套体系，发展壮大产业集群；积极探索产业与金融资本的深度融合，加快大企业总部基地建设，努力打造公共服务平台，使装备制造产业形成新的发展格局。修订了常委会讨论决定重大事项规定，明确了重大事项范围，规范和完善了工作程序，健全了对落实决议决定的监督机制，解决了在一些重点问题上的监督缺位问题，使讨论决定重大事项工作更具针对性和可操作性。在行使人事任免权方面，坚持党管干部和人大依法任免相统一，严格工作程序，保证人事任免工作的规范有序。5年来，共依法任免国家机关工作人员623人次，为地方国家机关正常运转提供了组织保证。

（胡士俊）

【加强和改进代表工作】 常委会本着“人大工作开展靠代表，人大工作水平看代表”的理念，不断创新代表活动方式，健全人大代表在闭会期间行使职权和发挥作用的机制。在全市人大代表中开展了“深入调研，为沈阳科学发展献良策；深入基层，为保增长促和谐解难题；深入走访，为人民群众办实事”的“三深入”活动，展示了代表们在反映民意、关注民生、助推发展中的积极作为。召开了全市人大代表工作会议，出台了加强人大代表工作的若干意见。制定了代表建议办理工作问责和绩效评估办法，完善了组成人员联系选举单位和代表小组、代表资格审查等多项制度程序。坚持2年开展一次优秀履职代表和先进代表小组评选表彰活动，共评选出先进代表小组16个、履职优秀代表123人次，激励和调动了代表依法履职的积极性。通过加强服务保障、搞好履职培训、开展代表联系群众见面日活动、建立“代表之家”等系列举措，使代表闭会期间的活动实效明显增强。常委会把审议代表议案办理情况报告和督办代表建议作为保障人民民主权利的重要工作，围绕14件代表议案的督办，先后8次听取审议办理情况专项报告，集中开展了12次专题视察检查。特别是对办理难度较大、见效周期较长的议案，每年都列入重点督办日程，促进政府认真办理。经过努力，这些涉及沈阳经济发展、公共安全、农田水利基础设施建设、环境保护、新农村建设、历史文化名城保护等方面的议案，都得到较好落实，代表和人民群众给予充分肯定。对代表提出的3852件建议、批评和意见，认真转办交办，对68件建议进行了重点督办，听取了“一府两院”的办理情况报告，并通过重点督办与跟踪督办相结合、召开办理工作现场会、领衔代表参加督办、通报办理情况等办法，保证代表建议办理工作认真落实，代表建议的办结率累计达到87.1%。人大代表选举是事关民主政治建设的一件大事，常委会按照市委统一部署，针对选举法修改后的新变化，在充分调研基础上提出指导意见，结合实际作出了代表换届选举工作的相关决定，严格按照法定程序做好代表名额分配、结构比例和代表候选人提名、推荐等工作，加强了对区县(市)人大换届选举工作指导，落实了“两升一降一保证”的要求，优化了代表结构，使本届市人大代表更具广泛性和代表性，为开好市十五届人大一次会议奠定了基础。

(胡士俊)

【加强常委会自身建设】 深入推进“学习型”机关建设，认真安排理论中心组学习，开展读书活动，有针对性地组织专题培训，举办了宏观经济形势预测、人大工作理论、宗教与社会和谐、立法等专题讲座15次，为提高履职水平创造了有利条件。坚持深入实际，认真开展调查研究，形成了100余篇重点调研报告，对提高审议质量发挥了基础作用。协助市委开好人大工作会议，在深入调研基础上提出了一系列有针对性的建议，为市委出台加强人大工作若干意见提供了决策依据，使一些影响人大工作的实际问题得到了解决。修订了常委会议事规则，健全了相关工作制度，推进了人大工作的规范化和程序化。重视发挥各专门委员会和工作机构作用，增设预算审查工作委员会，提升了常委会整体工作效能。坚持新闻发言人制度，扩大公民对常委会活动的参与，邀请了410名市民旁听常委会会议，提高了人大工作透明度。通过《沈阳人大》刊物、人大公报、人大网站以及加强主流媒体宣传报道等多种渠道，扩大了人大宣传工作的广度和深度，提高人大工作的影响力。通过纪念市人大常委会设立30周年活动，认真总结人大工作经验，对人民代表大会制度进行了广泛宣传。健全了机关干部培训制度，机关队伍整体素质有较大提高，围绕和谐机关建设，开展了丰富多彩的文化活动，展现出人大机关积极进取、奋发有为的精神风貌。加强了与区县(市)人大工作的联系指导，通过坚持和完善市与区县(市)人大常委会主任座谈会、区县(市)人大常委会主任列席常委会会议、联合调研考察、专委会对口联系等各项制度，加强情况沟通，听取意见建议。两级人大对立法调研、执法检查、工作视察、代表活动等重要工作实施联动，密切配合，共同推动全市人大工作发展。加强了同兄弟城市人大的学习交流。与20个国家的地方议会和友城议会开展了友好交往。

(胡士俊)

【专题询问食品安全工作】 2012年10月25日，市十四届人大常委会第四十一次会议举行联组会议，专题审议市人大常委会执法检查组关于检查沈阳市贯彻实施《中华人民共和国食品安全法》情况的报告，并进行专题询问。食品安全关系人民群众的身体健康和生命安全，关系经济发展和社会和谐稳定，是重大的民生问题。为做好本次专题询问，市人大常委会组成人员此前通过召开座谈会、走访调研、征求人大代表意见等方式，深入了解了全市食品安全工作情况。在询问现场，市人大常委会组成人员及部分人大代表根据调研实际，针对广大人民群众普遍关注的热点、焦点内容，如：食品安全监管体系建设、农产品加工、过期食品监管、地沟油整治和厨余无害化处理、“三小”管理、打击食品安全违法犯罪和加强食品安全责任追究等进行了专题询问。市食安办、市农委、市质监局、市工商局、市公安局、市行政执法局等部门主要负责人一一进行了回答。双方开诚布公，没有客套寒暄，问询者直面主题、有的放矢。应询人认真中肯、实事求是，使专题询问取得了良好效果。赵长义对询问和应询双方都给予了高度评价。他指出，此次专题询问旨在促进政府及有关部门进一步强化食品安全监管，推动食品安全责任的落实，以更加有效的举措，更加务实的态度，毫不松懈地抓好食品安全工作，为广大人民群众创造安全放心的食品环境。赵长义强调，食品安全是保障民生的“底线”，希望通过政府坚持不懈的努力，市人大的持续跟踪监督和全社会共同参与，能够全力破解沈阳市食品安全工作的突出问题，切实让百姓吃得安全、吃得放心。要进一步明确食品安全的监管责任，细化责任措施，实现监管责任无缺位、监管区域无盲点、监管对象无遗漏。要盯住突出问题，深入持久地开展集中治理工作。要加大依法查处力度，形成食品安全监管的高压态势，真正发挥法律的威慑力。要建立健全食品安全的长效监管机制，完善食品安全领导体制和工作机制，建立食品安全工作责任追究制度，鼓励社会监督，及时认真受理食品安全违法举报，努力构建成上下联动、群防群动的防范食品安全工作的格局，以推动全市食品安全状况的不断改善和提升。

(胡士俊)

沈阳市人民政府

【十八届九次全体(扩大)会议】 2012年7月11日召开。会议的主要任务是总结分析上半年工作，安排部署下半年任务。市长陈海波充分肯定了上半年全市经济社会发展成果，同时要求各级政府和政府各部门要强化忧患意识，增强责任感、紧迫感和使命感，努力把当前与长远、稳增长与促振兴结合起来，以扎实过硬的作风，全力抓好经济运行、重大项目建设、改革开放等重点工作，全面提升城市建设水平，着力保障改善民生，确保完成全年乃至本届政府的任期目标。市委常委、常务副市长顾春明通报了2012年上半年全市经济运行情况及下半年重点工作。

(综合一处)

【十八届十次全体(扩大)会议】 2012年12月27日召开。会议讨论通过即将提交市十五届人大一次会议审议的《政府工作报告》。市长陈海波主持会议并就2013年元旦、春节期间以及一季度的重点工作做出部署。陈海波要求各级政府和政府相关部门要全面贯彻落实党的“十八大”精神，以科学发展观为指导，围绕实现“三大目标”，扎实推进“五大任务”，突出做好市委十二届五次全会确定的稳增长、办全运、惠民生等重点工作，继续保持经济社会持续健康发展，努力实现新一届政府扎实开局。市委常委、常务副市长顾春明作了《关于〈政府工作报告〉的说明》。

(综合一处)

2012年沈阳市政府常务会议

时间	会议名称	主要内容
1月11日	市政府第十八届58次常务会议	关于"两会"建议提案办理工作;关于高起点谋划2012年开局工作;关于切实加强政府机关作风建设
2月9日	市政府第十八届59次常务会议	关于2012年城建计划;关于"综改"工作;关于表彰2011年度安全生产先进单位和个人事宜;关于《沈阳市工业热力管理条例(草案)》和《沈阳市农业综合开发资金和项目管理办法(草案)》的审办情况
2月22日	市政府第十八届60次常务会议	关于依法行政工作;关于政府工作顾问聘任和管理;关于2011年度政府绩效考评结果及2012年考评体系调整方案
2月29日	市政府第十八届61次常务会议	关于康福德高公司等在沈外资公交公司资产股权收购进展情况
4月9日	市政府第十八届62次常务会议	关于一季度全市经济运行情况;关于落实省政府进一步保障和改善民生意见的相关政策;关于赋予沈阳汽车城部分市级经济管理权限;关于规范市级经济开发区申报审核工作
5月14日	市政府第十八届63次常务会议	关于贯彻落实陈政高省长在沈调研时作出重要指示和工作要求
5月31日	市政府第十八届64次常务会议	关于防汛抗旱工作;关于2011－2020年城市总体规划
6月6日	市政府第十八届65次常务会议	关于《沈阳市人民政府修改〈沈阳市保护消费者权益实施办法〉等部分政府规章决定(草案)》的审办说明;关于出让东药股份公司部分股权;关于重组沈机集团
7月10日	市政府第十八届66次常务会议	关于上半年经济运行情况及下半年重点工作;关于法治政府建设指标体系
8月28日	市政府第十八届67次常务会议	关于浑河大街、北京街更名事宜;关于2012年度科技奖励表彰事项;关于蒲河生态廊道建设先进集体和个人的表彰事项;关于加快发展体育产业
10月9日	市政府第十八届68次常务会议	关于前三季度经济运行情况及今后一个时期重点工作;关于加快发展妇女儿童事业;关于支持中小微企业发展;关于《沈阳综合保税区管理办法(草案)》和《沈阳市建设项目安全设施监督管理办法(草案)》的审办情况
11月15日	市政府第十八届69次常务会议	关于2013年度立法计划安排;关于《中共沈阳市委、沈阳市人民政府关于加快推进科技创新实施意见(送审稿)》;关于追认于春雨、陈纪民为烈士事宜;关于违纪干部处理
12月27日	市政府第十八届70次常务会议	关于《沈阳市人民政府关于废止〈沈阳市市区户口迁移和立户分户管理暂行办法〉等政府规章的决定(草案)》、《沈阳市职业教育校企合作促进办法(草案)》和《沈阳市社会急救医疗管理办法(草案)》的审办情况;关于推进户籍管理制度改革工作

【建议提案办理】 市政府将2012年作为"建议提案解决落实年",通过落实办理工作责任体系、严格督办考评、实行网上办理和跟踪办理等行之有效措施,不断提升办理工作的质量和水平,建议提案办理工作取得了显著成效。全年,共承办省建议提案57件(其中:建议19件,提案38件),市建议提案1088件(其中:建议650件,提案438件),实现见面率、办复率、满意率3个百分之百,解决率创历史最好水平。

1.严格落实办理责任。市政府建立了严格的办理工作责任体系,实行建议提案办理"最终办结制"。建立健全了市长领办制、分管副秘书长分工负责制,以及承办单位主要领导负总责、分管领导审核把关、业务处室具体承办和办公室综合协调的"3＋1"办理机制,构建了"横向到边、纵向到底"的责任体系。全市上下形成了从市长到基层,层层有责任、逐级抓落实的办理工作格局。

2.借势推动政府工作。各承办单位将办理建议提案与借势推动工作有机结合,统筹研究,积极采纳,努力把代表委员的真知灼见转化为推动全市振兴发展的具体行动。针对代表委员高度关注的"稳增长、促振兴"、提升城市建设管理水平等问题,市政府办公厅、发改委、经信委等单位深入开展"双进双解"和重点项目"百日攻坚"活动,288个重点项目全部开工建设。市建委、城管局、行政执法局等单位有序推进大规模城乡绿化、道路整修和市容整治。

3. 深入开展再办理。市政府建立健全了再办理工作机制，通过开展当年“回头看”、第二年再办理，推动更多建议提案解决落实。各承办单位对2008年至2011年承办的建议提案认真梳理，全面进行“回头看”，加大工作力度，确保当届政府承办的所有建议提案，事事有回音、件件有结果。经过各承办单位的不懈努力，有559件建议提案得到解决落实。

4. 不断完善长效机制。市政府办公厅严格执行新修订的办理工作规则和考评办法，一是强化规范办理。狠抓交办、承办、答复、检查等环节。逐一审核答复报告，对于办理不规范的90余件建议提案，退回承办单位补充内容或重新办理，有效保证了办理质量。二是创新办理方式。继续推行现场办理、联合办理、集中办理等行之有效做法。开发建设了建议提案办理网上管理系统，实现了市政府系统建议提案网上交办、网上办理、网上反馈和信息资源共享，提高了办理质量和效率。三是严格督办考核。不断加大检查督办力度，每月公布办理进度、定期下发办理通报，通过现场检查和回访等措施，对办理情况进行抽查，保证办理结果的真实性。四是密切沟通联系。各承办单位坚持“三访”制度，通过电话、走访、组织视察座谈等多种形式，增强与代表委员的交流互动。

（秘书二处）

【督查工作】 重大举措督查。一是全面完成市长办公会议纪要起草和印发工作。全年共起草市长办公会议纪要103期（涉及事项510项），及时对市政府常务会议、市长办公会议、市长碰头会议等重要会议确定事项进行督查督办，报送《督查专报》54期，及时汇报各项决策事项的落实情况，实现了紧跟决策和落实决策的有机统一，有效确保了政令畅通。二是扎实推进《政府工作报告》的贯彻落实。结合首季“开门红”、半年“双过半”、三季度“企稳回升”、四季度全面完成年度任务的总体要求，对《政府工作报告》确定的192项主要工作任务、主要经济指标进行了全方位督查和专项督查，做到了报告情况及时、反映问题准确，有效促进了各项工作目标有序推进，确保了各项任务圆满完成，主要经济指标实现平稳较快增长。三是全面完成了项目建设督查督办工作。对全市288个重点项目开复工实施跟踪督查，起草重大项目开复工情况督查专报19期，推动了288各项目按时限要求全部开复工。对陈海波市长招商推进的项目进行跟踪督查，起草招商落实情况督查专报9期，推动各责任单位积极推进在谈项目抓紧签约，签约项目抓紧落地开工。

办实事督查。办实事确定事项正式发布后，督查室坚持周调度、月通报、季分析，不间断进行现场巡查，强力督促各责任单位赶时间、抢进度、提升办理质量，务求按预定计划启动、按工期进度推进、按规定时限办结。全年共制发《督查专报》10期、《督查通报》8期，深入到基层单位、施工现场督办70余次。在实事办理的关键阶段，连续4次安排市长进行实地视察和推动，保证了各项实事进展有序。截至年底10件26项实事按计划全部圆满完成，兑现了政府向社会的承诺。

（督查一处）

【应急管理】 2012年，全市应急管理工作，着眼保障全市经济社会平稳较快发展这一总体目标，强化基层基础建设，及时处置了“4・17”和“5・6”山林火险、“5・20”煤气中毒事件、棋盘山兴齐眼药在建仓库坍塌等4起较大突发事件。处置一般突发事件150余起，最大限度地减少了灾害造成的损失。公安交通部门开展了交通专项整治行动，道路交通秩序明显改善，全年交通事故呈现大幅度下降趋势。汛期沈阳市暴雨频繁、降水量大，市政府及时发布预警信息，市气象部门坚持24小时监测，应对极端天气的能力有所提高。市卫生、工商、药监、防疫等多部门联防联控，做到了早发现、早报告、早介入、早处置，有效预防了突发公共卫生事件的发生。市政府应急办深入各区县（市）政府、街道、社区等40多个单位，开展基层应急管理基础工作调研，指导基层工作。在和平、沈河、大东等城区进行基层示范点建设试点，这一成果得到了国务院和省政府应急办调研组的充分肯定。按计划审核了市级18个重点部门的应急预案，完成了市大型活动应急预案编辑汇总，完善了预案体系。全年处理各类应急信息1800余件，市政府值班室向市领导报送《值班要情快报》408期，向省政府报送《沈阳市重要情况报告》35期，处置省、市领导应急信息批示132件，确保及时督促落实、全程跟踪反馈。

（应急办）

【国务院应急办来沈调研】 2012年6月12日，由国务院应急办副主任郭晓光带队的国务院应急办调研组来沈调研应急预案体系建设工作。调研组先后到市134中学、沈阳供电公司、市疾病控制中心等地，查看应急物资储备、疾病检验及设备情况，听取工作汇报。市委常委、常务副市长顾春明陪同调研并向调研组介绍了沈阳市应急体系建设情况。调研组表示，沈阳市应急预案体系健全，完全符合国务院应急办关于加强应急预案体系建设的一系列要求，将认真总结沈阳市好的经验和做法。

（应急办）

【第六届应急管理宣传周】 2012年10月29日至11月2日，全市开展了第六届应急管理宣传周活动。10月29日上午，由市应急办、市燃气公司和沈河区政府在五爱市场开展集中宣传。在活动现场，开展了以宣传展板、横幅、标语、大屏幕应急知识展示、现场咨询和免费发放应急宣传画册、传单等形式的集中宣传活动。集中宣传日当天，全市共发放应急宣传资料20万份，宣传单近10万张，展示宣传展板650块，悬挂宣传横幅、标语1200条，参观和受教育的群众达60余万人。

（应急办）

【为城乡群众办10件实事】 市政府确定，2012年，为城乡群众办10件26项实事。为把各项实事落到实处，市政府督查室坚持周调度、月通报、季分析，不间断进行现场巡查，强力督促各责任单位赶时间、抢进度、提升办理质量，务求按预定计划启动、按工期进度推进、按规定时限办结。到12月25日，10件26项实事全部按计划完成，兑现了向社会的承诺。

在基本生活方面，改造弃管住宅区413个、总建筑面积1257万平方米，改造后小区全部落实了管理责任；改造城市二次加压泵站121处、超额完成21处；新开、调整线路30条、超额完成10条，新上线公交车辆1078辆、超额完成78辆；新建、改造90处菜市场。在优化卫生、教育资源方面，新建了3个急救分中心和3个急救站,新增12台重症监护型急救车辆;投入9000余万元,为乡镇卫生院及村卫生室配备85种医疗设备;新建37所、改造13所义务教育学校食堂,新建37所,改造13所普惠性幼儿园。在扶助弱势群体方面,新建100个示范性老年人日间照料站,完成了200个社区和2000户贫困残疾人家庭无障碍改造。在完善公共服务设施方面,开工建设了14个全民健身中心,其中12个竣工使用;新建了106个城乡全民健身广场,为400个村屯安装户外健身器材。在食品安全监管方面,进一步加大检验力度,全市地产蔬菜采收前抽样检测覆盖率达到90%;各大市场、超市销售的猪牛羊肉抽检合格率为99.8%,外埠输入的猪牛羊肉抽检合格率为100%;全市29类食品生产企业产品抽检合格率为96.1%;55家大型商场、超市经营的20个品种高风险食品抽检合格率为88%。全年查办餐饮服务食品安全违法案件1700余件,查处无证经营餐饮单位364家;破获病死猪、"瘦肉精"、注胶牛肉等食品违法犯罪案件343起,刑事拘留129人、捣毁各类涉假窝点180个。

在扎实推进、做好办实事工作的同时,督查室还按照市政府的要求,组织沈阳日报、沈阳电视台等主流媒体,对本届政府办实事工作进行了系列宣传和专题报道,集中展示了本届政府办实事取得的丰硕成果,进一步扩大了办实事的知名度和美誉度。

附件:2012年为城乡群众所办10件实事

第一件:综合改造413个弃管住宅区,加强改造后的弃管住宅区管理工作;对100处二次加压泵站实施改造,解决市民饮用水安全问题。

第二件:新增、更新公交车辆1000辆,新开、调整公交线路20条,不断提高公交服务水平。

第三件:大力加强食品安全监管。全年地产蔬菜采收前抽样检测覆盖率达80%以上,保证地产蔬菜不发生质量安全事故;加大对畜产品兽药残留及全市25类食品生产企业产品的检验力度,对11大类"高风险食品"进行动态监控,确保大型商场、超市的食品安全;加强对提供固定就餐场所和设施的餐饮服务类单位的监管,营造安全、放心的餐饮消费环境;依法严厉打击制售假冒伪劣食品的违法犯罪行为,切实保证人民群众身体健康。

第四件:加强急救网络建设。新建3个急救分中心和3个急救站、新增重症监护型急救车辆12台,使全市急救站点数量达到20个、急救车辆增加到112台,基本形成以市急救中心为核心、区域分中心为骨干、急救站为分支的覆盖主城区的急救网络。

第五件:加快提升乡镇卫生院和村卫生室医疗设备水平,方便农民就近就医。

第六件:新建、改扩建50所义务教育学校食堂,为中小学生提供安全的就餐环境;新建、改扩建50所普惠性幼儿园,有效缓解学龄前儿童入园难状况。

第七件:完成200个社区、2000户贫困残疾人家庭的无障碍改造,继续为残疾人日常生活创造方便条件。

第八件:继续加强社区养老服务设施建设,新建100个示范性老年人日间照料站。

第九件:大力发展公益性文化体育事业。在150个社区建立艺术惠民培训站,开展艺术培训和群众文化活动1万场次,免费为城乡群众放映电影2.5万场次;全面推进市、区两级全民健身中心、以浑河为主的沿河健身带及城乡全民健身广场建设,为400个村屯安装户外健身器材。

第十件:新建、改造90处菜市场,方便市民就近买菜。

(督查二处)

【行政审批】 2012年是沈阳市行政审批制度改革10周年,在市委、市政府的正确领导下,市政务办围绕""的工作主线,继续深化行政审批制度改革,加快推进电子政务平台建设,不断提升政务服务水平,保障了全市重点项目顺利落地。一是组织开展了第九轮行政审批项目清理工作,首次将清理范围由原来的行政审批拓展到政务服务领域,为单一行政审批向政务服务转型迈进奠定了坚实的基础;二是重新梳理了基本建设项目审批、外商投资企业设立等较复杂的跨部门审批流程,使审批环节更加紧密、办事流程更为简化,即办水平提高到85%;三是继续推进"批管分离",已有18个审批职能部门完成了独立机构设置,到位率达51.4%,完成了年初既定工作目标;四是加快推进"网上审批",全年通过内网业务运行平台受理各类事项12.1万件,办结率达100%。即将启动的"沈阳市网上服务中心",已有24个部门可上线使用,涉及行政审批及其他事项215项,电子化申报表格1055页;另外,从全省电子监察建设要求出发,2012年3月,首次实现了县级中心审批业务数据与省电子监察数据中心的数据连通;五是组织开展以庆祝行政审批制度改革10周年为主题的征文、演讲、知识竞赛、名家讲坛等系列活动,组织编印了《十年辉煌》宣传画册。六是围绕全市288个重点项目,出台了《2012年重点项目十项服务承诺》,坚持"一对一"对重点项目开展提前介入、现场办公、跟踪服务等工作手段,全年共为191户企业提供无偿代办服务;为87个重点项目召开协调会96次。七是继续做好进厅部门日常管理。坚持每天对窗口进行巡查不少于8人次;坚持执行指纹考勤和通报制度,全年请销假7524人次,出勤率94.2%,在岗率86.5%;坚持集中登记和业务日报制度,全年完成基本信息录入72.6万条,工作日报244期;坚持周六周日窗口值班制度,全年参与值班87天;八是做好文字综合、调研和考核工作。完成领导讲话15篇,政协提案6篇,汇报材料35篇,其他文字材料33篇,每季度完成一篇调研报告,其中关于"批管分离"改革的调研报告被新闻媒体报道;全年完成的文字量达92万余字;顺利完成了年终绩效考核和评优工作,科学合理地评价县区及进厅单位工作实绩。

2012年,市政务服务中心累计接待各类咨询8.8万人次,受理审批事项12.1项,办结12.1项,办结率100%,即办率85.2%;为191户企业提供全程代理服务;新注册企业642户,注册资本94.9亿元人民币。其中,内资企业393户,注册资本45.7亿元人民币;外资企业249户,注册资本7.8亿美元;超亿元企业19户,注册资本54.9亿元。共有71个超亿元基本建设项目通过立项审批,投资额529.3亿元。

(杨晓然)

【打造特色政务服务体系】 开展项目

清理，规范要素设置。按照中央和省里的相关要求，启动了第九轮项目清理。较比以往不同的是，本轮清理首次从政务服务角度对项目的设置进行规范。为保证此项工作稳步推进，做了充分的准备工作：一是印发了《沈阳市政务服务项目清理工作方案》，对本次工作的清理范围、工作原则及工作要求做了明确的界定；二是召开专题会议，对清理工作进行部署，将《清理方案》下发给各区县、各部门。在清理实施阶段，组织工作人员对各部门报送的政务服务项目进行逐条逐项审议，对项目名称、所需要件、审批时限等要素的合法性和合理性进行严格审查。与此同时，还建立了会商制度，对调整较大、存在问题较多、项目要素不规范、社会反映强烈的，与部门一对一进行会商。自清理工作开展以来，共召开协商会议23次，有效确定了各类事项的清理意见。

践行服务承诺，确保重点项目快速落地。在市政府确定288个重点项目后，立即召开了重点项目对接会，出台了《重点项目审批十项服务承诺》，确保重点项目享受到最优质、最便利的审批服务，促进项目的顺利开工。随着开工季的来临，加大了重点项目的服务力度：一是紧密关注重点项目的审批手续办理情况，建立工作调度机制，每周分别向市直部门和区县服务中心调度一次项目审批进度情况，随时跟踪项目的最新进展情况。每周2次向政府报送审批进度。二是畅通“绿色通道”，凡重点项目皆不受任何门槛限制，均可优先、快速办理审批手续。提供“全程代办”，对到市区两级行政审批中心办理审批手续的项目，均指派专人协助或提供无偿代办服务。坚持“特事特办”，对主体申报材料齐全，相关要件有缺漏的重点项目，在项目单位作出限时补齐要件的承诺后，对其实施先行受理，加快了项目的总体审批进程，缩短了整体时限，极大方便了项目单位。三是做好后续审批服务，对已经进入施工阶段的重点项目，将审批服务的重心从事前服务转向后续服务。在后续服务阶段，积极推行“一把手”责任制和实名推进制，及时协调、解决项目在审批中遇到的各类问题。对和企业施工密切相关的供电、供水、供暖、供气等公共服务类事项的审批，全面比照审批事项快速办理，确保重点项目顺利实施。全年共为重点项目提供代办服务179次，预约服务59次，已为普利司通、华晨宝马、华润万家等100个重点项目办结了开工前的审批手续。

加强平台建设，构建三级政务服务体系。为认真贯彻落实中共中央办公厅国务院办公厅《关于深化政务公开加强政务服务的意见》（中办发〔2011〕22号）文件精神，沈阳市出台了《关于深化政务公开加强政务服务的实施意见》（沈委办发〔2012〕6号）文件，对政务服务体系建设工作进行了总体部署，明确了各层级服务中心职能，对其功能进行了界定，倾力打造具有特色的政务服务体系。为顺利开展此项工作，选取苏家屯区作为三级政务服务体系推进的试点地区，协助苏家屯区出台了本地区的三级体系建设方案，并将先进的信息网络技术引入到服务体系建设中，实现街道（乡镇）便民服务中心和社区（村屯）便民服务站的业务办理与区政务服务中心联通，并纳入全市业务管理系统统一管理，实现联网式办公、协调式运作、全过程监督。

（*杨晓然*）

【政务公开】 沈阳市按照全国政务公开办和省政务公开办的工作要求，以“政务公开，服务于民”为工作目标，深入推进政府各项信息公开，完善政务服务体系建设，不断丰富政务公开形式，使沈阳市政务公开迈上新台阶。

一是完善政务公开工作制度。为保证政务公开和政府信息公开工作有力推进，根据《条例》要求，制定出台了政务公开考核、信息统计等办法，建立健全了政府信息主动公开、依申请公开、新闻发布、年度报告等制度，累计制定工作制度和办法19项，使政务公开和政府信息公开工作走上了规范化、制度化轨道。

二是推进政府信息公开。全市各地区各部门按照《条例》规定，围绕事关群众切身利益的重大事项和政府最新政策，及时、主动地向社会进行公开。同时，根据《沈阳市政府信息公开重点工作实施方案》的要求，按照“积极推进、分步实施”原则，稳步公开保障性住房、食品安全、环境保护、招投标、生产安全事故、征地拆迁、价格和收费等信息，加快财政预算决算、“三公”经费和行政经费公开试点，为全面公开重点领域信息做好准备。还完善了依申请公开网上申请、办理和回复程序，使群众申请渠道更加畅通，群众对各部门的服务意识和态度十分满意。

三是加大行政权力运行公开。各地区、各部门根据编制部门界定的工作职能，对照每个岗位职责，逐项梳理行政职权，并重新调整和完善职权目录和流程图，及时向社会公开。同时，加强行政权力运行制度建设，规范行政执法、裁量、处罚等职权行使各个环节，确保权力在阳光下运行。

四是完善基层政务服务。各区、县（市）、开发区贯彻落实省政府《关于规范乡镇公共行政服务中心建设工作的通知》要求，进一步完善乡镇服务中心建设，集中场所、统一名称、调整补充审批服务事项，所有便民便企事项全部进入中心办理，完善服务办事指南和目录，及时公开办事内容、要件、流程、收费标准、办理时限等信息，切实方便企业和群众办事。

五是巩固和创新公开载体。做好早午晚版《连心桥政务公开热线》、《民生连线》、《政务公开报》、“114政务服务热线”等多种载体的政务宣传和服务工作，创新电视台《看今天》“政务公开走向全民”形式，增强政府部门与群众的互动，面对面解答市民问题。

六是有效解决民意诉求。做好《民心网》和《民心网内参》政策咨询件答复和办理，加大力度解答和解决好群众问题。继续加强政务公开“三进”活动，并与“双进双解”活动相结合，深入企业、农村和社区，帮助企业和群众解决实际困难。

七是强化政务公开监督和考核评议。加大政务公开考评力度。将政务公开工作纳入到全市绩效评估工作中，使政务公开工作更有针对性和侧重点。推进网上实时动态考评。细化考评内容，提高考核标准，对全市各部门工作完成情况进行时时跟踪检查。进一步加强社会公众评议。

（*张俊周*）

【公共资源交易系统建设】 根据市政府2008年第11次常务会议决定，沈阳市公共资源交易平台于2008年12月1日成立，市建筑工程交易中心、政府采购中心、土地储备交易中心整建制进入平台，初步实现了统一进场、规范交易、专业管理的工作目标。

2011年至2012年，辽宁省委、省政府先后出台了《关于全面推进“五大系统”建设的意见》(辽委发[2011]4号)和《关于深入推进2012年惩治和预防腐败体系建设的意见》(辽委发[2012]4号)，为贯彻落实中央和省委、省政府提出的加强公共资源交易系统建设的有关精神，市委、市政府按照“管办分离”和“统一交易场所、统一信息发布、统一交易规则、统一监管措施”的原则，建立了“一委一办一中心”的管理体制，即成立了沈阳市公共资源交易委员会、沈阳市公共资源交易管理办公室和沈阳公共资源交易中心。同时，为建设集中统一的公共资源交易中心，做大做强沈阳市公共资源交易市场，做好中省直交易项目进入地方交易的承接工作，市政府决定将沈阳公共资源交易中心搬迁21世纪大厦B座，新的交易场所于2012年11月26日正式启用，总建筑面积1.03万平方米，4—21层分别设有窗口服务区、开标区、办公区、监控区、评标区、专家隔夜评标休息区等6区域，并建有门禁系统、视频监控系统、答疑系统、远程监控系统、专家抽取系统和代理机构选取系统等6个系统，形成了配套功能齐全、网络技术先进、交易程序规范、服务设施完备的交易场所。

(张俊周)

·外　事·

【**市领导出访**】　2012年，市领导率经贸代表团和友好交流团组共出访了韩国、德国、法国、俄罗斯及香港等20余个国家和地区。出访期间，代表团与所在国家和地区的政府、企业、民间组织开展了广泛的交流活动，举办了形式多样的推介会、洽谈会、座谈会等，在装备制造业、汽车和零部件产业、IT产业、现代建筑产业、环保产业、现代服务业、高端制造业、新兴产业等领域推进了数十个重大合作项目。市领导出访促成了大型外资企业的增资扩资，积极引进了一批高科技的研发中心项目落户沈阳，有力地促进了沈阳市产业结构的转型升级，进一步开拓了对外交流渠道，提升了与访问国家和地区的交流水平。

(李　丹)

【**重要外国团组访沈**】　2012年，来访的前政要团组包括：韩国前总理金硕洙、郑云灿，日本前首相福田康夫、村山富市，俄罗斯联邦委员会前副主席梅津采夫等。来访的重要政务团组：包括澳大利亚和德国外交部长、驻华大使，欧盟驻华大使，印度和喀麦隆驻华大使，以及美国、韩国、日本、澳大利亚等国的城市政府代表团。来访的重要经贸团组包括：韩国SK、乐天、锦湖石化、现代汽车，日本精工、丰田、东芝、三菱、安川电机、积水房屋、鹿岛建设，德国施耐德、宝马、欧福，法国家乐福、米其林、万喜，香港新世界、恒隆等。

(李　丹)

【**韩国前总理金硕洙访沈**】　2012年8月24日，韩国前总统金硕洙来沈参加“2012沈阳韩国周”活动，省委常委、市委书记曾维，市长陈海波，市人大常委会主任赵长义会见了金硕洙。韩国外交通商部交涉本部长朴泰镐、韩国国会议员李学永、韩国驻沈阳总领事赵百相，沈阳市人大常委会副主任宋铁瑜，副市长黄凯，市政协副主席韩晓言参加会见。

(李　丹)

【**韩国前总理郑云灿访沈**】　2012年8月26日，韩国前总理郑云灿来沈参加“2012中国沈阳韩国周”活动，市长陈海波会见了郑云灿。副市长黄凯参加会见。

(李　丹)

【**日本前首相福田康夫、村山富市访沈**】　2012年8月31日，以前首相村山富市为团长，前首相福田康夫为顾问，由日本经济界、工商界人士及企业家代表组成的日本代表团来沈参加“2012中国沈阳·日本装备制造业合作发展交流会”。省委常委、市委书记曾维，市长陈海波会见了村山富市、福田康夫一行。

(李　丹)

【**俄罗斯联邦委员会前副主席梅津采夫访沈**】　2012年9月26日至28日，俄罗斯联邦委员会前副主席梅津采夫访沈，参加“2012年东北亚发展论坛”系列活动。沈阳市委书记曾维于9月27日会见了梅津采夫一行，双方就深化地区间合作，加强沈阳与俄罗斯在经贸、卫生、教育、文化等领域的交流进行深入探讨。

(李　丹)

【**德国外长韦斯特韦勒访沈**】　2012年10月12日，德国外长韦斯特韦勒、德国驻华大使施明贤访沈，与省长陈政高一同出席德国驻沈阳总领事馆开馆仪式并致辞。市长陈海波、德国驻沈阳总领事傅培言出席开馆仪式。同日，中德企业家座谈会在沈阳召开。省长陈政高、德国外长韦斯特韦勒出席座谈会并讲话。市长陈海波、德国驻华大使施明贤、德国驻沈阳总领事傅培言出席座谈会。

(李　丹)

【**澳大利亚新任外交部长鲍勃·卡尔访沈**】　2012年5月15日至16日，澳大利亚新任外交部长鲍勃·卡尔访沈。省委常委、市委书记曾维，市长陈海波会见了鲍勃·卡尔部长以及澳大利亚驻华大使孙芳安一行。市领导马占春、黄凯参加会见。

(李　丹)

【**澳大利亚驻华大使孙芳安访沈**】　2012年2月15日至16日，澳大利亚驻华大使孙芳安女士访沈。省委常委、市委书记曾维会见了大使一行，并就深入发展沈阳与澳大利亚的友好关系进行了洽谈。孙芳安大使表示将在任期内积极推动澳大利亚在沈阳建立领事馆。8月15日，澳大利亚驻华大使孙芳安女士来沈出席“2012中国沈阳澳大利亚周”活动，市长陈海波会见孙芳安大使。副市长黄凯参加会见。当天，由沈阳市政府和澳大利亚驻华大使馆联合主办的“2012中国沈阳澳大利亚周”活动开幕，副市长黄凯、澳大利亚驻华大使孙芳安出席开幕式并讲话。

(李　丹)

【**举办与佐世保市结好一周年纪念活动**】　2012年3月25日至29日，为纪念中国沈阳与日本佐世保市缔结友好交流城市一周年，佐世保市市长朝长则男、议长永山正幸率政府、议会成员及该市制造业、服务业、农业、文化、教育等领域的8个交流团组及市民共计135人乘包机来沈举办了友好交流纪念活动。沈阳市亦同时派遣了以市友协副秘书长周宝峰为团长的120人的沈阳市市民代表团，乘包机出访了日本佐世保市。日本代表团在沈期间，市委常委、常务副市长顾春明、市人大常委会主任宋铁瑜、市政府副秘书长田家、张广印等市领导分别会见了代表团一行。

（李　丹）

【举办20个国际友好活动日】 2012年，沈阳市与友城、外国驻华使领馆及港澳方面共同举办了20个国际友好活动日。分别是日本周、澳大利亚周、沈阳札幌市民包机友好活动日、大田日、光阳日、中韩友谊植树日、沈阳城南青少年交流日、中韩文化日、中德教育合作日、沈阳伊尔库茨克日、沈阳瑞典日、沈阳芝加哥日、沈阳加拿大艾伯塔教育活动日、中国海交会海外理事沈阳行活动日、沪深侨商沈阳行活动日、香港新界地区工商人士沈阳行活动日、香港公务员交流日（2次）、沈阳芬兰友好日、沈阳澳门青少年友好交流日。通过上述活动，大力推进了双方多领域合作，有效开展了对外交流。

（李　丹）

【举办"沈阳—日本周"】 2012年6月2日至9日，"沈阳日本周"开幕式在沈阳举办。辽宁省人大、沈阳市政府有关领导、驻沈各国总领事、在沈日资企业负责人、在华日本地方政府代表处负责人，以及来自日本的传统文化表演团体和中外媒体等各界人士近180人出席了开幕式。"沈阳日本周"活动由辽宁省外事办公室、沈阳市外事办公室、日本驻沈阳总领事馆共同举办。"沈阳日本周"期间开展了"咔哇伊时装秀"、"日本传统文化展"、"品牌·市场战略研讨会"、"日本经典老电影展映会"、"日本物产展"、"日本观光展"等多项活动。

（李　丹）

【举办"沈阳—澳大利亚周"】 2012年8月15日至23日，由沈阳市政府与澳大利亚驻华大使馆主办、沈阳市外办与澳大利亚贸易委员会承办的"2012中国沈阳——澳大利亚周"在沈举行。这是沈阳首次举行综合性介绍澳大利亚经济、文化、教育、城建、饮食、消费品等多领域的大型活动，共举办了15项活动。澳大利亚驻华大使馆、驻上海总领馆、澳大利亚贸易委员会北京、上海、广州、沈阳办事处、澳大利亚麦考瑞大学、悉尼科技大学、澳大利亚葡萄酒管理局、澳大利亚红肉协会以及中国澳大利亚商会北京分会组织的企业代表团近百人来沈参加此次活动；辽宁省政府、沈阳市政府及高校、企业代表逾300人参与了各项活动。"澳大利亚周"活动深入加强了沈阳市与澳大利亚政府、企业界、教育界的合作，增进了双方的友谊。

（李　丹）

【与智利瓦尔帕莱索市结为友好合作关系城市】 2012年5月，市人大常委会主任赵长义率沈阳市代表团赴智利考察访问，与智利瓦尔帕莱索市签署建立友好合作关系城市协议书。赵长义主任、瓦尔帕莱索市市长穆尼奥斯分别代表两市签约并会谈。瓦尔帕莱索市是智利第二大城市，国家议会所在地，人口约28万，是智利重要的港口城市，吞吐能力占智利全国吞吐能力的近四分之一。

（李　丹）

【与阿根廷拉普拉塔市签署建立友好城市关系意向书】 2012年5月，沈阳市人大常委会主任赵长义率沈阳市代表团赴阿根廷考察访问，与阿根廷拉普拉塔市签署建立友好城市关系意向书。赵长义主任、拉普拉塔市市长布鲁诺分别代表两市签约并会谈。拉普拉塔市是阿根廷第一大省布宜诺斯艾利斯省的省会城市，现有人口60万，是阿根廷的重要港口，吞吐量位居全国第二。

（李　丹）

【与韩国仁川广域市签署友好城市关系意向书】 2012年6月6日，仁川广域市宋永吉市长率领仁川市代表团访沈，与沈阳市签署建立友好城市关系意向书。陈海波市长、仁川广域市市长宋永吉分别代表两市签约并会谈。副市长黄凯参加签约及会谈。仁川广域市是韩国第三大城市，面积为1032平方公里，人口280万，拥有韩国最大的国际机场和第二大港口。

（李　丹）

【与俄罗斯新西伯利亚市签署友好城市关系意向书】 2012年9月24日至26日，俄罗斯新西伯利亚市市长戈罗杰茨基、议长波尔坚科率团访沈参加2012东北亚发展论坛，访沈期间与沈阳市签署建立友好城市关系意向书。陈海波市长与戈罗杰茨基市长分别代表两市签约并会谈。新西伯利亚市是西伯利亚地区最大的城市，人口数量仅次于莫斯科与圣彼得堡，自然资源丰富，工业企业众多，并拥有在俄罗斯具有较高知名度的大学、博物馆和剧场。

（李　丹）

【举办"沈阳札幌市民包机友好活动日"】 2012年7月21日至8月21日，辽宁康辉国际旅行社租用南航班机，利用沈阳札幌航线，开通了赴北海道地区旅游的10班包机，受到市民欢迎，客座率几近100%。期间，沈阳市组成了沈阳市包机友好代表团成功访问札幌，拜会了上田文雄市长、组织了沈阳札幌市民合唱团友好交流演出、沈阳札幌书法绘画展等系列友好交流活动。其中，辽宁群星合唱团、铁西启工二校小学生"太阳鸟"合唱团与札幌市民合唱团共同举办的友好交流演出，受到札幌市民的热烈欢迎。上田文雄市长观看了演出并表示，这是两市结好32年来，双方首次举办的市民合唱交流活动，是两市文化交流和市民交流中的一件大事。当地媒体《北海道新闻》对此专门进行了报道。

（李　丹）

【举办"中韩友谊植树日"】 2012年5月19日，为纪念中韩建交20周年，由东北三省韩人体育会、沈阳韩人会主办，沈阳市人民政府外事办公室、大韩民国驻沈阳总领事馆协办的"中韩友谊林植树活动"在和平区满融村举办。黄凯副市长、韩领馆赵百相总领事出席了植树活动。

（李　丹）

【举办"沈阳—伊尔库茨克日"】 2012年8月4日至7日，为纪念沈阳与伊尔库茨克结好20周年，以伊尔库茨克市市长孔德拉绍夫、议长拉贝根为团长的代表团一行10人来沈访问，与沈阳市共同举办了"沈阳—伊尔库茨克日暨沈阳与伊尔库茨克建立友好城市关系20周年纪念"系列活动，并积极推动两市在物流中心和大型综合商场建设，以及医疗、文化、艺术等领域的合作。

（李　丹）

【《人民中国》采访沈阳市与札幌市友好交流史】 2012年6月18日至21日，为纪念中日邦交正常化40周年，展示改革开放以来我国地方政府对日友城的交流成果，《人民中国》杂志社采访、搜集沈阳市与友城札幌市32年来的友城交流史，并将采访文章刊登在《人民中国》杂志第八期。北海道银行涉川隆彦副所长、市旅游局柳秀芝局长、绿岛学校汪慧丽校长、市对外科技交流中心金鲜一主任及北海道八八八拉面店宫本征史经理接受了采访，多角度展示了沈阳市与札幌多年来友好交流的历史。

（李 丹）

【举办“2012 日语文化节”】 2012 年 5 月 20 日，市外办与沈阳日本人教师会、在沈高校等共同发起的“2012 沈阳日语文化节”在中国医科大学成功举办，来自在沈高校的 300 余名日语专业学生参加了文化节演出。学生们通过日语歌曲、日本传统舞蹈、动漫、空手道、日语短剧等丰富多彩的形式，在展现日语学习成果的同时加深了对日本文化的进一步理解。沈阳日语文化节每年举办一届，2012 年第十六届在沈阳市举办，文化节的举办已经成为沈阳民间对日友好交流活动的一个品牌。

（李 丹）

【举办“2012 太平洋国际音乐节”】 2012 年 8 月 2 日，为纪念中日邦交正常化 40 周年，沈阳市与札幌市在辽宁大剧院举办了“太平洋国际音乐节沈阳演奏会”，在维也纳交响乐团首席指挥法比奥·路易斯的率领下，来自 20 个国家的 77 名青年音乐家用精湛的演出为沈城市民带来了一场高水平的音乐盛宴。演出开始前，省委常委、市委书记曾维会见日本札幌市市长上田文雄一行，双方共同观看演出。

（李 丹）

【举办“沈阳市第二届外语大赛”】 2012 年 9 月 13 日至 2013 年 1 月 16 日，“沈阳市第二届外语大赛”由沈阳市人民对外友好协会主办，沈阳世贸人才培训中心、沈阳国际交流中心承办，沈阳海外人才交流协会、沈阳市对外文化交流协会、沈阳大学、沈阳医学院协办，市教育局、市人社局、市外办、市外经贸局、招商银行沈阳分行、共青团市委、沈阳工业大学、沈阳师范大学、省实验中学、第四中学、美国驻沈阳领事馆、韩国驻沈阳领事馆等单位作为特别支持单位。共有 10 个语种 2 万余人参加，50 名参赛选手荣获本届大赛金奖。

（李 丹）

【举办“第十六届日语辩论大赛”】 2012 年 4 月 22 日，第十六届日语辩论大赛在沈阳举办。大赛由沈阳日本人会主办，辽宁省人民对外友好协会、沈阳市人民政府外事办公室、沈阳市教育局、日本驻沈阳总领事馆协办。来自沈阳大学、沈阳航空航天大学及东北育才学校、辽宁省实验中学等大学和高中的学生参加了此次大赛。日语辩论大赛自 1997 年举办，在社会各界的广泛支持和广大日语爱好者的积极参与下，已经成为沈阳市对日交流的有效平台，对推动双方青少年交流和文化交流起到了积极作用。

（李 丹）

【德国驻沈阳总领事馆正式开馆】 2012 年 10 月 12 日，德国驻沈阳总领事馆正式开馆。省长陈政高、市长陈海波、德国外长韦斯特韦勒、德国驻华大使施明贤、德国驻沈阳总领事傅培言，出席了开馆仪式。德国驻沈阳总领事馆是德国在中国设立的第五个总领事馆，也是沈阳第七个外国总领事馆。办公地点在凯宾斯基饭店 16 楼。首任德国驻沈阳总领事傅培言，1953 年出生于德国汉堡－哈尔堡，到任前为德国驻海地大使。

（李 丹）

【日本驻沈阳新任总领事田尻和宏到任】 2012 年 5 月 15 日，日本驻沈阳新任总领事田尻和宏抵沈。田尻和宏是日本驻沈阳总领事馆第十任总领事，之前任日本驻广州总领事，先后曾在日本驻中国大使馆、日本驻上海总领事馆、日本驻重庆总领事馆任职。田尻和宏 1952 年出生于日本石川县，毕业于日本东京都立大学法律系。

（李 丹）

【法国驻沈阳新任总领事美屿到任】 2012 年 9 月 19 日，法国驻沈阳新任总领事美屿抵沈履新。美屿是法国驻沈阳总领馆的第二任总领事。到任之前任法国外交部亚大司调研员，她先后担任法国驻华使馆新闻专员、法国外交部副发言人、法国外交部干部司调研员、法国驻泰国使馆二秘及法国驻越南使馆新闻参赞等。美屿出生于 1964 年。

（李 丹）

【处理涉外事件】 市外办依据国家有关政策，坚持以人为本，加强领事保护，严格依规办事，全年共协调处理了在沈外资企业经济、劳资、土地等方面的纠纷以及我国境外公民、机构合法权益的保护等各类领事案件 20 件。

（李 丹）

【开展民间交流】 在市友协的积极推动下，沈阳市开启了与智利瓦尔帕莱索、阿根廷拉普拉塔市等南美地区城市的友好交流关系；加强了沈阳市与欧洲城市在水务领域的合作；开展了与日本友城地下空间规划、开发、建设和商业运营方面的交流。举办了与日本佐世保市结为友好合作关系城市一周年纪念活动，双方互派了共 250 余人的代表进行互访，在制造业、服务业、农业、文化、教育等领域开展了丰富多彩的交流活动。还举办了“芬兰友好日”和“沈阳—澳门青少年友好交流日”活动，加强了与这 2 个国家和地区的友好关系。积极推进有关部门与美领馆在全科医生培训、护士培训等项目的合作。与俄罗斯驻沈阳总领馆合作，利用其网站宣传沈阳招商引资政策和对俄项目。

（李 丹）

【加强因公出国（境）管理】 全年共审核审批各类因公出国（境）团组 744 批 2265 人次，其中经贸招商类团组 1457 人次，占全市出访团组人数的 64%；文化、教育、体育等交流类团组 479 人次，占全市出访团组人数的 21%；培训类团组 329 人次，占全市出访团组人数的 15%。严格控制无实质性任务和一般性交流考察团组，全年共计取消和调整 17 个团组和 53 人次的出国申请。受理因公出国护照（通行证）签证申请 1192 批次，3459 人次；办理护照 1268 本，办理港澳通行证及签注 147 批次，414 人次。因公护照收缴率达 98%，并顺利完成电子护照运行工作。积极稳妥地办理了外国人来华邀请确认手续的审批办理工作。

（李 丹）

【举办 APOA 国际飞行大会】 2012 年 8 月 25 至 27 日，沈阳市政府和中国私用航空器拥有者及驾驶员协会（AOPA·CHINA）主办的“2012 沈阳法库 AOPA 国际飞行大会”在沈阳法库通用航空产业基地举行。这次大会是东北地区第一次举办的国际飞行大会，也是中国第一次举办的“飞来者”大会。省长陈政高出席开幕式，并宣布国际飞行大会开幕。沈阳军区空军副司令员张华山，国际私用航空器拥有者及驾驶员协会秘书长克雷格·斯丁赛，省委常委、市委书记曾维，市长陈海波，市人大常委会主任赵长义，市政协主席刘雅琴，省军区副司令员王静雨，民航东北地区管理局局长陈锡兵，市领导马占春、李峰、韩晓言出席开幕式。副市长黄凯主持开幕式。

开幕式后，大会特邀蜚声国际的英国“雅皮士”特技飞行表演队进行了双机、四机特技飞行表演，还邀请美国、德国、荷兰、西班牙等6个国家的12名队员进行了踩伞造型表演。本次国际飞行大会共动用航空器及器材220架（具），参加升空表演人员200余人。

（李 丹）

【举办“香港公务员交流日”系列活动】 2012年6月和9月，为进一步加强沈阳市与海外及特区政府间的交流与合作，沈阳市举办了“沈阳—香港公务员交流日”系列活动，圆满完成了香港公务员考察团2批次60余人来沈交流考察任务。活动期间，考察团参观考察沈阳市多个地标性场所和企业，并与沈阳市人社局、外经贸局、规划局、教育局等部门就与香港之间的关系发展、城市规划与建设、土地使用、环境保护、食品安全与卫生、法制管理、人事调用、文化教育、社区工作等问题展开交流。

（李 丹）

【沈阳市人民对外友好协会召开第三届理事会】 2012年2月28日，沈阳市人民对外友好协会召开第三届理事会第一次会议。省政协主席、省友协会长岳福洪，省委常委、市委书记曾维，市人大常委会主任赵长义出席会议并讲话。市领导杨亚洲、宋铁瑜、黄凯、韩晓言参加会议。

会议审议通过了《沈阳市人民对外友好协会章程》修改草案，选举产生了第三届理事会常务会议组成人员。第三届理事会由曾维任名誉会长，选举赵长义任会长，设常务理事60名、理事136名，来自全市政府部门、人民团体、大专院校、科研院所、文化团体、大型企业集团和民营企业。

（李 丹）

·侨　　务·

【召开全国副省级城市暨大中城市侨务工作协作会议】 8月9日，全国副省级城市暨大中城市侨务工作协作会议在沈阳召开。国侨办任启亮副主任出席会议并做重要讲话。来自全国15个副省级城市、部分省会城市及沿海开放城市共27个城市外侨办的70位代表齐聚沈阳，研讨交流贯彻落实《国家侨务工作发展纲要》和全国侨务工作会议精神情况和经验，以推动各地侨务工作向更广领域、更高层面、更深层次拓展。沈阳、武汉、杭州、青岛等市外侨办负责人在大会上作了经验交流。

（李 丹）

【铁西兴工九委社区获批为“全国社区侨务工作示范点”】 国务院侨办批准沈阳市铁西区兴工九委社区为首批创建“全国社区侨务工作示范点”单位。

“全国社区侨务工作示范点”创建工作是在2011年“全国社区侨务工作会议”后，为落实《国务院侨办民政部关于进一步加强社区侨务工作意见》的重要举措。近年来，兴工九委社区侨务工作不断探索创新，在基层建立和健全工作网络、工作机制、工作阵地，以及推进“社区为侨服务、侨为社区做贡献”等方面取得了很大成绩，先后获得全国文化先进社区、国侨办侨法宣传角、全国青少年法制教育示范学校、省党建示范站点、省侨务工作先进单位等荣誉。

（李 丹）

【海外华侨华人交流】 市外办全年共安排陈海波等市领导6批50余人次出访香港、澳门进行招商和考察活动，与多家香港知名企业进行了多次磋商，并对沈阳未来发展和投资环境进行了推介，成功推进了一大批项目与沈阳市的“无缝”对接和尽早落户沈阳。市外办以“感知沈阳·共谋发展”为主题，举办了3次海内外侨商沈阳行经贸洽谈系列活动，邀请了90余位中国海交会海外理事、50余位沪深侨商、30余位香港工商界代表访沈，不仅拓宽了沈阳市对外交往途径，而且为各区县招商搭建了平台，取得了丰硕成果。市外办深入了解在沈侨资企业对沈阳市投资环境的意见和建议，全面掌握他们的生产现状和经营中所遇到的困难，妥善解决涉侨经济纠纷2起，得到了当事企业的一致好评。2012年，市外办又新增加了俄罗斯、美国、澳大利亚等国家的海外联络员10名。

（李 丹）

【侨法宣传日活动】 2012年5月15日，市外办组织开展了“市外侨办‘5·15政务公开日暨侨法宣传日’”活动，并在铁西区兴工九委社区设置了活动现场，陈列了《中华人民共和国归侨侨眷权益保护法》、《中华人民共和国归侨侨眷权益保护法实施办法》、《如何办理“三侨考生”升学加分》、《如何办理华侨回国来沈落户》、《名词解释》、《关于界定华侨外籍华人归侨侨眷身份的规定》等展板，并就有关侨务的政策法规提供全方位咨询服务。活动过程中还发放了《侨务工作基本知识》手册等宣传资料。

（李 丹）

【中国海外交流协会海外理事沈阳行】 2012年8月17日至19日，沈阳市举办“2012中国海外交流协会海外理事沈阳行”招待会。市长陈海波出席招待会，并会见来沈海外侨界人士。副市长黄凯参加会见并在招待会上致辞。“2012中国海外交流协会海外理事沈阳行”活动，以“感知沈阳、共同发展”为主题，邀请50多个国家和地区的侨领、侨商约80余人参加。代表团参观了棋盘山开发区泗水科技城、何氏眼科学院、中国工业博物馆和沈阳远大集团，与各区、县进行了项目对接活动，多个项目引起了海外理事们的关注。

（李 丹）

·机构编制·

【各级党政群机关机构编制情况】 截至2012年12月31日，沈阳市、区、县级市、县、街道、乡镇党政群机关机构总数842个，编制总数23704名（国家核拨行政编制21192名，地方自定事业编制1053名，机关工勤人员编制1459名），实有在职人数20440人（不含政法系统专项编制和在职人员，以下同）。其中：中共党委机关编制4047名（国家核拨行政编制3694名，机关工勤人员编制353名），实有在职人数3696人；人大常委会机关编制601名（国家核拨行政编制496名，机关工勤人员编制105名），实有在职人数575人；人民政府机关编制16672名（国家核拨行政编制14997名，地方自定事业编制815名，机关工勤人员编制 860 名),实有在职人数 14909 人;政协机关编制 369 名(国家核拨行政编制 306 名,机关工勤人员编制 63 名),实有在职人数 363 人;民主党派机关国家核拨行政编制 123 名,实有在职人数 100 人;人民团体组织机关编制 902 名(国家核拨行政编制 586 名,地方自定事业编制 238 名,机关工勤人员编制 78 名),实有在职人数 797 人。

1. 市级机关机构编制。沈阳市市级党政群机关机构总数 117 个,其中:中共党委工作机构总数 12 个(含部门管理机构 1 个),人大常委会工作机构 4 个,人民政府工作机构 44 个(含部门管理机构 2 个),政府派出机构 29 个,政协工作机构 2 个,人民法院机构 1 个,人民检察院机构 1 个,民主党派机构 8 个,人民团体组织 16 个。

沈阳市市级党政群机关编制总数 8160 名(国家核拨行政编制 6716 名,地方自定事业编制 645 名,机关工勤人员编制 799 名),实有在职人数为 6968 人。其中:中共党委机关编制 998 名(国家核拨行政编制 819 名,机关工勤人员编制 179 名),实有在职人数 882 人;人大常委会机关编制 188 名(国家核拨行政编制 143 名,机关工勤人员编制 45 名),实有在职人数 150 人;人民政府机关编制 6229 名(国家核拨行政编制 5276 名,地方自定事业编制 445 名,机关工勤人员编制 508 名),实有在职人数 5284 人;政协机关编制 113 名(国家核拨行政编制 88 名,机关工勤人员编制 25 名),实有在职人数 109 人;民主党派机关国家核拨行政编制 123 名,实有在职人数 100 人;人民团体组织机关编制 509 名(国家核拨行政编制 267 名,地方自定事业编制 200 名,机关工勤人员编制 42 名),实有在职人数 443 人。

2. 区级机关机构编制。沈阳市辖 9 个区级党政群机关机构总数 357 个。其中:中共党委工作机构 68 个,人大常委会工作机构 9 个,人民政府工作机构 203 个,政协工作机构 9 个,人民法院机构 9 个,人民检察院机构 9 个,人民团体组织 50 个。

沈阳市辖 9 个区级党政群机关编制总数 6271 名(国家核拨行政编制 5465 名,地方自定事业编制 397 名,机关工勤人员编制 409 名),实有在职人数 5617 人。其中:中共党委机关编制 1219 名(国家核拨行政编制 1107 名,机关工勤人员编制 112 名),实有在职人数 1082 人;人大常委会机关编制 262 名(国家核拨行政编制 217 名,机关工勤人员编制 45 名),实有在职人数 279 人;人民政府机关编制 4313 名(国家核拨行政编制 3748 名,地方自定事业编制 365 名,机关工勤人员编制 200 名),实有在职人数 3802 人;政协机关编制 188 名(国家核拨行政编制 160 名,机关工勤人员编制 28 名),实有在职人数 190 人;人民团体组织机关编制 289 名(国家核拨行政编制 233 名,地方自定事业编制 32 名,机关工勤人员编制 24 名),实有在职人数 264 人。

3. 县级市、县级机关机构编制。沈阳市辖 1 个县级市、3 个县级党政群机关机构总数 154 个。其中:中共党委工作机构 29 个,人大常委会工作机构 4 个,人民政府工作机构 90 个,政协工作机构 4 个,人民法院机构 4 个,人民检察院机构 4 个,人民团体组织 19 个。

沈阳市辖 1 个县级市、3 个县级党政群机关编制总数 2512 名(国家核拨行政编制 2298 名,地方自定事业编制 11 名,机关工勤人员编制 203 名),实有在职人数 2322 人。其中:中共党委机关编制 591 名(国家核拨行政编制 529 名,机关工勤人员编制 62 名),实有在职人数 555 人;人大常委会机关编制 98 名(国家核拨行政编制 83 名,机关工勤人员编制 15 名),实有在职人数 94 人;人民政府机关编制 1651 名(国家核拨行政编制 1542 名,地方自定事业编制 5 名,机关工勤人员编制 104 名),实有在职人数 1519 人;政协机关编制 68 名(国家核拨行政编制 58 名,机关工勤人员编制 10 名),实有在职人数 64 人;人民团体组织机关编制 104 名(国家核拨行政编制 86 名,地方自定事业编制 6 名,机关工勤人员编制 12 名),实有在职人数 90 人。

4. 沈阳市所辖街道机构编制。沈阳市 13 个区、县(市)所辖街道 137 个。沈阳市街道办事处机关编制 4228 名(国家核拨行政编制 4180 名,机关工勤人员编制 48 名),实有在职人数 3726 人。

5. 沈阳市所辖乡镇机构编制。沈阳市 13 个区、县(市)所辖乡镇 77 个。

沈阳市乡镇机关国家核拨行政编制 2533 名,实有在职人数 1807 人。

(曲阿特)

【各级事业单位机构编制情况】 截至 2012 年 12 月 31 日,沈阳市、区、县级市、县、街道、乡镇事业单位机构总数 4479 个(全额拨款事业单位机构 2814 个,差额补贴事业单位机构 544 个,经费自理事业单位机构 1121 个),编制总数 190482 名(全额拨款事业编制 105663 名,差额补贴事业编制 48765 名,经费自理事业编制 36054 名),实有在职人数 159799 人(全额拨款在职人数 94729 人,差额补贴在职人数 39093 人,经费自理在职人数 25977 人)。

1. 市级事业单位机构编制。沈阳市市级事业单位机构总数 897 个(全额拨款事业单位机构 498 个,差额补贴事业单位机构 83 个,经费自理事业单位机构 316 个),编制总数 58569 名(全额拨款事业编制 25545 名,差额补贴事业编制 18997 名,经费自理事业编制 14027 名),实有在职人数 42898 人(全额拨款在职人数 20491 人,差额补贴在职人数 15431 人,经费自理在职人数 6976 人)。

2. 区级事业单位机构编制。沈阳市辖 9 个区级事业单位机构总数 1841 个(全额拨款事业单位机构 1149 个,差额补贴事业单位机构 293 个,经费自理事业单位机构 399 个),编制总数 88999 名(全额拨款事业编制 53387 名,差额补贴事业编制 21976 名,经费自理事业编制 13636 名),实有在职人数 71446 人(全额拨款在职人数 47595 人,差额补贴在职人数 15167 人,经费自理在职人数 8684 人)。

3. 县级市、县级事业单位机构编制。沈阳市辖 1 个县级市、3 个县级事业单位机构总数 1133 个(全额拨款事业单位机构 708 个,差额补贴事业单位机构 108 个,经费自理事业单位机构 317 个),编制总数 38060 名(全额拨款事业编制 24268 名,差额补贴事业编制 6631 名,经费自理事业编制 7161 名),实有在职人数 41461 人(全额拨款在职人数 24478 人,差额补贴在职人数 7531 人,经费自理在职人数 9452 人)。

4. 沈阳市所辖街道事业单位机构编制。沈阳市所辖街道办事处事业单位机构总数 224 个(全额拨款事业单位机构 142 个,差额补贴事业单位机构 10 个,经费自理事业单位机构72个),编制总数2902名(全额拨款事业编制1143名,差额补贴事业编制529名,经费自理事业编制1230名),实有在职人数2313人(全额拨款在职人数965人,差额补贴在职人数483人,经费自理在职人数865人)。

5. 沈阳市所辖乡镇事业单位机构编制。沈阳市所辖乡镇事业单位机构总数384个(全额拨款事业单位机构317个,差额补贴事业单位机构50个,经费自理事业单位机构17个),编制总数1952名(全额拨款事业编制1320名,差额补贴事业编制632名),实有在职人数1681人(全额拨款在职人数1200人,差额补贴在职人数481人)。

(*曲阿特*)

【行政管理体制改革】 把深化改革作为全年重要任务。召开全市深化行政管理体制改革现场会,总结推广东陵区(浑南新区)、沈北新区改革经验。助推区域经济发展,不断完善和优化机构设置。在机构编制、领导职数只减不增的情况下,将东陵区(浑南新区)划分为7个相互补充、相互促进、各具特色的功能区,功能区内设管理委员会,形成区政府与管委会、行政区与开发区的"两级两制"的管理体制;组建了于洪区现代农业示范区管理委员会,进一步提升该区服务"三农"的工作效率和水平;成立沈阳法库通用航空产业基地管理委员会,促进了区域特色产业发展;在皇姑、新民、辽中、康平、法库等区县(市)成立中小企业服务机构,进一步加强对中小企业的管理和服务;撤销沈阳出口加工区管理委员会,实现沈阳综合保税区A、B2区管委会实质性整合,确保沈阳综合保税区按时完成封关验收;将沈阳长白岛管理委员会和沈阳满融经济区管理委员合并,组建沈阳蓝海经济区管理委员会。通过整合,使2个地区在人力、土地、服务上实现资源共享、产业集约、协调可持续发展。

合理调整和配置相关部门职能,推进生态文明建设。对负责农业环保监测和渔业工作有关单位的职责进行明确,进一步加强了生态环境保护与治理技术研究的工作;成立负责卧龙湖生态保护的相关机构,切实推进该地区生态保护和开发利用;进一步建立健全保障民生发展的体制机制。全面完成了乡镇便民服务中心建设,全市已建有1个市级中心和5个分中心、17个区县级中心、215个乡镇、街道便民服务中心,村村都建成了便民服务站(所),形成了市、区(县)、乡(镇)、村"四级"服务体系;建立完善公共资源交易机构,组建了沈阳公共资源交易中心,形成"一委一办一中心"的科学管理模式,并进一步完善铁西、苏家屯、辽中、法库等区县公共资源交易管理机构,在全市基本形成了规范运作、统一监管、廉洁高效的公共资源交易管理体制;继续深化行政权力清理确认和行政审批制度改革。

(*曲阿特*)

【事业单位改革】 按照积极稳妥,扎实有序的原则,稳步推进事业单位改革。完成事业单位清理整顿和规范管理工作。精简市属事业单位78家;收回事业单位编制2553名,收回领导职数32名;冻结自收自支事业编制120名,冻结处级领导职数12名。区、县(市)精简事业单位161家、整合321家,收回事业编制1875名,收回领导职数183名。对全市事业单位的名称、业务范围、人员编制、领导职数、编制结构、经费渠道等项目进行了全面细致的规范;高质量完成事业单位模拟分类工作。根据中央、国务院有关文件精神,参照省直事业单位的模拟分类目录,抽调专人对事业单位深入调查摸底、进行模拟分类,制定了《沈阳市事业单位模拟分类目录》,及时研究解决分类中出现的难点、热点问题,及时请示省编办,保证模拟分类工作的顺利完成,为下一步改革奠定了坚实的基础。

(*曲阿特*)

【机构编制管理】 严肃认真落实中办、国办《关于严格控制机构编制的通知》和陈海波市长在全市机构编制大会上的重要讲话,不断加强和创新机构编制管理。严格实行机构编制冻结规定,起草印发了《沈阳市关于严格控制机构编制的通知》,明确提出年内实行机构编制冻结的规定;积极做好机构编制核查和人员编制、领导职数的核验工作。按照中央编办有关要求,印发《沈阳市机构编制核查工作方案》,对全市13个区、县(市)及市直118个部门、808个事业单位的机构编制进行全方位的核查。严把核验关,对超编制、超职数、人员结构比例不合理的不予核验。共核验了2940人,其中机关840人,事业单位2100人;不断加大事业单位登记管理工作力度。事业单位年检合格率为96.5%,其中对38家未按期年检的事业单位在"沈阳市政务公开服务网"上进行了公示,按照《沈阳市事业单位登记管理办法》有关规定,对逾期未整改的2家单位,进行了处罚,维护了登记管理机关的权威性。圆满完成政务域名注册工作,全市完成了事业单位域名注册4307家,全省排名第一,受到了中编办的充分肯定。

(*曲阿特*)

政协沈阳市委员会

【市政协十四届一次全体会议】 中国人民政治协商会议沈阳市第十四届委员会第一次会议,于2013年1月5日至9日举行。会议审议并通过了刘雅琴同志代表市政协十三届委员会常务委员会所作的工作报告和李峰同志所作的提案工作情况报告。

会议对陈海波市长所作的政府工作报告、关于沈阳市2012年预算执行情况和2013年预算(草案)的报告、关于沈阳市2012年国民经济和社会发展计划执行情况及2013年国民经济和社会发展计划(草案)的报告、沈阳市中级人民法院工作报告和沈阳市人民检察院工作报告均表示赞同。

会议认为,过去5年,政协沈阳市第十三届委员会在中共沈阳市委的领导下,以邓小平理论、"三个代表"重要思想、科学发展观为指导,认真贯彻中共沈阳市委政协工作会议精神,突出团结和民主两大主题,围绕中心、服务大局、关注民生、开拓创新,切实履行职能,为推动沈阳经济社会发展和振兴作出了积极贡献。

会议选举产生了政协沈阳市第十四届委员会主席、副主席、秘书长和常务委员。会议强调,新一届市政协要认真贯彻中共十八大精神,按照中共沈阳市委十二届五次全会的部署,牢牢把握团结和民主两大主题,围绕实现"三大目标"、推进"五大任务",更好地履行政治协商、民主监督、参政议政职能，充分发挥协调关系、汇聚力量、建言献策、服务大局的作用，不断开创政协工作新局面。

(朱佳音)

【市政协常委会议】 2012年，市政协先后召开7次常委会议。

2012年1月5日，市政协召开十三届二十七次常委会议。会议协商相关人事事项；讨论政协沈阳市第十三届委员会第五次会议决议(草案)。2012年1月6日，市政协召开十三届二十八次常委会议。会议听取大会秘书长关于分组讨论综合情况的汇报；审议相关人事事项；审议通过政协沈阳市第十三届委员会第五次会议提案审查情况的报告(草案)；审议通过政协沈阳市第十三届委员会第五次会议决议(草案)。2012年1月7日，市政协召开十三届二十九次常委会议。会议讨论通过市政协2012年工作要点。2012年3月20日，市政协召开十三届三十次常委会议，会议传达全国政协十一届五次会议精神；协商通过调整增补市政协委员名单。2012年6月18日，市政协召开十三届三十一次常委会议。会议听取关于推进沈阳市历史文化名城保护与复兴工作、进一步优化沈阳城市风貌特色调研情况的汇报，讨论通过《关于推进我市历史文化名城资源保护与利用工作，优化沈阳城市风貌特色的调研报告》；协商通过增补市政协委员工作委员会副主任名单。2012年8月14日，市政协召开十三届三十二次常委会议。会议听取关于推动沈阳市创建群众文化活动品牌和打造专业艺术院团艺术精品工作调研情况的说明，审议通过《关于推动我市创建群众文化活动品牌和打造专业艺术院团艺术精品工作的调研报告》。2012年12月5日，市政协召开十三届三十三次常委会议。会议听取市党群系统、市政府系统关于市政协十三届五次会议以来提案办理工作情况的通报；审议市法院、市检察院关于市政协十三届五次会议以来提案办理工作情况的通报(书面)；讨论通过市政协十四届委员会委员名单；协商通过市政协十四届一次会议相关事项。

(朱佳音)

【刘雅琴出访塞舌尔、阿联酋、印度】 2012年4月5—16日，沈阳市政协主席、沈阳市现代服务业发展工作推进组组长刘雅琴率沈阳市现代服务业代表团分别赴塞舌尔、阿联酋、印度，围绕金融、物流、商品贸易、房地产、信息产业、中介服务、对外工程承包等方面的合作进行了广泛的洽谈，并开展了友好访问活动。

在塞舌尔期间，代表团考察了由中沈国际公司援建的塞舌尔国民议会大厦项目和正在建设中的廉租安居工程项目等，看望并慰问了中沈国际公司的全体援外员工，充分肯定了他们为中塞合作交流作出的努力和贡献。双方就廉租安居工程、蔬菜种植示范基地、给排水基础设施改造等项目进行了深入洽谈和推进。代表团还拜会了中国驻塞舌尔大使史忠俊，史忠俊对以中沈国际公司为代表的沈阳企业在塞舌尔建设和中塞友好交流方面所做的工作给予充分肯定，希望代表沈阳的中沈国际公司等中国企业更多地参与塞舌尔的基础设施建设，并对开发塞舌尔现代服务业市场达成共识。

在阿联酋期间，代表团在阿布扎比以“东北金融中心建设”为主题，与阿布扎比投资局及当地投资基金机构、金融地产企业、中介服务机构、商贸物流企业人士进行了深入交流，介绍了沈阳现代服务业发展的良好态势、东北金融中心规划、实施过程以及沈阳市在改善投资环境方面所做的努力，引起了与会企业人士极大的兴趣和关注。双方商定，阿布扎比投资局将在未来4—6周回访沈阳，考察推进合作项目。代表团在阿联酋考察了由沈阳远大集团承建的跑马场工程、海湾之门大厦、中心大市场工程等竣工和在建项目，在工地现场看望并慰问了远大集团员工。代表团拜会了中国驻迪拜总领事詹京保，詹京保表示，现在越来越多的中国企业进驻迪拜，参与迪拜的建设，而远大集团就是其中的典型代表，总领事馆会全方位地支持中国企业在迪拜的发展。双方均表示会为以远大集团为代表的沈阳市企业在阿联酋的发展创造最理想的环境，提供最优质的服务。

在印度期间，代表团考察了新德里、班加罗尔的IT产业园区、创意产业园、知名服务外包企业等，与戴德梁行班加罗尔公司、URS伟信印度公司、班加罗尔媒体公司、网购平台公司等代表进行了座谈，就沈阳市金融后援服务中心建设、沈阳蓝海东北创意产业园及相关基础设施建设进行了深入交流，达成了初步合作意向。代表团拜会了中国驻孟买总领事牛清报，双方就进一步推进沈阳市与班加罗尔市的友好交流与合作进行了深入、广泛的商谈，并达成共识，希望通过总领事馆邀请有实力的印度企业来沈访问，寻求合作商机。

(朱佳音)

【提案工作】 市政协十三届五次会议以来，广大政协委员、政协各参加单位和专门委员会，紧密围绕全市重点工作，通过提出提案积极履行职能，为全市经济社会发展建言献策。共征集提案551件，根据《政协沈阳市委员会提案工作条例》，提案委员会对收到的提案进行了初审和会审，立案475件(与提案者协商后并案38件)，占提案总数的86.2%；作为委员来信转有关部门研究参考29件，占提案总数的5.3%；请提案者进一步修改完善的30件，占提案总数的5.4%；撤案17件，占提案总数的3.1%。在立案的提案中，委员提案399件，占提案总数的84%，各民主党派和工商联提案64件，占提案总数的13.4%，有关人民团体提案6件，占提案总数的1.3%，政协专门委员会提案6件，占提案总数的1.3%。截至2012年底，立案的提案已全部办复。

(朱佳音)

【学习宣传文史】 积极开展学习、宣传、文史工作。做好中心组专题学习和委员学习培训的组织工作；邀请著名专家学者来沈作“中国周边地区热点问题的国际形势”专题报告；全年编印《学习参考资料》6期共计20余万字，为委员发放学习资料3600余册；为委员订阅《人民政协报》、《友报》，《中国政协》、《纵横》杂志共1994份。组织协调新闻单位做好市政协全委会议、常委会议、主席会议及专委会重要活动的宣传报道工作。全年共组织采写刊发稿件670余篇(条)；在沈阳日报开辟《政协园地》专栏，共刊发稿件16期，全面反映市政协民主监督、参政议政等工作；先后组织54名委员参与《委员在线》节目27期；开展“宣传市政协好新闻”评选活动。组织部分市政协委员对工业文化遗产保护工作进行了视察。注重发挥文史资料存史、资政、团结、育人的作用，扩大征集文史资料的范围，走访县、区政协和重点撰稿人，先后召开征稿会、征集协调会、汇稿会7次。共征集史料140余万字，出版了30万字《沈城纪事Ⅱ》；完成省政协协作选题史料征集25万字；录入沈阳文史资料150余万字。

（朱佳音）

【组织民主评议社区警务】 2012年3－7月，市政协会同市民盟、致公党、九三学社组成了综合评议组和3个专题评议组，并与市内5区政协联动，重点以5个城区社区警务工作的机制建设、设施建设、队伍建设为切入点，组织委员进行民主评议。评议活动前期，各组组长、部分政协委员及公安局的相关领导和同志，赴上海、昆明等地学习考察，深入当地派出所、社区警务室听取情况、实地查看，开阔视野，拓展思路。评议活动中，市政协共组织召开情况通报会、政协委员反映社情民意座谈会、公安干警座谈会、社区干部群众座谈会等各类会议20余次，市、区政协委员、民主党派成员、民警及社区干部等参会人员累计达300余人次，广泛听取各方面特别是基层公安民警、社区干部群众的意见和建议。同时组织委员先后对市内5区派出所和50多个社区警务室进行明察暗访，了解实际情况，掌握第一手资料，征集并整理出推进社区警务工作的意见建议100多条。在此基础上，评议组形成综合评议报告、考察报告各1篇，专题报告8篇。经市政协十三届四十六次主席会议审议，通过了《关于民主评议我市社区警务工作情况的报告》。“报告”重点围绕“创新工作思路，促进社区警务工作科学发展”、“完善基础设施，进一步加强社区警务室建设”等6个方面提出17条建议，为市政府及公安部门进一步完善社区警务工作提供了决策参考。

（朱佳音）

【开展沈阳市服务业发展战略对策研究】 2012年，市政协联合沈阳大学、辽宁大学经济学院、沈阳高新技术生产力促进中心和辽宁省社科院财政金融研究所共同开展了“沈阳市服务业发展战略对策研究”工作。共提交《沈阳市服务业发展战略对策研究综合报告》和沈阳市金融服务业、现代物流业、信息服务业、科技服务业、会展业、商贸流通业、农村服务业等7个子课题报告。《综合报告》中提出的9方面51条建议全部被市政府采纳。市政协上报的调研成果当年被市科技局立项并通过专家评审，被评为2012年沈阳市科技进步二等奖（一等奖空缺）。

（朱佳音）

民主党派和工商联

【中国国民党革命委员会沈阳市委员会】 2012年，沈阳民革各项工作稳步发展，成绩突出。开展纪念沈阳民革成立60周年活动。2012年，民革沈阳地方组织成立60周年，民革沈阳市委会举行了一系列的庆祝活动，改版沈阳民革网站、出版专题光盘、召开庆祝大会等，并出版了图书《沈阳民革六十年》，特邀时任民革中央主席周铁农为本书题词。民革中央副主席齐续春、民革辽宁省委主委施中岩、中共沈阳市委副书记邢凯莅临庆祝大会，并发表了重要讲话。《沈阳民革》全年出刊4期，稿件采用150余篇，达10余万字；社情民意信息及工作信息全年上报40余条；全年发表新闻稿件30余篇，被《团结报》、《团结》杂志、《人民政协报》、《统战月刊》、《沈阳日报》、沈阳电视台、沈阳电台等多家媒体采用，宣传报道达60余次。为确保民革组织的健康和可持续发展，市委会按照民革中央精神和党章规定，严把党员入口关。全年共发展党员57人，平均年龄36岁，其中女性21人。新党员中，大学以上学历35人，具有学士学位25人。研究生学历21人，具有硕士学位12人，博士学位5人。中高级职称26人，政府处级实职1人，民革特色20人，市、区人大代表、政协委员9人。组织发展呈现出政治素质较高，界别代表性突出，参政意愿及能力较强等特点，为构建高素质参政党队伍打下了坚实基础。全年共有3人走上区级领导岗位，民革市委现有区人大代表13人，区政协委员75人，市人大代表4人，市政协委员22人，省政协委员6人，民革中央委员2人，民革省委委员10人。厅局级领导职务人员9人。在市政协十三届五次会议中，市委会共提交大会发言5篇和集体提案15件。其中，《加强农产品质量追溯体系建设的建议》作为大会的口头发言，被列为政协主席督办的重点提案；《建立公民利益诉求新机制的提案》作为市政协主席在省政协十一届一次全会上的大会口头发言；《新的社会阶层政治参与的特点、目标及对策研究》作为重要理论成果发表在沈阳政协刊物上，并作为民革市委2012年优秀调研成果报送民革中央；《大力加强新市民培育促进社会和谐健康发展》等两篇论文获民革中央“加强和创新社会管理”优秀论文。此外，市委会全年完成调研报告41篇，市政协理论处理论文章2篇，上报社情民意信息11篇。接待各委办局提案答复和提案“回头看”16件。

民革沈阳市委通过民革辽宁中部城市议政调研联络网召开了沈阳经济区2012论坛会议，并编辑印制了《民革沈阳经济区2012论坛文集》，使沈阳民革的议政调研工作走上了新台阶。

全年，市委会先后开展了“音乐送教下乡”、“关爱留守儿童”、“社会热点知识讲座”、“法律咨询”等多项社会服务工作，其中“音乐送教下乡”活动是市委会社会服务工作的品牌活动。民革沈音支部党员义务送教下乡活动已经坚持了15年，2012年，市委会暨民革沈阳音乐学院支部组织音乐教育义务送教下乡服务活动小组，利用教师暑假时间赴法库县教师进修学校开展了为期2天的音乐教育义务送教下乡培训，并为参加培训的50位中小学音乐教师赠送了教材。民革北方城市旅游风光第九届摄影展在贵阳举办，民革沈阳市委展出摄影作品30幅。在“关爱留守儿童”活动中，妇委会前往新民市张家屯镇叨太堡子村开展调研并为“留守儿童之家”捐赠图书。在“六一”儿童节前夕，妇委会前往沈阳市儿童福利院开展慰问活动，为孩子们送去了节日礼物。妇委会还定期举办各种知识讲座和报告会。如《提升女性魅力应对职业压力》、《欧洲艺术文化欣赏》、“培养和提高战略思维能力报告会”等。成立对台联络部，加强涉台工作力度。民革沈阳市委会于2012年年初成立了对台联络部，联络部成立后，定期开展两岸形势教育活动。先后召开了台海及周边国家安全形势报告会，并向民革辽宁省委提交了《民革沈阳市委祖统委工作情况汇报》。还特邀市委党校教授根据当前国家和地区热点问题做了深入浅出的分析和介绍，并多次开展走访慰问在沈台籍大学生、积极为在沈台商搭建平台、召开国庆中秋茶话会、组织民革党员赴台考察等活动，为今后加强对台宣传、搞好两岸交流接待、为台企服务做好了前期准备。

（杨潇音）

【中国民主同盟沈阳市委员会】 自身建设. 民盟市委把认真学习贯彻中共"十八大"会议精神作为统领全局、带动全局的首要政治任务。制定《民盟沈阳市委学习贯彻中共"十八大"精神的工作方案》，下发《关于学习贯彻中国共产党第十八次全国代表大会精神的通知》，在民盟各级组织和广大盟员中掀起学习热潮。民盟市委组织机关干部和各基层组织收看电视直播，召开主委会议专题学习，邀请市委党校知名教授举办辅导讲座，深入领会中共"十八大"的精神实质，全面理解其主题、主线和主要目标。同时，将学习民盟十一大会议精神和学习贯彻落实中共"十八大"精神紧密结合起来，统一思想，提高认识，不断夯实多党合作的思想政治基础。民盟市委结合自身实际，学行并举，深入推进践行社会主义核心价值体系学教活动。组织部分基层组织领导班子成员前往西安、延安、重庆进行学习考察，追寻红色记忆，重温历史使命，真切感受民盟的光荣传统和先辈的革命精神。

民盟市委全年共发展新盟员 231 名，平均年龄 37.5 岁，女盟员 115 人。截至年末，盟员总数为 3340 人。2012 年是民盟中央、民盟省委的换届年，沈阳民盟有 8 名代表参加民盟第十一次全国代表大会，其中，3 人当选为中国民主同盟第十一届中央委员会委员。有 83 名代表参加民盟辽宁省第十二次代表大会，其中 18 人当选民盟辽宁省委常委。民盟市委先后举办了基层干部培训班、新盟员学习班，对来自全市的 160 余名基层干部和 130 多名新盟员进行系统的理论知识培训和实践经验传授。基层干部的政治素质、业务素质得到较大提升。新盟员对民盟的了解和认识进一步加深，为民盟事业作贡献的信心和决心进一步增强。第十四届专门工作委员会换届工作圆满完成，聘任主任 10 人，副主任 137 人。各专门工作委员会根据各自的界别特色，有序开展工作。成立民盟第七人民医院支部委员会。截至 2012 年底，全市直属基层组织达到 55 个。各基层组织结合实际情况，开展了总结会、联欢联谊会、学习会、报告会、参观学习、考察实践、走访慰问、扶贫帮困、艺术展览等各式各样、内容丰富、生动活泼的活动，基层组织的凝聚力、影响力明显增强。

参政议政。民盟市委主要领导积极参加中共沈阳市委、市政府、市政协及有关部门举行的民主协商会、情况通报会、征求意见会、专题座谈会和调研考察活动。围绕中共市委、市政府的中心工作尤其是关系沈阳市经济社会改革、民生发展、重要人事安排等问题建言献策。通过积极认真参与政治协商，为中共沈阳市委、市政府决策提供了许多有价值的意见和建议。

在 2012 年 1 月召开的市政协十三届五次全会上，民盟市委提交大会提案共 7 份，其中《关于政府部门开设政务微博的建议》被列为大会发言，《关于加强和创新社会管理工作的几点建议》、《关于加快推进农超对接，扩大消费，促进农民增收的建议》、《发掘民国文化瑰宝，打造民国历史文化旅游品牌的建议》等 6 份作为书面发言。提案引起市委、市政府及相关部门的重视，大部分建议被采纳并应用。民盟市委积极筹划部署市政协十四届一次全会提案工作，先后赴沈阳市体育局、市教育局、市民政局、市服务业委、康平县、法库县进行实地走访调研，形成《关于我市群众体育活动场馆建设的建议》、《关于充分发挥家长学校作用的建议》、《关于完善社区发展建设致力民生服务的建议》、《加快沈阳市服务业优化升级提速生产性服务业全面发展，促进第二、三产业相互融合的建议》、《沈阳市县域工业特色优势可持续发展的建议》等提案，征集提案总数为 42 份，提交市政协十四届一次全会提案 10 份。民盟市委主要领导亲自参与对征集提案的修改，提案质量有较大提升。全盟有 3 名盟员被聘请为中共省委、省政府第五届决策咨询委员会委员，展示了民盟参政议政的风采。

2012 年，沈阳市盟员中有全国人大代表 1 名，全国政协委员 2 名，辽宁省人大代表 6 名、政协委员 25 名，市人大代表 7 名、政协委员 51 名。他们在参政议政、民主监督中发挥了积极的作用。

社会服务。民盟市委一直关心、关注全运会建设。精心组织，专门成立工作小组，主要领导亲自参与协调谋划，齐心协力，攻坚克难，联合沈阳浑南新城建设工作领导小组办公室共同举办了"民盟情系全运会 · 同心唱响大浑南"——慰问全运会建设者大型文艺演出。"与康平县共建社会主义新农村活动基地"、"民盟同馨讲坛"是民盟市委重点打造的 2 个"同心"品牌。民盟市委对新农村活动基地展开系列帮扶活动——与康平县沙金乡贫困学生结帮扶对子，资助 30 名贫困学生 3 万元完成学业，在沙金乡建立流动图书站，捐助图书 2 万余册，资助 1 万元养护苹果园帮助张强镇敬老院，为敬老院老人体检等。"民盟同馨讲坛"走进社区、学校等地累计举办公益讲座 37 场，成效显著，深受各界人士的高度评价。民盟市委举办"同心喜迎十八大民盟扶困助民生暨庆祝'民盟同馨讲坛'成立一周年"活动，庆祝"民盟同馨讲坛"运行一年来所取得的成绩，以践行"同心"思想，建设"同心"品牌的实际行动喜迎十八大的胜利召开，同时，关注百姓，为特困家庭献爱心，扩大了讲坛的社会影响。中国医科大学附属盛京医院的孙思予获得"突出贡献中青年专家"称号；沈阳化工研究院刘长令获得"侯得榜化工科学技术创新奖"；沈阳农业大学岳喜庆获得沈阳市"五一"劳动奖章；中国医科大学附属第一医院姜红获得"沈阳市南丁格尔百年杰出人物奖"。

（白艳立）

【中国民主建国会沈阳市委员会】 参政议政。民建沈阳市委将"化解中小微企业发展困境"作为重点调研课题进行深入调研，完成数篇高质量的调研成果。提交市政协十四届一次会议发言材料 6 篇，集体提案 5 件。共向有关部门报送社情民意信息 71 篇，其中，《关于科学引导我市失地农民合理使用征地补偿金的建议》得到了副市长王翔坤的批示；《关于加强高层建筑的消防措施建议》得到了副市长许文有的亲自督办；《关于规划沈阳站西出口周边业态布局东移铁西区商业中心的建议》得到市委常委、铁西区委书记李继安批示并落实。《关于在中央电视台等新闻媒体增加三沙市等地天气预报的建议》被中共辽宁省委统战部推送国家有关部门,现已落实。

统战理论研究。共推送理论研究文章27篇。其中,《以实际行动践行社会主义核心价值体系》一文获民建中央理论研究优秀成果二等奖;《新的社会阶层人士政治参与探析》被市政协确定为理论研究重点课题并获得经费资助;有5个统战理论研究重点课题被市委统战部立项并成功结项,其中4个结项课题获得了经费资助。

社会服务。民建沈阳市委将社会服务品牌工程升级为"同心·发展工程"。社会服务项目在以往品牌工程的基础上,再次定位为对卧龙湖的环境修复及深度开发。在对卧龙湖进行了多次的现场调研,并切实了解当地的情况及需求后,民建沈阳市委决定向位于卧龙湖南岸的康平县方家屯镇万亩寒富苹果休闲观光采摘园捐资修建一条长2.7公里的"民建路"以及对周边环境保护开发。民建沈阳市委举行"同心·发展工程"—"民建路"捐赠仪式,会员张玲向康平县政府捐款80万元。5月15日,民建沈阳市委举行"同心"助推会员企业发展会议暨民建金融服务基地揭牌仪式,还开展了"如何提升企业形象"专题讲座,以及建材行业会员业务对接活动。自民建沈阳市委金融服务基地正式启动以来,到营口银行沈阳分行面谈的会员企业有50余家,营口银行沈阳分行为会员企业累计发放贷款6000万元,有效满足了沈阳民建会员企业金融服务需求。

自身建设。组织会员学习中共十八大会议精神,深入贯彻"同心"思想,积极践行社会主义核心价值体系,努力提高思想政治素质。发展新会员,更加注重参政议政能力和综合素质的考察。全年共发展会员149名,其中:研究生以上学历的41人,中、高级职称的25人。共向全国、省、市相关媒体报刊杂志推送宣传报道文章106件。民建沈阳市委创造性地提出民建思想业务学习新方式—编辑《思想业务学习》资料,不定期下发到全体机关干部,有效地提高了机关干部的综合素质和业务能力。

民建沈阳市委获民建辽宁省授予的反映社情民意工作先进集体一等奖、参政议政工作先进单位二等奖、理论研究工作优秀组织奖、新闻宣传工作优秀组织奖,获中共沈阳市委统战部授予的沈阳市统战理论研究优秀组织奖及统战系统招商引资工作先进集体。

(李　阳)

【中国民主促进会沈阳市委员会】 思想建设。市委会积极组织会员学习中共中央、会中央、会省委和中共市委重要会议精神,巩固政治交接成果,用中共十七届六中全会精神引领全市会员弘扬民进优良传统,把深入学习贯彻中共"十八大"会议精神作为当前和今后一个时期的首要政治任务,把思想和行动统一到中共中央的决策和部署上来,为推动各项工作再上新台阶奠定坚实的思想基础;为贯彻落实会中央、会省委及市委统战部的有关部署,在全市开展了"沈阳民进60年"和"同心颂"征文活动。活动开展以来,得到广大会员和机关干部的积极响应,分别征集文章28篇和26篇。在全市开展了统战文化宣传周活动,为统战文化的普及作出了贡献;丰富社会主义核心价值体系建设的活动内容,通过报告会、研讨会等多种教育活动形式,不断巩固社会主义核心价值体系建设成果,推进学习型参政党建设,提高了自身建设水平。辽宁中医药大学支部和会员时洪分别被会中央评为全国践行社会主义核心价值体系先进集体和先进个人;举办了庆祝民进沈阳地方组织成立60周年书画摄影展,展览汇集了会员201幅优秀作品,展示了会员在书画、摄影等方面的艺术造诣。在历时3天的展览中,得到社会各界广泛赞誉,《沈阳日报》、沈阳广播电视台等新闻媒体给予报道,参观人数达2000余人次。成功召开民进沈阳地方组织成立60周年庆祝大会,大会回顾了民进沈阳地方组织成立以来在党的领导下所走过的风雨历程,展现了民进会员的良好精神风貌。会省委和中共市委领导莅临,省内外60个兄弟市级组织、友好单位和民进基层组织所在地区及单位党政领导出席会议或致电表示祝贺,多方媒体对大会进行了报道;经过2年多的努力,通过走访老会员口述会史、翻阅档案摘录会史和座谈访问追忆会史等多种方式,同时发动会员撰写个人风采篇,全面详实地收录相关历史资料,经过全市各级组织和广大会员的共同努力,《沈阳民进六十年》会史以书籍和电子版的形式集结编印,该书分为会务篇、业绩篇、风采篇,合计140余万字,成为了无愧于前辈、留功于后者的典集。建设开通了沈阳民进网站,充分利用网络媒体广泛宣传民进各级组织和广大会员在履行职能中取得的成绩。对《沈阳民进》会刊进行了改版升级,编撰《民进沈阳市委信息简报》9期。

组织建设。坚持贯彻民主集中制原则,召开主委会议7次、常委会议3次,研究阶段性工作,形成共识增强领导班子凝聚力。坚持理论中心组学习制度,主副委带头参加上级组织的培训班和市情通报会、协商会8次。改进领导作风,班子成员深入基层走访会员,了解情况,提高决策能力;制定《民进沈阳市委关于开展争先创优评比工作的通知》,推动"争先创优"工作深入开展。评比表彰了28个先进基层组织、230名优秀会员、10名十佳会员和一批单项工作先进个人。向会省委推荐25个基层组织和45名会员,分别荣获民进省委2010－2011年度先进支部和优秀会员称号;深化基层组织制度建设,规范《基层组织记实手册》填写、上报和检查归档工作。细化基层组织自身特色,有重点地强化基层建设。调整优化基层组织结构,结合实际,新组建1个基层组织,对1个工委、5个基层组织进行换届调整,对3个基层组织进行了更名;按照实际、实效、实用的原则,举办了基层组织负责人培训班,对106名基层干部进行培训。聘请有关专家做了《中国周边军事形势》和《坚持走中国特色社会主义道路》专题讲座,并对基层组织主要工作进行讲解和部署。为发挥各界会员的作用,结合各区换届工作,先后向有关部门推荐优秀人才33人次。有4人当选第十五届市人大代表,31人被推选为第十四届市政协委员;继续当选和新当选区人大副主任、副区长、政协副主席7人;15人当选区人大代表,97人被推选为区政协委员;在坚持"三个为主"原则的基础上,积极稳妥地做好发展新会员工作。坚持入会前谈话、培训、考试、考核等工作程序,严把入口关,确保会员的整体素质。举办会友培训班,培训的内容涉及会章、会史、同心理念、统战知识和国际形势等。全年发展会员93名。截至

2012 年底，全市有会员 2351 人，其中女会员 1258 人，在职会员 1395 人，教育文化出版主界别 1805 人，占全市会员总数的 76.8%；为关心老会员的生活，要求各基层组织关心和爱护老会员，定期走访和探望，加强与会员的沟通与联系，对会员家中的重大变故及时慰问，对会员取得的成绩给予祝贺，对患病会员探望走访，送去组织的温暖和关怀。市委会领导走访探望老会员 20 余人次。举办春节、教师节等庆祝活动 6 次，共有 500 余人次参加。

参政议政。认真履行参政党职能，积极建言献策，全年市委会领导共参加中共市委、市政府、市政协以及市委统战部等组织的情况通报、座谈、协商和考察等活动 10 余次，对全市经济建设、社会发展、民生问题、文化建设等方面提出建议，为助推沈阳和谐发展献计出力；确定的“高校服务地方经济”被列为 2012 市级重点调研课题；“职业教育发展策略研究”被会省委列为年度重点调研课题。所形成的调研报告经过精简、提炼作为市政协十四届一次会议大会发言和提案。同时，积极参与市政协组织的“推动我市创建群众文化活动品牌和打造专业艺术院团艺术精品”的联合调研，完成了《关于打造专业艺术院团艺术精品的建议》和《关于建立群众文化人才发掘、培养长效机制的建议》等调研报告，并在市政协常委会上进行了两次专题发言；各基层组织和广大会员踊跃参与提案撰写工作，提交市政协十三届五次会议的大会发言材料 5 篇，提案 7 件，转政协委员提案 3 件，《关于培育和发展沈阳文化产业市场的建议》作为大会现场发言，《关于遏制幼儿园小学化的提案》被列为主席督办重点提案。提交民进省委提案素材 5 件，其中 2 件作为省政协委员提案，2 件作为全国政协委员提案，在全省位居前列。为市政协十四届一次会议做准备，继续开展提案征集工作，全年共征集提案素材 178 件；全年共上报信息 153 件，其中《人民政协报》采用 10 件，会中央《民进信息》采用 2 件，中共省委统战信息采用 17 件，《辽宁政协信息》采用 4 件，《辽宁民进信息》采用 41 件，市政协《社情民意》采用 19 件，9 件得到市主管领导的批示。在会省委反映社情民意信息评比中名列总分第一，并被会省委和中共市委统战部双重推荐为中共省委统战信息工作先进基层单位；按照市委会总体工作部署，各专委会陆续召开 2012 年工作会议，研究部署调研、社情民意信息采集及社会服务等相关工作，围绕社会热点、难点问题开展调查研究，共形成提案和社情民意信息 51 件。妇女儿童委员会被市妇联评为先进基层单位；组织召开参政议政工作表彰大会，对 121 名会员进行了表彰。开展参政议政培训工作，为新会员培训重点讲解提案和社情民意信息撰写方法，专门举办参政议政培训班，共 210 人次参加了培训。

社会服务。在新民市柳河沟学校继续开展为期 6 年的扶贫助学活动，在“六一”儿童节前举行了第三年的捐赠活动，向被扶助学生捐赠了 1.1 万元助学金和 1000 套教辅材料，并与该校建立了长期的教育教学帮扶关系；组织书画界会员参加“为了孩子们快乐成长”书画义卖活动，将 1.2 万元义卖善款捐给了沈阳市大东区聋校的孩子们。同时还向云南彝良灾区捐赠了 300 幅书画作品，价值人民币 60 余万元；为响应会省委的号召，募集价值 12 万余元的 1270 套桌椅，捐赠朝阳北票市台吉营乡中心学校，并为该学校该校的教师进行了义诊，为阜新市大巴镇蒙古族中学捐赠 6 万元人民币用于购卖教学用具和教材，组织会员为沈阳市 8 个区县的部分中小学校捐赠了价值 300 万元的图书；积极号召有关会员进行招商引资，成效显著。全年引入资金 2.7 亿美元和 5.8 亿元人民币；各基层组织和会员响应市委会的号召，发挥优势、尽力而为地开展了各种社会服务活动。相继开展了文物鉴定知识进社区、送医送教下乡、科技下乡、迎新春书画笔会、与社区结成帮扶对子、急救知识进社区、理财知识进社区、慰问老劳模等活动。

（刘庆国）

【中国农工民主党沈阳市委员会】 2012 年，农工党沈阳市委领导参加中共沈阳市委、市政府、市政协举行的各种民主协商会、座谈会、情况通报会等共 11 次，对沈阳市的大政方针及重大决策进行了讨论和协商。年初，召开参政议政工作会议，讨论 2012 年参政议政工作要点，确定了 2012 年调研课题，并且开展了一系列的调研活动。农工党沈阳市委被农工党中央授予“2012 年度《前进论坛》发行工作先进单位”。

积极履行职能，在人民政协中积极发挥参政党作用。在市政协十三届五次会议上，农工党沈阳市委提交了《关于加大政策扶植和落实力度，进一步促进我市中医药事业快速发展的建议》等 7 件提案。在市政协十三届三次和四次会议上，农工党沈阳市委分别提交的《关于确保城市医改成功实施及加大对基本医疗服务补偿和投入的建议》和《关于进一步加强我市急救医疗体系建设的建议》的提案，以及张麓曾副主委在市政协十三届三次会议上提交的《关于出台〈沈阳市公共场所禁止吸烟管理条例〉的建议》提案，被评为 2010—2011 年度优秀提案。由王莉副主委撰写的《新形势下群众文化活动的几点思考》一文，被载入市政协推动创建群众文化活动品牌和打造专业艺术院团艺术精品工作专题常委会议材料汇编中。由市委委员赵永会执笔完成的《关于完善我市农副产品流通体系质量安全体系建设的调研报告》和《关于在我市建立农产品无害化处理场所的建议》，被收录到市政协十三届四十五次主席会议协商理论文集。李铁男、王莉、张麓曾、李淑芳被市政协评为“2011—2012 年度优秀政协委员”；赵春杰、夏云梅、王嫚林被市政协评为“2011—2012 年度优秀民主监督员”。

积极完成农工党辽宁省委重点调研课题。年内，农工党沈阳市委与辽宁省工业和信息科学研究院共同申请的农工党辽宁省委 2012 年重点调研课题——“辽宁产业集群的发展现状及对策研究”。该课题由赵午主委牵头，先后赴山西等地进行调研。调研组经过近半年的调研论证，完成了《辽宁省重点产业集群科技发展报告》和《关于推动我省重点产业集群发展的建议》，并上报农工党辽宁省委。在全省参政议政工作会议暨省六届专门工作委员会成立大会上，杨向红副主委作了《以科学发展观为统领努力做好参政议政工作》的经验交流。全市有 31 名党员受聘担任农工党辽宁省委各专委会主任、副主任和委员，列全省各市之首。

发挥自身优势，积极反映社情民意。2012 年，农工党沈阳市委社情民意信息工作实现了重大突破，位居全市第二名，被中共沈阳市委统战部评为“沈阳市统战信息工作一等奖”，摆脱了长期在二、三等奖徘徊的局面。同时，被中共辽宁省委统战部评为“辽宁省基层统战信息工作先进单位”。机关干部陆啸被评为“沈阳市统战信息工作优秀信息员”。市委委员、中科院沈阳生态研究所研究员郭书海提出的《关于加强广西柳江流域镉二次污染防治工作的建议》和科教支部党员、辽宁省环境监测中心高级工程师王俊才提出的《关于加强土壤环境保护保障人民身体健康的建议》被农工党中央采用，并上报全国政协和中央统战部。沈阳市精神卫生中心支部党员黄晓燕提出的《加强大学生心理健康教育迫在眉睫》的社情民意信息，被中共辽宁省委统战部《信息快讯》采用。农工党沈阳市委副主委李铁男建议：《加快建立“因病托老”服务体系》和农工党沈阳市委委员赵永会建议：《沈阳市行政区划调整后农资和农产品质量安全监管空白问题亟待解决》的社情民意信息分别被沈阳市政协研究室《社情民意》刊载。

开展学习践行“同心”思想、深化多党合作优良传统教育活动。2012 年，是农工党沈阳市委成立 30 周年。编辑印制了反映 30 年发展历程的纪念画册——《同心曲》，制作了反映农工党沈阳市委 30 年工作成就的影像纪录片，开通了农工党沈阳市委官方网站，在全体党员中开展了“我与农工党 30 年”的主题征文活动，在官方网站和机关刊物《沈阳农工》上开辟专栏刊发党员的征文作品，追忆农工党沈阳市委的发展历程，抒发对多党合作事业发展的情怀。全国人大常委会副委员长、农工党中央主席桑国卫，全国政协副主席、农工党中央常务副主席陈宗兴，省委常委、市委书记曾维，省政协副主席、农工党辽宁省委主委唐建武和市委统战部部长汪涛，分别为农工党沈阳市委成立 30 周年题词。11 月 15 日，在辽宁大厦隆重召开庆祝农工党沈阳市委成立 30 周年大会，全市 400 余名党员参加了大会。

努力加强领导班子建设，注意充分发挥主委办公会议和委员会的功能和作用。在农工党第十五次代表大会上，有 1 名同志当选中央委员，1 名同志作为列席代表参加大会；在农工党辽宁省第六次代表大会上，有 1 名同志当选副主委，1 名同志当选常委，9 名同志当选委员。

把巩固和加强基层组织建设作为组织建设工作的重点，进一步增强对基层支部工作的指导。制定并下发了《2011—2012 年度先进支部、优秀党务工作者、优秀党员评比表彰工作实施方案》，并修订和完善了评选量化打分考核工作。在基层支部换届和调整工作中，重视考核和选拔德才兼备、热爱党派事业、具有一定代表性，在党员中具有较高威信的同志担任支部主委，同时积极做好优秀人才储备和后备干部队伍建设工作。顺利完成了辽宁中医药大学附属医院和沈阳师范大学支部换届工作，新成立了农工党沈阳市社会医疗保险管理局支部。按照党员活动经费管理办法的要求和各支部实际情况，及时将活动经费分配到各基层支部，有力地促进了基层组织建设和各项工作的开展。

充分体现界别特色，平稳、有序地做好组织发展工作。在保证质量的前提下，组织发展率保持在 5.4%。年内发展新党员 78 人，其中：医药卫生界 40 人，其他界别 38 人，副高级职称以上 21 人，中级职称 40 人。截至 2012 年底，全市共有党员 1510 人。

凝心聚力，举行丰富多彩的活动。年初举办了 2012 年迎新春联欢会。全国“两会”结束后，与农工党辽宁省委联合举行学习传达全国“两会”精神报告会，农工党辽宁省委主委唐建武结合亲身感受，传达了全国“两会”精神，使广大党员进一步提高认识，凝聚共识，坚定信心。在“三八”节前夕，组织开展了 DIY 手工织网花活动。重阳节前夕，邀请全市 60 多位老党员参观沈阳市蒲河生态廊道。举办了第 28 期新党员学习班，邀请辽宁省社科院社会学所所长沈殿忠作题为《关于民主党派的几点认识》的专题报告。与农工党中央经济工作委员会联合举行图书捐赠活动，向新民市妇联和辽宁省未成年管教所赠送《问题少年心路探寻》图书 1500 册，总价值 10 余万元。从 2012 年 9 月起，推出在每个党员生日邮寄由领导班子成员亲笔签名的贺卡活动，使广大党员感受到组织的温暖。

在全市农工党基层组织和党员中开展农工党“同心·健康服务工程”活动。制定活动实施方案，确定了开展“同心·百千万健康服务”活动的主题。6 月 3 日，在沈阳市中山公园隆重举行了农工党“同心·健康服务工程”的启动仪式。全市 44 个支部 350 多名党员参加了此次活动，服务群众 1000 余人，发放绿色经济与健康等宣传手册 15 个类别 5000 余份。全市基层支部开展了内涵丰富，形式多样，富有特色的“同心·健康服务工程”系列活动 36 次，参加活动党员 360 多人，面向基层医疗服务机构开展业务技术指导及培训人员 1100 余人，面向街道社区及农村乡镇义务服务群众 10000 余人。

开展“国际科学与和平周”和“中国环境与健康宣传周”活动，不断扩大社会服务品牌的影响力。分别在沈阳市中山公园举办了以“绿色经济与健康”为宣传主题的中国环境与健康宣传周医疗专家健康咨询活动和在东陵区深井子镇中心卫生院开展的以“促进中医、服务大众”为主题的“国际科学与和平周”活动，受到了群众的欢迎。

广泛开展爱岗敬业活动，为沈阳在科学发展道路上实现全面振兴做贡献。周云川被省政府授予“辽宁省劳动模范”荣誉称号。郭书海被聘为中共辽宁省委、辽宁省人民政府第五届决策咨询委员会委员，并被评为“沈阳市优秀科技工作者”。张立德教授被任命为辽宁中医药大学副校长，并被市政府授予“沈阳市劳动模范”荣誉称号。郭科军教授被市政府新聘为参事。3 名女党员被评为 2010—2011 年度沈阳市“三八”红旗手，其中张红敏获得“十佳白衣天使”荣誉称号，刘红宇获得“‘帼国建功’标兵”荣誉称号，丁雅妮获得“‘双学双比’标兵”荣誉称号。农工党员李淑芳作为“鸣响警世钟的‘撞钟手’”与其他 4 人代表全省社会各界一起撞响“九一八”历史博物馆残历碑广场上的警世钟。

（陆 啸）

【中国致公党沈阳市委员会】 参政议政。在市政协十三届五次全会上提出集体提案 7 件，其中 3 件作为大会发言，“关于走沈阳特色新型工业化发展道路的建议”为口头发言，致公 23 名政协委员提出提案 33 件。报送致公党辽宁省委提案2件,“关于缩小辽宁省城乡收入差别的建议”,“关于推进新型绿色产业,构筑循环生态环境的建议”,作为省政协全会的筛选提案。

民主监督。致公党市委领导及机关干部4次参加统战部组织的情况通报会,听取市纪委、市政府、市公安局、市城建的情况通报。致公党市委主要领导8次出席市委、市政府召开的全委会、协商会、通报会,并就全市的经济工作、中共市委全会工作报告、重大事项、重要人事安排等进行协商议政,提出意见和建议。各级社会监督员积极开展民主监督,针对各大农贸市场长期存在缺斤少两的问题向市技术监督局提出“搞好民生计量工程的建议”,经过与政府有关部门协商已确定在铁西区工人村农贸市场作为试点,由市财政出资全面试行计量检测工作。就市公安局向全市百姓中提出的“百项承诺”开展协商议政。就迎全运,搞好全市出租车行业行风建设等方面提出了许多好的意见和建议,受到重视和采纳。

调查研究。全年召开两次参政议政和提案工作会议,把决策咨询研究重点课题确定为“关于建设‘智慧城市’、构建‘智慧沈阳’的调查与研究并将调研成果上报市委政研室。致公党市委领导及部分党员积极参加市政协对社区警务工作的调研评议工作,主持完成了“关于对沈阳市社区警务队伍建设工作的意见和建议”的调研报告,并在市政协主席扩大会上发言提出意见建议,受到市政协和相关部门的重视和好评。

社会服务。按照致公党中央关于开展“致福工程”的要求,继续组织中国医科大学支部党员赴铁西区工人村街道阳光家园看望和慰问残疾儿童,开展“致福工程”阳光关爱活动。组织第四医院支部党员赴沈阳军区某部为干部战士进行健康体检、医疗咨询,开展军民共建活动。组织中国医科大学支部党员赴苏家屯区白清街道办事处为当地的农民和乡镇干部送医送药并进行健康体检。和于洪区支部共同对于洪区的农民工子弟小学开展了“致福工程”阳光关爱大型捐赠活动,此次活动向全校师生捐赠书包、文具、学习、体育用品(捐赠物品折合人民币近万元),受到学校师生欢迎。妇委会组织党员到新民市张家屯镇叨太堡子村开展“走进农村贫困家庭,关爱农村留守儿童”活动,捐赠科普图书2000本,90套家庭装体育健身器材,100只U盘等物品。致公市委和致公党党员在沈阳鲁园古玩城开展书画义卖活动,并把义卖所得款项捐献给孤儿院和残疾儿童。继续响应致公党中央在四川毕节县开展的扶贫助学一帮一结对子活动,机关干部和部分党员参加,每人每年捐款300元。为促进社会服务工作的开展,8月份,组织基层支部和部分党员骨干在鞍山召开“致公党沈阳市基层支部社会服务工作经验交流会”,会上有10个支部做了专题经验交流,市委领导对近年来致公党市委的社会服务工作进行了总结。2012年,在致公党中央召开的全国社会服务工作表彰大会上,致公党市委被致公党中央评为社会服务工作全国先进集体,党员刘哲丽、金辅中被评为先进个人。

海外联谊。致公市委主要领导分别参加致公党中央和市“五侨”组织的在西班牙召开的“欧洲华侨华人社团联合会成立20周年纪念大会”和“欧华联第17届大会”,广泛联系结交海外华人华侨朋友,加强与世界华人华侨组织的联系,宣传沈阳市的经济社会发展和改革开放的大好形势,做好招商引资、海外的交往工作。协助加拿大华人李经芳先生来沈进行医疗器械无尝捐赠项目的推荐和落实工作(每台设备价值人民币200万元)。继续利用网络平台加强与海外朋友和各省、市致公党组织的沟通和联系,巩固老朋友,发展新朋友。全年接待杭州市、温州市、宁波市、株州市等地致公党组织及党员来沈学习考察,交流工作。

自身建设。全年召开3次主委会议,2次常委会议,2次全委(扩大)会议。总结2011年工作,对2012年工作进行安排;确定六届委员会各专门委员会及组成人选;增补市委委员、部分支部届中调整及换届事项;确定致公党辽宁省委第六次代表大会换届人选及出席大会代表、出席致公党中央十四大代表人选;安排学习传达中共十八大、致公中央十四大会议精神;确定本党界别市十五届人大代表、市政协十三届委员会委员推荐人选;确定提交市政协全会集体提案及大会发言等。全年发展27名新党员,其中女党员14人,博士研究生2人,硕士研究生11人,具有高级职称7人,侨眷(属)8人,留学人员4人,访问学者2人,平均年龄38岁,截至2012年末,全市党员总数为603名。完成皇姑区支部届中调整,直属三支部换届,大东区支部换届筹备等工作,增补铁西区等5个基层支部主委为致公党沈阳市第六届委员会委员。完成致公党辽宁省委、中共沈阳市委统战部、市妇联等日常组织报表及其它各类组织、培训等报表的呈报,计51件。

妇委会举办巾帼风采表彰活动,鼓励全体女党员发扬致力为公精神,积极为社会多作贡献。老年工作委员会组织老党员沈阳一日游。思想理论工作委员会举办体育运动健康知识讲座活跃党员生活,为党员科学健身提出意见建议。

积极参加“建设文化强省,与文明同行”为主题的“2012年辽宁省社会科学普及周暨第三届沈阳市社会科学百日宣传普及活动”,完成活动中有关致公党内容的宣传工作,并向群众发放《中国致公》、《沈阳致公》等宣传资料,为宣传统一战线和多党合作制度做了积极的工作。积极参与中共市委组织开展的《此致微笑》图书漂流活动,创意并组织实施了《此致微笑》图书漂流的3条路线,这项工作得到了致公党中央宣传部的大力支持。完成致公党省委、中共省委统战部、市委统战部等部门统战宣传约稿。全年报送本党省委、中共市委统战部、市政协及各类媒体党务工作信息、党外人士言论、建议信息等60余篇,分别在《沈阳日报》、《沈阳政协》、沈阳电视台、《辽宁致公》、《辽宁致公工作简报》,中国致公网站,辽宁致公网,沈阳同舟网等媒体上发表。

理论研究。致公市委主要领导主持召开思想理论工作会议,明确市委思想理论工作研究的方向和8个方面的主要内容。组织党员参加2012年省、市各级统战理论研究课题的立项申请。申报省统战理论研究课题3项,其中姜彬慧等申报的《发挥统一战线优势和作用,做好归国留学人员的统战工作》获辽宁省统战理论研究重点课题立项;王晓的《社会组织统战工作问题研究》、王艳红的《创新统一战线服务农业科技人员的模式分析》分别荣获辽宁省统战理论研究优秀论文二等奖、三等奖;申报沈阳市统战理论研究课题2项,均被列为沈阳市统战理论研究重点课题予以立项。

(韩志强)

【九三学社沈阳市委员会】 2012年,社市委把参政议政作为首要任务,组建了新的参政议政工作委员会。在工作中注重发挥我社整体优势,注重深入调查研究。社市委领导参加了中共沈阳市委、市政府召开的党风廉政建设和城市建设改造工作情况通报会、经济工作会议、关于换届工作安排和加强党外代表人士队伍建设座谈会、关于政协党外委员安排及人大、政府、政协领导班子换届人选的重要人士协商会。参加了政府工作报告和政协工作报告征求意见座谈会等。分别对沈阳市城市公共交通建设、进一步提高自主创新能力、廉租房和保障性住房建设、加强社会管理等工作及重大决策提出积极的建设性的意见和建议。

市政协十四届一次全会上,提交党派集体提案10篇。其中,《关于加强沈阳城市内涝防治建设美丽沈阳的建议》作为大会发言,《沈阳经济区物流业一体化发展的建议》作为市政协主席的发言,提交到省政协全会。

全年社市委和基层组织紧紧围绕沈阳市的政治、经济、文化和社会生活中的重大问题以及人民群众普遍关心的热点问题进行了10余次调研。4月,社市委参政议政工作委员会赴山东寿光进行调研,重点考察寿光市新农村建设状况,从中寻求对沈阳市新农村建设的借鉴作用;7月,在沈阳农业大学就建立和完善沈阳市农业科技推广体系召开座谈会,并赴辽中和新民进行实地考察,形成了调研报告提交市政协十四届一次全会;9月,组织成员到沈阳鼓风机厂、北方重工对沈阳市设备成套服务情况进行专题调研,提出"关于大力发展设备成套服务业,促进沈阳装备制造业升级"的提案。基层组织建设,将东北建筑设计院支社改建为基层委员会;完成东北大学基层委员会和中国科学院沈阳应用生态研究所支社的换届;新成立沈阳地铁支社委员会;完成辽宁大学基层委员会和沈阳化工研究院支社领导班子调整。做好组织发展工作。全年发展社员80人,平均年龄36岁,其中博士26名,硕士35名,具有高级职称的35人。截至2012年底,全市共有社员1851人,基层组织36个,其中基层委员会9个,支社27个。

各专委会的整体优势得到进一步发挥。妇女工作委员会在社市委机关召开学杨佳迎"三八"主题诗歌朗诵会。科技委员会、联络委员会和浑南基层委员会联合在浑南新区实验学校举行了"同心—科技进校园"活动启动仪式。科技委还以学习中共十八大精神为主题组织了九三沙龙活动。对外联络工作委员会以"与党同心,与十八大精神同行"为主题,对近年来经九三学社社员招商入驻沈阳的辽宁中合汇信投资有限公司、哈尔滨东研网络有限公司和丹佛斯沈阳办事处进行了走访、调研,并提供点对点的咨询服务,对企业反映的问题进行梳理。老社员工作委员会在重阳节来临之际,组织全市30余名离退休老社员参观了中国工业博物馆和沈阳市城市规划馆。

引资引智,全市成员开展学术交流活动800余次,邀请各级各类专家500余人,为沈阳市经济社会发展做出了贡献。有关社员引资约8.8亿元。2012年社员共进行科技攻关89项,提出合理化建议296条,受到省级表彰16人次,市级表彰35人次。

(马　佳)

【台湾民主自治同盟沈阳市委员会】 参政议政。2012年,台盟沈阳市委领导出席中共沈阳市委、市政府、市政协、市纪委等召开的通报会、座谈会、协商会、征求意见会等20余次,并就其工作报告、市级领导班子人选、市"十二五"规划、医疗卫生、农业发展、党派建设等提出了意见、建议,其中一些意见、建议得到相关部门的采纳。

政治协商活动。台盟中央黄志贤副主席等6人到沈阳进行调研,并对八届台盟中央5年工作及未来5年工作设想进行政治协商;柯英明主委参加曾维书记召开的各民主党派主委的民主协商会议;电视电话会议《关于加强新形势下党外代表人士队伍建设的意见》,与中共沈阳市委副书记邢凯谈话,并就中共中央4号文件落实,对年底市人大、市政协换届意见,党外干部安排具体意见进行个别政治协商。

相关调研活动及成果。台盟沈阳市委针对经济发展、科技创新、医疗卫生、文化教育、交通物流、社会建设等课题,分赴基层单位进行调研,撰写报告。沈阳市政协推进历史文化名城保护与复兴工作,优化沈阳城市风貌特色专题常委会议上,台盟沈阳市委员会《传承历史文脉建设文化名城》以及《利用历史独特建筑为全国爱国教育基地》调研报告被选入2012年专题调研汇编。《推进鲜活农产品流通体系建设》调研报告被选入沈阳市政协调研汇编。

积极组织并参与中共沈阳市委、市委统战部、市政协组织的征文活动。盟市委报送《继承传统与时俱进充分发挥政协界别优势和作用》,被市政协评为二等奖,《试论参政党参政与人民政协履职》《注重创新履职发挥政协委员主体作用》2篇论文均获市政协优秀奖。在中共沈阳市委统战部理论研究征文活动中,盟市委报送《社区民族文化的思考》《发挥民主党派政协委员主体作用》2篇论文,其中《发挥民主党派政协委员主体作用》获统战部理论研究三等奖。

参加市政协会议。2012年,市政协十三届五次会议期间,共收到各类提案13件,被市政协立案13件,其中市台盟集体提案6件。《关于推动社区文化的建议》为大会口头发言,市政协将其立为重点提案督办,评选为2012年度市政协优秀提案。《探索多元化招商途径助推沈阳经济发展》、《乘十二运之大势创新沈台旅游文化交流》、《以"文化下乡为载体大力推进农村文化建设》、《牢牢把握历史机遇发展文化休闲产业》、《关注弃管小区老年人养老及文化活动的建议》、《以十二届全运会为契机促海峡两岸"海协"、"海基"两会会谈在沈阳召开》8篇提案入选市政协大会书面发言汇编。

参与民主监督活动。盟市委认真履行参政党民主监督职能,积极参与市政协及市政府相关部门组织的民主监督活动。在沈阳担任各级部门特约监察员和社会监督员的盟员有13人次,分别参加卫生、公安、纪检、教育、民政等民主监督活动10余次,并分别就医德医风、教育、公安、廉政建设等百姓关注的热点问题提出意见、建议10余条。

对台工作。做好对台工作是台盟彰显党派特色、发挥独特优势的重要领域。全年,台盟沈阳市委切实遵循两岸关系和平发展重要思想,本着"专精深久"的工作方针，结合自身特点，以亲情乡情为纽带，采取“走出去，请进来”的方式，进一步探索对台工作的新思路，积极开展不同形式的两岸交流活动，把争取台湾民心贯穿于联络工作的始终，用真情感动人，用事实说服人，使许多台胞消除了误解和疑虑，增进了两岸同胞的了解和理解。接待来自岛内的各界台胞。2月台盟中央“台南大陆投资考察团”一行30人来到沈阳，台盟沈阳市委与他们共同举办沈阳台湾两岸台胞文化交流话乡情活动。3月台湾(新竹)清华大学文学研究所教授兼所长柳书琴等人，与老盟员陈琼兰、吴素英、吴永福及台盟市委会委员、机关干部座谈。8月接待旅日台胞毛思蕾等3人，接待台湾嘉义来沈省亲考察团台胞王向复、王义芳等11人，期间组织宴请、座谈和参观故宫、大帅府等项内容。2012年台盟沈阳市委接待来沈考察团组及返沈探亲台胞8批共计62人次，在交流期间，共举办1次关于沈阳老台胞专题讨论、4次座谈会、6次考察活动等。做好在沈的大学生台胞工作。6月，台盟沈阳市委委员及机关干部与在沈的大学生台胞进行联谊活动；利用端午节，开展慰问辽宁中医药大学台湾学生的活动，并在沈阳日报23日第二版以《端午节前走访慰问辽宁中医台湾学生》为题目进行了报道，同时被同舟网采纳。

积极自主组团入岛访问。在拓宽对台联络渠道方面取得重要进展。5月25日至6月1日，机关干部吴滔、张彬领队，组织新老盟员计12人，赴台开展沈台两地文化交流活动。自主组团入岛后开展探亲、访友交谈等，对两岸经贸、医疗、妇女、农业、经济、文化等各个方面进行亲情、友情的交流互动活动。台盟沈阳市委充分利用盟员赴台交流的契机，将《此致·微笑》“漂流”到宝岛台湾。经过近8天、1800公里的“漂流”辗转，完成环岛漂流。此次活动得到了当地台胞的关注和支持，在微笑漂流书上留下祝福的话语和对沈阳最真挚的祝愿，反映了两岸同胞共同的心声，提升了沈阳在岛内民众的影响。《此致·微笑》图书漂流，向着台湾岛内微笑传递，不仅拓宽了对台联络的渠道，也开阔了议政工作视野，盟员返沈后向有关部门提出有价值的建议，并为盟员做了翔实的报告，同时将《此致·微笑》图书及宣传材料上交给中共沈阳市委，《漂流进海峡的微笑传递》一文，在同舟网发表。《沈阳台盟》杂志刊登吴滔赴台体会文章《台湾印象》以及黄信义盟员赴台体会文章《在台湾的二三事》。

积极探索对台宣传工作载体。庆祝台盟沈阳市组织成立30周年纪念，台盟沈阳市委设计制作了宣传沈阳和台盟组织的纪念邮封，丰富了对台联络宣传工作的载体，加强了对台宣传工作力度。

组织建设。在2012年1月市政协13届5次会议上，柯英明主委、赵文江副主委当选为沈阳市政协常委；12月台盟中央““九大”，柯英明主委、吴利薇副主委当选为台盟中央委员。台盟市委委员及机关干部分别参加中央社院、省委社院及中共沈阳市委党校、台盟辽宁省委举办的学习教育活动培训班，从思想上、理论上得到提高。坚持民主集中制原则，严格按照议事规则和决策程序办事，盟市委认真贯彻《台盟沈阳市委工作条例》，凡是涉及确定重要任务、人事安排、推荐人选等重要事项，均通过盟市委或主副委会议集体讨论通过。领导班子成员坚持以身作则，主动开展各项工作，在参政议政、对台联络、社会服务等工作中率先垂范，主动承担任务，起到先锋表率作用。

组织发展工作。加强后备干部队伍建设，特别是着力加强青年盟员的培养工作，从中青年台胞中选拔优秀人选作为组织发展的后备人选进行考察和培养。在“五四”青年节，台盟市委会组织青年盟员活动，创造条件吸引他们参与盟内活动。台盟沈阳市委会根据《各民主党派组织发展工作座谈会纪要》精神，在广泛接触青年台胞基础上，放宽视野，做好组织发展工作。2012年，有1名优秀青年台胞加入台盟沈阳市委组织。经中共沈阳市委统战部、台盟辽宁省委批准，妇委会专职副主任、青年盟员王琦增补为台盟沈阳市委委员。经中共沈阳市委统战部批准，推荐青年盟员李巍为新一届政协委员会委员。截至2012年底，全市盟员62人。

（*董　宇*）

【沈阳市工商业联合会】　调查研究。2012年，市联围绕促进中小微企业保生存、谋发展重点课题，组织和指导全系统开展了中小微企业发展现状的系列调研活动，形成了《保生存、谋发展，促进我市中小微企业又好又快发展》、《小微企业发展现状及政策落实情况》及《中小微企业融资形势和企业培训服务体系建设》的调研报告。结合推动基层商会建设，赴法库县柏家沟镇开展了专题调研，形成了《从柏家沟商会探析乡镇商会的持续发展》调研报告。中央统战部副部长、全国工商联党组书记全哲洙作出了批示：“此报告对基层商会发展具有方向性、代表性和指导性”。同时，责成全联会员部成立工作组对沈阳乡镇商会建设进行了深入调查研究，总结的经验做法在全国范围内推广。积极推动调研成果转化，充分发挥提案工作服务基层、服务会员的重要功能，先后提出了《进一步优化小微企业外部发展环境是当务之急》、《关于改善中小微企业发展环境的建议》、《关于深化金融服务创新，多渠道解决小微企业融资难的建议》等多件提案和建议。其中《关于改善中小微企业发展环境的建议》大部分内容被市政府出台的“支持中小微企业发展的政策措施”文件吸纳。全年，全系统共提交政协发言、提案200余件。市联《关于贯彻落实国新“36条”，鼓励和引导民间投资健康发展》和《关于着力推动民营企业自主创新，促进民营经济发展方式转变》两份提案被市政协评为优秀提案，并荣获“沈阳市统战理论研究工作进步奖”。

思想政治。坚持开展“争做社会主义合格建设者”思想教育活动，先后举办全系统学习贯彻“十八大”精神专题报告会；组织会员开展“感恩革命老区井冈山”学习教育活动；继续开展企业家进校园演讲自我教育活动，会同中国电子商务协会举办“探索企业转型之路—助力沈阳企业发展”公益演讲活动；组织会员参加中小企业“百千万工程”论坛，有效增强了广大会员的思想觉悟和政治责任感。在充分发挥《沈阳商会》杂志、网站等宣传平台作用的同时，积极协调《沈阳日报》、沈阳电视台开辟专栏，集中宣传了北方交通重工、昂立集团、九星控股、菁华学校、罕王集团、龙之梦等6家企业的典型事迹；配合《中华工商时报》总结宣传了伊士特、宇光温控两家小微企业转型升级的经验。

《华商晨报》、《时代商报》先后对20多位优秀企业家、10多个基层商会进行了专题宣传,在社会上产生了良好影响。

光彩事业。积极引导会员开展光彩事业"九个一"活动,全年对口帮扶村镇修建道路3条,投入资金91万元;援建光彩小学1所;完成开发龙头项目12个,投入资金2.9亿元;引进项目6个,投入资金100余万元;吸纳安置下岗职工6848人;捐助贫困学生1791名,捐助资金230万元;帮扶贫困户457户、重点优抚对象94名,投入资金180余万元。继续推进"千人复明工程",组织会员捐助善款47万元,为500多名低保边缘白内障患者无偿实施了复明手术,得到群众的好评。

服务会员。坚持以推进与浦发、民生、兴业、邮储等四大银行战略合作伙伴关系为重点,通过对接会和座谈会等形式,推动银企扩大合作。协助民生银行成立了供应商行业城市商业合作社并建立合作基金;会同《华商晨报》开展了融资案例推广活动。全年开展银企对接活动50余次,共为10家商会授信9.57亿元,为2339家企业融资37.49亿元,投保签约出口信用保险1.8亿元,为解决融资难问题,发挥了积极作用。大力推进三级维权网络建设,维护企业合法权益。开展送法下基层活动,举办"企业法律风险防范培训班"7期,组织盈科、中银等律师事务所赴企业举案说法,解难答疑;指导宠物商会成立法律维权服务中心;妥善处理了五金行业商会杂志图片侵权、康平县海尔专卖店商品受损等多起案件。全系统共受理维权案件80余起,为企业挽回经济损失6700多万元,较好地维护了企业合法权益。积极帮助会员招才纳贤,为企业健康发展提供智力支持和人才服务。会同德国国际合作机构举办了"东北三省工商联系统经济联络负责人培训班";指导各级工商联组织开展管理和技能培训;联合有关部门举办人才招聘会。全年,各级工商联组织共举办培训活动40多次,培训人员达2000余人;举办大学生、农民工和技术工人专场招聘会6次,累计800余家企业参会,提供就业岗位5000多个。注重加强企业家交流与合作,先后会同天江老龙口、绿城全运村、龙之梦等多家会员企业,举办以酒文化、健康养生、年货大集等为主题的联谊活动,有效增进了会员的联系与沟通。参与由市总工会、市人社局等单位组成的劳动关系三方五面协调机制,进一步推进会员企业和谐劳动关系建设。会同市总工会等单位开展全市集体合同大检查,为促进会员劳动关系和谐发挥了积极作用。

对外联络。全年接待比利时、韩国和澳门等国家和地区商务考察团5批次30余人;先后组团赴美国、德国等6个国家开展商务考察;组织企业参加了德国"促进东北区域经济合作发展"研讨会、中印贸易投资研讨会、日本精品亚洲巡展等交流活动;指导行业商会分别举办了中国沈阳古玩艺术品博览会、中国北方家具及装饰材料博览会、东北国际五金工具展、春秋两季全国美博会;会同世星国际集团等单位,第四次成功举办了世界女子9球锦标赛;组织河北商会、何氏眼科医院、哈佛美发学校等参加了沈阳市迎全运第七届龙舟赛,并包揽了前三名,市工商联被组委会评为"贡献奖"。

招商引资。市工商联先后组织企业参加了韩国、泰国、内蒙古科左后旗项目推介会等大型招商活动。指导沈北新区工商联推动企业增加投入,成功引入9个项目;协助新民市工商联成功引进葵花药业、扬子江药业等企业在新民建厂,总投资22亿元。组织广东、福建、宁波等异地商会在协助省、市政府招商引资工作中也发挥了积极作用。全年,全系统共引进项目69个,协议投资额371亿元,实际到位资金173亿元。

组织建设。积极推进基层商会稳步发展,全年成立市级商会3个,发展市级团体会员4个,县区成立基层商会15个,发展会员1100多个。指导直属、河北、福州、闽南等4个商会顺利完成了换届。完成了市联执常委数据库信息录入工作,实现了会员信息动态化管理;举办了基层商会秘书长公文培训班。认真总结了乡镇商会建设经验做法,法库县柏家沟商会被全联推选为全国乡镇商会典型。

(朱小江)

群 众 团 体

市总工会

【振兴竞赛】 围绕建设创新型城市、推动县域经济发展和优化发展环境三个方面，继续组织动员全市广大职工深入开展“当好主力军，奋战‘十二五’，实现新跨越”振兴竞赛活动。建立了竞赛联络员制度，发展了168名联络报告员，实施网络化沟通报告，确保随时动态掌握活动进展，跟踪考核竞赛项目，及时宣传成功经验和先进典型。推动基层工会和企事业单位制定竞赛活动评比奖励政策，进一步完善了激励机制。有效提高了广大职工和企事业单位的参赛热情。全市企事业单位和群众的参赛热情明显增强，各大中型非公企业、乡镇企业、合资企业积极立项，全年总计立项1235项，参赛职工达80余万人。与往年相比，竞赛活动普及更广，成效更显著。

（李靖天）

【职工素质工程】 继续实施“百千万技能人才培育工程”和职工职业技能竞赛活动，竞赛工种既突出了装备制造业领域又兼顾了城市建设和管理行业，并增加了涉及民生的服务业工种的比例。全市相继组织开展了50个工种的竞赛，1.3万余名职工报名参赛，共产生技术大王28名，技术标兵316名，技术能手631名，优秀选手485名。特别是开展了机电一体化专业竞赛，实现了竞赛从操作技能型向技术技能型、单一技能型向复合技能型、传统工种向现代工种的延伸，促进了职工向一专多能方向发展。在全国第四届职工职业技能竞赛中，沈阳市选送的选手获得1枚金牌、2枚银牌、2枚铜牌。

（李靖天）

【职工技协】 全市8个区、县（市）、产业工会，24个国有企业，15个非公企业建立了技协组织，发展新会员1200名，扩大了职工技协覆盖面。全年共举办技术培训9场，培训会员500人，交流新技术（操作法）12项。同时，在开展技术创新和难题攻关活动上取得新进展。一年来，全市技协会员针对企业技术难题，攻关关键技术400余项，创造价值达1.3亿元，提出合理化建议5万余条。在市总工会与市经信委联合开展的“沈阳市重大技术难题攻关活动”中，市技协充分发挥各企业专业技术协会的作用，全年共组织职工完成重大技术难题2400项，创造经济价值6.7亿多元。

（李靖天）

【劳模管理】 全年共推荐评选全国“五一”劳动奖状1个、奖章12人，全国工人先锋号6个，辽宁省特等劳动模范3人，省劳动模范94人，省先进集体5个。评选表彰市特等劳动模范10人、劳动模范500人、先进单位96个、先进集体100个。针对不同时期特殊工作中做出突出贡献的个人和单位，共授予沈阳“五一”劳动奖章265个、劳动奖状37个、工人先锋号7个。出台《沈阳市劳动模范荣誉津贴帮扶办法》，针对具有本市户籍，无荣誉津贴领取渠道的市级以上劳模，建立市、区两级帮扶体系，切实将荣誉津贴落实到位。此外，从采暖补贴、体检义诊、组织疗休养等方面，认真做好劳模管理服务。

（李靖天）

【和谐劳动关系建设】 市劳动关系三方和有关部门制定了《沈阳市加强基层劳动争议调解组织建设意见》、《沈阳市万家企业创和谐活动实施办法》等60余个规范性文件。强化基层基础工作，在127个街道、89个乡镇、1056个社区组建了劳动关系协调委员会，配备2100名监察员和协理员，实现了劳动保障监察“网格化、网络化”管理。区、县（市）及开发区劳动关系三方均实现了机构常设化、运作实体化，工作效率和效能明显提高。基层劳动争议调解组织建设步伐加快，建制率提高到90.2%。在沈北新区进行劳动争议预防调解社会化联动试点，建立区域劳动争议调解中心，积极推进基层调解、裁前调解、诉前调解、访前调解“四道防线”建设。启动了“万家企业创和谐”活动，全市规模以上企业、非公中小企业参与率分别达到92%和73%。

（李靖天）

【集体合同】 围绕合理调整初次分配、建立企业和职工利益共享机制，进一步落实集体合同工作提质扩面原则。坚持质量导向，在全国率先探索建立了上级工会预审制度和“四条线”协商制度。行业工资集体协商迅速推开，全市餐饮、公交和汽车行业工资专项集体合同成功签订，实现了集体协商与职代会建制同步，市、区县和企业三级协商有机衔接，全市一线职工平均收入增长14.4%，继续领先GDP和城镇居民可支配收入的增速。全市集体合同覆盖面达到97.4%，履约率和职工满意率分别达到97.3%和97.5%，签订集体合同的一线职工月平均工资比未签订的高出31个百分点。

（李靖天）

【帮扶服务】 不断健全完善四级帮扶服务网络，全市企业和社区帮扶服务站发展到2114个，对困难职工帮扶实现了网上即时受理、即时审批。壮大工会帮扶志愿者队伍，发展了以退休劳模、退休工会干部、工会会员、社会热心公益人士为主体的帮扶志愿者队伍9806人。针对破产企业工伤职工参保难的问题，制定政策，筹措资金，推动了这一社会矛盾的化解。在生活帮扶和大病医疗帮扶标准分别提高75%和100%的基础上，累计发放帮扶资金2978万元，受益职工6.5万人。采取工会与卫生、质监等部门联动的办法，启动了企业职工服务设施标准化建设活动，推动各类企业投资17.34亿元，新改建食堂934个、浴室1127个、宿舍1715间，促进了职工生产生活条件的改善。

（李靖天）

【农民工维权】 积极实施技能培训,在全市开展了“全年不落幕”的“2012沈阳市农民工就业巡回招聘行动”,全年共征集到300多家单位的用工信息,促进农民工就业千余人。做实帮扶服务工作,共帮扶42.1万人,帮扶金额达26.8万元。同时,联合市房产局制定下发了《关于积极做好农民工公共租赁住房配租工作的通知》,首个公共租赁住房项目安图小区318套公共租赁住房已配租给42名农民工。继续严厉打击恶意欠薪违法行为,会同市法院、检察院、公安局等有关方面联合下发文件,完善了农民工欠薪案件调处与刑事司法衔接制度,并判决了全省第一例实体案件。元旦、春节期间,集中开展清理整顿拖欠农民工工资专项行动,实现了农民工群访息访率100%、农民工返乡过年100%的工作目标。

(李靖天)

【就业再就业】 深入推进培训基地、安置基地和见习基地规范化建设,全市工会建立培训基地112个,安置基地161个。会同政府有关部门继续开展“家政服务工程”,推动对家政服务从业人员的培训。组织开展“工会就业援助月”活动,与市人社局联合举办2012“牵手同行”促就业招聘会,采取市、区两级联动的方式,共设招聘会场30个,为求职者就近洽谈求职提供便利。2012年,各级工会共培训2.02万人,安置就业2.13万人,扶持创业带头人213人。

(李靖天)

【职工慈善】 继续推进“职工一元捐”、“工会干部百元捐”和“企业万元捐”,全年募集款物1076万元。继续开展“爱心午餐”、“爱心光明行动”等十个品牌捐助项目,推出了“爱心助环卫”慈善项目,为近万名一线环卫工人办理健康保险、发放优惠购药卡、建设休息室等10项服务,开展了“爱心胃康行动”,全年各慈善项目共惠及职工5万余人次。“爱心助环卫”项目荣获中国首届公益慈善项目大赛铜奖和辽宁省首届“辽宁慈善奖”。

(李靖天)

【工会组织建设】 依托源头建会机制,推动新开工投产企业及时建立工会组织,新建工会组织1618个,涵盖企业7435户,新发展会员15万人,继续保持了工会组织对各类企业的动态总体覆盖。全市共建有基层工会组织1.45万个,涵盖企业5.19万户,会员总数138万人。为适应开展工资集体协商需要,新建区县行业工会11个,区县行业工会发展到83个,涵盖企业9528户,覆盖职工24.9万人。加强街道乡镇工会建设,全市91个企业职工在3000人以上的街道乡镇全部建立了总工会,并落实了机构、编制、人员和经费。全面推进基层工会规范化建设,合格职工之家达80.6%,先进职工之家达31%。

(李靖天)

【基层活力建设】 健全完善企业工会主席产生机制,国有企业工会分(支)会主席直选面扩大到64.2%,同时出台《沈阳市非公有制企业工会主席直选工作暂行办法》,单独建会非公企业工会主席直选面达到11%,并开始向世界500强企业延伸。在全市企业工会开展了“双亮双履六公开”达标活动(工会组织亮牌子、工会主席亮身份;履行工会组织基本职责、履行工会组织承诺;公开工会组织机构、公开工会组织基本任务、公开工会会员权利义务、公开工会组织承诺、公开工会内部事务、公开集体合同文本),覆盖面达51%,促进了工会组织职能作用发挥。

(李靖天)

【工会干部培训】 成立沈阳市劳动关系讲师团,推动13个区县党校开设了劳动关系课程,修订了《工会干部培训教材》,出台了《沈阳市工会干部教育培训大纲》和《沈阳市工会干部持证上岗制度》。70名讲师分赴两级党校和工会干部学校(培训点)开展劳动关系和工会知识培训。年内培训党政领导干部3800名,培训各级工会干部1.1万名,培训企业经营管理人员680名,提高了广大干部运用劳动关系理论指导实践工作的能力。

(李靖天)

【文化建设】 开展以“提炼一种企业精神、开设一个培训讲坛、建设一处文化阵地、培养一支文体骨干队伍”为主题的“四个一”活动,促进了职工综合素质和企业软实力提升,全市70%的规模以上企业参与活动。新建市级职工书屋80个,市级“职工书屋”发展到345个。建立全国工会示范点32个、全省工会示范点5个,受益职工(含农民工)60余万人。发挥职工主体作用,扩大职工文化协会、兴趣小组覆盖面,全市企业建立各种协会(兴趣小组)123个,协会会员2.04万人,覆盖职工24万人。开通“沈阳工人哥们”官方微博,运用微博新载体加强对职工的思想引导。

(李靖天)

【劳动保护】 新建区域行业和企业工会劳动法律监督组织3300个,发展监督员6850人。积极推进“安康杯”竞赛活动向非公中小企业、街道(乡镇)、社区和农民工聚集场所延伸,全市3776家企业、2.8万个班组、78万名职工参与活动。深入开展工会劳动保护达标升级活动,83%的企业建立健全了工会劳动保护“五项制度”。组织开展群众性安全生产监督检查活动,组织隐患排查409次,下达整改建议书2327份,整改率为94%。充分发挥专项集体合同对职工劳动安全的保护作用,规模以上高危企业劳动安全生产专项合同签订率达到81%。

(李靖天)

共青团市委

【“非公团建年”活动】 2012年是沈阳共青团的“非公团建年”。通过调研摸清了全市非公企业的基本情况,完成了2012年非公团建工作的任务分解,形成了《关于开展“非公团建年”活动的工作方案》。适时召开县区工作调度会,明确总体目标、工作思路和推进步骤,对2012年非公团建工作进行动员部署。结合各县区的工作推进情况,累计印发8期情况通报,进行三次集中抽查、三次工作调度。面向非公企业和青年开展了青年交友专场见面会,沈阳市“青年文明号”、“青年岗位能手”、“青年突击队”创建评选,非公团干部培训交流会等活动,指导各县区坚持“数”、“质”并重。2012年新建团3850家,完成了团省委下达任务的214%。

(李　霞)

【团市委十四届五次全会】 2月22日,团市委十四届五次全委(扩大)会议在金城宾馆召开。市委常委、市总工会主席鞠秀礼出席会议,并代表市委作了重要讲话,团市委书记、党组书记王志刚传达了曾维书记讲话精神,并代表团市委常委会作了工作报告。会议客观总结了过去一年工作,部署了2012年工作,审议通过了《关于在全市广大青少年中开展"迎全运城市志愿服务V计划"行动的决议》,表彰了2011年度"沈阳市五四红旗团委标兵"和"沈阳市五四红旗团委",完成了委员卸免。

(李 霞)

【希望工程扶贫帮困】 2012年,为进一步推进和谐社会建设,促进青少年健康成长,提高偏远、贫困农村的办学条件和师资力量,解决贫困家庭子女上学难等问题,沈阳市希望工程办与沈阳崇信友邦建材有限公司建立希望工程专项基金,接受专项基金15万元。基金主要用于贫困学校的校园建设、救助贫困学生和加强对贫困学校老师的培训等,崇信友邦建材有限公司每年将不定期注入基金。新学期到来之际,希望办与该企业为善邻二校的全校学生订制了500套校服,并为该校捐献价值1万元的体育用品。

(刘怀杰)

【纪念建团90周年团史展】 5月4日,团市委在铁西区城市规划馆举办了《青春记忆——沈阳共青团纪念建团90周年团史展》。展览共分为青春历程、青春见证、青春榜样、青春誓言四大板块。展览展出了许多极具史料价值的藏品,包括90种不同时期、不同版本的入团志愿书,青运史上的早期刊物《建团文件汇集》,上世纪60年代开展"技术协作"活动的相关文献,上世纪50年代沈阳共青团组织青年团员义务劳动的照片,全国劳动模范张成哲当年劳动的照片,还有1984年老山前线沈阳籍战士邮寄回来的感谢信等等,共展出实物展品381件。

(闫占峰)

【"红领巾心向党"主题队日活动】 5月31日,沈阳市"红领巾心向党——学先锋,找榜样,争四好"主题队日活动暨万名小记者集结式在沈阳市浑南新区第一小学举行。活动期间,少先队员们举办"红领巾心向党——学先锋,找榜样,争四好"活动成果展览,集中展示了亲手绘制的漫画、儿童画、手抄报和拍摄的活动图片,大力宣传党员中的时代先锋人物、身边优秀团员青年的事迹。少先队员用DV、手机记录寻访马鹏飞和为全运会建设作出贡献的优秀党员、团员等身边榜样的过程,时代先锋人物和身边优秀团员青年的形象走进了少先队员的内心。还开展了少先队快乐易货活动,并将易货所得购买和制作了与"学先锋,找榜样,争四好"主题相关的节日礼物,赠送给"手拉手"小伙伴,体验奉献和助人的快乐。

(孙 莹)

【团中央书记处第一书记陆昊来沈调研】 6月11－12日,团中央书记处第一书记、中央综治委预防青少年犯罪专项组组长陆昊来沈调研。省委常委、省总工会主席赵国红,市委常委、市总工会主席鞠秀礼,团省委书记田野,团省委副书记陈奇夫,团市委书记王志刚陪同调研。

11日,陆昊一行首先来到沈阳市工读学校,深入到学生餐厅、活动室、小宿舍、心理测试室,听取了学校负责人办学情况介绍,并与几名学生亲切地交流。陆昊还特别向工读学校辛勤工作的老师们表达敬意。12日,在沈阳市青年服务中心皇姑分中心,陆昊详细了解了团组织帮扶青年就业创业、维学维权、大病救助、社工帮教等工作情况,充分肯定了基层团干部的务实创新和扎实工作,并指出团组织要努力通过三个路径提高服务青年的能力。一是上级团组织要真正的关心和支持团的基层组织;二是要积极争取各级党委和政府的支持;三是要充分发挥共青团社会化动员的优势,为服务青年工作提供相应的条件。

(田 斌)

【沈阳高校青年新媒体应用联盟正式启动】 7月4日,沈阳高校青年新媒体应用联盟启动仪式在沈阳理工大学科学会堂举行。28所驻沈高校团委书记、新媒体应用负责人、学生会主席、社团联合会主席和沈阳理工大学师生近600人参加了启动仪式。沈阳高校青年新媒体应用联盟是沈阳共青团学校战线各级团组织共同打造的一个网络微博平台,是全市高校各级团组织信息化、网络化建设的重要成果。联盟将借助新媒体的力量,不断提高共青团社会化动员能力,促进校际间基层团组织的文化交流,在分享体验和进步的实践中,将共青团思想引领和成才服务工作提高到一个新水平。

(张 琛)

【第三期大学生骨干培训班】 8月15日,由团市委、市学联主办的沈阳市第三期大学生骨干培训班开班仪式在沈阳市团校培训基地举行。驻沈28所高校选派的52名学生会干部、学生社团负责人、青年学生典型参加开班仪式并接受为期八天的理论学习和实地学习考察。开班仪式上,团市委书记王志刚为大学生骨干做了首场报告,团市委副书记刘晓虹向沈阳市第三期大学生骨干培训班授旗。参加此次培训的52名学员成为了"十二运"志愿者,以实际行动投身到"迎全运、促创城"活动中,同时,他们也成为了沈阳高校青年新媒体应用联盟舆情观察员,为做好大学生舆论引导工作打下坚实基础。

(张 琛)

【见义勇为青年典型座谈会】 9月12日,"伸出援助手、传递正能量"沈阳市见义勇为青年典型座谈会在东北大学汉卿会堂举行。座谈会上,与会领导为刘羽、郭俊、孙庆吉等沈阳市见义勇为青年典型颁发了沈阳市群团组织联合行动领导小组"见义勇为、爱心相助"基金会的慰问金,以鼓励和表彰见义勇为、爱心相助的推动者和践行者;团市委副书记刘晓虹为辽宁公安司法管理干部学院学生刘羽颁发了"沈阳市优秀共青团"荣誉证书。辽宁大学团委书记韩雪松等见义勇为典型单位的代表也纷纷发言,并向全市青年发出了向他们学习的倡议。

(张 琛)

【大学生服务中心】 2012年,市学联以大学生服务中心为依托,汇聚社会各界的关爱力量,多方位开展帮扶奖励工作。开展发放青春圆梦助学金、市政府奖助学金、市长奖学金、勤工助学补助金、寒暑期返乡车费补助金活动。8月17日,在沈阳市大学生服务中心大厅里,团市委、市大学生服务中心举行了青春圆梦助学金发放仪式。全市350名被全国普通高等院校录取的贫困家庭和城市低保家庭的学生受到资助,团市委、市大学生服务中心为每名学生发放3000元助学金,资金共计105万元。12月末,面向市属高校为3880名贫困大学生发放市政府奖助学金240万元;为全市高校100名优秀大学生发放市长奖学金60万元。1月—12月,为积极参加市大学生服务中心开展的公益性勤工助学活动、大学生志愿者服务活动、家庭经济困难、学习成绩优异的大学生按照10元/小时的补助标准,累计发放勤工助学补助金35万元,覆盖2000余人。6月末和12月末,为全市高校2500名贫困大学生发放寒、暑期返乡补助金共计25万元。

(张 琛)

【第八届"振兴杯"全国青年职业技能大赛】 第八届"振兴杯"全国青年职业技能大赛决赛共设工具钳工、汽车修理工、计算机网络管理员三个工种。按照大赛组委会及团中央对比赛场地和设备的严格要求,在全市范围内进行全面挑选,选定沈阳市装备制造工程学校、辽宁丰田金杯技师学院、辽宁省交通高等专科学校为大赛实操考试的比赛场地。联合市人力资源和社会保障局等26家单位组成沈阳市承办全国大赛领导小组,组织召开全市大赛协调会等多项筹备工作,为大赛的成功举办奠定了完备的组织和政策保障。9月24－27日,经过三天的激烈角逐,沈阳选手石未华、张文良分别夺得汽车修理工和工具钳工的第一名,其他7名选手全部入围前十名。沈阳选手的优异表现为共青团辽宁省委、省人力资源和社会保障厅获得优秀组织奖奠定了基础。不仅让"沈阳技能"在全国叫响,更为全国青工创造了广阔的交流发展平台。

(张 德)

【"双证"培训班】 联合沈阳工业大学继续教育学院做好第六期学历证班81名毕业生的学历证及学籍发放工作,同时开展第七期"双证"学历班报名与审核工作。经选拔,来自东药、机床、沈飞、黎明等15家国有及民营企业的141名符合报名条件的优秀青工参加了全国成人统一考试,有100名成绩合格青工成为"双证"班学员。数控车床专业的30名学员已全部通过国家统一的技能鉴定考试,获得数控车工高级工技能证书和德国EBG集团颁发的AHK职业技能证书,动漫制作专业的60名学员也已通过国家认证考试,取得认证书。

(张 德)

【关爱农民工子女志愿服务主题微活动】 为推动志愿服务农民工子女工作持续有效开展,团中央志工部于10月在全国5个省区市开展"走近七彩小屋,体验七彩课堂"主题微活动,沈阳市被列入参与此项活动城市之一。10月17日,团市委在苏家屯区林盛九年一贯制学校七彩小屋开展"走进七彩小屋,体验七彩课堂"关爱农民工子女志愿服务主题微活动。此次活动依托七彩小屋"巧巧手平台"、"爱心图书角"、"快乐游戏站"、"亲情联络站"等服务平台,以"七彩课堂"为主题,通过网络招募志愿者对农民工子女进行学业辅导、亲情陪伴、心理辅导、游戏互动等关爱活动,极大地丰富了农民工子女的文化需求。

(于英杰)

【举行百家寒富苹果产业乡镇直属团组织授牌仪式】 11月15日,百家寒富苹果产业乡镇直属团组织授牌仪式在辽中县举行。团省委、团市委领导出席仪式,为百家寒富苹果产业乡镇直属团组织负责人代表授牌。团市委积极响应团中央、团省委号召,率先在市域内的寒富苹果专业合作社中建立了100家乡镇直属团组织,摸索出了一套以产业推团建、以团建促活跃、以活跃兴产业的崭新工作途径。建设百家寒富苹果产业乡镇直属团组织,不仅在青年果农中搭建起了广泛交流平台,"让从事分散农业生产的农村青年形成聚集",进一步夯实了沈阳市乡镇实体化"大团委"的建设基础。

(于英杰)

【中国少年先锋队建队63周年活动】 10月12日,"红领巾心向党、感受你的爱"庆祝中国少年先锋队建队63周年主题活动在二经二校举行。大会首先由团市委王志刚书记宣读了省委常委、沈阳市委书记曾维给二经二校少先队员的回信。曾维书记在信上对所有少先队员提出了要求和期望:"把党的悉心哺育,全社会的真心关爱,化成巨大的动力。勤奋学习,全面磨练,不畏困难,勇往直前。"随后举行了二经二校教育集团781名新少先队员入队仪式,特别邀请出席党的"十八大"代表、新民市周坨镇党委书记徐战海为新一年级中队授予"雷锋英雄中队"、"杨利伟英雄中队"、"郭明义英雄中队"队旗。之后,与会领导和来宾与少先队员们共同观看了《红领巾迎着太阳走》等精彩的文艺节目。

(孙 莹)

【青年创业交流会】 12月4日,沈阳市青年创业促进会举办的"沟通心灵启迪思想"主题青年创业交流会在沈阳市青年创业园举行,100余名创业青年参加交流会。本次交流活动以优秀创业案例巡礼拉开序幕,全景展示了全国范围内,以创新思路、长远规划、精细运作为突破点的成功案例,直观展示了创业成功的关键因素,给予参会青年许多启发和警醒。沈阳优秀创业青年依次上台就自身的创业经历和创业感悟向参会青年做了精彩的报告,并结合自身经验对政府为推动青年创业、以创业促进就业所制定的发展战略和优惠政策进行了解读,同时鼓励青年朋友们积极投身自主创业,针对创业过程中需要面临的挑战与风险提出了具有现实意义的建议。

(申亚东)

【沈阳市学生联合会第十次代表大会】 12月7日,沈阳市学生联合会第十次代表大会在市委党校召开,308名代表出席了本次大会,其中:正式代表244人(高校代表163人,中等学校代表81人),列席代表64人。大会总结市学联第九次代表大会以来五年的工作;修改市学联章程;制定市学联今后五年的工作方针和任务;选举产生66席市学联第十届委员会和37席市学联第十届主席、副主席团体单位,东北大学学生会当选市学联第十届主席团体单位。以此次大会为契机,市学联还向全市青年学生发出了"坚定不移沿着中国特色社会主义道路前进"的三项号召。

(张 琛)

【沈阳市第五次少代会】 12月7日,中国少年先锋队沈阳市第五次代表大会在沈阳市委党校召开,全市268名代表参加了会议。会议全面总结了五年来沈阳市少先队工作,部署了今后五年的工作任务,选举产生了由79名委员组成的市第五届少工委,选举产生了由7名同志组成的新一届市少工委领导机构。少代会期间,举办了"精彩全运、文明你我"少先队员论坛活动,将征集上来的"红领巾心向党"优秀案例下发到每一名少先队辅导员手中,引领少年儿童文明向上,服务少年儿童幸福成长。

(孙 莹)

【中小学生心理辅导系列讲座】 2012年,为了促进全市中小学生健康成长,加大全市中小学生尤其是农民工子女心理教育的普及力度,拓宽心理辅导受益覆盖面,在全市中小学范围内开展普遍的心理辅导系列讲座活动40余场,取得了良好的活动成效。团市委自筹资金2万元,聘请周永梅、王鲜花、徐青万等资深心理教育专家,在对12355青少年服务平台的大量数据和对广大青少年实际情况广泛调研的基础上，最终确定了亲子关系、学业问题和考试焦虑三项内容为系列讲座的主体内容。本次心理教育系列讲座在家长和孩子间构建了有效的沟通桥梁，增强了全市广大中小学生积极应对学习、生活困难的决心和勇气，从青少年和家长最关心的角度出发，为青少年的健康成长保驾护航。

（张　楠）

【青年志愿者海外服务计划 2012 沈阳·文莱项目】 4月5日，团市委召开了中国青年志愿者海外服务计划 2012 沈阳·文莱项目新闻发布会。文莱项目通过公开招募、自愿报名、组织选拔、集中派遣的方式，在全国招募 23 名有一定专长的青年志愿者，开展为期一年的汉语教学、公共卫生、医疗服务等方面的志愿服务。在结束为期 2 周的海外志愿服务工作出征培训后，12 月 27 日，中国青年志愿服务队抵达文莱国际机场，受到中国驻文莱大使馆、文莱教育部、文莱大学等方面的热情接待。23 名志愿者均接受了岗前培训指导和校方指派的任务工作，正式展开志愿服务。

（闫占峰）

【基层组织建设】 2012 年，全市 73 个乡镇、街道建立实体化“大团委”2766 个，覆盖青年 5.65 万人，团员 1.93 万人。各区、县（市）团委全面落实为街道、乡镇提供的不低于 2 万元的工作经费；继续大力推进非公企业团建，持续开展创先争优，全年新建团组织 3850 家；巩固推进农民工群体建团工作，加强与外市驻沈团组织及流出地市级团委的互动，全年共接收外省市驻沈阳市团工委 2 家，建立“县外即外”模式团组织 8 家，为驻沈团组织开放活动阵地 55 个。

（张　德）

【学习宣传贯彻党的“十八大”精神】 12 月 21 日，团市委在东北大学举办“共青团沈阳市委员会学习党的‘十八大’精神专题讲座”，来自全市各区县（市）、市直机关单位、各战线系统、街道（乡镇）团委负责人和青联、青企协、青志协、非公单位、创业青年代表等 350 余人参加宣讲学习。全团各级组织和广大团干部紧密结合不同类别青年群体思想现状，把宣讲党的“十八大”精神摆在工作的突出位置，综合运用讲座、报告会等传统手段结合微博、网站等新媒体手段拓展宣讲的覆盖面，营造起全团学习宣传贯彻党的“十八大”精神的浓厚氛围。在高校和基层开展各类学习活动共计 400 余场，直接参与人数近万人。充分运用新媒体，针对不同类型的青少年群体开展思想教育，先后编发“青春共话‘十八大’”手机报 3 期，发布原创微博 2837 条，对全市青少年实现广泛覆盖。

（闫占峰）

【青年就业创业】 通过社会征集、团组织发展等渠道进一步挖掘企业资源，收集就业见习岗位，宣传就业见习活动，鼓励企业承担社会责任，全面加强青年就业见习工作。在全市牵手同行就业创业联合行动表彰大会上，对沈阳市会计核算中心、韦德教育、金杯江森等优秀就业见习基地进行表彰。2012 年共推荐 2717 名青年走上就业见习岗位，完成团省委全年任务的 136%。扎实推进小额贷款，以“送金融知识下乡”等活动为载体，积极做好农村青年创业项目和农村青年信用示范户工作。做好青年就业创业培训，依托社会培训组织、职业培训学校等，对农村青年、返乡青年农民工开展职业技能培训、农业实用技能培训和免费学历教育等，深化服务，促进区县青年就业创业。

（申亚东）

市妇女联合会

【概况】 2012 年，全市各级妇联组织积极进取、开拓创新，努力在建设“五个沈阳”中施展作为，圆满完成了十二届三次执委会确定的工作任务。一是抓实举措，确保重点工作取得新成效。筹备召开市政府第五次妇女儿童工作会议，全面总结过去十年沈阳市妇女儿童工作取得的成绩，对新一轮妇女儿童发展规划的实施进行科学部署。积极为城乡妇女创业就业提供服务。不断深化信息咨询、创业培训和就业援助、导师行动等工作，打造新风采家政服务品牌。积极为妇女发展现代农业创造条件。召开女村官助推产业发展工作现场推进会，为女能人争当优秀女村官提供鲜活经验。深化“巾帼创新业、建功‘十二五’”主题实践活动，选树“十岗百佳”优秀女性典型，促进女职工以实际行动为沈阳全面振兴创造一流新业绩。主动融入全市“迎全运，文明沈阳行动”的工作大局，进一步推进规范学习型家庭、绿色家庭、廉洁家庭、平安家庭等特色家庭创建工作，为全运会召开营造和谐社会氛围。二是着力创新，推动服务水平再上新台阶。树立工作新理念，将“12338”妇女维权热线融入到“12345”市民诉求专线，成为全国第一个 24 小时受理妇女诉求的立体化服务平台。发挥沈阳大学的教学优势和妇联的组织优势，创办沈阳大学女子学院，在提高女性道德素质，促进女性成才方面发挥了积极作用。全面启动“访千户、结百对、记日记”活动，组织干部“下基层、访妇情、办实事、促发展”，在向全社会传递正能量的同时摸清了群众呼声。三是夯实基础，不断增强妇联组织凝聚力。扩大“妇女之家”覆盖面，建立新型“妇女之家”27 个。规范“妇女之家”的管理，全市共创建省级先进“妇女之家”13 个。发挥“妇女之家”的教育阵地作用，建立基层联系点 75 个，聘任直接联系的基层妇情信息员 1530 名，为全面掌握妇情信息奠定了基础。深化“四个一”活动，倡导“立说立行”、“马上就办”的工作理念，在全市妇联系统进一步形成了凝心聚力、干事创业、提速增效、创先争优的良好氛围。市妇联调查研究成果《以党群共建创先争优破解妇联组织在加强和创新社会管理中面临的现实问题》被评选为全国创先争优理论研讨会入选论文，并在会上交流发言；获得“第七届中华宝钢环境奖——环保宣教类优秀奖”；荣获辽宁省妇联“建立妇女维权综合受诉平台工作创新奖”；创建的新风采家政中心被评为“辽宁省妇女创业就业家政服务示范基地”；获得“沈阳市促进就业创业工作先进单位”，“沈阳市青年创业工作先进集体”，“沈阳市高校毕业生实名制就业先进集体”，“沈阳市精神文明创建工作先进单位”。

（秦　良）

【妇女儿童发展新《规划》编制】 市政府妇儿工委办历时 10 个月，先后完成沈阳市妇女、儿童发展规划（2011—2020 年）及编制说明和《关于推进落实沈阳市妇女儿童发展规划（2011—2020 年）的实施意见》及编制说明的起草工作。市政府三次召开会议研究新规划和实施意见的具体内容和落实举措。2012 年 10 月 9 日，市政府召开第 68 次常务会议，审议通过2011—2020年沈阳市妇女儿童发展规划，并以市政府文件（沈政发〔2012〕52号）形式颁布实施。2012年10月19日，市政府召开第五次妇女儿童工作会议，对新一轮妇女儿童发展规划实施进行部署，并隆重表彰沈阳市实施妇女儿童规划先进集体和个人。市长陈海波出席会议并讲话，副市长姜军作工作报告，副市级干部李松林参加会议。市政府妇儿工委各成员单位主管领导及联络处长，各区、县（市）政府，棋盘山开发区管委会主要领导，区、县（市）委副书记，棋盘山开发区管委会党工委副书记，政府妇儿工委主任，副主任（妇联主席），妇儿工委办负责人等150余人参加了会议。

（秦　良）

【“12338”女性综合受诉平台创建】 市妇联在构建新型社会管理格局的大背景下，创新工作理念，拓展服务空间，将“12338”妇女维权热线融入“12345”市民诉求专线，利用现代信息技术更加便捷地为妇女群众提供维权服务，拓宽妇女群众利益诉求渠道。由过去的单一电话受理模式变成“电话、短信、信件、网络、微博”五位一体的受诉渠道受理妇女权益投诉，打造妇女维权“5A”新模式，既Anywhere（任何地方）、Anytime（任何时间）、Anyone（任何人）、Anywise（任何方式）、Anything（任何事情），拓展妇女诉求受理职能，成为全国第一个24小时受理妇女诉求的立体化服务平台。“12345”、“12338”综合受诉平台的建立，在接待协调处理妇女人身权益、劳动权益、财产权益、婚姻家庭权益等方面的侵权投诉以及为困难妇女群众提供救助，宣传政策法规、收集妇情民意、化解矛盾纠纷、解疑释惑、服务民生等工作中发挥重要作用。2012年，平台共接听妇女来电访2.67余万件次，其中受理并解决妇女权益问题459件次。

（秦　良）

【沈阳大学女子学院成立】 “三八”节期间，市妇联与沈阳大学继续教育学院共同举办沈阳大学女子学院启动仪式，下发《沈阳大学女子学院教育培训规划（2012—2015年）》，并举办女职工道德讲堂首场讲座。学院成立以来，发挥沈阳大学的教学优势和妇联的组织优势，从不同妇女群体的实际需求出发，按照项目牵动、课程支撑的运作模式，有针对性地开办了女职工道德讲堂、农业技能精修班、创业能力养成班等高品质培训课程，累计惠及女农民、女创业带头人、岗位女职工5339人次，在提高女性道德素质、促进女性成才方面发挥了积极作用。

（秦　良）

【实事化维权】 在全市开展“大手牵小手，爱心1+1”扶贫助学活动，采取妇联搭台、社会参与、城乡联手、对口支援的形式，通过“一对一、一对多、多对一”的方式，帮助城乡贫困儿童解决学习上的困难。全年共资助贫困儿童907名，资助金额27.21万余元。实施“两癌”筛查项目，全年共对1.3万余名妇女提供乳腺癌、宫颈癌免费检查，2012年度目标人群3000人，检查人数3004人，共检出乳腺癌前病变1例、宫颈癌3例，均得到有效治疗和指导。开展单亲贫困母亲住房援建行动，为法库和新民18户农村单亲贫困母亲援建（修）住房。关爱农村留守流动儿童，为其提供助学奖励金和运动服装、篮球等物资折合资金40万元。

（秦　良）

【“走进妇女、共促和谐”主题活动】 开展“访千户、结百对、记日记”活动，下发《民情日记》3035册，广泛发动各级妇联组织、妇联干部和妇女工作者下基层、访妇情、办实事、促发展，取得良好效果。全市妇联干部共计走访妇女群众25.43万人次，协调解决问题14.64万件，占反映问题的96.5%；结成帮扶对子2948对，协调资金和物资总计332.96余万元。制定下发《关于进一步深化“走进妇女、共促和谐”主题活动的意见》，组织市妇联各部门和各区、县（市）妇联建立基层联系点75个，覆盖基础条件薄弱村（社区）和“两新”组织（即新经济组织、新社会组织）、女性社团。聘任基层妇情信息员1530名，每季度汇总梳理有效妇情信息，拓宽基层信息的来源渠道。

（秦　良）

【创先争优活动总结表彰】 11月14日，沈阳市妇联召开全市妇联系统创先争优活动总结表彰会，全面总结两年来开展创先争优活动的经验，并对先进集体和先进个人进行表彰。会议由妇联系统创先争优活动领导小组副组长、市妇联副主席赵月英同志主持。市委创先争优活动领导小组办公室常务副主任、市委组织部副部长吴奇汉，省妇联副厅级巡视员稽玉楠、组织联络部部长苏伟霞，市妇联机关全体和事业单位中层以上干部，各区、县（市）及开发区妇联主席、组织部长和受到表彰的先进集体及先进个人代表，共计150余人参加会议。铁西区妇联、市公安局妇委会、于洪区北陵街道八家子村妇代会分别代表获奖集体和个人，从不同层面介绍开展创先争优活动的情况，总结交流工作经验与做法。会议表彰创先争优先进集体100个、创先争优先进个人100名。沈阳市妇联系统创先争优活动领导小组组长、市妇联主席初立华在总结表彰会上作讲话，全面总结全市妇联系统创先争优活动所取得的丰硕成果，并就认真贯彻党的十八大精神、确保创先争优活动常态化和长效化、加快妇联工作转型、提升融入社会管理创新大格局的深度和广度、加强基层组织和妇联干部队伍建设等工作进行具体部署。

（秦　良）

【“妇女之家”建设】 扩大“妇女之家”覆盖面，在女性集中的特色产业链、生产基地、经济合作组织、专业合作社中，因地制宜建立新型“妇女之家”27个。加强对现有“妇女之家”的管理，下发星级“妇女之家”创建标准，指导区、县（市）妇联召开“妇女之家”工作推进会，总结经验，选树典型，全市共创建省级先进妇女之家13个。发挥“妇女之家”的阵地作用，在全市开展“百场讲座进百家”活动，利用“妇女之家”开展内容丰富、形式多样的讲座，提高妇女思想道德素质、科学文化素质、法律法规素质和身心健康素质，丰富妇女群众业余文化生活。全市累计举办讲座804场，参加人员16.02万人次，受到妇女群众的广泛欢迎和认可。

（秦　良）

【开展“双合格”活动】 结合沈阳市“迎全运文明沈阳行动”的中心工作，与市教育局、市文明办联合举办庆祝“六一”国际儿童节暨沈阳市“道德模范小标兵”表彰大会，对10名沈阳市“道德模范小标兵”和100名“道德小模范”予以表彰，引导全市“小公民”知礼仪、讲文明，在提升自身文明素质的同时带动家庭及全社会。实施2012留守流动儿童“让我玩”暨“双合格”家庭教育公益项目，面向留守流动儿童及家长、学校和社区开展培训指导、帮扶救助、心理辅导、家庭教育、调查研究、体育娱乐等工作，进一步优化留守流动儿童的生存环境。与市教育局、文明办、民政局、卫生局、人口计生委、关工委联合出台《沈阳市家庭教育工作规划(2011－2015年)》。创建省级“双合格”家庭教育示范基地5个、市级社区母亲课堂暨“双合格”家庭教育示范基地24个。完成家庭教育研究会换届工作，选举产生新一届家庭教育研究会领导机构，吸纳从事家庭教育理论研究和实践工作会员100名。

（秦　良）

【参与文明沈阳建设】　加强志愿服务工作，建立志愿者数据库，对全市5万名巾帼家庭志愿者进行实名制登记，积极促进志愿服务标志化、规范化、专业化。指导基层妇联根据地区实际，培养特色品牌志愿者队伍，“七彩虹”、“红飘带”、“学雷锋榜样团队”以及巾帼护绿队、节能减排宣讲团等队伍长年活跃在社区、村屯，成为沈阳市精神文明建设的重要力量。与市精神文明办公室联合召开“沈阳市深化文明家庭创建活动动员大会”，下发《沈阳市深化文明家庭创建活动实施方案》、《沈阳市家庭文明公约》，对全市深化文明家庭创建活动进行指导部署。继续推进学习型家庭、绿色家庭、廉洁家庭、平安家庭等特色家庭建设，通过典型示范、评比激励、活动吸引、服务凝聚等方式，激励广大家庭成员自觉弘扬家庭美德，共建文明家庭、共享美好生活。2012年全市共建立首批家庭道德建设示范基地(示范社区、示范村)200个。举办“共建美好家园，共迎绿色全运，共享生态文明”巾帼爱心林认养活动启动仪式，动员全市妇女和家庭传播生态文明、保护生态环境，共同办好绿色全运。

（秦　良）

【“双学双比”活动】　各级妇联组织采取有效措施，组织农村妇女“学文化、学科技，比发展、比贡献”，促进农村妇女增收致富，推动农村经济发展。市妇联搭建实施女农民培训工程，与多部门联合，共同推进农村妇女科技培训项目，开展各类农村妇女实用技术培训班448期，累计培训农村妇女4.2万人次，培养妇女科技骨干3055人。首次与沈阳大学女子学院合作，借助大学师资、教育力量，为农村妇女提供集中学习机会，缩短农业妇女接受新技术的时间。依托各级、各类巾帼科技致富示范基地开设各类蔬菜、林果等农业技术培训班260期，培训女致富带头人、女经纪人等2.35万人次，重点解决了土壤改良技术、施肥技术、枝条管理技术、环境控制技术，辐射带动周边妇女1万余名，累计助农增收1050万元。探索妇联抓能人、能人办协会、协会带农户的工作模式，建立各类妇女经济合作组织108个，销售农产品7.19亿元；召开女村官助推产业发展工作现场推进会，为女能人争当优秀女村官提供了鲜活经验。

（秦　良）

【女性就业创业】　积极为城乡妇女创业就业提供服务，深化信息咨询、创业培训和就业援助等工作，打造新风采家政服务品牌。2012年，妇联系统各类职业技能培训和创业培训惠及女性5129人次，提供月嫂、育儿嫂等家政服务岗位6327个，跨地区有组织劳务输出女性926人次，推介女性成功就业5881人次。创立女大学生见习基地，发挥女企业家协会会员单位的作用，广泛挖掘适合女大学毕业生的见习岗位，为女大学毕业生寻找合适岗位牵线搭桥，全年发放见习补贴224人次共计11.02万余元。开展“春风行动”、“牵手同行——五大群团就业创业联合行动”等活动，广泛收集岗位信息，大力宣传劳动就业政策，多渠道多形式发布就业信息，开展多层次、多形式的劳务对接服务。活动期间，市妇联共举办170场各种类型的招聘会，提供免费服务3.33万人次，其中劳动维权服务和法律援助服务达1667人次，成功介绍女性就业5881人次。与市旅游局等5个部门单位联合举办了“2012沈阳旅游行业服务技能大赛”，200余名选手参加了导游(景区)讲解、客房服务、餐厅服务(中餐摆台、西餐摆台)等比赛项目。24名女性在5个项目中分别获得一、二、三等奖，充分展示了沈阳市旅游服务女性的良好形象和风采。

（秦　良）

【法律宣传服务】　制定下发《沈阳市妇联系统“六五”普法规划》，对未来五年普法的总体目标和主要任务进行全面部署，为基层开展普法宣传提供方向和依据。组织开展“三八”维权周活动，下发《妇联系统开展“三八”维权周活动通知》，全市区、县(市)妇联积极联合有关部门，依托街道、社区和维权站进行法律宣传和咨询活动，共组织维权周宣传活动50余场，制作宣传展板200余块，发放各类宣传资料2万余份，近5000名群众参与讲座和现场咨询活动。在兴隆大家庭和大东区永丰社区开展以“千万家庭学法律，户户平安促和谐——预防和制止家庭暴力”为主题的“三八”维权周法律宣传咨询活动，通过专业律师的现场解答和群众喜闻乐见的快板书、歌曲等文艺表演形式，宣传法律维权常识，现场向群众发放宣传单、宣传册等千余份。

（秦　良）

【妇女信访代理】　在全市2295个社区(村)全面启动妇女信访代理工作，吸纳信访代理员2425人，排查化解矛盾纠纷3200余起，代理妇女信访事项373件次，制止群体访、越级访事件357件次，为社会和谐稳定做出了应有贡献。

（秦　良）

【全国妇联副主席陈秀榕来沈阳调研】

2月14日，全国妇联党组副书记、副主席、书记处书记陈秀榕一行来沈进行《推进社会主义核心价值体系建设问题研究》的实地调研。市委常委、市总工会主席鞠秀礼全程参加调研工作。在省妇联主席许波及市领导的陪同下，陈秀榕副主席一行深入沈河区新北站街道凯旋社区考察社区办事大厅、妇女儿童维权服务站、就业服务信息中心、社区活动室等建设情况，听取社区精神文明建设、思想道德建设等情况介绍。并走访省、市廉洁文明家庭标兵，市十大杰出养绿护绿志愿者凯旋社区居民张德山家庭。随后，调研组一行参加在沈阳迎宾馆国际会议厅召开的党政宣传思想工作部门、专家座谈会。在市妇联主席初立华的主持下，市委组织部、宣传部、政研室，市委党校、市政府研究室、市妇联、市社科联、市文明办、沈阳日报集团、东北育才学校等部门和单位的相关领导，围绕妇女和家庭在推进社会主义核心价值体系建设中应该和能够发挥的作用，妇联组织在推进社会主义核心价值体系建设中所占优势和能够发挥的作用等问题进行座谈讨论。陈秀榕对参加座谈人员的发言内容给予充分肯定，并鼓励大家继续加强调查研究，共同推进社会主义核心价值体系建设。

（秦　良）

市科学技术协会

【第九届沈阳科学学术年会】 2012年10月18日，由沈阳市委、市政府主办，市科协、市社科联、市发改委、市经信委、市科技局共同承办的第九届沈阳科学学术年会暨科技创新与沈阳老工业基地两化融合高端论坛在辽宁友谊宾馆隆重开幕。中国工程院常务副院长、中国工程院院士潘云鹤出席开幕式并作题为《中国信息化的新平台：智能城市》的特邀报告。中国工程院原副院长、中国工程院院士朱高峰、杜祥琬，中国科学院院士、辽宁省科协主席王天然，辽宁省科协党组书记、副主席康捷，中共沈阳市委副书记邢凯，沈阳市委常委、总工会主席鞠秀礼，市政府副市长姜军，以及来自全国各地的30多位两院院士、学部委员出席了开幕式。

学术年会期间召开了科技创新与两化融合院士专家座谈会。中国工程院常务副院长潘云鹤在座谈会上发表讲话。潘云鹤等15位与会院士分别根据各自研究领域和工作实践，结合沈阳经济社会发展的实际情况，就提高科技创新能力和推动“两化”深度融合提出了具有较强针对性的对策和建议。

（姜素文）

【国家级科技思想库建设】 为充分发挥国家级科技思想库的智囊辅政作用，市科协印发了《关于开展2012年度沈阳市国家级科技思想库决策咨询课题申报立项工作的通知》。围绕全市经济社会发展与科技相关的重大问题，列举出20个重点课题指南目录，引导科技工作者围绕中心建言献策，全年确定重点课题17项，一般课题24项，现已全部结题并报送有关市领导。全年编发《决策参考》5期，其中中国工程院院士、中国工程院常务副院长潘云鹤的“智能城市建设”建议，中国工程院院士、国家CIMS工程技术研究中心主任、清华大学自动化系教授吴澄的“两化融合”建议，得到了省委常委、市委书记曾维，市长陈海波，市委常委、市总工会主席鞠秀礼等领导的批示。市科协在2011年建立11家第一批工作站点的基础上，进一步扩大站点覆盖面，继续坚持把工作站点建在工作基础好、调研能力精、学科专业全、组织网络广、责任作风强的高等学校、科研院所和市级重点学会，到2012年底，思想库工作站点达21家。各工作站点充分利用和整合各自资源，安排专门力量，聘请有热心、懂经济、专业精、调研能力强的同志担任站点调研员，开展决策咨询和建言献策工作。到2012年底，共聘请调研员80名。面向全市广大科技工作者，围绕全市经济社会发展的有关问题，开展建议征集活动，征集科技工作者建议50多篇。评选表彰了2011年度国家级科技思想库优秀决策咨询课题，评选出一等奖5篇、二等奖5篇、三等奖12篇。通过全年编发的6期《沈阳科协》杂志提炼科技工作者建议，反映科技工作者呼声，保持与社会和决策层联系。

（姜素文）

【发展“院士专家工作站”】 为深入推进企业院士专家工作站建设，市科协会同市工商联、东陵区（浑南新区）等有关部门，联合开展拟请院士专家解决的重大技术难题和拟对外合作研发项目的征集工作。共征集到中航沈飞民用飞机有限责任公司、沈阳市勘察测绘研究院、沈阳蓝英工业自动化装备股份有限公司等70余家单位的技术需求、对外合作、人才引进、人员培训等项目150余项，涉及到装备制造、生物医药、电子信息、新材料、新工艺等10多个专业领域。市科协从中选择20个技术需求和攻关项目，帮助10多家企业引进高端人才，开展产学研合作，突破关键技术制约，提高自主创新能力，并积极开展院士与企业项目合作的协调工作。全年创建中航工业沈飞民用飞机有限责任公司、沈阳东方钛业有限公司、沈阳华岩电力技术有限公司、辽宁新大地实业发展集团有限公司、沈阳全密封变压器股份有限公司、辽宁诺康生物制药有限责任公司、新民市7家院士专家工作站，引进院士专家21人。

（姜素文）

【沈阳市“十大科技英才”评选】 2012年初，市科协会同市委组织部、市委宣传部、市委教科工委、市委中省直企业工委、市科技局、市财政局、市人社局、市中小企业局在全市范围内下发《关于开展第五届沈阳市“十大科技英才”暨第十届沈阳市优秀科技工作者评选表彰活动的通知》（沈科协发[2012]4号）。全市共有55名候选人申报“十大科技英才”，205名候选人申报沈阳市优秀科技工作者。经基层初选、组织审查、单位推荐、专家举荐、专家评审委员会评审，市科协等九部门研究决定，授予刘春时等10人“沈阳市十大科技英才”称号，授予王魁汉等164人“沈阳市优秀科技工作者”称号。“沈阳市十大科技英才”同时获得“沈阳五一劳动奖章”称号。组织推荐全国、辽宁省优秀科技工作者候选人，北方重工集团有限公司耿洪臣、东北大学左良获得第五届“全国优秀科技工作者”称号，9人获第八届“辽宁省优秀科技工作者”称号。

（姜素文）

【“讲理想、比贡献”活动】 以提高企业自主创新能力为着力点，不断扩大“讲理想、比贡献”活动覆盖面，进一步完善“讲理想、比贡献”活动内容，沈阳市表彰2011年度“讲理想、比贡献”先进集体10个，先进组织者10名，科技标兵32名。沈阳鼓风机集团股份有限公司、沈阳飞机工业（集团）有限公司、沈阳何氏眼科医院院士专家工作站获得全国“讲理想、比贡献”活动先进集体，沈阳市科学技术协会王文革、北方重工集团有限公司张红获得全国“讲理想、比贡献”活动优秀组织者称号，东北制药集团股份有限公司张英、中航工业沈阳黎明航空发动机（集团）有限责任公司郜清安获得全国“讲理想、比贡献”活动科技标兵称号。2012年，沈阳市以“科学发展求创新、转变方式促发展”为“讲理想、比贡献”活动的主题，下发了《关于上报2012年度“讲理想、比贡献”竞赛活动立项的通知》，全市企业共申报2012年度活动立项1000余项。在立项的基础上，筛选重点项目，积极协助企业开展活动，提高活动效果，特别在重大项目上，为企业排忧解难，协调智力支持，共同为推进沈阳经济发展作贡献。

（姜素文）

【宣传推广】 4月7日，市科协作为中国科协海智工作参与单位，组织了在沈高校、科研院所、学会（协会、研究会）等单位，参与并支持常州市科协在沈举办的“龙城英才计划”沈阳推介会。

以“创意与生活”为主题，由沈阳市科协与台湾中华创意发展协会主办，沈阳建筑大学承办的“第四届海峡两岸大学生创意设计作品巡回展”在沈阳开幕,沈阳展区征集了来自建筑大学等6所高校的353件作品,评选出优秀创意设计作品280项,优秀组织奖12名。同时,在沈阳建筑大学、东北大学、沈阳理工大学、沈阳广播电视大学、沈阳工业大学、沈阳体育学院等六所高校征集“第五届海峡两岸大学生创意设计作品巡回展”作品353件。

6月25日,沈阳市科协申报的“中国科协海智计划沈阳工作基地”项目获批。基地在市委、市政府的支持下,开展建设工作,建立务实、规范的“海智计划”工作机制,积极引进海外高层次人才,充分发挥海外人才智力资源优势,扎实做好各项工作,为海外科技团体、专家学者为国服务搭建平台,加大辐射带动作用,提高服务能力,为促进经济发展服务。

7月20-29日,应台北市交通安全促进会的邀请,市科协组织代表团参加了“第二十届海峡两岸都市交通学术研讨会”。研讨会由上海市科协、台北市交通安全促进会、桃园县政府、开南大学主办,研讨会以特邀报告、专题论坛和专题报告等形式,全面开展海峡两岸交通领域的学术交流活动。其中《沈阳构建中心城市现代综合运输体系研究》、《沈阳市优先发展公交的研究设想》两篇论文入选研讨会论文集,并在专题研讨会上进行交流。

（姜素文）

【编印《沈阳科协》杂志】 编印《沈阳科协》杂志。紧紧围绕科技思想库试点工作,《沈阳科协》杂志面向全市广大科技工作者征集对科技体制改革、两化融合、创建文明城市等方面的意见建议。开设“建言献策”栏目,为全市科技工作者建言献策提供平台。

组织新闻媒体对市科协工作进行宣传。开展了“科普惠农兴村服务队春耕备耕基层行”活动系列宣传报道。中国科协网站和辽宁省科协网站对这次春耕备耕基层行活动给予了宣传报道。开展了“科学、文明、健康与全运”系列科普报告会报道。沈阳日报以半版的篇幅对百姓关心的营养健康问题进行全面解读,受到了广大市民的欢迎。为迎接党的“十八大”胜利召开,沈阳日报以“市科协:推进科技创新提升市民素质”为题对市科协工作进行了全面深入的报道。市科协科普宣传中心与沈阳电视台合作,深入各科普大学分校摄制《光辉岁月》专题片一部,制作成光盘后发放至各区县及全市各分校。在市委办公厅督查室信息处、市委宣传部主办的《沈阳信息工作》、《沈阳宣传》和中国科协、辽宁省科协网站上进行宣传,扩大了市科协的影响力。《沈阳航空航天大学突出科协地位优势不断开创科协工作新局面》在中国科协网站要闻上刊发。

（姜素文）

【海外高层次人才】 8月21-22日,应市科协邀请,中国科协海智专家、日本新华侨华人会副会长、全日本中国人博士协会副会长、日本长崎华侨华人协会会长、日本长崎综合科学大学教授刘震博士来沈,提出“沈阳国家大学科技城开展福祉工学研究、创建福祉园区”的建议,福祉工程学涵盖了支援残疾人、老年人福祉相关的信息、通信、机械电子、生物、材料等各学科的科学工程技术。针对我国残疾人事业和老龄化社会的需要,借鉴日本和欧美等发达国家的经验,把工程技术的理论与方法应用于残疾人和老年人的福祉事业。

市科协联络中国留学人员创业协会的45位海外高层次人才,遴选52个项目与沈阳国家大学科技城进行项目对接,项目涉及金融物联网、医学、太阳能热应用、新材料、先进制造技术、计算机、分子生物、免疫等19个领域。

（姜素文）

市台湾同胞联谊会

【打造“同心”品牌】 2012年,市台联通过多种形式践行“同心”思想,打造“同心”品牌,使全市台胞的思想统一到“十八大”精神上来,凝心聚力,为沈阳社会发展贡献力量。

1. 打造台胞“同心”品牌。继续在全市台胞中开展“爱沈阳、做贡献”活动,35名台胞在各自的工作岗位上做出了突出的贡献,32名台胞积极参加市台联组织的各项活动。

2. 打造两岸学生交流品牌。利用中华民族的传统节日——端午节,开展与在沈就学台生的联谊活动。市台联与中国医科大学、辽宁中医药大学等学校共同举办“纪念传统节日、弘扬中华文化”——在沈两岸学子中华文化座谈会,在沈就读的台湾大学生、定居台胞大学生及沈阳大学生代表约40余人参加了座谈会,为两岸青年大学生搭建起建立联系、加强交流、增进感情的良好平台。

3. 打造市台联“同心·助学帮困工程”品牌。举行了市台联与康平县北四家子乡九年一贯制学校建立助学帮困对口联系启动仪式。在沈8名台商共计捐款3.2万元,并与8名困难学生建立助学帮困对口联系。

4. 打造为台商服务的品牌。为切实维护在沈台胞、台资企业的合法权益,进一步改善和优化投资环境,9月14日,沈阳市台联台胞法律咨询服务中心成立大会召开,近30家台资企业到会。会上,市台联党组书记、市委统战部副部长韩燕子向辽宁辰瀚律师事务所颁发了法律顾问聘书并作了重要讲话。辽宁辰瀚律师事务所首席律师为与会台商进行了一次法律知识专题讲座。

（蔡鸿文）

【办好“台胞之家”】 2012年,市台联努力提高服务水平,积极落实台胞政策,认真了解台胞诉求,积极为台胞办实事、办好事。

1. 坚持对老台胞、台胞遗属、患病台胞、困难台胞及市台联理事的走访慰问活动。将走访与增进感情、办实事和送温暖相结合,详细了解台胞生活、工作、健康、家庭以及与岛内亲人联系和回台探亲等情况,认真倾听台胞反映的困难或问题,热心询问台胞的想法和述求。2012年,市台联共走访慰问台胞家庭85户,发放慰问金1.1万余元,发放老台胞补助款4.2万元。参加了1对老台胞的“钻石婚”庆典及寿诞庆祝活动,为6位80岁以上老台胞祝寿并送去慰问金。

2. 热心为台胞办实事。市台联先后为台胞协调住房回迁、廉租房分配、入台审批、台胞证延期签注、工资调整、台籍身份确认等事务27件次。

3. 开展丰富多彩的联谊活动。一是春节前夕举办“同心建设沈阳,携手促进统一”在沈台胞春节团拜会,台胞及家属240余人参加了活动。二是举办"喜迎十八大携手促统一"在沈台胞中秋节联欢会,在沈台胞及家属200余人共聚一堂,喜迎中秋佳节,共话祖国统一。三是组织女性台胞及家属在台资企业——沈阳自然美化妆品有限公司,举办以"健康与美丽"为主题的"三八节"健康美容知识讲座,丰富了女性台胞(家属)的精神生活。四是老年节组织50余名老台胞及配偶、老台胞遗属到本溪关门山国家森林公园游览。市台联还积极配合省台联活动,组织部分老台胞参加省台联组织的健康疗养活动。

4. 加强对中青年台胞的培养。市台联在市社会主义学院举办"沈阳市台联第二期中青年台胞培训班",40名中青年台胞参加了此次培训。培训期间安排了"党的对台方针政策的历史沿革"、"沈阳市情及发展战略"以及"闽南语培训"等专题讲座,并组织台胞赴丹东凤城参观了荣获"全国文明村"称号的大梨树村参观考察。

5. 加强台胞队伍的政治理论学习。一是组织部分台胞听取观看了"十八大"会议报道,并收集台胞对"十八大"的感想和体会。二是组织机关干部对党的"十八大"精神进行了专题学习讨论。三是召开七届六次理事扩大会议,组织市台联理事、部分台胞和机关工作人员对"十八大"精神进行了学习座谈。

6. 完成了台湾省籍党员代表的推荐工作。经过市台籍党员全体会议选举产生,沈阳市20名台籍党员代表参加辽宁省台湾省籍党员代表大会,沈阳市有一名台籍党员代表出席全国台籍党员代表大会。

(*蔡鸿文*)

【扩大交流交往】 市台联充分发挥自身独特的作用和优势,紧紧抓住两岸大交流、大发展、大合作的有利契机,拓展联谊渠道,密切同胞感情,增强台胞的民族认同感,努力推动沈台两地交流交往。

1. 以乡情为纽带,为台胞返乡团聚搭建平台。4月13—20日,组织部分老台胞及老台胞遗孀组成"首批老台胞赴岛寻亲访友参访团"赴岛进行为期8天的交流访问活动。在台期间分别到台北、台中、新竹、嘉义、高雄、台东、花莲等城市进行了寻亲、祭祖、访友活动。三位老台胞及遗孀分别看望了多年未曾谋面的亲人,二位台胞及遗孀通过岛内的亲人和当地的宗亲会取得联系,在亲人的陪同下前往家族祠堂祭拜祖先和扫墓。同时,还与台联在岛内的老朋友进行了会面,了解企业的经营情况,宣传沈阳的招商引资政策。

2. 走访台资企业,为台商排忧解难。2012年,市台联先后走访沈阳龙泰食品有限公司、沈阳华立塑胶有限公司、沈阳自然美化妆品有限公司、沈阳翰皇商务会馆、沈阳大千汽车销售公司、沈阳台美亚商贸有限公司、沈阳金夫人婚纱摄影有限公司等台资企业7家。接待在沈台资企业来访11人次。为台资企业协调解决企业产品推广、车辆销售招标、海关货物、变更经营范围、行医手续咨询等事务17件次。特别是为沈阳台美亚商贸有限公司协调解决海关进港货物扣留问题,在省台联的大力支持下,经过多次协调,问题得到圆满解决。

3. 接待来沈台胞,拓宽联系渠道。一是接待"台湾知名企业考察团"、"台湾两岸发展协会"、"台湾胡兴帮冷冻空调工程事务所"、"台湾总盈汽车有限公司"等团组来沈考察、洽谈项目。二是接待赴台定居台胞回沈探亲、观光。三是参与接待全国台联台湾大学生夏令营、冬令营辽宁分营在沈参观活动。组织营员参观沈阳故宫博物院、张氏帅府等景点,同时还邀请沈阳在校台胞大学生参与接待工作,为增进青年台胞之间的了解和感情,创造良好的条件。全年共接待来沈团组7个,共计169人。

4. 积极引导推荐,共建美好家园。市台联紧紧围绕广大台商的精神需求,以文化为纽带,以活动为载体,以思想为支撑,让广大台商尽早融入祖国的大家庭,共建美好家园。2012年,推荐5名台商作为省海外联谊会理事候选人,推荐1名台商参加省委统战部举办的"辽宁省第二期港澳台代表人士国情培训班"。

(*蔡鸿文*)

【参政议政】 2012年,市台联围绕社会热点难点问题,认真开展调查研究,积极建言献策。

1. 建言献策。在市台联七届六次理事扩大会议上,专题研究参政议政工作。认真听取了与会台联理事、老台胞及青年台胞的意见和建议,在市政协第十三届委员会第五次会议上,提交台联界别团体提案7件,委员提案4件。其中《关于优化交通组织和加强停车管理的提案》被列为市政协重点提案。在市政协第十四届委员会第一次会议上,提交台联界别团体提案4件,委员提案3件。《关于高度重视我市临终关怀事业发展的建议》和《关于建立社会个人职业信用档案制度的建议》被列入市政协大会书面发言,《关于进一步加强地铁基础设施建设,实现交通网络一卡通的提案》被列为市政协重点提案。

2. 履行职能。市台联根据有关单位对提案的落实情况,积极提供有价值的意见和建议,使政协提案工作真正落到实处。

3. 完善工作机制。为了更好地履行参政议政职能,市台联与14个省、市台联组织取得联系,了解有关参政议政的工作情况和先进经验,为进一步完善市台联参政议政工作机制奠定基础。

4. 加大推荐力度。推荐4名台胞担任市政协十四届台联界别政协委员,向县区统战部推荐4名青年台胞作为区级政协委员候选人。

(*蔡鸿文*)

市华侨联合会

【新侨创业基地建设】 为鼓励新侨创业、支持新侨创业、服务新侨创业、宣传新侨企业,扩展新侨之间的交流与合作,吸引更多的新侨来沈阳投资创业发展,沈阳市侨联启动了沈阳市新侨创业基地建设。年初,市侨联、市侨商会在东北总部基地举行了"沈阳侨商走进沈北"暨沈阳市新侨创业基地启动仪式。省委统战部、省侨联、市人大、市政协、市委统战部和市五侨部门、沈北新区领导出席活动,近200名沈阳市侨商走进沈北新区。在新侨创业基地启动仪式上,近年来热心社会公益事业,为沈阳经济建设、社会发展作出了重要贡献的20家成功新侨企业被授予"沈阳市新侨创业基地"称号并颁牌。一年来,先后为沈阳金慈铭华侨健康管理中心、沈阳杏林整形美容医院、沈阳东宝丽珠宝有限公司、沈阳欧华商贸有限公司、沈阳永强装饰装修有限公司、辽宁博众教育集团、沈阳珍宫御膳坊、凯洋世界海鲜销售(沈阳)有限公司等新侨创业基地进行揭牌。

(安美麟)

【高校侨联工作座谈会】 11月30日,沈阳市高校侨联工作座谈会在沈阳化工大学召开,省侨联党组书记、主席王之峰、市委统战部部长汪涛出席会议并讲话,印发了《关于加强高校侨联工作的意见》,对进一步推进高校侨联工作提出了具体要求。沈阳化工大学党委、沈阳农业大学党委统战部、沈阳音乐学院侨联进行了工作经验交流,来自全市18所高校的党委统战部和侨联领导参加了座谈会。

(安美麟)

【侨联系统第二届乒乓球比赛】 7月21日,市侨联和沈阳农业大学侨联、沈阳金慈铭华侨健康管理中心在沈阳农业大学体育馆联合举办了迎全运“沈阳农大·金慈铭华侨杯”沈阳市侨联系统第二届乒乓球比赛。全市各区县侨联、高校侨联、公司侨联和侨联团体组成21支代表队,120多名归侨侨眷和侨务干部参加了比赛。通过比赛,向全市广大归侨侨眷发出了“微笑沈阳迎全运、和谐侨界做贡献”倡议,全面启动了开展沈阳市侨联“微笑沈阳”行动,号召全市归侨侨眷积极行动起来,积极参与,贡献力量,发挥“侨”的特点和优势,积极向海内外亲朋好友宣传推介全运会,用真诚的微笑欢迎海内外朋友参与全运会。

(安美麟)

【“亲情中华”侨商赴欧洲联谊访问活动】 8月1-12日,“亲情中华”沈阳市侨联代表团一行13人出访了西班牙、奥地利、匈牙利、捷克等国家,应邀出席了在西班牙首都马德里举行的欧洲华侨华人社团联合会成立20周年庆典暨第17届大会。代表团拜会了欧洲华侨华人社团联合会、匈牙利华人联合会等欧洲侨团和侨领,在奥地利、匈牙利、西班牙先后召开了三次新民市招商项目推介会,并邀请海外侨商前往新民市进行项目考察。分别与奥地利、匈牙利、西班牙等7个侨团签订和缔结了友好合作关系协议书。参观考察了当地侨商企业,与侨商进行联谊和项目洽谈。

(安美麟)

【“阳光女性”健康俱乐部】 3月6日,迎“三八”“阳光女性”精英论坛暨“阳光女性”健康俱乐部启动仪式举行,打造沈阳市“阳光女性,健康生活”的侨界品牌,全市侨界近百名成功女性参加了活动。“阳光女性”健康俱乐部成立后,积极组织开展了社会公益活动,副市级调研员、俱乐部会长王晓明与部分会员到中国医大盛京医院,看望了住院治疗的贫困儿童左源并捐款1.3万元。市侨联党组书记、主席王庆伟与俱乐部部分会员走访慰问了抚顺病残儿童并捐款1.2万元。

(安美麟)

【侨界“送温暖、献爱心”活动】 2012年春节期间,中国侨联办公厅、辽宁省侨联及市政府、市委统战部有关领导先后走访慰问沈阳市归侨侨眷,表达了党和政府及侨联组织对侨界群众的关心和爱护。副市长黄凯先后来到家住铁西区的蒙古归侨李桂荣、朝鲜归侨刘文华家中走访慰问,了解他们的生活情况并送去慰问金;前往中国医科大学看望工作在医疗岗位上的归侨侨眷,感谢归侨侨眷在建设和谐沈阳工作中作出的重要贡献;中国侨联办公厅副主任张岩、市委统战部副部长韩燕子走访看望了原市侨联主席、俄罗斯归侨高宝林、已故原市侨联主席、马来西亚归侨刘保平的遗孀韩素芳和正在医院住院治疗的原市侨联秘书长、印尼老归侨张蔚生,送去慰问金及良好祝愿。

省、市侨联提供扶贫款2万元,在各区县(市)政府配套扶贫款1万元,各区、县(市)侨联组织走访慰问了49户贫困归侨侨眷,帮助解决贫困归侨侨眷生活问题。

(安美麟)

【侨界文化活动】 5月17日,省、市侨联及市华侨文学艺术家协会在沈阳古玩城举办了“纪念辽宁省侨联成立50周年”辽宁省暨沈阳市侨界书画摄影作品展。中国侨联文化交流部副部长杜海东及省市侨联领导出席开幕式并为由中国侨联主席林军题字的“沈阳市华侨文学艺术家协会”揭牌。展览共展出市侨界艺术家书画摄影作品60幅和由市侨联、市华侨文学艺术家协会选送参加中国侨联在日本举办的《国际水墨艺术大展2012》15幅水墨画作品。市华侨文学艺术家协会还组织了10幅书画作品参加了中国侨联、中国文联、中国美术家协会举办的“世界华侨华人美术书法展”。

12月16日,市侨联、市华侨文学艺术家协会举办了“微笑沈阳、喜迎全运”姜昆书法艺术展,展出书法作品50幅,涵盖行书、草书等多种书体。市侨联党组书记、主席王庆伟为姜昆颁发了“沈阳华侨艺术团顾问”聘书。

(安美麟)

【侨联组织建设】 2012年,侨联组织建设取得了新发展。于洪区、沈阳化工大学、和平区新华街道丰泽社区成立侨联,沈阳工业大学、中国医科大学侨联完成了换届,苏家屯区、大东区、和平区分别成立了侨商会和侨联青年委员会。全市共有20个基层侨联组织,其中:区县(市)侨联10个,高校侨联8个,企业侨联1个,社区侨联1个。所属社团组织有沈阳市侨商联合会、沈阳市侨联青年委员会、沈阳市华侨文学艺术家协会、沈阳市老归侨联谊会、沈阳市侨联阳光女性健康俱乐部等。

(安美麟)

【配合市人大、政协换届】 按照市委的统一部署和要求,结合中共沈阳市委办公厅《关于进一步加强新形势下侨联工作的意见》中“各级人大代表、政协委员中要有一定比例的侨界人员,进一步增强侨联组织参政议政能力,发挥侨联组织在参与政治和社会事务中的作用”的精神,市侨联积极配合市有关部门认真做好市人大侨界代表、市政协侨联界委员的协商推荐工作,推荐2名归侨侨眷当选市人大代表,1名当选市人大常委和3名当选市人大民侨外委委员。推荐5名归侨侨眷为市政协委员,1名市政协港澳委员,1名当选市政协常委。同时,推荐了1名省人大代表、2名省政协委员。

(安美麟)

市残疾人联合会

【残疾人社会保障】 沈阳市按照“广覆盖、保基本、多层次、可持续”的原则,全面推进残疾人社会保障工作。一是立足全覆盖。养老、医疗、工伤、失业、生育“五大险种”,基本覆盖了残疾人群体。

市本级每年投入6000万元，对残疾人等困难群体医疗保险个人负担部分实施医疗救助。将10岁以下脑瘫儿童康复手术纳入医保单病种支付范畴，给予1万元补贴；偏执型精神病列入门诊特病种报销范畴，报销费用每人每月350元；精神病患者住院没有起付金，并可设立家庭病床。肢体医疗康复中25项康复项目纳入到医保支付范畴。沈河区在全市率先扩大保险补贴范围，实行无工作精神一级残疾人和智力一级残疾人养老保险补贴和医疗保险补贴政策，并为残疾人专职干事办理意外伤害保险。二是抓住惠根本。在全国地方残联率先以市政府名义出台《沈阳市农村残疾人扶贫开发纲要》，为13.4万农村残疾人带来了新福祉。成立沈阳市农村残疾人现代产业技能培训就业基地，集现代产业技能培训、就业、辐射带动残疾人发展农业生产于一体，为残疾人真正"造血"。《人民日报》等多家媒体作专题报道。康平县扶贫工作扎实，获得"国家农村残疾人扶贫工作先进集体"称号。加强住房保障，重点向贫困残疾人倾斜，其中重残户的资金标准上浮20%。三是实现重特惠。在实现应保尽保的基础上，对二级以上重度残疾人低保标准上浮30%享受分类救助、60周岁以上残疾人低保标准上浮20%享受分类救助；将依靠父母或者兄弟姐妹供养的成年重度残疾人(一级、二级)且单独立户的，单独申请城乡低保。在全国率先实施对低收入一级智力、一级精神、一级肢残和一级综合残实施"四个一级救助"政策，全年有1508人享受一级救助补助，共发放专项救助金553.58万元。全市共有低保户残疾人4.64万人，低保边缘户残疾人3.2万人。沈阳市残疾人社会保障体系框架已基本建立。大东区建立残疾人等困难群体重特大疾病救助制度，并从2012年开始，设立专项资金为特殊教育学校学生提供全年免费营养午餐。

(王　森)

【残疾人康复】 围绕残疾人"人人享有康复服务"的目标，以市级专业医院为骨干，相继建立视力指导康复中心、残疾儿童康复中心、肢体残疾人康复中心等6个各具特色的市级康复技术指导中心和康复基地；充分发挥8个区域性托养康复中心的地域辐射性、功能多样性、服务多元性作用；依托103个街道社区卫生服务中心、243个社区康复站、588个社区康复活动站和2000个家庭康复点，构建五级康复服务网络，为辖区残疾人提供更直接更便捷的康复训练与服务5.4万人次，初步实现"人人享有康复服务"的目标。在全国率先开展具有沈阳特色的"慈爱儿康行动"，全年对330名学龄前(0－8岁)脑瘫、自闭症、听力和智障残疾儿童实施抢救性康复。率先引入国际先进的音乐康复治疗方法配合其他治疗手段，为97名孤独症儿童完成了康复训练。完成贫困白内障患者免费复明手术2000例；为5000名精神病患者实施免费服药，为3591名残疾人适配辅助器具。圆满举办第三届中国沈阳老年人残疾人用品展览会。

(王　森)

【残疾人教育】 依托特教学校、中等职业技术学校、沈阳广播电视大学残疾人学院、社区残疾人科普学校等，开展"关心全运、支持全运、服务全运"的学习教育系列活动，以自身的实际行动争做文明市民，争做行业标兵。尤其是230家社区残疾人科普学校，更直接更有效地开展"面对面"讲堂、"一对一"互助等，对2.2万残疾人进行了培训和教育。从2012年起，每年的特教教师培训专项经费从50万元提高到200万元；在1至2年内，安排6742万元，解决特教学校设备不足问题；投入845万元建设中国盲文图书馆沈阳分馆，并作为特教学校师生的信息资源服务和学习实践基地。沈阳市把建设残疾儿童早期康复教育幼儿园列入2012年政府实事项目，加大残疾儿童学前教育工作力度。沈阳市有21名残疾人考生被普通高等院校录取，发放助学金4.2万元；有54名残疾人被辽宁省残疾人职业学院录取，发放助学金10.8万元。沈阳广播电视大学残疾人学院全年招生91人，已累计招生516人，毕业人数241人。在全省率先为区县残联选配专职手语翻译人员。

(王　森)

【残疾人就业】 以"残疾人就业服务机构规范化建设"考核评估工作为牵引，以"有劳动能力并有就业愿望的残疾人实现100%就业"为目标，相继出台了25个残疾人就业政策文件，实施了"百家残疾人就业基地建设工程"及"千人创业就业工程"，实名制安置残疾人就业2473人，完成省计划指标137%；实名制培训残疾人4822人次，完成省计划指标157%。举办"牵手同行"等残疾人就业专场洽谈会43场，提供就业岗位2242个；圆满完成应届残疾人大学毕业生100%就业工作任务。参加辽宁省第六届残疾人职业技能竞赛，取得了团体总分第一名的好成绩。全年投入443.9万元扶持专项资金，实现辐射带动新增1009名残疾人实现就业。将"365易便民服务设备项目"纳入扶持残疾人个体灵活就业内容，300名残疾人实现就业。超额完成省年度下达保障金征收任务指标，年审额为2.44亿元，入库额2.43亿元。全市287家盲人保健按摩院(所)统一挂牌，已办理非正规劳动组织证书的盲人按摩院(所)全部纳入养老和医保补贴范围；继续与盲人按摩协会联合在全国率先开展盲人星级按摩评比活动。出台《沈阳市盲人保健按摩管理办法》。沈阳市残疾人就业服务中心被省政府评为全省就业创业工作先进集体。浑南新区注重发挥北京绿山谷芽苗菜种植有限公司、海豚湾美甲连锁机构等爱心企业的作用，不断拓展残疾人就业领域。沈北新区就业一条街充分发挥示范作用。新民市残疾人就业实施"一带十帮百"举措。康平县建立残疾人现代产业技能培训就业基地——益民大棚蔬菜专业合作社。

(王　森)

【残疾人托养服务】 沈阳市累计投入5.8亿元，依托安宁医院和市儿童福利院，建设了2个市级智力和精神残疾人托养服务机构；依托区县，建设了8个区域性智力、精神残疾人托养服务中心；依托街道，建设了42个街乡镇级"阳光之家"(35个"阳光之家"、5个"阳光工场"，1个"阳光农场")；依托社区，建设了50个社区(村)级残疾人"日间照料站"；依托残疾人家庭，建成了1071个居家养残服务点，完善了中心辐射、功能完备的"五位一体"托养机构格局，1.2万名智力、精神和其它各类重度残疾人享受到了社会托养和照料服务。市区两级投入1.3亿元建设分布在全市东南西北四个方位、辐射城乡的八个区域性残疾人托养康复中心，于12月底前全部投入使用，从根本上解决了残疾人托养康复机构匮乏、区域性资源发展不平衡的制约瓶颈,使全市有托养康复需求的重度智力、精神残疾人,在自己家门口就能享受到零距离的贴身服务,解决了残疾人家庭的后顾之忧。成功创建全国首批“阳光家园”示范区。

(王　森)

【残疾人文化体育】 通过组织或参与残疾人才艺大赛、慈善公益演出、残疾人书画展、体育赛事等活动,充分展示沈阳残疾人自强不息、挑战自我的靓丽风采。为全市中小学生和广大市民演出200余场,为青少年德育教育提供了宝贵的精神食粮。以大东合作社区、皇姑兴隆社区2个国家级“文化建设试点社区”为标准,在全市200个社区建立了专门残疾人文化活动室,设立了残疾人图书架,文化社区数量达到20%。大东区创建残疾人特色文化示范社区。和平区率先建立区级残疾人图书馆。市残疾人文化艺术节连续四年被评为沈阳市文化艺术“双百万”惠民工程一等奖;残疾人才艺大赛、残疾人优秀文化艺术作品展等已成为市民最喜欢的社会文化活动。建设全国残联系统高标准的中国盲文图书馆沈阳分馆。沈阳市运动员李端分别获得伦敦残奥会三级跳远银牌和跳远铜牌;韩阳分别获得2013年聋奥会选拔赛100米、200米、4x100接力3枚金牌;市盲校分别获得全国盲人跳绳、盲人乒乓球男子组和女子组比赛冠军。举办了以“分享‘十二运’,惠及残疾人”为主题的群众体育健身大会,参与人数近5万人,打造了覆盖城乡均衡发展的残疾人群众性、娱乐性、标志性体育活动品牌。沈阳市残联被中国残联评为全国残疾人“两刊”宣传工作先进单位,被省政府评为残疾人体育工作先进集体,被教育厅、民政厅等6部委评为省残疾人艺术汇演突出贡献奖。

(王　森)

【维权服务】 通过96113残疾人服务热线、设立理事长接待日、律师咨询台和残疾人维权示范岗等多种措施,在区、县(市)形成了三级法律援助体系;落实了街道、社区、单位、民警“四位一体”的工作机制,聘请杨功涵等20位市人大代表和政协委员知名律师担任义务法律顾问,坚持经常举办法律知识讲座,开展普法培训。并与司法部门密切配合,对残疾人进行法律援助。投入资金58.76万元对2260名残疾人机动轮椅车燃油发放补贴。500名残疾人取得C5驾照。出台《沈阳市残联关于印发沈阳市残疾人学习机动车(C5)驾驶技能培训补贴方案的通知》,对初次取得驾驶证的残疾人每人补贴1000元。中、省、市领导批示案件办结率达到100%。共接待残疾人来信来访来电5162件次,其中理事长接待日共接待42次,为120名有法律需求的残疾人免费提供法律服务。维稳工作扎实。起草制定《沈阳市残疾人保障条例》,突出地方立法的特色,增强地方法规的实用性和可操作性,已作为2013年立法项目进行申报。市残联被评为“沈阳市法制宣传教育先进单位”。

(王　森)

【无障碍建设】 《无障碍环境建设条例》于8月14日正式施行。市政府连续两年将“对200个社区和2000户贫困残疾人家庭无障碍”列入政府实事项目,已累计完成520个社区和6500户贫困残疾人家庭的改造任务。尤其是在全省率先对农村残疾人家庭实施无障碍改造,并根据农村无法实现水冲坐便的实际情况,自行设计无障碍旱厕样板间。市公安局专门开通了听力、语言障碍残疾人短信报警求助系统。全市大型广场和主要交通路口,都设有大型显示屏,并新增120处过街语音信号装置;全市144台公交车配备了低踏板无障碍装置、4500辆具有语音报站功能、1200台设有轮椅固定车位、2000余台安装了电子显示屏,主要公交线路均安装了盲文公交站牌。在全国率先成立了市无障碍建设促进会,筹备沈阳市手语协会。地铁建设了高标准的无障碍设施,“市残联”公交车站站名设立,初步达到了残疾人出行、交流、生活无障碍。

(王　森)

【组织建设】 全市13个区、县(市)基层残疾人组织规范化建设全部达标,基层残疾人组织实现了“有组织机构、有办公场所、有专人管理、有工作资料、有优惠政策、有服务内容”的“六有”工作模式。全市5500名残疾人工作者工作在各级残联、残协和残疾人比较集中的企业单位,2600名残疾人工作专职干事(委员)全面覆盖各街道(乡镇)、社区(村),各级残疾人代表大会代表认真履行职能,真正发挥残疾人组织“代表、服务、管理”的职能。为近15万有申领意愿的残疾人核发了全国第二代残疾人证,为近万名盲人发放了免费乘坐公交和地铁卡,残疾人婚姻家庭生活得到了全社会的关注,近5万名助残志愿者队伍活跃在扶残助残的舞台上。

(王　森)

【发展环境】 沈阳通过创建“全国残疾人工作示范城市”,积极建构了全社会扶残助残的大格局,积累了丰富经验,优化了事业发展的大环境。全市各级党委、政府始终将残疾人事业统筹规划、优先发展。相继将建设残疾儿童康复指导中心、残疾儿童幼儿园、沈阳盲文图书馆和“对200个社区、2000户贫困残疾人家庭进行无障碍改造”等列入实事项目。市区两级党政领导参加残联各项活动达235人次,主管残联工作的领导对残疾人工作作出112次批示,残工委各相关成员单位领导参加活动达480人次。全国人大常委会对沈阳贯彻实施《残疾人保障法》情况进行执法检查时,对沈阳残疾人事业发展环境与发展成果给予了充分肯定和高度评价。在沈阳狮子会、残疾人福利基金会的示范作用下,社会扶残助残志愿者已达12万人,志愿者联络站2624个。在第六个“沈阳助残月”期间,相继举办“沈阳市农村残疾人现代产业技能培训就业基地落成启动仪式”、“沈北新区残疾人托养康复中心运行启动仪式”等十余项扶残助残活动,各级残联组织、政府部门、社会各界开展文化助残、康复助残、就业助残等活动150余次,参与人数达10万人次,帮助解决残疾人生产生活实际困难达500余起,募集资金和物品折合人民币达500万元。残疾人作家赵凯20万字的长篇小说《马说》获得沈阳“五个一工程”奖,这是迄今为止全国农民残疾人作家出版的惟一作品。

(王　森)

市黄埔军校同学会

【理论学习】 在市、区两级组织中采取了定期集中、适当分散相结合的理论学习制度。解决黄埔同学队伍逐年老化和事业传承问题,吸收黄埔二代、三代成员参加到学习活动中来,为同学们的活动提供保障服务。同时,以重要节日为载体开展学习教育活动。在国庆节、中国共产党成立91周年、抗日战争胜利纪念日,先后开展了黄埔老人口述历史、参观城市建设以及举办相关专题座谈会、研讨会等活动。组织百余人次参加学习中共“十八大”精神报告会和培训班,研讨贯彻“十八大”精神的具体措施。此外,利用多种媒体推动学习型团体建设。开展广泛的学习活动,内容涵盖党的方针政策、政治经济、历史文学等多方面内容。全年编印学习资料、购置《党章》、“十八大”党章修正案学习问答等图书资料900余册供学习使用。

(颜 飞)

【海外联谊】 积极支持黄埔同学及亲友多种形势开展沟通交流活动,传递深情厚意,宣传有关方针政策。全年计发函、电、信、卡等260余件次,接待国内外黄埔同学及亲友42人次,与台湾和海外黄埔同学和同学会保持了经常联系。与台湾黄埔同学组织开展交流的同时,介绍考察沈阳的投资环境。帮助台商投资企业解决配套工程进度延误问题,保证了投资项目按时开工,避免了经济损失。

(颜 飞)

【组织活动】 召开黄埔军校建校88周年纪念大会,举办纪念抗日战争胜利67周年、“九一八”事变81周年研讨会、迎国庆度重阳座谈会、中秋茶话会等一系列活动。通过系列活动,弘扬黄埔精神,使黄埔同学和黄埔后代受到爱国主义教育,不断提高政治素质和理论水平。7月1日,沈阳市黄埔同学会组织沈阳黄埔亲友艺术团和黄埔同学及其亲友200余人,在沈阳市中山公园举办了庆“七一”广场文艺演出。辽沈晚报、华商晨报现场采访了夏奇峰、刘勋等抗日黄埔同学,展示了黄埔人的风貌。

(颜 飞)

【扶危解困】 聚集统一战线温暖,呵护黄埔同学晚年生活。一是政治上尊重,学习上帮助,让黄埔同学老有所学,老有所为。在工作中认真听取他们的意见建议,为各区黄埔同学中的政协委员参政议政创造有力条件。二是生活上关怀,扶危济困,提高老有所养的质量。进家门入病房,实地了解困难同学生活情况,帮助解决困难。2012年,市区两级同学会组织共走访慰问黄埔同学96人次,发放慰问品和慰问金总值达12万余元,改善了部分黄埔同学的生活。三是精神上慰藉,让黄埔同学老有所乐。认真对待每一位同学的诉求,耐心解答有关政策咨询。节日送问候,生日送祝福,患病送关怀,身故送慰问,在国内和海外同学中产生了很好的政治影响。

(颜 飞)

地 方 军 事

沈阳警备区

【“赞颂新沈阳，迎接十八大，尽责筑国防”主题教育展览活动】 2012年7月30日至8月30日，警备区党委在广大官兵、民兵和人民群众中，以图片汇报形式广泛开展了“赞颂新沈阳，迎接十八大，尽责筑国防”主题教育展览活动。展览分37个板块共288幅画面，90延长米，主要内容有：“谋篇布局大沈阳”、“东方鲁尔再腾飞”、“浑河南岸明珠城”、“生态蒲河展新姿”、“金融中心兴辽沈”、“宜居和谐文明城”、“军民共建谱新篇”、“拥政爱民一家亲”、“沧桑巨变新铁西”、“军地同心迎全运”、“情系武装筑国防”。集中再现了沈阳市人民改革开放，落实科学发展观所取得的政治、经济、文化、教育、生态文明等领域所取得的成就，生动展示了拥政爱民、拥军优属、军民共建巨大成果。

展览活动采取定点展出与巡回展出相结合的方法进行，深入13个区、县(市)和部分大中型企业、大专院校共展出20余场次，行程1100多公里，参观的民兵及群众达10万多人。群众反映，“这样的宣传教育形式好，很直观，看得见摸得着，真实感强，印象深。”警备区党委第一书记曾维对这项工作作出批示“沈阳警备区工作做得好，军地形成了建设沈阳和宣传沈阳的强大合力。”解放军报、新华社记者采写了《军民同心促振兴》稿件。新华社发了通稿。

(隋福先)

【加强人民武装建设】 2012年，一是强化了基层武装建设。认真落实辽委发[2011]27号文件精神，采取全面调研摸清底数，各级政府主导解难题，军地合力强推进的办法，确保210个乡镇、街道武装部长100%纳入公务员序列；100%参加同级党委工作；80%的基层武装部达到上级要求的规范化建设标准；全部配齐了国防动员两级综合办公室专职人员；健全了各职能办公室。省人大对沈阳市落实《国防动员法》专项视察时，对此项工作给予充分肯定。二是加强了民兵应急队伍建设。拟制印发了《民兵应急值班分队行动编配表》，投入550万元配齐了防汛、防火、抗震、防暴、防化等数万件专业装备器材，彻底解决了应急分队缺少专业器材的问题，提高了遂行任务能力。三是深化非公有制企业民兵编组。联合市民政局、人社局等部门与100多家非公有制企业联合举办“兵役机关为企业送兵、企业为人民武装编兵”活动，拓宽了民兵编组渠道，提高了民兵编组质量。

(隋福先)

【军地抗洪抢险联合演练】 2012年7月17日，由警备区协调组织，沈阳市水利局、辽宁预备役高射炮兵第一师参加的“军地抗洪抢险联合演练”在沈北新区高坎段七星山湿地举行。演练共设置信息采集、应急响应、堤坝抢险、紧急排涝、水上救援、爆破分洪六个课目。信息采集主要演示利用地方水利部门的水情信息采集系统进行水情动态实时图象显示；利用“北斗”系统对灾情险情进行现地精确定位；利用水文侦测装备进行河流流速水深实时测量；利用无人机对受灾出险区域进行空中拍摄和情况传输。堤坝抢险主要演示利用植桩机、铸头在岸上、水下植桩、加固护坡；利用新式膨胀袋、制式玻璃钢子堤等器材快速构筑子堤。紧急排涝主要演示利用排水泵车对农田、公路铁路桥进行紧急排涝作业；水上救援主要演示水面搜索和打捞救援，利用冲锋舟到模拟孤岛抢救被困群众并组织快速转移撤离。演练动用冲锋舟12艘、卡车5台、救护车1台，兵力350余人。沈阳市副市长王翔坤、警备区司令员袁昭、省军区副参谋长阮昆仑分别发表讲话，对演练给予充分肯定。

(隋福先)

【完成急难险重任务】 2012年，组织民兵扑灭山火2次6起，防超强台风1次，出动民兵3200人次，车辆270台。其中4月17日接到市政府紧急指示，1小时内组织出动民兵950人，动用车辆140台，分别前往沈北新区和法库县等5个火场扑灭山火。5月6日，1小时内集结民兵应急分队1000余人，车辆75台，携带各种灭火工具800余件，成功扑灭棋盘山等周边地区6处大面积火灾，保护森林数千亩，受到沈阳市政府表彰奖励。8月26日至28日，动用应急值班分队共1625人，车辆55台，冲锋舟12艘，各种抗洪抢险器材4300余件，进入应急备勤状态，做到了一有情况，拉得出、能到位、起作用。

(隋福先)

【国防动员委员会业务集训】 2012年10月17日至18日，组织协调沈阳市各区、县(市)领导，国防动员综合办公室领导共88人，在警备区教导队举行业务集训，省、市国动委领导、沈阳警备区领导莅临指导。这次集训是在认真学习胡主席“7·23”重要讲话精神，深入贯彻国防动员法，推进国防动员工作落实的大背景下举行的非常及时。市委书记曾维、市长陈海波共同签批了“调整市国动委专职成员的通知”；副市长祁鸣、副秘书长刘祥亲自审定集训方案；省国动委综合办专职副主任赵相权亲自授课指导。通过国防动员知识辅导授课、国防安全分析教育、参观国防教育馆、组织实弹射击等，提高了区、县(市)领导、职能部门领导的业务素质，增强了国防观念，强化了职责意识。市国动委副主任、警备区司令员袁昭在集训会上做总结讲话时强调，全市各级国防动员部门，通过这次集训要进一步增强抓好国防动员的责任心和使命感，重点提高全市国防动员建设的质量效益。

(隋福先)

【组织驾驶员素质认证考核活动】 2012年8月23日至24日，在警备区机关营区内组织驾驶员素质认证考核。参加考核的有在警备区备案的全体私家车驾驶员;警备区机关、直属队、勤务队全体驾驶员;警备区全体在编职工驾驶员共90人。考核场地聘请地方驾校专业人员负责设置;考核评判由市交警支队人员担任;考核车辆为地方驾校教练车。考核内容为理论知识、驾驶技能(包括车辆直角转弯和倒库移库)等。为确保考核顺利进行,考前对各单位车辆号牌使用、GPS定位系统、车容车貌进行全面检查,并把考评成绩作为评选红旗车驾驶员重要依据,建立了驾驶员信誉档案,将个人认证素质情况存入电脑数据库。考评不合格者允许补考一次,再次不合格者做停驾处理。通过素质认证考核,全面检验了驾驶员的理论水平和实际操作能力,营造了文明驾驶、安全驾驶的氛围,为树立良好的军车形象打下了基础、创造了条件。

(隋福先)

【协调出台《沈阳市军人住房保障社会化实施意见》】 2012年8月3日,协调沈阳市政府共同颁发了《关于军队人员住房供应社会化的实施意见》(沈政发[2012]40号)。《实施意见》要求"沈阳市各地区、部门和单位要积极创造条件,把军队人员住房供应社会化工作作为"双拥"共建的重要内容抓好落实。一是军地各有关部门成立领导小组,市房产局和沈阳警备区后勤部共同牵头,建立例会制度,实施联合办公。二是住房保障对象包括军官、文职干部、士官、军队职工和军队管理的退休干部、伤病残人员。三是住房来源主要通过政府集中组织建房、部队组织自建住房、集中统一购买住房和纳入地方保障性住房体系四种渠道。四是每年10月底,由警备区后勤部统计汇总各单位购房申请,编制年度建设和购房计划,上报领导小组研究落实。五是有关部门要加大政策支持力度,商业银行优先提供个人住房贷款,对中低收家庭购房给予税费减免待遇,为办理房屋所有权证开设绿色通道,积极为军队建房项目水电气热和交通等配套提供便利条件。沈阳市驻军数量多,可利用土地资源少,住房保障压力大,《实施意见》的出台,为驻沈部队军人住房供应社会化提供了政策遵循,开辟了全新渠道。

(隋福先)

【国防教育展馆建成】 2012年3月至10月,结合军区民兵训练基地规范化建设试点,配套建设了国防教育展馆,占地面积600平方米。展示内容:百年抗争、钢铁长城、居安思危、沈阳荣耀四个单元。第一单元展示中国百年屈辱、民族革命两部分内容;第二单元展示人民军队光辉历程、体制编制改革;第三单元展示边境冲突、周边形势、责任使命;第四单元展示沈阳地区国防历史现状、军事发展成果。展馆采取声、光、电、图相结合的方式,文、图、声、影并茂,形象直观。展馆相邻工兵、防化、通信、高炮专业模拟教室并与室内外射击场、装备器材展室相呼应。国防氛围浓厚,可相互借鉴、优势互补、浑然一体。

(隋福先)

陆军预备役部队

【召开一届十六次全委扩大会议】 2012年1月11日,辽宁陆军预备役高射炮兵第一师师党委召开一届十六次全委扩大会议,传达学习省军区十二届四次全委扩大会议精神,总结2011年度工作,部署2012年度任务。党委书记孙汉友同志代表师党委常委作了题为《适应形势任务,坚持科学发展,努力在新的起点上开创部队建设新局面》的党委工作报告。师纪委书记于秋阳同志代表师纪委作了纪委工作报告。

(丁立平)

【组织开展冬季适应性训练】 2012年2月2日至11日,辽宁陆军预备役高射炮兵第一师组织部队在沈抚部分地区进行了为期10天的冬季适应性训练。共出动现役和预备役官兵451人、动用车辆49台、37高射炮1门、架设帐篷53顶、炉具、电(油)取暖设备100余件,利用帐篷开设野战基本指挥所5个,利用指挥方舱开设机动指挥所5个,完成了徒步行进、摩托化行军、冰雪路驾驶、基础战术、野外防空作战行动指挥现地作业、野炊等课目17项内容的训练。训练期间,沈阳军区动员部、辽宁省军区首长机关先后到师机关、各团及冬训现场进行了检查指导。

(丁立平)

【编兵整组工作】 辽宁陆军预备役高射炮兵第一师整组工作本着"全面建设、突出重点、合理布局、优化结构"的基本原则,狠抓编兵整组任务落实。2012年2月,制定下发《通知》。3月师团两级分别建立了"首长、机关指导整组工作分工负责制"和"每周整组进展情况报告制度"。4月采取部分机关干部充实到基层一线、指导和协助编兵整组的做法,持续推进整组工作扎实深入开展。经军地双方的共同努力,圆满完成了沈抚两市18个区(县、市)编兵整组任务。5月15日至21日,军区和省军区工作组对高炮一师编兵整组工作进行了检查验收,并给予充分肯定。

(丁立平)

【扑火、抗洪、排涝应急行动】 2012年5月6日,辽宁陆军预备役高射炮兵第一师出动300人应急分队(其中现役150人,预役150人),动用车辆20台,灭火装备器材1120件(套),在棋盘山南侧和西侧扑灭余火70多处。5月17日,该师组织机关、直属队和1、2、3团参加了沈阳地区扑火救灾行动,赶赴棋盘山、张士等火灾现场3处,出动现役和预备役官兵595人,动用车辆51台、各种扑火工具500多件(套)。7月21日,该师机关分别带1团、2团抗洪抢险应急救生分队连夜赶赴营口地区和锦州锦凌水库执行抗洪排涝和抢险救灾任务。共出动官兵135人,车辆16台,动用冲锋舟8艘、橡皮艇15艘。辽宁电视台、沈阳电视台、《前进报》、《东北后备军》做了跟踪报道。

(丁立平)

【预备役部队比武考核】 为贯彻落实胡锦涛主席关于"大抓军事训练"的重要指示精神,辽宁陆军预备役高射炮兵第一师广泛开展"岗位大练兵、行业大比武"活动,本着"全员练兵、融入工作、层级组织、贯穿全年"的原则组织实施。7月9日至12日,高炮一师137名现役军官、预备役军官和预备役士兵参加了"全省预备役部队基础训练比武考核"。在全师参考官兵的顽强拼搏下,师本级获得基础训练综合第一名、预任军官综合第一、现役军官综合第二;一名现役和二名预备役军官分别获得个人第一、第三的好成绩。

(丁立平)

【"预备役号"工程】 2012年7月,辽宁陆军预备役高射炮兵第一师与沈阳市交通局、沈阳安运集团积极沟通协调,共同搭建"预备役号"工程。在高炮一师正门北侧200处建立了"预备役号"交通运输保障社会化停车站点,命名为"高炮一师站",方便了官兵出行。8月1日,开通了连接师部和沈阳奥体中心地铁站之间的"预备役号"公交线路,线路总长11公里,车隔40分钟。该做法被省军区《整体推进全面建设现代后勤工作情况简报》2012年第5期转发。9月,沈阳市交通局投资40余万元为高炮一师训练基地铺设了2700平米的柏油路面,大大提高了高炮一师应急保障能力提升。

(丁立平)

【航模保障抗洪抢险演练】 为进一步提高军地联合进行抗洪抢险救灾应急行动综合能力。7月16日至7月17日,辽宁陆军预备役高射炮兵第一师在沈阳市沈北新区,组织师航模组共计8人,参加了沈阳市军地联合抗洪抢险演练,共保障靶机飞行20余架次(其中"窥视者—Ⅱ"型无人机飞行5架次,改Ⅰ型靶机飞行15架次),圆满完成保障任务,安全无事故。

(丁立平)

【组建应急医疗保障分队】 2012年11月6日,辽宁陆军预备役高射炮兵第一师在沈阳盛京医院举行了预备役应急医疗保障分队成立仪式,仪式上,师长胡德山大校为应急分队授予队旗,政治委员孙汉友大校作了重要讲话,盛京医院郭锡斌副院长代表全体应急分队成员作宣誓讲话。该师与盛京医院成立的联合应急医疗分队由53名医疗骨干组成,涉及外科、妇科、儿科、五官科等多个科室的相关人员,其中博士生导师2人、主任医师10人、副主任医师41人。该分队的成立不仅有效整合了军地应急医疗优质资源,而且大大增强了高炮一师医疗救护应急保障能力,师官兵及家属提供高水平的医疗服务。

(丁立平)

【完善物资装备基础建设】 2012年11月12日,辽宁陆军预备役高射炮兵第一师与沈阳虎跃物流中心,签订了《军地物流保障协议》;与沈阳双瑞集团、雄洲食品、桃李食品等3家公司分别签订了《给养物资就近供应协议》;与沈阳麦德龙商场、大润发超市、振华食品饮料物流公司签订了《食品物资储备合作协议》,为进一步增强预备役部队军地代储代供物资应急保障能力奠定了坚实基础。同时,高炮一师着眼装备物资平战结合需求,不断加强装备基础设施建设,加大装备物资器材储备力度,按照"定人、定物、定单位、定交接方式"的要求,该师应急专业装备入库率实现100%。10月,对师训练基地装备技术区安防系统进行了升级改造,战备物资整体建设水平大幅度提升。

(丁立平)

武警支队

【概况】 武警沈阳市支队(简称"市支队")是由武警辽宁总队原一支队和原沈阳市支队于2005年6月合并组建而成,隶属于武警辽宁总队,同时接受沈阳市委、市政府和沈阳市公安局"双重领导"。机关驻沈阳市于洪区黄河北大街128-18号,所属各基层单位分布在市内9区1市3县,主要担负警卫、守卫、看押、看守、城市武装巡逻、堵卡及处突等勤务。2012年,市支队圆满完成802起临时勤务,成功处置"9.18"涉日游行等事件,有力维护了沈阳社会稳定。

(吴　景)

【遂行任务能力程序提高】 市支队严格落实上级要求,新兵拉练、冬训比武、"五小练兵"现场会促训效果明显,参加"卫士-12"演习和参谋尖子比武,进入前五名。严管固定勤务,排除险情30余次;圆满完成802起临时勤务,成功处置了"9.18"涉日游行等事件,有力维护了沈阳市社会稳定。协调市政府召开议警会,投入750多万元,购置15类反恐救援装备,完成网管中心改建、三级扩容等任务,装备和信息化建设取得阶段性成果。

(吴　景)

【后勤保障】 独立完成新兵拉练和"9.18"维稳等重大军事行动保障任务,提高了应急保障能力。完善基层基础设施,更新了电脑和文体器材,为病困官兵发放了补助;新立堡干部住房和训练馆竣工,指挥中心扩建进展顺利;跟踪指导伙食管理和农副业生产,下大力解决就医、洗澡、饮水、防暑取暖能难题,官兵生活条件有所改善。

(吴　景)

人民防空

【概述】 2012年,沈阳市人防办获得了"全国人防信息化建设先进单位"、"人防工程科研创新和成果转化应用先进单位"等多项荣誉。

圆满胜利完成了沈阳战区人防系统首次跨区域机动演练等各项任务,演练纪实被30余家国家级的媒体予以刊登转载。全市人防系统整体建设全面推进。先后完成棋盘山等地3次森林火灾、1次市内火灾、1次洪涝灾害和铁岭柴河水库污染、沈阳法库AOPA国际飞行大会等应急指挥保障任务。

积极贯彻项目牵动战略,克服房地产业持续调整的不利影响,全年验收人防工程35项,21.6万平方米,人防工程总量达到420万平方米,增长5%;人均使用面积0.49平方米,增长5%。全年批建人防工程145项,面积104.43万平方米。全年办理审批立项、收费、复核手续295项,无一项政策外减免,无一项审批投诉,较好地完成了各项工作。在自建工程方面,历史上投资最多、规模最大的北站人防工程改扩建项目全面展开,主体工程建设正在进行,截至2012年底,累计完成投资1.2亿元,预计2013年8月竣工使用。法库县望宝山洞库改造工程竣工验收,投入使用。沈河、新民基本指挥所主体完工,和平区预备指挥所正在进行设备安装调试工作。铁西区北四路停车场项目竣工,正在进行消防验收工作。

(许建磊)

【人防工程建设与维护】 2012年,沈阳市人防工程建设积极贯彻项目牵动战略,克服房地产业持续调整的不利影响,人防工程总量与2011年相比,增长5%;人均使用面积增长5%。严格落实省结建审批行政职权,建立了市本级审批权限专用章制度,完成了全市具有独立人防审批权限的区、县(市)授权申请及资质材料的初审工作,区、县结建行政执法主体得到落实。全年办理审批立项、收费、复核手续295项,无一项政策外减免,无一项审批投诉。沈河、新民基本指挥所主体完工,和平区预备指挥所正在进行设备安装调试工作。铁西区北四路停车场项目竣工,正在进行消防验收工作。

进一步加大社会化资金投资建设人防工程力度，并继续探索人防工程开发利用的市场化道路，考察学习了日本、加拿大地下空间开发先进经验，按计划完成了试点工作实施方案的阶段性任务。沈阳市首创的挂牌出让人防工程开发权做法得到国家人防办的充分肯定，并将沈阳列为试点城市。太原街、中街人防工程项目封路施工结束，路面恢复通行。恒隆广场、苏家屯区海棠街等项目正按程序报建。同时，2011年开工的朗勤中华路、亿丰浑南奥体中心地下空间项目均严格落实兼顾人防要求。为解决市民出行实际困难，南京北街医大过街道克服诸多困难，多方协调，并于2012年正式竣工。该项目的竣工有效地缓解南京街医大门前交通混乱的状况。

（许建磊）

【机关准军事化建设】 2012年，沈阳市人防机关“准军事化”建设进一步巩固。认真贯彻落实有关要求，不断深化“四个一”，实施“四项工程”，突出人防机关“准军事化”特色，以各种主题学习和实践活动为牵引，把服务中心、建设队伍贯穿各项工作和活动的始终。一是班子建设更加坚强有力。充分发挥党组的核心领导作用，严格落实民主集中制，坚持重大事项集体讨论，做到科学决策。认真落实中心组理论学习等制度，领导干部表率作用、自律意识和敬业精神进一步增强。二是学习教育扎实深入。先后组织文秘人员、工程技术人员、指挥通信干部等340余人次参加各类培训，业务素质和综合能力提高明显。撰写的21篇理论研讨文章在省人防办组织的论文评选中获奖。组织开展“一先两优”评选活动并举办事迹宣讲会，全办人员的理想信念、敬业精神、争先意识得到明显提升。三是制度建设进一步完善。坚持了“三会一统”制度、学习日及党课制度、军营一日兵制度、人车物管理制度等，机关的工作学习走上了规范化、制度化轨道。四是党风廉政建设成效明显。按照“一岗双责”要求，认真落实党风廉政建设责任分工，定期召开党风廉政建设形势分析会。制定了“三重一大”制度并严格予以落实。

（许建磊）

【人防指挥通信】 2012年，沈阳市人防办组织了一场沈阳战区人防系统组织层次最高、动用装备最多、机动距离最长、演练课题最新、保障要素最全的首次跨区域协同演练。演练充分检验了基于信息系统的人防指挥通信能力的实战能力，锤炼了指挥通信专业人才队伍。此次演练历时9天，出动各种装备车辆8台，跨辽、吉、黑三省4个主要城市，机动1640余公里。演练内容和指挥层级涉及军区、省、市三级，共设置组织指挥程序训练、开设机动指挥所和通信枢纽、应急组网通信保障、异地联勤保障等四方面课题。

此次演练，以战区范围内局地突发地质灾害，指挥通信基础设施损毁，当地救援工作无法顺利展开为背景，沈阳市人防办根据上级命令，实施跨区域机动协同支援。演练内容和指挥层级涉及军区、省、市三级。演练队伍要利用短波、超短波、模拟集群、数字集群、有线、卫星等“六网一体”的信息传输和通信手段，根据不同协同支援对象的实际能力，集成各种要素搭建不同的指挥通信保障“模块”，或“嵌入”，或“叠加”，或“接替”，随机变化，灵活组合。机动途中，根据上级命令和支援协同单位吉林市提供的情况，沈阳市人防机动指挥平台迅速出动，搭建一个全境双向互通的大容量通信组网，为吉林市人防办提供多达50路的双向通联渠道。参演队员在短时间内完成组网任务。参演人员仔细勘察地势环境，周密分析测算，采取最适合的开设卫星通信链路的方法，实现了与沈阳市人防指挥中心、哈尔滨市人防机动指挥所的音频视频互联互通，做到文书实时传输。同时，开设了野外作战值班室，开通全国直拨电话，接收和发送各种图文传真。通过改变常规架设方法、调整不同方位角等办法，现场开设短波电台实现了与支援协同对象哈尔滨市人防办、沈阳市本级、辽宁省人防办及省内丹东市、锦州市、葫芦岛市人防办的通联，最远距离约930公里，收发信号均达到良好，圆满完成了复杂情况下远距离野外通信保障演练任务。

首次实现经过卫星中继将沈阳市的实时视频信息传输到长春市人防办机动指挥平台，进而传输到长春市应急指挥中心，进行图像、语音的互联互通，双方指挥通信车信息系统连接、互用和电话调度系统转接等内容的成功应用，为城市应急支援和后方指挥打通信息通道。

此次演练还有针对性组织开展了多种形式的短波试通试联。在5个重点防护地域利用GPS定位、电子指南针，精确测量经纬度、海拔及坐标等自然地理参数，分别检验了基地台、车载台、便携式电台，在架设鞭状天线、斜天线、双极天线等多种不同天线下的通联状况，进行了短波通信联络，检验了不同配置、不同距离、不同环境情况下通信状态，为短波电台基于在信息系统的应用研究，积累了实践经验和大量的实验数据。

（许建磊）

政　法

政府法制

【推进依法行政】　推进沈阳市法治政府指标体系建设。在"沈阳市法治政府建设指标体系"课题研究成果的基础上，起草了《沈阳市人民政府关于印发〈沈阳市法治政府建设指标体系〉的通知》(以下简称《指标体系》)，经市政府第66次常务会议讨论通过，以市政府文件形式下发。为确保《指标体系》得到有效落实，以市全面推进依法行政工作领导小组办公室名义下发了《关于印发〈沈阳市法治政府建设指标体系任务分解表〉的通知》，进一步明确了责任分工。

深入开展法治政府建设调研工作。2012年，结合贯彻落实《纲要》八周年和政府换届，先后召开了四次座谈会，对全市8年来贯彻落实《纲要》情况和本届政府五年来推进依法行政、建设法治政府工作情况，进行了全面总结和分析，对下一步工作进行了深入研究。

加强依法行政学习培训。一是加强领导干部学习培训。继续坚持市政府常务会学习法律知识和研究依法行政工作制度。二是开展公务员法制培训。举办了全市公务员法制讲座，由市政府法制办主任李宏吉主讲《树立公务员的法治观坚持依法行政加快法治政府建设》，全市近千名公务员参加了培训。三是开展行政执法人员培训。全年共组织15期行政执法人员培训班，培训行政执法人员6337人。

开展"省级依法行政示范单位"创建活动。2012年，省政府在全省开展了"省级依法行政示范单位"的评选和达标验收工作，在2012年12月21日召开的全省深入推进依法行政、加快法治政府建设工作会议上，沈阳市被省政府确定为全省依法行政示范市，沈北新区政府、于洪区政府、辽中县政府被省政府确定为"省级依法行政示范区"。

严格依法行政考评工作。2012年依法行政考核工作，在科学设定考评内容的基础上，采取了集中时间、集中地点、集中人员、集中审查、集中评分的"五集中"方式，抽调了市全面推进依法行政工作领导小组成员单位人员，组成4个考评组，集中对全市86个区、县(市)、开发区、市有关部门进行了考评。

(张春权)

【政府立法】　圆满完成政府立法工作任务。2012年，共向市人大提报了《沈阳市城市房屋安全管理条例》、《沈阳市工业热力管理条例》、《沈阳市城市供水用水管理条例》3件地方性法规草案；发布实施了《沈阳综合保税区管理办法》、《沈阳市建设项目安全设施监督管理办法》、《沈阳市职业教育校企合作促进办法》、《沈阳市社会急救医疗服务管理办法》、《沈阳市农业综合开发资金和项目管理办法》、《沈阳市城市道路车辆管理办法》、《沈阳市人民政府关于修改〈沈阳市保护消费者权益实施办法〉等部分政府规章的决定》、《沈阳市人民政府关于废止〈沈阳市市区户口迁移和立户分户管理暂行办法〉等政府规章的决定》8件政府规章；发布实施了4件政府通告。

认真开展制度建设清理工作。为确保社会主义法制统一和政令畅通，市政府坚持立、改、废并重的原则，结合贯彻落实《行政强制法》、《辽宁省规章规范性文件定期清理规定》、《辽宁省市场中介组织管理条例》，开展了三次清理，经市政府常务会通过，决定修改政府规章7件、废止政府规章22件。有效政府规章116件。

严格规范性文件备案审查工作。2012年，市政府制定的8件政府规章均及时报国务院、省政府、省人大和市人大备案，无被提出修改意见或者撤销的情况发生。为确保规范性文件制发质量，市政府严格事先审查和事后备案制度，坚持按照计划发文，使规范性文件审查备案工作进一步规范化。2012年，市政府对区、县(市)政府和市政府部门送审的26件规范性文件均进行了严格审查和备案。

(张春权)

【行政执法监督】　加强规范行政处罚自由裁量权和重大行政处罚备案审查工作。下发了《关于开展行政处罚自由裁量权和行政强制权实施情况专项检查工作的通知》，开展行政处罚自由裁量权和行政强制权实施情况专项检查，重点对46个执法部门落实行政处罚自由裁量基准、先例、说理制度和行政强制权实施情况进行了检查，进一步规范了行政处罚行为和行政强制行为；以规范性文件形式出台《沈阳市重大行政处罚备案审查办法》，受理重大行政处罚报备案件86件。

深入开展推进乡(镇)政府、街道办事处行政执法责任制工作。下发了《关于转发〈关于印发辽宁省乡(镇)行政执法责任制规范文本的通知〉的通知》，开展了乡(镇)政府、街道办事处行政执法责任制落实情况的检查指导工作，全市75个乡(镇)政府、140个街道办事处均建立并落实了行政执法责任制。

依法规范行政执法主体。2012年，共确认供销社(再生资源办)等9个机构的行政执法主体资格，向社会发布了2期公告。全市共有行政执法机构1446个(其中：市本级行政执法机构407个，区县(开发区)1039个)；全市共有行政执法人员3.53万人(其中，持有国家部委颁发的执法证件2.48万人，持有市级颁发的执法证件1.05万人)。2012年，全市共发生行政处罚案件188.36万起，罚没款收缴入库6.04亿元。

(张春权)

【行政复议应诉】　2012年，全市各级行政复议机关共受理行政复议案件2542件，比上年减少1977件，下降43.75%。其中市政府本级新收行政复议案件73件，立案受理68件，比上年减少77件，下降53.1%。在审结的92件(含上期结转33件)行政复议案件中,维持67件,占72.83%;经协调处理终止17件,占18.48%;驳回复议请求2件,占2.17%;确认违法1件,占1.09%;其他5件,占5.43%。在具体工作中,全市各级行政复议机关自觉树立复议为民的思想,畅通行政复议案件受理渠道,充分运用调解、和解审理方式,提高行政复议在化解行政争议方面的能力,达到了案结事了的目的,收到了良好的社会效果。

(张春权)

【发布政府规章】 2012年,沈阳市政府发布实施了《沈阳综合保税区管理办法》、《沈阳市建设项目安全设施监督管理办法》、《沈阳市职业教育校企合作促进办法》、《沈阳市社会急救医疗服务管理办法》、《沈阳市农业综合开发资金和项目管理办法》、《沈阳市城市道路车辆管理办法》、《沈阳市人民政府关于修改〈沈阳市保护消费者权益实施办法〉等部分政府规章的决定》、《沈阳市人民政府关于废止〈沈阳市市区户口迁移和立户分户管理暂行办法〉等政府规章的决定》8件政府规章。

(张春权)

社会治安综合治理

【概况】 2012年,建立街道(乡镇)社会管理服务分中心207个、社区(村)社会管理服务站2145个。在社区(村)实施网格化管理的基础上,推行"责任区+中心户"工作模式,进一步细化管理服务单元。建立各级各类调处组织4200余个,专兼职调解人员达到2.54万余人。推进专项矛盾纠纷化解工作,开展劳动人事争议预防调解"和谐使命"行动。推进沈阳市医疗纠纷调处中心筹建工作,加大敏感时期的排查化解力度。全年共排查各类矛盾纠纷7550件,化解7532件,调处成功率99.76%。进一步加强平安建设工作。在社会面,建立了以派出所为平台、社区为依托、街路为线段的社会面"网格化"巡逻防控体系,常态化专业巡逻力量达到8000余人,群防群治力量达到10万人。视频监控实现重点部位全覆盖。在城镇居民区,重点织密了专业巡逻防控网、夜间机动巡逻网、义务看家护院网等三张网,实现了社区治安防控全天候无缝衔接。在机关和企事业单位,形成了"安全自查、隐患自改、责任自负"的防范工作格局。在农村,以实施"县域治安工程"为重点,积极推进"农村治安保险"工作,确保了小村3~5人、大村6~8人的专职治安巡防队伍。继续推进"平安楼道"创建活动,为老旧小区安装视频监控系统、建门卫室、安装亮化灯、更换楼梯间窗户等。继续推进"八无"社区(村)创建活动,全市约有40%的社区、45%的村达到"八无"标准。以打造高铁"平安通道"为重点,深入开展"平安铁路"创建活动。深入开展社会治安重点地区和突出问题排查整治,整治了28个市级重点地区,10个区县级重点地区。扎实开展命案专项整治,全市命案发案和死亡数同比分别下降13.25%和10.17%,命案破案率95.83%。加强流动人口服务管理,完善流动人口居住证管理办法,推进"一证通"制度和"一站式"服务,推进房屋租赁登记备案管理,建成了出租房屋综合管理平台并投入试运行。深入推进刑释解教人员安置帮教工作,建立过渡性安置基地16个,安置率达97.2%,帮教率达99.5%;在试点的基础上,社区矫正工作全面铺开,社区矫正人员达到3103人。深入推进预防青少年违法犯罪工作,推动青少年社工中心(站)和社工队伍建设,落实多元化帮教措施,未成年人犯罪案件同比下降3.8%。

(马　强)

公　安

【社会矛盾纠纷排查调处】 2012年,沈阳市公安局一是组织开展矛盾排查。充分发挥市维稳办的职能作用,组织协调各地区和各市直相关单位全面开展社会矛盾大排查,共确定重大不稳定问题15个、群体性社会矛盾问题144个。二是稳步推进涉稳矛盾化解。采取现场调查、召开协调研究会、督办等方式,化解重点疑难维稳案件48起,解决突出的信访稳定问题152个;积极参与全市组织开展的"领导干部大接访、大走访"和"信访积案化解冬季百日会战"活动,全市公安机关各级领导干部共包案1335件,息访2005人,化解涉稳信访积案796件。三是维护人民群众的合法利益。集中解决了用水、用电、冬季取暖等与群众密切相关的民生问题31件,惠及群众5.5万人;指导协调相关地区和单位开展解决拖欠农民工工资问题专项行动,共解决拖欠农民工工资问题610件,涉及金额4.085亿元。四是构建社会矛盾研判机制。完善情报研判机制,建立覆盖全市每个社区(村)和各级、各部门、各行各业的调解组织网络,共形成全市总体研判报告12份、专项研判报告271份,完成涉稳调研课题11项,有效预防了473个不稳定问题的发生。

(李鸿美)

【道路交通安全整治】 2012年,沈阳市公安局道路交通事故件、死、伤、损四项指标同比分别下降达22.79%、24.03%、30.98%、10.65%,少死亡205人,一次死亡3人以上的较大道路交通事故同比下降69.23%,全年交通事故"零死亡"天数达到71天。一是各级领导高度重视。在全市道路改造期间,陈海波市长多次视察了全市交通疏导调流工作,充分肯定了全市道路交通管理工作所取得的成绩。许文有副市长每半个月召开一次全市各地区、各部门参加的道交委工作调度会,通报各区、县(市)预防交通事故等情况,部署重点交通管理工作。二是实行常态化交通整治。坚持日常管理与专项整治行动相结合,严查严处机动车交通违法行为291万件,行政拘留692人,刑事拘留595人。采取教育与处罚并重的管理措施,对行人和非机动车各类交通违法行为见违必纠,有效规范了行人、非机动车交通秩序,共纠正教育行人和非机动车交通违法行为45.5万件,处罚行人和非机动车交通违法行为7.4万件。实行"2+5"的夜间整治勤务模式,先后组织开展了63次全市集中整治统一行动,查处各类交通违法行为7.3万余件。组建了突出交通违法行为整治专项行动队,处罚公交车、出租车等重点车种交通违法行为及飙车、涉牌涉证、货车超载等严重交通违法行为9903件,专项整治情况被新闻媒体报道116次。三是强化道路隐患排查整改。按照"实时排查、滚动排查、昼夜排查、往返排查"的总体排查原则,对全市所有街路进行了全面地摸底排查,共排查隐患点段176处。按照"五长包保”（公安分局主管副局长，交警大队长、岗勤副大队长、事故副大队长、中队长）责任制落实管理责任，并积极协调市、区两级道交委及政府相关部门对排查出的隐患点段进行治理，整改率达到100%。四是加强重点车辆及驾驶人的源头管理。深入客货运企业开展车辆检查和人员教育，建立了客货运企业车辆及驾驶人台账。对2万余辆营运车辆进行了查验，发现问题车辆1500余辆。与客货运企业负责人和机动车所有人签订了300余份《沈阳市运营企业道路交通安全责任书》，与客货运驾驶人签订了2万余份《沈阳市专业运营企业驾驶人承诺书》。仔细清查客运班线发班情况，将通往温州等201条运营里程在400公里以上班线列为重点监管对象，发现问题班线37条。在客运场站派驻警力，严格检查登记出站车辆9万余辆次，防止问题车辆上路行驶。五是全面加强停车秩序管理。制定了《沈阳市公安局静态交通管理工作实施方案》，实行“三警合一、双重职能、一体化管理”的“321”模式，落实静态交通实名制管理，共查处擅自设立经营性路内停车场和公共停车场63件次、阻碍或者设置障碍影响停车泊位使用1219件次、公共停车场设置不规范27件次，教育训诫208人，警告127人，行政拘留16人。六是深化社会面宣传教育。以“文明交通行动计划”为载体，依托媒体宣传和“五进”宣传两个渠道，全面开展“文明出行、沈阳先行”等系列主题宣传教育活动，在全社会营造了浓厚的宣传氛围。先后召开新闻发布会47次，组织媒体记者随警报道144次，播发各类稿件3900篇。设立了沈阳公安交警短信发布平台，及时发布道路施工疏导调流、恶劣天气出行提示等各类交通管理信息165万条。

（贾远航）

【消防工作网格化管理】　2012年，沈阳市公安机关有效调动各方面力量，推动消防工作向基层延伸，切实筑牢了火灾防控的基层基础，全年全市火灾起数下降了20.39%，死亡人数下降了40%，直接财产损失下降了89.74%，最大限度地维护了人民群众生命和财产安全。实际工作中，市公安局按照在各乡镇、街道建立“大网格”；在社区、行政村建立“中网格”；在各街区、居民小区、楼院、企事业单位、村组建立“小网格”的标准，在全市共划分了“大网格”209个，“中网格”2339个，“小网格”15580个。同时，按照“一网三级、一级多格、一格多点”的模式，细分单元，联格成网，切实构筑起“横到边、纵到底、全覆盖、无盲区”的火灾防控网。按照属地管理原则和责任片区划分，各网格建立组织管理机构，对所辖的小场所开展火灾隐患排查，对所排查单位的基本情况、存在的火灾隐患情况及处理情况、消防安全培训情况逐一进行登记，建档造册，做到底数清、情况明，确保基层消防工作层层有人抓、处处有人管。

（侯锦鹏）

【城乡警务改革】　2012年，沈阳市公安局。在城区公安派出所，实行刑侦中队、治安中队、社区警务中队和综合室的“三队一室”勤务模式，紧紧围绕实现社区警务专职化、打击犯罪专业化、治安防控专群化“三条线”，大力推进警务改革，构建了以“六张网”为主体的社会面治安防控体系。先后从市、区两级公安机关下沉2148名警力充实基层一线，全市共整合52个公安派出所，有效合理分配了警务资源，极大地提高了公安机关整体战斗力。全市城区共划分成警务区730个，配备警务区民警1157人，社区辅警力量达到了2118名，全部用于协助社区民警开展社区工作。各区公安分局新建刑侦中队71个，均已落实了办公场所和办案经费。市内五区和四个郊区共设置了9个巡特警大队，并根据实际工作需要，从分局抽调精干警力，增设了打现行中队，全市城郊区巡特警大队警力达到了786人、巡逻辅警达到902人，部分巡逻车辆和装备也不同程度地得到了加强。在全市以相邻社区为基本单元，设定了397个巡逻警务区，调整配属巡逻车辆和社区责任民警开展社区巡逻防控，进一步提升了整体防控能力和水平。二是在农村派出所，实行“一所两队”及农村派出所所长兼任乡镇党委或政府副职，驻村或管片民警兼任治安情况复杂、基层组织薄弱的行政村党支部副书记，专职公安工作协管员兼任村治保主任的“三兼”新型领导体制。参照每个交警中队管辖2至4个乡镇的标准，设置了农村交警中队，并结合各地区实际，采取农村交警支队设置独立营房、与派出所合署办公等模式，开展道路交通管理工作。全市已经建立农村刑侦中队20个，共配备刑事技术人员33名，辅警27名；建立农村交警中队21个，警力为109人，共配备交通协管员218名。城乡警务改革工作开展以来，切实发挥了基层公安队伍近距离预防犯罪，零距离服务群众的优势，违法犯罪人员指纹信息采集等刑侦基础工作实现了大幅度的跨越，社会矛盾纠纷排查调处工作得以更为有效的开展，社区治安状况有了根本性的提高。

（侯锦鹏）

【严厉打击涉假违法犯罪】　2012年，沈阳市公安机关紧紧围绕食品、药品、农资等与百姓生命安全息息相关领域制假售假犯罪，重拳出击、严格执法，斩断链条、除假务尽，及时依法严惩了一大批制假售假犯罪分子、捣毁了一大批非法生产“黑窝点”、打掉了一大批涉假犯罪集团。全市共破获涉及全国19个省市的制假售假刑事案件3343起，刑事拘留1236人，打掉涉假集团190个，捣毁非法生产“黑窝点”1093个，特别是成功破获了非法销售A型肉毒毒素、假冒和尚销售假药、非法销售劣质豆制品、假种子、假药等一大批食品、药品、农资类制假售假大案要案，切实打击了制假售假犯罪的嚣张气焰，有效地保障了人民群众的食品安全。实际工作中，市公安局认真履行全市“打假办”的工作职能，积极协调组织全市各打假参战部门，进一步强化了现场排查和涉案产品的扣押、运输、储存、抽检、鉴定、销毁等各个执法环节的无缝对接和依法行政，加强了全市“无假社区”的创建工作，进一步深化“打四黑除四害”专项行动，并组织开展了“春耕保卫战”、“餐桌保卫战”和“健康保卫战”三大战役，坚决打击制假售假犯罪活动。积极排查公安部、省公安厅部署的内蒙古鄂尔多斯假药案、河北省廊坊市特大生产销售假药案等案件线索27条，受理群众举报制假售假案件线索38条，全部实现了依法查处。针对人民群众高度关注的关键时间节点、重点区域和突出涉假犯罪，积极采取针对性举措，努力消除因涉假犯罪可能引发的社会不稳定因素。先后在元旦、春节、“3·15”、“五一”、“十一”、中秋节等特殊时间节点，有针对性地对地沟油、瘦肉精、病死猪、有害豆制品等突出问题实施严厉打击，有效规范了市场秩序，维护了社会和谐稳定大局。协调新闻媒体，积极开展打假宣传。3月15日,市公安局牵头举行沈阳市"3·15维权,打假在行动"集中宣传活动,全市工商、质监、食药监、生产企业、打假志愿者共计200余人参加了启动仪式,全市各打假职能部门通过电视直播访谈、电台在线解答、深入社区宣传等多种方式,集中进行持续一周、形式多样的打假宣传活动,有效的在全市营造了拒假防假、人人喊打的浓厚氛围,最大限度地挤压了涉假犯罪的生存空间。

(侯锦鹏)

【推出"深化平安建设、优化发展环境、服务保障民生"百项承诺】 2012年,沈阳市公安机关连续第五年面向社会推出"2012年深化平安建设、优化发展环境、服务保障民生"百项承诺,在打击犯罪、安全防范、交通管理、消防管理、行政审批、服务经济和群众监督等7个方面,制订了100项有力措施,积极践行人民公安为人民的庄严承诺,做到有诺必践,一诺千金。特别是新"百项承诺"在交通、户政、消防等多个行政审批事项上,实行"一站式"、"一卡式"服务,前移服务端口,缩短办事时限,简化审批程序,最大限度地提高了服务质量和服务效率。全年,共办理港澳通行证再次签注立等可取的8442人,为来沈港澳居民办理通行证的5人,为出国奔丧、探望危重病人加急办理78人;在6家机动车登记服务站开通机动车登记证书和机动车行驶证制作业务,为群众现场制作证件1.27万件;受理审批易制毒化学品购买许可备案证明4654件,受理运输许可备案证明2425件;开展二代身份证邮政快递服务,全市办理快证6.3万张;市级公安机关变更民族审批时限缩短为15个工作日,全市变更、更正民族353人;为成建制工地、大型企业的流动人口上门登记办理《居住证》68.4万余个;推行消防"管家式"服务,为企业节省资金逾3100余万元,得到了广大人民群众和社会各界的普遍赞誉和一致好评。

(侯锦鹏)

【实施"服务民生、服务发展"战略】 2012年,沈阳市公安机关深入贯彻落实市委"优环境、稳增长、促振兴"的部署要求,紧紧围绕全市经济社会发展大局,以人民群众满意为最高标准,构建了以"服务民生、服务发展"为导向的新型警务模式。主要内容包括:将每月28日定为警营开放日,每月确定不同的主题,邀请人大代表、政协委员及社会各界群众走进警营,最大限度地畅通民意表达渠道,广泛听取群众意见,接受群众监督,改进公安工作,拉近了警民距离,密切了警民关系。推出了"服务保障民生十项新举措"和"服务企业商业十项新举措",将管理寓于服务之中,将执法寓于教育之中。组织开展了"访民情、走企业、进商家、送服务"活动,问需于民、问计于民,广泛征求人民群众对公安工作的意见和建议,切实解决公安工作中存在的实际问题。举行了"帮'失智老人'回家——黄手带大型公益活动"启动仪式,为全市"失智老人"、智障人员、70岁以上独居老人发放黄手带,为走失的"失智老人"提供最大限度地帮助,受到了社会各界的广泛赞誉。举行了"伴中小学生平安出行——'小笑脸'平安贴发放活动"启动仪式,向全市中小学生发放了反光式"小笑脸"反光平安贴,保障了少年儿童出行更安全、生活更幸福。面向全社会开展了征集"双服务"标识和"金点子"活动,先后收到来自广东、江苏、浙江等全国17个省、直辖市、自治区各界人士设计的168幅作品和公安工作"金点子"300余个,进一步扩大了服务民生、服务发展的社会影响力。

(侯锦鹏)

【执法规范化建设】 2012年,沈阳市公安机关组织开展了执法示范单位创建培训活动,确定了34个单位为执法示范单位,通过典型示范引导,使民警的执法为民思想更加牢固。深入开展全方位、全员参与的执法安全教育轮训活动,共举行执法培训75余(批)次,培训1.28万人,实际参加测试人数1.16万人,民警的法律素养和专业技能得到全面提升。先后制定了《沈阳市公安局深入推进2012年执法规范化建设重点任务的实施意见》、《全市公安机关进一步加强服务民生服务发展工作推进"阳光执法"工程实施方案》、《关于执法办案场所区域实现等级设置的通知》、《沈阳市公安局讯问犯罪嫌疑人全程录音、录像工作规定(试行)》等制度方案40余件,为执法规范化建设提供了有力支撑。出台了《关于执法办案场所区域实现等级设置的通知》、《沈阳市公安局执法场所标识制作标准》、《关于加强执法办案场所管理的规定》、《沈阳市公安局"八室"管理使用规定》等规范性文件,保证了办案场所规范使用。同时,进一步加强同步录音录像管理,制定出台了《沈阳市公安局讯问犯罪嫌疑人全程录音、录像工作规定(试行)》,并严格执行执法安全报告书审核制度,对执法场所安全使用加强监督,定期进行督导检查,共发现隐患166个,整改率达100%。

(张 磊)

【开展"三访三评"活动】 2012年,沈阳市公安机关坚持以"民意引领警务"为导向,以平安沈阳建设为主线,创造性地开展了"三访三评"活动,取得了显著的工作成果和良好的社会反响。2011年12月16日,公安部启动"三访三评"深化"大走访"活动后,沈阳市公安局提出了在"三访三评"规定性动作基础上增加"三改三建",即"改进思想观念、改进工作作风、改进工作方法和开展平安社区(村屯)建设、平安交通建设、平安消防建设"活动内容,明确了"访中改、访中建、以评促改、以评促建"的具体要求,确定将"三访三评"活动与各项公安工作、队伍建设及服务民生紧密结合、整体推进的总体思路。全市各级公安机关紧密结合地区特点和警种职能,全面深入地了解掌握社情民意,有针对性地开展化解矛盾纠纷、排查治安隐患、解决突出问题和帮扶困难群众等工作。全局共走访各界群众348.90万人次,走访企事业单位负责人2.56万人次;邀请群众评议268.92万人次,其中:登门邀请评议22.09万人次,恳谈座谈9.69万人次,网上公安机关评议9.47万人次。同时,在活动中不断创新载体、拓展内容,在全市范围内组织开展了以"矛盾大排查、警营大开放、意见大征集、换位大体察、典型大推选、领导大调研、警民大恳谈、岗位大练兵、爱民大讨论、事迹大宣传"为主要内容的十大活动;在大东分局召开了全局"三访三评"活动(大东)现场推进会议;在沈河区大南街道多福社区内的福田广场召开主题为"警民共建平安和谐社区"的警民恳谈会,认真听取基层群众的意见建议。

(张 磊)

【加强公安队伍建设】 2012年,沈阳市公安机关扎实开展思想政治教育工作。以人民警察核心价值观教育为牵动,组织开展了远学刘金国、近学身边典型活动,相继推出臧广颐、杨成东、任长林等一批重大先进典型。全年共有466个集体、3870名个人受到表彰，消防启工中队被国务院、中央军委授予"英勇善战的消防铁军"荣誉称号，3个单位荣获"全国优秀公安基层单位"称号。大力加强各级班子建设。继续强力推进市县局长"进班子"，全力巩固新型公安领导体制。围绕重大任务和重点工作考察、检验和选拔领导干部，全年共有55名成绩突出的同志提任到上一级处级领导岗位，调整交流局管处级干部27名，火线提拔科级领导干部25名，以公平公正赢得了全局的广泛赞誉。市委组织部高度认可并总结推广了市公安局领导干部管理有关做法。有效提升队伍管理质量。以城区警务改革为牵动，合署办公52个城区公安派出所，增设处、科级机构21个，增加处、科级领导职数105名，从市、区两级机关下沉2148名警力连同新增605名警力，全部充实到基层实战一线。深入开展了"抓管理、促养成、强作风、树形象"达标竞赛活动，取得了以建树形象促进战斗力提升的明显成效。省公安厅在全省会议上推广了沈阳警务改革的经验做法。强力推进全警实战练兵。坚持贴近实际、练为实战，全面掀起大练兵、大比武新热潮，全年共举办各类培训班320期，培训1.83万余人次，民警的安保实战技能显著提高。在省级比武竞赛中，市公安局荣获警体达标测试、警衔晋升考试、警务技能抽考三项第一名和总分第一名的优异成绩。全面加强舆论宣传引导。紧密围绕全局公安工作大局，集中开展对外宣传工作，全年共组织召开市局新闻发布会5次、媒体记者采访80余次，各级新闻媒体共刊（播）发8528篇次；正式开通了"沈阳公安微博群"，粉丝数量已达190万余人。群众满意度持续上升，全市未发生任何负面涉警舆情事件。努力构建幸福和谐警营。成功举行了"沈阳我最喜爱的人民警察"评选揭晓暨颁奖典礼，广泛开展了一系列喜闻乐见的文体活动。充分弘扬了沈阳公安精神，进一步增强了广大民警的归属感和职业认同感。

（*张　磊*）

【强化公安信访】　2012年，沈阳市公安机关先后组织开展向信访群众"送温暖"、走访慰问涉公安访信访群众、"重点信访案件专项治理"等活动，各级领导共接访2670人次，走访1072人次；市公安局信访部门共接待到市局和市信访大厅上访2271人次，处理群众来信2134件，接收并办理群众公开电话、短信信访653次。在"送温暖"活动中，市局党委委员带领全局各单位领导共走访涉公安信访群众122人次，通过走访化解公安信访案件41件。在走访慰问涉公安访信访群众活动中，市局党委委员和全局79名副处级以上领导及信访部门全体民警，共走访涉公安信访群众275名，发放慰问金合计约6.15万元。在"重点信访案件专项治理"活动中，公安部交办的98起重点信访案件全部化解，省厅交办的32起重点信访案件全部办结息访，市局自排的422起重点信访事项全部办结，其中息访197起。全年，全局通过信访工作，破获各类案件99件，追逃19人次，依法处理违法犯罪人员223人次，帮扶救助245起信访事项，发放帮扶救助金共计1142.18万元。

（*李鸿美*）

【党的"十八大"安保】　2012年，沈阳市公安机关成立了副市长、公安局长许文有任总指挥的十八大安保工作指挥部，下设综合协调、情报研判、人员查控等8个工作组，实行"一天两调度，一天一通报，一天一排名"，强化监督指导，构建超常的工作模式。积极整合全市各职能部门信息资源，广泛收集各类情报信息，做到涉稳问题"早发现、早化解、早处置"。在开展大排查的基础上，对全市涉稳重点群体、重点人员及肇事肇祸精神病人全部落实包保稳控措施。深入开展隐患排查，进一步加大社会治安整治力度，共查处各类交通违法行为17万件，排除各类安全隐患35次，交通事故四项指标同比分别下降33.46%、25.69%、48.18%和34.69%，同比少死亡28人；检查社会单位1.26万家次，整改火灾隐患2.46万处，责令三停185家，行政拘留121人，火灾事故四项指标同比分别下降（死伤持平，起数下降51.14%、损失下降49.92%）。坚持"打防结合、预防为主"的方针，按照"全面设防、一体动作、精确指导、有效管控"的要求，积极构建集打击、防范、控制、管理、整治于一体的社会治安防控体系，全力确保十八大期间全市社会治安稳定。

（*李鸿美*）

【打击刑事犯罪活动】　2012年，沈阳市公安机关一是整体打击震慑能力实现新突破。紧紧围绕保障和改善民生，紧盯影响人民群众安全感的各类刑事犯罪，持续不断地开展了严打"冬季行动"、严厉打击侵财犯罪、"灭枪行动"等一系列专项打击行动，全年侦破刑事案件破案比值达到61.23%，同比上升17.33个百分点。二是有广泛影响案件侦破水平实现新突破。进一步完善扁平化决策指挥、快速反应机制，坚持刑侦、刑事技术、技侦、网侦、图侦、情报同步上案、合成作战，确保快侦快破，消除不良影响。在公安部组织开展的"灭枪行动"中，全市共侦破涉枪案件43起，缴获涉案枪支496支、子弹6367发，其中军用枪支5支、军用子弹337发，取得了全省第一的优异成绩。三是命案攻坚能力实现新突破。抢抓"黄金时间"，力争实现"命案必破"目标。2012年，全市同比少发命案22起，同比少死亡18人，命案现案侦破率达95.83%，命案侦破比值达103.47%，进入全省命案侦破工作优秀行列。四是打击侵财犯罪成果实现新突破。从3月1日起，按照公安部、省公安厅部署，强势启动了严厉打击多发性侵财犯罪专项行动，有效打击和坚决遏制侵财类犯罪。2012年，全市破获侵财案件同比上升36.2%。五是打黑除恶工作实现新突破。全面搜集、掌握涉黑涉恶线索，打掉了一批黑社会性质组织，深挖幕后"保护伞"。2012年，全市共打掉黑社会性质组织7个，打掉恶势力犯罪团伙81个，惩处涉黑涉恶犯罪嫌疑人632名，破获各类刑事案件1067起。六是全警追逃工作实现新突破。进一步健全完善全警追逃工作机制，加强逃犯信息采集工作，适时组织开展集中清查追逃行动。全年共抓获各类网上逃犯2522名，其中抓获公安部B级网上逃犯4名、部督捕1名、国际刑警组织红色通缉令1名、故意杀人网上逃犯84名、外省网上逃犯531名，取得了全省追逃工作第一名的优异成绩。七是精确打击犯罪能力实现新突破。坚持科技导侦，大力推广网上作战优秀技战法和先进工作机制，切实加强信息采集比对工作，建立了以案、人、物、证等信息为起点的主动型作战方式，实现了视频侦查效能的最大化。

（*李鸿美*）

【开展打击侵财犯罪专项行动】　公安部、省公安厅部署开展打击侵财犯罪专项行动中，全市破获侵财类案件同比上升36.2%，打击处理犯罪嫌疑人同比上升46.3%；破获侵财类系列案件1122串，特别是成功破获了省厅督办的系列盗窃公交车电瓶案、跨四省十市疯狂作案100余起的系列砸车盗窃案、“2012.5.5”盗窃珠宝店案等一批人民群众关注的大要案件。一是坚持深度谋划，以四个认识明确主攻方向。市公安局坚持每天一通报，两周一调度，强化全局民警“四个坚持”的思想认识，即坚持“全省第一、全国一流”的工作标准，高标准地提出了“一个遏制、五个提升”的总体目标和十大工作目标；坚持“破案是安全感、不发案更是安全感”的思想，各分局立足辖区侵财犯罪敌情特点，坚持“以打开路、以打促防、打防并举”的工作思路，将少发案、多破案做为衡量工作成效的重要标准，有效地提升了人民群众的安全感；坚持“一手抓打击、一手抓建设”，将打击侵财犯罪专项行动做为夯实基础工作，锻炼队伍，检验队伍战斗力的重要载体，不断健全完善打击侵财犯罪工作机制建设，以建设成效提升打击能力，以打击成果检验建设质量；坚持发扬“清网”精神，正确认识此次战役的重大意义，对新发现案开展全力攻坚，对未破侵财案件，全部落实实名制侦办责任，做到除恶务尽。二是坚持多措并举，以七个战术提升打击能力。即坚持抓全警，打整体战。无论机关单位还是基层科所队，充分发挥职能优势，形成了“全警动”的工作氛围；坚持抓大案，打攻坚战。以部督、省督案件为主攻方向，以跨省、市系列团伙犯罪为打击重点，综合运用技侦、网侦、图侦、刑事技术等侦查手段，强力开展攻坚；坚持抓合作，打协同战。各级技侦、网安、情报部门全员落实与一线实战单位的对口协作和支援责任，全方位提供技术支持，为全局打击侵财犯罪专项行动的纵深推进提供了坚实保障；坚持抓管控，打阵地战。对全市2000余家通讯市场、机动车交易市场、机动车修理业、废旧物品收购业、金银首饰改制加工业、典当寄卖业、邮票市场等犯罪分子易于销赃的行业和场所，全部落实了实名制管控责任；坚持抓研判，打情报战。市公安局专门抽调20名业务骨干成立了情报研判突击队，进一步加大了对涉侵犯罪重点人员、高危人员的管控力度；坚持抓技术，打科技战。以建立和完善视频侦查机制为龙头，以提升社会面视频监控覆盖率为基础，以完善现有视频监控资源维护为保证，组建了14支专业视频侦查队伍投入实战；坚持抓基础，打持久战。以打牢刑侦工作发展根基为主导，全面推行刑侦中队建设，大力加强刑侦基础工作，有力提升了打击侵财犯罪的能力和水平。三是坚持实事求是，以铁的纪律确保成果致真致实。为确保此次战役的工作成果经得起法律和历史的检验，市公安局出台了《关于严明打击侵财犯罪专项行动纪律的规定》，明确对八类弄虚作假或违法办案问题，以“零容忍”的态度坚决予以查处。为了确保此项纪律执行到位，坚持前移监督关口，实行市局、分局、基层科队所三级战果核查制度：由办案单位按法律程序，对所有破案和打击处理成果实行三级一把手签批负责；由各分、县（市）局纪检部门对工作成果逐一审核确认，并由纪检部门负责人签批；由市局抽调督察、纪检、刑警、经侦部门民警，成立了战果核查组，采取不定时、不定量抽检的方式，对全局破案打击成果进行同步核查，确保工作成果的干干净净、致真致实。

（李鸿美）

【打击经济犯罪“破案会战”】 从2012年3月1日起至8月底，公安部在全国范围内组织开展了为期6个月的打击经济犯罪“破案会战”。全市共侦破部督案件78起，自侦大要案181起，在全国发起集群战役48次，破案绝对数、集群战役数量名列全国第一；在“破案会战”百城竞赛中，我市荣获综合成绩全国第一的好成绩，特别是万通国际集团公司涉嫌非法经营案、沈阳503系列虚报注册资本案、五洲互助联盟网络传销案等5起案件被评为公安部精品案例。公安部先后两次对市公安局工作进行嘉奖，3次发来贺电给予表扬；公安部在沈阳召开了现场推进会，沈阳市局先后4次在“破案会战”全国调度会上做经验介绍；刘金国副部长先后23次作出重要批示。市公安局经侦支队先后荣获公安厅“清网行动”先进集体、“打传行动”先进集体、“亮剑行动”先进集体、“积案攻坚”先进集体以及沈阳市政府“食品安全专项整治工作先进单位”、“沈阳市食品安全专项整治工作优秀达标单位”等荣誉称号。

（贾远航）

【开展“禁毒人民战争”】 2012年，沈阳市公安机关一是打击毒品违法犯罪工作战绩卓越。全市抓获毒品犯罪嫌疑人同比提高36%，占全省总量的43%；破获毒品犯罪案件同比提高40%，占全省总量44%；缴获毒品数量同比提高134%。二是攻坚毒品大要案件战果辉煌。全市共破获公安部、省厅督办毒品案件21起，其中公安部督办案件6起，省厅督办案件15起，侦破千克以上案件7起，打掉10人以上贩毒集团12个，其中20人以上大规模贩毒集团5个，40人以上超大规模贩毒集团2个。三是禁毒堵源截流工作成果突出。全市共抓获毒品违法犯罪嫌疑人94名，缴获冰毒7.2千克，麻古丸1212粒；摧毁了金三角地区到我国云南、广东、山东、四川等地向我市贩毒的13条地下网络。四是禁吸戒毒工作成效显著。全市共收治帮教吸毒人员2662人，同比提高171.63%，实现吸毒人员列管率达到100%。五是易制毒化学品管理工作成效显著。全市共受理审批易制毒化学品购买许可备案证明4654件，受理运输许可备案证明2425件，实现审批无差错、零投诉。

（贾远航）

【社会治安防控体系建设】 2012年，沈阳市公安机关以“打造具有沈阳特色巡逻防控体系”为工作目标，坚持整体防控，实施动态布警，在全市逐步建立起以城区专业巡逻民警、辅警力量为主体，以派出所巡逻力量为基础，以群防群治力量为辅助的社会面动态巡逻防控网络，初步构建和形成了具有沈阳特色的社会治安防控体系。全市通过巡逻现行抓获各类违法犯罪嫌疑人1401人，其中，刑事拘留940人，行政拘留362人，逃犯99人。通过卡点堵截查控抓获网上逃犯28人、其它违法犯罪人员203人；查缴冰毒6.802千克、麻古丸2.68克、盐酸曲马多8粒、罂粟1.6克。一是不断强化巡防工作运行机制建设。先后召开33次警情通报会、57次防控工作周联席会议，下发75期《防控指令》和36周《警情分析》，指导基层单位有针对性地调整勤务和警力安排，保证了打有重点、防更主动。为全市各警务站、堵卡点配发手持式比对仪157部；更新110警务车150台，增配（更换）无线图传系统150部，投入摄像监控系统36部。组织开展无线图传测试15次。在省公安厅巡防总队对全省3G无线图传上传图像和巡逻车GPS在线情况考核中，抽取的我市各分县市局巡逻车辆15台全部达标，成绩名列全省第一。二是大力加强巡逻防控队伍建设。全市九个城区分局、三个开发区分局共招录专职巡逻辅警力量950余人，全市巡防力量得到前所未有的充实和增强。全市社会面常态化专业巡逻力量达到8000余人。其中，巡逻民警1400余人，专职巡逻辅警1600人，社防队员巡逻力量5000余人。三是积极完善巡逻防控工作机制。充分发挥警情信息的动态预警和导向功能，市公安局每天发布警情信息，每周通过视频会议形式召开全市警情和巡防工作通报会，对各分局及派出所警情分组排名；科学规划全市16台流动警务车驻巡地点的设置，将全市16台流动警务室全部实行"5+2"工作模式，在商业街、广场、车站等治安复杂区域驻巡，综合承担打击违法犯罪和帮扶群众职能。四是全面加强警务工作站规范化建设。组织全市9个警务工作站开展正规化建设和等级达标评定工作，在辽中、新民、法库、康平县局成立独立的警务工作站执法执勤机构，全市警务工作站配齐配全执勤民警108人、辅警144人，完善了等级化勤务模式，健全了常态化堵控机制。

（*贾远航*）

【整治社会治安热点问题】　2012年，沈阳市公安机关坚持严打整治决心不动摇，深入贯彻"外症内治、辨证施治、标本兼治、综合整治"16字方针，不断巩固和加大"黄赌毒"、"三黑"、"私彩"等社会治安热点问题整治成果和力度，用扎扎实实的整治成效推动了文明城市创建工作，实现了政治效果、社会效果、法律效果和经济效果的和谐统一。一是坚持主动出击，实施重拳整治，纵深打击"黄赌毒"等涉丑违法犯罪活动。先后制定出台了《深化社会治安热点问题整治》20条新举措、《建立防范和打击"私彩"违法犯罪活动长效机制工作意见》，为依法整治提供法律依据。紧紧围绕"破大案、打团伙、追逃犯、端窝点、捣网络、除源头"的主攻方向，组织开展了社会治安热点问题整治、打击私彩赌博违法犯罪专项行动，以强化线索收集、专案侦查、案件深挖等工作为重点，稳、准、狠地打掉了一批组织、强迫妇女卖淫，开设赌场、坐庄售彩的鸡头、赌头、彩头，以及幕后组织者、操纵者和保护伞。2012年3月21日，治安支队行动大队经过一个多月的缜密侦查，一举破获了以周明海为首，在各大宾馆及民宅组织卖淫的团伙，抓获团伙成员3名，涉娼人员6名。二是密切协调配合、拓展打击范围，全面提升治安热点问题整治效能。针对当前"黄赌毒"、"私彩"等违法犯罪活动，在公安机关高压严打态势下趋于网络化的规律特点，强化警种部门的协调配合，彻底挤压违法犯罪活动空间；组织开展以打击网络招嫖、网络私彩、网络赌博、查封非法网站为重点的打击整治网络违法犯罪专项行动，成功侦破了"2.01"网络赌博案件，捣毁了以李东为首、长期利用网站组织网络赌球、网络私彩和视频百家乐赌博的违法犯罪团伙。三是全面摸底排查、强化治安防范，彻底铲除"三黑"乱点。坚持以派出所为单位，组织力量对临街、空间较大适合开设游戏厅、足疗等场所的房屋加强了巡逻防范，及时发现苗头性、倾向性问题，确保全部纳入管控视线、落实管控措施。同时，将劳务市场、批发市场、集贸市场周边地区以及居民小区、繁华街道等人群聚集、环境复杂、问题多发区域、多发部位，特别是临街、空间较大适合开设游戏厅、旅店、足疗的房屋作为工作重点，发现苗头问题及时采取应对措施，坚决铲除乱点的滋生土壤，坚决清除潜在的安全隐患。

（*贾远航*）

【2012年十大刑事案件】　一、"2012.2.3"皇姑区持枪杀人案件。2012年2月3日9时50分，皇姑分局接到冯丽报警称：其丈夫温福光（男，47岁，沈阳市人，沈阳市和旺福肉店经理）在皇姑区金川江街48号3单元和旺福肉店1楼楼道内，被人持枪击伤头部，其随身携带的袋鼠牌棕色背包被抢走，包内有当天进肉的计划单、出货单及新收的货款4万余元。案发后，迅速成立了由省公安厅副厅长林鲁波任组长，市公安局局长许文有、省公安厅刑侦总队长刘家铎任副组长，抽调相关警种和分、县（市）局100余名警力组成的专案组，全力开展侦破工作。经侦查，专案组先后将犯罪嫌疑人王立平（男，53岁，住皇姑区岐山西路11号甲1-8-1）等6人抓获，将犯罪嫌疑人姜海涛（男，52岁，皇姑区渭河东街2-1号）击毙。经审讯，王立平供认了为垄断北行地区猪肉批发市场以及家庭财产纠纷，分别于2004年8月9日、2005年12月11日、2012年2月3日，指使姜海涛将周旭梅、张红梅、温福光杀死的犯罪事实。

二、"2012.10.30"沈阳市中级法院脱逃案。2012年10月30日16时20分，罪犯隋欣（男，35岁，大东区人，2012年10月30日被沈阳市中级人民法院以运输毒品罪判处无期徒刑）在庭审结束准备返押过程中，乘看押法警不备，从市中级法院办公楼西侧楼门跑出，脱掉手铐及囚服。16时21分，从市中级法院西侧南大门脱逃。此案件的发生正值党的十八大召开前夕，省、市领导高度重视，省委书记、省人大主任王珉，省委副书记、省长陈政高，省委常委、沈阳市市委书记曾维，副省长、省政法委副书记、省公安厅厅长薛恒，沈阳市市长陈海波分别作出重要批示，要求省、市两级公安机关全力抓捕罪犯。鉴于罪犯具有多次前科，先后在看守所、监狱羁押15年之久，且属于临时起意，脱逃时分文未带，专案组决定从四个方面打开突破口：一是"毒友"；二是狱友；三是亲属；四是其他社会关系人。10月31日凌晨2时，赴抚顺第二监狱工作组获取一条线索，管教员丁大海称一名叫王强（男，42岁，苏家屯区人）的服刑人员与隋欣关系较近。专案组立即部署苏家屯分局对王强进行布控，于10月31日15时10分，成功将潜逃至王强经营的练歌房的隋欣抓获，消除了党的十八大召开前这一重大社会治安隐患。

三、"2012.8.16"铁西区持枪杀人案。2012年8月16日23时30分，铁西区建业路重工浴池门前发生一起持枪杀人案件，犯罪嫌疑人谢永慧（男，50岁，铁西区人）因琐事与被害人郑延平发生纠纷，遂返回家中，取回手枪一支、刺刀、砍刀各一把，伙同张日儒（男，50岁，铁西区人），持刀将被害人郑延平（男，37岁，铁西区人）刺死，持枪将被害人田帅（男，20岁，昌图县人）打伤。接警后，铁西公安分局轻工派出所立即组织警力赶往现场，开展现场访问，同时围堵犯罪嫌疑人，并在建业路富工四街将正在逃跑的犯罪嫌疑人谢永慧抓获。经审讯，谢永慧对实施故意杀人的犯罪事实供认不讳。

四、"2012.7.9"辽中县故意杀人

案。2012年7月9日7时30分,辽中县牛心坨镇寇家村发生一起入室抢劫杀人案件,被害人刘影(女,42岁)及其女儿雷敏(10岁)被人杀死在家中炕上。案件发生后,市公安局高度重视,副局长邓万宏立即赶赴现场,组织刑警支队、技侦支队、辽中县局组成联合专案组,迅速开展侦破工作。经勘查,在距现场西卧室北墙双扇拉窗东窗口8厘米处的瓷砖上,提取一枚新鲜的汗液手掌印痕。结合现场勘查访问情况,专案组决定以辽中县牛心坨镇寇家村为重点,全面开展指掌纹、血样采集比对工作。7月28日,经技术部门比对发现,牛心坨寇家村村民高云(男,31岁)掌纹与现场遗留的掌纹极其吻合。当日下午,专案组在牛心坨镇寇家村将犯罪嫌疑人高云成功抓获。经审讯,犯罪嫌疑人高云交待了为实施抢劫杀害刘影、雷敏的犯罪事实。

五、"2012.1.14"法库县持枪杀人案。2012年1月14日12时40分许,法库县公安局登仕堡派出所接到辖区苏家堡村居民王凤艳报案称:其丈夫梁文波(男,40岁)被杀死在家中。经刑事技术部门检验鉴定,梁文波系被他人用自制枪支击中头部死亡。案件发生后,市局党委书记、局长许文有亲自坐镇指挥,抽调刑警支队、技术支队、法库县局精干警力,组成联合专案组,迅速开展案件侦破工作。1月15日凌晨1时,在副局长王晓刚的亲自指挥中,专案组将犯罪嫌疑人孙敬军(男,51岁,新民市人)在新民市抓获,当场缴获仿制五四式手枪2支,子弹数十发,随后,侦查员在孙敬军的住处收缴出改制的射钉枪2支,子弹60余发。经审讯,孙敬军交代因对梁文波欠钱不还怀恨在心,于1月14日早4时,乘坐出租车赶到梁家,用改制的射钉枪将其打死。同时,孙敬军还交代,通过犯罪嫌疑人林宇(男,38岁,新民市人,现已被刑拘)花4万元钱购买了2支仿制五四枪支,预谋继续报复杀人。

六、"2012.7.7"和平区故意杀人案。2012年7月7日6时,和平区北九马路59号1-2-3室内发生一起故意杀人案件,被害人马桂艳(女,50岁,于洪区人)被人杀死在租住房内,双手和阴部被切割,犯罪嫌疑人在屋内纵火后逃离现场。案件发生后,市、区两级刑侦部门立即抽调精干力量组成专案组,全力开展侦破工作。根据现场访问情况,专案组发现7日2时31分,从小区走出的一名拉着拉杆包的男子有重大作案嫌疑,且该人于2时33分搭乘一辆出租车离开。刑警部门通过对现场遗留烟头进行技术比对,发现与张兴龙(男,24岁,沈北新区人)同一。经出租车司机辨认,张兴龙就是案发时段在现场附近搭乘出租车离开的乘车人。7月9日零时10分,专案组在和平区安图街1号5-6-1室内将犯罪嫌疑人张兴龙抓获。经审讯,犯罪嫌疑人张兴龙交代了抢劫杀害卖淫女马桂艳的犯罪事实。

七、美国(沈阳)万通国际集团公司涉嫌证券犯罪案。2011年12月16日,市公安局接到省领导同志在《"美国万通国际集团公司"开展非法证券活动极易引发群体性事件》上做出的重要批示后,立即成立专案组,迅速对美国(沈阳)万通国际集团公司涉嫌经济犯罪行为进行调查。经查,该公司从2007年开始以配送"美国万通国际原始股"为诱饵,以高出实际价值数倍的价格向群众销售保健产品。2010年,该公司开始向参与人销售饮水机等产品,并向持有股票群众收取"股票保管费、邮寄费、材料费"等费用。同时,还宣称"美国万通原始股"即将在美国上市,上市后股价将迅速增值数倍。经估算,参与购买该公司股票的群众2800余人,涉及金额约1亿余元。2012年3月26日,专案组一举将该公司端掉,抓获以该公司董事长于洪刚为首的6名主要犯罪嫌疑人,予以刑事拘留,查扣资产7000余万元。

八、"1·16"特大跨省集团贩运毒品案。2012年7月23日,市公安局通过情报研判获取涉及多省、多市的重大线索,禁毒支队、技侦支队、大东分局以及广东、湖北等地警方,多地区、多部门、多警种协同作战,历时半年艰苦经营,成功破获了代号为"1·16"的公安部督办特大跨省制造、运输、贩卖毒品案件,打掉了一个涉案人员总量高达150余人,长期潜伏、结构完整且又联系紧密的贩毒集团,摧毁了广东东莞、中山、深圳、湖北武汉、辽宁丹东向沈阳及周边地区贩运毒品的四条地下网络。此案共抓获包括蔡志超、冯建军、陈丽、王世波等人在内违法犯罪嫌疑人156名,收缴冰毒、氯胺酮总计3.9公斤海洛因当量,扣押涉案车辆3台,收缴仿六四手枪1支,子弹11发,并延伸侦查成功打掉一个7人的"六合彩"地下赌博团伙。

九、"A8肉毒毒素针剂"案件。2012年4月4日,市公安局和平分局接群众举报:辽宁工业展览馆举办的沈阳美博会上,沈阳如雪生物科技发展有限公司销售的"A8肉毒毒素针剂"系假药。市公安局立即组织精干警力对该条案件线索进行侦查。2012年4月10日,国家食药监局稽查局向省食药监局复函确认,国家未批准过所送检药品的进口或生产,同时,请辽宁省食药监局对此案给予关注,积极配合相关部门依法查处,及时上报查处进展和结果。辽宁省食品药品监督管理局对涉案的药品作出均为假药的鉴定结果。4月17日,市公安局对如雪生物公司法定代表人常玉娇,以及公司总经理、业务员等11名犯罪嫌疑人依法实施传唤,并依法开展搜查,在如雪生物公司查扣尚未售出的假冒A型肉毒毒素注射剂700余支。经审查,犯罪嫌疑人常玉娇自2011年11月以来先后二次从"北京东森公司孙国豪"处以极低价格购入A型肉毒毒素注射剂1千余支以及口服胶原蛋白等假药,再通过如雪生物公司以数倍的价格出售,非法获利达10余万元,该药销往黑、吉、辽等三省20余市。随后,市公安局分别在和平、沈河、铁西、大东、皇姑五区,对曾经在如雪生物公司购得假冒A型肉毒毒素注射剂的舒逸美容中心、工人村美容院、紫睿俪人美容院等9家美容院实施核查。在大量犯罪事实面前,如雪生物公司法人代表常玉娇、总经理常玉杰等犯罪嫌疑人对其销售假药的犯罪事实供认不讳。

十、"4·02"特大贩卖病死猪案件。2012年3月27日,市公安局经工作获悉,辽宁省锦州市黑山县一贩卖病死猪的犯罪集团,计划于清明小长假期间向沈阳大量销售病死猪肉。对此,市公安局高度重视,立即组成专案组进行侦查。在持续8天缜密侦查和连续19个小时的守候后,4月3日凌晨2时,专案组在铁西区冶金七街6号,成功将运送病死猪的货车截获,将贩卖病死猪肉的犯罪嫌疑人张百年、郭中兴当场抓获。同时专案组连夜工作,在辽宁省黑山县某洗浴中心,将主犯周成玉成功抓获。据周成玉交待,自2009年起,先后向山东、黑龙江以及辽宁省盘锦等地大量贩卖病死猪,近期计划销往沈阳市场,第一次进沈途中即被查获。该批病死猪经动检部门检测发现口蹄疫等疫病病菌,极易引发大规模疫情,严重侵害广大群众身体健康。鉴于此,市公安局及时协调动检部门联合行动,对当场缴获的4.2吨病死猪肉全部进行了害化处理。随后,根据线索乘胜追击,在锦州市黑山县查获了四处隐藏在野地中的存储窝点,缴获病死猪13吨。该案7名犯罪嫌疑人因涉嫌生产销售不符合安全标准的食品罪被依法逮捕。

(张　磊)

检　察

【贯彻宽严相济的刑事政策】　2012年沈阳市两级检察院共受理审查逮捕案件1.09万件1.45万人,受理审查起诉案件1.65万件2.52万人。批准逮捕7794件1万余人,提起公诉1.18万件1.55万人。严厉打击黑恶势力犯罪、严重暴力犯罪、毒品犯罪、多发性侵财犯罪,积极参与整顿和规范市场经济秩序,以及关系人民生命健康和国计民生重要产品质量安全的专项整治。与有关部门密切配合,对重大、有影响案件,适时介入,强化引导侦查取证工作,从严从快审查逮捕和提起公诉。依法批捕了金雪峰等73人跨国电信诈骗案,依法起诉了上海中远汇丽足球俱乐部球员申思等非国家工作人员受贿案等一批重大案件。

坚持宽严相济的刑事政策,对情节轻微、社会危害性不大、人身危险性小的犯罪,特别是因家庭邻里纠纷引发的刑事犯罪,以及初犯、偶犯、过失犯和老年、未成年犯罪嫌疑人,依法适用轻缓刑事政策,推进未成年人刑事检察工作机制建设,落实逮捕条件证明制度,慎用逮捕强制措施。对涉嫌犯罪但无逮捕必要的,依法不批准逮捕2034人;对犯罪情节轻微、社会危害不大的,依法不起诉591人。强化检察环节社会治安综合治理,对未成年犯罪嫌疑人落实帮教措施。坚持结合执法办案,深入学校、社区和农村,举办法律咨询和法制宣传教育。

(冯茉莉)

【查办和预防职务犯罪】　落实中共沈阳市委和辽宁省人民检察院反腐败工作部署,强化侦查一体化工作体系,着力提升案件质量,确保办案安全。会同沈阳市安监局制定《关于加强在生产安全事故调查处理中的联系和配合的规定》,强化检察机关同步介入事故调查的工作机制。集中力量查办大案要案、深挖窝案串案,深入查办征地拆迁、医疗卫生、教育等涉及民生领域以及发生在工程建设、矿产资源开发、国有资产管理经营、金融等重点领域的职务犯罪案件。共立案查办职务犯罪案件158件204人。其中:贪污贿赂犯罪案件103件135人,渎职侵权犯罪案件55件69人。通过办案为国家挽回直接经济损失3549万元。

扎实开展预防职务犯罪工作。一是积极开展"预防职务犯罪,保障投资安全"专项预防。对沈阳地铁项目等重点工程开展专项预防47件,现场参与招投标监督172次。二是推动社会化预防的深入开展。在全市范围内组织开展了预防渎职侵权犯罪专题巡讲活动,结合近三年查办的渎职侵权类案,提升宣传效果。加强与市、区(县)委党校的联系,联合开展了职务犯罪预防教育进党校工作。三是认真做好个案预防。共发出预防职务犯罪检察建议82份,积极协助涉案单位落实整改。四是开展预防咨询、警示教育宣传和行贿犯罪档案查询工作。开展预防咨询42次、行贿犯罪档案查询5020次,积极促进市场廉洁准入制度建设。到和平区委、南方航空北方公司等机关企事业单位进行预防职务犯罪讲座。在沈阳市全运村举行了女检察官预防职务犯罪进工地活动,在沈阳地铁各主要站点开展关于预防职务犯罪的大型宣传,受教育人数3.8万人。

(冯茉莉)

【依法开展诉讼监督】　对应当立案而未立案的,督促侦查机关立案53件;对应当逮捕而未提请逮捕、应当起诉而未移送起诉的,决定追加逮捕173人,追加起诉123人,防止有案不立、有罪不究。对不应当立案而立案的,督促侦查机关及时撤销案件12件。对不应当追究刑事责任和证据不足的,决定不批准逮捕1969人,不起诉81人。依法监督纠正侦查机关违法取证、滥用强制措施及逮捕后随意变更强制措施等违法行为139件。对技术性证据进行文证审查,发现并纠正中介鉴定机构的错误鉴定和瑕疵鉴定9件。

全市两级检察院派员出庭支持公诉和出席民事行政再审法庭4711件次。加强刑事审判监督。认真开展职务犯罪案件一审判决、裁定同步审查工作,重点加强对职务犯罪案件量刑问题的监督。对符合抗诉条件的刑事判决、裁定,依法支持抗诉3件。推进民事审判和行政诉讼监督。制定了《关于对民事行政诉讼活动及行政机关执法活动违法行为进行监督的若干规定》,加强对司法人员在民事、行政审判活动中违法行为的监督。开展对人民法院调解案件的监督,坚决打击虚假诉讼。对认为确有错误的民事行政判决、裁定,依法抗诉21件,提请省检察院抗诉41件,提出再审检察建议25件。

开展与看守所交付监狱服刑人员和刑满释放人员回访谈话186人次,对发现的违法违规问题,及时监督纠正。深入挖掘监管场所职务犯罪案件线索,立案查处刑罚执行和监管活动中的职务犯罪案件4件4人。加大保外就医专项检查力度,监督执行机关将不符合或已经丧失保外就医条件的11名罪犯重新收监。全面加强对看守所的派驻检察工作。与沈阳市公安局联合下发《关于严格依法办理因侦查需要提解被监管人员出看守所审批的规定》,严格外提审批程序、外提时限,切实维护在押人员合法权益。

坚持首办责任制和责任倒查制,依法受理人民群众的控告、申诉和举报1361件,其中直接审查、办理和答复1062件,按管辖权限移送其他机关办理299件。坚持检察长接待制,强化重点涉检信访案件的领导包案制度,全市两级检察院正副检察长接待来访516人次,批办案件233件,已办结146件。严格落实执法办案风险评估预警制度,从源头上减少涉检信访案件的发生。

(冯茉莉)

【检察队伍建设】　一是推进思想政治建设。深入开展政法干警核心价值观教育实践活动。广泛开展忠诚履职教育、执法为民教育、公正执法教育和廉洁从检教育,充分发挥先进典型的引领和带动作用,促进公正廉洁执法。二是推进业务能力建设。突出抓好领导干部素能培训,组织全市两级检察院46名中层以上领导干部参加"清华大学—沈阳检察系统领导干部高级研修班"。突出抓好重点岗位、业务骨干专项业务培训,扎实做好岗前培训和初任培训。结合刑事诉讼法和民事诉讼法的修改,开展业务培训和岗位练兵,组织岗位培训和脱产培训1855人次,积极培养、引进检察业务专家和各类专门业务能手,提升队伍专业化建设水平。三是推进纪律作风建设,坚持从严治检,强化科学管理,严格落实各项日常管理制度和行为规范,深入推进廉政风险防控机制建设,努力打造清正廉洁检察队伍。四是推进基层检察院建设和基础建设。配合地方党委全面完成全市基层检察院领导班子换届工作,与有关方面协调,加快基层检察院基础建设。推进科技强检,加强基础设施和基础网络平台系统建设,提升了检察工作科技含量和效率。

(冯茉莉)

【自觉接受监督】 一是自觉接受党的领导。切实落实市委工作部署,及时向党委报告重要工作事项,紧密围绕全市工作大局开展工作,力求办案的法律效果与社会效果相统一。二是主动接受人大及其常委会和人大代表监督。认真办理代表建议和人大常委会督办案件,虚心征求并采纳代表的建议和意见,完善工作措施,不断加强和改进检察工作。三是自觉接受政协民主监督、人民群众和新闻舆论监督。认真向市政协通报工作,主动邀请政协委员视察和监督检察机关重大活动,主动听取、采纳政协委员及社会各界人士的建议、批评和意见。深化检务公开,在主要媒体播发检察工作新闻稿件,方便人民群众对检察工作的了解和监督。切实接受人民监督员监督,按最高人民检察院规定,应接受监督的29件案件,全部接受了人民监督员的评议监督。

(冯茉莉)

审　判

【概况】 2012年,全市法院在收案持续大幅增加的情况下,圆满完成了审判任务,实现了审判质效的同步提升。全市两级法院共受理各类案件16.18万件,审结15万件,同比分别增加11.4%和10.3%;法定审限内结案率96.3%,同比提高0.3个百分点;人均结案66.5件,同比增加6.6件。市法院受理案件首次突破2万件,达2.02万件,审结1.85万件,同比分别增加11%和9.5%;人均结案29.2件,同比增加2.3件。基层法院受理各类案件14.16万件,结案13.18万件,同比分别增加11.5%和10.4%,法定审限内结案率96.5%。

(贾俊兴)

【刑事审判】 2012年,全市法院共受理刑事案件1.3万件,审结1.26万件。认真贯彻宽严相济刑事政策,严格执行死刑案件证据规则,全面推进量刑规范化工作,先后审理了王成杰等22名涉嫌黑社会性质组织犯罪案、原上海中远汇丽足球俱乐部球员申思等4名非国家工作人员受贿案、销售"病死猪肉"案、"病死鸡"案等大要案。大东法院审结了中央电视台焦点访谈栏目曾经报道的由公安部督办、沈阳军区与警方联合查处的李维权等人制售假军牌案,康平法院审结了寇国良等21人涉黑案,均获得积极评价。

(贾俊兴)

【民事审判】 2012年沈阳市中级法院共受理民事案件10.92万件,审结10.17万件。民事审判坚持"调解优先,调判结合"原则,加大调解力度,有效化解了各类矛盾。市法院成功调解了23件沈阳华银房地产开发有限公司房屋买卖合同纠纷案等系列案件,圆满完成了木兰电子公司破产案件及相关派生诉讼的审判工作,稳妥推进了"荷兰村"破产案、辽宁国发公司破产案。

(贾俊兴)

【行政审判】 2012年,沈阳市中级法院受理行政案件1447件,审结948件。市法院成功审理了共涉及300余名原告的5起政府征收决定案,取得了良好的法律效果和社会效果。行政机关负责人出庭应诉率有了显著提升,促进了行政争议的实质性解决。

(贾俊兴)

【未成年审判】 沈阳市中级法院全面深化未成年人法制宣传教育和未成年犯帮教、矫治工作。市法院未成年庭组织开展了"万名学生看法院"活动,共邀请65所学校1.25万名学生参观法院、旁听庭审;继续与沈阳广播电视台联办"法官之声"节目,共播出12期。社工站社工对15名未成年犯开展跟进帮教,两级法院42名社会调查员参加了571件未成年人案件的审理;未成年庭还通过开通"微博"、建立心理疏导室、开展"关护心理健康阳光行"活动、与"未管所"建立接茬帮教工作信息反馈联系制度、回访未成年犯等方式探索完善未成年犯帮教机制。全市未成年人犯罪自2010年以来连续两年下降后,2012年同比下降16.9%。新华通讯社《内参选编》予以专版报道。

(贾俊兴)

【案件执行】 2012年,沈阳市中级法院受理执行案件3.16万件,执结2.83万件,实际执行率77.4%,同比上升10.7个百分点。辽中、法库、沈北法院实际执行率位居全市前三名,均为85%以上。市法院实际执行率77.8%,同比上升11.4个百分点。市法院执行局在继续深化反规避执行专项活动、深入推进创建"无执行积案先进法院"活动的同时,组织开展了涉党政机关执行案件专项清理活动。制定实施了《关于民事执行中实行悬赏执行制度的规定(试行)》,为有力打击规避执行行为提供了制度保障。部署开展了全市法院"执行百日会战"活动,对历史积案、疑难案件、信访案件集中力量进行清理,共清理执结各类案件1554件,执行标的3.41万元。

(贾俊兴)

【审判监督】 沈阳市法院继续加大涉诉信访工作力度,圆满完成市、省和全国"两会"及十八大信访稳控工作,积极推进上级交办的涉诉进京访案件的化解工作,中政委、最高法院、全国人大交办涉诉信访案件息访化解率96%。审结再审案件434件,同比增加了21.2%,审结减刑、假释案件4568件。

主动接受外部监督。积极主动地接受人大法律监督和政协民主监督,两级法院邀请人大代表、政协委员旁听庭审、参加听证、明察暗访法院工作等141次、1338人次。市法院邀请全国政协委员冯世良及3名市政协委员参加被执行人铁西区同心商场集体进京访一案的信访案件听证会。

积极落实司法民主和公开制度。继续加强人民陪审员工作,两级法院人民陪审员参与审理案件2.6万件,同比增加42.2%。进一步加大法制宣传力度,与沈阳日报联办《法官说法》71期,与沈阳广播电台制作播出《七月阳光》法院专辑12期,先后就依法严惩制售伪劣商品犯罪、知识产权司法保护、执行指挥中心成立等重要工作召开新闻发布会、通报会13次,在《人民法院报》上发表各类宣传文章21篇,对弘扬法治精神、树立法院和法官的良好形象发挥了积极作用。

(贾俊兴)

【审判管理】 2012年,沈阳市法院进一步修改完善了审判业绩考评办法,对两级法院审判工作从质量、效率、效果进行综合考评;认真落实案件质量评查制度,对审结案件质量进行抽查,对改发案件质量进行全面评查;继续强化审判质效运行情况动态管理,对超审限案件实行预警催办,对审判执行工作运行情况定期分析通报;认真组织开展了裁判文书与庭审“两评查”活动,提高了法官驾驭庭审和制作裁判文书的能力和水平。沈河法院被评为全省法院“两评查”活动先进单位。积极推进“阳光司法”,制定了裁判文书上网和庭审网上直播管理办法,进一步增强了法院工作的透明度。

(贾俊兴)

【纪检监察】 沈阳市中级法院重点加强对审判权、执行权行使的监督,积极开展廉政联席会议制度,将廉政风险防控关口前移。继续加强廉政警示教育,制定了《沈阳市法院系统集中开展反腐倡廉教育活动实施方案》,组织近两年新任审判长以上干部参观省反腐倡廉警示教育基地,邀请市纪委、最高法院监察室领导以防范廉政风险为目标分别为执行干警、全院干警作了专题讲座。组织召开了廉政监督员座谈会,对法院廉政风险点进行了全面排查,制定了权力运行监督流程图,进一步完善了廉政风险防控机制。市法院代表全市先后接受最高法院、省委关于廉政建设方面的情况检查,和平法院代表全市接受最高法院廉政制度执行情况检查,均得到检查组的充分肯定。

(贾俊兴)

【开展“万名法官走基层”活动】 2012年,两级法院领导亲自带领600多名法官共走访企业380家、学校341家、行政村424个、社区399家,共收集反馈意见320条,化解矛盾纠纷607件,处理涉及走访企业案件349件,解决企业法律难题247件,提出法律对策建议214项,帮助企业挽回经济损失7873万元。精心组织开展了“女法官送法入社区,温情关爱婚姻家庭”、“知识产权宣传周”、“法官送法进军营,军人看法院”、“法官走进企业,构建和谐劳动关系”、“法官到基层医疗机构开展医疗损害纠纷专题调研”、“法官进机关”、“法官进校园”等专题走访活动。大东法院院长朱晓光带队深入到沈阳市汽车城建设指挥部,帮助解决拆迁等建设工程中出现的法律问题;新民法院院长樊志军带领院党组成员到胡台新城开展司法服务进企业活动;沈河法院院长李雅君先后到保利达地产、泰康人寿保险公司辽宁分公司等多家企业进行走访调研,帮助企业查找经营管理上的漏洞,提出司法建议。

(贾俊兴)

【社会治安综合治理】 市法院刑二庭参加了打击侵犯知识产权和制售假冒伪劣商品专项行动、交通肇事案件专项执法检查行动、整治非法集资专项行动宣传教育周活动等社会治安综合治理工作,被最高法院评为全国打击侵犯知识产权和制售假冒伪劣商品专项行动先进集体。民四庭积极开展纪念知识产权庭成立十五周年和“4.26”世界知识产权日系列宣传活动,提升公众对知识产权的保护意识。行政庭、未成年庭先后推出了《2011年全市法院行政案件司法审查报告》、《2007-2012年全市法院未成年人案件综合调研报告》,有力推进了社会治安综合治理工作。

(贾俊兴)

【推进大调解工作格局建设】 市法院在诉讼调解服务中心增配了两个合议庭,强化诉前立案调解。建立完善特邀调解员制度,两级法院共聘请341名特邀调解员,积极参加案件调解工作。不断完善诉讼与非诉讼调解衔接机制,在建立知识产权案件、涉中小企业案件委托调解机制的基础上,探索建立了土地承包纠纷案件审理与仲裁机构的沟通衔接机制。皇姑法院成立了皇姑区劳动争议诉前调解联动办公室;高新法院与医疗、供暖、物业等行业组织建立纠纷协调机制;法库法院继续深化“四点一线”多元化纠纷化解机制建设。市法院认真落实“四级调解”工作机制,加大了调解在法官业绩考评中的权重,法官调解意识明显增强。全市两级法院民事案件调解率36%,同比上升6.3个百分点。

(贾俊兴)

【构建快速反应机制】 为解决好社会关注的执行难问题,针对被执行人“人难找、物难查”的现象,市法院2012年5月在全省法院率先设立执行指挥中心,建立了快速反应的执行机制——“执行110”。执行指挥中心成立以来,共累计接听当事人报警电话2567人次,指挥调度两级法院快速出警491案次,执结案件156件,执结标的额达1262万元。《人民法院报》头版对市法院建立执行指挥中心的做法给予全面报道。最高法院领导在视察执行指挥中心时,认为对全国法院执行机制改革具有现实的借鉴意义。

(贾俊兴)

司法行政

【律师工作】 2012年,全市共有律师所210家,律师2667人。全市律师以“双联”、“双千”和“依法介入信访”三个平台为依托,在服务经济发展、服务和谐稳定、服务保障民生中,发挥了不可替代的作用,《沈阳日报》等多家媒体进行了深度报导。“双联”工作有声有色,充分展示了沈阳律师接地气、勇担当、肯奉献的良好风貌;“双千”工作有为有守,全市律师共为1603家企业担任法律顾问,针对企业需求,解答法律咨询2.3万次,开展各类法律培训1008次,审查、起草合同1.16万份,出具法律意见书3796份,代理诉讼案件5505件,参与谈判及经营决策2870次,完善规章制度1560件,服务内容涉及到经营管理、劳动人事、合同纠纷、知识产权等各个领域,避免或挽回经济损失超过20亿元;“依法介入信访”工作有力有序,全年共接待上访群众2615批次,其中集体访65件次,参与疑难案件论证会15件次。服务秩序逐步规范,会同有关部门,开展了清理整顿专项行动,近70家违法违规机构被依法整治。2012年,全市律师共代理各类案件2.96万件,同比大幅上升。

(张瀚文)

【公证工作】 公证工作以开展“质量建设年”活动为载体,明确目标任务,狠抓措施落实,服务能力明显加强,服务质量明显提高,服务环境大为改善,平台作用有效发挥,监管水平和行业自律能力明显增强。年底市司法局对各公证处开展“质量建设年”活动情况进行了全面检查、验收和总结,达到了预期的目的,有力地推动了全市公证事业的健康发展。开展了半年、全年公证质量检查和涉外公证专项检查活动,检查以继承、遗嘱、证据保全、学历公证为重点,共抽查了847本公证卷宗,优秀卷占93%,没有错假证和不合格卷,对存在的个别质量问题,下发了通报,提出了改进的意见和措施,全市公证系统连续六年实现无错证、无假证和无不合格卷的"三无"工作目标。加强公证宣传,通过集中上街、进社区咨询宣传、滚动电子屏播放、媒体报道等多种宣传载体,进一步扩大了公证社会影响力,提升群众对公证的认知度。加强对公证人员执业行为的监管,对公证机构从事公证业务辅助工作的人员情况进行专项调研,完成了公证员任职和涉外公证员备案的申报工作。完成了对全市公证机构和执业公证员的年度考核工作。2012年共办理各类公证8.97万件,其中:法律援助公证1567件,提供上门服务1599件。

(张瀚文)

【监狱劳教】 2012年各监狱劳教戒毒单位牢固树立安全稳定"首位意识",特别是面对中秋及国庆长假、党的十八大等重要时段,超常重视、超常部署、超常防范,保证了场所绝对安全。康家山、东陵监狱已分别连续17、16年,张士、沈新劳教所分别连续10年实现"四无"目标,创造了新的安全稳定记录。始终坚持"首要标准",服刑和劳教人员教育改造质量明显提高。以开展"基层基础建设年"活动为载体,基层基础进一步夯实。适应形势任务需要,全面开展了强制隔离戒毒工作,积累了初步经验。

(张瀚文)

【社会管理】 2012年司法部、省厅分别在全市召开了现场会,《法制日报》对社区矫正和安置帮教工作进行了专门报导。一是社区矫正工作全面加强。市司法局分两期对全市207名社区矫正助理员进行了培训。社矫中心陆续投入使用,监管信息平台作用充分发挥,制度流程逐步规范,管理教育帮扶措施不断细化,确保无脱管漏管和矫正期间再犯新罪现象。各区县(市)安排矫正经费446万元,并纳入财政预算。二是安置帮教工作全面推进。严格落实必接必控制度,加强衔接机制建设,对省内释解人员全部由司法所组织接回,有效避免了刑释解教人员没有同家庭和基层组织衔接就直接流入社会。强化安置基地建设,依托大型民营企业建设集管控、食宿、教育、培训等管理措施于一体阳光工程基地,大大提高安置帮教工作效能。安置率达到97%。认真开展信息核查,做到常态管理,及时核查,及时反馈。三是司法鉴定工作全面开展。始终坚持质量与规范并重的原则,组织开展了"服务质量年"和"规范化建设年"活动,落实了机构认证认可和能力验证工作,强化了管理监督,提高了社会公信力。认真组织开展能力验证活动。举办了新《刑事诉讼法》的学习培训班,共有380余人参加了培训。四是基层司法行政工作全面提高。共有司法所201家,其中达到省级规范化标准的司法所185家,占司法所总数的91%,司法所工作人员总数达到647人,基层法律服务工作者为区域经济社会发展作出了重要贡献。五是司法考试工作全面提升。完成2012年度国家司法考试沈阳考区的考务工作,沈阳考区参考人数8018人,占全省考生总数58.2%。

(张瀚文)

【基层人民调解】 一是切实加强人民调解组织队伍建设。2012年全市共有各类调委会2616个,其中乡镇、街道调委会200个,村、社区调委会2262个,企事业单位调委会139个。市司法局于10月举行了全市司法所长培训班,司法所长培训率达到了100%,各区、县(市)也采取集中培训、以会代训等方式,对三级以上调解员进行了培训,人民调解员培训率达到了90%以上。二是进一步加强行业性、专业性人民调解组织建设。2月,和平区建立了全市第一家物业纠纷调委会。全市共有专业性、行业性调委会15个,建立劳动人事争议纠纷调解窗口201个。三是切实创新人民调解工作机制。市、区两级司法行政机关不断探索、完善各部门协调联动的人民调解工作机制,积极落实人民调解参与社会管理创新的工作目标。四是切实开展矛盾纠纷排查调处活动。积极开展矛盾纠纷排查调处活动,特别是围绕中秋及国庆长假、党的十八大等重要时段,集中开展了矛盾纠纷排查调处活动。结合人民调解专项活动的开展,市司法局编印下发了1.7万册《沈阳市人民调解典型案例选编》,重新设计印制了10万份新版《人民调解宣传册》,进一步扩大了人民调解工作的社会影响力,有力的推进了专项活动深入开展。全年共调处纠纷1.8万件,调解成功率为98.9%。

(张瀚文)

【普法教育】 "六五"普法全面实施,在深入总结连续两届荣获全国法宣先进城市的基础上,高标准谋划、高起点开局、高质量实施了"六五"普法;"法律六进"扎实推进,开展了"创建文明城、送法进万家"活动,改版扩印的市民、农民普法书籍各15万册全部免费发放,受到了基层民众欢迎;普法载体不断创新,增强了普法效果,在全市主要街路和商业区,利用电子大屏幕播放法制宣传公益片,中国沈阳普法网和中国沈阳法律服务网开设《"六五"普法在沈阳》、《社区矫正》和《人民调解法》等专题栏目;专项宣传顺利启动,开展了青少年普法专项行动,并纳入全市综治考评范围,提高了推动力。沈阳市被省司法厅推荐为全国法治城市争创先进单位。

(张瀚文)

【法律援助】 法律援助工作着眼于服务和改善民生,进一步降低援助门槛,扩大了覆盖面,深入开展了"服务为民创优年"主题活动,探索实施了"法援进军营"活动,拓展了法律援助热线功能。全年共受理法律援助案件7928件,12348热线共接听电话咨询2.55万人次。

(张瀚文)

工 业

综 述

【工业经济运行】 一、工业经济平稳运行,生产和效益较快增长

2012年,全市工业生产保持稳定增长。工业生产各月均保持了平稳较快的增长,全年规模以上工业完成工业总产值12858.4亿元,比上年增长18.1%;完成工业增加值3304.7亿元,比上年增长11%,分别高于全国和全省平均增幅1.0个和1.1个百分点。工业增加值总量在全国15个副省级城市中列第3位,比上年提升1位。工业占全市GDP的比重达到46.2%,比上年提高0.1个百分点。

主要经济效益指标较快增长。全市规模以上工业完成主营业务收入12582.4亿元,比上年增长14.4%;完成利税总额1099.7亿元,比上年增长13.9%;完成利润总额716.1亿元,比上年增长13.2%;工业经济效益综合指数354.3%,比上年提高23.6个点;产销率达到98.7%。

工业经济运行的主要特点:

1.轻工业生产增长快于重工业增长,轻重工业比重继续保持稳定。全市规模以上重工业完成产值9477.2亿元,比上年增长17.7%;轻工业完成产值3381.2亿元,比上年增长19%,快于重工业增速1.3个百分点。轻重工业比重为26.3∶73.7,重工业仍占主导地位。

2.大中型企业生产平稳增长,小微型企业生产快速增长。全市有大中型企业268户,占全市的6.4%;完成产值4724.1亿元,比上年增长12%,产值占全市的比重为36.7%。小微型企业有3906户,占全市的93.6%;完成产值8134.2亿元,比上年增长21.9%,高于全市平均增速3.8个百分点,产值占全市的比重为63.3%。

3.非公有制企业生产增长快于公有制企业,占全市比重进一步提高。全市规模以上公有制企业完成产值3329.9亿元,比上年增长13.0%,产值占全市的25.9%;非公有制企业完成产值9528.5亿元,比上年增长19.9%,快于公有制企业生产增速6.9个百分点,产值占全市的74.1%,比上年提高1.0个百分点。

4.集体、股份制和私营企业生产增速快于全市平均水平。全市规模以上集体企业完成产值214.9亿元,比上年增长25.5%;股份制企业完成产值7556.9亿元,比上年增长19.3%;私营企业完成产值1542.5亿元,比上年增长23.6%。集体、股份制和私营企业生产增速分别高于全市平均增速7.4个、1.2个和5.5个百分点。

5.优势产业保持较快的增长势头,装备制造业继续发挥工业发展主力军作用。汽车及零部件制造、现代建筑产品制造、农副产品深加工、化工产品制造、冶金等五大优势产业保持稳定的增长态势,合计完成产值6039.1亿元,占全市的47%,比上年增长21.1%,快于全市平均增速3个百分点;完成工业增加值1496.8亿元,占全市45.3%,比上年增长13.8%,快于全市平均增速2.8个百分点。其中:汽车及零部件业继续保持较快增长,完成产值1522.4亿元,比上年增长23.8%。汽车产量83.2万辆,比上年增长16.4%,超过全国汽车产量增速10.1个百分点;现代建筑产品制造业完成产值801.4亿元,比上年增长13.3%;农副产品加工业完成产值2456.5亿元,比上年增长22%;化工产品制造业完成产值539.7亿元,比上年增长17.3%;钢铁及有色金属冶炼压延业完成产值719.2亿元,比上年增长24.8%。装备制造业继续发挥工业发展主力军作用,全年完成产值6050.6亿元,比上年增长19.2%,快于全市平均增速1.1个百分点,产值占全市47.1%;完成工业增加值1531.8亿元,占全市46.4%,比上年增长12.6%。

6.重点企业生产平稳增长,"企业提升工程"进展顺利。全市重点监测的30户工业企业全年累计完成产值2078.5亿元,比上年增长6.4%。30户企业中,有26户生产增长,占86.7%。其中:东软集团、华晨汽车集团、德信无线通讯科技公司增长30%以上;新松机器人公司、航天三菱发动机公司、黎明航发集团、北方交通重工集团增长超过20%;沈阳卷烟厂、华润雪花啤酒(辽宁)公司、燃气公司、沈鼓集团增长超过10%。按照辽宁省"企业提升工程"的统计口径,全市销售收入超过10亿元企业有125户,比上年增加13户,其中销售收入超过百亿元企业有13户,分别是:华晨汽车集团、上通北盛汽车公司、机床集团、北方重工集团、远大集团、沈鼓集团、沈飞公司、沈化集团、黎明航发集团、沈煤集团、禾丰牧业公司、辽宁电力公司和东北电网公司。华晨汽车集团销售收入首次突破千亿元。

二、生产要素供需基本平衡,保证了工业生产的正常进行

工业用电量保持增长。全市工业用电量141.2亿千瓦时,比上年增长1.8%。从主要行业用电量情况看,食品饮料和烟草制造业、橡胶和塑料制品业、交通运输设备制造业三个行业用电量增长较快,分别比上年增长19.7%、13.7%和15.9%。

非生活用天然气销售量大幅增长。全市天然气销售量4.2亿立方米。比上年增长17.8%。其中非生活用天然气销售量2.37亿立方米,比上年增长35.3%。

公路货运量较快增长。全市货运总量2.1亿吨,增长11.9%,增速与上年持平。其中:铁路货运量456万吨,比上年下降9.5%;公路货运量2.13亿吨,比上年增长12.5%;民航货运量4.5万

吨,比上年增长5.2%。

三、工业生产者出厂价格和购进价格保持平稳运行

全市工业生产者出厂价格指数(PPI)为100.1%,购进价格指数99.3%,均保持稳定的运行态势。从工业生产者出厂价格指数分组情况看,高技术类价格下降2.5%,能源类上涨2.2%。从轻重工业看,轻工业上涨2.3%,重工业下降0.6%。按生产生活资料分组看,生产资料下降0.1%,生活资料上涨0.6%。从九大类原材料购进价格情况看,燃料动力类上涨1.6%,木材及纸浆类上涨2%,建筑材料及非金属类上涨1.6%,纺织原料类上涨1.1%,农副食品类上涨6.2%;黑色金属材料类下降4.4%,有色金属材料及电线类下降3.8%,化工原料类下降5.9%。

(李日松)

【两化融合】 2012年,沈阳市经信委确定以“重点突破、整体推进”为核心,按照全方位对接、全领域推进、全过程保障的推进思路,围绕“三大体系”建设,开展了“12345”工作。

围绕一个核心。即以国家级两化融合试验区建设为核心,坚持以国家级两化融合试验区重点任务为指导,认真组织实施《沈阳市国家级信息化和工业化融合试验区实施方案》(沈政发〔2011〕39号)的各项任务,已形成以36个示范企业、5个市级试验区、百户重点企业为主体,以十百千万工程为重要内容,整体推进、重点突破的发展格局。在全国两化融合成果展上,中央领导对沈阳市参展企业的成果给予了充分肯定,中央十大媒体集体来沈对沈阳机床和格微软件进行了重点宣传。2012年国家级两化融合试验区工作会议上,沈阳市在第二批试验区的综合评审中位居第二。全市共有3家企业获得国家工信部首批两化融合专项资金的支持,有5个两化融合项目获批国家产业振兴和技术改造专项资金支持项目,位居全国副省级城市的首位。

以两大政策为指引。即制定并出台了《沈阳市信息化和工业化融合专项资金管理实施细则(暂行)》(沈专项办发〔2012〕8号)、《沈阳市信息化和工业化融合示范企业认定管理办法》(沈经信发〔2012〕99号)等两个文件,分别从示范企业及项目支持上对全市两化融合工作进行示范和引导。2011年,全市共有132户企业申报两化融合项目,项目总投资金额为9.39亿元,已到位资金为5.89亿元,到位资金占总投比例为63%。共有82户企业申报两化融合示范企业,经评审认定后共认定2批共36户示范企业,并以市政府名义进行了表彰。

重点开展三大体系建设,即推进体系、服务体系及引导体系建设。一是建立完善组织推进体系。起草并出台了《沈阳市经信委推进两化融合工作方案》(沈经信发〔2012〕34号)、《关于沈阳市市级信息化和工业化融合试验区2012年重点工作的指导意见》(沈经信发〔2012〕95号)等指导文件,推进两化融合工作深入开展。同时,与相关部门密切协调,加强沟通,建立了紧密的工作机制。二是全面推进引导体系。市政府和各试验区相继出台《沈阳市国家级信息化和工业化融合试验区实施方案》(沈政发〔2011〕39号),引导全市两化融合深入展开。36户示范企业两化融合的项目建设和投资力度前所未有,聚焦重点也为多年鲜见。306户大中企业参加两化融合发展水平评估序列,千户企业参加全市范围内的权威机构咨询和专家定向指导。三是加快构建服务体系。全市已构建全方位、立体化的两化融合服务体系。两化融合发展促进中心等10个两化融合公共服务平台已全部投入运营并开展服务。完善了沈阳两化融合企业联盟工作机制、建设了“沈阳两化融合网”,报送了30期《两化融合简报》,强化国内国际交流合作。服务体系建设工作被工信部主管领导评价为全国之首。

着力5大板块建设。一是开展“十百千万工程”,推进以重点企业为核心的企业两化融合工作。以36户示范企业、5个市级示范实验区、百户重点推进企业为主体,以十百千万工程为重要内容,全方位、分层次、多领域的整体推进,重点突破的发展格局初步形成,两化融合工作已经进入全面渗透、加速转型和深度融合的发展阶段。二是推进5个市级试验区建设。督促指导各区加强组织领导,落实工作任务,完善形成产业特色鲜明、目标任务明确、政策支持到位、保障措施得当的《试验区实施方案》,并建立必要的考核机制,使各试验区成为工业转型升级的先导区和示范区。三是完善10个两化融合公共服务平台建设。引导10个公共服务平台拓展服务功能、提升服务水平,全力促进有共性需求的企业使用平台,实现平台与企业之间相互促进、共同发展的良性循环。四是完善“数字沈阳”建设,提升城市信息化水平。根据“数字沈阳”建设规划,全力推进地理空间框架、数字医疗、无线城市等一批重点信息化项目建设,大力提升互联网的普及率,有重点、分阶段地建成覆盖全市的无线宽带网络和数字服务平台,确保在“十二运”召开之前取得阶段性成果。五是完善两化融合指标评价体系,科学评估两化融合工作成果。通过对全市320多户企业进行两化融合发展水平评估,全市两化融合整体发展指数达到66分,重点行业骨干企业的信息化管理应用率达到95.45%,企业电子商务应用率达到62%,完成了年度各项任务指标,特别是大型骨干装备制造企业两化融合指数已达75分,整体进入综合集成阶段,装备制造业在全市的引领带动作用非常明显。

(谢英慧)

【产业集群发展】 2012年,全市重点产业集群完成销售收入6500亿元,上缴税金220亿元,入驻企业2514户,从业人员46万人,新引进千万元以上项目300个,计划总投资800多亿元。百亿以上产业集群17个,铁西装备制造产业集群实现销售收入1050亿元,大东汽车及零部件产业集群实现销售收入1090亿元,提前实现千亿产业集群目标。浑南软件及电子信息产业集聚区获得国家级新型工业化示范产业基地称号,这是暨铁西装备制造集聚区后全市第二个获国家级新型工业化产业基地称号的产业集群。

全市有4个集群公共服务平台、8个集群展会、6个重点集群,共计18个项目获省市专项资金的支持,支持总额5400万元。其中:省产业集群专项资金支持14个项目、3200万元;市工业发展专项资金支持4个项目、2200万元。

进一步优化促进产业集群发展的软

环境。强化服务意识,提高服务效能。深入开展“双进双解”和“双五百工程”服务活动,帮助企业排忧解难。为营造发展产业集群的良好氛围,与沈阳日报联合开展了“倾听企业心声,助力东北振兴”大型走集群服务活动。活动已走近县区4次,参与的集群11家,召开企业座谈会4次,参会企业达到60家,答疑企业问题40多次,倾听企业意见和建议30条,沈阳日报报道活动5次,受到集群与企业的好评。

进一步调整产业集群的发展规划。对苏家屯工业园区和产业集群布局进行进一步的调整。在钢管产业集群的基础上新增金属新材料、物流及设备制造、轻工设备制造等产业,形成金属新材料产业集群。

在铁西装备制造产品检测平台、浑南软件公共服务平台、沈北手机检测平台等产业集群检测服务平台推进“两化融合”,引导企业应用公共服务平台。在产品检测咨询、报检、远程检验等方面与企业建立信息化、网络化连接。提高服务平台与企业的融合力,促进企业工业化、信息化程度的提高。同时与市中小企业服务中心联合,推进中小微企业的两化融合工作。利用3年的时间建立中小微企业信息服务平台,为万户中小企业提供云计算服务。

加快新型工业化示范基地创建工作,用现代化、信息化改造和提升装备制造业基地建设。完成了大东汽车及零部件产业、于洪装备零部件及特种机床、康平塑编纺织、辽中铸锻造机加等产业集群申报省级新型工业化示范基地,沈北农产品精深加工产业集群申报国家级新型工业化产业示范基地。

(郭振宇)

【工业节能】 1.深入推进工业节能工作。2012年印发了《2012年沈阳市工业资源节约与综合利用工作安排意见》、《关于确定“万家企业”节能量目标及2012年节能管理工作达标验收重点内容的通知》等8个指导性文件,不断完善工业节能机制措施。同时,组织召开了全市节能工作会议、“万家企业”节能管理达标工作会议及培训等8次专题会议,对全年工作进行安排部署。

2.进一步强化工业节能目标责任。结合国务院、省市“十二五”节能减排综合性工作方案,将2012年工业节能目标任务分解落实到全市各地区和重点用能工业企业,层层分解目标责任。将“万元工业增加值能耗下降率、万家企业节能目标完成情况”等工业节能指标纳入2012年市政府对各区、县(市)政府的节能目标评价考核指标体系,进一步加大考核力度。

3.全力抓好万家工业企业节能工作。强化万家企业节能目标责任,加强节能工作管理和业务指导培训,2012年共组织召开5次万家企业工作部署和业务培训会议,完成了万家企业能源审计,编制“十二五”节能规划。

4.积极推进工业资源综合利用。推进沈阳亿胜达陶瓷建材有限公司、沈阳万融锦汇建材有限公司等资源综合利用项目建设,推动粉煤灰、建筑垃圾等固体废弃物资源化利用,大力发展利废新型建筑材料。积极落实资源综合利用税收优惠政策,组织铁法煤业集团铁强(沈阳)墙体材料有限责任公司等9户资源综合利用企业申报辽宁省鼓励的资源综合利用产品认定。

5.扶持节能服务公司发展。充分利用国家、省支持“推行合同能源管理,促进节能服务产业发展”的政策,大力推行合同能源管理等新机制。推进节能服务公司与企业节能技术改造项目对接,鼓励节能服务公司围绕节能先进技术和产品的推广应用,通过商务模式开展合同能源管理,扶植其发展。

6.进一步完善节能标准体系建设。组织编制《沈阳市重点用能企业单位产品能耗限额》,已完成没有限额标准的73户企业108个产品能耗限额的编审工作,填补了沈阳市重点用能企业没有单位产品综合能耗限额的空白。

7.加强节能宣传与培训。成功举办了“2012年辽宁(沈阳)节能宣传周启动仪式暨绿色生产主题日活动”,促进节能降耗,绿色生产。培训分管节能工作的企业负责人和节能工作具体负责人1000余人次,进一步提高能源管理水平。

(李庆涛)

【工业投资】 2012年,全市完成工业固定资产投资1860.7亿元,同比增长22.1%,占全市固定资产投资的比重为33.1%。

一、工业投资主要特点

1.工业投资向四大发展空间集聚,四县(市)占全市投资比重明显提高。2012年,东汽、西重、南高、北农四大工业发展空间完成工业固定资产投资1789.8亿元,占全市的96.2%。铁西新区、于洪区等西部区县累计完成工业固定资产投资799.8亿元,占全市的43%;沈北新区、法库县、康平县等北部区县完成544.8亿元,占29.3%;东陵区(浑南新区)、苏家屯区等南部区县完成257.6亿元,占13.8%;大东区、棋盘山开发区等东部区县完成187.6亿元,占10.1%。此外,和平区、沈河区等中部城区累计完成工业固定资产投资70.9亿元,占全市的3.8%。

四县(市)全年完成工业固定资产投资728.5亿元,占全市工业投资的比重为39.2%,比2011年提高3.7个百分点。新民市完成工业固定资产投资204.3亿元,同比增长36.3%;辽中县完成227.3亿元,同比增长42.4%;法库县完成155亿元,同比增长37.3%;康平县完成141.9亿元,同比增长19.9%。

2.装备制造业投资仍占较大比重,部分产业投资增幅显著提高。全市装备制造业完成投资853.6亿元,占全市工业投资的45.9%。其中汽车产业完成投资121.9亿元,同比增长57.9%。此外,化工产品制造业完成投资117.7亿元,同比增长65.2%;农副产品加工制造业完成投资315亿元,同比增长41.4%;现代建筑产品制造业完成投资273亿元,同比增长35%。

二、投资千万以上工业新开工项目超过800个

2012年,全市各地区累计新开工投资1000万元以上工业项目803个,总投资1511.2亿元。其中:总投资1-10亿元的项目225个,总投资10亿元以上项目16个,全面完成项目工程计划目标。803个项目中,大口径装备制造业项目数359个,计划总投资765.5亿元,分别占全市的44.7%和50.7%。其中:机械制造业项目257个,总投资268.4亿元;汽车及零部件业项目45个,总投资202.7亿元;电子信息业项目54个,总

投资278.7亿元;航空制造业项目3个,总投资15.7亿元。医化项目41个,总投资121.5亿元;冶金项目33个,总投资35.6亿元;轻工项目186个,总投资299.4亿元;纺织建材项目130个,总投资140.7亿元;能源及其它项目54个,总投资148.5亿元。

三、市重点工业项目全面开工

按照全市“抓项目、稳增长、促振兴”的总体要求,以及“双进双解”和“百日攻坚”的统一部署,重点工业项目推进工作开展顺利,效果显著。2012年,列入288个市重点建设项目计划的工业项目116个,计划总投资2205.2亿元,单个项目平均投资额为19亿元。其中:续建项目47个,新开工项目69个。

1.投资规模效应突出。在116个项目中,投资100亿元以上项目5个,计划总投资519亿元;50－100亿元项目8个,计划总投资454.5亿元;10－50亿元项目62个,计划总投资997.1亿元;5－10亿元项目41个,计划总投资234.6亿元。

2.装备项目拉动明显。大口径装备制造业项目64个,计划总投资1181.3亿元,分别占全部项目的55.2%和53.6%。包括:机械装备项目24个,总投资398.9亿元;汽车项目19个,总投资357.5亿元;电子项目16个,总投资363亿元;航空项目5个,总投资62.1亿元。

3.经济增长后劲强劲。在116个项目中,有37个项目竣工投产或形成生产能力,计划总投资848.8亿元,新增产值300亿元。

(闫学莹)

【制造业概况】 沈阳市制造业门类齐全,基础雄厚,为沈阳市工业的主导产业。截至2012年底,沈阳市规模以上制造业企业户数为3916户。按登记注册类型分,内资企业3500户,占制造业企业总数的89.4%。其中:国有企业61户,占制造业企业总数的1.6%;集体企业152户,占3.9%;有限责任公司456户,占11.6%;股份有限公司94户,占2.4%;私营企业2636户,占67.3%。港澳台及外商独资企业416户,占10.6%。按企业规模分,大型工业企业64户,占制造业企业总数的1.6%;中型企业350户,占8.9%;小微型企业3502户,占89.4%。

近年来,沈阳市制造业规模不断发展壮大,资本实力不断增强,在全市工业的主导地位逐年提升。同时工业运行质量和效益进入历史最好时期。工业经济整体呈现出又好又快的蓬勃发展态势。2012年,沈阳市制造业共实现主营业务收入12073.4亿元,比上年增长16.8%;拥有资产6388.6亿元,增长9.4%;从业人员年平均人数为85.1万人,增长11.5%。全年共完成工业总产值12171.6亿元,比上年增长17.3%。其中,轻工业完成3343.2亿元,增长17.4%;重工业完成8828.4亿元,增长17.3%。全年实现销售产值12008.9亿元,增长17.4%,工业产品产销率为98.7%。全市有21个行业全年产值超百亿元,覆盖面达到67.7%,其中汽车制造业(1527.4亿元)、通用设备制造业(1355.1亿元)、农副食品加工业(1330.1亿元)3个大类行业产值超过千亿元。全年共实现主营业务收入12073.4亿元,比上年增长16.8%;利润总额698.2亿元,增长4.0%;实现利税1083.8亿元,增长9.5%。收入利润率为5.8%,较上年下降0.7个百分点。

装备制造业为沈阳市工业重点发展的支柱产业。2012年,沈阳市装备制造业完成工业总产值6202.3亿元,比上年增长13.1%,低于制造业平均增幅4.2个百分点,比重占到制造业总量的51.0%。装备制造业所涵盖的8个大类行业中,除仪器仪表制造业实现产值低于百亿元外,其他7个行业实现产值均达到百亿元以上。其中汽车制造业实现产值最多,达到1527.4亿元,居制造业行业榜首,比重占制造业的12.5%;其次是通用设备制造业,实现产值1355.1亿元,占制造业的11.1%;电气机械及器材制造业实现产值1082.8亿元,占制造业的8.9%;金属制品业实现产值725.0亿元,占制造业的6.0%;专用设备制造业实现产值687.1亿元,占制造业的5.6%;计算机、通信和其他电子设备制造业实现产值449.5亿元,占制造业3.7%;铁路、船舶、航空航天和其他运输设备制造业实现产值304.6亿元,占制造业的2.5%。

实现出口交货值233.8亿元,比上年下降2.7%,出口交货值占销售产值的比重为1.9%,下降0.5个百分点。出口主要集中在8个行业中:计算机、通信和其他电子设备制造业出口52.3亿元,专用设备制造业出口26.7亿元,汽车制造业出口26.1亿元,通用设备制造业出口23.6亿元,电气机械和器材制造业出口21.3亿元,铁路、船舶、航空航天和其他运输设备制造业出口20.0亿元,金属制品业出口17.1亿元,橡胶和塑料制品业出口12.1亿元。以上8个行业全年共实现出口交货值199.2亿元,占制造业出口总量的85.2%。

主要工业产品产量:汽车比上年增长16.4%,汽车发动机增长9.8%,金属切削机床下降32.2%,变压器下降0.8%,输送机械下降16.3%,泵增长1.0%;风机下降4.1%,采矿专用设备下降11.6%,电力电缆增长5.6%;光缆下降31.4%,铅酸蓄电池增长9.9%,维生素C下降15.9%,化学药品原药下降11.5%,食用植物油增长25.7%,乳制品增长2.5%,白酒增长30.0%,家具增长8.8%,纸制品下降8.7%,服装增长13.8%。

(贺彦飞)

信息产业

【电子信息制造】 2012年,沈阳市电子信息制造业规上企业达到了146家,全年完成主营业务收入582.3亿元,同比增长15.9%;利润21.6亿元,同比增长13.1%;税金8.5亿元,同比增长13.3%;实现出口创汇9.2亿美元,同比增长13.6%,规上企业从业人员近6万。生产手机等通讯终端1650万部,电视机429万台。

经过多年发展,沈阳市电子信息产品制造业形成了浑南、沈北两大产业集聚区和IC装备、数字医疗、家用视听、工业自动化产品和手机五大产业集群。其中,IC装备制造集群以中科仪、芯源半导体和新松机器人等企业为核心,成立了经科技部认定的国内惟一的沈阳国家集成电路装备高新技术产业化基地。基地内拥有专业从事IC装备企业孵化的国家级孵化器及国内首个面向集成电路装备企业提供集约式公共技术服务的国家级中小企业服务示范平台；数字医疗设备制造集群以东软数字医疗有限公司、东软飞利浦有限公司为核心，目前拥有国内惟一能够生产四大医学影像设备的专业基地，产业发展水平居全国领先地位；家用视听设备制造集群以LG电子（沈阳）有限公司和沈阳同方多媒体科技有限公司为核心，周边拥有10余家专业为其生产机壳、遥控器、电源以及进行贴片服务的配套企业，产业总体规模居东北领先地位；工业自动化产品制造集群以沈阳高精数控有限公司、沈阳新松机器人有限公司为核心，在先进制造领域处于国内领先。手机产业集群以德信科技有限公司、晨讯科技有限公司、沈阳新邮通信设备有限公司等企业为核心，已经发展成为东北最大的移动终端制造中心，是沈北新区工业经济发展的主要支柱，并被辽宁省批准为“辽宁省通信产业基地”。

沈阳市电子信息制造业集聚区的发展还获得了国家的肯定和支持。沈阳浑南新区电子信息产业集聚区2012年被工信部批准为“国家新型工业化产业示范基地”，沈北新区被国家科技部批准为“沈阳国家移动通信及光电信息高新技术产业化基地”。

（房　超）

【国际手机博览会】　2012年8月17日，第三届中国（沈阳）国际手机博览会在辽宁工业展览馆隆重开幕。

本届展会由辽宁省政府和中国通信工业协会联合主办，沈阳市政府承办，中国电信、中国移动、中国联通协办，沈北新区政府具体执行。展会为期3天，主题为“智能新终端、行业新应用、产业新空间”。展览面积1.2万平方米，吸引三星、HTC、索尼、苹果等手机整机及相关配套企业共213家。展会共设国际国内手机品牌展览展示区、手机应用内容展览展示区、沈阳手机园重点企业展览展示区等5大展区，为参展企业搭建交流合作平台，为消费者提供更多新鲜体验。期间，本届展会还组织了2012沈阳城市信息化建设专家研讨会等专业活动，在业届引起了广泛关注和影响。

（房　超）

【信息化建设】　2012年，积极推进“数字沈阳”建设，以全市信息化发展现状为基础，加强顶层设计和信息资源的互联互通，重点启动了智能交通指挥控制系统、地理空间框架和一张图系统、公共资源交易综合信息服务系统等10项“数字沈阳”重点项目建设，市财政累计投资约2.3亿元。同时宽带基础设施、三网融合、无线城市、公共交通一卡通等领域快速发展，社会管理和公共服务的整体信息化水平得到明显提升。

一、电子政务

1.大力推广市党政信息网核心平台应用。启动了党政信息网核心平台的4期建设，已形成协同办公、领导辅助决策、空间地理信息、资源体系目录、数据交换平台、安全支撑平台、公务员邮箱、党政信息网应用门户、移动办公平台等9个子系统，致力于解决全市各委办局共性的政务应用需求，有效促进全市电子政务各类信息资源的整合共享。

2.改造建设沈阳市政府门户网站。打造全面、协同、智慧的政府门户网站新体系，加强政府网站的统筹规划、共建共享，促进业务协同与跨部门服务，逐步形成以市政府门户网站建设为“龙头”，各部门、各地区政府网站共同参与的“共同办站”机制，提高网站民生服务的实用性和易用性。

3.建设公共资源交易综合信息服务系统。在21世纪大厦新址，完成市政府采购中心、土地交易中心、工程建设项目招标投标中心、国有产权交易中心的整合和新建工作，结合4个中心的公共业务流程，进行各个环节的技术对接，实现统一的管理模式。

4.逐步完善工程建设领域信息公开体系建设。依托中国沈阳政府门户网站建设，完成沈阳市工程建设领域项目信息和信用信息公开共享专栏，建立起较完善的责任管理制度和信息发布机制。截至2012年底，发布各类信息8000余条，在2012年政府网站工程建设领域专项评估中，沈阳市位居副省级城市第二名。

二、社会信息化

1.大力发展教育信息化。初步搭建教育云服务平台，重点建设云数据中心，为基础性和共性应用提供支撑，实现全市教育资源分建共享。针对中小学义务教育，建设网络教育电视台，打造沈阳区域特色的优质教育视频资源开放平台，增添精品科教节目2000余部。积极推进无线校园、数字校园的试点建设。

2.积极推进交通智能化。市交通局建成交通运输运行监测调度指挥系统，对沈阳市交通运输行业各类数据和信息资源进行整合，实现各类突发事件实时处置、统一指挥，提高联动指挥能力和应急管理水平。由市公安局启动建设智能交通指挥控制系统，在全运会前，实现与全运路线相关的主干道路交通流信息采集与诱导信息发布，综合发布交通动态监控、静态停车管理、交通事故和突发事件等信息。

3.进一步推进数字地理建设。作为国家试点城市，积极建立“数字沈阳”地理空间框架，建立共享的服务平台、高效的信息网络和统一的基础地理信息数据库，形成惟一的、权威的和通用的政务版地理信息公共平台和公众版地理信息公共平台。

4.积极推进三网融合试点工作。作为国家试点城市，成立了三网融合试点工作协调小组，研究制定了《辽宁省沈阳市三网融合试点实施方案》，围绕电信网、广播电视网和互联网融合发展，加快宽带、数字电视等网络基础设施建设，重点推进IPTV集成播控分平台、手机电视集成播控平台和IPTV监管平台等系统建设。

（任　阳）

【软件和信息技术服务业】　保持稳定收入增长，增速依然强劲。2012年，沈阳市纳入统计的1624家企业完成软件业务收入1092亿元，比上年增长54.5%，高于全国平均水平26个百分点（工信部2013年3月发布数据）。

各类产品收入快速增长。2012年，软件产品实现收入312亿元，比上年增长60%，高于全国平均水平32.1个百分点；信息系统集成服务实现收入357亿元，比上年增长53%，高于全国平均水平28.2个百分点；信息技术咨询服务实现收入100亿元，比上年增长55%，高于全国平均水平31个百分点；数据处理和运营服务实现收入118亿元，比上年增长45.5%，高于全国平均水平9.6个百分点；嵌入式系统软件实现收入

186亿元,比上年增长57.2%,高于全国平均水平26个百分点;IC设计实现收入19亿元,比上年增长33%,高于全国平均水平7.5个百分点;软件业务出口14亿元,比上年增长19.9%,高于全国平均水平1.9个百分点。

(王 龙)

【骨干企业培育】 骨干企业增速强劲,领军作用明显。

1.成功推荐东软、先锋、天久、昂立4家企业入选"2011中国软件百强企业"(分别位列第7、22、63、79位)。

2.推荐东软集团等8家企业参与评选国家重点规划布局内软件企业,东软集团、奥维通信成功入选。

积极为骨干企业搭建服务平台。

1.组织并推荐荣科、昂立、天云、中科院沈阳自动化所等8家企业携数字化设计、数字化制造系统、生产管理系统、行业解决方案等产品与大连船舶企业进行船舶软件电子产品配套对接。

2.组织并推荐新思、共兴达、蓝光网络等14家公司参与中国移动位置服务基地手机客户端应用程序开发。

3.组织并推荐东软、先锋、昂立、东大自动化等20家公司的25项技术及产品参加省节能降耗企业对接会。

4.推荐东软、先锋、东大自动化、天久、昂立等14家重点软件企业参加辽宁省重点IT企业座谈会。

(王 龙)

【对外宣传及招商】 2012年4月18日,"2012杭州-沈阳软件和信息技术服务业招商会"在杭州市召开。此次会议吸引了50余家杭州知名的IT企业参加。

成功引进杭州东忠科技有限公司在沈阳国际软件园建立2000人规模的软件服务外包基地。吸引日本京滨集团京滨电子装置研究开发(上海)有限公司沈阳分公司落户国际软件园,未来该公司将通过沈阳国际软件园的产业发展服务平台,扩大在沈阳的业务,实现先行软件开发维护重要基地的发展目标。

(王 龙)

【重点项目进展】 1.沈阳国际软件园项目。项目总投资60亿元人民币,总规划用地面积160万平方米,总建筑面积200万平方米。截至2012年底,沈阳国际软件园新开工区域总面积26万平方米,其中:地块D6、D7、D8、D9、D10、D11、D12共6幢楼主体已基本建设完成,面积12万平方米;E地块E3、E20已完成二层主体建设,E1已完成三层主体建设,E6、E7、E8、E9、E10、E11、E15、E16、E17、E18、E19完成全部主体建设,面积共13万平方米。

2.东软集团东软医疗健康产业园项目。项目位于浑南大学城内,总投资15亿元人民币,总占地面积38公顷,建筑面积30万平方米,园区主要建设医疗健康设备仪器和远程医疗监控设备研发、生产设施及云计算平台。该项目已经完成项目立项及土地摘牌工作,并已于9月正式开工建设。

3.中国移动通讯辽宁公司中国移动位置信息产业园项目。项目位于沈北新区道义开发区该项目计划总投资30亿元,规划占地53.3公顷,建设位置服务运营中心、呼叫中心、平台研发中心、产业孵化器及相关配套设施。该项目已经完成项目立项及土地摘牌工作,并已于9月正式开工建设。

(王 龙)

无线电管理

【2012沈阳法库AOPA国际飞行大会】 2012沈阳法库AOPA国际飞行大会于8月25—27日在法库财湖通航机场举行。根据《2012沈阳法库AOPA国际飞行大会策划方案》,无线电管理办公室承担飞行大会的无线电通信安全保障工作。

从7月28日起,无线电管理办公室对法库财湖通航机场周边的电磁环境进行了连续监测,建立了电磁环境数据库;对飞行塔台指挥、导航、飞机、航模、无人机、航空器等使用的频率,中央、省、市电视台、广播电台转播(或直播)使用的频率,飞行大会指挥调度、公安、消防、交通、卫生、供电、安保等使用的对讲机(或其他无线电发射设备)频率、新闻媒体使用的无线麦克频率及其他使用无线电发射设备的频率进行了统计,与沈阳地区频率使用情况进行比对,及时进行了协调和调整。

8月22—24日,对飞行大会使用的32个单工频率、4个双工频率进行了现场监测,重点对飞行表演使用的频率进行了跟踪监测。8月25—27日,飞行大会举办期间,进行了现场保障。

为完成好2012沈阳法库AOPA国际飞行大会的无线电通信安全保障工作,出动技术人员56人次,车辆14台次,行程2000多公里,确保了通信畅通和飞行安全。

(张景才)

【开展"无线电频谱资源——稀缺的国家战略资源"主题宣传月活动】

2012年10月16日—11月15日,无线电管理办公室在全市范围内组织开展了"无线电频谱资源——稀缺的国家战略资源"主题宣传月活动。

10月16日,主题宣传月活动启动仪式在格林酒店举行。沈阳电视台"沈视早报"栏目、辽宁生活广播电台、辽沈晚报、沈阳晚报、华商晨报、地铁第一时间报等新闻媒体参加了启动仪式,并对宣传月活动进行了报道。辽沈晚报、沈阳晚报对宣传月活动进行了跟踪报道。

利用出租车的LED广告屏,每天10次滚动播出"无线电频谱资源——稀缺的国家战略资源"主题宣传内容,扩大宣传范围,增强了宣传效果。利用周六、周日在人员较集中的4个公园、4个广场开展宣传活动。为达到最佳的宣传效果,设立咨询台,解读宣传的内容,宣讲此次活动的目的和意义,并对公众关心和疑惑的问题做出解答。

2012年的宣传月活动,举办了启动仪式,进行了短信、出租车LED广告屏宣传,组织了8场广场、公园宣传,做到了广播上有声、电视上有影、报纸上有字(共进行了7次报道),发放宣传册、宣传单2万余份,受众人数庞大,取得社会公众对无线电管理工作的理解与支持。

(张景才)

【无线电管理办公室晋升为省一级档案管理单位】 为全面做好档案管理工作,派档案管理人员参加了市档案局举办的档案管理工作培训班。参加了国家档案局举办的"飞狐灵通杯"档案法制知识有奖竞赛活动。参观了先进单位的档案管理工作,学习借鉴档案管理的先进经验。

通过设置“昨天的荣誉,今天的动力”荣誉展室,激发全体人员爱岗敬业,争创一流的精神。建立图书室,购买包括政治、军事、文学、专业技术等各类书籍200余册,营造出了积极向上、健康文明的文化氛围。为避免不利因素对档案的危害,确保档案的安全,更换了防盗门,购置了多功能一体机、档案防磁柜等专用设备。配备了档案管理专用电脑,防止病毒的入侵。加强档案库房的环境建设,做到“八防”,为档案提供了良好的保管环境。

根据《辽宁省机关档案工作评定办法》,严格按照辽宁省机关档案工作评定标准逐项逐条进行对照、整改。12月11日,顺利通过了市档案局检查评议小组的评审,并颁发“辽宁省机关档案工作省一级单位”证书。

(张景才)

轻 工 业

【概况】 截至2012年末,沈阳市共有规模以上轻工业企业1179户,比上年减少54户,占全市规模以上工业企业总数的29.2%。按国民经济行业划分标准,沈阳市规模以上轻工业企业共涉足农副食品加工业、食品制造业、烟草制品业、纺织业、纺织服装服饰业、皮革毛皮羽毛及其制品和制鞋业、木材加工和木、竹、藤、棕、草制品业、家具制造业、造纸和纸制品业、印刷业和记录媒介的复制、文教、工美、体育和娱乐用品制造业和医药制造业等26个大类行业。轻工业企业主要集中在农副食品加工业、食品制造业、纺织服装服饰业、家具制造业、医药制造业、酒、饮料和精制茶制造业、造纸和纸制品业7大行业中。以上7大行业共聚集了805户企业,占轻工业企业总数的68.3%。

从登记注册类型看:60%以上的轻工业企业为私营经营企业。到2012年底,私营企业799户,占全行业的67.8%;有限责任公司124户,占10.5%;外商投资企业101户,占8.6%;港、澳、台商投资企业41户,占3.5%;股份有限公司34户,占2.9%;集体企业28户,占2.4%;国有企业23户,占2.0%;股份合作企业14户,占1.2%。从企业规模看:绝大多数企业为小型企业,共有1028户,占全行业的87.2%;中型企业113户,占9.6%;大型企业22户,占1.9%;微型企业16户,占1.3%。

2012年末,沈阳市轻工业企业共拥有资产1468.3亿元,比上年增长5.9%,其中:流动资产581.1亿元,占全部资产的39.6%;固定资产694.5亿元,占47.3%。全部负债总额为536.8亿元,比上年增长27.5%,其中:流动负债429.1亿元,占全部负债的79.9%,非流动负债86.3亿元,占16.1%。资产负债率为36.6%,比上年增长6.2个百分点。所有者权益为920.2亿元,比上年下降4.2%。全部从业人员年平均人数23.0万人,比上年增加2.5万人,增长12.2%。

全年共完成工业总产值3353.7亿元,比上年增长17.5%,占全部规模以上工业的比重为26.4%,比重较上年略有上升,上升0.2个百分点。实现销售产值3310.8亿元,增长17.7%,工业产品产销率为98.7%。全年实现主营业务收入3362.3亿元,增长17.9%,实现利润总额230.4亿元,增长10.6%;实现利税总额316.6亿元,增长13.4%。

在26个轻工大类行业中,有9个行业实现产值超百亿元:农副食品加工业实现产值1330.1亿元,居轻工行业榜首,占全部轻工业的39.7%;食品制造业实现产值310.2亿元,占9.2%;医药制造业实现产值253.2亿元,占7.5%;酒、饮料和精制茶制造业实现产值225.6亿元,占6.7%;家具制造业实现产值164.3亿元,占4.9%;造纸和纸制品业实现产值154.4亿元,占4.6%;纺织服装、服饰业实现产值142.6亿元,占4.3%;电气机械及器材制造业实现产值132.5亿元,占4.0%;化学原料和化学制品制造业实现产值108.0亿元,占3.2%。以上9大行业实现产值占全部轻工业的84.1%。

2012年,轻工业主要产品产量:小麦粉(面粉)比上年下降0.2%,饲料增长10.8%,食用植物油增长25.7%,方便面下降42.7%,乳制品增长2.5%,饮料酒增长12.3%,软饮料增长5.9%,无纺布下降5.1%,服装增长13.8%,人造板下降13.4%,家具增长8.8%,合成洗涤剂增长1.4%,化学药品原药下降11.5%,中成药增长9.4%。

全年共有63户企业生产经营呈亏损状况,亏损面为5.3%,较上年上升1.2个百分点;亏损企业的亏损额为4.4亿元,较上年增加1.2亿元,增长37.5%。

(贺彦飞)

【食品制造业】 2012年,沈阳市食品制造业规模以上企业共有85家。从登记注册类型分组看,内资企业68家,比上年增加1家,其中:国有企业1家;集体企业1家;有限责任公司10家;股份有限公司5家;私营企业51家;港澳台商投资企业7家;外商投资企业10家,比上年减少1家。从行业分组看,焙烤食品制造业19家,比上年增加2家;方便面食品制造业12家,比上年减少2家;糖果、巧克力及蜜饯制造业6家;乳制品制造业5家;罐头食品制造业5家;调味品、发酵制品制造业17家,比上年减少1家;其他食品制造业21家,比上年增加1家。从企业规模上看,大型企业4家,中型企业9家,小型企业70家,微型企业2家。

2012年,该行业年末资产总计达177.1亿元,其中:流动资产合计75.8亿元,固定资产77.3亿元;从业人员年平均人数达2.14万人。全年完成工业总产值310.2亿元,增长11.9%;工业销售产值306.6亿元,增长11.5%;实现产品销售收入达312.9亿元,增长12.2%;实现利润26.6亿元,增长12.2%。内资企业单位数占本行业的80.0%,完成工业总产值223.3亿元,所占比重高达72.0%,工业销售产值219.0亿元,比重达71.4%,实现产品销售收入达224.2亿元,比重达71.7%;实现利润18.7亿元,比重达70.3%;实现利税23.8亿元,比重达68.0%。

该行业中,乳制品制造业全年实现工业总产值89.4亿元,排在第一位;其次为焙烤食品制造业,工业总产值58.8亿元;再次为调味品、发酵制品制造业,工业总产值为55.9亿元。创造利税方面，第一位为焙烤食品制造业与乳制品制造业，实现利税达9.0亿元；第二位为方便食品制造业，利税为5.6亿元。食品制造业生产方便面19.3万吨，比上年下降42.7%；乳制品80.8万吨，增长2.5%；糖果9806吨，下降1.9%；酱油2.4万吨，下降16.7%；冷冻饮品6.1万吨，增长9.3%。

（张明浩）

【酒、饮料和精制茶制造业】 酒、饮料和精制茶制造业是沈阳优势产业中农产品深加工业的一个重要组成部分，包括酒的制造业、饮料制造业、精制茶加工等3个行业中类和13个行业小类，主要产品为白酒、啤酒、碳酸饮料、茶饮料和瓶（罐）装饮用水等。

2012年末，行业共有规模以上工业企业69户，资产100.5亿元，比上年增长4.7%；其中固定资产58.5亿元，比上年增长19.9%；从业人员年平均人数为1.5万人，比上年持平。全年实现工业总产值225.6亿元，同比增长15.1%。产值在全市39个行业大类中排名第18位。全行业经济效益良好，实现主营业务收入210.0亿元，同比增长19.7%；利税总额29.8亿元，同比增长31.3%；利润总额19.8亿元，同比增长25.3%。

在酒、饮料和精制茶制造业中，从事酒的制造的企业有41户，共实现产值138.3亿元，同比增长31.3%，占行业61.3%。实现主营业务收入126.4亿元，同比增长34.3%；利税总额19.5亿元，同比增长43.4%；利润总额13.0亿元，同比增长38.3%。在酒的制造行业中类中，白酒制造企业数目最多，产值最大。2012年共有33户；啤酒制造是本行业中类中产值第二、产品知名度最高的行业小类，共有3户企业，即华润雪花啤酒（辽宁）有限公司、沈阳燕京啤酒有限公司和百威英博（沈阳）啤酒有限公司，其中沈阳华润雪花啤酒有限公司生产的雪花牌啤酒，为中国名牌产品，“雪花”商标为辽宁省著名商标。

2012年，从事软饮料制造的企业有28户，共实现产值87.3亿元，同比下降3.8%，占行业38.7%。软饮料制造业汇集多个国际和本地区知名品牌，如生产碳酸饮料的沈阳可口可乐、沈阳百事可乐和沈阳八王寺实业有限公司等；生产瓶（罐）装饮用水的乐百氏（广东）桶装水、沈阳娃哈哈饮料、沈阳大清宝泉饮品等；生产果菜汁及果菜汁饮料的辽宁新大地食品饮料和沈阳麦金利食品有限公司等；生产含乳饮料和植物蛋白饮料的辽宁黑牛食品等；生产茶饮料及其他软饮料的康师傅（沈阳）饮品有限公司等。

（张　晔）

【家用电力器具制造业】 以空调器制造业为主体的沈阳市日用电器制造业，到2012年底共有沈阳华润三洋压缩机有限公司、沈阳三洋空调有限公司、沈阳龙泉空调制冷设备有限公司等11户规模以上企业。从企业规模看，大型企业1户，中型企业1户，小型企业8户，微型企业1户；从登记注册类型来看，内资企业8户，外商投资企业3户。

2012年末，该行业全部资产总计30.3亿元，比上年下降16.1%。其中：固定资产11.0亿元，下降6.0%，流动资产18.0亿元，下降23.1%；负债10.6亿元，比上年下降15.2%；所有者权益19.7亿元，比上年下降16.5%。从业人员年平均人数为4746人，比上年减少51人。

全年全行业共完成工业总产值32.5亿元，比上年下降18.8%；实现销售产值36.7亿元，下降8.7%，产销率为112.9%；完成出口交货值1.3亿元，比上年下降55.2%；实现主营业务收入40.6亿元，下降6.9%；实现利润0.6亿元；实现利税1.6亿元。

（孙侠飞）

【印刷和记录媒介复制业】 沈阳市印刷和记录媒介复制业包括印刷和装订及印刷相关服务2个行业中类，印刷类中又含有书、报刊印刷、本册印制和包装装潢及其他印刷等3个行业小类。

2012年末，沈阳印刷和记录媒介复制业共有规模以上工业企业54户，其中：中型企业8户，小型企业46户；资产总额35.5亿元，比上年增长21.6%；全部从业人员年平均人数为0.7万人，比上年增长16.7%。沈阳印刷和记录媒介复制业主要由内资企业组成，港澳台商及外商投资企业仅有2户。

2012年，印刷和记录媒介复制业实现工业总产值68.5亿元，同比增长17.7%；实现主营业务收入68.9亿元，同比增长15.4%；利润总额7.6亿元，同比增长52.0%；利税总额8.9亿元，同比增长48.3%。印刷业在沈阳属于较小行业，企业数量在全市规模以上工业中的覆盖率为仅为1.3%，产值占0.5%。

2012年，在印刷和记录媒介复制业全行业中，产值超亿元企业有18户；利税总额超过千万有14户；利润总额超千万的企业有13户。沈阳诚信印铁制罐实业有限公司、沈阳港丰印业有限公司、沈阳新林安塑料彩印制品有限公司、辽宁神州印业有限公司、沈阳市学院印刷厂、辽宁新闻印刷集团有限公司等骨干企业为行业的发展和兴旺做出了重要的贡献。

（张　晔）

【纺织工业】 沈阳市纺织工业由棉纺织及印染精加工、毛纺织及染整精加工、麻纺织及染整精加工、丝绢纺织及印染精加工、化纤织造及印染精加工、针织或钩针编织物及其制品制造、家用纺织制成品制造和非家用纺织制成品制造8个中类行业、27个小类行业组成。

2012年，沈阳市纺织行业共有规模以上工业企业34户，比上年减少了13户。按登记注册类型分：内资企业32户，比上年减少了9户，其中：集体企业5户，有限责任公司6户，私营企业21户；外商投资企业2户。按经济组织类型分：独资企业14户，有限责任公司20户。全年共完成工业总产值51.1亿元，比上年降低了8.0%；实现销售产值50.4亿元，比上年降低了9.2%。工业产品产销率为98.6%，较上年降低了1.4个百分点。实现出口交货值2.5亿元，比上年降低了7.4%。沈阳市纺织行业的全部资产总值18.8亿元，比上年降低了10.0%。其中：流动资产7.6亿元，占全部资产的40.4%；固定资产9.5亿元，占全部资产的50.5%。全部负债总额为7.6亿元，比上年增长了5.6%。实现主营业务收入50.5亿元，比上年降低了8.3%；主营业务成本为43.2亿元，比上年降低了10.6%；盈亏相抵后全行业共实现盈利2.6亿元，比上年降低了

18.8%;实现利税总额3.4亿元,比上年降低了20.9%。其中应交增值税0.6亿元,比上年降低了33.3%。全行业从业人员年平均人数为0.6万人,比上年下降了4.8%.全行业共有2户企业生产经营呈现亏损状态,亏损面为5.9%。亏损企业的亏损额为200万元。

(贺彦飞)

装备制造业

【概况】 沈阳市装备制造业包括金属制品业,通用设备制造业,专用设备制造业,汽车制造业,电气机械及器材制造业,计算机、通信和其他电子设备制造业,铁路、船舶、航空航天和其他运输设备制造业,仪器仪表制造业8个大类行业。

2012年末,沈阳市装备制造业共有规模以上工业企业1743户,其中:大型企业有34户,中型企业有155户。按登记注册类型看,装备制造业有内资企业1540户,其中:国有企业32户,集体企业78户,股份合作企业30户,联营企业2户,有限责任公司240户,股份有限公司44户,私营企业1099户;港澳台商投资企业52户,外商投资企业151户。资产总额4125.0亿元,比上年增长10.2%,负债合计2451.5亿元,比上年增长13.2%。全部从业人员年平均人数为44.0万人。

2012年,装备制造业实现工业总产值6202.3亿元,比上年增长13.1%;实现销售产值6101.9亿元,增长13.1%。产销率为98.4%。实现主营业务收入6169.4亿元,比上年增长13.7%;利润总额353.0亿元,增长5.2%;利税总额588.3亿元,增长11.9%。在装备制造业企业中,1608户企业实现盈利。利润总额超10亿元的企业为华晨宝马汽车有限公司、上海通用(沈阳)北盛汽车有限公司。主营业务收入超百亿元的为华晨宝马汽车有限公司、上海通用(沈阳)北盛汽车有限公司、沈阳飞机工业(集团)有限公司、沈阳远大铝业集团有限公司、沈阳机床(集团)有限责任公司、北方重工集团有限公司。这些骨干企业为沈阳装备制造业的快速发展提供有力的支撑。

(贺彦飞)

【有色金属冶炼和压延加工业】 沈阳市有色金属冶炼和压延加工业由常用有色金属冶炼、贵金属冶炼、稀有稀土金属冶炼、有色金属合金制造、有色金属铸造、有色金属压延加工6个中类行业、21个小类行业组成。

2012年,沈阳市有色金属冶炼和压延加工行业共有规模以上工业企业71户,比上年减少了4户。按登记注册类型分:内资企业60户,比上年减少了2户,其中:国有企业2户,集体企业3户,股份合作企业1户,有限责任公司5户,股份有限公司2户,私营企业47户;外商投资企业8户;港、澳、台商投资企业3户。按经济组织类型分:独资企业20户,合作、合伙企业2户,股份有限公司4户,有限责任公司45户。全年共完成工业总产值257.2亿元,比上年增长了31.4%;实现销售产值255.8亿元,比上年增长了31.7%。工业产品产销率为99.4%,比上年增长了0.1个百分点。实现出口交货值1.3亿元,比上年增长了30%。

沈阳市有色金属冶炼和压延加工行业的资产总额94.1亿元,比上年增长了20.9%。其中:流动资产37.8亿元,占全部资产的40.2%,固定资产47.0亿元,占全部资产的49.9%。负债总额为38.1亿元,比上年增长了15.8%。实现主营业务收入241.5亿元,比上年增长了24.2%。主营业务成本为208.7亿元,比上年增长了24.2%。盈亏相抵后全行业共实现盈利9.6亿元,比上年降低了6.8%。实现利税总额14.3亿元,比上年增长了5.9%。应交增值税3.2亿元,比上年增长了28.0%。全行业从业人员年平均人数为1.18万人,比上年增长了24.2%。

2012年,沈阳市有色金属冶炼和压延加工行业共有5户企业生产经营呈现亏损状态,亏损面为7.0%。亏损企业的亏损额为0.82亿元,比上年增长了41.4%。

有色金属压延加工业为沈阳市有色金属冶炼和压延加工业的主导产业。全年完成工业总产值171.8亿元,占全行业的66.8%;实现主营业务收入171.4亿元,占全行业的71.0%;实现利税9.4亿元,占全行业的65.7%。

(孙侠飞)

【黑色金属冶炼和压延加工业】 沈阳市黑色金属冶炼和压延加工业是沈阳市的优势产业之一,主要由炼铁、铁合金冶炼、炼钢、钢压延加工、黑色金属铸造5个中类行业组成。

2012年,沈阳市黑色金属冶炼和压延加工行业共有规模以上工业企业135户,比上年减少了14户。按登记注册类型分:内资企业127户,比上年减少了14户,其中:集体企业8户,有限责任公司14户,股份有限公司3户,私营企业102户;港、澳、台商投资企业1户;外商投资企业7户,比上年减少了1户。按经济组织类型分:独资企业57户,合作、合伙企业1户,股份有限公司3户,有限责任公司74户。全年共完成工业总产值429.3亿元,比上年增长了8.9%;实现销售产值426.3亿元,比上年增长了7.9%。工业产品产销率为99.3%。实现出口交货值9.0亿元。

全行业资产总计160.6亿元,比上年降低了7.1%。其中:流动资产70.8亿元,占全部资产的44.1%;固定资产82.0亿元,占51.1%。负债总额为89.1亿元,比上年降低了15.6%。实现主营业务收入423.6亿元,比上年增长了0.6%;主营业务成本为362.2亿元,比上年降低了2.6%。盈亏相抵后全行业共实现盈利11.7亿元,比上年降低了7.9%。实现利税总额17.3亿元,比上年降低了3.9%。其中应交增值税4.0亿元,比上年增长了2.6%。全行业从业人员年平均人数为2.09万人。

(孙侠飞)

【专用设备制造业】 2012年,沈阳市专用设备制造业规模以上企业共有250家,比上年减少16家。从登记注册类型分组看,内资企业230家,比上年减少12家,其中:国有企业5家,比上年减少3家;集体企业11家,比上年增加1家;联营企业1家;有限责任公司37家;股份有限公司3家;私营企业171家,比上年减少7家；港澳台商投资企业4家，比上年减少1家；外商投资企业16家，比上年减少3家。从行业分布来看，采矿、冶金、建筑专用设备制造93家，化工、木材、非金属加工专用设备49家，环保、社会公共服务及其他专用设备制造33家，医疗仪器设备及器械制造14家，印刷、制药、日化及日用品生产专用设备制造11家，食品、饮料、烟草及饲料生产专用设备制造9家，电子和电工机械专用设备制造15家，农、林、牧、渔专用机械制造19家，纺织、服装和皮革加工专用设备制造7家。从工业企业大中小微型分组看，大型企业3家，中型企业19家，小型企业224家，微型企业4家。

2012年，该行业全部资产总计年末达515.6亿元，流动资产年合计达300.4亿元，固定资产165.5亿元；从业人员年平均人数为5.2万人。该行业的生产和经济效益持续稳定增长，共计完成工业总产值687.1亿元，比上年增长2.6%；工业销售产值673.3亿元，增长2.7%；实现产品销售收入675.2亿元，增长4.2%；实现利润为38.2亿元，下降4.0%。

该行业中采矿、冶金、建筑专用设备制造业保持良好发展态势，并占绝对优势，共实现工业总产值达379.3亿元，所占比重高达55.2%；销售产值为368.5亿元，比重为54.7%；资产总计达364.9亿元，比重为70.8%；产品销售收入达381.2亿元，比重为56.5%；实现利税达31.8亿元，比重为56.6%；实现利润达21.6亿元，比重为56.5%。其次为化工、木材、非金属加工专用设备业，工业总产值112.8亿元；再次为环保、社会公共服务及其他专用设备制造业，工业总产值为52.8亿元。创造利税方面，第一位为采矿、冶金、建筑专用设备制造业，实现利税达31.8亿元；第二位为医疗仪器设备及器械制造业，利税为4.4亿元；第三位为环保、社会公共服务及其他专用设备制造业，利税为3.7亿元。

沈阳市的专用设备制造业生产的主要产品：采矿专用设备22.1万吨，比上年下降11.6%；水泥专用设备5.5万吨，比上年下降33.9%；金属冶炼设备6.6万吨，比上年下降6.1%；金属轧制设备5938吨，下降9.8%。

（张明浩）

【通用设备制造业】 通用设备制造业是沈阳市传统支柱行业，是装备制造业的重要组成部分。在全市39个行业大类中，通用设备制造业是企业户数最多，生产规模最大，吸纳就业人数最多的行业。

通用设备制造业具有良好的行业基础和较为完备的行业和产品体系，全部拥有该行业的9个行业中类，并拥有全部45个行业小类中的38个。行业的主要产品为金属切削机床、内燃机、风机、泵、和工业锅炉等。

2012年末，全市规模以上通用设备制造企业为534户，资产782.4亿元，下降3.2%；全部从业人员年平均人数11.0万人，比上年减少0.1万人。全年实现工业总产值1355.1亿元，同比增长0.7%；实现主营业务收入1293.0亿元，同比下降2.2%；利润总额74.4亿元，同比下降7.1%；利税总额106.4亿元，同比下降2.7%。

通用设备制造业主要产品产量情况：金属切削机床6.7万台，同比下降32.2%，其中数控机床2.2万台，同比下降29.4%；工业锅炉9783蒸发量吨，同比下降11.2%；泵6.7万台，同比增长1.0%；风机0.5万台，同比下降4.1%；输送机械25.2万吨，同比下降16.3%；气体压缩机1.3万台，同比增长7.0%。

沈阳通用设备制造业知名企业云集，沈阳机床（集团）有限责任公司、沈阳鼓风机集团有限公司、沈阳三洋电梯有限公司和沈阳博林特电梯有限公司等企业享誉国内外。全行业年产值超亿元企业共有304户，其中：10户企业超过10亿元，2户企业超过100亿元。利税上千万企业201户，其中17户企业利税超过1亿元；利润上千万企业155户，其中10户企业利润超过1亿元。

（张　晔）

【汽车制造业】 沈阳市汽车制造业主要由汽车整车制造、改装汽车制造、低速载货汽车制造、汽车车身、挂车的制造、汽车零部件及配件制造5个小类行业组成。其中汽车整车制造、汽车零部件及配件制造为主导产业。2012年，汽车整车制造和汽车零部件及配件制造业企业单位数和实现工业总产值分别占到全行业的92.9%和94.3%。沈阳市共有规模以上汽车制造企业170户。其中：汽车整车制造8户，改装汽车制造8户，低速载货汽车制造2户，汽车车身、挂车的制造2户，汽车零部件及配件制造150户。截至2012年末，沈阳市汽车制造业拥有资产1154.8亿元，比上年增长21.0%，全部从业人员年平均人数6.8万人，比上年增长17.2%。全行业共完成工业总产值1527.4亿元，增长22.3%；实现销售产值1521.0亿元，增长23.0%。全年共生产汽车83.3万辆，比上年增长16.4%，其中生产轿车52.0万辆，比上年增长17.2%，轿车产量占到汽车总量的62.4%；多功能乘用车（MPV）7.7万辆，同比下降12.8%；公路客车9.5万辆，同比增长9.1%；载货汽车9.9万辆，同比增长4.5%；另外，新增车型运动型多用途乘用车（SUV）产量4.2万辆，同比增长3420.7%。全年共生产汽车发动机4825.8万千瓦，同比增长9.8%。

生产快速发展，效益大幅攀升。2012年，沈阳市汽车制造业实现主营业务收入1576.6亿元，比上年增长20.5%。实现利税260.9亿元，同比增长25.6%。实现利润120.3亿元，同比增长19.8%。

全年沈阳市汽车制造业完成工业总产值、实现主营业务收入、利税和利润总额分别占沈阳市规模以上工业的12.0%、12.5%、22.8%和16.5%。全行业有15户企业实现工业总产值超10亿元，其中华晨宝马汽车有限公司和上海通用（沈阳）北盛汽车有限公司为行业龙头企业。华晨宝马汽车有限公司和上海通用（沈阳）北盛汽车有限公司实现工业总产值均超过300亿元，总量占到全行业的55.8%。

（张　晔）

【电气机械及器材制造业】 沈阳市电气机械及器材制造业主要由电机制造，输配电及控制设备制造，电线、电缆、光缆及电工器材制造，电池制造，家用电力器具制造，非电力家用器具制造，照明器具制造和其他电气机械及器材制造8个中类行业和31个小类行业组成。其主要产品有电线电缆、变压器、压缩机、蓄电池、空调器、照明灯具等工业生产用品及居民日常生活用品，是与人民生活密切相关的行业。

截至2012年底，全行业共有规模以上工业企业346户，比上年减少5户。其中大中型企业36户，比上年增加12户。从行业构成上看，电机制造29户，输配电及控制设备制造166户，电线、电缆、光缆及电工器材制造94户，电池制造5户，家用电力器具制造11户，非电力家用器具制造8户，照明器具制造28户，其他电气机械及器材制造5户。从经济类型分组看，内资企业316户，其中：国有企业3户，集体企业14户，股份合作企业8户，有限责任企业55户（国有独资公司1户，其他有限责任公司54户），股份有限公司14户，私营企业219户；港澳台投资企业8户；外商投资企业22户。全行业实现工业总产值1082.8亿元，比上年上升17.8%；实现工业销售产值1064.6亿元，上升17.0%；实现利润总额45.1亿元，比上年下降6.2%，人均创利润6.63万元。实现主营业务收入1121.1亿元，比上年上升19.4%，其中有22户企业全年主营业务收入超10亿元，实现主营业务收入440.0亿元，占全行业的39.2%。全行业资产总计597.1亿元，比上年上升15.4%；固定资产206.4亿元，比上年上升15.9%；固定资产原值511.0亿元，比上年上升27.9%；负债合计330.9亿元，比上年上升35.1%；全部从业人员年平均人数6.8万人，比上年上升9.7%。

（贺彦飞）

【计算机、通信和其他电子设备制造业】 计算机、通信和其他电子设备制造业作为沈阳市支柱产业之一，在2012年实现稳健发展。该行业主要由通信设备制造业、广播电视设备制造业、计算机制造业、电子器件制造业、电子元件制造业、雷达及配套设备制造、视听设备制造业和其他电子设备制造业8个中类行业组成。

沈阳市拥有长白计算机集团（沈阳）、东软集团股份有限公司、沈阳同方多媒体科技有限公司等众多的国内外知名的大企业集团公司。截至2012年末，该行业拥有规模以上工业企业86户，较上年减少4户。从企业规模看，大型企业共3户，中型企业10户，小型企业72户，微型企业1户；从登记注册类型来看，内资企业59户，港、澳、台商投资企业8户，外商投资企业19户。全行业拥有资产总额236.9亿元，比上年增长26.8%。其中：固定资产52.4亿元，比上年增长41.2%，流动资产126.1亿元，比上年增长24.4%；负债103.5亿元，比上年增长25.2%；所有者权益131.0亿元，比上年增长26.6%；从业人员2.8万人，比上年增长12.0%。该行业中完成工业总产值过亿元的企业达到57户，占全行业企业户数的66.3%。全年全行业累计完成工业总产值449.5亿元，比上年增长27.5%；实现工业销售产值435.0亿元，增长25.3%，实现出口交货值52.3亿元，增长20.5%，实现产销率96.8%；实现主营业务收入437.1亿元，增长26.5%；实现利润总额21.2亿元，增长24.7%。

（张 晔）

【航空航天器制造业】 2012年，沈阳市航空航天器制造业共有沈阳飞机工业（集团）有限公司、沈阳黎明航空发动机（集团）有限公司和沈阳兴华电器有限制造公司等14家企业，比上年增加3户。从企业规模看，大型企业共4户，中型企业2户，小型企业8户。

2012年末，全行业资产总额335.7亿元，比上年增长12.9%。其中：固定资产94.3亿元，增长67.5%，流动资产200.9亿元，比上年增长13.7%；负债227.9亿元，比上年增长14.8%；所有者权益107.7亿元，增长9.3%；从业人员3.32万人，比上年增加123人。全行业实现工业总产值220.3亿元，比上年增长20.7%；实现销售产值219.7亿元，增长20.8%，产销率达到99.7%；出口交货值为19.5亿元，下降3.5%；实现主营业务收入213.6亿元，增长13.4%；实现利润总额8.5亿元，增长19.7%。

该行业发展变化的走势主要由沈阳飞机工业（集团）有限公司、沈阳黎明航空发动机（集团）有限公司两户大型企业来左右，2012年这两户大型企业共实现产值191.4亿元，同比增长18.6%，占全行业的比重为86.9%；实现销售产值191.1亿元，同比增长18.6%，占全行业的比重为87.0%。

（张明浩）

医药制造业

【概况】 医药制造业是沈阳市的优势产业之一，主要由化学药品原料药制造、化学药品制剂制造、中药饮片加工、中成药生产、兽用药品制造、生物药品制造和卫生材料及医药用品制造7个中类行业组成。

2012年，医药制造业全行业拥有规模以上工业企业73户，比上年减少4户。按登记注册类型分：内资企业57户，比上年减少了1户，其中国有企业1户，集体企业1户，股份合作制企业1户，有限责任公司12户，股份有限公司6户，私营企业35户，其他类型企业1户；港、澳、台商投资企业7户，外商投资企业9户。按经济组织类型分：独资企业15户，合作、合伙企业4户，股份有限公司10户，有限责任公司44户。全年共完成工业总产值253.2亿元，比上年增长了11.6%；实现销售产值243.7亿元，比上年增长了13.6%。工业产品产销率为96.2%，比上年增长了1.6个百分点。实现出口交货值7.8亿元，比上年下降了25.7%。

沈阳市医药制造业的资产总额213.7亿元，比上年增长了6.9%。其中：流动资产110.3亿元，占全部资产的51.6%；固定资产55.8亿元，占26.1%。负债总额为94.5亿元，与上年持平。实现主营业务收入298.9亿元，比上年增长了14.6%。主营业务成本为224.5亿元，比上年增长了12.0%。盈亏相抵后全行业共实现盈利22.4亿元，比上年降低了7.1%。实现利税总额33.7亿元，比上年增长了1.5%。应交增值税9.5亿元，比上年增长了25%。全行业从业人员年平均人数为2.45万人，比上年增长了6.5%。

2012年，沈阳市医药制造业共有2户企业生产经营呈现亏损状态，亏损面为2.7%。亏损企业的亏损额为0.4亿元，比上年增长了33.3%。

（孙侠飞）

【东药集团】 2012年，东药集团实现销售收入86.45亿元，同比增长6.5%；实现工业增加值6.3亿元，同比增长11.7%；上缴税金2.12亿元，同比增长45.2%；实现扭亏目标，经营性减亏超3亿元；员工年人均收入增长10.9%；股份公司年营业规模位居全国医药行业第11位，荣登影响世界的中国力量品牌500强。

以转型调结构、以效益为本源开展各项运营工作，各版块经济运行质量进一步得到改善。制剂生产以创效、认证为主线，创新生产模式，提前超额完成全年任务；制剂营销以模式转型为突破，以效益为中心，考核利润完成2000万元，比上年增加5000万元。特药规模及利润创历史最好水平。至此，制剂板块首次在规模上超越原料药板块，实现了转型升级的新跨越。原料药生产以"低成本、高毛利"为核心，科学排产，优质保供，实现现价产值15亿元。节约化工原料9826吨，同比增长484%；原料成本降低创效5112万元，同比增长725%。除VC以外，各品种毛利水平和贡献产值均好于上年同期水平。供销公司坚持抓机制全覆盖和项目管理，全面推行绩效考核，封闭运营东北大药房，完成对医院业务重组，合并调拨业务，做实快批终端业务，实现了扭亏增盈目标。

稳步推进细河原料药生产基地建设，完成9个项目的土建和验收工作；重新启动和完善4个项目的搬迁方案设计，为搬迁工作的全面启动奠定了基础。

以科技创新为引领，召开了具有里程碑意义的科技创新大会、科技创新奖励大会暨2013年科技工作会议，出台一系列科技创新政策，出资263万元重奖科技创新项目和优秀科技人才。全年完成11件发明专利申请，获得授权专利5件，5项科技成果获得省市奖励。注射用泮托拉唑钠获得生产批件。完成13项新剂型申报工作，完成5项临床研究项目，15个新产品完成中放工作。扎实运作产品专题组，组建工艺研究室。四新技术应用实现创效近千万元。

以项目为抓手，全面落实2012年各项任务指标。围绕营销、技术、新产品、人力资源、资金政策等企业运行重点环节，84名经理人共设立378个攻关项目，涌现了一大批优秀项目，实现直接创效2.66亿元，为2012年的扭亏和2013年布局打下坚实基础。

（崔天宇）

化学工业

【化学原料及化学制品制造业】　2012年，沈阳市化学原料及化学制品制造业规模以上企业共有210家，比上年减少14家。从登记注册类型分组看，内资企业191家，比上年减少12家，其中：国有企业4家；集体企业13家；股份合作企业2家；有限责任公司36家；股份有限公司5家；私营企业130家；港澳台商投资企业4家；外商投资企业15家。从行业分布来看，基础化学原料制造36家，专用化学产品制造63家，涂料、油墨、颜料及类似产品制造46家，肥料制造30家，日用化学产品制造11家，农药制造8家，合成材料制造15家，炸药、火工及焰火产品制造1家。从工业企业大中小微型分组看，大型企业2家，中型企业10家，小型企业187家，微型企业11家。

2012年，该行业全部资产总计年末达130.0亿元，流动资产年合计达47.1亿元，固定资产70.0亿元；从业人员年平均人数为2.69万人。全年完成工业总产值393.8亿元，比上年增长18.2%；工业销售产值391.2亿元，增长18.1%；实现产品销售收入393.0亿元，增长19.3%；实现利润为23.4亿元，增长26.5%。

在该行业中，专用化学产品制造业保持良好发展态势，并占绝对优势。专用化学产品制造业实现工业总产值达104.3亿元，比重为26.4%；销售产值为103.8亿元，比重为26.5%；资产总计达41.1亿元，比重为31.6%；产品销售收入达104.9亿元，比重为26.7%；实现利税达9.2亿元，比重为30.1%；实现利润达7.0亿元，比重为29.9%。

专用化学产品制造业全年实现工业总产值104.3亿元，排在第一位；其次为涂料、油墨、颜料及类似产品制造业，工业总产值90.9亿元；再次为肥料制造，工业总产值为69.6亿元。创造利税方面，第一位为专用化学产品制造业，实现利税达9.2亿元；第二位为涂料、油墨、颜料及类似产品制造业，利税为7.0亿元；第三位为肥料制造，利税为5.2亿元。主要产品产量：合成洗涤剂6.6万吨，增长1.4%；烧碱16.9万吨，下降8.1%；涂料23.1万吨，下降6.1%；化学农药原药4019.8吨，下降17.6%；盐酸8.0万吨，下降5.0%；化学肥料2280.5吨，下降1.6%。

（张明浩）

【橡胶制品业】　2012年，沈阳市橡胶制品业规模以上企业共有57家。从登记注册类型分组看，内资企业50家，其中：国有企业2家，股份合作企业5家，有限责任公司6家，私营企业37家，港澳台商投资企业2家，外商投资企业5家。从行业分布来看，轮胎制造业8家，橡胶板管带制造业25家，橡胶零件制造业13家，再生橡胶制造业2家，其他橡胶制品业9家。从企业规模看，大型企业3家，中型企业9家，小型企业44家，微型企业1家。

2012年，该行业全部资产总计年末达141.5亿元，流动资产合计达42.1亿元，固定资产达72.7亿元；从业人员年平均人数为1.58万人。全年完成工业总产值146.4亿元，工业销售产值142.9亿元，实现产品销售收入140.5亿元，实现利润为3.4亿元，实现利税为6.2亿元。在该行业中，轮胎制造业排在第一位，工业总产值达63.4亿元；其次为橡胶板管带制造业，工业总产值为43.6亿元；再次为橡胶零件制造业，工业总产值为18.7亿元。从创造利润情况上看，第一位为橡胶板管带制造业，实现利润达2.4亿元；第二位为橡胶零件制造业，利润为1.0亿元；第三位为其他橡胶制品制造业，利润为0.8亿元。橡胶制品业的大中型企业在本行业起到了举足轻重的作用。仅占该行业单位数19.3%的大中型橡胶制品企业实现工业总产值达74.5亿元，所占比重达50.9%，销售产值为71.6亿元，比重为50.1%；实现产品销售收入达70.8亿元，比重为50.4%；资产总计达122.9亿元，比重为86.9%。橡胶制品业生产轮胎外胎503.4万条，比上年增长5.1%，其中子午线轮胎外胎503.4万条，比上年增长5.1%。

（张明浩）

建材工业

【概况】 沈阳市非金属矿物制品业主要包括水泥、石灰和石膏制造，石膏、水泥制品及类似制品制造，砖瓦、石材等建筑材料制造，玻璃制造，玻璃制品制造，玻璃纤维和玻璃纤维增强塑料制品制造，陶瓷制品制造，耐火材料制品制造，石墨及其他非金属矿物制品制造9个中类行业及34个小类行业。

2012年，沈阳市共有规模以上非金属矿物制品业工业企业322户，比上年增加8户，其中：大型企业5户，中型企业46户，小微型企业271户。该行业共有228户企业全年主营业务收入过亿元，其中有13户企业主营业收入超10亿元。228户企业共实现主营业务收入828.8亿元，占全行业的94.4%。从登记注册类型看，内资企业295户，占91.6%，其中：国有企业3户，比上年增加1户；港澳台商投资企业14户，比上年增加4户；外商投资企业13户，比上年增加1户。从行业构成上看，水泥、石灰和石膏制造15户，石膏、水泥制品及类似制品制造98户，砖瓦、石材等建筑材料制造131户，玻璃制造8户，玻璃制品制造21户，玻璃纤维和玻璃纤维增强塑料制品制造15户，陶瓷制品制造5户，耐火材料制品制造15户，石墨及其他非金属矿物制品制造14户。2012年，该行业有20户亏损企业，比上年增加10户；但亏损企业的亏损额由2011年的9480万元减少到9466万元。实现利润总额55.3亿元，下降13.5%；实现利税总额87.8亿元，下降3.5%。拥有资产255.4亿元，比上年增长10.7%，其中：固定资产原值338.4亿元，增长20.0%；负债合计97.9亿元，比上年增长36.5%，其中流动负债81.3亿元，增长42.1%；所有者权益合计155.8亿元，比上年下降0.4%。2012年，该行业全部从业人员年平均人数为6.2万人，比上年增加0.6万人。

全年实现工业总产值890.1亿元，比上年增长26.7%；实现销售产值885.0亿元，比上年增长26.9%；实现主营业务收入878.2亿元，增长25.0%。其中砖瓦、石材及其他建筑材料制造为主导产业，实现工业总产值491.1亿元，占全行业全部产值的55.2%；实现主营业务收入484.8亿元，占全行业的55.2%。石膏、水泥制品及类似制品制造实现工业总产值176.2亿元，占全行业的19.8%；实现主营业务收入173.4亿元，占全行业的19.7%。

（贺彦飞）

航空产业

【民用航空制造业】 2012年，全市共有各类航空航天企事业单位36户，登记在册的通用航空公司共5家，高级科技人员2600多人。其中：科研院所4所，民用航空运输企业3户，有7个机场以及国家航空行政审批、管理机构。骨干企业有：沈阳飞机工业（集团）有限公司，黎明航空发动机（集团）有限公司，航天新光集团有限公司，沈飞民用飞机有限责任公司，兴华航空电器有限责任公司等。重点民营企业主要有沈阳西子航空产业有限公司、沈阳国泰飞机制造有限公司等。2012年，全市航空航天制造业完成工业总产值230亿元，比上年增长12.2%；利润总额6.75亿元，比上年增长10.8%。民机、发动机等大部件转包出口交货突破3亿美元，比上年增长50%。在保证尖端军用飞机及其发动机自主生产的基础上，民用航空产品的研发和生产平稳增长，主要产品涉及航空发动机及其衍生品、整机电器电缆、飞机大部件及零部件转包、小型民用飞机的生产等。沈飞公司、沈飞民机公司同国外航空制造企业开展转包生产项目合作，主要产品包括波音737、787飞机，空客A320、A330/A340飞机，庞巴迪Q400飞机等机身大部件和零部件；国产ARJ21新支线飞机项目中，沈飞民机公司承担尾段、电源中心、无线电架、发动机吊挂、全机电缆的研制生产工作；国产C919大飞机项目中，沈飞公司和沈飞民机公司联合承担了C919飞机后机身压力框、后机身部段、吊挂部段3个部段的研制工作。黎明公司除与国外企业合作开展零件、部件和组装件转包业务外，QD70、QD128、QC185等轻型燃机及R0110重型燃气轮机研发及市场化取得重大突破。沈飞公司与塞斯纳公司合作生产L－162轻型运动飞机项目，是中国第一个包括试飞在内的通用飞机整机制造项目，也是我国目前最大的通用飞机生产项目，年产值超过1亿元，已交付美方飞机340架。

（安积平）

【航空产业形成“一基地三园区”发展格局】 2012年，沈阳市提出航空产业“一基地三园区”发展格局。“一基地”是沈阳民用航空产业国家高技术产业基地的统称，下设3个航空产业园。法库通航产业园。总体规划面积68平方公里，建设面积25平方公里。重点发展通用飞机总装、试飞、调试，以及通航飞机维修、运营、培训和服务。园区内通航机场已经建成并通过使用审批，可以在真高500米、半径10公里的报告空域内进行目视飞行，被国家空管委确定为低空空域改革实验区和国内第一个低空航空服务站试点。沈飞L162飞机将在这里实现生产试飞。辽宁通飞泰克纳姆飞机基地、辽宁亿家飞机运营及配套等项目正在建设。沈北航空产业园。规划设计工作已经完成，正在推进基础设施建设和招商工作，发展方向为飞机整机总装和零部件加工制造。园区集聚了国泰航空、西子航空等航空制造企业7家，内容涉及飞机零部件、夹具模具、航空装备、机电设备和飞机蒙皮的制造加工与维修服务等，年产值9亿元。浑南航空产业园。先期在桃仙机场北侧建设了以庞巴迪Q400、C系列和上海ARJ项目为重点的沈飞航空产业园,后续在沈抚新城区域内划出20平方公里地区用于发展航空产业,发展方向为支线飞机、公务机整机生产和关键重要大部件生产加工。

(安积平)

【制定《沈阳市通用航空产业发展规划》】 本规划依据国务院下发的《"十二五"国家战略性新兴产业发展规划》和《国务院关于促进民航业发展的若干意见》,立足沈阳市通用航空产业体系建立,以及航空企业核心竞争力和专业化能力的发展,并充分考虑与高端装备制造业、信息产业、旅游业、教育培训等行业规划的衔接。规划共五章,第一章为沈阳市通用航空产业情况,包括沈阳市通用航空产业现状、发展通用航空产业的优势及存在问题等;第二章为产业发展的指导思想、基本原则、发展目标、发展方向等;第三章为发展重点,从研发制造、运营服务、后勤保障等方面提出重点发展内容;第四章为产业空间布局,提出"一园三区"的空间格局;第五章为保障措施,分别从组织机构、机制创新、产业政策、引进来与走出去、监督评价等方面提出促进产业发展的政策措施。

(安积平)

【中航工业沈阳飞机工业(集团)有限公司】 中航工业沈阳飞机工业(集团)有限公司简称中航工业沈飞公司,是沈飞工业集团的核心企业,主要以飞机制造为核心主业,集科研和生产为一体,军机、民机、民品、三产多元化发展的大型航空企业。隶属于中国航空工业集团公司,是中国最大的歼击机研制生产基地和国内惟一重型歼击机制造企业。占地面积830多万平方米,现有职工1.5万多人。2012年,沈飞公司营业收入连续3年突破120亿元,全年完成123.5亿元;实现工业总产值124.7亿元;实现工业增加值25.5亿元;出口额完成1.3亿美元;实现利润4.2亿元;EVA实现2.34亿元;营业收入、利润、EVA等指标全面完成年度考核目标。

2012年,中航工业沈飞先后荣获了《2012年全国实施卓越绩效模式先进企业》、《中央企业法制宣传教育先进单位》、《全国统战工作实践创新成果奖》、《"沈飞物流装备"荣获全国十大民族品牌奖》、公司6S管理项目荣获全国"质量标杆"、《第五届中国航空学会青年科技论坛"优秀组织奖"》、《集团2012年度先进财务工作单位》、《中航工业信息工作先进单位》、《中航工业班组建设先进单位》、《沈阳市企业文化建设十五年优秀单位》、《沈阳市高校毕业生就业突出贡献企业》、沈阳市"职工书屋建设标兵单位等荣誉称号。

2012年,中航工业沈飞以"质量效益年"活动为契机,通过"一个确保"、"两个深入"、"三个强化"(确保科研生产经营任务全面完成;深入推进管理"四化",深入推进干部队伍作风建设;强化体制机制创新,强化技术创新和能力提升,强化预算管理和运营管理),将EVA管理纳入到企业管理的方方面面,推进公司迈向科学发展新阶段。现代化的管理手段助推重点型号研制生产迈上了新台阶,2012年11月23日上午,歼15舰载机首次在航母上起降成功,标志着歼击机在航空装备用途方面跨入新的历史时期。

(金　波)

民 营 经 济

综 述

【非公经济发展】 2012年，沈阳市非公有制经济实现地区生产总值（GDP）4343.2亿元，同比增长10.3%，占全市的65.7%。其中：第一产业增加值217.5亿元，增长5.2%；第二产业增加值2532.3亿元，增长12.1%；第三产业增加值1593.5亿元，增长8%。三次产业构成由上年的5∶57.8∶37.2调整为5∶58.3∶36.7。三次产业对非公有制经济增长的贡献率分别为5.5%、62.2%和32.3%。

非公经济是拉动全市经济增长的主要动力。2012年，非公经济地区生产总值对全市经济增长的贡献率为66.5%，拉动全市经济增长6.6个百分点；非公经济固定资产投资对全市投资增长的贡献率达到67.9%，拉动全市投资增长15.8个百分点；非公经济社会消费品零售总额对全市消费增长的贡献率达到92.3%，拉动全市消费增长14.3个百分点；非公经济出口总值对全市出口增长的贡献率达到91.6%，拉动全市出口增长21.6个百分点。

非公经济是全市财政增收的主要来源。2012年，全市非公税收收入在克服经济增长放缓，工业生产出厂价格下降，房地产销售停滞及结构性减税政策等导致中小微企业税收减收等因素的影响下，总体保持较快增长。非公经济增值税、营业税、企业所得税等主体税种均实现了两位数增长。2012年，实现税收总收入783.9亿元，比上年增长15.5%，占全市税收总收入的82%；实现地方级税收收入468.2亿元，增长16.8%，占全市地方级税收收入的81.4%。税收总收入和地方级税收收入占全市比重持续占到八成以上，非公经济税收总收入对全市税收的贡献率为77.4%，拉动全市税收增长11.3个百分点。

（陈　武）

【民营经济发展】 2012年，沈阳市民营经济实现增加值4512.7亿元，比上年增长22.4%，比上年同期下降2.8个百分点；出口交货值184.2亿元，比上年增长26.2%，比上年同期提高1.7个百分点；利润总额911.3亿元，比上年增长19.2%，比上年同期下降3.9个百分点；上交税金483.4亿元，比上年增长24.2%，比上年同期下降8.2个百分点；固定资产投资3359.3亿元，同比增长28.6%，与上年持平。

（王　巍）

【民营工业生产完成情况】 2012年，沈阳市民营工业实现增加值2652.9亿元，比上年增长25.7%，高于民营经济增加值增幅3.3个百分点，高于全市GDP增幅15.7个百分点；民营工业实现利润总额542.9亿元，比上年增长23.7%，高于民营利润总额增幅4.5个百分点，工业经济生产经营质量有所提高。据对百户重点中小企业营业收入情况调查，截至2012年11月底，百户重点中小企业营业收入同比增长17.3%，其中冶金工业增长4.4%，石化行业增长15.8%，装备制造行业增长8%，食品工业增长11.4%，纺织及服装工业增长14.3%，农副产品加工业增长9.2%。重点中小企业运行平稳，原材料、机械装备、农产品加工等传统行业平稳发展，在民营经济快速增长过程中发挥着中坚作用。

（王　巍）

【中小企业发展】 2012年，沈阳市中小企业实现增加值3260.3亿元，比上年增长12.8%，占全市GDP的49.3%。小微企业实现增加值2418.7亿元，比上年增长15.2%，占全市的36.6%。其中第二产业完成增加值2544.5亿元，比上年增长14.0%，占全市的75.1%；第三产业完成增加值715.8亿元，比上年增长11.7%，占全市的24.7%。

在工业经济中，中小企业已成为“工业立市”的坚实基础。2012年，规模以上中小企业共有4113户，占全市的98.5%。实现主营业务收入达9488亿元，比上年增长14.9%，占全市规上工业的75.4%；实现利润总额543.8亿元，比上年增长16.7%，占全市规上工业的75.9%。从第三产业看，中小企业已成为拉动产业发展的重要力量。2012年，全市中小批零住餐企业完成社会消费品零售总额2179亿元，比上年增长12.6%，占全市限额以上商贸流通总量的77.8%。不仅如此，中小企业还提供了全市90%的新增就业、50%以上的省级名牌、80%以上的著名商标，以及70%以上的企业技术中心和80%以上的“国家级高新技术企业”。

（陈　武）

【全市中小企业工作会议】 2012年2月23日，沈阳市中小企业（经济合作）工作会议在市政府一楼多功能厅召开。各区、县（市）政府、中小企业工作部门相关负责人和60户中小企业代表参加了会议。会上，中小企业局局长陈弘对2011年全市中小企业和经济合作工作进行了总结，就2012年工作进行了全面部署和安排；会议通报表彰了各区、县（市）引进内资、促进民营经济发展、中小企业融资服务和培育成长型企业等4个项目的先进单位；张广印副秘书长主持会议；黄凯副市长做重要讲话，并代表市政府与14个区、县（市）签订了《2012年沈阳市中小企业（经济合作）工作目标责任状》。黄凯在讲话中强调，过去的一年，全市中小企业和经济合作工作，按照全市经济发展总体部署，坚持科学发展观，以实现突破发展为目标，紧扣全年目标任务，转变作风、强化服务、落实政策、优化环境，全市中小企业和经济合作工作继续保持又好又快的发展势头。黄凯指出，2012年是具有特殊意义的一年，我们必须充分认识和把握促进中小企业发展工作所面临的形势。

（胡　英）

【促进中小企业（非公经济）发展工作会议】 2012年9月7日，沈阳市促进中小企业（非公经济）发展工作会议在市政府3006会议室召开。副市长黄凯做了重要讲话，市政府副秘书长张广印主持会议，中小企业局局长陈弘总结了2012上半年工作情况，对上半年各区、县（市）、开发区中小企业（非公经济）工作目标完成情况进行通报，并就下一步工作进行部署。各区、县（市）、开发区主管领导及中小企业（非公经济）工作部门主要领导，市中小企业局领导班子成员及机关处室负责人参加了会议。

（罗　莎）

【召开全市促进中小企业发展工作领导小组第二次会议】 2012年8月10日，沈阳市促进中小企业发展工作领导小组工作会议在市政府3006会议室召开。领导小组副组长黄凯出席会议并讲话，领导小组办公室主任陈弘主持会议，并代表领导小组办公室做工作汇报。市政府办公厅、市发展改革委、市经济和信息化委等22家领导小组成员单位的主管领导参加了此次会议。会议讨论了沈阳市人民政府支持小微型企业发展的意见：一是集中扶持几家企业在短时间内做强做大；二是重点进行产业链招商；三是降低准入门槛，鼓励创业。

（罗　莎）

服务体系建设

【出台支持小微型企业发展的政策措施】 2012年10月9日，沈阳市政府常务会议原则通过《沈阳市人民政府支持中小微型企业发展政策措施》，其中在减轻中小微型企业税费负担方面，出台了一系列措施，包括提高增值税和营业税起征点，延长税收政策优惠期限等内容。

个体工商户和自然人销售货物及应税劳务的增值税和营业税起征点，将提高到月销售额2万元。对于年应纳税所得额低于6万元（含6万元）的小型微利企业，从2012年到2015年12月31日，其所得税按50%计入应纳税所得额，按20%的税率缴纳企业所得税。对确有困难的小微型企业，将在2015年年底前，减半征收城镇土地使用税和房产税。同时，沈阳市还将全面清理涉及小微型企业的行政事业性收费，严格控制对小微型企业的收费标准，严禁超范围、超标准收费或变相收费。

为支持小微型企业发展，政府将适当提高采购小微型企业货物、工程和服务的比例。政府采购预算编制部门将预留年度政府采购项目预算总额的30%，专门面向中小微型企业采购，其中预留给小微型企业的比例不低于60%。沈阳市将继续扩大小额贷款公司试点，鼓励民间资本设立小额贷款公司，并逐步实现对各区、县（市）的全覆盖，鼓励小额贷款公司在产业园区、产业集群内设立分支机构。同时，对于在境内外上市的小微型企业，所在区、县（市）还将给予100万元奖励。

（胡　英）

【中小企业融资服务年】 2012年沈阳市广泛开展了中小企业融资服务年活动。先后组织金融机构赴10个区、县（市）开展“三进”活动，累计帮助200余家企业同金融机构进行了对接。主办了第二届中小微银企对接大会，达成意向贷款总金额29.5亿元；会同6家银行签订了《服务中小微企业金融合作备忘录》。6家银行共新增中小企业客户1077户，新增中小企业贷款139.02亿元。沈阳市政府与国开行签署合作协议以来，已为177户中小企业提供贷款支持，累计贷款额达3.7亿元。开通沈阳市中小微企业网络融资对接平台和融资担保服务窗口，22家金融机构派专人进驻沈阳市中小企业服务大厦。启动了中小企业上市培育平台和信用保险平台，信用保险平台新增中小微企业信用保险融资13家，新增保险贷款2.5亿元，正在受理企业客户15家，洽谈的客户30余家。上市培育平台，2012年为3家高成长性企业进行股权投资，投资总额达8500万元。

（张　程）

【创新企业融资方式】 2012年12月17日，沈阳市首期中小企业集合票据在中国人民银行（中国银行间市场交易商协会）成功注册，并于2013年2月1日正式发行。中小企业集合票据是指2个（含）以上、10个（含）以下具有法人资格的企业，在银行间债券市场以统一产品设计、统一券种冠名、统一信用增进、统一发行注册方式共同发行的，约定在一定期限还本付息的债务融资工具。

沈阳市首期中小企业集合票据发行规模为7700万元，其中沈阳铭辰汽车有限公司发行2700万元、沈阳天择彩色广告印刷有限公司发行2000万元、沈阳东北大学冶金技术研究所有限公司发行3000万元，发行期限2年。集合票据的获批发行，标志着沈阳市在拓宽中小企业融资渠道，推动中小企业直接债务融资取得了突破性进展。

（张　程）

【建立中小微企业实体融资对接平台】 2012年8月8日，中小微企业网络融资对接互动平台开通仪式在市政府多功能厅举行。各区、县（市）中小企业主管部门领导、驻沈银行业金融机构代表、中小企业协会、外阜驻沈商会、中小企业代表200余人参加了启动仪式。

中小微企业网络融资对接互动平台，是沈阳市中小企业局与中国人民银行沈阳分行营管部合作，依托中小企业沈阳网建立的。驻沈各商业银行、担保公司、小额贷款公司等共22家金融机构派专人进驻沈阳市中小企业服务大厦，为沈阳市中小微企业提供“一站一网”方便快捷的金融服务。开通后，沈阳中小微企业网络融资对接平台点击累计1.1万次，融资担保服务窗口接待企业融资咨询累计200余人次。

（张 程）

企业发展及项目建设

【对内开放和招商引资】 2012年，引进项目490个，引进内资到位1500.4亿元，同比增长27.5%。

走出去招商成果丰硕。其中：广东省引进项目62个，引进资金258.3亿元；浙江省引进项目44个，引进资金156.3亿元；上海市引进项目43个，引进资金145.5亿元；福建省引进项目21个，引进资金58.5亿元；四川省引进项目8个，引进资金5.9亿元；重庆市引进项目3个，引进资金3.7亿元。央企2012年在沈阳的投资力度加大，共引进项目83个，引进资金409.6亿元。

（丁 飞）

【重大项目稳步推进】 2012年，投资额在亿元以上内资项目达374个，到位资金1438.6亿元，占全市引资额的95.9%。其中投资额在10亿元以上项目139个，到位资金982.9亿元，占全市引资额的65.5%。东陵区（浑南新区）的绿城全运村项目、皇姑区的寰宇天下项目，到位资金额均超过40亿元；苏家屯区的奥园房地产项目、沈河区的盾安新一城项目、东陵区（浑南新区）的高力华茂中心项目、于洪区的中国沈阳国际特种机床装备城项目、苏家屯区的五洲城项目，到位资金额超过20亿元。

（丁 飞）

【项目建设】 2012年，沈阳市坚持以项目为核心，强化项目服务，跟踪督办，切实帮助企业解决实际问题。实行了重大招商项目市领导、县区领导跟踪督办制度，对重大招商项目指定一名领导负责、一名工作人员协助，帮助项目单位协调办理相关事宜，从立项、审批到开工、建设、达产，实行全程服务、全程督办。

2012年，市领导率团先后5次赴上海、浙江、广东、福建、四川和重庆等地开展招商活动，共洽谈推进了210个项目，其中：工业项目106个，服务业项目103个，农业项目1个。落地项目104个，其中：开工项目80个，注册项目24个，落地率49.5%。

（胡 英）

乡镇企业

【概况】 2012年，沈阳市乡镇企业完成增加值2397.1亿元，同比增长21.7%，比全市加快11.7个百分点，占全市GDP的36.3%，同比提高3个百分点；完成上缴税金190.6亿元，同比增长25.5%；完成总产值1.02万亿元，同比增长30.8%；实现出口交货值121.4亿元，同比增长42.4%；完成营业收入9225.5亿元，同比增长22.8%；实现利润总额544.5亿元，同比增长13.8%；实现固定资产投资1969.6亿元，同比增长23.8%；实现劳动者报酬247.1亿元，同比增长12.3%；年末企业数15.6万户，与上年持平；现有从业人员110.7万人，比上年略有下降。

沈阳市乡镇中，沈北新区、于洪区、东陵区分别完成增加值480.1亿元、400亿元、335.2亿元排在各乡镇的前三位。在完成利润总额上，沈北新区、于洪区、法库县分别完成110.9亿元、81亿元、78亿元，排在各乡镇完成利润总额总量的前三位；新民市、苏家屯区、康平县分别以44.8%、35.1%、33.9%的增幅，排在各乡镇利润总额增幅的前三位。在完成上交税金上，东陵区、于洪区、沈北新区分别完成67亿元、36.1亿元、25.5亿元，排在各乡镇上交税金完成总量的前三位；新民市、辽中县、东陵区分别以77%、29.3%、27.1%的上交税金增幅，排在各乡镇上交税金增幅的前三位。

（王 巍）

【"三县一市"贡献突出】 2012年，沈阳市乡镇企业增速同比虽然有所回落，但仍保持高位运行。其中"三县一市"增幅高出郊区6.7个百分点，对全市乡镇企业贡献率达到41.6%，同比提高2.5个百分点，占全市GDP的13%，同比提高了1.5个百分点。辽中县、新民市、法库县、康平县分别比全市增幅高出15.2、19.4、10.2、30.2个百分点。

（王 巍）

【"工业强县"成果显著】 2012年，沈阳市乡镇企业贯彻"工业强县"战略，全力壮大工业经济。全年，超亿元企业1765户，同比净增333户，增长23.3%，户均营业收入达到3.63亿元，净增1300万元。沈阳金德新型管业有限公司、辽宁禾丰牧业股份有限公司等99户企业年营业收入超过10亿元，10亿元企业同比增加24户。其中沈阳金德新型管业有限公司、辽宁禾丰牧业股份有限公司营业收入突破百亿元大关。

（王 巍）

【招商引资】 以新民市、辽中县入选全国百强县为契机，全市县域经济招商引资工作保持高速发展。"三县一市"引进内资同比增长31.5%，超过全市平均水平4个百分点。于洪区借沈阳区划调整之势，凭借优秀的投资环境与高效的招商策略，引资增幅达到37.2%，位居全市第一，新民市以36.9%位列第二。沈北新区、东陵区（浑南新区）依靠多年积累的区位、规划、资源等经济优势，继续保持在全市引进总量三甲之中，位列第二、第三名。

（王 巍）

【出口企业能力增强】 截至2012年末，全市乡镇地区共有出口企业282户，同比增加18户。全市乡镇企业完成出口交货值121.4亿元，突破百亿关口，增长42.3%。分行业看，机械类、轻工类、纺织服装类分别以48.4亿元、17.5亿元、10.1亿元，位列出口总额前三位，三类行业出口合计占全市乡镇企业出口总量的62.6%。年出口交货值500万元以上企业133户，同比减少7户，但出口总量净增28.8亿元，增幅37.2%，户均出口7975.8万元，同比净增2454.5万元，增幅44.5%，单体企业出口能力明显增强。其中出口超亿元企业13户，沈阳同方多媒体科技有限公司、泰科安全产品（沈阳）有限公司、东软飞利浦医疗设备系统有限责任公司分别以25.2亿元、7.4亿元、3.6亿元的出口交货值排在乡镇企业出口前三位。

（王 巍）

小资料

城乡私营企业基本情况

（2012年）

行业	户数（户）	从业人数（人）	注册资本（万元）	总产值（万元）	销售总额或营业收入（万元）
合计	106878	776323	23792560	5312178	11343722
农、林、牧、渔业	1867	33739	340667	102842	13325
采矿业	80	1850	15881	29123	
制造业	19462	202520	4707844	4571689	322656
电力、燃气及水的生产和供应业	248	1558	201995	52390	3001
建筑业	7539	52945	2108573	556135	591656
交通运输、仓储和邮政业	3075	32953	502548		376036
信息传输、计算机服务和软件业	4816	24298	477948		239146
批发和零售业	39963	254180	5577404		6477155
住宿和餐饮业	1171	8427	184095		571444
金融业	680	2723	964674		38157
房地产业	3675	21918	4767810		1749997
租赁和商务服务业	13277	71948	2522089		376632
科学研究、技术服务和地质勘查业	7020	41614	933016		281862
水利、环境和公共设施管理业	365	2165	215557		59846
居民服务和其他服务业	2492	16063	94099		168439
教育	175	749	5536		2929
卫生、社会保障和社会福利业	174	1034	21554		32180
文化、体育和娱乐业	799	5639	151269		39262

交 通 · 邮 政

铁路运输

【铁路概况】 2012年,沈阳铁路局线路延展长度2.25万公里(含合资铁路2487.92公里、地方铁路770.69公里)。全局国铁线路延展长度1.92万公里,其中:正线1.33万公里,站线4704.88公里,段管线615.72公里,岔线481.74公里,特殊用途线67.51公里;正线铺设60千克/米与50千克/米钢轨线路延展长度分别为1.02万公里和2360.22公里;正线铺设无缝线路延展长度1.01万公里,其中:跨区间无缝线路2037.16公里,全区间无缝线路2116.73公里;铺设道岔1.9万组,其中正线道岔6056组;铺设道口2621处,其中有人看守道口295处;铺设桥梁6254座、39.27万延长米;铺设隧道286座、21.03万延长米;铺设涵渠1.31万座、27.89万延长米。

全局国铁站共有676个,其中:特等站5个,一等站8个,二等站58个,三等站122个,四等站448个,五等站21个,线路所14个。委管合资及地方铁路46个,其中,三等站2个,四等站38个,五等站6个。

全局管内有运输单位76个,截至2012年12月31日,全局固定资产原价2826.26亿元,累计折旧540.04亿元,固定资产净值2286.22亿元。2012年末全局职工总人数为26.05万人,其中:在岗职工24.83万人,非在岗职工1.22万人。

(李　航)

【货物运输】 2012年,全局有货运办理站463个,其中:特等站3个,一等站6个,二等站49个,三等站109个,四等站296个。全局有货检站26个,其中:路网性货检站7个,区域性货检站19个。全局在用专用线有1197条,办理货物运输品类主要为煤炭、金属矿石、非金属矿石、钢铁、石油、矿建、粮食等。全局货运营业里程9955公里,其中:国铁8889公里,合资铁路797公里,地方铁路269公里。

2012年,全局货物发送量完成3.81亿吨,较上年减少2159万吨,减少5.3%。货物运费收入完成235.55亿元,较上年增收3.48亿元,增长1.5%。全年实际完成保价收入为2.09亿元,比预期值计划多完成保价收入718万元,超额104%。与上年同期保价收入2.02亿元相比,增加保价运输收入721万元。货车静载重完成61.1吨/车,较上年提高0.1吨/车。

(李　航)

【旅客运输】 2012年,沈阳局担当旅客列车249.5对,其中直通90对,管内159.5对。全年完成客运收入113.8亿元,同比增收5.1亿元;日均完成3109万元,同比日均多收139万元,增幅达到4.7%。全年完成旅客发送量1.99亿人,日均完成54.4万人,其中直通完成3892万人,日均完成10.7万人。

2012年,全局行包发送797.0万件,其中:管内152.44万件,直通644.56万件。全局行包中转480.42万件,其中:管内62.86万件,直通417.56万件。全局行包到达799.8万件,其中:管内152.44万件;直通647.36万件。行包办理合计2077.22万件(含中铁快运沈阳分公司运量)。

(李　航)

【哈大客专开通】 12月21日,哈大客专开通运营,营业里程841公里。开通运营后,通过随机调查1万名旅客对哈大高铁的意见,反馈有效问卷9599份,满意率超过97%,没有发生旅客投诉事件。开通运营至年底,哈大客专累计收入2.1亿元,发送旅客200万人,日均6.4万人,最高日为12月29日,超过11万人,平均客座率56.1%。

(李　航)

【沈阳市辖内铁路概况】 沈阳市辖内共有铁路单位16个,其中独立车站4个(沈阳站、沈阳南站、沈阳北站、沈阳西站)、车务段1个(沈阳车务段)、机务段2个(沈阳机务段、苏家屯机务段)、工务段2个(沈阳工务段、沈阳工务机械段)、客运段1个(沈阳客运段)、供电段1个(沈阳供电段)、电务段1个(沈阳电务段)、车辆段3个(沈阳车辆段、苏家屯车辆段、沈阳动车段)、通信段1个(沈阳通信段)。

(李　航)

【沈阳市铁路旅客运输】 2012年,沈阳市辖内20个承担客运任务的铁路车站发送旅客3299.07万人,其中沈阳市内两大站(沈阳站、沈阳北站)发送旅客3159.9万人,占全市旅客发送人数的95.78%。沈阳客运段负责担当沈阳、丹东、本溪至北京、广州、上海、深圳、温州、成都、青岛、佳木斯、哈尔滨、齐齐哈尔、绥芬河、漠河、大连等方向70对旅客列车的乘务工作,包括高铁17对、动车9对、跨局特快列车4对、跨局快速列车7对、跨局普快列车6对、管内快速列车5.5对、管内普通快速列车10对、管内普通慢车10对、跨局直达旅客列车1对、旅游列车0.5对。全段列车日走行10.2万公里。每天出乘班组67个,日均出乘人数1110人。除完成图定列车旅客输送任务外,还完成临客58对965列、旅游列车17.5对、5675辆次加挂的任务。2012年,全段各次列车日均输送旅客17.9万人,哈大开通后日均输送量18.7万人。全年输送旅客6547.7万人次,收入完成1.32亿元,超计划8.7%。

(李　航)

【沈阳市铁路货物运输】 2012年,沈阳市辖内15个承担货物发送任务的车站(苏家屯、林盛堡、沈阳东、大成、虎石台、沙岭、文官屯、新城子、于洪、陈相屯、姚千户、榆树台、孤家子、深井子、新民)共发送货物861.13万吨。

(李　航)

【沈阳站哈大客专改造工程】 沈阳站按无货方案改建,高、普速分场布置,共10台19线。高速车场在既有站房侧,设6台10线,在高速客运车场西侧设普速车场5台9线,第六站台为高普速共用。既有站房作为进站广厅，新建高架候车室，建筑面积3.02万平方米；在西侧新建子站房，建筑面积2.14万平米。2010年4月开工，到2012年末，高架候车室完成90%，西站房完成100%，雨棚完成90%，站台完成90%，地道完成85%。西站房及4－10站台对应的高架候车室、站台、地道、雨棚已全部竣工并开通使用，4－10站台及对应的高架候车室内外装修完成。6月30日，西站房及5－10站台高架候车室内外装修及设备安装完成，7月15日投入使用；6月30日，高速场8、9、10道铺轨完成；8月31日，完成1—7道上方高架候车室主体砼结构；9月15日，完成钢结构安装；10月31日，完成屋面及外装修；12月20日完成室内装修；10月31日，高速场1－7道铺轨完成；12月31日，高架候车室内装修及机电安装工程全部完成，沈阳站整体投入使用。沈阳站改造工程完成路内投资5.24亿元，路外投资8596万元。2012年日均办理旅客列车191列，日均到发旅客8.9万人，日均运输收入210.6万元，日均办理行包1246件，全年发送旅客1618.9万人。

（李　航）

【沈阳北站哈大客专改造工程】 沈阳北站按高、普速分场分线设计，共8台16线。主站房侧设高速车场，子站房侧设普速车场，高速车场设5台9线，普速车场设4台7线，其中第五站台为高普速共用。新建长192米、宽108米、高29.9米高架候车室，建筑面积2.37万平方米。2010年4月开工，2012年末，高架候车室完成100%，北站房完成100%，雨棚完成100%，站台完成100%，地道完成100%。5月30日，北站房室内外装修完成，高架候车室外装修完成；6月20日，高速场1－6道铺轨、高架候车室内装修完成；7月10日，5、6站台既有雨棚改造，5－8站台铺面完成；11月30日，南站房装修改造结合地方政府落客平台全部竣工。截至到12月31日，沈阳北站改造工程完成路内投资4.3亿元。2012年，车站运输收入完成16.93亿元，其中旅客票价收入完成16.45亿元，同比增加6808万元，增长4.3%。全年发送旅客1541万人，同比减少169万人，减幅1.0%。日均乘降旅客8.5万人，最高峰达14.9万人。

（李　航）

【铁路机车】 2012年，沈阳铁路地区共配属机车749台，其中：电力机车380台，内燃机车369台。沈阳市辖内铁路机车运用管理及维修工作由沈阳机务段和苏家屯机务段承担。

沈阳机务段以客运为主，乘务交路以沈阳为中心，辐射北京、天津、哈尔滨、长春、吉林、山海关、大连、白城、丹东、抚顺北，主要担当沈－京（秦－沈）、沈－（天）津、沈－山（海关）、沈－哈（尔滨）、沈－（大）连、山（海关）－（大）连（沟帮子－海城）、沈－白（城）、沈－长（春）、沈－抚（顺）、沈－阜（新）、沈－丹（东）、近郊等202对旅客列车牵引任务，其中动车交路担当16对。2012年12月1日，哈大高铁开通运营，担当CHR380B动车组高铁乘务交路61对。此外，还承担秦沈救援，沈阳、沈阳北站调车任务。按车次担当135对，其中：电力机车担当101对，使用170台；内燃机车担当62对，使用84台（DF11G使用22台组）；内燃调车机车使用7台。机车交路长交路大循环，在外地主要折返地点有31处，与哈尔滨、北京、济南、上海、郑州、武汉6局实现跨局轮乘。

苏家屯机务段以货运为主，地处铁路沈大干线下行本线381公里至382.30公里处的线路东侧，南北长1300米，东西最宽处400米，占地面积44.92万平方米，担当区段交路覆盖吉、辽两省，主要担当沈大、京哈、沈丹等线的266对货运列车、13.5对客运列车、3对行包列车共计282.5对列车牵引任务。机车检修有10个中修台位，小辅修台位9个。全段配属机车405台，其中：电力机车170台，内燃机车235台。全段机车检修设备3987台，固定资产54.72亿元。2012年，全段完成总重吨公里963.67亿吨公里，技术速度45.3公里/小时，日车公里546公里/台日，日产量174.5万/台日。

（李　航）

【铁路车辆】 铁路车辆分客车车辆和货车车辆，客车车辆为全路配属制，货车车辆为全路周转制（特种车除外）。车辆的管理和维修统一归车辆段负责。沈阳市辖内有沈阳车辆段、沈阳动车段和苏家屯车辆段。

沈阳车辆段是沈阳铁路局惟一具有客车段修能力的客车段。作业场所分为沈阳、沈阳北，大连、赤峰、锦州5个客整所，沈阳北、沈阳、山海关、丹东4个客列检所。主要担负着客车段修、辅修、临时日常检修整备，空调客车及发电车中修、小修，客车加装改造，车电机具的大、中修等检修任务及沈阳北至北京、上海、广州、深圳、温州、福州、成都、太原、青岛，沈阳至齐齐哈尔、佳木斯、承德、吉林、山海关、大连、丹东，大连至北京、上海、齐齐哈尔、漠河、满洲里、乌兰浩特、汉口、大庆、牡丹江等长快列车和路局管内普通旅客列车的车辆乘务工作。客列检还担负着长大线、沈山线、沈丹线及沈吉线始发到着、通过列车的检修任务。完成客车段修1879辆，空调车中修1529辆，客车辅修（A1修）3974辆，客车临修3804辆；站列检通过修11.42万列、187.21万辆；库列检入库列车检查5.26万列、80.61万辆；段修台位利用率130%；劳动生产率38.31辆/人；段修一次交验合格率96%；段修修车时间（特种：7.2天，一般5.8天）；检修残车2.72万辆。

苏家屯车辆段是货车检修段。主要担负京哈、沈大、沈丹、沈吉等35条线路的货物列车运用检修和运行安全。2012年，路用入段厂修完成1260辆，段修完成2.28万辆，辅修完成148辆，临修完成1.77万辆，通过修完成2091.07万辆。自备车入段厂修完成933辆，段修完成4781辆，提速改造车完成211辆。

沈阳动车段是沈阳铁路局惟一的动车组运用检修段，主要承担哈大高铁、长吉、秦沈客专，沈阳北、大连、长春、哈尔滨、北京、天津间动车组列车的运用及一、二级检修职能。全段配属动车组74组，其中：CRH5型动车组46组，CRH380B型动车组28组。2012年完成动车组一级修10170组、二级修1115组、临修409辆。同时，按照铁道部送修计划，组织CRH5A型动车组入长客股份公司高级修18组。截至12月1日，图定每日开行动车组列车45对29组；12月1日哈大高铁开通后，图定每日开行90.5对55组。

（李　航）

公路建设

【概况】 2012年是全市公路建设史上投资规模最大的一年，全年完成施工产值82亿元，比上年增长34.4%。四环快速路、蒲河景观路、城际开发大道、普通公路、农村公路建设全面展开,建设总里程达2000余公里。81公里蒲河景观路提升改造工程完工,蒲河生态廊道品质全面升级;辽宁中部环线高速公路新民至铁岭段75公里实现竣工通车;扩建后的三环高速公路下深沟至王家沟42公里的东南环实现通车,极大地缓解了城市交通压力;新建、维修、改造的1078.2公里农村公路全部完成,其中利用"一事一议"财政奖补政策,新建农村自然村之间道路439.3公里,惠及4个县市、52个乡镇、150个村屯,受益农民超过40万人;沈阜开发大道、沈彰开发大道、沈抚二号公路、马宋公路等项目竣工通车,创下全市一年竣工7条高等级公路的历史纪录;沈阳市历史上首条城市快速通道——四环快速路全线实现贯通,沿线的高坎跨浑河大桥等109座桥梁结构工程全部完工。

各区、县(市)切实加强公路养护管理,完成县级以上公路维修改造588公里,创建县级以上公路养护管理示范路207.6公里、农村公路标准化养护路334.9公里,维修改造各类病险桥梁68座。加强国省干线公路绿化、美化,完成公路绿化1391.1公里。签订了沈康三期高速、灯辽高速公路征地补偿协议,全面开展沈四高速、沈阳至黑山高速公路征地拆迁的前期工作;沈丹铁路客运专线沈阳段主线拆迁工作全部完成。

(张玉伟)

【四环快速路工程】 2012年,四环快速路路基实现全线贯通,桥梁工程基本完成,路面工程完成80%,所有节点工程的主体建设全部完成,工程各项指标均超额完成预定任务和目标。截至2012年末,四环快速路累计完成投资65.79亿元,其中:2011年完成投资22.7亿元,2012年完成投资43.09亿元。路基工程:累计完成路基挖方638万立方米,占总工程量的99%;完成路基填方1257万立方米,占总工程量的97%。桥梁工程:累计完成桥梁桩基6615根,占总工程量的100%;完成梁板预制8732片,占总工程量的100%;完成墩台身2144座,占总工程量的100%。桥梁工程节点剩余工程计划于2013年6月末全部完成。四大节点工程:高坎大桥、跨秦沈客专转体桥、沈西编组站立交桥、西苏堡大桥四大节点工程主体建设已全部完成。其中:跨秦沈客专转体桥于9月25日顺利完成转体施工,沈西编组站立交桥于10月8日安全合拢,跨浑河西苏堡大桥于10月12日晚精确实现合拢,高坎大桥主桥于11月10日完成体系转换。路面工程:垫层完成499万平方米,占总量的83%;底基层完成464万平方米,占总量的94%;基层完成439万平方米,占总量的80%;封层完成436万平方米,占总量的80%;下面层完成397万平方米,占总量的89%;中面层完成245万平方米,占总量的80%;表面层完成216万平方米,占总量的37%;路缘石完成78万延米,占总量的70%。机电工程:路灯累计完成产值1.66亿元,占总量的75%。智能交通累计完成产值0.62亿元,占总量的54%。

(张玉伟)

【城际高速公路扩建工程】 新铁高速公路项目。新铁高速公路沈阳境内主线里程为50.6公里,其中:新民市34.5公里,法库县16.1公里,是辽宁中部环线的重要组成部分。2012年,新铁高速公路项目征地动迁完成投资610万元。为保证项目按时竣工通车,协调省、市、县三级部门,深入一线,及时解决协议外法库企业迁移难点问题,确保了新铁高速公路工程的顺利进行。同时,完成市县连接线、运输便道补偿协议签订;新民段新增砂石路,确保当地村民正常耕种;及时完成刺线柱封闭,确保了新铁高速公路于2012年9月26日顺利通车。

灯辽高速公路项目。灯辽高速公路全长约42公里,沈阳境内长13.4公里,用地总数为93.4公顷,设互通式立交2座,改移工程12处,设计时速100公里。灯辽高速是沈大高速公路和京沈高速公路两条大通道的重要联络线,是辽宁省高速公路网的重要组成部分。

沈康三期高速公路项目。沈康三期线路全长23.16公里,康平境内占地面积161.6公顷,征地动迁总额1.3亿元,其中:征地费用6400万元,地上物动迁费用6600万元。该项目已完成投资6648万元。

沈四高速改扩建项目。沈四高速改扩建项目全长约153公里,其中沈阳境内24.7公里,途经大东、沈北两个区,四个乡镇及街道。该项目采用两侧加宽为主的方案,全线采用双向八车道高速公路标准,设计速度维持120公里/小时。该项目工程可行性研究报告已获得国家发改委批复,项目用地预审已获得国土资源部批准。初步设计已通过评审,正在修改完善。

鞍山至台安高速公路、沈阳至北镇高速公路项目。鞍台高速公路全长约58公里,沈阳境内(辽中县)2.73公里。已与辽中县落实核量调查工作方案,完成放线埋桩等准备工作。

沈丹客专铁路项目。2012年,沈丹客专项目完成投资386万元。经市、区两级指挥部及相关部门的共同努力,解决了一直困扰施工的拆迁难点问题,完成苏家屯区段两处自来水管改移方案和预算制订。

沈阳至康平国铁项目。2012年5月,市政府召开专门会议,决定由市建委牵头,市交通局负责,康平县政府配合,协调省交通厅和沈阳铁路局加快推进沈阳至康平国铁建设工作。市交通局完成与省铁建办、沈阳铁路局、省发改委、康平法库两县的沟通,并与市建委对接,配合市建委共同推进此项目。

(边松伟)

道路运输

【概述】 2012年,全市交通行业完成固定资产投资121.8亿元;完成道路运输客运量2.9亿人次、旅客周转量125亿人公里,分别同比增长5%和6%;完成货运量2.1亿吨、货物周转量333亿吨公里,分别同比增长12.5%和14.9%;完成城市公交客运量11.3亿人次、出租汽车客运量5.8亿人次。

(林　洁)

【运输管理】 2012年,沈阳市道路客运秩序进一步规范。沈阳站地区长途客运车辆结束了30年来的马路停、发车历史,实现统一进站发车;在客运班车及所有旅游包车安装了GPS监控系统,车辆运行更加安全规范;完成沈抚城际公交线路电子站牌设置、车辆调度系统建设;全年共新开、调整客运班线65条,新增、更新客运车辆1071台。海事监管确保安全,建成棋盘山码头海事监管所,完成内河船员实操考试,实行船舶定期签证制。加速现代物流体系建设,培育典型物流企业5户、甩挂运输试点企业3户,新增、更新货运车辆2.1万台。全市创新驾培管理模式,市交通局重新设置了驾驶员培训管理处。2012年,重新搭建驾培行业信息公示平台,打造公开、透明的驾培环境。在全行业推进驾培机构信誉考核工作,完成教练员从业资格培训与考核,新增教练员1061人,新增教练车130台,全市驾校共招收学员12万余名。开展全市维修企业信誉考核,强化维修企业资质管理,全市一、二类维修企业公示率达100%。健全车辆救援体系,救援能力不断提升。

(陈千城)

【行政执法】 交通法规体系进一步完善,完成《沈阳市客运市场管理条例》修订和《沈阳市公共交通管理办法》修改草案的起草与提报。开展了道路运输市场专项执法整治行动,以重点规范"两站一场"、三台子地铁站等违章案件高发区域的运营秩序为重点,市、区两级交通执法力量协同作战,形成合力,加大对出租汽车、长途客车、旅游包车、危险品运输、驾驶员培训车辆违规行为的查处力度,全年查处各类违规案件2万余件,查处非法营运"黑出租"393台,依法销毁87台。严格执行出租汽车从业人员违规记分制,先后有5234人次因违纪扣分,有943人因信誉考核扣分被停业培训,有24人违规情节特别严重被依法取消从业资格。

(胡 博)

【行政审批】 各区交通分局的基层基础作用得到充分发挥,区域交通管理工作不断加强,在企业管理、投诉处理、代征税款、保障中高考、创文明城等重要工作及春运、节假日等重点时段交通运输管理中发挥了关键作用,确保了各项交通管理措施的贯彻落实。创新服务举措,对25个重点项目提供上门服务,审批效率大幅提升。全年共受理交通行政审批事项13.1万件,平均办结时限1.32个工作日,规定时限办结率100%。全年共发布政务公开信息371条,同比增长37%。"双进双解"工作扎实推进,为房地产企业解决问题25项,两次在市政府专项会议上介绍经验。全面推进道路运输企业安全生产标准化达标创建工作,在全国率先出版道路客运行业安全生产标准化文本;全年组织安全生产大检查11次,不断完善应急救援体系,组织各类应急演练5次,完成防汛、"十八大"反恐安保等工作,全年未发生安全生产责任事故;落实"四位一体"包保稳控措施,抓好信访问题的源头预防,全年受理信访案件643件次,结案息访率96%。

(胡 博)

【建成交通运输运行监测调度指挥中心】 2012年9月,沈阳交通运输运行监测调度指挥中心建成,对全市3万余台公交车、出租车和客货车辆实施GPS监控,并同公安交管部门路面监控系统联网,对市内重点区域营运车辆运行情况进行实时监控,初步实现全行业数字化、智能化管理。

(胡 博)

【低碳交通建设】 全市补贴公交企业购置油电混合动力公交车,推广LNG新能源车辆,应用现场冷再生基层技术修建公路,沈阳市作为辽宁省惟一入选城市被交通运输部确定为全国第二批低碳交通运输体系建设试点城市。推广新材料、新工艺、新技术在公路建设中的应用,在52项581公里公路建设中推广应用橡胶沥青、纤维碎石封层等先进技术,创建尹石线等省市"科技示范路"47.4公里,进一步提高了公路建设科技含量。

(胡 博)

城市公共交通

【概况】 2012年,沈阳市公交行业通过着力加强行业监管、不断提升服务能力、完善基础设施、科学规划线网布局,实现公交运营服务水平和运输保障能力的显著提升。在实施公交优先发展战略中,通过政府增加投入,整合公交运营企业,大批量新增、更新公交车辆,再次提高职工工资等措施,公交行业服务水平明显提升,行业面貌明显改观。2012年是全市新开、调整公交线路最多的一年,新开公交线路6条、调整24条,增加线路里程106.4公里,填补公交空白41公里;增加公交延时线路42条,新开10条地铁接驳专线,调整与地铁平行交叉线路16条,形成与地铁无缝衔接的公交线网新布局。维修、改造公交候车廊348个,新建多功能智能公交站牌400个,亮化美化公交站务室170个,公交站务设施档次及服务功能显著提升。完成康福德高、香港丰城等四家外资公交企业的收购工作,解决了多年历史遗留问题,公交市场国有份额由42%上升至72%,形成以客运集团、地铁巴士、地铁公交三家国有企业为主,多种经济成分有序竞争的公交市场新格局。在公交行业建立了工资集体协商制度,签订了全国首份公交行业工资集体合同,职工工资年增长15%,惠及全市公交企业1.4万名职工,形成职工工资共商共决的新机制。编制了《沈阳市公交场站规划》,纳入到全市整体规划中。完成沈阳西站综合交通枢纽主体和屋面钢结构工程,建成苏家屯客运枢纽站,完成望花、沈海、沈南公交停保场(停车场和保养场)改造工程,建成公交站务室20处。

(陈千城)

【出租汽车行业发展】 2012年,全市出租汽车行业以"打造一流队伍、提供一流服务、树立一流形象"为目标,深化"抓环境促提升五大工程"建设,全面开展"创建全国文明城市、打造市民满意出租车"活动,重点在行业政策引导上、在精细管理上、在科技手段应用上下功夫,着力解决影响行业发展的突出问题,加快构建行业管理长效机制。全年更新中高档出租汽车3525台,为年计划的141%;企业实现规模化经营,全市出租汽车经营主体由120家整合至63家;在出租汽车企业和从业人员中全面开展信誉考核工作,实现由突击化整治向规范化、长效化管理转变;加大投诉处理力度,建立市、区、企业三层投诉处理机制,投诉率同比下降30%;深入开展车容车貌专项整治,车辆整洁率和从业人员仪表合格率均达到98%以上。全行业涌现出以郭明义爱心车队、深港鹏程诚信爱心车队为代表的一批先进集体,以王贵富为代表的一批先进个人,共有15名出租汽车驾驶员和8家出租汽车企业首次获得沈阳市“五一劳动奖章”和“五一劳动奖状”,树立了沈阳出租新形象。

(陈千城)

【公交车辆更新】 2012年,市政府对新增、更新的公交车辆实施50%的购车补贴,总金额达2.83亿元。新购公交车配置先进、外观高雅、车种增多、节能环保。既有18米长的大运力铰接公交车,又有LNG、油电混合动力等清洁能源和新能源车型,全部装有暖风和GPS智能系统,空调车再次启用,车容车貌焕然一新。

(陈千城)

航空运输

【概况】 中国南方航空股份有限公司北方分公司(以下简称南航北方分公司)前身系原中国北方航空公司。2004年底,经国家有关部门批准,北方航空公司正式将航空主业资产注入中国南方航空股份公司。作为中国南方航空股份公司在沈阳设立的分支机构,南航北方分公司从2005年1月1日起,正式按照分公司模式运营,该分公司位于沈阳东塔机场,以沈阳桃仙国际机场为基地机场,主要经营沈阳出港至国内外大中城市的航线。截至2012年底,北方分公司拥有A320系列运输飞机24架,经营沈阳始发航线44条(不含包机),国际航线连通日本、韩国、新加坡等多个国家。

(李小伶)

【航空客货邮运输】 2012年,北方分公司完成运输总周转量6.6亿吨公里,同比增加5.9%;全年运输旅客399.5万人次,同比增长14.4%;货邮运输量4.5万吨,同比增长5.3%;平均客座率82.39%,同比减少0.49个百分点;平均载运率72.78%,同比提高3.29个百分点。全年南航出港航班正常率85.8%,同比下降0.6个百分点。实现运输收入47.35亿元,同比增加10.2%;实现经营盈利2.78亿元,同比增盈1.53亿元。

(李小伶)

【航线网络建设】 2012年,北方分公司加大商务干线密度及西部航线运力投入,使航线布局更加合理。以“广州之路”和A380特色营销为重点,加强中转营销,中转销售收入大幅增长。其中:澳新、东南亚、南亚增长47.2%,欧洲、中东、中西亚增长33%,美加、日韩、港台增长71.5%,乌鲁木齐、重庆国内枢纽中转分别增长24.1%和53.6%。努力提高货运收益,国内航班产投比达到107%,同比提高4个百分点,国际航班达到120%,同比提高23个百分点;快件收入同比增长79.7%;率先开通至北京、上海的陆空联运业务,网络运输量同比增长9.3%。

(李小伶)

【优化飞机布局】 2012年,北方分公司根据南航总体发展战略部署,结合沈阳航空运输市场变化情况及自身的飞行运营保障能力,逐步对机队结构进行优化调整,以构建机型先进、结构精简、经济高效的机队。全年引进A320飞机1架。截至2012年底,北方分公司拥有A320系列飞机24架。其中:A321飞机7架,A320飞机11架,A319飞机6架。分公司共有静态座位3657个。

(李小伶)

【市场营销体系】 2012年,北方分公司营销能力进一步提升,在高端客户发展、枢纽中转等方面处于南航前列。在客运方面,一是深入协调运价、加强航班监控,IT助力收益不断提升。二是紧盯“广州之路”开展营销创新,实施过程控制,完善产品开拓,枢纽中转成绩突出。三是做好促销,加强渠道走访,渠道管控成效显著。同时,通过狠抓平台建设,直销能力明显提升。在货运方面,实现了跑赢行业、跑赢对手的目标,基地市场控制力得到提高。货运部通过广泛、高频次的客户走访,及时掌握了最新市场动态以及市场变化情况,有效地遏制了货源流失问题,稳定了支柱货源,并吸引了申通等新客户。同时,大力推进南航货运战略转型,加强国际网络营销;不断改善货源结构,高中端货源收入比重得到进一步提升;加强收益管理,不断完善等级舱位管理,经营品质得到提高。

(李小伶)

【航空安全】 2012年,北方分公司安全运行平稳有序,以“飞行训练年”为主线,加强QAR数据监控和超差事件管理,确保飞行安全。严把资质能力关,严格执行考核准入、持证上岗、定期复训的岗位资质要求,提升安全裕度。加强检查与风险防控,开展安全督导和检查11次,发现并整改问题54项,形成管理闭环。开展安全系列主题活动和“三服务”活动,营造良好氛围,改善安全运行环境。全年共安全飞行8.2万小时,同比增加10.6%;杜绝了飞行、空防和航空地面差错及以上问题,发生1起客舱滑梯掉包的一般差错;连续228个月保证了空防安全,连续114个月没有发生飞行严重差错(含)以上问题。实现了第19个安全年。

(李小伶)

【品牌服务】 2012年,北方分公司按照“标准国际化、管理制度化、操作规范化、人员职业化”的服务工作总体要求,深入开展“国际品牌服务年”活动,通过抓管理打造国际品牌,抓检查推进服务对标,抓整顿消除服务波动,抓基础提高保障能力,抓运控提高航班正常,迅速扭转了年初排名下滑的不利局面,保证了南航品牌的美誉度和影响力的显著提升。服务质量有效投诉率为零;在南航服务考核中排名第二,实现了年初目标。

(李小伶)

【新开通航线】 2012年北方公司根据市场需求进一步优化航线网络,开辟了沈阳-常州-长沙等2条沈阳始发航线(详见附表)。

附表:

2012年新开航线(不含包机)

序号	航 线 名 称	开航时间	班 次
1	沈阳-常州-长沙	2012年3月27日	189
2	沈阳-广州-普吉	2012年1月23日	11

(李小伶)

邮　政

【概况】 2012年，沈阳市邮政局牢固树立“用户至上”的服务理念，积极转变发展方式、多元拓展服务领域，不断加快基础设施建设，忠实履行普遍服务义务，特别是为满足社会经济发展及用户多样化用邮新需求，积极构建了邮务类、代理速递物流类、代理金融类三大板块业务格局，在为用户提供优质便捷服务的同时，为促进沈阳经济建设和社会和谐进步做出了应有的贡献。用户综合满意度在全市公共服务行业政风行风评议中名列前茅，被授予市消费者满意单位、优质文明诚信服务先进集体，安全生产、信访稳定和经济发展工作先进单位、创先争优先进基层党组织等荣誉称号。

（张明霞）

【创新邮政业务】 发挥实物流、信息流、资金流“三流合一”的网络优势，以改革创新、转型发展为己任，积极推进传统产业向现代服务业转变，业务发展呈现新气象。

函件业务组建直邮营销团队，重点发展账单、封卡片、数据库商函等业务，礼品化产品、账单业务不断为银行、政府及公用事业提供服务。报刊发行业务充分发挥邮政主渠道作用，以商务期刊和重点畅销报刊收订为核心，收订各类报刊1.25亿份；突出发挥报刊亭文化阵地作用，更新报刊亭58处，新增全国重点和本省畅销类报刊120种。集邮业务稳抓社会热点，形象化年册、个性化邮票、礼品化邮品等业务为企事业单位宣传产品、树立形象搭建了文化平台；《福禄寿喜》和“十二运”系列邮品首发式成功举办，并邀请邮票设计师王虎鸣到现场举办签售活动。包裹业务以便民服务为己任，进入校园、军营等现场开展服务、收寄，开展爱心包裹、母亲包裹募集活动，筹集善款18.15万元。代理和信息类业务积极延伸服务内涵，在全市邮政网点开办代收水电费、电话费以及公交IC卡充值、代售长途客票、火车票、航空客票服务基础上，45个网点新增代收异地交通违章罚款，郊县局新增代收农电费业务，并倾力打造“11185”信息平台、183网站和邮乐网等服务平台，开办网上订报、网上集邮和网上购物等电子信息类业务，打造了邮政便民利民新窗口。分销业务积极响应国家服务“三农”号召，积极落实惠农政策，在为广大农民配送化肥、种子等农资产品和生活用品的同时，承担起普及科技知识的责任，形成了具有邮政特色的农资服务渠道。同时，开展家乡包裹等土特产配送服务，为农产品进城开辟绿色通道，为农民增产增收作出了新的贡献。代理速递业务坚持“珍惜每一刻，用心每一步”的服务理念，借助遍及全国、通达全球的速递网络，不断为社会各界客户提供方便快捷、安全可靠的速递物流服务。代理金融类业务充分依托覆盖城乡的网络优势，不断丰富业务品种，完善营销渠道，为广大客户提供更全面、更便捷的金融服务；全面推进低效网点提升工程，实现邮政储蓄网点竞争能力和经营实力的全面增强，有效满足市民对邮储业务的需求。

（张明霞）

【夯实基础能力】 以便民、利民为己任，重点在网络支撑、投递管理、网点建设等能力提升上下功夫，一方面推进邮件全程时限达标，重新编制了邮路运行时间表；建立报刊运行质量反馈制度，优化段道设置，调整10万余条基础地址与组织机构数据，推进城区局投递外部质量监控系统上线，初步实现信息化全覆盖，有效提高了邮件的妥投率和准确率。另一方面以函件专业一体化管控为前提，重组现有城市投递网，建立个性化投递队伍，采取自主投递、集中投递、跨区域投递相结合的投递方式，满足邮件的商业性、时限性要求；以普遍服务的进口邮件与特殊服务的报刊等业务量为依据，按大客户、中小企事业单位和商户、住宅用户三个层次划分，重组综合投递网，巩固了大户投递机动化、中户投递段道化、住宅投递社区化的组织架构，切实提高投递质量；基础建设投入不断加大，安装信报箱7700个，为用户提供了更加便捷的用邮条件。

（张明霞）

【提升服务质量】 一是创新服务模式。以局所环境、服装配备、仪容仪表、晨会制度、业务处理时限等为规范重点，严格执行和落实服务纪律、规章制度，实现规范服务目标；以满足用户需要，有效提高服务质量为前提，确定营业时间内营业台席开设数量，在业务量较大支局设置导邮员、导储员和安保人员，并通过利用排号机等机具设备，解决用户办理业务等候时间长等热点、难点问题。二是拓展服务功能。积极组织开展实施惠民举措，重点对邮政服务需求大的区域，开展延伸服务、延长营业时间，为用户提供便利服务；抽调业务骨干，组建流动服务队伍，为各类大型会议、企事业单位、部队、大中专院校开辟“绿色通道”，实行预约上门和“一站式”服务。三是提高服务技能。组织全局营、投服务人员进行服务礼仪培训，注重突出亲情感动与体验服务，着力增强业务宣介引导能力，使窗口人员服务礼仪的规范化达标率达到100%，不断提升服务水平；深入开展“环境创最佳，服务争一流”诚信服务竞赛活动，开展星级营业员和投递员评定工作，巩固、扩大“服务示范窗口”建设，全局共有示范窗口26处，星级服务人员171名，树立了一批具有时代特征、邮政特点的优质服务品牌。四是推进服务公开。将服务规范、业务种类等内容公布在市政务公开服务网和本单位门户网站中，并在现有服务窗口便于公众知晓、方便群众办事的地点设立公开栏、告示板和电子显示屏，公开服务公约和资费标准。2012年，共设置固定公开栏100多个、电子显示屏37个、告示板等其他载体485个。五是强化服务监督。在局内，开展窗口服务规范整治达标年活动及营、投、运等环节专项检查，年内发寄《用户征询意见函》880件；在局外，利用11185客服中心与“114公民服务热线”对接，以及政风行风热线和民心网工作平台24小时受理用户咨询和投诉，接受用户监督。2012年，客服中心共受理用户来电来函1.53万件，其中：咨询1.07万件，批评投诉4549件；处理省民心网、市行风热线等用户诉求80次，做到了件件有回音，事事有着落；收到用户各种方式表扬127件，锦旗5面。

（张明霞）

城 乡 建 设

综 述

【城市建设】 2012年,沈阳市完成城建投资506亿元,完成房地产投资1943亿元,实现建筑业总产值1741.2亿元,实现现代建筑产业产值1042亿元。

城建计划全面完成,城市综合承载能力显著提升。"十二运"40个比赛、训练、备用场馆主体工程按照时间节点完成计划工作任务,通过"十二运"全国组委会预验收。市、区14个全民健身中心按计划建成11个,电力、供水、燃气等赛事服务保障项目在关键点位提能达效,确保需求。东一环、东二环快速路一期工程竣工通车,三环快速路部分通车,四环快速路全线贯通,北站综合交通枢纽改扩建工程完成年度目标,黄河北大街三环跨线桥、新立堡桥、南阳湖桥、高坎大桥、梅江街等重要节点工程投入使用。以辽河、运河等水系治理和植树绿化为重点,生态质量持续改善。完成弃管住宅区综合改造、居民供水二次加压泵站改造、保障性安居工程建设、街巷路改造、更新公交车辆、污水治理等十大民生工程,城建成果惠及更多群众。骨科医院投入使用,宋雨桂艺术馆完工,文化艺术中心建设取得阶段性成果,沈阳社会发展水平和文明程度进一步提升。加强市政设施维护、市容环境整治、交通组织管理,确保城市安全有序运行。

房地产市场平稳较快发展,金廊建设树立新形象。严格执行国家调控政策,保持房地产市场健康平稳发展。全市房地产投资增长15%,全年房地产投资占全市固定资产投资总额的34.7%。完成45个住宅小区的市政设施配套,确保项目竣工同步交付使用。万象城一期和铁西万达广场荣获年度国家"广厦奖"。金廊建设提速,辽展地铁商城、东森国际写字楼、市府恒隆商场竣工并营业,新华国际一期、沈阳天地商场基本完工,另有12个项目、80座单体实现主体结构封顶或基本完成外立面装饰。

建筑业总体实力显著增强,现代建筑产业跨越发展。全市共完成建筑业总产值1700亿元,现有建筑业企业2240家,建造师1.44万人。全市建筑业企业共荣获国家3A级安全质量标准化工地12项、省级安全文明工地30项。东北传媒文化广场荣获中国建筑鲁班奖,荣获市以上优质工程599项。新开工现代建筑产业项目220万平方米,预制构件产能达到340万平方米。沈阳建筑大学、沈阳建筑设计院等科研、设计单位积极搭建产业研发平台,夯实产业发展基础性工作,万科、地铁等房地产开发企业积极参与,宇辉集团、中南建设等知名企业先后在沈阳市投产,现代建筑产业市场化格局基本形成,产值排名工业类第四位。沈阳市作为特邀代表在第十一届中国国际住宅产业博览会作经验介绍,全国26个省、市来沈阳学习考察。

加快科技兴建步伐,建设水平有效提升。积极开展城建城管系统科研和标准编制工作,PRCR技术等"四新"技术得到应用、推广。建筑节能标准在设计阶段、施工阶段执行率分别达到100%、98.48%。沈阳大学科技工程学院太阳能光电建筑一体化等12个项目成为国家示范工程,新增太阳能热水系统建筑面积95万平方米、地源热泵技术应用面积170万平方米,全年节约用水7500万立方米,33项工法获批省级工法。绿色建筑评价地方标准填补全市空白,并建成两项示范工程。开展"沈阳建设无冬天"活动,冬期施工项目达到495个,实现产值170.7亿元,拉动就业25万人次。

(*刘成辉*)

【县城建设】 2012年,沈阳市坚持点面结合原则,扎实推进县城建设,累计实施重点项目86个,改造城中村城边村13个,"一市三县"城镇化水平同比提高2个百分点。完成茨榆坨、大民屯等市级以上中心镇基础设施建设和于洪区边台村等蒲河沿线10个村庄环境整治工程。新建朱家房等3个生活垃圾处理场和29座转运站。"一市三县"规划建设的12座垃圾场和61座转运站全部完工,全市农村生活垃圾处理能力在全国处于领先地位。

1.农村垃圾处理设施建设。2012年,实施了辽中县朱家房垃圾场、法库县依牛堡子垃圾场、康平县海洲垃圾场等3座垃圾场建设和29座转运站土建工程,并通过验收。完成了辽中县潘家堡垃圾处理场渗沥液处理设施建设。全市农村规划建设的12座垃圾无害化处理场、61座垃圾转运站全部建设完成,完成总投资3.2亿元,农村垃圾无害化处理能力达到100%,全面完成《关于农村垃圾无害化处理的议案》提出的建设目标。

2.重点中心镇道路、排水等基础设施建设。2012年建设的重点中心镇建设项目——辽中县茨榆坨镇东环排水、新民市大民屯镇中学路排水、周坨子镇道路、前当堡镇镇内道路铺装、法库县陶瓷城财湖经济区配套道路、康平县张强镇道路改造及镇区广场、苏家屯白清寨镇绿化等十项工程全部完工并通过验收。

3.蒲河沿线村庄环境治理。2012年,在蒲河沿线10个村(于洪区边台村等3个村,辽中县金山堡等4个村,新民市王家河套等3个村)开展村庄环境整治,新建、改造村庄的道路及围墙、绿化等工程均于7月底完工并通过验收。

4.县城基础设施建设和城中村城边村改造。认真贯彻落实辽宁省委、省政府关于全面推进县城建设的重大工作部署,制订了《沈阳市推进县城建设工作实施方案》和"十二五"期间县城建设规划,确定了总体目标、重点建设项目和实施步骤,编制了2012—2015年县城建设计划,确定2012年县城建设重点项目为道路、水系治理、城中村城边村改造、商业街区、寄宿中学和房地产开发六大类共86个项目。全年"一市三县"共修建道路54公里、治理水系157万平方米、改造城中村城边村13个(6952户)、建设商业街4830延长米、建设寄宿制中学4个,2012建设目标全面完成。一市三县城镇化率分别比上年增长2个百分点。全市城镇化增长率均已达到1.2%的计划指标。

5.农村危房改造试点。按照国家住房和城乡建设部、国家发展和改革委员会、财政部《关于做好2012年扩大农村危房改造试点工作的通知》和辽宁省住建厅关于开展危房改造摸底调查的通知精神,先后完成了农村危房的调查摸底工作以及农村危房改造计划的上报工作,起草了下发了《沈阳市农村危房改造实施细则》。按照辽宁省住建厅批准的2012年农村危房改造计划,全市各区、县(市)已完成补助对象、标准的民主评议、公示、审核、审批、合同或协议签订等前期工作,启动改造工程建设。

(姜子平)

【道桥工程等重大交通项目】 2012年,沈阳市建委完成市政府投资实施的265项道桥工程建设,其中:黄河大街北出口综合改造工程,南北方向交通于9月17日恢复通车,极大地改善了城市北部的出行条件;完成哈大客运专线的征地拆迁工作,哈大客专于12月1日正式通车。实施快速干道系统建设,一、二、三、四环同时开工,东一环建设了从北陵大街至北海立交桥总长4.7公里、双向6车道的高架快速路,于10月5日全线竣工通车。南二环新建4个立交桥和5处人行通道,东二环建设了黄河大街白山立交桥至新立堡立交桥总长12.4公里,双向6车道的高架快速路,于10月20日全线竣工通车。三环按全线双向8车道进行改造,于9月30日完成了王家沟至金宝台段全长42公里东南环段建设任务,西北环预计2013年7月份全线通车。四环快速路全长131公里,预计2013年7月30日全线通车。四条环路经快速化系统改造后,三环以内快速路长度较原来增加了一倍以上,有效分流了过境交通,形成了市区交通保护壳。

治理改造城区交通主干道系统,新建梅江街、陵园街(一环南侧)、南塔柏翠园北侧规划路等14项主干道路工程;整修了胜利大街、雪莲街等17项重点街路;改造了北陵地道桥、胜利大街桥等8座桥梁。建设改造了城区边浑河通道,新建改造9座跨浑河桥梁,其中,新立堡跨浑河桥10月1日建成通车,南阳湖跨浑河桥10月6日建成通车,伯官桥主体工程完工,长青桥改造历时4个月,于8月13日完成整修通车。建设改造了沈阜开发大道(9月1日通车)、沈彰开发大道(11月2日通车)、沈抚二号公路(11月15日通车)等8条重点公路,同时完成了8处重要交通节点的改造任务。

(赵萍萍 刘灿)

规划和国土资源管理

【规划编制和管理】 2012年,沈阳市充分发挥规划的龙头作用,进一步完善城市规划编制体系,坚持高标准科学规划和管理,进一步做大、做优、做强城市发展空间。

1. 两大规划取得突破性成果。《沈阳市城市总体规划(2011－2020)》完成本市层面所有审查工作。规划成果先后通过市政府常务会审查与市人大常委会审议;7月完成公示。市规划国土局结合市人大审议意见及市民意见,根据《城市规划编制办法》要求,进一步完善规划成果,完成了规划文本、市人大成果修改意见、公众参与意见采纳说明等材料,以及《城市空间发展与形态演变研究》等34个专题研究工作,规划成果已上报省政府。《沈阳市土地利用总体规划》(2006－2020年),完成规划成果编制及调整工作,于9月18日获国务院批复。

2.编制完成了一批重点专项规划。《沈阳市地下空间开发利用总体规划》、《沈阳市结构性绿地规划》顺利通过市规委会审查;《沈阳历史文化名城保护规划》通过市规委会审查;《沈阳市历史建筑保护规划》、《中山路历史街区保护规划》通过专家评审;《城市快速路及立交建设形式研究》、《文化艺术中心立交桥规划方案》等八大交通专项规划先后编制完成,为综合交通规划实施提供了有力支撑;《沈阳市城市内涝防治专项规划》运用计算机模拟等新技术完成规划成果;《沈阳市排水专项规划》完成初步方案,并召开了全国专家研讨会,为健全沈阳市专项规划体系贡献了新力量。

3. 城市规划设计进一步增强。编制完成《沈阳金廊沿线城市设计导则》,作为沈阳市首个城市设计导则,已在规划审批管理工作中开始施行;编制完成《盛京皇城城市设计》、《东塔机场概念规划及城市设计》、《黄河大街沿线城市设计导则》;同时,编制完成了《沈阳市规划审批日照管理规定》和《沈阳建筑高度管理规定》,为城市精细化管理作出了新贡献。

4. 全运会项目全速攻坚。面临紧迫形势,沈阳市规划和国土资源局编制完成了《浑河新城总体发展规划》、《浑南新城总体城市设计》、《全运马术基地周边地区控制性详细规划》,《沈阳市浑南新城综合交通规划》、《奥体中心交通枢纽规划》以及《全运场馆安全保障基础设施专项规划》、《重点地区地下空间管线迁移规划》等规划,为浑南新城开发建设与全运会顺利召开提供了有力保障。

5.规划审批工作取得新实效。核发《建设项目选址意见书》40件、《建设用地规划许可证》86件、《建筑扩初设计审定通知书》74件、《建设工程规划许可证》124件;核发市政项目《选址意见书》5件、《市政工程规划设计方案审定》及变更221件、完成《建设工程规划许可证(市政)》及变更213件。

(刘乃婧)

【用地审批】 2012年,沈阳市共获国务院和辽宁省政府审批用地57.37平方公里,其中新增计划指标31.26平方公里、重点道路工程项目16.61平方公里、城乡建设用地增减挂钩周转指标9.5平方公里,重点保障了全运会场馆、三环路、四环路、灯辽高速、沈康三期、上海通用北盛三期、秦沈天燃气管道工程、华晨宝马新工厂、苏家屯旅游大道及马术中心、T3航站楼等一批重点项目用地。

开展征地制度改革试点工作。沈阳市作为全国征地制度改革试点城市之一,制订了《沈阳市征地制度改革试点缩小征地范围实施方案》,并在于洪区、沈北新区选择两个村开展试点工作。改革试点工作已完成阶段性任务,为集体土地利用探明了一条新路,为国土管理机制创新提供了有益经验。

稳步推进"低效用地"改革创新试

点工作。为解决沈阳市经济发展中土地指标瓶颈,通过改革的办法解决发展中存在的问题,2012 年 5 月,沈阳市规划和国土资源局参加了国土资源部在广东召开的节约集约用地"三旧"改造政策创新座谈会,国土资源部将沈阳市列为扩大"三旧"改造试点范围的重点城市,标志着沈阳市"三旧"改造试点工作已经由前期准备阶段进入组织实施阶段。通过调查,初步统计沈阳市共有低效用地 207 平方公里,其中四环以内 95 平方公里。在此基础上,经过认真研究,拟定了低效用地再开发试点方案,初步确定大东区汽车城、和平区使馆区、于洪区统筹城乡发展示范区、皇姑区陵东新城等积极性较高的区域作为启动再开发的试点区域。辽宁省已同意沈阳市开展"低效用地"改革创新试点工作,《沈阳市促进新型工业化发展实施"低效用地"改造试点方案》已上报国土资源部待批。

铁西区镉污染地变更获国土部批准。2012 年沈阳市规划和国土资源局为解决全市镉污染土地利用问题,积极申请国土部进行地类变更,经过多方努力,铁西区 12 平方公里镉污染耕地变更为未利用地获国土资源部批准,并纳入 2012 年变更汇总。为全市充分利用镉污染土地进行项目建设奠定有利基础,同时从根本上解决由于镉污染地复耕引起的粮食及食品安全问题。

(刘乃婧)

【土地市场建设】 2012 年,沈阳市共新增收储地块 59 宗,面积 445 公顷,征收总成本为 152 亿元,已基本拆迁成净地地块达到 39 宗,土地面积 1130 公顷;还有 47 宗,面积 920 公顷地块正在实施拆迁。本年共新增贷款 182.28 亿元,比上年增长 82%;本年还款本金 91.27 亿元,贷款余额 258.93 亿元。

2012 年,沈阳市规划和国土资源局科学预判形势,合理安排供地计划,坚定贯彻国家房地产调控布署,积极探索土地出让新模式,组织大型土地集中出让,出台旨在降低企业购地门槛的优化土地市场七条意见,分割出让大面积地块,有效提高了市场活跃度,促进了沈阳市土地市场的良性发展。全市土地市场共出让土地 511 宗,出让土地总面积 2472.6 公顷,成交金额 580.8 亿元。其中市本级共出让土地 56 宗,出让土地总面积 246.8 公顷,成交总价 235.2 亿元。市本级实现综合收益 85.3 亿元。同时,完成了国有建设用地使用权网上交易平台建设,并于 5 月 22 日首次运用网上交易平台以挂牌方式成功出让两宗国有建设用地。

(刘乃婧)

【土地资源保护】 2012 年,沈阳市共核发国有土地使用证 145 本,发证面积 380 余万平方米,国有土地使用权注销登记 12 件;办理抵押登记 180 件,抵押注销登记 150 件,涉及贷款融资总额 150 亿元;办理划拨、出让、租赁审批手续 221 件,存量补办出让共收缴出让金 1.64 亿元;为市本级储备地块下达《收回国有土地使用权决定》和《关于国有土地使用权批复》共计 96 件;编制完成全市 2012 年国有建设用地使用权供应计划和保障性住房供地计划,已经市政府审定公布实施;开展城市基准地价调整更新工作,完成了项目单位的招标工作,正在进行外业调查工作。圆满完成了 2011 年度土地利用现状变更调查和卫星遥感监测及变更调查疑问图斑核查工作。

2012 年,沈阳市全面完成集体土地所有权确权登记发证工作,并建立了沈阳市农村集体土地所有权登记发证数据库。沈阳市农村集体土地确权登记发证工作涉及全市 14 个县(区、市),146 个乡镇,共计 1700 多个行政村。全年共开展集体土地所有权地籍调查面积110.63 万公顷,调查率为 100%,已发证宗地数 9198 宗,发证率为 98.84%。

积极开展高标准基本农田建设、农村土地整理、增减挂钩"三个平台"建设工作。启动高标准基本农田建设项目 16 个,总规模 3.61 万公顷;农村土地整理项目 3 个,总规模 9673.3 公顷;增减挂钩复垦耕地 1733.3 公顷。涉及资金 10.65 亿元,其中 3.34 亿元已拨付至市财政。

2012 年,沈阳市规划和国土资源局按照国土资源部有关要求,开展了包括沈阳经济技术开发区等 5 个国家级开发区和沈阳道义经济开发区等 10 个省级开发区 2012 年度土地集约利用评价成果更新工作,并已顺利通过国土资源部和省国土资源厅验收,评价结果将作为开发区升级、扩区的依据。同时,积极组织开展了国土资源节约集约模范县(市)达标县(市)评选工作,沈阳经济技术开发区和沈北新区获得首届国土资源节约集约模范县(市)荣誉称号。

(刘乃婧)

【矿产资源保护】 2012 年,沈阳市编制完成第二轮《沈阳市矿产资源总体规划》,经辽宁省国土资源厅审查通过,由市政府发布实施;开展全市矿业秩序治理整顿工作,规范矿业权管理;开展矿业权设置方案编制工作,已完成基础资料收集和调查工作;加强对矿产权的日常监管,完成全市采矿权年检工作,全年共收取矿产资源补偿费 4000 余万元。

编制完成《2012 年地质灾害防治方案》;组织开展地质灾害应急演练及地质灾害汛前巡查检查工作,建立和完善群测群防体系,整个汛期无人员伤亡和较大财产损失;完成建设项目地质灾害危险性评估报告备案 69 份、矿产资源压覆评估项目备案 8 份,全力支持项目建设。

(刘乃婧)

【测绘管理】 数字沈阳基础地理信息数据整理入库工作全面完成。数字沈阳地理空间框架建设是"数字沈阳"建设的基础,主要建设内容包括基础地理信息数据库建设、共享服务平台建设和示范应用建设三个部分。数字沈阳地理空间框架项目设计书于 2 月 19 日通过了省级初审,6 月 8 日通过了国家级评审,并由国家地理信息局、辽宁省测绘地理信息局、沈阳市人民政府三方签订共建共享协议。年底前项目已全面建设完成,并进行了多个示范应用项目的对接。

完成了用于更新 1 : 10000 地形图全市域覆盖的航空摄影、全市域的 0.5 米分辨率的卫星遥感数据纠正整理、地铁 4、9、10 号线路地下约 1000 延长公里管网调查、民政界线测绘及图册的编制等工作,为全市城市建设提供了精准的基础测绘数据支持。

测绘行业管理得到强化,完成 2011 年度全市测绘资质单位行业统计和年度审查工作,维护了良好的基础地理信息测绘市场秩序。

(刘乃婧)

【"一张图"工程】 2012 年,"一张图"一期工程完成并顺利通过验收。沈阳市规划和国土资源局通过开展信息化"百日会战",全力推进"一中心、两网络、三平台、四体系"建设,全力构建覆盖全市的集数字化、网络化、智能化为一体的

“智慧国土”和“智慧规划”框架体系。

建立了“一张图”数据中心，实现了多维数据集中管理、信息共享；建立覆盖规划和国土管理各环节的综合电子政务平台和共享服务平台；与市经信委紧密合作，开展了智能交通、数字城管等“数字沈阳”7大示范应用项目建设；综合监管平台全面展开，采取定点监控和动态巡查相结合的方式，实现土地执法的智能化、网络化，降低土地违法案件发生率。

（刘乃婧）

城市综合管理

【突发事件处置】 2012年，沈阳市城市建设管理局全面落实各项防范措施，健全了抢险网络，适时组织应急管理干部培训和应急抢险演练，建立了“预防为主、科学应对”的理念。针对各类典型突发事件，适时组织相关单位和部门，召开工作分析会议，分析原因、落实措施，防范于未然，减少同类事件的连续发生造成的不良影响。完善了《沈阳市城市建设管理系统突发事件应急预案》，起草印发了《沈阳市城市建设管理系统地震应急预案》，起草印发了《沈阳市市内市政道路塌陷及无主井盖等相关问题应急处置方案》，对产权单位和责任主体应承担的经济责任、管理责任和社会责任实行事后追纠问责制度，提升了科学预防和有效应对突发事件的能力。全面开展了沈阳市建成区主次街路的地下设施检查井井盖信息采集工作，建立健全井盖责任单位管理档案，保障城市市政设施正常运行。以科技为依托，全面提升城市管理水平，特别是通过督促检查推广使用“应急井盖”工作，确实提高井盖破损、丢失问题的快速处理能力。全年累计处置市应急办组织的扑灭棋盘山山林火灾、青年大街万科紫金苑门前路面塌陷和五爱街沈阳军区总医院东门南侧电力隧道施工造成道路塌陷抢险等各类突发问题245件，均未引发衍生事件，将社会影响和经济损失降至最低。

（姜海涛）

【综合考评体系】 2012年，沈阳市城市建设管理局完善监督检查机制，落实管理责任，推进监管水平的提升。重点对考评的内容、组织实施和考评方法进行强化和完善。采取定期检查、随机抽查、重点复查方式，对市政设施管理、市容环境卫生、园林绿化进行考核，将解决热点、难点问题的能力、解决媒体曝光问题的能力、解决市民反映问题的处置能力均纳入考核范围，完善了《沈阳市城市建设管理综合考评方案》，从以往单纯侧重检查、评比的模式，发展到运用考评如何调动各监管中心、各区的工作积极性和如何对发现的问题及时快速处置的模式。在考核的组织实施上，多措并举，力求客观公正。组织各监管中心和各区城（建）管局对各区每月开展1次互检和暗检，组织监管中心对各区以街道办事处为单位开展日常考核，根据上报情况进行汇总、审核、复查，月末将排名十佳和十差的街道办事处在媒体上公布。组织专项业务考评，配合各业务处室完成了占道市场环境整治、垃圾积存点位的排查清理、露天烧烤点位排查、残土排放点位的调查、建筑工地环境污染、冬季除运雪，道路桥梁等市政设施破损情况的调查摸底和修缮维护的督导、夏季防汛，树木绿篱整形修剪补植的督导、毁绿占率现象的监管督办、园林病虫害防控、园林绿化管护竞赛，市容牌匾整治、路灯杆亮化损坏情况进行排查等专项业务检查考评工作。

（姜海涛）

【道路挖掘管理】 沈阳市城市建设管理局从2012年4月起，先后4次下发了相关加强道路挖掘审批和监管工作的文件。10月末，通过总结道路挖掘管理工作中的经验和不足，草拟了《沈阳市城市道路挖掘管理办法》（初稿）。该初稿汇集了挖掘审批、挖掘施工要求、沟槽修复、监督管理等多项内容，是4个道路挖掘管理的规范性文件的全面综合，强化了道路挖掘施工时限的审批和后续监管工作，明确提出了实施道路挖掘工程的预申报制度，对容易出现问题的道路改造工程中的道路挖掘管理做了相应的约定。全年2次组织召开由局属相关单位和部门、各区城管（建管）局、各道路挖掘施工单位、相关监理公司参加的加强道路挖掘管理和恢复工作专题会议，要求相关单位对道路挖掘管理和恢复工作要提高认识，明确责任，措施落实。各城区监管中心在道路挖掘施工前积极会同设计单位和有关审批部门对施工可能造成周围建（构）筑物、地下管线损坏等情况的现场进行勘察，并制订相应的防范措施和文明施工制度，确保施工现场文明施工和地下管线设施安全。在施工过程中不分工作日和节假日、不分白天和黑天，对施工单位落实规范施工的各项措施进行全程监督管理和指导，确保道路挖掘、恢复工程施工现场实现规范性管理，施工现场和周边环境整洁、道路平整、排水畅通和交通安全。督查组到各区道路挖掘现场，检查道路挖掘恢复工作。全年完成道路挖掘工程369宗。

（姜海涛）

【网格化综合巡视】 沈阳市城市建设管理局先后组织各区监管中心对辖区市政基础设施维护情况、环境卫生、市容牌匾、绿化养护补植、园林病虫害防控等方面存在的问题开展了排查。同时，采取销号办法，逐项督办落实巡视监管中查找出的问题。经过加强网格化巡视，全年发现10起道路塌陷隐患，并及时得到解决，变被动为主动，防患于未然，保障了市民出行安全。全年综合巡视累计发现大小问题3万件，均得到有效处理。

（姜海涛）

【综合保障】 沈阳市城市建设管理局组织各监管中心、市环卫处等相关单位，严格排查政务路线周边环境，高效、快捷的解决沿线存在的问题和隐患，创建安全、文明、整洁的市容环境，确保环境保障工作万无一失。特别是针对国家各部委领导、外省市代表团来沈阳市参加会议、考察等活动，对行车线路、重点部位进行了综合环境保障的指挥调度，营造了良好的外部影响，在全国彰显了沈阳市的新形象。对省市领导在沈阳市举办的各式政务活动，都能够在重点部位和线路实施全方位的综合环境保障的指挥调度，为政务活动的圆满举办起到了保障作用。在重大活动前期，制定政务活动市容环境综合保障专项工作方案，遇有重要政务活动组织召开调度会，进行集中巡线，对存在问题登记造册，跟踪整改落实，逐个销号，圆满完成了保障任务。全年，累计成功完成各类政务活动市容环境综合保障指挥、调度80次。

（姜海涛）

市政建设

【概况】 2012年，沈阳市共完成道路设施维修110.98万平方米，人行道维护

197.34万平方米，调整（补）边石23.1公里，灌缝14.78公里。排水设施维修共完成清掏窨井24.18万座次、清掏雨水井36.8万座次，翻建维修窨井6769座、翻建维修雨水井7475座，清扫管渠2780.34公里，处理水患1818处。桥梁设施维修468座次，桥梁水洗114.93万平方米，桥梁粉饰10.5万平方米，桥面维修3.01万平方米。

（杨 萍）

【市政设施维护管理】 2012年，沈阳市共开展冬季维护、春季道路集中整治、春季市政设施维护、秋季市政设施维护等4次专项活动，改变了过去市政行业"猫冬"的习惯。强化冬季设施管理，加大了冬季排水设施的清掏工作。针对因雨雪冻融天气造成路面坑槽、管沟下沉等道路破损现象，通过"快启动，快处置，见成效"的方式，仅用15天时间，超额完成春季道路整治任务。集中全市维护力量，抓紧春季有力时机，针对边石移位、道路坑槽、方砖破损、桥梁粉饰、市民投诉等项目进行重点整治，打造出了平安通畅的出行环境。对全年市政设施维护管理进行检查考评，围绕管沟恢复、方砖改沥青路面、盲道砖破损、裂缝灌缝等活动实施维护整治，取得较好效果。

（杨 萍）

【道路整修】 从2012年4月15日开始，到10月末结束，沈阳市先后完成了胜利大街、雪莲街、塔湾街、惠工街、广宜街、泰山路、黄河北大街、十一纬路、沈苏路、西顺城街、风雨坛街、五爱街、五座立交桥下道路等13条道路的整修，共计完成工程投资2.8亿元。道路整修工程的数量13条，总长达到4.43万米，整修总面积达到175.2万平方米。其中，机动车道铣刨盖被195.6万平方米，非机动车道铣刨盖被26.5万平方米，人行道铺装16万平方米，调整和更换边石25万延长米，翻建路面33.9万平方米，调整检查井8185座，改造港湾10处，改造公交站点84座。

在施工中摒弃过去小修小补的做法，对道路进行综合性的改造。路面铣刨盖被的沥青砼，采用含有高效高性能添加剂的改性沥青砼，厚度由5公分增加至9公分，分两次铺设；人行道改铺花岗岩火烧板、镶砌马蹄石，并且改建盲道和坡道，安放路名石和指北针。树池设植草砖增加绿化面积；边石增高，阻挡人行道泥沙被雨水冲入快车道内，改建公交港湾、渠化路段和路口，装饰公交站台，满足公交车辆运行便捷。严格按文明施工现场标准管理现场，做到残土残料日产日清，材料堆放有序，设备停放得当，现场设置工程简介和公示牌，施工路段有防护设施、有彩旗、有醒目的人行化标语。为保证道路整修工程质量，凡是使用的材料除了甲控外，在材料进场时都要进行多次检测，达不到标准的一律不允许进入现场，路面检测必须使用雷达检测，其沥青摊铺厚度、路面平整度达不到检测标准的，一律认定的不合格品。

组织相关部门和管理人员对各地采用的道路整修新工艺进行学习、调研，并到使用新工艺的施工单位参观，详细了解工艺流程、工艺标准，把握新工艺要点，有选择性的引进了适合沈阳地区道路整修的新工艺。在泰山路和北陵公园主路整修中，在路面铺设上采用超薄磨耗层沥青砼，省去路面铣刨工序，缩短了工期，增加了路面抗压强度和耐磨性；在沈苏路整修中，贯彻了节能、低碳、环保的方针，在沈阳第一次采用了国家"863"工程项目热再生新工艺，降低了施工成本；在惠工街、泰山路、十一纬路、风雨坛街整修中，采用了铺装精细化工艺，保证人行道坚固耐用；在黄河北大街整修中，采用了沥青混合料玄武岩粗骨料和高强耐腐蚀预制混凝土人行道板工艺，提高了工程质量；在胜利大街、泰山路、黄河北大街、西顺城街、五爱街等道路采用了铺砌侧平石工艺，提高机动车道的收水效果。对在道路检查井调整中，采用了自动式球磨铸铁井盖工艺，增加了抗压强度。通过大胆采用近10项新工艺和大批新材料，扩充了道路整修技术的内涵，体现了道路整修的进步，开创了道路整修的新方法。

每条道路整修竣工后，都能及时组织工程的验收。在验收时，邀请了市人大代表、政协委员、市民代表和新闻媒体参加。通过实体质量检测和内业材料的检查，达到质量标准的通过验收，达不到质量标准的不通过验收，把存在的问题通知给施工单位，待施工单位整改后提出验收申请时，再组织验收，确实把好了工程验收关。在组织惠工街道路整修竣工验收时，参加验收的市人大代表、政协委员和市民代表对道路整修的施工组织、工程质量、文明施工给予充分肯定和好评，认为市管道路的整修和施工组织管理是科学高效的，工程质量好，成为全市道路整修的样板工程。新闻媒体对道路整修给予了关注，并在各种媒体报道了道路整修的新闻，形成了良好的舆论氛围。

（杨 萍）

【城市防汛】 做好汛前准备。一是建立和完善城市防汛指挥机构和责任体系。针对各区及市直各部门人员变动情况，汛前重新调整组成了以市政府副市级干部佟晶石同志为总指挥、以各区政府和市直有关部门为成员单位的市城市防汛指挥部；二是开展排水管渠道疏通和设施检修工作。为保障城市安全度汛，保证汛期排水管渠畅通，结合城市防汛和城建管理工作，极早部署启动城市排水管渠清扫疏通和排水设备检修工作。汛前完成清扫管渠498公里、清掏窨井3.25万座次、清掏雨水井5.98万座次，完成机泵大、中修116台次，检修水泵256台、泵站完好率达98%；并对伐克多、凯撒、移动式泵车、移动式发电机组等25台大型应急抢险机械设备进行了检修维护，保持抢险设备处于最佳状态，确保能够随时投入使用；三是修订完善方案和预案，落实防汛责任和任务。市城市防汛指挥部办公室汛前制订了《2012年沈阳市城市防汛工作方案》和《2012年城市灾害性天气防汛抢险工作预案》，明确了城市防汛工作目标、工作任务和责任分工；四是做好防汛物资储备。按照属地管理的原则，各区、各单位都确定了防汛机构、主管领导和责任人，分别组建抢险队伍、储备防汛物资。全市共计储备水泵394台、运输车844台、起重吊车26台、挖掘机36台、发电机组42台套、冲锋舟12艘、移动式泵站车9台等防汛设备；五是开展防汛工作检查。市城防办积极开展对各部门各单位防汛方案、责任制落实、物资储备情况的检查工作，有效的促进了汛前各项防汛准备工作的顺利进行。

实施完成了城区积水点改造项目。按2012年城建投资计划，市区城建部门组织实施完成了黄河北大街、胜利大街、怒江北街、黑龙江街等排水管网改造和南运河溢流口闸门排水设施改造。另外,针对降雨暴露出的易积水点位逐项研究解决方案,进行应急抢修,并实施完成了胜利大街临时强排泵站、保工南街公铁地道桥下、腾飞二街公铁地道桥、凌空二街公铁地道桥、胜利大街公铁桥下、凌空泵站门前、崇山东路与北塔街交叉口、陵东街崇山路口、北二路公铁地道桥下、崇山路斜桥闸门、珠林路与北海街交叉口、滂江街与珠林路引桥下、南十路泵站、大北关街五中门前、青年大街(凯宾斯基酒店门前)等多处易积水点位的应急改造工程。积水点改造工程在防汛过程中也显示出较好的效果,有效地缩短了街路积水排除时间,缓解了相关区域的街路积水问题。

汛期防汛应急抢险工作。一是适时发布防汛预警。进入主汛期,沈阳市城区接连遭遇8次强降雨过程(其中包括15号强台风布拉万带来的影响),分别按雨情量级下达了8次城市防汛预警令,其中一级预警1次、二级预警6次、三级预警1次。按预警要求,及时指挥调度各成员单位全力做好应急部署和战胜强降雨的各项准备:加强值班值宿,实行领导带班24小时值班值守,并确保手机、对讲机、传真机等各种通讯设备24小时开机,保持汛情和防汛指令畅通无阻;加大城市排水泵站抽升,提前降低管道水位;提前开启或关闭各个城市河道的闸门,降低河道水位;对重点积水点位设抢险人员和移动式泵站车值守,随时强排积水;设置地道桥下水位标牌,当水位达25厘米时实行封闭道路交通管制;加强街路巡查,发现险情问题及时处理和报告。二是全力排除内涝积水。由于市城市排水系统不尽完善,排水能力有限,每次强降雨,都致使城区在短时间内出现普遍积水的状况。雨情就是命令,城防办密切关注水情险情,指挥调度防洪排涝排险,各部门和单位积极响应,全力排除内涝积水。特别是在防御和迎战强台风暴雨过程中,城市各级防汛部门团结协作,保障城市人民的生命财产的安全和城市的正常运行。城区无重大险情和人员伤亡事故。

全力迎战"布拉万"15号强台风。一是紧急部署、强化调度。按照辽宁省防汛工作电视电话会议精神,市、区城防指挥部主要领导坐镇指挥,全员到岗,市城防指挥部总指挥市政府副市级干部佟晶石、副总指挥市政府副秘书长孙明、市城建局局长孙晓光召开紧急部署防御台风暴雨调度会议,全力做好战胜台风强降雨的各项应急准备。发布城市防汛预警令,并通宵达旦工作,全力协调电力、公安交警、水务等各部门做好防御台风暴雨的安全保障。及时调动组织力量,全力排除随时出现的街路和地道桥下积水,同时对积水严重地段实施交通管制,确保交通畅通和车辆通行安全;针对大风造成的树木倒伏和施工现场围挡设施移位,指挥监管部门和各区迅速处理,清理道路,防止发生次生灾害;要求各区房产部门加强对危房的现场管理,逐个进行安全排查,发现问题及时报告指挥部;协调电力部门,对部分泵站断电情况进行紧急抢修,第一时间恢复供电,保证了泵站的正常运行。二是措施得当、积极应对。市区各级城防部门干部职工积极应对,共出动人员1.28万人,各种车辆1016台,努力奋战排除台风暴雨带来的不利影响。针对区域性停电问题,沈阳供电公司紧急出动870人,车辆163台,连续奋战抢修10多个小时,8月29日凌晨2时50分大部分泵站恢复了供电。针对街路积水问题,市城防指与公安交警协同指挥调度,及时实行了封闭道路的交通管制;市区排水部门出动水泵12台,移动泵车7台,经排水干部职工的努力,大部分积水均在29日6时前排除。

(杨 萍)

【工程建设项目】 新立堡跨浑河桥工程。在多方的共同努力下,新立堡跨浑河桥按计划于2012年10月1日正式通车,11月6日工程竣工。

小什字街-工农路公铁立交桥工程。于2012年2月25日开工,2012年3月9日封闭施工所占用区域交通,相继实施了影响工程建设的排迁工作。截至年底,项目上跨主体桥已完成所有下部工程,主桥悬浇节段段已完成,人行地道桥主体及跨河人行桥主体工程已完成,引桥箱梁(0#-3#、11#-16#)已全部完成,3#—7#剩余预应力张拉及注浆工作,现进行现场整理及材料清点而后将进入冬休期间。

黄河北大街公铁立交桥改造工程。2011年11月10日主桥墩身灌注完成,确保了11月15日黄河大街开通。T梁架设工作于2011年12月28日全部完成,主桥于2012年1月14日转线通车。附属工程已于2012年6月30日全部完成,主桥恢复常速正常运营。市本级道路整修工程。2012年市本级道路整修工程于4月中旬陆续开工,现已完成13条道路施工,为:胜利大街/雪莲街、塔湾街、惠工街、泰山路、十一纬路、风雨坛街、西顺城街、广宜街、五爱街、沈苏路、黄河北大街、文体东路、5处立交桥下道路整修。由于交通及资金等问题,另有5条道路整修工程拟结转2013年实施。

(杨 萍)

【东一环、二环快速路改造】 2011年5月正式开工建设,于2012年10月通车。根据市政府统一安排,东一环采取全线高架桥的建设方式,先期实施黑龙江街至柳条湖立交桥段、柳条湖立交至吉祥一路段以及北海高架桥北引道至沈海立交桥段,共3段高架桥,全长4.7公里;二环采取新建高架桥及节点立交相结合的方式,先期实施新立堡立交桥至沈抚立交桥、沈抚立交桥至望花立交桥以及望花立交桥至白山立交桥共3段高架桥,全长12.4公里,新建大堤路、和平大街、天坛一街3处节点立交以及市档案馆、明星路、丰乐二街、佳和新城及长安路5处人行地下通道。总投资38.6亿元(为开行贷款项目),其中东一环快速路改造工程投资8.7亿元;二环快速路改造工程投资29.9亿元。工程取消现有信号,实现主线车流快速化。建成后,将实现桥上6车道,桥下8车道,设计行车速度达到80公里/小时,设计通行能力约为1.26万辆/车道/小时,通行能力将提高2-6倍,形成沈阳市南北方向快速交通通廊和快速交通环廊,极大缓解沈阳南北方向以及中心城区的交通压力。高架桥上部结构采用飞燕式连续梁结构,线形流畅,外观轻盈,下部采用单墩结构形式,节约用地,使地面车道数量增加。

1.排、动迁工作。克服排迁任务重、涉及单位多的不利因素,坚持现场决策、不断优化排迁方案,通过积极主动的沟通协调,顺利完成了排动迁工作。共完成给水、电力、通讯等20家,9公里自来水、3公里电缆、112公里通信、7.6公里燃气以及762根路灯杆、309根电力杆、13座铁塔、26处交警设施等排迁工作;完成12家企业、169户居民拆迁工作;

同时完成大量树木以及交通设施的排迁工作。

2. 东一环快速路改造工程。黑龙江街至柳条湖立交桥、柳条湖立交至吉祥一路共2段高架桥建设已于2012年10月5日实现通车，高架桥全长3.4公里，共完成桩基础531根、承台87座、墩柱87座、混凝土箱梁24联、钢箱梁10跨、桥面铺装10.5万平方米；同时完成地面道路整修25.2万平方米。东一环北海高架桥加宽段高架桥工程主要包含一座高架桥、两座下穿铁路框构桥以及一座排水泵站，总投资1.4亿元。根据总体安排，全运会前实施高架桥施工，在现状北海高架桥西侧平行加宽一座高架桥，高架桥桥面3车道布置，桥宽12.75米，共包括桩基础86根、桥墩40座、桥台2座、混凝土箱梁9联。目前已完成地面道路加宽工程施工，正进行施工围挡安设及排迁工程施工，计划年内完成下部工程建设，2013年6月30日完成全部工程实现通车。

3. 二环快速路改造工程。二环快速路改造工程于2012年10月20日全线通车，其中黄河大街至望花立交桥段于10月6日实现通车，望花立交桥至沈抚桥段于10月20日通车，沈抚桥至新立堡立交桥段于7月30日实现通车，三段高架桥全长12.4公里；共完成桩基础2505根、承台467座、墩柱467座、混凝土箱梁124联、钢箱梁16跨，桥面沥青混凝土铺装41万平方米；同时完成地面道路整修36万平方米。和平大街立交桥、天坛一街立交桥以及大堤路立交桥已竣工通车，市档案馆、明星路、佳和新城、丰乐二街、长安路5处人行地下通道已实现通行，上述工程竣工通车后，南二环仅有五爱街路口1处信号灯，其余段落已实现无信号通行。

（杜姗姗）

【危旧桥梁改造】 2012年，沈阳市完成北陵高架桥、黄河立交桥、北海高架桥、大成桥、北陵地道桥、万柳塘桥、胜利桥等7座危旧桥梁的加固改造工作，全面提高桥梁安全储备，保证桥梁安全运行。加固改造中，根据每座桥梁的实际情况，主要进行了对桥面铺装拆重建、更换部分伸缩缝；主体结构混凝土裂缝及损坏处修补，干燥剂防水处理；钢筋除锈剂防锈处理；对防撞墙进行拆除重建及防腐处理；桥台加固，背墙拆除重建；引导挡土墙加固，局部拆除重建梁底；桥墩及桥台混凝土裂缝处理，对破损处进行修补，局部混凝土表面防水。桥梁经过处理后，主要达到桥梁在原设计何在条件下满足成承载能力极限状态与正常使用极限状态的要求；改善了箱梁腹板的主拉应力状况，通行后避免开裂现象进一步发展；增大了主梁最小压应力储备，增大安全储备；适当改善了主桥的桥面现行，提高行车的舒适性。考虑到多数危旧桥梁位于市内主干道，交通不能全封闭，且面临工期紧的问题。为尽快消除桥梁隐患，施工采取精心组织、科学安排、抓住重点、突破难点；加强管理、统筹协作，提高效率、安全生产、文明施工的方式，依托新工艺、新材料，严把安全关、技术关、材料关、形象关，优质高效地完成了危旧桥改造加固的任务，切实提升桥梁安全系数及运行质量。

（杜姗姗）

【工程建设管理】 2012年，沈阳市组建5个驻地项目管理部，将管理触手深入到工程建设过程中去，形成由市政项目处总体协调管理、各项目管理部具体执行监管的管理体系，对工程建设进行全面、全过程监管，起到承上启下的管理协调作用。同时，针对困扰工程顺利进行的排动迁工作，专门组建排迁部，集中优势力量，开展排迁调查、方案审核以及沟通协调工作，提升排动迁工作进度。抓好影响工程质量的主要因素，通过对施工材料实行登记备案制度，对水泥混凝土、伸缩缝等主要材料实施“甲控”，以及对进场材料实施抽检等方式，全面提高工程材料控制水平，坚持首件报验制度，在源头上控制工程质量。针对重点工序、部位，联合质监站及时印发混凝土墩柱及预应力混凝土箱梁等施工指导意见，起到明确管理标准和指导施工的作用。坚持以工序控制为重点，全过程质量检查控制的质量管理目标，每道工序实施严格的阶段性验收，并由质监部门对参加验收人员、组织机构、验收内容及验收标准进行监督、规范，保证验收质量。通过日常监督检查及专项检查相结合的方式全面监督施工质量，盯紧监管重要环节，将监督检查贯穿于工程建设的全过程，对质量存在问题的立即整改并通报处罚，提高参建单位质量管理意识。突出进度计划的主导控制作用，充分考虑工程特点及施工环境，细化落实施工进度计划，确定阶段工作目标，明确重要节点工作时限，做到组织、措施、技术和资源四落实。充分发挥工程调度功能，由主管局长每周主持召开调度会，着力解决问题和难题，发现问题、提出问题、解决问题，深入研究解决办法和控制手段，为高质、高效开展工作提供坚实的平台。强化各部门沟通协作，做到“一积极、三及时、一密切”即积极进行沟通，及时进行配合、及时调度工作进度、及时制定措施和密切进行协作，形成合力，共同推进项目迅速开展。优化设计方案和施工方案，设立标准统一的钢围挡及警示标志并保持完好整洁，保证市民通行安全。及时公布工程建设信息，采取发放致市民一封信、在主要媒体及时公布信息的方式，让市民及时了解工程情况，做好出行准备。做好交通服务工作，通过对沿线单位居民的实地调查，及时掌握交通需要，完成辅道或临时便道的修建工作，同时强化交通协管工作，确保交通顺畅。紧紧围绕“尽快、尽可能退让围挡，打开主要路口交通”的工作目标，拆一跨、清一跨、让一跨，加快高架桥支架拆除、清理及地面道路恢复和整修步伐。

（杜姗姗）

市容管理

【概况】 2012年，沈阳市城市建设管理局以“迎全运、创一流”为契机，按照市政府相关工作要求，先后组织开展了精品街路景观提升、节日夜景观等市容景观建设工作，强化了户外广告设置、夜景灯饰维护、招贴喷涂清理整治、门前市容环境责任区等管理工作，出色完成了省城镇“绿叶杯”、“四化”竞赛活动。此外，依据新颁布施行的《沈阳市城市市容和环境卫生管理条例》相关规定，完成了对各区局在市容管理方面涉及的行政处罚工作的分工，明确了各区局、各部门所承担的职责；完成了对所涉及的市容管理部分行政处罚自由裁量基准的划分，明确了处罚标准；完成了对市容管理工作中所涉及的国家、国务院、住建部、省、市相关法律、法规、规定的整理,汇编成《沈阳市市容景观管理工作手册》并下发各相关区,依法依规开展市容管理工作。接待和处理了市民通过“96123”、民心网等各种诉求渠道反映的各类市容管理问题。

(陈　军)

【市容景观规划编制】 2012年,沈阳市开展市容景观项目建设,提升城市市容整体形象,高标准完成景观规划编制工作。一是经公开招标,组织国内知名景观规划专家参与,通过对青年大街等精品街路沿线建筑物立面及沿街公共设施等各类市容景观的形式、分布等的分析整理,从牌匾、建筑立面美化、公共设施提升、街路景观小品等四个方面入手,高标准、高水平编制完成《沈阳市精品街路景观提升规划》,作为沈阳市精品街路市容景观提升建设工作依据。二是组织清华大学完成《沈阳市户外广告和牌匾标识专项规划(2012-2020年)》编制工作,经征求市人大、市政协和各户外广告规委会成员单位意见后,进行了结构调整和深度修改,拟报市户外广告规划委员会全体会议进行审议,作为沈阳市户外广告设置管理工作的依据。

(陈　军)

【精品街路景观提升】 2012年,沈阳市全面启动精品街路市容景观提升建设工作。一是依据《沈阳市精品街路景观提升规划》,制订了《2012年沈阳市牌匾综合整治工作方案》,分期分批启动精品街路沿线牌匾改造提升建设工作。现已组织和平、沈河、皇姑区等区完成胜利大街、南五马路、文化路、黄河大街、泰山路、青年大街、北陵大街、和平大街、市府大路、南京街等精品街路沿线牌匾改造提升建设工作,累计拆除不符合要求牌匾1637块(2.82万平方米),重新规划设置牌匾1304块(1.47万平方米),精品街路沿线市容景观环境得到了极大改观。二是组织相关部门对青年大街、北陵大街、黄河北大街、胜利大街等5条精品街路沿线光缆交接箱、信号灯控制箱、箱变等142处箱体,分别采取原色覆盖、表面喷绘迷彩图案等方式进行油饰美化,同时,在箱体的表面涂刷了一层防粘贴不粘漆,在美化箱体的同时重点提高各类箱体表面的防招贴、喷涂功能;配合、协调市民政局、交通局等精品街路沿线街设家俱权属单位对精品街路沿线的公交候车廊、公交站牌、地名牌等沿街公共设施进行改造更新,对沿线路灯杆等沿街设施进行油饰美化。

(陈　军)

【节日景观亮化】 2012年,沈阳市城市建设管理局组织各区开展节日期间亮化景观建设工作。一是按照全市春节期间市容景观建设工作总体安排,组织市直及和平、沈河、皇姑、东陵(浑南)、于洪等5个区在全市金廊沿线及重点地区的20条街路、30块绿地、7个广场建设了一批新颖美观、昼夜兼顾的亮化景观点位。分别在青年大街等20条街路及和平广场等2个广场沿线路灯杆设置了2262个亚克力中国结、希望之星等灯饰;在金廊8号地绿地等30块绿地设置黄绿泛光灯990盏、小品树260株、满天星等灯饰49.13万条;在北陵公园广场等7个广场设置了“恭贺新春”灯饰、“全运会会标”灯饰、黄绿泛光灯143盏、流星雨等灯饰3.58万条。其中,运动元素灯饰是国内首次在灯杆灯饰中进行运用,红红火火、希望之星等灯饰在沈阳市也是首次使用,极大丰富了春节期间整体节日氛围。二是“五一”期间在金廊沿线设置240杆(480面)悬挑式国旗;国庆期间组织市直及相关区在金廊沿线、和平大街及和平广场、中山广场设置了315杆(630面)新型五号国旗,对青年公园绿地、百联绿地、三星绿地进行夜景灯饰设施安装,提升“五一”、“十一”期间城市景观形象。

(陈　军)

【重点街路牌匾整治】 2012年,沈阳市组织开展辖区重点街路沿线牌匾综合整治工作。为迎接第十二届全运会在沈阳市的召开,提升城市主要街路沿线景观形象,组织大东、皇姑、沈河等市内七区市容管理部门对辖区内重点街路沿线牌匾进行综合整治。通过采取拆除不符合设置要求牌匾、提高新设置牌匾设置标准、组织开展牌匾改造提升建设等手段,全面整治了大东路、陵东街、大南街等25条重点街路沿线牌匾,累计拆除不符合要求牌匾3481块,重新高标准规划设置、改造提升牌匾3287块,城市主要街路沿线设置的牌匾得到全面提升。

(陈　军)

【《沈阳市牌匾标识设置管理规定》出台】 2012年,沈阳市组织专业人员对原《沈阳市牌匾标志设置管理规范》进行多次讨论、修改、完善,经相关部门会签并报市政府法制办审定通过后,正式颁布了《沈阳市牌匾标识设置管理规定》(沈城建发〔2012〕73号),进一步规范了全市牌匾设置审批管理工作。为了使各区市容管理干部深入理解并正确运用新颁布的《沈阳市牌匾标识设置管理规定》,进一步规范各区牌匾标识设置审批管理,于8月9日、10日组织和平区等13个区及中街办等4个重点地区管理办市容管理干部召开了沈阳市牌匾标识设置管理工作培训班,对新《规定》进行了逐条解读,进一步明确了全市牌匾管理审批标准及流程。在日常管理中,积极督促各区做好牌匾设置管理工作。加强对各区审批牌匾工作的监督、检查,督促各区严格按照《沈阳市牌匾标识设置管理规定》进行审批,规范了全市牌匾标识设置审批管理工作,进一步提升了沈阳市牌匾整体设置水平。

(陈　军)

【市容景观日常管理】 一是强化夜景灯饰设施巡视维护管理。组织市直巡视队伍加强对金廊沿线夜景灯饰设施进行日常巡视及维护管理,完成政务保障工作19次、处理城建热线投诉4起,累计进行夜间巡视275次,维修楼体、绿地、桥梁等夜景灯饰设施520处(次)、更换灯具3763盏,保证了亮化点位的整体亮灯率、设施完好率达到98%以上,巡视到位率及维修及时率达到100%,全年亮化设施无安全事故。二是加强夜景灯饰设施“三同时”管理。加大金廊沿线新建在建高层建筑夜景灯饰“三同时”管理工作推进力度,通过采取工程跟踪管理、全面走访,确定金廊沿线24个重点项目,现场走访32次、收到效果图10处,并组织动态跟踪其余14个项目进展情况。三是完善牌匾设置审批管理。在《沈阳市牌匾标识设置管理规定》出台后,举办沈阳市牌匾标识设置管理工作培训班,通过组织培训,对新《规定》进行了逐条解读,明确了全市牌匾管理审批标准及流程。四是深入推进户外广告市场化运作。拟定户外广告整治意见、户外电子显示屏设置意见等,提请召开了一次户外广告规委会全体会议。继续推进户外广告规委会审定通过的户外广告点位设置使用权市场化运作工作。完成21处户外广告点位市场化运作，市场化运作金额759.3万元，其中缴纳税金45.2万元、上缴财政334.4万元。五是加强户外广告设置监管。加大已市场化运作户外广告设施巡视监管力度。针对季节性天气、重大节日、政务保障等进行安全检查33次，发现并及时处理安全隐患17起；督促62处市场化运作点位设置单位对户外广告设施进行安全检查和日常维护，并进行12次复检。加强了户外公益广告宣传管理，配合市委宣传部等部门在全市户外电子屏发布公益宣传22次，保障了公益性宣传需要。加强对经市场化运作和违规设置户外广告设施的巡视检查，分6次将违规设置的户外广告、电子显示屏、旗标广告点位明细函告市行政执法局，要求依法进行拆除。同时，会同市行政执法局在《沈阳日报》发布了《关于限期拆除违规户外广告设施的通告》，并公布了《违规设置户外广告设施明细(第一期)》。六是提升招贴喷涂清理整治水平。组织各区强化街路两侧各类建(构)筑物、公共设施及道路地面上各类招贴喷涂的清理整治工作，全面提高各类招贴喷涂的清除及时率和机械化清除率。全市各区累计配备城市污迹清除机等专用清除机械91台，全年累计清理整治各类招贴喷涂688万处，确保城市主要街路路面及两侧整洁、美观。

(陈　军)

【门前责任区管理】 2012年，沈阳市创新管理模式，开创门前市容环境责任区管理新局面。一是在对广州、海口等开展“门前三包”管理较好的城市进行调研的基础上，通过采取召开商户座谈会、问卷调查、工作汇报等形式，对沈阳市“门前三包”工作现况进行了深入摸底调查。结合市容管理工作实际，以沈阳市人民政府通告形式印发了《关于开展门前市容环境卫生整治的通告》，实施门前市容环境责任区管理制度。二是以市政府办公厅名义印发了《沈阳市人民政府办公厅印发关于加强各单位门前市容环境责任区管理工作实施方案的通知》(沈政办发〔2012〕59号)，并于7月3日组织召开门前市容环境责任区工作会议进行动员和工作部署，印发了《关于加强各单位门前市容环境责任区管理实施方案》、《沈阳市门前市容环境责任区划分标准》、《沈阳市门前市容环境责任区考核细则》和《沈阳市门前市容环境责任区管理手册》，并向各区印发了《沈阳市门前市容环境责任区责任书》12.5万份。三是组织各区局对门前市容环境责任区落实情况进行了集中抽查，将检查结果以《沈阳市各单位门前市容环境责任区管理工作通报》形式通报各区人民政府及区局。全市城区内共有96%的沿街单位签订了《沈阳市门前市容环境责任区责任书》。四是在全市范围内组织开展“门前市容环境责任区示范街路”和“门前市容环境责任区十百千万”竞赛活动，评选出12条门前市容环境责任区管理示范街及十佳管理街道办事处(城管所)、百家门前市容环境责任区管理标兵单位、千家门前市容环境责任区管理先进单位及万家达标单位，对门前市容环境责任区管理工作进行总结表彰。

(陈　军)

【“绿叶杯”竞赛】 按照辽宁省住建厅关于省城镇“绿叶杯”竞赛活动相关通知要求，市绿叶杯办公室组织召开了由市建委等17个成员单位参加的绿叶杯竞赛活动协调会，对全市城镇绿叶杯竞赛活动方案进行讨论和完善。同时明确了各成员单位的职责和分工，并提出了相关要求和需要提交的材料。经过与各成员单位的沟通与交流，市绿叶杯办对各成员单位提交材料进行汇总，编制完成了沈阳市城镇“绿叶杯”竞赛活动总结、统计表、单项奖等申报材料，并按时限要求提报省绿叶杯办，积极组织、协调各成员单位完成省绿叶杯检查组专家来沈实地检查迎检工作。经过各成员单位的共同努力和积极配合，沈阳市出色地完成了省城镇“绿叶杯”竞赛活动，获得了辽宁省政府颁发的“优胜市”荣誉称号。

(陈　军)

环卫建设

【概况】 2012年，全市环卫工作以“迎全运 创一流”为主线，紧紧围绕“全时保洁、全域管理、全新形象、全面提升”的工作目标，环境卫生质量得到全方位提升。规范街路按三类标准保洁作业，完成30条街路平立面一体化保洁创建，实行了快速电动保洁作业；城市出口路全部按二类保洁标准组织作业，30个城中村实行三类保洁标准作业。全市248个垃圾倒运点实行规范化管理，居民区实行每日两次巡回收集，在200条街路实行了垃圾上门收集服务，在5个社区推行垃圾分类试点。先后组织了春季、集贸市场、施工工地系列环境卫生整治活动，有效地清理了城市卫生死角，抑制了环境卫生二次污染，巩固了环境卫生治理成果。结合《沈阳市城市市容和环境卫生管理条例》修订实施，以区为单位筹建了环卫执法监察队伍，利用电子设备抓拍环卫违法行为，约束了市民的不文明行为，提高了卫生意识。会同市物价、财政等部门完成《沈阳市城市生活垃圾处理费征收方案》起草、修改、上报工作，做好开征前的听证等各项准备。在一、二类街路安装统一样式的分类果皮箱8945个，启动了全市53座深坑旱厕改造工程，完成了1.2亿环卫专用清扫、除雪等机械设备的采购投资计划，启动了南部、东部两座餐厨废弃物无害化与资源化处理工程和生活垃圾焚烧处理工程。将专业化除雪范围扩展至全市175条重点街路和66座桥梁，制订了《桥梁专业除雪方案》，保障了桥梁的快速除雪，采取联合检查、执法处罚等措施，加强对社会化除运雪的组织、动员工作，出色完成了全年20场规模降雪的除雪任务。老虎冲、大辛垃圾场严格按组织施工计划进行规范填埋作业，全年共无害化处理生活垃圾250万吨，处理渗沥液15.6万吨，沼气发电1840万千瓦时；强化农村垃圾收集、运输、处理的指导、监督、检查，实现了农村垃圾无害化处理50%的目标。全年完成科研项目11项，垃圾场运行监测报告24份，启动了环卫设施设备评估平台技术服务筹备工作，为行业科学化管理提供了技术支持，为政府管理提供了技术保障。完成环卫工人“换三新”(作业服、保洁工具、保洁车)，为全市一线环卫工人统一配发冬季保暖作业服。开展了环卫清扫工人技能大赛、星级保洁员评选、城市美容师评选的环卫工人节系列活动。开展环卫工人免费早餐计划，完成了7座环卫工人园建设，启动了60处环卫“爱心驿站”。

（蓝 飞）

【街路清扫保洁作业】 2012年，沈阳市环卫部门对街路清扫保洁作业进行了规范化管理，明确了在一类街路实行机扫、机保、冲洗、刷洗、洒水降尘及人工保洁五位一体作业，在二类街路和桥梁实行机扫、机保、刷洗、洒水、人工清扫保洁作业，在三类街路实行人工保洁作业的标准。并在具备条件的三类街路试行机械化保洁作业，逐步扩大沈阳市机械化保洁作业范围。从2月10日开始，将贯通城市主要交通的“五横五纵”30条街路全部纳入精品保洁街路范围，实行平面、立面一体化保洁作业，将沿街立面设施及建筑物2.2米以下设施立面纳入环卫保洁任务，采用护栏清洗车、清污车等设备，结合人工擦洗作业，根据污染程度对立面设施进行刷洗和擦洗作业。对全市18个城市出口路全部按二类保洁标准实行机械和人工结合作业，城中村按三类作业标准组织作业，实行10小时连续保洁。尤其加强在建道路、桥梁施工过程中的环境卫生管理，积极与施工单位配合，组织各区环卫部门对施工现场周边环境实行冲洗、刷洗、机扫作业。在加强街路保洁规范作业的同时，进一步强化了街路环境卫生的监督管理，实行日检查、月排名制度，并将考核结果纳入市政府对各区政府绩效考核内容，实行长效化管理。全面做好国家、省、市领导168次视察、考察、大型活动的环境卫生保障工作

（蓝 飞）

【垃圾收运体系】 2012年，沈阳市规范了城市垃圾收运体系建设。一是在全市按照区域垃圾实际产量科学调整集中倒运点设置，完成248个集中倒运点的确定，采取环卫工人巡回收集、小型人力或机动车区间倒运、不间断将垃圾通过小型压缩站或压缩车送往处理场的方式，减少垃圾滞留时间，从根本上杜绝垃圾裸露和捡拾人员翻扒，实现由居民楼到垃圾场的全过程监控。二是在200条街路实行垃圾上门收集，成立785人的垃圾上门收集队伍，配备221台专用收集车，143辆电动保洁车，609辆人力保洁车，根据临街商铺开、闭店时间，每天分早、中、晚3次对3万个临街单位实行专人上门收集垃圾。三是推进垃圾分类试点工作，通过举办垃圾分类业务培训、开展垃圾分类知识宣传、举行分类试点启动仪式、进行垃圾分类跟踪指导。召开垃圾分类试点工作座谈会、组织参观老虎冲垃圾场、加强垃圾分类媒体宣传等工作，提高市民对垃圾分类的认识，规范垃圾收集人员作业标准，完成26个街道57个小区的垃圾分类收集试点工作，共收集可回收垃圾1200公斤，废旧电池等有害垃圾85公斤。通过规范垃圾收运体系，实现了全市生活垃圾收集、倒运、直运、不落地的目标。

（蓝 飞）

【整治污染】 2012年，沈阳市有针对性的开展环境卫生整治并实行长效化管理。一是开展了春季环境卫生整治。从3月1日开始，组织1万名环卫工人，230辆垃圾运输车，对残冰残雪和越冬垃圾进行了为期20天的春季环境卫生清理整治活动。共清理卫生死角160处，垃圾杂物1320吨，残冰残雪5000车，擦洗果皮箱6800个，为打造一流城市环境奠定了基础。二是开展集贸市场环境卫生整治。3月1日开始，对市场摊区采取摸底调查，针对问题进行销号整改，按标准配备保洁员及垃圾收集容器，规范了市场环境卫生管理。并会同各监管中心、各区城管局开展了4次集贸市场环境卫生考核验收，并将结果向各区政府通报。经整治各集贸市场的环境卫生有了显著的提升。三是开展了全市建筑工地污染环境专项整治，制订印发《关于开展建筑工地污染环境专项整治工作方案》和《致建筑工地单位一封信》，组织各区建立在建建筑工地台账，开展环境卫生专项检查，规范建筑工地环境卫生管理，对造成街路污染且拒不整改的进行封堵，共封堵建筑工地23个、整改36个、暂扣车辆13辆。编报建筑工地污染环境专项整治通报2期。

（蓝 飞）

【组建环卫监察队】 2012年，沈阳市结合新修订的《沈阳市城市市容和环境卫生管理条例》的颁布实施，采取委托方式，赋予市区环卫部门环境卫生行政执法权。从5月1日，开始在全市组建环卫监察队伍，以区环卫部门为单位，执法人员申报登记，先后组织了232名管理人员参加环卫执法资格培训，参加辽宁省法制办组织的执法资格考试，取得环卫执法资格管理员151人。举办了170人参加的环卫系统执法培训讲座。在20个重点商业街区、广场以不同形式开展了宣传，在市政府法制办的指导下，组织环卫部门召开了环卫执法研讨会，制定并出台了《沈阳市环境卫生行政处罚自由裁量基准》，经审核、批准在网上公示。各区环卫部门监察人员200人，先期利用电子设备抓拍违章行为等手段，对乱扔垃圾、乱排乱卸等违反环卫条例的行为进行取证，采取媒体曝光的方式，逐步提高市民的环境卫生意识，减少乱扔垃圾等不文明行为。

（蓝 飞）

【生活垃圾收费】 2012年，沈阳市组织各区环卫部门开展了城市生活垃圾产量与社会单位基本情况调查工作。采取归类、抽查等方式，经1个月的调查统计，初步完成各行业垃圾平均日产生量及协调市物价局对全市生活垃圾处理成本进行了测算，核定生活垃圾处理综合成本为每吨158.46元，其中：收集成本64.16元，运输成本61.58元，处理成本32.72元。结合单位处理成本，将社会单位划分为16类，分别按职工人数、营业面积、实际产量等制定了市生活垃圾收费标准。经与沈阳水务集团等供水企业多次沟通协调，确定全市生活垃圾处理费采取政府委托供水企业代收和环卫部门直收两种方式。会同市物价局、财政局、民政局、沈阳水务集团等部门，先后召开了10次调度会，起草、修改、会签《沈阳市城市生活垃圾处理费征收方案》，于2012年3月27日报请市政府审定。同时加快了垃圾处理收费的筹备工作，与市物价部门共同筹备征收前的听证会，组织各区环卫部门筹建队伍，沟通收费系统研发工作，全面做好生活垃圾处理收费准备工作。

（蓝 飞）

【环卫设施配套】 2012年，沈阳市政府投入1.2亿元，为全市环卫系统配备多功能除雪车、50推雪机、湿式多功能洗路车、小型扫道车等环卫设施设备385台（个），提高了环卫机械化作业能力，使全市街路机扫路率达到50%，湿式作业率达到30%，除雪机械化作业率达到30%。规范街路两侧果皮箱配置，在全市一、二类街路两侧按标准距离摆放统

一样式分类果皮箱8945个。组织环卫系统对全市公厕进行普查,确定了对53个老、旧、差的深坑旱厕制定了改造计划,并按照工程项目组织了立项、环评审批等工作,逐步改善旱厕现状。推进市垃圾多元化处理进程,先后启动了餐厨垃圾无害化处理与资源化利用、城市生活垃圾焚烧处理的工程立项工作。在"三县一市"启用了9座生活垃圾卫生填埋场、1座垃圾渗滤液处理设施,购置了4台垃圾渗沥液处理车;在32个乡(镇)设置了垃圾转运站、配备235台垃圾清运车,构建集中处理、乡镇转运、村屯收集的农村垃圾收运、处理一体化网络,推进全市城乡生活垃圾处理一体化进程。

(*蓝　飞*)

【规范环卫作业标准】 2012年,沈阳市组织人员对全市街路保洁、垃圾收运、安全作业、抑制扬尘、公厕管理开展了调查研究。为进一步科学化、规范化做好环卫作业与管理,先后出台了《沈阳市占道市场环境卫生管理规定》、《关于进一步加强环卫工人作业安全保障工作的意见》、《沈阳市环卫专用车辆管理办法》等3部部门规范性文件;修订了《沈阳市环境卫生"形象杯"竞赛活动考核扣分标准》、《沈阳市街路清扫保洁作业规程》、《沈阳市住宅小区环境卫生考核标准》、《沈阳市风沙扬尘天气清扫保洁工作预案》、《沈阳市临街单位垃圾上门收集工作管理规定》、《沈阳市公共卫生间(公厕)保洁管理考核办法》、《沈阳市垃圾转运站运行监管考核办法》等7个管理标准。组织全市环卫系统专业人员论证后汇编成册,下发环卫部门遵照执行,指导全市环卫部门实行规范化、标准化作业与管理。

(*蓝　飞*)

【环卫科研成果】 2012年,沈阳市城市建设管理局加强科研队伍的培训,开展课题申报、检测化验、对外服务以及实验室计量认证等科研培训6次,外出培训20批次,有2人取得内审员资格证。在各类刊物杂志上发表论文6篇。全年共完成沈阳市科技局确定的《氯盐类融雪剂对环境影响的防控技术研究》、《沈阳市农村生活垃圾收运体系建设规划及系统优化研究》、《沈阳市生活垃圾分类收运体系建设研究及示范工程》、《沈阳市生活垃圾减量化与资源化示范研究》等科研项目6项;沈阳市城市建设管理局的《沈阳市2012年国家改厕项目建议书》、《2012年沈阳市公厕修缮改造项目建议书》2项;沈阳市建委的《2012沈阳市农村生活垃圾转运站建设工程可行性研究》等工程项目可研报告4项;省建设厅的《辽宁省农村生活垃圾分类收集技术导则》、《辽宁省生活垃圾分类调查研究》科研项目2项。

通过科研技术研究,保障环卫行业的科学化管理。一是组织科研队伍对全市老虎冲和大辛两座生活垃圾卫生填埋场进行环境卫生监检测、规范作业监管工作,对地下水监测、外排水监测、渗滤液监测、大气监测、填埋气监测、填埋场环境背景值监测等53项专业监测项目实行每月监测,按月提交检测报告一式三份,确保了两座垃圾场的规范化、安全化运行。二是加强对融雪剂检验监测,通过建立融雪剂从招标、采购、贮存、使用全过程的检验程序,做到了融雪剂按标准采购、规范化储存、科学化使用,并在全市设立175个检测取样点,实行"一场雪、一采样、一检验、一通报",有效地保证了全市融雪剂在单位面积内的撒布量,最大限度降低了因融雪剂的使用对环境造成的危害。

(*蓝　飞*)

【提高环卫职工待遇】 2012年,沈阳市以转变环卫队伍形象、提高环卫职工待遇为目标,紧紧围绕环境卫生质量提升这一主要任务,为广大环卫工人营造了温暖、和谐的工作氛围。一是以改变环卫形象为目标,市政府直接投资为一线环卫清扫工人完成了"换三新"(统一更换新式作业服、保洁工具、保洁车)。二是为解决环卫工人在冬季作业时的防冻问题,市政府投入856.9万元为环卫工人采购羽绒防寒服和军用制式防寒靴1.22万套。三是深入开展星级保洁员评选活动,经区环卫部门推荐,市环卫部门三次逐人、逐项考核,最终评选出三星级保洁员100名,四星级保洁员40名,分别给予每人600元、800元的奖励。四是开展环卫清扫工人技能大赛,全市165名优秀清扫工人参加了快速保洁、机械化清扫、扎制扫帚和街路扫保等四个项目的比赛,参赛选手充分展示了精湛的技能和良好的风貌,最终评选出51名优胜者,并颁发了"荣誉证书"。五是为了保障职工身心健康,充分体现社会对环卫工人的关心和关爱,改善环卫工人的工作环境,在全市开展"环卫工人爱心驿站"征集活动,在社会各界的积极参与下,先期启动了福彩中心等60处"环卫爱心驿站",并统一配发了"环卫工人爱心驿站"标识,为广大环卫工人提供了歇歇脚、喝口热水的场所,让环卫工人感受到社会的关爱。六是组织各区环卫部门建设7座环卫工人园,为环卫职工提供了休闲、健身场所,丰富了环卫职工的业余文化生活。七是组织150名优秀环卫职工参观学习先进的管理经验和作业模式,开阔了职工的视野,重塑了服务标准。

(*蓝　飞*)

【除运雪管理】 2012年,沈阳市除运雪工作继续实行专业化与社会化相结合的除运雪运行体制,将专业化除雪范围扩展至175条街路、66座桥梁,总面积达到1500万平方米,形成了覆盖全市主次干道,快速路、高架桥、地道桥的机械化除雪快速保障体系,专业化除雪采取以机械除雪为主,人工清理为辅,并配合一定量的融雪剂的作业方式,继续遵循"以雪为令、边下边除、雪中路通、雪停路畅的专业化除雪原则。在做好专业化除雪的同时,不断在社会化除雪组织工作精细化上下功能,将城市主次干道以外的街路、住宅小区、市场摊区等列入社会化除雪范围,以签订责任状为手段,明确社会单位除雪任务、时限及标准,确定了"以雪为令、雪停即除、门前自扫、属地管理"的社会化除雪原则。并先后以市政府名义出台《关于加强沈阳市除运雪工作的通告》和《关于加强社会化除雪工作的意见》,完善了以往政府规章对社会化除雪组织动员工作的缺失,为全面加强社会化除雪工作奠定了法律和政策基础。

针对城市高架桥梁增加问题,市除雪办结合桥梁上车流量大等因素,科学制订了桥梁专业除雪方案,通过采取集中封桥作业等方法,保证了降雪期间桥梁的通行顺畅。加强对融雪剂的监督管理,实行融雪剂生产厂家资质招标准入制度,同时在全市设立300余个融雪剂监测点,重点加强对桥梁融雪剂的检测,在所有桥梁设立了175个监测点,并制定了科学取样程序，每场雪后对检测结果进行通报，确保了桥梁融雪剂的标准使用，最大限度降低了对桥梁的危害。

市除雪指挥部加强了对除雪工作的监督、检查、指导工作。每场降雪开始后，市除雪指挥部总指挥（主管副市长）均亲临市除雪指挥大厅召开手台会议，对除运雪工作进行部署，并带队到除雪一线视察、慰问环卫工人。市除雪办对各区除雪工作进行全过程的跟踪督查，坚持“一场雪、一检查、一排名、一公布”的管理原则，将除雪工作是否迅速，完成任务是否彻底，路面、绿化带及市政设施是否遭到损坏，融雪剂是否按规定抛撒、积雪是否按要求及时清运到指定地点纳入考核范围。并将检查结果排名在新闻媒体给予公布。市除雪办根据气象部门天气预报，发布除雪预警令20次，每场除雪工作均做到了部署提前、准备提前、动员提前。市除雪指挥部有力调度，各区除雪指挥部积极配合，全市万名环卫工人齐心协力、不畏严寒，发扬连续作战的精神，出色完成了除雪任务，保障了人民群众的安全出行环境。

（蓝　飞）

爱国卫生

【概况】 2012年是沈阳市全面备战第十二届全运会的基础之年。全市爱国卫生工作紧紧围绕迎全运这一中心，按照市委工作报告提出的“深入开展清洁沈阳活动”的要求，沈阳市爱国卫生运动办公室组织全市各区、县（市）政府、开发区管委会及相关市直单位开展了以二、三环沿线、居民区、小街小巷、窗口单位等5项整治工作为内容的“清洁沈阳”活动。按辽宁省统一安排，继续深入开展了“迎全运、创卫生沈阳”城乡环境卫生整治行动，重点实施了垃圾不落地、城乡结合部等12项整治工程，城乡环境卫生面貌显著提升。组织开展了春季灭鼠及夏季压蚊蝇高峰活动等5次大型集中消杀活动。加大了对全市PCO行业管理力度，举办了PCO行业从业人员培训班，对108名从业人员进行了培训。起草了第十二届全运会病媒生物防制工作方案及应急预案，对迎全运病媒生物防制工作经费进行了测算并提报了申请，为做好迎全运卫生保障工作奠定了良好的基础。按照国家改厕项目要求，组织10个涉农区县完成了5000座农村无害化卫生厕所建设任务。通过实施农村改厕工程监理制度，对施工质量、工程进度等进行全程督导，确保了改厕工程质量。以“5·31”世界无烟日为契机，组织全市开展了第25个世界无烟日系列宣传活动，聘请辽宁广播电视台著名节目主持人宫正为沈阳市控烟形象大使。继续深入开展了以医疗卫生机构、教育机构、公共交通及政府办公机构为内容的“四类场所”无烟环境创建工作，选树并命名了66家无烟环境创建工作先进单位。推进无烟立法创建工作，重新修改和完善了《沈阳市控制吸烟条例（草案）》。结合创建文明城市工作，组织全市各区、县（市）、开发区在14类公共场所及工作场所中开展禁烟标识设置工作，并集中开展了为期1个月的控烟专项督导检查，实现了在国检测评中获得满分的好成绩。坚持以创建促提升原则，全年新增15个省卫生模范单位、省卫生村。组织指导全市各区、县（市）及开发区开展了市级各类卫生先进单位的创建工作，命名78个市级卫生先进单位、卫生模范单位及卫生先进社区。强化先进单位管理，对符合管理年限的各级各类先进单位进行了复查和重新确认。坚持依法行政为爱国卫生中心工作服务的原则，组织市内7个区的爱卫执法人员围绕不同时期的爱国卫生重点，开展了执法检查工作。

（白俊珊）

【“清洁沈阳”活动】 按照市委工作报告提出的“深入开展清洁沈阳活动”的要求，自2月初，市爱卫办组织全市开展了“清洁沈阳”活动，重点围绕居民区、窗口单位、二、三环沿线、小街小巷及乱扔乱吐现象五个方面，开展了环境卫生整治活动。此外，结合全省开展的爱国卫生月活动，组织全市城乡集中开展了公园、绿地、城乡结合部、公（铁）路沿线及村屯等卫生重点、难点问题专项整治工作，取得了显著成效。组织机关、企事业单位、学校、部队的干部、职工、官兵、大学生、社区居民及青年志愿者等，围绕单位卫生及城市外环境卫生，集中开展了5次卫生大清扫活动。据统计，全市共有1.3万个（个次）单位，95万人次干部、职工、市民及志愿者参加了义务劳动，累计清理垃圾、残土4339吨，清理二环沿线、铁路沿线、住宅小区及街心绿地等白色垃圾505万平方米，清理小招贴、喷涂广告3.3万条，清洗主要道路交通护栏41万延长米，擦拭地铁站及公交候车亭200个次。市委、市人大、市政府、市政协四大班子主要领导带头参加了义务劳动。在“清洁沈阳”集中整治阶段，结合全市城乡开展的第24个爱国卫生月活动，集中开展了城市卫生管理重点、难点薄弱环节专项整治活动。一是组织和平区、沈河区等13个区、县（市）政府、开发区管委会及相关部门，开展了以沈阳市境内的京沈、哈大、沈丹、盘营客运专线为重点铁路沿线净化、美化、绿化专项整治工作。二是开展了春、秋两季二环全线集中整治活动，共清理林带及沿线居民区、街路上的白色垃圾、积存残土等卫生脏点92处。三是开展了沈丹高速公路沈阳至桃仙机场段的环境卫生专项整治活动。协调相关责任地区和部门共解决沿线卫生脏点47处。四是开展了为期一个月的居民区卫生整治活动。7月份，组织市内七区有针对性地开展了居民区卫生环境治理活动，共清运垃圾杂物2000吨，清理绿地4.5万平方米，清除小招贴喷涂广告3万个，消除卫生死角1000处。五是从7月底开始，结合沈阳市创建国家文明城市、省“四化”竞赛活动及绿叶杯迎检工作，组织各地区开展了机场、火车站、长途汽车客运站等窗口单位及商业街、公园、全运会接待宾馆等重点单位的环境卫生综合整治工作。六是开展了冬季居民区、二、三环沿线及街巷路环境卫生治理工作。全年共累计开展3次“清洁沈阳”暗访检查，对二环、机场高速、浑河沿岸、运河沿岸、桥梁护坡、城区出口路、街头绿地及重点单位等300个次进行了专项检查，落实解决卫生脏点151个。此外，7月至8月，结合创建国家文明城市暗访要求，开展了爱国卫生专项督导检查，抽调专人，组成3个卫生督导组，对全市城乡的居民小区、重点窗口单位等环境卫生等工作进行督导检查。此外，按照辽宁省绿叶杯及“四化”竞赛迎检要求，对全市的宾馆、公园、机场、火车站、长途汽车客运站等公共场所实行地毯式检查，共累计督查机场、火车站、长客站等各类单位276个次。按照日检查、日通报及定期复查制度，建立卫生脏点档案，并逐一销号。为督促问题整改和责任落实，市爱卫办先后组织召开了四次检查结果问题通报会议，将检查发现的问题以录像专题片的形式，并下发督查通报6期反馈各责任单位，确保在最短的时间内，发现的问题全部得到解决。通过新闻媒体公布16部市、区爱卫办举报电话，实行市民投诉问题专人受理制度，对所有举报卫生问题实施档案化管理。对群众投诉问题，全部以督查督办单形式，落实责任部门限期解决。全年共受理市民卫生投诉问题92件，整改率达98.2%。

（白俊珊）

【病媒生物防制】 2012年，沈阳市开展了春夏熏杀越冬蚊、灭鼠，夏季压蚊蝇高峰及秋季灭鼠、熏杀越冬蚊活动。围绕集中消杀活动，开展了两次大型专项督查活动，有效地促进了四害防制工作的落实。全年，经市疾控中心监测数据显示，沈阳市城区鼠密度0.15%，农村鼠密度0.39%，均明显低于国家规定标准。为提升病媒生物防制消杀单位（pco公司）从业人员专业技术水平，为全运会病媒生物防制工作做准备，举办了1期PCO行业从业人员培训班，对全市108名PCO行业从业人员进行了职业技能培训和职业技能鉴定。完成了全运会比赛场所及重点场所基本情况的调查摸底及全运会病媒生物防制资金测算工作。起草了第十二届全运会病媒生物防制工作方案及应急预案，为做好全运会卫生保障工作奠定了良好的基础。

（白俊珊）

【公共场所控烟】 2012年5月31日，沈阳市爱卫办会同市卫生局，组织全市开展了第25个世界无烟日系列宣传活动。通过开展无烟日主题宣传活动、“烟包健康警示图片”展板巡展及新闻媒体宣传等活动，广泛深入开展控烟知识宣传，聘请辽宁广播电视台著名节目主持人宫正为沈阳市控烟形象大使，并制作控烟宣传片，在“百万市民看电影”等公益活动及地铁站等大型公共场所播放，营造了良好的控烟氛围。此外，与沈阳电视台合作，在收视高峰频段播放“送烟就是送危害”公益广告片。利用21条公交线、735台公交车载移动电视，播放公益广告片。利用医疗院所病房、观察室、候诊大厅等处DVD每天循环播出控烟宣传短片。在全市63个街道办事处、595个社区、314家医疗院所和30家行政办公大楼等公共场所和工作场所张贴宣传海报。全年，辽宁日报、沈阳日报等省、市多家媒体对全市控烟活动给予报道，多家网站给予转载报道。继续深入开展了以医疗卫生机构、教育机构、公共交通及政府办公机构“四类场所”无烟环境创建工作，命名66家单位为市无烟环境创建工作先进单位。抓住创建全国文明城市有利契机，组织各区、县（市）、开发区在14类公共场所及工作场所中，集中开展了为期1个月的以设置禁烟标识为重点的控烟工作。按照“边整治、边检查、边整改”的原则，共监督指导机场、火车站、长途汽车客运站、医院、商场、政府服务大厅、商场、证券等营业大厅、网吧、宾馆、餐厅200家。将戒烟服务纳入医保，沈阳市成为全国首个戒烟服务医保城市。共有14家医疗机构开设了戒烟门诊。2012年，全市无烟环境立法工作被列入沈阳市人大调研项目。按照市人大法制委及市政府法制办的要求，市爱卫办会同市卫生局等部门组织专家，对《沈阳市控制吸烟条例（草案）》进行研讨，借鉴其他城市先进经验并结合全市实际，重新修改和完善了《沈阳市控制吸烟条例（草案）》。

（白俊珊）

【农村改厕】 2012年，沈阳市全面完成了5000座无害化卫生厕所建设任务。充分发挥市农村改厕技术小组职能，对改厕技术指标进行科学论证，进一步修改和完善了改厕技术参数，确保在改厕类型和产品的选用上更适合北方实际。在资金保障方面，采取“五个一点”原则，即市政府拨一点，区县政府出一点，乡镇政府贴一点，村委会凑一点，农户自家拿一点，建立了市、区县、乡镇、村、户的“五级投资体系”，全年，共落实市级改厕配套经费494万元。为科学实施农村改厕项目，市爱卫办严格遵循可研、环评、用地规划、立项、公开招标等程序。为组织实施好全市农村改厕工作，聘请辽宁省改厕专家，对全市所有涉农区、县（市）、开发区的爱卫办及改厕村的50名相关工作人员，进行了农村改厕专业知识培训。为保证施工质量，以区为单位，对改厕施工队伍实行了统一招标，切实保证了统一标准、统一施工。在改厕施工建设过程中，市改厕监理人员对施工质量、工程进度等进行全程监导，严格把关，有效保证了改厕工程质量。12月份，市爱卫办在各区自检的基础上，对全市改厕项目进行了实地验收，并对竣工报告及档案资料整理工作进行了规范。

（白俊珊）

【卫生创建】 2012年，沈阳市下发了关于开展2012年沈阳市创建各类卫生先进单位评比、复查和重新确认工作的通知，明确了创建目标和阶段任务，对2012年度省、市两级各类卫生创建工作提出了具体的要求和标准。各区、县（市）按照要求，提早下手，积极做好各类创建单位的培养、指导和推荐工作。9月–11月，组织市考核评定小组成员对各区申报的卫生先进地区和单位，进行了全面系统的考核评定。2012年，沈阳市共新增辽宁省卫生模范单位5家、省卫生村10家、市卫生模范单位21家、市卫生先进单位33家、市卫生先进社区24家。同时，对2007年命名的各类卫生先进单位及社区进行了重新确认；对2009年命名的各类卫生先进单位及社区进行了复查；对符合条件的63家单位进行了重新命名，对因搬迁、合并或单位卫生管理滑坡的20家单位及社区撤消了荣誉称号。

（白俊珊）

【爱国卫生执法】 2012年，沈阳市城市建设管理局组织各区开展了爱国卫生执法检查活动。特别是针对“清洁沈阳”活动，组织全市深入开展了乱吐乱扔宣传教育执法活动，9月24日至9月29日，组织市内七区的爱卫执法人员，在沈阳站东广场、北陵公园等16个主要公共场所，对市民随地吐痰、便溺、乱扔瓜果皮核、乱泼污水、乱倒垃圾等行为进行了宣传教育和执法活动。据统计，全市共在主要公共场所设置宣传展板30块，对318人进行了劝阻，对18人进行了处罚。

（白俊珊）

园林绿化

【标准化街路绿化景观提升】 2012年，

沈阳市园林绿化工作以迎接第十二届全运会为主题，全面提升城市绿化景观，打造“便民、整洁、特色、文化”的城市绿化环境的目标。为迅速提高沈阳街路景观效果，沈阳市城市建设管理局组织实施了以南北的五横五纵十条主干线共30条街路的绿化标准化街路建设工程，主要包括：“五横”市府大路沿线、文化路、十一纬路沿线、中山路沿线、北站路；“五纵”青年大街沿线、黄河大街沿线、和平大街、五爱街沿线、胜利大街。通过集中打造一批精品绿化示范街路来带动沈阳街路行道树整体景观水平的提升，根本上解决目前行道树规格不一、分支点差别大、同一街路树种多样、有坑无树等现状，实现同一街路树种统一，规格一致、树冠丰满、枝繁叶茂的良好街路景观效果。绿化标准化街路建设总计完成投资3970万元，共栽植银杏、国槐、白蜡、银中杨、白榆等八个品种1.5万株，栽植水蜡、金叶榆等绿篱2.04万平方米，花卉4937平方米。绿化标准化街路的建设实现了街路行道树景观效果大幅度提升，青年大街的国槐、市府大路的银杏、文化路的馒头柳和环岛金叶榆水蜡模纹、中山路的白蜡、沈洲路十一纬路的银中杨等等各具特色，实现了一街一树的良好景观效果。

（关庆伍）

【运河改造】 2012年，沈阳市实施生态护坡改造，实现人水相亲；进行沿线清淤，提高水体景观；提升游园水平，以枫露园、黎明园等4个精品游园建设为重点，对全线游园开展综合维修改造，为广大市民营造植物景观优美，服务功能完备的休闲游憩空间。一是环城水系护坡改造及清淤。总投资1.09亿元，完成护坡改造长度28.2公里，涉及游园33个，护坡砌筑总量20.4万立方米，清淤总量33.8万立方米，安装压顶石5.46万延长米。二是4个精品游园改造。工程投资4400万元，枫露园打造欧式风情园，黎明园打造全运体育园，和睦园打造台地风格园，夏芳园打造中国古典园林风格园。共完成园路、二步台、广场、健身场地铺装共计10.1万平方米，草坪绿化总计18万平方米，安装台阶2724平方米，摆放边石2.74万米，绿篱模纹2.18万平方米，给水管线6000米，电缆2.55万米，安装护栏3900米，安装景观灯524套、草坪灯230套，安装健身器材123组。

（关庆伍）

【公园改造】 2012年，沈阳市实施了北陵公园、东陵公园、南湖公园、科普公园4大公园的改造。经过重新建设，4个公园改造已全部竣工，共完成投资7432万元。本次改造，公园基础设施焕然一新，路网、园林小品、给排水、亮化等设施得以完善。

1. 北陵公园改造。工程投资1445万元，分4个标段进行改造。一标段实施北陵公园青年湖及周边路网改造，二标段实施北陵公园荷花湖、情人岛及周边改造，三标段实施北陵公园码头及周边改造，四标段实施北陵公园市政桥梁改造。

2. 东陵公园改造。工程投资2361万元，分5个标段进行改造。一标段实施辽梅园A区景观改造，二标段实施辽梅园B区景观改造，三标段实施C区、D区景观工程改造，四标段实施东陵公园电力设施改造，五标段实施给排水工程改造。

3. 南湖公园改造。工程投资843万元，分3个标段进行改造。一标段实施南湖公园绮芳园、邻芳园改造，二标段实施南湖公园小西门环境改造、新建供水系统、无障碍设施改造，三标段实施南湖公园山体及周边、鱼跃荷香园改造。

4. 科普公园改造。工程投资2293万元，分5个标段进行改造。分别为科普公园改造一标段、科普公园改造二标段、科普公园改造三标段和配合科普公园改造施工——复制绿岛内“十强赛”期间铜塑人像、配合科普公园改造施工——修复原十强赛期间V字型塑像（原五里河体育场门前雕塑）。

（关庆伍）

【一环、二环路绿化提升】 一环绿化西起黑龙江街东接沈海立交，全长4.7公里。在保留原有长势较好的树木的前提下，尽量丰富植物层次和色彩，整条隔离带贯穿种植榆叶梅篱，在空间上增加层次感，形成色彩缤纷的街路景观。北二环绿化提升西起白山立交东接沈抚立交，全长12公里，南二环绿化提升西起南京南街东接新立堡立交，全长15公里。2012年完成南二环绿化改造，共完成投资1300万元。包括全线隔离带绿化、新立堡立交桥区绿化、天坛一街立交桥区绿化、和平大街立交桥区绿化、南京街立交桥区绿化、佳和新城过街通道绿化、丰乐二街过街通道绿化、市档案馆过街通道绿化、明星路过街通道绿化、长安路过街通道绿化，共栽植乔木1.2万株、灌木1.3万株，灌木片植和地被花卉2万平方米，草坪7万平方米。

（关庆伍）

【地铁出入口绿化】 对地铁二号线的新乐遗址站、北陵公园站、辽宁中医站、金融中心站、市图书馆站等5个站点的周边共12块绿地进行改造提升，进一步调整植物配置，增设疏散、减灾避险功能，并与地铁出口设施相协调一致。完成投资580万元，栽植树木6000株，广场铺装1.8万平方米，草坪4.97万平方米。

（关庆伍）

【花卉装饰】 为了喜迎中秋佳节、建国63周年和中国共产党第十八次全国代表大会的胜利召开，沈阳市城市建设管理局组织全市各区和局属单位在重点公园、街路广场、重要节点绿地等处大量栽摆花卉，确保重点部位的花卉美化效果，共栽种和摆放各式鲜花115万株（盆），通过花钵、花盆、花篮、花槽、花柱、花塔、花球、花拱、花墙等形式，营造喜庆、祥和、热烈的节日氛围。

（关庆伍）

【外埠展园建设】 2012年，沈阳市外埠展园共有三项。

1. 锦州世博园沈阳园建设。该届世博会以“城市与海、和谐未来”为主题，以蓝色大海滋润绿色家园为理念。沈阳市城市建设管理局代表市政府参加该届盛会。沈阳园充分挖掘水体、玫瑰、建筑等景观元素，全面展示沈阳古老的历史文明，沧劲的文化脉络，辉煌的城市印迹，崭新的城市风貌。

2. 北京园博会沈阳园建设。该届园博会以“绿色交响、盛世园林”为主题，以将园博园建设成为展示当代园林建设最高科技水平和艺术成就的示范区、具有国际水准的低碳绿色生态试验区为目标。沈阳市城市建设管理局代表市政府参加该届盛会，展园建设任务已经全部完成。

3. 三亚月季花展。该届展会将集中展示中国和世界月季、玫瑰产业的发展成就，推动中国和世界月季、玫瑰产业化水平的提升。沈阳市城市建设管理局代表市政府参加该届盛会，建设完成的参展作品《满族人家》荣获室外参展作品中唯一大奖——造景艺术特别金奖。此外，参加的盆栽艺术展、插花艺术展等竞赛单元还一举囊括了盆栽月季银奖、插花艺术铜奖、插花艺术优秀奖等多项大奖。

（关庆伍）

【园林绿化管护竞赛】 2012年，沈阳市开展了园林绿化管护竞赛活动。加强中心城区街路行道树、绿地及公园的养护管理力度，对现有绿化成果进行完善、调整和提高，优化绿化景观和服务功能，全力打造示范公园、精品绿地和绿化标准化街路。在各区选取3—5条街路、3—5块绿地（2000平方米以上）和1个公园作为参赛项目，采取综合评比法，由沈阳市城市建设管理局组织，采取各区集中互检、园林绿化专家、市民代表抽检、媒体投票打分等多种形式，对各区参赛街路、绿地和公园进行综合打分，根据综合得分情况，评选出最佳示范街路、绿地和公园，在新闻媒体上予以公布。对全市各区提报参赛的39条街路、35块绿地、14座公园全年度绿化专业养护标准、规范作业、病虫害防治、应急情况处置和社会化养护等方面进行评比。最终评选出北陵大街、青年大街等10条街路为标准化示范街路；滨河有氧休闲街绿地、阳光100绿地等10块绿地为精品绿地；世博园、北陵公园等8座公园为示范公园。

（关庆伍）

【园林式居住区、园林式单位评选】 2012年，沈阳市开展了园林式居住区和园林式单位评选工作。初审以区为主，沈阳市城市建设管理局组成专家组对各区提报的复查及初审报告进行终审，并实地现场考察，共对55个驻区单位、46个居住区的绿化养护标准、规范作业、病虫害防治、应急情况处置和社会化养护等方面进行评比。最终评选出中国人民武装警察部队沈阳仓库、沈阳造币有限公司等26个单位为沈阳市花园式单位；九州湾景汇、新世界花园等21个居住区为沈阳市园林式居住区。

（关庆伍）

【园林植物保护】 2012年，沈阳市城市建设管理局继续完善园林植保工作管理机制，努力推进全市园林植保管理工作的科学化、制度化及规范化发展进程，全面提升园林植保工作管理水平。一是建立了沈阳市园林有害生物防控预警制度。各区、局属绿化单位组建了预警的网络，并设有专职园林有害生物防控的人员，有专项资金，防控物资到位，确保突发有害生物所产生的危害降到最低点。二是重点推行性诱防治等无公害防治技术。在重点绿地、行道树挂放无公害防治美国白蛾的新型诱捕器，共挂放诱捕器642套，防治面积达200公顷以上，有效降低了美国白蛾的发生及危害。三是提早测报，及时预防。全年发布园林有害生物测报通知25份，各区及局属绿化单位及时预防，监管部门有效监督，从技术和体制上保证园林有害生物的防控问题及时得到解决。四是组织培训，提升业务素质。提高绿化整体水平和科学养护管理，编发植保技术指导资料——《沈阳园林植保》，对不同时期即将发生和已发生的园林有害生物进行预防和防治技术指导。全年发放13期、2000份，发挥宣传和技术指导的作用。多次组织现场业务培训及会议交流等，提升园林植保管理及技术人员业务素质

（关庆伍）

【全民义务植树】 4月6日是沈阳市全民义务植树活动日，辽宁省委、省人大、省政府、省政协，市委、市人大、市政府、市政协的领导，沈空、“96101”部队、省军区和省武警总队的首长、官兵与省直机关、市直机关部分干部共500人，在东陵区（浑南新区）中央公园内参加全民义务植树活动。共栽植云杉、油松、银杏、小青杨、蒙古栎、假色槭、东北杏等树木2780株，同时完成新植树木的浇水以及整理绿地等任务。为保证植树工作严格按照技术规范操作，确保树木成活率达到98%以上，选派20名技术人员在现场具体指导栽植树木。当天参加义务植树人数达到6.42万人，共完成植树15.25万株，另完成挖坑、整地和清理绿地等工作。

（关庆伍）

地铁建设

【概况】 2012年，沈阳市地铁建设指挥部紧紧围绕市委、市政府“推进地铁1、2号线延长线等轨道交通建设，增强市区与郊县的联系；做好4、9、10号线前期工作，力争10号线一期开工建设”的工作要求，全面推进工程建设、运营管理、多种经营和党建工作：新线工程取得突破，《沈阳市城市轨道交通近期建设规划（2012－2018）》获国家批准，其中，九、十号线可研报告报国家发改委待批。工程建设稳步推进，全年完成投资29.30亿元。运营工作安全有序，全年运营里程375.77万列公里，承载旅客1.57亿人次，列车运行正点率和运行图兑现率分别达到99.95%和99.96%，全年未发生重、特大责任事故。多种经营蓬勃发展，丽水新城等公租房项目顺利推进；先后承接辽河苗圃基地等10余个物业管理项目；成功举办建博会等18个展会；顺利接管城市通公司，开展了“二卡合一”前期准备工作；组建地铁巴士公司，完成对康福德高公司股权收购；按照市政府的要求，基本完成香港丰城公司在沈三家公交企业股权收购工作。

（王　刚）

【工程建设】 沈阳至铁岭城际铁路工程（松山至道义）完成4站3区间主体结构。市府广场地铁配套工程完成土建主体工程，市府广场景观恢复工程进场施工。桃仙机场地铁配套工程完成车站主体结构施工。沈阳南站地铁配套工程车站结构完成85%，地铁四、十号线区间结构各完成50%。完成二号线一期工程国产化核查，国产化率达85.98%。

2012年6月9日，《沈阳市城市轨道交通近期建设规划（2012—2018年）》获得国务院批准，并由国家发改委正式批复，沈阳市新一轮地铁建设进入实质性操作阶段。批复建设内容为三项建设工程即地铁四号线一期、地铁九号线和地铁十号线工程，建设规模为118公里，估算总投资610亿元。新线前期工作顺利实施。九、十号线可研报告经专家评审报国家发改委待批。完成九、十号线建设项目地质灾害危险性评估报告、用地预审意见、环评报告、安全预评价报告、建设项目压覆矿产资源评估报告、招标投标核准、地震安全影响评价报告、资本金承诺函和银行贷款承诺函及九号线节能评估报告等可研要件报批工作。基本完成九、十号线勘察外业及初勘报告。

完成九号线、十号线(丁香公园－张沙布)初步设计,九号线初步设计通过专家评审。四号线工程完成勘察外业施工及初勘报告,基本完成可研报告编制。沈阳至新民、沈阳至辽中城际铁路工程完成预可研报告修编,开展勘察工程。

(王　刚)

【工程管理】 2012 年,沈阳地铁在工程管理中,主要做了以下工作。

1. 加强安全生产。配合市政府组织召开沈阳地铁安全生产工作会议,先后召开安委会、紧急会议等安全生产专题会议。对 48 家参建单位进行安全生产信誉等级评价,其中 3 家 C 级企业受到通报批评。开展各类安全检查 157 次,排查各类安全隐患 586 处。严格重大危险源安全监管,41 项重大危险源工程平稳度过。做好路面雷达探测,完成探测任务 4.42 万延长米,及时治理 8 处不良地质隐患。组织第三方监测 1.1 万余点次,提报预警信息 54 次。开展地铁保护,及时制止违法建设行为 16 次,责令拆除违建 2 间。全年,沈阳地铁未发生较大以上安全生产事故,安全生产形势总体稳定。

2. 加强质量管理。完成地铁一、二号线 13 个工程竣工验收。强化日常检查,开展日常巡检 230 余次,下发监督检查记录 41 份,整改质量问题 120 余个。完成辽宁省地方标准《城市轨道交通明(盖)挖车站(区间)工程施工质量验收标准(征求意见稿)》编制工作。二号线全线荣获"辽宁省建筑业新技术应用示范工程奖",19 座车站、20 个区间工程荣获"沈阳市优良工程结构奖"。加强技术管理。完成一号线环保验收报告评审。完成二号线补充环境监理报告编制。完成二号线浑南定修段初步设计评审与施工招标图,完成二号线北延线工程结构、风水电施工图,完成桃仙机场地铁配套工程土建施工图。完成市府广场地铁配套工程施工图及景观工程施工图。

(王　刚)

【运营管理】 2012 年,沈阳地铁提高行车效率,一、二号线运营时间延长至 22 时,高峰时段行车间隔分别缩短至 5 分 40 秒、6 分 52 秒。做好重大节假日和关键时期运营组织工作,双线运营度过磨合期。12 月 24 日平安夜,沈阳地铁共安全运送乘客 85.69 万人次,创地铁开通试运营以来最大单日客流量。组织开展示范车站、服务明星创建活动,树立文明服务典型。整合细化站内票务、行车、设备、安全、服务等管理工作,及时优化站内导向标识,落实各项便民服务措施。畅通乘客沟通渠道,开展乘客满意度调查,征集意见 500 余项。提高运营安全水平。开展应急演练 245 项,实作演练 3374 项,组织安全培训 3727 人次,组织安全检查 56 次。启动地铁保护区巡查管理及防雷检测工作,完成地铁沿线 51 个重点建设项目的安全监督和违规处理工作。一号线安检工作全面展开,完成包裹检查 6150.91 万个,查获违禁品 1807 件。全年地铁运营未发生重特大安全责任事故。

(王　刚)

【多种经营】 2012 年,沈阳地铁推进公租房项目建设。丽水新城一期工程初步具备入住条件,二期工程完成桩基础;凤凰新城主体 80% 封顶;滨河新城、惠生新城、惠民新城开工建设;安图小区顺利入住。地铁物业先后承揽辽河苗圃基地建设等十余个项目,管护苗木 60.4 公顷,种植苗木 66.87 公顷,成活率 75% 以上。管理物业面积 100 万平方米以上。国际展览中心先后承办建博会、制博会等 18 个大中型展会,总展览面积 105 万平方米。完成城市通公司接管工作,积极推进地铁、公交"二卡合一"工作,完成方案论证、系统招标、车载机更换、票卡采购等前期工作。组建地铁巴士公司,完成对康福德高公司股权收购,更新公交车辆 420 台。调整部分公交线路,改善场站设施。清偿职工债务 1519 万元。职工队伍基本稳定。基本完成香港丰城公司在沈三家公交企业股权收购工作。完成建兴幼儿艺术学校、建兴房产代理公司接管工作。

(王　刚)

【党建工作】 2012 年,沈阳地铁开展"创先争优"活动并组织群众评议。结合"创先争优"基层组织建设年活动,对基层党支部进行分类定级。加强党风廉政建设,全方位开展查找岗位廉政风险点活动,对查找出的 98 个廉政风险分级分类,设置防范措施。邀请省纪委领导作党风廉政建设讲座。开展廉政公益广告作品征集活动。扎实开展农民工工作,向 40 名特困农民工发放救助金 6 万元;设立农民工图书基金,并写进新线工程招标合同。

(王　刚)

城管行政执法

【硬环境建设的组织协调】 2012 年,沈阳市行政执法局承担全市硬环境建设办公室、"十二运"环境整治指挥部和市城市"四化"竞赛活动办公室三项牵头工作,围绕执法工作、硬环境建设和数字化平台应用三条主线,以决战决胜的信心和决心,全力打好环境综合整治攻坚战,圆满完成了各项任务,取得了突出业绩。全年共立案 2.05 万件,结案 2.03 万件,结案率 98.9%。

(张　博)

【环境综合整治】 2012 年,沈阳市行政执法局全面组织推进全运场馆周边及道路、城市出口路、重点商业街区、城乡结合部、铁路及公路沿线、重点场所环境整治工作,分类制发了工作方案,对每一项工作的范围、工作内容、工作标准、责任分工、完成时限等提出明确要求。同时,通过建立问题点位台账,加强日常调度和督查督办等措施,大力推进环境整治工作,取得了明显成效,全面完成了铁路及公路沿线各项任务,全运场馆周边及道路环境得到进一步提升,全市 18 条城市出口路面貌焕然一新,城乡结合部路段达到城区道路标准管理水平,重点场所及"窗口"地区环境明显好转。

(张　博)

【组织实施"三拆除"工程】 2012 年,沈阳市以全市主要街路和与"十二运"相关的 183 条街路为重点,对街路两侧违章建筑、私搭乱建特别是征收地块的违章建筑进行拆除清理,全年共拆除违章建筑 36.6 万平方米。在拆除违规广告上,全年拆除楼体违规户外广告 87 处,三四环沿线及周边地区违规高立柱广告 40 处,违规灯杆旗标广告 8200 杆,立柱式标志牌、临街广告宣传栏、人行道边灯箱广告等 152 处,进一步净化了城市空间环境。在拆除违规占道商亭上,组织拆除占道商亭 1260 处。其中,精品街路、标准化街路和全运场馆周边道路两侧的违规占道商亭已经全部拆除。同时，对治安岗亭、公交车站亭、环卫工人休息亭等公共服务性岗亭，组织协调权属部门进行标准化改造，使街路两侧环境明显改善。

（张 博）

【开展市容“治乱”行动】 2012年，沈阳市行政执法局紧紧围绕迎全运和“创城”工作，先后组织实施了市容环境整治“春季行动”、“夏季行动”以及“百日行动”、“校园周边环境整治行动”。全年共清理占道经营13万余处，取缔违规市场32处，审核规范备案街路市场53处，取缔露天烧烤9865处，清理临街堆放杂物、乱悬乱挂6.9万处，清理违规条幅布幔、灯箱牌匾5.1万处，清理取缔散发兜售物品人员1032人次，收缴违规宣传品2.3万余张，清退侵占绿地2285处，查处违规运输残土车辆521台次，同时，对13个案件举报群众进行了奖励。经过整治，市容环境明显改观。

（张 博）

【工地市容环境显著提升】 2012年，沈阳市行政执法局以执法项目负责人作为监管责任人，采取发放“致建设施工单位一封信”、“行政执法提示函”、建立建筑工地市容环境整治台账、实行问题消号、达标验收等方式，对施工工地不设围档、围档不规范、乱设商业广告、乱挂条幅布幔、乱堆乱放物料、出入口未实施硬覆盖、扬尘作业、出入车辆夹带泥沙等市容环境问题进行全面整治。共整治建筑工地804个，纠正和查处市容环境违法行为1400余次。

（张 博）

【老旧小区整治】 2012年，沈阳市、区两级执法局大干60天，整治小区1998个，拆除私搭乱建8.5万平方米，清还绿地32.9万平方米，绿化补植10.4万平方米，拆除小区内违规牌匾广告、条幅布幔6.2万处。同时，充分发挥“硬办”的作用，将小区整治工作与老旧小区综合改造紧密结合，与小区基础设施建设与市容环境整治同步进行，全面发动各区、街道社区综合治理住宅小区存在的暴露垃圾、积存残土、乱堆物料堆、侵绿毁绿、乱贴乱挂和公共设施损坏等问题，实现了小区环境的整体提升。

（张 博）

【市场监管】 2012年，沈阳市行政执法局围绕执法服务和依法监管两条主线开展建设市场执法工作。在执法服务方面，采取“签一份共建协议、送一本执法服务手册、发一张工作联系卡、帮助解决项目建设中一个问题”等形式，为开发建设和施工企业提供全程伴随式服务，为企业解决难题415件。同时，扎实开展“双进双解”活动，帮扶的10个项目已全部开复工建设。在依法监管方面，加大了对未批先建、违反规划审批建设、毁绿占绿、退线不足、违规销（预）售商品房以及公用事业、市容市政、建筑节能等方面的执法力度，完成了市治理工程建设领域突出问题领导小组交办案件及自查案件的核查工作。全年共查处违法案件1033件，有力地维护了建设市场正常秩序。

（张 博）

【公用事业执法】 一是房产执法。沈阳市行政执法局依法查处和制止违法违规装饰装修行为100余件，对30余家装饰装修公司合法经营资质进行检查，对无资质承揽装修业务行为进行处罚，对32家无租赁手续开展教学的培训机构进行了查处。整治垃圾残土方面，采取“突出工作重点，狠抓源头治理，鼓励市民参与”的办法，严厉查处运输车辆沿途洒落、乱排乱卸行为，共查处违规车辆521台次，对13件据实举报案件的群众进行了奖励。二是民政殡葬执法。对群众反映强烈的制售封建迷信用品场开展整治活动，罚没烧纸30车、封建迷信用品5000余件。三是燃气自来水执法。对20多个品牌的燃器具气源适配性进行检查，查处了沈阳德源燃气公司无证铺设燃气管线等影响较为恶劣的案件，对57家窃水、不按规定安装使用节水设施的单位实施了行政处罚。

（张 博）

【冬季运行执法保障】 一是供热执法。沈阳市行政执法局下发了《2012年供热执法工作指导意见》、发放了《致全市供热企业和广大用户的一封信》，与全市320家供暖企业、726个锅炉房签订了《执法共建协议》，对21家存在问题的供暖单位下达了《责令改正通知书》。二是社会化除运雪执法。制订并下发了工作方案和预案，建立了除雪台账，每场雪停后，全系统执法队员分片包段深入辖区进行除雪执法检查，对未进行除雪的单位和个人进行宣传督促，并对除运雪违规行为进行查处。同时，责令30余家煤场、40多家砂场、27家砖厂完善了防止扬尘污染软覆盖设备。

（张 博）

【打造标准化和精品街路】 2012年，沈阳市行政执法局分别制发了《沈阳市标准化街路建设和管理考核标准（试行）》和《沈阳市精品街路景观提升工作方案》，对标准化街路和精品街路创建范围、内容、标准以及责任分工、实施阶段等予以明确。在组织实施阶段，多次召开专题会议，就相关工作进行部署和调度，并组织人员逐条街路、逐一点位进行实地勘察，指导和督促各地区、各部门开展工作。经过验收，全年完成了12条精品街路、110标准条街路创建工作，街路环境焕然一新。

（张 博）

【加强软环境建设】 2012年，沈阳市行政执法局突出抓好准军事化建设的引领作用，在全系统全面推进准军事化建设，考勤、着装、内务、标识使用等得到规范，进步明显。培训教育工作更加科学合理，更加富有针对性、实用性和连续性。党建工作、政风行风建设和文化培育也取得了突出成绩，组建了外语、音乐、体育等多个兴趣小组并开展了丰富多彩的活动。

（张 博）

【群众诉求办理】 2012年，沈阳市行政执法局共接待各类信访投诉2.34万件，处理投诉1.78万件，接待来访1500余人，办复率为100%，办结率为98.9%，完成了“四个为零”的工作指标。提高“政风行风热线”和“民心网”投诉案件办理水平，有效解决群众诉求450余件，办结率达到了100%。

（张 博）

公用事业

【气源保障与供应】 一是陕京二期天然气入沈工程全面完工。沈阳燃气集团与中石油管道公司签订了陕京二期天然气供气合同，并于2012年全面完成了此项工程，该项目短期年供气量可达3—5亿立方米，远期年供气量可达10—15亿立方米。该项目的完成彻底改变了过去沈阳气源需要从新疆、内蒙古、吉林用车拉运的历史。该工程项目的完成，彻底解决了沈阳气源严重短缺的问题，为今后沈阳发展天然气能源利用提供了广阔的空间。2012年，沈阳燃气市场实现天然气供应达4亿立方米。

为配合沈阳市“蓝天工程”，提供节能减排、低碳环保的高质量能源成为沈阳燃气事业发展的重点。沈阳燃气在2012年完成了10座压缩天然气（CNG）加气站的建设工作。沈阳燃气10座CNG加气站的投入使用，改变了过去沈阳市只有5座加气站，且分布不合理的格局，添补了大东区、浑南新区（东陵区）没有加气站的空白。其中，坐落于和平区胜利大街与南八马路交叉路口的胜利加气站拥有12个加气岛，可同时为24辆车加气，日供气能力10万立方米，可为全市5000辆机动车提供清洁能源。该项目是治理沈阳市机动车尾气污染造成的空气环境质量下降的重要举措，缓解了沈阳市出租车加气站少而造成的加气难的问题。

2012年6月7日，沈阳燃气市场得到进一步拓展外延，将沈抚新城燃气管道的规划、管理和发展纳入到沈阳燃气市场，这也为沈阳燃气市场的发展迈出了坚实的一步。

二是法库地区开始使用天然气。2012年，沈阳燃气市场完成了法库管道天然气直供项目，该项目从沈北新区起点，经法库后进入康平，全长116公里，日供气能力为500万立方米。

2012年11月11日，由沈阳燃气集团与柯达集团共同投资的沈阳柯达洁能燃气有限公司在法库投产供气，该企业已具备12.96亿立方米的年生产能力，可以充分保证法库陶瓷工业园内企业的用气需求。同时，陶瓷城园区内的企业将逐步关闭污染严重的小型人工煤气发生炉，改用优质、清洁、环保的天然气。陶瓷企业使用高热值的天然气，可实现由单一生产低档产品向生产中高档多元化产品的转型，为陶瓷工业园实现低碳经济，及区域生态环境保护提供保障。

（龚　鹏）

【燃气管网建设】 一是管网敷设与改造。2012年，沈阳燃气集团铺设高压管网、接受门站建设。全年，沈阳燃气集团共铺设燃气骨干管网381公里。

2012年8月26日，通往沈北新区、法库县的燃气大干线全面贯通，这一工程的竣工标志着沈阳实现了燃气管线的全覆盖。全年沈阳燃气集团完成燃气工程184项，范围涉及市内各区及康平、法库、抚顺等地区。其中：大青罐站至曹台门站管线工程，全线共计约20公里，于2012年6月完成建设并竣工通气；曹台门站至尹家门站管线工程，全线共计约37.5公里，于2012年10月完成建设并竣工通气；汽车城系列管线工程，涉及大望街等近20条现有及规划街路，共计52公里，截至2012年底，完成近50公里，通用北盛汽车工程现已竣工并成功通气。

为保证全运会和金廊等项目基础设施的配套与环保节能型能源的供应，沈阳燃气市场结合城市整体规划，配合金廊、全运会设施等重点项目和各新区建设，新建燃气管网150公里。同时，完成30公里长度的管网改造工作。

二是民用管道开栓与建设。按照“惠民生”要求，2012年，沈阳燃气集团在加大力度解决燃气开栓问题，并积极协调开发商，保证用户“进驻就开栓”，确保燃气这项惠及民生的工程落实到位。

全年，沈阳燃气市场12万用户开栓供气，是2011年开栓量的近两倍。沈阳燃气集团投资5亿元，免费为全市40万老旧小区用户进行了室内燃气管线抽换，此项惠民工程的实施，极大的减少了全市民用户燃气事故的发生。全年沈阳燃气集团全年受理改线工程149项，有123项已完成或正在建设，同比增长60%；人防改造工程完成5.3公里，市街管网改造工程完成13公里。

针对2012年供气的特点，沈阳燃气集团提出并逐步完成“四线六改造”的供气管网保障措施，即完成曹台到大青、曹台到北部门站、北部门站到法库、八棵树高压管线的“四线”建设；完成北部门站阀门组、八棵树罐站工艺改造、大青罐站高压气接收设备、金通二期供气设施、曹台高压储气工艺改造及高压出口“六改造”建设。相关工作在2012年全部完成。

（龚　鹏）

【燃气用户发展与服务】 2012年，沈阳燃气集团拥有民用户180万，机关、企事业、工商业用户近9000户。

沈阳燃气集团继续秉承“把用户放在心上”的服务理念，以24小时燃气服务热线“96177”为平台，受理用户来电50余万件，受理量较2011年增加18.84%。全市老旧小区管网集中抽换期间，“96177”用户咨询和预约开栓电话数量骤增，8月至11月受理量较2011年同期增长50%。同时，沈阳燃气集团的安全巡检、问检、社区宣传专业队伍认真履行安全宣传和检查的职责，全年累计电话问检15万余次，巡检走访4.5万户，社区宣传138次。特殊群体数据库总计2.29万户用户，已完成整改1.8万户。

沈阳燃气集团开展惠民服务。面向全市700余万市民，开设“安全报漏奖”。全年，全市有68位市民因及时发现燃气泄漏问题而获得奖励，报漏市民最高获得奖励达3万元。同时，燃气用户通过拨打“96177”预约，可享受免费入户安全检查、免费安装燃气热水器、免费入户维修燃气使用故障、免费入户调灶具等服务。同时，为新开栓用户免费进行个性化设计与安装也受到广大燃气用户的欢迎。

为了更好的提高全市燃气应急反应能力，沈阳燃气集团的调度受理系统得到全面升级，安全问检，“96177”及各营业公司售后服务部门的信息库得到整合完善，使公司对用户的管理实行了统一标准，规范化操作，进一步提高了“96177”电话受理效率，提升了售后服务质量。

全市安检比例已达94%，周期内共计安检件数达164.8万户，重点户安检比例达100%。通过燃气保险销售，沈阳燃气集团为用户提供用气安全保障。截至2012年年底，半年检表件数同比上年增长20.6万件。免费发放胶管65万米、燃气表卡子近110万个。

（龚　鹏）

【自来水供应】 2012年，沈阳水务集团有限公司（简称水务集团）完成供水量5.15亿立方米，日均供水量140.7万立方米，同比上升3.3%。完成售水量3.51亿立方米，同比增长6.7%。主城区产销差率完成25.47%，同比下降1.8个百分点。完成综合收入10.39亿元，同比增加6900万元,增长7.2%。完成泵站抽升量5.1亿立方米。完成水务基础设施投资8.9亿元。市街管网总长度3231.2公里。在装水表227.4万块,完成水表改造5.8万块。供水人口524.7万人,用水户223.1万户。运行给水二次加压泵站1625处。承担城区57条主要干道排水和防汛工作。“星级泵站”建设项目投资700万元。完成住宅小区给水配套工程14项,铺设管网7.7公里。开展春秋两季设备设施检修工作:清扫线路285.1公里,更换检修电气设施2065件次,更换绝缘线1.03万延长米,检修维护供水设施1188台次,设备完好率达到99.98%,为供水系统的安全稳定运行提供保障。继续加强二次加压泵站管理:集团所辖二次加压泵站总供水栋数2.28万栋;运行机泵总数5255台套,设备完好率为99.1%;大修机泵185台套,改造更换44台套;微机大修51台,改造更换22台;更换各类阀门192台,维修58台;更换排污泵31台,泵站运行率达到99.88%。集团在供水水源、供排水泵站等绿化、美化工作继续加大环境整治力度,制定切实有效的环境整治措施,形成长效管理机制。全年共栽植各类树木、苗木1.57万余株,种植草坪3.73万平方米,平整土地3.76万平方米,粉刷内外墙涂料2.37万平方米,粉刷铁艺围栏5467延长米,以营造良好的生产、工作环境。严格收费秩序和标准,水表管理进一步规范。巩固和完善“两个不过夜”服务模式和网格化服务责任体系。创新社会管理,积极快速处理弃管小区的涉水热点,保证全市水务大局稳定。“共产党员在行动”、“红马甲服务队”等服务品牌深入人心,水务服务水平不断迈向新水平。积极引入社会监督机制,面向社会聘请1000名义务监督员。

(王惠贤)

【居民供水二次加压泵站改造工程】 按照市十四届人大第四次会议提出的《关于加强居民供水二次加压泵站管理,让百姓喝上放心水的议案》要求,根据市政府工作部署,由沈阳市建委负责,沈阳水务集团组织实施,计划用两年时间对沈阳市行政管辖内的社会自管泵站、弃管泵站和水务集团负责管理且存在问题的泵站进行全面维修改造。在2011年完成改造居民供水二次加压泵站213处基础上,2012年居民供水二次加压泵站改造工程继续进行。共完成改造社会自管居民供水二次加压泵站121处,超额完成年初拟定的100处泵站改造任务,完成投资5470余万元,改造后受益人口40万人。实现改造后的居民供水二次加压泵站管理更加专业化、规范化、科学化,确保了居民饮用水安全。

(王惠贤)

【贯彻落实国家水质标准】 为加快《生活饮用水卫生标准》(GB5749-2006)全部指标(106项)的落实,沈阳水务集团水质达标工作有序进行。2011年4月,首先选择在由大伙房西部净水厂供水的和平区长白地区进行试点,对长白水源从水源环境、水量置换、自动化控制、水质在线检测进行改造。对市街管网和小区内网消火栓放水冲洗和管道射流除垢冲洗、对二次加压泵站清洗消毒,水质检验中心对全过程进行水质监督检验。截至2011年底,在全市范围内开展了管道除垢冲洗、储水池清洗工作和水质检验工作,共清洗储水池943处,管道冲洗12处。2012年水质改造工作全面展开,进一步加快实现全部供水人口水质达标。为提高水质检验能力,两年共投入1260万元购置了电感藕合等离子-质谱仪(ICP-MS)、气相色谱、液相色谱、离子色谱等十四台大型水质检验仪器设备,使水质检验能力全面升级。2012年5月19日,水质检验中心(国家城市供水水质监测网沈阳监测站)通过国家计量认证复审,取得了含106项水质指标在内的共计145项水质检测能力资质。水质检验能力达到全国一流水平。

(王惠贤)

【安全生产标准化创建】 2012年,沈阳水务集团按照《国务院安委会关于深入开展企业安全生产标准化建设的指导意见》、市政府《关于全面推进安全生产标准化建设工作的意见》等文件要求,依据《企业安全生产标准化基本规范》、《沈阳市水务企业安全生产标准化考核评级标准》为考评标准,开展集团的安全生产标准化企业创建工作。通过编制《班组安全生产标准化工作手册》、《工程施工安全管理工作指南》;健全集团安全生产风险控制(预警)机制,每月发布《安全生产风险控制预警信息通告》;创新设计制作《工程(作业)现场安全管理“十必须”》系列宣传挂图;开展“水务设施建设现场安全竞赛”活动;对涉及的国家、行业、企业规范和标准开展系统培训等,使安全管理工作更加规范化、人性化。沈阳市安全生产监督管理局组织的专家考评组对参评单位的设备设施、作业环境与职业健康考评项进行实地考核评审。集团及下属的沈阳水务供水管理有限公司、世创集团、排水公司、运营公司、排水处、浑南水务通过了“沈阳市安全生产标准化企业”评审验收。集团安全生产标准化创建工作取得突破性进展。

(王惠贤)

【供水服务】 2012年,沈阳水务集团服务热线共受理电话22.59万件次,其中反映问题3832件,用户投诉率为0.178%。加强热点问题督办与媒体信息收集,下达《督办单》79件,对160个问题进行了督办;加大媒体信息收集949件,组织召开新闻发布会5次。以“搞好大服务,建设大环境,保障十二运”为目标,于2月17日启动“优化水务环境,决战全运盛会”战役,通过开展十项系列服务措施,提高服务质量,满足用户需求。为进一步拓展信息发布渠道,在原有媒体发布、小区通知等发布形式的基础上,采取开通供水信息手机发布平台这一举措,发布对象达到5.57万户,发布信息达到4196条,23.36万条次。

(王惠贤)

【水务集团调度指挥中心实施现代化升级改造】 从2012年4月开始,沈阳水务集团对调度指挥中心进行全面升级改造,在原有基础上,自主研发了“沈阳水务集团生产调度指挥信息管理系统”,系统主要由DLP数字大屏幕综合显示系统、生产调度管理系统、管网地理信息(GIS)管理系统等部分组成。该系统采用现代网络技术、计算机技术和多媒体技术,以资源数据库、方法库和知识库为基础,以地理信息系统、数据采集系统、应急指挥系统为手段,实现对沈阳市供水等系统数据地采集、分析,对应急指挥辅助决策,对资源的组织、协调和管理控制等功能。升级改造后的调度指挥中心,可实现水压监测、地理图文信息管理、视频指挥及会议等功能。

(王惠贤)

【电网概况】 沈阳供电公司承担着沈阳地区9区1市3县和2个国家级开发区1.3万平方公里范围内的供电任务。共有营业户数405万户,历史最大日供电量为8943万千瓦时,最大小时电力443万千瓦。2012年,实现售电量237.67亿千瓦时,比上年增长5.58%;售电平均单价688.42元/千千瓦时,比上年9.37元/千千瓦时;市场占有率99.94%;实现收入143.76亿元,比上年增长13.21%;上缴税金总额5.83亿元;上缴电费完成率100%。综合线损率7.58%,比上年下降0.33个百分点;城网供电可靠率99.95%,比上年提高0.0016个百分点;综合供电电压合格率99.89%,比上年提高0.037个百分点。

沈阳地区现有500千伏变电站3座,变压器容量6258兆伏安;500千伏线路16条、741.59公里。拥有220千伏变电站22座,变压器容量7440兆伏安;220千伏线路96条,架空线路1727.67公里,电缆线路44.48公里。拥有66千伏公用变电站177座,变压器容量9370兆伏安;66千伏公用线路228条,架空线路2314.54公里,电缆线路258.33公里。

(刘　静)

【电网建设】 2012年,沈阳供电公司新增输变电容量155万千伏安,输电线路349公里。

科学统筹,深入推进了坚强电网建设。系统评估各电压等级电网现状,诊断薄弱环节,滚动调整了《沈阳地区配电网"十二五"规划》,全面启动辽中、苏家屯、于洪等区域性电力专项规划,优化盛京、沈南等输变电工程可研方案,建设投资大幅降低。不断完善与政府沟通对接平台,全年召开政企联动的电网发展联席会议18次,协调解决电网规划、建设问题40余个,电网规划与市政规划实现有机联动,受阻四年的220千伏沈北联网工程蒲大线和蒲韩线成功投运,消除了北部220千伏电网供电瓶颈问题。深入开展工程达标、创优工作,基建工程质量大幅提升,220千伏东窑变等4项工程荣获国网公司优质工程。

(刘　静)

【电网安全生产】 2012年,沈阳供电公司深入开展"安全年"活动,深化"大安全"理念,创新实施"大安全监察机制"、"安全管理季度对标"、"重点单位派驻管理"等管控措施,现场安全监察覆盖率提高25.81%。加快推进标准化变电站建设,37座66千伏变电站实现达标,深入开展送、变、配一次设备状态检修。成功举办了国内首次大型居民社区停电应急处置联合演练,"政企联动,责任风险共担"应急管理模式在国网系统推广,公司应急管理工作得到国务院应急办调研组的充分肯定。全面启动了"全运会"保供电工作,成立了专门机构,开通了业扩报装绿色通道,实施了比赛场馆及重要场所电力改造工程,编制了供电技术规范及供电方案。公司连续安全生产2938天,实现了安全年。

(刘　静)

【电力营销】 2012年,沈阳供电公司深入开展电力销售市场开拓"百日攻坚"活动和"线损管理年"活动,全面完成自备电厂自发自用电量"统购统销"工作,累计增加售电量8519万千瓦时,争取降损改造资金1.29亿元,少损电量8500万千瓦时。大力推行电费分次划拨及预付费措施,预收电费同比增长43%,阶梯电价政策平稳实施。营销稽查监控中心充分发挥了调度、指挥、监管、督办等职能作用,营销业务管控能力不断增强。

(刘　静)

【电网优质服务】 2012年,沈阳供电公司践行"你用电,我用心"服务理念,创新"三V四进"服务举措,提供差异化、个性化服务,建立社区服务站116个,沈北电业雷锋团、辽中"四季服务"、于洪"四关"服务等一批有特色的"感动式"服务新举措在各县区落地开花。实施了"城区十分钟交费圈、农村村村设点"便民缴费工程建设,深入开展了严肃营销服务纪律专项行动,员工责任意识、服务质量明显提高,客户抱怨、投诉量比上年减少78.95%。

(刘　静)

【电力科技进步】 2012年,沈阳供电公司加快用电信息采集系统的应用推广,浑南、开发区、苏家屯地区实现了"全采集、全覆盖"。在沈阳东部、中部、西部布局设点,建成了沈北、通利、黄河三座电动汽车充电站和120个充电桩,提供24小时充电服务。CDM配电变压器更换通过国际组织阶段性验收,节能减排效果突出。圆满完成八王寺电力光纤到户试点工程建设,创建了互利共赢、国内领先的电力光纤商业运营模式,11项运营标准和管理流程填补了国内空白。完成了3个国网总部管理科技项目,获辽宁省公司优秀科技成果19项,获得发明专利授权1项、实用新型及外观专利授权32项。沈北农网营配调管理模式优化试点工程获国网公司县域智能化优质示范工程。

(刘　静)

【路灯建设】 2012年,沈阳供电公司实现连续安全生产2631天,实现了安全年。实现年度平均亮灯率99.37%。完成新建和改造路灯工程241项。组立金属灯杆3000基,组立水泥杆351基、组立小高杆灯11基,安装路灯3600盏,敷设高压电缆线7030米,敷设低压地埋电缆线147.06公里、架设低压绝缘线17.13公里、安装地埋变压器4台;安装架空台5台;安装箱变22台,更换路灯箱变高压开关柜24台、更换路灯箱变2台,更换高压电缆550米;对12基升降式高杆灯升降系统进行大修。完成了沈南管理处基地的改造工作,逐步建成全市合理的办公、生产基地布局。经过两年的统筹建设,建成了在全国范围内处于领先地位的路灯GIS综合管理系统,实现了对路灯设备的精确定位和管理。

主要工程完成情况:完成了文艺路(青年大街—万柳塘路)等110项市政重点工程;完成了长白14号街(长白西路—格林路)等17项长白地区照明工程;地铁岐山路站东侧路灯恢复等3项工程;棋盘山浑河北岸滨河路(烟台村—高坎大桥)等7项路灯工程;完成了沈抚大道(三环—抚顺界)等14项路灯工程;完成了赞工街以东胡同(勋业一路—勋业二路)等208项区属工程;完成了哈大客专沈阳枢纽沈阳北站路灯改造工程昆山东路(北陵大街—松花江街)等3项路灯工程;完成了苏桃公路路灯迁移工程等工程。

(刘　静)

【农村电网建设】 2012年,沈阳农村电网现有10千伏配电线路总回长1.46万公里,配变合计4.11万台、6982.79兆伏安,其中公用配变1.23万台、1769.82兆伏安,低压台区1.07万个,低压线路回长2.74万公里。

圆满完成农网改造升级工程建设任务,改造66千伏线路共计37.4千米、增容及整体改造66千伏变电站7座、新建及改造10千伏线路617.69千米;新增及更换配电变压器535台、7.73万千伏安;新建及改造低压线路236.58公里。

农网低电压监控及治理工作。2012年综合电压为98.51%,比计划指标提高了1.01个百分点;供电可靠性(RS-1)完成了99.9489%,比计划指标提高了0.1489个百分点。加强对农村中、低压配电网运行及维护管理,掌握农村中低压配电网设备及运行情况,及时处理电压无功设备存在缺陷,提高设备完好率,对负荷过重的线路进行及时调整负荷,提高农网供电可靠性;加强需求侧管理错峰用电、调整负荷、加强供电设施维护,提高配变容量,增大低压线路线径,调整三相负荷不平衡和时调整配变分接头等方法解决低电压问题。为了巩固低电压综合治理的成果,避免低电压用户的产生,对负荷增长较快的地区和电网结构薄弱的地区,作为潜在的低电压用户加强监控,加强农网规划管理,加大农网建设投入,改善电网结构,新一轮农网改造工程、维护、维修工程重点向这些地区倾斜,制定切实可行的实施计划,改善农网结构薄弱和不合理状况;加强低压电气设备管理,收集配变及低压用户用电负荷变化情况,开展配变三相负荷不平衡治理,从管理和技术两方面加大力度,避免再次产生低电压现象,建立健全“低电压”监测网络,完善“低电压”监测手段。沈阳农网累计解决低电压户共计1.98万户,已全部解决已发现的低电压用户。

乡镇供电所标准化建设。根据各供电所基础设施差距较大的实际状况,按供电所简陋情况的轻重缓急,加大了对供电所基础设施改造力度。设立了供电所建设专项资金,用于标准化示范供电所及简陋供电所等8个项目的建设,加强硬件建设和软件管理,改善了供电所的基础设施,完善了供电所的工作制度,顺利完成了于洪大兴供电所创建国网公司示范供电所的工作任务。沈阳供电公司已有3个供电所被命名为国网公司标准化示范供电所。

(刘　静)

环境保护

【概况】 2012年,全市环保系统以科学发展观为指导,紧密围绕市委、市政府关于环境保护工作决策和部署,扎实推进全国环境建设样板城和国家生态市创建工作,全面加强生态环境保护与治理,积极采取多项措施完成年度污染减排工作目标,切实有效开展流域综合整治,进一步改善城乡环境质量,解决民生环境问题,推进生态文明建设,有力地保障了沈阳经济社会协调快速发展。全年环境空气质量好于上年;辽河沈阳段干流水质符合地表水Ⅲ类水质标准;浑河沈阳段干流水质符合地表水Ⅳ类水质标准;城市集中式饮用水源地水质达标率继续保持100%;城市区域环境噪声、道路交通噪声均稳定达标。

(刘　冰)

【环境建设样板城创建】 2012年,沈阳市环境建设样板城创建工作全面实施,各示范工程建设进展顺利;圆满完成中央领导视察迎检工作;经济技术开发区和高新技术开发区在东北地区首批通过国家环保部、商务部和科技部三部委组织的国家生态工业示范园区评审立项;沈阳环保产业示范基地建设工作进展顺利,6万吨/日污水处理厂已开工建设,废旧家电拆解项目正在进行设备安装和调试;成功举办第三届中日沈阳川崎环境友好型城市国际研讨会,配合相关部门完成市委主要领导出访日本签约,期间推进25个重大项目洽谈。

(刘　冰)

【生态城市建设】 2012年,全市各相关区县、部门全面深入开展生态市创建的各项工作,切实提高城市宜居水平,取得了阶段性成果。新民市、法库县、康平县积极推进创建国家生态县(市)工作,八月初通过了国家生态县(市)考核验收,标志着全市所有涉农区县全部通过了国家考核验收。和平区、东陵(浑南新区)、沈北新区、于洪区生态文明示范区建设规划通过国家论证;全面完成生态市建设重点工程建设,生态市建设指标全部达标;完成《卧龙湖生态区生态保护专项规划》,成功申请国家环保部、财政部将卧龙湖列为国家重点湖泊生态环境保护试点,获得国家1亿元生态保护建设资金,完成环保部和辽宁省环保厅批准的生态修复和水质保障项目的立项批复等前期工作,2012年计划的11个项目全部开工建设。

(刘　冰)

【污染减排】 2012年,按照国家、辽宁省污染减排工作总体部署,围绕2013年全运会,全市污染减排工作与“辽河、浑太、蒲河三大流域污染治理”、“蓝天工程”等一系列环境治理统筹实施,协同推进,努力实现环境综合整治和污染减排工作的“多效”和“双赢”,实施重污染行业整顿,强化污染治理设施稳定运行,圆满完成年度减排任务目标。

(刘　冰)

【水环境综合整治】 2012年,沈阳市完成了32项辽河流域及23项浑、太流域污染治理项目建设及蒲河生态廊道建设治污目标。深入开展了污水处理厂及配套管网建设、污染源治理、农村面源环境综合整治及支流河治理,全面推进了蒲河生态廊道治污工作。经过近两年来的努力,全市共投入治污资金12亿元,完成了《沈阳市蒲河生态廊道建设规划》中所确定的治污工作任务,基本实现治污工作目标。蒲河沿线建设污水处理厂17座,关停了56家严重污染企业,完成了80家污染企业的限期治理工作,启动了蒲河流域污染最重的同联集团沈阳抗生素厂的搬迁工作,实施43个村屯环境综合整治,建成了50余个农村简易污水处理设施,建成5个乡镇垃圾转运站,完成了18家规模化以上的畜禽养殖企业的限期治理工作,实现畜禽粪便和污水的零排放。蒲河水质已由2010年之前的劣五类提升至国家地表水四类,上游棋盘山、辉山农高新区段及下游辽中段基本达到三类水平。蒲河已成为我国同等规模河流中污水处理厂密度最大、投资强度最高、治污效率最快、治污效果最好的环境综合整治示范河流。

(刘　冰)

【大气环境综合整治】 2012年,沈阳市开展了蓝天工程建设,明确了“十二五”期间的燃煤锅炉除尘器升级改造、“煤改气”、VOCs治理等项目,申请参加国家2012年煤烟污染防治“先行先试”的试点;开展燃煤锅炉“煤改气”与除尘器升级改造,确定了90余台锅炉“煤改气”名单；在锻造行业推广生物质成型燃煤；对四环以内易扬尘企业进行详细调查，对65家重点扬尘企业开展专项整治；联合市建委、市行政执法局等有关部门，在市区及周边地区开展扬尘污染综合整治行动；开展餐饮行业油烟污染专项整治，对1000平方米以上餐饮企业实行油烟净化设施清洗维护社会化运营工作，已经有40余家餐饮单位实施了油烟清洗维护社会化运营；开展了第一批加油站、油库油气回收改造工程，已有20多个加油站和1个油库开始油气回收改造工程；为“十二运”环境空气质量保障做准备，对“十二运”场馆周边2公里范围内污染源企业进行调查，开展了迎“十二运”空气质量保障模拟演练和铁路、高速公路沿线环境整治工作。

（刘 冰）

【环境污染防治与管理】 2012年，沈阳市完成了全市第一批157家国控源、市控源企业的环境信用等级评价工作。按照《沈阳市企业环境信用等级评价管理办法（试行）》的规定，制定了评价标准、程序，并建立了信用档案、信息通报、集体讨论三项工作制度；对于评价后的企业管理，确定了“绿色企业树典型、蓝色企业优化促进、黄色企业帮扶改进、红黑企业严惩严管”的分类管理。督促协调我市污水处理厂污泥处置等项目实施工作，其中污水处理厂污泥处置项目已完成工程建设并验收试生产；圆满完成30万吨铬渣无害化处置工作；南部污水处理厂项目土建主体完成90%，设备安装完成90%，西部（二期）已经完成立项核准等工作，土建开始施工。全面规范了沈阳市固废管理工作、实现固体废弃物全过程监管；各危险废物处置利用企业安全有效运行；解决了原炼焦煤气厂、机车车辆厂污染土壤修复问题；餐饮企业油水分离器安装全面推广，并将和平区和东陵（浑南）区作为餐饮行业安装油水分离器的试点区。累计调处群众环境投诉案件3219件，结案息访率达到95.4%，“12345”市民诉求专线案件到期办结率连续15个月全市排名第一；深入开展了固定噪声源整治工作，排查1030家固定噪声源单位，纳入动态监管系统的共有256家，将其中问题比较突出的223家列为重点源并实施综合整治。

（刘 冰）

【环境执法】 2012年，沈阳市重点开展了以保障群众健康专项行动为主的重金属污染企业整治、“两危”企业整治、减排、大气、流域、应用水源、农村生态、噪声等十项专项行动，共出动执法人员2.27万人次，检查企业1.91万家，对沈阳华润热电有限公司等十大环境违法企业责令停产。开展了以危废处置利用、一般工业废物、传染类废物及废乳化液等四个专项执法检查工作为抓手，加强了对沈阳市重点产废企业和处置企业日常监管力度，并及时协调妥善处置茨榆陀废油等危废污染事故，有效控制危废环境风险。建立与公安部门联动、共同监管辐射工作的长效机制，对全市48家放射源单位的辐射安全与防护状况进行了现场核查，确保辐射环境安全。在市内九区范围内，集中开展建筑施工噪声专项整治行动，有效遏制建筑施工噪声污染扰民，投诉案件比上一年下降51%。

（刘 冰）

【环境科研】 2012年，沈阳市环境保护局开展了国家、省、市环境科研项目69项，获部省和市级以上科技奖项11项。国家水专项“十二五”独立课题首次在沈阳设立；大力推进212家企业开展强制性清洁生产审核；完成了国控环境空气自动监测网络PM2.5等监测能力建设；全年评估规划及建设项目273项。

（刘 冰）

【环境监测与监控】 2012年，沈阳市环境监测工作获取数据8.9万余个，报出各类报告920余份。完成了国控环境空气自动监测网络PM2.5等新增指标的监测能力建设；升级改造了环境空气自动监测系统软件，并正式启用新开发的AQI日报平台按照新标准发布环境空气质量指数（AQI）；稳步开展了全市范围内18个断面21项考核指标的月监测、每月开展辽河流域污染治理预警监测、23个支流河出区断面考核、5个蒲河生态廊道断面考核；开展了重新统计市控重点源企业变更情况，确定260家市控源企业名单；开展了国控源在线监控数据有效性审核工作，出具比对监测报告165份。全年新建废气自动监控点位20个、废水氨氮自动监控点位113个，并率先在全国实施污染源自动监控设备安装环境监理制度。

（刘 冰）

【环境国际合作】 2012年，沈阳市环境保护局积极协调大韩民国驻沈阳总领事馆、大韩贸易投资振兴公社、韩国全罗北道镇安郡、瑞典STENA公司、荷兰经贸代表团、日本JICA、日本东芝东软、日本ACROSS JAPAN株式会社等外事来访团组；参与日本驻沈阳总领事馆举办的演讲会及“纪念重建及松本盛雄离任招待会”、美国领事馆世界地球日招待会、沈阳日本周等国际交流活动；向新加坡、日本、瑞典等国家派遣进修人员35名。在严格遵守外事纪律的前提下，积极与国外友人建立友好联系，争取更多的国际交流资源，以便及时了解国际环保事业发展动态，创造更广泛的深入交流机会。

（刘 冰）

【环境宣传教育】 2012年，沈阳市环保局以做大做优环保主题宣传、环保成就宣传、环保典型宣传为推动环境科学发展、提高生态文明的重要力量，通过构建多层次、多形式、多渠道的上下联动、部门互动机制，充分整合资源，凝聚社会共识，全面开展了公众参与、评优表奖、绿色实践、环境文化、环保赛事、青少年教育等六大系列九项主题宣传教育活动；通过创新形式，扎实部署环保部相关环境宣传教育项目，争取到国家活动资金10万元；新闻报道500余篇次；开通了“沈阳环保”官方微博；围绕生态市创建工作、国家环境应急处置试点工作、年度全局工作总结表彰会等工作完成视频电视片以及各专题环境宣传活动展版设计制作；组织实施沈阳市环境教育基地建设，命名了辽宁古生物博物馆等11家单位为“沈阳市环境教育基地”，并策划组织开展“中小学生环境教育基地体验活动；落实全国“千名环境友好使者活动”工作任务；启动了“沈阳市环境友好使者活动”，充分鼓励并发挥了沈阳市在校大学生参与环境保护的热情；组织完成了沈阳市大、中、小学校创建“辽宁省环境友好学校”的申报及迎检工作；落实全国“酷中国”项目在沈阳市的组织实施。

（刘 冰）

建筑·房地产

建　筑

【建筑业概述】 2012年,沈阳市建筑业企业共完成建筑业总产值1741.2亿元,同比增长20.5%;完成增加值336.25亿元,占GDP的5%;建筑业总产值中外埠(省外)产值293.6亿元,占总产值的16.9%。

全市现有建筑业企业2240家,其中:施工总承包资质企业328家,专业承包资质企业1639家,劳务分包资质企业273家。施工总承包特级资质企业3家,一级资质企业39家,二级资质企业70家;专业承包资质企业一级企业125家,二级资质企业254家。全市共有建造师1.44万人,其中:一级建造师3605人,包括一级正式2870人,一级临时735人;二级建造师1.08万人,包括二级正式9635人,二级临时1161人。全市共有三级项目经理7044人。

加强行业监管,不断优化建筑市场环境。严格准入与清出制度,深入规范建设市场九方主体行为。依法认真清理行政许可、行政审批和审批前置事项,开展建筑业企业资质动态核查,培训资质评审专家,完善定额体系,强化施工合同和外埠施工企业备案管理,实现建筑业管理关口前移。积极在招投标、市场交易、城建档案管理等环节运用信息技术。以诚信建设为抓手,在重要时段、关键部位和主要环节,深入整顿和规范建筑市场秩序。

(张伟　赵萍萍)

【工程质量管理】 2012年,沈阳市监督在建工程1.32万项,总面积1.02亿平方米。坚持以质量为主题,创新监管方式,加大监管力度,抓好节能工程、使用功能、检测机构和建筑材料四项专项治理。初步建立"建设工程质量监督管理信息系统"、"工程质量检测监管信息系统"、"混凝土质量追踪与动态监管系统"三个信息化系统,基本形成三位一体的工程质量网络监管格局。开展全市工程质量春季大检查。对全市重点工程项目、"十二运"场馆、保障性住房工程、回迁房、地铁工程、学校等工程参建各方主体质量行为、现场建材质量、工程实体质量等进行检查,共检查工程829项,总面积1564万平方米。对全市142家检测单位、213个单项资质进行全面检查和专项治理,严厉打击造假行为。

全年荣获市以上优质工程599项,其中:获东北创建三市优质观摩工程15项,辽宁省优质主体结构工程73项,省世纪杯工程22项,省优质小区1项,市优质工程134项,市精品工程13项,市优质小区1项,市优质主体结构工程340项。沈阳东北传媒文化广场工程获得2012年度中国建筑工程鲁班奖。东北传媒文化广场工程位于沈阳市和平区文体路北,地下3层,裙房地上6层,主楼地上44层,建筑高度187.4米,建筑面积88.76万平方米,为综合、智能型办公楼。工程建设单位为辽宁日报传媒集团有限公司,施工单位为中国建筑一局(集团)有限公司,开竣工日期为2008年4月20日至2011年8月31日。东北传媒文化广场工程项目通过严格实施质量目标管理,树立创新、创优意识,曾先后获得沈阳市"新貌杯"、辽宁省优质主体结构工程、辽宁省建筑业新技术应用示范工程等奖项。

出台《沈阳市建筑工程质量保修及投诉处理实施细则》。9月20日,市建委制定出台《沈阳市建筑工程质量保修及投诉处理实施细则》,进一步加强建筑工程质量管理,规范和约束建筑工程保修责任主体的保修行为,维护建筑工程所有者和使用者(用户)的合法权益。《细则》共30条。《细则》明确建筑工程质量保修范围主要包括土建工程,电气管线、上下水管道安装工程,建筑装修工程及其它建筑使用功能工程,以及基础设施工程、房屋建筑的地基基础工程和主体结构工程,屋面防水工程、有防水要求的卫生间、房间和外墙面的防渗漏工程,供热与供冷等工程。《细则》同时明确质量保修责任单位不按规定履行保修责任的,用户可向所在地建设工程质量监督机构投诉。《细则》自2012年10月1日起施行,有效期至2017年9月30日。

(赵萍萍　李洁)

【安全生产管理】 2012年,沈阳市在建工程1.32万项,总面积1.02亿平方米,拆除现场80余个、拆除面积220余万平方米。全年围绕"安全生产年"、"迎全运"文明施工年及"打非治违"等活动,开展了消防安全专项治理、起重机械专项治理等全市性大检查12次,累计检查建设施工现场4334次,排查施工现场1.4万余次,排查各类安全隐患6.9万余次,其中重大安全隐患702处。全年对3家企业给予暂扣安全生产许可证处罚,对2家企业给予停业整顿、暂停招投标资格处罚,对4家企业进行了约谈。创建国家"AAA"级安全质量标准化诚信工地10个,省级安全质量标准化施工现场18个,省级文明工地20个,市级优秀施工现场30个,市级优良施工现场139个。2012年全市共发生建筑安全生产事故6起,死亡8人,其中较大事故1起,百亿元死亡人数0.47,同比下降26%(2011年百亿元死亡人数0.63),指标控制在省、市给定的范围内。

出台《沈阳市建筑工程安全防护文明施工措施费用管理实施办法》。11月21日,市建委正式出台《沈阳市建筑工程安全防护文明施工措施费用管理实施办法》。《办法》对安全防护文明施工措施费用(简称安措费)的缴存、拨付、使用和监督管理等进行规范。《办法》规定,安措费专项资金采用专款专用、阶段申请的方式管理。工程监理单位应对施工单位落实安全防护、文明施工措施情况进行现场监理。各级建设行政主管部门或其委托的安全监督管理机构,应对建设单位缴存和施工单位申请、使用安全文明措施费情况进行监督，对挪用安措费，未及时落实安全防护、文明施工措施的施工单位，要依据有关建设安全法规规定予以处罚，并视为不良行为计入企业信誉档案。《办法》的正式出台，对确保建设工程安全经费的专项投入和安全设施的有效利用，加强建筑工程安全生产和文明施工管理，预防建筑施工生产安全事故发生起到积极的作用。

（侯志远　赵萍萍）

【建筑市场规范】　建筑市场规范与整顿。开展建筑市场执法检查工作。3月，举办2012年建筑市场执法检查培训班暨沈阳市2012年建筑市场执法检查动员会，对各区、县（市）、开发区建设行政主管部门进行建筑市场执法培训，下发《沈阳市建筑市场执法检查实施方案》，部署2012年全市建筑市场执法检查工作。会议要求各建设行政主管部门按照方案要求认真开展建筑市场自查工作。成立市级检查组，与辽宁省住建厅共同对和平区、铁西区、康平县、法库县、沈北新区、蒲河新城、苏家屯区等14个独立施工许可颁发机构的区县建筑市场进行执法检查。共检查在建项目77个，发现各类问题54项，下发《执法通知书》和《执法建议书》35份。

组织工程建设领域突出问题专项治理工作。根据沈阳市专项治理领导小组办公室《2012年工程建设领域突出问题专项治理工作要点》，制发了市建委《关于贯彻落实〈2012年工程建设领域突出问题专项治理工作要点〉的通知》文件，并认真落实。配合市专项治理领导小组办公室成立两个工作小组，参与工程项目排查工作。档案排查组排查了2009年7月至2011年12月末新建和改扩建工程项目档案1371项；市直项目检查组对市直的25项工程挂靠借用资质投标、违规出借资质问题进行逐一检查。

诚信体系建设。抓好信用信息的搜集发布工作。制定下发《关于报送企业信用信息的通知》，加强对各区、县（市）开发区信用信息收集工作定期调度。通过各区、县和相关单位搜集、整理建筑市场信用信息156条，并在沈阳建设工程信息网对外公布。做好“信用沈阳”建设工作。贯彻落实《沈阳市2012年社会信用体系建设工作要点》，上报重要信用信息98条，并每季度上报一次信用数据。建立“诚信激励、失信惩戒”机制。贯彻执行《沈阳市建设市场诚信行为激励和惩戒规定》，对具有良好记录和不良记录的建筑业企业，从招标投标、资质管理、施工许可、市场准入和表奖评优等方面加以鼓励和限制，营造良好的市场氛围，使建筑市场管理逐步实现诚信化、法制化和规范化。

中介机构管理。加强监理企业管理。全年共受理工程监理企业资质申请9家，其中：申请监理企业专业资质设立1家，专业资质升级6家，申请专业资质增项1家，企业改制后申请重新核定资质1家；对项目监理机构监理人员备案467项，其中对违反基本建设程序，先开工后备案的53个建设项目的单位、监理单位约谈。组织工程监理人员培训13期，参加人员1131人次。强化了基本建设程序的严肃性，规范建筑市场各方主体行为。加强招标代理机构资格管理。全市共有工程招标代理机构77家，其中：甲级20家，乙级32家，暂定级25家。对全市招标代理机构是否与具有行政执法职能的机关、事业单位有隶属关系以及注册人员、招标档案等情况进行逐一检查。对15家存在问题的代理机构提出整改要求，其中1家代理机构被取消了资格。完成了对47家代理机构的年度评价初审，23家工程招标代理机构资格延续，7家代理机构暂定级资格、2家代理机构乙级资格申请和8家代理机构专业增项申请的初审工作。

（邱明煊　赵萍萍）

【加强民用建筑外保温系统防火管理】　2012年8月，沈阳市下发《沈阳市人民政府办公厅转发市建委关于加强民用建筑外保温系统防火管理工作实施意见的通知》（沈政办发〔2012〕69号）。实施意见规定，施工总承包单位要对外保温系统的防火安全负总责，建筑节能外保温系统施工分包单位承担连带责任。建设单位和施工单位要严格按照施工图设计文件中外保温材料和防火隔离带材料的燃烧性能等级，组织外保温系统的建设施工，未经施工图审查机构审查通过，不得擅自修改设计方案。实施意见从建筑高度、建筑类别、建筑部位及建筑材料使用等方面均进行了规定和说明，进一步明确了各方责任主体、质量管理、市场监督等单位的责任。

（包淑兰）

【现代建筑产业】　2012年，沈阳市现代建筑产业产值实现1042亿元，新开工装配式建筑工程220万平方米，构件规模化产能达到340万平方米。初步建立现代建筑产业化装配式建筑技术体系，编制了九部相应技术标准。开展学习培训，举办技能竞赛，全市现代建筑产业技术工人队伍已达1000余人。现代建筑产业化技术产品应用扩展到市政道路、轨道交通等领域。装配式工程建设规模逐步铺开，构件产能提高，技术体系多元化，全市装配式工程市场化效应逐步显现，装配式建筑土建成本进一步降低。成功举办首届中国（沈阳）国际现代建筑产业博览会，使沈阳市作为国家现代建筑产业化试点城市的先发优势和集聚效应增强，形成推进现代建筑产业发展的合力和良好氛围。装配式建筑工程由试点示范发展到规模化应用阶段，铁西区市民服务中心、东陵区（浑南新区）检法大厦、和平区满融蓝海创造中心等政府投资项目开工建设，万科金域蓝湾、沈北亚泰城等房地产开发项目已采用装配式技术进行开发建设。开发、建筑企业主动对接市场新形势，积极发展现代建筑产业。北方建设集团、辽宁建工集团等企业已具有构件（部品）生产能力或施工能力，向生产、施工一体化方向转型。

1. 好施新型建材（沈阳）有限公司竣工。积水好施新型建材（沈阳）有限公司设立于2011年1月25日，是由日本积水住宅株式会社在中国投资的第一家住宅建设生产型企业，投资总额达2.2亿美元，注册资本1亿美元。经营范围为新型节能环保建筑材料、轻质高功能墙体材料、高档环保型装饰装修材料、优质防水密封材料、高效保温材料研发、制造。该工厂以生产钢结构住宅部件和设备为主，可满足在中国国内各城市建设高品质工业化住宅的要求。积水好施新型建材（沈阳）有限公司于2011年初在铁西经济技术开发区现代建筑产业园内购置土地，2011年4月15日举行奠基仪式，占地30万平方米，建筑面积约9万平方米。2012年4月15日，积水好施新型建材（沈阳）有限公司举行竣工仪式，正式投入生产环保型住宅工业化项目材料设备等产品，年产能36万平方米。

2. 2012中国（沈阳）国际现代建筑

产业博览会。4 月25 日 - 27 日,国家住房和城乡建设部、辽宁省政府和沈阳市政府共同举办的 2012 中国(沈阳)国际现代建筑产业博览会在沈阳国际展览中心隆重举行。展会以“交流、合作、发展”为主题,共分现代建筑产业回顾、现代建筑产业样板房、现代建筑部件和制品、现代建筑装备、保障性住房建材产品等五大展区,总展出面积达 5 万平方米,国际标准展位 2000 余个。展出内容涵盖预制混凝土结构、钢结构、木结构、保障性住房建材部品等产品和国内外领先的建筑技术系统。展会吸引了来自日本、加拿大、德国等十几个国家和地区以及国内 23 个省、市、自治区的 406 家知名企业参展,5 万余人次参观展览。积水房屋、鹿岛建设、骊住集团等世界 500 强企业和远大集团、中南建设、中建一局、上海宝钢等多家国内建筑行业龙头企业展出最新产品。

3. 辽宁省第一条陶板生产线正式投产。7 月 21 日,辽宁省第一条陶板生产线在法库县经济开发区沈阳骊住建材有限公司正式投产。该项目是以生产陶土板为主的新型建材项目,2011 年 3 月在法库县开工建设,项目总投资 6. 9 亿元人民币,建筑面积近 9 万平方米。项目一期工程预计年产量可达 100 万平方米,实现年产值 3. 5 亿元。项目的落成达产,加快了法库陶瓷产业升级步伐和法库陶瓷“品牌化、国际化、瓷文化”进程,促进了沈阳现代建筑产业的发展,标志着法库县新型建材产业发展步入新的阶段,为“打造千亿产业集群、争创中国陶瓷之都”注入新的动力。

4. 中南建设(沈阳)建筑产业有限公司一期工程建成投产。中南建设(沈阳)建筑产业有限公司于 2011 年落户沈阳市,预制构件生产工厂位于沈阳市经济技术开发区现代建筑产业园内,厂区占地面积 16 万平方米,总投资 15 亿元,主要生产预制混凝土构件,产品主要应用在中南建设沈阳住宅小区开发项目。2012 年 10 月 1 日,中南建设(沈阳)建筑产业有限公司一期工程在沈阳市经济技术开发区现代建筑产业园内正式建成投产,其占地面积 15 公顷,总投资 5 亿元,预计年产量将达到 100 万平方米,产值超 10 亿元。现拥有一条自动墙板生产线,一条自动叠合板生产线和一块异型墙板生产区域;钢筋制作车间拥有国内先进的钢筋自动机和钢筋桁架自动焊接机等,以现有配备至少可满足每年 30 万平方米新型建筑所需的各种构件供给需要。

5. 参展第十一届中国国际住宅产业博览会。11 月 21 日,“第十一届中国国际住宅产业博览会”在北京隆重开幕。沈阳市组织沈阳远大集团、中南建设、亚泰集团、中辰钢构、洛斐尔建材等具有代表性的现代建筑示范企业组成沈阳展团参展,展示了沈阳市现代建筑产业发展的最新成果。

(付欣 赵萍萍)

房地产

【概述】 2012 年,沈阳市房产局全面落实辽宁省政府“三项重点工作”和“十二条工作意见”,房地产市场实现双增“15%”目标。在优化服务方面,积极开展“双进双解”活动,成立了“房企之家”,协调解决企业存在的问题;加大为企业和百姓服务力度,上门办证 1311 次;创新构建了全市统一的住宅出租房屋四级运行服务模式,初步实现了日常动态管理;强化了房屋测绘科技化手段,服务和质量得到有效提升,工作取得了长足进步;为重点项目建设单位提供商品房预售许可审批“预约登记”服务,设专人主动跟踪办理,全面开展了预售许可信息公示,方便百姓查询;存量房交易资金监管实现市辖区域业务全覆盖,商品房预售资金监管试点和规模进一步扩大。在繁荣市场方面,通过举办多元化房交会、组织商品住宅团购、解决历史遗留项目办证、加大住房货币化补贴力度、合理制定普通住房价格标准和引导市场舆论导向等一系列具体措施,房地产投资、商品房销售等主要指标呈现企稳态势,房价平稳运行,房地产市场总体保持了平稳健康发展,全年完成房地产投资 1943 亿元,同比增长 15. 3%;全市商品房销售金额 1561 亿元,同比增长 22. 5%。

征收工作平稳有序。建立市区联动机制,指导各区按计划启动征收项目;修改完善征收办法草案,履行立法程序;实事求是审定项目资金,为全市依法征收起到了积极作用。

住房保障工作有序推进。构建了以公共租赁住房为主,廉租房、经适房为辅的住房保障体系。经辽宁省检查组认定,全年共投入 16. 8 亿元,完成保障性住房 3. 84 万套。

弃管小区改造圆满收官,物业管理建章建制工作取得突破。积极采取多种措施,扎实推进弃管住宅区综合改造工作,全年完成改造弃管住宅区 413 个,建筑面积 837 万平方米,改造同时同步落实管理责任。在物业管理建章建制方面,为推动物业管理规范化水平,召开了全市物业大会,制定并出台《关于加强住宅区物业管理的实施意见》等 7 个规范性文件,破解了困扰多年的一些难题,走在全国前列。

供热取得最好成效。出台运行管理标准,建立供热三级客服体系,供热监管和服务水平不断提高;升级改造供热运行监测系统,实现了对部分大型热网调度室、锅炉房和用户室内温度的动态监测。圆满完成了国家节能暖房工程任务。全年“三修”总投资 6. 15 亿元,改造供热旧管网 160 公里,拆除锅炉房 35 座,联网面积 163 万平方米,实施热源新、改、扩建项目 15 项,新增能力 2800 万平方米。

(董玲玲)

【房地产市场运行】 2012 年,沈阳市加强房地产业管理和服务,实现房地产市场平稳运行。累计完成投资 1942. 96 亿元,同比增长 15. 3%;其中商品住宅完成投资 1331. 43 亿元,同比增长5. 6%,商品住宅投资占全部房地产投资的 68. 53%。商品房施工面积1. 1亿平方米,同比增长7. 9%;其中住宅施工面积 8039. 85万平方米,同比增长5. 0%。房屋新开工面积3822. 17万平方米,同比增长28. 6%;其中住宅新开工面积2890. 08 万平方米,同比增长25. 0%。全市共出让土地 511 宗,同比下降35. 88%;出让面积2472. 6万平方米,同比下降33. 2%;成交总价580. 78亿元,同比下降10. 3%;成交单价 2350 元/平方米,同比增长 34. 36%。商品房市场供应充足。全市商品房批准入市面积1891. 32万平方米,同比下降7. 31%;商品住宅批准入市面积1494. 19万平方米,同比下降10. 50%。商品房供销比达到1. 15: 1,商品住宅供销比1. 08: 1。全市商品房累计可售面积 1803. 79万平方米,同比增长15. 45%;商品住宅累计可售面积1027.64万平方米，同比增长12.75%。

商品房销售保持较快增长。全市商品房销售面积2469.65万平方米，同比增长14.1%；销售金额1561.13亿元，同比增长22.5%。其中住宅销售面积2201.45万平方米，同比增长13.0%；销售金额1318.55亿元，同比增长20.6%。存量房市场同比下降二成左右。存量房转让面积454.05万平方米，同比下降22.0%；金额161.93亿元，同比下降25.0%；套数5.47万套，同比下降22.3%。其中存量住宅转让面积369.94万平方米，同比下降19.5%；金额133.16亿元，同比下降19.7%；套数5.18万套，同比下降21.9%。房价运行平稳。全市商品房备案均价6604.52元/平方米，同比上涨6.28%；商品住宅备案均价6226.42元/平方米，同比上涨6.94%；存量房成交均价3560.22元/平方米，同比下降4.02%；存量住宅成交均价3589.85元/平方米，同比下降0.58%，房价保持了平稳运行的良好态势。

外地人购房比重增大。2012年，外地居民购买商品住宅591.65万平方米，同比增长4.00%，外地人购房面积占全市商品住宅总销量42.94%，较上年增加3.54个百分点。房地产税收收入略有增长。2012年，全市房地产业税收收入163.16亿元，同比增长0.2%，占全市地方税收收入比重28.4%，同比下降4.8个百分点。房地产业税收收入11项指标中，企业所得税、房产税、城镇土地使用税、土地增值税和耕地占用税5项指标为正增长，其余6项指标为负增长。营业税和契税减少额较大，分别比上年减少2.55亿元和2.47亿元，降幅分别为4.5%和4.7%。

公积金归集与放贷平稳增长。2012年，全市住房公积金累计归集金额保持增长态势，归集金额124.41亿元，同比增长22.02%；全市累计住房公积金放贷金额68.52亿元，同比增长20.04%。

（乔大勇）

【房地产市场管理】 2012年，沈阳市房产局开展了“房地产交易与权属登记机构创建规范化管理先进单位”活动。从2月28日至11月9日，通过“动员部署、首轮巡检、观摩学习、初审评议、次轮互检”等五个阶段，按照规范化管理考核标准，对各区（县、市）房产交易权属登记中心的窗口建设、业务规范执行、信息系统建设、档案管理、管理制度和队伍建设等方面，进行了对照检查，指导各单位完善改进整体工作，实现动态全过程管理。

市房产局圆满完成了国家住建部交办的“地下车位登记”课题任务，并归纳形成了1.3万字的调查报告。6月12日，课题专家评审组一致通过了沈阳市“地下车位交易管理与房屋登记”的研究课题。

为实现市区交易系统联网工作，2012年，沈阳市正式启动二手房交易网络操作系统。6月11日，沈河区交易中心作为试点单位正式上线运行，标志着市区交易产权实现了“一体化”办公。截至年底，市内五区全部启动二手房交易网络操作系统。

为进一步做大做强房屋租赁市场，市房产局开展加强和创新住宅出租管理试点，深化与税务等部门联动的协管体系，完善房屋租赁管理相关政策法规及制度，推行全市房屋租赁摸底调查、系统建设以及便民服务等系列管理服务举措，全力抓实房屋租赁备案管理，全市共办理非住宅登记备案面积382.14万平方米，收取规费2541.5万元。

2012年4月6日，市房产局成立了“房企之家”办公室，发展162家房地产开发企业成为会员。组织召开5次开发企业座谈会，共有62家（次）开发企业参会。受理各企业提出的有效问题总计84个，其中：建议咨询类34个，需要实际解决的问题50个。当年即解决45个问题，5个问题经报请市政府召开了政府协调会。

（刘 健）

【产权产籍管理】 2012年5月15日，沈阳市房产局印发了《关于经济适用住房办理权属登记若干事宜的通知》，针对日益增多的经济适用住房项目办理权属登记的有关事宜进行了细致规定。该《通知》规定，经济适用住房项目在达到国家规定的销（预）售条件后，需在市房产局进行项目备案，取得《经济适用住房项目备案通知》后，方能办理合同备案、竣工实测、初始登记等手续。另外，该《通知》对经济适用住房的合同备案、房屋产权登记、变更房屋性质、对外出售等相关问题进行了明确规定，解决了困扰房屋登记机构的问题。

为深入贯彻落实住建部出台的行业标准《房地产登记技术规程》，市房产局印发了《关于贯彻实施住建部〈房地产登记技术规程〉有关事宜的通知》，分别对记载于登记簿的时点、健全质量管理制度、完善房屋登记审核委员会制度、提高登记官考试通过率、调整房屋登记材料、完善登记档案管理工作、登记资料利用工作和房屋登记基本单元编码工作进行了规范和要求。

市房产局、市地税局联合印发了《关于进一步优化“家庭唯一住房”查询工作流程的通知》。针对“家庭唯一住房”查询工作流程存在的问题进行进一步的优化，建立了“沈阳市居民家庭住房信息查询系统”，向地税部门延伸了网络查询终端，由地税部门录入纳税人家庭的相关信息，查询系统即时查询，即时生成查询结果，地税部门输出后即可利用。优化后的工作流程极大地提高了“家庭唯一住房”查询工作的安全性和便捷性，并建立了纠错机制。

（佟盛林）

【国有土地房屋征收管理】 2012年，沈阳市新启动房屋征收项目共28项，涉及居民5378户，单位110家，征收面积67.9万平方米；完成征收成本审核48项，涉及面积122万平方米，核量资金150亿元；共接待来访154人次，来电1737人次，处理遗留案件6件，参与征收纠纷调解65户，全年未发生大规模集体访事件。

为推进房屋征收与补偿信息公开，按照住房和城乡建设部《关于推进国有土地上房屋征收与补偿信息公开工作的实施意见》要求，8月13日－22日，在全市范围内开展专项检查，有效促进房屋征收与补偿信息公开工作的落实，切实维护房屋征收当事人的知情权、参与权和监督权。9月21日，住建部督查组对和平区锡伯族家庙项目征收现场进行了抽查，在检查过程中督查组高度赞誉了房屋征收过程中的信息公开工作。

按照《国土资源部监察部农业部关于开展征地拆迁专项检查的通知》（国土资电发［2012］100号）、辽宁省监察厅《关于开展全省征地拆迁工作专项检查的通知》（辽监明电［2012］4号）和《辽宁省人民政府办公厅关于深入开展全省违法违规征地拆迁专项治理工作的通知》（辽政办明电［2012］72号）要求，9

月上旬对全市房屋征收依法行政情况进行了专项检查,按要求向省违法违规征地拆迁专项治理工作协调小组检查上报了《征地拆迁专项检查报告》、《国有土地上房屋征收拆迁情况调查表》等资料。

落实辽宁省政府下达城中村、城边村改造任务,坚持每月调度,每月统计上报数据,全年协调相关区完成城中村改造2.99万户,占任务数(2.70万户)的110.7%;完成城边村改造3.17万户,占任务数(2.75万户)的115.1%,超额完成省政府下达指标。

(*杨耀光*)

【节能暖房工程】 2012年,沈阳市共实施既有居住建筑供热计量及节能改造工程760万平方米,总投资6.78亿元,改造楼栋1290栋,涉及居民10.4万户,取得了较好的经济效益、社会效益和环境效益。

市政府将此项工程作为节能减排工作重要内容,并列入城建计划,足额落实、及时拨付配比资金。坚持部门联动,统筹协调工程中的具体问题。节能暖房工程专业技术性较强,施工前,组织专家开展改造项目的可行性研究论证、能评、环评及设计等基础工作并下发了《关于实施"暖房子"工程的通知》。工程启动后,建立周调度会制度、区域包保责任制度和工程监理制度,跟踪工程进度、质量和资金拨付情况。整个工程实行统一设计、统一招标、统一施工、统一验收,确保了工程进度和质量。

(*刘永莲*)

【弃管住宅区综合改造】 2012年,沈阳市弃管住宅区综合改造工程和后续管理工作被确定为市政府为城乡群众办的十件实事之一,改造弃管住宅区413个,建筑面积837万平方米。同时,本着边改造边落实后续管理的原则,改造后的413个小区全部落实了管理责任。至此,为期三年的弃管住宅区综合改造工程完美收官。2012年10月25-26日,市十四届人大常委会第四十一次会议听取审议了市政府弃管小区后续管理及综合改造议案办理情况的报告,参加会议的45名市人大常委会委员全票通过。

(*王晓丹*)

【四季房交会】 2012年4月25-28日,"中国·沈阳2012春季房地产展示交易暨好房子惠民让利销售大会"在沈阳国际展览中心盛大开幕。本届春季房交会有72家房地产开发企业,105个楼盘项目参展,提供销售商品房2.71万套,提供销售商品房面积为220.1万平方米。本届房交会推出了"一卡抵三万"、"天天特价房"等优惠活动,为购房百姓提供了百余套"一房一价"特价房源。房交会前期,组委会联合百姓购房网、《好房子》月刊共同开展了房交会预展进社区、进企业、进校园的"三进"活动和报媒房交会、网上预展活动,让更多的市民了解参展房源的优惠政策。展会现场为百姓提供了"四大信息公示"、"百姓购房卡申领与咨询服务"、"百姓购房网团购中心服务"、"房产局一站式服务"和"免费观展直通车"等五大展会服务。

2012年5月28日至6月3日,"2012沈阳市商品住宅夏季让利销售大会"在沈阳奥体中心南广场举行。150余家房地产开发企业,200座商品住宅楼盘参加本次展会。本届房交会是一次创新模式的沈阳房地产市场交易大会,首次推出免费为参会企业提供展位的政策,并组织沈阳市所有在售商品住宅项目全部参加"让利销售大会"。大会开展"特价房现场热卖"活动,每天可供8家提供特价房源的开发企业在展台现场推荐房源,展示销售。本次展会继续举办"报媒房交会"预展活动和"一卡抵三万"的优惠活动,并为购房百姓提供了"一站式"服务,市房产局、地税局、公积金等相关部门进驻大会,为购房百姓提供政策咨询服务,同时金融机构也参加了"让利销售大会",为开发企业和购房市民提供服务。

2012年9月12-16日,"中国·沈阳2012秋季房地产展示交易会"在沈阳奥体中心南广场举行。100余家房地产开发企业150座商品住宅楼盘参与本届展会。本届房交会延续夏交会模式,继续免费为参展企业提供展位,促进开发企业为购房市民拿出更多的优惠,让利于民。展会推出持百姓购房卡购房"免一平方米"、"一卡抵三万"、"价格折扣"、"天天特价房"等多项惠民销售活动,并继续推行"有组织观展"模式,所有观展市民均需凭票入场观展。展会现场,为购房百姓提供了"一站式"服务、展会信息公示、百姓购房卡申办和"律师帮您签合同"现场咨询等服务。

2012年11月23-25日,"2012沈阳冬季房交会暨中、小户型房交会"在沈阳科学宫会展中心举办。100余家房地产开发企业参与本届房交会。本届房交会是以90平方米以下中、小户型项目为参展主体,以白领置业、青年宜居、刚需购房为主要特点的楼市供需精准对接的专业展览会。展会前期,组委会开展了网上预展活动,为市民打造"网上房交会"新形式,方便百姓提前了解展会信息和参展商让利情况。展会继续实行有组织观展模式,为购房百姓提供"房产政策与法律咨询"、"持百姓购房卡买房免一平方米房价款"等形式的让利销售活动。

(*刘　健*)

【住房保障】 2012年,辽宁省政府下达沈阳市保障性安居工程任务36804套,其中:新增廉租住房租赁补贴2000户,经济适用住房4000套,公共租赁住房3万套,国有林区棚户区改造418套,国有垦区危房改造386套。年内实际完成保障性住房38428套,超额完成辽宁省下达的任务指标。

1. 廉租住房。继续采取给予符合保障条件的对象发放廉租住房租赁补贴,完成新增廉租住房租赁补贴2015户。

2. 经济适用住房。通过实物建设和货币补贴两种方式,完成经济适用住房4001套(户)。

3. 公共租赁住房。通过新建、回购、企业自建及长期租赁社会房源,筹集公共租赁住房31608套。

4. 完成国有林场棚户区改造418套(户)。

5. 完成国有垦区危房改造386套(户)。

(*毛东玮*)

【住房改革】 2012年,沈阳市共完成审核、发放货币化补贴资金7.64亿元(含2011年追加指标资金审核发放补贴资金2.84亿元);出售自管公有住房16.7万平方米,2829户,归集售房款2461万元;审批支取房改资金2310万元,用于货币化补贴853万元,用于房屋维修1457万元。

1. 货币化补贴资金落实和发放情况。制订了《关于加快推进沈阳市2012年住房分配货币化工作实施方案》。全年共落实市本级货币化补贴资金5亿元,完成审核发放4.99亿元(含2011年追加补贴资金2.84亿元)。市本级财政全额拨款单位基本补贴完毕。同时简化了补贴发放程序,进一步完善了货币化补贴信息管理系统。

2.调整和规范公有住房出售要件。在公有住房出售清册核准时,在原有基础上添加配偶姓名,保证了购房人购房的合法权益。同时简化了房改审批核准有关程序。

3.房改资金使用管理进一步加强。重点强化自管公房维修资金使用审批的监督管理,切实做好自管公房修缮工作,及时恢复房屋住用功能,保证了房屋的住用安全。

(郭丽秀)

【住宅区物业管理】 2012年,沈阳市在住宅、物业管理中出台了一系列文件。一是出台了《关于加强住宅区物业管理工作的实施意见》(沈政办发[2012]83号)。文件强调了住宅区物业管理区域负责的体制,明确了相关部门的职责,建立商品住房交付使用准入制度,严格物业服务招投标制度,落实旧住宅区管理责任,完善房屋应急维修机制,明确旧住宅区房屋维修责任,大力推行市场化收费机制等,对沈阳市加强住宅区物业管理具有重大的指导作用。二是出台了《沈阳市物业服务招标投标管理办法》(沈房发[2012]3号),重新制定评标标准,组建沈阳市物业管理评标、评估专家库,对于逐步扭转"假招标"的混乱局面,推进物业管理"建管分离",进一步推进物业服务企业信用信息建设水平,促进物业管理市场的成熟和发育起到重要作用。三是出台了《关于物业服务项目收支情况公开有关事宜的通知》(沈房发[2012]73号),要求物业服务企业从2013年1月1日起公示上一年度的收支情况,促进物业服务收费公开、透明。四是出台了《沈阳市物业服务履约保证金管理办法》(沈房发[2012]81号),对物业服务企业收取履约保证金,防止物业企业随意弃管小区,切实保障广大业主的合法权益。

开展沈阳市星级物业管理小区(大厦)考评活动,制定了考评办法和考评标准。2012年共评定三星级以上物业小区(大厦)164个,其中五星级小区(大厦)70个。

(陶 然)

【城市供热管理】 2012年,沈阳市(不含一市三县)供热面积达2.42亿平方米,其中:住宅1.84亿平方米,占全市供热总面积的76%;非住宅为5800万平方米,占全市供热总面积的24%。集中供热面积2.19亿平方米,集中供热率90.7%,热用户253万户。热电联产供热面积为6600万平方米,占全市供热总面积的27.3%。全市现有燃煤热源1051座,换热站1523座,供热管网长度8700公里。供热经营单位275家,其中:国有性质的单位87家,供热面积为1.19亿平方米,占全市总供热面积的49.2%;非国有性质的单位188家,供热面积为1.23亿平方米,占全市总供热面积的50.8%。

1.供热准备工作。继续深入开展供热工作"回头看"活动,主动查找和解决供热问题1210个;全市供热"三修"总投资6.15亿元,同比增长10%;整改重点区域10处;改造供热管网160公里;拆除锅炉房35座,联网面积163万平方米;落实热源新、改、扩建项目15项,新增供热能力2800万平方米;综合收费率、储煤率持续高于上年同期水平。

2.供热运行平稳,群众满意度高。11月1日,全市热源100%开栓供热,在此之前已有107多家供热单位提前供热,近1.9亿平方米、193万户居民提前享受温暖。开栓以来,供热运行一直平稳,效果较好,没有发生大的设备或管网故障。在辽宁省供热群众满意度评价活动中,沈阳市排名全省第一。

3.出台《沈阳市供热运行管理标准》和《沈阳市民用建筑供热用热管理条例》的相关配套文件,进一步规范供热服务、维修和运行管理工作;升级改造供热运行监测系统,监测点位扩大到11个大型热网调度室、336个换热站和55个集中供热锅炉房,更好地实现了供热运行数据监测、用户室温监测、能耗统计和诉求统计等功能;建立三级客服体系,畅通供热受诉渠道,进一步提高了供热诉求办理效率。

4.完善供热应急管理预案。组织完善了《沈阳市冬季供热应急预案》,组建22支供热应急队伍,及时应对降温降雪天气及供热突发情况;严格执行《沈阳市供热运行管理标准》,随时根据天气情况及时下发调度令,督促供热单位做好应对降温降雪等极端天气的准备。

(刘永莲)

国内贸易

综述

【城区经济运行】 2012年,沈阳市城区服务业增加值完成2595.5亿元,增长10.1%,增幅高于城区生产总值0.4个百分点,高于全市服务业1.2个百分点,高于全市生产总值0.1个百分点,城区服务业增加值占城区生产总值比重为49.3%;九城区合计完成公共财政预算收入560.5亿元,增长11.2%,占全市的78.4%;完成固定资产投资4476.8亿元,增长22.2%,占全市的79.6%;实际利用外资55.2亿美元,增长5.5%,占全市的95.1%;实现社会消费品零售总额2546.9亿元,增长19.8%,占全市的90.9%。

1.综合经济实力进一步增强。在以公共财政预算收入、固定资产投资、服务业发展水平为主要指标的全省城区经济综合考评中,沈阳市5个中心城区进入前20名,其中和平、沈河两区位居第一、二位。2012年,九城区公共财政预算收入全部超过25亿元,占全省城区的37.8%。其中铁西、和平、沈河、东陵(浑南)、大东等五城区超过60亿元,铁西区保持100亿元以上,在全省56个城区中继续领先。

2.产业聚集规模不断扩大。截至2012年末,九城区共有29个现代服务业集聚区,全年主营业务收入完成3831.7亿元,同比增长31%。北站金融商贸区、和平金融街等7个服务业集聚区营业收入突破100亿元。九城区共有16个产业集群,比2011年增加1个,共实现销售收入544.8亿元,同比增长30%。其中实现销售收入500亿元以上的产业集群有3个,大东汽车及零部件产业集群实现1090亿元,成为沈阳市首家千亿级产业集群。

3.重点项目建设进展顺利。2012年,沈阳市共有重点项目288个。其中九城区为237个,占区、县(市)及开发区项目总数的82.3%;投资总额6435.1亿元,占86.5%,当年完成投资1783.2亿元,占89.2%,是全市重大项目建设的支柱力量。其中:龙之梦亚太城、市府恒隆广场、赛特奥莱等项目相继投入使用;投资120亿元的雨润全球农副产品采购中心、投资100亿元的沈阳嘉里中心项目、投资80亿元的沈阳裕景中心项目、投资50亿元的五洲建材城等项目建设进展顺利。

4.现代服务业发展较快。一是生产性服务业加快发展。2012年末,金融机构本外币贷款余额7769.8亿元,同比增长14.7%;全市营业收入超亿元物流企业达到38家;高新技术产品增加值完成1390亿元,增长14%。二是新兴服务业势头迅猛。共举办各类会展活动295项,同比增长17%,实现展览面积291万平方米,同比增长32%;浑南电子商务产业园正式被国家商务部批准为国家电子商务示范基地。沈阳国际软件园获评全国服务外包园区十强。东软、先锋、昂立、天久等4户企业入围2012中国软件业务收入百强企业。三是文化旅游产业蓬勃兴起。全市文化市场共有文化娱乐、演出、电影、出版、艺术品经营等营业户6000余家。艺术大厦主体工程封顶;全年共接待国内外游客6947万人次,增长10.1%,旅游总收入826.6亿元,增长24.6%。

(庄春阳)

【服务业集聚区】 2012年,沈阳市继续推进"十二五"规划确定的31个服务业集聚区建设。

1.服务业集聚区呈现快速发展势头。2012年,全市在建服务业集聚区实现营业收入突破3900亿元,增长32%。固定资产投资完成1439亿元,增长56.2%。上缴税金总额229.2亿元,增长20.2%。吸纳就业人数91.3万人,增幅10.1%。营业收入100亿元以上的服务业集聚区达到7个,较上年增加1个;50亿元以上的服务业集聚区达到14个,较上年增加3个。全市在建的31个服务业集聚区中,12个省级现代服务业集聚区实现主营业务收入占总量的70%以上。一是凸显了形象。沈阳金廊申报了国家级中央商务区。沈阳北站金融商贸集聚区、大中街商贸文化集聚区等服务业聚集区,发挥了示范引领作用。太原街都市商贸中心集聚区、铁西专业市场与物流集聚区、南塔商贸集聚区等服务业集聚区大力吸引南资北上,延伸产业链条,壮大产业规模,扩大市场营销,区域影响力不断增强。二是亮出了品牌。棋盘山生态文化旅游集聚区、沈阳国际软件园集聚区、兴隆温泉旅游休闲度假区、沈阳金山物流产业集聚区、环北陵商务旅游集聚区等服务业集聚区以打造品牌为重点,突出发展特色。三是提升了品质。沈河、和平中心城区,结合城区改造,大力引进城市综合体、商务总部等高端业态,推进服务业集聚区提质升级,使老城区面貌焕然一新,城市CBD的形成指日可待。四是布局日趋科学。一些规模大、业态先进、规划完善、公共服务平台及管理机构健全的服务业集聚区正加快向新城、开发区、县域布局,成为全市发展服务业的重要载体。五是开放度不断提高。全市加快完善服务业集聚区发展环境,精心策划、筛选、包装优质项目,通过主题概念招商、产业链招商等方式大力开展国内外招商。集聚区管理机构提高了政府办事效率与服务水平,促进了重大招商引资项目落地和开工建设。省域外的投资占集聚区总投资的70%左右。六是专项资金重点倾斜。2012年省级现代服务业发展专项资金中安排支持服务业集聚区建设奖励资金1亿元,沈阳市获1650万元,占全省专项资金的16.5%。

2.规划及运行分析制度不断完善。结合地区实际和全市服务业发展实际,编制服务业集聚区"十二五"建设发展规划,规划充分体现了与全市区域规划衔接,与新城、新市镇建设规划衔接的原则,与工业产业集群规划相衔接的原则。重点补充完善旗帜型集聚区、县城中心商贸集聚区规划内容,从而形成"旗帜型集聚区—城市中央商务区(CBD)—城区集聚区—县域集聚区—县城中心商贸集聚区"的服务业集聚区规划建设布局。结合辽宁省《关于服务业集聚区建设与考评相关问题的通知》,提出服务业集聚区建设参照标准,确立集聚区运行分析统计指标体系,按季调度、分析服务业重点集聚区运行情况。

3.服务业集聚区建设逐步实现了规范化和标准化。实施"七个一工程",促进服务业集聚区建设的规范化和标准化。一是明确空间布局、明晰产业发展定位、注重资源整合,制订一个高起点、高水平的服务业集聚区控制性详细规划,以规划引领服务业集聚区的建设与发展。二是突出地域特点、产业特色,提升层级,酝酿、叫响一个具有区域知名度、认知度的服务业集聚区名称。三是建立一个组织机构—服务业集聚区管委会,配备专门人员从事服务业集聚区建设管理工作。四是搭建一个服务业集聚区公共服务平台,为集聚区提供研发、投融资、技术、政府审批等公共服务。五是在服务业集聚区周边选择交通道路交汇处醒目位置立起一块服务业集聚区标志牌,提升服务业集聚区知名度与影响力。六是制作一套包括规划图、沙盘、图集、多媒体等服务业集聚区系列演示、宣传推介资料,加大招商引资工作力度。七是建立起一套科学、完善的统计体系,全面、及时反映服务业集聚区运行情况。

(董博光 胡雪娇)

【重点项目】 2012年,沈阳市投资3000万元以上的服务业在建项目1131个,占全市投资3000万元重点项目总数的50.0%,完成固定资产投资2862.1亿元,占全市的63.3%。其中:续建项目292个,完成固定资产投资1258.8亿元;新建项目400个,完成固定资产1076.5亿元;竣工项目439个,完成固定资产526.8亿元。

全市288个重点项目中,安排服务业项目165个,占总数的57.3%,总投资额5209.2亿元,占288个项目总投资额70.0%;完成固定资产投资1331.2亿元,占66.6%。其中:续建项目61个,完成固定资产投资699.5亿元;新建项目104个,完成固定资产投资631.7亿元。

一批拉动内需、惠及百姓的续建项目相继投入使用。总投资260亿元的龙之梦亚太城,百货、超市、公交枢纽站、红星美凯龙投入使用;投资100亿元的市府恒隆广场项目,9月底投入使用,强力拉动市府广场周边商业层次;沈北尚柏奥莱、棋盘山赛特奥莱、浑南兴隆大奥莱,3个奥特莱斯业态布局沈城;投资120亿元的华强文化主题公园,有效辐射沈阳周边城市,成为休闲度假的又一亮点。一批示范效果明显的电商企业相继落户。浑南新区电子商务产业园中,总投资额超100亿元的普洛斯、阿里巴巴、京东商城、苏宁易购等一批重大项目相继落户,安博、丰树、嘉民等企业已经签约,浑南电子商务产业园初具规模。一批拉动上下游产业链的专业市场集中开工建设。投资120亿元的雨润全球农副产品采购中心、投资50亿元的五洲建材城、投资15亿元的沙溪酒店用品城、投资10亿元的闽南建材城、投资20亿元的农机商贸城等专业市场竣工后将对地区税收将产生较大贡献。一批高端商务楼宇集中在金廊上开工建设。华润、恒隆、嘉里、茂业、世贸、新世界等项目均规划建设了高端商务楼宇,为总部经济的发展提供坚实载体。

(张 展)

【家庭服务业】 截至2012年末,全市有家政服务企业1874家,其中专门从事家政服务的企业842家,从业人员9万人,安置就业18万人次。主要涵盖家务保姆、看护老人、看护婴幼儿、看护病人、家庭烹饪、家庭教育、护理孕妇与产妇、家居保洁、婚介婚庆和搬家10个方面的服务内容。打造了华夏中青、新风采、管婆儿、百强等一批具有代表性的品牌企业。

培育大型家政试点企业。2012年,华夏中青家政、金牌家政、管婆家政被先期列入全国大型家政试点企业。依据商务部大型家政服务企业建设规范要求,3家企业共投资900多万元,新建连锁店30家,购置升级了办公设备、大型保洁设备及培训设施,建设企业网站及内部信息管理系统。

开展家政服务工程培训。沈阳市从2009年-2012年连续4年开展了家政服务培训工程,由华夏中青、百强、新风采、职工大学4家家政企业承担培训任务,2012年培训1300名家政服务人员,4年共培训4800名家政服务人员并安排就业。

(陈宝生 王清林 吕大伟)

【沈阳市被列为全国首批商务诚信建设工作试点城市】 商务部于7月26日在河南郑州召开商务诚信建设试点工作动员大会。会议下发了《商务部办公厅关于开展商务诚信建设试点工作的通知》(商办秩函〔2012〕776号),决定将北京、天津、上海、重庆、青岛、宁波、沈阳、无锡、福州、广州10个城市作为首批试点市,深入开展商务诚信建设工作。试点工作以改善商务诚信环境、促进信用交易为目标,以加强商业信用文化建设为基础,以完善商务信用制度为核心,以建设信用技术支撑系统、发展信用服务业为抓手,加快商务领域信用建设步伐。

(林跃年)

【依法行政】 沈阳市服务业委员会按照"搭建基本框架,健全工作制度,规范行政执法,维护市场秩序"的思路,坚持把依法行政摆在自身建设的重要位置,加快推进法制建设,建立健全工作规章,加强科学民主决策,加强规范行政行为,加强行政执法监督,确保行政权力的有效运行。

服务业委组建以来,委领导班子对加强依法行政和落实行政执法工作给予高度重视,成立了由主要领导任组长,分管领导任副组长,相关处室负责人为成员的依法行政责任制工作领导小组。负责指导、协调、考核和监督依法行政责任落实工作,确保行政权力有效运行。近年来通过以会代训、专题培训等方式,邀请商务部、省、市法制办领导以及有关专家教授,针对执法程序、案卷归档、行政处罚裁量权的实施及识假辨假技巧讲座等,对行业人员进行分门别类培训。2012年,为进一步贯彻市法制工作要求,提升依法行政水平,采取授课、交流、剖析、研讨等形式,对区、县(市)业务部门主管领导、机关干部等40余人进行集中法制培训。

近年来,梳理了包括执法主体、许可、处罚、检查、征收以及其它具体行为的执法依据119条,确认各执法行为的合理性。根据省、市推进"五大系统"建设的总体部署和《沈阳市推进行政权力运行制度系统建设工作方案》,组织了全委行政权力清权确权工作,对行政许可、审批、处罚等10个类别,80余项行政权力进行3轮清权确认,申报了7类58项行政权力。同时,根据各项权力运行程序,分解执法责任并制作流程图,修订并完善出台了《沈阳市服务业委行政处罚裁量基准制度实施办法(试行)》、《沈阳市服务业委行政处罚裁量说明制度》、《沈阳市服务业委裁量先例制度》等32项制度,夯实了依法行政工作制度基础。按照《沈阳市服务业委员会重大行政决策论证制度》、《沈阳市服务业委员会重大决策听证制度》的规定,对重大行政决策事项,实行党组负责制,遵循集体领导、民主集中、会议决定的原则,实行集体议事。重大事项的决议过程中,召开集体论证会、党组办公会,直接听取相关单位的意见建议。

加快了政府信息公开和办事公开进程,利用"政务公开宣传日"加大宣传力度,同时印发了政务公开工作守则,建立了政务公开网页,按要求编制和发布了政府信息公开指南和政府信息公开目录,使广大市民及时了解服务业政务动态。自觉接受人大、政协及司法监督,以提高解决率为主线,切实做好建议提案的办复,2012年共收到人大代表建议和政协委员提案31件(含市长提案1件),协办8件。利用"96123"热线网络平台,回复解决群众求助及投诉信息。年均接待上访600余人次,注意做好信访人员的稳控工作,全年未发生群体性事件。实现了"见面率、办复率、满意率"3个百分之百的目标要求。

(袁江婷)

【审批制度改革】 沈阳市服务业委进一步优化行政审批政务环境。一是审批项目应进必进。市服务业委12项审批类事项全部进厅办理。二是审批权限授权到位。全部审批事项进厅集中办理后,严格按照市行政审批办"一个窗口办理、一个处室审核、一个领导审批、一个公章办结"的原则要求,实行大厅封闭运行。三是清理规范现有项目。对承担的行政审批事项进行了第九轮清理。四是开辟"绿色通道"。减少2个审批子项,审批时限压缩了2-3个工作日,完善了审批程序细化了审批要件,所有审批时限达到10个工作日之内。

对外商投资符合商业规划的认定项目,3000万元以下交给县区办理;投资1亿元项目特事特办,不受审批时限限制。对需要集中审批的畜禽定点屠宰项目,实行上门审批方式,现场审核要件,符合条件企业即办即批;指导不符合条件企业及时整改。

(吴广田)

【打击侵权假冒】 围绕关系人民群众切身利益、社会危害较大的突出问题,集中开展打击侵犯知识产权和制售假冒伪劣商品专项行动。截至2012年末,全市共查处各类涉假案件3986件,涉案金额1.8亿元,办结案件3762件,移送司法机关192件,依法追究涉假犯罪嫌疑人刑事责任803人,捣毁窝点266个。一是强化组织领导。组建了由分管副市长挂帅、市直24个部门参加的专项行动领导小组,并在全国率先组建了市、区两级公安部门食品药品犯罪侦查机构,为有效打击侵权和制假售假行为提供了保障。二是强力推进实施。下发专项行动工作方案,对专项行动进行了全面部署,并形成了信息报送、线索转递、联合作战、宣传发动、考评奖励、综合保障和责任追究等"七大机制"。三是营造舆论氛围。专项行动期间,全市共召开8次新闻发布会,发放宣传画册17.7万套,制作展板407个,在各类媒体上播发报道2700余次,形成了浓厚的"保知打假"氛围。四是突破大案要案。专项行动以来,先后破获了公安部、国家食品药品监督局督办的"2·17制售假药案"等一批在社会反响强烈的案件,有力震慑了违法犯罪分子。五是坚持追根溯源。以食品安全领域为重点,以侵权涉假个案为线索,以根除涉案产品来源渠道为目标,寻"上线"、追源头,彻底铲除滋生侵权涉假产品的窝点和渠道,全面摧毁其产销网络。

(林跃年)

商品市场

【农超对接】 2012年,国家商务部、财政部将沈阳市纳入"农超对接"试点城市。为此,沈阳市服务业委与市财政局联合成立了沈阳市2012"农超对接"试点工作领导小组,制订了《沈阳市2012农超对接试点工作方案》,确定了华润万家、兴隆大家庭、永辉超市、东副超市等4家试点企业的29家门店。这4家试点企业上报建设项目共20项,计划再建项目16项,其中:东副超市6项,计划总投资1.42亿元,2012年度投资1.11亿元;华润万家2项,计划总投资1927万元,2012年度投资880万元;兴隆大家庭3项,计划总投资1445.5万元,2012年度投资1095.5万元;永辉超市5项,预计总投资8.11亿元,2012年度投资2.65亿元。东副超市完成再建项目2项;华润万家完成再建项目2项;兴隆大家庭完成再建项目1项;永辉超市完成再建项目4项。

国家的扶持资金已调拨到沈阳市财政,市财政将在企业再建项目建设完毕并通过审计后,按照商务部规定的比例计算公式及其他相关要求,准确计算出每家企业的补贴资金,直接向企业划拨。同时,对4家试点企业具体得到的补贴情况在全市20家大型连锁超市范围内进行通报。

利用沈阳现已成熟的"产地对接"、"异地对接"、"品牌对接"、"应急对接"等对接模式,继续组织合作社、生产基地与超市的对接活动,不断扩大对接规模,增加对接产品种类,提高超市经营的农超对接农产品经营比率。同时,联合农委、超市,对具备一定基础条件和培育潜力的农业合作社和生产基地进行重点培育和扶持,增加沈阳3A级合作社和基地数量,不断增加沈阳地产农产品的市场竞争力和占有率,并引导企业和农户建立长期的订单式采购模式,增加地产农产品对接量,减少流通环节和成本,打牢农超对接长期发展的供应基础。

(田甲男)

【节日市场】 2012元旦、春节、"五一"节、国庆节等节日期间的消费品市场,继续呈现出商品供应货源充足、价格水平稳中略升、消费增长平稳、市场运行正常的良好态势。

元旦、春节期间,开展了"2012年沈阳市'服务惠及民生、共享盛世新春'系列展示展销活动",全市主要商业企业组织商品货源66亿元,同比增长10%。其中:副食品28亿元,穿用商品38亿元,充分满足了广大市民的节日消费需求。

中秋、国庆节期间,全市各商业企业以"迎中秋,庆国庆,促消费,惠民生"为主题，开展丰富多彩的系列营销活动。在时间上抓“早”，提前准备节日商品；在货源上抓“足”，保障货源供应；在活动上抓“丰”，精心筹划营销活动。

全市商业企业开展“货真价实、诚信经营”活动，坚持诚信为本，采购货真价实商品，不搞虚假促销宣传，价格标签明码实价、实折实扣，杜绝连环消费、对等消费、高定价低打折等有违诚信的促销手段。

（田甲男）

【新建改造便民菜市场】 从2011年起，全市计划用3年时间，分期分批实施菜市场建设和升级改造工程，在全市新建121个菜市场，总面积约为12.1万平方米，对122个存量菜市场完成升级改造，实现市民步行10分钟就近买菜。截至到2012年末，全市城区新建改造145个便民菜市场，其中：新建67个，新增农贸面积15.7万平方米，新增摊位1.02万个，解决2.7万人就业，拓展覆盖服务人口近223万人；改造存量市场79个，建筑面积21万平方米。两年共投入财政资金5400万元，吸引社会投入建设改造资金12.7亿元。

经过两年建设，便民菜市场规模总量显著增加，网点布局更趋合理，设施水平明显提升，安全生产得以保障，运营管理得到强化。2012年末，全市便民社区菜市场达到189家，初步形成了社区菜市场、社区连锁生鲜超市、社区便利蔬菜店、大型超市蔬菜生鲜专区等多种经营模式并行发展的态势，基本实现了市民10分钟内就近买菜。

（陈宝生　王清林　吕大伟）

【应急保障】 2012年，针对突发的市场供应紧急事件，市服务业委员会及时启动市场应急保障预案，有效解决问题，确保市场的平稳运行。

5月6日下午，国家4A级景区棋盘山风景区突发山火，火灾现场的救援人员急需水、食品等后援物资。市服务业委立即调度沈阳大润发超市沈河店对所需物资进行调货、分装，并迅速及时将物资运抵火灾现场，为已经奋战5个小时的武警官兵、公安民警和现场工作人员提供了后援，从接到指令到调运到位，用时仅1小时零6分钟。

3月初，沈北新区尹家街道新农村胡萝卜存量过大，出现严重滞销的情况，市服务业委组织家乐福、乐购、大东副、沃尔玛等8家“农超对接”承载超市，派采购经理前往产地进行直采。沈阳市盛发蔬菜批发市场和十二线批发市场停止外埠胡萝卜进货，为滞销胡萝卜销售腾出市场空间。24个大型超市及农贸市场，沈北新区10家大型伙食团体单位以及盛发、十二线等10大农产品流通企业，现场与新农村的农户进行了成功对接，与农户签订胡萝卜购销协议共4628吨。到4月中下旬，新农村库存胡萝卜全部销售完毕。

10月下旬，新民市大民屯镇部分地区出现大白菜销售难的情况，市服务业委与市农委、市物价局、蔬菜流通协会及新民市等有关部门联系，对秋白菜的生产和供应情况进行监测。通过实地调研，结合新民市的实际情况，提出了一揽子解决方案，最大程度地解决了大白菜大量集中上市期间的销售难题。

（田甲男）

【商业街建设】 沈阳市共有规模较大商业街30余条，总长近2万延长米，经营商品涉及日用消费、文体休闲、餐饮娱乐、金融贸易、电子通讯、装备制造等多个行业。2012年，沈阳中街成功举办了2012年（第二届）全国年货购物节，并被中国商业联合会授予2012年（第二届）全国年货节示范商业街，同时被评为2012年（第二届）全国年货购物节先进集体；五爱市场被中国步行商业街工作委员会评为“中国特色商业街”。沈阳市获得国字号荣誉的商业街已达7条，其中：“中国著名商业街”3条、“中国特色商业街”4条。沈阳市服务业委市场网点建设处、和平区太原街街道办事处、沈河区中街商业区管理办公室、沈阳五爱实业有限公司、大东区东中街商业区开发建设管理办公室、三好街高科技园区管委会等6个单位被中国步行商业街工作委员会评为2012年“全国商业街工作先进集体”。

商业街区品质不断提升。和平区制定《进一步完善太原街商业街区服务功能实施方案》，对中山路、民主路、北二马路、太原街步行街等实施道路环境改造。沈河区中街通过开展“五星中街·闪耀沈城”评选和创建“明码标价示范街”活动，进一步提升商街诚信度；五爱市场加大街区经营环境整治力度，营造良好的消费环境；南塔管委会高起点制定业态发展规划，对中国鞋城等市场进行升级改造。皇姑区启动长江街16个重点楼宇整体亮化工程，打造长江商业街品牌，扩大知名度。大东区东中街重点实施了道路改造和交通网络系统建设工程，新建了东中街交通指挥调度中心。

整合优势培育新商街。沈北新区在道义开发区新建彩食坊国际美食街，规划引进一批国际知名餐饮企业，打造集中餐、西餐、韩餐、日餐、休闲吧等功能于一体的国际美食文化长廊；浑南新区确立了“三金街、两中心”重点商业街区发展目标，金水花城商业街已签约入驻企业42家。

挖掘资源弘扬商街特色。和平区投入大量资金对中山路沿线实施欧风街改造，增设了轮廓灯、树灯、地灯、栏杆灯、墙壁灯，已有20多家咖啡、酒吧、文化创意馆等知名企业入驻。

（杨　江）

【专业市场发展】 2012年，全市专业市场达165个，建筑面积530余万平方米，拥有业户6万多户，年交易额实现2149.9亿元。其中亿元以上专业市场59个，营业面积250.5万平方米，实现交易额1589.4亿元。

1. 跨区域拓展态势显现。适应大市场、大贸易、大流通格局需要，沈阳专业市场不断延伸经营触角，向更广泛领域扩张，涌现出一批吸纳辐射力强、具有影响力和牵动力区域型市场。全市已有一半以上专业市场实现了跨地区经营，商品吸纳辐射到东北地区和国内其它一些地区。

2. 向品牌化方向发展。沈阳钢材中心批发市场、沈阳张士灯具市场、沈阳北方茶城、沈阳地利农副产品交易中心等众多专业市场通过调整和引进，集聚了全国各地的知名品牌，提升了市场经营档次，增强了市场的信誉度和竞争力。

3. 与主导产业关联度更加紧密。专业市场在建设发展过程中注重与产业街接，形成了一批依托产业并与产业相互促动发展的专业市场。如为东部汽车生产园区整车生产提供产前、产中、产后和现代商务服务的国瑞汽车汽配博览中心；为农村种养植业服务的新民梁山西瓜批发市场、法库清真牛羊副产品批发市场等。

4. 改造建设速度加快。2012年，全市完工的新建商品专业市场项目6个，改造和续建市场项目18个。其中:五洲城建材展贸中心、沈阳东北城、沈阳国际汽车城等商品专业市场一期建设项目主体已完工,沈阳二手车交易市场"4S店"升级改造扩建工程基本完工。

(宋爱国)

【"沈阳老字号"认定】 2012年,沈阳市服务业委组织开展了第五批"沈阳老字号"申报、评审和认定工作,共有7家企业申报"沈阳老字号"。经市服务业委组织有关专家认真审核,其中5家企业符合"沈阳老字号"认定规范的要求,它们分别是:沈阳老北味酒业有限公司(食品酿造业,注册商标"老北味")、沈阳市东润(桃山)酒业有限公司(食品酿造业,注册商标"桃山")、辽宁申扬律师事务所(法律服务业,注册商标"申扬律师")、法库县桃山老窖酒厂(食品酿造业,注册商标"三王贡")、沈阳黄金家族酒业酿造有限公司(食品酿造业,注册商标"蒙村")等5家企业。"沈阳老字号"企业已达55家。

(韩振清)

供销社商业

【概况】 沈阳市供销合作社联合社(简称沈阳市供销联社)是全市供销合作社的联合组织,也是全市农村服务网络组织最健全和社会化服务作用最明显的合作经济组织。截至2012年末,沈阳市供销联社下辖2个事业单位、1个集团、23个市直属、参、控股公司、8个区县(市)供销社、39个县属公司和125个基层供销社。

现有社属企业经营范围既有传统的化肥、农药等农业生产资料,棉制品、茶叶、果蔬等农副产品,炊具、烟花鞭炮等日用消费品,又有新兴的种苗培育、奶牛养殖及胚胎繁育、宠物用品及相关服务、农产品加工、再生资源分拣加工等项目,并涉及酒店餐饮、农副产品物流运输、商场、物业、储运等各种行业。产销方式既有传统的农消对接,又有新兴的网站、微博、联销网络。

2012年,全系统销售额实现46.2亿元,增长31%;利润实现3972万元,增长31.5%;市场交易额实现69亿元,增长31.4%;带动农产品销售85亿元;拉动城乡消费44亿元。经济效益持续增长,连续8年荣获全国副省级城市供销社综合业绩考核一等奖。

(李一鸣)

【服务"三农"体系建设】 全市各级供销社坚持以"两社一会"为抓手,不断提高为农服务的能力。一是在专业合作社建设上,着力推动专业合作社开展标准化生产和品牌化经营,发展全国百强示范社1个,省级示范社18个,沈阳市"3A"级示范社18个,发展标准化生产基地1.3万公顷。截至2012年末,全系统领办各类专业合作社568个,其中参股专业合作社80个,苏家屯区社成立了沈阳第一家农民专业合作社联合社,于洪区金惠农农产品专业联合社也相继成立。二是在农村综合服务社建设上,从完善服务项目、增强服务功能入手,全面提高规范化程度,创新服务形式,拓宽经营性服务和公益性服务,多层次地满足农民需求。法库县登仕堡等4家社区服务中心被省社评为2012年农村综合服务中心示范单位。三是在协会建设上,组织开展各类职业技能培训36期,培训国家职业资格证书人员3713人。成功组织57家会员单位,200余种产品参展2012农博会和省农合组织名优产品展销会。截至2012年末,全系统领办协会555个,培育农产品经纪人4.4万人,带动农户27万户。沈阳市农民经纪人协会被评为全国供销合作社系统先进集体。在基层社建设上,将基层社升级改造同构建社区综合服务中心结合起来,因地制宜地推动改造升级,使基层社的经营和服务水平有了很大提高。市供销社、市农合联还联合辽宁广播电视台经济频道、新民市政府在大民屯镇举办了"3·15"放心农资下乡启动仪式,联合沈阳市林业局举办了沈阳市林果产业网络交易对接互动座谈会,联合辽宁广播电视台《庄稼院》栏目组开展了《访农家·话致富》系列宣传报道活动,并累计组织140家会员参展了第三届沈阳特色农副产品展销周、2012沈阳农博会、第三届省农村合作经济组织名优产品展销会等各类展会,推介会员产品250种,有69个产品荣获展会名优产品奖项。四是在基层社改造建设上,各地本着"因地制宜、盘活资产、保值增值、完善网络、重塑形象"的原则,充分挖掘自身潜力和优势,采取多种形式推动基层社改造和社有企业发展。到2012年底,全市已完成改造基层社54个(当年新改造基层社8个),发展参控股社有企业9个,完善了基层社的经营网络,增强了基层社的发展活力。

(李一鸣)

【"新网工程"建设】 2012年,"新网工程"建设突出抓终端网络建设。全系统已建成各类经营服务网点2414个,区域性配送中心29个,覆盖了100%的乡镇和70%的行政村。"四大网络"建设取得了新进展。一是鲜活农产品流通网络不断拓展,全年农产品销售额达18亿元。玫瑰物流公司开展移动式社区菜亭推广,42台移动式社区菜亭已摆放到位,新建了3家附带冷库仓储的特色农产品直营店。沈阳特色农产品电子商务中心项目已初步具备农产品信息网上采集、发布、展示和网购功能,农产品智能配送直供项目已进入实施阶段,按照"协会+公司+基地+社区"的直供模式,探索建立起"农宅对接"的新型农产品流通模式。新民市虹河农副产品经营公司在26个乡镇设置了配送网点,苏家屯区社、法库县社建立和改造了一批农贸市场,促进了农产品流通。二是农资销售网络进一步完善,已建成配送中心17个,零售网点1000多个,年销售额15亿元,占全市市场份额65%以上。金秋实农资公司继续完善法库、新民储备中心项目,已发展直控店300个。新民新联公司配送网点已达688个,配送率达90%。沈北联营商场、国瑞农资配送继续扩大农资销售网络覆盖面。三是日用品经营网络不断深化,已建成680个连锁超市及农家店,基本形成了县有大型直营超市、乡有配送中心、村屯有加盟店的一体化配送体系,年实现销售额10亿元。全系统鞭炮经营网络实现销售额达9000万元,占全市市场份额的50%。沈阳供销连锁超市公司配送辐射达17个乡镇、165个农家店,配送品种3200个,配送额近亿元。新民市社组建的联旺日用品配送中心年配送额3000万元,辐射范围25个乡镇。康平、法库两县供销社通过参股形式与本地大型超市进行合作嫁接,改变了网络薄弱县面貌。四是再生资源网络已形成规模,年购销额15亿元。秋实再生资源集团与省机关事务管理局、省服务委签约,成为省直公共机构废旧商品回收定点单位。与法库县社共同组建的沈阳秋实昌盛物资回收公司已竣工投入使用。报废汽车拆解中心改造基本完成,年拆解能力可达2万台以上。新建的3个高标准社区中心站已成为沈阳市高标准回收示范站点。

(李一鸣)

【重点项目建设】 全力推进县域项目建设,全年新上或引进各类项目9个,新增固定资产投资额2.3亿元。新民市社投资3400万元对潢楼商贸中心营业楼进行了升级改造;辽中县社依托老观坨供销社实施了200公顷蔬菜种植基地综合开发项目;苏家屯区社通过招商引资与翰皇连锁超市集团合作投资200万元,在红菱供销社建成了营业面积近600平方米的现代化超市;东陵区社通过盘活资产,与马关桥街道办事处联合创办了面积为2000平方米东陵供销社商贸综合市场;法库县社注重与系统内部合作,引进了玫瑰物业招商项目;于洪、康平、沈北等供销社也加快了项目升级改造步伐。同时,通过项目申报,全年县、区共获得国家、省、市"新网工程"、农业综合开发和农民合作经济组织等扶持资金达895.5万元。于洪区政府、苏家屯区政府在项目配套资金上加大了扶持力度。于洪区供销社抓住沈阳经济区统筹城乡发展综合配套改革示范区的机遇,共获得区农超对接、新网工程、再生资源专项清理、合作社专项等扶持资金290.5万元。

项目建设稳步推进。沈阳地利农产品物流园项目顺利完成了14万平方米土地摘牌,到2012年底,清场工作基本结束,为下一步项目建设打下坚实基础。沈阳再生资源产业园项目加大了招商引资力度,入园项目达到8个。供销产业园项目已先期启动了园区配套项目,为下一步市场建设奠定了基础。金秋实物业公司作为沈阳市惟一一家获得中国金牌物业管理奖的企业,新承接了辽宁省财政厅、市住房公积金、法库县政府综合服务中心等高端项目,服务楼寓面积达350万平方米,年经营额1.2亿元,企业员工达5000多人,经济效益、社会效益进一步提升。秋实种苗公司积极开展优良种子培育推广,打造优质农产品全产业链。金秋实炊具城、玫瑰酒店、秋实棉制品、秋实牧业、辽中老观坨供销社、东陵区社商贸综合市场等通过升级改造、精确市场定位和拓展高附加值新项目,经营收益大幅度增长。

(李一鸣)

【职能转变】 一是积极争取各项政策。农总行已经批准了果品集团公司还本免息申请,免除了3000多万元的表外息。棉麻公司、棉制品厂等单位与农发行解债的前期准备工作已经完成,减免的本金达1.1亿元。认真做好项目申报,全年共争取国家、省、市各级政策扶持资金达2400余万元。二是加强舆论宣传。2012年是联合国确定的国际合作社年,广泛开展了媒体宣传、"秋实杯—今日供销社"有奖征集等系列活动,供销社形象和社会认知度进一步提升。2012年还是《沈阳市再生资源回收利用管理条例》颁布实施的首年,各级再生办加大了《条例》宣传力度,加强了再生资源行业管理职能,全年取缔无证违法经营废旧物收购站点145个,规范整治达标300个,迁移40个。三是加强管理。对资产、资金、股权代表、稳定风险评估等方面制订了管理制度并严格监管执行。加大了安全稳定管理,确保了"十八大"及东贸路土地清场期间的稳定。加强治安防控体系建设,加大安全生产隐患排查整治力度,系统各类安全事故保持为零。四是深化机构改革。进一步健全了理事会、监事会机构设置,健全了民主管理制度,完善工作机制。建立完善了科学的考核评价体系,探索建立与绩效挂钩的激励约束机制,修订完善了系统综合业绩考核奖励办法。

(李一鸣)

【处理历史遗留问题】 社属资产公司与棉麻、棉制品有限公司等企业与农发行等债权单位主动洽谈,解除历史遗留债务4000余万元。共同对玫瑰农产品物流进行项目包装,使省、市扶持资金1400万元落地到位。解决了酒店与物回的担保司法诉讼。及时处理收购老观坨资产后的使用和债务遗留问题。

(李一鸣)

粮食市场

【粮食购销】 2012年,全市粮食总产量400.7万吨,其中:水稻105.5万吨,玉米276.4万吨;粮食购进总量312万吨,其中:水稻87万吨,玉米219万吨;粮食销售总量264万吨,其中:水稻101万吨,玉米99万吨。

(关荣全)

【社会粮食流通统计】 市粮食局按时完成社会粮食和食用植物油脂供需平衡调查,组织2012年社会粮食流通统计培训,开展粮食统计数据质量专项检查,全面完成沈阳市粮食产销和成本利润调研,做好秋粮收购统计、余粮调研工作,保质保量填报常规统计报表,全面、准确掌握全市粮油购、销、存情况,认真做好全市粮油市场原粮、成品粮油库存和价格监测工作。

(关荣全)

【粮油工业】 2012年,全市粮油加工企业263家,比上年增加15家。其中:大米加工业129家,比上年增加8家;小麦粉加工业1家;食用植物油加工业2家;玉米加工业4家,比上年减少1家;粮食食品加工业6家;杂粮及薯类加工企业1家;饲料生产企业78家,比上年增加4家。全市共有粮油产业化龙头企业40家,其中:国家级3家,省级19家,市级18家。粮油名牌产品12个,其中:国家级2个,省级3个,市级7个。驰(著)名商标18个,其中:国家级6个,省市级12个。

2012年,全市大米加工业年生产能力为360.83万吨,比上年增加43.35万吨,增幅13.7%;小麦粉加工业年生产能力为33.75万吨,比上年增加10万吨;食用植物油加工业年油料处理能力为82.5万吨,比上年减少12.5万吨;精炼能力17万吨,比上年增加2万吨;玉米加工业年生产能力为55.8万吨,比上年增加7.65万吨;粮食食品加工企业年生产能力为20.6万吨,比上年增加5.8万吨;杂粮及薯类加工企业年生产能力为1000吨,比上年减少250吨;饲料生产企业年生产能力619.88万吨,比上年增加84.7万吨。

2012年,全市大米产量69.67万吨,比上年增加14.97万吨,增幅27.4%;小麦粉产量20.37万吨,比上年增加252吨;食用植物油产量8.72万吨,比上年增加1.1万吨,增幅14.5%;玉米加工制品总量8.56万吨,比上年减少16.63万吨,减幅66.0%;粮油食品产量17.24万吨,比上年增加1.61万吨,增幅10.3%。

(关荣全)

【仓库建设】 2012年，全市自有仓房容量不小于500吨或油罐罐容不小于50吨的企业252个，其中：国有企业68个，非国有企业184个。占地面积878.7万平方米，其中：国有企业492.2万平方米，非国有企业386.5万平方米。有效仓容236.6万吨，其中：国有企业105.5万吨，非国有企业131.1万吨。总罐容2.7万吨，其中：国有企业2.4万吨，非国有企业3000吨。2012年进行粮食流通基础设施建设投资的企业23个，其中：国有企业14个，非国有企业9个。基础建设投资总额1.9亿元，其中：中央财政投资965万元，地方财政投资1695.68万元，企业自筹1.48亿元，其他投资1482万元；完成项目30个。

（关荣金）

【农户储粮】 市粮食局成立专项工作领导机构，加强对农民科学储粮的宣传、培训和指导，同时争取政策资金支持，确保储粮仓的质量和数量。2012年，全市共建造新型储粮仓7000个，其中：东陵区205个，沈北新区300个，新民市1600个，辽中县500个，康平县3095个，法库县1300个，累计完成投资2100万元。储粮仓单仓造价为3000元，其中：国家投资900元，省投资900元，农户自筹1200元。

（关荣金）

【粮食设备】 2012年，全市自有仓房容量不小于500吨或油罐罐容不小于50吨的企业拥有输送机1675台、清理设备85台、移动式设备134台、地中衡229台、运粮车辆146台、通风机械设备251台、检化验设备2982台（套）、烘干设备152台、烘干能力1757吨/小时，其中：国有企业烘干能力870吨/小时。2012年实际烘干粮食123万吨，装备环流熏蒸系统的仓容量为44万吨，装备粮情测控系统仓容量80万吨，实现机械通风仓容量82万吨。

（关荣金）

【粮油保管】 积极开展粮油仓储企业规范化管理活动，直属粮油仓储企业认真落实“三检一化”制度，“一符四无”工作实现预期目标。经综合考评，市直属粮食储备库、辽宁中稻股份有限公司2家企业被国家粮食局授予“全国粮油仓储规范化管理先进企业”称号，市粮食局被评为“全省粮油仓储规范化管理先进单位”，沈阳市第一粮库、沈阳市第三粮食收储库、沈阳南方谷物实业公司、沈阳香雪面粉股份有限公司、沈阳林盛国家粮食储备库共5家企业被评为“全省粮油仓储规范化管理先进企业”。

（关荣金）

【粮油科技】 沈阳市粮油食品科学研究所完成了《小麦麸皮生产戊聚糖关键技术研究》等6项科研课题项目的申报，并获得政府科学事业经费支持；完成了2012年沈阳市农村科技推广奖奖项申报，其中《单细胞蛋白质技术的推广应用》获得沈阳市政府农村科技推广三等奖；进行了《速食营养粉的研究与推广》等4项课题的科学研究。

（关荣金）

【执法监督】 市粮食局严格执行首问负责制、问责追究制、审批限时办结制等相关制度，确保粮食行政审批工作做到“六统一”。2012年，全市重新审核粮食企业510户，注销60户，新审批企业88户，年检率达到100%，实现100%无差错。全市已取得粮食收购资格的企业共计538户。

2012年，市粮食局组织开展粮食收购市场、粮食库存、统计制度执行情况等全市性专项检查，共出动检查人员2565人（次），检查粮食经营企业1013户（次），检查覆盖率达到100%。组织开展2012年度沈阳市创建全省和全国监督检查示范单位工作，沈北新区粮食局和苏家屯区粮食局被评为省级粮食流通监督检查示范单位，沈北新区粮食局还被国家粮食局确立为国家级粮食流通监督检查示范单位。开展全市粮食流通监督检查行政执法案卷评查工作，各区、县（市）粮食局自查78宗，市局抽查28宗，评出优秀许可案卷6宗。以《粮食流通管理条例》颁布八周年为契机，以“维护市场秩序，保障国家粮食安全”为主题，开展粮食科技周宣传活动，营造依法管粮的良好社会环境。

（关荣金）

【检测机构与人员培训】 2012年，市粮食局投入60万元专项资金，地方政府配套投资70万元，推进了苏家屯、辽中、新民和康平粮油质检机构实验室升级改造。沈阳市粮油检测计量所通过了辽宁省质量技术监督局专家组对食品检验机构资质首次现场评审，取得了粮油食品检验项目7大类、98种产品、290个参数的认证，东陵、沈北、康平、新民、辽中、苏家屯、法库7家粮油质检机构也分别通过了食品检验机构资质首次认证。对全市145名新上岗检验员进行了粮油检验基础知识及基本技能培训，对745名检验员进行了检验员证的年审验证，推动了全市粮油检验技术水平的提升。

（关荣金）

【粮食品质测报与原粮卫生调查】 2012年，全市共出动技术人员240余人次，深入到88个乡（镇）、319个村、1720个农户的1815个地块，扦取初级粮食样品1815份，进行质量调查、品质测报和原粮质量安全监测。初级样品经整理，混合成质量调查样品344份、品质测报样品130份、代质量安全监测样品125份、会检样品41份。编制了《沈阳市2012年度地产粮食质量调查、品质测报和收获环节粮食质量安全监测报告》。

（关荣金）

【粮食质量检测】 2012年，市粮食局对市级储备粮进行了4次大规模的抽样检测，对军供粮油质量监管实行全程质量监控，对批发市场粮油产品质量进行了4次抽查检验，共抽查样品190份，对检测不合格的粮油产品进行了处理，有效提升了全市粮油食品的质量安全水平。

（关荣金）

烟草专卖

【营销管理】 2012年，沈阳市烟草专卖局销售卷烟36.78万箱，同比增长2.67%。实现销售收入86.2亿元（含税），同比增长15.75%。实现利税18.12亿元，同比增长10.67%。实现单箱销售收入2.34万元，同比增加2646元。一、二、三类卷烟销量分别同比增长了20.78%、38.94%、13.45%。

强化品牌培育。制定了《重点品牌上柜管理办法》，将“上柜率”和“动销率”作为重点，综合运用多种营销手段加强宣传引导，对于动销良好、市场需求大的品牌，及时调整货源支撑销售；对于动销慢的品牌，针对性调整营销策略，加大宣传力度；对动销停滞的品牌，及时协调工业更换规格。品牌培育能力不断增强。重点品牌实现销售28.54万箱，同比增长12.92%，占卷烟总销比重的

78.36%，高于行业平均水平4.27个百分点。

工商协同营销深入发展。积极开展了以“深度协同送蓝本，服务品牌上水平”为主题的工商协同营销活动。定期召开工商座谈会议，倾听工业企业对品牌在沈发展的意见，虚心采纳工业企业品牌培育的建议，共同商定品牌在沈发展的模式，工商双方在卷烟经营方面，实现了目标一致，信息共享，资源节约，品牌升值的目标。

打造营销队伍，提升服务水平。建设品牌经理队伍，确定品牌经理“站柜助销、市场调研、库存采集、选户验点、终端维护、价格监控”等六大工作职能。将服务向终端延伸，通过品牌经理对市场信息的收集和整理，形成具有市场指导作用的商业信息，及时调整服务策略，完善营销功能，调高零售客户满意度。

科学组织货源，合理分配货源。以预测指导采购，在货源组织过程中，按照市场预测需求组织货源、根据动销状况调整货源。以市场价格监控为参考，按月度衔接货源，货源组织力争做到“市场需求基本满足，零售客户有所选择”。在货源分配上，在市场需求预测的基础上，本着公平、公正、公开的原则，依托货源分配系统，依据客户类别分配货源，使货源更加贴近客户实际经营能力，为客户提供适销对路卷烟。

（孟令波）

【销售网络建设】 完善三网建设。一是全面推行网上订货。通过在结算银行设立新商盟订货平台、农网客户互助订货、农网客户上门订货等方式，有效解决了农网客户网上订货难题。网上订货客户已达到全市客户总数的99%。二是试点运行网上配货。选择规范程度高、配合度好的零售户开展了网上配货。采集了零售户动销信息，设定了安全库存，保障了日常销售，提高了采集效率。三是尝试推行网上结算。通过网上银行与市公司访销结算系统对接，初步实现与零售公司网上结算。

探索终端建设。一是明确终端建设思路，围绕“卷烟上水平”战略方针，把品牌培育作为终端建设主线，遵循“平等互利、长期合作、共同发展”原则，以信息化为支撑，打造具有沈阳烟草特色的现代卷烟零售终端，构建工商零一体面对消费者的卷烟营销体系。二是创建终端服务体系。通过确立选户标准确定服务对象，按照“规范经营、销售能力、产品展示、宣传促销、品牌培育、信息采集”六大标准确定了首批34户零售终端；按照“六统一”标准为34户终端户改造了经营环境；通过升级终端软硬件配置，丰富服务方式。三是挖掘终端功能价值。通过合理分配货源，强化专卖管理，打造诚信终端，发挥规范经营功能；通过制定终端卷烟产品陈列展示标准，强化经营能力培训，提升终端形象，发挥产品展示功能；通过归类整理零售终端营销资源，强化工商协同，建立前沿阵地，发挥宣传促销功能；通过培养终端主动培育品牌能力，强化途径建设，调动终端能动性，发挥品牌培育功能；通过规范信息采集模式，提升信息化水平，增强经营透明度，发挥信息采集功能。

区域物流功能作用明显。区域物流运行良好，全地区平均送货车周期行驶277.9公里，送货员周期送货384.81件；全地区平均单车搭载率87.07%，其中：市区优化车辆单车搭载率94.34%，农网送货车辆平均搭载率达到79.72%。

工商协同模式不断创新，积极开展了送蓝本到工业活动。网上订货全面推行，订货客户已达到全市客户总数的99%。网上配货试点推进，网上结算试点运行。启动零售终端建设，创建终端服务体系。按照“规范经营、销售能力、产品展示、宣传促销、品牌培育、信息采集”六大标准确定了首批30户零售终端，按照“六统一”标准为30户终端户改造了经营环境。通过升级终端软硬件配置，丰富服务方式；通过制定终端卷烟产品陈列展示标准，强化经营能力培训，提升终端形象。首批建设的终端客户中选择了2家店内空间较大、品牌培育能力较强、消费者忠诚度高的客户设立消费体验区，不断延伸终端功能。

（孟令波）

【专卖管理】 净化市场，营造良好市场环境。一是探索实效型的监管方式。打破以往固定时间、固定线路、固有规律的走访模式。根据零售户业态特点及重点户经营情况实行分类管理，合理安排检查时间，科学设定检查频次；有针对性地加强对重点区域、重点环节、重点户及重点品牌的集中核查，突出监管与服务的有机结合。二是突出各层级的交叉互查。各区、县局每月抽调人员，以不预设户数、不预定线路、不预先通知的方式，对辖区市场进行不定期暗访与中队片区互检，检验市场核查实际效果，全年共组织交叉互查27人次，真正掌握了卷烟市场真实情况。三是深入开展专项治理行动。全面开展了严厉打击制售假冒烟草制品违法行为专项行动，开展以无证经营、销售假冒烟草制品为重点的专项行动。2012年，全市共查处无证经营行为85起，查获卷烟1032.8条。共查处涉烟违法案件1641起，查获卷烟8042.07件（其中：假冒卷烟6055.07件，真品卷烟1987件），端掉窝点36个，刑拘16人，逮捕10人，判刑13人，破获5起国家级制售假冒卷烟网络。全市市场净化率稳定在96%以上。

强化内部管理。一是坚持信息化监管，依托内管信息系统，加强对偏差率、品牌、数量和三类重点户异常数据信息的查询分析，按照工作流程和工作标准对经营行为进行监管。通过网上对比分析，共获取有效预警数据2700余笔，立案调查850余笔，下发《质询函》45份，各项问题得到了有效整改。二是加强对真品卷烟大要案的数据分析。各级内管部门除对查扣的真品卷烟32位条码进行认真登记备案外，还进一步加强了对真品卷烟大要案的数据分析，以码寻源，为破获案件提供可靠的数据信息。全年共查办真烟案件742起，查获真品卷烟1741.62万支，其中5万元以上大要案20起。查扣广东省流出卷烟1022.72万支，内蒙古自治区兴安盟流出卷烟25.62万支。

（孟令波）

会展业

【概况】 2012年，沈阳市共举办各类会展活动295项，同比增长17%；实现展览面积291万平方米，同比增长32%；实现会展经济意向交易额1901亿元，同比增长5.3%。通过着力改善会展软硬环境,沈阳会展业保障体系逐步完善,服务水平大幅提升。主办"全国制药机械博览会"的全国制药机械行业协会、主办"全国汽配展"的全国工商联等大型国字号展会主办机构,均表示愿与沈阳签订长期举办合作协议。2012年,各大众媒体共报道沈阳展会600余次,提升了沈阳会展业的知名度和影响力。

(徐佐东　吕晓波)

【沈阳市会展业发展工作领导小组成立】 2012年5月2日,市政府办公厅下发了《沈阳市人民政府办公厅关于成立沈阳市会展业发展工作领导小组的通知》(沈政办发[2012]26号),沈阳市会展业发展工作领导小组正式成立。该机构由副市长祁鸣担任组长,市政府副秘书长刘祥、市服务业委主任张士勇担任副组长;成员由市政府办公厅、市委宣传部、市服务业委等24个市直部门以及海关、通信、铁路、航空等共计31个单位组成,其主要职责是:负责研究制定全市会展经济发展的目标、方向及促进会展业发展的相关政策;组织协调各有关部门做好大型会展活动的服务工作。领导小组下设办公室,办公室设在市服务业委,负责日常工作。

(徐佐东　吕晓波)

【会展业发展论坛】 2012年8月11日,沈阳市举办会展业发展论坛暨沈阳国际会展中心成立两周年庆祝活动。中国会展经济研究会、全国会展工作委员会、中国农机流通协会、中国机械汽车展览联合会、中国副食流通协会、中国广告协会、中国畜牧业协会等36家国家级行业协会及中糖新世纪会展(北京)公司、国药励展展览有限责任公司、易通全联展览公司等15家企业参加论坛并为沈阳会展业发展建言献策。

与会代表对沈阳国际展览中心在沈阳会展业发展中的突出贡献给予充分肯定。认为沈阳会展业发展具有地理位置优越、硬件设施齐全、管理团队专业和领导高度重视4大优势,并对沈阳会展业的发展提出了一系列建议。首先,会展业的发展要有好的发展规划,并与各行业发展规划相结合,突出地方优势和行业优势,使沈阳市会展业结构布局与一线城市互补。其次,进一步加大会展业发展的扶持力度,在资金、税收、土地等各个方面应出台更有力的措施,积极培育品牌展会。第三,在完善会展硬件设施的同时,应增强服务理念、提高服务意识、丰富服务内容,会展服务水平的提升可大大吸引大型展会来沈举办。第四,因地制宜,充分利用好展会的淡季做好项目招徕和展馆运营,并结合东北独特的气候条件举办冰雪节等特色活动。祁鸣副市长出席会议,概述了沈阳市会展业发展的总体情况,并表示沈阳会展业发展潜力巨大,诚邀各会展企业来沈办展。会上还举行了苏家屯区会展业发展办公室成立揭牌仪式。

(徐佐东　吕晓波)

【2012中国国际农业机械展览会】 "2012中国国际农业机械展览会"于9月25－27日在沈阳国际展览中心举办。本届国际农业机械展览会由中国农业机械流通协会、中国农业机械化协会、中国农业机械工业协会、沈阳市人民政府、辽宁省农村经济委员会、辽宁省农业机械化管理局共同主办。中国国际农机展被列为商务部、工信部、农业部重点支持展会,它不仅是展示农机新产品新技术的平台,更被视为国内农机市场需求和农业机械化发展的"风向标"和"晴雨表"。本届国际农机展首次在东北地区(沈阳市)举办。

本届国际农机展启用沈阳国际展览中心8个室内展馆和部分室外展场,展览面积20万平方米以上,其中室内展览面积10.56万平方米。参展企业有中国一拖集团、福田雷沃重工和山东常林等1750家,其中国外参展企业有60余家。

展会期间举办了中国农机论坛、农机行业经济运行与市场分析报告会、参展产品评奖活动及颁奖仪式、进口农机具及农业规模化生产解决方案展示交流会、农机产品现场演示会、全国农机摄影大赛获奖作品展示等十几项配套活动,还有各个协会、各企业单独举办的各种活动。展会首次推出玉米收获的现场演示,给展会带来了新的亮点;"首届全国农机大专院校和科研院所人才及成果展示交流会"搭建了大专院校、科研院所与农机制造企业、流通企业、农机化服务组织全面对接的平台,创造更多产、学、研合作的机会,促进农机行业科研成果转化和应用型人才培养。

展会历时3天,参展商与采购商交流洽谈踊跃,达成意向成交额超过200亿元。展会期间,展览组织、展场环境、展览服务等得到中外参展商、采购商以及观众的一致好评。

(徐佐东　吕晓波)

行业监管

【煤炭市场监管】 2012年末,全市共有煤炭经营企业341户,其中:批发企业106户,零售企业223户,型煤加工企业12户。2012年度新增煤炭经营企业38户,其中:批发企业26户,零售企业12户。全市煤炭经营企业2012年共销售煤炭2500万吨,同比增长4%。

按照属地管理与行业管理相结合的原则,明确责任,实行市、区两级监管体制,杜绝重发证、轻监管的现象发生。着重加强对煤炭经营企业的监测和指导工作,及时了解和掌握企业运营中存在的情况和问题,有针对性地加以改进和解决。按照"调整结构,合理布局"的原则,培育大型企业集团,以规模化经营为出发点,规范煤炭经营市场。进一步推进煤炭行业协会建设和煤炭交易中心发展,维护和规范煤炭经营秩序;强化公平、服务、发展和监督意识,严格办事程序,提高管理水平,确保煤炭企业规范经营,健康有序发展。

为推进沈阳市硬环境建设,畅通迎全运绿色通道,整顿全市煤炭市场经营秩序,坚决打击无证经营、占道经营等不法行为,清除三环以内经营性储煤场,市服务委联合市执法局、工商局、质监局等部门开展了对全市煤炭经营企业的调查清理整顿,共发放宣传单500余份,下发整改通知书32份,取缔非法经营企业3户。

(崔铁平)

【成品油市场监管】 2012年,全市共有加油站531个,其中:当年新建4个,改扩建12个。全年成品油零售市场实现销售约235万吨,较上年增长约9%。成品油市场呈现油品资源充足、销售量平稳增长态势,满足了全市经济发展、基础建设的需求。

全市成品油经营企业积极加强自身建设,建章建制,合法经营,特别是担负沈阳市供销成品油主渠道的中石油、中石化积极开拓市场,扩大市场份额(其销售约占全市总销量的70—75%),在整顿成品油市场秩序、油气专项治理、“十二运”保障等活动中,发挥了国企示范带头和主渠道作用,并荣获“全国诚信示范企业”光荣称号。同时,各企业积极投入,改、扩建加油站,修饰站容站貌,完善服务功能,扩展非油品市场,进一步完善成品油市场体系建设。

(安延一)

【报废车市场监管】 沈阳秋实报废汽车回收有限公司是沈阳市惟一一家报废车回收企业。全年共办理机动车报废7199辆,同比增长10%;共办理老旧汽车报废更新补贴车辆1540辆,其中:重型载货汽车213辆,城市公交汽车1263辆,农村客运汽车64辆,补贴金额共计2706.2万元。

沈阳秋实报废汽车回收有限公司开展的2012年报废汽车回收体系建设项目被列为省试点项目,整个项目于2013年初竣工。

按照商务部等六部委在全国范围内开展报废汽车专项整治工作的要求,市服务业委会同市经信委、公安局、交通局、工商局、质监局等六部门联合印发了《沈阳市报废汽车专项整治工作实施方案》,在全市范围内集中开展了报废汽车专项整治。通过清查整顿违法违规的报废汽车回收拆解企业、二手车交易市场、汽车维修企业、汽车配件市场、汽车生产企业以及机动车安全技术检验机构等,严厉查处非法回收拆解和倒卖报废汽车、利用报废汽车总成拼装车、驾驶报废汽车或拼装车上路行驶等违法行为,取得了较好的整治效果及警示作用。

(郭晓卓)

【二手车市场监管】 全年共实现二手车交易13.2万辆,交易额61.6亿元,同比分别增长7.8%和6.2%。经销商纷纷进军品牌二手车市场,开展置换业务,新车与二手车市场逐渐对接融合。

年内新增设二手车鉴定评估机构两家,分别为沈阳日鑫月溢机动车评估有限公司、沈阳信华资产评估有限公司,二手车评估鉴定机构达5家,其余3家分别为辽宁天衡旧机动车鉴定评估有限公司、辽宁北方旧机动车鉴定评估中心及沈阳金宝台机动车评估有限公司。

沈阳二手车交易市场(金宝台)稳步推进沈阳二手车交易市场商贸公共服务平台建设。该项目共计投资6000万元,将打造全国首家4S模式二手车交易市场。在由国家工商总局发起的全国首次创建诚信示范市场活动中,沈阳二手车交易市场(金宝台)荣获“全国诚信示范市场”称号。

(郭晓卓)

商品交易市场

【沈阳东北汽车配件市场】 沈阳东北汽车配件市场始建于2000年,建筑面积8.2万平方米,市场商铺576个,现有营业单位652户,从业人员3500人,主要经营重型车配件、汽保工具、油料等。2012年上缴税金2000万元。

1. 市场硬件设施建设与改善。对市场的供暖管线和周围设施以及楼顶的户外广告牌等进行改造更新。增设了市场3个侧门,新安装了800米围栏,新安装多个监控点辐射到市场的每个角落。

2. 开展诚信经营,打造星级市场。开展了以“共筑诚信,有你有我”为主题的清理整顿以及沈阳市星级诚信市场建设活动。开展了文明诚信经营法规宣传和转变经营理念宣传,积极联系市场商品生产厂家到市场进行打假,确保市场无假货。通过6次打假行动,处理了7家有违法行为的商户,市场经营环境得到净化。同时,在市场业户中开展了以“诚信经营,优质服务,打造星级业户”活动,共评选出星级业户60户。

3. 加强推广宣传。收集大量的商情资料,制作《东北汽配市场商情》5000册,并派专人到全国汽配会和周边地区免费发放,同时利用物流车辆将商情册发送到东北三省各个地区,为业户挖掘潜在客户群。继2011年市场获得诚信平安市场后,2012年被沈阳市工商局评为“五星级诚信市场”,晋升为全国工商联汽摩配商会副会长级单位。

(张效和)

【居然之家沈阳皇姑店】 居然之家沈阳皇姑店是北京居然之家投资控股集团有限公司投资的全资子公司,成立于2006年11月,是沈阳市内第一个集品牌展示和销售为一体的购物中心。

居然之家沈阳皇姑店营业面积近8万平方米,商户数量340余个,员工及销售人员1000余人,2012年销售额达9481.99万元,税收达1000万元。

2012年,居然之家沈阳皇姑店不断追求服务创新,始终坚持服务为本、诚信为本的经营理念,先后提出“绿色环保”、“一个月无理由退换货”、“同一品牌同一价格”、“送货安装零延迟”、“家具以旧换新”等服务承诺。同时,在经营上进行创新,推出网络营销、小区团购会、品牌联盟活动等,并利用微博、微刊等开展宣传。2012年,居然之家沈阳皇姑店荣获“放心消费示范店创建单位”、“消费者满意单位”等荣誉称号。

(张效和)

旅　　游

规划发展

【沈阳旅游聚集区建设】　继续推进棋盘山省级旅游聚集区建设。创新打造以华强文化科技产业基地、酷贝拉青少年体验基地为龙头、蒲河滨水景观带为轴线、七星山风景旅游区为基础的生态文化旅游产业示范区。以辽中为试点，积极发展乡村旅游和庄园经济。以铁西为重点，以中国工业博物馆、铁西工人村生活馆等工业旅游景区为支撑，积极打造沈阳工业文化旅游聚集区。以沈阳新民兴隆温泉城为核心，以美国郡温泉、格林天沐康泉府等一批重点温泉旅游项目为内容，积极推进温泉旅游聚集区建设。

2012年，环北陵地区商务旅游集聚区被省服务业委员会评为省级商务旅游集聚区。

（卢立祥）

【旅游大项目建设】　方特欢乐世界、龙之梦等大型旅游综合体项目对外营业，二期项目建设进展顺利；中国（沈阳）工业博物馆全新对外开放；乐天世界等新项目继续推进；沈阳棋盘山滨河有氧休闲区正式开放。温泉旅游资源开发初具规模。全年建成温泉项目7个，总投资80.3亿元。开工建设温泉项目12个，投资157.6亿元；已签约项目17个，签约325.1亿元；全市36个项目总投资额超过563亿元，其中投资额超10亿元的有23个。

（卢立祥）

【产业融合】　沈阳市旅游局与市林业局沟通推进林业旅游发展，联合推荐与林业结合发展较好的A级景区，参与评选全省森林旅游先进单位和个人、先进县（市）、示范景区等。联合市服务业委等部门，优选全市传统美食、购物名店、特色街区，并与发展“夜经济”等工作结合，推出8条夜经济旅游线路，在沈阳市旅游局官方网站上宣传推广。调研、整理21个区域旅游景区道路情况，与市建委、市交通局和规划院等部门联系，设计建设连接沈阳北、东、南部主要旅游景区的道路。

（田　毅）

【工业旅游】　沈阳市旅游局组织相关区县（市）考察青岛啤酒、烟台张裕葡萄酒、即墨老酒、恒顺醋业、芜湖奇瑞汽车等外地发展较好的工业旅游项目，学习、借鉴外地成熟经验，指导、促进工业旅游发展。同时，组织调研了大东区、沈北新区、铁西区等工业旅游发展情况，重点推进宝马汽车项目的大东区、铁西区两个厂区建设，打造工业旅游新品牌，华晨宝马汽车工业旅游景区被评定为国家3A级景区。

在原铁西铸造博物馆基础上改造的中国（沈阳）工业文化博物馆一期工程已经完工，5月18日对外开放了通史馆、机床馆、铸造馆、铁西十年成果展四个主题展馆，展区面积达2万平方米，共汇集全国各地工业文物1.6万余件。

（田　毅）

【乡村旅游】　沈阳市旅游局与市农委合作，推荐苏家屯区、辽中县和沈北新区紫烟薰衣草庄园、于洪区小韩村农业专业合作社参加全国、全省休闲农业与乡村旅游示范县（点）评选，其中薰衣草庄园成为全国休闲农业与乡村旅游示范点之一。

沈阳市旅游局制订2012年全市乡村旅游发展工作方案，重新组合编制10条乡村旅游线路，纳入全市旅游线路中宣传推广，组织旅行社开展经营。完成了全省乡村旅游示范项目沈阳市资料的收集、上报，共报送80个乡村旅游示范村和118个乡村旅游示范户（农家乐）；组织相关区县（市）推出25个乡村沟域旅游招商项目，其中6个主要项目在11月下旬参加了全省统一赴港招商活动。

（田　毅）

【温泉旅游】　2013年2月，沈阳新民兴隆堡温泉旅游度假区被辽宁省旅游局命名为省级“温泉旅游度假区”，同时，沈阳新民市美国郡温泉小镇和沈阳新民市格林康泉府温泉小镇被辽宁省旅游局命名为省级“温泉旅游小镇”，成为沈阳市第一批建成的省级温泉旅游度假区和小镇。

全市规划中的6个地区已打成温泉井24眼，探明储量75亿吨，日出水量2.62万吨。已经建成运营7个项目，年接待量上百万人次。在建和签约项目29个。

（卢立祥）

【信息化建设】　2012年，“沈阳市旅游公共服务信息化平台”项目得到市信息化发展专项资金的支持。10月，项目顺利通过了专家验收，并正式投入使用。沈阳市旅游公共服务信息化平台项目主要建设成果有：（1）新的中国沈阳旅游网。建成的旅游局官方网站包括新的政务版、资讯版和外文版面，为公众提供更加全面权威的旅游政务及资讯信息服务。（2）旅游电子合同管理系统。利用互联网技术，实现了电子版旅游示范合同的使用和备案管理，有利于旅行社业务的规范和整合，已在全市170家旅行社推广应用。该系统在电子合同类型覆盖范围和应用功能方面，已处于全国行业领先水平。（3）旅游呼叫热线服务。热线号码为“96233”，与网站连接，配有专职热线服务人员，为游客提供便捷的旅游咨询、投诉接待服务。（4）服务于公众的行业信息公示系统。公示系统在沈阳旅游网上发布全市旅行社、导游员、星级饭店、A级景区的权威信息,便于游客和市民在官方网站查询。(5)服务于管理部门的行业管理系统。包括旅行社执法检查系统、旅行社诚信和能力评价系统、旅游信息报送系统、旅行社信誉档案系统、旅游统计直报系统、旅游投诉管理系统等。

(杨 芳)

【沈阳旅游好新闻评选】 2012年度沈阳旅游好新闻评选由沈阳市旅游局、中共沈阳市委外宣办、沈阳市新闻工作者协会联合举办。评选活动得到中央驻沈新闻机构、省直和市属新闻单位、网络媒体的大力支持和积极响应,共收到37家媒体的1003篇作品(含文字、音频、图片、视频)。

经评审委员会评审,对《2012中国沈阳国际旅游节主题晚会》等40篇优秀旅游新闻作品给予表彰。

(梁 凯)

宣传推广

【概况】 2012年,沈阳市充分利用各种平台,采取多种方式,有重点、有计划地进行旅游宣传推广。一是搭建旅游节庆平台,开展宣传促销。成功举办2012中国沈阳国际旅游节、第十五届中国沈阳国际冰雪节、中国旅游日辽宁(沈阳)主会场暨沈阳经济区千万市民互动游活动。二是整合外宣资源,实现融合发展。与市委外宣办签署城市形象宣传推广合作框架协议,对2011年度沈阳旅游好新闻获奖作品进行表彰。三是拓展宣传渠道,宣传城市形象。组织区、县(市)旅游局、旅游企业参加国际旅交会、国内旅交会、北方旅交会、台北旅展等展会,参加2012东北"4+1"旅游联合体促销,赴境内外客源市场开展宣传促销活动。参加省旅游局组织的在中央电视台、辽宁电视台开展旅游产品、旅游形象宣传,树立城市整体形象。设计制作一批样式新颖、针对性强、适合客源市场需求的沈阳旅游手册和沈阳旅游地图等宣传品。完成锦州世园会旅游企业推荐,编制多条世园会的旅游精品线路。利用各旅游城市、企业来沈促销时机,积极主动宣传沈阳旅游资源,实现双向互动促销。四是抓住重点新闻线索,媒体宣传创造新声势。积极整合国家、省、市媒体新闻宣传资源,通过多种形式积极做好旅游新闻宣传报道。

(佟胜富)

【举办2012中国旅游日活动】 5月19日,2012中国旅游日辽宁(沈阳)主会场暨沈阳经济区百家媒体、千家企业、万辆大巴、千万市民互动游启动仪式在沈阳北陵公园正门广场隆重举行。主题为"健康生活、欢乐旅游、感受幸福"、"打造交流平台、促进区域合作"、"整合资源、加强合作、实现一体化"。

在启动仪式现场设置宣传咨询区域,组织百家重点旅游企业(旅行社50家、景区30家、星级饭店20家)在活动现场通过摆放易拉宝、弓形展架、宣传展板、悬挂企业横幅、文艺演出、有奖问答、发放旅游宣传资料等形式,面向市民及游客开展宣传、解答咨询、现场办理旅游业务。旅游企业(旅游景区、星级饭店、旅行社)面向经济区市民推出系列优惠举措及优质服务承诺,让游客得到真正实惠,刺激市民旅游消费。

(佟胜富)

【"4+1"旅游联合体促销】 按照2012东北"4+1"旅游联合体会议精神,为加强区域合作,拓展主要客源市场,8月下旬,沈阳市组织旅游企业赴郑州、石家庄、天津参加东北"4+1"旅游联合体促销会,集中宣传联合体城市旅游资源和产品,推出大东北旅游线路。为扩大影响,东北5个城市联合在中国旅游报上刊登了2版宣传广告,突出各城市旅游特色,全面展示东北旅游的资源和线路,取得良好宣传效果。通过5城市的区域旅游合作,进一步加大了旅游客源市场的开发力度,构建了"有省无界、有区无障、市场一体、产品多样、品牌共铸、资源共享、合作互赢"的大东北旅游格局,极大提升东北旅游形象。12月中旬,赴新加坡、印尼等国进行东北"4+1"旅游联合体境外促销,大力开发境外客源市场。

(佟胜富)

【旅游观光巴士开通】 由沈阳市旅游局组织、相关部门协助,沈阳安运集团承办的东北首例沈阳城市旅游观光巴士于5月19日正式开通。沈阳旅游观光巴士一号线线路里程21.2公里,配双层旅游观光巴士8台,全程设置站点24个,始发站辽宁大厦,终点站沈阳奥体中心。沈阳旅游观光巴士开通以来,接待市民和国内外游客8万多人次。

经沈阳广大市民评选,沈阳旅游观光巴士开通被评为"2012沈阳十大城市变化"获奖项目。

(卢立祥)

假日旅游

【国庆假期】 2012年9月30日至10月7日,全市共接待旅游者460.27万人次,同比增加30.63%,其中:过夜旅游者101.30万人次,一日游游客358.97万人次,同比分别增长43.79%、27.35%;全市旅游总收入33.02亿元人民币,同比增长33.66%。

沈阳市在国庆期间,推出了绿色休闲之旅、清文化及近代史迹之旅、工业文明之旅、乡村体验之旅、红色经典之旅、温泉高尔夫健康之旅、都市观光之旅、宗教文化之旅、休闲娱乐之旅等九条"自驾游"推荐旅游线路,还整合了中国首届(沈阳)庙会文化节、"2012'龙之梦'首届金秋欢庆大集"、"世界旅游日广场文艺演出"、"沈北新区第三届金秋采摘旅游节"、"龙腾盛世,秀美世博—2012世博园赏菊大会"、"关东民俗文化节"等30余项假日旅游活动。其中中国首届(沈阳)庙会文化节暨老北市文化园开园、省非物质文化遗产展示馆启动仪式于9月29日举行。

国庆节期间,沈北新区各景区收入超过全市景区收入的一半,其中:方特欢乐世界接待超过10万人次,门票收入超过2000万元;薰衣草庄园(包括扩建的爱琴谷都市田园农业观光度假区)接待超过9万人次,收入260万元,同比分别增加了1.6倍、2.4倍;沈阳怪坡接待超过11万人次,收入超过280万元,同比分别增加10%和25%;东北虎林园接待近5万人次,收入超过230万元,同比分别增加30%和50%。小韩村温泉会所接待游客超过1.1万人次,总收入近200万元,其中温泉门票收入超过75万元,同比增加6.7%。苏家屯区马耳山、杨城寨等采摘基地接待12万多人次,同比增加12.1%。辽中县的湿地公园和各乡村旅游点接待游客5万余人次,收入120万元。棋盘山国际风景旅游开发区接待27.5万人次,同比增长26.8%,收入1344.8万元,同比增长96.0%;沈阳故宫接待8.9万人次,收入440余万元,均增长28%;张氏帅府接待3.9万人次,收入190余万元,均增长40%;清昭陵(北陵公园)接待15万人次,收入70余万元,分别增长6%、36%。沈阳科学宫接待超过1万人次,收入超过12万元,均增长10%。

(*那延博*)

【春节假期】 2月9日至15日(除夕至初六),沈阳市接待旅游者133.16万人次,同比增加15.8%;旅游总收入10.53亿元,同比增加19.1%,无重大旅游安全事故,无重大旅游投诉,旅游市场秩序良好,实现了"安全、秩序、质量、效益"四统一的目标。

沈阳市在春节期间推出20余项丰富多彩的旅游活动,沈阳各组团旅行社推出了多条特色旅游线路,满足市民出游需要,东南亚线路出境游异常火爆,泰国、港澳等线路爆满。

"中国沈阳国际冰雪节"活动内容日益丰富,配套设施日臻完善,成为在国内外具有重要影响的冬季旅游品牌,棋盘山冰雪大世界、怪坡国际滑雪场、东北亚滑雪场、白清寨滑雪场等冰雪活动场所吸引了数以十万计的冰雪游客。小韩村温泉会所、新民兴隆温泉城等春节期间接待游客都在1万人次左右,门票收入都超过百万元。

(*那延博*)

景区建设

【景区等级评定】 2012年,沈阳市共有13家景区获得国家A级旅游景区称号,于洪区、辽中县结束了没有A级旅游景区的历史,取得了突破性的进展和良好的社会效益。全市共有国家级旅游景区52家,其中:5A旅游景区1家,4A级旅游景区12家,3A级旅游景区26家,2A级旅游景区13家。

(*秦　岩*)

【精品旅游景区】 沈北新区的方特欢乐世界(一期)已在2012年申报4A级,等待景评委评定。充分挖掘故宫、张氏帅府等传统4A景区的潜力,创建成为最高标准的5A级景区。

(*秦　岩*)

【景区管理】 2012年10月,沈阳市开始在全市推行A级旅游景区管理系统,填报提交率达到了100%,指导全市A级旅游景区推进景区公共设施项目建设,加强游客接待服务中心、停车场、公共卫生间、公共信息标识等投入力度。3A级以上景区基本实现了旅游交通畅通,旅游标识系统完善,游客服务中心达标等要求。推进旅游景区宣传的多样化。除了组织参加国内外大型旅游交易会外,还组织A级旅游景区参加"5·19"中国旅游日、中国(沈阳)国际旅游节等活动,征集景区宣传问答题、免费门票和优惠措施等,组织参加现场宣传互动活动。按照"十二运"赛区组委会要求,组织主要A级旅游景区策划建设"绿色通道"和"嘉宾窗口",故宫、帅府、北陵等主要景区积极开展相关建设。

(*秦　岩*)

行业管理

【旅游行业服务技能大赛】 2012年9月10日,沈阳市旅游局、"十二运"沈阳赛区服务保障部、沈阳市总工会、沈阳市劳动和社会保障局、共青团沈阳市委员会、沈阳市妇女联合会联合举办了"2012沈阳旅游行业服务技能大赛"。

本次大赛选取了星级饭店服务人员、景区讲解员、旅行社导游员等旅游接待服务环节,有针对性地选择了导游(景区)讲解、客房服务、餐厅服务(中餐摆台、西餐摆台)作为比赛项目,对全市旅游从业人员服务技能和精神风貌进行全面检阅。

有33名选手被大赛组委会授予"沈阳市旅游行业技术状元"、"沈阳市旅游行业技术能手"等称号,团市委和市妇联对符合条件的优秀获奖选手分别授予"沈阳市青年岗位能手标兵"、"沈阳市巾帼建功标兵"等荣誉称号。

(*傅　强*)

【出境游管理】 严格组团社内部管理。建立、健全各项内部管理规章制度,严禁挂靠、承包及变相承包经营,旅行社对门市部严格执行"四统一"的管理原则。同时,各组团社对所设立的门市部及时报市旅游局备案。各组团社加强了对出入境证件送签工作的管理。保持送签员的相对稳定,确保组团社签证工作顺利进行。各出境旅游组团社严格执行《中国公民出国旅游管理办法》的规定,切实加强对出境旅游领队人员、团队资料送审人员的规范管理和业务培训。严格执行省旅游局、省公安厅出境旅游证照办理和团队资料送审的有关规定。

(*李　锐*)

【旅行社管理】 截至2012年底,全市共有旅行社179家。全年审批设立、确认备案各类旅行社业务经营许可证14家,注销、吊销各类旅行社业务经营许可证6家,确认备案旅行社门市部190家,确认变更旅行社经营事项42家,旅行社及服务网点验点38家。年度旅行社责任险共有179家旅行社投保,投保率为100%。

加大对旅游市场违规案件的查处力度。全年对存在未按时足额缴纳旅行社质量保证金违规行为的沈阳鑫鸿运旅行社有限公司进行查处,并报请辽宁省旅游局分别给予吊销旅行社经营许可证的处罚。配合省旅游局对赴韩出境旅游市场开展了专项治理,严厉打击非法滞留行为。同时,多次召开旅行社座谈会,对持个人旅游签证赴韩旅游并滞留的情况进行调研,协助企业制定出境游组团操作流程。出台《沈阳市旅行社经营行为十不准》,对旅行社虚拟合同主体、变相出让旅游业务经营权等违规经营行为严肃查处,重点打击挂靠、承包等严重扰乱旅游市场经营秩序的违规行为。

(傅　强)

【旅游星级饭店评定与复核】 依照《旅游饭店星级的划分与评定》(GB/T14308－2010)国家标准及其实施办法,完成了对东北大厦、北约客维景国际酒店和皇朝万鑫酒店3家五星级旅游饭店的初评和推荐,待全国星评委的评定验收;完成了沈阳悦客来柏晶酒店、南阳华人国际酒店和天丰国际酒店3家四星级旅游饭店的初评和推荐,辽宁省星评委已批准这3家旅游饭店为四星级饭店;完成沈阳地中海印象度假酒店和康平宾馆的评定,市星评委已批准这2家饭店为三星级饭店。

对沈阳丽都索菲特酒店、黎明酒店、凯宾斯基酒店3家五星级饭店,对辽宁大厦、沈飞宾馆、七宝山饭店、华人大酒店、瑞心城市酒店、荣富饭店、政协会馆7家四星级饭店进行了评定性复核检查,以上10家饭店均通过全国星评委和辽宁省星评委的星级复核检。

完成对全市一至三星级共79家饭店的评定性星级复核,辽宁宾馆等67家饭店通过相应星级的复核,辽宁金秋宾馆等12家饭店由于经营范围转型,不再列入星级饭店管理范围,沈阳市星评委对这12家饭店做出取消星级的处理决定。

(张　琦)

【导游员管理】 2012年,沈阳市共制发导游证399张,其中:专职导游员74人,社会导游325人。

导游证在有效期内的导游人员共有3288人,其中:旅行社导游员1189人,社会导游人员服务中心导游员1407人,待处理(无合同单位)导游员692人。研究生学历28人,本科学历1296人,大专学历1506人;英语语种100人,日语49人,朝鲜语11人,俄语16人;中级导游87人,高级导游7人。

2012年办理停职调转外地的共有78人,未办理导游证转外地导游人员225人。年审通过导游员2453人,其中:旅行社导游员1090人,社会导游人员服务中心导游员1363人。

(李　锐)

【全国导游员资格考试】 2012年,沈阳市参加全国导游资格考试报名人数达4788人,占全省报名人数的三分之一。其中报考小语种的考生215人,占报名人数的5%。考生整体文化水平也有很大提高,大专以上学历的考生占报名人数的80%以上,研究生学历218人。最终901人考试成绩合格,取得了全国导游员资格证书。

(张世达)

【教育培训】 2012年,沈阳市举办了四期导游员资格岗前教育培训班,共有462人参加。举办了旅行社组团社领队人员培训班,共有90名领队参加。举办了旅行社经理培训班,来自各旅行社67名经理参加培训。

(黄　伟)

对外经济贸易

对外贸易

【利用外资】 2012年，全市实际利用外资58.0亿美元，同比增长5.5%，圆满完成市委、市政府下达的计划指标；全市新批外商投资企业158家，同比下降28.5%；合同外资额29.9亿美元，同比下降44.8%。利用外资工作主要有以下特点：

一是重大项目不断涌入。全市实际利用外资超过千万美元项目57个，调入外资24.3亿美元，占总量的41.2%。其中超5000万美元项目12个，调入外资13.4亿美元，占总量的23.1%。二是制造业利用外资增长较快。全市制造业实际利用外资19.5亿美元，占总量的33.7%，增长15.8%。其中18个制造业项目实际利用外资超过千万美元，米其林轮胎扩建、好丽友食品分别调资1.7亿美元和6000万美元。三是世界500强投资进一步增多。日本积水住宅又新投资了3个项目，有85户世界500强企业在沈投资150个项目。全市世界500强企业不断增加。四是商业地产利用外资所占比重持续提升。商业综合体项目实际调入外资11.5亿美元，占房地产业调入外资比重由上年的62%上升至70.4%。五是利用外资方式更加灵活。跨境人民币投资不断增多，恒隆地产、港华燃气、特易购商业等项目实现跨境人民币投资折合4.8亿美元。首家外资创业投资企业——万亚创投公司顺利落户。

(于　洁)

【招商引资】 一是圆满组织了市领导出访招商活动。全年共策划组织了15次市领导带队出访招商，洽谈推进了227个重大项目。其中，宝马发动机、雅培沈阳分公司、利星行广场等54个项目注册落户，普利司通新基地、积水住宅生态住宅、长白岛华润万家等31个项目开工建设。二是积极组织了国内招外商活动。先后15次赴北京、上海等城市走访跨国公司中国区总部及国外经济团体驻华机构，挖掘和洽谈了安盟保险辽宁总部、新韩银行沈阳分行、安永会计师事务所分支机构、一村产业保温材料等一批现代服务业及环保产业项目。三是积极邀请重要客商来沈考察洽谈。全年共邀请接待了431个国外团组来沈考察，其中世界500强企业49家，行业领军企业115家，成功推进了亚投创业投资、锦湖石化ABS材料、普洛斯铁西仓储物流园、派克汉尼汾新工厂、安博国际物流产业园等一批项目。四是搭建了一系列对外经贸平台。组织了“2012中国沈阳·日本装备制造业合作发展交流会”、“2012韩中绿色环保能源项目洽谈会”、“中欧(沈阳)禽业企业对接洽谈会”、“沈阳与新加坡经贸合作说明会”、“沈阳与澳大利亚经贸合作恳谈会”、“中国新兴汽车产业发展论坛”等经贸活动，推进了“中德企业合作基地”、“中法生态园”及“中欧可持续城市化示范园区”建设，对接洽谈了SK污泥减量试剂、荷兰中欧禽业园、新加坡国际产业园等一批重大项目。五是跟踪推进了重点招商项目落地。通过开展市领导出访招商项目“回头看”活动，定期召开项目进展调度会、协调会，促进了韩国CGV影城、法国英瑞杰汽车系统、美国空气化工工业气体等重点项目落地、开工和投产。六是夯实了招商基础性工作。精心编印了12期《沈阳招商参考》和《国外知名跨国企业投资信息汇编》、《沈阳国际投资概览》等，加大对全市招商引资工作的指导力度，取得了良好成效。

(于　洁)

【外贸进出口】 全市外贸进出口累计完成128.6亿美元，同比增长21.1%，其中，累计出口59.7亿美元，同比增长23.6%，累计进口68.9亿美元，同比增长19%，超额完成省、市政府下达的外贸出口任务指标。

全市外贸出口主要有以下特点：一是出口商品结构更加优化。机电产品出口39.3亿美元，增长21.5%，占全市总量的65.9%；高新技术产品和农产品出口12.1亿美元和1.5亿美元，分别增长38.7%和45%，高于全市平均增幅15.1和21.4个百分点。二是出口主体结构进一步优化。民营企业出口21.5亿美元，增长74.4%；国有企业出口14.8亿美元，增长6.9%；外商投资企业出口23.4亿美元，增长5.8%。民营和国有企业出口占全市比重由上年的54.2%上升至60.8%，自主品牌和自有知识产权产品出口对全市经济发展的贡献进一步增强。三是重点出口企业贡献较大。全市50户重点企业出口28.2亿美元，占全市总量的47.2%。同方多媒体、乐金电子、北方重工、泰科安全产品、华晨金杯等重点企业出口大幅增长。四是出口基地发展较快。辉山畜禽肉基地出口2972万美元，增长18%，占农产品出口总额的21%。五是对传统市场国家出口继续保持增长，对美出口增长36.8%，对欧盟国家出口增长32.9%；对新兴市场出口实现增长。对拉美出口增长23.9%，对独联体出口增长12.8%。

(于　洁)

【机电产品出口】 2012年沈阳市机电产品出口39.3亿美元，同比增长21.5%。机电产品出口占出口总额的65.9%。全市机电产品出口主要有以下特点：一是重点机电出口企业增长强劲，拉动作用明显。沈阳同方多媒体、乐金电子、华晨金杯、通用哈电风能、泰科安全品、一航沈飞等企业出口增幅达到50%以上。二是一般贸易、加工贸易同步增长。一般贸易出口22.7亿美元，增长23.5%；加工贸易出口14.8亿美元，同比增长17.3%。分别占机电出口额的57.8%和37.7%，一般贸易已经成为机电产品出口的主要贸易方式。三是大宗产品出口增长强劲。电器及电子产品、金属制品、运输工具的出口增幅均高于平均增长水平，出口额分别为14.4亿美元、8.2亿美元和3.6亿美元。电器及电子产品仍是出口规模最大的商品，占机电出口的比重达36.6%。

（于 洁）

【服务贸易】 2012年，实现服务外包接包合同签约额3.5亿美元，按可比口径同比增长113%；实现接包合同执行额3.1亿美元，增长130%，其中离岸接包合同执行额2.1亿美元，增长91%。全市服务外包产业发展呈现新特点：一是一批重点企业收入保持快速增长。东软集团、爱思开计算机、新思软件等企业外包收入增长80%以上，为全市产业发展起到重要的支撑作用。二是传统市场发包额保持增长，新兴市场发展迅速。美国发包额增长81.7%，香港增长66.8%，阿塞拜疆增长129.9%，沙特阿拉伯增长54.9%，并新涌现了阿尔及利亚、土耳其、巴西等新兴市场。

（于 洁）

【对外经济技术合作】 2012年，全市新签对外投资项目34个，协议投资额2.73亿美元，同比增长11.6%，其中中方投资额2.33亿美元，同比增长43.7%。新签对外承包工程项目与劳务合作项目共183个，合同额19.4亿美元，同比增长32%。完成营业额9.7亿美元，同比增长36%；其中承包工程完成营业额为9亿美元，同比增长33.6%；劳务合作完成营业额7111.9万美元，同比增长77%。

2012年，市外经贸局着力加强指导，落实政策，强化服务，鼓励有实力的企业赴境外开展跨国经营，并取得了良好效果。一是完善鼓励政策，建立政策支持体系。二是搭建工作平台，扩大对外合作交流。三是拓展对俄合作，扩大对外合作领域。四是规范行业管理，加强行业建设。五是加强政策指导，加大对企业服务。

（于 洁）

【改善外商投资环境】 2012年，市外经贸局坚持以打造“外企之家”活动为主线，以“便企利商”为方向，为外商提供了满意、高效的服务，得到了市领导和媒体的好评和关注，成为全市软环境建设和窗口单位建设的突出亮点。

一是抓活动筹划，创“家”的品牌。全年组织外资企业活动12次，融洽了政企感情，加强了政府的凝聚力。二是抓投诉协调，解“外企之忧”。全年共受理外商投诉78件，结案75件，结案率达96%。三是抓联络员派驻，做“外企之友”。选派100名联络员与200家外经贸企业建立联络关系，深入企业了解情况，共解决企业问题24个。四是抓对话交流，架“联企之桥”。召开三次市领导与外商座谈会，为企业解决问题42个。五是抓执法会签，铸“外企之盾”。严把“会签关”，维护外资企业合法权益，全年受理会签申请56件。六是抓年检创新，建“绿色通道”。采取“八大措施”推进年检服务，“年检大篷车”直接送检上门，全年共为2020家外资企业进行了年检。七是抓信用建设，筑“诚信长城”。开展“万家企业诚信联盟”活动，举办现场政策咨询答疑活动，开设《信用建设》专栏，组织和推荐企业参加省“诚信示范企业”评选，在全市信用考评中取得较好成绩。八是抓协会发展，争“国内一流”。加强组织建设，配备领导人员，完善工作制度，确立工作思路，制定发展规划。在正规化和制度化建设上迈出一大步。九是抓“双进双解”，获丰硕成果。班子成员包项目，深入现场，开展“应急”和“特保”服务，保障了外资项目顺利落地和进资。获市政府“双进双解”活动最佳组织奖。

（于 洁）

口 岸

【开辟和培育国际航线】 2012年，沈阳市共开通了沈阳至法兰克福、温哥华、香港以及法兰克福—沈阳—东京（货运）等多条国际、地区客、货运航线。复飞沈阳至普吉岛包机航线。市外办还联合机场公司、汉莎航空、四川航空、民航传媒等先后赴长春、哈尔滨、大连等地举办沈阳至法兰克福、温哥华航线推介会，扩大航线辐射能力，延伸欧美直飞航线服务范围。截至年底，沈阳国际、地区航线达55条。

（李 丹）

【沈阳第一条直航欧洲航线正式开通】 2012年3月27日，德国汉莎航空公司正式开通沈阳—法兰克福航线，并在沈阳桃仙国际机场举行了首航仪式。此航线是该公司在中德之间开通的第八条航线，是沈阳乃至东北地区第一条直航欧洲航线。执飞机型为空客A340－300，客舱266座。航班于每周二、四、六14:30到达沈阳，每周三、五、日00:15从沈阳起飞，到达法兰克福时间为德国当地时间5:30。去欧洲的旅客可以通过法兰克福中转至欧洲170多个城市，以及南美、非洲、中东各个航点。

（李 丹）

【首条沈阳直飞澳门航线将开通】 2012年12月18日，省机场集团与澳门航空公司联合召开新闻发布会，宣布沈阳至澳门定期直航将于2013年1月9日开通，每周一、三、五、六共四班。省政府副秘书长上官炜星、市政府副秘书长张广印、辽宁省机场集团董事长张瑗、澳门航空董事会主席郑岩等领导到会，两地旅游界知名人士及三关等沈阳口岸单位领导出席了发布会。以往，沈阳到澳门需要先期到达珠海或香港，再通过拱北口岸或渡船前往澳门。新航线开通后，沈阳拥有了首条直通澳门的航线，这将为两地间的经贸合作、旅游观光提供更大的发展空间。

（于 洁）

出入境检验检疫

【概况】 2012年，沈阳出入境检验检疫局（以下简称沈阳局）受理出入境货物报检4.3万批次、货值42.4亿美元，较2011年同期分别增长17.9%、39.5%；签发产地证8522份，签证金额9.0亿美元，较2011年同期增长22.2%；签发各种出入境检验检疫证单5.1万份；检验检疫进境集装箱重箱批次，3.13万箱；查验进出境邮包12.7万件；检验样品4500批次、3.1万项次；检疫出入境飞机7932架次，检疫出入境人员107.9万人次；出入境人员体检1.4万人次，预防接种1.4万人。

检出不合格货物54批次，货值2918万美元，对入境集装箱进行卫生除害处理175个标准箱；从入境旅客携带物中查获并处理2645批次的禁止携带入境物；从出入境人员中检出传染性疾病365人次。受理报检进口退运货物52批、货值538.9万美元；对外索赔84批、3973万美元。

（李颖娟）

【质量管理】 坚持以《质量发展纲要》为主线,创新提升工作质量方式。一是抓调研工作提升服务质量。为配合沈阳经济区新型工业配套改革,深入辖区32个主导产业园区调研,向政府提出建议措施20条。二是抓"两个专项"提升工作质量。创新将"两个专项"与阶段工作质量自查结合,梳理问题并逐阶段按要求一一解决,内部工作差错率同比明显减少了45%。三是抓业务管理提升通关质量。创新对单证传递采取闭环管理试点,实现集中接收单据,集中安排检验,集中传递证单的"三集中"管理模式,检务、执法、业务部门相继创新开通网络移动办公,用"微博"服务企业通关,收到积极效果。

(李颖娟)

【安全管理】 坚持加强口岸安全的防控力度,不断创新把关手段。一是联防联控保口岸安全。与机场海关签定协同执法协议加强疫病疫情防控,建立《新名录》政府、媒体、社会"三位一体"的宣传立体模式,在持续加强旅检力度的同时,机场口岸截获旅客携带违禁物同比下降20%。二是联合政府保食品安全。联合工商、烟酒等部门坚持检查常态化,加强备案清查,解决食品安全可追溯问题。与政府携手强化食品企业从业人员健康体检管理,减少监管漏洞和隐患,退运非法入境的食品添加剂。三是推进和完善监管执法手段保安全。电子监管维护运行企业和产品均超指标比例109%、103%,解决电子监管系统升级问题21项。集中清理历史空白证单,确保内部证单管理安全。四是多层次执法保市场秩序。召开首次案件审理委员会会议,完善法制审查工作机制;重拳打击涉案71万元的6起案件,有效地遏制了各类违法行为;对口岸内地联合执法系统的80批次进境货物稽查,催缴检验费,打击逃漏检行为。

(李颖娟)

【支持地方经济发展】 把支持辽宁省建设成为外贸大省作为工作重点,坚持"促发展"的工作推力。一是推进沈阳经济区建设取得进展。为提高跨区报检签证效率,研究探索沈阳经济区内"报检签证一体化",组织沈阳经济区检验检疫八局实验室间比对活动,推动资源共享。帮助沈阳综合保税区通过国家十部委验收,成为沈阳经济区内惟一内陆保税区。二是打造"三农两工"示范区拉动地区农产品出口增长。2012年启动的沈北禽肉、法库树莓,连同辽中果蔬被国家质检总局批准为国家级示范区,果蔬示范区面积、品种分别增至5.5万公顷、50多个,出口蔬菜均价同比增幅31%,农产品出口达到27亿元,同比增长32.8%,其中禽肉出口5000吨,同比增长34.7%。与政府联建沈阳出口工业产品示范区,创立"源头管理"加"产业链管理"的监管模式,得到总局检验监管司调研组的肯定,全年装备、机电等工业产品出口10.5亿美元,同比增长39.2%。三是超常服务"大项目"取得进展。全力宝马二期、上通北盛二、三期、米其林二期等大项目建设,成套设备进口批次增长近5倍,检验员累计加班600小时,确保宝马X1新车如期上市,得到了陈政高省长的高度评价。四是宣传原产地扩大受惠企业服务面。抓住中巴贸易协定5周年、俄罗斯入世、年出口东盟产品突破1亿美元时机,组织培训提供政策帮助,签发优惠原产地证书为企业节省关税2.7亿元,同比增长13.4%,受惠出口企业增加49家。五是扶植小微企业见到成效。种植树莓首次出口欧美,首家花卉、首家砂锅出口企业,服装、家具等众多小微企业产品实现首次出口的引导示范作用,帮扶地板企业应对美国双反仲裁,扶植的小微出口企业数量增加了42.4%,出口量平均增幅50%,扭转了年初小微企业出口的颓势。

(李颖娟)

【提高自身建设水平】 2012年,沈阳局先后被国家质检总局和沈阳市政府表彰为示范窗口、"全国口岸卫生检疫为民服务示范岗先进集体","沈阳市人民满意单位",4部门被评为省、市的创先争优、软环境建设、人民满意、党建工作的先进单位"。一是创新科技管理,取得成果显著。牵头成立"沈阳食品安全检测技术创新战略联盟",并在沈阳市政府年度科技大会上挂牌成立。申报科研制标项目76项,完成科研项目验收鉴定13项,国家局立项2项,省自然科学学术成果奖11项,市"科技进步奖"7项、"农村科技推广奖"4项,辽宁检验检疫局"科技兴检奖"8项。成立国家级艾滋病确认实验室,筹建国家级结核病监测实验室,中认北方获得国际认证成为东北地区首家CB实验室。二是创新文化管理,推进精神文明。开展"争当志明岗、献礼十八大"活动,实施"暖心工程",机关廊厅文化形成规模,涌现王哲辉捐献造血干细胞先进事迹,推进了文化强局战略。三是创新队伍管理,推动干部队伍建设,解决了多年处科级领导岗位梯队层次问题。四是创新廉政管理,推进党风行风建设。组织年度党风廉政专题总结表彰,强化廉政思想灌输,建立咨询信件答复制度,全年实现了"零投诉、无举报、企业满意"的工作目标。

(李颖娟)

海 关

【概况】 2012年,沈阳海关共受理报关单8万份,同比增长5.3%;监管进出口货物937.1万吨,同比增长25.3%;货物总值111亿美元,同比增长34.6%;监管运输工具1.34万辆(艘),进出境人员122.1万人次,同比增长22.6%,桃仙机场空港口岸进出境人员首次突破百万人次;监管进出境邮、快递总数139.5万件(盘),同比增长15%。

全年税收入库98.63亿元,同比增长60.03%;实现归类和估价补税633.67万元、稽查补税2866万元,缉私涉案补税2025.9万元,内销征税3.53亿元;共审批减免税货值10.75亿美元,审批减免税款10.81亿元。全年,刑事立案9起,案值466.7万元,涉税93.1万元;行政立案234起,案值5035.7万元,罚没收入缴库1399万元;在邮递和旅检渠道查获走私进境象牙制品4批;查获集装箱伪报化妆品走私案;立案侦办"405"特大走私武器弹药案;成功查获5起涉嫌侵犯知识产权案件,保护了5个国家9名知识产权权利人的合法权益。在线运行风险甄别参数1841条,下达风险处置建议单64份,专项稽查查发率达60%,风险布控率6.13%,布控有效率26.57%,实体有效率4.35%;稽查企业91家,专项稽查查发问题率72%,移交缉私部门各类走私违规案件15起,案值3122万元;上调A类以上企业20家。

(范志军)

【关税征收】 2012年沈阳海关税收再创历史新高,全年税收入库98.63亿元,同比增长60.03%。税收大幅增长是市场变化和沈阳海关税收征管质量不断提升共同作用的结果。通过加强税收形势分析,确定重点税源企业和税源产品,针对关区汽车、矿产品等重要税源企业和项目,用高效优质的服务吸引税源,培植税源。综合治税进一步完善,各部门有效履职、综合施策、形成合力。归类、审价、稽查、缉私和减免税综合治税效果显著,全年实现归类和估价补税633.67万元、稽查补税2866万元,缉私涉案补税2025.9万元,内销征税3.53亿元。在做好征、补税同时,对国家鼓励项目加大扶植力度,全年共审批减免税货值10.75亿美元,审批减免税款10.81亿元。

(范志军)

【软环境建设】 2012年,沈阳海关全面推开分类通关改革,全关平均作业时间为3.59小时,较上年同期的4.75小时缩短了24.4%,通关效率大幅提高,使守法企业更加充分地享受到通关便利。有效推动全关审单业务优化整合工作,专业审单效能进一步提升,批量复审工作有序开展。沈阳海关在口岸软环境建设中充分展示海关良好形象。进一步完善沈阳海关12360服务热线,完善服务热线制度建设工作,增强工作的科学化和规范化水平。沈阳海关12360服务热线已实现与海关总署010－12360热线互连互通及工单流转,保证了服务热线7×24小时人工接听,日均接听电话30余个,成为海关与外部联系沟通的重要窗口。沈阳海关推进开展窗口单位创先争优活动常态化、长效化。以为民、利民、便民为标准,大力改进服务作风、提高办事效率,擦亮服务窗口,改善窗口服务质量。召开2012年度海关法规政策宣讲会,向沈阳地区开展进出口业务的企业、报关企业宣讲有关法律法规和海关规章及办理海关业务中的热点难点问题。70余家进出口企业的120余名代表参加会议,取得了良好的宣传效果。

(范志军)

【打击走私】 2012年,沈阳海关打击走私战果突出。在海关总署的统一部署下,沈阳海关"国门之盾"行动组织有力、行动迅速、落实到位,做到了"打得准、叫得响",相关工作得到了海关总署和地方党政主要领导的批示肯定。行政、刑事案件办案质量进一步提高,在全国缉私部门行政、刑事执法考评中取得优异成绩,位居前列。刑事立案9起,案值466.7万元,涉税93.1万元;行政立案234起,案值5035.7万元,罚没收入缴库1399万元。打击食糖走私、资源性产品走私、毒品走私、非设关地走私等专项行动取得良好成效;在邮递和旅检渠道查获走私进境象牙制品4批;查获集装箱伪报化妆品走私案;立案侦办的"405"特大走私武器弹药案,在全国海关系统产生较大影响,得到海关总署和公安部的高度重视和支持,被列为海关总署缉私局一级挂牌督办案件及四部门联合挂牌督办案件,并被列为公安部专案督办案件。沈阳海关大力开展知识产权保护工作,成功查获5起涉嫌侵犯知识产权案件,保护了5个国家9名知识产权权利人的合法权益。

(范志军)

【服务东北老工业基地振兴】 2012年,沈阳海关认真落实国务院和海关总署出台的促进外贸稳定增长各项政策措施,制定实施了《沈阳海关促进辽沈地区外贸稳定增长措施》。在署省合作备忘录框架下,沈阳海关与沈阳市邮政公司签署了关企合作备忘录,建立备忘录贯彻落实督办评估机制。全年撰写编辑并上报统计分析文章67篇/次,被海关总署《海关要情》采用11篇/次,向地方党政报送统计分析文章41篇。

沈阳海关成立沈阳综合保税区海关筹备组,加快沈阳综合保税区海关各项筹建工作进度,对综保区基础设施建设、海关监管设备等前期工程提出合理化建议;与综保区管委会加强协作、密切配合,及时解决相关问题,高质量、高标准推进沈阳综合保税区加快建设。在沈阳海关牵头组织和努力推动下,先后顺利通过了预验收和国家10部委正式联合验收,成为全国第18家综合保税区。沈阳海关大力支持沈飞集团加工贸易业务的开展。沈飞集团加工贸易外发加工"集中审批"、对外发料件"一次审批、多次外发"获得海关总署批准。全力支持空港建设,稳步推进沈阳桃仙国际机场T3航站楼、国际中转隔离厅、政要楼贵宾室、海关监管中心、快件监管中心及航运航材保税仓库6个机场重点项目建设。

(范志军)

【强化内控机制】 2012年,沈阳海关强化业务标准化规范建设。编写了《沈阳海关业务标准化规范》,对现行法律、法规、规章和规范性文件进行了梳理,对全关业务岗位情况进行了摸底汇总,促进执法规范化水平进一步提升。执法统一性建设取得突破,在充分调研的基础上,梳理执法问题五类31项,收集外部调查问卷100余份,为全面推进执法统一性建设奠定基础。沈阳海关与大连海关签署建立执法统一协作机制备忘录,实现区域执法联动,促进区域执法统一。围绕防控"三大风险"深入推进内控监督。强化HL2008系统应用,全年运用系统发现并处理异常数据427条,制发执法风险处置单78份。结合海关总署"明法、守法、执法"大宣讲活动,邀请法学专家举办"推进依法行政,建设法治政府"专题讲座,提升依法行政的能力和水平。

(范志军)

农 村 经 济

综 述

【农村经济发展】 2012年,沈阳市把努力做强县域经济,大力发展现代农业,促进农民持续增收作为工作主旋律,全面贯彻落实强农惠农政策,深入推进农业产业结构调整,加快推进农村工业化、城镇化和农业现代化,农业农村经济实现了持续协调快速发展。

1.高产创建成效显著,粮食生产实现"九连丰"。全市完成农作物播种面积66.74万公顷,其中粮食作物播种面积50.33万公顷。落实粮食高产创建示范小区94个,比上年增加29个,粮食高产创建示范区总面积超过6.67万公顷,占全市粮食生产面积的1/7。虽然在播种期间遭遇了低温,后期局部地区遇到风灾、虫灾等自然灾害的侵袭,沈阳市粮食生产仍然实现第九个丰收年,总产量达400.7万吨。

2.完善扶持政策,现代农业发展步伐加快。全年新建和改造设施农业1.37万公顷,设施农业占地面积达12.67万公顷;蔬菜、花生、西甜瓜、寒富苹果、红辣椒、菜籽、树莓、花卉、葡萄等高效特色农业种植面积达到27.78万公顷;实施中低产田改造面积2.17万公顷,实现三年改造中低产田6.67万公顷。优化水产养殖结构,建设水产养殖小区45个,水产品产量实现18.7万吨,同比增长5.6%。积极扶持农产品加工龙头企业发展,全年新开工投资500万元以上农事项目108个,其中投资10亿元以上的农产品加工大项目2个。全市"一乡一业"达标乡镇60个,占涉农乡镇的54.5%。

3.推进农业标准化生产,确保了农产品质量安全。加强生产基地建设,着力抓好30个农民专业合作社、30个生产基地蔬菜产品准出试点工作,蔬菜生产基地抽样覆盖率达到了80%以上。加强农产品流通环节质量检测,在5家农产品批发市场设立检测站,54家大型超市自设检测点,累计抽检样品7.2万个,总体合格率达到99.2%。重点抓好"十二运"农产品质量安全保障工作,确定遴选基地31家,规范基地生产行为,保障全运会农产品供应和质量安全。制定了全省首个豆芽生产地方标准,填补了空白,为芽菜依法监管提供了依据和保障。加大了执法监管力度,全年共组织执法人员1422人次,立案处理18起,责令蔬菜生产者进行无害化处理2次,处理农残超标蔬菜6224公斤,有效打击和震慑了农产品质量安全违法行为。

4.提高科技服务能力,强化科技支撑。全市共举办各种类型的科技培训班2267场次,累计培训农民32万人次。沈阳市与省、市农科院科技共建项目重点围绕东陵区蓝莓、沈北新区花卉、康平县果蔬等15个项目建立核心试验区170.87公顷,辐射推广面积达2.77万公顷,引进筛选优新品种273个,示范推广适用集成技术71项,入户指导2186人次,提供重大灾害预报防治预案50套,培训农民1.73万人,项目区单位面积增产16%,单位面积增效20%以上,年新增经济效益4.4亿元。突出抓好辽中县3个乡(镇)、80个村、3个街道的整建制测土配方施肥试点,深入推广测土配方施肥技术,全市测土配方施肥实施面积61.33万公顷,减少不合理施肥2.8万吨。大力培植农村产业带头人,新评选农村产业带头人550名,全市农村产业带头人数量达到2000名,充分发挥其带头致富、带动致富的"双带"效应。

5.搭建农业合作与交流平台,农业对外开放的质量和水平全面提升。成功举办了2012中国沈阳国际农业博览会与中国国际种业博览会,来自美国、欧盟、东南亚等14个国家和地区的40余家境外企业,国内19个省、市、自治区的农产品加工龙头企业,越南、韩国、台湾、宁波、丽水等15个国内外展团参加展会,现场交易额9800万元,现场达成签约项目6个,金额19亿元。同时,认真落实对农产品出口基地建设的扶持政策,新增农产品出口注册基地1.33万公顷,农产品出口注册基地面积达到6.67万公顷。农产品出口创汇额超过1.3亿美元。

6.加强农机能源项目建设,改善农民生产生活条件。全市共争取国家及省、市级农机补贴资金1.2亿元,受益农户万余户,直接拉动农民投入2.5亿元,购置各种农机具2万多台套,全市农机总动力达323万千瓦,农业机械化综合水平达到75.5%。同时,积极推进农村新型能源建设,新建户用沼气池建设6000处;乡村沼气服务网点44处;养殖场大中型沼气工程1处;省级生物质成型燃料炊事采暖试点村6处;太阳能亮化示范村建设完成4处,在建3处,农民生活质量进一步提升。

7.深入实施农村扶贫开发,提高贫困地区农民收入。全年实现扶贫开发资金投入6306万元,比上年增加433万元,实施到户扶贫项目1.06万户,发展种植业2266.67公顷、养殖业13.4万头(只),贫困地区新增设施农业及发展万寿菊、辣椒、豇豆、苹果、榛子等高效经济作物4666.67公顷。实施特殊贫困地区移民扶贫100户,完成贫困劳动力实用技术和转移培训1939人。随着产业扶贫小区、扶贫贷款贴息等项目的顺利推进,全年实现脱贫人口3万余人。贫困地区农民人均纯收入可达7680元,比上年增长15%。

8.以项目建设为抓手,推进县域发展。深入开展"双进双解"和"百日攻坚"活动,重大项目建设实现新突破,181个市级重点项目全部实现开复工,完成投资1012.2亿元,占全市比重达到70.1%;在建3000万元以上项目1168个,完成投资2412.4亿元,占全市比重达到67.7%。农村工业化水平明显提高,支撑了县域经济跨越发展,县域12个产业集群销售收入突破百亿,县域规模以上工业总产值实现8782亿元,增长23%。县域经济实力显著增强,新民市、辽中县顺利实现冲刺百强县目标,法库县进入全省县域第一集团,县域地区生产总值实现3153亿元,增长12.5%;公共财政预算收入实现279.6亿元,增长21.5%;固定资产投资完成3018亿元,增长27.6%。农村城镇化进程步伐加快,生态和新城新市镇建设实现新跨越。蒲河、辽河、卧龙湖治理取得成效,8个涉农区县(市)全部进入了国家级生态县区行列。19个新城新市镇建成区面积迅速扩大,农村城镇化率达到78.5%。

9.深化农村改革,推进统筹城乡发展。巩固完善土地家庭承包为基础的统分结合的双重经营体制,在完善原有43个土地流转市场的基础上,新增3个土地流转市场,规范农村土地流转行为。总结土地承包经营权确权试点经验,新民市陶屯乡列为农业部确权登记试点乡。加强土地承包仲裁机构建设,形成了市、县(区)及乡(镇)三级工作网络,累计受理土地承包纠纷案件1536件,维护了农村社会稳定。按照市委、市政府的总体部署,各地区、各部门坚持以城带乡、以工补农的工作方针,扎实开展统筹城乡发展改革,协调推进新型工业化、城镇化和农业现代化进程,取得了显著成效。一是建立了多方协调联动的工体机制。成立了由60个部门和地区参加的沈阳市综合配套改革领导小组。各地区根据本地实际设置了相应的组织领导机构,形成了部门协调,上下联动的工作机制,为综合配套改革的顺利开展提供了组织保障。二是明确了工作重点和任务。市委、市政府先后下发了《沈阳市国家新型工业化综合配套改革试验方案》及《沈阳市2012年国家新型工业化综合配套改革试验工作要点》,明确提出了24项统筹城乡发展改革的工作任务,全部落实到有关部门和地区,并纳入市绩效考评体系。三是大力推进改革试点试验工作。沈北新区初步建立了三次产业相融共进的现代产业体系;于洪区以全域城市化统筹城乡发展规划,以产业化、城镇化和生态化推进城乡经济社会一体化;苏家屯区积极构建以老城区、沙河新城、马耳山镇等中心城区、新城新市镇和特色产业村屯为核心的三级节点式城镇组团发展体系。全市逐步形成了以点带面、点面结合、部门联动的统筹城乡发展改革的推进机制。

(邓　奇)

【县域经济发展】 2012年,沈阳市大力发展现代农业,突出做强县域经济,农业农村工作取得了长足发展。全年,8个涉农区、县(市)地区生产总值实现2966.3亿元,占全市的比重达到44.9%;公共财政预算收入实现268.3亿元,占全市的37.5%;固定资产投资完成3019.2亿元,占全市的53.7%,为全市经济增长做出了突出贡献。

1.现代农业建设实现新跨越。粮食总产量达到400.7万吨,一市三县跨入全国粮食生产先进县行列,沈阳市被授予"全国粮食生产先进市"。高效特色农业快速发展。总面积达到35.13万公顷,其中日光温室7.13万公顷。农产品质量安全基本实现了全过程监管。农业标准化生产面积达到45.07万公顷,出口注册基地面积达到6.67万公顷。畜牧业平稳发展,产值达到304.49亿元。龙头企业迅速壮大。规模以上农产品加工企业达1300家,新建投资10亿元以上农业产业化重大项目11个。"一乡一业、一县一业"建设取得新突破。达标乡镇达到60个,占涉农乡镇的55%。农业现代化水平不断提升。科技共建项目辐射面积2.77万公顷,农业机械化综合水平达到75.5%。沈北薰衣草观光、苏家屯农家旅游、于洪小韩村温泉度假、陆家工厂化生产等精品农业,创造了三次产业一体化发展新模式。

2.县域经济实力显著增强。8个区、县(市)经济增速高于全市平均增幅。新民市、辽中县跻身全国经济强县,法库县步入辽宁省县域第一集团,四个郊区稳居全省排名前列。工业园区承载力不断提升。21个工业园区入驻企业达到1945家,辉山开发区获批晋升国家级开发区。产业集群日益壮大。13个产业集群销售收入突破百亿,沈北农产品深加工集群突破600亿元,沈北光电、辽中铸锻造机加泵阀、东陵软件和法库陶瓷产业集群达到400亿规模。县城、新城新市镇建设步伐明显加快。19个新城新市镇建成区面积不断扩大,沈抚新城、蒲河新城成为全省示范城镇。重大项目建设成效显著。开工建设10亿元以上项目257个,完成投资1822亿元。181个市级重点项目完成投资1199亿元,实现了完成开复工计划、投资进度、质量达标"三个100%"的目标。

3.农村生态环境和基础设施条件明显改善。蒲河生态廊道建设取得了决定性胜利,获批国家级水利风景区;辽河成功摘掉了重污染帽子;卧龙湖生态保护利用完成了规划和土地整理工作;涉农区县(市)全部进入了国家级生态县区行列。造林绿化工作成绩突出。"青山工程"治理面积达到3.75万公顷,经济林总面积达到3.2万公顷,实施荒山、河流和辽西北防风阻沙带等规模化造林工程,完成造林20.21万公顷。农村生活环境明显改善。使用户用沼气等清洁能源的农民达到3.1万户;完成畜牧小区环境治理23个,实施村屯连片整治示范工程239个,建成污水处理厂24座,垃圾处理率达87%。农田水利建设取得新进展。五年累计投入农建资金143亿元,实施水利项目756项,完成水土流失治理面积4.2万公顷,新增节水灌溉面积2.67万公顷,完成滴灌节水工程9333.33公顷。农村基础设施不断完善。建成农村公路2583公里;解决了农村90万人的饮水安全问题。

4.重点改革工作进展顺利。统筹城乡发展工作取得新突破。沈阳市政府明确提出了24项工作任务,统筹城乡发展改革试点在沈阳全面铺开。沈北新区初步建立了三次产业相融共进的现代产业体系,苏家屯区创新城镇组团发展体系取得阶段性成果,于洪区科学调整区划、整合资源、实施大部制改革的做法得到辽宁省政府首肯。土地经营流转制度逐步规范。建设了46个土地流转有形市场,流转面积5.4万公顷,新民市陶屯乡被农业部列为确权登记试点乡。农民组织化程度进一步提高。农民专业合作社发展到3399家,470家合作社被分别评为国家、辽宁省和沈阳市示范社。农技推广实现全覆盖。组建了48个新型基层农技推广机构。林权改革全面深化。完成集体林权改革面积16.42万公顷,发证率96.2%。农村融资渠道进一步拓宽。新组建了农村商业银行,6家村镇银行相继开业。

5.农村社会事业稳步发展。农民收入大幅提高。人均纯收入达到1.33万元,比上年增长14.3%。农村教育文化设施逐步完善。全面完成107所农村九年一贯制学校建设和质量再提升工程，新建文化馆、图书馆15个，乡镇文化站64个，村文化活动室1082个。扶贫开发工作取得实效。五年投入扶贫资金6.48亿元，实施整村推进项目124个，贫困地区农民人均纯收入达到7680元。农村医疗和养老保障水平进一步提高。新农合政府补助标准达到240元，参合率达到99.1%。新农保基础养老金补助标准达到每月70元，一市三县农村低保、五保户年供养标准分别达到2480元和3240元。

（邓　奇）

【现代农业发展】 设施农业和特色农业等高效农业生产面积稳定在33.33万公顷，为农民持续稳定增收奠定了基础。完成沈康高速现代农业示范带的总体规划编制，新增有效耕地733.33公顷，治理面积3.01万公顷，其中粮食作物占总治理面积的73%。聘请农业部规划设计研究院和中国城市规划院启动了沈阳都市现代农业发展规划编制工作。圆满完成滴灌节水农业工程1万公顷的建设任务。

设施农业建设取得新突破。全年新建和改造设施农业1.37万公顷，截至2012年底设施农业占地面积已达12.67万公顷，其中温室7.13万公顷，冷棚5.53万公顷。

高效特色农业稳步发展。沈阳市形成了西甜瓜、红树莓、万寿菊、鲜切花、寒富苹果、山樱椒、食用菌等重点特色产业。全市高效特色农业种植面积达到21.8万公顷，为农民增收奠定了基础。全市新发展2公顷以上连片蓝莓种植373.33公顷，新建花卉、食用菌高标准设施生产小区75个、面积433.33公顷，引进花卉新品种5120万粒，在康法及柳绕地区推广小拱棚和地膜覆盖规模连片种植4.12万公顷，促进农民增收3.28亿元。

（邓　奇）

【新农村建设】 2012年，沈阳市重点开展了休闲农业发展和新农村示范村创建两项工作，助推新农村建设，并取得了阶段性成果。

休闲农业工作取得突破性进展。历时4个月，对全市休闲农业发展状况进行综合调研，全面掌握沈阳市休闲农业发展的基本状况，形成休闲农业基本信息库和《关于沈阳市休闲农业发展状况的调研报告》；起草了《沈阳市现代休闲农业园区项目实施细则》（讨论稿），明确提出休闲农业总体发展思路和发展战略，制定具体工作目标，提出休闲农业园区项目的实施标准和操作程序。2012年，苏家屯区、辽中县被认定为辽宁省休闲农业示范县，小韩村温泉会所被认定为辽宁省休闲农业示范点，沈北紫烟薰衣草庄园被认定为全国休闲农业示范点。

新农村示范村创建工作扎实推进。2012年是新农村示范村创建工作的第三年。全市共申报新农村示范村96个，经层层推荐和实地考核验收，认定省级新农村示范村46个，市级新农村示范村71个。每个省级新农村示范村给予财政奖补资金5万元，共下摆资金230万元，奖补资金专项用于村内公益设施建设。为加大示范典型的影响，从4月上旬开始，以沈阳新闻、沈阳日报、沈阳市新农村建设网等媒体为平台，开展新农村建设系列宣传活动。重点对全市61个省级新农村示范村进行广泛宣传，营造良好的舆论氛围，用“点”创造的先进经验，推动“面”上的工作，通过典型的示范引导，使个别的积极因素转化为倍增的社会效应，收到“点亮一盏灯，照亮一大片”的效果。新农村建设系列宣传片6月至10月在沈阳电视台沈阳新闻栏目、沈阳日报陆续播出和刊发。

（邓　奇）

【减轻农民负担】 沈阳市减轻农民负担坚持标本兼治的原则。严格执行涉农收费文件“审核制”，防止出台加重农民负担的政策文件；全面推进涉农收费和价格“公示制”，及时更新公示内容、创新公示形式，提高收费透明度。加强对农村义务教育、计划生育、农民建房、婚姻登记、生猪屠宰等领域乱收费的重点监督。

1. 建立健全农民负担监管制度，规范管理农民负担工作。一是实行领导负责制，切实将减轻农民负担工作落到实处。二是严格执行农民负担监督管理“五项制度”。做到定期清理、梳理涉及农民负担的收费文件；创新公示形式，适时更新公示内容，确保公示效果；严格执行农村公费订阅报刊“限额制”，坚持自愿订阅，严禁摊派发行；做到规范发放农民负担监督卡；实行涉及农民负担案件“责任追究制”，确保无一起因违反减轻农民负担政策，引发恶性事件、严重群体事件或造成重大影响案件。三是实行农民负担信访案件举报制度。对关系农民切身利益的强农、惠农政策在政府相关网站上进行信息发布，同时，公开咨询举报电话，畅通农民诉求通道。

2. 落实好强农惠农政策，关注农村特殊群体生活，促进农村和谐发展。一是做好强农惠农资金发放。把挪用、挤占、克扣各类补贴作为一条“高压线”，确保农民各项补贴资金及时足额发放到位。二是保障农村贫困群众基本生活。从2007年开始，连续5年提高农村五保供养标准，改善农村困难群众生活状况。三是落实好农民工子女各项教育政策。将农民工子女纳入义务教育“两免一补”范围，对在城市义务教育阶段学校就读的农民工子女免除学杂费和课本费，并对其中家庭经济困难的住宿学生给予补助。保障农民工子女安心上好学。

3. 有针对性地开展农民负担专项治理工作，形成了严肃监管的局面。开展向村级组织和农民摊派资金为重点的行业自查自纠工作。开展以治理教育乱收费为主要内容的专项治理工作。开展以保护农民工合法权益为主要内容的专项监察工作。通过专项治理，形成了严肃监管氛围，切实保障了农民的合法权益。

4. 积极开展沈阳市农民负担大检查工作。按照辽宁省统一部署，在全市14个区、县（市）和市直18家单位开展涉及农民负担工作大检查。检查内容包括，对村转移支付补助情况、“一事一议”筹资筹劳政策执行情况、近年来加强涉农收费项目管理工作情况、农民负担专项治理情况、减轻农民负担部分制度的执行情况、2012年部分强农惠农政策执行情况。通过检查，全市形成了《关于沈阳市2012年减轻农民负担工作汇报》。

（邓　奇）

【合作社建设】 2012年，沈阳市各级农业行政主管部门紧密结合农村改革发展实际，大力发展和规范农民专业合作社，由最初的“边发展边规范”逐步走向“边规范边发展”，广大农民自愿办社、依法办社的积极性得到提高，农民专业合作社的运行质量不断提升。截至2012年底，全市注册的农民专业合作社3399家，注册资金57.47亿元，服务带动27

万农户,占农户总数的近30%。全市农民专业合作社经营收入为22.1亿元,实现盈余4.8亿元,提留公积金9900万元,通过盈余分配向成员返还盈余3.51亿元,合作社成员年平均收入1.45万元。农民专业合作社广泛分布在种植、畜牧、农机、渔业、林业等各个产业,通过组建农户间的利益共同体,在带动农户发展农业专业化、规模化生产,实现"一乡一业、一村一业"和参与市场竞争等方面发挥了重要的组织载体作用。有2家农民专业合作社被评为国家级示范社,有8家农民专业合作社被评为省级重点社,有21家农民专业合作社被评为省级示范社;有9家农民专业合作社被评为沈阳市"AAA"级示范社,有25家农民专业合作社被评为市"AA"级示范社,51家农民专业合作社被评为市"A"级示范社。

1. 及时检查了解农民专业合作社年终受益分配情况。2012年,市农经委深入各区、县(市),对农民专业合作社年终盈利分红进行抽查。从抽查的情况看,绝大多数专业合作社能按照自己的章程要求,年终召开成员大会,对成员进行盈利返还,体现了"民办、民管、民受益"的宗旨。

2. 积极开展工作调研,掌握第一手资料。为稳步推进合作社规范健康发展,解决农民专业合作社建设与发展过程中存在的一些问题,切实发挥其在现代农业建设和促进农民增收等方面的作用,市农经委于2月上旬深入区、县(市)进行专业合作社工作调研。通过听取汇报、实地查看、座谈介绍等方式,了解合作社在发展过程中自身遇到的困难、政策引导方面存在的薄弱环节以及制约影响合作社发展壮大的瓶颈等问题。

3. 积极配合市政协围绕"关于推进鲜活农产品流通体系建设"进行工作调研。2月16日、28日,市政协韩晓言副主席先后两次听取农民专业合作社在推进鲜活农产品流通体系方面发挥的作用、如何引领农业标准化生产以及加强农产品质量安全方面的工作汇报。并配合市政协组织部分农民专业合作社法人重点就推进鲜活农产品流通进行座谈。

4. 努力为农民专业合作社建设发展排忧解难。融资困难一直制约着专业合作社的发展壮大,为解决这一"瓶颈"问题,切实为农民专业合作社提供融资方面的帮助,市农经委牵头市农信社,联合下发了《关于做好农民专业合作社金融服务的通知》。进一步明确了工作职责、优惠政策和为专业合作社服务的联系沟通机制。为进一步扶持农民专业合作社发展,市农经委与市财政局联合下发了《关于做好农民专业合作社金融服务的通知》,为农民专业合作社贷款贴息提供具体的实施办法。2012年,总计拨付农民专业合作社贷款贴息资金102.98万元。

5. 认真向沈阳市人大进行了农民专业合作社发展情况的专题汇报。自2009年以来,沈阳市人大已连续3年对沈阳市贯彻实施《中华人民共和国农民专业合作社法》进行跟踪执法检查。

6. 及时修改完善示范社建设标准及检查验收相关内容。结合3年来示范社评选申报、检查验收的实际,对市级示范建设标准进行了修改完善,制定下发了《沈阳市农民专业合作社示范社管理办法》。

7. 认真开展省、市两级农民专业合作社示范社评选活动。通过区、县(市)农业主管部门、财政部门组织申报,市农民专业合作社联席会议成员单位审查筛选,并经专家组实地检查验收,择优确定2012年省级示范社29家、市"3A"级示范社85家。按照扶持政策,分别拨付省级财政、市级财政370万元、494万元。

(*邓 奇*)

【化解村级债务】 2012年,沈阳市委、市政府本着"制止新债、锁定旧债、明确责任、分类处理、逐步化解"的方针,坚持一些行之有效的化债措施和办法,积极推进全市村级化债工作。

截至2012年12月末,沈阳市村级债务总额为24.1亿元,村均债务达到121万元。按照债务来源划分,欠金融部门(银行、信用社、基金会)6.6亿元,占村级债务总额的27%;欠个人借款6.3亿元,占债务总额的26%;欠其他单位借款2.9亿元,占债务总额的12%;其他应付未付款8.3亿元,占债务总额的35%。村级债务问题是全省乃至全国都普遍存在的共性问题,其形成原因是多方面的,既有历史积淀的原因,也有现实的主客观因素;既有体制方面的,也有政策方面的;既有村集体经济内部的,也有外部的。

从2004年开始,沈阳市将化解村级债务工作纳入各级政府工作考核内容,出台具体政策,加大力度化解村级债务,自2004年初至2012年末,全市共化解村级债务8.7亿元,占2004年初债务总额32.8亿元的26.5%。村均负债由2004年初的165万元下降到121万元,村均负债下降44万元。

1. 加强领导,落实责任,确保全市化债、控债工作顺利开展。各区、县(市)政府由一把手牵头,建立专门的工作班子,从有关部门选派思想素质好,熟悉农村情况,业务能力强,政策水平高的人员,组成化债工作组,深入乡村,确定化债工作重点,有针对性地制定化债措施,督促检查化债、控债工作。区、县、乡镇政府与各村之间要层层分解指标,落实任务,签订责任状,形成上下联动的工作责任制度。根据沈农经发[2007]36号文件精神,对今后违反规定发生新债的乡、村,除通报批评外,要追究主要负责人的责任,乡镇领导不得提拔重用,不得到异地任职。对控债不利或没有达到年度化债目标要求的乡、村,在评先、评优时实行一票否决制。

2. 严格清理村级债务,坚决制止新债发生。2007年,市农委、市委组织部、市监察局、市民政局联合下发了《沈阳市制止新增村级债务工作实施意见》(沈农经发[2007]36号),坚决锁定旧债,杜绝新债的发生。明确要求各村不得随意增加非经常性支出;严格执行"一事一议"制度。凡违反规定发生新债的,一经查实,按照"谁签字、谁负责偿还"的原则,追究当事人的责任。

3. 彻底清理村集体经济组织高息借款,停息挂帐。要求各区、县(市)政府要对村集体经济组织高息借款进行一次全面的清理,由乡(镇)农经站按其发生的时间和用途,认真逐笔清理登记,建立台帐,立即停息。对已形成的高息借债一律按照银行同期贷款利率计算,先还原始本金,利息挂帐,已计复利的要剔除。

4. 积极争取金融部门支持。对村集体欠金融部门的贷款,在符合国家有关政策规定的基础上,积极与金融部门协商,停息挂帐,待村集体实力增强后逐步偿还。

5. 运用经济、行政、法律等综合措施,强化清收欠款力度。对农民税费改革前的税费尾欠，要进行核实、登记、归类。对有偿还能力的农户，要积极动员，促其还款；对暂无偿还能力或一次性还清有困难的，可由村集体和农民签订还款计划，按年度分期偿还；对确实无力偿还的，要按有关规定实行减免。对税费尾欠以外的农民欠款，要采取法律手段予以清收。对以村集体名义举债，个人从中牟利的要将所得款项全部退回，并视其情节轻重给予相应的纪律处分，属于违法乱纪的，移交司法和纪检等有关部门处理。

6. 村集体收入用于化解村级债务。村集体经营性纯收入及“四荒”、机动地、林地等资源性资产发包收入等，全部用于化解村级债务；征占地补偿费村集体留存部分在符合相关规定情况下，全部或部分用于化解村级债务。对村办企业闲置的资产采取拍卖、租赁、承包等多种形式变现还债；对村集体所有的机电井等农田水利资产可作价转让给受益农户，变现还债。

7. 各级财政补助资金用于偿还公益性债务。2011 年中央及省级财政专项安排化解农村义务教育债务补助资金，市、县两级配套补助资金，用于偿还纳入农村义务教育债务监管系统，并经过省级审计部门审计认定的，截至 2005 年 12 月 31 日前发生的农村义务教育债务本金和利息。沈阳市经审计认定农村义务教育债务总额为 2.4 亿元，其中涉及村级债务 1.42 亿元。

(邓　奇)

【县域产业集群】 2012 年列入市级管理的县域产业集群为 21 个。每个区、县(市)平均各有 2 - 3 个集群。涉及机械加工、农产品，食品加工、通讯和电子信息、金属加工、化工、轻工纺织、陶瓷、包装印刷和医药等行业领域。

2012 年县域产业集群新上 1000 万元以上项目 260 个，总投资额 592 亿元，亿元以上 80 个(其中 10 亿元以上 13 个)。21 个产业集群完成销售收入 3783 亿元，同比增长 30%。其中沈北农产品精深加工、沈北光电、东陵软件及电子信息、于洪家具、于洪五金、苏家屯电力电气、苏家屯钢管、新民包装印刷、辽中铸锻造机加、法库陶瓷和康平塑编等 13 个集群销售收入超过百亿。销售收入达 200 亿以上的共 6 个：沈北农产品完成 635 亿元、沈北手机(光电)完成 423 亿元、东陵软件及电子信息完成 380 亿元、法库陶瓷完成 362 亿元、于洪五金完成 318 亿元、于洪家具完成 274 亿元。

1. 集群规划。按照“布局合理、规划科学、特色鲜明、用地集约、生态环保”的原则。进一步深化细化全市产业集群发展规划，明确县域 21 个产业集群发展定位。着眼于提升装备制造业配套能力，整合资源，新规划了占地 10 平方公里的于洪装备零部件及特种机床产业集群。为做大沈北手机产业集群，新规划了占地 5 平方公里的手机产业园，形成了集整机制造与销售、配件生产、软件开发等功能于一体的手机产业基地。为进一步提升产业集群的服务功能，规划了 40 个公共服务平台。

2. 集群基础设施建设。全力推进县域 21 个产业集群的基础设施建设，不断完善服务功能，提升项目承载力。2012 年产业集群基础建设投资达到 251.6 亿元。浑南新区结合新城建设，加大浑南软件及电子信息产业集群基础设施投入，投资 17 亿元建成了一批道路及配套管网；于洪区和辽中县结合装备制造业配套区建设，投资 6 亿元改造了于洪特种机床、辽中铸锻两大配套区电力、热力及排污工程；为加快推进民用航空产业集群发展，先后投入 4 亿元改造了浑南航高基地、法库通航基地路网及电力设施，有力提升了产业集群基础设施配套水平。

3. 重点项目建设。积极推进集群开展和参与“产业链招商”、“以商招商”、“一对一定点招商”等招商活动。重点瞄准世界 500 强、知名跨国公司和行业龙头骨干企业，加大招商引资力度，引导中小企业集聚发展，壮大龙头骨干企业，提高集群内的企业协作水平。2012 年县域 21 个产业集群共举办招商和项目对接活动 90 多次，签约项目 160 多个。其中新开工项目 142 个，续建项目 250 个，新投产项目 47 个。

4. 集群平台建设。抓公共服务平台建设，对产业集群的促进作用越来越明显，各地区重视程度逐渐提高。浑南新区围绕软件与电子信息产业集群提出打造集成电路装备研发、软件公共检测等 5 个公共服务平台；沈北新区提出建设手机检测、肉类加工与安全等 5 个平台；法库陶瓷提出包括研发监测、培训学校在内的 12 个平台；于洪区、新民市、辽中县、苏家屯区等区、县(市)已提出产业集群公共服务平台发展规划。全市已规划建设的公共服务平台有 40 个。除了研发、检测、技术服务、信息咨询、法律维权和金融服务等公共服务平台外，还有培训学校、产品展示、市场营销等公共服务功能设施。

(邓　奇)

【扶贫开发】 2012 年，全市认真贯彻落实中央、省扶贫开发部署，紧密围绕确保 1.67 万贫困人口脱贫、完成各项扶贫重点工作，以 27 个重点贫困乡镇 279 个村为扶贫开发主战场，以“提高贫困人口发展能力，增加贫困农民收入，加快脱贫步伐，缩小贫困差距”为核心，坚持开发式扶贫方针，进一步强化政策措施，增加资金投入，加大帮扶力度，扎实推进工作，圆满完成扶贫开发各项任务目标。

1. 低收入贫困户脱贫成效明显。通过国家、辽宁省政策扶持，集中资金，有效投入，以及“5000 贫困户脱贫”项目的顺利实施，全年实现减贫 1.06 万户，减少贫困人口 3.11 万人。一是减少人均纯收入 2200 元以下低收入贫困人口 5627 户，1.67 万人；二是减少人均纯收入 3200 元以下贫困人口 4956 户，1.44 万人。全面完成省定减少低收入贫困人口工作目标。

2. 贫困地区发展能力进一步提升。全年共计投入扶贫资金 6306 万元，扶持发展设施农业、高效特色农业、畜牧养殖业，贫困地区自我发展能力进一步提升。贫困地区新上扶贫开发项目 884 个，新建温室 1153.33 公顷，高效作物 5200 公顷，各类畜牧养殖 112 万头(只)。完成贫困劳动力转移和实用技能培训 1939 人。新增认定省级扶贫龙头企业 7 家。发放扶贫贴息贷款 3085 万元。贫困地区年末人均纯收入达到 7680 元，增长 15%。

3. 生产生活环境明显改善。通过加大基础设施投入，移民扶贫、定点扶贫，贫困村的村容村貌和农民的生存环境有了明显改善。贫困地区实施移民扶贫 100 户，新修通村公路和田间道路 62 公里，桥涵 230 处，打井 420 眼，办电 6000 延长米；新建和维修村部 12 个，建文化广场 2.4 万平方米。

4. “大扶贫”工作格局已渐形成。一是出台《关于 2009 - 2012 年扶贫开发工作实施意见》(沈政办发[2009]17

号)。二是及时召开行业扶贫部门工作协调会议,下发《关于贯彻落实〈中国农村扶贫开发纲要(2011－2020年)〉的实施意见任务分工表》(沈委办发[2012]28号),明确行业扶贫任务,落实责任,强化措施。三是以市扶贫开发领导小组名义下发《关于进一步做好定点扶贫工作的通知》(沈扶贫发[2012]2号),加强协调和督促,扎实推进定点扶贫项目实施。初步形成专项扶贫、行业扶贫和社会扶贫多种举措有机结合和互为支撑的三位一体"大扶贫"工作格局。

5.扶贫宣传工作有序展开。沈阳市全面启动扶贫开发集中宣传报导系列活动。通过广播电视、简报等宣传形式,加大了扶贫工作的社会认知度。全年,共发放扶贫开发简报20期。先后三次组织媒体深入到辽中县、康平县、法库县以及新民市周坨子镇,特别是对市委办公厅、东陵区(浑南新区)区委、于洪区委等扶持贫困地区发展特色产业取得的突出成就单位进行了宣传报道,进一步营造了扶贫开发的良好社会氛围。

(邓　奇)

【农村土地承包】 截至2012年底,沈阳市有1447个行政村完成了延包完善工作,占应有延包任务村总数的99.7%。在应落实家庭承包制近52万公顷耕地面积中,已经完成延包的土地面积为51.64万公顷,已占应落实延包土地总面积的99.8%;发放土地承包经营权证68.9万册,占应发农户总数的99.6%(其中新证67.7万册,占应发总数的98%)。

2012年沈阳市重点进行了《中华人民共和国农村土地承包法》和《中华人民共和国土地承包经营权纠纷调解仲裁法》宣传和培训工作,采取各种形式开展深入宣传活动。全市统一印制了《农村土地承包工作手册》和《农村土地承包仲裁工作手册》两部工作用书,发至各乡村,并利用宣传画报、无线广播、标语等多种形式进行宣传。2012年4月和9月两次召开全市土地承包管理业务会议,采取以会代训的形式对与会人员进行了农村土地承包法政策方面的培训。通过宣传和培训,使干部和群众进一步了解和掌握《中华人民共和国土地承包法》以及《中华人民共和国土地承包经营权纠纷调解仲裁法》,增强干部执行政策法律、维护农民土地承包权益的意识。

2012年,农村涉地信访工作重点解决了婚嫁妇女户口迁移造成的"两头无地"问题,纠正了因独生子女鼓励政策和迁出迁入获得"双份"承包地问题。全年共解决和纠正上述问题215件。

(邓　奇)

【农村土地承包经营权流转】 截至2012年12月末,全市共完成土地流转面积5.10万公顷,占家庭承包经营耕地面积的9.86%;全市实现农村剩余劳动力转移约25万人,占劳力总数的15.2%;全市农村全家外出务工经商农户达1.8万户,约占农户总数的2%。在流转形式上,以转包、出租为主要形式的流转分别达到2.85万公顷和1.40万公顷,分别占流转总面积的55.85和27.39%。其他形式主要是农户之间的互换、转让,约有1500公顷,占流转总面积的2.94%,入股方式的流转约3893.33公顷。

2012年在原有的43个土地流转市场的基础上,新建了于洪区区级土地流转综合运营服务中心和平罗、马三家子两个乡镇级的土地流转市场,使沈阳市的农村土地市场总数达到了46家。全市各级政府为建立土地流转市场已投入资金近400万元。在建立土地承包经营权流转市场的同时,以实施流转合同制和备案制为重点,建立健全规范的流转工作制度和规程,签订规范的流转合同,严格履行流转程序,认真做好土地流转登记和鉴证工作。对过去已流转的土地,开展全面清理,凡流转手续不全的,按规范要求尽快补齐;凡合同条款不清,标的显失公平的流转合同,通过说服引导,平衡双方利益,引导双方修订合同,并及时做好备案登记和归档工作。已清理不规范流转土地面积7333.33公顷,建立规范流转合同3.1万份。

(邓　奇)

【农村土地承包仲裁】 截至2012年7月底,沈阳市12个涉农区、县(市)均建立了农村土地承包纠纷仲裁委员会,乡(镇、街道)依托原有司法调解机构和农经站,普遍建立了土地承包纠纷调解部门。全市共聘任专(兼)职仲裁员300余名。经沈阳市编委批准,在沈阳市农经委设立了沈阳市农村土地承包仲裁工作办公室(正处级),与政策指导处为一个机构两个牌子,负责沈阳市农村土地承包纠纷仲裁工作指导任务。从而使沈阳市农村土地承包调解仲裁工作形成市、县(区)及乡(镇)了三级工作网络。截至2012年11底,各级农村土地承包纠纷仲裁机构共累计受理土地承包纠纷案件1536件,其中调解1233件,仲裁303件。一是试点示范引导作用显著。东陵区政府是辽宁省农委以及国家农业部确定的全省和全国的市级和县(区)级农村土地承包仲裁试点单位。在东陵区试点的带动下,截至2012年底,沈阳市、县两级在土地承包仲裁建设项目上共投入经费210余万元,用于基础设施建设、工作人员培训和仲裁工作办案,从而为农村土地承包仲裁工作的正常开展打下了坚实基础。二是从业人员素质不断提高。举办了全市农村土地承包经营权纠纷仲裁员培训班,全年共培训人员520人次。

(邓　奇)

【农村能源】 2012年,沈阳市结合创建生态市、环境建设样板城及农村环境综合整治工作,强化农村节能减排,围绕新农村建设和农村新能源建设规划,加大推进力度,进一步扩展了农村能源建设内容。

1.项目建设情况。全市开工建设户用沼气模式6000处、乡村沼气服务网点44处、区县沼气服务站4处、大中型沼气能源环境示范工程4处、太阳能(路灯)亮化示范村5处,农村能源综合示范村2处,生物质成型燃料炊事采暖示范村10处(1400户),新建扩建生物质成型燃料加工厂5处,建设节能炕示范户970处;沼气综合利用示范点3处。利用沼肥生产水稻、水果、蔬菜等绿色农产品,以更好地发挥农村能源建设的综合效益,促进循环农业发展。其中,以苏家屯区林盛生态养殖场大型沼气工程为核心建设的沼气综合利用示范项目,利用该工程产生的沼渣沼液集中种植66.67公顷水稻,成立了专业合作社,注册了有机稻品牌,全年亩产优质米350公斤,增收1000元,取得了较好效果。

2.积极争取国家、辽宁省及沈阳市资金支持。积极申报国家、辽宁省相关项目计划。为确保项目落实和顺利实施,沈阳市政府研究制定了财政配套补贴政策。对中央投资农村户用沼气建设项目每户补贴1500元;对大中型沼气工程和乡村沼气服务网点建设实行了1∶1配套补贴。2012年,全市农村能源建设得到各级财政农村能源项目补贴资金总额达3371万元,其中,国家项目补贴资金990万元,省级项目补贴资金236万元,市财政补贴资金2145万元。部分区、县也对农村能源建设给予补贴支持。

3. 进一步加强项目建设管理工作。为确保项目建设顺利实施,沈阳市制订了项目建设工作要点、项目建设实施方案,严格按照国家沼气项目建设管理和相关项目管理办法要求组织工程设计、专家论证、工程招标、器材招标采购、工程监理等工作。严格执行沼气建设从业准入制度,根据户用沼气项目建设需要,组织了沈阳市第十期农村能源职业技能培训班,也是沈阳市首期农村沼气物管员培训班,使沈阳市持有沼气生产工、沼气物管员职业资格证的人数超过770人,为完成项目建设、强化沼气管理和服务夯实了基础。

4. 继续推进农村能源服务体系建设工作。沈阳市除了建设乡村沼气服务网点外,开始建设区县沼气服务站,进一步提升服务能力。同时,扩大农村能源管理与服务"110热线"网络,扩大农村能源服务网络覆盖面,为农户提供便利、及时的技术服务,为保证农村能源设施正常运转,农民长期受益打下基础。

5. 认真抓好安全生产。年初制定下发了《2012年农村能源安全工作要点》,开展生物质质气化工程安全技术改造试点、年度检审、雨季施工安全检查、各节假日及两会期间安全检查、沼气用户安全检查及安全宣教等农村能源安全工作,督促落实安全生产规章制度,为全年项目建设和能源设施运行安全提供了保障。2012年,沈阳市将安全评价前延到工程设计阶段,对启动的沈阳市第一个大型沼气集中供气工程设计进行了安全评价,设计单位根据评价结果对工程设计进行了改进,为从源头上提高大中型沼气工程安全水平提供依据,进一步提高了沈阳市农村能源安全水平。

6. 继续搞好农村能源科普和宣传工作。通过组织开展"农村节能宣传周"活动、编发《沈阳农村能源信息》、借助新闻媒体宣传等方式,扩大农村能源新技术影响,创造良好的发展环境。

全市农村能源建设进一步深入发展,秸秆成型燃料、太阳能利用、沼气综合利用等综合技术示范的深度和广度显著增加,出现了一批示范典型,为农村节能减排、生态建设及新农村建设发挥了更好的示范作用,进一步推动了沈阳市农村能源建设全面发展,对改善农村能源结构、农民生活条件和农村生态环境起到了积极的促进作用,对沈阳市的国家生态市创建、环境样板城创建工作和节能减排做出了积极的贡献。同时也对发展无公害农业、绿色农业及循环农业,增加农民收入起到了推进作用,受到农民的欢迎。

(邓　奇)

【一事一议财政奖补】 按照辽宁省统一安排,2012年一事一议财政奖补重点开展以沥青或水泥路面为主的村内道路建设工作。沈阳市共安排修建一事一议村内道路489条,涉及50个乡镇,124个村,受益人群近30万人,修建里程428.8公里(黑色路面233.7公里,水泥路面195.1公里)。项目计划总投资为4.14亿元,其中,农民筹资筹劳总额为3541万元,原有道路折资额为2.41亿元,各级财政安排奖补资金1.38亿元,改善了农村社会面貌,为农民出行提供了良好便利的交通条件。

1. 坚持深入宣传发动。2012年开展的村内道路建设政策新、技术强、标准高、要求严,为便于基层工作人员用足用好政策,规范开展财政奖补工作,市财政局、市农经委、市交通局组成政策宣讲团,赴4个县(市)举办一事一议财政奖补村内道路建设政策说明会,四县(市)近700人参加培训,提高财政奖补政策的透明度。

2. 不断加强制度建设。配合市财政局、市交通局及时转发上级一事一议村内道路建设实施方案、实施细则、资金管理办法等文件,并结合沈阳市实际,农经部门职责,要求各级农经部门加强项目的民主议事程序、筹资筹劳监管和指导原有道路折资测算工作。

3. 建立项目动态监管机制,配合市财政、市交通按月调度一事一议村内道路项目进展情况,并深入到项目实施乡镇、村了解项目进展情况,协调解决有关问题。

4. 落实责任主体。在完成辽宁省与沈阳市签订村内道路建设管理目标责任状的基础上,积极协调沈阳市有关部门与四县(市)人民政府签订责任状,进一步明确目标任务和工作要求。

5. 编辑宣传片,全面宣传沈阳市村级公益事业一事一议财政奖补工作。市农经委、市财政和沈阳电视台联合录制了一事一议惠民生——沈阳市村级公益事业建设一事一议财政奖补工作纪实专题片。专题片从组织领导、制度建设、宣传发动、严格审批、资金扶持、有效验收、促进县域发展等8个方面,全面介绍了沈阳市一事一议财政奖补工作。

6. 完成2012年一事一议项目验收工作。2012年一事一议村内道路由交通部门具体承建,项目验收由市财政、市交通、市农经委共同完成。沈阳市下发了《2012年沈阳市一事一议财政奖补村内道路建设项目检查验收方案》,市农委负责对民主议事程序、筹资筹劳、乡代理办会计核算及项目申报文本等档案资料情况进行检查。整个验收工作按照《验收方案》有条不紊地进行。

(邓　奇)

【一乡一业】 2012年,沈阳市发展农业的工作重点和主要任务就是从发展一乡一业入手,通过培育农业经济区,打造区域分明、产业集中、特色突出、品牌闻名的优势产业,推进农业向一县一业迈进。按照有产业特色、统一品牌、专业合作社、龙头企业带动、主导产业产值比重达50%以上、主导产业人均收入比重达40%以上的一乡一业标准,全市有12个乡镇达到了一乡一业标准,被确定为一乡一业专业乡镇。截至到2012年底,沈阳市一乡一业专业乡镇发展到60个,占全市涉农乡镇的55%。通过一乡一业项目的实施,推进了多乡一业的发展,一市三县初步建成特色产业大县,向一县一业迈进。

1. 加强组织领导。建立强有力的推进协调机制,做到主要领导亲自抓,分管领导具体抓,各部门形成合力联动抓,保障一乡一业工作顺利开展。

2. 制定产业发展规划。市农业、林业、畜牧等农业行政主管部门深入到县区和乡镇,指导重点乡镇调整产业结构,培育优势产业,形成了主导产业鲜明、发展目标明确、实施方案可行、推进措施得力的产业规划。

3. 发挥龙头企业带动作用。组织市级以上龙头企业与一乡一业乡镇对接,每个专业乡镇依托1－2个龙头企业发展主导产业。同时,大力培育和发展专业合作社及产业带头人,发挥其带动作用。

4. 抓项目建设。重点推进设施园艺小区、规模化养殖场、科技示范园、农产品加工、储运、物流等农事项目建设，特别是大力发展冷藏、保鲜、包装等冷链物流项目，提高果蔬产品的仓储能力。

5. 创建品牌。在发展壮大优势主导产业的基础上，推进跨乡镇、跨地域统一创建产业品牌，创建一批国优、省优名牌产品，以提高产业和产品知名度。

6. 开展科技对接。搭建科技推广和技术服务平台，组织"科地对接"、"科地共建"等活动，大力引进、推广和应用农业新品种、新技术，推进科技对接。

7. 宣传典型，激发农户发展热情。对各乡镇在发展"一乡一业"中涌现出来的典型示范户以及好的经验，进行大力宣传，激发广大农户的发展热情，使"一乡一业"更加深入人心，使"一乡一业"发展的氛围更加浓厚。

（邓　奇）

【粮食直补】 2012年全市粮食补贴资金规模为7.13亿元(其中，粮食直补规模1.65亿元，农资综合直补规模5.48亿元)，补贴面积54.77万公顷，补贴对象涉及67.91万户，230.2万人。亩均补贴86.76元，户均补贴1049.53元，人均补贴309.64元。

一是与市财政局、农信社等有关部门密切配合，2012年1月30日前认真核实农户基础信息，完善补贴发放依据。

二是严格按照上级文件要求，认真核实农户基础信息，严格清理不符合补贴条件的农户，防止骗取补贴行为。

三是严格落实公示和公告制度、严格存折发放制度。

四是加大督查力度，与市财政局、市农信成立了联系检查组，在全市范围内进行跟踪检查，并公布咨询电话，发现问题及时解决，确保无截留、挤占、挪用补贴资金问题发生。3月底前，全市粮食直补工作结束。

（邓　奇）

【休闲农业发展】 截至2012年4月底，沈阳市农家乐330家，休闲农庄15个，综合型休闲农业园区(在建)7个。休闲农业从业人员5205人，其中农民从业人员3972人，占76%。休闲农业年接待269万人次，年营业收入2.6亿元，其中农副产品销售收入1亿元。休闲农业占地面积1533.33公顷，资产总额8.4亿元。东陵区乐农庄园被认定为全国休闲农业与乡村旅游3星级企业(园区)，新民市三农博览园被认定为4星级企业(园区)。

（邓　奇）

【农产品加工业】 2012年，沈阳市农业取得了良好的发展势头，农产品加工在发展中起到了重要的引领作用。

1. 农产品加工产值稳步增加。截至2012年底，全市农产品加工业实现总产值2835亿元，比上年增长22.0%，占全市工业总产值的比重为22.0%，拉动全市工业总产值4.6%个百分点，贡献率为24.3%。

2. 农产品加工龙头效应显著。2012年全市规模(年主营业务收入2000万元)以上农产品加工企业发展到1039家。全年完成主营业务收入2400亿元。其中：超过5亿元的企业有55户，超过10亿元的企业有31户，超过50亿元的企业有2户，超过100亿元的企业有1户。辽宁禾丰牧业股份有限公司在国内外注册企业已达108家，2012年产值达到139亿元，位列全国饲料行业前十强。辽宁辉山控股集团致力于打造世界级的乳制品生产企业，其自营牧场已达52个，存栏奶牛达到12万头。

3. 农产品加工质量不断提升。全市有40余家农产品加工企业通过了ISO9001认证，60家企业的100多种产品通过了国家无公害、绿色食品质量认证。多家企业通过了国家出入境检验检疫局出口注册。不断加强培养品牌意识，鼓励龙头企业以品牌为纽带，争创驰名商标、名牌产品和地理标志认证。对获得荣誉称号的企业给予一定资金奖励，并大力宣传和重点扶持，提升品牌影响力和市场竞争力。拥有市级以上各类名牌产品(名牌农产品)58个、著名商标37个。"禾丰牧业"、"辉山乳业"、"蒲兴禽业"等8个品牌被评为中国驰名商标，"永乐葡萄"、"东陵红树莓"、"辽中鲫鱼"等7个产品获国家地理标志保护产品认证。

4. 农产品出口创汇增势强劲。国际方面在不断巩固日本、韩国、朝鲜市场的同时，积极开拓美国、加拿大、俄罗斯等国际市场。如蒲兴禽业、华美畜禽等企业的禽肉制品出口量逐年增加，绿丰牛肉成功打进中东市场。2012年，沈阳市农产品加工业实现出口交货值23.1亿元，比上年增长26.1%。农产品加工业产销顺畅，农产品加工业产销率高达98.9%。

（邓　奇）

【高效特色农产业】 2012年，沈阳市新发展2公顷以上连片蓝莓种植373.33公顷，新建花卉、食用菌高标准设施生产小区75个、面积433.33公顷，在康法及柳绕地区推广小拱棚和地膜覆盖规模连片种植4.12万公顷，促进农民增收3.28亿元。全市高效特色农业种植面积达到21.8万公顷，形成了西甜瓜、红树莓、万寿菊、鲜切花、寒富苹果、山樱椒、食用菌等重点特色产业。

全市花卉种植面积8000公顷，年产鲜切花12亿枝，盆花4100万盆，引进花卉新品种5120万粒，形成产值16亿元。花卉生产区域已扩展到全市八个区县，并涌现出多个花卉专业种植村、乡。花卉生产设施标准显著提高，一改过去土木结构温室、零散生产的书面，呈现出钢筋骨架、砖混结构、苯板芯墙、机械卷帘、膜下滴灌、集中连片、高标准生产的新局面。花卉新品种引进及种苗补贴政策的实施，使鲜切花花种类及品种的应用取得质的改变，一大批新品种进入生产。如百合花卉就从国内的"铁炮"发展到近几十个品种。加工用万寿菊种植从无到有，康法两县已成为全国重要的生产基地。

（邓　奇）

【政策性农业保险】 2012年，沈阳市实际完成农作物参保面积33.55万公顷，比上年增加8.33万公顷；参保作物种植面积占应保面积的62.6%，比上年提高了33个百分点，圆满完成了年初工作目标。其中人保公司完成参保面积22.43万公顷，安华保险公司完成参保面积11.12万公顷。共有21.46万户农户参保，占全市农户总数的40%左右。全年粮油作物种植保险实现总保额24亿元。截至2012年末，全市共发生因灾理赔案1221起，赔款总额6073万元，其中人保公司4111万元，安华保险公司1962万元，为减轻受灾农户损失、帮助恢复生产，做出了突出的贡献。

（邓　奇）

农业产业化

【概况】 2012年，沈阳市农业产业化工作着力支持农产品加工业和龙头企业发展,积极推进农业产业化示范基地建设和品牌创建,为发展现代农业做强县域经济做出了一定贡献。通过建基地育龙头,重质量树品牌,抓服务创环境,夯实了产业基础,延伸了产业链条,提高了产业集聚力和带动力,有力地推动了全市农业产业化经营快速、稳定、健康发展。

全市规模以上农业产业化龙头企业现已达到920家,其中超亿元的企业90家,年销售额达770亿元。农产品加工企业2500多家,实现工业总产值2835亿元。一村一业专业村达到987个,特产之乡30个。拥有市级以上各类名牌产品(名牌农产品)58个、著名商标37个、国家地理标志保护产品7个。有50%以上的种植面积和70%以上的养殖业进入了农业产业化经营的轨道,农民收入的三分之一以上来自于产业化经营。

(邓　奇)

【农业产业化龙头企业】 为加快发展农业产业化经营,做大做强龙头企业,沈阳市做了大量工作,取得了明显的效果。

1. 培育扶持龙头企业,完善申报监测机制。积极开展各级农业产业化重点龙头企业的申报和监测工作,坚持积极申报、严格审核、逐级上报、定期监测的原则,鼓励够规模、够标准的企业积极争取更高级别的龙头企业认定,培育和扶持企业不断做大、做强。截至2012年末,通过国家、辽宁省、沈阳市认定的农业产业化龙头企业共264家,其中新增市级龙头企业32家,累计发展到204家;新增省级龙头企业家12家,累计发展到51家;国家级龙头企业累计发展到9家。监测第五批市级龙头企业合格95家,不合格14家。省级龙头企业继续监测2家,不合格1家。采取各种形式带动农户达55万户,占全市农户总数的62%。

2. 组建龙头企业协会,搭建沟通合作平台。为更好地促进龙头企业健康持续发展,组建了沈阳市农业产业化龙头企业协会,共有189家市级以上龙头企业入会,并于7月18日召开了成立大会,邀请部、省、市级领导和专家为会员授课,解读最新的农业产业化政策。协会成立以来,不定期地为企业邮寄各级政策性指导文件,组织部分会员参加辽宁省产业化办组织的企业上市培训班,为企业搭建了良好的信息交流平台,有力地促进了企业之间的交流合作,充分发挥了桥梁和纽带作用。

3. 创新产业化发展模式,增强辐射拉动能力。引导龙头企业与农民专业合作社进行有效对接,形成企业+合作社+农场主(专业大户)+农户的新的产业链模式。引导有条件的龙头企业到农村发展适合企业化经营的种养业和建立农产品加工业的原料基地,不断提高农业组织化水平,增强企业辐射带动能力。如蒲兴禽业从美国引进祖代鸡、德宝农牧集团引进美国曾祖代种猪、这些企业几年来投入数亿元自建肉鸡、生猪养殖基地,通过引进祖代种、建立起集繁育、规模饲养、屠宰加工和销售于一体的完整产业链条,不但保证了原料供应和产品质量还有效地带动周边农户增收致富。

(邓　奇)

【农业产业化示范基地建设】 2012年,沈阳市组织有条件的区县市努力申报省级以上农业产业化化示范基地,积极争取各级政策扶持。全市共建成省级以上现代农业示范基地(示范区)54个,其中国家级3个,累计建设面积达4.85万公顷,其中沈北新区农业产业化示范基地为首批国家级示范基地。

沈北新区拥有农产品深加工企业428家,其中,中粮集团、美国百事可乐等世界500强企业8家;国家级农业产业化龙头企业6家;省级农业产业化龙头企业7家;市级农业产业化龙头企业31家。2012年实现农产品加工业产值598亿元,已经形成了粮油、乳品、饮料、种子、肉类、饲料七大主导产业。

(邓　奇)

农业科技

【农业科教】 2012年,沈阳市的农业科教工作围绕全市农业产业战略调整,以"推动产业发展,促进农民增收"为主线,突出中心任务,强化引领作用,狠抓新品种新技术集成转化、农业科技示范区建设、农村实用人才培养、农业适用技术推广普及,为农村经济社会又好又快发展提供了有力的技术支撑。

1. 科技创新取得新突破。2012年,全市农业科研战线成果颇丰,共有21项成果获奖,其中省科技贡献奖7项,市科技进步奖1项,市农村科技推广奖13项。市农机化研究所"最佳动力经济性设计及相关机具应用—玉米收获耕整动力优配创新设计技术集成"、新民市农机推广站"新民市保护耕作性技术研发"、市土肥工作站"沈阳市大田作物施肥配方的研究与推广"、市水产技术推广站"沈阳市鱼类病害普及及防治技术研究"、沈阳冠亚种球种苗有限公司"百合种球种苗繁育技术研发与应用"以及市农业科学院"高产优质多抗玉米沈玉30号选育应用"获辽宁省农业科技贡献二等奖,市农科院"水果型番茄新品种红太郎选育应用"获辽宁省农业科技贡献三等奖。市农科院"优质、高产茄子杂交种沈茄6号的选育及应用"获沈阳市科技进步二等奖。市推广站"设施农业秸秆生物反应堆关键技术研发及应用"获沈阳市农村科技推广一等奖;市农科院"早熟、高产、优质辣椒三系杂交种沈研14号选育及利用研究"、"玉米新品种沈玉28号推广及应用"、"黄瓜新品种'太空61号'选育及应用"获沈阳市农村科技推广二等奖;市农科院"大红萝卜新品种福娃3号的选育""马铃薯新品种'沈薯5号'选育及应用"、市农机化所"玉米高效增产种植所需配套机具的研制""新型节油机的研制及在小型耕整机上的应用""秸秆饲料加工设备技术集成及深度研发"、市农机推广站"水稻育插秧机械化技术推广"获沈阳市农村科技推广三等奖。东陵区农业技术推广中心"树莓测土配方技术研究与应用"和"秸秆反应堆技术集成与推广"获沈阳市农村科技推广三等奖;辽中县农业技术推广中心"测土配方施肥技术研究与推广"获沈阳市农村科技推广三等奖;

2. 积极探索成果转化新模式。为进一步加快沈阳市农业优势主导产业发展,2012年,沈阳市实施了与省(市)农科院科技共建,重点支持了东陵区蓝莓;于洪区食用菌;苏家屯区设施葡萄和水稻;沈北新区花卉;新民市设施蔬菜和番茄;法库县西(甜)瓜和干椒;康平县果蔬、优质红薯及花生;光辉现代农业示范区燕麦和功能性特菜;有机农产品研发及示范等15个项目。全年,共建立核心示范区170.87公顷,辐射推广面积达

2.77 万公顷，引进筛选优新品种 273 个，示范推广适用集成技术 71 项，入户指导 2186 人次，提供重大灾害预报防治预案 50 套，培训农民 1.73 万人，媒体宣传报道 44 次，开展现场观摩、技术交流、集中培训等大型活动 43 次，发放技术资料 9.2 万份，扶植龙头企业及农民专业合作组织 32 个，项目区技术集成覆盖率达 100%，单位面积增产 16%，单位面积增效 20% 以上，年新增经济效益 4.4 亿元。

3. 大力实施优新技术推广普及。2012 年，全市共引进农作物新品种计 200 余个，推广实用技术 70 余项。建立示范基地 40 余个，技术推广覆盖率达 90% 以上。全市落实农作物优良新品种示范面积 333.33 公顷，推广面积达到 40 万公顷，使全市农作物良种覆盖率达 95% 以上。同时，应用化学除草、测土配方施肥、一次性深施肥和水稻无纺布旱育秧高产综合技术，使农作物增产 10% ~20%，新增经济效益近 3 亿元。

市农技推广站完善“农业 110”科技服务体系，在原有 9 台热线电话（市站一台，八个县区农技推广中心各一台）服务基础上，逐步扩展到 15 个乡（镇）区域性农技推广站，全年共接听咨询电话 2000 多个，为农民解答疑难问题 100 多个，确保了农民丰收。同时采取举办培训班、召开观摩会、现场指导等多种形式强化科技培训，全年培训农民达 5 万人次，发放图书及宣传资料等 13 万余份。

围绕全市主栽品种及技术需求，重点引进推广了四大技术，一是秸秆生物反应堆技术的推广，在新民、辽中、康平、东陵区、苏家屯区、沈北新区六个区县（市）32 个示范乡（镇）（包括 15 个街道），46 个示范村，辐射乡（镇）37 个（包括 16 个街道），辐射村 81 个，对温室和冷棚的葡萄、油桃、西红柿等 12 个品种和露地的寒富苹果、树莓进行大面积示范和推广。累计示范面积 535.53 公顷，推广面积 2164 公顷，辐射面积 2360 公顷。平均亩增产 1735.7 公斤，平均增产 23.4%，增加效益 40.6%。二是大垄双行栽培技术的推广，借助新民市于家窝堡乡万亩玉米滴灌项目，进行大面积示范，平均增产 10% 左右，是玉米增产的有效途径。三是熊蜂授粉技术引进、试验示范和推广，共落实试验点 15 个，试验面积 2 公顷，示范面积 6.67 公顷，试验作物番茄、黄瓜、辣椒、芸豆、茄子。平均亩产量增产 20% 以上，亩增产 1000 公斤，亩新增效益 2600 万元。四是炭基缓释肥应用技术，在新民、辽中、沈北新区的马铃薯、水稻和花生作物进行试验，落实试验点 10 个，试验面积 13.33 公顷，示范面积 33.33 公顷。

4. 强化农村实用人才培养。为贯彻落实《辽宁省冬春农业科技大培训行动实施方案》结合沈阳市农业生产实际，市农委制订《2011 年 -2012 年冬春沈阳市农民科技培训实施方案》，统一部署冬季农民培训工作。全年全市共举办各种类型的科技培训班 2267 场次，累计培训农民 22.43 万人次；开展现场培训或指导 2478 次，现场指导培训农民 9.63 万人次；发放各种科技书籍 6.55 万册，科技资料 38.85 万份，各种科技光盘 3.17万个；组织各类科技大集 48 次，现场为农民咨询答疑 3.5 万余人次；市县两级与电视台合作，制作农村科普节目 560 余期；“农业‘110’咨询电话”、“金农热线”、“科技服务线”等为农民提供农业生产咨询服务电话千余个。五区、县（市）共培训设施农业重点村 70 个（新民市、辽中县、法库县、康平县各 15 个村，苏家屯区 10 个村），培训从事设施农业生产农民 3500 人（新民市、辽中县、法库县、康平县各 750 人，苏家屯区 500 人）。为推动各区、县（市）设施农业培训工程深入开展，组织全市 140 名设施农业科技带头人集中培训。全市共实施农村劳动力培训 1.28 万人，其中：职业技能培训 3500 人，专项技术培训 9300 人，（苏家屯区 1400 人、沈北新区 200 人、新民市 2800 人、辽中县 3100、法库县 1200 人、康平县 600 人）。组织实施农业创业培训 77 人。

5. 培植农村产业带头人。经过各区、县（市）推荐，市级评选，全年评选出农村产业带头人 550 名，全市农村产业带头人数量达到 2000 名。强化了农村产业带头人培养，在专家入户指导、新品种新技术示范、实用技术培训等方面予以政策倾斜，使其充分发挥“带头创业，带动致富”的双带效应。

6. 深化基层农技推广机构改革。2012 年，沈阳市农委、市发改委联合争取中央财政投资 1052 万元用于全市 49 个基层农技推广区域站（原 48 个后新民增设 1 个）改扩建办公用房及增添办公设备。同时，为进一步提高基层农技推广人员业务水平，沈阳市农委经多方努力，向辽宁省农委争取基层农技推广人员培训资金 49.5 万元，将于 2013 年对全市 550 名基层农技推广人员实施集中业务培训。

（邓　奇）

【测土配方施肥】 2012 年，沈阳市大力开展施肥指导服务，将测土配方施肥工作重心由室内（化验室）转向室外（田间）、由项目实施转向生产指导、由试点示范转向“整建制”推进。以服务生产、服务农民、深入推进科学施肥为中心任务，以技术推广普及为重点，加快测土配方施肥技术成果转化和应用。

在巩固和加强采土测土、配方设计、施肥指标体系建立和地力评价等基础工作上，突出抓好科学施肥技术指导和推广应用。按照转变农业发展方式和加快推进农业科技创新的总体要求，全年采集和分析土壤样品 4350 个，获得分析数据 3.63 万个，落实大田作物田间肥效试验 28 个，蔬菜“2 + X”田间肥效试验 26 个，微量元素单因子肥效试验 11 个，涉及玉米、水稻、白菜、黄瓜、番茄等多种作物；建立玉米、水稻等万亩以上示范区 13 个，千亩以上示范区 9 个；在 138 个行政村各建立 1 个 20 亩以上的示范方。

加强测土配方施肥宣传、培训，在 839 个行政村设立固定的测土配方施肥信息公告专栏，结合春季备耕生产和测土配方施肥技术推广，举办县级、乡级、村级培训班 448 次。培训农业技术人员 1065 人次，培训农民 3.28 万人次，辐射带动 30 万户。

2012 年沈阳市突出抓好辽中县（17 个乡、184 个村）、3 个乡（镇）、80 个村、3 个街道的整建制推进试点工作，分层次开展技术普及整建制推进。重点做好智能化测土配方施肥触摸屏推广应用，共配备智能化测土配方施肥触摸屏 56 台，实现自助查询推荐施肥方案并打印推荐施肥结果，提供给农户更准确的施肥数据，实现“一屏一师”服务的乡（镇）占县域乡（镇）总数的 60%；通过下乡培训组织项目区各乡（镇）农技人员和村委会逐户发放测土配方施肥建议卡 19.6 万张。确立了 108 家测土配方施肥指定经销商，建立 2 个智能化配肥供肥服务网点，推广测土配方专用肥 24 万吨，使农民真正用到放心的肥料。2012 年测土配方施肥投入部级项目资金 236 万元，实施面积 61.33 万公顷，共增产粮食蔬菜 32.2 万吨，减少不合理施肥 2.76 万吨，总计增产节支 6.44 亿元。

（邓 奇）

【滴灌节水农业】 2012 年，沈阳市完成省政府下达的 1 万公顷工程建设任务。经过省级验收，确认沈阳市滴灌节水合格面积 1.06 万公顷，其中康平县 3366.2 公顷，法库县 3614.2 公顷，新民市 2080.8公顷，辽中县635.7公顷，沈北新区 762 公顷，苏家屯区63.67公顷，棋盘山开发区 32 公顷。

为保障项目的顺利实施，沈阳市聘请省级专家，针对工程建设、运营管理和配套栽培技术，对专业合作社负责人、种植大户和农机手等专门人员开展技术培训，提高广大农民对滴灌节水工程管理和配套栽培技术的认识。各区、县（市）纷纷加强配套品种、技术的研究和示范工作，将当前最新农业技术进行集成配套。新民市在于家窝堡乡玉米滴灌节水项目区内，建立起新技术、新品种千亩核心田和百亩试验田；康平县在海洲乡 1333.33 公顷花生项目区内，建设新品种对比以及不同密度、施肥水平的试验示范区。

滴灌节水农业工程项目的实施，加快了沈阳市种植业结构调整步伐，极大地改善了玉米等粮食作物的生产条件，显著提高了寒富苹果、花生等经济作物的亩均效益，同时也改变了农民长期以来的传统耕作模式。由于新技术与滴灌技术配套应用，进一步提高了项目区的实施成果。经实地测产，玉米滴灌节水项目区平均亩产 745.65 公斤，非项目区平均亩产 645.5 公斤，每亩增产 100.15 公斤，平均增幅 15%，每亩可实现增收 180 元；花生项目区平均亩产 296.75 公斤，非项目区平均亩产 225.9 公斤，每亩增产 70.85 公斤，平均增幅 31.4%，每亩增收 425.1 元；寒富苹果项目区平均亩产 2383.5 公斤，非项目区平均亩产 1850 公斤，每亩增产 533.5 公斤，平均增幅 28.8%，每亩增收 2134 元。

（邓 奇）

【沃土工程】 由于短期的比较效益低，长期以来农民培肥地力的积极性不高，只注重用地而不养地，重化肥轻有机肥不仅降低肥料利用率和施肥效益，而且增加成本，随着肥料价格的不断攀升增产不增收现象日益显现，同时带来污染环境、破坏土壤和降低农产品品质等负面影响。

1. 开展沃土工程示范区建设。针对沈阳市存在的施肥问题，沈阳市农经委在全市多个区、县（市）开展了沃土工程示范区建设工作。项目区内推广的施肥技术在前几年项目区建设的基础上，参照农业部、辽宁省农委在沈阳市主推的肥料技术，做了相应调整，主要开展两方面的技术推广工作：一是推荐施用商品有机肥；二是推广秸秆田间催腐还田技术。围绕这两方面主要工作，在辽中县、新民市、苏家屯区、沈北新区实施商品有机肥施用示范区建设、秸秆田间催腐还田技术示范、根茬粉碎还田技术示范。示范区总面积达到 582 公顷，其中商品有机肥施用示范区 90 公顷，秸秆田间催腐还田技术示范区 466.67 公顷，根茬粉碎还田示范区 25.33 公顷。

2. 推广平衡施肥技术。平衡施肥技术示范区累计实施 297.33 公顷。在辽中县、沈北新区推广了新型水稻育苗床土调制剂 266.67 公顷，在东陵区、苏家屯区建立水稻配方肥示范区 9.33 公顷、玉米长效肥施用示范区 8 公顷，在辽中县、沈北新区施用新型土壤改良剂示范 13.33 公顷。均取得了较好的推广效果。

在沃土工程项目区建设过程中，沈阳市成立由市土肥站站长为组长，项目落实区、县（市）农业技术推广中心主任、土肥站站长为成员的项目领导小组，具体负责项目实施、宣传发动、监督检查，协调解决项目实施中遇到的有关问题。以市土肥站和项目落实县土肥站为主体，抽调相关技术骨干，组成技术指导小组，主要负责对项目区农民的宣传发动、技术培训、任务落实到户、到田块。以乡（镇）为单位，建立 1 个核心示范区，通过现场示范操作，将技术推广到整个项目区。

（邓 奇）

【农作物病虫害防治】 全年沈阳市农作物病虫草鼠害发生面积 202.6 万公顷次，防治面积 197.26 万公顷次，挽回粮食损失 50.66 万吨。

1. 强化监测预警，提高公共服务能力。全市设立 27 个系统测报点，初步形成了覆盖全市各乡镇、各种作物的病虫害监测网络体系。在病虫害信息发布形式上，除采取电视可视化节目、纸介质、电子邮件外，又推出了利用手机短信（飞信）开展预报的新形式，取得了显著效果，全年共发《病虫情报》14 期，开展手机短信（飞信）预报发布短信 8 条，预报准确率达到 90% 以上。

2. 加强技术指导，有效防控有害生物。一代玉米螟为中等偏重发生，局部地区为大发生。发生面积 21.33 万公顷，防治面积 16.67 万公顷。二代玉米螟为中等发生，发生面积 17.85 万公顷，防治面积 2.27 万公顷。二代粘虫为轻发生，部分地区为中等发生。发生面积 7.33 万公顷，防治面积 6.73 万公顷。三代粘虫为中等偏重发生，局部地区重发生。发生面积 478.65 万公顷，防治面积 12.31 万公顷。稻水象甲中等偏轻发生，发生面积 10.01 万公顷，防治面积 150.45 万亩次。一代二化螟为中等发生，发生面积 10 万公顷，防治面积 10 万公顷；二代二化螟为中等发生，发生面积 9.56 万公顷，防治面积 10.11 万公顷次。稻瘟病轻发生，发生面积 3.36 万公顷，防治面积 6.82 万公顷次。

3. 对重点病虫害实施应急防控。2012 年三代粘虫突然暴发，三代粘虫来势之猛，为害面积之大，持续时间之长，在沈阳市近 30 年历史上是罕见的。为此沈阳市实现了防控形式全覆盖，科学预警，提出切实可行的防控及保障措施，全力抗灾。全市共发生面积 11.99 万公顷，其中，玉米田发生 11.17 万公顷，水稻田发生 8133.33 公顷，防控面积达到 12.31 万公顷次，发生严重的地区依次为康平县、法库县、新民市、辽中县，投入人力约 10.2 万人，药剂约 170 吨，挽回粮食损失约 2.34 亿公斤。制作电视宣传节目 12 个，印宣传资料 15 万份，安全使用农药技术培训 320 场次，投入使用大中型机械 100 余台。夺取了粮食第九个丰收年。

4. 完善阻截带建设，监测重大植物疫情。根据辽宁省重大疫情阻截带建设布局，结合沈阳市实际情况，在全市范围内共设置 80 个疫情监测点，共投放 800 个诱捕器，主要设置种苗基地、交通要道、集贸市场等地，全面实施阻截外部重大疫情入侵和防止沈阳市已发生的重大疫情扩散蔓延。尤其是对苹果蠹蛾的监测，做到了严阵以待。做到苹果蠹蛾一旦传入,及早发现,及时防治。同时对已发生的有害生物如稻水象甲、美洲斑潜蝇等进行监测与防控。

5. 转变发展方式,全力推进专业化统防统治。市政府给予了一定的政策扶持,沈阳市抓典型引路,重点培育和扶持了“新民市群丰植保专业合作社”。沈阳市专业化防治队伍由原来的31个增加到44个,服务面积也由原来的2.6万公顷增加到4.31万公顷,其中水田3.07万公顷,玉米田3333.33公顷,其他作物9.07万公顷。

6. 坚持“三集中”原则,全面有序开展农区灭鼠工作。全年农区农田灭鼠面积达5.67万公顷,农户达33.6万户,挽回粮食损失505.3万公斤。全市共举办21次灭鼠技术培训班,培训基层技术骨干和农民人数达2600人,发放统一灭鼠技术资料3500余份。在于洪区、沈北新区、辽中县、法库县建立六个基本无鼠害村。通过抓重点、搞示范,以点带面,有力地推动了全市农区大面积统一灭鼠工作。

(邓 奇)

农业监管

【农产品安全生产】 2012年,沈阳市结合市政府为城乡群众办实事农产品质量安全工作,加强领导,精心组织,落实责任,进一步强化了农产品安全生产管理。

1. 加大源头治理。指导农事企业、农民专业合作社、农民群众按照标准组织生产,做到安全用药、科学施肥,要求生产者严格规范投入品使用、严格执行相关生产技术规程和农药安全间隔期。

2. 加强过程控制。以保障全运会农产品质量安全为契机,强化生产技术规范的健全,通过对基地质量安全体系建设等情况的综合考核验收,2011－2012年共确定“十二运”农产品遴选基地31家。通过建立生产档案制度、在生产基地的大棚安装监控设备等手段,对生产各个环节进行监控。辽中县已在5个蔬菜生产基地的500个大棚建立了网络远程监控信息平台,实现农产品生产全程监管。

3. 加快标准化进程。积极推进农产品标准化生产,以无公害农产品、绿色食品和有机食品标准生产技术推广应用为突破口,积极开展“三品一标”品牌提升工作。年初,下发了《沈阳市2012年扶持现代农业发展促进农民持续增收若干政策》文件,对认证企业给予财政补贴,有效提高了认证的积极性。2012年沈阳市认证无公害农产品280个,生产面积36.96万公顷,绿色食品147个,生产面积5.28万公顷,绿色生产原料基地2.8万公顷,有机食品认证面积200公顷,“三品”认证面积累计45.06万公顷,占沈阳市耕地和果园面积的比重达到了66%。

(邓 奇)

【农产品质量安全监管】 2012年沈阳市以坚持强化体系能力建设、坚持强化生产控制、坚持强化风险应急管理、坚持强化制度机制建设为基本原则,确保全市农产品质量安全水平稳中有升,全年未发生农产品质量安全事件。

1. 加强机构建设,健全监管服务体系。根据《辽宁省人民政府办公厅关于加快推进全省县乡农产品质量安全监管体系建设的通知》精神,沈阳市进一步加大了县乡农产品质量安全监管体系建设工作。全市九个涉农区、县(市)基本完成了农产品质量安全监管体系建设任务,48个乡级区域中心推广站全部实现农产品质量安全检测站的挂牌目标,建立了“纵向联动、横向联合、上下贯通、运行有效”的农业综合执法体系和立体检测格局,覆盖全市范围的农产品检测网络已基本形成。横向上,建立了以市农业检测中心为技术依托、以批发市场检测站为重点,以超市检测室为补充的水平检测网络。纵向上,建立了市、县、乡、基地四级线性检测链条。全年投入农产品质量安全监管专项经费累计324万元,同时争取市级财政资金132万元,为县级农产品检测机构配备检测工具车9台、速测仪20台、电脑13台,进一步提高了农产品质量安全监管能力。

2. 强化检验检测,提升监测预警能力。一是风险监测制度化。在生产环节,结合2012年政府为城乡群众办实事农产品质量安全任务,制订了农产品质量安全监测方案。全年完成产地蔬菜定量分析样品1831个,定性分析样品1.23万个,完成市政府为百姓办实事任务产地蔬菜质量抽检覆盖率达到80%以上的指标。在流通环节,按照工作部署,在开展蔬菜市场准入的基础上,进一步开展水果和水产品准入工作。全年流通领域共抽检蔬菜、水果、水产品样品7.20万个,总体合格率达到99.9%。二是监测手段智能化。采用现代互联网技术,建立了辽宁省首个农产品质量安全监管网络化平台——蔬菜农药残留监测信息系统,检测数据可以实时上传,实现全市农产品质量安全的动态监控。

3. 坚持依法行政,推进执法监管工作。将日常监管与专项整治相结合,切实加大执法监管力度,着力解决突出问题。全年共出动执法人员1422人次,立案处理18起,追溯到蔬菜产地责令蔬菜生产者进行无害化处理2次,共处理农残超标蔬菜6224公斤,有效打击和震慑了农产品质量安全违法行为。

4. 提高宣传意识,积极营造良好氛围。注重开拓农产品质量安全的正面宣传渠道,与驻沈的多家主流媒体建立信息发布界面,采取多种形式宣传农产品质量安全工作,致力于提升生产者、经营者和消费者各个领域的农产品质量安全意识。通过开展准出培训,树立生产者的责任意识;通过有效落实经营者主体责任、元旦和春节期间在全市各大型超市和批发市场张贴《沈阳市农村经济委员会致全市农产品生产经营者的一封信》等措施,树立经营者的自律意识;通过发放《农产品质量安全知识手册》,提高消费者的安全意识;通过在全市54家大型超市开展农产品质量安全示范店评选工作,邀请市民现场和网上投票,强化市民的参与意识。

5. 提升应急能力,及时处置突发问题。为进一步增强沈阳市农产品质量安全事件应急处置能力,保障“十二”运农产品质量安全,2012年9月10日,全市开展了“十二”运沈阳赛区食品安全保障工作应急演练预演。模拟接到“十二”运沈阳赛区组委会食品安全领导办公室通报,发现运动员尿检阳性,确定可疑食品为红烧鲤鱼。针对该事件,迅速启动应急预案,开展调查处理。从排查鲤鱼来源、调查鲤鱼生产管理过程、邀请专家分析可能原因、检测鲤鱼和鱼药、饲料样品到案件结果上报,形成了上下联动、信息畅通、反应快捷、运转高效的应急工作体系。

(邓 奇)

【农药监管】 2012年沈阳市以规范农

药生产经营主体为抓手，以禁限用高毒农药监管和打击制售假劣农药行为为重点，以落实烟剂农药审查备案为切入点，以试行农药使用实时监控为突破口，以确保农业生产安全、农产品质量安全、农业生态环境安全和农民用药安全为目标，使沈阳市的农药市场经营秩序得到进一步规范。

1. 启动农药实时监控，推进源头治理。沈阳市探索农产品全程监管，启动实时监控系统，辽中县作为试点单位取得了初步成效。辽中县农业主管部门设立总控台，远程实时监控农资经营点和农产品基地，全程监管农资经销和农产品施药情况，既保证农资合法经营、合理使用，又保障了农业安全生产，为农产品质量追溯奠定了基础。截至年底，辽中县已经完成70个二级农资配送点和5个蔬菜生产基地的500个大棚的网络视频信息平台建设。

2. 落实烟剂审查备案，保障烟剂农药质量。沈阳市全面落实烟剂农药审查备案制度，实行一产品一审查备案，对申请情况、备案标签、流通标签、产品标准等信息进行严格审查，从源头把握烟剂农药的质量。各区、县（市）农业执法部门设置专人负责此项工作。截至年底，新民市审查备案4家企业的烟剂产品8个，辽中县审查备案3家企业的烟剂产品3个，法库县审查备案1家企业的烟剂产品3个，康平县审查备案1家企业的烟剂产品1个。全市烟剂农药审查备案的产品达到15个，分为7种，涉及5家生产企业。

3. 开展农药专项整治，规范市场经营秩序。沈阳市各级农业行政主管部门对农药批发市场、经营门市进行了集中检查，并组织多次专项检查，包括蔬菜水果生产用药市场专项检查、烟剂农药专项检查。严厉查处生产经营假劣农药、无证生产经营、一证多用、假冒或伪造农药登记证、标签不合格等违法行为，重点打击生产经营和使用禁用高毒农药、在混配农药中添加高毒隐性成分等违法行为，严禁未经审查备案的烟剂农药产品出售。全年共查处农药违法行为为263件。

4. 清查农药经营单位，掌握农药经营情况。沈阳市组织各区、县（市）全面清查本行政辖区内的农药经营单位，统计出的农药经营单位近900家，并详细掌握了单位名称、性质、所在地、法人代表、联系电话及执照办理情况等信息。通过农药经营单位清查工作，全面掌握了全市农药经营的总体情况和基本信息，既为强化农资源头监管，也为下一步开展农药市场准入工作奠定了坚实的基础。

（邓　奇）

【“放心”芽菜】 2012年，沈阳市确定了建设规范化、规模化芽菜生产工厂，逐步取缔小作坊的思路，通过引进芽菜工厂化生产企业，满足市民吃到安全放心豆芽的需求。沈阳市的芽菜监管模式受到了全国各地的关注，已有多个城市来沈阳市考察学习芽菜监管的经验和做法。

一是加强市场监管。2012年沈阳市继续加大对豆芽产品的执法检查，开展了芽菜专项整治行动，对全市流通领域芽菜产品进行排查，打击违法违规生产小作坊，净化市场环境。全年查扣“三无”豆芽产品3890公斤，查封生产工具50套。

二是制定豆芽地方标准。为了进一步规范芽菜生产行为，沈阳市着手编制豆芽标准。经过多次赴绿生源豆芽企业考察、调研，多次请食品生产专家和农产品检测专家就检测指标和限量值进行论证，标准经辽宁省卫生厅组织专家评审通过，将于2013年正式实施。

三是确保芽菜供应。为避免强雨雪等灾害天气对冬季农业生产和农产品有效供给带来不利影响，根据市政府冬春蔬菜储备工作安排，沈阳市要求芽菜生产企业做好储备工作，按照3个月的生产量储备芽菜原料。元旦和春节期间，指导企业提前做好预案，加大芽菜产品的应急供应，尤其是“立春日”，企业加班加点的满负荷生产，日产量由120吨提高到260吨，并从周边城市调运200吨，保证了市场的有效供给。

（邓　奇）

【农业法制】 2012年，沈阳市扎实推进依法行政工作，通过统一思想认识、健全监管队伍、夯实法制基础、加强监督检查、组织法制培训、拓展政务公开等措施，进一步规范了行政权力，全面提升了沈阳市农业法制服务工作水平。

1. 组织专项执法检查，提高执法工作水平。为进一步规范农业行政执法行为，全市组织法制学习活动和自查自纠工作，查找实施行政处罚自由裁量权和行政强制权中存在的问题，并将执法专项检查的工作情况详细向市政府法制办进行汇报。

2. 换发行政执法证件，保证全部人员持证上岗。针对全市各级农业行政主管部门和农业执法部门执法证到期的行政执法人员和经培训考试合格的新办证执法人员，沈阳市进行了农业行政执法证的统一换发。经审查合格后，对全市312名执法人员换发了执法证。沈阳市水产技术推广站6名执法人员经市法制办培训审查合格，取得了执法证。

3. 开展处罚案卷评查，提高执法案卷质量。沈阳市开展了全市农业行政处罚案卷评查工作。通过各级农业行政执法部门自查、推荐优秀案卷和市农委评查的方式，沈阳市推荐的2部案卷获得了全省案卷评查二等奖。

4. 完善执法工作制度，夯实依法行政基础。继续完善制度建设，深入推行行政执法责任制，建立健全执法办案的各种工作机制。市农业行政执法支队制定了《执法检查记录管理办法》和《行政执法文书案卷交接管理办法》，明确了执法检查记录规范填写、上报归档及执法案卷移交、借用和查阅登记等制度，印制了《沈阳市农业行政执法支队执法检查记录单》。

（邓　奇）

【农资打假】 2012年沈阳市启动了“农资打假专项治理行动”和“专项护农”行动，多管齐下，共同维护全市农资市场秩序

1. 创新农资监管方式，保障质量安全。沈阳市加大了农资监管信息化工作力度，辽中县作为试点单位取得了显著成效。辽中县建设农业服务网络平台，探索农资网络监管，将农业执法和农资经营有机联系，利用先进的信息技术和服务实现农资管理的数字化，农业执法的网络化，农资销售、配送和服务的统一化、迅捷化。

2. 加大执法力度，取得丰硕战果。按照“标本兼治、着力治本、打防结合、综合治理”的原则，加强农资市场监管，严格落实农资监管责任制，狠抓生产和流通环节监管，严厉打击制售假劣农资的行为，强化大要案查处，大力推动农资信用体系建设，启动农资使用实时监控，着力构建农资监管长效机制，推动农资

市场秩序持续好转。全年共出动执法人员5200余人次,检查农资生产经营企业2600余家,立案查处各种违法案件699件,其中种子406件,农药263件,肥料30件。农资市场秩序总体良好,达到了强化执法主体地位,树立农业执法权威,让政府满意、让群众认可的目的。

3.强化部门配合,形成监管合力。加强了各有关部门间的协调与配合,进一步健全部门分工明确、密切配合的工作机制,充分发挥整体联动优势,增强打假合力。一方面,市与区、县(市)农业行政执法部门之间上下衔接,统一思想、统一标准、统一行动,形成执法合力。另一方面,积极会同相关部门开展联合执法。组成联合执法队伍,对农资市场进行检查,形成纵向联动、横向联合、齐抓共管的良好局面。

4.加强普法宣教,增强法制观念。各级农业部门采取多种形式广泛深入宣传涉农法律法规,为农业执法创造了良好环境。充分利用电台、电视台等新闻媒体开办普法栏目,向广大农村宣传普及农业法律知识,使广大农民和经营者知法、懂法、守法、用法,增强了法律意识和法制观念。2012年3月,在全市范围内开展以"放心农资下乡,保障春耕生产"为主题的"放心农资下乡进村宣传周"活动。在活动周期间,全市共出动农业执法和科技人员580人次,到人口集中、农资销量大的乡镇开展农资知识宣传和举办现场咨询培训15场,设立现场宣传咨询点,接受对假冒伪劣农资的投诉和举报,设立假劣农资曝光台,共发放有关法律法规、识别假劣农资、科学使用农资以及其它农业技术方面的资料8000余份,张贴标语、横幅18条,现场接受咨询1600余人次。

(邓 奇)

【农业综合执法】 2012年沈阳市创新执法理念,积极探索农业行政综合执法工作途径,经过努力工作,完善发展思路,走出了一条机构建设规范化,队伍建设素质化,制度建设标准化,装备建设现代化,执法行为程序化,市场监管有序化,依法治农的科学发展轨道。

1.农业综合执法体系基本健全,实现农业综合执法全覆盖。2012年2月,于洪区现代农业示范区管理委员会成立,设立综合执法办公室,下设执法大队,这标志着沈阳市涉农县(市、区)全部实现农业综合执法。全市共有农业综合执法机构10个(含1个市级机构,9个县级机构),全部经编办批准成立,明文规定了机构性质、工作职责,落实了编制和人员,为开展农业综合执法工作提供了组织保障,达成了农业部提出的"农业县(市、区)全部实行综合执法"的目标。截至年底,沈阳市农业综合执法队伍编批人数160名,编制大多达到了6人以上,多为大专以上学历,队伍整体素质较高,业务能力较强。

2.加强软硬件建设,提高农业综合执法能力。在沈阳市农业综合执法10个机构中,实行种植业(种子、农药、肥料和农产品)综合的有7个,实行跨行业(种植业、渔业、农机、畜牧兽医)综合的有3个,包括辽中县、铁西区和于洪区,其中于洪区的综合范围还扩展到再生资源市场及粮食流通、动物防疫领域。面对农业综合执法形势提出的新问题、新挑战,各农业综合执法机构积极应对,努力加强软硬件建设,提高综合执法水平。各级农业执法机构组建后逐步建立健全内部规章制度,规范执法行为,严格依法行政。通过完善内部权力制衡机制,建立执法工作报告制度、执法情况检查制度、农业行政执法公示制度、自由裁量权制度、部门联动综合执法制度等,夯实制度基础,沈阳市已基本建立起权责明确、行为规范、监督有效、保障有力的农业行政综合执法体系。

3.充分发挥职能作用,取得显著成果。面对硬环境建设、"保知打假"专项行动等多项任务,各级农业综合执法队伍取得了农资打假工作的显著成果。在农资监管方面,共出动执法人员5200余人次,检查农资生产经营企业2600余家,查处各种违法案件699件,其中种子406件,农药263件,肥料30件。在农产品监管方面,推行检打联动,实行检测与案件查处的有机衔接,及时纠正和制裁违法行为。一方面继续保持对蔬菜批发市场的监管力度,坚持在凌晨巡查各大蔬菜批发市场,及时处理蔬菜农残超标案件。全年立案处理15起,销毁质量不合格蔬菜6224公斤。另一方面加强对大型超市和"三品"检查工作力度,开展迎全运超市农产品质量安全示范店评比工作,结合现场投票5307张、网上投票36万张以及日常监管的实际情况,共计18家超市荣获农产品质量安全示范店称号。

(邓 奇)

【农业信息化】 2012年,沈阳市将深化农村信息化作为农村改革发展的重要机遇,充分发挥信息化在加快推进社会主义新农村建设、加快现代农业建设、推动城乡统筹发展中的重要作用。

1.加强基础管理,保障各项信息化工作规范运行。通过建立工作制度,健全组织机构,强化保障措施,实施统筹规划等方式深入推进农业信息服务体系建设,初步形成了市、县、乡、站四级相对完善的信息工作机构,建立起100多人的信息联络员队伍。在市农经委电子政务建设方面,编制了沈阳市农业电子政务建设规划(2013－2015),同时完善了《农业信息采集与发布制度》、《农业信息联络员工作制度》等多项信息工作制度,为确保信息体系高效规范运转提供了有力保障。

向辽宁省民心网报送信息816条;向市政务公开网录入信息1102条;向省农委报送信息2611条;采集发布农产品价格信息104次共3848条;更新沈阳市农业信息网2686次,其中发布新闻类信息1852条;全年编辑出版《农经信息》25期共计4000余本;新增468个集团V网用户。

2.提高运维和服务水平,努力保障各项工作的开展。通过做好中心机房配电系统、空调、UPS、防火系统的安全稳定运行工作,为市农经委业务系统稳定运行提供必要的基础环境的同时,采用精益化管理,从人员、设备、部署等几方面入手,制定维护模式,以提高维护质量和效率为目标,继续做好内网、外网的运行管理工作,为市农经委业务工作的顺利开展提供了有效支撑。全年累计处理各信息系统故障1872次、维护各类设备1805次、网络故障622次;调试省级视频会议4次;维护巡检门户网站达1546次。6月份会同安全部门对委内130余台办公电脑进行安全检查,排除涉密隐患800余处。根据业务需求,全年对MAS系统、LED终端发布系统进行2次系统升级,排除各类故障8次。

3.发挥信息技术优势,完善应用服务平台建设。沈阳市农经委积极争取市发改委、经信委、人才办等部门专项经费,与中国移动、中国联通、共兴达信息技术有限公司等单位建立长期战略合作关系，为沈阳市农业信息化发展提供技术支撑和平台保障。初步构建了“政企联动、着眼长远、共同发展、实现共赢”的农业信息化发展新模式，积极探索利用现代信息技术改造传统农业，服务现代农业的途径和方式，加快实现沈阳市农业、农村、农民在各个领域信息化水平的整体提升。

4. 2012 年3 月，沈阳市启动农产品身份证工程，共培训涉农企业、专业合作社19 个，发放数据采集终端1186 台，溯源产品覆盖4 个涉农县区近1 万公顷粮食蔬菜作物。

5. 2012 年5 月，在沈北新区启动了设施农业物联网应用工程，项目通过物联网技术，以温室监控自动化控制平台为主的信息化生产管理系统，有效监控设施农业作物的生长环境，优化投入，实现高产、优质，保证农产品安全和可追溯。

6. 2012 年6 月，沈阳市启动了“千村E 网”工程，为各区、县（市）涉农企业、专业合作社建设网站316 个，大幅度提升农村信息化水平。9 月份完成了“农业产营销服务平台”和“农业预警指挥服务平台”建设。截至2012 年底，通过各种方式可以得到互联网信息服务的农民达到80 万人次。

（邓　奇）

种植业

【**粮食生产**】　2012 年全市农作物总播种面积66.74 万公顷，完成粮食作物播种面积50.33 万公顷，实现粮食总产400.7 万吨，实现粮食生产第九个丰收年。沈阳市被评为全国粮食生产先进市，一市三县分别被评为全国粮食生产先进县。稳定粮食产量方面，沈阳市采取以下做法：

一是制定出台扶持现代农业发展促进农民持续增收的43 条政策措施。这项惠农政策的出台，极大地调动了农民从事粮食生产的积极性，加大了农民对农业的投入，促进了农民增收。

二是备耕从早，提前预拨良种、设施补贴等资金。各级政府和农业部门高度重视备耕春耕生产，因地制宜、因时制宜，加强保墒，积极抓旱，积极备耕春耕，确保了全市春耕工作的顺利进行。

三是发放良种补贴、农机购置、粮食直补和农资综合补贴四项政策性补贴资金合计超过9.48 亿元，比上年增加1.26 亿元。积极把国家的各项惠农补贴及时足额的发放到农民手中，让广大农民感受到政府对农业和农民的重视和温暖，推动了粮食生产的正常进行。

四是创建国家粮油高产示范区94 个，比上年增加37 个，面积超过6.67 万公顷。新建水稻育秧大棚1194 栋，机插秧面积达到6 万公顷。高产示范区的建立，促进了大批实用技术的推广，稳定了粮食产量，起到了很好的示范作用。

五是启动了“三农”保险服务中心的建设种植业保险承保面积达到33.53 万公顷，占应保面积的62.6%，把农民的损失降低到最低限度，保护农民生产的积极性。

六是针对突发的气象和病虫灾害，按照早防、早控的原则，采取及时发布预警信息、组织飞防和机防队伍，克服了低温、风灾、虫害等影响，全年主要病虫害统防统治面积超过34 万公顷，重大病虫危害损失率成功控制在5%以下。

（邓　奇）

【**蔬菜生产**】　2012 年，沈阳市蔬菜播种面积8.53 万公顷，总产量达到501.8 万吨。沈阳市蔬菜生产的主要品种有茄子、辣椒、黄瓜、芸豆、西红柿等果菜类，大白菜、小白菜、生菜、芹菜、茼蒿、油菜、甘蓝等叶菜类，以及萝卜、胡萝卜等根茎类，蔬菜生产的品种逐年增加。沈阳市的蔬菜39.6%供应本市及周边市场，50.4%销往吉林、黑龙江、内蒙等北部沿边地区，7.5%用于加工，2.5%出口到俄罗斯等国外市场。

2012 年年初，沈阳市下发了《沈阳市2012 年扶持现代农业发展促进农民增收若干政策》（沈农经发［2012］11 号）文件，对新建百亩以上的温室小区补助10 - 15 万元不等，对新建百亩以上的冷棚小区补助5 万元；对康平县和法库县及柳绕地区当年新发展小拱棚及地膜覆盖连片6.67 公顷以上，市财政给予补助20 元。全年，全市设施农业占地面积已达12.67 万公顷，其中温室7.13 万公顷，冷棚5.53 万公顷，全市形成了超过3 万亩规模的设施农业乡镇9 个，1 万亩设施农业大区26 个、5000 亩大区25 个。随着设施农业规模的快速增长，沈阳市的蔬菜生产水平也在不断提高，呈现出品种专业化、生产标准化、产销链条化的趋势。2012 年沈阳市有8 个蔬菜生产基地，顺利通过国家园艺作物标准园创建项目验收。

（邓　奇）

【**种子管理**】　为加强对沈阳市种子行业的管理，维护种子选育者、生产者、经营者和使用者的合法权益，保证种子质量，促进全市农业和农村经济的快速发展，沈阳市强化了种子管理工作。

1. 完成种子生产许可证换证工作。全年，全市共审批并换发到期需要换证的注册资金100 万种子生产企业18 家，本次换证工作使用“全国农作物种子生产经营许可信息管理系统”，实现了全程网上申报、网上审核、网上审批。

2. 开展种子市场抽检和种子企业清理整顿工作。配合农业部对沈阳市部分市场和企业进行了质量抽检，组织市农业检测中心等部门对全市注册资金500 万元以上种子企业进行了质量抽检和跟踪检查。对158 家注册资金100 万的种子企业进行了清理整顿，依法注销种子生产经营许可证30 个，有效维护了种子市场经营秩序。

3. 协调区划调整后的农资监管工作。面对行政区划调整后部分城区农资监管空白的现状，沈阳市积极沟通，提出解决方案，针对缺乏区级监管的企业，由市执法支队直接监管，同时进行市级种子经营备案，备案业户达到50 余个。

4. 开展行政投诉和田间现场技术鉴定工作。全年共接到行政投诉和咨询电话141 个，接待上访和咨询群众32 人次，组织省、市农业专家进行田间现场技术鉴定3 次，行政投诉案件得到妥善解决，咨询得到满意回复，维护了企业和农民的合法权益。

5. 继续开展诚信承诺工作。按照辽宁省、沈阳市政府对“诚信承诺”工作的总体部署，对全市种子企业的生产经营情况进行了检查。召开了2010 - 2011 年度沈阳市农资企业“诚信单位”表彰大会，对全市52 家种子企业进行了通报表扬，并授予了“诚信单位”牌匾。

（邓　奇）

水产业

【**概况**】　2012 年，沈阳市淡水养殖面积

1.69万公顷，其中池塘面积1.19万公顷，水库面积4600公顷；池塘中成鱼塘1.03万公顷，鱼种塘1666.67公顷。水产品产量18.7万吨，同比增长5.6%。

一是积极开展农业部水产健康养殖示范场、省级“菜篮子”工程、省级水产原良种场创建工作。苏家屯区化波养殖场、辽中县德润淡水鱼养殖专业合作社等12家单位被评为农业部水产健康示范场，辽中县富民水产良种养殖场被评为省级水产良种场，完成省级“菜篮子”工程水产养殖建设单位5个。

二是积极开展无公害水产品认证和淡水鱼“特产之乡”申报工作。全市18家生产单位的28个产品通过农业部无公害水产品认证，棋盘山水库完成无公害水产品产地认定面积508公顷，辽中县进行了无公害水产品产地认定复查，辽中县冷子堡镇被评为省淡水鱼“特产之乡”。沈阳金山水产养殖公司荣获全国休闲渔业示范基地称号。

三是推进新版水域滩涂养殖证登记换证工作。对县区渔业行政部门养殖证换发登记工作进行了有效指导，严格申报程序和材料认定，要求申报材料基本要件齐全，切实做到申报面积核实无偏差，全年已发放或更换新版养殖证84本。

（邓　奇）

【养殖结构调整】 优化养殖品种结构。一是扩大名优新品种养殖面积。全市名优新品种养殖面积9163.4公顷，其中，德国镜鲤面积3603.87公顷，同比增长6.3%；津新鲤、乌克兰鳞鲤等杂交鲤品种养殖面积2593.87公顷，同比增长26.4%；彭泽鲫面积1886.2公顷，同比增长3.3%；河蟹养殖面积1799公顷，放养量达到348万只，康平和法库两县大水面养殖河蟹面积连续两年保持666.67公顷。二是积极引进名优新品种。全市从外省市引进名优新品种3.71亿尾，同比增长13.6%。其中，引进德国镜鲤1.24亿尾，同比增长33.2%；津新鲤600万尾，同比增长600%；青鱼172万尾，同比增长146%；武昌鱼4952万尾，同比增长0.7%；彭泽鲫和丁鱼岁引进数量也分别达到了8290万尾和3125万尾。投放鲫、鲤、鲢、鳙、黄颡、武昌、鲶、鮰等各类鱼种数量5.4亿尾，同比增长60.3%。

扩大苗种繁育规模。全市繁育苗种数量26.9亿尾，同比增长12.6%。主要繁育品种中，德国镜鲤4.6亿尾，同比增长68.1%；鲶鱼7亿尾，同比增长70%；彭泽鲫2.1亿尾，同比增长9.8%；武昌鱼5000万尾，同比增长2.2%；黄颡鱼和翘嘴红鲌的繁育量也分别达到了2.3亿尾和5000万尾。苏家屯区“八一”街道三家子村和永乐街道大韩台村建设和完善了怀头鲶繁育场各一处，使该区怀头鲶苗种生产能力达到了2.3亿尾；于洪区平罗街道富强村首次繁殖成功日本锦鲤，苗种优良率可达到60%。

（邓　奇）

【渔政执法】 2012年，浑河沈阳城区段禁止捕鱼累计执法150天，没收挂网2000片，地笼网1500个、查获渔获物4500公斤。8月至9月，联合沈阳市公安局经侦部门对市区内的商场和花鸟古玩市场进行水生野生动物及其制品专项查处行动，主要检查水生野生海龟、胭脂鱼及红珊瑚的禁售情况，对无证经营或手续不健全的业户下发停业整顿通知。

（邓　奇）

【渔业富民经济小区建设】 2012年，沈阳市组织各县（市）区抓好老旧池塘整理改造，提升池塘健康养殖标准，全市完成市级水产富民经济小区45个，其中清淤改造36个、新建7个、设施渔业2个。新民市利用低洼苇田涝地新建池塘，已建成新开池塘66.67公顷。苏家屯区十里河街道和陈相街道相继新建了17栋1.5万平方米的观赏鱼养殖温室。

（邓　奇）

【水产品质量安全】 一是制订了《沈阳市2012年水产品质量安全监督执法实施方案》、《沈阳市无公害水产品和地理标志品牌提升行动实施方案》等计划方案。

二是认真完成水产品质量检测工作，共完成检测水产品样品153个，检验合格率达到100%。完成农业部水产品风险评估工作抽取样品32个，农业部委托南京水产品质量安全测试中心抽检沈阳市苗种样品10个，农业部委托西安水产品质量安全测试中心抽检成鱼样品20个，配合辽宁省水产品质量检验检测局抽检成鱼样品7个，配合省苗种管理局完成苗种药残抽检样品20个，省厅委托营口市水产品质量检测中心抽取样品37个，市级自检水产品样品27个。

三是开展水产品质量安全专项整治活动，出动执法人员78人次，检查养殖户（单位）165家，纠正问题66个。5月份开展了水产品质量安全宣传月，出动宣传车2辆，在主要水产养殖乡镇进行水产品质量安全宣传活动，发放宣传材料2000份。

四是建设沈北新区水生动物疫病防治站项目。疫病防治站已完成改建装修工作，新购置的实验室设备基本组装完成，有效提高了县区水生动物疫病防治水平和预测预报能力。

（邓　奇）

【科技与培训】 2012年，沈阳市举办了以养殖生产环节用药技术和病害防治技术为主要内容的培训活动，培训人员达到110人。县（区）渔业技术推广部门也组织开展了养殖技术、科学用药等技术服务培训，举办各级培训班27期，培训2250人次、现场培训或指导144次、发放技术资料5610份。

（邓　奇）

【渔业增殖放流】 2012年9月22日至2012年10月11日，沈阳市农委在辽河、蒲河和浑河沈阳城区段等水域开展了“以法保护自然环境，以德创建家乡文明，改善鱼类生态，营造沈阳碧水”为主题的沈阳鱼类增殖放流活动，此次放流活动历时20天，放流总量为217.8万尾，主要有鲢、鳙、草、鲤、鲫等鱼类品种，有力地促进了水生生物种群资源的恢复和水域生态环境的改善，对渔业增殖和渔民增收发挥了重要作用。

（邓　奇）

农机化发展

【概况】 截至2012年末，沈阳市农机总动力达到326.33万千瓦，比2011年增加13.53万千瓦，增长4%。拖拉机保有量达到7.0万台，配套机具11.72万（套），农业机械化综合水平达到75.5%。全市农机总动力达到326.33万千瓦。拖拉机保有量达到6.99万台，比2011年增加1975台，增长3%。其中大中型3.78万台，比2011年增加1990台，增长6%。配套农具达到11.72万台（套），比2011年增加9166台（套），增长8%。其中大中型配套农具3.11万台（套）；小型配套农具8.61万台

(套)。水稻插秧机由2011年的3894台增加到4741台,比2011年增加847台,增长21%。联合收获机械达到2294台,比2011年增加825台,增长56%。其中:水稻收获机751台,比2011年增加148台,增长25%;玉米收获机1543台,比2011年增加677台,增长78%。农机总值达到23.94亿元,比2011年增加2.44亿元,增长11%。

2012年,国家、辽宁省、沈阳市、县各级财政部门共投入农机资金1.40亿元,引导农民向农机投入3亿元,全市农机化水平进一步提高。

(邓 奇)

【农机具补贴】 农机补贴创历史新高。沈阳市共完成补贴资金1.40亿元,其中国家农机购置补贴资金1.27亿元,省级以代补资金297.1万元,市级农机购置补贴资金1091.89万元。共购置农机具1.3万多台,其中拖拉机3090台、水稻插秧机械1605台、水稻收获机械197台、玉米收获机械723台,大大地提高了农机保用量,为实现主要农作物全程机械化做了充分的物质准备。受益农户万余户,拉动农民投入3亿元。

(邓 奇)

【农机化作业】 1.2012年沈阳市农机化作业总体情况。机耕面积56.79万公顷,占耕地面积的95.6%;机播面积41.69万公顷,占播种面积的88%;机电灌溉面积19.75万公顷;机械植保面积21.54万公顷;机收面积20.25万公顷,占种植面积的43%。

2.主要农作物农机化作业情况。小麦机耕面积3566.67公顷,机播面积2400公顷,小麦机收面积2700公顷;水稻机耕面积11.85万公顷,机插面积89.85,机插率45%,水稻机收面积10.09万公顷,机收率70%;玉米机耕面积29.92万公顷,机播面积29.86万公顷,机收面积8.43万公顷,机收率30%。

3.单项农机化作业情况。机械深松面积3.05万公顷;保护性耕作面积4.44万公顷;精少量播种面积24.35万公顷;机械深施化肥面积28.2万公顷;机械铺膜面积2.74万公顷;机械化秸秆还田面积5.13万公顷。

(邓 奇)

【农机新技术、新机具推广】 2012年,沈阳市农机新技术、新机具推广工作围绕全市农业产业结构调整,农机技术推广服务于大农业的方针,全市重点推广了以下农机技术:

1.水稻机械插秧、标准化育秧技术,新推广水稻插秧机847台,实现新增水稻机插秧面积6000公顷;推广水稻收获机148台,实现新增水稻机收面积7466.67公顷。

2.玉米收获机械化技术推广,推广各类玉米收获机械677台。

3.土地深松技术示范推广面积1.27万公顷;保护性耕作示范推广1.2万公顷。

(邓 奇)

【农机示范村、示范户建设】 2012年,沈阳市紧紧围绕农业结构调整,重点推广水稻、玉米生产全程机械化。同时,按照辽宁省农委要求,以水稻育插秧技术培训为突破口,积极开展农机教育培训工作,通过培训使广大购机农民基本了掌握水稻育插秧新技术。建成于洪、苏家屯、新民、辽中4个粮食生产机械化示范区。

继续加大对农机专业合作社的扶持力度,使农机经营大户成为全市农机化发展的主力军。全市有农机专业合作社297家,其中:农机固定资产达1000万元以上的3家,500万元至1000万元的以上的6家,300万元至500万元的20家。以辽中的于会怀,新民市的佟英文、王明武,新城子的朱国成、陈志国为代表的农机服务组织成为区域性的农机龙头,在全市及全省发挥了巨大的带动作用,在促进农民增收方面也起到了积极的推动作用。

(邓 奇)

【农机化科普和培训】 围绕沈阳市农业发展和农机化重点项目的推广,结合“阳光工程”,广泛开展农机科普活动,对农机手进行培训。采取现场演示、科技讲座、举办专题培训班等多种形式开展科技进村入户活动,以主要作物关键环节农机化新技术为重点,突出培训内容的针对性、适用性、时效性,突出农机农艺技术融合,向农民讲解农机具使用要领,提高了广大农机操作人员的技术水平。

全年共举办各类技术培训31场次,培训农机管理人员、技术人员3440次,培训农机操作人员2.11万人次,发放技术资料10万余份。

(邓 奇)

【农机服务体系建设】 2012年在农机购置补贴资金安排项目上加大了对农机服务组织的扶持力度,重点向农机专业合作社和农机大户倾斜,使各类农机服务组织得到了发展和壮大,从而实现规模生产,提高农机生产效率,将更多的农民从繁重的体力劳动中解放出来,向非农产业转移。

全市农机专业合作社达297个,农机固定资产达到300万元以上的农机专业合作社达到了29家。水稻、玉米全过程机械化示范村69个,农机维修网点1065个。已基本形成以市、县两级农机技术推广机构为技术指导,以农机专业合作社、农机大户为农机作业主体,以全程机械化示范村为典型带动,以农机维修网点为后勤保障的农机服务体系。

(邓 奇)

【农用航空站建设】 苏家屯区农航站(沈阳通用航空有限公司)共有飞机12架,其中Y5飞机3架,Y5B飞机5架,N5飞机4架。现有人员40人,其中管理人员6人,飞行员9人,地勤人员15人,其他人员10人。

全年完成总飞行时间1654小时27分,农化作业10.76万公顷。其中省内2.13万公顷。春季、秋季护林防火作业278小时,林化作业84.04小时,航拍、航测110小时。

飞防作业面积8.67万公顷,其中外省市6.33万公顷,护林防火280小时,林化作业50小时,航拍航测30小时,训练90小时,农化作业1230小时,生产调机50小时。

(邓 奇)

【行业管理】 2012年,沈阳市共办理农业机械登记6043台,办理拖拉机驾驶证3957本,年检各类拖拉机1.16万台,换发、年审驾驶证333本。

维修网点总数达1078个,比上年增加13个,维修工人达2168人,其中获得农机职业技能鉴定证书人员789人,新增82人。全年共检修农业机械7.03万台次,其中大中型拖拉机1.11万台次,大中型拖拉机配套农具1.86万台次,小型拖拉机3708台次,小型拖拉机配套农具1.32万台次,水稻育秧设备62台次,联合收获机1080台次,水稻插秧机2329台次,配套整地机具1.05万台次,其它农具9713台次。全市有6个区县的农机维修网点审批工作已经进入各区县的行政审批大厅办理业务，审批工作更加规范。

（邓 奇）

林 业

【造林绿化】 2012年，沈阳市完成人工造林7.16万公顷，生产造林绿化育苗1400公顷、6000多万株。相继完成蒲河生态廊道绿化、沈康高速百公里现代林业示范带绿化、卧龙湖生态区绿化等10个重点工程。蒲河生态廊道工程经过3年建设全面告捷。

（邢姗姗）

【青山工程】 2012年，沈阳市青山保护工作领导小组和工作机构建立。坚持治理与保护并举，清理"小开荒"2.94万公顷，超坡地还林8033.3公顷，完成102.87公顷矿山生态治理与修复任务。编制完成市本级和10个区县市《青山保护规划》，并通过政府审议。完成涉及昌法线、沈环线、沈本大道、沈阜大道、沈阳四环快速路等66.67公顷损坏山体修复工程。治理墓地3.33公顷、坟地4700座。扎实推进试点工作，苏家屯区实施完成2座矿山治理工程、2处公路建设破坏山体恢复工程和600公里工程围栏工程。

（邢姗姗）

【产业发展】 2012年，沈阳市第一次召开了全市林业产业大会，将林产品加工企业纳入市级龙头企业评选和奖励范围，并争取林业产业协会纳入优秀农业产业协会评选范围。市财政将榛子产业纳入补贴范围，发展林地经济1333.3公顷，发展寒富苹果6666.67公顷，总面积近2万公顷。打造了以沈康产业带为主体的集约化栽植区，万亩乡、千亩村、百亩园规模化经营效果明显，康平、辽中把寒富苹果产业列为县域经济支柱产业。组织企业参加全国森林食品交易博览会，4个产品获金奖，6个产品获优秀食品奖，沈阳市林业局获博览会优秀组织奖。

（邢姗姗）

【资源管理】 2012年，沈阳市林业局指导各地编制完成林地保护利用规划，积极配合沈阳三环高速路路改扩建、四环路快速路等重点工程，完成占地项目的补充审批工作。对全市林地占用、林木采伐、迹地更新、树木移植进行专项检查，有效遏制乱征滥占林地、破坏林地、林地资源流失等现象的发生，组织完成了涉及10个林场、418户职工的国有林场危旧房改造任务。

（邢姗姗）

【科技服务】 2012年，沈阳市深入开展"一乡一业"科技帮扶，与康平县方家镇对接，指导果农发展寒富苹果产业学习借鉴赤峰市喀喇沁旗牛营子镇林下经济发展模式，引导康平县西关乡2个村支书开始小面积试验，每亩年增收2000—3000元。采用信息化技术，确定3个示范乡镇，15个示范户，带动上网农户600余户，转变了乡镇林业站服务职能。采取科技特派员及专家讲师团等各种形式，组织20余次科技培训及技术推广服务，完成省级科技推广项目的申报及2011年项目的实施。积极争取重点乡镇林业站标准化建设指标，新民市柳河沟镇林业站有望被列为国家标准站建设行列。

（邢姗姗）

【林业信息化示范市建设】 2012年，沈阳市围绕"终端入户辐射带动信息服务"的示范主题，坚持"实际、实用、实效"原则，不断加快示范市建设步伐。召开网站论证会、评价会和"学网、用网、建网"经验交流会，分三个波次推进网站提质升级，为林农果农、网民大众提供了解林业便利平台，上网人数超过90万人次，网络交易栏目被中国电子政务理事会授予"精品栏目"奖。以"激活末端，突破终端"为主旨，在前期已建4家县站、10家乡站基础上，增建3个乡级中心站，建设200户林业中心户，通过内网到乡、外网到户在基层有效连接，完善了网络功能。完成以无人机应用为重点的智能化防火"五位一体"建设。

（邢姗姗）

【林政管理】 2012年，沈阳市林业局资源林政处严格了征占用林地审批管理工作，加强了林地保护利用管理，积极为省、市政府重点基础建设项目征占用林地做好服务。全市较好地完成了2012年度林木采伐限额执行，同时全年完成病枯死林木清理273.53公顷，完成病枯死林木更新面积200公顷，没有超限采伐情况，整体水平有所提高。行政审批管理落实了首问负责制、一次告知制、限时办结制和责任追究制。全年审批业务1.87万件，无一差错、无一上访、无一违纪；办结率100%、群众满意率100%。通过抓点带面，全面促进全市经营运输进一步好转。在地理上抓的点是王家沟、望花区、营盘地区，在工作上抓的点是审批大厅。森林资源保护管理实行责任制。明确规定了森林资源管护的日常巡护责任主体、案件处理责任主体等，明确了责任，提高了管护效率和水平。同时，在全市建立了手机短信举报平台，举报核实无误就直接存话费奖励，基本形成了森林资源案件当天发生，当天制止、处理的良好局面。

（邢姗姗）

【林地保护利用规划】 全市10个区、县（市）人民政府历时2年，全市动员1200人，按照国家标准、完成时限，于10月末上报辽宁省人民政府。林地保护利用规划就是基于2008年林地航片图，在电子地图上描制林地边界，结合林地档案进行修正，制成电子林业地图档案，形成全国"林地一张图"。这是有史以来国家进行的最庞大、最准确、最具法力效力的林业地籍管理，是林地管理、林地保护级别分级的基础性法律依据。主要特色：一是林地没丢。虽然沈阳的开荒地多、历时久，航片上有的缺失，但是在编制规划时没有丢。二是科技含量高。利用三维地理信息编写保护规划，比传统干法节约700多万元，当年收回信息化建设成本。三是公益林分布更合理。局部调整了生态公益林的分布。

（邢姗姗）

【林区治安和野生动植物保护】 2012年，沈阳市林业局开展了春季攻势、冬季攻势、猎鹰行动、候鸟行动、查处野外用火、打击非法占用和破坏林地等专项行动，查没和销毁鸟网67张、打笼35个，查扣及放飞野生鸟类1227余只，抓获嫌疑人7名，检查了113家市内野生动物驯养繁殖单位，上报《国家重点保护野生动物驯养繁殖许可证》申请材料77份。开展了"爱鸟周"、"世界湿地日"、"野生动物保护法宣传月"等活动，组织小记者活动4次，3000以上人次参与。沈阳市林业标本馆开馆，年内接待参观者2000余人次。起草完成了《沈阳市湿地保护条例（草案）》并报送至市人大法工委。卧龙湖保护区调整方案通过辽宁省审批。3个湿地公园获准建设。仙子湖、卧龙湖、獾子洞3块湿地列入《辽宁省重要湿地名录(第一批)》(辽宁省人民政府公报2012第10期)。法库县获“中国白鹤之乡”称号。

(邢姗姗)

【沈阳“中国白鹤之乡”命名】 法库獾子洞湿地、辽中蒲河湿地获准建设“国家湿地公园”,“沈阳市辽河七星湿地”获准建设“省级湿地公园”;仙子湖湿地、卧龙湖湿地和獾子洞湿地列入辽宁省公布的《辽宁省重要湿地名录(第一批)》。5月21日,法库县因獾子洞湿地成为世界白鹤的重要栖息地被中国野生动物保护协会命名为“中国白鹤之乡”。

(邢姗姗)

【林业标本馆开馆】 3月2日,沈阳林业标本馆正式开馆,并免费向社会开放。标本馆总面积370余平方米,收藏标本近1.1万件。辽宁省“关注森林”组委会将沈阳林业标本馆列入省级生态文化教育示范基地,并于8月17日在沈阳市林业局隆重举行授牌仪式。

(邢姗姗)

【湿地保护立法】 为推动立法保护湿地,沈阳市林业局对沈阳湿地状况和存在问题进行调研,学习借鉴先进地区经验。12月,市林业局完成《沈阳市湿地保护条例(草案)》,并报送至市人大法工委。

(邢姗姗)

【联合执法】 2012年12月3日,沈阳晚报报道万柳塘公园内存在非法鸟市买卖。市林业局闻风而动,与沈河区政府联合对万柳塘非法鸟进行治理,加大护鸟宣传力度,增派人员值守,非法鸟类买卖活动得到有效整治。

(邢姗姗)

【森林病虫害防治】 2012年,沈阳市林业局加大苗木产地检疫工作力度,监控松材线虫等林业有害生物,检查全市调运苗木,市林业局会同有关部门对沈北新区、棋盘山开发区等地开展了多次检疫执法行动,对蒲河生态廊道绿化、沈康高速公路两翼绿化等10多个工程进行了重点检疫执法,全市检疫苗木面积673.3公顷,检疫苗木6000万株,检疫率100%,检出疫苗1.81万株。防治林业有害生物面积3.33万公顷,无公害防治率达到99%,生物防治率达50%,防治效果达到99%,成灾率在1‰以下。美国白蛾防治面积1.65万公顷,美国白蛾监测率达到100%,重点地段叶片保存率98%。不断强化防治专业队伍建设,在全市组建防虫专业队155支、828人,其中辽中县刘氏兄弟防虫队是全国社会化防治的先进典型,并在全国得到了大力推广。

(邢姗姗)

【森林防火】 2012年,沈阳市制订森林防火宣传工作方案,把宣传工作拓展到媒体宣传、网络宣传、短信群发等新型模式为主的宣传形式。全年县级以上共出动森林防火宣传车650台次,发放《禁火令》22.5万份,悬挂宣传横幅3000余幅、宣传彩旗5000面、张贴宣传标语11000幅。初步形成了社会、媒体、网络、短信“四位一体”的全方位森林防火宣传格局。全市“清蒿”任务1000公顷,实际“清蒿”面积1346.67公顷,从而有效降低了火灾发生的机率。根据沈阳市消防安全委员会、沈阳市森林防火指挥部、沈阳市公安局联合下发的《关于严禁野外用火、上坟烧纸、烧荒、烧秸秆的紧急通告》规定,加大了森林公安与地方公安的联合执法检查力度,对造成森林火情的,在媒体进行曝光,起到了震慑效果。

(邢姗姗)

【林权改革】 2012年,沈阳市林业综合服务中心建设全面加强,完成了辽中县林业综合服务中心的建设,推进了全市4个县级林权管理服务中心建设,共评估林地1297.67公顷,实现贷款1.8亿元,开展林权业务咨询3.5万余人(次)。加强林业合作经济组织建设,新建林业合作经济组织15个,合作经济组织总数达到190个。实行统一申报注册商标和无公害认证,统一品牌策划、统一生产标准、统一产品价格,共创市场,提高了合作社的经济效益。扩大以林抵押贷款和政策性森林保险业务。全年签订林业保险合同13.73万公顷,圆满完成省厅的计划10万公顷。推动林地经营和林木所有权流转,完成林权流转面积1万公顷,交易额达2600万元。

(邢姗姗)

【全省“三清”工作现场会在沈阳市召开】 2012年3月28日,辽宁省春季森林防火暨“三清”工作现场会在沈阳市召开。沈阳市政府王翔坤副市长代表沈阳市政府在会议上交流了沈阳市森林防火及“三清”工作开展的经验和做法,副省长赵化明到会并代表省政府对全省森林防火工作发表了了重要讲话。赵化明副省长对沈阳市的“三清”工作给予了充分的肯定,在分析了当前森林防火严峻形势下,指出:落实责任,严格保证“防在火灾之前,救在关键时刻”

(邢姗姗)

【全国森林食品博览会】 2012年9月28日,在首届全国森林食品交易博览会上,沈阳市10家企业(合作社)榜上有名。其中:有4家企业(合作社)获“首届中国森林食品交易博览会暨第三届中国(铁岭)榛子节金奖”,6家企业(合作社)获“首届中国森林食品交易博览会暨第三届中国(铁岭)榛子节优质产品奖”,沈阳市林业局获博览会优秀组织奖。

(邢姗姗)

畜牧业

【概述】 2012年,沈阳市畜牧兽医工作紧紧围绕实施现代畜牧业发展计划,全面提升畜牧业综合生产能力、重大动物疫病防控能力和畜产品安全监管能力,狠抓重大动物疫病防控、畜品安全监管和畜牧业发展方式转变等重点工作,保障了畜产品安全有效供给,促进了畜牧业经济又好又快发展。没有发生重大畜产品安全事件;积极稳妥处置了辽中县肉牛炭疽疫情;在农业部无公害食品行动计划抽检中,畜产品抽检合格率连续在被检城市中排名前列;口蹄疫免疫无规定动物疫病区评估认证工作通过国家农业部验收。生猪饲养量达到932.74万头,家禽饲养量达到2.88亿只,肉牛饲养量达到218.38万头,羊饲养量达到184.13万只;肉类总产量达到99.93万吨,蛋类产量达到74.85万吨,奶产量达到48.41万吨;畜牧业产值达到304.5亿元,占农业总产值的比重达到50.47%。

(江　雪)

【政策扶持】 2012年,沈阳市继续执行高标准畜禽养殖小区(大场)建设、外引畜禽良种、奶牛改良、黄牛改良、秸秆综合利用、养殖场环境治理、畜产品加工企业建设、农民专业合作组织建设、出口养殖基地建设、企业出口创汇奖励等扶持现代畜牧业发展政策。

（江　雪）

【畜牧项目建设】 2012年，沈阳市新建标准化畜禽养殖小区112个，其中新建投资3000万元以上的养殖企业4个；新建投资5000万元以上的加工企业2家；争取国家级畜禽养殖标准化示范场5个、省级示范场4个，国家级标准化规模养殖场（小区）改造建设项目15个，国家扶持"菜篮子"畜产品生产企业11家。全面完成种猪氟烷敏感基因检测和清除工作；根据国家和辽宁省对能繁母猪进行补贴的有关要求，按照每头补贴100元的标准，对全市存栏的能繁母猪进行了补贴。

（江　雪）

【重大动物疫病防控】 2012年，沈阳市做好重大动物疫病强制免疫工作，开展防控工作督察，确保免疫密度达到100%，免疫抗体合格率达到70%以上。高致病性禽流感免疫禽5799.8万只，口蹄疫免疫猪、牛、羊675.1万头（只），高致病性猪蓝耳病免疫猪284.9万头，猪瘟免疫猪414.5万头。全面完成重大动物疫病监测工作，共监测畜禽免疫抗体12万份、病原学监测1.3万份、布病检测牛羊7.4万头（只）、结核病检测奶牛6.5万头，对879个饲养场、1.36万户散养户进行流行了病学调查。全面加强应急能力建设，完善应急预案，强化应急队伍建设，加强应急物资储备，及时更新应急物资。积极稳妥地处理了辽中县肉牛炭疽疫情。8月份，辽中县肖寨门镇发生了肉牛炭疽疫情，市重大动物疫情应急指挥部迅速启动应急预案，在市宣传、公安、财政、卫生等相关部门的大力支持下，市、县畜牧兽医部门迅速反应，准确研判，采取及时、科学、有效的综合防控措施，历时22天，取得了抗击疫情的最后胜利。

（江　雪）

【无规定动物疫病区评估认证】 辽宁省启动无疫区建设以来，沈阳市政府高度重视，将无疫区建设纳入市政府与各区县政府签订的重大动物疫病防控工作目标责任状，也作为对各区、县（市）政府绩效考核的指标之一，层层落实责任制。市畜牧兽医局始终将无疫区建设作为中心工作，成立组织机构、召开专题会议、落实工作责任、开展分级培训、积极筹措资金、强化检查指导，促进了各项工作扎实开展。沈阳市无疫区建设始终处于省内领先水平，8月，沈阳市代表辽宁省迎接国家农业部专家组考核，一次性通过验收，达到了国家免疫无口蹄疫疫区建设标准。

（江　雪）

【畜产品安全监管】 2012年，沈阳市全方位加强了投入品、饲养、屠宰、流通、诊疗等环节的检查力度，对全市244家饲料生产企业、26家兽药生产企业、867个兽药经营网点，约30万个养殖场（户），110家屠宰加工企业，106个鲜奶收购站、78家畜产品批发零售市场、42个超市、221家肉品专卖店，81家动物诊疗单位、400余兽医从业人员进行了全覆盖的监督检查。加大畜产品的药残监测力度，共检测新型"瘦肉精"样品8436批次。代表辽宁省迎接农业部抽样检测4次，共抽取各类畜产品样品630批次，新型"瘦肉精"合格率均为100%。全面规范检疫工作，共检疫家畜290.9万头（只）、家禽9600万只。不断提升市场准入制水平，搬迁改造了新的分销检疫办公地点，采用"官方兽医+协检员"模式，实施24小时工作制，采取对企业备案和加强瘦肉精检测等逆向追溯措施，进一步强化了市场准入制建设，共分销检疫外埠肉类产品1771万公斤。

（江　雪）

【动物卫生执法】 2012年，沈阳市按照"着力治本、标本兼治、打防结合、综合治理"的原则，以保障畜产品安全供给为目标，重点开展"肉类、饲料、兽药、奶站、医政"专项整治行动。始终保持严打高压态势，特别是对使用"瘦肉精"等违禁物质，对经营病死动物等情节严重、影响恶劣的重大案件，及时移交公安部门追究刑事责任。共查处各类违法案件546件，罚款113.6万元，移送公安机关6件。

（江　雪）

水　利

【防汛】 2012年，沈阳市防汛准备工作动手早、行动快、措施实，先后成功应对第10号台风"达维"和第15号台风"布拉万"带来的降雨影响，实现安全度汛目标。

1. 立足于防大汛、抢大险、救大灾，进一步修订完善各类防洪抗旱预案，增强了预案的指导性和实际可操作性。沈阳市于汛前完成了《沈阳市防汛抗旱预案》的修订、审批、印发和备案工作。组织编制了《沈阳市2012年防御洪水方案》和4条市管中型河流防洪预案，通过专家组论证、市防指审批后印发给各区、县（市）防指。同时，市防汛部门加强对各区、县（市）预案编制、审批、印发、备案和管理工作的指导，提高预案的科学性、针对性和可操作性。

2. 完成了市县两级防汛指挥部领导成员的调整工作，落实了各级防汛责任制。针对人事变动情况，及时调整了市县两级防指领导成员，确保防汛指挥的连续性。严格防汛责任制落实，上至行政首长负责制、技术责任制，下至部门岗位责任制，均一一落实到位。

3. 组织开展防汛检查。2012年5月3日至9日，市防汛部门组织5个检查组对全市防汛准备情况进行检查，对检查中发现的隐患进行了认真梳理，分门别类采取应对措施，全力消除度汛安全隐患。

4. 及时下达防洪工程建设计划。2012年，法库县、苏家屯区、东陵区（浑南新区）、沈北新区4个区县实施了山洪灾害非工程措施建设，完成省以上投资1105万元；实施了法库县曹四家水库除险加固工程；完工了东陵区（浑南新区）魏家水库清淤工程及苏家屯区黑牛屯水库岁修工程；投入200万元应急度汛资金，实施了5处河流险工险段整治工程和市本级防汛抗旱会商系统修复工程。此外，还实施了涝区治理、河道水库岁修以及浑河砂山橡胶坝调节闸等防洪工程建设，这些工程在汛期较好地发挥了作用。

5. 组织大规模的军地联合防汛演练，为应对突发性洪涝灾害奠定了基础。7月17日，沈阳市防汛指挥部联合沈阳警备区在沈北新区七星山湿地举行了2012年军地联合抗洪抢险演练。演练了险情勘察、堤防抢险、应急排水、水上搜救、爆破等6个科目，参演人数达350人。通过本次演练，全面检验了沈阳市防汛抢险队伍的抢险技术、协调作战能力和快速反应能力，充分展示了防汛抢险队伍的良好风貌，为全市更好的应对突发性洪涝灾害打下了坚实的基础。

6. 圆满完成防台风工作。2012 年，沈阳市经历了第 10 号台风“达维”和第 15 号台风“布拉万”两次台风的考验，市防汛部门快速行动、及时响应，与各级防指及相关部门、单位团结协作，有效应对。一是抓好会商研判，多次组织气象、水文等部门对台风发展趋势进行会商，部署各项应对准备工作。及时下发多份电报，对防台准备工作进行有针对性的安排。二是以人为本，提前部署将危房户和受泥石流威胁区域居民进行转移避险，及时向公众发布防台工作最新进展，确保人民生命财产安全。三是加强了与防指成员单位的沟通和协调，及时通报防汛防台工作动态，团结协作，努力形成抗灾减灾工作合力。

（邱　峰）

【农村饮水安全】 2012 年，沈阳市农村饮水工程建设任务是完成原规划剩余的 10.68 万人的工程建设，经过各方努力，除因地下水资源匮乏、地质条件复杂等条件限制的部分地区外，基本完成了年度工作任务。同时，按照沈阳市政府在《进一步加强农村饮水工程运行管理的意见》文件要求，市水利局会同市财政局、卫生局对各区、县（市）1539 处农村饮水工程进行整改并开展了联合检查。检查结果表明，各区（开发区）、县（市）工程基本达到市政府 118 号文件要求，保持了正常运行状态，保证了群众的饮水安全，实现了工程整改任务完成率、工程正常运行率、水质检测率、用水户满意率均达到 100%，群众非常满意。为加强农村饮水安全工程的运行管理，沈阳市通过对 2005 – 2011 年农村饮水安全工程建设情况及工程档案的编制整理，按年度编印了《沈阳市农村饮水安全工程手册》，为进一步加强工程管理、掌握工程运行状况提供了详实的资料依据和宝贵的历史资料。

（邱　峰）

【水库移民后期扶持】 2012 年，沈阳市继续加快移民资金直补进度，督促相关县（市、区）积极沟通协调，及时足额发放直补资金，全市直补原迁移民 2.77 人，发放直补资金 1663 万元。同时，按照辽宁省水利厅和财政厅《辽宁省水库移民后期扶持项目管理办法》要求，严格移民项目管理，做好项目竣工验收。全年审批下达水库移民后期扶持项目 27 个，投入移民资金 770 万元。为加强水库移民档案管理，监督指导各县（市、区）建立健全了移民人口和工程项目档案库。资金直补、履行民主程序、履行公示程序的档案材料齐备，并留有影像资料存档，做到每一个享受后扶政策的移民、每一个后扶项目都有档案存底，档案格式规范、统一。继续加强了移民上访接待处理工作，完善了信访工作机制，做到每次移民来访来电到要有记录、有答复，全年市级共接待移民访询 105 次，为重大调整后的扶持政策全面落实营造了良好的环境，确保了沈阳市大中型水库库区和移民安置区的社会稳定。

（邱　峰）

【水生态环境建设】 2012 年，沈阳市把蒲河生态廊道建设作为水生态环境治理的重点，该项工程经过市直各相关部门和沿线各区、县（市）政府的共同努力，历经三年，投入资金 46.09 亿元，重点建设了 5 大工程，其中：新建、改建拦蓄水建筑物 23 处，河道整治 98 公里，完成 4 项引水工程，新建 11 座湖泊，河道平均宽度由 20 米达到 80 米，全线水面面积 44.7 平方公里，蓄水量达到 8600 万立方米。沿线共布置了 17 座污水处理厂，新建 9 座，污水管网铺设近 350 公里，治理污染企业 80 家，关停污染企业 56 家，面源污染治理 43 个村，畜禽养殖场污染治理 18 家，全线已消除了劣Ⅴ类水体，达到Ⅳ类水质，其中秀湖、珍珠湖水质可达到Ⅲ类标准。完成了 33 个景观绿化节点、河流两侧 500 米范围内 65 个村庄、景观路、堤防外侧及两堤间滩地的绿化，绿化面积达 8733 公顷，新增绿化面积 6866.67 公顷，种植树木 4239.26 万株。完成了蒲河左岸景观路及其连接线、左岸景观路延长线、珍珠湖南连接线、环珍珠湖路共 135.6 公里道路建设，新建、改建桥梁 18 座，设置道路交通标志 300 处，贯通蒲河全线 187.5 公里的路网体系已经初步形成。建成 15 座乡镇垃圾转运站，完成 11 个村庄环境治理，完成蒲河沿线 54 个农村社区文体活动广场建设，完成村庄绿化植树 4500 余株，绿篱 1.4 公里，村庄道路工程 15 公里，围墙 10 公里。蒲河生态廊道已经基本完成了“生态化、景观化”的任务，“城镇化、产业化”进程不断加快。2012 年 11 月 2 日，在全国水利风景区建设与管理工作会议上，沈阳市蒲河生态廊道被正式批准为“国家水利风景区”。

沈阳市还开展了卧龙湖生态湿地建设，编制了《卧龙湖保护与利用水利专项规划》，内外湖的物理隔离工程方案通过专家论证。安排资金 1000 万元，完成卧龙湖湿地水源补给的五四一和小横道排干清淤工程。组织实施了辽河支流综合整治工程，退耕土地 604.13 公顷，清理占河垃圾 3.9 万立方米，改善了辽河水质，为辽河实现“摘帽”目标做出了贡献。实施浑河西峡谷工程，启动九龙河、白塔堡河、细河生态环境治理工程建设。累计投入水土流失治理资金 440 万元，治理水土流失面积 8000 公顷。

（邱　峰）

【水资源管理】 2012 年，沈阳市编制完成了《沈阳市实行最严格水资源管理制度的意见》，并在 6 月份以市政府办公厅文件形式下发。开展了规划区自备水源用水情况调查，对 61 家未办理取水许可证的水源热泵用户进行了整改。按照《沈阳市人民政府办公厅转发水利局关于封闭地下水取水工程实施方案的通知》（沈政办发〔2011〕117 号）精神，稳步推进大伙房水库输水配套工程，封闭地下水取水井 175 眼，日削减地下水开采量 50 万立方米，为利用境外地表水替代境内地下水工程和保护境内地下水资源工作开创了良好局面。市水利部门组织各区、县（市）、开发区水利局，认真按照辽宁省政府《关于调整水资源费征收标准的通知》要求，加强水资源费征收工作，努力做到应收尽收，经过市、县两级水资源管理部门的共同努力，全市共征收水资源费 8583 万元，超额完成省厅下达的征收任务。2012 年，沈阳市投资 350 万元，在全市范围开展了建设地下水水位监测系统工作，全年共新增布设 250 个地下水水位自动监测点，其中，城区布设 90 点，其他县区共布设 160 点，配置安装地下水监测管理系统软件及相关配套设备，使数据传输及时、准确，提高地下水水位动态监测质量，加快了水资源管理信息化进程。

（邱　峰）

【农田水利建设】 加快推进灌区改造步伐。2012 年，沈阳市共有大中型灌区改造项目 4 个，其中浑沙灌区改造三期工程和浑南中型灌区改造工程全部完工，总投资分别为 3320 万元和 1877 万元。完成了浑蒲大型灌区改造二期工程和石佛寺中型灌区改造项目设计及前期审批工作。

开展“节水增粮行动”和“滴灌节水工程”建设。根据辽宁省人民政府统一安排,2012年,沈阳市计划发展“节水增粮行动”和“滴灌节水工程”面积共9386.67公顷,其中,滴灌面积5586.67公顷,管灌面积1713.3公顷,喷灌面积2086.67公顷。工程涉及全市6个区、县(市),32个乡镇,69个村屯。市政府对该项工作高度重视,迅速成立了以陈海波市长为组长的节水增粮行动领导小组,并组织相关区、县(市)和市直有关部门开展了大量的水源勘测、项目区规划、地块落实等工作。10月18日,市政府召开了全市节水增粮行动工作会议,对项目推进工作进行了安排部署,加快了两项工程的进展。工程于2012年11月初开工,至年末,全市水源工程及地埋管线等主体工程已完成总工程量的90%以上。

实施了苏家屯区、沈北新区、新民市、辽中县、法库县、康平县6个小型农田水利重点县建设,改善了农田灌排水平。加强灌溉供水和环境供水工作,累计引水5.3亿立方米,引环境用水7500万立方米(其中城市运河3300万立方米,丁香湖1500万立方米,蒲河2700万立方米),保障了城乡用水需求。

通过各种渠道投入农建资金38.34亿元,完成土方6621.65万立方米,石方6.12万立方米,混凝土1.98万立方米,使用人工846.07万工日,机械车工23.2万台班。完成重点骨干工程335项。

(邱 峰)

【水政】 2012年,全市水利系统坚持依法行政,不断提升行业管理水平。全年没有收到当事人投诉和提起行政复议、行政诉讼事件。加强水政执法监督检查,组织开展市、县两级执法案件评查和案卷检查工作,为水行政执法规范化、法制化打下基础。加强水政培训工作,组织水政监察员培训,并参加水利部和辽宁省水利厅的水政监察培训和市法制办的行政执法学习,使水政监察员的法律素质和水行政执法能力有了较大提高,全市未发生重大执法错案,维护了水利行业的工作秩序和利益。加大水法规宣传力度,3月22—28日,全市累计投入50余万元,开展了大规模的水法宣传活动,活动引起了社会广泛关注,近10万名群众参与了活动。全市共出动宣传车辆近百余台次,有5000余名水利工作者参加活动,发放纪念品2万余件,宣传材料1万余本(页)。宣传活动增强了社会各界和广大群众的水忧患意识、水资源意识、水环境意识和水法制意识,扩大了水利的社会影响力,树立了水利行业的良好形象。

(邱 峰)

【规费征收】 2012年因外资企业恢复征收和263号文件征收时间的变动,使得河道工程修建维护费征收成为2011—2012两个年度的维护费。截至12月末,全市共征收河道工程修建维护费10.7亿元,同比增长170%。一是加强政策宣传。采用了报纸公告、上门讲解、电话告知、挂号信告知、有计划的发放宣传纪念品、利用水法宣传日等多种渠道和方式为征管工作营造良好的工作氛围。二是恢复外企征收。依据调整后的河维费征收政策,对包括华晨宝马、贝尔卡特、中国船舶东北分公司、沈阳燃气工程有限公司等多家对维护费征收新规定出现异议的具有代表性的企业进行调研和政策宣传,消除了误解,从而使得外企征收逐步稳定,成为维护费征收的最大增长点。三是深入县区指导。组织召开征管会议,传达和落实省政府对河道工程修建维护费工作的相关精神,协助各区、县(市)具体情况制定相应的征收策略、拓展征收范围、挖掘征收费源,提高工作质量。全年县区征收额首次突破2亿元。

(邱 峰)

【水利科技】 2012年,沈阳市开展了《沈阳市地下水资源修复方案技术研究》、《沈阳市河道生态治理技术研究》、《沈阳市纳污区水质监测研究》等项目的科研工作。经评审《沈阳市地下水资源状况调查及水环境演化机理研究》获市政府科技进步二等奖,《五味子节水灌溉技术示范与推广》获农业推广三等奖。投入资金60万元,在新民市和于洪区推广节水灌溉面积40公顷,其中推广微润灌溉技术面积10公顷、推广压片式微喷带灌溉技术30公顷。在推广过程中,培训农村科技人员160人,发放技术资料5000册,推广新品种5个。通过实验对比,微润灌溉技术和压片式微喷带灌溉技术符合沈阳市实际,提高了灌溉水的利用率,降低了农作物生长期的湿度、减少病虫害的侵袭,提高了作物的品质、增加了作物的产量,对农民的增收起到积极的推动作用。

(邱 峰)

经 济 管 理

综 述

【沈阳经济区建设】 2012年，沈阳市积极发挥中心城市作用，加强与经济区各兄弟城市合作，着力推进沈阳经济区一体化和同城化建设进程，取得了显著成果。2012年，沈阳经济区实现地区生产总值1.58万亿元，占全省的63.7%；完成全社会固定资产投资1.22万亿元，占全省的55.9%；公共财政预算收入1673亿元，占全省的53.9%；完成社会消费品零售总额5354亿元，占全省的57.8%。

1.一体化实践取得新的进展。交通基础设施建设成果显著。沈阳至经济区其他城市城际公路、高速公路和轨道交通建设改造项目全面展开，进一步缩短城际间时空距离，一小时交通圈开始形成。信息和生态环保基础设施建设加快。沈阳、抚顺、铁岭三市共享024电信区号工作已于2011年实现共享，2012年积极推进本溪市024电信区号共享工作。不断加强沈阳经济区环境保护基础设施建设，逐步实现八城市环境信息共享。要素市场一体化快速推进。在金融市场一体化方面，沈交所在经济区各市建设分所，提升了服务区域经济发展的能力。盛京银行在相继成立营口、鞍山、本溪三家外埠分行的基础上，积极筹建抚顺分行，区域内营业网点累计已达102家，累计向沈阳经济区投放信贷资金292亿元；在人力资源市场一体化方面，经济区各市不断完善沈阳经济区人力资源基础数据库建设，实现了“整合服务平台、统一服务标准、强化配置功能、改善用户体验”的基本目标；在旅游市场一体化方面，沈阳经济区大旅游圈已初步形成，八城市共同举办了第十五届中国沈阳国际冰雪节等一系列大型旅游节庆活动；在文化产业一体化方面，在沈阳市的大力推动下，经济区八城市演艺产业资源整合稳步推进，连续召开了六届沈阳经济区群众文化事业发展论坛；在商贸流通市场一体化方面，经济区各市以发展新兴的现代物流业和会展业为重点，进一步优化经济区各市物流集聚区、物流中心的布局与建设，共同举办了2012中国(沈阳)食品博览会等大型展会活动。公共服务一体化取得阶段性成果。制定了《沈阳经济区户籍管理制度改革实施意见》，努力打破户籍壁垒；大力实施沈阳经济区高中阶段优质资源共享，2012年沈阳经济区内共有11所优质普通高中实行跨市招生，招生计划总数为676人；八城市行政审批中心联合成立了沈阳经济区八城市行政审批中心联席会议组织；八城市质量技术监督局共同签署了《沈阳经济区认证监管工作协调协作机制框架协议》；在沈阳市的大力推动下，辽宁省工商局制定下发了《关于印发沈阳经济区工商登记注册一体化工作机制的通知》，建立了沈阳经济区名称核准、登记审查等一体化工作机制。

2.沈抚同城化迈入新的阶段。沈抚城际之间已经形成1条高速公路、6条快速公路和2条铁路为一体的交通网，实现了沈抚城际半小时交通圈。两市在旅游市场、工商管理、环境保护等众多领域开展了广泛合作和同城化发展探索。由浑河景观带、沈水科技园区、滨水功能区和生态产业区共同构成沈阳市沈抚连接带区“一带三区”的发展格局开始形成。沈水科技新城、英达物联新城、航空产业园等重要载体建设快速推进，以道路、官网、污水处理、景观提升为重点的基础设施建设取得重大进展。

(发改委)

【新型工业化综合配套改革】 2012年，沈阳市发改委紧紧围绕国家和辽宁省的战略部署与要求，结合地区实际，积极探寻“牵一发而动全身”的改革切入点和突破口，科学系统地谋划体制机制创新任务。制订了《沈阳市国家新型工业化综合配套改革试验方案》，为全市综改试验确定了时间表和路线图。制订实施了年度综改工作要点，将各项改革任务目标化、项目化、定量化，并纳入市绩效考评体系。强化了改革的目标责任管理，出台了《新型工业化综合配套改革试验管理办法》等一系列规章制度。充分发挥试点试验的示范引领作用，相继组织召开全市信息化与工业化融合、东北金融中心建设、统筹城乡发展改革、行政管理体制改革等专项改革现场会，及时总结和推广在全市、全省乃至全国可借鉴的改革经验，以点带面，强力推进，在全市掀起了大胆创新体制机制的改革热潮。

(王　智)

【实体经济综合改革】 2012年，沈阳市不断深化实体经济综合改革。

1.“两化”深度融合取得新进展。全面完善了信息化和工业化深度融合的工作机制和规划方案，设立了专项资金，初步构建起覆盖重点产业、重点地区和重点企业的“两化融合”新格局。“两化融合”有力地促进了工业的内涵式发展。东陵区(浑南新区)以IC装备和先进制造、大东区以汽车电子和嵌入式软件、沈北新区以光电信息产业、铁西区以装备制造和生产性服务业、于洪区以装备制造配套产业为特色的“两化融合”试验成为助推5个市级试验区经济发展的主导力量。36个示范企业充分发挥先行示范作用，三一重装、沈鼓集团、沈阳机床、特变电工等一大批骨干企业和高成长型企业加快向产业链高端挺进，核心竞争力明显提升。全市规模以上工业增加值在15个副省级城市中跃居第三，获得国家级“两化融合”试验区第二批综合评审第二名；争取到国家和辽宁省资金支持1.3亿元。

2.生产性服务业成为产业价值链增值的主体作用日益凸显。加快推进国家现代服务业综合试点和铁西区国家服务业综合改革试点建设步伐，争取国家现代服务业综合试点资金2.1亿元。通过加强政策扶持，机床集团与华夏银行成功联手打造了国内首家全产业链金融平台，远大集团成立幕墙产品检验检测中心并正式获得国家认可，诚通公司打造全国有色金属贸易服务平台和现货交易中心已实现试运行，北方重工全国首个交通与重大装备物流网中心项目为全国“两化融合”做出示范。铁西金谷大企业总部基地、沈北新区东北总部基地、苏家屯区苏桃路物流会展产业带等功能突出、辐射性强的生产性服务业集聚区初具规模。格微软件、禾丰牧业等一批为企业提供专业化、社会化服务的生产性服务业公共服务平台建设取得新成效。

3.特色产业集群内涵建设不断提升。东陵区（浑南新区）IC装备制造集群成为国内惟一的国家级集成电路装备高新技术产业化基地，被国家认定为全国中小企业技术服务项目试点产业集群；沈北通信产业基地手机产业园成为东北最大的移动终端制造中心成功获批为国家移动通信及光电信息高新技术产业化基地；高新技术产业开发区成功获批“国家新型工业化产业示范基地”；大东区依托特色产业集群实施老工业基地调整改造被正式列入《全国老工业基地调整改造规划（2013年—2023年）》；大力推进国家现代建筑产业化试点建设，创新了现代建筑产业化发展与保障房建设相结合的新模式，得到国家住建部肯定；沈阳国际特种机床城、苏家屯电力电器、辽中机加泵阀、新民医药产业等特色产业集群加速发展。

4.新兴产业发展模式不断创新。全市新兴产业规划体系初步建立，铁西、浑南、沈北三大新兴产业聚集区规划基本形成，高端装备制造、信息、生物医药、民用航空、新能源、新材料、节能环保7个新兴产业发展战略联盟初具规模。积极培育战略性新兴产业发展，印发了工作要点和指导目录，出台了专项资金管理细则，成功设立新兴产业创业投资引导基金，获得国家批复设立信息产业和生物医药产业两只新兴产业创业投资基金。沈阳国家大学科技城、苏家屯区金属材料产业园、浑南沈阳国际软件园、沈北晨讯科技园等重点新兴产业园区、集群建设加快。战略性新兴产业重点领域实现实质性突破，沈阳通用航空产业基地成功获得国务院批准成为全国第一个低空空域开放试点区，标志着沈阳市在低空管理领域和通用航空发展领域取得重大政策突破。

5.科技创新体系日益完善。新增2个国家级重点实验室和2个国家地方联建工程实验室，28家省级创新平台，224个项目列入辽宁省企业技术创新重点计划。出台了《建设沈阳国家大学科技城实施意见》，设立大学科技城建设专项引导资金（种子基金）、风险投资基金。完善了重点人才引进和激励机制。企业自主创新能力和市场竞争力显著增强，一大批国家重大科技项目取得了突破性进展。科技园区发展迅猛，棋盘山泗水科技城获批“国家创新医疗器械产品应用示范基地”和“国家科技成果转化服务（沈阳）示范基地”；深圳科技工业园、蓝海两化融合产业基地等一批重大新兴产业项目落户；以高新技术产业开发区为核心、覆盖14个科技园、总面积151.6平方公里的“一区多园”模式初步建立。

6.对外开放迈出新步伐。印发了《利用外资工作指导意见》，出台了《企业并购专项资金管理细则》，进一步建立完善企业“走出去”政策体系，初步形成了国家、省、市三级政策支持体系。积极推进出口分类通关作业改革，沈阳综合保税区成为东北内陆第一个通过国务院验收组联合验收的综合保税区。探索利用外资新方式成果丰硕。沈阳市被商务部确定为“外商投资在线办事系统”试点城市。

7.国有企业改革不断深化。国有资本在关键领域、重点行业的控制力和影响力进一步增强，以机床、沈鼓、北方重工为主体的制造业，以盛京银行、中兴、副食集团为主体的现代服务业，以地铁、水务、供热为主体的公用事业“三大板块”快速平稳发展。国有资本运营成效显著，盛京银行、沈鼓集团上市申请被中国证监会正式受理。重点国企战略重组和股份制改造取得新进展，北方重工整体上市完成审计评估；机床集团引进战略合作伙伴增资重组方案编制完成，东药集团转让上市公司部分股权引进战略投资者协议正式签订，公用集团6.9亿元中期票据成功发行。

8.中小企业发展的体制机制环境得到优化。印发了促进中小企业发展的系列政策，进一步优化了有利于中小企业发展和招商引资的政策环境。构建了中小企业信用评价体系，完成1500户中小企业信用档案建设试点工作。成功获批为辽宁省中小企业信用档案试点城市和全国首批商务诚信建设试点工作试点城市。中小企业融资体制改革不断深化，沈阳市首期中小企业中期集合票据已报国家初审。

9.资源节约和环境友好的体制机制逐步建立。印发了《主要污染物总量核查管理工作实施方案》和《污染减排重点企业监督管理办法》，编制了《绿色建筑评价标准》、《市绿色建筑评价技术细则》及《绿色节能建材推荐目录》。全国环境建设样板城创建工作深入开展，国家生态市创建工作顺利推进。和平区获批为全国首个创建国家生态文明示范区，新民市、法库县、康平县通过了国家生态县（市）验收。进一步落实蒲河生态廊道生态补偿机制，卧龙湖成功列入国家重点湖泊生态环境保护试点，沈阳经济技术开发区、浑南高新技术开发区国家级生态工业示范园区建设规划已分别上报国家环保部。泗水科技城省级生态工业示范园区建设规划编制完成，成为国家餐厨废弃物资源化利用和无害化处理试点城市，并获得2524万元资金支持。

（王　智）

【金融生态改革】 2012年，沈阳市优化金融生态改革试验全面推进。

1.东北区域金融中心建设全面提速。编制了东北区域金融中心发展战略规划和产业规划以及相关配套规划，形成了完善的东北区域金融中心建设制度体系。积极推动金融中心核心区“南拓西进”，总面积由4.97平方公里拓展到7平方公里，金融商贸开发区、和平区金融街、满融金融后台服务基地的硬件配套建设全面提速，初步形成了《加快建设东北金融中心若干政策措施》。《沈阳市建设国家优化金融生态综合试验区专项方案》由国家发改委上报国务院。

2. 金融企业集聚水平不断提高。金融机构引进步伐加快,沈阳环境资源交易所挂牌成立,新增于洪永安村镇银行、民生银行沈阳分行、浙商财险等5家金融机构;新增小额贷款公司12家,累计达64家,亚联财等3家小额贷款公司引进外资5亿元;新设融资性担保机构7家,累计达54家,累计担保额近80亿元。金融商贸开发区已聚集各类金融机构500余家。

3. 产业金融发展取得新成效。通过股权投资、上市、发企业债、并购等方式,积极引导金融资本与产业资本对接。出台了支持企业债券融资的鼓励政策,成功发行和平区12亿元城投债和方大集团10亿元企业债。蓝英装备、荣科科技及博林特电梯等三家企业成功在创业板或中小板上市,成功设立了装备制造业产业投资基金、信息技术创业投资基金等七只产业基金。

(王　智)

【城乡发展改革】 2012年,沈阳市城乡发展改革不断深化。

1. 城乡一体化进程进一步加快。制定了扶持现代农业发展促进农民持续增收的43条政策,进一步优化了"三农"发展的体制机制环境。加快基层农技推广服务体系建设,加大城乡基础设施建设投资力度,稳步推进城乡低保标准一体化改革试点。于洪区获批辽宁省基本医疗卫生服务均等化试点区,新民市县级公立医院综合改革被列为国家试点。沈北、于洪、苏家屯、法库等涉农区县充分发挥省级综改示范区的示范引领作用,积极探索城乡一体化实现形式,初步形成了沈北新区新老区划融合共进模式、于洪区"产城互动"发展模式、苏家屯区三级节点式城镇化模式以及法库县新型工业化与城镇化统筹发展改革新路径。

2. 土地管理制度不断创新。以盘活存量土地、优化用地布局、节约集约用地体制机制创新为重点,积极争取成为国家"低效用地"改造试点并获国土部原则同意。沈北新区试点村创新了集体建设用地管理制度,于洪区获批全省首家"农村土地承包经营权流转综合运营试点",有效推动了土地规范流转和优化配置。铁西区创新"立体用地"模式,通过制定节约用地、合理布局的规划方案向空间要土地,区内远大、特变、北重、机床、鼓风等工业总产值超百亿企业的土地产出强度平均每公顷超过1.5亿元,实现了集约用地与经济社会发展的双赢。

3. 沈阳经济区区域一体化发展体系逐步完善。全面落实沈抚连接带建设12项政策,重点推进交通、金融、教育、医疗、社保、户籍管理、旅游市场、检验检疫等8个方面一体化发展。沈抚二号公路、沈阜开发大道主线等产业通道项目建设进展顺利。沈抚新城省级国家新型工业化综合配套改革先导区建设全面推进,切实加快了沈抚同城化步伐。

(王　智)

【文化体制改革】 2012年,沈阳市文化体制改革不断优化。

1. 文化产业发展体制机制环境不断优化。加快推进文明沈阳建设,城市文化软实力不断增强,积极推进国家文化产业体制机制改革创新试点试验,初步形成经济与文化招商联动的长效机制。棋盘山国家级文化产业示范区、和平区国家级文化和科技融合示范产业基地、沈北华强文化科技产业基地、胡台包装印刷品集聚区等重点特色产业园区加快建设,成为全市文化产业发展的领军力量。非时政类报刊出版单位体制改革稳步推进,沈阳杂技演艺集团股份制改造资产评估顺利完成。

2. 公共文化服务体系进一步完善。成功搭建了沈阳经济区八城市新闻宣传合作平台。沈阳文交所交易平台功能进一步完善,文化产权交易大厦建设项目全面启动,沈北新区文化旅游综合体开发建设项目顺利签约,全市28家博物馆、纪念馆、文化馆、图书馆等公共文化服务设施全部免费向社会开放,艺术惠民"双百万"工程受益622万人次,1700个社区、村成立了艺术培训服务站。

(王　智)

【行政管理体制改革】 2012年,沈阳市行政管理体制改革稳步推进。

1. 行政管理体制机制稳步创新。东陵区(浑南新区)实行区政府与管委会、行政区与开发区"两级两制"管理模式,构建了"大部制"、"扁平化"的行政管理新模式,其典型经验被国家发改委刊发并上报至中央办公厅和国务院办公厅。沈北新区创新"档案封存、全员聘任、以岗定薪、督考合一"的用人机制,重点解决了干部能上不能下的问题。于洪区探索实施经济区"大部制"管理体制,精简9个涉农部门、20个事业单位组建了现代农业示范区管委会,有效推进了现代都市农业的快速发展。

2. 行政审批制度改革继续深化。进一步探索行政审批体制改革,继续保持全国副省级城市审批项目最少的领先优势;进一步理顺公共资源交易管理体制,组建了沈阳公共资源交易中心,形成了"一委一办一中心"的科学管理模式并向区县推广;积极推进公共资源交易系统建设试点,市本级政府投资类项目全部实现公开招投标;推进公共财政管理制度改革,出台了《设立支持重点产业发展专项资金意见》,切实提高了财政资金的综合使用效益。

3. 打造服务型政府取得新成效。出台了规范市政府投资项目管理的相关政策。制定了涵盖户政、交通、消防、出入境等106项保增长、保民生、保稳定的新举措。完成乡镇便民服务中心建设,形成了市、区(县)乡镇、村四级服务体系。

(王　智)

【重点项目建设】 2012年,面对严峻复杂的国内外经济形势,沈阳市项目工作围绕市政府确定的"三个百分之百"和"三个不低于"任务目标,先后召开了工作动员和部署会议、集中开工仪式、审批服务对接大会,开展了全市"双进双解"和"百日攻坚"活动,采取了领导实名推进、审批服务"绿色通道"、现场办公等有效措施,为全市经济实现"稳增长,促振兴"提供强有力的支撑。2012年全市下达了288个重点项目计划(续建项目107个,新建项目181个),总投资7437.5亿元,当年计划投资1948.7亿元。经全市上下共同努力,288个重点项目9月底前全部开工建设,比往年提前70余天。全年完成投资1993.2亿元,完成年投资计划的102.3%,占当年全市固定资产投资的35.6%,宝马铁西新工厂、恒隆一期等36个重点项目相继

竣工，占年竣工计划的116.1%

（陈兆春）

【汽车工业】 2012年，沈阳汽车整车产量超过84.6万辆，同比增长18.3%；发动机产量达52万台，同比增长18.2%。全年沈阳市汽车及零部件制造业实现工业总产值1522亿元，同比增长23.8%。整车产量增幅超过全国平均增幅13.7个百分点，增幅居全国城市前列。全市汽车及零部件制造业完成固定资产投资121.9亿元，同比增长57.9%，高出全市平均水平35.8个百分点。

2012年，在全国汽车行业下行压力进一步加大的情况下，沈阳汽车产业逆势上扬，呈现出产量增长、品质提升的可喜局面。华晨宝马汽车产量突破15万辆，同比增长52.7%；上海通用北盛汽车产量达到31.6万辆，同比增长7.9%；华晨中华产量达到15.5万辆，同比增长25%。华晨宝马汽车有限公司实现工业产值542亿元，成为沈阳市首家超过500亿元产值的企业，同时也宣告了沈阳成为世界顶级轿车的重要生产基地。自主品牌中华轿车产量突破15万辆，并以中华V5和H530两个车型站稳中级轿车市场，捍卫了沈阳中国自主品牌汽车引领者的地位。

随着国内汽车市场不断扩张，华晨宝马汽车有限公司等强势车企呈现出产能不足的趋势。2010年以来，沈阳市汽车行业又进入了新的投资期。2010年总投资56亿元的华晨宝马新工厂建设项目通过辽宁省发改委核准，2011年总投资55亿元的上海通用北盛汽车有限公司扩建（三期）项目通过省发改委核准。2012年，华晨宝马汽车有限公司总投资55.8亿元的铁西工厂二期建设项目、总投资16亿元的大东工厂16万产能扩建项目、总投资6.85亿元的铁西工厂冲压车间二期建设项目通过省发改委核准。总投资15亿元的上海通用北盛汽车有限公司配套发动机项目通过国家发改委核准。截至2012年底，华晨宝马汽车有限公司核准产能为整车36万辆、发动机20万台；上海通用北盛汽车有限公司核准产能为整车50万辆、发动机45万台。

（章永康）

【能源消费】 2012年，沈阳市能源消费总量持续增长，全年综合能源消费量约5050万吨标准煤。主要能源种类中，原煤消费量4275万吨，比上年增长10%；全社会用电量270亿千瓦时，比上年增长4.8%；成品油消费量353万吨，比上年增长2%；燃气消费量6.3亿立方米，与上年相比略有下降；可再生能源利用折标煤103.4万吨。

全市能源消费呈现以下特点：一是能源消费总量持续增长，增幅略有回落。受装备制造业稳步发展，商业、娱乐业等第三产业快速发展等因素影响，全市能源消费持续增长，但增速受外部经济环境趋紧、产业结构调整以及房地产调控严格等因素影响，已经呈现逐步下降趋势，二是能源的供应保障能力增强，电力自给水平明显提高。全年煤炭、电力、燃气和成品油等主要能源品种供需总体平衡，电力新增装机规模较大，电力自给能力明显提升。三是能源消费结构持续优化，清洁能源市场有待进一步开发。天然气供应瓶颈问题解决后，燃气消费市场的培育和形成成为制约天然气消费规模增长的最主要因素。四是可再生能源开发和利用进入平稳发展阶段。经过几年的高速发展，风力发电新增装机规模进入平稳增长阶段，太阳能、生物质能等其他可再生能源进入快速发展时期。

（发改委）

【能源生产】 2012年，沈阳市的能源生产主要包括以下几方面。

1.煤炭。沈阳煤矿生产企业主要有沈阳煤业集团下属的林盛、红菱、蒲河和清水煤矿，铁法煤业集团下属的大平、小康煤矿，以及康平县三台子煤矿、法库县边家和柏家沟煤矿，总的核定生产能力为每年1266万吨。2012年，全市煤炭生产1111万吨。设计年生产能力300万吨的康平大强煤矿正在建设中，预计2013年底可完成全部建设内容。

2.电力。2012年，全市建成投入运营2个49.5兆瓦风电场，1个660兆瓦燃煤热电厂。截至2012年底，全市共有各类发电装机3875.6兆瓦，发电厂32座，其中：火电装机3078兆瓦，风电装机792.7兆瓦，垃圾发电装机3.5兆瓦，小水电装机1.4兆瓦。全市电厂发电量合计149.18亿千瓦时，其中：火电134.57亿千瓦时，风电14.33亿千瓦时，垃圾发电1907万千瓦时，小水电900万千瓦时。

3.城市燃气。2012年，沈阳市天然气供应保障能力明显增强，中石油秦沈天然气管线、大连至沈阳LNG管线取代辽河油田成为供应沈阳市天然气的主力气源。为提高天然气的利用规模，沈阳市加大了天然气管道建设力度，先后筹建了曹台至财落、财落至法库、法库至康平等输气主干线。全市年燃气消费总量6.3亿立方米，其中：民用燃气占总量的36.5%，工业占33.8%，商业占22.1%，交通运输业占7.6%。截至年底，全市拥有城市燃气管网4376.7公里，燃气用户187.24万户，其中：工业用户119户，商业用户3332户。

4.热力生产。沈阳市热力供应以热电厂和大中型热源厂为主，以小型供热锅炉房为辅，兼顾发展清洁能源供热系统。全市中心城区供暖面积2.42亿平方米，其中住宅占供热总面积的76%，非住宅占24%，全市集中供热面积2.19亿平方米，集中供热率90.7%，热用户253万户。全市现有燃煤热源1051座，其中10吨/小时以下（不含10吨/小时）锅炉房516座，全市供热管网长度8700公里。锅炉供热面积为1.59亿平方米，占全市供热总面积的65.8%，热电联产供热面积为6590万平方米，占全市供热总面积的27.3%，燃气、地（水）源热泵、电采暖等其它能源供热面积为1680万平方米，占全市供热总面积的6.9%。

（发改委）

【重大能源基础设施建设】 2012年，沈阳市主要建设了以下重大能源基础设施。

1.国电沈西热电厂“上大压小”新建工程。工程总投资33.5亿元，建设2台330MW燃煤热电机组。2009年6月，项目获得国家发改委核准，2012年4月，两台机组先后成功并网发电。沈西热电厂是沈阳市单机及总装机规模最大的热电厂，项目建成后，年发电量36亿千瓦时，可形成1080万平方米供暖和400吨/小时的供汽能力，极大地改善了沈阳西部地区的大气环境质量，缓解集中供热供需矛盾，特别是为沈西工业走廊的宝马新工厂、特变电工、远大集团、和平轮胎、东药集团、米其林轮胎等多家大型企业提供充足的生产用汽，为铁西装备制造业快速、健康发展提供强大的动力支持。

2. 浑南热电厂"上大压小"新建工程。工程总投资32亿元，建设2台350MW燃煤热电机组。项目建成后，年发电量38亿千瓦时，供应工业蒸汽80吨/小时，实现集中供热面积1800万平方米。除了项目规划选址意见书正在加快办理之外，核准所需的用地、环保、水土保持等全部文件都已取得。

3. 沈抚连接带热电厂"上大压小"新建工程。工程总投资37亿元，建设2台350MW燃煤热电机组。项目建成后，年发电量35亿千瓦时，供应工业蒸汽120吨/小时，实现集中供热面积1951万平方米。项目前期工作已经全部完成，已经取得了核准所需的规划、用地、环保等全部核准要件的审批手续。

4. 沈北热电厂"上大压小"新建工程。工程总投资32亿元，建设2台350MW燃煤热电机组。项目建成后，年发电量38亿千瓦时，实现集中供热面积1800万平方米。

5. 金山"污泥掺烧"供热工程。工程总投资33亿元，建设2台350MW超临界"NCB"燃煤新型发电供热机组。项目采用先进的流化床锅炉焚烧城市脱水污泥技术，以城市脱水污泥替代部分燃煤，项目建成后，年发电量38亿千瓦时，实现集中供热面积3600万平方米。

6. 沈海热电厂异地扩建工程。工程总投资36亿元，建设2台350MW燃煤热电机组。项目建成后，年发电量38亿千瓦时，实现集中供热面积1800万平方米。

(发改委)

【城乡电网建设】 2012年，沈阳市新建1座220千伏瓷都变电站，新增变电容量360兆伏安；新建9座和改扩建14座苏桃、金山、二牛、碳纤维等66千伏变电站，新增变电容量1038兆伏安。沈阳地区220千伏电网已经形成了南北相对独立的两个供电区域，在市区外围形成双环网结构，在市区中心采取高压深入的供电方式。截至2012年底，沈阳市共有220千伏公用变电站21座、开闭站1座，主变42台，总容量为7440兆伏安；220千伏用户变电站11座，主变28台，总容量为1003兆伏安；共有66千伏公用变电站177座，主变367台，总容量为9370.7兆伏安；66千伏用户变电站78座，主变152台，总容量为2079.33兆伏安。共有66千伏及以上输电线路5905千米，其中：500千伏742千米，220千伏1848千米。

(发改委)

【物流业】 2012年，沈阳市深入贯彻落实《沈阳市物流业发展"十二五"规划》，积极应对国内外严峻复杂的经济形势，全力推动重点物流项目和基础设施建设，扎实推进制造业与物流业联动发展。

1. 物流业增加值持续攀升。全市物流业增加值实现274.9亿元，比上年增长9.1%，占地区生产总值的比重为4.2%，占服务业增加值的比重为9.5%，比上年增长0.3个百分点。

2. 货运总量增长较快。全市铁路、公路、航空货运总量达到2.19亿吨，比上年增长11.9%。其中：铁路货运量实现456.4万吨，比上年减少9.5%；公路货运量实现2.1亿吨，比上年增长12.5%；民航货运量实现4.5万吨，比上年增长5.2%。全市铁路货物周转量达到236.17亿吨公里，增长9.0%；公路货物周转量达332.55亿吨公里，增长14.9%；民航货邮周转量达8417.8万吨公里，减少0.2%。

3. 物流业固定资产投资增势强劲。2012年，物流业固定资产投资总额已实现355.5亿元，比上年增长32.2%，增幅高于全社会固定资产投资9个百分点，占服务业固定资产投资总额的10.2%，位列服务业14个行业中的第2位。

4. 物流基础设施日趋完善。2012年，铁路、公路、航空场站和货运枢纽等基础设施加快建设。哈大客专建成通车，新沈阳南站综合交通枢纽已开工建设；一、二环及三环部分路段、七朱公路已经通车，四环快速路全线贯通，沈阜开发大道、沈抚二号公路等工程进展顺利；桃仙国际机场T3航站楼主体完工。各类物流集中发展区、物流中心、配送中心以现代物流理念和技术标准建设的专业物流设施、设备比例明显提高，物流企业信息化管理水平大幅提升。

5. 重点物流项目建设成效显著。沈阳综合保税区获海关总署验收通过。润恒农产品冷链物流、中储股份辽宁物流产业园、招商局物流园、中外运增资扩产项目、安得物流园、上海宇培集团宇航物流中心、中储股份辽宁物流产业园、中国外运华晨宝马物流配套服务项目、京东商城电子商务产业园等一批重大物流项目接连启动，助推产业结构优化升级。物流集中发展区加紧规划建设，招商引资力度空前，中铁集装箱中心站、传化公路港物流园、宝湾国际物流园、阿里巴巴电子商务园等一批项目正在包装、洽谈和开展前期工作，为全市物流发展增添新的动力。

(张海山)

【地铁4、9、10号线建设规划获得国家批复】 为适应城市和交通发展的新形势，沈阳市于2009年年初启动了快速轨道交通建设规划的编制工作。根据《沈阳市城市总体规划》、《沈阳市综合交通规划》确定的轨道交通发展目标，结合沈阳市城市结构布局、轨道交通线网布局以及城市客流特征和交通需求等，新一轮建设规划在全市400公里地铁线网规划中选择了地铁4号线一期、9号线和10号线共三条线路作为近期建设项目。2012年6月9日，《沈阳市城市轨道交通近期建设规划(2012～2018年)》业经国务院批准，由国家发改委正式批复。此次国家发改委批复的近期建设规划主要内容为：建设沈阳市地铁4号线一期、9号线和10号线工程，长约118公里，与1、2号线构成轨道交通骨干网，规划建设期为2012～2018年，项目总投资为610.38亿元。

(肖　浩)

国有资产监督管理

【国有企业改革重组】 2012年，沈阳市国有资产监督管理局完成了东药集团所持东北制药上市公司3338万国有股转让，经国务院国资委批准，辽宁方大集团以每股8.35元受让，总转让价款2.78亿元(高于市场价6900万元)，有利于企业实施搬迁改造，推进体制机制创新，加快产品结构调整，提高核心竞争力。沈鼓集团IPO申报材料已上报国家证监会。北方重工资产重组为上市奠定了基础。红梅集团破产清算工作全面启动。遗留问题处理有序推进，筹资6600万元解决了沈变、胶管、蓝光等企业历史遗留问题。

（何久军）

【国有资本运营】 2012年，沈阳市国有资产达到4367亿元，同比增加1009亿元。净资产达500亿元，同比增加69亿元。实现国资收益2.89亿元，比计划超出7900万元。拓宽企业融资渠道，公用集团成功获批发行6.9亿元中期票据。沈阳机床通过了增发2.2亿股审定，以及发行6亿元短期融资券的审核。完成全市国企土地情况调查，对38户国企966宗，1947万平方米土地及建筑物进行评估并提出处置建议。将老虎冲垃圾处理公司产权划转基础产业集团，做实了平台公司注册资本金。推进公交企业资产回购工作，对康福德高、香港丰城2户企业评估结果提出复核意见和收购价格建议。

（何久军）

【国有资产监督管理】 2012年，沈阳市国有资产监督管理局完成了国有企业产权登记工作。完成了2011年度企业业绩考核薪酬兑现。与企业负责人签订《2012年度经营业绩考核目标责任书》。完成了储运集团、城市通公司等5户企业管理关系调整，理顺了产权关系，保证了企业稳定。建立了外派监事会制度，市委组织部、市国资委联合召开外派监事会主席会议，正式启动了外派监事会工作。加快推进沈阳产权交易市场建设，辽宁省高法指定沈交所为全省涉讼国有资产处置平台，省金融办已初步确定依托沈交所筹办全省股权交易市场。区、县国资公司在推进重大项目建设上发挥了重要作用。

（何久军）

【国有经济增长】 2012年，严峻的经济形势对沈阳市国有企业造成了一定影响，但利润指标实现持续增长。全市国有企业实现营业收入650亿元。实现利润39亿元，同比增长10%。重点企业保持较好发展态势。机床集团卧式车铣加工中心等3个产品荣获第七届国际发明展览会金奖。沈鼓集团1000兆瓦核电站核二级安全壳喷淋泵和低压安注泵、国内首个大型PTA空压机组、首套20兆瓦电驱压缩机组等相继出厂，填补多项我国重大装备空白。北方重工在海外市场获得超过130亿元的订单。沈鼓集团和北方重工在营口市临海装备制造基地开工建设。

（何久军）

【国有企业党建】 2012年，沈阳市国有资产监督管理局采取多种形式，深入学习宣传党的“十八大”精神，统一广大干部职工思想。加强企业文化建设，制作完成了国资文化建设巡礼专题宣传片。着力做好工会工作，精心组织评选了2名省劳模、3名市劳模、2个市先进集体单位，举办了劳模先进事迹报告会。以“六个一”活动为载体，深化创先争优活动，国资委系统1个先进集体受到辽宁省委表彰，7个先进集体和个人受到市委表彰。完成企业班子年度考核，对9户企业班子进行调整，召开了国资委系统“四好”领导班子建设经验交流会。不断加强党风廉政建设，落实党风廉政建设和反腐败重点工作任务及责任分工，抓好企业领导人员廉洁从业行为监督。着力做好信访稳定工作，受理各类诉求2496件，办结群众来信来访26件，对60件交办案落实包案责任全部结案，确保了企业稳定和社会和谐。

（何久军）

统　计

【企业一套表统计】 2012年是一套表统计制度改革的实施年，沈阳市统计局围绕提高企业联网直报率和数据质量两个重心组织实施。首次封网，全市联网直报率达到97.7%。

（李宣澄）

【服务业统计】 在辽宁省政府召开“加强服务业统计工作体系建设”会议后，沈阳市统计局配合市政府办公厅下发了《关于进一步加强服务业统计工作体系建设的通知》，动员全市统计人员和街道社区力量，采用经济普查的地毯式排查方式进行核查。多次对服务业专业字典库与服务业基本单位名录库中达到国家和省“网报”标准的单位进行比对，按时完成了全市服务业单位核查工作，核查入库服务业法人单位8.8万户，比核查前增加2.6万户，为全市第三次全国经济普查服务业单位清查打下良好基础。市政府先后印发了两个关于加强服务业统计体系的工作文件。已建立起45个部门组成的全市服务业统计部门联席会议制度。全市新增补充入库限上服务业企业1010户。成功推行联网直报，上报率100%。

（李宣澄）

【统计服务】 2012年，沈阳市统计局加强了统计服务工作。一是按期保质完成统计预计、快报、宏观监测、统计年鉴、专业年鉴、工作手册、公报等统计资料的发布工作。为新民、辽中跨入百强县提供了数据支持。完成市领导临时交给的数据加工需求，统计信息服务的全面性、及时性得到加强。二是按要求逐月在市政府召开的经济形势调度会上发布全市及各地区主要经济指标完成情况，统计工作的权威进一步加强。三是围绕全市稳增长目标，及时开展预测和分析工作，及时向市领导提出加强工作的建议。同时，针对经济运行不很顺畅的重点地区，市统计局领导带着问题，直接深入地区，与地区领导共同分析问题，寻找对策。四是围绕全市经济社会运行中出现的热点、难点、重点问题集全局骨干开展深入的分析研究工作，撰写了一批高质量，有影响的统计监测报告。全年市局共撰写各类统计分析138篇，市领导批示39篇。

（李宣澄）

【统计普查和调查】 2012年，沈阳市统计局重点开展了统计普查和统计调查。一是顺利完成了投入产出调查的前期准备工作。二是完成第六次人口普查收尾工作。三是积极开展社情民意调查。圆满完成了2011年度区、县（市）及开发区市管党政领导班子满意度民意调查；建立了企业景气调查统计报表制度；开展沈阳城市建设管理市民满意度调查；开展了沈阳市农村居民小康调查。

（李宣澄）

【统计制度改革】 2012年，沈阳市统计局深化统计制度改革。一是精心搭建沈阳市科技创新统计指标体系。沈阳市统计局积极协调科技、发改、经信等16个部门，参考学习了部分兄弟城市经验，提出了涵盖企业创新、创新收入、成果转化及人才流动等多方面的指标体系框架。并选择重要指标纳入到2012年的沈阳市经济社会发展指标体系中。二是认真开展县级统计局考核工作。2012年是国家统计局第一次开展县级统计机构评比工作，对此，沈阳市统计局制定并下发《关于做好沈阳市县级统计局考核评比的通知》，细化各项考核项目及具体要求，开展了预评、终评工作，结果已报辽宁省统计局。

（李宣澄）

【**基础工作**】 2012年，沈阳市统计局深化统计基础工作。一是依法行政收效显著。按照2012年沈阳市统计法制工作要点，全年共立案255件，结案255件。同时，完成了《沈阳市统计局法制政府建设指标体系任务分解表》和依法行政目标考核的准备工作。开展了各种形式的普法宣传和培训工作。二是加快统计信息化建设进程。全年为企业一套表统计改革工作实施提供技术支持，完成了普查、调查及专业数据处理及上报，人口普查后期数据处理，完成了市县两级的统计信息化网络与信息安全改扩建。实现了统计专网与省局、局二部的千兆互联，与14个县级统计部门实现10兆互联，65%的乡级统计部门2兆专线互联。三是认真完成统计系统培训。全年，沈阳市统计局积极组织开展全市统计教育各项培训考试工作，全年共培训各类统计人员5869人，1651人通过国家统计从业人员考试，及格率为90%。有效提高了广大统计人员的业务素质。大东区局积极对街道、社区和企业开展相关统计业务培训，全年共举办19次、共计1660人的培训。

（李宣澄）

审　计

【**概况**】 2012年，沈阳市审计局共审计和调查了632个单位，审计促进整改落实有关问题资金29.17亿元，移送案件线索和事项4件。向两级政府和有关部门提交各类专题报告、要情、信息452篇，被批示采用186篇。共对89个单位（项目）进行了审计和调查，通过上缴财政、减少财政拨款及归还原渠道资金等促进增收节支8.51亿元，移送案件线索和事项2件。通过审计，向上级机关提交各类专题报告、要情、信息149篇，被上级机关和新闻部门采用120篇（次）。在促进经济社会发展平衡性、协调性、可持续性基础上，继续重点关注财政、民生、政府投资项目建设等领域有关政策措施的落实情况和效果，及时揭示和反映新问题和新情况，为领导决策提供科学依据。

（余　宏）

【**预算执行审计**】 2012年，沈阳市审计局对市本级预算执行情况和其他财务收支进行了审计，同时，对22个部门的预算执行情况进行了审计，重点对与全市经济发展、民生工程密切相关的21项专项资金的管理和使用情况进行了审计或审计调查。通过审计与审计调查。提报审计要情和信息10篇（次）。

沈阳市政府专门召开全市预算执行审计整改工作会议，全面部署整改工作。明确要求对预算审计中查出的问题，各部门要按“审计、整改、规范、提高”的整改目标认真进行整改，注重从源头上研究治本措施，积极建立财政监管的长效机制。2012年12月4日，沈阳市十四届人大常委会举行第四十二次会议审议市政府关于《2011年度沈阳市本级预算执行和其他财政收支的审计工作报告》提出问题整改情况的报告（书面）。常委会组成人员认为，市政府及相关部门认真落实市十四届人大常委会第三十九次会议对市政府《关于2011年度沈阳市本级预算执行和其他财政收支的审计工作报告》的审议意见，对这次审计查出的问题高度重视，主要领导亲自召开会议专项部署，认真落实和推进整改工作。审计查出的问题绝大部分得到解决纠正，相关制度建设得到加强和完善。

（余　宏）

【**社会保障资金审计**】 按照国务院、审计署的统一部署，沈阳市两级审计机关把社会保障资金审计作为2012年的头等大事，以高度的政治责任感和历史使命感圆满完成此项工作。沈阳市审计局对和平、皇姑、大东、铁西、东陵、于洪、沈北、辽中、康平等9个区、县社会保险基金、社会救助资金和社会福利资金等社会保障资金进行了审计（市本级、沈河、苏家屯、新民、法库4个区、县（市）由审计署沈阳特派办审计）。通过审计，发现部分县区符合条件人员未纳入相应的社会保障以及重复参保等问题。

根据辽宁省审计厅的安排，沈阳市审计局完成了对本溪市市本级2005年至2011年社会保障资金的筹集、管理和使用情况的异地审计。揭示了本溪市在社会保障制度和政策执行方面、业务管理方面、社会保障资金筹集、管理和使用方面存在的问题。在对本溪市低保资金发放领取情况进行审计时，发现了个别低保工作人员贪污低保资金的线索，经检察机关介入，查出2人贪污低保资金24万元，其中1人被法院判处有期徒刑6年。

（余　宏）

【**投资项目审计**】 2012年，沈阳市审计局尤其关注政府重大财政专项资金使用效益，组织实施了全市弃管小区改造资金使用效益、市妇婴医院搬迁改造项目等项效益审计，三环路四环路征地拆迁、哈大铁路客运专线征地动迁补偿、“十二运”场馆建设以及市骨科医院综合楼改造工程决算等项审计。

在沈阳会展中心、妇婴医院、第四医院和骨科医院等项目审计中，削减工程结算值超过3亿元，收回建设单位多支付施工单位的工程款1500万元，节约了财政资金。同时，还查出项目超概算、招投标管理不规范、损失浪费、挤占挪用建设资金和违反基本建设程序等违纪违规问题。通过审计，促进了相关单位加强资金和项目管理，提高了投资效益。弃管住宅区改造工程是市政府承诺的十大民心工程之一，为确保这一工程落到实处，沈阳市审计局开展了全市弃管小区改造资金使用效果及后续管理情况审计。在全市弃管住宅区改造工作总结大会上，沈阳市审计局被授予先进单位称号。在对“十二运”场馆建设项目实施的跟踪审计中，揭示了项目建设过程中存在的管理不规范、资金使用不合规等问题。审计组及时向相关责任单位下达了跟踪审计意见单40余份，向组委会提交审计检查报告6份，使问题在过程中得到整改，为规范建设单位的建设行为、增强投资控制意识、提高建设管理水平发挥了重要作用。

苏家屯区审计局全年完成政府投资项目审计300项，查出违纪违规及管理不规范金额3.46亿元。沈阳市经济技术开发区审计局开展建设工程项目结算审计280项，审减金额1.39亿元。大东区审计局共完成政府投资建设项目审计177项，审计项目资金1.6亿元，核减区财政支出2840.75万元。沈北新区审计局完成工程造价审计115项，送审金额2.7亿元，审减额达4198万元，为政府直接节省资金4198万元。

（余 宏）

【经济责任审计】 2012年，沈阳市两级审计机关认真落实“两办”规定，加大了经济责任审计工作力度。全年共审计党政领导干部以及企业领导182人（含29个单位33名市管干部），查出违规和管理不规范金额22.4亿元。在审计内容上，重点关注了领导干部履行法定职责情况，贯彻执行保增长、调结构、扩内需、节约资源、保护环境、改善民生等重大经济政策情况，以及是否依法科学决策、有无越权和滥用权力造成损失浪费等行为。在审计方式方法上，把经济责任审计同预算执行审计、专项审计、企业审计、效益审计有机结合，同建立健全干部考核评价、惩治和预防腐败体系结合起来。并继续探索党委和政府主要领导干部同步审计的方式方法，取得良好效果。与此同时，两级审计机关还进一步加强了与组织人事、纪检监察、国资等部门的协调配合，不断改进经济责任审计计划管理和成果运用等工作。

（余 宏）

【农业和资源环境审计】 2012年，沈阳市审计局开展了对水利专项资金、农业综合开发资金管理使用和沈康高速公路现代农业示范带农田建设项目审计。在沈康高速公路现代农业示范带农田建设项目的审计中，通过对13个子项目76个标段单项工程跟踪检查，提出42份审计整改意见书。苏家屯、康平、新民、辽中等四个区、县（市）财政部门挪用、滞留水利专项资金的已全部整改和归还到位，毁损的树木已经补栽。

为进一步促进全市生态环境保护工作扎实推进，按照市人大要求，沈阳市审计局对全市24户万吨以上污水处理厂的建设、管理、运营情况进行了审计调查。提出了要继续加大污水综合整治力度，完善配套设施，提高污水处理能力和标准，有关部门应落实责任，继续强化行业监管等7个方面的整改意见，向市政府和市人大常委会提交了综合报告，得到充分肯定。

（余 宏）

【教育资金审计】 2012年，沈阳市审计局加大了对教育资金的审计力度。开展了教育费附加管理使用情况的审计、全市农村中小学布局调整等项审计。重点关注了全市九年一贯制学校建设后续保障资金的到位和债务偿还情况、全市中小学校舍安全工程和50所幼儿园工程以及全市农村中小学布局调整等资金安排使用情况等。在摸清了全市农村中小学布局调整的总体情况基础上，肯定了全市农村中小学布局调整取得的显著成效，同时揭示了布局调整中存在学生上学距离增加、交通安全隐患较大，部分农村家庭教育支出增加农民负担等四个方面的问题。分析了形成的原因，提出了完善各级财政补助资金投入、加强校车规范管理等四项有针对性的审计建议，提交的专题报告得到了市长的高度重视，批示要求有关部门认真组织整改。审计查出的问题得到了教育主管部门的高度重视，多次召集有关项目执行单位落实审计意见，并派出项目执行情况监督组跟踪检查，使问题得以及时纠正。为推动和促进农村中小学布局调整和中小学教育持续健康发展发挥了作用。

（余 宏）

【社会捐助审计】 2012年5月10日至6月8日，沈阳市审计局组织两级审计机关对全市2011年至2012年年初的“送温暖、献爱心”捐助活动中捐助的款物和两节救助资金捐赠款物收支、管理情况进行了审计。重点审计捐助资金和物资的筹集、分配、发放、使用等环节的手续和制度是否健全、合规。通过审计发现了“送温暖、献爱心”社会捐助活动社会覆盖面不宽，个别市区街道和社区捐赠活动有建议性指标等问题，依法将审计结果对社会进行了公示。

（余 宏）

【交办审计事项】 2012年，沈阳市两级审计机关圆满完成了和平等四个城区除雪资金管理使用情况调查等上级交办事项，为维护财经秩序和社会稳定发挥了积极作用，有关工作受到上级领导和相关部门的充分肯定。沈阳市审计局抽调审计人员20余人，积极配合市纪委查办案件10项，为促进全市反腐败工作的深入开展、经济的发展和社会的稳定发挥了重要作用。

（余 宏）

质量技术监督

【依法行政】 2012年，沈阳市质量技术监督局不断完善执法机制，提升依法履职能力。为适应执法需求多元化的要求，一方面大力提高执法有效性。在严格依法行政、拓展执法领域、加强执法力量的同时，以“双打”为重点，突出对大、要案件处置力度，完善了相关司法移送制度，移送案件11件。另一方面着力提高执法服务性。在强化执法人员服务意识的基础上，通过加强对企业行政指导、增加非经济处罚考核内容等，引导全系统由重执法轻服务向执法、服务协调并重转变，实现了以执法促发展的目的。2012年，全系统立案查处案件838件，责令改正686件，均做到依法监督，有力维护了经济社会发展秩序。

（胡 宁）

【食品安全监管】 2012年，沈阳市质量技术监督局继续推进“差别化”监督思路，重点在提高各环节执行力上下功夫。严格许可管理，经排查注销不具备生产条件许可证52张，并启动了对小作坊的摸底工作；强化了监督抽查工作，完成对32类重点产品的3996次监督抽查；突出工作巡查，探索建立了对重点企业生产过程的巡查报告制度，先后巡查企业和小作坊1387家，有效提高了动态监督和执法到位水平；加强专项整治，结合上级部署和全市实际，对乳及乳制品、非法使用明胶等8个重点领域全面开展专项整治；此外，大力宣传贯彻《食品安全法》，先后培训企业1170家次，增强了企业的主体责任意识，提高了企业质量管理水平。在此基础上，不断加大对食品重大案件的打击力度，全市先后立案查处各类食品违法案件365件，取缔食品黑加工点8个，使全市食品质量安全水平得到有力控制，食品实物质量合格率达到94.14%。

（胡 宁）

【特种设备安全监管】 2012年，沈阳市质量技术监督局为有效应对全市特种设备迅速增加的监察压力，科学调整工作思路，在摸清底数、落实责任的基础上，突出对重大隐患的重点监察，并通过强化企业主体责任、加强设备动态管理、开展"打非治违"行动等，有效提升了特种设备监察的有效性。开展了基础数据整顿年活动，对全市特种设备进行了全面排查，录入信息7.09万台；积极推进了对特种设备分类监察，检查使用单位1879家、特种设备1.8万台，消除各类隐患1012处；此外，积极加强应急体系建设，在北京地铁扶梯事件后，及时对全市4044部扶梯进行了全面排查，消除了相关隐患。由于措施得力，全市特种设备安全监察能力进一步增强，安全形势总体保持平稳。

（胡 宁）

【产品质量监督】 根据国家质检总局要求，沈阳市质量技术监督局把消除区域性、系统性、行业性质量安全风险作为监督工作的重点。全力做好专项整治，不断夯实质量基础。进一步扩大了对国家强制性监督产品的抽检规模，优化抽检产品结构，对60类产品进行了1416批次抽查；根据监督抽查结果和质量风险评估，协调相关政府和部门对全市问题企业和领域进行了大力整治。特别是以保障"十二运"为契机，对全市涉及全运会重点区域质量安全风险进行了细致排查和全力整治。

（胡 宁）

【标准化工作】 2012年，沈阳市质量技术监督局认真贯彻市政府《加强农业标准化工作的意见》，进一步完善了全市农业标准体系，深化国家农业示范园区创建工作，促进了农业规模化经营。工业标准化取得重大成果，先进装备制造业技术标准体系通过市级验收，并已在沈阳机床等企业试点，将对全市装备制造业发展发挥重要促进作用。进一步拓展了服务业标准领域，在地铁施工验收、社保数据质量、高新技术产业等方面取得进展，特别是围绕服务"十二运"，在全市全力推进了公共信息标志标准化整顿工作，积极协调全市各地区、各行业和各部门开展宣传、自查和整改工作。已检查市级重点区域148个，公共信息标志1.1万块，并正在有条不紊地推进后续工作。

（胡 宁）

【认证工作】 2012年，沈阳市质量技术监督局着眼于服务经济社会发展，积极发挥认证工作规范作用。对内加强认证工作体系建设，开展了对强制性产品、认证目录产品的监督检查，检查企业400余家。此外，对全市相关认证机构、15家汽车安检机构进行了检查和整改；对外积极推进沈阳经济区认证监管一体化，编制完成了《沈阳经济区认证监管协作机制》，已发到各相关市实施，为沈阳经济区认证监管工作开展提供了依据，并有力促进了经济区的发展。

（胡 宁）

【质量管理】 2012年，沈阳市政府明确提出建设质量强市的目标，印发了《关于贯彻质量发展纲要建设质量强市的实施意见》（沈政发〔2012〕47号）和《沈阳市质量发展纲要2012年行动计划实施方案》（沈政办发〔2012〕74号），在全市范围内掀起了夯实质量基础，提高产品质量，建设质量强市的热潮。沈阳市质量技术监督局以此为契机，大力推进质量发展工作，通过加大宣传、培训力度，使企业主体责任意识和质量发展水平有了较大提高，在全社会营造了关心、参与质量提升的良好氛围。在此基础上，不断推动相关工作深入实施，继续推动全市企业导入卓越绩效管理制度，积极组织特变电工、三一重工争创省长质量奖，开展了39种辽宁省名牌产品的申报和70种沈阳市名牌产品的评审工作；深入推进地理标志产品保护工作，成功组织辽中玫瑰、法库牛肉品进入国家总局地标产品评审程序。

（胡 宁）

【技术机构建设】 2012年，沈阳市质量技术监督局积极将硬件优势转化为发展能力，结合技术机构机制改革、能力审查和科技、人才兴检战略，着力推动市级技术机构提升高端服务能力和县级技术所提升基础检测能力，使技术机构整体服务水平持续增强；各技术机构检测资质达到2600余项，业务辐射国内20多个城市和日、韩、美、欧等诸多国家和地区，实现经济收入2.1亿元。

（胡 宁）

【节能降耗】 2012年，沈阳市质量技术监督局服务于全市生态城市建设，有序推进了相关工作的开展。将30家重点耗能企业能源计量工作纳入地方政府节能减排责任目标，配合市节能办和相关区开展了对相关企业节能指导工作；积极发挥国家能源计量中心作用，进一步完善功能，并启动了相关业务市场拓展工作。

（胡 宁）

【质监惠民】 2012年，沈阳市质量技术监督局加强了对农资等涉安涉民产品的监督整治。不断扩大计量惠民范围，积极推进全市240个加油站及餐饮、集贸市场开展诚信计量工作；对医用心电图机、血压计等涉民计量器具进行监督抽查682批次。为增进群众质量安全意识，在充分利用媒体加强宣传同时，开展了"3·15"消费者权益日、世界计量日、认证认可日、"5·15"政务公开日等专题宣传活动，向社会免费发放《食品质量安全知识与消费常识》；为有效解决群众关注的热点问题，大力加强"12365"、"民心网"等平台，先后受理、办结百姓投诉、咨询、举报3506件，解决了大量群众关心的实际问题。

（胡 宁）

【环境建设】 2012年，沈阳市质量技术监督局按照市政府"稳增长"和"软环境"建设要求，进一步加强了对企业的帮扶工作。在深入开展服务性执法的同时，积极推进"双进双解"活动，对所负责的于洪区10个项目所反映的问题进行了认真协调解决，并有力促进了国际特种机床装备城等项目的建设；深入推进政务公开和政务服务工作，在项目审批中，简化程序，加强指导，先后受理各类审批事项3.03万件，实现办结率、满意率"双100%"。特别是创新服务举措，集中相关服务职能，在全市率先建立了"便企惠民服务大厅"，为企业提供"一站式"咨询服务，共接待企业和百姓

1万余人次,树立了质监服务的良好形象。

(胡 宁)

【队伍建设】 为适应新任务的要求,沈阳市质量技术监督局继续全方位推进干部队伍建设。完善了干部选拔任用机制,全面实行干部竞争上岗,公开选拔干部9名,有效调动了干部队伍的积极性;更加重视有针对性地加强干部培训,在全系统大力开展岗位练兵、调查研究等活动,有效提升了干部的综合素质和工作能力;高度重视和积极推进党风廉政和行风建设,严格落实各项廉政规定,严肃整顿违规违纪问题,促进了全系统作风转变;特别是通过大力开展"创先争优"活动和"共产党员工程"等,不断增强广大干部奋斗精神,使全系统呈现出良好的发展态势。

(胡 宁)

食品药品监督管理

【药品生产流通领域集中整治】 2012年,沈阳市食品药品监管局强力推进药品生产企业新版GMP贯彻实施,11家企业、36个剂型通过认证检查,28家在产基本药物生产企业实现电子监管,铬超标药用胶囊查处工作妥善开展并达到预期目标,制定实施14个药品生产企业监管方案,药品生产全过程和质量管理各环节监督检查基本全覆盖。严格GSP认证及跟踪检查,新认证1家药品批发企业、142家药品零售企业,将175家药品批发企业全部纳入国家药品电子监管网。对全市336家门诊部以上医疗机构医用氧和临用配制处置用药品进行了全过程检查。全年共完成4049家医疗机构药品质量管理体系评价。

(傅永忠)

【拓宽专项整治的信息渠道】 2012年,沈阳市食品药品监管局充分利用电视、广播、报纸、互联网等各种媒体和宣传方式,搭建《食品药品安全播报》等平台和载体,通过加强对各种专项整治行动重要性、必要性以及有关法律法规的宣传,加大对优秀企业的宣传力度和违法违规案件的曝光力度,取得人民群众和社会各界的支持。进一步完善以公众参与、舆论监督为主要内容的社会监督体系,全方位发挥社会监督员在信息收集、宣传、暗访等方面的作用,畅通"96111"举报投诉电话、群众举报和信访渠道,及时受理群众举报投诉案件,充分调动全社会的力量,激励公众参与的积极性,在全社会形成打假治劣的浓厚氛围,使违法违规行为无处藏身。

(傅永忠)

【打假专项行动】 2012年,沈阳市食品药品监管局加大违法违规行为查处力度,全年依法查办案件1290件,捣毁制假售假窝点14个,小餐饮无证经营、非药品冒充药品、违法广告宣传等行为得到有效遏制。广告监测及投诉举报受理反馈程序逐步规范,技术支持作用充分发挥,全年完成药品监督抽验1201批次,直接或依据检验报告出具假药鉴定函409份,移送公安机关查处案件40件,移送外地食药监部门查处案件33件,查办有关部门移送、核查案件105件,有效地解决了与人民群众联系最直接、最密切、反映最强烈的食品药品安全问题。

(傅永忠)

【电子化监管】 2012年,沈阳市食品药品监管局强化药品电子监管工作进展调度,优化电子监管工作。在药品批发环节着重加强药品购销存上报信息甄别和仓储温湿度监测,将批发企业全部纳入国家药品电子监管网,开展"见码就扫"工作。完善药品零售环节许可信息,使许可信息、电子监管信息与实际底数相符。全年共发布各类电子化监管通报9期,召开全市电子监管调度会1次。全年共培训全市药品经营企业负责人、质量负责人以及其他质量管理人员共4000余人次。

(傅永忠)

【食品安全】 2012年,沈阳市食品药品监管局全面启动餐饮单位食品安全监督量化分级管理工作,完成3862家餐饮单位等级评定。大力实施餐饮服务食品安全示范工程,确定新民市为省市级示范县,7条街路、79家餐饮单位为省市级示范街(店),12条街路、214家餐饮单位为区县级示范街(店)。对餐饮类食品小作坊监管、农村自办宴席和早餐工程实施食品安全规范化管理,制定并实施涵盖所有具体要求的规范性文件。重要节日和29次省级以上重大活动餐饮服务食品安全达到百分之百。

(傅永忠)

安全生产监督管理

【概述】 2012年,沈阳市安全监管系统组织开展了"安全生产年"活动和"打非治违"专项行动,持续开展隐患排查治理和重点行业领域专项整治,推进全国安全生产标准化示范城市和全国安全城区两项重点工程,全市安全生产形势总体稳定。在辽宁省政府安全生产工作目标管理考核中,沈阳市取得99.5分,被评为辽宁省安全生产先进城市。一是全市各类事故总起数和死亡总人数实现双下降。共发生各类事故2196起、死亡572人,分别比上年下降19.4%、5.3%。二是主要行业领域事故起数和死亡人数同比下降。非煤工矿商贸企业事故起数和死亡人数同比分别下降8.5%和5.2%,道路交通事故起数、死亡人数同比分别下降21.3%、5.1%,消防火灾事故起数、死亡人数同比分别下降17%和25%。全市未发生铁路道口死亡事故和非法生产引发的生产安全事故。三是较大事故同比下降。全市共发生较大事故6起,死亡18人,同比分别下降62.5%、66%。四是反映安全发展水平的主要相对指标同比下降。亿元GDP死亡率、10万人死亡率、道路交通万车死亡率同比分别下降15%、2.2%、17.9%。

(王永良)

【加强政府安全生产监管】 2012年,沈阳市安监局加强了政府安全生产监管。一是明确监管责任。市安委会印发了《沈阳市安全生产责任制规定》,明确了地区政府和市直部门安全生产责任,以市政府名义向15个地区政府、26个市直委办局下达了安全生产工作目标管理责任书。二是形成安全生产检查机制。每逢重要时间节点和重大活动,均由副市长亲自带队,开展安全大检查,各地区比照执行,有效促进安全生产各项工作。三是加强安全生产准入监管。强化重点建设项目"三同时"指导服务工作,23个"十二运"体育场馆全部履行安全设施"三同时"程序。按照审批权限,对属于生产经营性的全市重点建设项目逐项跟踪落实,全市55个重点项目正在办理"三同时"程序。

(王永良)

【落实企业安全生产主体责任】 2012年,沈阳市安监局认真落实企业安全生产主体责任。

1. 全面推进安全生产标准化工程。一是继续推进全国安全生产标准化示范试点城市建设。深入推进全国安全生产标准化示范试点城市建设,规范企业安全管理,提升企业安全水平,全年实现达标企业1768家,全市累计达标企业2368家,规模以上企业累计达标率为74.6%。二是完善安全生产标准化建设体制机制建设。进一步下放权力,区县有权确定三级安全生产标准化企业名单,可以对评审单位进行协调指导等,增强区县安全生产标准化建设的自主性和创新性。三是全面启动商贸企业和星级旅游饭店安全生产标准化建设。确定和平区、铁西区为商贸企业安全生产标准化建设试点地区,中兴商业大厦、铁西百货等10家单位为试点企业,培训商贸企业评审人员38人、自评人员321人,培训星级旅游饭店自评人员96人。四是着手制定小微企业安全生产标准化建设规范。确定铁西区为小微企业创建示范地区,修订《沈阳市中小企业安全生产标准化通用规范》作为小微企业评定标准。

2. 继续强化企业主要负责人履职考核。按照机械、轻工、军工等不同行业,对市直管企业主要负责人进行履职考核,考核结果向社会公布并与企业负责人年薪制度等挂钩。这项工作获得2011年国家安全生产工作创新成果二等奖。通过履职考核工作,沈阳市逐步建立和完善了责任落实、基础扎实、投入到位、管理规范的企业安全保障体系,企业整体安全生产管理水平明显提升,企业安全生产形势明显好转。从2009年实施企业主要负责人安全生产履职考核以来,企业年度平均发生生产安全事故43起,死亡56人,市直管企业平均发生生产安全事故5起,死亡8人,较以往分别下降35.8%、29.6%、72.2%和55.6%。

3. 深入企业开展反违章活动。针对70%以上事故由违章引发的问题,2012年以"实施隐患排查治理信息化,推进企业安全文化建设"为主题,继续深化反违章活动。全市共修改、新增、废止规章制度和操作规程共计14万项。实践证明,反违章活动能够有效改善企业的安全生产条件,助推隐患排查治理的开展,为安全生产标准化建设奠定了坚实基础。

4. 不断强化职业危害监管与防治。一是进一步加强职业卫生监管机构和队伍建设。沈阳市所有区、县(市)安监局都成立了职业卫生监管科。二是职业卫生技术服务支撑体系建设已经建成。全市检测机构18家,实现了职业卫生技术服务覆盖全市所有区县(市)。三是强化职业危害治理工作。工作场所职业危害因素检测合格率达到86%。强化职业健康监护工作,职业健康体检人数达到4800多人,体检率达到68.6%。四是继续加强职业危害动态申报工作。全年实现申报企业3198家,申报率达到91.4%。

(王永良)

【开展重点行业领域安全专项整治】 2012年,沈阳市安监局开展了重点行业领域内的安全专项整治。

1. 危化品和烟花爆竹领域。一是集中整治危化品领域违章违规行为,全年累计出动执法人员2641人次,检查企业1148家,整改安全隐患758处,投入安全生产整改资金743.1万元。二是强制推行先进安全技术装备。强化三环内重点场所及全运会场馆周边加油(气)站安全监管,完成5户HAN阻隔防爆技术改造,全面完成年初确定的工作任务。累计投入3000余万元,完成改造92户。继续在公交客运系统安装使用阻隔防爆撬装式加油(气)装置,全年完成30户。三是进一步规范化工园区安全管理,开展了化工园符合性安全评价,评价报告已初步完成。四是强化烟花爆竹安全管理。缩减春节期间烟花爆竹零售网点,由上年的1343户缩减至1000户以内,实施了烟花爆竹专营管理和购销协议管理,全市未发生烟花爆竹运输、储存、销售等环节的安全生产事故。五是继续推进产业结构调整和布局优化。5年来,实现三环内43家危化生产企业全部退出,三环内小化工企业累计退出近150家。

2. 非煤矿山领域。一是按照总量控制、区域退出的原则,继续推进非煤矿山行业的产业结构调整和优化布局。发证企业由389个减少到71个,其中尾矿库由7个减少到2个。二是强化了对6个地区执行春季开工审批制度的专项督查。沈阳市已连续5年执行开工审批制度,取得了良好效果。三是组织开展对地下矿山的专项安全检查。2家地下矿山企业"六大系统"建设全面完成。强化非煤矿山专项整治,非煤矿山连续6年保持零事故。四是重点督导法库陶瓷城等重点区域,基本完成了园区内企业安全生产现状评价工作,完成120户建材企业安全生产标准化外部评审工作,分级管理工作有序进行。

3. 建筑施工领域。对全市1134个施工现场进行了全覆盖的安全隐患排查,对地铁、地下人防工程、"十二"运场馆、四环路工程等重点项目实施重点监管,全年共开展检查4334次,下达责令整改通知书1899份,排查一般隐患2.77万处,重大隐患277处,全部完成整改。对存在重大隐患或整改不合格的企业进行处罚,累计罚款200余万元。

4. 道路交通领域。严格源头管控,严格路面执法,严格排查整治。开展了58次集中整治行动,异地调警6次,查处各类违法行为6.8万余件,查处酒后驾驶交通违法1107件,查扣假牌、套牌机动车332辆。确定176处交通安全隐患点段,已整改161处,整改率达到91.48%。

5. 消防领域。逐步完善网格化消防安全排查机制,形成了"一网多级、一级多格、一格多点"的"网格化"消防管理新模式。开展了夜查行动、零点行动,共排查单位1.58万家,排查整改一般隐患2.51万项,排查整改重大隐患107项,整改率均达到100%。

6. 特种设备领域。对危险性较高的气瓶充装站、商场、医院、宾馆等公共活动地点电梯等设备进行了重点排查,共检查特种设备使用单位1879家,检查特种设备1.82万台,消除隐患1012处,取缔“土设备”58台。

7.铁路道口领域。继续实施分级管理，坚持定期联合检查和夜查，共开展检查27次，出动警力1200余人次，排除道口事故隐患61处，对17处存在故障的道口设备设施进行了及时维护，再次实现安全年。

（王永良）

【全国安全城区创建】 2012年，沈阳市安监局全力推进全国安全区域创建工作。一是全面实施《沈阳市安全社区建设工作实施方案》，将安全社区建设工作纳入了全市安全生产“十二五”总体规划之中，并列入全市重点工作之中，实施目标管理考核，加以推进。二是抓重点区域，普遍布置，重点推进。选择基础条件较好的沈河区作为试点，培育典型，以点带面，引领全市工作，推动其他地区开展创建。既有全国安全社区创建的示范，也有国际安全社区创建的范例。三是探索出一些创新的体制机制，如沈河区在全区推行安全生产网格化管理项目，构建了区、街道、社区“三横”和公安、安监、质监、交警、消防、城建、卫生、教育、药监“九纵”纵横交错的点线面相结合的立体安全生产监管工作网格。连续3年安全生产形势稳定好转，并被评为辽宁省安全生产先进区县。四是强化培训宣传与交流。全年组织开展安全社区培训2次，举办了全国安全社区高级培训班，共培训业务骨干60多人。2012年命名全国安全社区10个，沈阳市累计有2个街道被授予国际安全社区，沈河区全区、全市31个街道、6个社区被授予全国安全社区。

（王永良）

【开展“打非治违”专项行动】 2012年，沈阳市安监局开展了“打非治违”专项行动。一是按照国家和省、市的总体部署，在全市所有行业领域全面开展了“打非治违”专项行动，对非法违法行为集中进行打击和整治。全市共成立督查组287个，检查单位4.85万家，排查隐患6.2万处，投入整改资金4012.21万元，停产停业整顿304家，关闭非法违法企业54家。二是继续深入实施打非零报告制、有奖举报制等行之有效的工作措施，保持对非法生产经营行为的严打态势，实现了全市非法生产经营零事故。三是有效组织开展了危化、烟花爆竹、建筑施工等重点行业执法监察工作。四是充分发挥“12350”投诉举报电话，完善案件查办机制。全年共接听举报投诉电话3900次，政务公开及培训咨询3250次，举报投诉电话650次。实现了投诉举报电话转接率100%、结案率100%、群众满意率100%。

（王永良）

【强化宣传教育培训】 2012年，沈阳市安监局不断强化宣传教育培训。一是不断强化安全生产宣传教育。以“安全生产月”等集中活动为宣传载体，举办启动仪式、咨询日、安全文化示范企业建设成果展、主题征文演讲等多种活动，咨询日共设置宣传展板近500块、咨询台100多处，发放宣传资料12万份，出动流动宣传车辆近百台。二是组织专题宣讲团，深入区县、企业开展专题宣讲培训，共举办宣讲培训班18期，培训人员3300余人。三是深入推进安全文化示范企业创建。全市有15户企业通过市级安全文化示范企业的验收，3家省级安全文化示范企业通过验收。四是持续开展企业“三项岗位”人员安全培训活动。培训特种作业人员4.55万人、生产经营单位主要负责人和安全生产管理人员1.88万人、农民工10.5万余人。

（王永良）

工商行政管理

【概况】 2012年，沈阳市工商局认真贯彻党的十七届六中全会和市委十二届二次全会暨全市经济工作会议精神，认真落实国家总局加强效能建设的总体要求，紧紧围绕深化改革、推进创新、提升文明、改善民生四项重点工作，优化职能服务，加快沈阳经济区八城市企业注册一体化进程；加强市场监管，深入开展“双打”工作；强化消费维权，进一步完善消费维权网络；坚持依法行政，全面规范监管执法行为，圆满完成了各项工作任务。尤其是成功申办国家广告产业示范园区，中央财政扶持资金3000万元投入使用。

（张校和）

【各类市场主体登记】 2012年，全市新登记内资企业15611户，注册资本255.91亿元，同比减少19.33%和41%。截至年底，全市内资企业累计12.37万户（含分支机构），实有注册资本总额4933.08亿元，分别增长5.84%和1.09%。全市农民专业合作社（含分支机构）3399户，成员出资总额57.47亿元，分别增长14.6%和24%。2012年，全市新登记个体工商户4.26万户。截至12月底，全市个体工商户有24.8万户，注册资本达185.1亿元。2012年，全市新登记外资企业413户，同比下降6.1%；投资总额29.42亿美元，同比下降33%；注册资本16.41亿美元，同比下降45.8%；外方认缴额13.29亿美元，同比下降45.8%。截至年底，全市外资企业有4919户，投资总额达559.69亿美元，注册资本359.98亿美元，外方认缴额304.58亿美元。其中：中外合资企业635户，中外合作企业28户，外商独资企业1121户，台港澳各类企业786户，股份公司7户。累计实有分支机构2321户。

（张校和）

【职能服务】 2012年，沈阳市工商局建立大型企业联系制度，对铁西、浑南、沈北三个新型产业聚集区重点项目实行跟踪服务，对北重、机床、宝马等1107户企业进行集中年检。国家工商总局批准授予经济技术开发区分局、高新技术产业开发区分局和蒲河分局享有外商投资企业登记管理权。沈阳经济区八城市企业注册一体化进程加快，抚顺、铁岭、本溪、营口等地冠名“沈阳”和“沈阳经济区”的企业已达134家。着力解决企业融资难题，办理股权出质583件，担保债权156.8亿元；办理动产抵押登记215件，担保债权48.2亿元。深入实施商标战略，8个区、县（市）政府和开发区管委会出台鼓励驰（著）名商标发展的政策措施，奖励39家企业1130万元，新发展驰名商标20件，辽宁省著名商标25件，沈阳市著名商标46件。深入开展“守合同重信用”企业创建活动，培育市级“守重”企业1970户，省级“守重”企业515户，国家级“守重”企业25户。充分发挥个私协会作用，成功承办了沈阳经济区八城市首届个体私营企业名品博览会,新建再就业安置基地47个、安置点89个,安置就业人员达3.7万人次,开展扶贫帮困送温暖活动投入119万元,市工商局荣获“沈阳市扶贫开发工作标兵单位”称号。

(张校和)

【整治和规范市场经济秩序】 2012年,沈阳市工商局认真贯彻国家、辽宁省、沈阳市关于深入开展“双打”工作部署,查办农资、建材、食品、烟酒、汽车配件涉假案件和商标侵权案件1449件,移交公安机关案件49件,捣毁制假售假窝点99个。加大“清无”工作力度,强化联动工作机制,清查无证无照经营7190户,其中疏导办照6860户。开展整治“霸王条款”专项行动,发现不平等格式条款1.6万条(次),责令改正651条,立案查处888件。开展红盾护农行动,抽检化肥、农膜等农资商品250批次,查办农资案件198件。加强打击传销工作,端掉传销窝点67个,破获网络传销案件3件,教育遣返5520人,移送公安机关行政拘留530人,劳动教养96人。推进治理商业贿赂专项执法,查处商业贿赂案件34件,涉案金额3821万元。强化运输市场监管,查处违法案件301件。加强网络商品交易和有关服务行为监管工作,网络市场监管平台基本建成,监管工作开始起步。开展“平安市场”创建活动,创建“平安市场”100处,其中创建“平安诚信示范市场”12处,五爱市场被评为全国创建诚信市场先进单位。开展创建全国文明城市工作,制订工作方案,推进创城措施落实,顺利通过了国家第一次测评工作。积极配合有关部门开展校园周边、废旧物品收购站(点)等专项整治行动,维护了市场秩序。

(张校和)

【商标广告监管】 2012年,沈阳市工商局完善市、区县(市)两级广告监测平台建设,制定统一的广告监测标准,注重监测结果的运用,对虚假违法广告做到早发现、早制止、早查处。加强户外广告监管,规范户外广告发布行为,对全市户外LED电子显示屏设立、登记和监管的实际情况进行了摸底和排查,对未经登记擅自发布广告的违法行为予以立案查处,对违法违规户外广告分别采取拆除、改正、更新的处理方式保证县城主干道整洁规范,拆除未经登记擅自发布、严重影响市容市貌或存在安全隐患的户外广告17块,取消县城5条主干道上过街横幅广告的设置。排查印制企业,严查商标印制违法行为。督促企业建立商标印制业务、商标标识出入库、废次商标标识销毁等三本管理台账。在全市大型商场中,选定16家单位,实施商标授权经营制度试点,督促和规范大型商场内代售企业将营业执照、商标注册证、商标使用授权书、销售协议等复印件统一备案成册。进一步规范商标代理机构经营行为,宣传《商标代理管理办法》,了解掌握商标代理人执业资格、人员素质、企业代理信誉和商标代理业务开展情况,督促建立和完善代理机构内部的自律制度,有针对性地对其代理行为进行监管,特别是对一些代理人为牟取利益而充当掮客,助长恶意抢注、恶意异议等影响恶劣的行为进行监管。做好商标年度审验工作,全市共审验1019户商标持有人的2803件商标。

(张校和)

【合同与信用分类监管】 2012年,沈阳市工商局与市房产局、市供暖公司联合制定发布《住宅房屋租赁合同》、《非住宅供热合同》、《住宅供热合同》。东陵区工商局推行三好街《电脑装机、销售、维修服务单》。把加强指导作为服务的主要目标,为企业融资建立高效、便捷的“绿色通道”。在2011年度内资企业年检中,实行信用免审制度。即达到A级信用分类标准、不属于重(热)点行业的内资企业,包括2011省级以上“守合同重信用”企业、荣获驰名商标企业和列入市局大型企业联系制度范围的企业,年检时可仅提交《年检报告书》和营业执照副本,免于其他审查。收集整理国家局、省局、市局及各级政府信用监管方面的法律法规及相关文件,为信用监管工作培训做准备。

(张校和)

【流通环节食品安全监管】 2012年,沈阳市工商局加强食品质量监督抽查,将“高风险食品”作为动态监控目标,监督抽查20个大类,497个批次。认真开展乳制品专项整治,引导和监督乳制品经营者履行进货查验和记录义务,特别要严格婴幼儿配方乳粉市场准入,加强乳制品质量监管与抽样检验。深入开展严厉打击流通环节违法添加非食用物质和滥用食品添加剂专项整治,对全市流通环节253户食品添加剂经营单位,684户现场制售使用食品添加剂的食品经营单位的进货渠道,进货查验制度落实,以及购销台账等进行了全面检查。特别是对商场、超市,有形市场内的现场制售、食品小作坊重新定做了加工食品添加剂公示板,向消费者明示加工食品配料和食品添加剂使用情况。在大润发超市沈河店等全市大型商场、超市开展应予销毁食品规范化处置的试点工作,实施《沈阳市大型商场、超市应予销毁食品管理制度》。该制度规定了过保质期食品、腐败变质食品、油脂酸败食品、霉变生虫食品、污秽不洁食品、混有异物食品、掺假掺杂食品、生产日期标示不清食品、破包涨袋食品及感官性状异常食品和法律法规明确规定的不符合食品安全标准的食品等“十一大类应予销毁食品”。同时,该制度还规定了各食品经营单位应设立相应机构、配备专(兼)职人员具体负责应予销毁食品的处理工作,并对销毁报废操作流程也做了具体明确的规定。这一制度的全面实施,对应予销毁食品的范围、责任落实、相关销毁记录保存期限、销毁程序、操作规范等均做出了明确规定,使商场、超市当日腐烂变质、超保质期等应予销毁食品从下架退市到销毁处置,最后送垃圾处理场实现了销毁登记、摄像录像的无缝隙全过程监管,有效地解决了应予销毁食品处置不规范等“四不”问题。

(张校和)

【消费维权网络建设】 2012年,沈阳市工商局加强社会消费维权网络建设,不断扩大经营场所消费者投诉站建设的覆盖面,在全市商场超市、公用企业、景区、相关企业、行业组织建立消费者投诉服务站254个,全年新增经营场所消费者投诉服务站63个。加强消费维权机制建设,与市保险协会、装饰协会建立健全行业组织消费维权合作制度;与辽沈晚报、华商晨报健全消费维权协作机制。加强消费纠纷救助能力建设,实行重大复杂消费纠纷内部会商,外邀执法、专家、媒体介入救助的举措,保证了消费纠纷的有效化解。深化消费者满意单位创建活动，启动“迎全运、微笑脸、满意心，让消费更安全”的主题活动，组织百家商企开展诚信兴商、安全消费和感恩消费者等一系列活动，促进了企业行为更自律、经营更规范、纠纷化解更积极、消费者权益得到更好保障，消费纠纷比率明显下降，消费纠纷店内和解率明显提高。加强消费警示的发布工作，实现月分析、季发布，并根据消费投诉热点，及时发布消费警示。先后发布了“团购订餐真便宜、要享美食不容易”、“警惕黑心棉汽车坐垫成隐形杀手”、“消费者不应为劣质空调室外机支架埋单”、“干洗衣物六注意”、“夏日食品消费五注意”、“老年人购买保健品须谨慎”、“纪念品销售猫腻多、消费者购买需谨慎”、“谨防二手机陷阱、科学查验很重要”等200余条系列消费警示，引导消费者安全消费。加强维权志愿者队伍建设，完善了大学生消费维权志愿者队伍，建立了小学生维权志愿者队伍，加强了“两站”志愿者队伍建设，全市消费维权志愿者已达近7000人。实施消费领域专项整治，开展汽车4S店、医疗服务美容、通信行业、机电设备领域的市场整治，共同查处违法案件，不但取得了成效，也锻炼了基层执法办案人员的能力。监测流通领域商品质量，重点抽检电线电缆、农机配件、建筑扣件、电器元件、液化气、建材产品、铝塑型材、瓷砖石材等商品（包括服装、床上用品）共390批次，对检测不合格商品进行了立案查处。开展“创建放心消费示范店”活动，每个工商所辖区有一家“放心消费创建示范店”。建立和完善重要商品经营者动态监管档案，积极引导经营者进行自律。加强“12315”投诉举报中心规范化建设，完善消费维权网络，受理诉求7.9万件，为消费者挽回经济损失470万元。开展消费宣传教育活动，发布消费警示200余条，印发消费教育宣传材料26万册，增强了消费者自我维权的意识和能力。拓宽群众诉求渠道，受理“省网市线”诉求1815件，办结率100%，群众满意率93.38%，星级质量评价率为83.18%，群众的合理诉求得到较好解决。

（张校和）

【打击侵犯知识产权专项行动】 2012年，沈阳市工商局明确“四进”、“三地”和“四个一批”工作目标，即开展知识产权宣传和保护工作进企业、进社区、进学校、进村屯；以打击产品制造集中地、商品销售集散地、制售假冒伪劣商品高发地的假冒伪劣农资、建材、食品、烟酒、“傍名牌”汽车配件和商标侵权案件为工作重点，依法查处一批重大案件、移送一批符合刑事追诉标准的制假售假案件、曝光一批违法违规企业、铲除一批制假售假窝点。策划实施查处假冒伪劣烟酒、农资、流通环节食品、流通领域生产生活资料、“傍名牌”汽车配件、商标侵权案件“六大战役”。健全工作体系，加强内部办案部门、案件审核部门和宣传部门的沟通与协作，最大限度发挥各自职能。针对“六大战役”选拔和确定执法办案骨干人员，以点带线，以线带面，组成“双打”执法办案队伍，并指定专人担任联络员、统计员和宣传员，负责“双打”工作联络协调、统计报表、信息报送和宣传工作，形成事事有人抓、件件有落实的工作体系。明确工作责任，加强内部科室的督促指导、工商所的区域管理、监察大队的主力办案工作的沟通与协作，最大限度发挥各自职能；签订“责任状”，实施“捆绑式”工作机制，对各相关科、所、队的查办案件、宣传报道工作指标做出“二次分解”，明确工作责任，确保完成和超额完成市局下达的工作指标。建立协作机制，主动与知识产权所有人和知名品牌厂家沟通联系158次，为开展双打工作提供有力的信息与技术支撑；共向当地政府汇报双打工作进展情况151次；同公安、知识产权、农委、质监、食药监等有关部门实施联合执法行动234次，建立起了打假维权联系机制。适时召开全系统工商行政管理暨推进“双打”工作会议，并通过走访部分基层单位，了解和收集工作中存在的联合办案与移送、产品质量抽检与送检、案件信息收集与录入等问题，协调“双打”工作领导小组有关成员单位共同研究、出台了《关于“双打”工作中若干问题处理意见》予以规范说明，有力促进了全系统“双打”工作的深入开展。

（张校和）

【支持新农村建设】 2012年，沈阳市工商局开展行政指导工作，帮助农民、涉农企业和农产品产业协会申请注册商标，积极实践“公司（合作社）+农户+商标”促进农民增收和农业产业化发展的新模式。沈北新区工商局在积极协助沈北米业协会制定地理标志使用办法，逐步扩大使用范围，确保“沈北大米”品牌不倒的同时，协助沈阳北源米业有限公司与沈北新区石佛寺乡小屯村88个农户签订133.33公顷富硒水稻种植订单合同，由公司提供肥料、种子，秋后以高于市场价0.25元/斤的价格收购，总产量1100吨、农民增收55万元。苏家屯区工商局针对“永乐葡萄”申报地理标志工作正在积极探讨之中。辽中县局确立畜牧业以“珍帝”牌鸡蛋、水产养殖业以“鑫皓丰”牌淡水鱼、种植业以“龙骋”牌大米为品牌的三大龙头企业，带动当地8000多户农民致富。康平县工商局加强与相关乡镇、企业的沟通协调，了解拟申报地理标志产品的人文历史、地理特征、种植规模、产品品质和销售情况，组织相关专家指导、制订和论证“康平羊汤”、“康平寒富”（苹果）、“康平花生”地方标准和生产、加工技术规程，建立从选种、栽培、田间管理、生产加工到销售的综合标准体系，以“统一品牌、统一宣传、统一包装、统一标准”推进品牌市场化运作。

（张校和）

【个体私营企业协会发展】 2012年，沈阳市工商局推进协会信息化建设，完善会员信息管理等基础工作。启动《沈阳市个体私企协会综合管理系统》软件的研发工作，完成新《会员证》和《会员登记表》的改版工作。启动星级协会评比工作，研究制定星级协会建设标准，进一步完善会员服务网络。以沈阳市创建全国文明城市工作为契机，联合市文明办在全市开展“文明诚信个体工商户”评比活动。各级协会采取重点培训和主题培训相结合的方式，加强对副会长、理事和基层分会秘书培训工作，市协会对150名基层分会通讯员摄影技能进行培训。经市个协推荐，3名个体会员被授予“沈阳市劳动模范”荣誉称号。9月14日，由辽宁省工商局、沈阳市工商局主办，辽宁省个体私营企业协会、沈阳市个体私营企业协会及鞍山、抚顺、本溪、营口、阜新、辽阳、铁岭市个体私营企业协会承办的，沈阳经济区八城市首届个体私营企业名品博览会在辽宁工业展览馆隆重开幕。为期3天的展会，日接待观众达5万人次，535家采购商、供应商、代理商参与了展会，签订合作意向82份，标的金额2180万元。

（张校和）

【新增驰名商标】 2012年，沈阳高压成套开关股份有限公司的"SHVS"、辽宁波尔莱特农牧实业有限公司的"波尔莱特POWERLIGHT"、沈阳水泥机械有限公司的"第1119007号图形"、沈阳市富士包装材料有限公司的"新富士及图"、沈阳海为电力设备有限公司的"海为及图"、沈阳中本木业有限公司的"中本"、沈阳市创奇游乐设备有限公司的"创奇及图"、辽宁东祥金店珠宝有限公司的"东祥"、沈阳新松机器人自动化股份有限公司的"新松公司及图"、沈阳惠成调料有限公司的"惠成 HUICHENG 及图"和洛斐尔建材（沈阳）有限公司的"洛斐尔 LIOFEIER"、沈阳华铁汽车散热器有限公司的"SYHT 及图"商标、沈阳斯林达安科新技术有限公司的"CLD 及图"商标、际华三五二三特种装备有限公司的"3523 及图"商标、沈阳启源工业泵制造有限公司的"第1689809号图形"商标、沈阳市宏远电磁线有限公司的"第3204398号图形"商标、沈阳雷明钢管有限公司的"LM 及图"商标、沈阳沈大内窥镜有限公司的"沈大内窥镜 SHENDAENDOSCOPE"商标、辽宁鑫奉珠宝首饰有限公司的"鑫奉及图"商标、沈阳市通用塑料厂的"绿树"等20件商标被认定为中国驰名商标。截至2012年底，沈阳市已拥有中国驰名商标64件。

（张校和）

物价管理

【稳定价格】 2012年，沈阳市物价局先后两次对沈阳铁路卫生监督所等8家单位，京哈高速蒲河、清水台段等10条绿色通道以及十二线蔬菜批发市场等5个批发农贸市场执行国家畅通鲜活农产品绿色通道政策情况进行了督促检查。积极向省有关部门上报沈阳市居民消费价格运行，蔬菜价格走势分析及对策建议，为省政府及相关领导科学研判市场价格情况，做出调控决策提供了客观准确的基础信息。在积极履行自身职能的基础上，与市场价格调控联席会议各成员单位密切沟通配合，完成了保证生产供应、促进流通的工作任务，奠定了稳定物价总水平的物资基础。为防止价格改革进一步推升百姓对物价上涨的心理预期，推迟了城市生活垃圾处理费等多项调定价政策的出台。落实有关报告制度要求，沈阳市物价局向国家、省汇总上报了沈阳市价格调节基金建立使用情况、社会救助和保障标准与物价上涨挂钩的联动机制建立执行情况的报告。在对省内各市及全国主要城市现行价调基金征收政策及执行情况全面考察的基础上，向市政府提出了关于做好沈阳市价格调节基金征收工作的建议。

（徐兴旺）

【价格监测】 2012年，沈阳市物价局在常规监测和应急监测的基础上，积极创新价格监测服务民生改善和服务领导决策的方式和途径。积极落实国家和辽宁省18项价格监测报告制度要求，监测范围涵盖重要消费品和服务、汽车、房地产、粮油副食品、钢材等14大类400多个品种和规格。《每日价格》、《副食品价格每周综述》、《生产资料价格旬报》等常规信息上报工作，全年未发生一例迟报、漏报、错报事故，共上报国家、辽宁省、沈阳市各类监测数据5.8万余条。2012年，与百姓生活密切相关的价格热点频出，为了给生产者、消费者提供及时、有效的价格信息参考，更好地为领导决策提供依据，沈阳市物价局一方面组织精干力量深入市场采集价格信息，通过网络、电视、报纸等多种渠道及时向社会公布；另一方面，深入调研，积极撰写价格调研报告、分析预测文章，全年共向国家、辽宁省、沈阳市上报各类材料185篇，其中：6篇价格分析被国家采用，1篇被省局采用，3篇获得主管市长批示表扬。从2012年9月底开始，沈阳市物价局在全省首家通过物价微博发布价格比较信息，先后3次分类别对市内五区不同商家经销的猪肉、鸡蛋，小包装食用油，洗化用品等重要生活必需品价格进行了集中发布，使百姓足不出户就能在种类繁多的商品中进行比较和选择。这一创新举措产生了良好的社会效益，近3万名消费者跟帖表示欢迎，众多商家纷纷作出承诺并采取惠民活动，沈阳晚报等媒体对此进行了连续报道。

（徐兴旺）

【价格监督检查】 2012年，沈阳市物价局按照国家和辽宁省部署，结合沈阳实际，积极开展了教育、涉农收费，商品房明码标价等各类专项检查工作。在教育收费专项检查中，全市共检查各类学校147所，查处违法案件25件，查处违法资金70.39万元，实施经济制裁110.9万元；在涉农价费专项检查中，全市共检查部门和单位76个，查处违法案件8件，查处违法资金84.07万元，已实施经济制裁33.54万元；在商品房明码标价专项检查中，全市共检查在售楼盘105个，查出违规楼盘65个，对已经送达《责令整改通知书》而逾期未改的9家单位进行了立案查处；在物业服务收费专项检查中，对业主反映较集中的30个住宅小区进行了重点检查，立案查处了7家物业公司，退还业主84.1万元。此外，开展了"春节"、"五一"和"十一"等重大节日市场价格专项检查，重点检查了商场、超市、农贸粮油市场、长途客运站、停车场、旅游景点等领域，及时纠正和查处了各类价格违法行为，有效地规范了市场价格秩序，维护了广大消费者的合法权益。2012年，全市价格主管部门共查处价格违法案件302件，退还消费者多收价款254万元，收缴罚没款209万元。

（徐兴旺）

【价格诚信建设】 2012年，沈阳市物价局按照"信用沈阳"建设的总体要求深入推进，取得丰硕成果。在教育系统、药品零售企业市级"价格诚信单位"创建活动中，沈阳市岸英小学等22所学校、幼儿园，辽宁雪松医药连锁有限公司等12家药品零售企业分别被评为市级"价格诚信单位"。在创建"明码标价示范街"活动中，辽宁东祥金店珠宝有限公司等66家单位被授予"明码标价示范店"称号。

（徐兴旺）

【价格改革】 2012年，沈阳市物价局在涉及民生及社会发展的重点价格方面，研究拟定了全市城市居民生活垃圾处理收费方案,稳妥推进了城市生活垃圾处理收费工作,完成了政策出台的前期准备工作。按照国家和辽宁省要求,会同相关部门出台了居民采暖费热计量收费政策,推出了"两部制"收费核算办法,即:基本热价按住宅面积热价的50%计算,计量热价为0.141元/千瓦时。开栓前先按面积计价方式预交采暖费,采暖期结束后,根据实际用热量按"两部制"热价核算实际用热费用。实际用热费用少于预交采暖费的部分退还居民,实际用热费用多于预交采暖费的部分不再补交。统一了全市医院停车场收费政策,即:在保持每小时收费2元不变的基础上,增加了停车不足30分钟不收费、停车24小时最多收费20元、收费票据必须标明进出场时间等规定。研究提出了取消新民市中心医院药品加成,进行医疗服务价格结构性调整的改革预案,并召开了现场会。进一步完善了出租车运价与油价联动办法;核定了丽水新城公租房租金标准;下调了养犬管理费标准和部分旅游景点门票价格。

(徐兴旺)

【规范价格和收费行为】 2012年,沈阳市物价局会同市财政、监察部门联合印发了《沈阳市2012年行政事业性收费(基金)目录》;对全市事业单位、社会团体、中介机构和垄断行业经营服务性收费进行了全面清理,向社会公布了《沈阳市2012年经营服务性收费目录》,增强了收费透明度。

(徐兴旺)

【价格宣传和咨询举报】 2012年,全市价格主管部门通过集中开展大型政策宣传活动、与企业市民直接对话、印发宣传资料、组织专项新闻报道、通过网络及时公开价格政策及监测信息等多种形式,大力宣传价格法规及政策,加强正面引导,合理引导市民消费心理和企业涨价预期,努力营造和谐稳定的价格舆论环境,积极主动地规避价格异常波动中企业、消费者盲目跟风而助推涨价势头的风险。价格政策咨询电话、"12358"价格举报电话等咨询受理渠道进一步畅通,全年受理各类咨询2.96万件、投诉举报1391件,咨询答复率100%,案件办结率97%,协调违规企业为消费者退款达129万元。

(徐兴旺)

【价格法制】 2012年,沈阳市物价局按照价格系统"六五"普法规划,印发了2012年普法及依法行政工作安排意见。对局发规范性文件及现有的33个依法行政配套制度进行了全面清理。接受了市政府法制办行政处罚自由裁量权和行政强制权实施情况的专项检查。认真履行行政复议职能,受理的一起涉及市物价局的行政复议案件以维持市物价局具体行政行为结案。结合人大代表建议和政协委员提案办理,加强了价格基础工作,提升了依法行政工作水平。全市价格主管部门依法行政、依法化解价格矛盾的工作水平有所提升。

(徐兴旺)

【价格认证】 2012年,沈阳市价格认证系统共完成涉案物品价格鉴定案件5713件,涉案财物鉴定总金额2.0亿元。配合市打假办各成员单位,及时高效地完成了30件打假案件涉案财物价格鉴定工作,涉案金额达2112万余元,为营造和谐有序的市场环境做出了贡献。配合市处非办开展了对"沈阳天罡牧业"、"辽宁皓安"等非法集资案涉案财物的价格鉴定工作,涉案金额达7558万余元,最大限度地保护了集资户利益。价格认证工作领域进一步拓展,全市捐赠物资价格认证规范化管理工作得到了加强,2012年完成捐赠物资价格认证4件,认证金额217万余元。

(徐兴旺)

【农产品成本调查和成本监审】 2012年,沈阳市物价局完成了农户存粮售粮、农资购买情况调查,玉米、水稻生产成本预测调查,上半年生猪、蛋鸡生产成本专项调查等农产品成本调查工作,全年撰写上报各类调查分析材料20多篇。根据国家相关政策规定,完成了沈阳水务集团供水成本、殡葬服务成本定期监审等23项成本监审工作,核减5.52亿元,较好地实现了成本监审服务政府、社会和企业的目标。

(徐兴旺)

【价格协会】 2012年,沈阳市物价局以提升价格理论研究水平为重点,通过组织编写《优秀调研文章汇编》和组织系统同志参加全省优秀调研报告撰写、评选活动,营造了人人重视调研和参与调研的良好氛围。同时,出版发行了7期《价格与供求》,搭建了价格理论研究平台。收费员管理工作得到加强,先后举办收费员培训班7期,对大东区、沈北新区、煤气公司等近千名收费员进行了培训,达到了预期效果。

(徐兴旺)

财 政 · 税 收

【财政收支】 2012年,全市财政支出结构进一步优化,全市财政始终保持良好的运行态势。

一、公共财政预算收入

2012年,全市公共财政预算收入完成715亿元,为年度预算的100.28%,比上年增长15.3%。

1.增值税52.2亿元,比上年增长12.37%。

2.营业税180.15亿元,比上年增长10.53%。

3.企业所得税74.88亿元,比上年增长12.39%。

4.个人所得税17.6亿元,比上年下降12.66%。

5.城市维护建设税33.1亿元,比上年增长18.3%。

6.房产税20亿元,比上年增长13.55%。

7.城镇土地使用税36亿元,比上年增长49.02%。

8.契税50.37亿元,比上年下降4.73%。

9.印花税8亿元,比上年增长4.96%。

10.资源税、土地增值税、车船税、耕地占用税等其他税收103.07亿元,比上年增长59.37%。

11.国有资本经营收入、国有资源有偿使用收入74.13亿元,比上年下降1.98%。

12.行政性收费、罚没等收入41.5亿元,比上年增长37.3%。

13.排污费、水资源费、教育费附加等专项收入21.4亿元,比上年增长2.13%。

2012年,全市基金收入完成524.4亿元,比上年下降8.07%。

二、公共财政预算支出

2012年,全市公共财政预算支出完成765.09亿元,比上年增长19.68%。

1.一般公共服务支出91.82亿元,比上年增长22.60%。

2.国防支出3.06亿元,比上年增长77.83%。

3.公共安全支出46.58亿元,比上年增长24.05%。

4.教育支出119.35亿元,比上年增长24.45%。

5.科技支出24.78亿元,比上年增长21.85%。

6.文化体育与传媒支出13.09亿元,比上年增长21.2%。

7.社会保障和就业支出123.81亿元,比上年增长13.13%。

8.医疗卫生支出35.66亿元,比上年增长9.85%。

9.节能环保支出22.21亿元,比上年增长56.43%。

10.城乡社区事务支出125.56亿元,比上年增长38.09%。

11.农林水事务支出37.51亿元,比上年增长26.76%。

12.交通运输支出26.4亿元,比上年增长63.58%。

13.资源勘探电力信息等事务支出40.04亿元,比上年下降1.67%。

14.商业服务业等事务支出10.69亿元,比上年下降20.62%。

15.金融监管等事务支出1.49亿元,比上年增长30.38%。

16.国土资源气象等事务支出2.72亿元,比上年下降48.76%。

17.住房保障支出30.23亿元,比上年下降16.64%。

18.粮油物资储备事务支出3.96亿元,比上年增长10.79%。

19.其他支出6.14亿元,比上年增长26.26%。

2012年,全市基金支出完成534.98亿元,比上年下降10.99%。

(财政局)

【服务全市经济发展】 支持县域经济发展。全年共投入"三农"资金127.1亿元,全面落实各项强农惠农政策,支持农业基础设施建设。加强滴灌节水等水利基础设施、县域工业园区基础设施及设施农业建设,积极促进现代农业发展。提高农业科技软实力。支持开展农村科技推广、信息服务、农民技术培训和科技示范工程项目,推动农业科技成果转化。同时,加大对区县发展建设的支持力度。继续做大县域融资担保规模,为县域经济提供担保贷款13.5亿元,有效缓解县域经济发展融资瓶颈。

推动产业优化升级。统筹设立支持重点产业发展专项资金、新兴产业创业投资引导基金,加快发展传统优势产业和战略性新兴产业。全年投入资金71亿元,以贴息、补助、资本金注入等方式重点支持全市288个重点产业项目建设。积极推动科技创新,支持重大科技项目实施及成果转化。有序推进国家现代服务业综合试点工作,支持生产性服务业、大型商贸流通企业升级改造等现代服务业新兴业态。

加快城市建设步伐。支持地铁、一、二、三、四环路等快速路网以及机场航站楼、公交场站建设,确保新立堡跨浑河桥、南阳湖桥、街路景观提升等基础设施项目顺利实施。支持"青山工程"、卧龙湖、蒲河生态经济带和辽河生态建设,推动污水处理厂、垃圾处理厂等环保项目顺利完成。

支持深化改革。围绕两化融合、城乡统筹发展、金融、文化体制、医药卫生体制等各项改革,研究财政支持政策,加大资金保障力度。积极开展国企改革遗留问题摸底调查,并统筹资金3.6亿元解决企业职工安置和改革发展等问题。

促进"和谐沈阳"建设。全市投入资金31.7亿元支持保障性住房建设和老旧小区改造,并拨付资金2.26亿元保障困难群体温暖过冬;在食品安全方面,全市投入1.3亿元,加强农贸市场和物流体系建设;为方便市民出行,市财政投入资金10亿元支持公交车新增更换和成品油价格等补贴;推进"科技强警"和基层派出所建设,投入资金5亿元,营造安全的社会环境。

（财政局）

【完善社会保障制度】 切实发挥财政职能，确保养老金水平稳步提高。2012年，继续提高企业离退休人员养老金水平，人均提高到每月1632元，保证了全市95万离退休职工养老金按时足额发放。适时提高新农保和城保标准，从2012年7月1日起将新农保和城保基础养老金标准由55元/月分别提高到70元/月和90元/月。确保了新型农村养老保险和城镇居民养老保险的平稳运行，惠及参保对象110万人。

认真落实医改政策，推进医疗卫生服务体系全面发展。2012年，财政部门投入资金1.7亿元，实施县级中心医院、乡镇卫生院和村卫生室达标建设，全面提高农村三级医疗卫生机构装备水平。加强急救中心建设，不断提高应急救治能力。建立乡村医生补偿机制，推进基本药物制度深入实施。提高医疗保障水平，投入补助资金7.6亿元，确保居民医保、新农合财政补助标准从人均200元/年提高到240元/年，新农合报销封顶线从12万元提高到15万元，报销比例从63%提高到75%，惠及参合农民229万人。进一步完善居民医保门诊统筹，建立城镇居民在校学生及其他未成年人大额补充医疗保险，惠及参保居民109万人。健全完善医疗救助制度。困难群体参加居民医保和新型农村合作医疗的费用全部由财政负担，医疗救助自付部分报销比例达到50%，2012年共投入医疗救助资金6000万元，累计救助城乡贫困群体约3万人次。

突出就业优先理念，努力实现高质量就业。切实做好重点群体就业工作，确保全市就业局势稳定。2012年，全市财政累计投入就业资金13.1亿元，保证了10万名灵活就业人员、2.5万名公益性岗位人员补贴待遇的落实，为3.3万名就业困难人员提供就业培训补贴。全面落实积极就业政策，不断提高就业创业工作水平。发放小额担保贷款1.3亿元，扶持2118名失业人员及创业带头人自主创业，创业带动就业1.3万人。建立健全公共就业服务体系，全面提升公共就业服务质量。建立失业金动态增长机制，从2012年7月1日起，失业金最高标准达到880元/月，平均增幅达到21.1%，惠及全市2万人。

完善财政社会保障待遇标准调整机制，提高困难群体保障水平。建立城乡低保标准自然增长机制，2012年投入资金3.8亿元，提高城乡基本生活救助标准。推进基本公共服务均等化，发放助学补贴资金521万元，惠及1734人。健全覆盖城乡居民的社会保障体系，合理实施分类救助。统筹城乡医疗救助制度，推进城乡“共享式”发展模式。

（财政局）

【支持教育事业发展】 2012年，全市教育支出完成119.35亿元，占公共财政预算支出比例15.6%，顺利完成中央和省占比考核任务。教育支出当年增幅达到24.45%，实现增长幅度超过全市经常性财政收入增幅3个百分点的要求，超额完成省政府考核基本任务，达到该项指标考核满分的奋斗目标。

1. 多渠道筹集资金，千方百计扩大教育经费来源。通过统一内外资企业和个人的教育费附加，改革地方教育附加征收办法，提高征收费率，统筹土地出让收益用于教育事业等方式，大幅增加了教育投入。2012年，安排教育费附加专项资金12.04亿元，安排地方教育附加7.37亿元，土地出让收益计提教育资金1.9亿元。通过利用地债、国家开发银行贷款等渠道，累计筹集资金11.6亿元支持职教园、九年一贯制学校、国家示范性高等职业学校、数字化学习港等教育重点项目。

2. 健全财政教育保障机制，支持教育事业取得长足发展。一是推进义务教育均衡发展。全市投入资金1.38亿元，落实农村义务教育和城市贫困家庭学生“两免一补”和扶困助学政策。市本级投入专项资金4.7亿元，支持中小学校舍安全工程建设。市本级投入专项资金3271万元，支持更新和购置中小学校车。二是完成政府为百姓办实事项目。全市投入1.38亿元，支持新建、改扩建50所普惠性幼儿园。市本级投入7867万元，新建、改扩建50所中小学食堂。三是保障特殊群体接受教育权利。多渠道筹集资金4145万元，支持特殊教育学校发展。全市投入1.5亿元，完善各类教育扶困助学体系。扩大中职（技工）学校免学费范围。市本级投入专项资金4160万元，支持接收进城务工农民工子女学校改善办学条件。四是强化人才培养。市本级投入资金3.2亿元推进职业学校校企合作，支持职业教育、高校重点学科专业建设，支持教师培训和教育信息化建设。

（财政局）

【财政管理改革】 预算管理进一步加强。积极完善政府预算体系，认真编制部门预算、政府性基金预算、国有资本经营预算和社会保险基金预算。不断完善2013年市直部门预算定额体系及财政支出审核标准，有效保障各部门正常运转和事业发展。依法开展部门决算批复工作，制定了部门决算批复办法，增强了部门决算的严肃性。

各项国库改革向纵深推进。全面完成国库集中支付、非税收入收缴、公务卡等各项改革，国家和省要求的改革任务已经全部推进到位。此外，在市区两级全面启动了动态监控，促进了预算执行的规范性。财政专户清理继续推进，全年共清理财政专户94个，市区两级财政专户全部归口国库部门管理。农村综合改革进一步深化。加大财政奖补资金投入，严格项目监管，积极推进村级公益事业建设一事一议财政奖补。加强村级组织运转经费管理，保障村级组织正常运转。政府采购管理取得显著成效。积极清理政府采购项目和资金，共清理2011年及以前年度采购项目641项，清理采购专户资金9727.6万元。并创新采购方式，实施公务车辆定点加油，扩大定点采购范围，完善政府采购专家库建设。政府投资工程预决算管理进一步加强。规范审核程序，加快审核进度，保证审核质量。全年完成审核项目1024个，报审资金164.8亿元，审减29亿元，审减率17.6%。

（财政局）

【投融资体系建设】 积极完善政府投融资管理机制，不断强化政府融资项目债务管理，深入探索政府投融资机构规范改革工作，努力推动政府投融资机构可持续发展。

1. 融资取得显著成果。拓宽融资渠道，利用银行贷款、金融租赁等多元化融资方式筹集资金，全市项目融资通过银行审贷委员会批准融资资金431.1亿元，已到位资金367.2亿元，较上年增长17.6%，有力保障了城市快速路、“十二运”比赛场馆、农村安全饮水等政府重大项目的顺利实施。

2. 投融资管理进一步加强。分类做

好规范平台建设分析,研究细化政府性债务管理工作机制,构建投融资项目库管理系统,为政府性债务信息化管理做好充分的技术准备。建立偿债情况工作例会制度,有效保障了政府融资项目268.3亿元债务按计划偿还,防范了政府债务风险。

(财政局)

【创新理财方式】 坚持以创新谋发展,向改革要效益,不断提升财政服务经济社会发展效能。

1. 为提高土地利用效益,增强经济后续发展实力,大力支持土地储备。调度资金余额达171.3亿元,既保障了净地出让,又节省了财务费用。

2. 整合农业、水利、林业、"一事一议"等项目资金9.4亿元,推动沈康高速现代农业示范带建设,治理面积3.02万公顷,受益农民9.5万人,促进农业增产、农民增收。

3. 为支持地区经济发展,在向各区县转移支付财政补助资金185.2亿元基础上,调度资金50.2亿元,推动大东汽车城、大浑南和各地区重大基础设施建设。

(财政局)

【举办第四届会计活动日】 2012年,沈阳市举办了以"会计文化·传承与创新"为主题的第四届"会计活动日"系列活动。

4月14日,沈阳市首届会计人才就业招聘会在沈阳科学宫举行。此次招聘会是沈阳市首届专门以会计人才为招聘对象的大型招聘会,参与招聘企业共有148家,提供了350多个不同层次的相关会计工作岗位。招聘会进场求职人数达到1.1万余人,招聘现场双方达成意向1943人次。

4月28日,组织了"会计大讲堂"活动。财政部会计司刘光忠副司长、中国财经报社孙国府社长先后致辞,财政部会计资格评价中心冯卫东副主任、中国财税博物馆吕建富副馆长、首都经贸大学纪委书记杨世忠教授分别做了有关会计文化的主题演讲。财政部、省财政厅、市人大相关领导及驻沈有关院校、企事业单位、博物馆界、全市财政系统、会计师事务所代表等参加了活动。

(财政局)

国　税

【税收收入】 2012年,全市完成税收收入469.8亿元,同比增长11.38%,增收48亿元,含海关代征收入总量的宏观税负为7.97%,比上年增加0.44个百分点。地方级收入完成110.08亿元,首次突破100亿元大关,同比增长13.02%,增收12.7亿元。其中:增值税完成209.15亿元,同比增长11.75%,增收21.99亿元;消费税完成85.21亿元,同比增长16.84%,增收12.28亿元;企业所得税完成152.78亿元,同比增长8.4%,增收11.84亿元;车购税完成22.6亿元,同比增长9.7%,增收2亿元。

2012年,税收收入有以下特点:一是税收增长速度快于宏观经济增速。全市税收收入总量同比增长11.38%,与全市GDP增速的弹性系数为1.14,略快于经济增速。各月份之间增减差异较大,呈现极不稳定的税收形势。二是工业、商业增值税增长幅度落差明显。受汽车、电力行业的拉动,工业增值税同比增长11.89%,与全市规模以上工业增加值增速的弹性系数为1.11,比全市工业用电量增速1.43%高10.46个百分点,呈良性增长的态势。商业增值税微幅增长5.84%,其中商业批发增值税同比增长10.75%,商业零售增值税同比下降3.47%。工业、商业增值税二者增长速度相差明显。三是企业所得税增长幅度呈逐渐回落的态势。受电力行业、房地产行业影响,企业所得税累计增幅不高,且从各阶段结构来看,呈现明显的逐渐回落的趋势,6月末增幅为18%,同比回落22.94个百分点,9月末增幅为12.78%,同比回落19.53个百分点,12月末更回落至8.4%,同比回落34.39个百分点。四是汽车行业成为拉动全市税收增长的支柱。汽车行业实现税收收入149.01亿元,占全市税收收入总量的31.7%,明显高于其他行业,同比增幅达到32.82%,高于全市税收收入增速21.45个百分点,增收额度达到36.82亿元,占全市税收增收额的76.76%,汽车行业实现地方级收入24.91亿元,同比增长43.49%,增收7.55亿元,对全市地方级收入增收贡献率为59.5%,汽车行业带动了全市税收总量和地方级收入的增长。五是各项税收优惠政策得到有效落实。全市共办理各项税收优惠54.34亿元,同比增长5.41%,增加2.79亿元,税收优惠政策的积极落实有力地推动了地方经济的健康发展。

(张　鹏)

【依法行政】 一是树立法治理念,规范执法行为,积极营造良好税收法治环境。召开依法行政工作会议,出台《全面推进依法行政实施方案》,有效指导和推动了全系统依法行政工作。审理重大税务案件14件,涉案税额2.55亿元。清理废止、失效的税收规范性文件206份,制度建设质量进一步提升。认真开展重点执法督察及专案执法督察,加大执法督察成果的运用力度。大力应用税收执法管理信息系统,强化疑点信息核查,促进税收执法责任制的落实。二是稽查职能作用有效发挥。调整稽查管理模式,提升稽查工作质效,加大查办案件力度,稽查打击震慑作用进一步增强。实行集中选案制度,提高选案的科学性和准确性。组建第四稽查局,取消郊区稽查局,推行市一级稽查模式。制定协管帮扶、局长包案和稽查预案等制度,强化查管互动和税警联合办案,切实提升案件查办水平。大力开展税收专项检查、专项整治和打击发票违法犯罪活动。全年共实施各类纳税检查1329户次,查处有问题户1234户次,查补税款、滞纳金、罚款合计4.38亿元,有力打击了税收违法犯罪行为。

(张　鹏)

【纳税服务】 以满足纳税人合理需求为导向,拓展服务资源,创新服务手段,不断提高纳税人满意度。成立市区两级纳税人维权组织,共解决纳税人合法权益诉求7件次,开展维权培训22场次,收集建议2500余条。一是大力开展"双进双解"活动。按照市政府关于"双进双解"的工作部署,充分结合税收工作实际,以强化服务意识、提高服务水平为目标,主动深入基层,上门服务企业,确保"双进双解"活动取得实效。建立市局领导"包户""包片"制度,领导班子成员深入企业,了解、解决企业存在的困难和问题。各基层单位建立"一窗通办"纳税服务制度,为全市重点企业提供办税事项跟踪服务、涉税行为预警服务、特殊纳税人绿色通道服务、直通车预约服务等多种服务方法,全面保障服务工作细致到位。定期派税务人员到企业进行“零距离”政策辅导，进一步解决企业遇到的税政问题，全力支持企业健康快速发展。二是切实加强软环境建设。修订完善了《进一步提高纳税服务水平加强软环境建设的若干意见》，科学部署16项重点工作，出台56项纳税服务新举措，为加速推进软环境建设提供了制度保障。同时，积极构建软环境建设载体，将软环境建设与全市统一部署的“百千万”活动相结合，与突出问题的专项治理和政风行风建设活动相结合，与优化纳税服务有机结合，使软环境建设落到实处，取得实效。通过软环境建设，纳税服务水平逐步提高，纳税人的合理需求得到较好满足，征纳双方实现共赢，良好的“税收软环境”逐步形成。三是试点设立“三师”纳税咨询服务平台。“三师”纳税咨询服务平台是借助系统内拥有“三师”资格人员的业务优势，通过特定渠道为辖区广大纳税人提供全天候、志愿咨询服务的一种特殊纳税服务载体，是“12366”纳税服务热线的延伸和补充。主要是解答税收与会计、税收与财务、税收与法律等交叉部分和边缘层面的高端问题以及税收政策的热点、难点问题。“三师”纳税咨询平台的开通和顺利运行，不仅充分满足了纳税人的纳税咨询合理需求，切实提升了高深疑难问题解答质量，同时也为有效利用系统内优秀人力资源开辟了一条新路。四是成立纳税人培训学校。成立了市、区两级纳税人培训学校，学校聘请本地区税收业务骨干、系统兼职教师，总局、省局或高校、中介机构的专家担任授课教师，采取实地教学与网站互动结合的方式，围绕税收法律、税收政策、纳税人权利义务、办税流程及规范、财务会计基础知识等内容，为沈阳市范围内企业负责人、财务人员、办税人员以及其他希望了解税收知识的人员提供优质、免费的培训。辖区范围内纳税人通过实名注册为网站用户即可免费参加学校组织的各类培训，可以通过网站进行选课报名，不方便实地参加培训的学员还可以通过网站浏览或下载课程教学的课件和视频等资料，也可以参与在线课程的学习。

（张　鹏）

【税收征管】　推进信息管税，完善征管措施，促进征管质量和纳税人税法遵从度的双提高。通过基层调研、开展座谈和收集建议等形式，研究征管改革总体思路。深入开展税源监控分析，推进风险管理，强化纳税评估，减少税收流失。全年实施风险评估4024户，取得评估成果2.57亿元，同比增长123%，增加1.42亿元。继续推进标准化管理，税收管理水平不断提高。对普通发票实行网上验旧，将企业衔头发票纳入CTAIS系统管理，发票调拨全年无差错，发票管理日益规范。探索实施大企业税务风险管理监控，签订执行大企业税收遵从协议，大企业管理效果逐步显现。顺利完成全市金税三期设备升级改造，积极开发并应用税收管理相关系统，为税收工作提供有力的技术支撑。各税种管理能力显著增强。认真研究落实各项税收政策和税收管理要求，不断加大管理力度，各税种管理取得突出成果。增值税管理进一步加强，认真落实结构性减税政策，办理资源综合利用免（退）税1580万元，审批软件产品超税负退税1.3亿元；积极开展“营改增”税源分析测算，为下一步实施“营改增”做好前期准备；组织开展多项增值税专项核查，查补合计7810万元。车购税管理水平全面提升。所得税分类管理取得成效，汇总纳税净流入8.02亿元，比2011年净流入多1.45亿元，增幅达到22.07%，增长数额及比例均为历年最高；小型微型企业核定征收始终保持在30%的适度比例；专家会诊调增应纳税所得额6.84亿元，查补税款及滞纳金1.53亿元。国际税收管理取得新突破，完成全国首例以“净资产”取得股权转让所得征税权的案例，填补了该项管理空白；全年征收入库非居民企业所得税8.5亿元，同比增长34%；征收入库全国最大单笔中外合作办学非居民企业所得税318万元。加快退（免）税审批进度，全年共办理退（免）税额30.94亿元，同比增长8.94%，增加2.54亿元，有力支持了出口企业发展。

（张　鹏）

【队伍建设】　干部队伍能力素质明显提升。结合队伍现状，探索增强干部能力、激发队伍活力的新举措，干部队伍建设全面加强。全年共举办各类培训班48期，培训2085人次，有效提升了领导干部的履职能力和执法人员的业务水平。着手建立系统专业骨干人才库和师资人才库，有效满足税收事业的人才需求。以开展“微笑国税提升效率”活动为主线，提升基层窗口规范化建设水平。以举办典型事迹报告会、座谈会为抓手，发挥先进典型示范作用，持续深入开展学雷锋活动。将党风廉政建设、软环境建设和行风建设有机结合，进一步加强内控机制建设，促使广大干部自觉廉洁从税。深入推进惩治和预防腐败体系建设，全系统分层次签订党风廉政建设责任状，加强党风廉政建设责任制检查和考核。市区两级全面推进内控机制建设，切实做到制度建设到岗、责任落实到岗、风险防范到岗。修订完善了《进一步提高纳税服务水平加强软环境建设的若干意见》，大力开展“百千万”活动，搭建软环境建设载体，有效推进软环境建设和行风建设水平不断提升。切实加强反腐倡廉教育，落实廉政谈话制度，在全市反腐倡廉成就展中获得“优秀组织奖”。深入开展税务执法监察，完成执法监察检查413件，提出执法监察建议51条。及时妥善处理纳税人诉求115件，按期办结率100%。对7个单位开展内部审计，提出建议52条。扎实推进政务公开，政府信息主动公开率100%。加强涉税网络舆情监控与引导，严格落实信访工作制度，妥善处理信访事件，维护了全系统和谐稳定局面。

（张　鹏）

地　税

【概况】　2012年，全市地税系统围绕服务科学发展、共建和谐税收的工作主题，以组织收入为中心，以创先争优打擂台为动力，以推进税源专业化管理为主线，以纳税评估和税务稽查为两翼，深入挖掘增收潜力，着力构建科学有效的税源专业化管理体系、高效协调的稽查运行体系、纳税服务综合体系、充满活力的绩效评价体系、科学管用的风险防控体系、运转高效的行政保障体系，推动了地方税收工作迈上新台阶。2012年，全系统共荣获国家级荣誉称号7个，省级荣誉称号73个，市级荣誉称号158个。沈阳市地方税务局经济技术开发区分局荣获“全国税务系统先进集体”荣誉称号，沈阳市地方税务局金融商贸开发区分局综合业务一科荣获“全国巾帼文明岗”荣誉称号，“12366”沈阳市纳税服务热线被评为“省级文明示范窗口”，沈阳市和平区地方税务局贺颖等2人被评为“省级文明优质诚信服务标兵”。

（刘 丹）

【**税费收入**】 2012年，面对房地产市场大幅萎缩、结构性减税政策集中实施、工业税源增长乏力“三大考验”，全系统坚持把组织收入作为第一要务，以挖潜增收为重点，采取超常工作举措，千方百计组织收入，在弥补巨大税源缺口的同时，圆满完成了市政府和省局确定的收入目标，为全市经济社会发展和民生改善提供了可靠的财力保障。全市地税系统共组织各项税费收入779.1亿元，同比增长17.7%，增收117.2亿元。实现全口径税收收入546.1亿元，同比增长16.2%，增收75.9亿元。其中市级公共财政预算收入465.5亿元，同比增长18.1%，增收71.2亿元。征收社会保险费212.2亿元，同比增长18.7%，增收33.5亿元。其中企业养老统筹部分80.6亿元，同比增长18.2%，增收12.4亿元。另外，征收河道工程修建维护费10.8亿元，同比增长146.9%。征收工会经费（筹备金）7.5亿元，同比增长15.1%。征收残疾人就业保障金2.5亿元，同比增长19.6%。市地税局被授予“沈阳市2012年度财政收入突出贡献奖”。

全市地方税收主要有以下特点：一是地方税收收入实现稳定增长。二是从产业构成上看，一、二产业税收收入保持较高比例增长，第三产业支撑作用依然明显。三是受经济放缓影响，与经济密切相关的主体税种增幅回落。四是涉及土地税种对地方税收较快增长起决定作用。五是县（市）税收不断上升，其他区域增长不均衡。六是副省级城市中，沈阳收入规模位列第九，增幅位列第八。

（刘 丹）

【**发票摇奖和专项整治**】 为进一步整顿税收执法秩序，促进纳税人依法履行纳税义务，充分调动广大消费者索要发票的积极性，规范经营者依法开具发票行为，经沈阳市人民政府批准，自2012年4月1日起取消发票刮奖，实行发票摇奖。全年12期，每期设置3个奖项：一等奖1个，奖励现金80万元（含税）；二等奖3个，各奖励现金10万元（含税）；三等奖10个，各奖励现金1万元（含税）。摇奖范围涉及以现金交易为主要收入来源的饮食、娱乐、服务等行业。为做好发票摇奖工作，认真研究制定摇奖方案，大力推行“发票管家”（即控税软件），严格测试摇奖数据，积极与福彩中心、公证处、沈阳电视台沟通摇奖细节，确保了摇奖工作顺利开展。发票摇奖极大地调动了消费者索要发票的积极性，全市购票量和代开量均大幅上升，把以现金交易为主的行业真实营业额挤压出来。同时，随着消费者换票量的增加，一些假发票案件也陆续浮出水面。为进一步核准定额，打击发票开具违法行为，市局决定联合公安机关对全市拒开发票的纳税人开展专项整治。建立了打击拒开发票违法行为的快速反应机制，“12366”纳税服务热线共受理发票举报案件3860起，地税干部现场处罚发票违法纳税人858户次。专项整治取得了“三大成果”。一是堵塞了征管漏洞。全市共清查使用地税发票的纳税人1.3万户，清理规范税务登记7824户，推广“发票管家”1.6万户。发票摇奖全年共开奖8期，参与摇奖的发票金额累计达23.6亿元，纳税人的发票使用量显著上升，经营者开发票、消费者要发票逐渐成为全社会共识。二是促进了税收增长。调整个体税收定额4954户次，月增加定额1129万元，月个体税收定额总量增长了338%，全年新增税款1.5亿元。在营业税起征点大幅上调的情况下，全市个体税收不但没有减少，还实现了大幅度增长，全年实现个体税收6.2亿元，比整治前增长2.9倍，促进了个体税收征管质量和效率的全面提升。三是规范了税收秩序。全市缴纳营业税的个体工商户，由年初的4978户增加到年末的1万户，比整治前翻了一番。全市达到营业税起征点的户数，由年初的1729户增加到年末的7182户，增长近3倍。从源头上解决了一些行业多年来申报不实、定额偏低、起征点政策落实不准的难题。

（刘 丹）

【**税收征管**】 2012年，沈阳市税收征管主要开展了以下工作。

1.创新税收管理手段和方式。依托建设项目税源控管平台，实行建设项目“一条龙”管理模式成效显著。应用城镇土地使用税地理信息管理系统，实现了对城镇土地使用税的宗地化、无缝化、可视化、动态化管理。调整了城镇土地使用税地段等级、税额标准。开展了出租房屋计税租金核定标准调整工作。土地增值税清算成果丰硕，开发了土地增值税标准化管理系统，被鉴定为省级科学技术成果，国家税务总局到沈阳市地税局进行了专题调研。加强房地产税收一体化管理，建立了存量住房交易计税价格评估系统，制定了存量商业用房交易价格评估工作的实施意见。加强国际税收管理，建立了与相关部门的信息交流机制。

2.加强纳税评估工作。全市完成专项评估2428户次，评估税费及滞纳金4.3亿元。研发了《注销企业清算评估软件》、《企业所得税汇算清缴风险管理软件》和《营业税差额纳税抵扣软件》，征管质量和效率显著提升。

3.欠税清理成效显著。通过落实清欠目标责任，依法采取欠税公告等措施，全年清缴陈欠税款5.2亿元。

4.社会保险费等各费实现大幅增长。坚持“税费并重、税费统征”原则，加大各费征收力度，圆满完成各费收入任务。2012年征收社会保险费212.2亿元，同比增长18.7%，增收33.5亿元。其中企业养老统筹部分80.6亿元，同比增长18.2%，增收12.4亿元，征收额占全省收入的22%，为填补全市养老金发放缺口做出重大贡献。

5.信息化建设扎实推进。沈阳地税综合数据平台上线试运行，为税收工作提供了有力支撑。加强了对“金税三期”等系统的维护，保障了信息系统安全运行。

6.认真做好征管改革前期准备工作。抽调业务骨干组成8个课题组，针对征管工作进行全面评估，共梳理出风险点228个，形成了《沈阳市地方税收征管工作风险点评估报告》。起草了进一步深化税收征管改革的指导意见，初步搭建了征管改革的整体框架，召开了市地税局党组中心组深化税收征管改革专题学习扩大会议，为推进征管改革奠定了良好基础。

（刘 丹）

【**依法行政**】 一是开展执法风险防控体系建设。组织编写了《沈阳市地方税务局执法风险防范手册》，对税收执法各环节的风险点进行重点梳理，提出了有效防范执法风险的措施和建议。二是加强税收法制建设。完善和落实自由裁量权基准制度，清理税收规范性文件，在市局内网建立了税收政策法规库。出台了对纳税人适用“无过错推定”原则的指导意见，推行人性化、柔性执法方式。市局在全省依法行政工作会议上作了经验介绍。三是严格执行重大税务案件审理及备查备案工作。推进初审会审制和集体预审制，全年共审理重大税务案件55件，提高了审理质量。四是认真开展执法督察。初步完成执法督察工作机制的构建，及时发现税收执法中存在的隐患，通过认真整改堵塞了漏洞。五是积极落实各项税收优惠政策。全年共减免各项税金10亿元，充分发挥了税收调节经济的杠杆作用，促进了地方经济发展。六是充分发挥一级稽查职能作用。围绕构建高效协调的稽查运行体系，制定了管查联动工作规程和以查促管暂行办法，建立了稽查局与征收局良性互动的工作机制。稽查部门提出征管建议54条，有效发挥了以查促管作用。深入开展税收专项检查，全年共检查1307户纳税人，查补各项税费10.95亿元，入库16.97亿元，有效发挥了稽查打击震慑作用。配合发票专项整治重点工作，全年组织对500户纳税人开展自查，其中对119户开展了检查，查补税费合计1793万元，有力规范了税收秩序。清理超期案件取得突破性进展，全年检查结案413户，提高了稽查工作效率。组织编写了房地产业、建筑业、银行业税务稽查手册，进一步完善了县级稽查体制。

（刘　丹）

【纳税服务】　一是大力推进纳税服务综合体系建设。制定了纳税服务综合体系建设实施方案，确定了重点推进的11项纳税服务内容，纳税服务工作效能得到显著提升。二是优化纳税服务平台。重点加强办税服务厅、“12366”纳税服务热线、地税网站、短信服务平台建设。“12366”服务热线全年共接听纳税人咨询电话12.9万个，解答涉税问题13.7万个，直接答复率95%以上。热线被评为“辽宁省文明示范窗口”。三是推广应用“税企互动平台”。全市上线户数达到6万多户，约占全市正常经营企业总数的58%。通过为企业提供“点对点”服务，建立起地税机关与企业之间的网上联系纽带。四是扎实开展“双进双解”活动。地税干部共走访企业1200余户次，解决各类涉税问题360余个，用“贴身式”服务为企业发展助力加油。与市国税局联合建立了大企业税收管理组织领导合作机制，与“沈阳化工集团”等5户大企业签订了《税收遵从协议》。五是加强税收宣传工作。围绕发票摇奖和专项整治，全方位、多渠道、立体化地开展税收宣传，与市公安局联合召开了新闻发布会，全年组织各类宣传活动320多项，刊登各类新闻稿件400多篇，营造了消费者索要发票和经营者开具发票的浓厚氛围。

（刘　丹）

【干部队伍建设】　一是领导班子建设不断加强。认真学习贯彻党的“十八大”精神，开展了以“为民、务实、清廉”为主题的政德教育。改进了对基层领导班子和领导干部的考核办法，完成了领导干部竞争上岗及岗位调整工作，领导班子的满意率不断提升。二是创先争优打擂台活动扎实有效。在发票专项整治工作中，通过动员广大地税干部上一线、下基层、解难题，锻炼了干部队伍，提高了地税干部攻坚克难、创先争优的主动性，增强了整个队伍的战斗力和凝聚力，全系统涌现出一批扎根基层、敬业奉献的好税官。在半年和年末分别组织了创先争优打擂台活动，引入了专家评审机制，全系统共评选出26项优秀工作成果、100名创先争优工作标兵，评选出系统“双十佳”，发挥了先进典型的引领作用。三是加强思想政治工作。针对干部队伍中存在的突出思想问题，出台了进一步加强思想政治工作的指导意见，召开了思想政治工作推进会，对全系统思想政治工作进行了全面部署。开展系列主题教育活动，举办郭明义、尉凤英和优秀复转军人先进事迹报告会，大力弘扬新风正气。建立“爱心基地”，为儿童福利院筹得善款14.2万元。开展了征文、演讲和读好书等活动。组队参加全省地税系统第二届“地税杯”羽毛球比赛，取得了优异成绩。四是加强干部人事管理。按时完成省局人事软件上线和推广工作，夯实了人事管理基础。加强了年轻干部的培养，选拔优秀干部上挂下派。全心全意为老干部办实事，充分体现了组织对老干部的关怀。五是加大业务培训力度。精心组织了建局以来首次大规模财务会计知识培训，全系统共有2201人分初、中、高3个级次参加了培训。通过严格的考试验收，培训工作成效显著，提升了干部职工的业务素质。在全省税收管理员竞赛和公务员基本功竞赛中，取得了优异的成绩。六是“两基”建设取得新进展。修订了全系统组织绩效考核管理办法，提高了考核的科学性。圆满通过省局“两基”考核验收，市地税局荣获全省“两基”建设优秀组织单位，有5个基层局、10个税务所获得“两基”建设优胜单位。精神文明创建硕果累累，全年荣获市级以上荣誉200余项。

（刘　丹）

【党风廉政建设】　一是推行党风廉政建设责任追究制度。解决了领导干部在党风廉政建设方面责任主体意识不强的问题，提高了领导班子成员抓党风廉政建设的整体合力。二是廉政执法风险防控体系建设取得一定进展。制定了《两权运行中风险点排查与防控手册》，对征管、发票、社保三大类中26项廉政风险进行防范和预警，初步建立起廉政风险防控信息系统。三是继续推进反腐倡廉教育。组织开展“警示教育月”活动，在系统内选树了25名勤政廉政先进个人。全系统11个基层单位被评为“廉政文化进机关先进单位”。四是政风行风建设成效显著。开展纠风专项治理，重点纠正损害纳税人利益的不正之风。加强内外监督，召开了推进廉政风险防控和市民涉税诉求办理工作现场会。做好民心网、市民服务热线和民声微博等群众诉求办理工作。全年共办理网上诉求395件，总量同比下降43.2%。积极参加全市“百千万”创建活动，全系统166个科所全部被评为群众满意窗口，其中有15个科所被市政府评为优秀窗口。市地税局被评为“沈阳市软环境建设先进单位”。

（刘　丹）

金　融

综　述

【**信贷融资与非信贷融资**】 为确保经济"稳增长",在稳步推进银行信贷投放的同时,沈阳市金融办积极引导银行和项目企业合作开展多渠道融资,深入开展"进银行解难题——双进双解"工作。2012年沈阳市银行业实现新增贷1031亿元,同比增长14.6%。实现非信贷融资1092.8亿元,其中银行非信贷业务907.7亿元、股权投资基金等其它多渠道融资185.1亿元。信贷融资与非信贷融资之比为1:1.06。

(*王俊生*)

【**企业上市**】 2012年,对全市980户企业摸底调研后,更新纳入资源储备库。协调解决企业确权、税务、环评等各类问题60余项。全年召开6次培训会,培训企业300余户。

沈阳市蓝英装备、荣科科技、博林特电梯等三家企业实现挂牌上市,融资额11.6亿元。沈鼓集团等9户企业上市申请已由中国证监会正式受理,昊诚电气等3户企业已在辽宁证监局备案,32户企业与境内外上市中介机构签约。

(*王俊生*)

【**小贷公司完成"质量年"预定目标**】 2012年,沈阳市新增小额贷款公司14家,66家公司注册资本金总额38.1亿元。累计贷款66.3亿元,同比增长2.7倍。信用贷款余额占比已达61%。小贷公司结构质量、资产质量、经营质量、监管质量和环境质量各项指标全面完成。

(*王俊生*)

【**融资担保机构**】 2012年,沈阳市新增融资担保机构14家,54家机构注册资本总额53.4亿元。累计担保额144亿元,在保责任余额139.5亿元,实现"双百亿"突破。融资担保业综合发展质量和监管质量明显提高,功能齐全、布局合理、规范优质、充满活力的融资性担保体系初步形成。

(*王俊生*)

【**东北区域金融中心建设**】 2012年,沈阳市在建设东北区域金融中心中,进入全新发展阶段。一是政策支持体系取得新发展。《建设国家优化金融生态综合试验区专项方案》由国家发改委修改完善。《沈阳金融产业10年发展战略规划》已经形成。二是金融发展空间取得突破。金融核心区空间面积拓展至9.5平方公里,金融商贸开发区、金融街、北站北金融商贸集聚区协同发展,有效解决金融产业在空间需求上的瓶颈。三是设立和引进区域总部见成效。全年新增7家金融机构。安邦保险集团将与沈阳市合作金融后援服务基地项目。平安集团拟将综合性区域总部落户沈阳。四是区域资本市场建设工作取得明显进展。"辽宁股权交易中心"有望在沈阳市设立。

(*王俊生*)

【**金融生态环境建设**】 2012年,沈阳市银行业不良贷款率降至1.75%,比五年前下降近13个百分点。金融市场环境和法制环境建设取得新成效。帮助农发行清收不良贷款完成清收额2亿元,建行不良贷款清收工作收效明显。全市交易场所清理整顿按期完成,拟保留5家交易所。全年整治非法集资问题专项行动结案33起。

(*王俊生*)

银　行

·人民银行·

【**居民储蓄**】 2012年,沈阳市居民储蓄存款(含外币,下同)平稳较快增长,年末余额4370.8亿元,比年初增加592.5亿元,同比多增190.7亿元。储蓄存款全年呈现前低后高、季末回流、季初分流、波浪式上升的特点。增速逐季递减,月均增加额四个季度依次为77.8亿元、52.4亿元、36.6亿元、33.6亿元,全年月均增加49.4亿元。从增长原因来看,居民可支配收入稳定增长、居民对于资金的安全性要求提高、投资渠道有限是促进储蓄存款增长的主要原因。

1.居民可支配收入的稳定增长直接促进了储蓄存款的增长。2012年,沈阳市城市居民人均可支配收入为2.64万元,同比增长13.3%。居民可支配收入稳步增长,直接促进了储蓄存款的增长。2012年4季度沈阳市城镇居民储户问卷调查显示,储蓄存款占收入的比例也在上升。有47.75%的被调查储户储蓄占收入比例在20%－59%之间,同比增加8.25个百分点;有49.75%的被调查储户储蓄占收入比例在20%以下,同比减少7.25个百分点。在收入增长的基础上,储蓄占收入比的增加进一步促进了储蓄存款的增长。

2.居民对于资金的安全性要求提高,储蓄成为居民理财首选。2012年4季度沈阳市城镇居民储户问卷调查显示,"存在银行安全"这一储蓄理由得到29.5%的储户赞同,同比增加5.75个百分点。出于对未来经济形势及自身经济状况的不确定,居民理财预防性动机明显,风险意识逐步加强,对于资金的安全性要求提高,储蓄存款凭借其几乎为零的风险以及适度的利息收益成为居民理财首选。在家庭主要金融资产品种的调查中,74.5%的被调查储户家庭主要金融资产拥有储蓄存款,22.5%拥有国债,19.25%拥有理财产品,其他依次为人寿保单、基金、股票等。储蓄存款在金融资产品种中一枝独秀,保持稳定增长态势。

3.投资渠道有限,低迷的房地产市场和证券市场降低了居民投资热情,间接促进了储蓄存款的增长。2012年房地产市场调控依然收紧不放松,证券市场震荡下行，低迷的两市状况降低了居民投资热情，间接促进了储蓄存款的增长。2012 年 4 季度沈阳市城镇居民储户问卷调查显示，在关于消费、储蓄、投资的调查中，51.5% 的被调查储户倾向于"更多地储蓄"，高于选择"更多的投资"的储户 12.25 个百分点，居民投资热情受挫，投资市场对于储蓄的分流作用减弱，居民储蓄意愿逐渐增强。

（刘　凤）

【信贷收支】　一、人民币各项存款多增明显

截至 2012 年末，全市金融机构本外币各项存款余额 1.04 万亿元，比年初增加 1401.1 亿元、同比多增 594.1 亿元；人民币各项存款余额 1.03 万亿元，比年初增加 1380 亿元、同比多增 555.7 亿元；外币存款余额 26.4 亿美元，比年初增加 3.4 亿美元；金融机构人民币各项存款余额首次突破 1 万亿大关。分机构看，建设银行人民币存款余额比年初增加最多，余额为 1453.1 亿元，比年初增加 176 亿元；盛京银行、农业银行和工商银行人民币存款余额分别比年初增加 159.5 亿元、153.9 亿元和 119.9 亿元，增加额超过 100 亿元。全年，银行业监管部门按旬严格控制各银行存贷比指标，各银行之间存款业务竞争持续加剧，大型银行在存款竞争中占据优势。

1. 单位存款增势良好。全市金融机构人民币单位存款余额 5308.7 亿元，比年初增加 691.3 亿元、同比多增 308.2 亿元。其中，单位活期存款余额 2283.1 亿元，比年初增加 48.1 亿元；单位定期存款余额 1337.8 亿元，比年初增加 407.9亿元；单位通知存款余额120.9亿元，比年初增加 5000 万元；单位保证金存款余额 632 亿元，比年初增加48.9亿元。2012 年，单位存款增势逐渐趋好。一季度，受春节派发奖金和生产经营活动减少等节日因素影响，单位存款增加较少；二季度以后，随着生产经营活动和信贷投放的增加，单位存款逐步增加。受经济增速趋缓的影响，企业投资意愿降低，企业大量结余资金以定期存款形式留存，促进了单位定期存款的快速增长。

2. 个人存款快速增加。全市金融机构人民币个人存款余额 4383.6 亿元，比年初增加 614.5 亿元，同比多增 184.7 亿元。其中，储蓄存款余额 4318.8 亿元，比年初增加 589.4 亿元；结构性存款余额 59.8 亿元，比年初增加 21.7 亿元。受银行间货币市场利率逐渐回落、证券市场不断震荡下行和经济增速趋缓等因素影响，居民储蓄意愿不断上升，储蓄存款保持了良好的增长态势。

二、人民币各项贷款增势平稳

截至 2012 年末，全市金融机构本外币各项贷款余额 8070.7 亿元，比年初增加 1030.7 亿元，同比多增 22.2 亿元；人民币各项贷款余额 7852.7 亿元，比年初增加 963.7 亿元，同比多增 8.1 亿元；外币各项贷款余额 34.7 亿美元，比年初增加 10.7 亿美元。在贷款总量中，短期贷款多增较多，中长期贷款少增，票据融资减势趋缓。

1. 短期贷款多增较多。全市金融机构人民币短期贷款余额 2041.6 亿元，比年初增加 351.1 亿元，同比多增 106 亿元。短期贷款中，个人贷款及透支余额 170.9 亿元，比年初增加 37.8 亿元；单位贷款及透支余额 1727.9 亿元，比年初增加 293.3 亿元，同比多增 113.6 亿元，其中，短期经营贷款余额 1689.8 亿元，比年初增加 334.3 亿元，短期固定资产贷款余额 38.1 亿元，比年初减少 39.8 亿元。2012 年，短期固定资产贷款余额减少，主要是因为各银行通过发放中长期固定资产贷款替换短期固定资产贷款；短期经营性贷款余额增加，主要是因为各银行继续将中小企业作为信贷支持的重点，通过发放短期单位经营贷款加大对中小企业信贷支持力度。

2. 中长期贷款少增。全市金融机构人民币中长期贷款余额 5558.9 亿元，比年初增加 683.2 亿元，同比少增 120.5 亿元。中长期贷款中，个人贷款余额 1137.1 亿元，比年初增加 168.9 亿元，同比少增 27.2 亿元；单位贷款余额 4214.8 亿元，比年初增加 458.8 亿元，同比少增 68.4 亿元，其中，中长期经营贷款余额 457.9 亿元，比年初增加 18 亿元，同比多增 27.9 亿元，中长期固定资产贷款余额 3756.9 亿元，比年初增加 440.7 亿元，同比少增 96.3 亿元。分机构看，政策性银行和国有大型银行是中长期贷款投放的主力行，其中，国家开发银行、工商银行和建设银行中长期贷款余额比年初分别增加 174 亿元、87.9 亿元和 86.5 亿元，增加较多。受沈阳市重点建设项目贷款需求拉动，中长期固定资产贷款持续增加，单位中长期新增贷款主要投向沈阳的市政设施和保障房建设项目，为沈阳市的城市建设提供了充足的资金；中长期个人贷款的增长主要支持了个人住房消费。

3. 票据融资余额减势趋缓。全市金融机构人民币票据融资余额 232.5 亿元，比年初减少 68.3 亿元，同比少减 19.6 亿元。2012 年，票据融资余额减势趋缓。一季度，票据融资余额减少较多，主要是因为部分银行在上年末集中买入大量贴现票据、在年初集中卖出，造成票据融资余额的急剧减少；二季度以后，票据融资余额占全部贷款余额比重较低，部分资金充裕的银行增加月末票据融资余额，造成票据融资余额逐渐增加。

4. 个人消费贷款保持增长。全市全部金融机构人民币个人短期消费贷款和个人中长期消费贷款余额 998.3 亿元，比年初增加 148.2 亿元，同比少增 26.7 亿元。2012 年，受全国商品房成交量同比减少的影响，沈阳市商品房成交量较上年同期有所回落；各银行对以住房按揭贷款为主的个人消费贷款持续采取鼓励和支持态度，个人消费贷款余额继续保持平稳增长态势，支持沈阳市居民的住房消费。

5. 人民银行再贴现、再贷款资金支持沈阳经济发展。截至 2012 年末，人民银行再贴现余额 7.1 亿元，支农再贷款余额 2.3 亿元。全年，累计办理再贴现 16.1 亿元，对商业银行支持中小企业和涉农单位的贴现票据办理再贴现，引导金融机构加强对中小企业和涉农企业的信贷支持；累计发放支农再贷款 3.1 亿元，继续加大信贷政策对"三农"领域的支持，有效弥补了农信社支农资金缺口。

（王　赞）

【征信管理】　2012 年，人民银行突出征信管理工作重点，以机构信用代码推广应用工作为核心，以提高征信数据质量为基础，以开展征信文化建设为推动力，进一步深化中小企业和农村信用体系建设，深入开展征信宣传教育，培育和发展信用评级市场，积极参与和推动社会信用体系建设，加快提升征信服务水平，逐步实现优化信用环境、支持地方经济发展的总体目标。

1. 多措并举，扎实推进机构信用代码推广应用工作。机构信用代码，是指中国人民银行以金融业务为基础，按照

一定规则赋予每一个机构在全国范围内唯一、不变的编码。机构信用代码以结算账户开户许可证核准号为基础编制，共18位，包含有准入管理部门类别、机构类别、行政区划代码等内容。机构信用代码证已逐步在人民银行和银行业金融机构征信业务、信贷业务、账户业务、现金业务、票据业务、外汇业务等领域推广应用，将成为金融系统及其他经济领域机构客户身份识别的重要手段，成为机构的“经济身份证”。机构在人民银行和银行业金融机构办理业务时，出示机构信用代码证，可以得到更加方便、快捷的金融服务。人民银行与各银行业金融机构加强沟通协调，克服工作新、时间紧、数量大、要求严等困难，密切协作，多措并举，全年沈阳市发放存量机构信用代码证13.52万户，增量机构信用代码证发放1.9万户。

2.加强管理，稳步提高征信数据质量。加大对金融机构企业、个人征信数据质量的监管力度，定期开展征信数据的核对和量化评分工作，全面推进数据质量工作的日常化、规范化管理。

3.强化监管，有序推进信用评级市场健康发展。充分发挥基层人民银行对信用评级市场的一线管理作用，加强与地方政府部门的合作，不断深化和拓展业务担保机构信用等级评定工作。沈阳市已经有5家评级机构具备了辽宁省借款企业和担保机构评级资格，全市已经完成担保机构和借款企业信用评级57户。

4.协调合作，深入推进中小企业和农村信用体系建设。以征信服务为切入点，协调政府加大政策扶持力度，引导金融机构增加对“三农”的信贷投入，形成了“政府支持、人行推动、多方参与、合力推进”的有效格局。加快建立农村中小企业信用档案和农民专业合作组织信用档案，逐步推进档案电子化进程，全市已建立农户信用档案37万户，中小企业信用档案8200户。

5.热心服务，努力提高征信服务水平。热心为全市企事业单位和个体工商户办理贷款卡、年审贷款卡、行政许可变更、企业信息查询、企业信息异议处理以及个人信用报告查询、司法查询、个人信用信息异议处理等工作。全年发放贷款卡3180张，年审贷款卡8866户，企业查询信用报告1324份，个人查询信用报告10万份，个人异议处理89件。

（孙　勇）

·中国银行·

【概况】 2012年，中国银行沈阳分行坚持以科学发展观为指导，以“精细化经营、规范化管理、人本化改革”为经营思路，紧密结合沈阳经济发展实际，明确发展战略和总体目标，扎实推进各项经营管理工作，在有力支持地方经济发展的同时，各项业务实现了持续较快发展。截至2012年末，本外币各项存款余额769亿元，本外币各项贷款余额449亿元。

（徐晓磊）

【业务发展】 2012年，中国银行沈阳分行紧紧围绕沈阳地区经济发展的战略布局和市场需求，充分发挥中国银行业务优势，在服务民生和支持地方经济建设的同时，各项业务实现了快速发展。一是夯实负债业务基础。重点加大行政事业单位存款拓展力度，持续加强对重点存量客户的营销维护。通过实行存贷挂钩机制，充分发挥贷款对存款增长的拉动作用，积极营销客户上下游企业开立结算账户。加强组织发动，落实激励措施，全力促进个人存款稳步增长。加快银医卡、校园卡等重点项目推广进程，4月份，在中国医科大学附属盛京医院成功投产全省中行系统首个银医一卡通项目，有效拉动对公、对私业务存款的增长。以非银行金融机构存款、低成本活期存款及外币存款为主体，加大金融机构存款营销力度。截至2012年末，人民币各项存款余额730亿元，全口径市场份额6.54%；外币各项存款余额6.11亿美元，全口径市场份额22.04%。二是加快资产业务发展。在国家继续实施宏观调控、规模紧张的客观形势下，进一步强化规模资源意识，合理摆布有限的贷款资源，加大对重点基础设施建设项目、房地产以及装备制造业等领域的贷款投放力度，有力地支持地方经济建设。推进多渠道融资，强化海内外分行联动，利用境外资金和同业资金叙做贸易融资，有效解决境内企业融资需求，实现银企共赢。积极调整优化信贷结构，公司贷款重点投向积极增长和选择性增长行业，发展高收益“非房贷”个人贷款业务。截至2012年末，人民币各项贷款余额421.71亿元，全口径市场份额5.36%；外币各项贷款余额4.41亿美元，全口径市场份额12.71%。三是拓展中间业务渠道。在巩固传统业务优势的同时，持续加大新业务、新产品推广力度，取得明显成效。充分利用海内外联动优势，积极拓展国际结算业务，成功叙做出口融信达项下人民币协议融资等多项省内首笔新产品。把握市场和客户需求变化，成功叙做全省首笔区间宝、财贷通、长期限远期转收款等业务。截至2012年末，实现中间业务收入3.5亿元，四大行毛收入市场份额17.07%，增速6.24%。

（徐晓磊）

【内控管理】 2012年，中国银行沈阳分行坚持从严治行的方针，强化风险管理与内部控制工作。严格授信风险管理，积极推进风险管理架构整合工作，启动并加强经济资本管理。进一步强化内控管理，加大二道防线检查工作力度，保持内控检查业务品种、机构覆盖面均达到两个100%。严格执行岗位轮换、强制休假、代职管理等各项内控制度。加强对贯彻落实“三重一大”工作执行情况的监督，认真组织开展员工参与社会融资行为、大额存款账户等案件及风险排查工作。落实内控检查计划，加大业务检查监督力度，对内外审检查发现的问题，跟进落实整改。

（徐晓磊）

【基础建设】 2012年，中国银行沈阳分行编制《中国银行沈阳分行三年发展规划(2013-2015年)》，提出战略发展定位、经营理念和总体目标。提出强大网点，改进服务，全面提高经营机构竞争力的目标，制定沈阳地区网点三年发展规划，出台经营性网点竞争力评价体系和相关激励措施，启动一线柜员业务量考核系统项目试点工作。强化全员教育培训工作，启动助力新员工成长系列培训，继续抓好经营管理、专业技术、技能操作三支队伍能力素质培训，全年共举办各类培训101期，参训人数达5179人次。

（徐晓磊）

·工商银行·

【概况】 2012年，面对复杂多变的经营环境,工商银行辽宁省分行营业部认真贯彻国家宏观经济政策要求,坚持商业银行经营原则与支持经济发展的统一,积极支持地方实体经济发展,加快调整信贷结构,合理把握投放节奏,严控信贷风险,努力改进金融服务,通过加快创新,在支持经济回升向好发展的同时实现了自身经营管理的转型,实现了净利润比上年增长7.8%的良好经营业绩。截至2012年末,人民币各项贷款余额583亿元,比上年增长11%。人民币各项存款余额1105亿元,比上年增长12%。其中:储蓄存款余额687亿元,比上年增长14%;对公存款余额393亿元,比上年增长11%;同业存款余额25亿元,比上年增长8%。

(刘琳娜)

【存款业务】 2012年,工商银行辽宁省分行营业部秉承为沈阳市经济建设聚财生财的宗旨,凭借先进的装备,丰富的产品,严格的管理等诸多优势,为工商企业和个人客户提供了形式多样、安全、便捷、高效的金融增值服务。把促进存款增长作为支持沈阳经济发展,增强信贷投放能力的重要抓手,强力拓展各类存款市场。以抓项目、拓源头扩大客户规模为根本,全力为个人客户提供代发工资、银医一卡通、市民卡、工银商友俱乐部、五险合一、三方存管、出国人员服务中心、物流通、医健通等综合性金融服务。截至年末,25万张五险合一保障卡已经如期发行。积极搭建多形式的客户服务体验平台,全年组建工银商有俱乐部32家,俱乐部会员达到1.3万人;拓展商品交易市场35家,取得合作的行业商会协会5家。积极开展与商户的联动营销,取得银商合作的重大突破。全力为工商企业客户特别是各类经济区、产业园区、高新园区等新发展园区的客户提供转帐结算、现金管理等综合性、个性化的一揽子金融服务。着力加强存量客户维护,积极走访客户,密切与客户的关系。积极开展高端对公客户走访营销,与客户开展多种形式的联谊活动,根据客户需求,提供形式多样、个性化营销综合服务方案。

(刘琳娜)

【贷款业务】 2012年,工商银行辽宁省分行营业部致力于对沈阳经济建设特别是重大项目建设、中小企业和个人客户的合理融资需求,紧密关注市场和客户,全力支持战略性新兴产业、先进制造业、现代服务业、文化产业融资"四大新市场"的客户融资需求,锁定区域内工商业客户,力促优质资产业务的总量扩张。加强对公路、电力、城建和房地产"四大行业"开展二次创新服务。通过信贷资产总量的增加带动资产结构的调整,实现资产业务的高质量发展。通过贸易融资、银团贷款、固定资产支持融资、融资租赁、新型理财信托及表外融资等多个渠道,提高信贷客户综合收益贡献度。

以客户为中心,始终坚持多层次、多渠道满足大中小法人客户及个人客户融资需求。克服南北方在季节上的差异影响,锁定拓展目标,积极开展公司大中型贷款的市场拓展。开展中型客户"扫楼"活动,强力拓展固定资产支持融资和优质房地产贷款业务。全年大中型贷款累计投放251亿元,同比增长3.5%。进一步转变观念,提高对发展中小企业业资产业务的认识,把促进中小企业的发展作为长期战略发展的一项重要工作,出台八条具体措施加快支持中小企业发展。进一步动员部署中小企业客户服务工作,扩充中小企业营销队伍,大力开展中小企业业务培训,强化中小企业业务拓展进程督办,增加资源配置。全年累计投放小企业贷款20.1亿元,比上年增长7.8%。积极满足个人客户改善住房及日常消费需求,丰富个人信贷业务品种及银行卡消费分期业务品种,实现个人信贷业务的稳步发展,全年个人贷款累计投放38.4亿元。狠抓票据收益,遵循做大流量、加速周转的运作手段,精心维护老客户,积极开拓新客户,强化同业客户的合作,累计贴现额和余额都较年初快速增长。

(刘琳娜)

【金融服务】 2012年,工商银行辽宁省分行营业部为更好地满足广大客户需求,积极推进网点综合化、业务远程授权和网点岗位设置标准化改革,加快自助银行建设进度,努力为客户提供便捷的全方位服务。积极开辟新的服务渠道,积极创新产品营销,实施创新服务。着力开展中间业务营销的组织推动,制订中间业务拓展配套实施方案。坚持以资产业务拓展拉动中间业务总量增长,实现众多客户投行业务、外保内贷业务、信保融资业务、海外并购重组业务等多项全省的突破。积极营销财务顾问、债务重组等新产品,积极推动结算、银行卡、国际结算等柜面业务发展,为工商客户提供优质便捷的转帐结算、现金管理、银行卡、电子银行的新产品服务。积极推进营业网点综合化改革,加大了人员培训、持续优化流程、增加机具投入和人员管理力度,在全市范围内的综合网点数量已经达到了工商银行全部网点数量的68.3%,服务效率和质量显著提高。进一步完善综合网点功能,新增人民币通汇机构及跨行支付系统2个网点,变更通汇机构及跨行支付系统名称2个网点,新增外币(美、日、港、欧)通汇机构2个网点,新开通同城交换业务1家。狠抓服务管理,开展了以压降客户投诉为重点的服务整治活动,全行投诉率大幅下降。和平支行营业室、开发区支行营业室、于洪支行松山所被省银行业协会评为优质文明服务示范单位。加快推进服务渠道建设,全市范围内新增24小时自助银行31家,服务覆盖率持续扩大。与此同时,通过为各类客户提供高效、便捷和安全的优质服务,客户数量不断增长,聚集了一大批优质客户。截至2012年末,对公结算帐户总量比上年末增长4.4%。大中型公司有贷户增长21.3%,国际业务客户增长7.8%,小企业客户增长19.8%。对私客户总量增长6.6%,其中:个人中高端客户增长10%,个人贷款客户增长29%。个人网银证书版客户增长41.1%,企业网银证书客户增长1.8%,手机银行客户增长23.3%。信用卡新增发卡增长105.6%。

(刘琳娜)

【经营管理】 2012年,工商银行辽宁分行营业部坚持业务发展与风险防范统筹兼顾、有机统一,更加注重依法合规、稳健经营。特别是在扩大信贷投放、支持实体经济发展中,严把贷款准入关,前移风险预警关口,加强贷后管理。持续优化信贷资产质量,不良贷款余额和不良贷款率继续保持"双下降"。从完善体制机制、落实规章制度、加强监督检查等多方面入手,突出抓好重点业务领域和环节的风险防控。从党风廉政建设和案件防范两个责任落实入手,积极开展了"五个一"廉政案防教育活动,创建"廉政文化走廊"15个。签订了管理人员廉洁从业"承诺书",强化了员工行为动态评价考核。强化了安全保卫工作。完善了支行、网点、员工三级安全保卫和防火责任制,层层签订防火责任状。全年无重大违规违纪和大要案。与此同时,着力加强了企业文化建设,加强了分类别的员工教育培训工作,完成在岗员工面授培训和专题讲座468期。开展了多种形式的劳动竞赛,开展了合理化建议征集活动,举办了"关爱杯"职工篮球比赛、登山、拔河比赛、排球比赛。开展了送温暖献爱心活动,全行特困员工受到了救助。开展了职工之家建设。根据共青团中央《关于"3·5"期间集中开展学雷锋活动的通知》要求,组织青年员工开展了以关爱农民工子女志愿服务活动、青年文明号"学雷锋、树新风"活动、青联委员学雷锋活动以及送金融知识下乡、进校园、进社区活动为重点的丰富多彩的学雷锋活动。恢复启动沈阳市城市金融学会,积极吸纳社会各界知名专家学者作为学会的常务理事和顾问,开展了广泛的学术研究和信息交流,成为全市金融系统共谋发展大计,以金融支持沈阳经济发展的重要平台。

(刘琳娜)

·农业银行·

【概况】 中国农业银行辽宁省分行营业部(以下简称省农行营业部)现有员工3945名,一级支行18家、二级支行44家、分理处75家、储蓄所6家。2012年,省分行营业部深入贯彻"136"发展思路、全面实施"1234"经营思路,着力打造区域内强行。强力推进网点转型,全面实施扩户工程,持续深化综合治理,切实加强人本管理,全年主要经营指标取得了历史性、突破性的进步。截至年末,存款比年初增加153.99亿元,各项贷款比年初增加67.38亿元,拨备前利润达11.72亿元,拨备后利润达10.02亿元,同比增盈8253万元。实现经济增加值2.28亿元,同比增加4800万元。一是各项业务稳步推进,盈利水平不断提高。存、贷款业务发展战略清晰有效,客户基础、"三农"业务有序推进。"新农合"、"新农保"代理业务取得新突破,收入结构有所优化,不良资产清降效果显著,盈利能力也显著增强。二是网点转型持续深入,渠道建设作用有所显现。硬转效率明显提升,软转推进成效显著,渠道分流力度逐步加强,网点形象和服务品质有了显著提升。电子渠道交易分流率大幅提高。三是精细化程度逐步提高,继续保持安全运营。"三大中心"如期上线、顺利推进和平稳运行。认真做好信贷业务转授权工作,着力推进授信执行体系建设,切实提高风险管控水平。加强党风廉政建设,开展风险排查"亮剑"行动,创新自助设备安保方式,有效防控风险。大力开展综合治理活动,实行治理机制常态化管理,实现全年安全运营。

(李卓宁)

【存款业务】 2012年,省农行营业部一直把存款业务作为各项工作的重中之重,全力打好负债业务"翻身仗",存量增量双创历史。从年初开始,就将存款确定为核心工作,从"抓网点"、"抓产品"、"抓客户"三个层面入手,全力打造存款"信心工程"和"形象工程"。在抓网点上,全年新交付网点23个,已改造网点累计占全部网点的77%,新增自助银行4个。完成120个网点的文明标准服务和营销技能导入,网点的外部形象和服务水平得到大幅提高。在抓产品上,以基金、理财产品、贵金属买卖、第三方存管、个贷等源头性业务为重点,加大对客户储蓄资金的牵动和锁定。积极营销工商e线通、现金管理平台、网上银行、对公理财业务,发挥产品组合对公存款的稳固作用。在抓客户上,加大对优质个人客户的批量营销"扩户"力度,快速拓宽了储蓄存款的来源渠道。强化了对系统性、垄断性、源头性对公存款客户的营销,突出抓好有效账户和基本账户营销,从源头上锁定客户。各项有效措施的推进,促使农行存款增量连创新高,储蓄存款较年初增加77.59亿元,对公存款比年初增加76.4亿元。

(李卓宁)

【贷款管理】 2012年,省农行营业部以控制风险为前提,以提高精细化管理水平为基础,以加快信贷业务有效发展为主题,以提升全面风险管理为重点,以强化法律合规支持为保障,强化基础管理工作,全力支持信贷业务的有效投放,全面促进信贷管理工作的稳健、快速发展。一是做好优质大客户、大项目营销和信贷投放。以"扩户工程"为抓手,凝聚全行力量持续推进信贷投放。在法人贷款上,按照"大中选强、小中选优"的原则,构建了法人客户项目储备库,积极采取"保、抢、挖"策略,借助对公营销体系落地,有效激发支行的营销积极性。在个人贷款上,继续把住房按揭贷款作为个贷业务的龙头,带动二手房、助业贷、房抵贷等新老业务品种的齐头并进。个人贷款较年初增加37.39亿元,排名四大行第二位,其中个人按揭贷款较年初增加35.44亿元。二是做好现有优质客户的维护工作。在政策允许的范围内,想客户之所想、急客户之所急,全力以赴满足客户要求。对于信贷重点项目,营销团队必须积极主动与企业沟通,并进行全程跟踪、协调,有效提高信贷项目的营销效率。通过日常服务和沟通,进一步增强优质客户的依存度,从另一方面节约营销成本。三是规范信贷运作各个环节,重点加强放款环节的风险控制,继续实施贷后管理尽职工程,保障信贷业务的稳健发展。建立绿色通道,在加强信贷管理、落实信贷新规则的前提下,缩短各层次、各环节办理时间,全力提高运作效率。四是夯实信贷业务基础,不断提升精细化管理水平。包括做好信贷业务授权管理,完善客户风险评价体系,加强信贷业务审查,规范贷审会运作机制,做好个贷业务审查和档案管理,切实履行放款审核及贷后管理职能,有效防控信贷风险。

(李卓宁)

【中间业务】 2012年,省农行营业部高度重视中间业务收入和各项发展类指标,把中间业务发展摆在业务经营的突出位置,加大营销力度,全力挖掘产品的内在价值。在继续巩固支付结算、电子银行、信用卡、国际业务、代理保险等传统业务的同时,大力开展个人理财、对公理财、信用卡分期、基金定投、贵金属买卖、投行等新兴业务,努力打造新的收入增长点,拓宽收入渠道,实现了中间业务多数指标的"百花齐放"、"亮点纷呈"。通过开展"春天行动"和"激情仲夏"两次综合营销活动,加大考核激励力度,坚持不懈狠抓营销。电子银行收入、基金销售额等多项指标超额完成年初计划,中间业务总体收入实现历史最好水平。在保持网上银行、电话银行、手机银行、贷记卡等产品稳健增长的同时,突出营销了电子商务和转账电话等产品,积极推动各项指标的跨越式发展。一是电子商务拓展取得新突破。首先,客户种类日益丰富,商户数量增长较快,大商户也有所突破。转账业务和代缴费业务取得了新的发展。其次,积极开展全方位营销。完善激励考核机制,进一步提高电子银行在全行业务发展中的战略地位和作用。优化结构,提高优质存量客户占比,提升电子渠道的使用率。通过营销核心产品,提升业务收入。再次,为扩大宣传效果,在省市多家媒体开展了多层次、大范围的宣传活动。二是营销模式进一步创新。搜集整理相关客户信息,组建了客户信息资料库,为开展营销搭建了良好的平台。多次开展各种大型刷卡促销活动,提高了贷记卡的动户率,有效地促进了金穗贷记卡客户的消费热情。努力创新营销模式,加强针对性,大大提高电子银行业务营销推广效率,将客户资源变成收入的增长点。三是多法并举,大力营销各种中间业务产品。将农行主托管和农银汇理基金作为营销重点,积极推广基金组合服务,提高基金定投业务签约率,着重培养一批稳定的基金客户群,增强基金持续销售能力。推广集中版理财产品销售系统,建立理财产品快速响应机制。加快发展短期限、低风险、稳健型、固定收益类的"本利丰"理财产品,树立稳健型的理财形象。各城区支行营业部都已经开办"传世之宝"黄金买卖业务,全辖所有网点都已经开办电子式储蓄国债业务。四是把代理保险业务放在了中间业务发展的突出位置。在银保市场动荡和外部监管部门从严从紧的监管政策下,以"抢占份额,健康发展"为主题,确保保险代理业务工作实现可持续发展。采取了以下几种合理有效地措施。以竞赛促发展、以动态调整为手段、以穿透式问责为鞭策、以设荣誉宴为激励、以培训促提高,以激励为先导,充分调动一线员工保险代理的积极性。利用保险公司各种活动为契机,加强与保险公司合作,实现同业市场份额和系统内排名的进档升位。从业务发展多元化和经营收益最大化的高度,重视保险代理业务,通过提高营销技巧、加大柜台宣传力度、联结优质客户营销等方式加快保险代理业务发展。全面实行精细化管理,精细化管理有利于树立保险代理业务的细节意识、服务意识、规则意识和系统意识,以促进业务的正常发展,也为保险代理业务发展提供保证。

(李卓宁)

【国际业务】 2012年,省农行营业部以坚持有效发展为前提,理顺外汇业务经营管理体制,实施差别营销,努力提高市场份额,加快产品普及,完善服务功能,提高业务收益,控制业务风险,保证外汇业务持续、健康、稳步发展。

省农行营业部高度重视国际业务的营销工作,不仅保持了国际结算和结售汇业务的发展,而且加大了国际业务直接营销力度,提出了国际业务营销要与资产业务营销有机结合,相互促进、共同发展的策略。牢牢把握市场机遇,通过相关部门和支行的密切配合,积极开展对国际业务重点客户的营销工作。实行本外币一体化营销模式,带领营销团队深入企业,推广国际业务产品,赢得了客户信任,取得了客户支持,收到较好效果。经过多方营销,与很多国内外优质客户建立了良好的银企关系,迅速做大了国际业务规模,促进国际结算量和市场份额的双提升。

1. 确定营销重点。以西联汇款为营销重点,在重点地区、繁华地带建立外汇业务精品网点。个人外汇业务特别是西联汇款业务保持了良好的增长势头,为下步发展奠定了良好的基础。同时,积极加强与相关部门的沟通协调,多方面掌握客户信息资源,及时了解沈阳地区的招商引资情况和进出口企业信息,在综合分析后,定期向全辖发布,指导支行开展有针对性的营销。建立优质客户信息采集奖励机制,鼓励基层网点走进市场,寻找国际业务信息,并按照信息价值给予不同程度的物质奖励,形成全行上下开展国际业务的合力。加大对经常项目客户的直接营销力度,在现有信贷投放的优良客户中,优选一批有国际结算业务的系统性高端客户作为营销重点。

2. 分段落实任务。以营销资本项目客户为主,并以此带动营销经常项目客户,为完成全年的工作任务奠定基础;下半年,将工作重心转移至营销经常项目客户,改善客户结构,保证国际业务稳定持续发展。根据经常项目客户具有业务发展稳定、有连续性的特点,确立了大力发展经常项目国际结算客户、改善客户结构的营销目标,积极走访营销优质大客户,并根据客户需求为其量身定制外汇及信贷业务综合服务方案,成效明显。

3. 提高服务能力。在大力营销新客户的同时,也注重服务能力的提高。以真诚、高效的服务挽留老客户,积极走访、努力挖掘原有客户潜力。一是努力提高贸易融资业务占资产业务的比重。国际贸易融资职能的增加有利于及时为客户设计贸易融资方案,贷前调查、业务办理、贷后管理职责的统一提高了业务办理速度。二是仔细研究现有的外汇产品,深入分析客户需求,确定适合推广的产品和组合,扩大外汇中间业务收入的途径。三是在与客户议价时,合理运用汇率、费率、利率和信贷资源等多种杠杆,对客户的本外币综合贡献度进行全面考量,不同客户实行不同的价格策略,争取实现较高的收益率,推动外汇中间业务收入增长。

4. 注重风险防范。按照"管风险,管内控,提高透明度"的监管理念,建立以防范风险为本的全面、持续、有效的监管框架,切实有效地履行监管职责,加强自律监管力度。对特殊异常情况,及时下发风险提示函,将风险隐患消灭在萌芽状态。专业条线认真贯彻落实外汇局各项外管政策,严格执行总省行规章制度,在积极拓展业务的同时,注重做好风险防控工作,全年国际业务条线未出现风险事件,风险防范工作取得实效。

5. 加强宣传培训。一是采取"走出去,请进来"的方式,学习总结同业和兄弟行发展国际业务方面好的经验和做法,认真查找差距,取长补短,提高国际业务的发展水平。二是将"业务培训"与"知识宣讲"结合起来,创新培训方式,丰富知识普及活动,在全行范围内营造积极发展国际业务的良好氛围。三是培养国际贸易融资产品业务骨干,为前台部门营销提供技术支持。四是组织不同层次的客户经理、产品经理等业务骨干的境内贸易融资、国际结算培训班,结合实际案例进行授课,提高从业人员的产品推广能力。

(李卓宁)

·盛京银行·

【概况】 2012年,盛京银行积极拓展市场和客户资源,大力开展金融创新,持续加强风险管控,不断优化服务实体经济的理念和方式,经营工作继续保持健康快速的发展态势。截至年末,资产总额突破3100亿元、存贷款余额分别达2200亿元和1100亿元;当年累计投放贷款达500亿元,人民币新增贷款101亿元,排名全市商业银行首位（不含政策性银行）；当年利税总额突破60亿元，沈阳地区缴纳各项税收10.6亿元，位列全市金融服务业首位、沈阳市纳税五强，总部银行领军地位和竞争优势进一步强化，经济贡献和持续发展能力不断增强。

（李　阳）

【资产质量】　2012年，盛京银行将优化信贷投向和结构与支持地方经济发展紧密结合，通过深入推进战略客户全方位合作，加大对重点领域、重点行业和支柱产业的支持力度，进一步优化客户结构，提升资产质量。截至2012年末，不良贷款率为0.54%，拨备覆盖率为301.47%，不良贷款余额和不良贷款率连续多年保持“双降”。一是积极履行企业社会责任，将自身发展与促进地方经济发展相融合，坚持地区信贷规模倾斜政策，将全行全年新增贷款额度的70%用于支持沈阳地区信贷投放，有力地支持了实体经济的发展。二是加大对支柱产业、重点行业等龙头企业的信贷投放力度，积极支持高端装备制造业企业及配套集群产业发展，有力地推动了高端装备制造业“三大聚集区”、“两大配套区”建设。三是大力倡导绿色信贷理念，支持新能源企业和节能减排项目建设，进一步促进绿色循环经济和低碳经济发展。四是积极支持民生基础产业和城市公共服务事业发展，向全市重点供暖企业提供信贷资金，帮助企业解决设备升级改造、购煤等资金需求；大力支持供电、供气、文化、教育、医疗等惠民项目建设，覆盖了沈阳市绝大部分大型综合性医院的院区建设和文化媒体，彰显了信贷投放惠及民生的民本情怀。五是积极参与市政府“2012中小企业服务年”活动和“千户百亿”融资工程，全力支持小微企业发展，单笔500万元以下小额贷款投放同比翻了一番，荣获“2012年最佳中小企业贷款银行”称号。

（李　阳）

【金融创新】　2012年，盛京银行不断创新服务实体经济的理念和方式，大力开展业务产品和服务功能创新，充分发挥金融资源配置功能，助推区域经济发展和产业结构优化升级。一是全面启动“创新年”活动，创新融资渠道和融资途径，拓宽与其他金融机构的战略合作，累计向全市重点项目融资55亿元。二是创新银、政、企合作方式，积极参与市政府“2012中小企业服务年”活动和“千户百亿”融资工程，率先与于洪、苏家屯和法库县人民政府签署支持中小微企业发展的战略合作协议。三是首创柜台受理中小微企业业务的服务模式，推出“柜台受理、三天答复、手续完备、七天放款”的服务举措；开发推出小微企业专享“快贷通”系列产品，被评为“2012年度最具影响力的银行中小企业融资产品”。四是积极推进银行卡升级换代工作，完成金融IC卡系统建设，顺利完成“五险合一”社会保障项目建设和发卡工作，积极推进金融IC卡在城市公共交通、公用事业缴费、网络传媒等领域的行业应用，全面打造城市一卡通品牌。五是完成了银企直连平台建设和网银安全系统升级工作，网上银行操作的便捷性和安全性不断提升，电子银行服务功能对全行业务发展和服务水平提升的支撑作用进一步增强。六是积极推进机构布局发展战略，2012年沈阳分行获批开业，标志着盛京银行全面完成了总分支三级管理架构和运营体系建设；朝阳分行获批筹建，服务触角延伸至辽西北地区，已完成了长三角、环渤海、东三省以及辽宁沿海经济带和沈阳经济区等重点经济区域战略布局，区域影响力和市场竞争力日益增强。

（李　阳）

【内控建设】　2012年，盛京银行坚持审慎稳健的风控管理战略，建立了较为完善的风险管理和内控体系，覆盖了全部经营风险、全部管理流程、全部工作岗位，为各项业务持续健康发展提供了有力保障。一是坚持依法合规、稳健经营，倡导并培育“全面、全程、全员”的风险管理理念和文化，持续推进与发展战略、经营规模、业务范围和风险特点相适应的全面风险管理体系建设，连续十年健康快速发展，没有发生重大案件和责任事故，风险防控能力显著提升。二是积极构建全面覆盖、及时有效的内控体系和流程，设立首席风险官，成立风险控制中心，进一步完善运作高效、合理制衡的内控组织架构，实现业务拓展与风险管控的协调推进。三是完善内控制度体系和流程，建立有效的风险管理传导机制，强化制度落实和考核评价，提升全行风险管理意识和管控水平。四是深化内审职能，在坚持常规稽核的基础上，对重点领域和环节进行专项稽核，保障了经营成果的真实性。五是加强非现场预警系统和日常业务核算监督体系建设，强化风险预警和差错纠正，有效防范操作风险。六是强化合规管理的独立性建设，健全总分支三级合规组织架构，完善合规风险管理流程，加强合规文化建设，持续开展制度清理及合规审查，有效保证各项业务健康快速发展。七是深化内控和案防制度执行年建设，不断健全事前防范、事中控制、事后监督和纠正的内控机制，强化日常内控措施的贯彻与执行，提高内审稽核的全面性和针对性，进一步提升主动管理和控制风险的能力。

（李　阳）

·交通银行·

【概况】　交通银行辽宁省分行是交通银行股份有限公司在辽沈地区设立的省级金融机构，1987年5月在沈阳成立，时名交通银行沈阳分行，2008年更名交通银行辽宁省分行。全省共有157个营业网点，共有鞍山、抚顺、丹东、锦州、营口、辽阳、盘锦、葫芦岛、本溪、盘锦等10家省辖分行，其中阜新分行正在筹建中。交通银行辽宁省分行继承交行百年基业，积极贯彻国家宏观调控政策，适应地方经济增长方式转变，紧紧围绕“沿海经济带和沈阳经济区”国家发展战略，以发展为主题，以转型为主线，以创新为动力，不断提高业务发展与国家产业政策、区域经济特点的切合度，发展实力逐步增强。

2012年，交行辽宁省分行深入贯彻落实科学发展观，紧紧围绕2012年总体工作思路和战略目标，在实现自身又好又快发展的同时，全面履行社会责任，积极倡导金融生态文明，密切关注民生，持续投入公益，以负责任的企业公民身份，为促进区域辽沈地区经济发展和社会和谐做出了应有的贡献。加快网点和自助银行布设，有力扶持小微企业、三农产业发展，积极探索绿色金融发展模式，加大社会公益事业保障力度，回馈社会，服务民生，综合化服务水平不断提高，客户满意度和社会美誉度不断提高。2012年交通银行辽宁省分行获得最佳财富管理银行，“东北振兴十周年沈阳城市发展杰出贡献奖”等荣誉。

（高东强）

【业务经营】 2012年末，全辖人民币各项存款余额874.40亿元，比年初增加102.84亿元，增长13.33%；考核口径人民币各项存款平均余额增量98.76亿元，完成全年计划的106.48%；人民币对公、储蓄存款后五日平均余额增量分别实现70.64亿元、53.52亿元，完成全年计划的117.73%和116.35%。本外币贷款余额526.21亿元，较年初增长14.34%。全年实现拨备后利润12.37亿元，较上年增加6700万元。不良贷款控制额11.48亿元，较年初下降100万元；存量不良资产清收额2.57亿元。

（高东强）

【资产管理】 2012年，交通银行辽宁省分行增量投放主要集中在国家"十二五"计划及辽宁省重点支持发展的商品批发、机械、石化、港口、电力等行业，全年重点支持了中国电子进出口公司、丹东港集团、营口港务集团、丹东帕斯特谷物、辽宁华锦通达化工、锦州惠发天合等一批具备较好发展潜能的优质客户，上述客户与辽宁省的经济区域特色契合度较高，综合回报较好。分行2012年减退额度较大的行业主要为房地产、公共设施管理及钢铁行业。不良贷款坚持总量调控和结构优化并重，严格按照"三高三低"目标要求，主动优化贷款结构，增量投放主要集中在国家"十二五"计划及辽宁省重点支持发展的商品批发、机械、石化、港口、电力等行业；加大"两高一剩"及房地产开发经营等行业减退力度；加快推进中型客户发展策略，不断提升贷款流动性和收益水平，严控中长期贷款增速，加强利率定价管理水平不断加强不良资产专业化管理，实现各类不良资产"多收快收"。

（高东强）

【内控管理】 2012年，交通银行辽宁省分行在系统内内控评价为B+级，在系统内排名第15位。全辖会计差错率仅为万分之0.3，较上年下降了56%；四级风险点16个，较上年减少24个；省辖各分行内控审计评级均为B+级，其中，鞍山分行、抚顺分行、丹东分行、锦州分行、辽阳分行由上年B评级提升为B+评级。全年，分行健全了风险管理决策体系和运作机制，完善分行"1+2"风险管理委员会架构，强化"严防死守、一把手负责"的风险管理责任制，风险部、营运部、监察室持续加强针对性防控措施，关注重点领域、重要环节、重点人员的风险防控，形成了日常监控与专项排查有效结合的防控模式。持续开展贷款五级分类自查，加强逾期贷款管理，缓解评级下迁压力，资产质量总体稳定。以重大不良资产项目为抓手，全年清收存量不良资产2.57亿元。建立"一把手"负责制与全员监督举报双线并行机制，推进惩治和预防腐败体系建设，开展了员工操作风险排查和参与民间融资、非法集资行为风险排查，建立了案防长效机制，积极培育了"依法合规、稳健经营"的风险文化，强化落实责任追究执行力度，全年共追究违规违纪及通报批评人员6人，诫勉谈话6人，营造了"防控案件、人人有责，违规经营、人人喊打"的经营氛围。

（高东强）

·招商银行·

【概况】 2012年，招商银行沈阳分行全面落实总行各项经营管理要求，克服压力、应对挑战、把握机遇，深化"以客户为中心"理念，明确以"两小"业务作战略发展的工作重点，全力推进"二次转型"工作，分行经营效益和管理水平稳步提升，圆满地完成了全年各项工作任务。

截至年末，沈阳分行资产总额为671.62亿元，比年初增加34.52亿元。全折人民币自营存款时点余额636.71亿元，比年初增加27.72亿元。自营存款日均余额598.13亿元，比年初增加34.08亿元。全折人民币一般性贷款余额340.13亿元，比年初增加26.85亿元。

（徐英超）

【结构调整】 2012年，招商银行沈阳分行加快了结构调整步伐。加快结构调整，大力发展小企业和小微企业业务。沈阳分行在快速发展规模、提升效益的同时，资产业务发展的相对缓慢在一定程度上影响了分行的发展速度和领先优势，而加快小企业和小微企业业务（简称"两小"业务）发展正是解决困惑、拉齐短板、突破瓶颈的关键要素，为此沈阳分行统一思想认识、加快结构调整步伐，加大"两小"企业信贷投放力度，塑造"两小"金融服务品牌。

强化客群管理，深入开展负债营销。在狠抓"两小"业务的同时，沈阳分行依托客群管理优势，拉动存款规模稳步增长，尤其在储蓄存款提升方面成绩显著。对公存款基本与2011年持平，实属不易。

克服重重压力，实现中间业务收入稳步增长。在中间业务收入方面，分行坚持传统与创新并重的经营思路，一方面加大对传统基金、保险、理财产品的选择性销售和组合营销，提高产品综合贡献率，加强期缴产品、年金类、健康类产品的营销力度。另一方面注重对创新型产品的开发和推动，成功营销沈阳市国税局中央财政预算单位公务卡及CBS项目，成为全国国税系统公务卡及CBS项目第一单的双料冠军；建立了公司卡在汽车经销商和保险代理见费收单领域应用的典型模式；拓展网上银行新功能，实现分行首笔企业网银代扣出租车管理费业务，新兴中收占比不断扩大；加强跨境金融业务推动，跨境人民币结算量突破10亿元，同比增长900%。

（徐英超）

【强化内部服务】 2012年，招商银行沈阳分行强化内部服务。风险管理和内控管理基础进一步夯实，实现全年安全稳健运营。全年，分行加大风险防范和内控管理工作力度，在全行干部员工共同努力下实现连续12年安全运营。持续推进信用风险全流程优化，加强信贷业务全面风险管理，不断提升信用风险管理基础。推行中小企业风险经理派驻制，提高风险经理参与贷前调查、授信执行和贷后自查等环节的工作效率。加大合规风险管理和审计工作力度，开展整治不规范经营工作，积极采取有效措施进行自查自纠。反洗钱集中监测分析改造工作取得重大进展，成为同业惟一一家跨区域反洗钱集中监测管理机构。深入开展行为管理和案件防控工作，干部员工队伍建设水平日益提升，形成讲正气、讲精神、讲团结、讲团队、讲协作的良好工作氛围。做好党的"十八大"召开前后安保和案件防范工作，确保安全运营。

围绕"一个银行"理念，加快推动资源整合速度、深入开展服务型分行建设。分行深化推进"一个银行"理念在各项经营管理工作中的实践与应用。推动服务型分行建设的深入开展，以多种形式相结合的方式深入了解各层面干部员工对打造服务型分行工作的意见和建议，打造完整的内外部服务链条，创造和谐工作氛围。

扎实开展党建工作，提高支持保障能力，不断巩固提升管理基础。深入开展学习贯彻党的"十八大"精神系列活动，加强党组织建设。推进业务连续性体系建设，完善各类应急预案。大力开展企业文化建设，推进工会和团组织建设，进行各级支会补选，顺利完成团委委员换届选举，组织大量丰富多彩的活动调动青年员工热情，加大员工关爱力度。

（徐英超）

·中信银行·

【概况】 2012年，中信银行沈阳分行坚持"加快转变方式、夯实经营基础、深化风险管控、实现赶超发展"的指导方针，全行经营管理工作取得了新成绩。截至年末，全行一般性存款，达到443.66亿元，比年初增加61.5亿元。其中：对公存款余额302.59亿元，比年初增加48.19亿元；各项贷款余额328.91亿元，比年初增加17.91亿元。沈阳分行下辖抚顺、葫芦岛2家异地分行、1家营业部和20家同城支行，员工1076人。

（冯　良）

【业务发展】 2012年，中信银行沈阳分行坚持以客户为中心，以提质扩容为目标，以重点业务和产品推动为抓手，着力夯实了经营基础。

1. 客户基础不断扩大。全行对公客户总量突破1万户，达到1.05万户，比年初新增783户；日均百万元有效客户比年初增加123户；零售客户新增7.28万户，贵宾客户达到6693户，比年初新增1144户，私人银行达标客户205户，比年初新增116户，机构、产业、国际和小企业等客户均实现了大幅提升，其中机构客户比年初增加300户。

2. 重点业务快速发展。公司电子金融渠道功能不断丰富，汽车金融、供应链金融在传统业务发展的基础上，围绕供暖、煤炭、粮食、医疗、家电等行业金融不断完善新业务模式，深化个性化特色方案营销；投行业务实现了债券承销新突破；托管业务、金融同业都实现了快速发展；票据信托、委托债权融资、租赁保理、债券承销、贸易融资等产品得到了充分运用；银行卡业务、旅游保函、理财产品销售等工作也都取得了加快发展。

3. 营销体系更趋完善。在强化以市场营销为依托的对公、对私业务大平台建设的基础上，进一步完善了专业化、差异化和精细化的营销体系；按照"专职、专业、专营"的架构要求，完成了投行业务独立专营和小企业风险派驻制；进一步明晰产业金融经营模式，基本形成了具有区域特色的供应链金融平台；组建金融同业部，票据集中经营、同业业务分散营销的格局基本形成；不断加强客户的分层经营，差异化竞争优势得到提升。

4. 经营结构日趋合理。全年对公结算存款日均余额比年初增加20.01亿元，机构存款时点余额增量达到23亿元，占对公一般性存款的27.09%，比同期提升4.51个百分点；对公活期日均存款占比由上年的51.61%提高到52.95%，提升了1.34个百分点，时点存贷比下降了7.19个百分点。在信贷规模严格限额管理下，靠存量结构调整满足客户需求，靠有限的信贷增量满足零售、小企业贷款需求，靠压缩银行承兑汇票增加收益，全年小企业和零售贷款增量占比超过60%。通过调整考评政策、优化资源配置、推行管理会计等措施，进一步加强利率定价管理，不断提高定价能力和收入水平，全行对公贷款平均利率较基准利率上浮15.25%，较上年提升6.4个百分点；风险资本回报率比上年略有提升；国际、电子银行、托管条线中间业务收入实现了大幅度提升，成为中间业务发展的新增长点。

（冯　良）

【内部管理】 2012年，中信银行沈阳分行内控管理进一步完善提高，各项业务以加强三项基础建设为管理目标，不断深化风险管控和内部管理，保障了全行的平稳运行。

1. 切实做好迎检整改工作。在全行经营压力巨大的情况下，分行上下高度重视，精心组织，整体配合，顺利完成了财政专员办历时4个月的全面检查、人民银行"两管理、两综合"专项检查、辽宁省银监局及总行等内外部检查，对检查发现的问题，分行党委十分重视，通过明确责任、分解落实、完善制度等措施，做到了切实整改，推进了分行管理工作不断完善提升。

2. 深化授信风险管控。通过加快推进专业化审贷、加强异地分行授权管理、优化审批流程等措施，有效助推了业务转型和经营发展；实施法保前置、名单制管理、分类排查等措施，强化贷后预警和退出职能，全行初步构建起了预警排查、化解清收和审核服务"三位一体"的信贷资产风险防范体系。

3. 强化内控管理基础。扎实细致开展"不规范经营"专项治理、案件防控滚动排查、组织各类专项审计等工作，全行内控和案防意识不断增强。通过开展一系列监督检查，强化了会计操作风险管控。加强全方位保卫检查、开展专项演练活动，确保全行安全运行。实施网络改造、业务系统开发、设备更新换代，信息技术支持保障作用明显提升。积极做好信访、行风政风热线管理及加强新闻媒体沟通等工作，有效控制了舆情风险。

4. 团队建设持续深化。分行党委始终坚持"以人为本"、"把合适的人放在合适位置"的用人理念，以机制建设为抓手，不断加强干部队伍建设。在完善"等级行"考评办法、优化核心预算指标体系的基础上，推出机关部门及经营单位负责人考核、行领导联系点、机构帮扶等系列制度和办法，强化了对各单位一把手的管理考核力度，进一步推动机构均衡发展。结合实际制定了《沈阳分行专业技术序列实施细则》，为员工职业生涯提供制度保障；进一步完善客户经理业绩考评体系，调动了一线营销人员的主动性。通过内部推荐、定向外聘、重点挖掘、人才引进等措施，充实了经营单位一线管理人才和营销队伍。通过开展客户经理、营业经理、会计条线、国际条线等不同层面的实战培训，进一步提升了一线营销人员的综合素质和实战能力。

（冯　良）

【企业文化】 2012年，中信银行沈阳分行深入推进文化建设。通过组织开展机关作风整顿和"回头看"工作，机关作风进一步转变，工作效率和服务意识明显提升，责任文化建设进一步深入。通过组织开展"读一本好书"活动及读书座谈会，营造了良好的学习氛围。通过在内部局域网开设文化园地，举办服务技能比赛、"健步走"、"足球赛"等活动，为展示单位和员工风采搭建了交流平台。通过组织开展扶贫助学、收看专题讲座、学习党的“十八大”报告等活动，进一步加强了领导干部和全体党员的思想教育。切实加强党建工作，发挥各基层党组织的作用，通过开展“共产党员工程”活动，不断提高全行干部员工的政治素养和职业道德修养，发挥党员干部的带头作用。通过组织开展扶贫助学活动、反腐倡廉警示教育、签订《反腐倡廉承诺书》等方式，抓好纪检监察工作。工会、共青团创新载体，继续开展形式多样、内容健康、凝心聚力的文娱活动，为赶超发展提供精神动力。努力培育“同成长，共分享”的文化氛围，有效利用中信人报、总行动态、分行风采、文化墙、局域网等内部载体，强化全员参与，进一步激发全行干部员工的自豪感和归属感。积极履行社会责任，承担社会义务，在实现发展成果惠及员工的同时，积极回报客户、股东和社会，营造共享共赢的和谐发展局面。

（冯　良）

保　险

·人保财险·

【概况】 中国人民财产保险股份有限公司（简称“人保财险”）是中国人民保险集团旗下最大的子公司。2003 年 11 月在香港成功上市，成为中国保险业海外上市第一股。2012 年晋升为世界 500 强第 292 位。2012 年，公司保费收入超过 1900 亿元，亚洲排名稳居第一，在全球单一品牌财险公司中位列第二。

沈阳市分公司是中国人保财险设立在沈阳市的分支机构，是沈阳市成立最早、规模最大、网点最多、实力最雄厚的财产保险公司，拥有雄厚的历史底蕴和杰出的品牌优势。公司现有员工 1000 余人，中高级职称近 200 人，大学本科以上学历达 600 余人。公司本部设置了 12 个职能部门，在全市各行政区、郊、县下设 23 家分支机构，构建了完善的专、兼业代理网点和三农保险服务平台，形成了强大的销售和服务网络。2012 年，沈阳市分公司累计承担社会风险总额 7800 多亿元，实现保费收入 16.5 亿元，处理各类保险案件 17 万余件，累计支付赔款近 11 亿元，有力地支持了政府发展。公司紧紧抓住国家深入推动东北振兴、沈阳经济圈上升为国家战略和筹办“十二运”三大发展机遇叠加的有利契机，不断推进管理和服务升级，大力支持地方经济建设，积极履行社会责任，经营管理取得了长足进步和跨越式发展。

公司承载着“人民保险，服务人民”的历史使命，秉承“风雨同行、至诚至爱”核心价值观，以“做人民满意的保险公司”为愿景，形成了显著的品牌、市场、产品、技术、资源等优势。公司多次被省、市政府授予“文明单位”和“文明单位标兵”等荣誉称号。2010 年，在“沈阳公共服务百姓口碑网评选活动”中荣获“金融行业优秀单位”称号。2011 年，荣获沈阳市十大行业“榜样领袖”大奖，成为了沈阳人心目中的“金融行业优秀单位”。

（鲍　薇）

【主要险种】 中国人民财产保险股份有限公司沈阳分公司开设的险种覆盖经济和社会发展的各个领域，主要险种有机动车辆保险、企业财产保险、家庭财产保险、责任保险、航天航空保险、货物运输保险、建筑工程保险、信用保证保险、意外保险、短期健康保险、农业保险等 300 余种。随着社会的发展、市场的要求，公司适时推出各种新型产品，满足社会各阶层的保险需求。

机动车辆保险：机动车辆保险为公司的主导险种，共分两大类：交通强制保险（简称交强险）、商业保险。商业保险中主要包括两大类：主险及附加险。其中主险主要包括：车辆损失保险、第三者责任保险、机动车盗抢保险、车上人员责任保险。其中可承保车损险的车型包括家庭自用车、非营业用车、营业用车、特种车、单程提车、摩托车、拖拉机等。2012 年，面对市场竞争加剧等不利影响，扛鼎巨大的发展压力，以提升续保、加大竞回、鼓励新增为目标，以精细化管理和专业化经营为基础，以车商渠道和电网销渠道的深化改革为支撑，充分运用“三个怎样”和“车险发展大讨论”活动成果，巩守市场份额，实现了车险发展企稳回升、长期持续健康有效益发展的新局面，车险实现保费收入 11.35 亿元。

企业财产保险：企业财产保险是以投保人存放在指定地点的财产物资为保险对象的保险，如：楼宇、工厂、生产资料等。

企业财产保险包括：财产基本险、财产综合险、财产一切险、机损险、营业中断险、个体工商户险等。这些险种的开办，很好的适应了国家振兴东北老工业基地的需要，适应了社会经济发展的需要。2012 年，企业财产保险费收入约为 8110 万元。

工程险：包括建筑安装工程保险、建筑工程一切险、安装工程一切险三类 16 个险种。工程险涉及楼宇、厂房、水利工程、道路工程、地下管道工程、桥梁、隧道、地铁和机场建设等领域。附加险包括施工机具险、第三者责任险等。

货物运输险：国内公路货运险、国内铁路货运险、国内水路货运险、国内航空货运险、国内水路陆路货运险、国内航空旅客行李保险、海洋运输货物保险（涉外）、陆上运输货物保险（涉外）、航空运输货物保险（涉外）、邮包险等。

责任险：包括公众责任保险、雇主责任保险、国内/国外产品责任保险、机动车辆停车场责任保险、医疗责任险、道路客运承运人责任保险、校（园）方责任保险、供电责任保险、物流责任保险、物业管理责任险、燃气责任险、职业院校学生实习责任保险、特种设备第三者责任保险等。

意外伤害保险：包括个人人身意外伤害保险、团体人身意外伤害保险、建筑施工人员团体意外伤害保险、学生、幼儿意外伤害保险、营运交通工具乘客意外伤害保险、交通工具乘客意外伤害保险、境内旅行意外伤害保险、境外旅行意外伤害保险、出境人员意外伤害保险、商务旅行意外伤害保险、借款人人身意外伤害保险等。

健康险：包括大额补充医疗保险及城镇职工补充医疗保险两个重点项目。2011 年，沈阳市分公司一举中标全市城镇职工补充医疗保险业务，作为全省第一大单于 2012 年 12 月 5 日成功续签。2012 年，健康险保费收入约为 1.22 亿元。

家庭财产险：包括家庭财产综合险、个人贷款抵押房屋保险、个人贷款抵押房屋综合保险、金锁家庭财产综合保险、农村综合治安保险等，附加险包括盗抢险、现金首饰盗抢险，家电用电安全险等。

特殊风险：包括飞机险、卫星险、钻

井平台保险。

农业保险:公司在全市9个区(县市)开展农险工作,农业保险基本覆盖所辖乡镇及村屯。开办农险业务6年来,陆续开办了包括政策性粮油作物、设施农业保险在内7个政策性农业保险品种,并统保了沈阳市的公益林保险。截至2012年底,累计实现农险保费9140万元。

(鲍　薇)

【防灾理赔】 2012年,沈阳市共发生有效报案18.54万件,已决案件17.23万件,已决赔款10.8亿元。加快理赔速度是公司理赔服务工作的重点,特别是车险万元以下理赔周期是公司理赔线KPI重点指标。沈阳市分公司系统理赔线通过考核数据到人、提供延时服务和监督考核等措施,提高理赔效率。公司全面落实各项便民、利民服务的同时,有针对性地选择了简便理赔、人伤无忧理赔、限时理赔作为理赔服务的重点项目,强化推进、夯实基础,做好客户服务工作。

2012年,沈阳地区发生了“4·17风灾、火灾”、“6·2暴雨、冰雹灾害”、“达维台风”、“布拉万台风”等重大灾害,造成农田、房舍、车辆大面积受损。灾害发生后,沈阳市分公司第一时间启动应急预案,对于农田受灾的抽调人员加班完成第一轮查勘工作;对于暴风、暴雨、冰雹、火灾造成的损失,通过开通绿色通道、采用多种方式查勘定损、减免手续、加大宣传引导等手段在最短时间将案件处理完毕,最大限度消除客户不满情绪,获得了良好的社会评价。

(鲍　薇)

·人保寿险·

【概况】 2012年,中国人寿保险股份有限公司沈阳市分公司总保费规模达到17.39亿元,同比增长5.9%。其中:长期险首年标准保费实现7600万元,同比增长22.28%;新单保费实现6.21亿元,同比下降4.63%;10年期及以上首年期交保费6500万元,同比增长17.17%。沈阳国寿总保费占区域寿险市场份额超过三成,继续保持领先地位。

2012年,沈阳市分公司把短期险业务作为增收重点,组织新险种投放与改造,推进了个险短期险业务转型;在“节流”上,把增强效益观念、提高投入产出效能作为费用的管控要点,通过完善审批流程,加强预算控制、执行,确保费用预算收支平衡。

积极与政府职能部门开展合作,努力开发社会寿险资源,取得了明显效果。辽宁保监局对全省大病保险工作高度重视,先后两次召开专项业务座谈会,指导公司如何开展此项工作,并做出了具体安排;多家县(区)支公司开通了农信社小额贷款信保通业务;与相关部门、专业代理公司合作开展了全省道路旅客意外险业务;建工险业务已经步入正轨。

把握总部在农网政策上的重要机遇,将上级战略投入全部用于农村网点“投棋布子”,按照辽宁省公司出台的“一个办法两个方案”,推动基层公司队伍建设和业务发展同步并举,不失时机地为公司可持续发展奠定扎实基础。利用《基本法》过渡期支持政策对县域人力发展提供专项支持,推动销售队伍建设。

抓制度建设,出台了《沈阳市分公司机关管理工作暂行规定》,维护了正常办公秩序;抓作风建设,开展了“转变作风、服务基层”主题教育活动,提升了系统各级领导和机关部门的服务基层意识;抓后援建设,后援服务不断改善,新单、理赔服务质量和时效持续提升,客户满意度不断提高,电话核保、短险保单集中缮制以及“国寿e家”的全面推广为全市业务发展提供了有力支持,以国寿客户节为载体的“国寿1+N”增值服务影响广泛,搭建了全市客户体疗平台,开拓了高端市场;抓品牌建设,公司社会形象进一步提升,荣膺“东北振兴十周年·沈阳城市发展杰出贡献奖”。

不断加强党的建设,发挥“三个作用”。落实党委中心组政治理论学习,扩大学习和收看了党的十八大报告及相关视频辅导讲座,涌现了一批“创先争优”先进基层党组织和优秀共产党员。群团组织发挥应有作用,涌现出一批先进集体和个人,法库县支公司丁大明同志荣获“全国系统劳动模范”荣誉称号。

(周天球)

·平安寿险·

【概况】 2012年,中国平安人寿保险股份有限公司辽宁分公司(下称“平安人寿辽宁分公司”)在实现保费收入稳定增长的同时,多措并举,从多个渠道采用多种方式提升公司运营水平,防范风险,提高业务品质,转变发展方式,确保公司又好又快发展。全年,总保费收入70.5亿元(不含综合开拓),较上年同期增长1.7亿元,增幅达2.5%,实现了较快的发展速度。在总保费收入中,个险首年规模保费累计实现11.07亿元,续期保费累计实现51.14亿元,同比增长12.5%,个险业务占比88.2%;银行代理渠道累计达成8.33亿元,银保业务占比11.8%。辽宁分公司业务结构健康,个险业务占据较大比重,银保业务实现合理发展。平安人寿辽宁分公司个险渠道总保费62.2亿元,市场累计占比排名前四位的依然是平安(40.5%)、国寿(31.4%)、泰康(7.9%)和新华(5.6%)。其中平安市场占比同比2011年提升0.4%。分公司寿险业总保费70.5亿,市场累计排名前四位的是平安(27.5%)、国寿(27.4%)、新华(7.7%)和泰康(6.7%)。其中平安市场同比2011年提升0.47%。

(曹　悦)

【业务发展】 2012年,平安人寿辽宁分公司继续推进产业结构调整,以不断满足人民群众日益增长的保险保障需求为导向,结合自身实际情况,把握好结构调整的节奏和力度,科学制定规划,稳步推进结构调整。始终把风险防范工作摆在突出重要位置,进一步加强制度建设和基础工作,在调整中发展,于发展中调整。坚持发展体现保险行业优势的业务,坚持发展保障型业务不动摇,提升行业竞争力和服务大局的能力。在日常经营中,不断开发新的保障型产品并完善已有保障型产品,丰富和完善产品线。在保险业务的经营中,加大产品创新力度,着力发展风险保障型和长期储蓄型核心业务,对现有产品更新升级,逐步取消趸交型高风险产品;促进各主要销售渠道协调发展,在核保、审计等多个层面提升运作水平,不断增强公司的可持续发展能力和核心竞争力。分公司坚持以内涵价值为主导,大力发展保障型业务,业务结构调整成效显著。在人力发展方面,坚持发展内涵价值较高的个人代理业务为主,增强公司的财务实力和可持续发展能力,大力推进“健康人海”战略,确保业务队伍稳定、健康、团结,对增援对象严把质量关,业务员考核依据公司制度严格执行,确保了业务队伍的高素质。有力地推动个人代理业务的快速发展,个人代理业务占比继续保持行业领先水平,确保了公司内涵价值的快速增长。平安人寿辽宁分公司2012年末个险人力1.77万人,辽宁市场(不含大连)个险总人力达7.34万人,人力总体环比增长3.8%。其中平安人寿辽宁分公司总人力为1.77万人,市场占比24.0%,人力继续领先优势。

(曹　悦)

【管理平台】 2012年,平安人寿辽宁分公司在继续贯彻"承诺不变服务升级"的同时,推出"专业,让生活更简单"的服务理念,将服务渠道梳理得更为便捷安全,为客户提供一站式的专业金融服务。继"信守合约,为您寻找理赔的理由"服务承诺,公司升级理赔承诺,"标准案件、资料齐全、三天赔付",不断优化理赔流程,革新理赔服务模式,努力提高服务时效。2012年理赔给付3.67万件,给付金额为2.57亿元;3日结案率高达99.70%;标准案件结案平均时效为1.85天。

在渠道服务方面,公司开发了金领移动展业新模式(简称MIT),这种移动展业销售模式将现代科技和保险销售结合在一起,从传统销售模式中客户获得一份保险保障最少需要五天减少到只需半个小时。全面推广电子保单服务,随时随地登陆平安官网查询保单,办理保全、理赔业务只需提供证件即可。

(曹　悦)

【内控管理】 2012年,平安人寿辽宁分公司大力推广"合规展业、健康发展"理念,即除了要遵守外部监管部门的法律法规外,还在公司内部建立完善的规章规定,努力做到以更严格的制度来约束公司的日常经营管理,实现合规经营的目标。在"合规展业、健康发展"的公司导向下,平安保险公司在集团、各专业公司、分公司及支公司各层级完善公司制度,建立并完善的制度文件夹及岗位职责文件夹,对日常经营管理中的各个环节的合规经营方法进行指导,对各岗位员工的本职工作进行规划及细化,做到工作有章可循、有据可依,并逐步对制度文件夹及岗位职责手册进行扩充及完善。制度文件夹及岗位职责文件夹已为328个岗位量身定制了制度文件夹,涉及文件7958个。岗位制度文件夹更是成为新员工学习公司制度的最好平台,把风险防范意识融入到每个员工的日常工作中,在内控制度建设体系逐步完善的情况下,员工合规经营意识逐步提高,公司也保证了合规运营。

(曹　悦)

【品牌维护】 平安人寿辽宁分公司成立以来,始终把"诚信"作为企业的核心价值理念,并从企业人格化的角度,结合平安的企业文化内涵和行业特征,构建了中国平安的"企业公民行为模型",积极投身体育公益、红十字公益、灾难援助、社会环境等公益事业中。2012年9月,辽宁平安郭明义爱心团队正式成立,共招募到30名志愿者,10月,辽宁平安郭明义爱心团队和公司部分员工参加公益献血活动,活动当天共采集鲜血3.85万毫升,用实际行动诠释了爱的真谛,弘扬了"人道、博爱、奉献"的红十字精神。对铁岭黄古洞平安希望小学和朝阳小城子平安希望小学进行了爱心维护,本次活动向两所小学送去了黑管、萨克斯、长笛等乐器,运动服、体育器材、打印一体机、文具等,总价值8万元,进一步改善了两所平安希望小学的教学条件。除此之外,公司还组织支教志愿者到达朝阳希望小学进行支教,为那里的孩子们带去了精心准备的课程,丰富了孩子们的视野。

2012年,平安人寿辽宁分公司获得2011沈阳榜样金融行业十强"金榜样"大奖。在由《沈阳日报》发起的"沈阳榜样城市精彩2011年沈阳榜样企业(品牌)评选"中,辽宁平安凭借强大的品牌优势、行业领先的专业精神,被公众评选为能够代表城市精神、推动城市进步的沈阳榜样品牌。被沈阳市沈河区委、沈河区人民政府及沈阳金融商贸开发区管委会评选为"2011年度经济发展突出贡献先进单位",在《辽沈晚报》发布的"3·15"金融红榜大调查暨客户最满意金融机构推选"评选结果中,平安人寿辽宁分公司获评"客户最满意的寿险公司"。东北振兴十周年——沈阳榜样评选结果揭晓,平安人寿辽宁分公司荣获"东北振兴十周年——沈阳城市发展杰出贡献奖"。在由沈阳市企业文化研究会举办的2012年度企业文化建设优秀单位评选表彰活动中,平安人寿辽宁分公司荣获企业文化建设优秀单位,成为惟一一家入选的保险公司。

(曹　悦)

科 学 技 术

科学研究与发展

【综述】 2012年,沈阳市科技创新工作紧紧围绕“深化改革、推进创新、提升文明、改善民生”四项重点任务,抢抓机遇,开拓进取,大力实施科技创新“五项工程”,取得了创新型城市建设的新成就。全市实现高新技术产品增加值1390亿元,同比增长14%;有效发明专利5315件,同比增长26%;吸纳技术合同成交额106.4亿元;培训科技特派员474人,达到农村人口的万分之二点五。沈阳成功获批国家第二批专利保险试点地区,和平区以全国第四名的优异成绩成为首批国家级文化和科技融合示范基地,浑水科技城被科技部授予国家创新医疗器械产品应用示范工程示范产业基地和国家科技成果转化服务示范基地称号,沈北新区晋升国家移动通信及光电信息产业化基地。

1. 高新技术产业加快发展。国家重大专项稳步推进。首台国产12英寸PECVD设备的颗粒度达到中芯国际要求,干泵与系列真空阀门等项目的攻关和产业化步伐加快;高档数控机床专项攻克了仿真技术等关键技术,钛合金航空结构件五轴联动加工中心项目被专项办评为优秀课题;沈阳药科大学新药创制平台建成通过验收,并获“十二五”滚动支持;R0110重型燃机项目取得重大进展,顺利完成72小时带负荷试验运行。

科技攻关取得丰硕成果。围绕高新技术产业和全市重点战略性新兴产业,集中支持了镁合金深加工、大型客机发动机吊挂技术等200多项攻关项目。积极开展“数控一代”示范工程,提高机床、汽车零部件等行业数控化水平,促进“两化融合”技术推广应用。

科技园区建设成效显著。积极开展高新区“一区多园”工作,进一步加大对重点科技园区的支持力度。浑水科技城生物医学工程研发中心等项目竣工,兴齐眼药产业化基地等9个项目进展顺利,成为科技部的“双示范”基地。特种机床城研发中心竣工,国家863软件服务平台等9家研发单位进驻。大学科技城技术研发、成果转化等服务平台投入使用,以省、市引导资金成立的多家投资机构开始为区内企业提供金融服务。

服务企业取得实效。皇姑区的沈阳软件出口基地获批国家级科技企业孵化器,沈阳市科技企业孵化器协会成为国家首批、东北惟一的从业人员培训机构。举办了30多场、近千家企业参加的高企申报培训会,新增15家高新技术企业,尚有52家处于公示阶段。继续选派科技特派员开展服务,累计向42家工业企业派出8批232人次科技专家,农村科技特派员达到3010人次。积极开展“双进双解”活动,39名机关干部深入10家帮扶单位170人次,协调解决28个问题。

2. 科技惠民工程扎实展开。农村科技工作深入推进。启动了“科技惠三农,致富伴你行”专项行动,建立了首批61家农村科技服务站,讲师团培训农民近7000人次,促进了重点农业科技企业和特色产业基地发展。“青年农民上大学”变一年制培训为半年制培训,增加了培训学员数量。新民市成为国家科技富民强县试点县。至此,沈阳市“一市三县”全部获得国家立项支持。

社会事业领域科技成果惠及民生。开展了常见病、重大疾病的防治研究,以及传染病、流行病预警等应急体系建设。在市属医疗机构组建了心血管病等9个重点实验室。重组人血小板生成素应用于ITP治疗等一批极具产业潜力的生物医药成果涌现。围绕“十二运”,先后开展了“食品安全移动检测实验室”等科技攻关。在资源综合利用、生态环境治理等方面实施了一批攻关及示范项目,有力支撑了国家生态城市建设。

3. 科技创新体系进一步完善。文化科技融合取得突破。策划召开了国家级文化和科技融合示范基地启动动员大会,起草印发了基地建设的实施意见,协助“面向文化演艺及数字设计的科技服务平台”等4个项目获得国家专项经费支持近4000万元。在半年内完成了项目策划、组织申报、启动实施、争取资金等工作。

创新平台建设效果显著。认定生物医学等首批12家市级公共服务平台,新增省级工程中心13家、重点实验室15家。争取上级资金7.2亿元,同比增长22%。成功举办了第七届中国风险投资论坛——振兴东北投资高峰会,600余家科技型企业、118家风险投资机构开展对接。与辽宁省工商银行签署了战略合作协议。建立了由浙商创投等9家知名投资机构参与的创业投资联席会,推进“投投联动、投贷联动”新机制。

产学研合作取得积极成效。组织召开了书记、市长参加的近年规格最高的全市科技奖励暨产学研合作工作会议,实施了产学研合作五大行动,采集产学研信息300余条,开展了产学研合作创新模式等软课题研究,举办了数字化成果推介会、中小微企业对接会等一系列活动,新建食品安全检测、模具、云计算、物联网等4个产业技术创新战略联盟。

4. 创新创业环境不断优化。知识产权工作进一步加强。每万人拥有发明专利7.36件。设立沈阳市专利奖,列入市级科技奖励范围,30个项目获得首届奖励。沈阳铸造所等单位的4个项目获得中国专利优秀奖,北方交通重工等8家单位成为国家知识产权试点示范单位。积极开展知识产权知识、专利行政执法等培训活动。加强知识产权保护,检查流通领域商品2713件,成功调解了雀巢公司与中街冰点城的专利纠纷案件。

科技对外开放步伐加快。实施了20个海外团队引进项目,引进专家70人。启动了对俄产学研合作示范工程。组织参与了海外学子创业周、中韩企业对接会等15项国际交流活动。中日机器人竞技赛成为制博会一大亮点。支持金峰刀具、裕通激光等单位与荷兰、俄罗斯、英国科研机构新建3家中外联合研发中心,与沈阳市外经贸局联合推荐远大集团成为国家科技兴贸创新基地。

科技政策进一步完善和落实。贯彻国家、辽宁省科技创新大会精神,配合有关部门,起草制定了《市委、市政府关于加快推进科技创新的实施意见》,作为未来5年沈阳市科技创新的纲领性文件。重点抓好企业研发费加计扣除等政策的落实工作,赴各区县开展了政策宣讲活动,预计120多家企业研发费加计抵扣额达8.5亿元、享受税收优惠2.1亿元。新增市级科普基地6家,沈阳科学宫被授予国家防震减灾科普教育基地称号。科技周、知识产权宣传周创新形式、丰富内容,成为普及科学知识、浓厚创新氛围的有效载体。

(*杨洪颖*)

【科技计划】 2012年,沈阳市科技计划法定增长部分共安排项目287项,安排资金2.55亿元。其中:高新技术产业发展与科技攻关计划共安排项目206项,经费9954万元,重点支持了工业领域高技术产业发展与科技攻关、现代农业产业化与农业攻关、生物及制药产业化与社会发展科技攻关,以及专利实施等项目;科技创新条件与环境建设计划安排项目67项,安排资金5343万元,重点支持了产业集群技术服务平台建设、科学普及、重点实验室建设、大型仪器设备共享服务和大型科技创新活动等项目;其它专项安排12项,资金8183万元,支持了特种专用数控机床、人口与健康、软科学、应用基础研究、国际科技合作、国家中小企业创新基金配套等专项项目;基金专项安排2000万元。此外,根据《沈阳市科技促进产业发展专项资金管理办法》,安排科技产业发展资金计划,安排资金5000万元。其中:贴息项目25项,资金3390万元;补助项目6项,资金1610万元。

(*杨竞喆*)

【重点实验室建设】 2012年,沈阳铸造研究所特种钢铸造工艺重点实验室等15家市级重点实验室被辽宁省科技厅确定为省级重点实验室。此外,沈阳医学院沈洲医院的沈阳市心血管病重点实验室等9家卫生系统重点实验室被授予沈阳市重点实验室,全市形成了布局合理、任务明确、协作紧密、运转高效的医疗领域重点实验室体系,将使医疗卫生领域科技创新能力得到较大提升,科技资源得到有效整合,最大程度实现开放、共享,为提高全市医疗领域科技支撑能力奠定了基础。

(*杨竞喆*)

【争取国家项目支持】 2012年,沈阳市争取国家科技项目资金合计5.32亿元。其中:国家中小企业创新基金计划获得经费支持4525万元;中科院沈阳自动化所、中科院沈阳生态所分别承担了国家"863"计划、"973"计划、科技支撑计划等项目,分别获经费支持7000万元和6700万元;沈阳国家大学科技城获得国家科技部专项资金支持3000万元。对接国家科技需求和部署,使全市重点发展区域和项目纳入国家科技发展战略,协助和平区以全国第四名的优异成绩成为首批国家级文化和科技融合示范基地,支持泗水科技城获批建设国家科技成果转化服务示范基地,帮助沈北新区获批国家移动通信及光电信息产业化基地,协助皇姑区的沈阳软件出口基地获得国家级科技企业孵化器称号,支持新民市获得国家科技富民强县试点县并得到专项经费支持。

(*杨竞喆*)

【科技型中小企业创新基金】 2012年,沈阳航天中测科技有限公司承担的"无人机智能化视频监控系统"等71个项目获得立项,支持金额4525万元,平均资金额度达63.7万元,立项数和立项金额比2011年分别增长92%和76%。推荐135个辽宁省中小企业创新资金项目(其中贷款贴息项目10项),共有44个项目被批准立项,获经费支持880万元。认真做好创新基金项目检查、监理、验收等工作,推进了创新基金项目的实施。在《科技成果纵横》杂志开辟了"创新基金"专栏,提升科技型中小企业知名度,已展示88家创新基金承担单位的创新发展历程及创新基金对科技型中小企业快速成长的推动作用,取得了良好的宣传效果。企业创新基金项目的实施,促进了沈阳市科技型企业的快速发展,加快了高新技术产业化步伐,培育壮大了战略性新兴产业,有力地推动了产业结构调整和经济增长方式转变。

(*彭美媛*)

【编制《沈阳市重点节能减排技术目录》】 2012年,沈阳市科技局会同相关部门面向全市征集节能减排技术,积极组织开展年度重点节能减排技术目录的编制工作。共征集69项节能减排技术,其中包括42项节能技术和27项减排技术,涉及冶金、能源、化工、电力、环保等行业。为确保推荐的技术先进适用、节能减排效果明显、行业应用前景广阔,专门组织了专家评审会,30项技术通过专家评审。同时,联合发布了《沈阳市重点节能减排技术目录(第二批)》。这些工作对全市节能减排工作的开展,加快重点节能减排技术的推广,引导用能单位采用先进的节能减排新工艺、新技术和新设备,提高能源利用效率,减少污染物排放发挥了积极的促进作用。

(*彭美媛*)

【科技企业孵化器】 2012年,随着沈阳软件出口基地有限公司被科技部认定为国家级科技企业孵化器,全市国家级科技企业孵化器(含国家大学科技园)总数已达到9家,孵化面积达到22.84万平方米,在孵企业655家,从业人员1.58万人,产值1.74亿元。为进一步规范全市科技企业孵化器的认定和管理工作,推动科技企业孵化器的健康发展,修订了《沈阳市科技企业孵化器认定和管理办法》,对科技企业孵化器的定义、功能、认定等方面进行了认真修改和完善,为中小型科技企业的发展创造了良好环境。全市孵化器建设已经初步形成以国家级的综合性孵化器建设为龙头,以大学科学园和企业投资建设的孵化器为主体,以专业性孵化器建设为重点,投资主体多元化的科技企业孵化器群体,为中小型科技企业的发展创造了良好环境。

(孙　超)

【实施国家重大科技专项】 2012年,沈阳市积极推动国家重大科技专项的实施。IC专项:首台国产12英寸PECVD设备在中芯国际完成了在线测试,相关指标符合要求;"干泵与系列真空阀门产品开发与产业化"项目完成了全部8种产品的生产,110台套得以应用,申请专利58项,授权33项,颁布实施行业标准1项;"300毫米IC生产线自动物料搬运系统项目"完成了洁净AGV、RGV等关键设备的技术攻关工作;"IC设备关键零部件集成制造技术与加工平台"项目通过了美国应用材料公司SSQA体系的评审,成为正式供应商。高档数控机床专项:攻克了一批仿真技术、快速检测技术等高端数控机床的核心关键技术;"用于钛合金航空结构件加工的五轴联动加工中心"已顺利通过专项办验收,并被评为优秀课题;"带AB轴的高速五轴联动加工中心"等5项课题已完成预验收。R0110燃机专项:已在中海油深圳电力有限公司成功实现72小时试车;中低热值燃料R0110燃机已完成设计、研发和零组件生产和总装工作,完成燃机厂内调试试车。

(孙　超)

【高新技术企业认定】 2012年,沈阳市通过沈阳日报、科技成果纵横杂志、沈阳市科技信息网、沈阳市高新技术企业服务平台等媒体,对高新技术企业认定流程等内容进行广泛宣传。组织宣讲团深入14个区、县(市)、开发区,开展30多场高新技术企业申报培训会,累计共培训近千家企业,取得较好效果。全年共分三批组织申报高新技术企业69家,已认定15家,全市高新技术企业数量达到230家。还有52家企业通过专家评审,处于国家备案阶段。高新技术企业享受的所得税减免政策,为科技型企业节约了大量资金。全市高新技术企业在2012年获得近11亿元税收优惠。持续的政策支持和税收优惠极大地调动了企业的研发积极性,科研经费占总支出的比例逐年攀升,为企业的良性发展奠定了坚实基础。

(李　伟)

【国际特种数控机床城建设】 2012年,于洪国际特种机床城建设进展顺利,产业集聚效应逐渐显现。二期12万平方米标准化厂房及附属办公楼、配套综合服务楼、配套热源厂工程已全部竣工,签约企业29家,意向企业30余家;建筑面积1万平方米的机床城研发中心全部竣工,即将投入使用。国家"863"软件服务平台、北方特种机床设计院有限公司等技术支撑单位及研发设计服务平台、检测服务平台等9个公共技术服务平台将进驻办公;三期机床集团零部件加工配套产业集群建设项目正式开工。截至2012年底,已完成40万平方米厂房建设,引进特种专用数控机床企业78户。

2012年,沈阳市科技局安排特种数控机床专项13个项目,支持资金650万元。同时,协调辽宁省科技厅给予省级特色产业基地支持,引导企业向"专、特、稀"方向发展,形成完整的数控机床产业链和专业化、标准化的开发生产格局。

(李　伟)

【工业企业科技特派员】 沈阳市科技局与中科院沈阳分院自2010年6月起共同开展了沈阳市工业企业科技特派员(团)工作。截至2012年底,共完成8批次科技特派员派出任务,累计向沈阳机床(集团)有限责任公司、中航工业沈阳黎明航空发动机(集团)有限责任公司等42家企业派出232人次科技专家。累计为企业引进、改进技术37项,开发新产品8个,申报国家专利14项,为企业提供咨询、技术服务近千次,为企业新增经济效益超过8亿元。两年来,重点围绕全市高新技术产业发展、新兴产业培育和传统产业升级改造,进一步发挥科研单位技术优势,积极开展技术攻关、项目合作,通过产学研相结合,促进企业自主创新、引进消化吸收再创新,着力解决沈阳市工业领域中共性、关键性的技术难题,为全市企业发展提供技术支持,加快了全市产业结构和产品结构调整。

(彭美媛)

【沈阳工程技术研究中心建设】 2012年,全市共支持工程技术研究中心建设项目12项,安排科技经费2470万元。支持沈阳大工业区管理委员会建设的沈阳特种专用数控机床工程技术研究中心,面向特种数控机床产业集群为相关企业开展高技术服务,提升企业的技术创新能力和市场竞争力,为沈阳机床产业集群的发展提供技术支撑和保障。沈阳防锈包装材料有限责任公司、沈阳毅昌科技有限公司等13家单位获批省级工程技术研究中心组建单位,使沈阳市省级以上工程技术研究中心达到206家。进一步加强工程技术研究中心建设,加快了企业工程技术研究中心的建设速度,为企业增加创新驱动发展的内在动力起到了重要推动作用。

(李　静)

【高新区"一区多园"建设】 为充分发挥高新区在培育战略性新兴产业和高新技术产业方面的重要作用,沈阳市决定按照"区划不变、分区合作、功能互补、共同发展"的总体思路,开展"一区多园"建设。以沈阳国家高新技术产业开发区为核心,总体布局为一区14园,总面积151.6平方公里。其中:"一区"即沈阳高新区核心区,面积80平方公里,14个分园区面积71.6平方公里。2012年5月,市政府召开了沈阳高新区"一区多园"工作会议,会议下发了《沈阳市开展"一区多园"工作方案》。各园区依照方案要求,编制完成园区发展规划,切实落实相关政策。和平区蓝海创造产业园、沈北新区辽宁现代通讯产业园、棋盘山泗水科技城产业园在2012年成长为国家级园区,有力推动了区域经济发展。

(呼　博)

【泗水科技城建设】 2012年,沈阳市深化泗水科技城共建工作,进一步加大项目扶持和推介力度。全年支持15个项目，安排经费2380万元。相继组织召开了2012中国·沈阳生物产业发展峰会、美国普渡大学技术转移项目合作洽谈会等交流推介活动10余次。积极参与引进项目考察和洽谈，广泛吸引国内外优秀项目落户泗水，全年签约落地项目73个，总投资超过300亿元。生物医学工程研发中心、药监大厦、国际商务大厦等项目已竣工交付使用。兴齐眼药产业化基地项目完成生产中心、眼科药理实验室等单体建筑，总面积达4万平方米。泗水科技城成为“国家创新医疗器械产品应用示范工程示范产业基地”和“国家科技成果转化服务（沈阳）示范基地”。中国眼产业基地被科技部确定为国家眼科医药国际合作基地，何伟博士正式入选中组部第7批“千人计划”。

（李鸿宾）

【大学科技城建设】 一是研究制定优惠政策。2012年2月10日，《沈阳市人民政府关于建设沈阳国家大学科技城的实施意见》（沈政发［2012］12号）正式下发。《沈阳国家大学科技城种子基金管理办法》（试行）、《沈阳国家大学科技城创投合作资金管理办法》（试行）、《沈阳大学科技城股权投资资金管理办法》（试行）、《沈阳国家大学科技城创业投资机构投资风险补偿管理办法》（试行）相继推出。二是积极争取省市资金支持。在做好各项资金管理办法的同时，积极争取到省种子基金1亿元、市种子基金1亿元和市风险投资基金3000万元，区支持资金1.4亿元。全年落实了省、市支持大学科技城的财政性资金3.7亿元。三是组织申报各类科技计划。积极组织企业申报国家、省、市区各类科技计划，获国家支持1.64亿元，市支持4135万元，区支持4735万元。大学科技城已纳入到全省特色产业基地管理。四是科技创新服务平台建设。相继建成了数字化管理平台、大型仪器共享平台、公共技术研发平台、科技成果转化服务平台、知识产权交易服务平台、对外科技交流服务平台。五是大力推进科技金融服务体系建设。建立了沈阳市第一家中外合资基金，设立了辽宁省首家有限合伙制创业投资企业——“辽宁联盟中资创业投资企业（有限合伙）”，引进了创业投资和金融服务机构。举办创业投资机构推介会。六是完善科技创新环境。积极与省内外高校科研机构建立联系，开展引进工作，华中科技大学、沈阳理工大学、沈阳工业大学、沈阳大学已形成入驻意向。

（张永庆）

【创新型城市试点】 2012年，沈阳市创新型城市试点取得新突破。一是市委、市政府出台《关于加快科技创新的实施意见》（沈委发〔2012〕16号），实施创新驱动发展战略，明确提出未来五年科技创新工作总体目标和要求，做出全面部署，引领全市新一轮创新发展。二是启动实施产学研合作5项行动，新组建4个技术创新战略联盟，开展系列对接活动，产学研合作全面深化，技术创新体系进一步健全。三是通过专利保险试点、文化和科技融合示范、科技成果转化服务示范等国家级试点示范，带动全市区域创新体系加快建设。四是进一步完善创新条件环境。科学技术投入稳步提高，争取上级科技资金同比增长22%。新增国家级高新技术产业化基地1家、国家级科技企业孵化器1家、省级工程中心13家及重点实验室15家、中外联合研发中心3家、大型科学仪器设备共享服务平台网员单位6家，认定市级科技公共服务平台12家。五是创新绩效明显提升。发明专利申请授权数同比增长22.5%以上，规模以上高新技术产品增加值占规模以上工业增加值比重达43.4%，同比增长2.2个百分点，技术合同成交额同比增长30%以上，单位地区生产总值能耗下降3.77%。

（宋　伟）

【专利保险试点地区】 2012年11月30日，国家知识产权局正式确定沈阳市为第二批专利保险试点地区。沈阳市将通过加强宣传和引导，提高企业知识产权保险意识；完善有关政策措施，加强服务体系建设，搭建企业和保险机构需求对接平台，规范投保、定损、理赔等业务流程，促进专利保险工作平稳快速发展；结合专利质押融资等投融资及专利运营工作，以专利执行保险为基础，推动开发满足市场主体需求的新险种，扩宽专利保险服务领域等措施，加强知识产权与金融资源融合，保障知识产权价值实现，强化企业、地区级产业创新发展优势，促进产业机构调整和经济发展方式转变。

（孙　凯）

【通过国家知识产权试点工作考核验收】 中国有色（沈阳）冶金机械有限公司、沈阳工业大学、沈阳建筑大学、中国科学院沈阳应用生态研究所、沈阳铝镁设计研究院有限公司、中国科学院沈阳自动化研究所、沈阳北方交通重工集团有限公司、沈阳远大铝业工程有限公司等8家企事业单位完成国家知识产权试点工作并通过考核验收。近几年，沈阳市积极组织企事业单位申报国家知识产权试点示范单位，充分发挥其模范引领作用，促进全市知识产权工作快速发展。2012年，沈阳市发明专利拥有量5315件，每万人发明专利拥有量达到7.36件，提前完成国家“十二五”规划和省科技创新大会提出的相关目标。

（孙　凯）

【产学研合作】 2012年，沈阳市从宏观指导到微观实施，从系统设计到具体策划，从单一组织到部门联动，全方位推进产学研工作全局化、系统化、系列化开展。召开全市产学研合作工作会议。建立国家科技成果转化服务示范基地。为在更高层面和更广范围促进科技资源向沈阳地区聚集，推动科技成果转化，经沈阳市科技局积极争取，科技部批准在沈阳建立“国家科技成果转化服务（沈阳）示范基地”。重点引导和支持企业与国内外高校、科研院所建立稳定的产学研合作关系，引进或转化国内外重大科技成果。开展系列产学研合作对接活动。先后举办了数字化设计技术成果推介会、沈阳市中小微企业产学研合作对接会、静态混合技术成果推广会、沈阳化工大学与沈阳制药企业合作洽谈会等产学研对接活动，在重点企业、产业集群或科技园区建立产学研合作示范基地。组建了沈阳云计算技术创新战略联盟、物联网技术创新战略联盟，构建特色鲜明的区域性产业技术创新体系。

（李志勇）

【实施科技特派员示范工程】 2012年，沈阳市科技局开展了“科技惠三农致富伴你行”专项行动，打造“一网一中心、一库一平台”，建立自下而上、双向互动的科技服务模式，构建现代农业科技服务平台。围绕全市农业产业发展的科技需求，以服务农村、农业、农民为目的，以农民大学生、科技特派员、农村技术员为主体，以农民专业合作社、协会、龙头企业等组织为载体，确定法库县惠民树莓专业合作社等61家单位为首批沈阳市农村科技服务站，针对农业生产中的单项技术、单个环节问题，就地、就近开展科技服务。实现了科技下乡、进村、入户，建立起源自农民内部的、自觉的、全面的、可持续的农村科技服务体系，支撑和引领现代农业产业发展。

2012年，全市科技特派员达到3010人(次)，累计引进动植物新品种552个，引进先进适用农业新技术245项，创建专业技术协会73个、合作社454个，举办各种形式培训班2800多场，培训农民20余万人次，发放科技资料27万份，辐射带动农民18万户，新增经济效益13亿元。

(张 颖)

科学普及

【概况】 2012年，沈阳市科普工作以营造建设创新型城市社会氛围为主线，着力提升全市公众科学素养，实施科普惠民工程。一是科普基地建设进一步发展。全市科普基地接待参观及参加各类活动人数达到6万人次；新增辽中县青少年实践教育基地、沈阳方特欢乐世界、沈阳工业大学创意设计中心、苏家屯区农业信息服务中心、东北育才浑南校区等5家沈阳市科普教育基地；辽宁古生物博物馆和小韩村蔬菜工厂成为省级科普基地。二是各类科普活动广泛开展。开展科普大篷车下乡、沈阳市七巧板大赛、院士科普讲座等大型科普活动50多项。三是对沈阳市科普资源进行了统计。通过发放调查问卷，统计科普资源现状，研究沈阳市公众知识结构和科普文化需求，为制定科普发展规划和科普资源向社会开放奠定了基础。

(李 新)

【青年农民上大学】 2012年，沈阳市科技局制订了《2012年沈阳“青年农民上大学”培训工作方案》，将原一年制的“青年农民上大学”培训班调整为半年制。普通班开设畜禽、蔬菜(含食用菌)、果树(含花卉)和经营管理(含农资)四个专业；同时增设提高班，从往届毕业生中选拔优秀学员，每年一期，注重实践技能和综合素质的培养。“青年农民上大学”第八期培训班结业，287名学员取得了沈阳农业大学颁发的结业证书，并获得了国家职业技能鉴定证书和辽宁省农民科技经纪人证书。市科技局采取两项措施激励学员：一是投入3万元保证贫困家庭学员顺利完成学业，对23名学员发放了1000—2000元不等的助学金；二是确定30名沈阳市青年农民科技示范户，并给予相应的产业项目资助资金。

(张 颖)

【科技活动周】 第十六届沈阳市科技活动周于2012年5月19—26日隆重举办。5月19日，在沈阳理工大学举行了隆重的科技周开幕仪式。辽宁省政府副秘书长郭富春、省科技厅副厅长刘晓东、市政府副市长王玲等省市领导，以及来自机关、企业、社区、大学的1500余名各界群众参加仪式。开幕式上举行了新审批的省市科普基地、沈阳市首批科普示范企业授牌仪式和青少年创新大赛获奖选手颁奖仪式。举办了沈阳市高校与企业产学研对接活动，中科院沈阳分院及驻沈的12所高校展示了最新的科研成果和已取得的专利授权，沈阳百余家企业介绍了企业情况及最紧迫的技术需求。初步达成了20多项合作意向。科技周期间，沈阳市各区、县(市)、开发区组织了50多项活动，全市60个市级科普基地全面开放并举行了系列科普活动，279所社区科普大学开展“低碳生活，节能减排”知识讲座。全市共有10余万人参与活动，20多家媒体报道本次宣传周，累计发稿300余篇次。

(李 新)

【知识产权宣传周】 2012年，沈阳市知识产权宣传周以“培育知识产权文化，促进社会创新发展”为主题，通过启动仪式、大学生保护知识产权演讲比赛等三大系列十二项主体活动进行知识产权宣传普及，旨在通过加强面向全市各级党政领导的宣传，提高其对知识产权制度在建设创新型城市中重要作用的认识，以及实施知识产权战略的自觉性和主动性；通过加强面向全市企事业单位的宣传，全面提高其在知识产权创造、运用、保护和管理方面的能力和水平；通过加强面向全市广大社会公众的宣传，全面提高其知识产权意识，在全市营造浓厚的“崇尚创新精神，尊重知识产权”的社会环境，促进全市知识产权工作不断发展，为建设创新型城市贡献力量。

(孙 凯)

【国际科技交流】 2012年，沈阳市国际科技合作工作紧密围绕培育和发展战略性新兴产业、重大科技专项等重点科技任务，通过引进创新团队、合作研发等形式开展国际合作联合攻关，解决了一批关键技术瓶颈问题，填补国内空白，有效发挥国际科技合作的引领作用。利用国际合作专项资金支持实施了20个海外研发团队引进项目，引进俄、美、德、英等国专家70余人。同时，积极争取科技部支持，全市有3个重点国际合作项目被科技部批准列入国家级国际合作专项。

相继组织并参与了“第十一届制博会日本展区暨中日机器人竞技赛”、“海外学子创业周”、“中韩优秀科技企业项目对接洽谈会”、“中美绿色合作伙伴计划双边研讨会”等15项不同形式的国际科技合作对接活动。利用国际合作平台，为特种机床装备城、泗水科技城、大学科技城、沈北手机园等特色产业基地建设积极开辟国际科技合作渠道，为园区引进项目、资金、人才做好服务。沈阳远大企业集团被科技部认定为国家“科技兴贸创新基地”。

重点支持了一批国外著名大学、研发机构、跨国公司与沈阳市企业、高校、研究院所联建研发中心项目。全年新增3个中外合作研发机构。

(陈宏宇)

【沈阳科学宫建设】 2012年，沈阳科学宫先后被中国科协授予2012——2016年“全国科普教育基地”、被国家地震局授予“国家防震减灾科普教育基地”，还获得了“2011年沈阳市全民终身学习活动先进集体”、反腐倡廉展“特殊贡献奖单位”、“2012年沈阳市科技活动周优秀活动单位”。全年累计接待观众近25万人次，组织开展大型科普活动和竞赛30余次，举办科普临时展览3个；科普大篷车下乡巡展20次，举办科普大讲堂、科普专家报告团共24场，观众达6万人次；特效科普影院放映792场；各级、各类新闻媒体宣传报道近60次。承接各类科技产品临展40次，观众达30万人次。

展厅改造有条不紊。投资90万元完成科普展厅一层改造，采购18件新展品，对环艺实施全新设计制作；投资400万元完成二层更新改造，新增19件展品。投资250万元对球幕影院荧幕和场馆进行改造，并增加了数字天象功能，填补了东北大型天象馆的空白。

（王燕萍）

【发展社区科普大学】 2012年，沈阳市科协召开社区科普大学工作会议2次，走访了50多个社区，对分校办学工作进行了调研并予督导，发掘了大东区荣乐社区、和平区新世界社区、丰泽社区等一批新的办学典型。在于洪区、大东区、辽宁省建行新创办科普大学分校8所。截至2012年底，全市建立社区科普大学305所。全市社区科普大学开设食品安全、科学健身、饮食营养、文明礼仪、环境与健康等课程30余科，共组织科普教学9150学时，配合教学开展第二课堂活动4000场次，组织教学观摩活动10次。参与学习的社区居民达17万人次，有力地提高了社区居民的科学素质。市科协每月组织教学骨干开展一次教学培训，就教学内容进行辅导、教学方法进行交流，组织示范课4次，有力提高了教师的整体授课水平。

5月29日，沈阳市科协、市文明办、沈阳日报社、市终身教育协会、沈阳体育学院共同举办了《光辉岁月》——“科学、文明、健康与全运”系列科普活动启动式暨沈阳社区科普大学十周年颁奖庆典，以大型歌舞《我们为科普放歌》拉开序幕。各区、县（市）、以及市直相关部门领导同志出席庆典活动。来自全市科协系统、街道社区的干部和社区科普大学各分校校长、优秀教师和学员代表等参加颁奖庆典。沈阳社区科普大学学员代表林作岩向市民发出倡导科学文明健康的生活方式、喜迎中华人民共和国第12届全运会胜利召开的倡议书。社区科普大学学员们表演了大型歌舞《我们为科普放歌》、情景诗剧《我的大学我的爱》等文艺节目，庆典在大型歌舞《同一首歌》中结束。市科协表彰了对沈阳社区科普大学做出突出贡献的60个社区、48名社区科普教育工作者和364名学员。本次庆典活动实况在沈阳电视台两次播出，社会反响良好，极大调动了各方面办学积极性。

（姜素文）

【科普益民计划】 2012年，中国科协、国家财政部启动了基层科普行动计划，为抓好社区科普益民工作，市科协积极安排和指导基层社区申报项目，经周密组织、认真推荐，大东区莱茵河畔社区、皇姑区牡丹社区、和平区文安路社区被评为2012年全国“科普示范社区”。铁西区人民里社区、沈河区药大社区、苏家屯区葵花社区被评为辽宁省科普示范社区，并获得国家和辽宁省科普益民项目资金90万元，为改善社区科普条件和开展社区科普活动提供了可靠的经费保障。11月初，中国科协科普部、中国科协青少年科技活动中心来沈调研，对大东区莱茵河畔社区、皇姑区牡丹社区等社区的科普益民项目实施情况给予充分肯定。为做好社区科普益民工作，市科协组织部分社区赴华东五市就社区科普益民项目的实施进行专题调研，学习借鉴外地经验。

（姜素文）

【“全国科普日”活动】 2012年9月17日，辽宁省暨沈阳市“全国科普日”活动启动仪式在中山公园举行，近千名群众参加了启动仪式。辽宁省暨沈阳市“全国科普日”活动围绕“食品安全与公众健康”主题，开展了“食品安全”科普知识主题讲座、科普惠农兴村行动、“食品安全”科普知识主题宣传、中小学科普剧展评活动、“科普大篷车”进校园主体活动，在现场举办了专家咨询答疑、发放科普宣传材料等活动。各区、县（市）也组织开展各种展览、竞赛、报告、讲座、科技培训等。市、区两级科协共组织开展各类科普活动近百场次，参与群众达数万人。市科协编辑出版的《新编身边科学》一书，印刷5000册，免费向市民发放。

（姜素文）

【“科学普及与移风易俗”专家研讨会】

2012年7月17日，沈阳市科协、市文明办、沈阳日报社共同举办了“提升市民科学素质创建全国文明城市——科学普及与移风易俗”专家研讨会。研讨会邀请辽宁社会科学院、辽宁大学、沈阳师范大学、沈阳市委党校、市文明办等8家单位知名学者、专家和市委宣传部、市文明办、沈阳日报社的有关负责同志就“提升市民科学素质创建全国文明城市——科学普及与移风易俗”开展讨论。专家学者广开言路，为沈阳市更好地开展科学普及、移风易俗以及创建全国文明城市工作，提出了各自的意见，对沈阳市的科普与移风易俗工作极具指导作用。《沈阳日报》刊登了研讨内容及专家观点。

（姜素文）

【科普惠农兴村计划】 2012年3月1日，沈阳市科协在法库县登仕堡镇启动了“科普惠农兴村服务队春耕备耕基层行”活动。市委常委、市总工会主席鞠秀礼出席启动仪式，并向农民代表赠送了科普图书，为专家服务队授旗，为沈阳市树莓产业协会联合会揭牌。中国林科院森林生态研究所、辽宁省农科院果树所专家分别就树莓产业发展、新品种引进、新技术推广、深加工等方面作了专题讲座。活动期间，市科协组织农业科技人员120余人，开展农村产业带头人等专业培训170余场，培训农民1.5万人次，引进农业新品种110余项，推广麦菜复种、棚桃栽培、绒山羊养殖、发酵床养猪等新技术70余项，举办科普大集30余场，发放各类农村科普图书、宣传资料4万余份；围绕全市农业产业结构转型升级与冬季农民生产实际需要，组织沈阳农业大学、辽宁省农科院等单位的专家、教授与基层农业科技人员、农村乡土人才130余人，在全市180多个乡镇、村，广泛开展科技培训、技术指导、科技咨询、项目论证、科普大集、科普宣传等多形式的农业科技服务活动300余场，直接培训农民2.8万人次，并引进推广布列塔紫长茄、黑花生、印楝素等新优农业新品种、农资产品120余个，寒富苹果栽培管理、绒山羊圈养、食用菌栽培等农业实用技术150多项，发放农村科普图书3万多册，在提高农民的科学生产技能、推进农村产业结构调整、培养造就新型农村实用人才方面起到了积极推动作用。10月19日，围绕新民市农业产业发展与连作障碍问题，市科协组织沈阳农业大学李天来副校长、东北农业大学吴凤芝教授等6名专家在新民市开展了院士专家新民纵深行活动，各位专家各抒已见，为新民市农业产业发展献计献策。同时，在新民市现代生态农业种植协会成立了院士专家工作站。积极申报中国科协、辽宁省科协先进项目，辽中县育肥牛协会、新民市现代生态农业种植协会、法库县树莓科普示范基地被评为全国“科普惠农兴村先进单位”；苏家屯区八一米业协会会长路殿勇、东陵区林果协会会长赵维明被评为全国“科普惠农兴村带头人”。

（姜素文）

【青少年科技创新活动】 2012年3月15日，第27届沈阳市青少年科技创新大赛在沈河区文化路小学隆重举行。来自全市70余所中小学校的400多名青少年发明爱好者和100多名科技辅导员参加竞赛。本次竞赛评选出一等奖113项，二等奖99项，三等奖147项。推荐68项优秀项目代表沈阳市参加第27届辽宁省青少年科技创新大赛，并全部获奖。3个优秀科技实践活动（全省推荐10项），15副优秀科学幻想画（全省推荐25副）代表辽宁省参加在宁夏银川举办的第27届全国青少年科技创新大赛，2名科技辅导员荣获“辽宁省十佳优秀科技教师”奖，沈阳市科协被评为“青少年科技创新大赛优秀组织单位”。

4月27日，第五届沈阳市青少年机器人竞赛在浑南新区第二小学隆重举行，来自全市50余所学校300余名机器人爱好者参加竞赛。竞赛设立综合基本技能、机器人足球对抗、机器人创意、FLL工程挑战和vex工程挑战五个项目，完成了小学、初中、高中三个组别竞赛项目的比赛。大东区辽沈二校、沈阳市第107中学分别获得小学组、初中组综合技能竞赛冠军；浑南新区浑河站中心小学、浑南新区第一中学、沈阳装备制造工程学校代表队分获小学组、初中组、高中组FLL机器人工程挑战赛冠军；浑南新区第二小学、浑南新区实验学校分获小学组、初中组机器人足球对抗赛冠军；浑南新区第二小学、浑南新区东湖学校分获小学组、初中组机器人VEX工程挑战赛冠军；和平区河北二校、浑南新区第一中学、沈阳市外国语学校分获小学组、初中组、高中组机器人创意赛冠军。在辽宁省15个进军全国总决赛的冠军队伍中，沈阳市占了7个，并代表辽宁省参加“全国青少年机器人大奖赛”。

5月24日，市科协在沈河区文化路小学举办了沈阳市动力航模教练员培训班，邀请辽宁省航模协会资深教练为全市20多名科技辅导员进行专业指导和培训。

7月2日，“科学饮食健康生活”沈阳市青少年科学调查体验活动启动仪式在沈河区文化路小学举行。来自全市中小学的科技辅导员代表参加了启动仪式。启动仪式上，市科协向参会的100余所中小学校赠送了《2012年青少年科学调查体验活动手册》。印有“科学饮食健康生活——沈阳市万名青少年科学体验活动”的条幅在全市中小学中进行传递，近万名中小学生在条幅上签字，表达参与科普活动的决心。

8月3日，由市科协推荐并上报辽宁省科协批准，沈阳市东北育才学校、辽宁省实验中学、沈阳市第五中学、东北育才外国语等4所学校40名高中生，参加了由中国科协、国家教育部主办的“2012年全国青少年高校科学营”活动。分别奔赴北京大学、大连理工大学两所全国知名高等学府聆听院士、专家学者和人文名家的名家讲堂，走进国家重点实验室、动手开展探究型实验，与大学生们分享趣味心理游戏、体验高校校园文化等。

（姜素文）

【科普设施和资源建设】 2012年，沈阳市科协对全市科普画廊工作进行了调研。全市共建科普画廊758个，其中：约35%的画廊完好且发挥作用良好，约40%的画廊基本完好，约20%的画廊由于年久失修、风雨侵蚀导致破损严重，约5%的画廊由于动迁、严重损坏等原因失去维修价值。4月19日，市科协召开了市内五区科普画廊工作专题会议，就新式画廊建设、老旧画廊维修、挂图张挂等问题进行了专题研讨，并达成了加速新式画廊建设，市、区两级合力维修老旧画廊、统一更换锁具、组织科普志愿者及时更换科普挂图、建立科普画廊管理档案等共识。市科协对各区上报的50座破损严重的科普画廊经过逐一实地查看，统计破损情况并维修如新，拆除了7座失去维修价值的画廊。顺利完成2011年采购招标的新式画廊12座。归纳、整理各区上报的2012年预招标科普画廊并完成招标工作。编辑科普挂图6期，印刷4800套。完成中国科协《社区科普工作手册》编写工作。作为4个承担城市之一，沈阳市科协承担了《社区科普工作手册》中两个部分的编写任务。市科协与沈阳电视台合作，深入各分校摄制《光辉岁月》专题片一部，制作成光盘发放至各区县及全市各分校。

（姜素文）

【举办百场科普报告】 为丰富沈阳市市民科学文化生活，引导市民科学参与健身活动，倡导健康生活理念，从4月开始，市科协面向全体市民组织了“科学健康文明与全运”系列科普活动。围绕科学健身知识以及市民普遍关心的食品安全、公众健康等热点话题组织群众性、社会性科普讲座70多场次，听众万余人。邀请卫生部暨中国健康教育协会特聘营养教育专家、中华中医药学会首席健康科普专家于康，辽宁省人力资源和社会保障厅公共营养师技能鉴定专家王兴国，沈阳骨科医院张成亮等专家在东北大学、和平区、苏家屯区、于洪区举办科普报告10余场，参与的企、事业单位职工、院校师生、社区群众近5000人。与市委党校、市直机关工委等单位合作，面向领导干部和公务员举办科普报告4场，请市科普讲师团成员深入20多个社区举办讲座30多场次，深受群众欢迎。

（姜素文）

科技成果

【科技奖励】 根据《沈阳市科学技术奖励办法》规定，经评审委员会评审，市政府决定，授予沈阳机床（集团）有限责任公司刘春时等2人、沈阳鼓风机集团股份有限公司"天然气长输管道压缩机组"等9项科技成果2012年度沈阳市科技振兴奖，授予北方重工集团有限公司"NTY－53型周边传动中心搅拌式液压分段提耙浓缩机"等135项科技成果2012年度沈阳市科技进步奖，授予辽宁省农业科学院"沈阳市农业科技服务模式创新与特色农业产业技术推广"等70项科技成果2012年度沈阳市农村科技推广奖，授予中国科学院沈阳科学仪器股份有限公司"全自动大型平板式PECVD晶硅光伏减反射覆膜制备设备"等30项科技成果2012年度沈阳市专利奖。此外，沈阳市11个项目获得国家级奖励、118个项目获得省级奖励。

（孙　凯）

2012年沈阳市获
国家级科学技术奖项目

项目名称	主要完成单位
现代轧制技术、装备和产品研发创新平台	东北大学
大型合金钢锭及铸锻件缺陷与组织控制	中国科学院金属研究所
功能性单心室外科治疗的基础与临床	中国人民解放军沈阳军区总医院
特高压交流输电关键技术、成套设备及工程应用	特变电工沈阳变压器集团有限公司新东北电气（沈阳）高压开关有限公司
复杂难处理镍钴资源高效利用关键技术与应用	东北大学
中国生态系统研究网络的创建及其观测研究和试验示范	中国科学院沈阳应用生态研究所
天然林保护与生态恢复技术	中国科学院沈阳应用生态研究所
心肌梗死后心肌组织修复和功能重建的机制研究及临床应用	辽宁省人民医院
露天煤矿高台阶抛掷爆破与吊斗铲倒堆工艺技术及应用	中煤国际工程集团沈阳设计研究院
煤矿通风瓦斯超限预控与监管技术及系统	沈阳新元信息与测控技术有限公司
大型铝电解连续稳定运行工艺技术及装备开发	涂赣峰（东北大学）

2012年沈阳市获
辽宁省自然科学奖项目

二等奖

项目名称	完成单位
钢的亚快速凝固组织、性能与控制机理	杨院生（中科院金属研究所）等
新型钢铁材料的设计、制备和性能研究	杨柯（中科院金属研究所）等

2012年沈阳市获
辽宁省技术发明奖项目

一等奖

项目名称	完成单位
双螺旋聚合物及其关键技术	张宝砚（东北大学）等
金属尾矿建筑微晶玻璃及其一次烧结制备方法	刘军（沈阳建筑大学）等

二等奖

项目名称	完成单位
HTM50200车铣复合加工中心的技术开发与应用	吴玉厚（沈阳建筑大学）等
高性能陶瓷刀具制造技术及应用	孙旭东（东北大学）等

三等奖

项目名称	完成单位
一种立式车床工作台控制系统	石征锦（沈阳理工大学）等
延迟焦化装置的无硅消泡技术	刘公召（沈阳工业大学）等
基础不均匀沉降控制及废钢渣在地基处理中的应用	李伟（沈阳建筑大学）等

2012年沈阳市获辽宁省科技进步奖项目

一等奖

项目名称	完成单位
稻蟹生态种养关键技术研究与应用	辽宁省农业科学院植物保护研究所
玉米综合群体创建、改良及应用	辽宁省农业科学院玉米研究所
特种玉米种质创新与利用研究	沈阳农业大学
农业节水关键技术研究与应用	沈阳农业大学
QJYS－058双护盾硬岩掘进机	北方重工集团有限公司
无人直升机输电线路自动巡检与架设系统	中国科学院沈阳自动化研究所
油气管道的腐蚀损伤评价及维修技术	中国科学院金属研究所
静态混合气液与液液反应技术的开发及应用	沈阳化工大学
轻钢和网架结构抗风雪灾害可靠性分析及其加固技术应用研究	沈阳建筑大学
女性肺癌的危险度、预后因素及治疗方案评价的研究	中国医科大学公共卫生学院
辽宁省城市空气污染对健康危害系列研究	辽宁省疾病预防控制中心
几种表皮细胞免疫生物学活性的新发现及其应用	中国医科大学附属第一医院
补脾益肾法治疗重症肌无力的临床疗效评价	辽宁中医药大学

二等奖

项目名称	完成单位
旱作农田水分高效利用技术研究与应用	辽宁省农业科学院
玉米、水稻重大病虫害监测预警系统建立及应用	沈阳农业大学
土壤坡面侵蚀机理与应用研究	沈阳农业大学
优质多抗菊花新品种选育与应用	沈阳农业大学
东北粮食生产格局的气候变化影响与适应	中国气象局沈阳大气环境研究所
辽河流域水资源承载能力研究与应用	沈阳农业大学
珍贵观赏树种花楸繁育技术研究与应用	辽宁省林业科学研究院
瘦肉型猪绿色饲料添加剂研究与应用	沈阳农业大学
MZ200联合采煤机组	三一重型装备有限公司
大运载火箭发动机用高压小通径钛合金铸件研制	沈阳铸造研究所
FBC200r落地式铣镗加工中心	中捷机床有限公司
旋弧断路器关键技术及在高压领域中的应用	沈阳工业大学
全封闭组合电器熄弧与绝缘性能理论研究及应用	沈阳工业大学
超（超）临界燃煤机组一、二次调频研究与应用	东北电力科学研究院有限公司，辽宁东科电力有限公司
基于光纤传感技术的电厂凝汽器胶球清洗在线监测装置	沈阳工程学院
辽宁省科学技术奖励管理信息系统	中国科学院沈阳计算技术研究所有限公司
红外辐射源测试系统	沈阳理工大学
辽河流域水污染三大减排工程和区域治理方案研究与应用	辽宁省环境科学研究院
重金属污染场地治理修复技术研究与工程示范	沈阳环境科学研究院
高品质硅钢生产工艺研究装备开发及应用	东北大学
混凝土结构裂缝控制关键技术研究与应用	沈阳建筑大学
橡胶沥青应用技术研究	沈阳三鑫集团有限公司
早产儿肺损伤及脑损伤的基础与临床研究	中国医科大学附属盛京医院
Ⅱ型糖尿病的发病机制和临床诊治研究	中国医科大学附属盛京医院
胃癌预后风险评估体系的确立与完善及其指导综合治疗的研究与应用	中国医科大学附属第一医院
儿童常见肾小球疾病发病及GC治疗机制研究	中国医科大学附属第一医院
Lewis(y)抗原在卵巢癌发生、发展、耐药中作用及机制的研究	中国医科大学附属盛京医院
建立胶质瘤特异性免疫治疗方法与机制的研究	中国医科大学附属第一医院
三维超声多功能成像技术在胎儿畸形产前诊断中的应用研究	中国医科大学附属盛京医院
心肌造影评价心肌缺血与再灌注	中国医科大学附属第一医院
EGFR信号通路在人黑色素瘤中调节紫杉醇耐药和侵袭、转移分子机制	辽宁省肿瘤医院

超声检查在腹膜良恶性病变鉴别诊断中的应用	中国医科大学附属第一医院
女性尿失禁的综合干预研究	辽宁省人民医院
环磷酸鸟苷调控肺上皮钠通道机制研究	中国医科大学药学院
化合物毒性预测专家系统 V1.02	中国医科大学药学院
中药饮片炮制技术和相关设备的研究与应用	辽宁中医药大学
推进社会主义新农村建设对策研究:辽宁农村土地流转行为研究	沈阳农业大学

三等奖

项目名称	完成单位
玉米早衰原因及防控技术研究	辽宁省农业科学院环境资源与农村能源研究所
旱田土肥水跨季节调控关键装备研制与应用	沈阳农业大学
生物杀虫制剂的研制与应用	沈阳农业大学
花生土壤养分评价及高产高效栽培集成技术研究与应用	辽宁省农业科学院环境资源与农村能源研究所
树莓品种选育和高效栽培技术体系创新研究与应用	沈阳农业大学、沈阳市农业综合开发办公室
细胞因子在类风湿关节炎发病机制中作用的基础研究和临床应用	中国医科大学附属第一医院
中国北方汉族缺血性脑卒中患者的基因多态性研究	中国医科大学附属第一医院
颅内动脉瘤血管架桥术中实时荧光血管造影技术在脑显微外科的应用	中国医科大学附属第一医院
胃癌淋巴结转移规律的新认识和患者术后生活质量改善	中国医科大学附属第一医院
产前诊断及胎儿手术治疗出生缺陷的技术与应用的研究	中国医科大学附属盛京医院
人体髋关节三维光弹力学研究及其临床应用	中国医科大学附属第一医院
干扰 CCR7 信号通路对头颈部恶性肿瘤淋巴结转移的影响	中国医科大学口腔医学院
PACS 中基于 ROC 评价显示器的选择对胸部影像识读影响的系列研究	中国医科大学附属盛京医院
东北地区水稻适应气候变化关键技术研究与应用	沈阳农业大学
唾液腺腺样囊性癌肺高转移细胞株的建立及侵袭转移机制的研究	中国医科大学口腔医学院
提高心肺复苏技能的相关研究及在临床急救中的应用	中国医科大学附属第一医院
激光增加牙本质粘结的基础与临床应用研究	中国医科大学口腔医学院
医护人员及教师职业紧张与职业心理危害研究	中国医科大学公共卫生学院
大柴胡颗粒剂防治动脉粥样硬化的基础与临床研究	辽宁中医药大学
中医药干预慢性心衰的临床治疗方案研究	辽宁中医药大学
益气养阴化瘀法对血管内皮细胞低氧缺血性损伤的保护作用研究	辽宁中医药大学
新型眼用缓释给药系统(加替沙星眼用凝胶)	沈阳兴齐眼药股份有限公司
科技创新环境下会计支持体系建设研究	沈阳工业大学
沈阳市装备制造业能耗评价系统研究与软件开发	沈阳工业大学
安全高效天然生物防腐剂的研究与应用	沈阳农业大学
畜禽饲料营养源替代与高效利用技术研究及应用	沈阳农业大学
1000MW 核电机组核二级泵组研制	沈阳鼓风机集团股份有限公司
SSZ-ZN-240000/220 智能变压器	特变电工沈阳变压器集团有限公司
油雾润滑高效三次雾化研究及其应用	东北大学
高精度铜板带纵剪机组	辽宁省机械研究院有限公司
铸铁件用复合陶瓷涂料的关键技术研究	沈阳铸造研究所
应用无线-电流法测量无间隙金属氧化物避雷器电压分布及系统研制	东北电力科学研究院有限公司
智能变电站全站二次系统实时仿真测试平台研究	东北电力科学研究院有限公司
2D125 大型往复式新氢压缩机研制	沈阳鼓风机集团股份有限公司
AW603A-4000CMMB 移动多媒体广播直放站	奥维通信股份有限公司
LT-GJ401 数控系统	沈阳高精数控技术有限公司
村镇防灾减灾管理信息系统	沈阳建筑大学
传感器测试关键共性技术研究	沈阳仪表科学研究院
特种 WRe 温度传感器	沈阳东大传感技术有限公司

农村畜禽粪便、污泥、生活垃圾联合厌氧消化关键技术研究	辽宁省环境科学研究院
电气火灾监控系统现场检验设备的研制与推广	公安部沈阳消防研究所
辽宁环渤海地区重点产业发展水资源承载力研究	辽宁省环境科学研究院
面向提高区域资源效率的循环经济技术集成研究	中国科学院沈阳应用生态研究所
电熔镁生产过程余热回收利用技术研究及装置开发	沈阳金和节能工程有限公司
公共安全快速鉴定方法与应急处置技术研究集成应用示范	辽宁省分析科学研究院
高压 Reppe 法丙炔醇节能分离新工艺	东北制药集团股份有限公司
长春西汀工艺研究及工业化生产	东北制药（沈阳）科技发展有限公司
基于动态可靠度的既有建筑检测鉴定方法研究	沈阳建筑大学
地铁照明设计方法研究	沈阳建筑大学
内置 CFRP 圆管的方钢管高强混凝土结构的力学性能研究	沈阳建筑大学
村镇住宅建筑产品与构配件应用技术及其数据库系统开发	沈阳建筑大学
多层双向超长混凝土结构无缝设计与施工技术	中国建筑东北设计研究院有限公司
水泥基无机粘结材料植筋技术研究	辽宁省建设科学研究院
自动跟踪定位射流灭火系统技术研究	沈阳建筑大学
钢筋混凝土结构耐久性的关键技术研究	辽宁省建设科学研究院
法库废弃陶瓷加工建筑制品关键技术研究	沈阳建筑大学
既有桥梁可靠性评定与维护风险决策研究	辽宁省建筑材料科学研究所
钢管帷幕法地道桥设计与施工方法研究	沈阳铁道勘察设计院有限公司
小儿心血管常见疾病基础与临床研究	中国医科大学附属盛京医院

2012 年度沈阳市专利奖获奖项目

一等奖

专利名称	专利权人
全自动大型平板式 PECVD 晶硅光伏减反射覆膜制备设备	中国科学院沈阳科学仪器股份有限公司
水轮机导叶双精炼铸造方法	沈阳铸造研究所

二等奖

专利名称	专利权人
一种变压器大吨位线圈绕制整合装置及整合方法	特变电工沈阳变压器集团有限公司
5-羟基吲哚-3-羧酸酯类衍生物及其用途	沈阳药科大学
线扫描多能量 X 射线安全检查设备及方法	沈阳地泰检测设备有限公司
一种内外双循环双层幕墙	沈阳远大铝业工程有限公司
一种降低铝电解槽铝液中水平电流的方法	沈阳铝镁设计研究院有限公司
一种高强度耐热压铸镁合金及其制备方法	沈阳工业大学
一种共聚糊树脂及其制备方法	沈阳化工股份有限公司
硅蓝宝石力敏传感器及其制备方法	段祥照、段磊

三等奖

专利名称	专利权人
可旋转加热的吸附装置	沈阳芯源微电子设备有限公司
数控机床闭环虚拟系统	沈阳高精数控技术有限公司
激光打印标牌的自动送料控制装置及所采用的控制方法	沈阳飞捷激光科技有限公司
正弦极宽调制的永磁同步电动机	沈阳工业大学
一种控制媒体传输路径的网状中继方法及 IP 通信系统	中国科学院沈阳计算技术研究所有限公司
数控加工中心横梁丝杠防止下垂辅助支撑装置	中捷机床有限公司
智能 IC 卡个人化数据写入时在线补卡方法及实现装置	沈阳友联电子装备有限公司
产肠毒素金黄色葡萄球菌 α-溶血毒素缺失菌株及其构建	沈阳协合生物制药股份有限公司
数字中频光纤直放站的多信道数字选频数字信号处理方法	奥维通信股份有限公司
降膜管	沈阳东方钛业有限公司

一种紫外线消毒装置	沈阳建筑大学
一种普瑞巴林中间体氰二酯的制备方法	沈阳东瑞精细化工有限公司
一种用于土木工程结构健康监测的压电智能骨料	沈阳建筑大学
电梯门屏蔽式叠层变频控制器	沈阳博林特电梯股份有限公司
电解用异型实心导电板及汇流板的制备工艺	九星控股集团有限公司
一种多线程管理的应用系统	金魁
一种倾翻式铝包清理机	中国有色（沈阳）冶金机械有限公司
一体化预装式变电站	沈阳昊诚电气股份有限公司
一种油水和气三相流稳定装置	沈阳兴大通仪器仪表有限公司
变频式摇臂钻床	沈阳机床股份有限公司中捷钻镗床厂

2012年沈阳市科技进步奖获奖项目

一等奖

项目名称	完成单位
NTY－53型周边传动中心搅拌式液压分段提耙浓缩机	北方重工集团有限公司
气力输送煤粉流动参数状态监测系统	东北大学
BH38/2×400型刨煤机	三一重型装备有限公司
蒙皮数字化柔性精准制造技术与装备	沈阳飞机工业（集团）有限公司
百万吨级/年乙烯装置用裂解气、丙烯和乙烯压缩机组	沈阳鼓风机集团股份有限公司
PTA/PIA能量回收工艺空气压缩机组	沈阳鼓风机集团股份有限公司
VTM350140lg立式车铣磨及淬火复合加工中心	沈阳机床股份有限公司
电熔镁余热回收生产自利用技术研究及一体化设备	沈阳金和节能工程有限公司
优质铝合金大型铸件低压铸造技术研究	沈阳铸造研究所
青藏交直流联网工程拉萨站直流关键设备	特变电工沈阳变压器集团有限公司
氧化铝生产系列隔膜泵	中国有色（沈阳）泵业有限公司
数字影像精密反光镜	沈阳仪表科学研究院
Vc一步高浓度连续发酵新工艺	中国科学院沈阳应用生态研究所
混凝土结构裂缝控制关键技术研究与应用	沈阳建筑大学
绿色校园建设关键技术研究与示范	沈阳大学
应对气候变化的沈阳市低碳发展的技术集成研究	中国科学院沈阳应用生态研究所
玉米新品种东单72繁育与推广	辽宁东亚种业有限公司
复合微生态菌剂“百立丰”系列产品	沈阳科丰牧业科技有限公司
菊花育种技术创新及新品种选育与应用	沈阳农业大学
辽宁省城市空气污染健康危害系列研究	辽宁省疾病预防控制中心
儿童颅颌面生长发育的基础及临床研究	沈阳市口腔医院
瑞舒伐他汀对冠心病形成及发展的基础及临床研究	沈阳医学院奉天医院
心肌细胞缺氧凋亡机制及改善耐缺氧能力研究	中国医科大学附属第一医院
产前诊断及胎儿手术治疗出生缺陷技术与应用的研究	中国医科大学附属盛京医院
早产儿肺损伤及脑损伤的基础与临床研究	中国医科大学附属盛京医院

二等奖

项目名称	完成单位
SFP－1140000/500三相发电机变压器	特变电工沈阳变压器集团有限公司
DCG200全液压锻造操作机	北方重工集团有限公司
ZDY3500L型煤矿用履带式液压坑道钻机	沈阳北方重矿机械有限公司
瓦斯全循环油页岩干馏新工艺及关键设备	沈阳成大弘晟能源研究院有限公司
多组元氮化物硬质反应膜的研究与开发	沈阳大学
高效节能环保型工业炉—蓄热式高温空气燃烧关键技术的研发与应用	沈阳东大工业炉有限公司
TDI双管板换热设备	沈阳东方钛业有限公司

ST—010 新型系列汽车中冷器	沈阳华铁汽车散热器有限公司
发电机护环生产设备自动控制系统的研制	沈阳化工大学
HTM40100h 卧式车铣复合加工中心	沈阳机床股份有限公司
AW900A-6001DC-ICS ICS 数字选频直放站	奥维通信股份有限公司
政府业务支撑平台研制及应用	东软集团股份有限公司
互感器负载箱变频检定装置	沈阳计量测试院
300 万以上像素手机摄像模组	沈阳敏像科技有限公司
OT、OC 和 M 系列医用氧气机	沈阳新松医疗科技股份有限公司
高可靠抗冲击位移传感器	沈阳仪表科学研究院
苦芪滴丸治疗病毒性心肌炎的新药开发研究	辽宁中医药大学
小牛血去蛋白提取物眼用凝胶	沈阳兴齐眼药股份有限公司
大型精密叠层模技术的研发与产业化应用	沈阳毅昌科技有限公司
地铁光环境设计与应用	沈阳建筑大学
大跨度预应力型钢与高强混凝土组合梁桥关键技术研究	中铁九局集团有限公司
岩土工程三维可视化信息管理系统	中冶沈勘工程技术有限公司
蒲河生态建设关键技术研究与示范工程	沈阳环境科学研究院
沈阳经济区环境空气质量预报预警一体化系统开发及应用研究	沈阳市环境监测中心站
湿粘尾矿泥干燥回收利用技术及成套设备	沈阳禹华环保有限公司
出口玉米检验检疫关键技术与管理措施研究	沈阳出入境检验检疫局
新型绿色食品及饲料添加剂的研究与应用	沈阳农业大学
设施葡萄优质高效栽培技术集成研究与应用	沈阳市林业果树科学研究所
优质、高产茄子杂交种沈茄 6 号的选育及应用	沈阳市农业科学院
沈阳市地下水资源动态机理分析及评价研究	沈阳市水利科学研究所
动脉粥样硬化新机制及防治方法研究	辽宁省人民医院
慢性心衰中西医结合治疗方案临床推广研究	辽宁中医药大学
圆锥角膜诊治的临床和基础研究	沈阳爱尔眼视光医院
扶正汤治疗系统性红斑狼疮狼疮肾临床实验研究	沈阳市第七人民医院
体外 PVR 模型中 RPE 细胞 c-fos 原癌基因的表达及其信号传导	沈阳市第四人民医院
儿童和青少年糖脂代谢异常早期诊断和干预研究	沈阳市儿童医院
沈阳市围产保健口腔健康教育模式研究	沈阳市妇女儿童保健中心
螺旋 CT 平扫衰减值的应用对泌尿系结石治疗研究	沈阳市红十字会医院
沈阳地区甲型 H1N1 流感预防控制技术研究	沈阳市疾病预防控制中心
结核病细菌学快速培养及药敏试验的对比研究	沈阳市胸科医院
从潜在的治疗靶点角度探究急性肺损伤的发病机制研究	沈阳医学院奉天医院
人体髋关节三维光弹力学研究及其临床应用	中国医科大学附属第一医院
胃癌淋巴结转移规律的新认识和患者术后生活质量改善研究	中国医科大学附属第一医院
三维超声多功能成像技术在胎儿畸形产前诊断中的应用研究	中国医科大学附属盛京医院
PI3K/Akt/mTOR/P70S6K 信号通路在正畸力作用下牙齿移动过程中的调节作用研究	中国医科大学口腔医学院
激光增加牙本质粘结的基础与临床应用研究	中国医科大学口腔医学院
沈阳市政府投融资管理绩效评价研究	沈阳大学
沈阳装备制造业企业竞争力资本结构优化及风险防范模式研究	沈阳工业大学
辽宁省节能减排发展战略研究	沈阳工业大学
沈阳新型工业化综合配套改革科技支撑研究	沈阳科学与科技政策研究会
关于构建沈阳市政府绩效管理模式的研究	沈阳市人力资源和社会保障局
沈阳市法治政府建设指标体系研究	沈阳市政府法制办
沈阳市现代服务业发展战略对策研究	沈阳市政协经济委员会
建设养老文化推进沈阳养老事业发展研究	中共沈阳市委党校
面向提高区域资源效率的循环经济技术集成研究	中国科学院沈阳应用生态研究所

三等奖

项目名称	完成单位
4M50-31/23-95-BX 型新氢压缩机	沈阳鼓风机集团股份有限公司
MQY6095 溢流型球磨机	北方重工集团有限公司
金杯 H2L 系列轻型客车	华晨汽车集团控股有限公司
电缆屏蔽用铜铝双金属超薄复合带	九星控股集团有限公司
高性能环保型平板集热器选择性吸收涂层工艺研究	辽宁装备制造职业技术学院
高效纸蜂窝复合材料专用刀具	沈阳飞机工业(集团)有限公司
25000Nm3/h 氧气压缩机组	沈阳鼓风机集团股份有限公司
大化肥装置用氨气压缩机集成化设计制造	沈阳鼓风机集团股份有限公司
XGW3A(C2SC)中式固体绝缘开闭站	沈阳昊诚电气股份有限公司
C+型系列汽车中冷器	沈阳华铁汽车散热器有限公司
STM200160 数控立式龙门复合车铣中心	沈阳机床股份有限公司
CAK36 系列数控车床	沈阳机床股份有限公司
SZ11-63000/110 电力变压器	沈阳全密封变压器股份有限公司
变压器用片式散热器	沈阳天通电气有限公司
500KA 电解槽用铝电解多功能机组	中国有色(沈阳)冶金机械有限公司
GMC-wmh 系列动梁龙门移动式加工中心	中捷机床有限公司
离散制造业制造执行及控制软件(北极星车间制造执行系统)	沈阳北方电脑有限公司
第四方物流管理系统	沈阳大学
双屏一体医疗手术特种显示装置	沈阳市火炬北泰数码科技有限责任公司
高性能硅电容压力传感器	沈阳仪表科学研究院
安全生产应急救援指挥平台	中国科学院沈阳计算技术研究所
国家一类新药卡前列甲酯工艺改进研究	东北制药集团股份有限公司
动物药材质量评价体系研究	辽宁中医药大学
软坚消瘿汤治疗慢性淋巴细胞性甲状腺炎的疗效及机理研究	辽宁中医药大学附属医院
光催化纳米抗菌材料安全性评价及技术方法的研究	沈阳出入境检验检疫局
采用副产四氯化硅为原料生产白炭黑	沈阳化工股份有限公司
复杂加载条件下工程用钢本构关系及其疲劳可靠度研究	辽宁省建筑材料科学研究所
重度受损钢筋混凝土构件性能恢复技术研究	沈阳建筑大学
橡胶混凝土桩复合地基的工程特性研究	沈阳建筑大学
村镇防灾减灾管理信息系统	沈阳建筑大学
低碳型智能化双循环功能幕墙	沈阳远大铝业工程有限公司
沈阳地区外来入侵有害生物调查及防控技术体系构建研究	沈阳出入境检验检疫局
农药污染土壤的生物修复工程示范	沈阳出入境检验检疫局
环保微生物菌剂品质的高通量快速检鉴技术和安全性评估体系研究	沈阳出入境检验检疫局
沈阳市室内空气污染评价及污染控制关键技术研究	沈阳环境科学研究院
秸秆气化燃烧产生焦油废水处理技术的研究及应用	沈阳市环境保护工程设计研究院
蓝莓树莓出口种植基地农药残留动态分析及主要病虫害生态控制技术	沈阳出入境检验检疫局
进出口粮食中氯仿等熏蒸剂残留量的快速检测技术研究	沈阳出入境检验检疫局
基于图像处理的农作物叶部病害危害程度分级的研究与应用	沈阳农业大学
畜禽高效养殖的营养调控技术研究与应用	沈阳农业大学
蒲河流域雨洪资源利用与河道水生态修复应用研究	沈阳农业大学
银翘散及君药活性成分干预流感病毒非结构蛋白及 Mx1 抗病毒蛋白双重作用的研究	辽宁中医药大学
支气管哮喘发作期中医内外同治疗法	辽宁中医药大学附属第二医院
人类成熟卵母细胞玻璃化冻融技术的临床应用	沈阳东方医疗集团菁华医院
人体骨髓基质干细胞与脂肪基质干细胞生物学特性对比的研究	沈阳市第一人民医院
兔后循环缺血的超声影像学及脑干细胞形态学改变的实验研究	沈阳市儿童医院
微型钛钉种植体支抗组织学研究及临床应用	沈阳市口腔医院

项目名称	完成单位
房颤患者脑利钠肽水平与药物干预的临床研究	沈阳医学院沈洲医院
PACS 环境中基于 ROC 理论评价显示器的选择对胸部影像识读影响的系列研究	中国医科大学附属盛京医院
Ⅱ型糖尿病的发病机制及临床诊治研究	中国医科大学附属盛京医院
小儿常见心血管疾病的基础与临床研究	中国医科大学附属盛京医院
沈北新区可持续发展集成管理与应用示范研究	沈北新区人民政府
电子商务在线信用评价模型与软件开发研究	沈阳工业大学
沈阳市县域经济发展综合评价体系研究	沈阳建筑大学
沈阳市工业遗产保护研究	沈阳建筑大学

2011－2012 年度沈阳市科技振兴奖获奖项目和个人

获奖项目

项目名称	完成单位
天然气长输管道压缩机组	沈阳鼓风机集团股份有限公司
BKD—110000/800TH 单相并联电抗器系列产品	特变电工沈阳变压器集团有限公司
大中型水轮机用优质马氏体不锈钢铸件	沈阳铸造研究所
蓝宝石单晶炉	中国科学院沈阳科学仪器股份有限公司
FBC200r 落地式铣镗加工中心	中捷机床有限公司
离岸软件外包工作平台	东软集团股份有限公司
高压 Reppe 法丙炔醇节能分离新工艺	东北制药集团股份有限公司
AW900A－6002D 型数字光纤直放站	奥维通信股份有限公司
纳米高阻隔型气相防锈高强复合膜	沈阳防锈包装材料有限责任公司

获奖个人

姓　名	单　　位
刘春时	沈阳机床(集团)有限责任公司
安　振	特变电工沈阳变压器集团有限公司

2011－2012 年度沈阳市农村科技推广奖获奖项目

一等奖

项目名称	完成单位
沈阳市农业科技服务模式创新与特色农业产业技术推广	辽宁省农业科学院
辽嗑杂系列食葵杂交种选育及配套栽培技术研究	辽宁省农业科学院
设施农业秸秆生物反应堆关键技术研发及应用	沈阳市农业技术推广站
主要瓜类作物枯萎病防控关键技术研究与示范	沈阳农业大学
设施甜瓜嫁接高产优质栽培技术示范推广	沈阳农业大学
甘薯新品种“辽薯 20”、“辽薯 26”高产、高效栽培技术示范与推广	辽宁省农业科学院

二等奖

项目名称	完成单位
饲草型燕麦产业化技术示范与推广	沈阳惠丰农业科技开发有限公司
作物绳播种植技术及其配套装备的研究与应用	沈阳农业大学
特种玉米种质创新与利用研究	沈阳农业大学
优质、抗病、专用蔬菜新品种选育与推广	辽宁省农业科学院
早熟、高产、优质辣椒三系杂交种沈研 14 号选育及利用研究	沈阳市农业科学院
原生质体融合技术开发生物发酵饲料的研究与应用	沈阳农业大学
速生杨高效利用及病虫害控制技术研究	辽宁省林业科学研究院
高效蛋雏鸡开口料的产业化	辽宁禾丰牧业股份有限公司
苏家屯区肉鸡标准化示范区建设项目	沈阳市苏家屯区动物疫病预防控制中心
优质水稻高产高效技术集成研究与示范推广	辽宁省稻作研究所
球根花卉新品种引种繁育关键技术研究与应用	沈阳农业大学

树莓综合开发示范与推广	辽宁新大地实业发展集团有限公司
玉米新品种沈玉28号推广及应用	沈阳市农业科学院
猪只安全预混合饲料	沈阳波音饲料有限公司
乳酸菌发酵南瓜系列产品加工技术推广	辽宁省农业科学院
优质高产玉米品种东单16号繁育与推广	辽宁东亚种业有限公司
青贮专用玉米品种选育与推广	沈阳隆迪种业有限公司
广适性高油大豆新品种沈农9号的选育与推广	沈阳农业大学
黄瓜新品种“太空61号”选育及应用	沈阳市农业科学院
北方寒冷地区“生态清洁小流域”技术研究与应用	沈阳农业大学
新大地树莓繁育与加工技术推广	辽宁新大地实业发展集团有限公司
温室无核白鸡心葡萄一年双收技术推广	沈阳市永乐温室葡萄专业合作社

三等奖

项目名称	完成单位
树莓测土配方施肥技术研究与应用	东陵区（浑南新区）农林技术推广中心
规模化养鸡环境控制关键技术的研究与示范推广	沈阳市畜牧兽医科学研究所
农林危险性入侵病虫草害的诊断监测及预警防控技术研究与推广应用	沈阳出入境检验检疫局
大红萝卜新品种福娃3号的选育	沈阳市农业科学院
节水无公害肥料推广	沈阳久恒田园农业有限公司
初级农产品生产质量安全监测及预警技术研究	沈阳出入境检验检疫局
寒富苹果主要病虫害关键防控技术推广应用	沈阳市果树技术推广站
规模化猪场粪污综合治理技术的研究与推广	沈阳市种猪种鸡繁育中心
高致病性蓝耳病防治关键技术研究与推广	沈阳市动物疫病预防控制中心
有机活体蔬菜栽培系统研究及应用	沈阳金农生态农业有限责任公司
狂犬病防治技术研究与推广	沈阳市动物疫控中心
树莓中40多种农药残留同时检测及无公害生产技术研究与应用	沈阳出入境检验检疫局
辉山“益生缘”发酵乳的研制与开发	沈阳乳业有限责任公司
马铃薯新品种“沈薯5号”选育及应用	沈阳市农业科学院
猪无抗生素饲料的研究与应用	沈阳市畜牧兽医科学研究所
沈阳市水果蔬菜出口基地标准化生产技术推广	沈阳检验检疫科学研究院
绿色五味子高产节水技术示范与推广服务	沈阳市水利科学研究所
五味子引进和高效生产技术研究与推广	新民市三道岗子镇人民政府
地膜花生高产栽培技术推广	法库县农业技术推广中心
花卉新品种选育及栽培技术集成创新与示范	沈北新区农业技术推广中心
集团化奶牛自营牧场管理系统开发应用	辽宁辉山控股（集团）有限公司
优质肉鹅繁育饲养产业化建设	沈阳清宇鹅业屠宰有限公司
蔬菜滴灌专用肥及有机复合硅肥研发及推广	沈阳市久恒植物营养科学技术研究所
秸秆生物反应堆技术集成与应用	东陵区（浑南新区）农林技术推广中心
保护地薄皮甜瓜高产优质栽培技术推广	法库县农业技术推广中心
辽中县寒富苹果优质高产栽培技术	辽中县林业技术推广中心
玉米高效增产种植所需配套机具的研制	沈阳市农业机械化研究所
单细胞蛋白质技术的推广应用	沈阳市粮油食品科学研究所
玉米单倍体化育种创新技术研究	沈阳市雷奥玉米研究所
猪人工授精技术推广与应用	新民市畜牧技术推广站
大豆花生蛋白改性及其生物制品产业化	沈阳恒裕丰泰科技有限责任公司
水稻育插秧机械化技术推广	沈阳市农业机械化技术推广站
寒富苹果优质丰产无公害栽培技术推广	法库县果树管理站
秸秆饲料加工设备技术集成及深度研发	沈阳市农业机械化研究所

油田注水系统地表渗漏对环境影响的研究	中国石油辽河油田沈阳采油厂	温室大棚秸秆生物反应堆技术应用与推广	辽中县农业技术推广中心
高产优质玉米新品种石玉9号繁育与推广	辽宁美锋种业有限公司	养殖场粪污综合处理技术的研究与应用	法库县种畜禽监督管理站
AA+肉种鸡的引进与繁育关键技术研究	沈阳天赢牧业有限公司	新型节油机的研制及在小型耕整机上的应用	沈阳市农业机械化研究所
测土配方施肥技术应用研究与推广	辽中县土壤肥料工作站	益生菌饲料的开发与产业化	沈阳华年饲料有限公司

气　象

【气象服务】 2012年,沈阳市气象局重点完成了以下工作:一是准确预报22次中雨(雪)以上天气过程,及时发布强台风"达维"和"布拉万"等重大灾害性天气预警信息。启动重大气象灾害应急响应6次,累计应急响应12天。全年发布气象灾害预警信号250次,强对流预警发布时间平均提前20分钟以上。制发决策气象信息184期、重大活动服务专报226期。制作"十二运"演练气象服务专报13种156期。开展人工增雨(雪)作业8次,累计增加降水2.97亿立方米。二是第十二届全运会沈阳赛区气象保障工程顺利实施。完成了"十二运"9个室外场馆自动气象站建设。完成10部大气电场仪站址勘选、移动边界层风廓线雷达移交及固定风廓线雷达招标采购与基础建设。完成了6.36万亿次高性能计算机建设。完成了北京奥运BJ-ANC、VIPS等预报系统引进及本地化工作。建立了沈阳11个区24小时内逐6小时精细化气象要素预报业务。市气象局新版网站正式上线运行。三是8个涉农区、县(市)成立了人工影响天气办公室(气象防灾减灾办公室)。引进大学本科及以上学历人员10名。邀请国内外专家学者讲学9人次,职工在职培训938人次。四是全市113个乡镇挂牌成立乡镇(街道)气象信息服务站,新建124个户外气象信息电子显示屏。全地区气象信息员1429人,县、乡级气象灾害防御责任人905人。各区、县(市)气象局建设新一代气象灾害监测预警平台并投入业务运行。全市安装农村气象预警接收机(大喇叭)1260个,占全市行政村总数的98%。发布各类农业生产指导信息423条。建立了与基层农技人员的"直通式"服务渠道,向沈阳地区15个种粮大户进行点对点农业气象服务,将全地区1450个重点服务对象纳入信息库。五是完成了市科技局"沈阳市农业气候资源优劣等级的精细化分区"项目立项工作。六是与城建局、工商局联合印发《沈阳市气象局等3部门关于规范室外电子显示屏气象信息发布工作的通知》。全地区共办理行政审批项目1809件,结案率100%。开展了覆盖全市的防雷安全执法检查工作,下发了422份执法检查通知书。完成常规检测2241家,其中爆炸和危化场所700余家,检测率达到100%。七是全年党组中心组学习27次。信息宣传278篇。科普基地年接待参观超过5000人次。

(董　博)

【天气监测预报】 一是预报准确率稳步提高。2012年,沈阳市气象台晴雨预报准确率达90.2%,较2011年提高1.7%;最高温度预报TS评分为81.7%,与2011年持平;最低温度预报TS评分为77.4%,较2011年提高2.1%。二是重大过程预报准确无误。2012年,沈阳市共出现中雨(雪)以上天气过程22次,均做出准确预报;两次台风过程"达维"和"布拉万"均预报准确。三是精细化预报业务取得实质进展。2012年5月1日起开展沈阳逐6小时精细化气象要素预报业务;12月2日开始将全市按照11个分区制作6小时精细化预报;12月10日开始通过电台、手机短信等对外发布6小时精细化预报。

(祖　歌)

【为重大社会活动提供有力气象服务保障】 2012年,沈阳市气象局共制作了专项气象服务材料270期,包括《2012年春运气象服务专报》40期、《2012沈阳法库AOPA国际飞行大会专题气象服务》9期、《2012年沈阳高考专题气象服务》5期、《沈阳市两会专题气象服务》8期、《沈阳市第七届龙舟大奖赛专题气象服务》11期、《第26届奥林匹克日沈阳市百万市民迎全运健康跑暨沈阳市首届体育大会启动仪式专题气象服务》4期、《森林防火气象服务专报》181期、《2012制造业博览会气象服务》2期、《2012年沈阳高考专题气象服务》4期、《沈阳种博会农博会专题气象服务》6期,另外还有临时专项服务10余期。通过飞信向相关部门及人员共发布预警信息、天气预报、天气通报、雨情、雨情报告1.4万多条次。继续与环保局、国土局以及地质监测总站合作,每日提供天气分析资料和预报,为市防、城防、农业、水利、环保、国土、消防、交通、建委等部门提供即时气象服务等。

(祖　歌)

【"十二运"业务系统建设】 为做好"十二运"精细化预报的服务工作,沈阳市气象局应用中尺度数值预报产品开展MOS预报技术应用,完成了模式、实况数据的处理和生成DMO预报产品,建立分场馆预报模型,以最准确精细的预报服务好"十二运";制作了全运会及开幕式期间高影响天气影响评估;进行了沈阳赛区气象服务演练工作,包括制作开、闭幕式、圣火采集等气象服务专报13种156期,逐小时预报319次,逐3小时预报653次,精细到15个场馆、12个旅游景点、7条高速公路,涵盖降水、温度、风、相对湿度、气压、能见度等气象要素。

（祖　歌）

【农作物生长季气候评价】　2012年，沈阳作物生长季总的天气气候特点：春季气温偏高，夏季气温偏低；降水量偏多；日照时数总体偏多，出现阶段性寡照。

1.气温。2012年4～9月，沈阳市平均气温为19.4℃，和历年同期持平。其中5月和7月分别比历年同期偏高1.1℃和0.2℃，其它各月温度低于历年同期。作物生长季温度总体变化特点是：春季气温偏高，夏季偏低。

作物生长季气温阶段性变化显著，4月中旬～5月下旬、6月下旬～7月上旬及7月下旬、9月下旬为明显的高温时段，4月上旬、6月上旬～中旬、7月中旬、8月上旬～9月中旬分别出现阶段性低温天气。

稳定通过10℃日期为4月9日，较历年平均日期提前12天；稳定通过20℃的日期为6月17日，比历年平均晚3天。

4～9月份10℃以上活动积温为3500.5℃，比历年同期偏多165.5℃；20℃以上活动积温为1569.5℃，比历年偏少427.8℃，热量条件一般，基本满足作物生长需要。

日最高气温≥30℃首日出现在5月21日，日最高气温≥30℃的日数为29天，比历年平均少1天；没有出现日最高气温≥33℃的高温天气。

2.降水。4～9月，全市7县区平均总降水量637.3毫米，比历年同期多92.9毫米，分别是历年同期和2011年同期的1.2倍、1.4倍。降水时空分布不均，其中5月、7月降水量偏少于历年同期，仅有历年同期的7成；其它各月降水量均多于历年同期，4月份降水量达到同期的2.4倍。各地作物生长季降水量比历年同期偏多6.5毫米～207.5毫米不等，是同期的1～1.4倍。

春季降水充沛，降水总量接近历年同期的1.5倍。降水主要集中在4月份，4月24日迎来春季首场透雨，充沛的降水对大田作物播种较为有利。

夏季局地强对流降水次数少，各地区分别出现2次≥50毫米降水，首场区域性≥50毫米暴雨出现在8月4日，较常年偏晚半个月左右，日最大连续降水量为101.3毫米，出现在东陵地区，2012年区域性暴雨次数较历年偏少1～2次。

3.日照。2012年4～9月日照时数合计为1357.4小时，比历年同期多37.2小时。其中6月、9月日照时数分别比历年同期偏少61.3小时和17.1小时，其它各月分别比历年同期偏多14.1～66.5小时，6月日照时数达到历史同期低值的第二位。

气候条件对粮食作物生产的影响。入春以后大部分地区农田土壤墒情适宜，温度条件较好，对大田作物播种出苗和苗期生长有利。5月下旬水稻移栽期光温条件较好，对水稻移栽返青非常有利。5月30～31日的降水及时缓解北部大田旱象，对大田作物幼苗生长和陆地蔬菜的生长有利，同时5月份的短暂缺水有利于玉米蹲苗，促进植株根部生长，增强抗倒伏能力。

作物生长季温、光、水匹配较好，粮食主产区降水量充沛，农业生产受益大。各地雷电、大风、冰雹等各类农业气象灾害发生较少，利于丰产。

不利气候条件及农业气象灾害影响。2011年冬季冻土层深厚，春季冻土开始解冻日期晚，化通日期也较2011年、常年偏晚7～10天，对水稻育苗、大田整地和播种的开展有一定影响，一定程度上影响了春播的提早进行。6月中旬降水频繁，光照少，阴雨寡照天气对水稻分蘖和玉米拔节期生长不利，但影响不大。7月下旬受连续强降水天气影响，部分地区农田遭受暴雨洪涝灾害，低洼地带出现内涝，局地农业生产受到影响，对作物产量影响不大。受雨季高湿影响，8月中旬康平、法库、新民等地遭受三代粘虫危害，大田作物都受到粘虫侵食，玉米较重发生，部分地块严重受灾。8月28日夜间，受台风"布拉万"影响，苏家屯、东陵、沈北等地部分乡镇出现风涝灾害，玉米倒伏严重，其中苏家屯地区灾害较重。

（张　菁）

2012年主要气象资料

月份	平均气温（℃）	降水量（mm）	有效降水日数（天）	日照时数（小时）
1	－17.6	0.4	2	232.7
2	－5.8	2.1	3	188.6
3	0.9	5.5	2	286.7
4	9.2	35.6	9	238.3
5	17.4	40.4	10	255.5
6	21.4	68.3	14	182.1
7	25.0	87.2	13	189.5
8	24.1	152.3	13	186.3
9	16.6	14.9	2	251.3
10	10.4	34.9	8	203.1
11	0.5	37.1	7	172.6
12	－10.2	1.0	1	222.3

（祖　歌）

地　震

【地震监测预报】　2012年，沈阳市地震台网各台设备全年运行良好，入网在线设备运行率达到98%以上。在全国和全省地震观测资料质量评比中，获国评第二名1项，省评第一名1项、第二名1项。沈抚联合会商2次；核实、排查地震宏观异常2次；完成苏家屯区、棋盘山开发区和经济技术开发区三个台气氡、水温水位和气象三要素等观测的运行测试和验收工作；全年新增资金10万元，改造扩大了法库地震宏观监测场、新增沈北新区黄家街道吴家社区腰中村、新民市东蛇山子村两口观测井，全市地震宏观测报网浅层流体观测项目有11眼专用井，全部实现自动观测记录；及时调整、测试、维护数字地震前兆运行网络，并实现市、区（县）两级地震部门资料共享；继续开展沈水湾F6断层形变测量工作，全年按2个月的测试周期，依据国家形变测量标准进行6次测量；成立了市级地震现场流动工作队，邀请测震仪生产厂家技术人员到沈北新区工厂震动源进行实地流动测震设备的可靠性、稳定性的测试和操作培训。经过4年的努力,以提高抗震能力为主要内容的整体改造工程于2012年全部完成并顺利通过验收,城市地震监测台网面貌一新,不断向现代化迈进。

(胡舒颖)

【震害防御】 2012年,沈阳市进一步规范了区、县(市)建设工程抗震设防要求备案管理工作办法;建立了实行备案工程信息月报送制度;实行了半年检查验收、通报等优化过程管理措施;年底,组织考核组对各地逐一进行严格、全面、公正、指标化的考核验收,全年完成了辽宁省图书馆、档案馆、艺术中心和全国“十二运”重点工程项目地震安全性评价审批近40项,一般工程项目备案近500项,同比均有较大增幅,为提高沈阳市整体抗震能力提供了重要保障。启动防震减灾“十二五”规划重点项目《沈阳市强震烈度速报台网》工程,工程项目由12个强震子台组成,计划投资212万元,年内完成了强震子台台址勘选和设备招标工作。

(胡舒颖)

【紧急救援】 2012年,沈阳市先后组织完成了市、区、县(市)两级政府防震抗震领导小组成员单位应急预案修编;完成了全市200多个乡(镇)街道应急预案修编;同时,启动了重点企(事业)单位、大型公共场所、学校和社区地震应急预案编制的试点工作。其中航天部新光集团、五爱市场、兴隆大家庭、市83中学、新乐街道等一批试点单位已经完成了应急预案的修编工作。

全市地震应急工作检查制度进一步巩固、完善、提高,与市应急办协同,在全市开展应急工作检查,对应急预案修订及备案管理、应急救援队伍(应急民兵排和防震减灾志愿者)建设情况、应急物资储备等工作进行重点检查,根据检查结果进行综合评价,其结果在全市通报,并进入对各区、县(市)防震减灾工作目标综合考核验收评价体系。

认真贯彻国家、辽宁省地震局防震减灾工作部署,全力推进沈阳市防震减灾事业发展。与沈阳市委宣传部联合组织召开了全市各地区、相关部门百余人参加的“全国防震减灾宣传工作电视电话会议沈阳分会场”会议,认真听取了中国地震局、教育部等有关部委领导的重要讲话,深入领会了新时期做好防震减灾宣教工作的重要意义,会后与中共沈阳市委宣传部联合发文,就做好沈阳防震减灾宣教工作制订规划、确定目标,抓好落实。

(胡舒颖)

【防震减灾宣传】 2012年,沈阳市地震局在“5·12”、“7·28”时段,地震科普宣传以“五进”为常规化宣传目标外,还通过开展“科普总动员”、“2012年防灾减灾知识竞赛”、“防灾减灾科普知识进社区文艺演出活动”等集宣传、知识竞赛、体验互动为一体等有特色的活动,开展有针对性、广泛性的,适合不同群体、不同层次的宣传活动;通过短信平台发送科普信息,近万人次接收受益;先后为学校安全主任、企业管理人员、社区干部、地震志愿者等1000余人进行《地震知识与防护》、《减灾技能》等地震科普知识专题讲座10余场;活动期间全市已建成的防震减灾科普基地全部开放,接待公众参观6000人次;与市减灾委、民政局共同编印了《沈阳市居民防灾减灾知识手册》5万本。

同时,市地震局积极响应参与省、市两级教育部门和红十字会在全市发起“安全知识进校园,我为孩子捐本书”的主题活动,出资捐赠爱心图书“中小学生自护自救安全手册”200册。

(胡舒颖)

【全市防震减灾数据调查】 沈阳市防震减灾数据调查包括生命线工程、救护救援能力、建筑与设计施工队伍等8个大类26项;数据资料涉及建设、交通等16个部门和大东、沈河等15个区、县(市)、开发区;内容丰富、数量巨大、涵盖面广,调查难度极大。为圆满完成省局关于开展防震减灾数据调查工作的部署,沈阳市召开了各区、县(市)和市直相关部门主要领导参加的专题会议进行部署,组织队伍奋战三个月,调查、整理了大量数据。此次调查数据资料对于评估沈阳市防震减灾能力及制定对应措施至关重要,为提高沈阳市防震减灾能力奠定了良好基础。

(胡舒颖)

【完成《国家防震减灾科普基地》创建】 2012年,沈阳市地震局启动“十二五”防震减灾规划“防震减灾科普宣教阵地化,科普宣教阵地网络化”一区一县一个防震减灾科普馆建设项目。截至2012年10月底,有7个区、县完成本区域防震减灾科普馆建设。与市科学技术学会组织专家验收、评审,授予辽中县地震局等7个单位为“沈阳市防震减灾科普教育基地”,并举行了授牌仪式。

创建《国家防震减灾科普基地》工作顺利完成。位于沈阳市科学宫的市防震减灾科普馆自2010年建成开馆以来,累计接待参观者近50万人次。2012年接待20万人次参观,以科学馆为平台举办大型防震减灾主题宣教活动10余次,已成为沈阳旅游市场一个参观项目,受到社会各界的广泛赞誉,取得了显著社会效益。经中国地震局组织专家评审,沈阳科学宫荣获“国家防震减灾科普教育基地”称号。

(胡舒颖)

【开展全市中小学生防震应急逃生演练】 为进一步增进广大中小学生防震减灾意识,从小掌握地震避险逃生技巧,沈阳市地震局紧紧抓住“5·12国家防震减灾日”契机与市教育局沟通策划于5月13日共同举办了“关爱生命、关注安全——防震减灾进校园主题活动”,下午14时组织全市中小学生在同一时间开展一次模拟真实场景的防震应急疏散演练,并现场宣讲地震逃生自救知识和演练点评。全市60万中小学生参加了防震应急逃生演练。

(胡舒颖)

【科技成果鉴定】 《沈阳市地震灾害预警与救灾应急系统研究》由市科技局列入2011年社会发展项目,总投入20万元。2012年6月19日,市科技局主持成果鉴定会，来自辽宁省地震局、沈阳市应急办、林业、水利和气象等部门的专家对项目的内容、水平、作用进行了认真的分析、研讨，一致认为达到了国内领先水平。项目具备震后应急、辅助决策和工作指挥调度等强大功能，将为城市有效地应对突发性地震灾害，提供实时、快速、便捷、有效的技术支撑。

（胡舒颖）

2012 年沈阳市地震活动

序号	日 期	发震时刻	纬 度	经 度	震级（ML）	震中（KM）
1	1.27	23－31－24.6	122.98	41.70	1.8	49.6
2	3.31	22－38－59.5	123.4	42.07	1.3	33.2
3	5.15	18－37－51.9	123.01	41.74	1.8	47.9
4	5.17	21－21－12.1	123.02	41.87	2.2	46.3
5	5.29	02－35－01.7	123.01	41.72	2.1	48.8
6	6.22	22－04－41.3	123.03	41.65	2.2	49.6
7	7.7	23－12－08.3	123.02	41.87	1.8	46.3
8	7.13	02－19－14.1	123.01	41.7	2.2	48.8
9	7.27	06－15－21.4	123.03	41.68	2.1	48.8
10	8.11	09－26－22.6	123.07	41.63	2	47.9
11	9.14	19－28－49.7	123.06	41.61	1.9	49.6
12	10.04	14－43－45.3	123.03	41.67	2.2	48.8
13	11.17	13－52－42.7	122.99	41.95	2.6	42
14	12.27	09－30－44.3	123.14	41.41	1.8	59.6

（胡舒颖）

教　　育

综　述

【学校与教师概况】　2012 年，沈阳市共有各级各类普通学校 1783 所（含民办学校和民办幼儿园）、在校生 142 万人，教职工 12 万人，其中专任教师 8.7 万人。

高等教育。2012 年，全市有研究生培养机构 27 个（其中包括 10 个科研机构和 17 所普通高校），在校研究生达 4 万人，全年招收 1.5 万人，为国家输送博士、硕士 1.2 万人。普通高等学校 43 所，在校生规模达到 37 万人。教职工 4 万人，其中专任教师 2.5 万人。

中等职业教育。2012 年，全市有中等职业学校 85 所（其中：普通中等专业学校 40 所，成人中等专业学校 1 所，职业高中 44 所），在校生为 9 万人，教职工 9000 人，其中专任教师 6000 人。全年共招生 2.8 万人，为国家输送毕业生 3.1 万人。

普通高中教育。2012 年，全市有普通高级中学 88 所，在校生为 11 万人，教职工 1.1 万人，其中专任教师 9000 人。全年共招生 3.7 万人，为国家输送毕业生 3.9 万人。

普通中、初等教育。2012 年，全市共有普通中、小学校 647 所（含民办中小学）。其中：普通初中 234 所，普通小学 325 所。在校学生 51.4 万人（普通初中 17.1 万人，普通小学 34.3 万人）。教职工 4.4 万人（普通初中 1.9 万人，普通小学 2.5 万人），其中专任教师 3.7 万人（普通初中 1.5 万人，普通小学 2.2 万人）。

特殊教育。2012 年，全市共有特殊教育学校 15 所。（工读学校 1 所，聋哑学校 4 所，盲校 1 所，弱智学校 9 所）。在校学生 1413 人（工读学校 22 人，特殊学校 1391 人）。教职工 569 人（工读学校 39 人，特殊学校 530 人），其中专任教师 417 人（工读学校 25 人，特殊学校 392 人）。

学前教育。2012 年，全市共有幼儿园 959 所，在园幼儿 14.3 万人，教职工 1.5 万人，其中专任教师 9000 人。

（贺立路）

【教育强区、县（市）创建】　全面推进教育强区、县（市）创建工作。依据沈阳市委、市政府《关于加快建设教育强市推进教育事业科学发展的若干意见》（沈委发〔2011〕2 号）和沈阳市人民政府办公厅《关于印发沈阳市开展教育强区、县（市）创建工作实施方案的通知》（沈政办发［2011］10 号），采取“分片规划、试点先行、分段验收”的督导方式，开展教育强区评估验收工作。

（张玉玲）

【教师招聘】　2012 年，沈阳市共举办三场招聘活动。其中：东北师范大学专场招聘会签约 211 人，辽宁师范大学专场招聘会签约 24 人。招聘活动无论是计划完成率，还是研究生比率，均高于往年。东北师范大学专场招聘会招聘硕士研究生 157 人，占签约总数的 74.41%。用人单位数量由上年的 43 家增加到 80 家。从签约学科看，占总签约人数比例提升明显的是体音美学科，同比增长 3.73%。三次招聘活动过程规范，无一例投诉。

（王朝巍　李明）

【教育专家遴选】　2012 年，沈阳市继续深化“以训代评”工作模式，开展候选教育专家培训，通过集中理论研修、本校实践、名校见习、论文撰写与行政答辩等 5 个阶段的培训与评审，共评选出 16 名沈阳市教育专家。

（王朝巍　王建艳　佘生）

【教师节表彰】　2012 年教师节期间，全市组织开展了系列宣传庆祝活动。一是表彰先进。以市政府的名义开展了六项表彰，表彰沈阳市教育专家 16 名，表彰沈阳市名教师 170 名，表彰沈阳市优秀教师和优秀教育工作者 500 名，表彰沈阳市尊师重教先进单位 87 个，表彰沈阳市捐资助学先进单位 32 个，表彰沈阳市教育系统先进集体 21 个。二是典型宣传活动。在全市教育系统推出了东北育才学校等 21 个沈阳市教育系统先进集体、新民市金五台子学校梁忠祥等 23 名先进教师典型。召开沈阳市教育系统先进典型人物事迹报告会。沈阳广播电视台、《辽宁日报》、《沈阳日报》等各大媒体对先进典型集体和个人进行了系列报道。

（王朝巍　李明　赵贺）

【送培进疆】　按照市委、市政府 2012 年援疆工作部署，市教育局于 2012 年 5 月组织 22 名特级教师、教育专家赴新疆塔城市开展名校长、骨干教师、学前教师、心理健康教师等 4 个培训。此次“送培进疆”塔城地区将此项活动扩大至全地区五县两市，人员从塔城市的 150 人增加至全地区的 560 人。讲师团返沈后，塔城市阿西尔乡中心校、塔城市第三小学在校长的带领下，分别到沈阳市铁西区、沈河区、法库县等地的学校进行为期半个月的蹲点学习。新疆新闻联播、沈阳新闻、《塔城日报》、《沈阳日报》等多家媒体对此次活动进行了报道，人民网、东北新闻网、天山网等多家网络媒体进行了转载。8 月，市教育局再组织 8 名教育专家赴塔城，参与开展当地优秀校长、优秀教师的评审。

（王朝巍　王建艳　佘生）

【教师资格认定】　2012 年，沈阳市制订了《沈阳市 2012 年教师资格认定工作实施方案》，确定了教师资格认定范围，制订了教师资格认定条件，进一步规范了教师资格认定程序。通过沈阳教育网向社会公布了相关内容，并以问答的形式进行了详细解答。按照方案，2012 年分别对沈阳市驻沈五所高校应届毕业生、沈阳市中等职业学校学前教育专业应届毕业生及符合认定条件的社会人员进行了教师资格认定,共认定合格4418人,其中:师范类3332人,非师范类1086人。

(王朝巍 游春雨 马隽)

【开展教育体制改革试点工作检查】 2012年,沈阳市制发了《关于成立沈阳市教育体制改革试点项目专家组的通知》(沈教改办〔2012〕2号),组成了24人的项目专家组,根据每位专家的研究特长,进行具体的项目责任分工。对浑南新区(东陵)所承担的农村教师培养培训机制的建立、完善进行了指导,全年指导7次,制发简报3期。10月,针对7个市级改革项目对全市14个区、县(市)的教育体制改革试点项目进行了全面检查。

(刘铁牛 高洪纳)

【招生考试】 2012年,沈阳市招考办组织和承接各类招生考试共计23次,接纳考生共计40余万人次。

普通高校招生考试。完成了4.14万名普通高考考生和2396名中职升高职考生的报名、资格审核、建档、思想政治品德考核、体检、体育艺术加试、外语口试、文化课统一考试、填报志愿等工作。全市共有3.66万名考生被各级各类普通高校和高职院校录取,录取率为83.63%。

中等学校招生考试。积极稳妥推进中招制度改革,进一步完善考生网上报名及考试录取全过程的数字化管理;做好沈阳经济区内7所学校面向沈阳市招生工作;缩减普通高中择校生计划比例,各招生学校下达的择校生比例不超过当年本校招生计划数的20%;对报考体育艺术特优生(除足球、篮球、排球外)所有专业的考生,实行全市统一集中进行专项素质测试;牵头组织实施体育与健康考试工作,适当增加考试难度系数,进一步推动学生体育运动和锻炼;完成了省级重点高中均衡编班工作,进一步规范了普通高中办学行为;调整了部分加分及照顾录取政策和民办学校招生备案办法及部分学校的录取办法;严格落实省教育厅关于军人子女降分照顾录取政策规定,采取增加计划、单独录取的办法,受到了考生和学校的欢迎。全年共完成5.2万名考生的报名、建档、体育考试、外语听力和理化操作考查、体育艺术特优生专向素质测试、志愿填报、文化课统一考试、评卷和录取等工作,为各类中等学校录取(备案)新生4.39万人。

完成了3.68万名考生报考成人高等学校工作,全市共有2.49万名考生被各类成人高校录取,录取率为67.64%。完成了2.68万名考生报考硕士研究生招生考试,报考人数再创历史最高记录。完成了4.07万名高等教育自学考生报名、考试工作,办理学历类别鉴定和免考课程认定5874人次,为4344名考生办理了毕业手续。完成了3.69万名普通高中学生学业水平考试。先后组织了8.61万名考生报考的全国计算机等级考试、4137名考生报考的全国英语等级考试、3.34万名考生报考的成人本科生学士学位外语课程考试、1.04万名考生报考的在职人员攻读硕士学位全国联考、1740名考生报考的同等学力人员申请硕士学位外国语水平和学科综合水平全国统一考试、2654名考生报考的高等教育自学考试资格证书(非学历证书)考试。同时,积极配合省市组织、人事、教育、公安、财政、卫生等部门,完成了2.34万名考生参加的中央机关及直属机构录用公务员考试、3.51万名考生参加的辽宁省各级机关和参照公务员法管理单位考试录用公务员笔试、5382名考生参加的辽宁省政法干警招录体制改革考试、7950名考生参加的全国社会工作者职业水平二级建造师执业资格考试、3229名考生参加的国家医师资格考试、7056名考生参加的沈阳市教育卫生系统事业单位公开招聘工作人员笔试、1065名考生参加的沈阳市农村义务教育阶段学校教师特设岗位计划招聘考试、802名考生参加的沈阳市公开招聘教师面试、8058名考生参加的辽宁省中小学教师资格认定理论考试等多项工作任务。

(周长浩)

【安全教育】 2012年,沈阳市制发并落实《关于普通中小学安全法制教育进课堂工作实施意见》,全面落实教师、教材、课时、计划,通过知识讲座、集中授课、专业辅导等多种形式,广泛开展安全法律知识宣传教育活动,积极完成每学年20学时的教学计划。坚持开展课前课后"一分钟"安全教育,每日提醒中小学生有关安全注意事项,不断强化中小学生安全防范意识

4月和10月,组织全市中小学分别以"增强消防安全意识、提高自我保护能力"、"加强法制宣传教育、养成良好行为习惯"为主题,开展主题宣传教育活动。突出了重点环节安全教育。加强开学初集中宣传教育、假期安全教育、溺水安全教育。市教育局根据高中、初中、小学不同年龄段的特点,分别拟定宣传教育提纲,就安全工作进行专门安排部署,提出具体要求。

创新了安全教育手段。3月26日,联合《辽宁法制报》,集中报道了和平区、沈河区、皇姑区、铁西区、东陵区(浑南)、新民市等部分学校全国中小学生安全教育日、辽宁省中小学生安全教育宣传周活动开展情况。《辽宁法制报》开辟安全知识宣传专题版面,加印了2.2万份,免费发放到全市中小学。暑假期间,联合省卫生厅、辽宁电视台、市公安局,共同推出大型中小学生安全教育系列节目《平安少年训练营》,组织学生代表到消防队、交警指挥中心、急救中心进行学习训练。

(苗道国)

【政法干警进校园】 按照《全市万名机关干部下基层开展"四进四加强"活动的实施方案》要求,全面完成了千名政法干警进校园活动的各项工作任务,先后进行了工作调研、组织了工作对接、召开了工作座谈会、总结交流了经验做法,每月形成工作报告及时向有关部门反馈。市派政法干警99名,区、县(市)派政法干警739名,派驻826所学校担任学校法制副校长,派驻率达100%。

(苗道国)

【农村校车安全管理】 4月5日,国务院正式公布《校车安全管理条例》,市教育局及时召开了专题会议进行传达学习,主动协调公安、交通、安监等部门,全面开展了相关工作。各区、县(市)教育局和学校,积极组织开展了多种宣传教育活动,加大《校车安全管理条例》宣传。为确保过渡期学生乘车安全,学校坚持每日、每次核对学生乘车人数,加强了学生乘车"实名制"工作。3月和6月,先后对农村校车运营状况、学生乘车人数变化、学生乘车"实名制"落实情况进行调研,进一步摸清了底数。9月,就农村校车运营许可问题多次召开会议,探讨解决办法。并多次联合公安、交通

等部门对农村校车运营情况进行了大检查,加大了对“黑校车”和违规校车的打击力度。

(苗道国)

【校园周边环境治理】 为全面落实市委、市政府关于创建全国文明城市的工作部署,切实加强校园及周边环境综合治理工作,市教育局下发了《沈阳市中小学集中整治校园周边环境的实施方案》,召开专题会议进行周密部署。各单位深入进行宣传动员,教育中小学生远离不健康活动场所、远离危险环境、远离毒品侵害。积极配合公安、工商、行政执法等部门,深入街道、社区、村屯,认真摸排校园周边危及校园安全的情况和问题,对乱点、难点问题进行了集中梳理归纳,发现并治理安全隐患102处。配合公安交警部门,开展了校园门前的交通秩序专项整治,进一步规范学校门前交通秩序。

(苗道国)

【完成三类城市语言文字工作评估】 经过一年多的准备,采取先易后难、分类推进、逐个击破的办法,经过工作调研和动员、普通话培训、测试、预检和正式检查五个阶段,通过听取汇报,查阅资料,座谈问卷,实地考察等方式,全面了解各县(市)工作情况及存在的问题,督促受检单位将工作机构设置、人员配备和经费保障等关键指标逐项落实,全面推进党政机关、公共服务行业、新闻媒体和学校四大领域的各项准备工作。5月25日,康平县首先通过国家三类城市语言文字工作评估,成为全省率先通过这项评估的县市。法库县于6月26日高质量通过检查评估。7月6日,新民市通过评估验收。9月6日,辽中县通过评估。至此,沈阳市成为全省第一个全面完成国家城市语言文字评估的城市。

(杨 瑶)

【教育经费】 2012年,市教育经费总收入158.39亿元(全口径,含公办、其他部门办、民办、企业办等)。其中:国家财政性教育经费139.65亿元,民办学校中举办者投入5600万元,社会捐赠1000万元,事业收入17.14亿元,其他收入9400万元。教育经费收入的主要贡献来自于国家财政性教育经费。

2012年,全市预算内教育经费占财政支出比重达到省要求水平(15%)。生均预算内教育事业费支出增长情况:小学10703.85元,比上年增长16.85%;普通初中15709.65元,比上年增长21.89%;普通高中13484.68元,比上年增长27.86%;普通高等学校15901.95元,比上年增长198.58%。生均预算内公用经费支出增长情况:小学3677.63元,比上年增长21.39%;普通初中5414.52元,比上年增长35.83%;普通高中4916.16元,比上年增长68.06%;普通高等学校9872.84元,比上年增长429.83%。

(闫其军)

【资产管理】 2012年,沈阳市启动第一批全市14个区县(市)42所中小学校与市直单位固定资产管理的对接工作,增进了不同地区及不同单位间的固定资产管理工作的交流,推进固定资产管理信息化,实施了动态监管,促进全市固定资产管理水平进一步提高。

加强区县(市)中小学校固定资产的规范化、信息化、网络化管理,对区县(市)42所试点学校进行固定资产管理系统网络版及固定资产条码清查系统的专项培训。通过培训,使市、区、校三级单位对固定资产数据实现网络化操作,学校对固定资产管理实现“身份证”式管理,教育主管部门初步实现了对固定资产管理工作的动态监管。

截至2012年12月31日,全市各级各类教育部门拥有固定资产共计135.48亿元,其中:高等学校29.78亿元,中等职业教育10.84亿元,高中20.78亿元,初中20.82亿元,小学23.24亿元,特殊教育0.41亿元,学前教育21.97亿元,其他7.64亿元。

(闫其军)

【学生资助】 义务教育阶段“两免一补”。对农村义务教育阶段公办学校学生和外来务工农民子女实行“两免”,即免除学杂费、课本费;对城市义务教育公办学校学生免除学杂费;对全市义务教育阶段家庭经济困难住宿生给予生活补贴,标准为小学每生每年750元、初中1000元。2012-2013学年度,有47.8万名学生免除学杂费,金额8512万元;26.2万名学生免除课本费,金额4964万元;1366名学生享受住宿补助122万元。共计有47.8万名义务教育阶段中小学生享受“两免一补”政策,总金额1.39亿元。

普通高中助学金。2012年,全市共发放普通高中助学金918万元,资助学生1.22万人次。其中:春季学期受助为人数6422人,资金481.65万元;秋季学期受助人数为5818人,资金436.35万元。

中职学生资助。2012年春季,沈阳市继续做好中等职业学校国家助学金和免学费工作。对沈阳市具有中等职业学校全日制正式学籍的在校一、二年级所有农村、县镇非农户籍的学生以及城市家庭经济困难学生发放中职国家助学金。资助标准为每生每年1500元(低保边缘户每生每年900元)。对城乡家庭经济困难学生和涉农专业学生免除学费。2012年春季学期享受中职免学费的学生为3900人,资金496.18万元,同时补发了2011秋季学期西藏班学生等787人次免学费补助经费93.6万元;向2.64万名学生发放中职助学金1968万元。2012年秋季对中职学生资助范围进一步扩大,享受中职助学金人数为1.48万人,资金1111万元;中职免学费人数为3万人,资金3912万元。

资助当年考入大学家庭经济困难学生。共资助1768人,资金490.44万元。其中:各团体资助1309人;资助中心资助459人,资金97.74万元。

生源地信用助学贷款。沈阳市共办理了1119名大学生生源地贷款业务,其中:应届高中毕业生办理贷款840人,在校大学生办理贷款279人。贷款人数比2011年增加804人,增长255%。2012年贷款金额653万元,其中:应届高中毕业生办理贷款金额494万元,在校大学生贷款金额159万元。贷款金额较2011年增加473万元,增长了263%。

高校奖助学金。2012年秋季开始,沈阳大学科技工程学院、沈阳医学院何氏视觉科学学院助学金工作收归省管。全年沈阳市市属高校共有1.34万人次学生享受国家助学金,其中:春季7300人次,秋季6051人次,资金共计2002.7万元。励志奖学金人数为1419人,资金709.5万元。

(李 强)

【国际交流】 2012年,沈阳市制定并调整了因公出国(境)计划,向市外办和外专局申报项目计划22项,压缩了境外培训的人数和经费,调整了项目计划,得到了国家外专局的批准。

顺利出访内布拉斯加大学科尼分院、华盛顿斯坦福德大学等院校,赴美参加"基础教育质量监测与评估体系项目培训团",赴列支敦士登参加沙滩排球国际裁判培训,赴美出席"科学教育美中专家会议"和"前期计划执行项目研讨会",赴香港开展优质高中教育交流合作,赴美国和加拿大学习国外学前教育管理体制。

对"试接受外籍学生学校"进行了布局调整,确定南京一校等82所学校具备试接受外国学生资格。优化配置了现有教育资源,合理调整了办学规模,为提高接受外国学生学校的管理水平和办学效益奠定了基础。制定了《关于在联合国教科文协会俱乐部成员单位和试接受外国学生学校开展国际理解教育的通知》,指导有关学校积极开展国际理解教育试点工作,推动跨国文化交流。

接待了加拿大艾伯塔省教育代表团、美国内布拉斯加州立大学教育代表团、意大利韦尔巴诺省教育代表团、新加坡国际企业发展局项目推介团、新西兰远北大区教育代表团、荷兰格罗宁根大学教育代表团、美式中央厨房建设项目组、德国驻华大使馆职业教育项目组等国外团组。

积极探索引进美式中央厨房项目。开展沈阳-伊尔库茨克教育友好交流活动。接待第十九届"华夏园丁大联欢"代表团在沈开展教育交流活动,保证代表团一行348人在沈10所学校(园所)的参观考察顺利进行。

(夏 光)

学前教育

【为新建、改扩建50所幼儿园配备设备】 2012年,市政府将新建、改扩建和综合改造50所幼儿园列为城乡群众办实事项目。为确保建成一所、开园一所,根据《辽宁省幼儿园办园标准》和《辽宁省幼儿园装备规范》要求,市财政投入资金2294万元,并要求各区、县(市)按照一定比例匹配资金,为50所幼儿园配备了必须的基础性设备,主要包括:计算机、床、桌椅、琴、玩具柜、电子设备、厨房设备、玩教具、图书、体育器械等。

(葛文丽)

【幼儿园一日生活标准化】 2012年,沈阳市出台了《关于印发沈阳市幼儿园一日生活保教工作流程(试行)的通知》、《转发关于规范幼儿园保育教育工作防止和纠正"小学化"现象的通知》,提出科学保教相关工作要求。按照"重点推进、全面推行"的工作思路,确定全市首批"一日生活标准化"试点幼儿园90所,开展以"一日生活常规"为重点的规范化管理视导工作,引导幼儿园科学安排幼儿一日生活,防止和纠正"小学化"现象。

(王 博)

【推进村级幼儿园建设】 2012年,沈阳市进一步完善、落实"三条主线"的推进模式,积极鼓励乡镇中心幼儿园在大村办分园或在小村设幼儿班,并在法库县开展了大村办园试点,积极探索村办园的发展模式,不断满足农村学前儿童就近入园的需求,农村村级幼儿园连锁模式有了突破。法库县公办和民办村级幼儿园达到30余家。

(葛文丽)

【开展庆祝"六一"儿童节系列活动】 开展宣传月活动。印发《关于开展沈阳市"快乐生活健康成长"宣传月活动的通知》(沈教发〔2012〕58号),通过发放《科学育儿手册》宣传册、开设宣传栏、开展专题讲座等形式,广泛开展了丰富多彩的宣传活动。5月25日,成功召开了"2012年辽宁省暨沈阳市学前教育宣传月启动仪式"。与辽沈晚报共同推出庆"六一"科学保教特别宣传专版,在沈阳市教育网刊发30余条信息,向家长和社会公众广泛宣传学前教育发展政策、管理制度、科学育儿知识,宣传纠正"小学化"教育。

举办学前儿童绘画大赛。"六一"前夕,举办了2012年沈阳市"爱家乡、迎全运"学前儿童绘画大赛。全市共有646名幼儿参加活动,评选出124幅获奖作品,24名教师荣获优秀指导奖,14个单位荣获组织奖。

领导走访慰问幼儿园。"六一"期间,省长陈政高、市长陈海波等领导分别走访慰问了沈阳市和平区南宁幼儿园和于洪区国奥幼儿园,给孩子们送去了节日礼物。

(金贞姬)

基础教育

【实施义务教育百所学校提升工程】 2012年,市教育局启动了百所义务教育学校提升工程,将用三年时间,以每年提升100所学校的规模推进。此项工程从全市最薄弱的学校入手,计划投入19亿资金。2012年以初中为主,提升100所学校;2013年以小学为主,提升100所学校;2014年再提升100所学校,共完成全市300所学校提升任务。届时实现彻底改善现有薄弱学校的办学条件,提高学校的办学水平,缩小同类学校之间的发展差距,推进义务教育学校在高水平上均衡发展,让更多的孩子享受优质的教育的目标。

2月22日,全市百所义务教育学校提升工程启动仪式举行。大东区教育局做表态发言,皇姑区怒江小学、沈阳市第七中学作了经验介绍。

这次提升工作更加注重学校的内涵建设。300所提升学校在完成硬件建设的同时,将围绕学校班子配备、队伍建设、学校管理和教科研等展开更为扎实和具体的提升工作。

(王 军)

【阳光分班】 2012年秋季新学期开始,全市中小学公办学校起始年级实行"阳光分班"。

"阳光分班",在义务教育阶段学校是以大学区或学校为单位,由行风监督员、纪检监察员、学校有关人员和学生家长代表共同参与,现场利用专业软件随机编班,打印班级学生名册,编好序号,新任班主任当众抽取分班后的学生名册序号,确定任教班级,分班结果在学校显著位置公示。省级示范高中和省级重点高中学校是在中考录取时进行,由电脑依据成绩、性别、生源、考生类别等进行均衡编班,并将编班结果直接打印在录取通知书上;其他普通高中学校在学生报到后,由区县教育局组织行风监督员、纪检监察员、家长和学生代表等,现场随机编班,随机抽取并确定班主任。

市教育局印发了工作文件,确定了

操作原则、操作程序,明确了工作要求,成立了领导组织机构。实施过程中,市教育局组成14个督查组,分赴各地各校现场督导检查,确保分班过程公平、公正、公开。“阳光分班”工作得到社会普遍赞誉。新华社、中国教育报、辽宁日报、沈阳日报等30余家报纸、广播电视台和网站纷纷给予宣传报道。

(王　军)

【书法教育进课堂】 沈阳市从2012年秋季开始,在全市义务教育阶段学校开展书法教育。市教育局成立了书法教育工作领导小组,下发了《关于在全市中小学开展书法教育的通知》(沈教发〔2012〕128号),组织各区、县(市)开展书法教育。8月29日,沈阳市小学语文教研工作会议暨“书法教育进课堂”动员大会在沈阳市教育研究院召开。会议介绍了市教育局“书法教学进课堂”的相关政策和办法,讨论交流了推广、深化该工作的具体工作措施。

2012年9月11日,沈阳市小学语文教师书法技能培训在沈河区育鹏小学举行,中心会场有沈河区小学语文教师160余人参加了此次培训,现场实况录像上传到沈阳教育网,供各区县组织教师收看。书法家曹军作了《怎样教书法》的讲座。和平区语文教研员张连双老师以“低年级语文课与写字教学的有机结合”为主题,就书法教学如何与低年级语文教学相结合做了详尽地讲解和实例分析,开拓了语文骨干教师的视野。开展了小学语文教师书法技能培训会,录制了空中书法课堂,加强了书法教学的指导工作,并确定了20所书法教育基地学校。市教育装备中心对全市所有小学现有书法教室数量进行摸底调查,同时对大东区20所小学进行了实地考察。将全市百所提升学校书法活动骨干教师分编为市内五城区班、北部郊区县班和西南部郊区县班等三批培训班进行技能培训。语委办已制定出沈阳市小学生汉字书写水平测试等级、《沈阳市小学生规范汉字书写要求》及《沈阳市小学生书法教学要求》等相关内容。

(王　军)

【普通高中标准化建设】 制发《关于加快推进全市普通高中标准化建设的通知》,就提高认识、调整布局、制定计划、落实责任、加强指导和提升品质等环节对各区、县(市)推进普通高中标准化建设工作进行部署。

对普通高中的理科教学仪器配备情况进行了摸底调查,建立了数据库。修订《沈阳市标准化普通高中办学标准》,增加规范办学行为和环境教育等内容。在此基础上,制定《2012年沈阳市创建教育强区县(市)普通高中教育督导评估细则》,对铁西区5所高中、沈河区3所高中、和平区1所高中进行两次督导评估,每次评估后,以文件形式分别向当地政府、区教育局和所到学校进行反馈。

在4月23日-5月23日全市普通高中校长读书活动月期间,组织学校中层以上干部开展专题读书活动。共有61所公办普通高中1077人参与了活动,共计读书2216本。

9月18-28日,组织指导有关区县和东北育才学校、30中学、新民高中、83中学、铁路中学、31中学、1中、同泽高中、120中学等9所学校完成了省级示范高中复检迎检任务。

(安　凯)

【普通高中精细化管理经验推介会】 4月25日,全市普通高中精细化管理经验推介会在沈阳二中举行。刘辉校长围绕在规范办学行为减轻学生过重课业负担的大背景下如何提高有效教学进行了致辞。郎伟岸副校长作了题为《提高小组合作学习教学行为的有效性,减轻学生过重课业负担》的报告。与会人员还走进课堂,观摩了沈阳二中高一、高二年级开放的141节“小班化”教学观摩课。

在二中的带动下,沈阳市部分高中在起始年级也相继实行了小班化教学。经各区、县(市)推荐和市教育局实地调研审定,命名沈阳二中、东北育才学校、20中学、同泽高中女中部、17中学、1中、24中学、4中、30中学和83中学等10所学校为沈阳市普通高中小班化教学改革试点学校。

(安　凯)

【特色普通高中实验学校创建】 5月15-16日,辽宁省教育厅组织省特色普通高中实验学校指导评估专家组先后到沈阳市31中学、东北育才学校进行了指导评估。专家组通过听取学校汇报、查阅资料、实地查看、听课和召开师生座谈会等形式,对31中学体育艺术特色和育才学校科技特色创建工作进行了全面评估,并提出了指导性意见。

专家组对市教育局高度重视普通高中特色化发展,不断加大投入力度和指导力度努力创建特色高中工作给予了充分肯定,对31中学以篮球特色项目带动其他体育特色项目发展,从而形成独特的校园文化和育才学校科技特色在继承传统的基础上科学定位、创新发展以及课程有效开发和实施等方面给予了高度赞扬。同时,建议两校要进一步建立健全促进特色发展的保障机制,加大专业教师培养和培训力度,充分挖掘和利用外部课程资源和人力资源提高特色层次,加强实践基础上的理论思考,总结经验,为全省特色高中建设提供借鉴。指导评估结束后,市教育局组织两校根据专家组的意见制订了改进方案。

评估验收结束后,省教育厅下发了文件,正式命名东北育才学校、31中学和20中学为首批省特色普通高中实验学校。

(安　凯)

【普通高中年度综合评估】 综合评估工作方案包括三个方面评估内容:一是对学校执行《辽宁省规范中小学办学行为的规定》情况进行评估,二是对各年级《学生体质健康标准》测试达标率情况进行评估,三是对学生学业情况进行分类评估,即:对所有学校高二在籍学生参加省高中学业水平考试科目的全科合格率、单科合格率、单科优秀率进行评估,对部分学校实行高三毕业生学业成就增值评估。对评估结果突出的各层级学校给予通报表彰和奖励。《学生体质健康标准》测试达标率没有达到国家要求或违反《辽宁省规范中小学办学行为的规定》经举报查实的学校,表彰和奖励将实行一票否决。

获得普通高中规范办学行为单项奖的学校15所:东北育才学校、20中学、27中学、120中学、4中、56中学、30中学、51中学、沈阳二中、83中学、1中、辽中县第一高级中学、法库县第二高级中学、新民市第一高级中学、康平县第一高级中学。

获得普通高中《学生体质健康标准》测试工作单项奖的学校15所:沈阳铁路实验中学、27中学、120中学、30中学、11中学、40中学、沈阳市外国语学校、同泽高中女中部、81中学、38中学、东北中山中学、沈阳市青松中学、沈阳市朝鲜族第二中学、146 中学、辽中县第一高级中学、。

获得普通高中毕业生学业成就增值评估单项奖的学校 14 所:东北育才学校、120 中学、30 中学、83 中学、31 中学、5 中、40 中学、21 中学、47 中学、126 中学、辽中县第二高级中学、康平县高级中学、法库县高级中学、法库县第二高级中学。

获得普通高中学生学业水平考试全科合格率单项奖的学校 15 所:东北育才学校、20 中学、沈阳铁路实验中学、27 中学、120 中学、4 中、56 中学、51 中学、30 中学、沈阳二中、83 中学、31 中学、1 中、11 中学、同泽高级中学。

获得普通高中年度综合评估奖的学校 2 所:120 中学、30 中学。

(安 凯)

【普通高中学生学业水平考试考查科目实施】 2012 年,沈阳市制订了《沈阳市 2012 年普通高中学生学业水平考试考查科目实施方案》。召开 2012 年普通高中学生学业水平考试考查科目监察员选派工作会,制定五城区循环派送,其他区、县(市)两两互派的监察员选派工作流程,完成区域间负责人对接工作,确保监察员选派到位。

在 4 月音乐、美术、通用技术考试和 6 月理化生实验操作考试期间,赴各区、县(市)巡查考点学校,所查考点学校组织有序,操作规范,达到预期效果。所查学校监察员全部到位。

(安 凯)

【普通高中均衡编班】 2012 年,沈阳市制订普通高中均衡编班工作方案。要求所有公办普通高中和民办省级示范性普通高中必须实行均衡编班,按成绩平均分班,不设重点班。省级示范性普通高中、省级重点高中及同批次录取学校均衡编班工作与中考录取同步进行,全市统一操作,一步到位。其余学校均衡编班工作在学生报到后进行,由区、县(市)教育行政部门根据本地区实际情况,自主制订均衡编班方案,但不得了解学生文理倾向,更不得以文理倾向为依据进行分班。

普通高中、省级重点高中及同批次录取学校均衡编班由市招考办操作,与中考录取工作同步进行,依次按照考生性别、成绩、生源等要素利用计算机一次性随机完成均衡编班工作,均衡编班结果打印在考生录取通知书上。

各区、县(市)其余学校均制订了均衡编班实施方案,确定了均衡编班的具体时间、地点,明确了安排当地监察部门、纠风部门实施监督,邀请行风监督员、家长代表、学生代表、新闻媒体参与,并将分班结果在学校门前进行公示。

8 月 28 日,2012 年普通高中均衡编班工作圆满结束,社会、学校、家长反映良好。

(安 凯)

【沈阳经济区普通高中跨市招生】 2012 年沈阳经济区内共有 11 所优质普通高中实行跨市招生,招生计划总数为 676 人,全部为公费生。其中东北育才学校、二中和外国语学校招生计划分别为 100 人、120 人和 40 人。东北育才学校实际招生 93 人,二中 107 人,外国语学校 16 人。

9 月 8 - 9 日,组织经济区学生统一测试,为建立质量评价体系做准备。测试科目为数学、语文、英语、理综合,各科分值与中考分值相同,满分为 600 分。

(安 凯)

【科技教育】 2012 年,沈阳市深入落实《沈阳市中小学科技教育三年行动计划(2011 - 2013)》,召开 2012 年全市中小学科技教育工作会议,进一步明确了工作思路和工作要求。

全民科技活动周期间,在沈阳市浑南新区第二小学召开了为期二天的全市小学科技教育工作现场会。继续开展科技教育特色学校开放周活动,全市 35 所科技教育特色学校组织公开课 184 节,经验介绍 35 场,展示研究性学习成果 4008 个,展出科技作品 9053 件,科技特色学校的示范和辐射作用得到充分发挥。

组织沈阳铁路第五小学、南京十小学、浑南一中、第五中学的 39 名师生赴香港参加了 2012 年 FLL 机器人世锦赛香港区邀请赛。3 月 18 日,在沈阳市第五中学成功举办了 2012 年 FLL 机器人世锦赛中国公开赛东北赛区选拔赛,共有来自东北三省的 30 支代表队、中小学师生 180 余人参赛,沈阳市浑南一中代表队获季军。

组织市级竞赛选拔出的中小学校参加在辽宁省实验中学举行的第 27 届辽宁省青少年科技创新大赛。经过专家筛选评定,沈阳市有 2 项小学项目(全省推荐 2 项)、4 项高中项目(全省推荐 8 项)、3 个优秀科技实践活动(全省推荐 10 项)、15 幅优秀科学幻想画(全省推荐25 幅)获代表辽宁参加全国创新大赛资格,同时,沈阳有 13 名教师项目入围国赛,占全省推荐总数的 65%,2 名科技辅导员荣获"辽宁省十佳优秀科技教师"奖,沈阳市被评为"青少年科技创新大赛优秀组织单位"。

5 月 12 - 13 日,组织沈阳市 43 个机器人代表队参加了在盘锦市鹤乡小学举行的第九届辽宁省机器人竞赛。在辽宁省 15 个进军全国总决赛的冠军队伍中,沈阳市获 7 项冠军,同时获得金牌项目 18 个,尤其在 FLL 竞赛项目中沈阳市选手囊括了小、初、高三个组别的全部冠军,实现零的突破。

6 月 15 日,组织五城区 100 所小学学校的科技辅导员参加了"飞碟杯"培训。8 月 10 - 16 日,组织沈阳市第 127 中学的部分师生参加了辽宁省中小学生航模夏令营。9 月 8 日,组织部分学校的科技辅导员及大东区的部分学生,在沈阳市第五中学对省、市航模协会的航模表演进行了现场观摩。10 月 19 日,在沈阳市沈北新区虎石台第二小学开展了第十届辽宁省青少年纸飞机航模联赛。

(张 鹏)

【学校体育教科研】 2012 年,沈阳市以促进学校体育内涵发展为目标,先后开展了中小学体育教师基本功大赛、体育与健康学科教案评比、优秀冬季课现场展示及沈阳市中小学体卫艺综合教研基地学校经验交流会暨全面落实体卫艺课程计划校长主题论坛等多项教科研活动,并在全国各项评优活动中屡获佳绩。一是和平一校等 4 所学校、176 中学陈晓峰等 4 名校长、沈河师校附小李丹等 4 名教师分别获评由中国教师基金会组织的全国特色学校、全国特色教育先进工作者及特色教育优秀教师。二是在创建辽宁省中小学校优秀体育教研组系列活动中,沈阳市和平区铁路五校等 10 所学校获评"辽宁省中小学实施体育艺术 2 + 1 项目先进学校",沈阳市回民中学等 5 所学校体育教研组获评"辽宁省中小学校优秀体育教研组”，满族中学李林等三位教师获评“辽宁省中小学体育学科教学名师”，申报的7节课全部获评“辽宁省中小学优秀体育教学精品课”，其中3节还获评全国中小学阳光体育运动优秀案例和入围案例，满族中学还代表辽宁在教育部组办的2012全国中小学校长研讨会上做经验介绍。三是在中国教育学会体育卫生分会组办的第二届全国“十城市”体育论坛暨教学展示研讨会上，大东区辽沈一校的体育教师孙礌代表沈阳市做了现场课展示并获得课堂教学展示一等奖，市教研院曲生平老师获得录像课一等奖，大东区教师进修学校汪洋等4名教师获得优秀论文评比一等奖。

（乔恒君）

【体育竞赛】 2012年，沈阳市组织开展了田径、三棋、乒乓球、健美操、健身操及三大球等八项常规体育竞赛，参赛队233个，参赛队员3094名。组队参加省级以上赛事15队次，获得国家级前三名25项次。其中：沈阳市翔宇中学在2012年全国健美操联赛的三站比赛中，共获得14个单项冠军；沈阳市第21中学在全国青少年藤球锦标赛中分获男、女组三、四名，队员龙逸含同学正式入选国家女子藤球集训队；沈阳市第11中学和东北中山中学代表沈阳市参加2012《校园青春健身操》全国总决赛，参赛的4套操分获3个一等奖、1个二等奖，并最终获得团体一等奖。

（乔恒君）

【首发学生《体质健康证》】 为全面关注学生体质健康，让学生和家长更加直观的了解学生的体质健康状况，2012年，沈阳市采取了新举措，即为初中毕业生发放《体质健康证》，每生一本，共计发放6万余个。《体质健康证》中记录着孩子初中三年的身高、体重、肺活量、视力等情况，同时给出了各年龄段的生长发育评价标准，使学生（家长）能根据自身的生长数据，合理评价出其发育和机能情况。

（谭颖慧）

【学生艺术展演、展示活动】 9月10日，在辽宁电视台组织了以“师爱之美”为主题的庆祝2012年教师节表彰大会演出。7月下旬举办了“2012年市中小学生艺术展演”活动，全市百余支艺术表演队和近200幅艺术作品脱颖而出，获得市级展演金奖。铁西区启工二校、第九中学等11支表演队代表沈阳市参加辽宁省第四届中小学生艺术展演荣获金奖。其中有8支表演队代表辽宁省参加2013全国第四届中小学生艺术展演。12月27日，成功举办了2013年沈阳市中小学生新年音乐会。12月28日，配合第十九届“华夏园丁大联欢”活动，成功举办了以“华夏园丁美”为主题的文艺汇演。

（杨　晶）

【小乐器进课堂】 2012年2月，配合百所义务教育学校提升工程，在57所提升小学启动了小乐器演奏进课堂工作，共配备竖笛8031只，铝板琴5130台。并相继举办了四批全市中小学音乐教师课堂乐器演奏培训、中小学音乐教师课堂乐器演奏竞赛、“沈阳市再提升学校特色建设暨课堂乐器推进工作交流现场会”等多项活动，为小乐器进课堂工作提供了物质保障、师资保障和经验借鉴。在首批57所提升小学小乐器进课堂工作启动并获得成功后，此项工作现已陆续在全市所有小学全面推进，2013年将覆盖全市小学。

（杨　晶）

【创建全国文明城市】 在创建全国文明城市工作中，市教育局牵头负责由34个成员单位组成的人文环境组工作。

6月17日，成立了市教育系统创城工作领导小组，下设人文环境组工作办公室、教育局创城工作办公室。围绕《全国文明城市程度指数测评体系》、《全国未成年人思想道德建设工作测评体系》、《全国志愿服务工作测评体系》中涉及到的102个测评点位，将任务分解给各相关部门、各区、县（市）教育局，先后下发了18份红头文件，召开了7次不同层次的培训会。

在顺利通过国家、省、市创城检查后，沈阳市教育局的创城工作由迎检状态进入了常态化管理。

（秦美玲）

【德育工作】 学雷锋活动。3月5日，全市中小学统一举行了以“学习雷锋，做一个有道德的人”为主题的升旗仪式。开展了学雷锋主题班、队（团）日教育实践活动。5月25日，市教育局承办了辽宁省暨沈阳市“学习雷锋、做美德少年”网上签名寄语启动仪式，全市共有674所学校、63万余名中小学生参与。

“微笑沈阳”行动。3月16日，在和平区望湖路小学启动了2012“微笑沈阳”行动之“微笑大讲堂”教育专场首场宣讲活动。2012年，全市共举办了“微笑大讲堂”教育专场区县级宣讲会14场，校级宣讲会达到全覆盖，参与人数达百万余人。全市教育系统290名微笑领航员共设计完成跨国界、跨省份、跨行业的漂流路线90条，学校间、师生间的漂流路线200条，共有7180名传递者参与了书籍的接漂传递活动。开展了“微笑使者”、“微笑之星”评选活动，共推选微笑之星、微笑使者各70名。

读书月活动。4月23日至5月23日，以“阅读、进步、和谐”为主题，在全市中小学组织开展了一系列读书活动。组织“万名师生献爱心”，捐赠图书7668册给对口支援地区法库县冯贝堡镇。联合市经典阅读基地开展了“同在蓝天下，大手拉小手”经典书籍捐赠活动，捐赠图书金额达4.5万元。全市有34万名小学生参加“经典润心灵、读书伴成长”征文活动，其中1097人获奖。全市各中小学校开展了“书香校园五个一”、“书香校园创意大赛”、“书香家庭评比”等活动。

“做一个有道德的人”主题活动。全市建立了“做一个有道德的人”主题活动联系点学校56所，其中：国家级联系点学校5所，省级11所，市级40所。“万名模范进校园”活动普及开展、富有特色。9月11日，市教育局、皇姑区怒江小学、和平区铁路实验小学在辽宁省“万名模范进校园”活动座谈会上做了经验交流。开展了“道德讲堂”宣讲活动。

弘扬传统文化。3月21日，在和平区南京一校召开了“沈阳市中小学弘扬中华优秀传统文化推进会”，表彰了64所先进学校，130名先进个人，成立了由12名专家学者组成的沈阳市中小学弘扬传统文化讲师团。6月，建立了29个“沈阳市中小学中华优秀传统文化教育基地”。6月11－12日，中央文明办调研组到沈河区大南一校和浑南三校调研沈阳市开展弘扬中华优秀传统文化工作，对沈阳市中小学中华经典诵读活动的开展给予了充分肯定,并将"沈阳市经典诵读经验"编录到《2012年全国未成年人思想道德建设工作测评体系》中,向全国推广。

网上德育。暑假期间,组织沈阳市中小学生参与"喜迎党的'十八大',牢记红色节日"中小学生网上知识答题活动。沈阳市共有1.19万人参与答题活动,其中满分1989人。寒假期间,组织沈阳市中小学生开展了"全运到我家、文明你我他"网络答题活动,参与人数共1.87万人次,其中满分4927人。10月,以网络为平台组织开展了"小手拉大手、同创文明城"有奖征文活动,参与人数652人,获奖人数47人。

出台《沈阳市中小学生文明守则》。全文共15条,对沈阳市中小学生在学校、在家庭、在社会应具备的文明行为提出了要求。

(秦美玲)

职业教育

【全国职业院校技能大赛】 在2012年的全国职业院校技能大赛中,沈阳市的金牌成绩取得历史性突破。共有66人参加了31个项目的比赛,有46人获得奖项,获得金牌11块、银牌16块、铜牌19块,沈阳市选手在本次大赛获得金牌数量已接近省代表队金牌总数的70%。

(汤 镇)

【职业教育科研项目荣获中国职教学会年度科研规划项目第一名】 2012年10月19日,由中国职教学会组织,在全国2000多职教课题研究项目中,评选出2010-2011年度科研规划项目优秀成果,其中:一等奖5名,二等奖12名,三等奖20名。沈阳市《职业教育专业系统化建设的理论与实践研究》课题荣获中国职教学会一等奖的第一名。

课题内容包括职业学校专业建设中涉及师资队伍、课程教材、学生技能培养、实训基地建设及行业企业介入等五个方面,以服务沈阳市支柱产业的13个骨干专业为基础,共有市装备制造工程学校、市教科院职成研究中心等9个单位、110余人参与,课题研究历时2年零1个月,撰写出版系列论著9部,文字量达339.4万余字。2012年6月,该课题在中国职业技术教育学会顺利通过结题,并被推荐参加本年度优秀课题评选。

(汤 镇)

【教师进企业顶岗实训和外聘教师指导学生实训】 在教育费附加中安排了86万元,主要用于两个方面:第一,从企业中招聘高级技术人员来学校指导学生实习实训,提高学生和在校教师的技能水平;第二,组织教师到企业,深入一线岗位,了解技术前沿,提高教学技能,打造高水平的"双师型"教师队伍。市直属学校与区县职教中心19所学校共89名教师陆续到沈阳鼓风机集团、希杰(沈阳)生物科技有限公司、辽宁汇丰汽车销售服务有限公司、辽宁省安吉联合物流有限公司、皇朝万豪酒店等11个大中型企业生产一线开展为期半年左右的顶岗培训。从企业中聘请实习实训指导教师工作也正在有序开展,各学校已经完成外聘教师的筛选审核和上报工作,聘请了154名各行业专家能手担任学校实训课指导教师,补充了各学校实训指导教师力量的不足。

(汤 镇)

【辽中职教中心被教育部列为项目学校】 2012年,辽中职教中心被教育部列为项目学校。至此,沈阳市已有8所中等职业学校进入国家中等职业教育改革发展示范校行列。

(汤 镇)

【参加教育部信息化教学大赛】 在教育部举办的信息化教学大赛中,沈阳市共有6名教师参加,获金牌2块、银牌3块、铜牌1块。

(汤 镇)

高等教育

【市属高校概况】 沈阳市有四所市属高校,即沈阳大学、沈阳医学院、沈阳职业技术学院、沈阳广播电视大学。四所学校总体占地面积139.56万平方米,建筑面积103.21万平方米,藏书量315万册;现有在职教职工总数4693人,其中:专任教师2750人,副教授以上职称教师1441人,享受国务院政府特殊津贴20人,教育部高层次创造性人才2人,省百千万人才106人,博士后8人;在校生总计8.14万人,其中:硕士研究生498人,本科生1.87万人,成人教育3.50万人。

(齐 震)

【学科、专业建设】 沈阳大学环境科学与工程学科取得博士学位授予权,应用经济学等10个一级学科首次参加了国家学位与研究生教育发展中心组织的第三轮学科评估,环境工程、生物工程两个专业入选辽宁省本科重点支持专业,材料成型及控制工程专业获批成为辽宁省普通高校本科工程人才培养模式改革试点专业,世界当代史、会计学、大学英语三门课程获批成为辽宁省首批精品资源共享建设课程。

沈阳医学院对7个校级重点(培育)学科进行了中期检查和考核;以"硕士点建设"为契机,重点打造基础医学、公共卫生与预防医学、临床医学等一级学科建设。根据社会需求及学校实际情况,开设了全科医学、营养学、应用心理学等辅修专业。

沈阳职业技术学院完成了校内专业评价指标体系建设,对现有专业进行整合,申报新专业2个,开发各类规划教材20本;网络技术综合服务实训基地入选省职业教育创新型实训基地建设项目;会展策划与管理、供用电技术两个专业入选"省对接产业集群省级职业教育示范专业"立项建设项目。

沈阳广播电视大学出台了《沈阳广播电视大学精品课程建设方案》、《沈阳广播电视大学精品课立项评价标准》,确定了《地域文化》、《文秘管理与写作》等六门课程作为2012年精品课建设。完成了《盛京文化》、《英语听力教程》两门精品课资源建设。

(齐 震)

【内涵建设】 2012年,沈阳高校围绕提高质量这个核心任务,加大资金投入,持续推进内涵建设,全面提升办学水平和人才培养质量。

注重学科建设,办学特色更加鲜明。2012年,直接用于学科、专业、实验室建设的资金达到9亿元,较2011年增加28.5%。全年新增博士后流动站7个,博士点29个,硕士点44个,省级示范专业29个,本科专业32个。新增省级重点实验室(工程研究中心)33个。在已建成的207个省部级重点学科中,有

132 个与沈阳市支柱产业和战略性新兴产业直接对应，对应度达到63.8%。

注重优化素质，师资队伍建设取得实效。2012年，高层次人才培养和引进成果丰硕，获批长江学者5人，国家杰出青年1人，引进2名中组部"千人计划"人才，2个学术领军创新团队。较2011年相比，专任教师中具有硕士学位的教师增加了445人，具有博士学位的人数增加了476人，具有硕士以上学历人员达到68.5%，提高2个百分点。35岁以下专任教师比例降至41.3%，降低1.3个百分点；36—45岁的比例增至31.7%，增加0.3个百分点；46—55岁的比例增至24.1%，增加1.3个百分点；56岁以上的比例降至2.9%，降低0.3个百分点。

注重模式探索，人才培养质量不断提高。东北大学、辽宁大学等综合性大学积极构建厚基础、宽口径、复合型人才培养体系；沈阳理工大学、沈阳工程学院等行业性本科院校努力构建特色鲜明、多元发展、注重应用的人才培养体系；辽宁省交通高等专科学校、沈阳职业技术学院等高职高专院校强化技能应用型人才培养。2012年，本科毕业生年终就业率91.3%，工科院校93.4%，高职毕业生95.6%。辽宁大学学生创业团队获教育部首届"华图杯"全国大学生创业大赛最高奖"金华奖"，中国医科大学在"第二届全国大学生基础医学创新论坛暨实验设计大赛"上获一等奖2项、二等奖4项、三等奖3项。

注重质量提升，教育教学改革不断深化。2012年，高校用于教学方面的投入达到12.3亿元，占全年内涵建设总投入的32.5%。其中：教学仪器设备值增加4.2亿元，多媒体教室座位数增加1.6万位，图书馆藏书增加97.3万册。新增省本科实验教学示范中心24个，省级优秀教学团队20个，省优秀本科教学名师24人。已累计建成47门国家级精品课、296门省级精品课。

注重科技创新，科技研发能力不断增强。2012年，沈阳高校承接国家级课题1030项、省级课题794项、市级课题356项。继续呈现出参与院校广、领域覆盖面宽、研究层次高的特点。科研经费到款18.9亿元，占全省高校的42.1%，其中：获得国家级课题经费4.13亿元，省级课题经费2.27亿元，市级课题经费6627万元，横向科研经费11.8亿元。高校全年出版专著400余部，被三大检索系统收录论文7200余篇；当年申请发明专利2693项，得到授权964项；在2012年三大科技奖项评选中，沈阳高校获国家技术发明奖1项，国家科技进步奖2项，获辽宁省技术发明奖7项，省科技进步奖66项，沈阳市科技进步奖45项。

（侯卫平）

【高校服务沈阳】 2012年，市委教科工委以组织建设为基础，组织高校建立服务沈阳工作机构，明确工作职能，配备工作力量，举办高校专家学者服务沈阳活动月，组织产学研专题对接，充分发挥高校优势，高校服务沈阳整体格局和整体效益开始显现。

高校科技创新助力沈阳创新型城市建设。2012年，沈阳高校强化科技创新能力，承接国家级课题1030项、省级课题794项、市级课题356项；申请发明专利2693项，得到授权964项；出版专著416部，被三大检索系统收录论文7200篇；获国家技术发明奖1项，国家科技进步奖2项，获省技术发明奖7项，省科技进步奖66项，沈阳市科技进步奖45项，校企合作科研项目大幅增加。全年高校科研经费到款18.9亿元，其中横向科题经费11.8亿元，占62%，高校面向市场、服务社会能力增强，成为沈阳市实施创新驱动战略、建设创新型城市的骨干力量。

高校产学研合作助推沈阳市经济结构调整。"高校·企业产学研合作对接"活动创新了"以项目为纽带，产学研合作无缝对接"的新模式，极大提高了产学研合作的针对性和实效性；东北大学软件架构国家重点实验室、沈阳工业大学国家稀土永磁电机工程技术中心等200余个国家、省重点实验室面向企业开放，为深入开展产学研合作创造了条件；全年，高校产学研合作项目745项，实现产值58.89亿元，分别比2011年增加38%和46%；沈阳农业大学新农村研究院、沈阳药科大学国家新药创新平台、沈阳建筑大学建筑节能研究院、沈阳工业大学铁西装备制造业聚集区公共研发促进中心、沈阳航空航天大学通用航空研究院等20个高校研究机构，成为高校产学研合作的重大平台，对沈阳市新农村建设及装备制造、医药化工、信息技术、新能源、新材料等战略性新兴产业发展提供有力支撑。

高校人才聚集效应服务沈阳人才高地建设。2012年，沈阳高校投入近亿元资金，培养引进高层次人才129人，新增双聘院士1人，长江学者5人，国家杰出青年1人，中组部"千人计划"2人；通过院士工作站、博士后流动站等，全年吸引80余位院士和2000多人次专家学者来沈工作，高校人才高地地位进一步巩固；以"沈阳高校专家学者服务沈阳活动月"为载体，组织大学教授走出校园，深入企业生产和社会管理第一线。一个月的时间内，237位教授率2000余名教师深入企业3500余人次，解决技术问题470个；全年3709名专家学者参与社会服务1.66万人次，服务企业204家，服务项目247个，实现产值17.69亿元；高校充分发挥人才和专业优势，面向沈阳机床、北方重工等沈阳市重点企业的培训项目112个，培训人员8.4万人，分别比2011年增加138%和180%。

高校服务重大项目实现校市深度融合。高校以综合优势直接深入沈阳市发展各重大命题。一是服务沈阳市"两化"融合，沈阳工业大学、沈阳建筑大学等高校与沈阳市重点企业开展课题研究，成为"两化"融合综合改革的创新点和驱动力。二是服务战略性新兴产业发展。论证沈阳市"七大"战略性新兴产业发展规划，编制战略性新兴产业指导目录。三是服务县域经济发展。沈阳农业大学寒富苹果、超级稻、设施蔬菜等新增产值超过20亿元，沈阳化工大学支持的康平县塑编产业产值突破100亿元。四是组建高校节能环保专家团队，服务沈阳市环保产业发展，支持环境样板城建设。五是与沈阳市企业合作建立装备制造、数字化医疗设备、通用航空、生物制药、太阳能光伏发电5个协同创新中心。

高校艺术惠民提升城市文化品位。高校充分发挥文化引领作用，"花样年华"全国第三届大学生短剧小品大赛和第十二届大学生文化节让校园文化走向社会。其中围绕城市文化建设开展的服务活动88项，参与大学生50余万人次。高校38个文博体艺场馆全部面向社会开放,丰富城市文化资源,接待市民55万人次;高校文化艺术学科和文化艺术人才,积极服务沈阳市文化创意产业发展;东北大学、辽宁大学、沈阳师范大学、沈阳音乐学院、鲁迅美术学院、沈阳大学开展艺术惠民工程,建成高水平社区艺术惠民培训服务站150个,举办艺术惠民培训精品讲座100场,培训市民120万人次,成为沈阳市重要的文化民生工程。

(侯卫平)

【思想政治教育】 2012年,市委教科工委在大学生思想政治教育工作方面卓有成效。举办了第五届沈阳高校形势与政策教育公开课教学大赛,组织开展辅导员业务能力培训,开展大学生思想政治教育课题立项,组织开展大学生教育管理论坛和辅导员创新论坛,开展以"热爱生活、感恩社会"为主题的"春风行动",大学生思想政治教育不断创新。

实施教科系统理论武装工程。围绕教科系统改革发展实际,紧扣学习宣传贯彻党的"十八大"这一主线。开展"科学发展,辉煌成就"——喜迎"十八大"主题教育活动,梳理沈阳高校改革发展建设成果,总结高校内涵建设成功经验;开展教科系统领导班子中心组学习活动,邀请省委宣传部领导做专题学习辅导报告;开展大学生主题征文活动;举办4期直管处级干部学习"十八大"精神培训班,培训干部122人;组织82名处级以上干部参加市直单位"十八大"精神专题轮训班。

深入推进教科系统基层组织建设。扎实推进教科系统创先争优活动,完成全系统3257个党支部、区县教育局所属学校735个党支部的分类定级和281个支部的整改工作。举办"沈阳教科系统创先争优活动成果展",充分展示了全系统4482个基层党组织和8.77万名党员在创先争优活动中取得的一系列丰硕成果;召开了"沈阳教科系统创先争优活动总结交流会议",表彰了131个先进集体、250名优秀个人。落实《关于在沈阳高等学校中开展党建工作评价的实施意见》,提升高校党建工作科学化水平;落实《沈阳市中等职业学校党组织工作条例》,加强中等职业学校党建基础性、规范性建设;完成10个单位党委换届改选;全年发展党员8570名,占全市发展新党员的一半以上;开展"共产党员工程"、"创新党日"活动,激发基层党组织和广大共产党员的创新活力。

加强和改进大学生思想政治教育工作。落实2012年加强和改进大学生思想政治教育十件实事,举办第五届沈阳高校形势与政策教育公开课教学大赛,组织开展辅导员业务能力培训5期,培训辅导员400人;立项大学生思想政治教育课题107项,组织开展大学生教育管理论坛、辅导员创新论坛经验交流活动40多场,组织开展了首届沈阳高校研究生辩论大赛、乒乓球比赛。开展以"热爱生活、感恩社会"为主题的"春风行动",引导高校累计投入帮扶资金4000多万元,帮助大学生解决生活、学习、就业等方面的实际困难1.5万件次,对特殊群体学生进行家访、谈心、慰问、捐赠活动达2.5万人次,开展主题关爱活动1530次,13万人次的大学生从中受益。

(侯卫平)

终身教育

【沈阳市学习型城市建设工作会议】 2012年3月23日,沈阳市学习型城市建设工作会议暨沈阳市终身教育研究会2011年年会在和平区青年大街小学三楼多功能报告厅召开。市终身教育研究会常务副会长宫侠作2011年市终身教育研究会工作报告;市政府副秘书长徐兴家代副市长王玲作2011年度沈阳市推进学习型城市建设工作报告;市委副书记邢凯作重要讲话。会上印发了《关于沈阳市学习型城市建设指导委员会成员调整的通知》、《沈阳市2012年推进学习型城市建设工作要点》、《沈阳市学习型城市建设指导委员会办公室工作职责》(试行)和《沈阳市学习型城市建设指导委员会成员单位联络员主要职责》(试行)等文件及和平区部分单位推进学习型城区建设经验材料及市终身教育研究会编辑的有关学习资料。会后,与会人员参观了文安路社区和青年大街小学活动现场。

(李景晓)

【全民终身学习活动周】 2012年10月23-29日,沈阳市继续开展全民终身学习活动周活动。10月23日上午,2012年沈阳市暨铁西区全民终身学习活动周开幕式在沈阳市工业博物馆隆重举行,本次活动周的主题是"加快发展继续教育,努力建设学习型社会"。在开幕式上,对中共沈阳市委组织部机关党委等123个"2011年沈阳市全民终身学习活动先进集体"、中共沈阳市委组织部王楠等118个"2011年沈阳市全民终身学习活动先进个人"、中共沈阳市委宣传部理论处等81家"2011年沈阳市全民终身学习活动周优秀组织奖"进行了表彰。

活动周期间,全市的14个区县(市)和开发区、市直近40余个单位参与其中,共安排各项活动5120项,宣传展板2572块,新闻媒体报道119次,直接参与活动的近50万人,受众达200万人。

(李景晓 李昊)

【百名教授进社区活动】 沈阳社区大学自2010年10月成立以来,秉承"贴近市民、贴近社区、贴近城市、贴近社会"的服务宗旨,积极主动融入教育惠民之中,开展百名教授进社区活动。截至2012年10月,共有62名教师走进46家社区授课,讲座次数达到185次,惠及沈阳市民近2万人次。2012年此项活动已纳入沈阳市"艺术惠民双百万工程"中。

(陈靖 侯毅)

【沈阳数字化学习港建设】 沈阳数字化学习港及其沈阳学习型城市社会信息资源核心平台是指以现代信息技术为支撑的公共教育服务体系,它面向社会大众提供数字化的终身学习环境,人们可以在这种"大型教育超市"中任意选择想学的知识进行自主学习。

2012年11月,沈阳数字化学习港大厦竣工,划分六大功能区域,分别为市民学习体验中心、市民学习呼叫中心、计算机广场、虚拟演播厅、教学资源录制中心、媒体资源录制发行中心。其核心平台——沈阳学习型城市社会信息资源核心平台一期,共设七大板块,分别为开放大学远程教育板块、基础教育板块、市民终身教育板块、决策咨询及公共信息服务板块、干部在线及公务员培训板块、新农村建设的文化信息学习支持板块、沈阳经济区信息交流交易板块。平台二期建设工作委托沈阳柏年信息技术发展有限公司开发,总体设计已初步完成,正在进行详细程序设计,将于2013年投入使用。

(李宝辉 陈靖)

【沈阳老年人大学成立】 沈阳老年人大学筹备办公室于2012年6月初正式成立,经过紧张筹备,9月7日,沈阳老年人大学学员正式报到,9月10日正式开学,并于10月23日举行了揭牌仪式。沈阳老年人大学共招收首期学员185人,有太极拳、声乐、书画、古筝、数码钢琴等6个非学历教育专业及计算机专业大专学历教育。在学历教育方面,沈阳老年人大学学历教育参照沈阳广播电视大学开放教育内容,学制3年,毕业总学分76学分。

(高士君)

民办教育

【概况】 2012年,全市共有民办学历教育学校74所。

民办普通中小学39所,在校生4.9万人,教职工总数4100人,其中专任教师2700人,校舍占地总面积115万平方米,固定资产总值4.63亿元。

民办中等职业学校35所,在校生1.1万人,教职工总数2236人,其中专任教师1290人,校舍占地总面积221.6万平方米,固定资产总值0.93亿元。共开设8类47个专业,涵盖了加工制造、交通运输、信息技术、商贸旅游、农林财经、社会公共事务、美容美发、文化艺术和体育等多个领域,满足了辽沈地区部分社会需求,特别是艺术体育专业,填补了公办职业教育的专业空白,舞蹈、武术、表演、杂技等专业的教育质量已经形成品牌。

2012年,全市民办高中共毕业9725人。其中:民办普通高中毕业7200人,升入二批本科以上高校的1300人,占毕业生总数的18.05%;民办中等职业学校毕业2525人,升入上一级院校271人,直接就业2039人,就业(升学)率达91.49%。

2012年,全市义务教育阶段民办学校共有在校学生2.38万人,其中:小学5620人,初中1.82万人。

(王立华)

【完善管理体系】 2012年2月,沈阳市制发《沈阳市民办学历教育学校年度检查评估办法》(沈教发〔2012〕10号),把民办学校年度教育教学质量检查评估工作以制度形式确定下来,使检查评估工作有章可循。该评估办法对检查评估的范围、标准、方式和程序进行了详细规定,检查评估范围包括了办学目标和指导思想、办学条件、学校管理、组织领导、师生权益及评价等五个方面,能够有效地评价民办学校的综合办学情况。

5月,制发《关于规范义务教育阶段民办学校招生行为的意见》(沈教发〔2012〕68号),明确了民办学校的招生时间、标准和方式。各区、县(市)教育局和各民办学校按文件要求进行招生,社会反响较好。

在沈阳市创建教育强区(县)督导检查工作中,民办教育列入教育强区县督导评估检查项目,2012年完成对铁西区、沈河区、和平区及东陵区(浑南新区)的督导检查,提出区县层面应出台扶持民办教育的政策等意见。继续把各区、县(市)民办学校属地化管理情况列入年度教育督导检查项目,以巩固属地化管理成果,促进民办学校在教学教研方面同步管理,进一步提高教育教学质量。

(王立华)

【规范民办学校办学行为】 完成民办学校2011年度检查评估工作。聘请市教研院、市装备中心、市教育专家协会和市民办教育协会的相关人员,组成两个检查组,分别进行民办普通中小学和民办中等职业学校2011年度教学质量检查评估工作。3月21日至4月18日,共检查评估68所民办学校。检查评估满分为100分,其中:90分以上的学校有10所,80—90分之间的学校有25所,70—80分之间的学校有15所,检查评估结果"合格"的民办学校,占评估民办学校总数的73.5%。另有18所民办学校在69分以下,属于"基本合格",被责令限期整改,整改期限为三个月。

公布民办学校2011年度检查评估结果。检查评估结果以沈教发〔2012〕67号文件印发,同时在2012年第6期《招生考试通讯》上进行公布。公布信息中包含了沈阳市各民办学校年度检查评估的各项评分和排名情况,学校办学条件、管理是否到位、师生评价。该信息一经发布,备受关注,网上点击率较高,被辽宁省政府民心网评为"2012年辽宁省城市经验优秀信息"。该项工作在2012年市委教科工委深化"四个一"实施"四项工程"活动中被评为"业务精品"。

完成民办学校2011年度财务审计工作。通过政府采购渠道,委托辽宁恒信达会计师事务所对全市民办学校2011年度资产和财务情况进行审计,出具审计报告。共审计74所学校,其中:民办普通中小学38所,民办中等职业学校36所。审计结果显示,民办学历教育学校固定资产总值近6亿元,总体收支情况基本平衡。部分学校贷款额度较大,个别学校没有银行专用账户,财会科目设置不规范。

(王立华)

【引导民办教育健康发展】 完成"双星级民办学校"评选。在原有26所民办星级学校基础上,经过学校自行申报、各区县(市)教育局初审,市教育局聘请专家,通过查看学校实际办学情况,参考近三年检查评估结果,最终评选出13所双星级民办学校,补选4所星级学校。

5月10日,在沈阳民族艺术学校举办民办学历教育学校精细化管理现场会。会议明确了管理是决定民办学校发展的关键因素,走"精细化管理"道路是沈阳市民办学校"提质量、抓内涵、创品牌"的必然选择。会议推广宣传了市民族艺术学校办学15年总结出来的管理经验—3M管理模式,受到与会人员高度肯定。

10月15日,在沈阳市翔宇中学召开民办学校课程改革经验交流现场会,沈阳市37所民办中小学、25所公办中小学的校长和教师,市教育研究院、各区县(市)教育局基础教育负责人,共300余人参加会议。会议安排全国优秀民办校长、河北省天卉中学校长胡志民作了课改专题报告,为沈阳市民办中小学的课改工作带来新的思路;翔宇中学推出高中、初中、小学三堂课改公开课,市教育研究院的三位教研员现场点评,为沈阳市民办中小学推动高效课堂提出指导性意见。

召开两次民办学校举办者(校长)学习研讨会。4月和10月,先后组织召开了全市民办中小学举办者(校长)学习研讨会,对辽宁省委省政府文件(辽委办发〔2012〕11号)关于规范办学行为减轻中小学课业负担等内容进行学习,对教育部《关于鼓励和引导民间资金进入教育领域促进民办教育健康发展的实施意见》(教发〔2012〕10号)进行研究。其中"充分发挥民间资金推动教育事业发展的作用","制定完善促进民办教育发展的政策",清理并纠正对民办学校的各类歧视政策,落实民办学校办学自主权、招生自主权等具体内容,引起与会人员较大反响。

(王立华)

【为民办学校服务和办实事】 取消民办高中招生管理费用。自2012年起,全面取消民办普通高中和民办中等职业学校的招生管理费,每年可为民办学校节省招生成本合计百万元。

教师节期间,推荐民办学校11名教师参加市优秀教师评选,其中:10人获得"市优秀教师"称号,1人获得"市优秀教育工作者"称号。推荐19人参加市骨干教师评选,其中:15人获"市骨干教师"称号,4人获"市骨干校长"称号。

对民办普通高中和民办中等职业学校2012届9725名毕业生进行信息核对、毕业证验印,确保学生如期顺利毕业。

组织召开全体民办普通高中校长会议,布置高二年级学业水平考试、考查的工作要求,为部分民办学校协调解决了考试场地和设备问题,保证了民办学校高中学业水平考试考查的顺利进行。

完成民办普通高中、中等职业学校2012年招生计划的申报、信息审核、统筹协调、规范管理,监督各民办学校依法规范招生录取工作。

(王立华)

民族教育

【概况】 2012年,沈阳市共有民族学校20所,其中:朝鲜族小学5所,初中4所,普通高中2所;满族小学1所,初中1所;回族小学1所,初中1所,普通高中1所;锡伯族小学1所,九年一贯制学校2所;蒙古族九年一贯制学校1所。民族学校学生共1.1万余人,教职工1400余人。

(张　鹏)

【《沈阳市民族教育百年史》出版】 沈阳市现有41个少数民族,人口76.5万。其中人口超过7万的朝族、回族、满族、蒙古族、锡伯族五大主体少数民族都有自己的学校。沈阳市第一所民族学校成立于1911年。为了及时挽救和挖掘并保存宝贵的历史资料,填补沈阳市民族教育史册的空白,沈阳市教育局和民委决定编撰《沈阳市民族教育百年史》。经过各民族学校、各区教育局和民委有关人员一年多的努力,《沈阳市民族教育百年史》正式出版。此书在编辑过程中记述了五个民族的教育发展史,力所能及地挖掘整理了已经撤并的民族学校的历史资料。

(张　鹏)

【新疆班、西藏班】 东北育才学校组织育才新疆班全体师生参加新疆宣讲团活动;育才学校新疆班学生积极参加全国内高班"做知法懂法守法公民"演讲比赛,两名参赛学生双获一等奖;组织全体新疆班学生在寒假期间游览棋盘山冰雪大世界;组织预科生到沈阳"抗美援朝烈士陵园"进行祭奠扫墓活动;召开新疆部首届学代会,正式成立了新疆部学生会;组织开展学雷锋活动、"文明与珍惜"系列之"做合格高中生"主题班会活动;建立新疆班学生社团和志愿者协会;组织新疆班全体学生赴鲅鱼圈看海;组织新疆班学生参加育才集团每月一次的读书、辩论、演讲、队列表演、团体操表演等系列活动;组织新生军训、迎新生系列体育比赛、"育才杯"篮球比赛、欢庆"古尔邦"节民族舞蹈比赛;组织新疆部学生去盘锦"红海滩"游学参观、观看"内学办讲师团"录像等活动。

第11中学组织西藏班学生开展地铁二号线体验、除夕日大联欢、除夕夜燃放爆竹、欢度藏历新年、国庆节电影欣赏、"庆国庆、迎新生"联欢会、"'格桑花开'藏歌演唱会"、感受北国风光冬令营、参观抚顺海洋馆、游览沈阳怪坡、东北虎园、高三学生游棋盘山、方特欢乐世界、高一新生军训、体检、欢送高三学子返藏、高二返藏探亲等活动;开展冬季温暖工程,为每位高一西藏生购置一条毛毯;完成了三个年级151名学生2013年沈阳市医疗保险和西藏自治区医疗保险参保工作;与辽宁省武警医院建立合作关系,搭建西藏生治疗绿色通道。

(张　鹏)

特殊教育

【概况】 2012年,沈阳市的10个区、县(市)共有14所特教学校,其中:弱智学校5所,聋哑学校3所,盲校一所,弱智和聋哑合校5所;于洪区、东陵区和沈北新区三个区还没有设立特教学校。沈阳市特殊学校在校生共有1380人,教职工534人,其中专任教师416人。

(周庆军)

【特教教师培训】 2012年,市教育局开展了第三批非特教专业毕业的干部教师岗位任职资格培训和专题性特教年度系列培训。沈阳市14所特教学校教师总数469人,其中318人为非特教专业毕业。

2012年8月12－22日,选派了80名非特教专业的干部教师赴华东师范大学学前教育与特殊教育学院学习,80名学员都是来自10个区(县市)教育局和14所特教学校的视导员、教研员、校级干部和骨干教师。培训课程包括《特殊教育概论》、《特殊学校课堂教学》、《特殊儿童行为矫正》等,以及上海市特殊教育现状与发展、特殊教育法律法规等专题讲座等,共80学时。培训方式主要为理论学习、实地观摩与交流研讨相结合。学员参观了上海市浦东新区特殊教育学校和上海市启慧学校。

2012年12月4日,全市特教干部教师专题培训在沈阳老道口大厦举办,邀请北京师范大学学前与特殊教育学院邓猛教授进行特殊教育专题培训,全市共有180名特教学校的干部和教师参加培训。

(周庆军)

文　化

综　述

【行政审批】 2012年,沈阳市现场勘验网吧、游艺厅、印刷厂等文化经营场所设立与变更237家,审批和初审377家,完成各类文化企业年检1764家。对市政府确定的200个重大投资项目的考古勘探情况进行确认。完成第九轮行政审批项目的清理,下放审批项目2个,减少审批项目2个,调整审批项目3个。出台了加强文博审批办法,进一步理顺了文博审批程序。理顺了合资娱乐场所的审批程序。建成全市文化市场审批数据库,录入完成经营单位4000余家。开展"创建人民满意窗口"工作,加强文化审批软环境建设,对审批依据、程序、要件、审批人员等信息进行公示,接受人民群众监督;组织服务对象对审批办工作进行评议,受到好评。

(张立福)

【蒲河廊道文化建设】 初步概括出蒲河沿线文化生态:历史遗存的遗址遗迹,带有地域性的民间民俗传说,少数民族风俗习惯,现代建设的文化服务项目、文化休闲娱乐公园、广场、景观。确定了建设原则:突出历史文化遗迹,突出民族特色,突出地域特色,突出与文化的融合。关于蒲河文化的书籍《蒲水文韵》交付出版社印刷。创作了以蒲河为主题的歌曲《蒲草飘香的河》。歌词作者为全军著名词作家胡宏伟,曲作者为沈阳音乐学院教授徐占海。

(田焕成)

【对外文化交流】 全年共有14个文化交流团组,其中7个团组55人次出国境、7个团组64人次赴澳门、台湾进行文化交流活动。演艺交流成果丰硕。沈阳杂技团分别派出赴美国、德国、新加坡演出团队进行中长期商业演出。沈阳京剧院分赴澳门、韩国丽水世博会交流演出。文物展出平台建设初见成效。沈阳故宫博物院于6月在台北故宫博物院举办了为期92天的《皇家风尚—清代宫廷与西方贵族珠宝特展》,展出清末代皇帝溥仪及其后妃收藏及使用的共计74件(套)文物;于4月－5月在韩国龟尾市举办题为《宫苑菁华—沈阳故宫艺术品展》的文物复制品展览,展出90件(套)文物复制品。电影周开拓交流新模式。先后协办日本、澳大利亚、韩国电影周活动,共播放20余部外国电影。

(陈　晶)

【文化志愿者走基层系列活动】 2012年3月,沈阳市文化志愿者工作领导小组及工作办公室成立,组织指导各级公共文化企事业单位设立文化志愿者工作站,招募文化志愿者,开展以百姓大舞台、文化大展台、知识大讲堂为主线的"文化志愿者走基层系列活动"。组织了"喜迎'十八大'放歌新沈阳"主题系列文化活动,举办了沈阳市群众美术、书法、摄影作品展、沈阳市优秀民族器乐比赛、非物质文化遗产传统舞蹈选拔赛、沈阳市公共图书馆业务竞赛等活动。沈阳演艺集团在市文化宫定期开展常态公益演出活动,成功打造了"沈阳周周有演出,市民免费有戏看"的艺术品牌。"幸福歌潮"——沈阳市"喜迎'十八大'放歌新沈阳"群众合唱千团百场展演活动,以沈阳市合唱协会注册的1006支合唱团队为活动骨干,深入到企业、社区、文化广场进行演出112场,成为文化志愿者服务基层的一个突出亮点。全市文化志愿者达到5500人,全年共开展百姓大舞台、文化大展台、知识大讲堂活动929场次。

(牟毅兵)

【"双打"行动】 2012年,全市文化执法系统以"提升年"建设为载体,按照"统筹兼顾、标本兼治、形成合力、全面推进"的工作思路,以开展打击侵犯知识产权和制售假冒伪劣商品专项行动和文化市场"打假"行动为主线,全方位开展文化市场执法工作,有力推动了文化市场有序规范发展。全市文化执法系统共组织开展文化市场执法检查行动3500余次,累计出动执法检查人员5000余人次,出动执法车辆1000余台次,清理检查各类出版物市场经营场所、印刷复制企业1万余家次,查办侵权盗版案件56起;取缔清理无证店档摊点和游商走贩900余个(次);收缴各种非法出版物50余万件,涉案价值200余万元。

(任党清)

群众文化

【概况】 社会文化活动蓬勃开展,春有"文化广场"活动启动,夏有"文化四进社区",秋有"欢乐进农家",冬有"两节"系列活动。送文化下乡、下基层活动覆盖全年各个时段,实现品牌文化活动常年化、常态化和全面性。成功举办了第十二届沈阳大学生文化节暨第三届全国大学生短剧小品大赛、"喜迎'十八大'放歌新沈阳"千团百场群众合唱展演活动、"学习郭明义传承雷锋精神"主题群众文化活动、沈阳市第四届"全民读书月"、沈阳市第24届公共图书馆服务宣传周、沈阳经济区八城市少年儿童读书系列活动等规模大、内容新、辐射广的市级文化活动。开展百姓大舞台、文化大展台、知识大讲堂文化志愿者走基层系列活动929场次，全年开展各类群文活动1.5万余场，参与活动群众达1600万人次。各区、县（市）以“文、图两馆”和街道、乡镇文化站为依托，推进群众文化事业建设。和平区创建了以农民工为服务对象的文化活动点，被文化部评为“2012年农民工文化服务示范项目”；城区24小时自助图书服务系统运行顺畅，公共图书阅读服务东北领先。大东区选送的踢踏舞《大河之舞》荣获第二届中国中老年文艺汇演“金星奖”；市群众艺术馆女子合唱团、铁西区的“工人之声”合唱团荣获第十一届国际合唱节金奖，皇姑区、东陵区（浑南新区）合唱团荣获东三省首届合唱节金奖。东陵区（浑南新区）新建6个图书馆分馆，设立了11个艺术惠民文化辅导站。于洪区的蒲河文化广场建成并投入使用。评选出和平区南湖街道歌咏演唱基地等100个地区和单位为沈阳市“特色群众文化活动基地”，和平区中山公园文化长廊高歌合唱团活动点等100个活动点为沈阳市“群众文化活动优秀示范点”，张绍洪等100名群众文化骨干为沈阳市“群众文化艺术之星”，和平区皇寺广场等400个区、县（市）及街道（乡镇）广场为沈阳市“星级文化广场”。

（牟毅兵）

【“学习郭明义传承雷锋精神”主题群众文化活动】 2012年3月－6月，沈阳市文广局组织开展了“学习郭明义传承雷锋精神”主题群众文化活动。3月28日，市文广局在沈阳市文化宫隆重举行了沈阳市开展“学习郭明义传承雷锋精神”主题群众文化活动启动仪式。启动仪式结束后，上演了“学习郭明义传承雷锋精神”主题群众文化专题文艺晚会，特别邀请了雷锋生前所在班副班长徐鸣晨与观众见面，畅谈传承雷锋精神的感悟。市群众艺术馆、市朝鲜族文化艺术馆、市图书馆、市少儿馆举办了“学习郭明义传承雷锋精神”主题报告会、“学习郭明义传承雷锋精神”市民、中、小学生征文活动、“郭明义在身边”专题影片播放活动、“像郭明义那样学雷锋”专题图片展览以及主题文艺专场演出、下基层、下乡演出等活动。各区、县（市）、开发区积极组织开展了内容丰富、形式多样的主题文艺专场演出，美术、书法、摄影展览，演讲、征文大赛，送文化服务进社区、送图书进社区（村屯）等活动。在主题活动期间，全市共组织开展文艺演出451场次（含下基层、下乡演出活动），主题报告会15场次，专题图片展览2次，专题影片播放活动4场次，参与人数达42万余人次。

（牟毅兵）

【大学生文化节】 第十二届沈阳大学生文化节于2012年4月－6月在驻沈阳市的高校中举行。文化节紧密围绕沈阳迎全运、创建文明城市、艺术惠民等主题设计了“微笑沈阳”大学生迎全运城市志愿者微笑服务、“青春风景”大学生艺术惠民文化演出、“五彩校园”沈阳高校十大品牌文化活动评比等10项主体活动，27所驻沈高校举办各类文艺演出、书画展览、音乐会、专家报告等活动127场次，这些校园文化活动全部面向市民开放，观赏参与的市民达20万人次。文化节期间，高校学生围绕沈阳城市文化建设开展实践及服务活动88项，校际文化交流活动53项，参与大学生50余万人次。

（牟毅兵）

【全国大学生第三届短剧小品大赛】 第三届全国短剧小品大赛共收到全国58所高校的参赛作品141个，涵盖全国18个省（市）自治区，包括中国地质大学、上海财经大学、重庆大学、苏州大学、安徽师范大学、贵州大学等“985”、“211”重点高校12所。经预赛评审，共有32个作品进入决赛，参赛师生300余人。决赛于6月12－14日在沈阳大学举行，共产生创作一、二、三等奖、表演一、二、三等奖和最佳个人表演奖、导演奖40个。与前两届大赛相比，本届短剧小品大赛参赛高校及作品数量、层次均创历史最好水平。特别是中国戏剧家协会首次作为主办单位，教育部、中国文联、中央戏剧学院、北京电影学院等全国一流专家学者、著名表演艺术家担任大赛评委，决赛期间举办短剧小品创作表演点评会，使本届大赛的学术性、专业性、权威性显著提升。

（蔡怀平）

【群众合唱展演活动】 作为艺术惠民“双百万”工程中一项重要活动，“喜迎‘十八大’放歌新沈阳”群众合唱展演活动于8月2日在中华剧场举办了隆重的启动仪式，并举办了沈阳市优秀合唱团队专场合唱音乐会。市群众艺术馆群艺合唱团、市总工会职工合唱团等多支队伍演唱了《飞翔吧，和平鸽》、《我为伟大祖国站岗》等多首经典合唱曲目，受到了在场千余名观众的热烈欢迎。

9月12日晚，在沈阳大东广场举办了“喜迎十八大”辽宁省群众合唱展演专场晚会。晚会由辽宁省文化厅和沈阳市人民政府联合主办，沈阳市文化广电新闻出版局承办。皇姑合唱团、浑南一校小百灵合唱团、沈河区金百合合唱团等演唱了《迎风飘扬的旗》、《把一切献给党》、《走向复兴》等17支歌曲，受到了在场数千名观众的热烈欢迎。展演活动期间还举办了全市千团百场合唱展演活动。1006支合唱团队深入到企业、社区、文化广场进行演出112场，参与观众达到13.44万人次。

（蔡怀平）

【沈阳经济区八城市少年儿童读书系列活动】 由沈阳市少年儿童图书馆首倡，沈阳、鞍山、抚顺、本溪、营口、阜新、辽阳、铁岭八家文化广电新闻出版局联合主办的少年儿童读书系列活动自5月份启动至9月初结束，在少年儿童中掀起了“多读书、读好书”的热潮。读书知识竞赛吸引了80万名少年儿童参加，中小学生征文活动70万人参加，故事展演有近万名少年儿童参与。

（刘　晔）

【图书馆服务宣传周活动】 各县、区（市）图书馆开展了“图书飘流”、“流动图书馆展示”、“送科技下乡”、“科普讲座”、“影视经典展播”、公益讲座等宣传活动。为丰富读者的文化生活，在服务宣传周期间还举办了丰富的展览活动。通过开展一系列活动，丰富了人民群众的文化生活，尤其是电子阅览室的免费开放，引导了广大公众特别是未成年人文明健康上网，充分发挥了图书馆“第二课堂”的作用。

（刘　晔）

文艺创作与表演

【艺术惠民工程】 沈阳演艺集团定期开展常态公益演出活动，每周六、日及“元旦”、“春节”、“五一”、“十一”等法定节假日在市文化宫进行常态公益演出，梅花奖获得者冯玉萍、李静文、常东、周丹，国家一级演员张宏伟、吴丹阳等优秀演员积极参加演出，受到观众热烈欢迎。沈阳话剧团、沈阳艺术团等演出单位分别深入到大东、沈河、皇姑、东陵等社区及市内公园、广场、企业、学校演出200余场；沈阳杂技团精心打造的享誉国际的《天幻Ⅱ》在沈阳杂技团剧场演出20场。

在沈阳市委宣传部“双百万”工程表彰活动中，沈阳演艺集团等6家单位获得先进集体，王平等15人获得先进个人，“沈阳演艺集团沈阳市文化宫常态公益演出”等4个品牌被评为优秀品牌活动。2012年，沈阳市属专业院团在全市城乡开展的艺术惠民公益演出520场，受益群众超100万人次。

（马晓东）

【“喜迎‘十八大’放歌新沈阳”主题文化活动】 “十八大”期间，市属各专业艺术院团开展了“喜迎‘十八大’放歌新沈阳”主题文化活动。活动推出了主题晚会、大型现代评剧《我那呼兰河》、现代京剧《将军道》、评剧《江姐》等8台剧（节）目，内容丰富、形式多样、覆盖广泛，为党的“十八大”胜利召开营造了良好的氛围。“爱在金秋，放歌沈阳”大型主题综艺晚会，以鲜明的主题追求、强大的演出阵容、新颖的表现方式营造出活动亮点，唱响了热爱中国共产党、热爱祖国、热爱家乡的主旋律。此次活动在辽宁大剧院连续演出33场，在市文化宫惠民演出20余场，呈现出规格高、影响大、活动持续时间长等特点，深受百姓欢迎。

（张志国）

【精品生产及获奖情况】 2012年继续实施舞台艺术精品工程，推进剧目创作。为让精品剧目更好地服务大众，着手将评剧《我那呼兰河》、京剧《将军道》、乐舞剧《遥远的察布查尔》改编成公益版。在辽宁大剧院、中华剧场、市文化宫等剧场面向观众推出精品剧目公益版演出30余场，服务观众3万人次。

评剧《我那呼兰河》入选2012年辽宁省戏剧“五个一工程”奖。京剧《将军道》剧本在中国文联、中国剧协主办的第二十届曹禺戏剧文学奖的评选中，再度荣膺最高奖——曹禺戏剧文学奖，是惟一入选的京剧作品，京剧《将军道》圆满完成“辽宁省文化体制改革成果展演月”演出、著名导演“杨小青代表作品展演”、“2012年全国优秀剧目展演”等三大演出任务，成功入围“国家舞台艺术基尼股票工程”前三十。

抓精品生产的同时，着力培养人才。沈阳京剧院李丹在第七届中国优秀青年京剧演员电视大赛荣获银奖；陈阳、孙博、刘宁、李丹等在文化部主办的“2012年全国京剧优秀青年演员折子戏展演”中，荣获两金两银。评剧院韩笑、孙明月、张思玉等在“宝坻杯”环渤海评剧电视大赛中荣获优秀表演奖。评剧院复排的青年演员为主演的传统戏《秦香莲·大堂》、《谢瑶环·大堂》、《活捉三郎》等赴韩国马山参加第二十四届国际演剧节一举摘得3金4银。

（陈　晶）

【演出情况】 全年完成文艺演出1122场，其中：艺术惠民演出520场，商业演出602场；演出收入超过1500万元。

各院团积极开展各类艺术惠民演出活动，演出覆盖全市城乡，受益群众超过100万人次。同时，积极抢占国内外演出市场。元旦、春节期间，沈阳京剧院青年团分赴盘锦、营口、抚顺等地参加春晚的录制；李静文领衔赴国内各地巡演，常东参加央视元旦戏曲晚会的录制；评剧院国家一级演员冯玉萍、周丹领衔分别参加辽宁省政协春节联欢晚会、省文化厅春节文艺晚会等一系列演出活动。沈阳演艺集团4月参加了辽宁省第六届优秀剧目演出季活动。沈阳京剧院成功开辟了在河北霸州、丹东、大连、庄河、盘锦、葫芦岛、抚顺、营口鲅鱼圈以及市内各大企业的演出市场，取得了良好的经济效益。沈阳评剧院动用流动舞台车赴大石桥建一乡演出，丰富农村业余文化生活。沈阳歌舞团、曲艺团参与了沈阳维康之夜晚会、沈海热电厂晚会、调兵山春节晚会、辽阳迎春晚会、锦州凌河电业局迎新春晚会等演出。沈阳杂技演艺集团有5支演出队分赴波兰、土耳其、德国、美国、新加坡、台湾等国家和地区的数十个城市进行巡回演出。

（马晓东）

【中韩美术、书法、摄影展】 由沈阳市文化广电新闻出版局主办，沈阳市朝鲜族文化艺术馆和韩国艺术总联合会春川支部共同承办的第十五届中韩美术摄影艺术作品交流展，于2012年9月17－21日在铁西区文化馆举办。该项活动被评为沈阳市优秀社会文化活动项目。本届交流展共有80幅美术、书法、摄影作品参加展览。这些艺术作品，从不同侧面反映和介绍了当代中韩两国的民风和民俗，使沈阳的广大群众欣赏到了中韩两国艺术家们高水平的艺术作品。

（蔡怀平）

文物保护

【文物普查档案编制完成】 截至2011年底，历时五年的第三次全国文物普查已经结束，为了巩固普查成果，2012年，沈阳市文物局完成了沈阳市第三次全国文物普查的档案编制工作。市文物局抽调普查人员历时1个月完成了全市1530处文物普查档案的编制，并根据普查档案管理工作的需要，实现了普查档案的专人、专柜保管，确保普查档案安全、科学、规范。

（尚文举）

【国际博物馆日宣传纪念活动】 2012年“5·18国际博物馆日”的主题为“处于世界变革中的博物馆：新挑战、新启示”。围绕这一主题，市文广局与沈阳市博物馆学会联合举办了广场宣传纪念活动。本次活动在沈阳工业博物馆广场举办，共有全市20余家博物馆、纪念馆、陈列室参加。各博物馆通过陈列展板、咨询答疑、发放材料等宣传方式，切实拉近了博物馆与观众的距离，增强了博物馆与社会的融合与互动，进一步发挥了博物馆的公益文化服务职能。

（窦英男）

【非物质文化遗产保护】 2012年，沈阳市非物质文化遗产保护工作取得了很大进展，国家级代表性传承人队伍进一步扩大，市级名录体系进一步完善。“锡伯族民间故事”和“建筑彩绘”两个项目的代表性传承人何钧佑、李松柏入选“国四批”代表性传承人，沈阳市国家级代表性传承人达到9人；完成第五批七大类24个市级项目评审，市级项目达125项；开展国家“第七个文化遗产日”纪念活动，组织21个非遗项目近百余人参加“2012年中国·辽宁非物质文化遗产传统技艺大展暨生产性保护成果展”，是参展项目数量最多的城市；对外交流活动档次和频率不断提高，组织传承人参加俄罗斯中国文化节“辽宁文化展示日”、东北文博会文化艺术精品展和中国首届（沈阳）庙会文化节展示展演活动；启动地方法规建设，完成《沈阳市非遗保护条例》（草案）撰写工作；推广非遗进校园活动，与教育部“十二五”规划重点课题组合作，将浑南一小等2所中小学列为“非遗校园传承研究”核心校；落实“十二运”“历史文化主题采访线”，编织“非遗名录采访线”并进而成为沈阳市首条非遗精品旅游线的雏形；不断完善非遗保护系列丛书体系，出版了《沈阳非物质文化遗产概览（三）》。

（张　兵）

【新乐遗址博物馆新基本陈列开馆】 2012年2月17日，新乐遗址博物馆新基本陈列开馆。改造后的展馆位于遗址展区的东北角，面积约600平方米。展览分为序厅、新乐人生活的时代、新乐下层文化与新乐人的生活、新乐文化之谜四部分，重点展示了新乐下层文化出土文物，并从制石烧陶、火耕采集、围兽渔猎、繁衍生息等不同角度，借助声光电等高科技手段，全面展示了新石器时代沈阳地区先民的生活状况。

（窦英男）

【沈阳工业博物馆开馆】 2012年5月18日，沈阳工业博物馆正式开馆并免费向社会开放。省委书记、省人大常委会主任王珉，全国人大财经委副主任委员闻世震，全国人大财经委原副主任委员郭树言，省委常委、沈阳市委书记曾维，省委常委、省委秘书长周忠轩，副省长滕卫平，沈阳市人大常委会主任赵长义，沈阳市政协主席刘雅琴等领导出席开馆仪式。市长陈海波致辞。沈阳工业博物馆位于卫工北街与北一路交会处，是在原沈阳铸造博物馆基础上改扩建而成，全馆占地面积8万平方米，建筑面积6万平方米，总投资达5.5亿元。一期开放通史馆、机床馆、铸造馆、铁西十年成果展共4个展馆，开放面积近2万平方米。

（窦英男）

【沈阳市馆藏三级文物定级】 进一步加强全市馆藏文物的保护和管理，规范藏品档案建设。2012年10月起，市文物局面向全市17家文博单位开展了沈阳市馆藏三级文物定级工作，评审专家从沈阳市馆藏文物定级专家库中产生。截至2012年底，已组织专家对沈阳新乐遗址博物馆、沈阳文物古迹保护研究中心、“九一八”历史博物馆、周恩来少年读书旧址纪念馆、沈阳老龙口酒博物馆共1501件套藏品进行了现场定级，其中：48件套定为三级文物（4件套推荐二级），374件套定为一般文物，1079件套定为资料。

（窦英男）

【文物执法监督】 为了深入贯彻落实国家文物局《文物保护单位巡查办法》，沈阳市文物局成立了文物执法督察组，从2012年10月11日至11月30日，对14个区、县（市）的文物执法巡查工作进行督察。督察以实地检查为主，采取听取汇报、召开座谈会、查阅档案资料、执法巡查记录等方式进行。实地检查了市级以上文保单位110处，检查的重点包括：文物本体是否存在安全隐患，文物“四有”工作是否完善，文物保护单位保护范围、建设控制地带内是否发生违法建设行为，是否发生擅自迁移、拆除、或擅自修缮文物保护单位等违法行为。

（曲　堃）

文化产业

【评选文化产业示范园区、示范基地】 为表彰沈阳市文化产业示范园区、示范基地对文化产业发展做出的突出贡献，11月22日，沈阳市召开推进文化产业发展工作会议，对相关优秀园区、基地进行了表彰和授牌。沈阳市文化产业发展领导小组决定，授予沈阳国际软件园等三个文化产业园区为“沈阳市文化产业示范园区”，授予沈阳日报传媒集团有限公司等12个单位为“沈阳市文化产业示范基地”。

（唐　辉）

【文化产业专项资金申报】 2012年5月初，按照财政部办公厅《关于申报2012年度文化产业发展专项资金的一般项目的通知》（财办文资〔2012〕6号）和省文化厅、新闻出版局等部门的通知部署，市文广局精心组织全市各相关文化产业单位进行项目策划、包装和资金申报工作，起草了《关于申报2012年度文化产业发展专项资金一般项目报告》,积极争取省文化厅、省新闻出版局等相关部门的支持。最后沈阳日报传媒集团有限公司的《报刊图书数字资源公共服务平台》建设项目及沈阳国际软件园有限公司的《沈阳文化科技创新服务平台》建设项目,顺利通过市、省、部三级审核,得到中央财政文化产业发展专项资金2000万元的支持。

（唐　辉）

【参加第八届深圳文博会】 2012年5月18日,第八届中国国际文化产业博览会在深圳开幕,中央书记处书记、中宣部部长刘云山宣布大会开幕。文博会上,沈阳市文化企业积极参与,参展面积达220平方米,涉及数字内容与动漫产业、文化创意、工艺美术、文化产品等多个门类,荟萃全市近年来的文化产业发展成果。由于组织得力,效果显著,沈阳市荣获第八届文博会组委会颁发的"优秀组织奖"和"优秀展示奖"两项殊荣。会上,沈阳市还被中宣部、文化部、科技部等国家五部委评为"国家级文化和科技融合示范基地"。

（胡峻源）

文化市场管理

【打假专项行动】 2012年,市文化执法总队在全市范围内开展了文化市场打假专项行动,通过采取有效措施,加大执法打击力度,取得了显著成效。

1. 开展专项行动,实施战役打击。在全市范围内相继组织开展了迎接党的"十八大"文化市场专项保障行动、创建文明城市文化市场专项行动、教材和教辅读物专项检查行动、集中整治淫秽色情出版物及信息专项行动、出版物市场集中执法周等11次战役性打击行动。全年共清理检查出版物经营场所和印刷复制企业5300余家次,查处侵权盗版案件246件,取缔无证经营摊点和游商700余个。

2. 加大执法力度,破获大要案件。加大了查破大要案件工作力度,全年共捣毁印制批销非法出版物黑窝点和黑库房14个,查破有较大社会影响的出版物大要案件77起,向公安机关移送案件63起。市总队直属执法四大队会同皇姑区大队查获索红非法出版销售幼儿教辅读物案,犯罪嫌疑人索红被依法移送公安机关追究刑事责任。新民市队查获郭鹏销售非法音像制品案,犯罪嫌疑人郭鹏被新民市人民法院以侵犯著作权罪判处有期徒刑一年缓刑一年,并处罚款2万元。

3. 创新执法方式,强化日常管理。市总队东陵区大队在日常监管中大胆创新,探索出采用SID码、ISBN码双码识别技术与CIP数据库检测相结合的方法鉴别出版物的真伪,准确率达到100%,提高了执法工作效能。市总队苏家屯区大队、康平县队以"扫黄打非"办为依托,建立了出版物市场监管协作机制,与公安、工商、城市管理等部门建立了信息共享、情报互通、执法协作等制度,充分发挥各职能部门联动作用,有效避免了管理上的盲区和空白。

4. 积极开展"扫黄打非"宣传。市总队会同省、市有关部门相继组织开展了"4·24"侵权盗版出版物集中销毁行动,开展了"3·15"法制宣传日和"3·18"文化市场举报体系集中宣传日、"5·15"政务公开日、"保护知识产权宣传周"等宣教活动,提高了广大市民积极参与文化市场监管的自觉性。

（赵振宇）

【校园周边文化环境专项整治】 建立长效机制,实行"三个纳入"。将校园周边文化经营场所监管纳入全市"扫黄打非"重点部位之中,坚持做到常抓不懈,实行重点监控;将校园周边文化经营场所监管纳入市政府对市总队重点工作考评之中,坚持做到认真谋划部署,狠抓工作落实;将校园周边文化经营场所监管纳入市总队对区、县(市)大队绩效考评之中,坚持属地管理原则,突出重点考核。

加强日常监管,开展集中整治。针对校园周边文化市场违法经营行为极易反弹的情况,2012年共组织开展了5次全市性校园周边文化市场环境集中整治行动,切实做到日常监管与集中整治相结合,持久战和围歼战共同推进,有效遏制了各类违法违规行为的反弹。

加大执法力度,坚持严管重罚。针对网吧、娱乐场所违规接纳未成年人的行为,采取严管重罚的措施,坚决依法从严从重处罚。和平区绿竹网吧因一次违规接纳未成年人8名以上,由于情节严重,被依法吊销了网络文化经营许可证。同时,集中力量反复清查校园周边出版物经营场所及游商地摊,严厉查处含有淫秽、色情、暴力等内容的危害未成年人身心健康的非法出版物经营行为。

（赵振宇）

【广电市场监管】 加大对卫星广电接收领域的监管力度,继续强化对宾馆饭店等企事业单位接收和传送境外卫星电视节目的管理。6月7日至21日,市文化执法总队组织开展了严厉打击三星级以上宾馆酒店、企事业单位擅自接收和传送境外卫星电视节目违法行为专项执法行动,对多家宾馆酒店擅自安装使用卫星地面接收设施行为进行了查处。同时,继续强化对居民个人安装和使用境外卫星电视接收设施的查处。2月15日至20日,市文化执法总队组织开展了全市性广电市场集中执法行动对全市通过中新二号和韩星五号非法接收卫星电视情况进行了全面清查。为确保党的"十八大"召开期间卫星传播秩序规范、健康、有序,9月25日至10月15日,市文化执法总队再次组织开展卫星电视地面接收设施专项整治行动。全年共查办非法安装使用卫星电视地面接收设施案件23起,拆除非法安装使用的"大锅"、"小耳"4757个。新民市文化执法队创新工作思路,通过申请法院强制执行的办法,有效遏制了非法安装使用"大锅"、"小耳"的违法行为。此外,市文化执法总队继续开展创建无"大锅"、"小耳"标准化社区活动,全市有207个社区基本达到了创建标准。

(赵振宇)

【网络文化市场监管】　全年共检查网吧场所5172家次,查处网吧场所各类违法违规经营案件360件,查处违规接纳未成年人案件58起,吊销了一家容留未成年人问题严重的网吧场所的《互联网经营许可证》。同时,按照省文化厅的要求,继续强力推进网吧监管平台建设和管理工作,对全市网吧场所挨家挨户督促检查,不留死角。全市网吧场所监控平台软件服务器在线率达80%以上、客户端安装率达80%以上。在强化监管平台建设的基础上,充分运用网络监控平台技术手段,对网吧场所接纳未成年人、超时营业等违规经营行为实施网上监控,大大消除了未成年人进入网吧现象,使网吧超时营业等违规行为得到有效控制,全市网吧场所经营秩序明显改善。此外,积极探索网上执法办案工作,成立了专职从事网络文化执法的直属执法五大队,全年查处网络音乐、网络游戏等方面违规案件10起,关闭非法网络文化网站3家。直属执法五大队查处的沈阳华启嘉业科技服务有限公司未经批准擅自从事网络游戏虚拟货币交易服务案,被文化部确定为2012年全国文化市场100个重大案件之一,直属执法五大队在文化部召开的贵阳会议上介绍了办案经验。

(赵振宇)

【演出市场监管】　2012年,全市文化执法系统加强对演出市场的日常监管力度,全面排查演出市场违法违规经营行为,严厉查处未经批准,擅自在宾馆、饭店、商场、街头等公共场所举办的非法组台演出、非法广告促销演出、非法礼仪庆典表演及演出内容格调低下等违法违规行为,维护了演出市场正常秩序。全年共检查演出市场经营场所100家次,查处演出市场违法违规经营案件15起,违法违规经营行为发现查处率100%,推动了演出市场的健康发展。同时,还积极配合公安、消防等部门做好对全市演出场所的安全防范工作,消除安全隐患,坚决防止重大消防安全事故的发生。

(赵振宇)

【娱乐市场监管】　2012年,全市文化执法系统切实加强了对电子游戏厅、歌厅、舞厅等娱乐场所的日常监管,组织开展高频率、高强度的执法检查,始终保持高压打击态势。全面排查歌舞娱乐场所违法违规经营行为,依法严厉查处歌舞娱乐场所使用违法卡拉OK曲目、接纳未成年人、超时营业等违法违规经营行为;严厉查处电子游戏场所非法定节假日接纳未成年人和设置违禁机种、机型等违法违规经营行为。全年,共检查电子游戏厅、歌舞娱乐场所2075家次,查处娱乐场所违法违规经营案件51起,违法违规经营行为发现查处率100%。

(赵振宇)

档　案

【创建全国文明城市档案】　2012年,市档案局采取了一系列积极有效的措施做好创城的筹备工作。一是成立市档案局创城工作领导小组,下设创城工作办公室。二是制定《沈阳市档案局创建全国文明城市工作方案》,梳理30项创城工作任务并分派到相关处室。三是召开工作协调会议,研究创城工作的详细步骤,解决落实任务过程中的有关问题。四是完成创城工作档案资料的收集和整理工作,自6月开始至8月末评审工作结束,市档案局共收集到全市13个区县(市)、棋盘山开发区及50余家机关、企事业单位报送的文件材料1500余册,经过反复检查、筛选、调整,共整理完成测评材料255册8125件。沈阳创城测试材料先后通过省及国家测评专家评审组的评审。

(张　鹏)

【全运会沈阳赛区档案】　为加强"十二运"沈阳赛区档案管理,2012年,市档案局先后制发了《关于进一步做好第十二届全运会沈阳赛区场馆设备器材档案管理工作的通知》、《第十二届全运会沈阳赛区组委会档案工作文件材料汇编》、《关于加强建设工程声像档案管理的通知》和《办理房屋建筑工作竣工验收备案需提供材料名称》等规章制度,完成了2011年度"十二运"档案整理归档工作,形成文书档案2571件、照片档案105册(3243幅)。跟踪拍摄"十二运"沈阳赛区重大活动(会议)65次,形成声像档案1500余分钟、录音资料180余小时、照片档案1486幅,沈阳赛区组委会档案工作经验在全省进行了交流。

(张　鹏)

【蒲河生态廊道建设展览】　截至2012年底,市档案局共接收整理34个建设项目档案936卷(册)。2012年8月30日,由市档案局和市水利局联合举办的"青罗裙带展新蒲—沈阳市蒲河生态廊道建设展览"在市档案馆举行开展仪式。展览共分蒲河概况、蒲河生态廊道建设决策与实施、蒲河新貌三部分。通过图片、实物、三维动画、立体沙盘、电子互动、档案墙等多种手段,真实记录了蒲河生态廊道建设从决策到实施的过程,全面展示了蒲河生态廊道建设的丰硕成果。为配合展览,市档案局专题制作了宣传片《生态廊道魅力蒲河》,该宣传片先后在沈阳广播电视台《沈阳新闻》《沈视早报》《沈视晚报》等栏目中连续播放,历时半个多月,起到了很好的宣传效果。市档案局被市委、市政府授予"沈阳市蒲河生态廊道建设先进集体"荣誉称号。

(张　鹏)

【档案"大接收"】　2012年,市档案馆把档案接收作为一项重点工作,以民生档案为重点,开展档案"大接收"活动。一是制定2012年档案接收进馆计划,二是下发《沈阳市档案馆开展档案"大接收"活动通知》和《沈阳市档案进馆通知书》,三是召开档案接收进馆工作会议、进馆单位经验交流会和档案进馆工作现场会，四是编印《沈阳市档案馆档案接收工作文件选编》，并发放到有档案进馆任务的全市各机关及其下属二级单位，指导各单位开展档案移交进馆工作。全年，市档案馆共接收市气象局、市医保局等16家机关、企事业单位的应进馆档案6.4万卷（件）。其中接收2001年以后形成的9210盒51717卷医保档案，这部分医保档案包括单位参保档案、居民参保档案、医疗监察档案、结算档案、生育保险档案等五大类。此次大量医保档案进馆是市档案馆建馆以来首次大规模地接收民生档案进馆，在辽宁省范围内尚属首例。

（张 鹏）

【中小学档案教育社会实践】 2012年，市档案馆把争创全国中小学档案教育社会实践示范基地作为工作目标，力争用三年的时间组织10万中小学生走进档案馆，开展档案教育实践活动。市档案局与市教育局联合印发《关于在全市中小学开展档案教育社会实践活动的通知》，从全市中小学开展档案教育社会实践活动目的、活动内容和保障措施三个方面做了明确要求；下发《关于聘任档案教育兼职指导教师的通知》，组建兼职教师队伍，聘任中小学档案教育兼职教师；召开中小学档案教育大课堂活动方案论证会，邀请多位教育专家对大课堂活动进行论证；编印了《走进档案感知沈阳历史》和《珍视档案留下成长记忆》两本档案教育社会实践课程系列教材。7月19日，市档案局与市教育局在市档案馆联合举办“迎全运盛会创文明城市——沈阳市10万中小学生档案教育大课堂启动仪式”。全年共有26所中小学的6770名中小学生来市档案馆开展档案教育大课堂活动。

（张 鹏）

【档案“大培训”】 2012年，市档案局在全市档案干部中开展档案“大培训”工作。市档案局制定全市档案干部学习培训计划，通过岗位培训、继续教育培训、业务培训、深入社区开展家庭档案培训、举办沈阳历史专题报告会等多种形式，为各种档案人才业务学习锻炼培养创造条件，全年共培训档案人员6900人次。举办《贯彻落实“十八大”精神，加强档案文化建设》、《让公务员的心理充满七彩阳光》、《家庭档案的建立与管理》、《沈阳城市建设史论举要》、《解读中街》等报告会12场，参加人员1483人次；《机关档案晋级工作》、《“十二运”沈阳赛区场馆建设项目档案管理》、《沈阳市电子文档综合管理》、《档案执法人员》等档案专题培训8场，参加人员834人次；家庭档案培训50场，参加人员3000人次；举办档案岗位班17期，培训学员1276人次；举办继续教育培训3期，培训学员307人次。

（张 鹏）

【于洪区档案馆晋升国家一级档案馆】 12月5日，以国家档案局副局长李明华为组长的国家档案局测评组对于洪区档案馆晋升国家一级档案馆工作进行测评验收。经测评，于洪区档案馆以96分的成绩成功晋升为国家一级档案馆，成为2012年全省惟一获此殊荣的区县级档案馆。于洪区档案馆于1979年7月成立，现有馆藏共132个全宗17大类。2009年，于洪区档案馆开通了档案信息网，实现了与区党政网连接，使档案资源全区共享与利用，形成了多层次信息化系统，并率先在区、县（市）档案馆中晋升国家二级档案馆。2012年，于洪区档案馆新馆建成并投入使用，建筑面积5221平方米，其中库房面积1500平方米。馆内各类用房齐全，设施先进，设有档案库房、展览大厅、档案查阅大厅、数字加工中心、报告厅等多个功能区，安装了恒湿空调、自动报警灭火系统、安全监控系统等现代化设备。

（张 鹏）

【沈阳市家庭档案研究会成立】 12月20日，沈阳市家庭档案研究会成立大会在市档案馆召开。市家庭档案研究会的会员代表共192名参加会议。会议选举产生沈阳市家庭档案研究会第一届理事会，选举著名军旅作家、社会活动家胡世宗为理事长，聘请市档案局局长荆绍福为名誉理事长。全国惟一的学术性、公益性、群众性的家庭档案社会团体—沈阳市家庭档案研究会，成为沈阳市家庭档案工作的新亮点。

（张 鹏）

【刘宝田档案资料捐赠仪式】 7月25日，市档案馆在二楼共享大厅举行“沈阳市原市长刘宝田同志档案资料捐赠仪式”。市委常委、常务副市长顾春明代表沈阳市人民政府向刘宝田同志家属颁发捐赠档案资料荣誉证书。捐赠仪式结束后，市领导与刘宝田同志家属一同参观了由市档案馆举办的刘宝田同志馆藏档案展览。刘宝田同志家属捐赠的档案资料包括：刘宝田1946年至1998年形成的日记、工作笔记、学习笔记共165册，照片170幅，书信186封，各种证书28件，书法作品、诗文作品等94件。其中，165册日记及笔记记录了刘宝田同志1947年至1998年期间的重要活动，是上个世纪40年代至世纪末沈阳乃至辽宁经济社会状况的一个缩影。

（张 鹏）

【档案对外交流】 2012年是“俄罗斯旅游年”，恰逢中国沈阳市与俄罗斯伊尔库茨克市结为友好城市20周年。为进一步加强两市的文化交流与合作，8月6日，由市人民政府和俄罗斯伊尔库茨克市政府主办，市档案局和市外事办公室承办的“沈阳·伊尔库茨克日暨俄罗斯油画展、苏联老电影日”活动在市档案馆共享大厅举行开幕式。俄罗斯伊尔库茨克市议长拉贝根、俄罗斯伊尔库茨克市市长孔德拉绍夫、俄罗斯驻沈阳总领事馆总领事波德别列兹科等外宾，市政府副市长姜军等领导出席开幕式并共同参观了油画展《东——西》，观看了苏联故事片《一个人的遭遇》。油画展展出20天，共接待参观者近千人。

2011年9月，沈阳市与俄罗斯乌法市正式缔结友好城市关系。为增进两市的友谊与了解，2012年10月7日，应俄罗斯乌法市邀请，以市档案局局长荆绍福为团长的市政府代表团赴俄罗斯乌法市进行了友好访问。访问期间,代表团一行参加了乌法市政府举办的庆祝"乌法日"纪念活动,举办了"沈阳映像暨友好的记忆"图片展。乌法市社会各界人士近千人参加了开展仪式并参观展览,乌法市新闻报、晚报、电视台等多家新闻媒体对沈阳市政府代表团的访问及展览进行专题采访和报道。期间,代表团对俄罗斯圣彼得堡国家历史档案馆、莫斯科档案总局、城南市韩国国家纪录馆进行了参观和考察。

(张　鹏)

【市档案馆被批准为辽宁省社会科学普及示范基地】 市档案馆高度重视档案科普工作,始终以立足档案、服务社会为宗旨,根据自身特点和公众需求,采取一系列的措施开展档案科普教育活动。一是设立专门机构,配备专业人员,为科普教育工作提供保障。作为全市的档案保管基地和科普教育基地,在新馆建成之初就成立社会宣传处,专门负责举办展览、对外宣传、接待社会各界参观等工作。二是加大资金投入,创造文明舒适的科普教育环境。市档案馆先后投入三百多万元用来改善服务的软硬环境。三是举办各种展览,为社会公众奉上精美独特的文化盛宴。市档案馆先后举办了多场主题鲜明、形式多样、富有感染力的展览,如"沈阳的记忆—沈阳经济社会发展主题展"、"毛泽东手迹墨宝展"、"沈阳·伊尔库茨克日暨俄罗斯油画展"、"青罗裙带展新蒲—沈阳市蒲河生态廊道建设展览"等。四是开展中小学生档案教育大课堂实践教育活动。五是利用声像档案演示厅,宣传展示沈阳的老歌和老影视专题片。六是编研档案文化产品,宣传和普及档案和历史知识。市档案馆编辑了形式多样的档案文化产品,如《沈阳资讯》、《沈阳旧影》、《春天的故事》、《老结婚证书》、《老毕业证书》、《馆藏人物档案人物简介》等。七是借助市档案学会桥梁作用,深入开展科普宣传活动。市档案学会充分利用市档案馆作为沈阳市社会科学普及基地和辽海·沈阳讲坛举办点的平台,开展内容丰富、形式多样的档案科学知识宣传普及活动。2012 年 12 月 21 日,省委宣传部、省社会科学界联合会在鞍山市举行首批辽宁省社会科学普及示范基地授牌仪式,市档案馆被命名为"辽宁省社会科学普及示范基地"。首批辽宁省社会科学普及示范基地共 18 家,沈阳市仅有两家。

(张　鹏)

【市档案局荣获"全国档案法制普及宣传奖"】 为纪念《档案法》颁布 25 周年,5 月,国家档案局举办了全国档案法制知识有奖竞赛活动。市档案局成立了全国档案法制知识有奖竞赛活动领导小组,向各区县(市)档案局、市直各单位转发了《辽宁省档案局转发〈国家档案局关于举办档案法制知识有奖竞赛活动的通知〉》。全市 13 个区县(市)、66 个市直机关、街道、社区、学校、医院、科研院所和企业,共 15812 人参与了竞赛答题活动。10 月,市档案局被国家档案局授予"全国档案法制普及宣传奖"称号。

(张　鹏)

新闻出版

【东北文博会文化艺术品专项展】 8 月 3 日至 7 日,2012 年东北文博会文化艺术品专项展在辽宁工业展览馆举办。本届展会由文化部、国家广电总局、新闻出版总署和黑龙江省政府、吉林省政府、辽宁省政府共同主办,沈阳市政府承办。展会按照"繁荣文化事业,发展文化产业"的宗旨,紧扣"文化、融合、创新、发展"的主题,成为东北地区规模最大、参展企业数量最多、展品艺术价值最高、成交最为活跃、人气最为旺盛的文化艺术品类专项展会之一。本届展会规格高、规模大,展示展览内容丰富,整个展会展示、展览面积 1 万平方米,展位数 1000 个,参展企业达到 250 余家,展品涉及工艺品、书画艺术品、非物质文化遗产类、出版物四大类百余项内容,展会交易额达 5000 余万元。

(白　旭)

【东北(沈阳)印刷包装广告技术设备产品展览会】 5 月 16 日至 18 日,第十届东北(沈阳)印刷包装技术设备器材展览会在辽宁工业展览馆举办。本届东北印刷展以"交流、合作、创新、发展"为主题,以"品牌展示、技术交流、理论研讨、产品交易、项目推介"为手段,全面展示国内外印刷包装技术的最新成果。本届展会展览面积 2 万平方米,展位数 1500 个,参展企业达 200 余家,展会展出产品涉及印刷、包装机械设备,印前、印后设备,广告制作设备,印刷包装产品设计,印刷包装产业等 10 大类 1000 余种。展会期间共有 1.5 万多名专业观众参观展会,展会现场成交额达 2 亿元。

(白　旭)

【知识产权宣传】 2012 年 4 月 24 日,省、市"扫黄打非"工作小组在沈阳市三好街百脑汇科技大厦前广场举行了 2012 年侵权盗版及非法出版物集中销毁活动。共销毁省市"扫黄打非"部门查缴的各类盗版音像制品、软件、电子出版物,以及盗版及非法出版的图书、报纸、期刊、印刷品广告等总量达 80 万件。销毁活动现场,同时启动了广大市民及青少年"拒绝盗版、助力创新"为主题的"绿书签行动"系列宣传活动,广大市民和青少年积极踊跃参加此次签名和绿书签派发活动。省、市版权局等有关部门同时在现场开展版权法律法规宣传、咨询,知识产权鉴定,投诉案件受理,散发宣传品等活动。

(白　旭)

【市属公开报刊年检】 2012 年,市新闻出版局对市属 61 家公开发行刊物进行了年检。其中:报社 18 家,期刊社 40 家,出版社 3 家,从业人员 964 人。全年出版报纸 18 种,总印数为 2.2 亿份,定价总金额为 1.2 亿元,总收入为 1.9 亿元,其中广告收入为 1.4 亿元;出版图书 989 种,总印数为 1000 万册,定价总金额为 19.8 亿元;出版期刊 40 种,总印数 30 万册,定价总金额为 4000 万元。

(姚秀庆)

【新闻出版采编人员业务培训】 开展了以“辽海文化与报刊选题策划”为内容的业务培训，通过专家讲座与对辽海文化遗存的实地考察参观，深入了解辽宁地方文化，掌握本土历史文化知识，加深了对选题内容的立体化理解。编发了《关于加强“十八大”宣传报道工作的意见》的通知，在培训会上组织采编人员和新闻记者认真学习。

（孙茂双）

【高校报编校质量抽检】 根据《出版管理条例》和《报纸出版管理规定》，6月集中对13家高校报的5月份报进行了编校质量抽检，差错率好与往年，全部达到合格标准（差错率低于万分之三）。各校报编校质量随着采编人员业务水平的不断提高，总体质量得到了稳步提升。

（胡燕军）

【优秀图书评选】 全市各出版社共上报各类图书40余种，经过评选委员会客观公正的评选，评选出优秀选题一等奖7个、二等奖7个；优秀封面一等奖7个、二等奖4个。在选题角度的创新性、学术的前瞻性、理论的实用性、内容的原创性和市场竞争力方面都有突出的体现；获得优秀封面奖的图书，封面色彩、构图、立意和谐统一，均以独特的设计构思和设计技巧，完美体现图书主题和文化品位。

（王　莉）

【农家书屋补充更新】 为提高农家书屋使用效能，按照全省统一部署，全面启动了2012年农家书屋补充更新出版物工作。为完成补充更新20%藏书的工作任务，市文化广电新闻出版局召开会议及时进行部署，认真组织农家书屋补充更新出版物的接收、分包等相关工作，协调配送单位与有关区、县（市）做好工作衔接。省财政购买拨付沈阳市的近31万册、价值648万多元的图书已全部配送到全市所有农家书屋。

（张现功）

【示范农家书屋和优秀书屋管理员评选】 为发挥典型的示范作用，不断提高农家书屋服务水平，9月至11月，在参加全国及全省示范农家书屋和优秀书屋管理员评选活动的同时，开展了市级示范农家书屋和优秀书屋管理员评选活动。经过各级农家书屋管理部门的推荐和认真评审，于洪区造化街道高力村农家书屋被评为“2012年全国示范农家书屋”，辽中县蒲东街道年家屯村刘娜被评为“2012年全国优秀书屋管理员”；沈北新区黄家街道安家村等17个农家书屋被评为省、市级示范农家书屋，铁西区彰驿站镇彰驿站村高春吉等17名管理员被评为省、市级优秀书屋管理员。

（张现功）

【软件正版化】 2012年3月22－23日，国家知识产权局副局长贺化率国务院软件正版化督导组来辽宁省进行督导检查工作，重点对沈阳市政府机关软件正版化和企业软件正版化工作进行了督导检查。督导组到沈阳市绿洲绿云网吧、沈阳出版集团和《沈阳日报》集团进行了实地检查，听取了沈阳市副市长王玲关于开展软件正版化的工作汇报。督导组表示，沈阳市高度重视政府机关和企业软件正版化工作，对推进工作措施得力，效果明显，希望沈阳市继续探索建立推进软件正版化工作的长效机制。

为落实《国务院办公厅关于进一步做好政府机关使用正版软件工作的通知》（国办发〔2010〕47号）精神，沈阳市启动政府机关使用正版软件检查整改准备工作。按照要求，市、区县（市）政府部门要在2013年8月底以前完成专项检查和整改工作，并将整改范围由原来的政府部门扩展到同级党委、人大、政协、人民团体等机关。

（任党清）

广播电视

【农村有线电视网络建设和升级改造】 2012年5月，沈阳市正式启动辽中县、新民市和康平县三县（市）农村有线电视网络建设和升级改造。一是以市政府办公厅名义下发《关于加快我市农村有线电视网络建设和升级改造的通知》。并召集四县（市）政府主管领导和广播电视部门负责人召开动员会，部署工作，提出要求。二是利用每季度工作例会以及调研，了解三县（市）工作进展情况，及时解决问题。三是协调沈阳传媒网络有限公司与辽中县广播电视台实行战略技术合作，由沈阳传媒网络有限公司为其提供信号源和节目源。12月末，正式批准新民市和辽中县城镇数字电视整体转换（数字平移）技术方案，并报省局批准备案；三县（市）农村有线电视网络建设技术方案也在论证中。

（朱　力）

【打击非法无线电台】 制订了《沈阳市文广局防范打击非法无线电台工作应急预案》，明确了工作任务和目标，成立了领导机构，制定了工作程序，提出了工作措施和要求。9月，省广电局、省公安厅和省无委办联合下发了《关于防范和查处非法无线电台电视台的通知》（辽广发［2012］22号）文件，确定了三系统联合办案的工作程序、明确了执法依据和各自的工作职责。打击非法无线电台电视台工作步入正轨。2012年，市文广局牵头查处四起播放涉性售药广告的非法无线电台。

（朱　力）

【百万市民看电影公益放映活动】 连续两年被列为艺术惠民“双百万”工程主体活动的“百万市民看电影”，2012年首次被列入沈阳市政府“为民办实事”的项目。全年在城乡放映公益电影2.5万场次，受益城乡群众达到380万人次。

（王　亮）

【“春满田园”首届农民广播电视才艺大赛】 “春满田园”首届农民广播电视才艺大赛，是由沈阳市委宣传部和沈阳市文广局、沈阳电视台主办，八个区、县（市）委宣传部、文体局、辽宁龙邦慧智有限公司承办，有3400余名选手报名参赛，大赛历时5个月，10组选手进入决赛。2月23日，沈阳电视台及八个区、县（市）广播电视台同日播出了颁奖晚会实况，有200余万农村群众通过电视观看了颁奖晚会。

（吴彦章）

·沈阳广播电视台·

【概况】 沈阳广播电视台现有4个广播频率、3个电视频道、1个网络广播电视台(3个网站)和1个移动电视频道,总资产30亿元人民币。现有员工1229人,其中:事业编568人,台聘人员22人,协议人员66人,派遣人员573人。全台节目获奖总量达到420个,其中:国家级奖项22个,全国行业奖项和省级奖项342个,市级奖项56个。

（陈 萍）

【新闻频道】 以《沈阳新闻》为龙头,圆满完成新闻宣传任务,共开辟专栏25个,播发重要报道1000多篇;开展各类主题宣传30多个;播发"走转改"消息700多条。2012年1月1日,沈阳广播电视台新闻频道正式落地沈阳经济区其他七城市,搭建了沈阳经济区八城市新闻宣传合作平台,播发沈阳经济区相关稿件600多篇。

（陈 萍）

【新闻广播】 注重做快新闻,做实监督,做优服务,做多活动,全年工作亮点频现。组织策划的"世界最大秧歌拼图"活动吸引了全国30多家有影响的媒体进行相继报道。2012年,新闻广播的收听率稳居辽沈地区前三甲,《早版连心桥》荣获"第二届中国广播电视民生影响力调查——广播电视栏目民生热线类十强"称号。

（陈 萍）

【"微笑沈阳"宣传】 2月22日开始,"微笑沈阳"活动在沈阳市全面启动。沈阳广播电视台新闻广播和新闻频道均在《沈阳新闻》栏目中开设专栏,合计播发相关报道300多篇;制作宣传片21个,每天滚动播放22次;举办"微笑大讲堂"宣讲活动,与全市百个行业、部门一起面对面宣讲近200场;现场直播"微笑,从沈阳出发——全国第一部微笑漂流书《此致微笑》首发仪式"。

（陈 萍）

【完成"'十八大'安全保障期"安全播出】 为切实做好"十八大"安全保障期宣传报道工作,沈阳广播电视台高度重视、周密组织,全台上下齐心协力、排除各种困难,做到了政治意识到位、应急演练到位、值班值守到位、责任落实到位、督促检查到位,圆满完成了"十八大"开幕式和新常委记者见面会转播及宣传报道任务。

（陈 萍）

【事业发展】 2012年,沈阳广播电视台完成了文艺录音棚设备更新,新闻广播、生活广播微信播出系统等技术改造,进行了一系列电视高清制播系统项目建设。一是部分高清摄录设备改造,基本实现《沈阳新闻》高清采制。二是将400平方米演播室改造为全媒体高清演播室。三是新闻高清非编系统改造,实现《沈阳新闻》高清采访素材的编辑制作。四是搭建新闻频道高清节目播控传输平台。五是完成6讯道高清电视转播车整体引进项目。2012年,全台完成经营创收9.5亿元,再创历史新高。

（陈 萍）

【电视剧生产】 2012年,沈阳广播电视台申报立项两部电视剧,都已通过国家广电总局立项审查。一部是24集剧《非凡司仪》,另一部是26集剧《养父的花样年华》。

（陈 萍）

【"晴彩沈阳"移动频道正式开播】 2012年1月30日,"晴彩沈阳"移动频道正式上线播出,这是沈阳广播电视台第一次涉足移动电视多媒体领域,也是第一次使用地面数字电视信号进行无线播出。"晴彩沈阳"以精编和重新制作的沈阳广播电视节目为主打,以《沈阳新闻》等优秀品牌为依托,在同步更新新闻播报的同时,提供综艺娱乐、故事生活等海量视频。如遇重大新闻事件和体育赛事,移动频道还可随时切转,进行现场直播。

（陈 萍）

卫 生 · 体 育

卫 生

【疾病预防控制和卫生应急】 2012年，按照全市卫生工作的总体部署和要求，紧紧围绕以提高人民健康水平为目标、以提升公共卫生保障能力为主线，以有效防控重大传染病、保障人民健康和社会稳定为重点，抢抓机遇，深化改革，圆满完成了各项工作任务。

一、疾病预防控制工作取得新进展

一是疾病预防控制体系建设不断加强。启动了局属公共卫生单位互学活动。组织市疾控中心、卫生监督所、中心血站、急救中心等8家单位，开展了高端培训、经验交流、外出考察以及应急演练等内容的全市公共卫生“互学”系列活动，邀请了卫生部领导和国家首席专家到场授课，邀请了县区主管领导观摩学习。继续推进了疾病预防控制规范化建设，完善了疾控绩效考核常态管理机制，组织完成了市区两级2011年度疾控区域和机构绩效考核数据的收集、审核、填报工作。加大对区县(市)疾控工作支持力度。督导各县区(市)圆满地完成市区县政府卫生工作责任状，年内组织落实艾滋病、结核病、免疫规划等中央转移支付项目资金共计517万元，落实市财政防保村医补助资金277万元，为各项工作开展提供了资金保障。

二是有效地防控了重大传染病的发生蔓延。落实了传染病综合性防控措施，年内召开工作例会20余次，及时妥善处置了辽中皮肤炭疽疫情，遏制了肺结核、手足口、流感的高发态势，355家传染病直报单位网络直报率、报告及时率和报告准确率均达到100%。法定甲乙类传染病报告发病率为218.36/10万，同比下降6.17%。启动结核病防治“三位一体”服务体系建设试点。年内报告病人数较2011年显著提高，全市新涂阳病人发现率和治愈率分别达到76.9%和94.1%、免费抗结核药品使用率达到78.9%以上。继续落实四免一关怀政策。实施“五扩大、六加强”防控措施，落实艾滋病及常见机会性感染医疗救治经费217万元，符合治疗标准的艾滋病病人100%接受抗病毒治疗。2012年，市传染病院性病艾滋病门诊以出色的工作业绩被评为全国艾滋病防治工作先进集体。持续巩固麻疹防控工作成果。在加强常规免疫工作的基础上，完成重点人群强化6.4万人，补种率达到98%以上。年内报告麻疹病例14例，基本完成国家控制指标。及时妥善处置了辽中县肖寨门镇妈妈街村皮肤炭疽疫情。会同动监部门落实了综合性防控措施，实施了患者定点集中收治，未出现续发病例、重症和死亡病例。继续落实流行性出血热综合科学防治措施。完成近4万人份出血热疫苗接种工作任务，接种率达到80.53%。

三是公共卫生服务能力和水平不断提高。巩固国家扩大免疫规划成果。年内全市完成适龄儿童常规免疫接种128万针次，单苗接种率达98%以上，信息系统覆盖率达到100%。市内五区积极创造条件，建成数字化免疫接种门诊8家，全市申报省级示范门诊36家、规范门诊32家、合格门诊86家。持续打造健康教育“三名”工程。全市共开展健康教育讲座3005场，开展健康教育巡展282次，卫生宣传活动290余次，发放宣传材料70余万份，受益人数达百余万人次；成功举办了首届市民健康知识竞赛，全年累计在媒体宣传健康知识240余条，新增健康教育示范单位、达标单位、先进单位共计92家。全面完成慢性病、精神病防治工作任务。推广和平区国家级慢性病综合防控示范区创建经验，沈河区、皇姑区、大东区接受了省级示范区现场评审；为20万名适龄儿童进行免费口腔健康检查；继续推广重性精神疾病管理治疗686项目，投入150余万元，为1.1万余人次的贫困精神病人免费投药，为140名贫困患者提供免费住院，重性精神疾病管理治疗网络覆盖率、患者信息录入率及管理率均达到了100%。

二、卫生应急工作取得新突破

全年共报告一般级突发公共卫生事件1起，较2011年(19起)下降了94.7%，成效显著。

一是加强卫生应急队伍建设。完成市级9类59支卫生应急队伍的组建和报备案工作，培训各级各类卫生应急人员2300余名；成功举办了涉及疾控、监督、急救、精卫和健康教育等专业的“迎全运卫生安保应急演练”，拉动市区两级卫生应急队员450余名；圆满完成重要节日及重大活动反恐备勤工作任务14次，出动应急人员2600余人次。

二是开展卫生应急大练兵大比武活动。组织市本级及区、县(市)组建了综合卫生应急队伍，开展了理论知识考试竞赛、应急物资储备检查以及实战模拟演练等形式的系列“大比武”活动，皇姑区、沈河区、苏家屯获得了较好成绩。市级综合卫生应急队在全省大比武活动中获得了综合团体一等奖和知识竞赛单项一等奖的优异成绩。

三是推进全国和省卫生应急示范县创建。和平区通过卫生部专家组的评估检查，成为辽宁省首批国家级卫生应急示范区。沈河区、皇姑区、大东区、铁西区、东陵区(浑南新区)通过全省示范区复审，于洪区、苏家屯区、新民市经市初审合格后申报了省级卫生应急示范区建设。

四是开展突发事件公共卫生风险评估。市疾控中心6月开始启动全市的突发事件公共卫生风险评估工作，共开展日常风险评估6次，专题风险评估4次。

和平区、沈河区率先启动了县区日常风险评估,全市突发事件公共卫生风险评估日趋规范。

(卫生局)

【社区卫生工作】 2012年,沈阳市社区卫生工作在体系建设、内涵提升和落实国家新医改工作任务中,全面地完成了年初确定的各项工作任务。

一、以科学制定规划为根本,完善社区卫生服务网络

认真贯彻落实《沈阳市城市社区卫生服务机构设置规划(2011－2015年)》的阶段性要求,为加快社区卫生服务机构建设进度,将此项指标纳入社区卫生服务考核指标体系,不断推进各区(市)完成机构设置目标。积极落实医改工作要求,以创建省示范社区卫生服务中心和开展内涵建设活动为有力契机,逐步改善老旧社区卫生服务中心的软硬件,不断提高机构的服务能力和水平,重新整合社区卫生服务机构设置和布局,截至年底全市共有社区卫生服务机构299个。

二、以强化督导检查为手段,规范城市居民健康档案

督促各地区通过基本公共卫生服务项目督导考核、申报省示范中心和内涵建设合格中心市级复核、社区卫生服务绩效考核等多种形式,加强城市居民健康档案管理工作的抽查督导,加快推进规范化电子健康档案工作进度和工作质量,使居民健康档案逐步管理规范和得以高效利用。按照辽宁省居民电子健康档案工作进展月报制度要求,每月按时督导各地区卫生局上报"居民健康档案工作进展月报表",及时掌握各社区卫生服务机构开展居民健康档案建立和规范化管理工作进展。转发了省卫生厅《关于进一步做好城市居民健康档案工作的通知》,不断规范城市居民健康档案管理。按照月报表结果显示,截至到12月份,全市城市居民规范化电子建档率达到65.55%。

三、以创建示范活动为抓手,强化社区卫生服务内涵

根据国家卫生部和省卫生厅关于创建全国示范社区卫生服务中心和开展社区卫生服务中心内涵建设达标工作要求,组织全市开展创建第二批全国示范社区卫生服务中心和社区卫生服务中心内涵建设活动,一是下发了《关于开展创建第二批全省示范社区卫生服务中心活动的通知》,组织各区卫生局主管局长及相关社区卫生服务中心负责人召开会议部署创建工作;二是将此项工作列入各地区社区卫生服务绩效考核指标,以调动基层社区卫生服务机构的积极性;三是组织各地区进行自评、区级卫生行政部门审核筛选推荐,共有12所社区卫生服务中心申报创建全省示范社区卫生服务中心;四是组织专家对申报的12所候选中心开展了市级现场复核工作,择优向省卫生厅推荐6所中心为省候选示范中心;五是针对市级复核发现的不足,分层次进行指标分析、复核问题反馈和问题整改会议,做好迎接省卫生厅来沈复核的准备。六是按照省厅关于社区卫生服务中心内涵建设互检工作的安排,组织沈阳市相关专家完成辽阳市社区卫生服务中心内涵建设现场复核工作。经过努力,省卫生厅专家组来沈复核后,有6所中心全部获评省级示范社区卫生服务中心,并获评4所全国示范中心,示范数量名列全省前列,同时社区卫生服务中心内涵建设合格率达到省厅要求。

四、完成重点联系城市第四次常规监测工作

沈阳市是全国36个社区卫生服务体系建设重点联系城市之一,自2007年以来,每年均承担社区卫生服务体系建设基线调查和常规监测工作任务。2012年上半年,国家卫生部针对医药卫生体制改革工作,重新调整和部署了第四次常规监测工作,接到工作任务后,市卫生局立即组织开展落实。首先制定下发了沈阳市社区卫生服务体系建设重点联系城市第四次常规监测方案,确定了工作流程和具体时间安排,明确了各部门的职责和任务,妇社处确定专人进行总体安排、逐地区进行难点培训,组织全市各社区卫生服务机构进行数据整理、填报、录入和复核,局妇社处进行复核、汇总后按要求及时将1400余套调查表的监测数据提交卫生部重点联系城市课题组。

五、积极履行基本公共卫生服务项目办公室职能

作为沈阳市卫生局基本公共卫生服务项目管理工作领导小组办公室,积极做好项目的组织、协调、管理和考核工作。一是制发了《关于成立沈阳市卫生局基本公共卫生服务项目管理工作领导小组的通知》、《沈阳市卫生局关于印发沈阳市基本公共卫生服务项目实施方案的通知》、《沈阳市卫生局关于印发2012年沈阳市国家基本公共卫生服务项目考核方案的通知》等相关文件。二是牵头做好2011年度国家基本公共卫生服务项目备检工作,完成自查报告及数据汇总工作。三是组织开展了2012年沈阳市社区基本公共卫生服务规范业务培训,举办了沈阳市基本公共卫生服务项目绩效考核培训班。四是全年协调组织各成员处室分2次对全市区县基本公共卫生服务项目进行督导和考核,并下发了《沈阳市卫生局关于2012年全市基本公共卫生服务项目考核情况的通报》,并将通报抄送市财政局、市发改委。

(卫生局)

【新型农村合作医疗】 2012年,沈阳市继续围绕医药卫生体制改革,开展农村卫生各项工作,进一步提高了新农合筹资标准,达到了280元/人/年,其中农民个人缴费50元,各级财政补助资金230元。同时加大了农村基层卫生服务体系建设,巩固和完善了新型合作医疗工作,促进了农村卫生服务体系的进一步发展。

一、提高政府投入标准,稳步推进新农合制度

1. 参合农民逐年增加。试点当年,参合农民仅为30余万人,占试点地区农业人口的86.77%。2005年6月,参合农民185万人,参合率达到农村常住人口的88.12%。到2012年,参合农民达到228.26万人,参合率达到常住人口99.1%。

2. 筹资标准逐年提高。2005年,每名农民最低筹资标准仅为30元,2012年参合农民筹资标准一跃达到290元,当年筹资6.62亿元,6年累计筹资25亿元。

3. 报销封顶线逐年提高。2005年参合农民住院最高报销仅为3000元,2012年报销封顶线达到了10万元,并通过建立了大病补助制度,在达到10万以上可以再报销5万元,最高报销到15

万元。

4. 参合农民受益面增加。一是参合农民住院率由2005年的1.27%提高到2012年的7%。二是参合农民可以在村卫生室、乡镇卫生院及县医院门诊就诊，常见病、多发病不出村就能得到医治。三是慢性疾病还可享受到特慢病门诊报销政策，最高可报销3000元。

5. 人均补偿比例逐年提高。2005年农民住院补偿比例23.06%，2012年政策范围内补偿比提高到75%以上。其中，对农村特困群体实行新农合与医疗救助相结合的政策，使这部分人的补偿比例达到90%以上。

6. 农民住院次均补偿费用逐年提高。2005年农民住院次均报销991.86元，2012年提高到2983元，新农合补偿增多，农民就医时个人承担的费用减少，减轻了农民的经济与心理负担，有效缓解农民"看病难看病贵"问题。

二、深化改革，加强基础建设，促进农村卫生事业健康发展

1. 提高基层医疗卫生机构服务能力。2012年，为提高农村基层医疗卫生机构服务能力，为全市119家乡镇卫生院和1577个村卫生室配备了必要的包括彩超、医用X线诊断机、麻醉机等大型设备在内的医疗设备，预算资金达9300万元。通过完善和提升乡镇卫生院及村卫生室的设备，增强了农村卫生机构的服务能力，使230万农民能够就近获得方便、廉价、安全、有效的医疗服务，减轻农民就医负担。

2012年，全市共有911个村卫生室申请标准化建设，其中新建村卫生室580家，改扩建村卫生室331家。10月底前，全市标准化村卫生室建设都已经完成，各地均能够按照发改委文件要求，房屋面积达到60平方米以上，实现"六室分开"和"五通"。

2. 提高基本公共卫生服务均等化水平。2012年，沈阳市继续提高农村居民规范化电子健康档案建档率。按照国家卫生部《国家基本公共卫生服务规范(2011版)》要求，为积极做好农村居民健康档案建档工作，加快推进农村居民电子健康档案工作。于5月份开始会同各地区对农村地区开展了健康档案工作专项培训，培训主要针对工作在一线的村卫生室医务人员，累计培训近3000人，进行了现场指导及业务培训，进一步提高健康档案建档水平。截至12月底，全市农村居民规范化电子建档率已经达到90.48%，提前半年时间完成省卫生厅要求的60%的目标。

(卫生局)

【医政工作】 2012年，沈阳市全面贯彻落实市卫生工作会议和全国医政、医疗服务监管工作会议精神，在深化医药卫生体制改革的实践中，全面提升管理水平和能力，开创了医政工作与医疗服务监管工作新局面。

一、全力实现医改目标，稳步推进医改各项工作

全面开展临床路径工作。全市95%的二级以上医疗机构都按照要求开展了卫生部下发的300余个病种临床路径。其中社区获得性肺炎、计划性剖宫产等10种疾病列为沈阳市基本版临床路径在全市二级以上医疗机构统一执行。

进一步加强对农村县医院和乡镇中心卫生院医疗技术支援。2012年全市城乡医疗对口支援共派出医务人员325人次，诊治门诊病人13.95万人次，收治住院患者1.2万人次，手术1821人次，会诊7708人次，开展专业技术讲座435次，累计工作日2.1万天。接受医生(含医辅)进修学习168人。制定《沈阳市2012年城市三级医院卫生专业技术人员到县级公立医院支援服务的工作方案》，对到县(市)中心医院和乡镇卫生院进行技术支援的医务人员在职称晋级和评先评优时给予优先考虑，调动医务人员积极性。

二、"三好一满意"活动成果显著

全面启动"三好一满意"活动。制定了《沈阳市医疗卫生系统2012年"三好一满意"活动工作方案》，5月召开了工作会议。明确了"八项措施、七个重点、六种考核、五项满意"的工作要点，着力抓好工作落实。

组织专家于8月6日到10月16日，集中对全市18家市属医院、9家厂企医院、13个县区中心医院、29家民营医院等69家医疗院所进行全面深入的督导检查，并印发了检查结果通报。从检查的情况来看，全市卫生系统通过开展"三好一满意"工作，改进工作方式、优化服务流程、加强质量管理、规范诊疗行为、提高工作效率，工作水平显著提升。

活动成效显著。各单位普遍开展了预约诊疗、设立节假日门诊，实行全年365天开诊，优化门诊服务流程，改善就医环境，加强急诊绿色通道，最大限度方便患者就医。通过开展优质护理服务示范工程、实施出院患者回访、志愿者服务等工作，改善患者就医感受，提高了患者满意率。

三、强化医疗质量控制，不断提升医疗服务水平

建立科学的医疗管理与质量评价机制，对全市各级各类医疗机构开展专项质控检查和飞行质控检查，检查结果采取排名制，及时公布医疗机构评价结果。2012年共组织质控中心对18家市直医疗机构、13家市管厂企医疗机构、30余家市管民营医疗机构、全市各区属中心医院的电子病历、临床路径、优质护理服务示范工程、便民惠民服务、医疗安全、对口支援等方面工作进行了两次质控专项检查和暗访检查。全年共出动检查专家300余人次，受检医疗机构140余家次。为增强质控考核的约束力和推动力，将上、下半年质控考核成绩记入年终目标考核成绩。同时，将每次考核结果按照医疗、护理、院感及飞行检查分类汇总、排序，并进行通报。

贯彻落实卫生部《医师定期考核管理办法》及《卫生部办公厅关于进一步做好医师定期考核管理工作的通知》文件精神，规范医师执业行为，开展执业医师定期考核工作，制发了《关于开展医师定期考核工作的通知》和《关于明确沈阳市医师定期考核工作有关事项的通知》，统计了全市参加定期考核医师的数据信息，并建立了医师定期考核网络数据库。

实行同级医疗机构检验和影像结构互认。印发《2012年医疗机构间医学检验、医学影像检查结果互认名单》，全市41家医疗机构实现影像结果互认，108家医疗机构实现检验结果互认。在加强质量质量控制基础上，促进合理检查，降低患者就诊费用。

建立了医疗机构等级评审专家库，

统计了全市共有21家医疗机构准备晋升或复评三级甲等或乙等,有32家医疗机构准备晋升或复评二级甲等或乙等。

建立科学的医疗管理与质量评价机制,对全市各级各类医疗机构开展专项质控检查和暗访质控检查及时公布医疗机构评价结果。

四、积极探索,稳步提高医疗安全监管能力

加强重点环节管理。强化对三个重点领域、四个重点时段、五类重点病例的监督检查。针对院感防控工作开展专题培训,取消手消液计入科室成本,增加手卫生设施,在市属医疗机构中开展了以"预防感染,手当其冲"为主题的手卫生宣传活动。

全年完成厂检委托18起,医疗技术鉴定委托9起;集中精力解决长期、疑难的医疗纠纷。全面督促各级各类医疗机构(含驻沈各医疗机构)通过国家医疗安全不良事件上报系统及时上报医疗安全事件;指导各医疗机构妥善处理医疗安全不良事件。对重大医疗安全事件协调相关部门做好的处理工作,及时上报处理工作的进展。

积极推进医疗纠纷人民调解工作。制定《关于成立沈阳市医疗纠纷人民调解工作领导小组的通知》、《关于组建沈阳市医疗纠纷调处中心的方案》。

五、全面构建护理服务体系,提升护理工作质量

深化优质护理示范工程。全市二级以上医疗机构普遍开展了优质护理示范工程的试点工作,三级医院覆盖率达到了100%,二级医院覆盖率达到了40%,重新修订了《沈阳市优质护理服务考核细则》,制定了《市级卫生行政部门"优质护理服务示范工程"工作信息表》采取有力措施深化临床护理管理。

突出重点已建立重症监护、急诊急救静脉输液等专科护理培训。组织三级综合医院参加省级护士培训中心或国家级资质认定证书。组织全市范围内医疗机构参加"2012护理改革与发展论坛"会议及儿科重患护理与风险防范管理培训班。夯实基础,努力做好社会医疗工作。

六、进一步做好社会医疗服务工作

加强急救网络建设,全力做好医疗救助工作。按照市政府办实事工作要求,年内3+3急救站点建设已完成。完成了市政府要求的各项医疗保障,即沈阳市人民代表大会、春季万人长跑、高考监护、森林火灾、煤矿塌方、交通事故等共计55项。派出急救车辆167辆,医疗人员504人次。完成了中高考医疗保障任务,制定了相关工作预案,考试期间急救中心一线当班车辆全部处于应激状态,共派出急救车辆10台,医疗人员40人次。

全面加强血液管理,努力实现临床科学、合理、安全用血。强化采供血质量管理,进一步完善血站质量管理体系建设,沈阳无偿献血工作走出一条依法管理、可持续发展的新路,血液管理工作走在全国前茅。向市政府上报《关于加强我市无偿献血工作的请示》印发《关于沈阳市医疗机构第一季度用血情况的通报》制定并下发了《沈阳市医疗机构临床采用血管理质量控制评价考核细则》,组织临床通过组织6月14日第九个"世界献血日"活动,大力弘扬人道主义和无私奉献精神,并在卫生系统内成立了39个无偿献血应急队,确保临床用血100%来自无偿献血。向市政府上报《关于加强我市无偿献血工作的请示》输血质控中心对市储血室进行质量控制,确保临床用血安全。

严格执业准入管理,顺利完成2011年全国医师资格考试组织、考务管理和护士执业注册工作。规范医师执业资格考试的组织实施,细化各个环节,确保医师资格考试平稳、顺利完成,全市执业医师考试资格审查合格4118人,完成了全省5868名考生的实践技能考试和3465名考生的医学综合笔试的考试组织、考务管理任务。贯彻实施《护士条例》,严格护士执业准入管理度,全年累计完成269名执业护士的执业注册证书更换和1781名护士的首次执业注册工作。

参与"十二运"筹备工作,派出人员到十二运沈阳赛区组委会医疗卫生部工作。完成《"十二运"医疗卫生部的医疗卫生重点专项工作(实施)方案》编写。

(卫生局)

【中医工作】 2012年全市中医药工作紧紧围绕年初确定的工作目标和任务,在全市中医药系统全体同志们的共同努力下,各项中医药工作都取得了丰硕成果。

一、扶持中医事业发展的《实施意见》得到贯彻落实

为了使财政资金效益达到最大化,在基层中医药事业发展方面:一是为了达到城市中医院支援农村中医院的扶持效果,利用基层中医医疗服务体系建设专项资金为三县一市中医院购置了全自动煎药机、脑循环功能治疗仪等11件急需的中医设备。二是为配合基本药物改革,用三年时间大力开展"中医适宜技术推广年"活动,2012年利用基层中医医疗服务体系建设专项资金,对85个达到工作目标的社区卫生服务中心及乡镇卫生院进行了奖励。三是利用先进区奖励资金,对获得全国社区中医药工作先进单位的铁西、大东、东陵(浑南)区分别给予50万元奖励。

二、创建全国基层中医药工作取得新进展

以开展全国社区中医药工作先进市创建工作为抓手,积极推进基层中医药先进单位(先进区、先进县)创建工作。对相关区县进行创建和复核工作的培训及督导,多次到相关区县召开现场会议,督促、检查、指导项目单位开展自查自纠,对照国家、省先进区标准完善内涵建设。通过不懈努力,沈河区顺利通过了国家专家评估组的评审,获得了全国社区中医药工作先进单位称号。全市5个城区全部入全国社区中医药工作先进单位行列。与此同时,于洪区也顺利通过了省中医药管理局的评审,获得了辽宁省社区中医药工作先进区称号。皇姑区、苏家屯区和新民市顺利通过了全国基层中医药工作先进单位的复核。在创建全国先进区、县过程中,仅沈河、于洪、皇姑、苏家屯、新民市就投入600余万元,为基层卫生机构购置了急需的中医诊疗设备,对中医药综合服务区进行调整和中医文化特色装修等。

三、城乡基层中医药服务网络建设进一步加强

一是"中医适宜技术推广年"活动取得了显著效果。2012年是沈阳市开展"中医适宜技术推广年"活动的第二年,目标是在上年推广5项适宜技术基础之上,达到每个基层卫生服务机构掌

握8种以上中医适宜技术。二是基层中医药服务网络建设进一步完善。通过目标责任状考核和大力推广中医适宜技术给予奖励进行引导,极大调动了各区、县(市)引进中医药人员的积极性,苏家屯区、皇姑区等辖区政府投入大量资金,用于引进中医药人员,使社区卫生服务中心和乡镇卫生院设置中医科及中药房两项指标大幅度提高。三是城市中医院对口支援农村中医院取得了很好效果。对龙头单位的区、县(市)中医院,采取以人员和技术帮扶为主,以政府财政支持为辅。

四、重点专科建设和等级医院评审取得了历史性突破

在重点学科建设方面,沈阳市取得了2个国家中医药管理局中医药重点学科建设单位、1个国家临床重点专科、6个国家中医药管理局"十二五"重点专科。市中西医结合医院皮肤科获得卫生部临床重点专科称号;市第二中医医院中西医结合临床学科和市第六医院中医传染病学科被确定为国家中医药管理局中医药重点学科建设单位;市中医院针灸科等6个专科被确定为国家中医药管理局"十二五"重点专科,全市国家级中医重点专科已达10个。市中医院风湿科等8个重点专科被确定为省"十二五"中医(中西医结合)重点专科。市中西医结合医院获得了1个国家中医局中医临床路径课题项目及300万元课题经费;市传染病院获得了2个国家中医局牵头课题项目及483万元的课题经费。

等级医院评审方面,按照国家和省中医药管理局统一部署,全面开展了中医医院评审工作。市中医院等五家单位均通过了国家中医药管理局等级评审,获得国家三级甲等中医(中西医结合)医院的称号。

五、人才队伍素质不断提高

人才队伍建设是发展中医药事业的重点,也是中医药工作的重中之重。2012年儿童医院关丽君等3人入选第三批全国优秀中医临床人才研修项目,市中医院肖瑞崇等3人、市中医院姚岚等10人分别入选第五批全国老中医药专家学术经验继承工作指导老师及继承人名单。继续举办"学经典、做临床"中医系列讲座和中医药适宜技术推广培训班,对全市基层卫生医疗机构医生,特别是社区卫生服务机构、乡镇卫生院中医药人员进行中医药理论和适宜技术的培训。

六、中医药文化建设有序展开

一是继续开展了"中医中药中国行"活动。3月国家"中医中药中国行—进乡村、进社区、进家庭"活动第二次来到辽宁,国家中医药管理局和省、市中医药管理局及东陵区卫生局共同在东陵区(浑南新区)二十一世纪大厦举办了启动仪式,并在和平区等5处分会场分别邀请12名专家为社区医疗机构和农村基层医疗机构专业技术人员进行中医药知识技能培训,举办培训讲座5场,培训基层医疗技术人员850余人,发放培训书籍750本。二是开展了"中医药科普宣传周"活动。9月17日在于洪广场举行辽宁省暨沈阳市"中医中药中国行·文化科普宣传周"活动启动仪式及中医义诊、咨询宣传活动,省、市中医药管理局及于洪区政府领导出席了启动仪式,活动组织24家中医(中西医结合)医院派出医疗专家97人,护士43人,进社区35个,进乡镇18个,义诊人数4000余人,咨询人数4000余人,发放宣传品数量1.1万余份,发放药品1000余份,摆放宣传板数量100余个,出动车辆40余台。

(卫生局)

【食品安全综合协调】 一、积极推进食品安全综合协调机构建设

2012年4月19日,市编办正式批复了独立设置市食品安全委员会办公室,设副局级食安办专职副主任1名,下设2个处室,分别是综合与协调指导处和监督检查与应急管理处,核定编制8人。原食品安全综合协调与卫生监督处更名为卫生监督处,更名后不在承担食品安全综合协调相关职责。将食品安全综合协调机构建设工作纳入对区县(市)政府食品安全工作目标考核体系,市食品安全委员会办公室已调整到位,各区、县(市)也都独立设置了食品安全协调科。

二、建立健全食品安全基层监管体系

一是深入开展食品安全基本标准工作。按照国务院《关于进一步加强食品安全工作的意见》和省工作要求,在前期五个区县(市)试点基础上,2012年所有区县(市)全面推行食品安全基本标准工作,并分别在东陵区、沈河区、沈北新区和康平县召开了4次现场工作会议,组织相关监管部门成立7个暗访检查组,对每个区县(市)的2个街道(乡镇)、2个社区(村屯)的食品安全工作情况进行检查,确保基层食品安全工作的有效落实。二是创建食品安全"十百千万"工程。制定《沈阳市创建食品安全示范街道(乡镇)、示范社区(村)工作方案》,通过层层筛选和社会公示,在全市评选了16个食品安全示范街道(乡镇),100个食品安全示范社区(村),聘任了356名食品安全检查员和5159名食品安全助理检查员负责食品安全基层监管工作,印发了248万余份食品安全核心知识等宣传资料,实现了食品安全"十百千万"工作目标。

三、全面推进政府办实事工程

制定了《沈阳市2012年办实事食品安全工作任务责任进度分解表》,完善定期调度、综合协调等管理工作机制,落实信息报告、举报奖励、督查督办等工作制度,有力地加强了种植养殖、生产加工、市场流通、餐饮消费等环节的监管。市农委全面开展基地蔬菜抽检工作,抽检蔬菜基地348个次,抽取定量分析样品1831个,区、县(市)检测中心抽检2884批次,抽取定性分析样品1.23万个,完成全年任务的110.99%,产地蔬菜抽检覆盖率达90%以上。市畜牧兽医局重点对超市、农贸市场、肉品专营店和屠宰场畜产品质量安全进行监测,共检测样品7030批次,对外埠输入动物产品"瘦肉精"检测1406批次,结果全部符合国家标准。市质监局重点开展乳制品、肉制品、小麦粉等25种3140批次食品的抽样、检验工作,合格率96.2%,对抽查不合格的119批次产品依法严肃处理、责令限期整改。市工商局对11大类"高风险食品"实施动态监控,抽检各类食品602批次,合格559批次,合格率为90%;在全国率先推出流通环节《应予销毁食品报废工作规范》和《关于在全市大型商场超市全面推行应予销毁食品操作规范的实施意见》,对55家大型商场、超市规范销毁食品报废工作实行全

程监控。市食药监局全面推进餐饮服务量化分级管理，评定A级学校食堂、大型餐馆、国际快餐连锁共269家；完成监督抽检1017批次，风险监测120批次，产品合格率达95.6%；进一步加强小型餐饮企业和农村自办宴席的整治与规范。

四、持续开展食品安全专项整治

一是开展“地沟油”专项整治工作。制发了《关于印发沈阳市进一步加强地沟油整治和餐厨废弃物管理工作方案的通知》，公布了《关于确定地沟油收集处置定点单位的通告》和《沈阳市进一步加强“地沟油”管理的通告》。组织监管部门集中检查执法及暗访，确定沈阳市第一批“地沟油”收集处置定点企业，统一收购处置地沟油，确保“地沟油”流向合法的生物柴油和油脂化工企业，防止“地沟油”再次流回餐桌。同时，对违规企业进行执法约谈，纠正了沈阳顶益食品有限公司和沈阳兴隆大家庭等企业的违规行为。二是开展“三小”专项整治行动。根据《2012年沈阳市食品生产经营小作坊（前店后厂和现场制售）、小摊贩专项整治方案》要求，各区县（市）、各有关部门全面实施“三小”专项整治工作，完成了对各级各类食品生产经营小作坊（前店后厂和现场制售）、小摊贩的调查摸底和“三小”专项整治行动，全市共出动检查人员4526人次，整治规范“三小”单位2845家，取缔247家，罚款76.4万元。三是开展打击食品中添加罗丹明B等专项整治工作。按照国务院的紧急部署，制发了打击食品中添加罗丹明B专项治理工作方案，组织各区县（市）、各监管部门针对重点品种、重点场所、重点环节展开周密的摸底排查，严格索证索票制度，强化随机抽检，增加抽检频次和范围，及时发现安全隐患。同时，按照国家和省工作要求，继续深入开展食品非法添加和滥用食品添加剂及乳制品、食用油、肉类、酒类、保健食品等专项整治行动。四是严厉打击食品安全领域违法犯罪行为。2012年市公安局持续加大工作力度，共破获“瘦肉精”、注胶牛肉、有毒有害榛子、伪劣猪蹄、假冒啤酒等案件432起，刑拘126人，逮捕（直诉）317人，涉案价值达6100余万元。

五、不断提高食品安全工作能力

一是强化食品安全事故应急管理工作。根据国家、省统一部署，完善了全市食品安全事故应急预案和处置规程，以市政府办公厅名义下发了《沈阳市食品安全事故应急预案》。各区、县（市）均制定了应急预案，并健全应急处置工作体系。二是加强食品安全风险监测工作。组织召开了两次“2012年沈阳市食品安全风险监测分析会议”，研讨2011年各部门和单位在监督抽检工作中发现的主要问题和存在的风险因素，并提出食品安全风险监测工作意见。市食安办制发了《2012年沈阳市食品安全风险监测方案》。

六、大力推进全运食品安全保障工作

一是加强领导，建立健全保障工作体制。为加强沈阳赛区食品安全保障工作领导，沈阳赛区组委会于2012年9月27日正式发文成立了全运村食品安全保障工作领导小组和社会面食品安全保障工作领导小组，分别由副市长、全运村村长杨亚洲同志和姜军副市长任组长。两个领导小组办公室合署办公，在赛区组委会独立设置食品安全保障工作领导小组办公室，明确了23个全运村领导小组成员单位和27个社会面领导小组成员单位的职责分工，建立了领导小组工作会议制度。二是建章立制，统筹协调保障工作。按照赛区组委会总体要求，赛区食品安全办修改完善了食品安全保障重点专项工作实施方案，制定了《十二运沈阳赛区食品安全事故应急预案》，各食品安全监管部门、各区县（市）分别制定了十二运沈阳赛区食品安全保障工作的各项子方案和预案。同时，强化了与组委会部室、各单项竞委会的沟通对接，与全运村、行政接待部、竞赛组织部、安全保卫部等进行了多次桌面和现场对接，与单项竞委会食品安全保障负责人沟通论证食品安全保障工作任务和需求。三是强化落实，有序推进重点保障工作。组织市食药监和工商部门，对34家接待单位的餐饮服务、食品流通环节进行检查，针对存在问题提出了明确指导意见，对全市22个比赛场馆进行了现场验收，与场馆业主单位就食品安全保障工作要求进行了对接；圆满完成“十二运”倒计时一周年启动仪式食品安全保障工作任务；举办了十二运沈阳赛区食品安全保障工作培训会议，聘请十二运组委会食品安全专家对各区县市食品安全办和有关成员单位就《十二运食品安全保障监督操作规范》进行讲解，各食品安全监管部门和各区县（市）进一步开展了各层次各环节的食品安全保障工作培训；制定了十二运沈阳赛区食品供应基地和企业遴选确认工作方案，明确了首批开展食品流通企业和需求量大、种养殖周期长的品种的原则、规定了遴选程序、步骤和时限，有序推进遴选确认工作；明确各单项竞委会食品安全保障专业技术人员、设备等配备基本标准，落实省市单项竞委会食品安全保障人员编制，组建餐饮和流通环节食品安全监管团队；采取现场应急指挥与多媒体展示相结合的方式，筹备食品安全保障工作桌面推演。

七、进一步加强全市食品安全宣教工作

一是广泛宣传教育。开展了以“共建诚信家园，同铸食品安全”为主题的宣传周活动，制作了12块宣传展板和2万余份宣传折页，市食品安全监管部门分别在活动现场开设咨询台，现场解答群众关心的食品安全问题。各区县（市）也同步开展宣传周活动。二是加强舆论引导。各监管部门在沈阳日报、沈阳广播电视台、东北新闻网等媒体持续开展食品安全法律法规、标准和相关知识宣传讲座，不断增强消费者食品安全意识和自我保护能力。沈阳电视台对2012年市人大食品安全专题询问进行全程录播，沈阳日报对询问内容做出全文刊载。三是推进社会监督。辽宁省食品安全咨询、投诉、举报电话96151（食品安全热线）设立后，大力宣传动员社会各界积极参与食品安全监督，建立了96151食品安全咨询举报投诉事项办理机制，设立食品安全投诉举报奖励资金，2012年共受理食品安全咨询举报投诉事项286件，兑现奖励资金33.5万元，进一步打造了食品消费的良好环境。

（卫生局）

【卫生监督】 2012年，卫生监督战线的全体同志们真抓实干、认真履职，采取有效的工作策略和措施，圆满完成了各项卫生监督工作任务,实现了卫生监督状况总体稳定,形势总体向好的工作目标。

一、强化管理,充实卫生监督监管力量

一是积极推进卫生监督能力建设。2012年,卫生监督工作将“加强各级卫生监督机构能力建设”纳入到市政府对区县政府目标考核当中,要求各级卫生监督机构确保快检等技术支撑能力,保证年度工作计划顺利完成。并深入到各区、县(市)卫生监督机构进行调研,要求各地充分利用“十二运”有利时机,按照卫生部《卫生监督机构装备标准(2011版)》的要求,积极争取财政等部门支持,申请专项经费,配齐配全卫生监督快检设备。认真做好卫生部网络培训平台使用和卫生监督员培训工作。11月中旬,组织开展全市迎全运卫生监督大比武大练兵技能竞赛,工作人员能力和水平得到全面提升。二是深入开展卫生监督信息化建设和信息报告工作。组织开展全市卫生监督信息报告系统管理员、信息员培训;对全市卫生监督信息报告进行数据监控,加强对各单位的信息报告督查,卫生监督信息报告建档率100%,数据准确率达95%,实现全市卫生监督信息报告工作全覆盖。三是稳步进行卫生监督协管工作。卫生监督工作紧紧抓住卫生监督协管纳入基本公共卫生服务项目的契机,制定《沈阳市卫生监督协管服务项目工作方案》,开展各区、县(市)卫生监督协管员的聘任工作,要求全市每个社区卫生服务中心、乡镇卫生院按人员条件至少推荐2名卫生监督协管员。全市共聘任了422名兼职卫生监督协管员,促进了卫生监督能力的提升,开创了基层卫生监督工作新局面。

二、发挥职能,积极开展卫生监督稽查

随着卫生执法力度的不断加大,在加强卫生监督队伍建设,强化内部制约机制,规范卫生执法行为等方面,卫生监督稽查工作逐渐凸现出重要作用。根据省卫生厅《转发卫生部监督局关于开展2012年卫生监督专项稽查工作的通知》(辽卫函字〔2012〕280号)精神,制定下发了《2012年沈阳市卫生监督专项稽查工作方案》,成立了工作领导小组,召开了全市卫生监督稽查工作会议,9月4日至11日,全市分成七组对各区、县(市)监督员着装风纪、文明服务、投诉举报的调查处理、卫生监督文书、行政处罚案卷等方面进行了专项督查。通过这项工作的开展,充分体现了:一是全市各级卫生监督机构领导班子高度重视卫生监督稽查工作,市卫生监督所专门成立了稽查科室,并有三名专职工作人员,绝大多数区、县(市)监督机构均有负责稽查的科室,并有专兼职人员开展稽查工作;二是大部分卫生监督机构成立了稽查工作领导小组,并实现了“纪律约束、制度规范”,业务工作质量得到了明显提升;三是有些监督机构采取下发稽查工作通报的形式,将稽查情况反馈到各科室,促进及时整改。全市共抽查案卷142卷,合格142卷,合格率达100%,规范了卫生监督执法行为,推动了卫生监督员依法履行各项工作职责。

三、依法行政,提高卫生监督监管力度

1、加强学校卫生监督工作,保障重点人群身心健康。同市教育局联合下发了《关于印发沈阳市中小学校卫生监督监测试点工作实施方案的通知》,将试点学校卫生评价纳入教育局考核学校内容,市卫生监督所配备了照度仪、微小气候测定仪、课桌椅测量尺、激光测距仪等学校卫生监督现场快速检测设备用于监督监测工作。

制定了《市卫生监督所关于下发2012年沈阳市农村学校饮用水卫生监督专项检查方案的通知》、《关于做好汛期预防学校生活饮用水污染的通知》,重点对学校水源防护,供水净化、消毒设备运转,供水卫生许可、直管供水人员健康体检,贮水设施卫生防护、清洗消毒等情况进行了专项检查,全市共检查学校饮水卫生554户,其中自备井221户、二次供水55户,确保了全年学校无饮水污染事件的发生。全市还完成669所学校传染病防控卫生监督、498所学校教学生活环境监督、开展355所学校教学环境检测,与去年相比检查数和检测数增加170%。

2、强化职业、放射卫生工作,确保工作健康发展。确定了沈阳市第九医院和沈阳市益民医院两家职业病诊断机构,各区、县(市)建立了辖区职业健康检查机构。开展由苏家屯区承担的国家职业健康状况重点调查、哨点监测工作及其它区县(市)承担的职业健康状况基本调查工作,并顺利通过国家中期评估验收,全市统计调查企业总数2.46万家,筛选出存在职业病危害企业656家,完成职业健康检查3.6万人次,检出疑似尘肺病人36名,其中11人已明确诊断,25人正在进行医学观察待诊。

积极开展《职业病防治法》宣传周活动,召开市安监局、人社局及总工会等相关职能部门共同参加的联席工作会议,《职业病防治法》宣传周活动期间,全市共印制宣传材料1万份,制作宣传板125个,悬挂宣传标语78个,张贴宣称画180余幅,新闻媒体报道8次。出动卫生、劳动、安监、工会等专业技术人员130余人次,车辆32台次,深入用人单位宣传57次,培训班16次,接受培训人员1400人次,释疑解答及相关法律咨询220人次。全年未发生职业病信访事件。

全市集中开展《放射诊疗许可证》专项监督检查活动,未发现无放射诊疗许可证及超许可范围开展放射诊疗工作的医疗机构。圆满完成全市医用辐射监测网试点工作,沈河区代表沈阳市首次列入全国医用辐射监测网试点,本次试点单位达51家,设备状态监测475项、个人剂量检测150人次。各项指标处于全省试点单位前列,总体水平均达到国家规定试点标准和要求。

3、推进生活饮用水监测工作,保证市民饮水安全。按照国家及省要求,制发了《2012年沈阳市饮用水卫生监测工作方案》,共设置监测点225个,分别为:市政出厂水21个、市政末梢水130个、城市自建出厂水11个、城市自建末梢水11个、城市二次供水52个。涵盖了14个行政区域,做到不同水源类型、不同供水方式的全覆盖,形成有效的饮用水卫生监测网络。按照国家监测计划频次要求,全年完成市政出厂水水样全分析21个,完成市政末梢水水样检测520个、城市自建出厂水水样检测44个、城市自建末梢水水样检测44个、城市二次供水水样检测208个。为全面掌握饮用水供水单位日常检测数据,动态了解居民饮水的卫生学指标，保证居民健康饮水，也为及时预防水污染事件的发生并采取相应的水处理措施提供科学有力的依据。加大了对供水单位的监督检查力度，做到全年对供水单位监督检查覆盖率100%。年内，未发生饮用水污染事件。

4、加大公共场所监管力度，实施量化分级管理。按照《公共场所卫生管理条例实施细则》和《辽宁省公共场所卫生管理规定》要求，3月份集中开展了公共场所卫生许可清查专项整治行动，目的是对公共场所的卫生许可项目进行集中清查，规范监管范围，加强对餐饮等新增公共场所卫生许可行业的监管，市、区两级卫生监督机构分工协作，采取先大后小、先重点后一般的顺序，对重点路段、重点区域采取拉网式集中摸底排查，确定餐饮类公共场所的底数，同时对卫生许可办理实行"首次告知"制度。对首次告知仍不办理卫生许可证的"沈阳市高德海鲜坊"等6家单位进行了立案处罚。

根据年初省卫生厅制定的"2012年辽宁省卫生监督重点检查工作计划"中对游泳场所及公共场所集中空调通风系统抽检的要求，在全市范围内开展"迎全运、创文明城沈阳市游泳场所(馆)量化分级暨专项整治行动"，对全市47家经营性游泳场所的游泳池水质进行了集中采样抽检，共采集游泳池水样521份，利用新闻媒体公示水质抽检结果，针对存在问题比较严重和抽检不合格的游泳场馆，进行约谈和行政处罚。积极开展公共场所集中空调抽检工作，完成全市25家宾馆、25户大型商超集中空调通风系统的卫生检测工作。

5、积极开展打击无证行医、非法采供血重点检查工作，维护医疗市场秩序。为进一步规范医疗市场秩序，建立完善的医疗卫生监管体系，充分发挥长效的监管机制，保持打击无证行医违法行为的高压态势，下发了《2012－2013年沈阳市抓环境促提升"打黑点、查广告"医疗监督专项行动方案》、《2012年沈阳市打击无证行医专项行动工作方案》、《2012年沈阳市医疗美容服务专项检查方案》，采取市区联动、部门配合、异地互检的方式，加强执法力度。联合公安局、城管局等多部门，严厉打击"黑口腔"、"黑中医"、"黑西医"等无证行医的单位或个人以及各类严重危害人民群众身体健康和生命安全的非法行医活动。全年召开联席会议23次，开展联合办案17次，联合检查30次，取缔无证行医黑诊所113家(市所4家)，行政处罚85户(市所20户)，罚款及没收违法所得共计34.35万元(市所18.79万元)；收缴各类药品23箱，查扣牙椅、消毒柜、诊疗床等医疗器械26件。辽宁电视台、沈阳电视台、辽宁日报、沈阳日报等25家电视和平面媒体对全市专项行动进行了报道，电视媒体报道12次，报纸媒体新闻报道50余篇，网络转载报道123次。

6、增强传染病防治工作、消毒产品卫生监督力度，确保市民健康安全。制定了《2012年沈阳市传染病防治卫生监督重点检查计划》，以医疗废物处置、消毒隔离制度执行、传染病疫情报告制度执行情况为重点，开展了四项重点监督检查工作，一是社区卫生服务中心医疗废物处置专项整治；二是肠道传染病防治专项检查；三是对医疗机构手术室、ICU病房、产房等重点部位消毒隔离措施执行情况进行检查；四是对疾病预防控制中心和采供血机构传染病防治监督检查。对全市各级各类3914家医疗机构进行了监督检查，实现了100%的监督覆盖，立案并作出行政处罚50余起，罚款金额1.3万余元。

制发了《关于印发沈阳市开展纸巾(纸)生产企业专项监督检查工作方案的通知》，对全市15家具有辽宁省卫生厅颁发消毒产品生产企业卫生许可证的纸巾(纸)生产企业开展监督检查，检查中发现有10家生产企业纸巾(纸)所使用的原料或半成品符合要求，5家企业由于动迁等原因，已经弃业或者已经不再生产纸巾等消毒产品。针对辽宁百洋实业公司生产的纸巾纸"在最小包装上未标注产品标识"，给予5000元的行政处罚。对大东区山梨村的一黑纸巾加工企业进行了打击，切实维护了人民群众健康权益，保障"十二运"期间市民卫生用品的使用安全。

按计划开展消毒产品、涉水产品专项监督检查工作，全年共监督检查226户次，下达监督意见书226份，其中药房200家、涉水产品经销单位12家、大型商场、超市7家、母婴用品经销单位7家。制作案卷77份，其中一般案卷40份，简易案卷37份，全年处罚金额达15.1万元。

(卫生局)

【科教工作】 2012年，以重点科系建设为龙头，市级重点实验室为平台，全面提高科研能力，科技工作取得了历史突破；深入开展基层卫生人员培训，人员队伍素质进一步提高；全面加强生物实验室安全管理，生物实验室安全保持稳定，全市卫生科教工作继续蓬勃发展。

一、重点科系建设

沈阳市第七人民医院皮肤科成功申请成为国家临床重点专科，获得资金300万。新增省级重点实验室1个为沈阳中心血站血液安全研究重点实验室，新增市级重点实验室4个为沈阳市红十字会医院泌尿外科实验室、沈阳市第六人民医院肝病实验室、沈阳市第七人民医院皮肤病实验室、沈阳市妇婴医院生殖医学实验室。重点科系共申请到科研课题65项国家级主办课题包括国家重大专项在内的课题3项，国家协作课题8项；省级课题25项，协作5项；市级课题24项，总经费超过1000万。完成科研成果鉴定30项，获得市科技进步奖一等奖2项，二等奖7项，三等奖3项。在SCI发表论文超过20篇，在北大核心期刊中发表文章超过120篇，外请专家讲学500人次，举办国家、省级继续医学教育项目66项。学科队伍素质和学术地位不断提高，有40人担任了硕士生导师。青年医生的学历水平提高显著，40岁以下医生中硕士、博士占医生总数的四分之三。开展各类新技术144项，重点学科全年总收入达22亿。

二、科研工作与学术交流

申请54.5万元专项经费对2012年局科研计划中35岁以下青年医师承担的科研课题进行资助，对课题属于一、二级重点科系和非重点科系分别给予2万、1.5万和1万元的资助。全年，局属单位获得省级成果鉴定5项，市级鉴定27项，荣获市科技进步一等奖2项，二等奖8项，三等奖4项。获得国际协作课题2项，国家级主办课题包括国家重大专项在内的课题4项，国家协作课题17项，省级课题33项，协作7项，市级课题30项，省级重点实验室达到3个，市级重点实验室达到9个，共获得科研经费1400多万元（历史新高）。论文1200多篇，其中SCI28篇，北大核心期刊144篇。开展新技术超过160项，填补国家空白14项，省级空白82项，市级空白59项。在国际学术委员会任职1人，国家级学术委员会任职80人，有50人担任了硕士生导师，有86人次、1510人次分别参加了国际、国家学术会议，学科队伍素质和学术地位不断提高。

三、实验室生物安全管理

加强了实验室生物安全的备案工作，通过备案的局属单位的实验室生物安全进行了的专项检查，对于发现的问题责成其进行整改，为提高实验室生物安全的思想认识、责任意识和管理业务能力，对在岗的责任人进行了有关实验室生物安全管理法律法规、管理制度等方面的专项培训。

四、基层卫生技术人员培训

制发了《2012年沈阳市基层卫生人员培训方案》。安排40名社区医生进行转岗培训；组织81名社区护士、68名乡镇卫生院护士、400名乡村医生进行岗位培训；对60名社区护士骨干、8名县医院护士骨干进行培训；实施社区药学、康复、检验专项培训，每项培训社区卫技人员369名；组织28名县医院医生进行专业培训；对16名县医院科主任进行专科技能培训；选送县医院骨干医生8名、乡镇卫生院医生100名到上级医疗卫生机构进修半年；组织开展适宜技术培训2期，培训社区、乡镇卫生院卫生技术人员800名；举办“抗感染药物合理应用”和“护理管理与临床技术”全员培训，培训全市各级各类医疗机构医务人员1.66万人；选派20名全科医学培训基地医师参加“辽宁省全科医学培训基地师资培训”；组织农村卫生机构在职临床医师144人参加农村医疗卫生机构临床医师成人免费高等学历教育考试报名。此外，为加强基层医疗机构急救能力，举办“全科医生基础急救及高级生命支持专项培训”，培训社区医生400名。

五、继续医学教育

全年共举办国家项目22项（监督检查了22项）、省级项目98项（监督检查了98项）、市级项目959项，应用“继续医学教育管理系统”进行项目的申报、评审和考核，2012年，局属单位继教达标率达到99%以上，区属单位达标率达到95%以上，推荐2013年国家级继续医学教育项目22项、省级项目83项，为全市1200余名卫技人员换发《辽宁省继续医学教育合格证书》。

（卫生局）

【妇幼卫生】 2012年，全市的妇幼工作以《两纲》指标要求为核心，不断完善妇幼卫生工作，深入开展重大公共卫生服务项目等多项工作，全面完成了省、市政府绩效考核及目标责任状的各项工作指标。

一、实施国家重大公共卫生项目有新突破

2012年，重大公共卫生服务项目顺利推进。全年农村孕产妇住院分娩补助1.5万人，补助受益率为97.96%；农村孕妇孕中期免费超声筛查9564人，筛查率为86.6%；农村孕妇免费补服叶酸新增2.1万人；开展免费宫颈癌检查1万人，开展免费乳腺癌检查0.3万人，全面完成省市政府绩效考核及政府卫生工作目标责任状的工作目标要求。

二、孕产妇和婴儿死亡率得到有效控制

一是组织全市的产科和节育人员全面、系统的培训和考核。共有100余家产科单位及14家妇幼保健机构的1900余人参加，有1920人考核合格。二是注重发挥市妇婴医院和市儿童医院作为沈阳市孕产妇和儿童急救的“绿色通道”的作用，全年市妇婴医院共抢救危重孕产妇65人，抢救成功率100%；市儿童医院共抢救重危儿童1100人，抢救成功率99%以上。三是“预防艾滋病梅毒乙肝母婴传播”工作进展顺利。四是邀请省内知名妇产科专家和儿科专家组成沈阳市孕产妇和儿童死亡评审组，全年召开评审会两次，通过对死亡病例进行讲评和分组讨论，找出了致死因素，及时总结经验和教训，促进妇幼卫生服务技术水平不断得到提高。

2012年，妇幼卫生工作各项指标全面达标，全市孕产妇死亡率为万分之一，婴儿死亡率为4.35‰，高危孕产妇管理率为100%，高危住院分娩率为100%。孕产妇系统管理率为96.62%，产后访视率为97.39%，儿童系统管理率为97.05%。

三、实施母婴安全工程和降低出生缺陷干预工程，有效预防和控制了出生缺陷

通过加大宣传力度，积极营造社会舆论氛围；通过规范开展孕前保健工作，保障服务质量；在全市范围内实行免费婚前医学检查，推行婚育综合服务平台建设；同时充分利用市妇女儿童保健中心的技术优势，积极引导群众进行科学孕检，不断拓展服务功能，减少出生缺陷的发生。

（卫生局）

【药械管理】 一、贯彻落实国家基本药物制度

沈阳市从2010年2月26日开始实施国家基本药物制度，当时共有368家基层医疗卫生机构参与实施，其中政府办的基层医疗卫生机构311家，非政府办的基层医疗卫生机构57家。2012年，按照《沈阳市2012年医药卫生体制改革工作要点》要求，继续深入贯彻落实国家基本药物制度，扩大基本药物制度实施范围，巩固基本药物制度成果。3月22日由沈阳市发展和改革委员会、沈阳市财政局、沈阳市卫生局共同制定并下发了《关于村卫生室实施国家基本药物制度有关工作的通知》，确定了村卫生室实施国家基本药物制度的总体要求、主要任务、实施步骤、保障措施等。为做好此项工作，于年初对全市村卫生室设置、村医数量、村医收入等情况进行了摸底调查，为村卫生室实施国家基本药物制度做好了前期调研和准备。

5月份，结合省卫生厅下发的《关于开展实施国家基本药物制度季度监测工作的通知》，进一步完善了沈阳市基本药物制度监测工作要求，在保持原基本药物制度监测月报表的基础上，下发了基本药物监测季报表，完善了监测指标6项。为确保基本药物制度实施平稳有序提供了保障。

按照《卫生部药政司关于进一步加强国家基本药物临床应用指南和处方集培训工作的通知》及省、市有关文件要求，制定了《2012年沈阳市国家基本药物临床应用指南及处方集培训工作方案》并下发各地。7月23日举办了沈阳

市基本药物临床应用指南和处方集相关知识培训，邀请国家基本药物目录、国家基本药物临床应用指南及处方集编写专家—北京世纪坛医院王真博士为全市各地培训师资260余人，同时为各地下发培训学习资料光盘140余套、学习课件280余套。培训会上市卫生局要求各地积极开展有针对性的相关培训工作，9月底前完成对即将实施国家基本药物制度村卫生室乡村医生的培训工作，为村卫生室实施国家基本药物做好准备。

10月制发了《关于准备全面启动村卫生室实施国家基本药物制度的紧急通知》一是要求各涉农地区做好实施基本药物制度的村卫生室的基本药物配备、使用及管理工作：村卫生室必须配备使用基本药物和省增补药物，实行零差率销售，所在地乡镇卫生院负责辖区内村卫生室药品统一采购配送，单独建账、单独管理、独立核算。在全市村卫生室启动实施基本药物制度前，必须将当地需求的基本药物配备到准备实施国家基本药物的村卫生室。村卫生室要将基本药物与原库存药品分开摆放，库存药品要在规定时间内清库完毕。二是要求各地加大宣传力度，按照市卫生局下发的宣传样板和基本药物价格公示信息立即开始制做并向实施国家基本药物制度的村卫生室发放宣传板，确保在全市村卫生室启动实施基本药物制度前将宣传板发放到位。同时配合市医改办为《沈阳市村卫生室实施国家基本药物制度宣传单》提供了群众比较关心的5道热点问题的解答。

为更好完成实施国家基本药物制度工作，11月到12月对全市各地进行了落实基本药物制度工作督导检查和村卫生室实施国家基本药物制度工作验收检查，发现问题当场反馈给当地卫生局相关负责人员，并责令立即改正，同时将检查结果汇总后向各区、县（市）下发了通报。根据监测2012年基层医疗卫生机构门诊人次有较大幅度提升，同比上升29%，次均门诊药费同比下降28%。基层医疗卫生机构的药品采购途径更加规范，截至年底，在省基本药物集中采购平台上采购药品共计2.5亿元，其中2012年采购药品1.07亿元。

二、县级以上医疗机构药品集中采购工作

2011年1月20日起，沈阳市以省为单位药品集中采购工作正式启动，46家符合条件的县级以上医疗机构所有药品全部在省药品集中采购平台上采购。2012年12月完成了全市县及县级以上医疗机构执行药品集中采购工作情况督导检查和采购情况调查，形成报告上报省厅，同时将情况向全市通报。根据监测情况，截至2012年12月31日，沈阳市46家医疗机构在网上采购药品48.83亿元，共涉及品规8365个，其中市直医疗机构网上采购药品31.11亿元。2012年采购金额为27.37亿元，其中市直医疗机构网上采购药品17.59亿元。

三、药事管理

（一）进一步加强麻醉药品、第一类精神药品的监督管理。为更好地规范沈阳市各级各类医疗机构麻醉药品和第一类精神药品的管理，保证麻醉药品和第一类精神药品合法、安全、合理的使用，防止滥用及流入非法渠道，2012年7月分两期举办了“2012年沈阳市医疗机构麻醉药品、第一类精神药品临床使用与管理工作培训班”，邀请专家对《麻醉药品和精神药品管理条例》等法律、法规、规定，麻醉药品、精神药品临床使用指导原则及不良反应的防治等内容进行了全面培训。各区、县（市）卫生局主管局长、医政科长，相关医疗机构的主管院长、医务科长、药剂科负责人、门诊部主任及相关科室主任等近500人接受了培训及考核。

2012年第四季度，组织专家对沈阳市各区、县（市）卫生局麻、精药品管理情况进行了专项检查，并对27家医疗机构在麻、精药品规章制度、入库、验收、储存、保管、调配、使用、销毁、处方书写与使用、人员培训及是否出现流弊案件等各个环节进行了抽查，抽查结果当场反馈给受检单位及所在区卫生局，对存在问题责令期限整改。

（二）切实落实抗菌药物临床应用专项整治及药事质控工作。沈阳市高度重视医疗机构药事管理工作，年初市卫生局与市药事质控中心认真策划，结合《卫生部办公厅关于继续深入开展全国抗菌药物临床应用专项整治活动的通知》及《2012年辽宁省抗菌药物临床应用专项整治活动工作方案》文件精神，精心制定了全年药事质控工作方案及具体检查内容。

2012年4月，市卫生局同市管各医疗机构签订了《2012年沈阳市医疗机构抗菌药物临床合理应用责任状》，责任状将2012年辽宁省抗菌药物临床应用专项整治活动方案中要求的各项指标全部列入其中，同时对市管各医疗机构2011年抗菌药物临床应用情况进行了全面调查，并将调查结果及时上报省卫生厅。

按照《2012年辽宁省抗菌药物临床应用专项整治活动工作方案》要求，依据《抗菌药物临床应用管理办法》（卫生部令第84号），市卫生局委托市医学会于2012年6月开始以各区、县（市）为单位组织开展临床执业医师抗菌药物分级管理培训工作，对沈阳市除省、部属医疗机构以外所有具有抗菌药物处方权的医师共1万5千余人进行分级培训，确保从2012年8月1日起，全市各级各类医疗机构全面实行抗菌药物分级管理制度，临床、口腔执业医师持证上岗。

为进一步贯彻落实抗菌药物临床应用专项整治工作，2012年7月，市卫生局下发了《关于进一步完善医疗机构合理用药制度化建设工作的通知》（沈卫办〔2012〕279号），通知中明确要求各医疗机构要制定并严格落实抗菌药物分级管理制度、按药品通用名开具处方制度、药品用量动态和超常预警制度、抗菌药物处方点评制度及统方管理制度，从制度层面确保抗菌药物专项整治活动能够顺利推进。

为进一步加强抗菌药物临床合理应用督导检查力度，8－10月市卫生局将“抗菌药物临床应用专项整治活动”作为“三好一满意”活动的重要内容之一对各区、县（市）中心医院、市直、市管厂企及市管民营医院抗菌药物临床应用情况进行了全面细致的检查，检查结果当场反馈医疗机构，并作为年底局属单位综合目标绩效考评及“三好一满意”活动考评的重要参考依据。

为严肃查处抗菌药物不合理使用情况，加强医药费用的监管控制，有效降低医疗费用，确保达到抗菌药物临床应用专项整治活动预期目标，沈阳市卫生局于8月份要求市直各医疗机构将本单位2012年1－6月份合理使用抗菌药物前十名的医师、不合理使用抗菌药物前十名的医师上报市卫生局。市卫生局对各医疗机构合理使用抗菌药物前十名的医师给予全局通报表扬;对各医疗机构不合理使用抗菌药物前十名的医师给予全局通报批评,由所在单位依据《2012年辽宁省抗菌药物临床应用专项整治活动工作方案》以及所在单位的相应制度给予处理。

按照《2012年沈阳市抗菌药物临床应用专项整治月工作方案》部署,12月对市属医疗机构抗菌药物临床应用专项整治情况进行了督导检查,检查结果向全局进行了通报。

四、医疗机构设备、器械管理工作

1.完成沈阳市市直医疗卫生机构医用耗材品种增补工作,并要求各单位于2012年4月10日开始执行新的《中标候选品种目录》。此次补充招标共新增724个品种,1298个品规,涉及投标企业246个,招标后价格平均降幅达到了12.92%。2012年市属医疗机构医用耗材集中采购金额为5.37亿元。

2.对市属医疗机构申请购买医疗器械的请示进行调研、批复,截至年底共收到医疗机构购买医疗设备的请示96件,已批复91件,对其中82样设备组织了调研论证。

3.组织部分医疗机构参加省卫生厅组织的2012年上半年及下半年辽宁省乙类大型医用设备配置专家论证评审会,以获得乙类大型医用设备配置许可证。

4.按照《2012年沈阳市乡镇卫生院和村卫生室设备配备实施方案》实施步骤安排,6月份接到为沈阳市乡镇卫生院和村卫生室配备设备制定技术参数及组织招标的工作任务后,立即制订了《2012年沈阳市乡镇卫生院和村卫生室设备配备标准制定实施方案》,成立设备配备需求标准和参数制定领导小组,并确定了领导小组组长、副组长及成员单位。

（*卫生局*）

【医改工作】 2012年,全市卫生系统按照"保基本、强基层、建机制"的原则,紧紧围绕医药卫生体制改革重点任务,完善政策,强化措施,明确目标,突出重点,稳步推进医改工作,尤其在村卫生室实施基本医药制度、县级公立医院改革试点两方面成效显著:

一、全面推进,规范运行,不断巩固完善基本药物制度和基层运行新机制

1.统筹规划,全面实施国家基本药物制度。沈阳市政府高度重视村卫生室网底建设,在总结乡镇卫生院和社区卫生服务中心实施国家基本药物制度取得阶段性成果的基础上,2012年,把村卫生室实施国家基本药物制度工作纳入医改工作要点,并作为重点工作来推进。年初,由市医改办牵头,会同市卫生、财政、食药监等相关部门,深入农村组织开展调研,先后制订了《沈阳市村卫生室实施国家基本药物制度工作方案(试行)》及推进村卫生室标准化建设、设备配备、村医补偿4个配套文件。完成了顶层设计和政策措施。经过近10个月的各项前期准备工作,2012年11月底,全市1498个标准化村卫生室全面启动实施了国家基本药物制度,全部药品由乡镇卫生院网上代购配送,全部药品实行零差率销售。投入2407万元,改扩建了1061个标准化村卫生室;部分地区实行了乡村一体化管理

2.筑牢网底,完成标准设施建设。针对村卫生室普遍存在布局不合理、设施简陋、设备短缺,农民群众就医条件差等问题,市政府确定了每个行政村要有1所标准化村卫生室的建设目标,开展了标准化村卫生室硬件建设,先后下发了《关于推进村卫生室(所)标准化建设的实施意见》和《关于印发2012年沈阳市乡镇卫生院和村卫生室设备配备实施方案的通知》两个文件。明确要求,到2012年年底前,全市每个行政村均建设1所标准化村卫生室,房屋面积不少于60平方米,具备通路、通水、通电、通讯、通网络的五通条件,不设病床,按诊断、治疗和储药功能分开设备。市政府对达标的村卫生室以"以奖代补"方式给予资金支持,并参照国家标准,为每个行政村村准化村卫生室重点配备11种基本设备。各区县政府采取多种形式,完成了新建改造标准化村卫生室1498所。市政府筹措资金894万元,由市卫生局负责,按照"填平补齐"的原则,为村卫生室配置高压消毒锅等11类必要的诊疗设备,为实施国家基本药物制度实施打下了坚实基础。

3.严格准入制度,合理配置乡村医生。按照国家省文件要求,原则上按照每一个行政村设1所标准化村卫生室,每千人口配备1名合格的乡村医生,乡村医生必须具有乡村医生岗位证书或执业许可,县级卫生行政部门要严格按照执业医师法和《乡村医生从业管理条例》等有关法律法规,加强准入管理。各地区结合实际,通过村委员会落实、村民民主推荐、卫生行政部门、乡镇政府把关、公平选聘、准入考试等办法,在3762名乡村医生中,遴选出1690名乡村医生,确定为标准化村卫生室执业医生,并签订了聘任管理协议书。

4.开展培训宣传,营造良好社会氛围。为确保村卫生室实施国家基本药物制度平稳有序,市卫生局积极组织落实相关培训工作。按照省、市有关文件要求,对全市乡村医生骨干开展基本药物制度相关知识集中培训,并下发了300余套学习资料,指导乡村医生正确使用基本药物,提高乡村医生合理使用基本药物水平。按照省卫生厅《关于认真做好村卫生室采购、配备基本药物和监管等工作的通知》(辽卫函字〔2012〕601号)要求,市卫生局指导各地做好本地区村卫生室药品的采购、配备、零差率销售和监管等前期准备工作,确保沈阳市村卫生室实施国家基本药物制度工作顺利推进。在做好培训工作的同时,积极开展宣传工作,在村卫生室的醒目位置公示基本药物价格信息和监督电话,全市统一制作了基本药物宣传板,印发了10万份宣传单,市区各级主流媒体对全市村卫生室实施国家基本药物制度工作进行了集中报道,为改革平稳推进营造良好氛围。

5.完善补偿政策,确保持续运行。为确保村卫生室实施国家基本药物制度后,村医合理收入不降低,保证持续运行,制定出台了《关于村卫生室实施国家基本药物制度完善多渠道补偿政策的通知》,在落实到基本公共卫生服务补偿和基本医疗服务补偿(新农合支付一般诊疗费)两个补偿渠道基础上,在全省率先制定出台了财政定额补助政策。

全市平均补助标准暂定为服务人口人均补助6元。其中:市以上财政负担2.4元,10月底之前已全部拨付到位,文件要求各地区、县(市)要结合本地区实际情况,测算确定本地区财政专项定额补助标准,由区、县(市)财政负担的补助资金纳入本地区财政预算,足额安排。截至2012年12月底,各项补偿资金共拨付185万元,其中,公共卫生服务经费为108万,新农合一般诊疗费44万元,财政专项补助33万元。

6.从严监管,完善各级各类绩效考核。市卫生局明确将村卫生室实施国家基本药物制度情况纳入市对区县(市)政府卫生工作目标责任书考核内容。市发改委、市财政局、市卫生局组成联合督导检查组,9月份起对全市各涉农地区进行了督导检查,发现问题要求当地立即整改,检查结果向市政府汇报。各地进一步完善绩效考核体系,将乡镇卫生院为村卫生室代购药品工作作为对卫生院的考核指标之一,同时完善对村卫生室的公共卫生工作完成情况考核,考核结果与公共卫生服务经费的拨付挂钩。市卫生局于年末对各地村卫生室实施国家基本药物制度情况进行了考核,已将考核结果计入市对区县(市)政府卫生工作目标责任书考核评分。

7.跟踪监测,基本药物制度实施初现成效。根据市医改办统一部署,市卫生局负责对村卫生室实施国家基本药物制度情况进行跟踪监测。2012年12月底首次数据监测显示,相关指标呈现不同程度变化。第一,门诊量提高。村卫生室实施基本药物制度前,月平均门诊量为374人,实施基药后月平均门诊量达到476人,增加了27.3%。表明通过药品的零差率销售,广大农民更加愿意到村卫生室就医,减少外出就诊,提供了就近就医的方便条件。第二,次均处方费用降低。实施基药制度前次均处方费用为34.6元,实施基药后这一指标下降到25.3元,下降了26.8%。由此可见,药品加成取消使得处方费用大幅下降,减轻了农民看病负担。

二、加强领导,把握关键,积极稳妥推进县级公立医院改革

1.统一思想,保证县级公立医院改革工作顺利实施。年初,新民市被确定为沈阳市惟一一家县级公立医院综合改革试点县份,新民市人民医院为试点单位。期间沈阳市医改办、沈阳市卫生局多次深入新民调研、指导改革试点先期准备工作。新民市委、市政府亦对此项工作高度重视,成立了县级公立医院综合改革领导小组。沈阳市政府姜军副市长主管卫生工作后,于11月份连续两次组织医改、卫生、发改、编办、人社(含医保)、财政、物价、药监,新民市政府、新民市卫生局、新民市人民医院等相关部门召开专题会议。通过会议与调研,统一了思想,使各相关部门充分认识到新民市县级公立医院改革试点是促进沈阳市卫生事业健康发展的有效途径,是惠民生、合民意的有力举措。同时又是新民市政府,也是沈阳市政府的重要工作。期间就如何做好新民市县级公立医院改革试点工作,如何制定有关政策、落实各项改革措施进行论证和研究;就改革方案和配套文件的制定、部门落实及时限安排进行部署。前后又三次委托徐兴家秘书长分别组织相关部门召开会议协调调度、严格督导、强力推进。要求此项工作一定要在全省率先启动并抓好抓实。

2.多管齐下,公立医院改革全面启动。在市政府的统一领导下,市各相关部门积极行动,市卫生局全程参与、具体指导完成了《新民市县级公立医院综合改革试点工作实施方案(试行)》(总方案)的制定;根据此方案,市物价局、人社局(医保部门、人事部门、工资部门)、财政局、药监局等各相关部门先后出台各配套改革方案和保障措施。新民市政府还制定完成了《新民市县级公立医院实施国家基本药物制度的工作意见(试行)》和1000种《新民市县域总控药品目录(试行)》。鉴于物价调整补偿政策,医保、农合跟进调整政策,分配激励机制改革方案四个配套文件子方案已齐备,2012年12月26日,以所有药品(中药饮片除外)实行零差率销售,取消"以药补医"机制为标志的新民市县级公立医院综合改革试点工作全面启动。2012年12月28日,全省县级公立医院改革推进工作会议在沈阳新民市召开,省县级公立医院综合改革领导小组办公室成员单位及沈阳、大连、鞍山、本溪、丹东、营口、铁岭、盘锦市人民政府、所属11个试点县政府及卫生局、医院共同参加了此次会议。

3.取消以药补医,实施药品零差率销售,加大政府投入。为实施药品零差率销售,新县市成立县域药品采购与监管中心,挂靠新民市卫生局,负责制定县域总控药品目录,所有药品(除外中药饮片)均实行零差率销售。县域内医疗卫生机构药品全部实行集中采购,统一监管。探索切实可行的切断供应商与医院医生间利益往来的政策措施,周密及时地安排医疗、医药业务数据切换。同时,落实和完善政府投入政策,加大县级公立医院综合改革投入。

4.把握关键,细化措施,稳妥推进。为确保试点工作顺利进行,沈阳市卫生局牵头制定了《新民市县级公立医院改革任务分工协作及时间进度表》,明确了其他子方案及配套政策制定、落实的责任部门、配合部门和时限要求。同时细化工作措施,稳步推进各项工作。第一,公立医院管理委员会、医管局、药事专委会、药事监委会、医院理事会、药采监管中心等工作机构完成设置后,及时建立工作制度和章程,避免空转;第二,基本医保补偿、控费和监管机制及时形成细则,及时派驻监管员,避免运转不畅和监管缺位;第三,进一步完善区域卫生发展规划,优化公立医院布局,切实发挥其对改革全局和医院建设的宏观指导作用,提高决策的科学性;第四,预先抓好改革政策培训,使改革领导小组、医院、医保经办机构等各层次人员详细掌握政策,准确加以实施。

5.加强跟踪监测,科学把握动态,确保试点工作成效。县级公立医院改革试点工作是实施以药品零差率为核心的综合改革,是对解决"以药补医"等深层次问题的有效探索。为确保改革能够持续、有效、稳定运行。按市医改办统一部署,市卫生局下发文件对县级公立医院综合改革试点实施跟踪监测月报制度。对改革中医院获取补偿情况、医院运行情况、医护人员收入情况、患者医药费用负担情况、新农合和医保基金安全情况、就诊量变化情况、外转患者数量情况等等进行跟踪统计和监测。同时实行季度汇总,及时分析评价。对运行中出现的问题及时上报、及时研究、及时解决。科

学把握政策口径和运行态势,抓住关键环节,实施重点突破,确保县级公立医院改革的顺利进行。

(卫生局)

体　育

【沈阳市首届体育大会】　沈阳市首届体育大会是沈阳市2012年全民健身年的主要群众体育活动,旨在营造"全民参与全运会,健康生活办盛会"的良好氛围。首届体育大会由沈阳赛区组委会群体工作部主办,各区、县(市)文体局协办。

2012年3月至11月,先后开展了羽毛球、乒乓球、健步走、网球、中国象棋、围棋、桥牌、体育舞蹈、太极拳(器械)、门球、自行车、飞镖等14项比赛。直接参与比赛人数达1万余人,强有力推动全市全民健身活动的参与性、普及性,积极发掘其特有的健身和文化价值,同时也为全运营造浓厚氛围。

(叶　新)

【第26届奥林匹克日长跑活动】　2012年6月11日,为迎接2012奥林匹克日的到来,庆祝毛主席发表"发展体育运动、增强人民体质"题词60周年,中国奥委会决定在沈阳等11个体育发达的品牌城市同时举行中国奥委会第26届奥林匹克日长跑活动。沈阳市主会场设在奥体中心五里河体育场南广场举行,参加群众1万余人。分会场设在各区县(市),参与群众达8万余人。全市累计参与群众达9万人。

第26届奥林匹克日长跑活动以"全民参与,健康生活"为主题,是继迎全运百万市民健步行活动后的又一"双百万"活动之一,充分展示了全市人民的精神风貌,彰显"团结、拼搏"的体育精神,检阅全市的体育队伍,反映全市的综合实力,旨在号召全市人民积极行动起来,投入到全民健身行列中去,推动全市体育运动的蓬勃开展,在全社会形成重视体育、崇尚健身的良好氛围,以实际行动迎接第十二届全国运动会的召开。

(叶　新)

【2012世界女子9球锦标赛】　2012世界女子9球锦标赛于2012年6月14日至21日在沈阳华府天地举行,来自20多个国家和地区的100余名顶尖高手来沈参赛。经过激烈角逐,英国的费雪、中国付小芳、刘莎莎分别获得本次世锦赛前三名。

世界女子9球锦标赛落户沈阳已经第四年,已纳入沈阳市2012年开展的"文明全运、微笑沈阳"的大型系列活动中,是在全市人民喜迎全运会的大环境下举办的一项国际赛事。也是辽沈地区建国以来举办的最高级别的体育赛事,得到辽宁省和沈阳市政府的大力支持,同时也得到国家体育总局和世界撞球协会的高度认可。沈阳市人民政府每年都将该赛事列为大型活动之一,已经成为家喻户晓的品牌赛事。

(叶　新)

【第九套广播体操展示交流活动】　2012年8月8日,在全国第4个"全民健身日"到来之际,由国家体育总局、辽宁省人民政府、中华全国体育总会、中国奥委会和第十二届全运会组委会主办,辽宁省体育局、沈阳市人民政府和第十二届全运会沈阳赛区组委会承办的"2012年全民健身日全国第九套广播体操展示交流活动"在沈阳市铁西区全民健身广场隆重举行。来自第九套广播体操全国通讯赛一等奖获奖代表队和辽宁省直机关、沈阳市机关、企业、科研机构的干部职工,在校学生、社区居民和行业体协的代表,超过万人参加了本次广播体操展示交流和太极拳、花式跳绳、木兰扇表演、健身秧歌、乒乓球、网球、门球表演赛等11项健身嘉年华活动。国家体育总局副局长冯建中、群体司司长盛志国,副省长滕卫平,辽宁省政府副秘书长马祥图,沈阳市委副书记邢凯,沈阳市副市长姜军出席活动并观看了大众健身嘉年华展演。

全民健身日活动以"每天锻炼一小时,健康生活一辈子"为主题,旨在全面贯彻落实《全民健身条例》和《全民健身计划(2011－2015)》。也是第十二届全运会倒计时一周年之际,举行的一次大规模群众性体育活动。进一步引导和动员广大群众积极参加科学文明的体育健身活动,提高健身意识和健康素质,在全市营造喜迎全运、创建文明城市的浓厚氛围,努力将沈阳市打造成全民健身之城,文明健康之城,为成功举办第十二届全运会贡献力量。

(叶　新)

【群众体育成果展示活动】　为营造喜迎全运会的良好氛围,"迎全运盛会,创文明城市—沈阳市群众体育成果展示活动"于2012年8月18日,在五里河公园(秦开广场至富民桥)举办。活动以"全民参与健康生活"为主题,传播健康的生活方式,打造群众体育品牌活动,为百姓提供参与全运,展示自我的舞台。市领导曾维、陈海波、赵长义、邢凯、马占春、徐璐、姜军、赵晓川以及省体育局副局长宋凯参加活动。

市民代表、奥运冠军孙福明宣读了《开展全民健身活动倡议书》、省体育局副局长宋凯为全民健身爱好者赠送了运动服装和健身用品,市委副书记邢凯为沈阳全民健身市民明星代表颁发了证书,市人大主任赵长义为沈阳市全民健身形象大使孙义权授旗。

群众体育精品展示突出特色体育、少数民族体育和市民参与度高的体育项目。广大市民、单项体育协会、体育俱乐部、健身爱好者为本次活动的参与主体。通过老、中、青、少四个年龄段的体育展示反映全市群众体育发展成果。活动包括"群众体育精品展示、健康咨询、体育庙会、体育比赛、体育成就摄影图片长廊"共五大版块。

(叶　新)

【万人跳绳挑战吉尼斯世界纪录活动】　2012年9月29日,由十二运沈阳赛区组委会主办,浑南新城建设工作领导小组办公室、市体育局、皇姑区人民政府承办,绿城·沈阳全运村建设有限公司协办的"绿城杯"万人跳绳挑战吉尼斯世界纪录系列主题活动在浑南新城中央公园(市民广场)举办。近1万名由沈阳市大、中、小学生、机关干部和广大市民等健身爱好者组成的跳绳队伍,成功挑战了由新加坡创造的3105人在3分钟内同时跳绳的吉尼斯世界纪录。沈阳市拥有了第一个群众性体育活动吉尼斯纪录。

(叶　新)

【太平洋国际学校杯世界艺术花球大师

表演赛】 2012年7月13至15日，由沈阳市体育总会主办，北京华奥世体体育发展有限公司、沈阳市台球协会承办的"2012中国·沈阳太平洋国际学校杯世界艺术花球大师表演赛"在沈阳北约客维景国际大酒店举行。共有来自美国、法国等6个不同国家的12名选手参赛，世界排名前九位的选手悉数亮相，其中有5人都曾获得艺术花球比赛的世界冠军。经过两个比赛日、400局的激烈角逐，来自美国的花球名将杰米·格雷凭借出色的发挥最终摘得大赛冠军。同时，加拿大名将尼克·尼古拉斯、阿根廷选手塞巴斯蒂安·吉梅力等8名选手分获缩杆、跟球等八个单项奖殊荣。

本次表演赛的成功举办必将在沈阳乃至全国掀起开展艺术花球项目的热潮，必将推动艺术花球运动项目在全国的推广和普及，开创了沈阳市由单项体育协会承办国际比赛的先例，填补了我国艺术花球体育赛事的空白。

（叶 新）

【体育惠民办实事项目超额完成】 按照市政府2012年为民办实事的总体要求，沈阳市体育局承担400个村屯户外健身器材安装和109个乡镇、街道全民健身广场（场所）建设任务。为确保体育惠民办实事项目扎实有序推进，沈阳市体育局高度重视，将办实事项目列入重要议程，多次召开专题调度会，加强点对点指导督办，严格按照时间节点落实各项工作任务。截至2012年11月25日，400个村屯户外健身器材全部安装完成；建成和平区南湖街道全民健身活动场所、皇姑区陵东街道全民健身广场、大东区大北街道全民健身活动中心、沈河区朱剪炉街道全民健身活动场所、铁西区艳粉街道全民健身广场等111个，超额完成了市政府下达工作任务。

（叶 新）

【体育彩票销售额首次跃居全省第一】 2012年，沈阳市体育局以强化管理为手段、以实现突破为目标、以惠及民生为主旨，扎实推进体彩营销宣传、市场管理、渠道建设、安全运行等工作，网点规模稳步增长，营宣手段不断改进，销量再创历史新高。截至12月31日，体育彩票销售额达到17.63亿元，占辽宁省体育彩票销售总额33.72%，超过沈阳市福利彩票销售额2.33亿元，领先大连市体育彩票销售额0.97亿元，比上年同期增加6.59亿元，增长59.76%，市场份额从45.4%提升至53.5%。筹集市级公益金1.16亿元，比上年同期增加4371.7万元，增长60.08%。发行费收入2544.97万元，比上年同期增加999.55万元，增长64.68%。沈阳市体育彩票销量和增幅首次跃居全省第一名、位列东北三省同行业榜首，销量和公益金三年翻三番，体育彩票销售工作在持续、快速、健康的轨道上再次实现了跨越式增长。

（叶 新）

【全民健身中心全面竣工】 沈阳市全民健身中心项目选址于和平区南三马路61号，2011年7月19日开工建设，2012年12月31日全面竣工，占地面积7629平方米，建筑面积3.5万平方米，包括地下二层6610.58平方米，地上四层（局部五层）2.84万平方米，建筑高度37.3米。功能分区因地制宜、科学合理，地下局部二层为汽车库，半地下一层为车库和设备用房；地上一层为门厅、乒乓球馆、国民体质检测中心、儿童活动室及成长干预中心、消防控制室、值班室等；二层为武术馆、瑜伽馆、跆拳道馆、运动康复中心、管理中心等；三层为健美操馆、全民健身展览馆、中老年健身馆、体育舞蹈馆、棋牌中心等；四层为羽毛球场、飞镖馆等；局部五层为休息区、淋浴室、更衣室等。

沈阳市全民健身中心项目是十二运沈阳赛区的重点任务之一，是市委、市政府办赛事、惠民生的重要体现，对于惠及百姓，提高大众健身意识和健康水平具有重要作用，百姓关注，意义重大，影响深远。

（叶 新）

社 会 民 生

百姓关注

【打造“群众满意工程”】 2012年，沈阳市紧紧围绕促进社会和谐，把创先争优活动与为民服务和改善民生相结合，通过积极开展“办实事解民忧惠民生”活动，突出抓好窗口单位和服务行业的创先争优活动和全方位开展深入基层为民服务活动，打造“群众满意工程”。

沈阳市从创先争优活动启动之初，就着眼于为群众解难题、办实事上，精心策划并组织开展了“办实事解民忧惠民生”活动。全市各级党组织通过结对帮扶、志愿者服务、惠民行动等特色载体，与贫困群众结成对子14.7万个，建立党员志愿者队伍6000多支，为群众办好事实事28.9万件。在农村党员干部中开展“为民服务全程代理”活动，通过在乡镇设立为民服务办事大厅，在村屯设立为民服务代理点，为群众提供33类200余项服务业务，实现“群众动嘴、干部跑腿、办事找代理”；在社区自管党员和在职党员中，连续13年开展“共产党员社区奉献日”活动，每年都有20多万名党员参与整治社区环境、共建美好家园等义务奉献活动。同时，市委、市政府还从解决群众急需解决的问题入手，解决百姓关注的“十件实事”，让振兴发展成果更多地惠及全市人民。

沈阳市将创先争优活动作为推动机关工作作风转变的有利契机，以“城市更美好、服务创一流”为主题，在全市党政机关、公共服务单位及所属服务窗口开展了以实施“一把手”工程、树立“一盘棋”思想、做到“一条龙”服务、开展“一杯茶”活动为主要内容的“四个一”活动，共有13.6万名党员做出承诺事项40余万件，为民办好事实事73万余件次。

沈阳市以“合力促振兴、献礼十八大”为主题，全方位、多渠道地推进深入基层为民服务活动。围绕助推经济发展，开展“双进双解”活动；围绕创新社会管理，开展“四进四加强”活动；围绕改善民生，开展“三帮扶三推动”活动；围绕加强基层组织，开展“党员领导干部直接联系基层党组织”活动。全市各级党政机关与农村、社区、非公有制企业等基层党组织结成共建对子2720个，深入基层为民服务的机关干部达2.93万人，帮助困难群众解决实际问题3.66万件。特别是针对后进村党组织力量薄弱、基础条件差的问题，各级领导干部入村调研指导1000余次，各级帮扶部门投入帮扶资金2700余万元，兑现政策、资金承诺550余项，使全市119个后进村面貌有了明显转变。

（鉴 闻）

【企业退休养老金上调】 2012年，辽宁省出台《关于进一步保障和改善民生的意见》，提出在完成好政府工作报告明确的各项民生工程的基础上，继续加大投入，通过15项举措进一步保障改善民生。

这15项举措主要涵盖就业、医疗、教育、养老、困难群体救助、保障性住房建设等多个领域，受益面广泛。提高企业退休人员基本养老金标准。企业退休人员月人均基本养老金由2011年1462元提高到2012年的1662元，即人均每月增加200元。全省城镇居民基本医疗保险参保率再提高3个百分点，达到95%；城镇居民基本医疗保险政府补助标准由每人每年200元提高到240元。城市低保月平均标准由310元提高到365元，月人均救助额由213元提高到243元；农村低保年人均标准由1930元提高到2410元，月人均救助额由78元提高到116元。提高农村五保对象供养标准。集中供养年人均标准由4000元提高到4600元；分散供养年人均标准由2400元提高到3000元。提高孤儿最低养育标准。机构集中供养孤儿月人均最低养育标准由1000元提高到1300元，社会散居孤儿月人均最低养育标准由600元提高到800元。

（鉴 闻）

【低保新细则实施】 2012年10月1日，新的《沈阳市城乡居民最低生活保障制度实施细则》（以下简称“新细则”）正式实施。新细则与老细则相比，扩大了城乡低保的保障范围，如妇女在哺乳期生活困难的、靠父母或者兄弟姐妹供养的成年重度残疾人（一级、二级）且单独立户的，可申请城乡低保。新细则最大的变化是实现了城乡分类救助水平的统一，解决了城乡之间差别救助。在老版本中，城市低保家庭中“70周岁以上老人”按照当地城市低保标准上浮30%享受分类救助，而农村低保家庭的70岁以上的老人只能享受上浮20%的分类救助。新细则实现了一视同仁，农村70周岁以上的低保老人同生活在城市的老人一样，享受上浮30%的待遇。新细则规定，城市低保家庭中，在读小学、初中学生的保障金按照比例上浮20%。这是首次提出来的，以前只有农村在义务教育阶段在读的未成年人才会按比例上浮。同样，在新细则里，城市低保老人保障金上浮20%，只需“满足60周岁以上”这个条件，而不用像以前那样，必须满足残疾或者重病等条件。为了减轻老年人的生活负担，新细则规定：高龄老人的生活补贴不计入家庭收入；子女家庭月人均收入低于当地低保标准1.5倍的，该子女给老人的赡养费，不计入老人的家庭收入；父母双亡的和祖父母生活在一起的成年人，如果丧失劳动能力，也首次被计入共同生活的家庭成员中，成为计算家庭成员人均收入的基数。

新细则规定，因为哺乳，或者护理重病病人等特殊原因，确实不能出去工作的与所在社区（村）委员会建立登记见面制度后，要按照他们的实际情况计算家庭收入。如果符合低保条件，就必须给予保证。新细则还规定，靠父母或者兄弟姐妹供养的成年重度残疾人（一级、二级)且单独立户的,可单独申请城乡低保。如果有劳动能力,还一味依靠低保"混吃喝"的人将会受到处罚。新细则首次对低保人员应履行的义务作出了规定。新细则中规定,法定劳动年龄内、有劳动能力但尚未就业的城市低保对象,要到户口所在地公共就业服务机构登记,参加其所在社区组织的公益性劳动和职业技能培训,无正当理由不得拒绝公共就业服务机构介绍的就业岗位。法定劳动年龄内,有劳动能力的农村低保对象应当从事生产劳动和外出务工。如果违反相关规定,情节严重的,6个月内不予受理低保申请或停发低保金。

(鉴 闻)

【上调失业保险金】 从2012年7月1日起,沈阳市再次调整失业保险金标准。和平区、沈河区、铁西区、皇姑区、大东区、东陵区(浑南新区)、于洪区、沈北新区、苏家屯区、沈阳经济技术开发区、蒲河新城、沈阳棋盘山国际风景旅游开发区累计缴纳失业保险费满1年不足10年的失业人员,失业保险金标准由每月630元调整到770元;累计缴纳失业保险费满10年以上(含10年)的失业人员,失业保险金标准由每月720元调整到880元。

新民市、辽中县、法库县、康平县累计缴纳失业保险费满1年不足10年的失业人员,失业保险金标准由每月525元调整到630元;累计缴纳失业保险费满10年以上(含10年)的失业人员,失业保险金标准由每月600元调整到720元。

(鉴 闻)

【退休人员个人医保账户划转政策调整】 从2012年7月起,进入到市民医疗保险个人账户的资金发生变化。建立城镇职工基本医疗保险门诊统筹制度后,沈阳市调整退休人员个人账户划账政策,以保证门诊统筹基金的筹集。退休费高于上年度社会平均退休费的退休人员医疗保险个人账户划账基数保持不变,退休费调整部分按年龄段定额划账;退休人员原划账年龄的比例保持不变;退休人员最低划账基数为上年社会平均退休费;退休人员定额划账和最低划账基数的调整时间为每年7月份。退休人员个人账户中,退休金增加部分不再按划账比例进行计算,而是按年龄定额计算。

(鉴 闻)

【提高住院医保报销比例】 2012年,沈阳市进一步提高城乡医疗救助水平,实现城乡贫困群体全部参加基本医疗保险和新农合。进一步提高住院费用支付比例,缩小与实际住院费用之间的距离,减轻群众就医负担。城镇职工基本医保住院费用报销比例、城镇居民基本医保政策范围内住院费用支付比例达到国家、辽宁省政策标准。新农合住院报销比例在现有基础上提高5个百分点,达到75%。进一步提高城乡医疗救助水平。通过加大救助资金投入,实现城乡贫困群体全部参加基本医疗保险和新农合,减低起付线,提高救助封顶线,对救助对象政策范围内住院自付医疗费救助比例提高到50%以上。加快建立重特大疾病保障制度,充分发挥基本医保、医疗救助、商业健康保险、多种形式补充保险和社会慈善的协同作用,逐步解决重特大疾病患者因病致贫问题。实现基本药物延伸到村,并实现全域覆盖。对非政府办基层医疗卫生机构,当地政府将采取购买服务的方式将其纳入实施范围。非政府办基层医疗卫生机构推广使用国家基本药物,基本药物的配备率不低于70%,使用率不低于50%。在公立医院改革方面,调整公立医院服务结构,试点设立市、区两级符合老年人治疗、护理、康复、晚期病人临终关怀为一体的专门老年病医疗服务机构。

(鉴 闻)

【新农合惠及全市农民】 2011年,沈阳市参合农民达到233.3万人,参合率达到99.3%,最高报销封顶达到12万元,111.89万人次的沈阳农民受益。2012年,全市新农合筹资标准提高到290元,住院费用报销比例提高到75%左右,最高支付限额不低于农民人均年收入8倍,并建立重特大疾病保障金。新农合制度不断完善,农民看病难、看病贵问题得到有效缓解,200多万农民群众得到了实实在在的好处。

(鉴 闻)

【养老机构入住协议实行统一规定】 沈阳市统一规范养老机构入住协议,全市养老机构反映到民政部门的投诉率下降了47%。《沈阳市入住养老机构协议书》是沈阳市民政局、沈阳市养老服务协会聘请专业律师经过前后4次修改最终确定的,全方位阐明了入住老人、老人家属和养老机构三方的权利和义务。协议需由院方、养员及家属三方签订。协议提出了甲方(养老机构)的性质、乙方(养员)入住须具备的条件和丙方(监护人、赡养人、抚养人)的连带责任。协议还明确了收费等敏感问题计费标准。乙方于协议签订时向甲方一次性缴纳一个月的各项费用。如办理退院时,不足10天的按10天计算,以此类推。入住第一个月乙方退院甲方不予退费。乙方每月需缴纳床位管理费、伙食费、护理费等相关费用,上述费用为上打租支付,乙方应在每月规定日期前交纳下月各项费用,拖欠费用时,每超期一天,加收应交款的1%滞纳金及由此产生的相关费用。协议明确了养员、家属和养老机构三方的责任、义务。协议制定时从管理者的角度考虑供需双方的责任、义务,力争体现公平、公正。如协议中规定了养老机构必须满足乙方提出的合理建议和要求,应认真听取并及时给予反馈,尽最大可能满足乙方的要求、养老机构必须保证院内设施安全,为乙方提供舒适的生活条件、对因工作人员失职造成的责任事故负责等14条养老机构应履行的义务。

(鉴 闻)

【首批新建公租房分配入住】 2012年10月,沈阳市第一个新建公租房项目——地铁丽水新城一期4562套公租房装修和园区配套建设完成,陆续分配入住。户型有两种:单室(40平方米)、双室(68平方米);每套月平均租金300元至400元左右;无房户优先配租。本次新建公租房保障对象主要是城镇中等偏下收入住房困难家庭、新就业全日制普通高校毕业生(2008年以来毕业生)家庭、外来务工人员家庭。在收入方面,申请门槛是家庭人均月收入低于1700元;单身28周岁以上,月收入低于2500元。自沈阳启动租赁社会房源作为公租房以来,各类报名家庭共2万多户。申请者可自愿选择租赁社会房源作为公租房,或租赁新建公租房,但二者只能任选其一。租金低于市场价30%左右.

为了确保首批新建公租房配租公平、公正,防止"有钱人"骗住公租房,申请家庭要经过严格审查,要过两道"公示关",当社区将相关材料和受理意见上报街道后,街道办事处要进行公示。符合条件的,要在"沈阳市住房保障网"

上公示。此外,还要经过多轮次的核查,最终,申请人才能进入“轮候库”,进行摇号配租。

(鉴 闻)

【安居工程】 2012年,沈阳市铁西区投入1.05亿元资金用于老旧小区改造工程,涉及84个小区,共计256万平方米。老旧小区环境改造、街路粉饰美化、弃管房屋维修、供热管网改造等各项工作圆满完成。在老旧小区改造中,区房产局根据区域的具体情况,做到应修即修、应补即补,充分采纳群众的建议,尊重民意,满足居民的居住要求。协调供热、煤气、自来水等相关部门的联席会议,使相关问题同步解决。施工现场实施规范管理,要求施工一段清理一段,不能影响到居民生活。并在每一个现场设立公示板,接受社会各界监督,确保小区环境改造的成果。

针对采暖期存在的问题,铁西区投入资金2000余万元,围绕拆除联网、“三修”、老旧管网改造等重点项目,切实解决供热工作中存在的问题。“三修”、老旧管网改造基本结束,其他各项工作也都在收尾阶段,冬季供热工作将进一步向好的方向发展。

铁西区房产局深入基层、机制灵活、反应迅速的房产维修工作机制在实际工作中卓有成效,形成“一街一保,双向管理”和“齐抓共管,多方联合”的工作机制。局属10个维修公司分别包保全区13个街道办事处的每一个社区,直接与街道办事处和社区对接,群众遇到房屋维修问题,可以直接向包保公司求助。深获好评的“房产招手停”便民维修小黄车即是区房产局房产维修工作一项具体举措。

创城工作开展以来,铁西区房产局共维修给水管线160处,维修水溜管112处,维修疏通下水1450处,屋面防水58栋、涉及面积5.14万平方米,修补路面7085平方米,维修大门48处,重点创城点位楼道窗进行整治700余个,抢修给水管线83处,房产维修队对沿街破损建筑物进行整治,已整治台阶、散水等破损建筑物443件,雨季汛期应急抢修47次。

(鉴 闻)

【3万户居民用燃气壁挂炉采暖】 自2011年沈阳市取消家庭使用燃气采暖限制以来,全市采用单体燃气壁挂炉采暖的居民户已超过3万。单体燃气壁挂炉集采暖及供热水两项功能于一体,用户可根据需要,自主选择供暖时间,自主调节温度,尤其是10月中下旬和4月上中旬,在开栓供暖前和供暖刚结束室内温度较低时,单体燃气壁挂炉的优势更为明显。

为满足单体燃气壁挂炉采暖的新需求,从6月30日起,沈阳燃气集团简化办理流程,用户只需拨打燃气客服电话“96177”或到居住地的燃气营业厅办理登记即可。燃气集团除按规定收取更换大流量燃气表、改装室内燃气管线的费用外,不需再交纳其他费用。安装单体燃气壁挂炉时,所需材料可由燃气集团提供,根据壁挂炉位置,连接管线长短,所需配件多少收取基本费用。材料也可由用户自备,燃气集团不收人工费用。

燃气壁挂炉采暖,燃气价格与普通居民日常使用燃气价格相同,即每立方米3.3元。如果是100平方米的房间,每年需要5000元左右费用。而传统供暖按每平方米28元计算,一般需要2800元。对于单位报销用户,燃气集团可出具正规燃气采暖发票。

(鉴 闻)

【免费整改燃气隐患】 从2011年10月开始,沈阳燃气集团有限公司投资3000万元,为全市特殊群体燃气用户提供常态化免费整改安全隐患的服务。涉及的特殊群体包括独居老人、无整改隐患能力的病人或残疾人、特困户、老红军、老干部等;免费整改的安全隐患包括炉具与气源不匹配、燃烧不充分;火嘴安装在隐蔽处,无法正常开关;燃气管线穿过卫生间或寝室、腐蚀严重等燃气隐患的绝大部分方面。截至2012年3月29日,通过入户“安检”对特殊群体燃气用户进行筛选,已为8万户特殊群体燃气用户提供了免费整改服务。其中,免费更换胶管为整改项目当中之最,突出的隐患问题为胶管老化、使用非燃气专用的塑料管和不耐腐蚀的水管等,共为6.56万户换胶管,胶管总长12.7万米,安装胶管卡子23.9万个;更换燃气火嘴1.4万个;为4590户进行室内燃气管线改装。

(鉴 闻)

【“五类人群”冬季采暖不用自掏腰包】 2012—2013年度采暖期,符合相关政策规定的特殊困难的“五类人群”冬季不用掏一分钱,即对于低保户、上年底前因企业转制或并轨与其解除劳动关系的军队转业干部和市级以上劳动模范、经市军转办确认为未就业自主择业的军队转业干部、1993—1999年军队复员干部、市属特困企业中的“五方面人员”,在其住房控制面积标准内继续按100%给予采暖补贴。

此外,特困企业、低保边缘户等困难群体也可以按一半以上比例享受供暖补贴。困难群众可以到经办单位按相关程序领取供暖补贴。低保边缘户补贴比例为68.57%,个人承担采暖费的比例为31.43%。经认定的市属特困企业(一般职工)采暖补贴比例为52.46%,其余部分由职工所在单位、职工个人承担。

(鉴 闻)

【水务集团推出十项措施】 2012年2月17日,沈阳水务集团启动了“优化水务环境,决战全运盛会”战役,十项优化水务环境、提高服务质量、增强保障能力的惠民措施出台。十项惠民措施包括:开通供水信息手机发布平台,让百姓及时了解供水信息;聘请1000名供水服务义务监督员,全市每个社区至少有1名居民代表,全面接受社会监督;完成121处二次加压泵站改造任务;开展星级泵站创建活动,年底500处泵站达到星级以上管理水平,确保水量足、水质优;解决和平区南市小区、皇姑区加州花园、客运新村等10处居民小区冬季用水高峰期供水不足问题;成立供水应急抢修110便民服务队,对影响百姓正常用水的问题实行30分钟到现场,为百姓提供贴心服务;实行中心城区一、二级街路排水设施水患问题40分钟到现场;在现有3辆应急送水服务专用车基础上,再增加5辆应急送水服务专用车;对全市288个重点建设项目实行实名负责、绿色通道、现场办公等一站式服务举措,确保项目顺利实施;擦亮“营业缴费、行政审批、泵站运行、维修施工、热线受理”五大服务窗口,以环境清洁、服务文明的全新形象,迎接全运会的召开。

(鉴 闻)

【设立公共自行车服务点位】 从2012年9月10日开始,沈阳市公共自行车全面运行。在此期间,市有关部门在地铁青年大街站附近设办卡点,市民到办卡点只需交付一定押金,就可办理“使用卡”使用自行车。使用期满后,押金可退还。使用公共自行车期间,市民可以在任意网点取车、停放。

此次沈阳市自行车体验活动采用1小时内免费形式。沈阳市公共自行车体验活动设10个服务点位,沈阳市公共自行车体验活动的服务点位设置是以百联购物中心为中心点,在方圆2公里左右的范围内选择设置10个公共自行车服务点位。结合广大市民的建议,经过规划、交警等部门专家实地考察后,初步确定了10个点位的选址,分别位于沈阳日报报业集团、市人才市场、市府广场、市科协、辽宁日报报业集团原址、七纬路、百联购物中心、金厦广场、领事馆绿地、热闹路。

(鉴 闻)

【居民阶梯电价试行】 从2012年7月1日起,沈阳市开始实行阶梯电价,每户家庭一年用电在2160度以内不涨价,仍为0.50元/度的标准。月均用电量在181－280度以及281度以上的,分别上涨0.05元/度和0.3元/度。与阶梯电价听证方案相比,此次试行方案规定的分档电量有所提高。虽然阶梯电价划分以月用电量为标准,但这不意味着月用电量在180度以下的家庭每月电费不变,高于181度的家庭每月电费就会增加,因为居民阶梯电价是以年用电量为计算周期的。

实施阶梯电价后,当前按月抄表并结算电费的方式不变,当累计电量达到年度阶梯电价分档基数临界点后,开始实行阶梯加价。对未实行"一户一表"的合表居民用户和执行居民电价的非居民用户(如学校等),暂不执行居民阶梯电价,而是按此次分档电量价格的平均提价水平调整,每度提高0.02元。试行居民阶梯电价后,由省电力公司对全省城乡"低保户"和农村"五保户"每户每月按现行电价标准0.50元,采取先收后返的办法,分别给予10度免费电量。第一档月用电量180度及以下,用电价格不变,即每度电价0.50元;一年内累计用电量在2160度(180度×12个月)及以内的,按第一档电价标准执行;第二档月用电量为181－280度,在第一档电价的基础上,每度加价0.05元,即每度电价0.55元;年用电量累计高于2160度低于3360度(280度×12个月)的,按第二档电价标准执行;第三档月用电量为281度及以上的电量,在第一档电价的基础上,每度加价0.30元,即每度电价0.80元;年用电量累计在3361度及以上的,按第三档电价执行。

(鉴 闻)

【盲人"有声借阅室"落成】 2012年6月29日,"辽宁都市广播盲人有声阅览室"在大东区荣乐社区落成。这是沈阳市内首家能实现有声读物借阅的盲人阅览室,在这里盲人朋友不仅能在电脑上"听"书,还可用电子移动设备将有声读物存取回家收听。以往,盲人的阅读方式是最传统的触摸盲文书。由于盲文书写的特殊性,一本盲文书的厚度至少是普通书籍的5倍,读起来很不便。有数据表明,全国平均1.4万盲人每年才有1种新书,而正常人每人年均可拥有至少40种出版物。为了能让视障群体更多地获取知识,辽宁都市广播与大东区盲人协会共同创建了"都市广播盲人有声阅览室",为大东区2552位盲人提供有声读物、电子图书、电影录音剪辑等有声资源。阅览室内所有电脑均由爱心人士捐赠而来。

(鉴 闻)

【残疾人托养康复中心投入使用】 2012年6月8日,沈北新区残疾人托养康复中心启用,12个专业训练室,崭新的康复设备,共200张床位的托养房间,给残疾人朋友们提供一个理想的康复场所。在沈北新区残疾人托养康复中心肢体康复综合训练厅内,各式各样的康复器材有30多种,可同时为20名残疾人进行有针对性的康复训练;综合训练室则可以让智残儿童同时进行认知、语言、体感功能的康复。沈北新区残疾人托养康复中心的建设是依托于区中心敬老院,住在敬老院里的残疾老人们随时可以去进行康复训练。

(鉴 闻)

【开通食品安全热线"96151"】 2012年9月8日,辽宁省食品安全咨询投诉举报电话"96151"正式开通启用,沈阳市百姓遇到食品安全方面的问题,都可以直接拨打"96151"进行咨询、投诉和举报。"96151"食品安全热线在每天9时至21时由人工接听,在21时至次日9时由语音自动接听。对于人民群众想了解的食品安全相关问题,热线受理人员或者立即予以答复,或者帮助咨询者向食品安全专家求助,再将专家解答的内容第一时间回复给咨询者。如果在食品消费过程中消费者自身权益受到侵害,可以拨打"96151"热线进行投诉,消费者的维权诉求会转给相关的食品安全监管部门办理,在规定时限内解决消费者的投诉问题。当群众发现有人从事这样或那样的食品安全违法违规行为,可拨打"96151"热线进行举报,举报事件一经查实,按照《辽宁省食品安全举报奖励办法》的规定,举报人会得到最高20万元的举报奖励。

(鉴 闻)

【公示215家"A级"餐饮单位】 2012年9月24日,沈阳市食品药品监督管理局在其官方网站上公示了215家餐饮服务食品安全A级单位,这些餐饮单位陆续在门店的显著位置,挂上一个"笑脸",代表就餐风险较低,食品安全状况优秀。A级餐馆"名店"居多,按照餐饮许可类别,此次公示的A级餐饮单位除了幼儿园、学校和单位的食堂之外,主要分为三类:一类是特大型、大中型餐馆,其中大多是沈阳市民非常熟悉的,如筷道、丽都喜来登等餐饮单位或其部分门店;第二类是快餐店,如麦当劳、肯德基等部分门店;第三类是饮品店,如星巴克等部分门店。加上此前公示的89家A级餐饮服务单位(主要都是机关、学校等食堂),全市公示的"A级"餐饮服务单位共304家。

(鉴 闻)

【共建维权平台】 2012年9月28日,由三好街高科技园区管委会、浑南新区工商分局、三好街电子商会积极支持,东软电脑城、百脑汇、赛博、华强四大卖场共同发起的三好街首个消费者投诉维权平台正式启动。此举标志着消费者维权将享受更标准的理赔等服务。

该平台建立后,四家卖场将统一维权名称,在各自卖场内设立专门的投诉区。浑南新区消协对投诉区长期监管,设置统一的导识帖,即在卖场的任何一个角落,消费者只要按照通道地面上的指示标,就能找到投诉区进行维权。

(鉴 闻)

【沈城首个全民健身中心建成】 2012年8月31日,于洪区全民健身中心正式建成并投入使用,它也是沈阳市第一个建成并投入使用的全民健身中心,该中心创新性地采取"企业投资、政企合作"的运营模式,高标准地完成了建设任务。于洪区全民健身中心总投资近5亿元,由两个项目共同构成，它们分别位于沈阳恒大绿洲和北陵街道怒江北街，周边共可辐射南阳湖、城东湖及迎宾路、于洪、沙岭、北陵、造化、陵西及平罗9个街道45万人口。中心室内共有4层活动场所，设有游泳、乒乓球、篮球、动感单车、轮滑等16项运动建设项目场馆。同时，室外建有笼式足球、篮球等多功能场地和排球、网球等运动场地。

为了让全运会惠及更多百姓，沈阳市启动建设了市区两级共计14个全民健身中心，并按照"建成一个，开放一个，成功运行一个"的要求，以惠民、利民为原则，为沈城百姓提供高水平的健身场地。此外，沈阳市还加强了基层全民健身设施建设，实现乡镇3000平方米健身广场全覆盖、街道1500平方米健身广场或600平方米室内健身活动场所全覆盖，全市行政村全部建成农民健身广场。

（鉴 闻）

【铁西滑翔室内全民健身中心免费开放】 2012年10月，东北最大的室内健身中心——占地达4万平方米的铁西滑翔室内全民健身中心免费向市民开放。铁西滑翔室内全民健身中心前身是地处滑翔地区的神羊游乐园。这座占地近12万平方米的室内游乐园自1997年投资兴建以来，历经多家内商、外商投资又撤资，期间建建停停。根据游乐场原有场地的情况，铁西区规划设计了环形健身步道、轮滑、门球、乒乓球、篮球、羽毛球、排球等多种运动分区。该全民健身中心完全实行"政府主导、全民共享"的原则，中心建成后可容纳3000人以上同时健身，能满足各年龄阶段人群不同层次的健身需求。

（鉴 闻）

【举办中国首届（沈阳）庙会文化节】 2012年9月29日，中国首届（沈阳）庙会文化节在和平区皇寺文化广场拉开大幕。中国首届（沈阳）庙会文化节是继2004年起成功举办过23届皇寺庙会的基础上进行的一次重大提升，更是一次辽沈文化精粹汇演。中国首届（沈阳）庙会文化节由老北市文化园开园、皇寺庙会、辽宁省非物质文化遗产展示馆落户签约、城市记忆老沈阳博物馆开馆及主题论坛等五大部分组成。来自北京、上海、南京庙会的民间艺人，辽宁省非物质文化遗产传承人逐一亮相。为反映老北市地区悠久的历史和传统文化风情，在开幕仪式上，组委会特意安排了极具特色的民俗节目：开场静鞭三声，鼓号齐鸣，随后是传统宫廷文化礼仪表演，以及格格走秀等，让现场观众一饱眼福。

（鉴 闻）

【"老北市"重新开市】 2012年10月13日，沉寂多年的老北市重新开市，这里有美食街、特色商品街、演艺街、食品街、日用百货街等，其中文化广场商棚数量为120个；老北市文化园内街以金砖大道、银砖大道、祈福大街、状元大街为载体设置160个特色商亭；在老北市文化园内街单体楼处打造特色美食街，设立约20个封闭、保暖商亭，建立室内特色商品集市。这里设日市和夜市。日市时间为星期六、日7时—17时；夜市时间为星期一至星期五16时—21时。

老北市正式开市后，北市锡伯族家庙前有演出活动，其中主题为"盛京皇寺·神韵风清·特色北市·蓝海家园"老北市文化园公益演出。老北市演出团体大都为和平区演出单位，如和平区五环京剧团、和平区白鸽评剧团、和平区奉天落子剧团，举办京剧、评剧、奉天落子专场演出。演出形式分为古装整场大戏、折子戏、现代京评剧。

（鉴 闻）

【南京北街医大一院门前地下通道开通】 2012年10月底，南京北街、医大一院门前地下通道正式开通。地下通道的两侧出入口宽7米，主通道长达40.6米、宽度6米，地道顶端与地面相距4米深，内部将进行简单装饰。通道在地下斜穿过南京北街，连通位于医大西门附近的东出入口和位于北三马路以北、南京北街西侧的西出入口。

（鉴 闻）

【桥下新增水位警示牌】 2012年9月18日，沈阳市在腾飞二街公铁桥、凌空二街公铁桥、北陵大街地道桥、松花江地道桥、新华铁路立交桥、三洞桥等29座桥下新增60块水位警示标识牌，以提示市民汛期桥下水位。新的警示标识牌高2米、宽0.5米，采用镀锌板加反光膜构造，白天可视距离50米，夜间因反光作用可视距离可达80米。9月初，根据市民建议，市城建局进行了调查研究和现场勘测，在原来工作基础上，结合市民提出的建议，对桥下安全警示标识牌做了充实和完善。在南十路地道桥等4座桥下增设了4处带水深刻度的警示标识牌。同时，为进一步做好汛期桥下安全工作，还在29座桥下设置了流动观测车，每座桥下安排2－3名巡视人员蹲点监控，当水位线超过25厘米时，立即设置警示红线，并会同交警部门实施交通封闭。

（鉴 闻）

【沈阳站西出口启用】 沈阳站西出口于2012年7月30日零时正式启用。旅客主要由西出口进出沈阳站。广场中间老式水塔北侧的路面基本已经铺设完成。穿过广场，走进西站房，通过步行梯上至二楼的高架候车室。候车室东侧用建材将施工区与完成区域分隔开，坐椅从楼梯口一直安装到了东侧的隔板处，坐垫也已经安装完毕。旅客将主要由西出口进出沈阳站，并在高架候车室完成候车检票。

（鉴 闻）

【全国最大古玩市场落户铁西区】 2012年6月10日，东北亚文化艺术品交易中心正式落户沈阳市铁西区国际纺织服装城内，打造建筑面积达12万平方米的古玩市场。市场计划投资10亿元人民币。一期工程将建设1000个商铺，二期工程还将建设2000个商铺。该市场不仅包括红木、奇石、玉器、瓷器、邮币卡等传统门类，还将建设集拍卖、鉴定、收藏、展览、经营于一体的古玩产业链条，填补东北在文化市场的空白。

（鉴 闻）

人口与计划生育

【人口指标】 2012年，全市出生人口5.23万人，出生人口计划完成96.85%。人口出生率为6.70‰，自然增长率为－0.06‰，继续保持低生育水平发展态势；全年财政投入共计5.28亿元。

（张 超）

【宣传教育】 2012年，沈阳市下发了《沈阳市实施"幸福家庭计划"的意见》；建设了6个国家级"新家庭文化屋"和"和众人口文化公园"；出版了《婚育新风进万家成果案例》和《中心户建设成果案例》，展现了宣教工作成果；开展了"人口计生联合媒体走基层"活动，一些体现沈阳特点的典型经验，在国家、省杂志发表，各种新闻在各大网站刊发，营造了较好的舆论氛围。

（张 超）

【性别比综合治理】 2012年，沈阳市强化文明执法、正确执法，共处理违法生育692例，征收社会抚养费716余万元；联合卫生、药监、公安等部门，重点对和平、皇姑、沈北、苏家屯、新民、辽中等区县（市）妇婴医院和计生服务机构进行专项执法，出生人口性别比升高问题得到有效遏制。

（张 超）

【计生惠民】 2012年，全市完成了2010年12月31日前退休人员实名登记调查和资格确认工作，按照每人一次性2000元标准，累积发放补助费共计2.69亿元。同时，为6.77万户无业人员独生子女父母奖励费落实612.8万元；终生未生养（育）人员补助费落实率100%；全市为3.01万人发放农村“奖扶”资金2891万元；为1.17万人发放“特扶”资金1713万元。

（张 超）

【优质服务】 2012年，沈阳市开展了免费孕前优生健康检查项目试点工作，共检查人数为1.69万人，并一一建档；利用孕前健康教育与优生指导信息系统对12万人次进行了免费孕前风险评估；实施免费计划生育手术服务5.20万人次，开展环情和孕情检查服务96.36万人次；在大东、沈河等6个区的26个街道开设了36处人口早教工作指导点；市药具站被辽宁省人口计生委授予市级药具管理机构“五化站”建设先进单位，5个区县（市）药具站被授予先进单位；共设置药具“三送”公益性岗位15个；为1.69万人实施了补充叶酸工作；开展了以“科学用盐、健康家庭”为主题的免费发放限盐勺活动等。

（张 超）

【流动人口服务管理】 2012年，沈阳市流动人口“一盘棋”管理、均等化服务工作得到有效落实。加强了流动人口服务平台建设，相继在市科研所，各区、县（市）技术服务站建设专门服务窗口。推行了流动人口免费服务“一卡通”，为3.4万名流动育龄妇女提供了免费技术服务；开展了流动人口计划生育服务月活动，发放宣传品11万余份、药具13万余份、查验婚育证明近3万余人（次）、送就业信息近万条、维权服务活动近千次；在沈阳南塔鞋城建立了流动人口工作站，在东陵区（浑南新区）建立流动人口公共服务中心；出台了《关于加强流动人口计划生育协会建设的意见》，新建流动人口计划生育协会65个，发展协会会员1000多人，有力推动了流动人口实现自我管理、自我教育、自我服务、自我监督。

（张 超）

【基层基础工作】 2012年，沈阳市积极争取各级政府财政投入，各项保障资金全部纳入年初部门预算，政府采购设备管理更加规范。加强了统计质量信得过工作的督导工作，人口信息质量不断提升。全市户籍人口信息覆盖率达到96%以上，出生人口信息变更率达到80%。为群众办理《生育登记单》2.6万余个。完成了沈阳市人口老龄化项目实施进展情况报告、积极应对沈阳市人口老龄化的对策建议、沈阳市人口生育水平与人口控制问题研究等人口发展课题研究工作；开办了二期共计69人参加的“人口与家庭专业”在职大专学历培训。“创办人民满意窗口”和“争先创优”活动为提高队伍整体素质，提升人口计生形象发挥了积极促进作用。开展了市计生委领导接待上访群众的信访值周活动，按时启动了“护城河工程”，落实了首问负责制度，对排查出的信访隐患，签定了信访稳控责任状，形成了自上而下的责任链条，使每个层级都有人协调，有人负责，保证稳定工作无空档。还针对特殊困难计划生育家庭情况，专题向市政府领导进行了汇报，并召开了联席会议。还依托领导干部大接访和带案下访这一载体，推动“事要解决”、减少进京上访和非正常上访、稳控重点群体、化解信访积案等4项重点工作的开展，使沈阳市在国家“两会”期间未发生一例进京访。

（张 超）

【计划生育协会工作】 2012年，沈阳市各级计生协会在“5·29”和“9·25”活动日期间，启动了帮扶救助独生子女特殊特困家庭活动，共帮扶各类计划生育家庭1500户、送出慰问金30万元及慰问品，发挥了计生协会群团组织的特有作用。

（张 超）

人力资源管理

【招录公务员】 2012年，沈阳市人社局依据公务员招录的有关政策、法律，结合近年来考录工作的相关经验做法，制定了《沈阳市考试录用公务员资格审查工作规则》、《沈阳市考试录用公务员面试工作规则》、《沈阳市考试录用公务员体检工作规则》、《沈阳市考试录用公务员考察工作规则》等4个公务员考录制度建设文件。通过将考录中资格审查、面试、体检、考察等重点环节的工作程序、工作内容和管理办法以法规的形式固定下来，实现考录工作的规范化、科学化管理，形成严谨的制度体系，为考录工作的安全运行提供坚强的制度保证。2012年沈阳市各级机关和参照公务员法管理单位考试录用公务员（工作人员）885人，其中：政府系统531人，党群系统113人，公安系统241人。

（付勤胜）

【市直政府机关首次面向基层公开遴选公务员】 2012年，沈阳市人社局首次组织实施市直政府机关（参公单位）面向基层公开遴选公务员（工作人员）工作，本次遴选包括市政府办公厅、市科技局、市教育局等18家市直政府机关单位共47个遴选职位，计划遴选55人。遴选采取考试、资历评价、考察相结合的选拔方式。通过遴选公务员进一步深化干部人事制度改革，建立基层一线公务员选拔机制，拓展基层公务员的职业发展空间，优化市直机关公务员队伍来源结构和经历结构。

（付勤胜）

【办理政府机关公务员调配】 2012年，按照公务员调配相关规定，沈阳市办理公务员调任59人，转任278人，调动13人。公务员调配严格按照相关文件规定的程序、范围、条件执行，把好公务员入口关。注重通过调配手段改善公务员队伍结构，依据人岗匹配原则，注重调任、转任人员的年龄、专业、经历等方面与任职岗位的匹配性，促进政府人力资源配置。同时注重体现人文关怀，为公务员解决夫妻两地分居以及家庭生活困难等实际生活问题。

（付勤胜）

【引进海外研发团队项目】 2012年,沈阳市人社局紧紧贴近全市产业结构调整和优化升级的实际,着力于先进制造业的科技创新和新产品研发,广泛征集、遴选并支持了一批重点项目引进海外研发团队,取得了显著成效。全年,沈阳市已有50个项目获辽宁省人民政府立项支持,获批立项数量位居全省前列,有7个项目参加结项评审,全部获批结项。通过实施引进海外研发团队项目,支持和推动企业成建制成规模地引进了海外高端人才近170人,突破了一批制约发展的关键技术瓶颈,显著提升了企业研发实力,部分项目已经形成了具有国际先进水平和竞争力的新产品,取得了显著经济和社会效益。

(王丹丹)

【引进外国专家项目】 2012年,国家外专局批复沈阳市引进国外技术、管理人才项目43项。全市紧紧围绕传统产业的技术改造升级,着力于推进重大成套装备研制等重大项目、重点工程引进海外高层次人才,取得了良好的成效。全年,国家计划项目已经执行41项,执行率达到96%。聘请美国、德国、日本、俄罗斯等国专家193人,解决了一批关键性技术难题。

(王丹丹)

【向外国专家颁发"沈阳玫瑰奖"】 2012年10月10日,沈阳市在沈阳迎宾馆举办2012年度"沈阳玫瑰奖"颁奖仪式。市长陈海波会见10名荣获2012年"沈阳玫瑰奖"外国专家并向他们颁奖。市委常委、常务副市长顾春明会见时在座,并在颁奖后宴请了获奖外国专家。市人力资源和社会保障局局长冯连旗、市外国专家局局长王义东出席仪式。

(陈淑媛)

【开展外埠专项高层次人才招聘引进】 2012年,沈阳市建立起了以政府为主导,用人单位为主体,从需要出发,以市场为导向,运用多渠道、多形式广揽人才的工作模式。先后从东北、西北、华北、华中四线出动,奔赴长春、哈尔滨、西安、北京、天津、武汉6个城市,重点围绕推动装备制造业向高端化、成套化、集群化发展,大力发展战略性新兴产业,聚焦先进装备制造、航空航天、电子信息、生物医药等重点领域要求,计划为全市55家企事业单位330个岗位聘人1391人。实现接收7215份简历,其中:博士341份,硕士3182份,本科3692份;初步意向博士58人,硕士303人;现场签约97人。

(吴 巍)

【遴选国务院特殊津贴专家】 沈阳市认真开展2011年至2012年国务院特殊津贴的遴选工作,贯彻落实国家遴选重点方向和原则,按照客观、公正、公开推进遴选工作的每个环节,体现特贴专家的社会公认的价值,印发《2012年沈阳市享受政府特殊津贴人员选拔工作方案》,制定《2012年沈阳市享受国务院政府特殊津贴人员推荐评审办法》,组织召开专家评审会议。经专家评审推荐,市政府审定,沈阳鼓风机集团股份有限公司汪创华等9人作为沈阳市推荐人选,已上报国家人社部;另有5名高技能人才申报2012年国务院政府特殊津贴,已通过全省评审,上报国家人社部。

(丁志宏)

【中高级专业技术人员继续教育】 2012年,沈阳市在装备制造业等经济社会重点领域开展了专业技术人才培训工作,全年共组织培训1.2万名专业技术人才,其中:装备制造业、信息技术、现代农业各2000人,原材料、生物制药,现代服务业、仪器仪表各1500人。还积极组织参加了辽宁省继续教育网上学习报名工作,共计3624人参加。

(胡 楠)

【开展博士后专项资助】 2012年,沈阳市按照资助程序进行了网站发布通知、组织申报、审核确认等相关工作,最终确认沈阳新松机器人有限公司邢飞等17名博士后符合资助条件,共核发资助资金34万元整。

(赵 峰)

【绩效软课题科研取得新成果】 2012年,沈阳市绩效考评办积极开展《关于构建沈阳市政府绩效管理模式的研究》软课题科研攻关,认真撰写研究报告,4月22日,该项目通过了市科技局组织的科技成果鉴定,6月19日通过了科技进步奖评审,9月,获得了沈阳市科技进步二等奖。

(白 宇)

【军转安置】 2012年,沈阳市军转安置工作始终保持良好的发展态势,安置工作在12月底结束。701名军转干部中,安置到机关的587名,安置到事业单位(含参公单位)的114名,做到了部队组织、接收单位和军转干部本人"三满意"。军转宣传工作连续5年被国务院军转办评为"全国军转宣传工作先进单位"。

(李大朕)

【事业单位岗位设置管理】 2011年8月17日,沈阳市正式启动事业单位岗位设置管理工作,成立了以局长冯连旗亲自挂帅的"推进全市事业单位岗位设置管理工作办公室",并出台了《关于尽快全面实施事业单位岗位设置管理工作的通知》(沈人社发〔2012〕10号),化解了在开展岗位设置工作中隐现的矛盾和问题。截至2012年底,沈阳市直652家事业单位全部完成了岗位设置管理工作,区、县(市)岗位设置管理工作完成率也达到了90%。

(曾兆和)

【应知应会基本知识和基础文体培训考试】 2012年,沈阳市编写了《沈阳市行政机关公务员培训应知应会600问》作为公务员学习参考资料。并在各地区、各部门认真学习、自行组织考试的基础上,组织全市1000名公务员代表进行抽查考试。此次考试采取封闭出题、闭卷考试、封闭评分的方式进行,市纪委全程监督。

(冯宝成)

社会保险

【完善养老保险体系建设】 2012年,沈阳市将未参保"五七工"、"家属工"纳入基本养老保险统筹范围。新型农村和城镇居民社会养老保险实现全覆盖。养老保险个人账户做实率继续保持100%。养老保险个人权益记录单寄送工作全面启动。进一步加大宣传工作力度,成功组织开展了《社会保险法》、新《工伤保险条例》、新农保及城居保等大型系列宣传活动。举办了"今又重阳日,夕阳别样红"第四届沈阳市退休人员重阳文化周活动;承办全国养老系统乒乓球比赛,并取得个人第一、团体第三名的优异成绩。连续第八次为符合条件的89.9万名企业退休人员按相应标准调整待遇，人均增资205元，调整后月人均养老金提高到1583元。

（袁志华）

【工伤保险创新管理】　一是重点推进补充工伤保险工作，启动了全市统一管理的补充工伤保险，使沈阳市工伤职工的保障水平在工伤保险待遇的基础上得到大幅度提高。二是强化老工伤人员纳入统筹后的管理服务工作，将国有企业老工伤人员纳入统筹的工作作为“敞口”工作，并且专门设立老工伤定点医院，逐步提高老工伤人员的医疗环境建设和医疗服务水平。三是改善民生服务方面的工作，解决无缴费能力企业工伤职工享受保险待遇的问题，由工伤保险基金为企业工伤职工先行垫付工伤保险待遇。四是组织开展了“2012年工伤保险集中宣传日”活动，采取现场政策咨询及答疑、派发宣传资料、悬挂条幅、张贴宣传画宣传方式，并发挥新闻媒体的作用，进行了工伤保险政策宣传。四是出台《关于调整企业工伤人员相关待遇的指导意见的通知》，调整了工伤保险待遇。

（谢文颖）

【职工医保门诊统筹】　2012年4月1日，沈阳市全面启动了职工医保门诊统筹，参保人员在门诊看病也能按条件报销，这就意味着，沈阳市医保从此实现了由以往只保“大病”到现在既保“大病”又保“小病”的转变。截至2012年12月31日，沈阳市授予214家社区卫生服务中心（站）职工医保门诊统筹定点资格，授予56家具有门诊手术能力的定点医疗机构为职工医保门诊统筹手术病种定点资格，并确定了脂肪瘤等7个门诊统筹手术治疗病种。参保人员可任意在居住地附近选定一家社区卫生服务站，建立登记信息后，即可在该医疗机构享受待遇。沈阳市职工医保门诊统筹起付标准为每月20元，报销比例为在职职工60%、退休人员65%，其中一般诊察费每次支付比例为80%，统筹基金最高支付限额为每月150元。参保人员一年内在定点医疗机构的门诊费用可累计报销，最多可报销1800元。

（谢成武）

【扩大大病保险范围】　沈阳市于2012年12月31日出台政策，从2013年1月1日起，将在校学生及未成年人中发生的白血病、血友病、先天性心脏病、再生障碍性贫血、脑瘫、先天性耳聋等6种疾病先行纳入大病保险范围。上述6种疾病在基本医疗保险支付段内的个人自付部分（不含统筹基金起付标准），由大额补充保险按90%比例给予二次补偿；进入大额补充医疗保险范围内的医疗费用，由大额补充保险按90%比例给予赔付，不设封顶线。

（谢成武）

【医疗保险】　一是医疗保险政策体系逐步完善，全面启动职工医保门诊统筹，实现门诊报销“零突破”，率先建立职工补充医保，让参保人员享受二次报销待遇，对参保患者的医疗费用中的个人负担部分给予再次补偿，制定并出台有关政策将在校学生及未成年人中发生的部分病种列入大病范围。二是医疗保险管理水平不断提升，进一步完善规范城镇基本医疗保险市级统筹，实现了参保人员在医院直接报销补充险报销费用，开展标准化药品库运行成效显著，并实施医用材料库试运行，对医用材料进行规范化、标准化、信息化、精确化管理，初步建立沈阳市医疗保险服务行为监控系统，为加强医疗服务行为的精细化监管提供科学的分析功能和有效的数据保障。三是医疗保险服务方便简捷，开发完成社区医保系统，推进社区医保基层平台建设工作，采取新的居民缴费卡模式，以短信的形式告知参保及缴费等信息，并实现由银行代扣代缴，与商业保险公司合作建立异地就医结算平台，开展异地就医结算代办业务。四是加强医疗机构医保医师管理，重新组建门诊规定病种专家库，制定了《关于沈阳市医疗保险门诊规定病种专家管理的通知》，库内涉及40家定点医疗机构共513名医疗专家，制定并实施《沈阳市医疗保险定点医疗机构医保医师管理暂行办法》。

（李　葳）

【失业保险】　2012年，沈阳市调整了失业保险金标准，开展“援企稳岗”工作，对符合条件的企业发放岗位补贴和社保补贴。实施对失业人员总量进行宏观调控政策，规范企业裁员行为，为调控稳定登记失业率发挥作用。加强与地税部门沟通，督促其提供网上申报单位的缴费数据，确保失业保险参保人员100%，个人缴费记录做实率达到95.97%。

（米宗扬）

劳动就业

【完善就业体系】　2012年，沈阳市制定了沈阳市就业工作目标，建立了比较完善的目标管理责任体系。全面实施就业失业登记证制度，被认定就业困难人员、享受就业扶持政策人员全部领取《就业失业登记证》，新就业人员、登记失业人员发证和登记率达到100%。优化就业管理系统，实现就业失业登记系统与失业保险系统的信息网络互通互联，资源共享，实现与上级系统实时联结，上传空岗信息14万条，准确率75%以上。

（刘小钊）

【高校毕业生就业】　一是完善毕业生就业创业政策体系。深入落实灵活就业高校毕业生医保补贴，全年共有100人享受，累计发放补贴近25万元。二是深化“人对人，点对点，表对表”实名制机制。建立了高校毕业生基础数据库。三是开展困难家庭高校毕业生就业帮扶工作。2012年，全市困难家庭毕业生共计401人，其中残疾毕业生16人，通过“16+16”工作体系，开展“五个一”帮扶活动等措施，确保困难家庭高校毕业生实现100%就业。

（张树奎）

【加强就业困难群体帮扶】　一是开展沈阳市困难人员大调查，形成《沈阳市就业困难人员调查分析报告》。二是开展系列帮扶活动。成功举办了沈阳市2012年“春风行动”、“牵手同行”就业困难援助专场招聘会、“春风送岗位，服务在身边”专场招聘会。三是依据市委组织部《关于印发〈2012年沈阳市农村社区服务设施实施方案〉的通知》（沈组通字[2012]9号）要求，为推进沈阳市农村基层就业和社会保障平台基础设施建设向村级平台延伸，起草了沈阳市村级就业和社会保障平台基础设施建设实施方案。四是沈河区的凯旋社区被评为国家级充分就业示范社区。

（张树奎）

【创业带动就业】　一是完成创建国家级创业型城市1100多页600多万字的

PDF 电子书的撰写、编辑和制作工作。二是加强市本级创业孵化基地的建设工作,协调相关业务的开展,携财政和技师学院相关同志赴大连和鞍山学习经验,对孵化基地入孵企业进行创业培训和创业政策宣讲,其中入孵企业代表赵婷同志创业事迹在中央电视台焦点访谈节目播出。三是深入落实创业政策。全年扶持创业带头人 2551 人,带动就业 1.57 万人,发放小额担保贷款 1.44 亿元。

(王　矗)

【加强普惠制就业培训】　一是加强培训机构资质管理。与普惠制培训机构签订 2012 年普惠制就业培训诚信承诺责任书及普惠制就业培训能力建设补助资金购买实训设备使用承诺书。二是调整培训补贴拨付方式。按国发[2010]36 号、辽政发[2011]34 号文件精神,不再按技能鉴定合格率作为培训补贴发放依据;按沈人社发[2010]49 号文件要求,试行由区、县(市)财政部门先行全额拨付培训补贴资金,市财政根据区县拨付凭证下发资金,使培训资金管理更规范、使用更有效。

(王　矗)

【推进"和谐使命"行动计划】　2012 年,沈阳市形成了《沈阳市劳动人事争议预防调解工作暨和谐使命行动计划实施方案》,并于 6 月末召开劳动人事争议预防调解工作暨和谐使命行动计划推进工作会议。建立劳动人事争议预防调解工作联席会议制度。联席会议由市人力资源和社会保障局、市社会管理综合治理委员会办公室、市民政局、市司法局、市中级人民法院、市总工会、市工商业联合会、市企业联合会、企业家协会等各成员单位组成。

(李大兴)

【劳动人事争议案件】　2012 年,沈阳市通过多种措施提升调解仲裁工作的服务能力,并充分发挥仲裁机制解决纠纷的特色和优势,依法、公正、高效、便民地解决劳动人事争议矛盾。全市 2012 年共受理案件 7161 件,上年结转 409 件,结案 7266 件,按期结案率为 95%。同时,各仲裁委都注重调解和解手段,加强和谐办案的力度,采取多种方式和各种措施平息当事人之间的怨气,化解矛盾,实现了法律效果和社会效果的有机统一,切实做到了"定纷止争,案件事了"。

(李大兴)

【基层调解组织建设】　2012 年,沈阳市已建成以市本级、区(县)市、街道(乡镇)和社区(村)四级劳动人事争议预防调解工作机制和责任体系。沈阳市共有街道 214 个(含乡 20 个,镇 57 个),社区 884 个,村 1252 个。在街道(乡镇)劳动争议调解组织组建率已达到 80%;企业劳动争议调解组织组建率为 85%;全市事业单位及主管部门组建率为 70%。

(李大兴)

【调解员逐步实现持证上岗】　为进一步提升全市调解员业务能力和综合素质,沈阳市分别举办街道(乡镇)、县区(市)事业单位调解员培训。培训内容主要包括调解文书样本、劳动合同法及调解案例等,来自全市 500 多名调解员参加了培训。培训结束后,组织了业务考试,合格者由辽宁省人社厅统一发放调解员证书,标志着沈阳市将逐步实现调解员持证上岗。

(吴　尧)

【建立全市劳动人事争议调解组织备案】　为进一步加强劳动人事调解组织建设工作,强化对调解组织建设工作的监管,沈阳市开始全面建立劳动人事争议调解组织备案制度。街道(乡镇)及区属事业单位到县、区(市)仲裁委员会备案;国有企业到上级工会备案;民营企业按工商注册地到同级工商联备案;市属事业单位及主管部门到沈阳市仲裁委员会办公室备案。相关成员单位经过汇总报送至沈阳市劳动人事争议预防调解联席会议办公室。全市各区、县(市)电子备案已经完成 95%,为下一步逐步建立基层调解组织动态化管理奠定了良好基础。

(纪新荣)

【创新劳动监察监管模式】　2012 年,沈阳市建立劳动监察"两网化"管理新模式,全市 16 个区、县(市)、开发区共划分一级网格 178 个,二级网格 1074 个,落实了 711 个办公场所,配备兼职劳动监察员 2100 名,实现了劳动监察网格化管理。按照部、省的部署,针对劳动合同签订、社会保险缴纳、工作时间、工资支付方面的突出问题,集中力量在全市范围内先后开展了清理整顿人力资源市场秩序、劳动用工、社会保险扩面、农民工工资支付等 5 次专项行动,有效震慑了违法用工单位,维护了劳动者合法权益。全年主动监察各类用人单位 1.23 万户,书面审查用人单位 2.53 万户,纠正违法单位 2776 户,追缴社会保险费 4648 万元。清欠拖欠农民工工资 8692.1 万元(清欠率为 100%)。全年实施行政处罚 91 件,罚款 426 万元。

(王　宇)

【推行劳动合同制度】　2012 年,沈阳市开展"春暖行动"、"双合同"月、推进小企业劳动合同专项行动,突出加大对非公有制企业、建筑、餐饮、住宿等服务行业以及农民工签订劳动合同的调控力度,在餐饮、建筑、制造等 5 个行业推广了规范、简明、实用的劳动合同文本,2012 年,劳动合同签订率达到 98.8%,农民工劳动合同签订率 93.6%。

(李新亭)

民　政

【城乡居民最低生活保障】　2012 年,沈阳市调整了城乡居民最低生活保障标准。城乡低保新标准从 2012 年 1 月 1 日起执行。城市低保标准:九区及开发区从每人每月 380 元调整为每人每月 440 元;四县(市)从每人每月 310 元调整为每人每月 370 元。农村低保标准:四县(市)从每人每年 2000 元调整为每人每年 2480 元,九区及开发区从每人每年 2600 元调整为每人每年 3080 元。

实施新的《沈阳市城乡居民最低生活保障制度实施细则》。从 2012 年 10 月 1 日起,沈阳市实施新的《沈阳市城乡居民最低生活保障制度实施细则》(以下简称《细则》)。新《细则》侧重提高了重病家庭、残疾人、老年人、单亲家庭学生和未成年人的救助水平,实施分类救助,突出人性化的救助工作理念,使相对更困难的家庭得到切实有效的救助,在制度上切实保障了老年人、残疾人和未成年人的生活权益。政策在城乡低保标准尚未实现一体化之前,管理上率先实现五统一模式的一体化管理,即实现了城乡分类救助水平的统一、城乡档案管理水平的统一、城乡申请审批程序的统一、城乡信息化管理的统一和城乡救助时限的统一,有力解决了城乡之间差别救助、分头管理的传统工作方式。

截至 2012 年底,城乡低保共保障 10.7 万户 19.1 万人,保障面为2.7%,

城乡低保人均救助额191元,全年累计低保资金支出5.65亿元。其中:城市低保共保障60297户、10.4万人,保障面为2.23%,人均救助额286.16元,累计救助资金支出3.92亿元;城市低保边缘户救助6921户、1.14万人,占全市非农人口0.25%。

(曲 宁)

【城乡医疗救助】 2012年,沈阳市全面完成了国务院、辽宁省人民政府对医疗救助政策的要求,实现了惠民便民的医疗救助体系。根据国务院办公厅《关于印发深化医药卫生体制改革2012年主要工作安排的通知》(国办发〔2012〕20号)规定,整合和规范医疗救助政策,进一步减轻困难群众医疗负担。出台了《沈阳市城乡特困居民医疗救助实施意见》(沈民发〔2012〕9号),对医疗救助政策进行调整:城乡低保人员、农村五保户的住院救助在居民医保、新农合统筹基金和大病医疗保险报销的基础上,对其政策内个人自付费用剩余部分的50%给予救助;对城乡低保边缘户人员政策内个人自付费用剩余部分的30%给予救助。取消了医疗救助最高封顶限额限制,取消了医疗救助定点医院限制,并在居民医保和新农合规定的定点医院范围内实现同步救助。

(曲 宁)

【农村五保供养】 2012年,沈阳市有农村五保供养对象1.67万户、1.72万人,占全市农业人口的0.69%。其中:分散供养对象1.25万人、集中供养对象4815人,老年人1.19万人、孤儿438人、残疾人4648人;发放全年保障金6816.22万元,其中:辽宁省转移支付2835万元,市财政下拨1990.61万元,区、县(市)配比1990.62万元。

1.提高了农村五保对象标准。农村分散供养标准:四县(市)从每人每年2640元调整为每人每年3240元,九区及开发区从每人每年3190元调整为每人每年3790元。农村集中供养标准:四县(市)从每人每年5060元调整为年从每人每年5660元,九区及开发区从每人每年5610元调整为每人每年6210元。调整标准所需资金由市、区两级财政按渠道、配比方式解决。解决农村五保户看病医疗救助资金109万元。

2.加强农村五保供养工作规范化管理。出台《沈阳市农村五保供养工作实施细则》。《实施细则》共分48条,主要就享受农村五保供养工作原则、申请程序、五保供养资金来源、发放渠道、中心敬老院的建设和管理做出具体规定。增加了政府投资建设和管理的中心敬老院,性质为事业单位,工作人员实行聘任制,服务人员实行劳动合同制等条款。为沈阳市农村五保供养工作提供了政策和法律依据。

3.农村中心敬老院建设初具规模。经过几年的建设和发展,全市已有农村敬老院50所,(除辽中有2所中心敬老院代建,部分乡镇敬老院没有整合以外,其他县区已经整合结束)床位8658张,工作人员845名。集中供养率达到56%以上,基本满足农村五保供养对象的集中供养需求。

4.农村中心敬老院开展的种养殖基地建设成果显著。由市民政局、市慈善总会开展的“关爱夕阳——援建敬老院种养殖基地建设”活动取得了显著成果,市慈善总会投资410万元,为全市农村中心敬老院新建蔬菜大棚27座,建猪舍12座。敬老院的老人们吃上新鲜的蔬菜和肉类,养员生活水平得到了明显改善。

5.完成了农村五保供养政策专项施法监察和农村五保对象核实工作。配合国家审计署和民政部、辽宁省民政厅审计部门全面审计沈阳市农村五保供养政策落实工作,通过整理基础资料,完善五保档案,整改五保供养资金发放形式,实地入户查看分散五保户供养金发放情况,确保了五保档案规范,五保供养资金能及时足额发放到五保对象手中。同时,为全面掌握全市农村五保对象自然情况,摸清底数,做到精确管理。通过全市农村五保核实工作,进一步规范化管理农村五保政策建设。经过核实,全市退出1761人,新进11人,农村五保对象达到1.55万人,其中:分散供养对象1.12万人,集中供养对象4284人。

6.不断提升中心敬老院管理水平。2012年11月26日至28日,在辽宁(沈阳)地税培训中心,举办了全市农村中心敬老院院长培训班。通过培训的形式,总结近年来沈阳市农村中心敬老院工作,解读《沈阳市农村五保供养实施细则》和典型经验交流,实地参观学习,使与会的院长得到了一次学习和交流的机会,提高了中心敬老院领导管理水平和服务能力。

(于友成)

【救灾救济】 受灾基本情况。2012年7月到9月期间,沈阳市先后遭受了台风、洪涝和生物灾害等自然灾害,尤其是台风“达维”、“布拉万”给沈阳市部分农村住房和农田造成严重影响,生物灾害主要是玉米粘虫为主,造成全市部分地区玉米减产。经各区、县(市)民政部门普查统计,2012年全市受灾人口67.33万人,受灾面积221.2千公顷,成灾面积151.8千公顷,绝收面积24.26千公顷,倒塌房屋20户、52间,紧急转移安置581人。

妥善安排转移安置群众的基本生活。灾情发生后,沈阳市立即启动自然灾害救助预案,第一时间赶赴灾区,组织全市民政系统报灾、查灾、核灾,为全面实施救灾奠定了基础。受灾比较严重的新民市、法库县、辽中县、康平县、于洪区和苏家屯区,及时转移安置受灾群众,并保证受灾群众有临时住处、有饭吃、有衣穿、有洁净的饮用水喝,确保了灾区的社会稳定。

认真做好灾情统计上报工作。为确保灾情数据的准确及时,严格执行自然灾害灾情报告制度,实行灾情2小时初报、日报和重大灾情直接上报,每天收集汇总各区、县(市)受灾情况,形成简报上报,按要求将全市灾情汇总上报至市委、市政府,确保了灾情信息的及时、准确上报,为各级领导决策提供了重要依据。

对灾民损毁住房进行恢复重建。根据市委、市政府要求,在灾后,及时启动洪涝灾害灾民损毁住房恢复重建工作。为了使受灾群众能够在入冬前搬进新居,于洪区和苏家屯区及时筹集资金,制定恢复重建工作的指导思想、原则和目标,确定了恢复重建的对象和补助标准,对2012年全市所有的倒塌住房进行了恢复重建,到年底前,已经全部搬进了新居。对因灾造成生产损失而符合农村最低生活保障条件的灾民,及时纳入低保范围,实施基本生活保障,确保了灾区人民群众基本生活和社会稳定。

(陆 军)

【防灾减灾】 2012年,沈阳市加强宣传教育,提高防灾减灾意识。以“5.12”防灾减灾日和国际减灾日为平台,深入开展防灾减灾知识宣传工作。各区、县

(市)悬挂张贴宣传标语近千幅。市减灾委中心策划制作防灾减灾宣传公益广告,并在商业区和人流密集地区的大型LED屏幕滚动播出近万次。各新闻媒体设立专栏多角度进行防灾减灾知识宣传。市减灾委办公室编制印刷《沈阳市居民防灾减灾知识手册》2万本和防灾减灾知识宣传挂图1万张,向社区和居民免费发放。

组织专项演练,提高应急处置能力。市减灾委成员单位和各区、县(市)针对本地、本部门多发易发灾害风险,组织开展了各种类型的防灾减灾应急演练315场次。5月11日,市减灾委办公室在于洪区中心敬老院举办了2012沈阳市"全国防灾减灾日"消防专项演练。"5.12"防灾减灾日活动当天,沈阳市113所中、小学共60万中小学生模拟真实场景进行了防震疏散逃生演练,进一步提高居民灾害的应急处置能力和避灾自救能力。

举办知识竞赛,普及防灾减灾知识。为促进防灾减灾知识的普及,调动全社会参与防灾减灾活动的积极性,在全市开展防灾减灾知识竞赛活动。各区、县(市)民政部门通过广泛发动、宣传动员、社区初选等多种形式的宣传和比赛活动,选拔出优胜队伍参加市减灾委办公室举办的沈阳市社区防灾减灾知识竞赛总决赛。通过开展知识竞赛活动,激发了公众参与防灾减灾知识学习的热情,全面提升了基层防灾减灾能力和应急管理水平。

夯实工作基础,开展减灾示范社区创建活动。为增强全市城乡居民灾害风险的防范意识和避灾自救技能,按照减灾防灾工作从基层基础抓起的原则和发挥典型示范辐射作用的思路,以防灾减灾有机构、应急预案有落实、宣传教育有计划、减灾意识有提高、志愿活动有队伍、避险避难有场所、物资供应有保障及综合减灾有成效为主要内容,开展国家、省、市减灾示范社区创建活动。2012年,全市创建国家综合减灾示范社区5个,省减灾示范社区5个,市减灾示范社区11个。

(陆　军)

【扶贫帮困送温暖】 2012年,沈阳市出台了《2012年沈阳市扶贫帮困工作实施方案》。大幅度提高城市、农村低保标准。加大城乡贫困群体的临时救助水平,为城乡贫困群众累计发放一次性生活补贴及"两节"临时救助资金共计1.27亿元。其中:两节救助按照每户600元标准,共保障城乡低保户10.95万户;一次性生活补贴,按照城市每人300元,农村每人200元标准,共保障18.54万人。加大贫困群体大病医疗救助。研究解决将重性精神疾病、耐多药肺结核、艾滋病机会性感染等3种疾病纳入农村低保和低保边缘户重大疾病医疗保障水平范围,在县、乡两级医疗机构开展肺癌等12种疾病大病救助工作。保障灾民的基本生活,下拨了930万元自然灾害生活救助资金,对新民、辽中、康平、法库遭受自然灾害的灾民实施救助,将因灾家庭经济收入减少符合条件的灾民及时纳入农村低保和低保边缘户的保障范围。

对口支援方面,沈阳市与阜新市形成多年的扶贫对口援建关系。到2012年底,累计向阜新捐赠帮扶资金和物资1.66亿元。所援建的物质已于每年"两节"期间发放到该市的困难群众手中。捐赠资金帮助阜新市新建了一所光荣院、12所区域性中心敬老院,改造了21所高标准敬老院,为1654户老复员军人建新房5123间,援助4595户农村贫困户建房1.38万间,累计救助城乡贫困群众34.7万户。2012年元旦、春节期间,继续对口支援阜新市,再支援扶贫资金1200万元。

(王晓峰)

【基层政权和社区建设】 2012年,沈阳市基层政权和社区建设工作以完善基层社区管理体制建设和社区服务体系建设为重点,进一步繁荣社区文化,提高居民素质,改善人居环境,推进社区精神文明和生态文明建设。

1.城市社区建设工作。一是积极创新基层社区管理模式,初步形成各具特色的6种社区载体模式。继续加大指导力度,使各区、县(市)进一步加强和完善基层社会管理和服务体系,把人力、财力、物力更多投到基层,努力夯实基层组织、壮大基层力量、整合基层资源、强化基础工作,强化城乡社区自治和服务功能,按照专业化、职业化要求配齐社区专职工作人员,改进社区管理服务理念和方式,体现柔性化、人性化、多样化管理和服务。通过实施打造"一区一品牌"工程,形成了和平区民生110服务模式、沈河区承接政府公共管理平台新模式、大东区社区工作者准入制度模式、皇姑区"星级社区"品牌模式、铁西区信息化服务模式、东陵区社区管理层级简化模式,丰富了社会管理工作的载体。二是启动社区管理服务信息化平台建设,提高基层社会管理效率。根据市政府业务会议纪要中提出"推进社区信息化建设"的具体部署,市民政局会同市经信委、发改委、财政局等部门,探索建设覆盖社区全部管理服务功能的综合信息平台,整合社区就业、社保、低保、卫生、计生、文化、培训等公共服务信息,实现数据一次收集,资源多方共享,发展面向社区居民的"一站式"信息服务。目前已经形成了《沈阳市数字社区建设方案概述》。同时市民政局对市级社区建设"双十双百"活动先进单位、先进个人进行表彰(10个和谐社区建设标兵社区、10名社区工作者标兵、100个和谐社区建设先进社区、100名先进社区工作者)。三是扎实推进社区工作者队伍职业化和专业化,切实提高社区工作队伍建设水平。继续利用"沈阳市社区工作者培训网",开展全市社区工作者职业教育远程研修工作,完成每名社区工作者每年不低于90学时的远程网络学习,本学年社区工作者培训课程为《社会工作概论》。2012年,继续推行社区志愿者注册登记制度,大力培育志愿者服务组织,扩大社区志愿者队伍,为志愿者工作提供场地和物质支持,进一步调动了社区居民参与社区管理和服务的积极性。

2.农村社区服务设施建设工作。一是全力搞好第十一届村民委员会换届选举的前期准备工作,以及《沈阳市村民委员会换届选举工作细则》及《沈阳市村民委员会换届选举操作规程》的修订工作,组织了全市村务公开民主管理示范培训班,对全市各区、县(市)民政局政权科长及市、区农村社区建设示范村主任和部分村务公开民主管理达标示范村主任共计300人,进行了为期3天的集中培训。二是针对落实"四议一审两公开"制度开展了调查研究工作,对"四议一审两公开"工作流程文件的落实情况进行了督促检查,总结和培养新经验,形成了推动工作的长效机制。此外,完成了13件人大建议和政协提案办理工作,其中:主办7件,协办6件,办复率和满意率均达到100%。

（尹　琦）

【养老服务社会化】 2012年，沈阳市户籍老年人口为133.86万人，占户籍总人口的18.53%。

1.社会化养老服务实现创新发展。积极探索建立和完善具有沈阳特色的“4+1”养老服务模式并得到国家民政部推广，扶持民办养老机构发展的“四补”政策被辽宁省民政厅定为亮点工作。为促进老年福利事业发展，2012年投资1000万元建设100个社区老年人日间照料站。同时，市养老服务中心二期工程建设完毕。工程突出了介助介护服务功能，实现医养一体的示范工程目标，现有床位1138张。截至2012年底，全市城乡养老机构共有142家，床位2.9万张，其中2012年新增养老床位5000余张。老年人养老床位拥有率达到22‰。

2.社会化养老机构管理力度加大。制订了《沈阳市规范养老机构管理运营工作的实施方案》，对非法运营养老机构开展专项整治。制发了《沈阳市农村五保供养工作实施细则》，加大了五保供养工作力度。命名首批16家“沈阳市养(助)老服务示范基地”。

（赵重超）

【婚姻登记管理】 2012年，沈阳市13个婚姻登记处共办理国内结婚登记7.59万对；离婚登记2.96万对；补领结婚登记4.22万对；补领离婚登记3471份；出具无婚姻登记记录证明17万份；涉外结婚登记12对、离婚登记7对、补领结婚登记证明6份、补领离婚登记证明1份。婚姻登记工作量较往年相比明显增加，尤其是无婚姻登记记录证明工作量比上年增加56%。在情人节、“七夕”等“好日子”，全市各婚姻登记处均启动预约登记，延时服务，增设人员及窗口、沟通协调相关单位做好安全保障工作，顺利完成了婚姻登记高峰工作。

1.积极申报全国婚姻登记机关等级评定。按照民政部制定的《婚姻登记机关登记评定标准》要求，全市各婚姻登记处积极筹备资金，扩建登记处办公场地，建设颁证大厅，开设婚姻家庭辅导室等。确保登记场所符合环境舒适、分区合理、标识醒目、设施完善等基本要求。登记员统一着装、挂牌上岗、举止得体、文明用语。登记量大的婚姻登记机关要配置排队叫号系统、身份证识别系统等工作设施。全市有6家婚姻登记机关申报等级评定，经民政部的审查及考核，皇姑区、铁西区民政局婚姻登记处被授予“国家3A级婚姻登记机关”。

2.全市启用民政部婚姻信息网络系统。自2012年6月28日始，辽宁省已开始使用民政部的全国婚姻信息网络系统，以期实现全国婚姻信息数据联网及网上预约登记，沈阳市婚姻登记机关顺利实现了新旧网络系统的对接，保证了婚姻登记工作的正常运行。

3.规范全市婚姻登记工作程序。自2003年《婚姻登记条例》颁布实施以来，随着社会的发展、生活的变化，无不影响着婚姻家庭关系，影响着婚姻登记工作。为了进一步规范沈阳市婚姻登记程序，市民政局社会福利和社会事务处结合实际工作情况下发了《沈阳市关于婚姻登记工作的指导意见》。

4.全市婚姻登记机关在规范化及软环境建设方面取得了较好成绩。按照全市窗口单位“创先争优”活动要求，沈阳市召开关于加强婚姻登记机关软环境建设“创建人民满意窗口单位”的实施方案动员大会，规范了创先争优活动窗口岗位工作标准及评分标准，并进行了互检评比。开展“为民服务争先创优”活动，创建人民满意窗口单位，推荐“优秀服务标兵”和“先进单位”。其中辽中县、法库县、沈河区、铁西区、皇姑区、大东区、东陵区、沈北新区、苏家屯区9家婚姻登记处被评为市群众满意窗口。

（刘翠俐）

【儿童福利事业】 成立了爱心家庭。建设了22户爱心家庭，向社会招募爱心家长，与院内孤儿组成家庭（每个家庭由一对父母及4个孤儿组成），父母负责进入家庭儿童的生活照料、教育、康复。通过这一举措，沈阳市儿童福利院院内儿童基本进入家庭，实现了从集体供养向家庭供养的转变。

举办了首届辽宁省儿童福利机构孤残儿童护理员(初级)职业资格培训班。对省内100名孤残儿童护理员进行了包括护理照料、康复训练、医疗保健、饮食营养、心理疏导等方面的培训，考试并颁发证书，残疾儿童护理员专业水平提升明显。

（赵重超）

【流浪乞讨人员救助管理】 2012年，沈阳市救助管理站共救助各类受助人员1万余人次。其中：救助未成年人400余人次，护送老年人、未成年人、精神病人和救治康复人员返乡1200余人次，为无能力返乡的5500余人提供了乘车凭证，寄养安置无家可归人员70余人，安葬救治无效死亡110余人。

1.加强干部职工队伍建设，提高业务知识、服务水平。救助站定期和不定期组织干部职工业务培训，学习业务知识，研究工作难点、热点问题。学习和培训的方法是带领职工“走出去”学习，和“请进来”学习。如带领干部职工到安宁医院、高速路口等单位参观学习，请党校的学者来站授课等。2012年，救助站召开职工大会7次，交流工作经验。通过学习、培训，提高了干部职工工作积极性、责任感和服务意识。

2.积极筹备，精心组织，搞好街头救助、冬季救助工作。市救助站流动救助车不定期到街头进行巡查，24小时全天候对流浪者进行救助。凡是市民打电话告知的，救助小组会在第一时间到达现场，进行劝导和说服，并针对市民提供的信息，建立情况反馈机制，做到“情况清，受助及时，手续齐”。对确实不愿到救助管理站接受救助的，由救助站发放救助物品。2012年冬季，救助站加大救助工作力度，从每天17时到23时到街头巡视。

3.配合公安局、行政执法局，整治街头强讨恶要现象。救助站每天派出2人到行政执法局，与之一起进行街面巡视。一旦发现哪个区或者哪个街道有强讨恶要人员，及时通知街头执法人员把他们护送到救助管理站。

4.充分保障救助对象权利，重救助，重管理。除及时救助流浪乞讨人员外，对陷入困境、寻亲不遇、务工无着、离家出走等遇到临时困难人员给予救助和帮助。加大对未成年人、反复入站的强讨恶要人员的管理。通过耐心劝说、情理结合、心理分析、娱乐促动等多种方法，改变其流浪行为，更改变其精神，让他们回归主流社会。

5.全程护送、妥善安置，营建和谐社会氛围。对救助对象中的老年人、未成年人和行动不便的残疾人、有智力障碍的人，市救助站采取了全程护送的方式。对一些已经无家可归又没有自主生活能力的人，根据其具体情况，同当地的民政部门和地方政府取得联系，确保他们返乡后有一个妥善的安置。

6. 加强与兄弟单位的业务联系，加强对区、县救助站救助工作的业务指导。市救助站与各区、县救助站不定期召开工作会议，加强业务指导，督促落实。2012 年，成立辽宁省流浪乞讨人员救助协会，加强兄弟单位之间的业务联系和信息交流，建立长期的业务联系制度。

（邢　月）

【社会组织登记管理】 截至 2012 年 12 月 31 日，全市共有社会组织 6382 家，其中：注册登记的社会团体 1466 家，民办非企业单位 2026 家，备案的城乡基层社会组织 2890 个，每万人拥有社会组织 7.09个。社会组织管理从登记管理向服务管理转变，形成了登记、年检、评估、执法“四位一体”的社会组织监管模式。一是登记。全市社会组织审批窗口完成各类审批 1160 件，窗口工作人员秉承“规范、高效、便民、廉洁”的工作理念，认真履行职责，热情周到服务，做到了为群众办实事“零投诉”。二是年检。年度检查采用“三服务、三结合、三注重”的工作方式，有力促进了社会组织年度检查与日常管理工作统筹兼顾，同时为市民提供了方便快捷的服务，实现了年检监管效力的最大化。2012 年，共完成社会组织年检 2100 件，年检率较上年提高 5%。三是评估。对 30 个社会组织进行了评估，沈阳市供热行业协会等 7 家社会团体获评 5A 级、沈阳市热处理协会等 3 家社会团体获评 4A 级、沈阳市再生资源协会等 7 家社会团体获评 3A 级。四是执法。市民政局对 102 家连续两年未参加年检的社会组织进行了立案调查，并收集整理了相关违法证据。

（锡　杨）

【双拥共建】 2012 年，沈阳市双拥工作在市委、市政府的正确领导下，在省双拥办的有力指导下，通过军地的共同努力，双拥工作始终在高起点、高端位运行。2 月 27 日，在全国双拥模范城命名表彰大会上，沈阳市再次被命名为“全国双拥模范城”，实现了双拥“七连冠”的目标。

1. 双拥载体不断创新，双拥氛围更加浓厚。国防教育进一步深入。通过抓好舆论宣传、基地教育和典型示范引导，推进全市双拥工作深入开展。全市近百处爱国主义教育基地向社会开放，近 100 万人次接受教育，组织全市 16 万名学生参加军训。市双拥办在全国率先提出了加强文化建设的总体设想，起草并下发了《关于深入开展双拥文化工作的实施意见》，对全市深入开展双拥文化建设作出规划和部署。各级共投入资金 500 余万元，为部队援建军营文化图书室、阅览室、军营网吧 100 个，举办军地双拥文艺演出 50 余场，惠及军民 100 万人次。通过推出 100 个双拥服务窗口示范典型及“感动军营人物”评选等主题系列活动，以此形成了规模化、社会化的浓厚拥军氛围。

2. 支持部队建设力度不断加大，双拥政策法规不断完善。2012 年，各级财政用于支持部队建设和优抚群体保障总投资13.7亿元人民币。其中：用于支持部队后勤保障社会化、训练设施、基础设施 1.44 亿元，各类优抚群体保障 12.26 亿元。在解决军嫂就业方面，市政府办公厅出台了《关于做好随军家属就业安置工作的意见》。已对全市 1729 名符合条件的随军未就业家属发放了生活补助，全市共发放补助金 682 万元人民币。

3. 优抚政策进一步落实，优抚群体综合保障水平整体提升。优待抚恤标准不断提高。沈阳市总结了大东区优抚工作精细化管理经验，辽宁省民政厅专门召开全省现场会并推广大东区作法，对沈阳市康平县、法库县、新民市和辽中县地处偏远的 6 个乡（镇）、57 个村、93 名老复员军人开展了“情系老优抚，爱心献功臣”医疗巡诊活动。此次巡诊活动行程 1200 余公里，发放药品价值近 10 万元。

4. 军民共建活动整体推进，双向服务成果丰硕。驻沈机关、部队充分利用人力、物力和智力等资源优势，积极参加沈阳基础设施、生态环境、扶贫帮困和建设社会主义新农村活动。出色完成了抗震救灾、抗洪抢险、维稳安保等重大任务。驻沈部队与驻地 1500 个军民共建点成为宣传、教育的主阵地；部队近 100 处军史馆、团史馆、干休所面向社会开放；派出近 1000 名官兵；配合地方对 16 万名学生进行军训。驻沈部队投入 3 万余人次积极参加地方绿化、美化、亮化工程等环境整治建设。在抗击局部地区发生火灾和洪涝灾害中，驻沈部队和武警官兵及民兵预备役人员全力以赴地参加抗洪抢险，为保卫人民群众生命财产安全做出了重大贡献。加强社会治安防控、维稳工作，共出动两万余兵力，协同地方公安部门参加维稳、管控，确保了沈阳的高度稳定。驻沈部队投入兵力 2000 余人次，机械、车辆 300 余台次，投入资金 200 万元，积极开展送项目、送科技、送文化、送医疗、送信息活动，有力地支援了村容村貌改造、农业设施建设和扶贫帮困、捐资助学等 10 个建设项目。

（胡有升）

【优待抚恤】 2012 年，沈阳市抚恤、补助、优待工作整体保障水平逐步提高，取得明显成效。

1. 抚恤补助。根据国家民政部和辽宁省民政厅文件精神，结合沈阳市情况，从 2012 年 10 月 1 日起，全市再一次大幅度提高优抚对象抚恤补助标准。烈士遗属、因公牺牲军人遗属、病故军人遗属定期抚恤金标准居住在城镇的分别提高到每人每年 13212 元、11580 元、10836 元，比 2011 年每人每年分别提高了 1572 元、1356 元、1272 元；居住在农村的分别提高到每人每年 8268 元、8028 元、7608 元，比 2011 年每人每年分别提高了 900 元、864 元、828 元。在乡复员军人抗日时期、解放时期、建国后定期补助金标准居住在城镇的分别提高到每人每年 12420 元、11604 元、11316 元；居住在农村的分别提高到每人每年 11340 元、10632 元、10428 元，比 2011 年每人每年分别提高了 1200 元。残疾军人（含伤残人民警察、伤残国家机关工作人员、伤残民兵民工）残疾抚恤金标准在现行标准基础上提高了 15% - 20%。其中一级因战、因公、因病残疾军人抚恤金标准为每人每年 37940 元、36740 元、35540 元，比 2011 年分别提高了 4950 元、4790 元、4640 元。按照不高于十级因公残疾军人抚恤金标准的原则，提高了农村带病回乡退伍军人定期补助标准。每人每年提高 420 元，达到每人每年 3480 元。对在农村的和城镇无工作单位且家庭生活困难的参战（参试）退役人员，在原标准基础上，每人每年提高生活补助 420 元。达到每人每年 3420 元。同时，对建国前加入中国共产党的农村老党员和未享受离退休待遇的城镇老党员调整了生活补贴标准。在原标准基础上，每人每年提高 420 元。其中抗日、解放时期入党的党员每人每年生活补助分别达到了 4740 元、3780 元。

2. 义务兵家庭优待。2012 年沈阳

市加大各级财政投入,义务兵家庭优待金大幅度提高。全年共为6375名义务兵家庭发放优待金4652万元。其中:城镇户口入伍的义务兵家庭优待金为年5000元,农村户口入伍的义务兵家庭优待金户均为年1万元。

3.优抚对象医疗保障。进一步落实了沈阳市民政局、财政局、卫生局《关于进一步做好优抚对象医疗保障工作的通知》、《关于做好一至六级残疾军人医疗补助有关问题的通知》精神,加大了全市优抚对象医疗保障工作力度,普遍实行了"一站式"医疗结算方式,住院补助及医疗统筹报销比例达到或超过90%。其中一至六级残疾军人医疗报销比例达到100%。全年支出优抚对象医疗补助经费1870万元,受益人数1.3万人次。

4.为部分60岁烈士子女发放生活补助。根据国家民政部和辽宁省民政厅《关于给部分烈士子女发放定期生活补助的通知》,全市从2011年7月1日起,对符合条件烈士子女每月发放定期生活补助130元。全市共有298人享受了定期生活补助。

5.评残评烈工作。全年负责申报各类评残人员305人,接收部队伤残退役人员115人。负责申报评烈2人。

6.为优抚对象服务。全市优抚工作开展了精细化管理,个性化服务,保障了优抚对象合法权益;开展了"情系老优抚,爱心献功臣"医疗巡诊活动,为93位在乡复员军人上门体检,免费送药品价值近10万元。组织56位优抚对象进行了健康疗养。为6636户优抚对象发放两节救助634万元。为1.3万多名优抚对象发放了优抚对象服务卡。

(*张春阳*)

【退役士兵安置】 2012年是退役士兵安置政策改革实施的第一年。全市共接收退役士兵4180人,其中:城镇2981人,农村1199人。全市退役士兵安置工作以保障和促进退役士兵就业、创业为目标,进一步强化退役士兵指令性就业措施,加大退役士兵教育和职业技能培训力度,优化退役士兵就业服务机制,较好地完成了年度退役士兵安置工作任务。全市通过采取公开公平安置、考试竞争安置、择优区别安置和"双选、追加"安置等多种安置方式,确保了安置工作的顺利进行。特别是对服役时间长及立功人员给予了优先安置,对家庭困难的退役士兵给予了照顾安置。全市共有1535名退役士兵在国家指令性安置政策保障下顺利就业。自谋职业和自主就业工作取得了良好成效。在2011年的基础上,2012年,再一次提高退役士兵自谋职业补助标准,义务兵由4万元提高到5万元,士官最高标准由5万元提高至6.4万元。全市564名退役士兵选择了自谋职业,252名在校大学生复学享受了自谋职业经济补助待遇,发放自谋职业一次性经济补助3947.4万元。按照新的安置政策,首次为1713名自主就业退役士兵落实了经济补助政策,共发放自主就业经济补助金4447.66万元。退役士兵教育技能培训取得了新的突破。深入实施城乡一体多形式、多层次的职业技能和实用技术培训。确定了沈阳技师学院、沈阳市交通驾驶人培训有限公司、沈阳客运集团技工学校为市级退役士兵订单式就业培训基地。市级定向培训退役士兵就业606人。两级安置部门共举办各类培训班42期,培训退役士兵3145人,投入培训经费520.19万元。退役士兵就业服务机制得到了完善加强。全市通过采取职业介绍、就业推荐、专场招聘会等多种形式,共推荐退役士兵就业801人。

(*蒋志刚*)

【军休干部管理与服务】 2012年,沈阳市接收安置军休人员650人。为保证此项工作的顺利进行,年初召开了接收安置协调会议,制订接收安置方案。交接过程中,认真执行接收安置政策,严格履行接收程序,坚持"三见面"原则。深入部队现场办公,妥善解决移交中的各种问题,圆满完成了年度接收安置任务。

1.休干"两个待遇"得到了全面落实。一是有组织、有计划地组织军休干部过组织生活,政治待遇得到了较好的落实。及时传达党和国家的重大方针政策。邀请省、市有关专家学者举办专题讲座,开展了国情、省情、市情教育实践活动,使军休干部及时了解党的各项方针政策和国家大事。二是认真执行政策,军休干部生活待遇得到了落实。及时调整了军休干部定期增长工资、生活补贴、护理费以及特殊津贴。全年共发放军休人员工资和各种补贴经费7.05亿元。核拨报销休干、家属遗属医疗费、体检费及投保资金7389.6万元。为新接收650名休干全部办理了干诊及医保手续,保证新接收休干在移交到地方后,及时享受医疗和医保待遇。对全市的军休干部进行了身体健康检查。围绕着住房制度改革,根据中央文件的相关规定,发放了第一批休干住房货币补贴经费4974.9万元。完成了第二批军休干部住房货币补差报批及前四批军队安置住房休干的信息采集等工作。完成了塔湾中心、北陵中心、联合路中心附属机构用房的接收和经费请领等工作。

2.军休服务管理水平得到了新提升。通过积极的探索和实践,逐步建立和完善了分层次、分类别服务的管理模式,并取得了一定的成效。召开了军休服务管理社会化理论研讨会,制定了沈阳市分散安置服务管理暂行办法。

3.军休文化建设得到了新发展。一是发挥老年大学作用,有针对性地开设了电脑、诗词、书法、舞蹈、唱歌、太极拳、老年保健等课程。二是发挥协会作用,开展文体活动。成功举办了"喜迎十八大、丹青颂中华"军休艺术作品展和各类文体比赛,极大地丰富了军休干部的文化生活。

(*王姝群*)

【慈善事业】 2012年,沈阳市共接收社会各界捐赠款合计1579.1万元;救助支出2193.7万元。先后开展了助学、助老、助医、济困等方面20多项慈善救助活动,并协助政府完成扶贫帮困捐款活动,惠及沈阳市贫困群众5万余人次。

1.助学方面,出资150万元为全市500名贫困家庭大学生新生提供入学补助;出资60万元为在沈就读的百名汶川籍学子提供资助;出资100万元,建立电脑教室和图书室;出资140万元为沈阳市盲校盲人援建按摩教学中心;组织慈善志愿者到辽中县茨榆坨九年制学校,志愿者为学生们讲解绿色上网知识;为200名农民工子女学生送去书包、笔、本等文化用品。

2.助老方面,建立"沈阳远大慈善助老基金",定向用于对沈阳天柱山老年公寓、沈阳德济老年服务中心援建项目;出资200万元,在重阳节前夕完成了农村长年病人托养中心和部分农村敬老院种植养殖基地援建(猪舍12家和蔬菜大棚3家)。

3.助医方面,出资50万元,全年共为63名患白血病、再生障碍性贫血、淋巴恶性肿瘤等重大疾病患儿提供资金援助；继续与辽宁省慈善总会共同启动2012蓓蕾慈善救助行动，为沈阳市62名患有先心病的（18周岁以下）青少年提供医疗费用补助；继续与中华慈善总会共同开展“特罗凯”赠药活动。为辽宁省内患肺癌病人千余人次发放药品。

4.济困方面，开展“慈善情暖万家”活动。向1000户贫困居民发放了价值20万元的米、面、油、牛奶等节日物资；开展了“闹新春过大年”优秀楹联诗词书画作品展暨慈善捐赠活动。活动共展出120幅字、词、画作品，丰富了沈阳市春节期间百姓的文化生活，烘托了节日气氛。弘扬慈善文化，掀起市民参与慈善的热潮；启动了沈阳市国资委“阳光慈善救助基金”，拨付300万元定向为国资委系统所属困难企业中的贫困职工解决实际困难。

5.宣传方面，开展了形式多样慈善文化宣传。在重要桥梁张挂慈善文化理念宣传条幅16幅、播发手机短信、出租车滚动字幕60万条；与沈阳电视台、沈阳广播电台、沈阳慈善网、沈阳晚报等媒体报道慈善活动50余次；协助市民政局开展了“慈善助学”和“慈善助老”优秀项目、先进集体和先进个人的评选活动；在重要路段的LED户外广告屏免费定期播放慈善公益广告、宣传慈善文化；出刊了《沈阳慈善工作》12期；随时更新慈善网站信息。

6.自身建设方面，年内召开了沈阳市慈善总会第三届常务理事会第五次会议，评选出了沈阳远大企业集团等十五家单位为“年度慈善助学先进集体”，沈阳慈善汶川班等13个项目为“年度慈善助学优秀项目”，马娟等13人为“年度慈善助学先进个人”。

（白　东）

【老龄事业】 2012年，沈阳市老龄办认真贯彻落实市老龄委全体会议和市民政工作会议精神，以开展“敬老文明号”创建活动为抓手，切实发挥综合协调作用，不断转变工作作风，提高工作效率，认真落实各项老年人优待政策，切实维护老年人的合法权益，促进沈阳市老龄事业提到了一个新的发展水平。

1.加强综合协调工作，努力推动老龄事业“十二五”规划的实施。一是圆满完成了2012年市老龄委全体会议的各项筹备工作并于3月26日顺利召开，会议总结了2011年工作，对2012年“大力推进老龄‘十二五’规划的实施”、“不断提高老年人的生活水平”、“满足多样化的养老服务需求”、“营造浓厚的敬老助老社会氛围”等方面工作做了全面部署。二是向市委、市政府提出了调整市老龄委成员单位及组成人员的意见和建议，市委为此而专门下发了《关于调整沈阳市老龄工作委员会组成人员的通知》。三是按照市政府要求，将《市政协关于促进沈阳市老龄事业发展建议案》的内容分解确定为4大体系17项工作任务，形成并印发了《〈市政协关于促进沈阳市老龄事业发展建议案〉办理工作方案》。

2.深入开展尊老敬老助老活动，为创建全国文明城市做贡献。一是深入开展“敬老文明号”创建活动。会同市精神文明办印发了《沈阳市开展“敬老文明号”创建活动实施方案》。圆满地完成了辽宁省暨沈阳市“敬老文明号”创建活动启动仪式的筹备工作。多次召开协调推进会，为进一步提高全社会尊老敬老意识发挥了示范和引领作用、推动老龄事业科学发展注入活力形成合力。二是深入开展“敬老月”活动。会同13个相关部门印发了《关于开展2012年沈阳市“敬老月”活动的通知》。“重阳节”期间，会同相关部门和单位开展了包括评选表彰、老龄事业发展宣传周、“走进社区老年人幸福生活”、走访慰问“三老”、关爱空巢（困难）老人文明志愿服务活动等在内的喜迎“十八大”、庆祝“重阳节”十大示范性系列活动内容，带动了全市“敬老月”活动广泛深入开展，弘扬了尊老敬老的传统美德。三是深入开展关爱空巢老人志愿服务活动。印发了《沈阳市深入开展关爱空巢老人文明志愿服务活动实施方案》，成立了沈阳市助老志愿服务总队，建立了学雷锋志愿服务工作站。开展了“入户大走访”调查活动，走入大东区四德社区的居民家，广泛听取社区居民对沈阳市城市建设、环境治理、交通秩序等方面的意见和建议，并及时向上反馈。四是深入开展评选表彰活动。按照《省老龄办关于推荐第五届全国敬老爱老助老主题教育活动全国敬老模范人物和敬老模范单位的通知》要求，经层层选拔、优中选优，推荐出沈阳市参评全国敬老模范人物的14名候选人和1个候选单位，其中于川同志当选为“中华孝亲敬老楷模”候选人。

3.夯实老龄工作基础，拓宽服务领域。一是贯彻落实《省老龄办关于开展2011年度辽宁省老年人口信息和老龄事业统计工作的通知》精神，全面完成了2011年度老年人口信息和老龄事业调查统计工作。二是开展了机关企事业单位养老服务设施普查工作，其中302家的活动中心（室、站）全年共为30.8万人次离退休人员提供了以开展老年文体活动为重点的养老服务，完善了“4+1”养老服务模式。开展了高龄老人人口状况及其安装应急呼叫器情况，以及空巢（留守）老人生活状况抽样调查工作，为沈阳市研究涉老政策措施提供了基础数据。三是成立了由市老龄办牵头、相关部门和单位参加的“以房养老”工作推进组，制订出台《沈阳市“以房养老”工作推进方案》，对推进“以房养老”工作进行部署。协助有关单位成功举办了第三届中国（沈阳）老年人、残疾人用品展览会，以及中国（沈阳）首届养老事业发展国际学术研讨会，开展了向省老龄产业协会推选会员工作。四是协调工商等相关部门完成了“沈彩乐龄”老年文化活动创新品牌的商标注册申请工作；协调沈阳招标中心完成“夕阳红”旅游活动承办单位招投标工作。

4.认真落实优待政策，维护老年人合法权益。一是认真做好90周岁及以上老年人数字的调查摸底，积极申请资金，将高龄补贴及时足额发放到老年人手中。其中共为100周岁及以上老年人发放高龄补贴80.1万元。认真做好老年证的办理工作，全年共办理老年证4.2万个。印发了《关于辽宁省老年人老年证和辽宁省老年人优待证办理的规定》和《关于沈阳市高龄补贴发放的规定》，进一步规范了《老年证》办理和高龄补贴的发放工作。二是妥善地完成了14件人大建议和政协提案的办理工作，满意率达100%。三是协助市人大内司委开展了老年人优待政策落实情况调研活动，并起草了调研活动方案和综合报告；配合市局完成市人大法制委调研立法情况的接待工作，并起草《关于贯彻执行“一法一例”及制定相关地方性法规情况的报告》。

（张秋艳）

【殡葬管理与服务】 2012年，沈阳市殡葬管理与服务工作取得了长足发展。全市人口死亡火化率仍保持96.7%。全年共迁(平)坟9000余座,还田育林3.5公顷,主要铁路、公路沿线两侧及风景区周边基本实现无坟包。5月31日,沈阳市民政局召开了全市落实青山工程墓地绿化整治专项工作会议,并制定今后4年工作方案。骨灰树葬和海葬活动进一步得以拓展,树葬8000余盒,植树7500余株,绿化荒山6.1公顷。全年组织海葬活动27期,有3102人参加,将1180盒骨灰撒入大海,根据辽宁省民政厅、辽宁省财政厅印发的《关于实施骨灰海葬补贴政策的通知》(辽民发[2012]9号)文件精神,为1021户参加海葬活动的家属给予补贴,其中为25家特困户减免费用6500元。沈阳殡葬网建立网上灵堂3963个。对殡葬市场实施检查80余次,共没收销毁烧纸等丧葬迷信用品2万余件。市执法部门在相关殡仪馆检查扣押非法运尸车9台次。清明期间全市10家殡仪馆、19家墓园采取有效措施,积极做好各项服务工作,接待祭祀群众达370万人次。实现了文明祭祀,平安清明。全年为2400户低保对象免除基本殡葬服务费用183万元。沈阳市回龙岗革命公墓功能配套设施进一步得到完善,并于6月16日正式投入使用。沈阳市殡葬管理处荣获民政部颁发的“全国民政系统先进集体”,被沈阳市软环境办和沈阳市政府纠风办评为“先进基层单位”。沈阳市回龙岗革命公墓被民政部授予“群众满意窗口单位”。

(林　杨)

【彩票发行】 2012年,沈阳市共销售福利彩票15.33亿元,同比增长8.5%,超额2亿多元完成全年12.56亿元任务目标,总销量再次实现历史性突破,筹集公益金4.3亿元,连续4年实现亿元增长,连续4年蝉联辽宁省第一,中福在线连续4年在全国320个城市中排名前十强。累计销售福利彩票已突破100亿元,累计筹集公益金33亿余元。

1.规范行业管理,创新销售渠道,强化终端建设。一是多措并举争夺快开游戏市场。推进“快乐12”快开游戏布点,布点数量由上年的10多家增至300余家,建设旗舰店30个,日销量由最初的30余万元增至100余万元。二是精心谋划拓展即开票社会网点。在兴隆大家庭、五爱街、太原街、中街、北行等商圈开设即开票社会网点800余家,全年社会网点销售2880余万元。三是创新服务拓宽终端销售渠道。在即开票邮局物流配送基础上,创新管理员补充配票服务。四是创新自助终端购彩模式。相继在南塔、八王寺、宁山路地区开设3个自助投注厅。

2.注重市场培育,完善营销网络,夯实基础建设。一是建设培训基地培育彩民群体。建设福彩人才储备库,实施福彩梦想学院计划,强化市府大路实践教学基地建设。对100名梦想学院学员进行上机和彩票基础知识培训,为培养福彩销售人员,提升队伍素质奠定基础。二是完善网络建设营造和谐氛围。以《沈阳晚报》、《华商晨报》平面媒体为主线,以投注站为阵地,声讯、视听、户外、移动、网络媒体相结合的全方位、多层次、立体化、广覆盖的营销宣传网络,把公益宣传与营销宣传有机结合,营造了和谐的福彩舆论氛围。

3.创先争优主导,福彩文化引领,树立公益品牌。一是双管齐下改善服务窗口环境。在“为民服务创先争优”活动中,公开承诺“公益福彩优质服务”理念,投入资金数百万元,改善全市120家投注站及8个中福在线销售厅服务硬件环境,并在全市逐步推进。在软件服务上,全市销售厅推行“宾馆式服务酒店式管理”,全市福彩重点服务窗口推行实时满意度评价,佩戴微笑服务志愿牌。二是创先争优凝聚福彩团队合力。以党建为先导,以福彩文化为引领,全体党员干部开展了“十个一活动”。三是公益先导加大品牌建设力度。以“沈阳福彩·牵手互助”系列公益志愿活动为主线,组织福彩党员和志愿者队伍,以重大节日为节点,弘扬福彩文化,传播慈善理念,为沈阳福彩可持续发展奠定了坚实的基础。

(敦　阳)

【残疾人就业】 一是完成《关于沈阳市社会福利企业基本情况的调研报告》。二是完成2011年度福利企业资格年检认证工作。2012年1—3月,沈阳市民政局采取普检和抽检相结合的方式,在全市开展了福利企业年度资格年检认定工作。经认定,全市共有福利企业414户,安置残疾职工7586人;全市新办福利企业19户,增加集中安置就业残疾人职工301名。三是认真组织全市福利企业开展科技创新活动。根据辽宁省民政厅工作部署,为提升福利企业科技创新及自主创新能力和水平,8月,组织全市40户具有一定规模的福利企业参加省民政厅组织的企业科技创新项目培训,均被列为省福利企业科技创新项目推广重点扶持单位。四是成功举办福利企业残疾职工岗位培训及技能竞赛活动。11月30日,根据省民政厅“在全省开展福利企业残疾职工岗位培训及技能竞赛活动”的部署,沈阳市民政局经认真比对,在辽中县社会福利企业、科技创新项目推广重点扶持单位——沈阳乾鼎机械制造有限公司设立沈阳分赛场,采取集中培训、分组竞赛和专家考评等方式,开展了钳工、车工及计算机岗位培训和技能竞赛,共有50余名职工参加了岗位培训,30余名残疾职工参加了技能竞赛,有18人分获一、二、三等奖。五是树立典型,扩大宣传,引导福利企业健康发展。在2012年度全国福利企业示范单位经验交流会上,沈阳市社会福利企业沈阳市石油设备厂、沈阳长顺电缆制造有限公司被中国社会福利协会授予“全国福利企业示范单位”。2012年,全市社会福利企业完成销售收入57.13亿元,实现利润总额6052万元,实际退减免增值税1.15亿元。

(刘元春)

【地名管理】 一、和平区长白岛地区命名更名街路共40条

1.将北起南堤西路,南止浑南西路,命名为长白一街。2.将北起南京南街,经和盛巷,南止浑南西路,命名为长白三街。3.将北起南京南街,经和泰街,南止仙岛南路,命名为长白四街。4.将北起长白北路,南止和安街,命名为长白五街。5.将西起长白一街,东止南堤西路,命名为长白中路。6.将北起靓岛路,南止胜利南大街,命名为马总兵北街。7.将北起仙岛南路,南止兴岛路,命名为马总兵南街。8.将北起长白中路,南止仙岛北路,命名为和顺街。9.将北起长白北路,南止夹河路,命名为和康街。10.将北起乐岛路,南止长白中路,命名为和庆街。11.将北起瑞岛路,南止仙岛北路,命名为和祥街。12.将北起南堤西路,南止长白四街,命名为和泰街。13.将东北起南堤西路,南止浑南西路,命名为和安街。14.将西起长白二街,东止和康街,命名为宝岛路。15.将西起南京南街,东止南堤西路,命名为丽岛路。16.

将西起长白一街,东止南堤西路,命名为靓岛路。17.将西起和祥街,东止长白五街,命名为瑞岛路。18.将西起和顺街,东止南堤西路,命名为秀岛路。19.将西起长白二街,东止南堤西路,命名为仙岛北路。20.将西起长白一街,东止金阳街,命名为仙岛南路。21.将西起长白一街,东止长白三街,命名为兴岛路。22.将西起长白二街,东止长白三街命名为沙岗西路。23.将西起和安街,东止沙岗巷,命名为沙岗东路。24.将北起长白北路,南止靓岛路,命名为靓岛巷。25.将北起夹河路,南止仙岛北路,命名为夹河巷。26.将北起南堤西路,南止长白三街命名和盛巷。27.将北起仙岛南路,南止长白南路,命名为仙岛一巷。28.将北起仙岛南路,南止长白南路,命名为仙岛二巷。29.将北起和泰街,南止长白四街,命名为和泰巷。30.将北起长白南路,南止浑南西路,命名为沙岗巷。31.将西起和泰巷,东止南堤西路,命名为和乐巷。32.将西起长白一街,东止马总兵北街,命名为马总兵北巷。33.将西起长白一街,东止马总兵南街,命名为马总兵南巷。34.将原长白三街,北起南堤西路,南止浑南西路,更名为长白二街。35.将原长白西路,西起长白一街,东止三好桥西端,更名为长白北路。36.将原长白西一路,西起长白一街,东止金阳街,更名为长白南路。37.将原长白西二街,北起长白北路,南止长白中路,更名为和锦街。38.将原长白东路,西起和庆街,东止南堤西路,更名为乐岛路。39.将原夹河路,西起长白二街,东止南京南街,更名夹河路。40.将原长白东街,北起和乐巷,南止乐岛路,更名为乐岛巷。

二、北京街、浑河大街更名

1.原浑河大街(南起桃仙机场高速路收费口,北止浑河大桥北端)更名为青年南大街。2.原北京街(南起市府大路,北止新北站公铁桥)更名为青年北大街。

三、大东区(汽车城)命名街路共45条

1.将东起榆林大街,西止望花街,命名为观泉一路。2.将东起东望街,西止东望三街,命名为观泉二路。3.将东起东望街,西止望花街,命名为观泉三路。4.将东起榆林大街,西止桦林街,命名为轩兴一路。5.将东起榆林大街,西止桦林街,命名为轩兴二路。6.将东起榆林大街,西止北大营街,命名为轩兴三路。7.将东起东升街,西止望花街,命名为轩兴四路。8.将东起东瑞街,西止规划路,命名为轩兴五路。9.将东起东望六街,西止北大营街,命名为轩兴六路。10.将东起东望街,西止规划路,命名为轩旺路。11.将东起东望街,西止东望二街,命名为轩旺一路。12.将东起东望街,西止东望六街,命名为轩旺二路。13.将东起规划路,西止望花街,命名为轩盛一路。14.将东起北大营街,西止望花街,命名为轩盛二路。15.将东起东跃街,西止规划路,命名为轩盛三路。16.将东起东跃街,西止望花街,命名为轩畅路。17.将东起东跃街,西止北大营街,命名为轩畅北路。18.将东起东腾街,西止榆林大街,命名为轩顺南路。19.东起沈阎公路,西止榆林大街,命名为轩顺路。20.将东起东腾街,西止榆林大街,命名为轩顺北路。21.将东起东腾街,西止望花街,命名为轩通路。22.将南起观泉路,北止文东路,命名为桦林街。23.将南起野营房制造厂,北止正新路,命名为柳林街。24.将南起观泉路,北止正新路,命名为柳林一街。25.将南起观泉一路,北止正新路,命名为柳林二街。26.将南起观泉路,北止正新路,命名为榆林一街。27.将南起轩兴路,北止正新路,命名为榆林二街。28.将南起观泉路,北止劳动路,命名为东望一街。29.将南起观泉路,北止劳动路,命名为东望二街。30.将南起观泉路,北止东望二街,命名为东望三街。31.将南起观泉路,北止规划路,命名为东望四街。32.将南起榆林大街,北止轩兴五路,命名为东望五街。33.将南起榆林大街,北止正新路,命名为东望六街。34.将南起沈吉铁路,北止东望二街,命名为东瑞街。35.将南起沈吉铁路,北止东瑞街,命名为东瑞一街。36.将南起沈吉铁路,北止东骏街,命名为东祥街。37.将南起沈吉铁路,北止三环路,命名为东升街。38.将南起东瑞街,北止东升街,命名为东骏街。39.将南起东瑞街,北止劳动路,命名为东驰街。40.将南起轩盛路,北止北大营街,命名为东跃街。41.将南起轩盛路,北止轩畅路,命名为东跃一街。42.将南起轩盛路,北止轩通路,命名为东腾街。43.将南起轩盛路,北止轩顺北路,命名为东腾一街。44.将东起东升街,西止长大铁路,原“榆林路”更名为轩兴路。45.将东起沈阎公路,西止长大铁路,原“畅阳路(七朱公路)”更名为轩盛路。

四、大东区命名街路15条

1.将东起沈铁路,西止望花南街,命名为上园南路。2.将南起老瓜堡西路,北止上园南路,命名为老瓜堡巷。3.将南起清泉路,北止联合路,命名为八王寺东巷。4.将南起东陵西路,北止东贸路,命名为八家子西街。5.将东起第三粮库铁路专用线,西止八家子西街,命名为南东贸路。6.将南起东陵西路,北止鑫中发果品市场南围墙,命名为八家子街。7.将南起东陵西路,北止八家子街,命名为八家子巷。8.将南起东顺城街育才巷,北止东顺城街育才北巷,命名为东关巷。9.将南起东顺城街育才北巷,北止大东路,命名为三陵南巷。10.将东起大什字街,西止东顺城街,命名为育才北巷。11.将东起大北关街,西止八王寺街,命名为广乐巷。12.将南起观泉路,北止山嘴子路,命名为东望东街。13.将东起小东路,西止东顺城街,系津桥路向东延长的道路命名为津桥路。14.将南起临河路,并止北海街,长1000米,宽14米系机校街向北延长的道路命名为机校街。15.将南起小津桥路,北止草仓路,系老虎庙巷向北延长的道路命名为老虎庙巷。

五、东陵区命名街路8条

1.将东起高望路,西止S103省道,命名为中和路。2.将东起泗水河心岛,西止泗水科技新城热源厂西侧,命名为五已路。3.将东起泗水街转盘,西止原祝家沟村西村口,命名为大夫路。4.将东起高望路大泗水村南村口,西止沈棋线与沈抚北路交汇处,命名为棋高路。5.将南起何氏医学院正门前桥东,北止泗水科技新城,命名为泗水东街。6.将南起棋高路,北止泗水街,命名为德老街。7.将南起沈吉高速公路下,北止大夫路,命名为仁望街。8.将南起森林路,北止满堂街道上水泉村北,命名为水泉街。

六、于洪区命名街路30条

1.将东起永欣街,西止秦沈铁路快运专线,命名为洪源路。2.将东起永欣街,西止秦沈铁路快运专线,命名为洪清路。3.将东起永欣街,西止秦沈铁路快运专线,命名为洪泽路。4.将东起永欣街,西止秦沈铁路快运专线,命名为洪溪路。5.将东起永瑞街,西止秦沈铁路快运专线,命名为洪润路。6. 将东起永盛街,西止规划路(此路与经济开发区暂称中央大街相通,待开发区街路命名后再定),命名为洪溪南路。7. 将南起洪汇路,北止洪清路,命名为永昌街。8. 将南起洪汇路,北止洪清路,命名为永盛街。9. 将南起洪汇路,北止洪清路,命名为永欣街。10. 将南起洪汇路,北止沈胡路,命名为永瑞街。11. 将南起洪溪路,北止洪清路,命名为永跃街。12. 将南起洪汇路,北止秦沈铁路快运专线,命名为永健街。13. 将南起洪溪南路,北止洪清路,命名为永辉街。14. 将南起洪润路,北止洪清路,命名为永庆街。15. 将南起白山路,北止三环绕城公路,命名为汀江街。16. 将南起白山路,北止三环绕城公路命名为贺江街。17. 将东起汀江街,西止丁香湖路,命名为绵山路。18. 将南起白山路,北止赤山路,命名为宁江街。19. 将南起白山路北观音寺,北止三环绕城公路,命名为宁江东街。20. 将南起昆山西路,北止白山路,命名为泊水街。21. 将东起怒江北街,西止西江街,命名为丹景山路。22. 将东起娃哈哈沈阳工业园区东侧与皇姑区行政界线,西止围墙,命名为青城山北路。23. 将东起沈于线,西止沈马公路,命名为平马路。24. 将东起城东湖街,西止南阳湖街,命名为细河北路。25. 将南起丁香湖路,北止橙山路,命名为清江街。26. 将东起向工街,西止环湖路,命名为锦江山路。27. 将东起向工街,西止环湖路,命名为玉龙山路。28. 将南起昆山西路,北止锦江山路,命名为临水街。29. 将南起昆山西路,北止锦江山路,命名为沧水街。30. 将南起向工北巷,北止锦江山路,命名为沧水东街。

(郭　猛)

【界线管理】 2012 年 5 月 10 日,沈阳市民政局和阜新市民政局在沈阳市法库县包家屯镇大三家子村林场与阜新市彰武县大四家子乡胜利村行政区域界线交汇处,就沈阳市与阜新市局部行政区域界线确认相关情况进行协调会晤。

会晤议定:1. 经两市勘测确定,行政区域界线清晰明确,双方对界线认定无异议。并将勘测结果与双方乡镇、村及林场有关人员进行了说明,同时,按照关于平安边界建设的要求,对各自人员进行了依法解决问题的教育,强调要维护法定的行政区域界线,严禁发生打架等不和谐事件,切实维护社会的安定团结。要求各自乡镇村领导要做好村民的思想工作,通过合法渠道解决纠纷,避免事态扩大。2. 根据国务院办公厅《转发民政部等部门关于加强行政区域界线管理工作意见的通知》(国办发[2005]47 号)综合办、民政部等 10 部门《关于开展平安边界建设的意见》(综合办[2007]34 号)要求,双方建议由各自林业部门就林地资源的权属作进一步的确认工作,及早化解矛盾,以免影响平安边界建设,影响春耕。

(胡志英)

民　族

【全市民族宗教工作会议】 2012 年 2 月 14 日,全市民族宗教工作会议在东盛大厦召开。会议总结了 2011 年全市民族宗教工作取得的主要成绩,明确了全年民族宗教工作指导思想:坚持以科学发展观为指导,全面落实市委十二届二次全会精神,按照“深化改革、推进创新、提升文明、改善民生”的任务要求,深刻把握稳中求进这个经济社会发展总基调,以加强和创新民族宗教事务管理为和谐之本,抓住各民族共同团结奋斗、共同繁荣发展的主题,不断巩固和发展平等团结互助和谐的社会主义民族关系;全面贯彻党的宗教工作基本方针,充分发挥宗教界人士和信教群众在促进经济发展、社会和谐和文化繁荣中的积极作用,以民族宗教工作的优异成绩迎接党的十八大胜利召开。

会议提出了全年民族宗教工作重点任务:一是推动民族团结进步事业繁荣发展,营造良好的社会氛围;二是推进少数民族经济发展,切实保障和改善民生;三是加快少数民族文化事业发展,助推全市文化大发展大繁荣;四是贯彻落实宗教政策法规,加快宗教工作法制化进程;五是发挥宗教界的积极作用,助推文明沈阳建设;六是健全服务管理工作机制,全力维护民族宗教领域和谐稳定;七是加强基层基础工作,推动民族宗教工作科学发展;八是加强机关建设,为做好民族宗教工作提供有力支撑。

(李国臣)

【扎实推进清权确权】 为强化行政权力运行监督,进一步提高依法行政水平,2012 年,沈阳市民委(宗教局)结合实际,认真做好清权确权工作。

一是统一组织、加强领导。由“一把手”亲自主抓,各处室由专人负责开展具体工作,对重点集权处室实行“边清理、边指导、边督促”。二是统一思想、全委动员。召开各处室负责人会议进行动员部署,明确各阶段任务目标要求。遇有重要事宜随时召开调度会,及时掌控工作进度,确保有序推进。三是统一标准、狠抓落实。制订《推进行政权力运行制度系统建设工作方案》,加强工作调研,着力破解体制机制改革和软环境建设等方面的瓶颈,重点加强防范廉政风险制度的谋划与建设工作。

通过全面清理和逐级审核,遵照法律规定应当行使的行政权力不遗漏的原则,市民委(宗教局)确认保留有效权力 36 项,其中:行政许可 3 项,行政处罚 29 项,行政确认 1 项,其他权利 3 项。

(李国臣)

【《沈阳市民族教育百年史》出版】 经过沈阳市民族、教育工作部门两年多的共同努力,《沈阳市民族教育百年史》于 2012 年正式出版。全书分 6 篇 23 章,共计 40 余万字,内容涵盖全市满、蒙古、朝鲜、回、锡伯等 5 个世居少数民族的 27 所民族学校,全面介绍了沈阳市民族学校百年来的发展历程。

该书不仅反映了沈阳市民族教育的百年兴衰,而且填补了沈阳市民族教育史册空白。

(李国臣)

【锡伯族嘎拉哈节】 第四届“神州一欻”锡伯族嘎拉哈节由沈北新区政府、市民委、市体育局联合主办,于 2 月 21 日在沈北新区文化艺术中心隆重举行。共有 26 支代表队、150 余名选手参加比赛,共分 A、B、C 三组进行。

(李国臣)

【纪念西迁联欢晚会】 为纪念锡伯族西迁 248 周年,2012 年 5 月 8 日,沈阳市锡伯族联谊会在宁山大厦隆重举办“东西一源两地情深·沈阳市锡伯族同胞纪念西迁 248 周年联欢晚会”。

晚会以锡伯族西迁戍边为历史索引,通过歌曲、舞蹈、朗诵等多种艺术形式,深情回顾了 248 年前,3000 多名锡伯族军民西迁新疆伊犁地区屯垦戍边的伟大民族壮举,充分展现了锡伯族同胞不畏艰险、勇于奉献的爱国主义精神。活动利用现代网络,使新疆的锡伯族同胞可以同步观看,并让现场在沈学习的新疆籍锡伯族孩子们与远在察布查尔的亲人视频连线;晚会还通过专题短片,向资助罹患淋巴癌的新疆锡伯族青年民族舞蹈家关雪的沈阳各族同胞通报了病情。

(李国臣)

【锡伯家庙正式对外开放】 2012年6月7日,由和平区委、区政府主办的锡伯族文化展览暨锡伯家庙开放仪式在皇寺文化广场隆重举行,和平区斥资500余万元、历时2年修缮改造的锡伯家庙正式面向社会公众开放。

锡伯家庙又称太平寺,始建于1707年,2006年被列为全国重点文物保护单位,2011年被辽宁省委宣传部、省委统战部、省民委命名为全省首批民族团结进步教育基地。修缮后的家庙共分为7个展馆,展出面积1000多平方米,包括西迁壮举、历史源流、风俗习惯、文学艺术、民居、婚俗和沈阳民族大团结,全面展示了锡伯族的风俗习惯、历史文化以及沈阳市民族工作。利用高科技手段幻影成像的特技"真人"立体反映了锡伯家庙英雄图伯特回家庙祭祖的场面,同时在声光电效果有效结合的沙盘上,可以看到西迁场景和相关故事。市民只要凭身份证即可免费参观位于皇寺文化广场的锡伯家庙。

(李国臣)

【锡伯族民俗博物馆建设】 2012年3月份,沈北新区启动全国最大的锡伯族民俗博物馆建设项目,该项目位于沈北新区七星旅游经济区七星山附近,投资总额1.2亿元,建筑面积4.71万平方米。场馆功能分为陈列展览、藏品管理和行政管理三个主要区域;馆内藏品分为历史、西迁和民俗三部分,其中以历史部分为主。锡伯族民间故事、民间绘画艺术、绣花艺术、民间歌曲和"东布尔"等弹拨乐器都将成为博物馆的展品。项目建成后将作为爱国主义教育基地和文化旅游景点对外开放。

全国共有两处锡伯族民俗博物馆,一处在沈阳锡伯家庙(太平寺)内,建筑面积200多平方米;另一处在新疆察布查尔锡伯自治县,占地800多平方米。沈北新区锡伯族民俗博物馆建成后,将成为全国规模最大、藏品最丰富的锡伯族民俗博物馆。

(李国臣)

【民族团结进步宣传月活动启动仪式】 2012年9月7日,由沈阳市政府主办,市民委和皇姑区委、区政府共同承办的2012沈阳市民族团结进步宣传月活动启动仪式在皇姑区教育局隆重举行。社会各界人士500多人参加活动。

启动仪式后,沈阳民族艺校和市朝鲜族文化艺术馆等单位演出了《父亲山母亲河》、《飞鬃马》、《可爱的一朵玫瑰花》、《爱我中华》等民族歌舞节目。

(李国臣)

【启动"民族书屋"工程】 2012年8月16日,沈阳市民委"送文化下乡暨'民族书屋'挂牌启动仪式"在沈河区马官桥街道后陵社区隆重举行。

市民委高度重视民族文化发展,将"民族书屋"建设作为加强基层民族工作、推动少数民族服务体系建设的重要抓手,先后投入10余万元统一制作了牌匾、购置了国家民委《首届向全国推荐百种优秀民族图书目录》中的部分图书,首批挂牌设立了26个"民族书屋",使"民族书屋"遍布全市的社区、乡村、学校、企业、机关等单位,最大限度地发挥"民族书屋"在传承和弘扬民族文化、加强民族政策法规及民族知识普及教育、提高少数民族群众文化素质方面的作用。

(李国臣)

【沈北"七星龙腾"成为世界最大稻田画】 2012年8月24日,经世界纪录协会认证,位于沈北新区兴隆台街道兴隆村的一幅占地10公顷的稻田画——"七星龙腾",成为世界上最大的稻田画。该幅稻田画占地约10公顷,形象取自沈北新区非物质文化遗产锡伯族龙形剪纸,通过彩稻选育、图案设计、定点测绘、秧苗栽植、田间管理等5个环节,在绘画过程中利用数字定位技术制作而成。

2012年,沈北新区在辽河七星湿地公园滨水路旁,共安排约21.33公顷稻田画项目,内容主要包括七星龙腾、葵花迎宾、蝶恋沈北、卡通人物、京剧脸谱、锡伯风情、企业标识等15幅图案。每年7至9月是欣赏稻田画的最佳时节,游人在观赏稻田画、参与趣味种植、采摘的同时,还可以参加骑马、射箭等休闲健身活动,尽情领略锡伯族的骑射风情。

(李国臣)

【举办蒙古语演讲座谈会】 2012年2月21日(第13个国际母语日),沈阳市蒙古族联谊会联合辽宁蒙古族经济文化促进会、辽宁省蒙古语文学会及辽宁省民族科普协会,共同举办了以保护、发展、传承蒙古语为主题的座谈会。

座谈会上,蒙古族同胞用蒙古语进行了演讲和朗诵,拉丁蒙古文沈阳研究小组组长特沫若先生讲述用拉丁蒙古文学习蒙古语的意义,来自大连、辽阳、阜新、葫芦岛等地的50余名蒙古族同胞参加座谈会。

(李国臣)

【第四届那达慕大会举行】 为展示全市蒙古族群众喜迎"十二运"、积极参与全民健身运动的热情,沈阳市蒙古族联谊会于2012年9月21—22日举办了第四届那达慕大会系列活动。

本届那达慕大会除射箭及蒙古式摔跤等传统比赛项目外,还举办了"欢聚那达慕"专场文艺晚会,安排了广场文娱表演、民族服饰展及蒙医义诊等多项活动。活动吸引了来自内蒙古、吉林、河南及大连、阜新、朝阳、锦州、本溪等地的各界蒙古族同胞4000余人前来参加。

(李国臣)

【清真食品管理工作联席会议制度建立】 为进一步加强沈阳市清真食品生产经营的管理,维护回族等具有清真饮食习惯少数民族群众的合法权益,依据《食品安全法》、《辽宁省清真食品生产经营管理规定》等相关法规及上级有关文件精神,结合沈阳市工作实际,市民委、市服务业委、市工商局等13个市直部门于8月24日联合印发《沈阳市清真食品管理工作联席会议制度》。

该制度明确了各成员单位工作职责,进一步完善了沈阳市清真食品监督管理工作体系,加强了各职能部门的联动和协作,使沈阳市清真食品管理工作形成了统一领导、各司其职、齐抓共管的新格局,将有效促进沈阳市清真食品行业健康有序发展。

(李国臣)

【沈阳市获国家扶持人口较少民族发展专项资金】 2012年,国家财政部下达辽宁省国家扶持人口较少民族发展中央预算内投资计划3300万元,沈阳市获得专项资金1270.5万元,比上年增加465.4万元。

2012年,沈阳市共有苏家屯区、沈

北新区及法库县的15个锡伯族村的基础设施建设项目投资计划通过立项审批,内容涉及村内道路、桥涵、绿化及自来水改造等四类土建工程。

(李国臣)

【沈阳飞机工业(集团)有限公司命名优秀少数民族职工工作站(室)】 2012年2月23日,沈阳飞机工业(集团)有限公司在技术装备中心召开大会,命名锡伯族职工、技术装备中心型架单元车工、高级技师孙飞同志的岗位为“孙飞技能工作站”,命名满族职工、技术装备中心模具单元精车班班长、高级技师隆泽同志的岗位为“隆泽精品工作室”。会议同时印发《沈飞集团公司技术装备中心关于开展向孙飞、隆泽同志学习的通知》。

(李国臣)

【6家企业被确定为全国民族特需商品定点生产企业】 2012年12月6日,国家民委、财政部、中国人民银行联合印发《关于确定“十二五”期间全国民族特需商品定点生产企业的通知》,确定“十二五”期间重新调整后的全国民族特需商品定点生产企业名录。其中沈阳市的沈阳萃华金银珠宝股份有限公司、沈阳宏发企业集团家俱有限公司、沈阳伊利乳业有限公司、沈阳福来食品实业有限公司、沈阳冠卓牧业有限公司及辽宁嘉泰实业有限公司等6家企业被列入名录。

(李国臣)

宗　　教

【白塔弥陀寺举行主体工程封顶庆典】 2012年8月8日,沈阳市佛教界隆重举行白塔弥陀寺主体工程封顶庆典。市佛教协会会长照元法师及500余名僧众参加庆典。弥陀寺位于浑南新区白塔堡,占地1.6万平方米,建筑面积1.5万平方米,由沈阳市佛教界自筹资金8000万元修建,预计于2015年全部完工。该寺建成后,将成为沈阳市规模较大、宏伟壮观、功能完善的佛教活动场所。

(李国臣)

【康平县举行清贞观异地重建奠基仪式】 2012年5月2日,康平县清贞观异地重建奠基仪式在东升乡历家村举行。康平县清贞观历史悠久,前来参拜的香客众多,但旧观位于居民区内,观内面积较小,消防通道狭窄,且设施简陋,安全隐患极大。为了更好保障群众人身安全,保护历史文化遗产,弘扬民俗文化,经市宗教局批准,康平县决定按照道教礼仪对清贞观重新进行规划建设。

(李国臣)

【佛、道教界联合举办迎全运祈福法会】 为弘扬佛道教爱国爱教的优良传统,支持家乡发展,为百姓和全运会祈福,沈阳市佛、道教界于2012年6月24日联合举办“迎全运祈福法会”。全市近万名信教群众参加。宗教仪式前,市佛协会长照元法师、市道协会长李治国道长代表宗教界致辞,盛赞家乡能够承办全国性体育盛事,祝愿全运会顺利举办、沈阳长足发展,号召广大善信支持、服务全运会。

(李国臣)

【南关天主教堂举行建堂百年庆典活动】 2012年6月15日,沈阳市南关天主教堂举行建堂百年庆典活动。省内天主教教职人员及全市天主教信徒共计1000余人参加活动。

(李国臣)

【台湾道教参访团来沈参观交流】 2012年10月27日-29日,由中华道教总会荣誉理事长、台湾前法务部部长廖正豪博士带队的台湾道教参访团一行30人来沈阳市参观访问,并开展文化交流。

在沈期间,参访团参观了太清宫、蓬瀛宫,并围绕两地道教场所管理模式、太极八卦的由来及后期演化、道德经部分章节、道教与中医学关系等内容,与沈阳市道教界进行了座谈。

(李国臣)

【举办“宗教界宗教政策法规学习月活动”启动仪式】 为依法加强和创新宗教事务管理,提高宗教界人士和信教群众的法律意识和法律素质,6月12日,沈阳市“宗教界宗教政策法规学习月活动”启动仪式在南关天主教堂举行。副市级干部沙波涛出席仪式并讲话,市宗教局局长任桂芳主持仪式。沈阳市五大宗教的上层人士、信教群众代表、全市宗教工作部门干部共计800余人参加仪式。

(李国臣)

【穆斯林欢度古尔邦节】 2012年10月26日,来自沈阳市各行业及外籍、外地在沈的2000多名穆斯林齐聚南清真寺,共同庆祝伊斯兰教传统节日——古尔邦节。省宗教局副局长张智光、市宗教局副局长金翔出席庆祝活动,向广大穆斯林祝贺节日。

古尔邦节又称宰牲节,与开斋节并称为伊斯兰教的两大节日,时间为伊斯兰教历12月10日。每逢这一天,各地穆斯林都会身着盛装,到清真寺参加聚礼,诵经礼拜,庆祝节日。沈阳市其他清真寺也于当日举行隆重仪式,广大穆斯林欢聚一堂,尽享节日祥和。

(李国臣)

【举办“宗教慈善周”活动】 2012年9月17日-23日,沈阳市举办宗教界“宗教慈善周”活动。活动期间,各宗教团体积极支持康平县西关屯蒙古族满族乡落实六项民生项目,实施“宗教界牵手少数民族困难群众爱心工程”。此外,市佛协与所在社区配合开展帮贫助残活动,与大法寺、延寿寺、慈恩寺等场所联合开展慰问活动,并出资救济葫芦岛市建昌县受灾地区村民,资助贫困学生;市道教协会组织资助贫困大学生活动;市伊斯兰教协会慰问回族敬老院,资助回族贫困学生;市基督教两会为云南彝良地震灾区捐款捐物,资助贫困教友;市天主教两会开展“艾滋病求助”活动。宗教界累计开展各种公益慈善活动100余次,全市约80%(260余处)的宗教活动场所直接参与,捐献款物合计180余万元。

(李国臣)

区、县(市)及开发区

和平区

【概况】 2012年,和平区完成地区生产总值700.3亿元,增长10.1%;公共财政预算收入92亿元,增长17.9%;税收收入84亿元,增长18.9%;固定资产投资514.2亿元,增长28.5%;社会消费品零售总额557.5亿元,增长16.2%;实际利用外资8.5亿美元,增长38.5%;城市居民人均可支配收入达到28588元,增长14.7%;单位地区生产总值能耗同比下降3.39%。

医改工作得到国家和省市领导的充分肯定。在全省首创"出门就上班民生110"工作体系。成为全省惟一的国家级文化和科技融合示范基地。

(廉 莉)

【经济发展】 服务业发展更趋高端。引进注册资金500万元以上国内服务业项目143个,国际一线、二线品牌37个。华润万象城影响力和辐射力不断加大,辽展地下商业街建成并正式营业。金融发展步伐加快,引进日本东京三菱银行等20家金融机构。孵化器管理体制不断创新完善,全区在孵企业135家,引进科技创业型中小企业850户。全年实现服务业增加值616.3亿元,服务业占地区生产总值比重达88%,现代服务业占服务业比重达64%。

重点区域建设实现新跨越。一是满融地区快速崛起。新领事馆区落户满融地区,"一园、两轴、两环、三大节点"规划获得通过。综合管廊进场施工,绿化面积130万平方米,水系改造初具规模。实施土地征收项目12个,征收土地223.5公顷。二是老城区面貌日新月异。完成省电台西等地块的征收,新启动北市四期等9个地块。中山路欧风街建设快速推进,西塔街文化长廊全新亮相,老北市文化园对外营业。三是长白岛地区建设提速。实施基础设施工程23项,市民休闲广场、中海绿地公园等建成使用。在全省创建土地节约集约利用先进(县)区评选中获得第一名。

招商引资工作实现新拓展。设置驻日本、香港办事处。赴法国、英国、香港、宁波、厦门等16个国家和地区开展招商推介活动,成功举办了28次特色鲜明的项目推荐会及投资说明会。华润欢乐颂、世界韩商贸易中心等69个项目签约落地。

重大项目建设取得新突破。积极推进"双进双解"工作,不断强化领导包扶及目标考核。华航商业综合体等128个项目开工建设。新世界会展中心等107个续建项目加快推进。五里河城二期等97个项目竣工。

(廉 莉)

【生态建设】 基础设施建设提质提速。积极推进太原街路网改造。改造天津北街等17条道路。满融地区建设污水管网10公里,完成15万平方米白塔堡河入浑河河口湿地主体工程。老城区新增绿地面积2万平方米。栽植2775株乡土树种,打造南八马路等20条绿化标准化街路。完成130条街路的2439株行道树补植。在和平大街沿线等重要街路、公园摆放各种花卉82万株。在长白岛森林公园新建一条自行车道。完成胜利桥等重点区域的亮化建设。《和平区国家生态文明示范区建设规划》成为全国第一个获得国家环保部评审通过的省会城市中心城区生态文明建设规划。和平区被评选为辽宁乃至东北地区第一个"中国低碳生态示范区"。

城市管理模式不断创新。深入实施"四所进街"、"代整治"等工作机制。"出门就上班民生110"工作体系得到省委主要领导的充分肯定。全面启动了以"春季行动"、"夏季行动"、"百日整治"为主的市容环境综合整治工程,着重开展了"三拆除"、"四整治"、"治五乱"的综合大会战,累计拆除各类违章建筑492处、商亭191处。全区共受理各类数字城管案件7万余件,办结率98.7%;受理"出门就上班"案件28万余件,办结率99.7%。数字化城市管理平台建设全面启动,实现建成区数字化城市管理覆盖率100%。

节能减排工作成效显著。完成3户重点用能企业高耗能落后设备的淘汰工作,共淘汰高耗能变压器42台,水泵4台。拆除联网10吨以下供暖锅炉房11座,拆除联网10吨以下供暖锅炉16台。完成鸿圣基供暖等3家单位的8台锅炉污染减排工程。开展丽都喜来登酒店煤改气工程,改造面积11万平方米。

(廉 莉)

【社会事业】 社会保障不断扩大。扶持创业带头人306人,高校毕业生就业率达98.1%,特困家庭大学生实名制就业率达100%。全区低保户、低保边缘户实现了免费办理城镇居民基本医疗保险。全年向困难家庭发放救助卡400万元。完成10个示范性老年日间照料站建设。完成47个老旧和弃管小区综合维修,维修破损道路35万平方米。新建、改造菜市场14个。

教育事业蓬勃发展。先后获得全国"两基"工作先进地区、全国未成年人思想道德建设工作先进单位、沈阳市义务教育高水平均衡发展达标区等称号,成为辽宁省首批基础教育强区和沈阳市首批教育强区。教育质量持续攀升,中高考成绩继续保持全市领先。正式启用和平一校长白分校。继续实施"双名工程",开展"十二五"骨干教师培训。创办蓝海家政服务中心,加快终身教育发展步伐。

医药卫生体制改革深入推进。建立了基层医疗卫生体制改革"六大机制",高标准完成了全年35项工作任务,新建、改建6个标准化村卫生室并实现了基本药物制度延伸到村。在全省社区卫生服务中心率先实现了社区卫生服务机构与驻区大医院预约挂号、远程会诊等信息化合作。国务院医改办及卫生部领导对区医改工作进行了专题调研并给予高度评价。免费为2万名65岁以上老年人健康体检。全区新农合覆盖率达到100%,常住人口参合率达到99.8%。

文化体育事业日益繁荣。率先在全省打造了6个社区特色文化广场。增设4个城市街区24小时自助图书馆。全年组织开展区级文化活动90余场次、街道社区基层文化活动1500余场次。农民工文化服务荣获国家级奖项。投资500余万元修缮改造的锡伯家庙向社会公众开放。全民健身活动深入开展,在全市首创5个全民健身服务示范社区。

社区建设水平全面提升。全面推进社区"一站式"服务中心改造,改造面积达3508平方米。365易便民服务站达到85个。组织市、区106名机关干部与91个社区对接。深入推进"蓝海家园"工程创建,举办"北约克杯"首届"蓝海家园·睦邻文化节"。

(廉　莉)

沈　河　区

【概况】 2012年,全区地区生产总值实现828.2亿元,比上年增长9.4%;服务业增加值714亿元,增长13%;现代服务业增加值404亿元,增长13.5%;公共财政预算收入87.5亿元,增长12.1%;地方税收收入80亿元,增长14.9%;固定资产投资513.4亿元,增长18.6%;实际利用外资7.6亿美元;出口总额4亿美元,增长19.8%;实际到位内资128亿元,增长36%;规模以上工业总产值105.2亿元,增长2%;社会消费品零售总额750.9亿元,增长15%;城市居民人均可支配收入2.8万元,增长12.9%。

(刘剑锋)

【金融中心建设】 《沈阳金融商贸开发区优化金融生态试验专项方案》上报国家有关部委审批,完成开发区主体功能区"南进西拓"规划设计。引进嘉禾人寿保险公司等金融企业84家。金融业对开发区财政收入的贡献率达35%。开发区被确定为省现代服务业集聚区,东北区域金融中心的影响力和示范作用进一步提升。

(刘剑锋)

【招商引资】 围绕总部、金融、文化等现代服务业,强力推进招商工作。金廊7-1号地、19·20-1号地等10个地块成功挂牌出让,总占地面积46.8万平方米。宝能文化中心项目正式落地,福佳、中恒、鹰君、南丰等一批在谈项目推进顺利。引进中国黄金集团等现代服务业企业1700家,现代服务业对财政收入的贡献率达62%。引进中海油销售辽宁有限公司等总部企业66家,中国人寿财产保险股份有限公司等世界(国内)500强及其投资企业20家,总部经济对财政收入的贡献率达45%。引进北方报业传媒等文化企业242家,其中:注册资本500万元以上的文化企业29家,年纳税百万元以上的文化企业达28家,文化产业对财政收入的贡献率达5.1%。本山传媒入选中国文化企业30强,沈阳杂技团等3家文化企业被确定为国家文化产业示范基地。

(刘剑锋)

【财税运行】 全力稳定存量税源,深入开展区级领导"两包四联系"活动,3013户入区库税收3万元以上重点税源企业运行平稳。积极培育骨干税源,入区库税收百万元以上企业达344户,同比增长14.3%。充分发挥国地税、财政、公安、工商和街道系统主力军作用,切实强化税收征管,综合治税新增入区库税收6300万元,清回异地纳税企业95户。

(刘剑锋)

【项目建设】 16个市重点建设项目平稳推进。沈阳茂业城等3个项目顺利封顶,嘉里中心等6个项目达到形象进度,华强商业金融中心等7个项目如期开工。太阳广场等8栋25万平方米存量楼宇成功盘活。沈阳北站交通枢纽改造、市府广场地下商城等6个市政项目建设进展顺利。全区投资3000万元以上新开工项目134个,竣工项目109个,签约落地项目76个,开发策划项目32个,投资亿元以上新开工项目40个。

(刘剑锋)

【重点区域】 皇城商贸文博旅游区稳步推进,"一轴两路"改造全面启动,盾安新一城等高端商业项目运营良好,商业城二期如期开业,利福广场等4个在建项目建设进展顺利,中街商贸区被确定为省现代服务业集聚区。五爱商贸物流区更具活力,希尔顿逸林酒店正式营业,五爱市场仓储中心改造完成。南塔商贸物流区加快发展,中国鞋城改造顺利完成,群升沈阳新天地一期正式营业,星汇云锦等2个在建项目进展顺利,沈阳"第三商圈"初见形象。东部经济区城市设计、基础设施建设、旧城区改造、土地整理、项目研发、包装和招商等重点工作全面展开。

(刘剑锋)

【房屋征收】 全年征收地块总占地面积94.3万平方米,完成47个地块前期摸底及资金测算等准备工作,金廊4个地块16.9万平方米和东部地区三环路改造等5个地块全部实现晾地,六药、凌云、八里堡和高官台等地块土地和房屋征收工作进展顺利。

(刘剑锋)

【城区环境】 城市面貌显著改善。投资1.7亿元,完成100条99.2万平方米市政街路整修任务。完成17条次干道和59条街巷路行道树补植工程,补植树木2705株。对长青、南塔、五里河公园道路和绿地进行改造和景观化提升。城市管理规范有效。充分发挥社会管理服务指挥中心作用,强化市容环境和小区巡查监管,协调解决各类民生问题7657件,办结率98%以上。完善交通基础设施,交通秩序进一步改观。开展街路市场规范整治,拆除违规户外广告52处1.5万平方米。拆除小区内违章建筑1196处3万平方米。生态环境更加优化。深入开展节能减排工作,圆满完成重点污染源、噪声功能区等监测任务。单位地区生产总值能耗下降3.77%。扎实推进绿色学校、绿色社区和生态品牌社区创建工作,环境样板城建设取得阶段性成果。

(刘剑锋)

【民生工程】 社会管理创新工作实现突破。健全完善党委领导、政府负责、社会协同、公众参与的社会管理格局,成立了社会管理服务指挥中心。将全区15个街道109个社区划分为429个网格,建立区、街、社区、网格四级社会管理组织体系,经验在全省城区推广。加强基础信息采集,区、街、社区三级公共服务平台逐步完善,"一站式"服务水平大幅提高。和谐社区建设成效明显。投资1.46亿元,对剩余173个430万平方米老旧住宅区进行改造,全区老旧住宅区改造工程圆满完成。社区文体活动室面积达3.09万平方米,平均每个社区284平方米。新增达标社区活动室15个,达标率90%。积极推进社区养老工作,完成老年人示范性社区日间照料站建设任务。社会保障体系日益完善。建立就业困难人员动态数据库,全力打造15分钟就业和社会保障服务圈。开发就业岗位10.8万个,实名制就业3.3万人。城镇登记失业率2.67%。扎实开展民生保障工作,为低保户、低保边缘户发放救助金4544.2万元,解决61名困难家庭大学生就业问题。完成养老保险统筹征缴12.9亿元。平安沈河建设深入推进。强化社会治安综合治理,破获各类刑事案件2757起,打掉涉黑涉恶团伙8个。开展动静态交通综合整治,增加停车位5704个。整改火灾隐患5723处。安装视频监控探头500个。区公安及维稳工作绩效考核位居全市第一,经侦"破案会战"专项行动名列全省前茅。

(刘剑锋)

【社会事业】 公共文化服务水平持续提升。设立文体活动资金,促进文体团队建设。投入200余万元,安装户外健身器材596件,维护健身器材700余件次。初步建成35个文化特色社区,开展沈河区首届社区合唱节暨第十三届文化艺术节等20余场大型活动。全区15个街道文体活动中心总面积1.05万平方米,平均达699平方米。区域教育优质均衡发展。完成七中、文艺二校等8所学校兼并重组,七中东部校区建成投入使用。累计发放助困入园资金19.2万元,提升学前教育的公益性和普惠性。加快十七中学等学校标准化普通高中创建进程,同泽高中顺利通过省示范性普通高中复检。投入5570万元,进一步改善全区学校办学条件,为39所学校增设280个视频点位,全部实现联网。在全市率先通过省基础教育强区评估验收。公共卫生服务体系不断健全。完成79万人次规范化居民电子健康档案建档,规范率达90%以上。16名医务人员进入15个街道市民服务大厅开展"一站式"社区卫生服务。社区卫生服务绩效考核和国家基本公共卫生服务项目在全市排名第一。计生工作创新服务模式,构建以财政投入为主的计划生育利益导向机制,在南塔地区建立流动人口计划生育工作站,提供计划生育零距离服务。深入开展食品安全专项整治和示范单位创建活动,打造了1条餐饮服务示范街和17家餐饮示范店。

(刘剑锋)

大　东　区

【概况】 2012年,大东区实现地区生产总值521.4亿元,增长10.2%;规模以上工业总产值1377.7亿元,增长15.9%;公共财政预算收入63.2亿元,增长24.1%;税收收入61.3亿元,增长24.5%;固定资产投资418亿元,增长16.7%;实际利用外资6.1亿美元;社会消费品零售总额208.8亿元,增长17.1%;城市居民人均可支配收入25858元,增长13.3%。

(汪玉贵)

【工业】 大东区将发展汽车产业作为经济工作的重中之重,不断加快整车及零部件项目建设,沈阳汽车城已经成为全国发展最快、集聚度最高、成长力最强的汽车产业基地。全区汽车产业产品体系不断丰富,制造能力显著提升,整车车型已经扩展到19个,产量提高到66.3万辆。一年来,全区大力扶持整车厂升级扩产。总投资70亿元、年产整车30万辆、发动机45万台的上通北盛三期项目加快建设,五大车间主体竣工;华晨宝马16万辆产能扩建项目车间改造顺利实施;华晨中华A级车扩建项目竣工投产,全区整车产能向100万辆目标大步迈进。零部件项目加速集聚,延锋江森、彼欧、伟世通等重大项目有序推进,万都、伟巴斯特等22家为上通北盛三期提供配套的核心汽车零部件企业入驻,整车配套能力进一步增强。新城建设进展迅速,土地整理和配套建设全面展开,汽车零部件产业园B区基础设施工程完工,启动C区场地平整及基础设施建设。榆林大街等路网建设快速推进。榆林"城中村"改造稳步实施。龙湖紫都城、宝地铭郡等5个房地产项目相继开工。教育、医疗等配套设施逐步完善,产业核心区、生活综合配套区建设初具规模。全区四大整车厂实现产值826亿元,增长8.2%,是2007年的2.1倍;入区库税收实现30.6亿元,增长34.2%,大东汽车产业在全省率先进入千亿产业集群。

(汪玉贵)

【商贸服务业】 2012年,大东区围绕优化经济结构,以东中街商业区为牵动,促进了全区购物、餐饮、商务办公等多种业态的茁壮成长。龙之梦亚太城、中粮·大悦城、新世界百货、天润广场等国内著名商业项目相继营业,成为沈城居民休闲、消费的新选择。两公里步行街建成过半,国内最大的公交枢纽站投入使用,商业区营业面积已经达到200万平方米。东中街商业区进入沈阳市服务业龙头行列,并成为首批"省级现代服务业集聚区"之一,荣膺"中国著名商业街"称号。同时,传统业态竞相发展,小商品大世界、北方茶城等专业市场实现升级改造。街域商业中心建设初见成效,市级以上商业示范社区达到36个,"10分钟商圈"逐步形成,进一步方便了群众日常生活。全区房地产业保持平稳健康发展。

(汪玉贵)

【科技产业】 2012年,大东区大力推进科技载体建设,完善科技服务体系,科技进步对经济社会发展的促进作用日益显现。全区规模以上高新技术产品增加值达到260亿元,占地区生产总值的48%,是2007年的2.5倍。区科技企业孵化中心等科技载体建设扎实推进,引进科技型初创企业近200家。自主创新喜结硕果,黎明集团研制的国内首台重型燃气轮机通过国家科技部验收,270余项科技项目被列入市级以上科技计划。大东区被确定为沈阳市"两化融合综合配套改革试验区",被评为"全国科技进步先进城区"。

(汪玉贵)

【招商引资】 2012年,大东区坚持以改革促发展,以开放促振兴,努力破解体制机制障碍,为经济可持续发展注入了动力。创新管理体制,成立汽车城开发建设管理委员会,取得市级经济管理权限,理顺了关系,凝聚了力量,为大东汽车产业进一步发展壮大奠定了重要基础。创新经济运行模式,实施区街财政管理新体制，街道办事处对全区经济发展的贡献度不断提升。创新社会管理，市容环境属地化管理“五所进街”工作模式顺利实施，社区“网格化”管理服务模式基本形成。创新招商引资成果，实现了由招商引资向招商选资的转变，韩国浦项、法国法雷奥、德国伍尔特等世界500强企业落户大东区。2012年，全区实际利用外资累计达到26.3亿美元，引进内资328.1亿元，实现出口创汇12.7亿美元。

（汪玉贵）

【社会民生】 2012年，大东区不断加强学校基础建设力度。多方筹集资金，相继完成了新28中学、一中综合楼主体、156中学续建、136中学和35中学前期手续办理等重点工作，完成了11所学校校安加固、3所学校食堂改造、3所学校塑胶操场建设、20余所校舍维修及东新小学幼儿园楼内装修改造等工程。结合中小学布局调整规划，完成小东二小学等5所学校的整合工作，在成功组建杏坛小学教育集团的基础上，相继成立静美、辽三、大东三等4个小学教育集团，一中、五中2个纵向教育集团，不断推进教育集群式发展。以“本真课堂”为核心的课堂教学改革成效显著，成功举办了新课程改革推介会5次。通过开展教师教学技能大赛，高效课堂主题研讨、课改观摩展示等系列研讨活动，有力地促进了教师教学水平的提高，一支与素质教育相适应的教师队伍基本形成。中、高考成绩均达到历史最好水平。继续深入实施素质教育。以“雅行教育”为抓手，整体提升了中小学生的文明行为素养。顺利通过辽宁省艺术教育示范区动态评估。以科技教育为龙头的特色学校创建工作卓有成效，在各类比赛中获得市级以上奖项126项，大东区教育局被评为市“书香单位”。推进各级教育协调发展。以普惠制幼儿园建设为契机，完成了小北三幼儿园建设，区教育局幼儿园通过省示范园验收。振东中学、辽三小学、大东二小学等7家单位被评为省家长学校示范校。

着力繁荣文化体育事业，营造出积极向上的文化环境。组织开展丰富多彩的群众性文体活动。成功举办了“闹新春·过大年”优秀诗词书画作品展，“龙腾大东”民歌民乐专场演出，广场民族音乐会，“阅读经典图书、品味人生百态”演讲比赛，“书香大东”系列读书等丰富多彩的活动。积极开展了艺术惠民“双百万”工程和文化四进社区活动，组织区级大中型规模演出84场，参与活动的群众达60万人次，并在全区先后建立了3个图书流动点。改善区域文体基础设施。高标准完成了现代化的全民健身中心建设工程，已经全面投入运营。完成了天后宫古建筑文物修缮主体工程。各街道一大批设施齐备的文化站、文化中心等项目陆续建成，实现了全区室内外全民健身活动场地全覆盖。全面实施全民健身促和谐工程。一年来，全区共开展各类群体活动400余次，参加人员10万余人次。成功组织了“迎全运庆新春”健康跑，区“龙之梦杯”毽球联赛，“迎全运、全民健身”残疾人趣味体育健身大会等丰富多彩的群众体育活动。成功筹办了大东区首届全民健身运动会，共计2.1万人参与本届全民健身运动会。加强文化产业发展和文化市场整顿。开设绿色通道，全国首创开展网上审批工作。一年来，共引进规模以上文化产业项目12个，文化产业实现质的提升。相继开展了4次专项治理行动，确保了文化场所的安全稳定。

全力推进卫生体制改革，加快卫生事业发展。加强基础设施建设。一年来，相继投入600余万元用于改善各医院的基础设施及医院环境，增添了CT、X光机、彩超等多种医疗设备。大东区人民医院综合楼建设项目主体竣工。大力发展社区卫生服务。进一步规范了大东区社管中心及药品结算中心的管理和运行，建立了覆盖全区居民的国家基本药物供应保障体系，充分整合了社区卫生服务资源，与驻区的463医院、市第一人民医院等大医院建立了对口支援协作关系。强化疾病预防控制工作。完善了三级网络直报管理机制，实施了公共卫生属地化管理，慢性病防治工作效果明显，被评为辽宁省非传染性慢性病综合防控示范区。加强了食品安全监管力度，区疾控中心食品实验室通过了省质监局“食品检验机构实验室”资质认定。加强基本医疗服务体系建设。改进了服务流程，推行了院务、医务公开，改善了医患关系，促进了医疗质量不断提高。新型农村合作医疗制度全面落实，新农合的筹资标准提高到每人每年290元，农村人口参合率达到99.8%。合理规划设置村卫生室，确定9所村卫生室为标准化建设单位。

立足改善群众居住条件，着力提高硬环境建设水平，城区面貌展现新形象。加大城区道路、公园、绿地等设施建设，先后拓宽、改造了联合路、津桥路东延线等100多条城市街路，改造总面积超过100万平方米，占全区道路总面积的1/4以上。完成了万泉公园、大东公园等休闲场所的改造维护；实施了北海街、滂江街等主要街路的景观提升。全区绿化覆盖率提高到42%，人均占有绿地面积达到26.3平方米。积极探索和实践城市常态化、精细化管理的新路径。集中力量对望花、东望、沈铁等主要城市出口路进行综合整治，在全市开创了出口路改造“大东模式”。数字化城市管理系统投入运行。加强了重点地区的市容管理，全面取缔占道市场，开展了224个弃管住宅小区综合整治。城区主要街路实现18小时不间断动态保洁，环卫作业范围由城区道路延伸至非物业小区。“大城管”格局得到巩固和优化。坚持以生态文明建设促进发展方式转变。环境样板城建设稳步推进，对沈海热电厂等重点用能企业进行节能技术改造，全面加强南北运河等景观水系的生态保护，实施了南小河、山梨河综合整治工程，新建朱尔屯污水处理厂，城区河流水质显著改善。全面通过省级生态城区验收。

围绕提高人民群众幸福感，大力发展各项社会事业。不断加大创业和就业帮扶力度，新增就业2.1万人，零就业家庭保持动态为零，城镇登记失业率控制在3%以内。全面落实最低生活保障制度，对低保边缘户和有特殊困难的群众提供梯次救助。区养老服务中心、区残疾人康复中心落成并投入使用。全区残疾人无障碍改造达到38个社区、502户家庭。旧城区改造步伐加快，改造总面积达235万平方米。实施了生产路49号、大观苑、明堂街等保障性住房建设，群众居住条件进一步改善。深入开展社会治安专项行动，破获各类刑事案件4300余起，命案现案破案率达到100%。探索社会管理新模式，完善信访代理工作，积极化解信访积案、矛盾纠纷，较好地解决了大观苑三期超期安置等一批沉积多年的历史遗留问题。加强企业、社区安全标准化创建工作，全年来无一起重特大事故发生。强化食品药品安全监管,加大对生产、销售假冒伪劣商品的打击力度,营造了安全的消费环境。和谐社区创建工作成效显著,市级以上和谐社区达到73个,大东区荣获"全国和谐社区建设示范城区"称号。

(汪玉贵)

【政府自身建设】 2012年,大东区致力打造高效便民的政务环境,政府自身建设不断加强。主动接受人大、政协及社会各界的监督,重大决策进一步规范化、民主化和科学化。高效办理人大代表、政协委员建议、提案,累计完成400余件,办复率100%。基层政权建设不断巩固,顺利完成社区换届选举和村改社区工作。严格规范行政自由裁量权,加强权力运行监管,政府依法行政取得新进展。圆满完成了"五五"普法的阶段目标,大东区被评为沈阳市"五五"普法先进单位。不断强化软环境建设,组织开展"庸、懒、散、奢"等专项整治,实施政府绩效考评,干部队伍作风建设和能力建设不断改进和加强。积极推进政风、行风建设,年均受理省"民心网"、"96123"市民服务热线等群众诉求600件以上,办结率100%。富有成效地开展了"双进双解、双推双促"系列活动,实施区级领导联系重点项目实名推进制,在全市首创"集中受理"新型审批服务,削减行政审批事项42项,有力促进了项目建设和企业发展。认真贯彻落实廉洁自律各项规定,干部队伍从政行为得到进一步规范。

(汪玉贵)

皇 姑 区

【概况】 2012年,皇姑区地区生产总值完成417.5亿元,比上年增长8%;公共财政预算收入完成31.04亿元,其中税收收入完成28.39亿元;固定资产投资完成450.1亿元,增长25.8%;实际利用外资完成4.1亿美元,增长19%;出口总额完成1.21亿美元,增长27.6%;实际到位内资完成88.1亿元,增长22.2%;社会消费品零售总额完成222.2亿元,增长15.5%;规模以上工业产值完成238.5亿元,增长7.5%;人均可支配收入完成25979元,增长12.5%。

(王 茁)

【项目建设】 坚持以项目建设为统领,用项目增量推动经济发展。新开工3000万元以上项目84个,竣工项目69个。乐天世界、沈阳天地、隆玺壹号、凤凰商务中心、泰和龙庭、寰宇天下、保利溪湖等重大项目进展顺利。北站北金融商务集聚区进入沈阳东北金融中心核心区,环北陵商务文化旅游集聚区成为省级现代服务业集聚区,长江商业街成为市级现代服务业集聚区。启动陵东新城建设,利星行广场项目成功落地,利星行德国城、文化出版产业园等重大项目取得进展。

始终坚持资源招商与产业招商并举,加大招商引资力度,逐步形成了以龙头项目为牵动,东南亚、日韩、欧美市场全面铺开的招商新格局。有序开展土地收储工作,共出让土地8宗,总面积34.3万平方米。动员全区力量,确保重点招商地块和危旧房屋改造地块的征收进度,巴山路、新乐、上岗子、政法干校、怒江街西等地块征收工作基本完成,田义村、陵东村、东窑村、长客总站、北塔钢材市场等地块土地整理工作全面展开。

(王 茁)

【城区环境】 加快城市基础设施建设,完成梅江街、陵园南街、武当山路等道路贯通工程,整修黑龙江、嫩江街等41条道路,完成5大公园绿化景观和休闲健身的功能提升、9个城区出入口的形象提升、5条精品街路的景观提升、20条标准化街路绿化提升等建设任务。

加大节能减排工作力度,万元地区生产总值能耗从上年的0.686吨标准煤下降到0.652吨标准煤,二氧化硫排放总量减少1.5%,氮氧化硫排放总量减少1%。完成供热旧管网改造17.4公里,供热计量及节能改造面积47.9万平方米,新增集中供热面积8.31万平方米,集中供热普及率达到90.14%。

实施城市建设与管理体制改革,完善市容环境管理责任区和行政执法勤务区,数字化城市管理平台运行顺畅,主要街路全部实现机械化扫保,大规模环境综合整治效果明显。

(王 茁)

【社会民生】 承诺为全区人民办好的十件实事全部完成。以创业带动就业,积极拓展就业渠道,实现城镇实名制就业2.4万人,零就业家庭动态为"零",城镇登记失业率控制在2.65%,发放小额担保贷款1700万元。养老保险参保16.5万人,失业保险扩面12.6万人,征收养老保险个体统筹基金4亿元。扩大贫困群体救助范围,提高城市居民最低生活保障标准,保障最低生活保障对象8.49万户、15.34万人,发放保障金4135万元。新建14个示范性日间照料站,总面积2500平方米。完成95个弃管住宅区综合改造工程,整修面积327万平方米。

严厉打击各类违法犯罪活动,连续六年被评为省级平安区,人民群众的安全感进一步增强。实施重大事项社会稳定风险评估,加大维稳工作力度,一批涉及群众切身利益问题得到妥善解决。严格落实安全生产和消防安全责任制,无重大事故发生。

深入开展星级社区创建活动,全区122个社区全部达到三星级以上社区标准。社区工作者队伍结构日趋合理、服务意识明显增强,社区治安明显好转,居民满意度明显提升。

坚持教育优先发展,依法加大教育投入,打造集团化办学模式,突出特色教育,促进优质教育品牌有序扩张,推进以11中学、43中学等8所学校为核心的集团化办学进程。加快教育基础设施建设,扎实推进校安工程,完成岐山二校、岐山三校等6所学校翻扩建改造工程,完成怒江小学、汾河小学等8所学校提升改造工程。

文体事业蓬勃发展。完善公共文化服务网络,创建皇姑"四季风"文化活动品牌,成立皇姑区文化配送服务中心,街道文化广场面积达到11.6万平方米。广泛开展全民健身活动,新增健身站点23处,安装健身器材83件,社区健身路径普及率达到100%,组织万人跳绳挑战吉尼斯记录圆满成功。

深化医药卫生体制改革,区属社区卫生服务机构全面实施国家基本药物制度。社区卫生服务实现全区域覆盖。加强食品药品监管力度,未发生重大食品药品安全事故。双拥工作荣获省模范区"七连冠"。

(王 茁)

【政府自身建设】 坚持向人大及其常委会报告工作、向政协及其常委会通报工作制度,自觉接受区人大的依法监督和区政协的民主监督。先后就项目建设、房屋征收、食品安全等重大事项向区人大报告、向区政协通报。做好人大代表建议和政协委员提案办理工作,办理人大代表建议109件,政协委员提案78件,办复率均为100%。

坚持以打造一流经济环境为重点,切实帮助企业解决实际问题,成为全市软环境建设A类单位。深化行政审批制度改革,151项区级行政审批事项全部集中办理,减少审批环节,平均审批时限缩短为2个工作日。

切实加强政府廉政建设,加大对土地征收、政府采购、建设工程等方面的专项监察和审计监督力度。加大行风建设和纠风工作力度,受理政风行风热线3278件,同比下降16%。

(王 茁)

铁西区

【概况】 2012年,铁西区实现地区生产总值1105亿元,比上年增长9.4%;规模以上工业总产值2599亿元,增长16.8%;规模以上工业增加值677亿元,增长10.2%;固定资产投资680亿元,增长13.1%;财政一般预算收入106.4亿元,增长6%;直接利用外资9.8亿美元,增长11.2%;实际外贸出口17.8亿美元,增长25.55%;社会消费品零售总额441亿元,增长15%;城市居民人均可支配收入25905元,增长13%;农村居民人均纯收入13350元,增长12%。全面完成了节能减排各项任务。

(岳 进)

【装备制造业】 主导产业加快发展,对经济增长的支撑作用更加突出;项目建设取得良好进展,全年新开工3000万元以上项目115个,竣工项目99个。宝马汽车、安川电机、日本精工等一批具有重大牵动力的项目建成投产。企业核心竞争力不断增强,机床集团销售收入跃居同行业世界首位,沈鼓集团等骨干企业主营业务收入超过百亿,三一重装等龙头企业成功上市,远大、北方重工等加速向国际化企业迈进。自主创新能力不断提升,检验检测基地等公共平台作用日益明显,国家、省市级企业技术中心和重点实验室达到106个,机床数控系统、输变电设备、盾构机等大型成套设备的研制取得重大突破,第三代核主泵核阀等产品填补国内空白,世界级产品已达51个。

(岳 进)

【重点项目】 积极推广现代建筑产业技术和生产模式,现代建筑产业园区初具规模。引进了日本积水、中南集团等重点项目210个。现代建筑产品和生产技术达到国内领先水平,宝钢住宅产业化钢结构等项目竣工入住,住宅产业化示范工程取得良好进展。现代建筑产业成为铁西新的支柱产业。

总投资14.6亿美元的米其林搬迁扩产项目和总投资10亿美元的普利司通(沈阳)轮胎生产基地等市重点项目建设进展顺利。总投资6000万欧元,占地10万平方米,建成后产值将达20亿元人民币的西班牙海斯坦普汽车零部件项目入区发展。松下电池产业园、沈化50万吨CPP、东药制剂厂区等一批重大项目稳步推进。

经贸合作和产业聚集不断增强。以宝马汽车产业城为核心,着力加强宝马汽车零部件项目的招商引资,迅速扩大铁西德资企业产业集群,东北首个中德企业合作示范基地项目获商务部批准,成为我国第二家中德企业基地。“中法环保产业园”规划建设取得初步成效。

(岳 进)

【服务业】 服务业发展特色区建设取得突破,宜家家居、万达广场、兴隆大天地等大型商业综合体辐射作用不断增强。龙之梦、星摩尔购物广场等项目顺利推进,以兴华街和建设大路为代表的铁西商圈初步形成。北二路汽贸产业带、兴工街休闲娱乐街等特色街区日趋繁荣。生产性服务业快速发展,中外运、普洛斯等物流园区投入使用。铁西金谷等总部型项目启动实施。庞大汽车文化广场、荣信财富广场、嘉泰工业装备博览城等重大项目加速推进。房地产市场平稳健康发展。

(岳 进)

【城市建设】 重点实施区域道路拓宽改造工程,新建市政道路25.45公里,形成了网格式道路交通系统。重大交通枢纽工程建设快速推进,沈阳站西广场部分投入使用。公共基础设施不断完善,发展空间不断拓展,完成10户企业搬迁和13个片区房屋征收。铁西区荣获全国“国土资源节约集约模范县(市)”称号。

规划并启动实施了浑河西峡谷、细河U谷生态建设工程,为提升生态环境,拓展发展空间打下良好基础。大力实施城乡绿化工程,新增绿地271.2万平方米。全区污染物排放量大幅下降,空气质量明显提高,全面完成了节能减排各项任务。大力发展循环经济,推动清洁生产,国家级生态工业示范园区和国家级生态城区创建工作取得良好进展。

覆盖全域的精细化城市管理体系不断完善,集市政、绿化、环卫、执法和交通综合监管为一体的城管模式高效运转。对环境建设,街路和社区环境进行全面改造。强化道路交通管理,占道市场全部退路进厅。建立了数字化城管系统,市容环境整洁有序。

(岳 进)

【社会事业】 教育事业加快发展,新建、扩建3所高中和6所中小学校,启动建设9所公办惠民幼儿园,创建基础教育强区工作取得阶段性成果。推进文化强区建设,加大文化事业投入。大力弘扬工业文化,中国工业博物馆一期、开发区工人文化宫等一批公益场馆建成开放。全民健身中心、滑翔室内健身中心等群众文体活动场所投入使用。公共医疗卫生服务水平不断提高,医改工作稳步推进,群众就医更加方便实惠。

社会保障体系不断完善。大力实施就业工程,加大发放创业扶持资金,大力帮扶创业项目。困难家庭应届毕业生全部就业,零就业家庭持续保持动态为零。社会保障能力不断提高,城市居民医疗保险、农村养老保险基本实现全覆盖,建设了全市首家区级养老中心和残疾人托养中心。群众居住条件不断改善,全区人均住房面积提高到31.7平方米。街道社区建设不断加强,服务水平明显提升。

新农村建设扎实推进。认真落实各项农业发展规划和政策,实现农业总产值26亿元,比上年增长13%。完成了12个村的移村再建工程,建成农民安居住房3万套。新建12个农村新型社区服务中心、16个农村文体休闲广场。全面实施失地农民养老保险和农村新型合作医疗制度,对失地农民实行免费技能培训,农村居民人均纯收入超过全市平均水平。

(岳 进)

于洪区

【概况】 2012年,于洪区实现地区生产总值428.9亿元,比上年增长10.3%;实现公共财政预算收入37亿元,增长0.8%;完成固定资产投资349.6亿元,增长27.2%;实际利用外资3.70亿美元,实现出口创汇3.38亿美元,分别增长15%和35%;实现社会消费品零售总额67.3亿元,增长19.4%;城镇居民年人均可支配收入26385元,农民年人均纯收入16242元,分别增长14.5%和14.1%。

(田洪伟)

【三次产业】 规模以上工业总产值实现1099.1亿元,比上年增长18.2%,其中装备制造及配套产业实现产值592亿元,占全区规模工业总量的51%,产业集中度稳步提高。产业集群建设成果显著,中国沈阳国际特种机床装备城二期12.1万平方米标准化厂房竣工并引进企业60余家,三期6.7万平方米标准化厂房即将封顶。中国沈阳机械基础零部件产业园一期6.6万平方米标准化厂房竣工并引进企业18家,被批准为辽宁省新型工业化产业示范基地。北陵电器工业园2.3万平方米标准化厂房、金宏达产业园2.8万平方米标准化厂房及办公楼竣工。"两化"(工业化、信息化)融合试验区建设不断深入,新增产学研联盟55家、国家级高新技术企业4家,8500平方米信息化平台投入使用,高新技术产值所占比重达到35%以上。服务业增加值实现144.3亿元,比上年增长10.7%。一批重大商业项目开工建设,沈阳国际物流港传化陆港物流园被列为交通部全国货运枢纽、辽宁省现代服务业集聚区,初步确立以大市场、大物流为主导的现代服务业发展格局。房地产业平稳发展,加大对房地产业的扶持力度,成立区房地产行业协会,出台系列扶持政策,开展房交会、商品房团购、媒体专题宣传等促销活动,完成房地产开发投资210亿元,新开工面积470万平方米,商品房销售面积190万平方米。金融服务体系进一步健全,沈阳于洪永安村镇银行正式投入运营。社区商业服务水平进一步提升,造化环北综合市场改造完成,包道农贸综合市场投入使用。农业产业化进程持续加快,新发展高效设施农业127公顷,十里河北冬虫夏草、开隆高效设施食用菌等规模农业园区发展到20余处,农事龙头企业发展到75家,带动农户4.5万户。农业服务体系进一步完善,15家农业专业合作社与市内大型超市建立稳定的供销关系,涉及农户4700户、耕地1000公顷。成功获批国家现代农业示范区,成为农业部《现代农业产业工程集成技术与模式研究》项目综合集成示范点。

(田洪伟)

【统筹城乡综合配套改革】 《于洪区统筹城乡发展综合配套改革总体实施方案》获沈阳经济区领导小组正式批复,完成"三规合一"工作(统一国民经济和社会发展规划、土地利用总体规划、城市发展规划涉及的相同内容,并落实到一个共同的空间规划平台上)。组建永安新城管委会和现代农业示范区管委会,在全国县区率先实行涉农机构大部制改革,合并涉农部门9个、事业单位20个。深化农村产权制度改革,完成土地确权2万公顷、流转6667公顷,成为全省首家农村土地承包经营权流转综合运营试点单位。出台《于洪区实现城乡社会保障一体化实施意见》,建立城乡一体化社会保险制度。启动于洪新居建设,规划新居项目15个。先后获得国家级现代农业集成技术试点区、辽宁省统筹城乡义务教育优质均衡发展实验区、辽宁省统筹城乡就业和社会保险一体化实验区等10余项试点称号,承办沈阳市统筹城乡发展改革经验交流会,在全国"综改"试点大会上作经验交流。

(田洪伟)

【项目建设】 全年引进项目123个,协议投资额609.2亿元,其中投资10亿元以上项目17个。开复工3000万元以上项目93个,施工面积1084万平方米,完成投资229亿元。卓尔沈阳客厅、荣信财富广场等34个市级重点项目全部开工,恒盛商业广场、沈阳国际汽车城一期等35个项目完成主体工程建设,沈阳娃哈哈启力食品有限公司生产线、沈阳波音饲料有限公司预混料车间等项目建成投入运营。全面提升项目服务水平,建立并完善项目服务、重大项目双重包保、每周规建会、重点项目周调度4大协调推进机制,有效解决项目开工建设过程中遇到的各种困难和问题。完成1800万平方米土地房屋征收任务,争取农转用指标200公顷,增减挂钩指标217公顷,完成市场供地37宗295公顷,满足了项目建设用地需求。投入7441万元,完成电力排迁32项183公里、电信排迁31项63公里,保证了项目的顺利实施。

(田洪伟)

【城乡环境】 高标准完成30.8公里蒲河生态廊道改造任务,总投入25亿元,实施拓河、蓄水、造岛、绿化4大工程,累计挖掘土方1500万立方米,建设精品景观2000万平方米,打造"御林叠翠""平湖望月"等10大生态景观,实现"三年工程、两年完成"目标。路网交通体系不断完善,新改扩建川江街、松山西路等市政道路48条74公里,完成新蔡线、101国道、沈大连接线等县以上公路16.5公里和农村路网54公里中修改造工程,南阳湖大桥竣工通车,新开通182路、284路等公交线路5条,延伸123路、201路、257路公交线路3条。推进市政公用基础设施建设,实施文大线、沈于线等7条44.5公里引水引气主干线工程,扩建中国沈阳国际特种机床装备城配水厂,实施东北家具集散中心给水管网和蒲韩蒲大联网工程,66千伏广源变电站投入运行,曹台天燃气门站、东北家具集散中心燃气调压站投入使用。大力开展城乡绿化美化,全年新造林地372公顷,栽植各类优质树木104万株,完成8条景观路、8块公共绿地建设,实施老旧小区绿地改造42万平方米,新增绿化面积900万平方米。投入2.2亿元,推进污水处理厂及配套管网建设、污染源整治、农村面源污染治理3大治污工程。推进国家生态文明示范区建设,《于洪区国家生态文明建设规划》通过环保部专家论证。

(田洪伟)

【社会事业】 加强文化体育基础设施建设,区档案馆新馆投入使用,完善陵西、马三家、光辉街道文化中心和36个村(社区)文化活动室配套设施建设,为11个街道各建设1500平方米健身广场1个,完成20个老旧小区和35个村电户外健身器材配备安装,区全民健身中心投入使用。组织群众文化活动1300余场,成功举办"蒲河之夏"暨于洪区第四届文化节和"百万市民看于洪"等活动。完善教育设施,东北育才丁香湖小学、于洪新城第二小学和沈阳市实验学校中海城小学主体竣工,蒲河湾小学建设加速推进，高标准完成于台小学等8所学校三级危房加固改造工程、170中学等11所学校塑胶操场铺设工程、北陵中学等7所学校食堂建设工程、新城二小幼儿园等5所幼儿园新改扩建工程。全年培养省市区名师19人、优秀教师233人，招聘雇员制教师81人。省市重点学校升学率、总及格率、考生总平均分持续提升。健全三级医疗服务体系，完成卫生院和村卫生室标准化改造，在村卫生室启动实施国家基本药物制度，陵西社区卫生服务中心被批准为省示范社区卫生服务中心。新农合参合率达99.5%，基本实现城乡居民医疗保障全覆盖，新农合筹资标准提高至290元，政策范围内住院报销比例达到75%，大病补助封顶线提高至15万元。积极开展就业"春播行动"，完成普惠制培训1935人，培训被征地农民1200人，新增就业1.51万人、自主创业300人，城镇登记失业率控制在3%以内。深入开展社保"春润行动"，参加新型农村养老保险5.05万人、城镇居民医疗保险4.77万人、被征地农民社会保障7450人，成功推行"于洪·幸福卡"。扎实开展社会救助"春暖行动"，城乡最低生活保障每人每年分别提高720元和480元。新建老年人日间照料站16个，区残疾人托养康复中心主体竣工。成功举办2012于洪区慈善义拍募捐晚会，募集善款1590余万元。高标准完成以"春风沐民"系列活动为载体的15件民生实事。

（田洪伟）

苏家屯区

【概况】 苏家屯区地处沈阳南部，是沈阳市九个市辖区之一，总面积782平方公里，下辖17个街道办事处，人口47.4万，其中城镇人口25万，城市化率超过50%。苏家屯区位于沈阳经济区"7+1"城市群的几何中心，独占沈辽鞍海和沈本两条城际连接带，是大沈阳的地理新中心，是沈阳连接辽宁中部城市群的重要节点和战略门户。2012年，全区实现地区生产总值323.4亿元，完成全社会固定资产投资352.5亿元，实现公共财政预算收入26.1亿元，税收收入22.5亿元，社会消费品零售总额达到106.8亿元，城市居民人均可支配收入达到22210元，农民人均纯收入达到14567元，主要经济指标的稳定性、匹配性、协调性持续向好，经济总量和发展质量实现双提升。

（王夕雨）

【第一产业】 以做精一产、大力发展都市型现代农业为主导，深度调整农业结构。全年农业增加值实现30亿元。虽受台风灾害影响，经采取多方举措实现了农民增收。农业生产形势总体良好，设施农业面积发展到5333公顷，特色种植1.5万公顷，农事采摘体验园区规模持续扩大，精深加工项目不断升级，都市型现代农业稳步发展。畜禽养殖、农业标准化、农田水利基本建设、农机服务水平全面提高。肉鸡养殖及加工业位居全市第一，"永乐葡萄"成为全市首个国家地理标志保护产品，永乐农业经济区被评为"全国绿色生态十佳示范区"，连续第8年获得省农业标准化生产先进区，连续第4年获得省农田水利建设"大禹杯"，综合机械化水平达到65%。林权改革全面完成。出台了《农村集体经济产权制度改革指导意见》和《农村集体土地承包经营权流转管理若干意见》，在全省率先建立农村"三资"管理体系。区"三农"工作跻身全省先进行列。

（王夕雨）

【第二产业】 2012年，全区规模以上工业总产值完成793.2亿元。重点打造的雪松开发区金属新材料千亿产业集群、中铝有色金属加工、中意科技产业园等项目开工建设。烟酒食品百亿产业集群加快形成。100万千升华润雪花啤酒、宏洲食品、娃哈哈荣泰食品饮料二期项目达产运行，30万标箱红塔烟厂试生产，达利食品饮料产业园开工建设，实现集群产值59.1亿元。新能源产业加快发展，金山热电一期两台200兆瓦工程稳定运行。企业自主创新能力增强。正泰电器、奥德燃气、易艾露、方圆铝业、沈阳电力产业园等一批项目加快推进，为工业经济快速增长积聚了后劲。有4家企业成为国家高新技术企业，高新技术产值达到206亿元，比上年增长25.1%。

（王夕雨）

【第三产业】 以会展商务、物流商贸、旅游休闲"三大产业中心"为引领的现代服务业发展格局正在形成。现代物流会展产业带获批"国家现代服务业综合试点项目"，机场路物流产业带列入"辽宁省现代服务业集聚区"，马耳山风景区被评为"辽宁十佳乡村旅游区"。服务业项目单体质量及整体规模实现历史性飞跃。奥园国际商业广场、名京商业广场等15个重大项目开工建设，会展中央商务区商业开发面积达到181万平方米；国药物流、中储物流等15个优势企业投资项目集聚临空现代物流港，特别是总投资400亿元的沈阳五洲城项目一期主体工程已竣工；青建度假酒店、南华文化艺术小镇等9个高端旅游休闲项目进驻临空旅游区，项目总投资将超过200亿元。金融业活力增强，房地产业为经济增长发挥了重要作用，商贸服务业日益繁荣，服务业增加值、社会消费品零售总额分别实现111.8亿元和106.8亿元。

（王夕雨）

【对外开放】 坚持项目为纲。全区投资3000万元以上项目新开工92个，竣工77个，签约落地52个，总投资超过900亿元，有力促进了产业集聚和优化升级。特别是现代服务业项目，项目体量大，推进速度快，内含质量高。全年实际利用外资1.22亿美元，出口总额1.49亿美元；引进内资97亿元，同比增长30.4%。

（王夕雨）

【城乡建设】 2012年，苏家屯区安排资金20余亿元，大力推动重点工程陆续实施。城市建设日新月异。浑河新城面貌一新。改旧建新成效显著。棚户区、城中村改造加快推进，奥园国际新城、恒大名都、碧桂园等精品居住小区进展顺利，城市现代气息日益浓厚。城市道路、绿化、亮化、水系建设力度空前。推进了39条标准化街路建设，完成了雪松路、迎春街两侧改造，拆除违建及牌匾广告1800余处，市容环境日益改善。城市管理水平不断提升。进一步完善城区数字化城管体系，进入信息化城管时代。市容整治效果显著，城市日益整洁有序。临空国际城高点起步。佟沟30平方公里核心区的土地整理、道路、水系建设和村屯改造加快实施。产业空间拓展优化。投资10亿元27公里长的旅游产业大道全线开工，东段建成通车。沙河物流商贸区5条园区主干路，临空国际城一横两纵及沈丹高速佟沟出口、马术中心环形路，浑河新城城市核心区中央大街及园区支路等3条道路,雪松开发区四横五纵及丁香街、桂花街南延线等重点工程开工建设。新建城区新客运站主体竣工。完成农村120公里公路维修改造工程,实施66千伏文陈线、胶管厂地下电缆等10条供电线路改造工程,一批基础设施项目的实施,有力促进了稳增长,发展空间进一步优化。环境质量全面提升。全面启动了国家生态文明示范区建设,安排资金3.2亿元。大力实施"青山工程"和三年绿化家园工程,森林覆盖率提高到19.8%。高标准实施了雪莲街南段及广场、沈本产业大道部分路段的景观绿化。域内水系建设全面规划,秀匠排干一期工程已完成,北沙河、佟沟河水系生态廊道建设分期推进。节能减排指标超额完成,正在由国家生态区向着国家生态文明示范区的新目标跨越。

(王夕雨)

【社会事业】 民生工程深入推进。直接民生投入7.6亿元,占公共财政预算收入的39.1%。投入1.8亿元完善就业和社会保障,农村饮水安全工程已完成95%,农村危房改造141户,贫困大学生资助、贫困群体大病救助有序实施;投入1亿元改善居住环境,实施了城区30余条街巷路改造、104万平方米老旧弃管小区综合改造、10.4万平方米小区道路改造、雪松路两侧居民楼平改坡改造工程,安装路灯516盏。社会事业协调发展。投入1.2亿元振兴教育事业,实施了12所学校塑胶场地、5所学校食堂、2所农村公办幼儿园等40余项教育工程;启动了名师名校工程,第三十中学在全市高中综合评估中获全部5项大奖。卫生事业实现跨越发展。投入2.9亿元用于医院建设,推进了区中心医院、中医院新建病房楼及姚千卫生院门诊楼项目。基层医疗机构全部实行国家基本药物制度。文化体育事业日益繁荣。投入2000余万元用于文体、计生等惠民工程,深受居民关注的全民健身中心投入使用,雪松体育馆完成改造,"十二运"沈阳马术运动中心开工建设。社会管理切实加强。按照全市"四个创新"的要求,明确了12个方面的20余项社会管理创新工作,以5个基层单位为试点,53个城乡社区推行"4+X"工作模式,实现了"网格化"服务管理。全面加强了信访、社会治安、安全生产等工作,社会大局和谐稳定。同时,全面开展了创建全国文明城市活动,市民文明素质和城市文明程度进一步提升。

(王夕雨)

东 陵 区

【概况】 2012年,东陵区(浑南新区)实现地区生产总值442.7亿元,比上年增长8.1%;全社会完成固定资产投资626亿元,增长31.0%;规模以上工业企业实现总产值1114.6亿元,增长8.3%;公共财政预算收入80.1亿元,增长28.5%,税收收入占公共财政预算收入比重达到90.4%。城镇居民可支配收入达到26379元,农村居民人均纯收入达到15117元,分别增长14.3%、11.8%。东陵区(浑南新区)作为东北首家国家级生态区得到环保部的表彰和授牌,被列为国家级生态文明示范区建设试点单位和全国首批国家智慧城市试点地区。

(崔国良)

【城乡建设】 浑南新城核心区基本建成。完成建区史上规模最大的村屯整体征收,在最优位置建成总面积294万平方米农民回迁安置小区。176公里主干路网具备通车条件,连接三环高速和机场高速的两个互通立交桥即将通车,新城交通骨架基本形成。建成各类市政管网1000公里,其中500公里排水管网实现雨污分流;建成综合管廊一期工程,填补了沈阳市政建设空白;浑南新城第一配水厂等17个重大基础设施工程相继建成。重点区域实施绿化8平方公里,中央公园、莫子山公园、白塔公园正式开放,白塔河、沈抚运河景观改造工程胜利通水。经过两年多时间,700余栋建筑开工建设,443栋实现封顶,57平方公里高标准、高质量、高科技的现代化新城核心区初现形象。

沈抚新城发展步入快车道。深入实施沈抚同城化战略,编制完成总体规划、控详规划等27项规划。建成"四横四纵"主干路网55公里、市政管网153公里。启动污水处理厂、配水厂、热源厂等一批重大基础设施建设。实施"七彩新城"道路和白沙河水系景观绿化工程。伯官大桥、万赢大厦等20余个重点项目开工建设,投资规模达到160亿元。

城区环境显著提升。城区基础配套设施不断完善,金阳大街高架桥、长青南街下穿桥等重要交通走廊建成通车,浑南西路等24条断头路相继打通,全区路网更加通畅。大力整治城市环境,严厉查处车辆乱排乱卸行为,拆除各类违章建筑300万平方米。完成浑南大道、南堤中路等道路沿线的绿化美化、灯光夜景改造等一批专项工程,进一步提升了城区景观环境。

(崔国良)

【区域经济】 产业结构进一步优化。发挥国家高新区引领作用,大力发展新兴产业,构建现代产业体系,三次产业结构从2010年的1.9∶75.9∶22.2优化为2012年的1.6∶72.5∶25.9。电子信息、先进制造、生物医药三大重点产业进一步扩大,2012年实现产值912亿元,占规模以上工业总产值的76%。现代服务业快速发展,实现社会消费品零售总额119.5亿元,同比增长21.2%。服务业对经济增长的贡献率达到27.2%,比上年提高了14.4个百分点,推动发展的主导作用逐渐显现。都市农业稳步发展,以特色林果、生态养殖、休闲采摘为主导的现代农业发展格局基本形成。

科技创新取得新突破。加大科技扶持力度,政府累计投入科技资金35亿元,全社会研发投入占地区生产总值比重达到2.3%。加快科技创新平台建设,建立国家级孵化器3个,省级以上企业研发机构57家,科技创新公共技术平台12个。拥有国家级高新技术企业100家,占全市的40%,具有自主知识产权科技成果300余项,其中拓荆公司PECVD等20余项技术和产品国际领先。2012年,高新技术产品增加值占规模以上工业增加值比重达到61%,科技进步对经济贡献率达到55%。国家大学科技城建设全面推进,一批高等院校、科研院所和重点企业的研发机构集中入驻,创新资源逐步聚集,已初步成为区域经济发展的新引擎。

重大项目拉动作用持续增强。南金廊奥体商圈聚集万达、亿丰等一批高端商业综合体项目,新增居然之家、红星美凯龙等商业企业400余家。三好街商圈巩固壮大了东北地区电子信息产业产品集聚区的中心地位,成为全区重要税源基地。全国首批、辽宁惟一国家电子商务示范基地引进京东商城、苏宁易购等行业领军企业100余家，基地规模迅速壮大。生物制药产业集群发展势头强劲，跨入税收亿元区行列。现代建筑产业园从无到有，快速发展，成为引领沈阳建筑产业革命的示范。IC装备基地获批国家级高新技术产业化基地。沈阳国际软件园获批省级现代服务业集聚区。2012年获批国家级新型工业化产业示范基地、火炬计划软件产业基地。

开放水平不断提高。对外贸易平稳发展，2012年出口12.8亿美元。东软软件蝉联全国软件服务外包创汇第一名，同方多媒体跃居全市出口创汇首位。利用外资规模不断扩大，五年实际利用外资42.4亿美元，2012年实际利用外资7亿美元。举办"新浑南·新商机"系列招商活动，签约项目近千个，投资3000万元以上新开工项目近500个，投资总额3000亿元。设立境外经贸代表处，引进美国安博、澳大利亚嘉民等15个世界500强投资项目。诺康制药在美国纳斯达克成功上市，奥维通信、新松机器人、蓝英自动化分别在深交所中小板和创业板上市，东软集团等近20家企业实现海内外并购。

（崔国良）

【社会事业】 就业和社会保障工作全面加强。城镇居民登记失业率始终控制在2.74%以内，劳动合同签订率达到98%以上。城乡居民社会养老保险实现全覆盖。社会救助体系逐步健全，慈善和社会福利事业长足发展。区中心敬老院被评为全国模范敬老院。

教育强区战略稳步推进。在全市率先实行专家治校、名校牵动工程，建立校长激励基金制、教师合同聘用制，教育教学质量大幅提升。浑南新城教育园区主体工程已经封顶，沈抚新城教育园区开工建设。通过省"双高普九"评估验收，义务教育高位均衡发展，成为全省首家基础教育信息化试验区。

医改工作不断深化。完成基层医疗综合改革，基层公共医疗卫生服务体系逐步完善，医疗机构硬件条件、人才队伍焕然一新。全面启动健康浑南项目，远程健康网络覆盖159个村和14个社区。新农合实现全覆盖。获评全国亿万农民健康促进示范区。人口计生和社区中医药工作跨入全国先进行列。

文体事业蓬勃发展。被评为省文化先进区。区文化馆、图书馆晋升为国家一级馆和二级馆。开展万人长跑系列群众文体活动，中国自行车骑行文化东北促进中心，省合唱基地落户东陵区（浑南新区）。扎实创建全国文明城市，城市文明程度和市民文明素质不断提高。

和谐社区建设大力推进。全面实施"撤村建社区"工作，基本建成农民回迁安置房400万平方米，被评为省级农村社区建设示范单位。改造老旧小区35个，建成标准化城市社区用房1.79万平方米，城市社区硬件设施标准全市最高。在全市率先启动早餐工程。新建综合市场4万平方米，嘉华和丰泽市场成为全市星级农贸市场典范。连续七次荣获省市双拥模范区称号。

公共安全水平全面提升。推进平安浑南建设，社会治安秩序良好，连续5年获评省平安区。群众初信初访办结率达到99%，历史遗留案件基本解决，群体性事件得到及时妥善处置。食品药品、特种设备、交通、消防等重点领域安全监管不断强化。

（崔国良）

【依法治区】 行政体制改革取得显著成效。从区情实际出发，先行先试，建立区政府和功能区"两级两制"行政管理体制，形成覆盖全域的"7+1"发展模式。全面推行政府大部制改革、财税体制改革、公务用车改革，实行干部聘任制、扁平化管理、行政权力下放等新举措，突破机构职责重叠、人员身份限制、基层权责分离、公车费用庞大等行政管理瓶颈，为大浑南建设注入强大的内在动力。优化整合国有资产，组建万润、万赢等七大国资公司，国有资产累计收益6.3亿元。投融资体系不断完善，成立全市第一家中外合资创投基金，为大浑南建设提供有力的资金支持。

依法行政水平全面提升。自觉接受人大、政协监督，累计办理人大代表意见、建议385件，政协委员提案377件，办复率、满意率均为100%。区政府法律顾问参与重大事项审查120余件。"五五"普法工作顺利通过国家验收。加强招投标管理和审计监督，累计减少政府支出3.5亿元。加强廉政建设，累计处理各类违纪违法案件195起，挽回经济损失1.2亿元。

政府行政效能大幅提高。在全市率先推行督考合一机制，有力推动决策落实，政府绩效进一步提高。大力推行电子政务和政务信息公开，行政审批服务进一步提速增效，审批事项减少至139项。圆满完成三区合署后区人大、政府、政协三个班子的首次换届工作。深入开展反腐倡廉工作，扎实推进"五大系统"建设，解决了一批热点和难点问题，软环境建设取得显著成果。

（崔国良）

沈北新区

【概况】 沈北新区位于沈阳市北部，2006年3月1日，沈阳市委、市政府将新城子区与辉山农高区合署办公，组建沈北新区；同年10月8日，新区经国务院正式批准成立。新区下辖13个街道办事处、108个城市社区、76个涉农社区。规划面积810平方公里，人口45万，享有市级经济管理权限。区内自然环境优美，有辉山、帽山、七星山，森林覆盖面积达50平方公里；拥有辽河、蒲河、长河等大小河流7条，还有全国最大的平原水库——石佛寺水库。新区还有丰富的地热资源，已探明地热田364平方公里，储水量高达30亿吨以上。同时，新区具有浓厚的历史文化底蕴和现代人文基础，汇集多家高等院校、科研院所和研究中心。

2012年，新区实现地区生产总值499.5亿元，比上年增长10%；规模以上工业总产值1605亿元，增长17.8%；固定资产投资573亿元，增长20.4%；公共财政预算收入37.1亿元，增长-7.5%；实际到位内资180.6亿元，增长29.4%；实际利用外资7.3亿美元，增长11.6%；出口总额4.5亿美元，增长17.1%；社会消费品零售总额72.8亿元，增长15.2%；城市居民人均可支配收入23555元，增长13.8%；农民人均纯收入14567元，增长14%。2012年，新区获得2012亚洲金旅奖·十大自然生态旅游休闲名区、中国改革年度十佳县区、全国首届国土资源节约集约模范县区、省安全生产先进区、省农村社区建设全覆盖示范区、省招投标工作先进区、省公路建设文明区等多项殊荣。

（贺　亮）

【农村经济】 农业科技示范项目建设

取得阶段性成果,建成了6.7公顷袁隆平院士国家粳稻中心科技兴贸创新基地和6.7公顷沈北新区优质高产水稻科技示范园;全面启动了沈康高速示范带建设项目;实施设施农业及特色农业266公顷,其中:温室93公顷,特色农业173公顷,尹家街道花卉产地交易市场投入使用,黄家街道66.7公顷沈阳锡伯族现代农业示范基地建设顺利推进,300余栋新一代智能温室建设完毕,兴隆台街道20公顷香菇生产基地已经投产。都市农业内涵不断丰富。新区依托薰衣草、辽河七星湿地、稻田画、爱琴谷等休闲观光农事项目,强化基础设施配套建设,扩大经营规模和范围,大力发展都市农业,占地10公顷的七星龙腾稻田画被世界纪录协会认定为世界最大稻田画,薰衣草庄园被农业部、国家旅游局正式认定为沈阳市首家全国休闲农业与乡村旅游示范点。

(贺 亮)

【工业生产】 两大主导产业带动作用明显。新区工业经济总量不断壮大,新兴产业集群快速发展。以中纺粮油、蒙牛乳业、禾丰牧业、中稻股份、依生生物等为代表的农产品精深加工及生物制药产业集群累计实现产值620亿元,比上年增长24.2%,占全区工业总产值的36.9%以上;以传奇电气、捷通消防车等为代表的光电信息及先进制造产业集群累计实现产值450亿元,比上年增长27.6%,占全区工业总产值近26.8%。煌上煌食品等一批食品产业项目即将投产,希杰玉米深加工基地一期已经竣工投产,上航发二期等项目全面开工建设,主导产业稳步向千亿集群迈进。新兴产业规模化发展。立晶光电、帝信科技等信息技术项目取得阶段性进展,海尔冰箱、五洲龙汽车、苏泊尔卫浴生产基地等节能产业项目年底投产;成功引进了中航工业626所2.4米连续式风洞实验室项目、西子航空塞斯纳配套项目、中体(海燕650C)飞机制造基地等10个航空类产业项目,以手机、航空制造为代表的新兴产业实现了规模化发展,区域整体实力和产业核心竞争力不断增强。科技创新能力显著提升。新区始终鼓励和引导入区企业加强自主科技创新能力建设,全年实现发明专利申请共500项,实现高新技术产品产值650亿元;新增国家级高新技术企业4家,市级以上研发中心5家;推进新邮通、大陆激光、辽宁太阳能等8家企业列入国家重大科技专项;辉山国家农业科技园区顺利取得重大突破。

(贺 亮)

【招商引资】 招商引资成果丰硕。新区面对国际金融危机的严峻挑战,主动调整招商对策,创新以商招商、平台招商等多种模式,面向京沪港、东南亚、欧美等国内外发达地区,全年引进单体项目101个,计划投资额达710亿元。其中:10亿元以上项目18个,100亿元以上项目1个。特别是成功引进的投资100亿元的武汉光谷沈阳金融港、4.5亿美元的香港动漫电影城、31.5亿元的沈阳造币公司新产业基地、30亿元的中航工业空气动力研究院等一大批支撑性强、带动性大的国内外知名企业,为新区发展奠定了坚实基础。项目开竣工成效显著。率先在全市推出无费区、重点项目绿卡制、网上审批等服务名片,深入解决项目建设中的水、电、路等实际问题,为项目开竣工创造一切有利条件。全年承担的50个市级重点项目全部开工,城建温泉、立晶光电等119个新建项目全面开工,沙溪国际酒店用品商城、苏泊尔卫浴等151个续建项目全面复工,亚泰建材、五洲龙等98个项目相继竣工投产。新区项目建设工作在全市名列前茅,重点项目开工数、开工率全市第一。

(贺 亮)

【第三产业】 集聚区建设快速推进。沈阳(道义)文化科技商务集聚区建设不断完善,以沈北CBD建设为引领,华强文化科技产业基地、金科五星级酒店等重大服务业项目建设进展顺利,奥特莱斯名品折扣店于10月中旬试营业,永盛温泉体验馆已对外开放,东北总部基地首批121栋总部大楼交付使用,彩食坊国际美食街主体工程已全面竣工;服务业试点工作取得新进展,积极搭建公共服务平台,沈北软件园、沈北物流园已成为市级重点集聚区;蒲河生态经济带项目签约仪式成功举办,武汉光谷沈阳金融港、北控(香港)商业综合体等19个现代服务业项目集中签约。商贸流通产业持续壮大。华润万家、淘乐新天地、大商佳超市等商业配套项目和海尔、中联、中远、美的等一批物流项目相继建成投入运营,雨润农副产品全球采购中心、沙溪国际酒店用品城、闽南石材城三期、沈北国际木材园等大型专业市场建设进展顺利。强化市场监管,开展畜禽定点屠宰企业专项检查,严防问题产品流入市场。文化旅游产业方兴未艾。圆满举办“第四届动漫电玩博览会”和“第三届沈阳国际手机博览展会”,150余家动漫企业和近200家手机企业参展,吸引观众11万人次;方特欢乐世界、怪坡风景区、怪坡东北虎园等景区景点的客流量持续攀升,全年旅游接待人数约200万人次,旅游总收入实现9亿元,仅“十一”期间旅游门票收入实现2820万元,占全市门票总收入的59%。

(贺 亮)

【城乡建设】 基础设施建设取得全新突破。黄河大街三环路跨线桥已经竣工通车,盛京大街、梅江街全面贯通,陵园街铁路桥下穿工程主体完工,七星大道、旅游大道全部竣工通车,地铁二号线北延线建设正在抓紧实施,新区“六纵四横”的生态景观路网基本建成,城区路网结构进一步优化,园区支线路网明显改善,新区与母城以及周边城市交通更加便捷。配套工程稳步实施。新建市政道路29公里、桥梁5座,铺设供水、排水、供暖等管线100余公里,架设10千伏供电线路40公里,建成财落水厂,完成蒲河北污水处理厂二期建设工程和道义污水处理厂二期土建工程。生态文明建设强力推进。“青山工程”等重大生态工程成效显著,“引辽入蒲”工程全面完成并投入使用,蒲河生态廊道景观得到进一步提升,长河、左小河生态修复工程高质量完成,在区内11个街道办事处成立了环保所,强化农村面源污染防治和村屯环境综合整治黄家农村生活垃圾中转站已试运行,七星湿地公园已正式开放,30万吨铬渣基本处置完毕,《沈北新区生态文明建设规划》顺利通过国家级专家评审。

(贺 亮)

【社会事业】 全区城乡实名制就业15997人,城镇登记失业率为2.9%,持续低于省市控制指标;高校毕业生就业率达到97%,高于市计划2个百分点;登记失业困难家庭高校毕业生就业率达到100%;新型农保和城镇居民养老保险工作全市第一,全区共有1155人由区级养老保障转为市级统筹的养老保险,得到被征地农民的一致认可和好评,同时节省财政资金1575万元。以创建教育强区和实施市教育提升工程为契机,大力实施以艺体馆、旱厕改造、校园绿化为主要内容的6所义务教育学校、幼儿园再提升工程,年度校安工程已在暑期全面完工,塑胶操场在年底前投入使用,其他工程严格依照项目考核目标要求推进。实施国家基本药物制度,全部药品实行网上采购,零差率销售,并制定基本药物配送、使用环节监管工作制度,监督检查覆盖率达100%;区中心医院门诊楼、120急救中心沈北分中心、维康医院、盛京医院沈北分院一期门诊和病房综合楼等工程已主体完工。积极推进锡伯族文化生态保护区创建工作,逐步完善"锡伯族文化生态保护区纲要",编撰《沈北锡伯族非物质文化遗产图录》、《沈北锡伯族老人口述史》;新建、改建9个体育广场和生态休闲公园;"十二运"筹备工作进展顺利。

(贺　亮)

【启动网上审批服务】 3月13日,沈北新区正式启动网上审批服务工作。市委常委、常务副市长顾春明,副市级干部、沈北新区区委书记张景辉参加了启动仪式。按照2011年《沈阳市软环境建设工作方案》中提出的"加快行政审批电子政务建设,积极推进网上联合审批"的要求,沈北新区研发了网上审批平台,实现项目申办人与审批部门之间的远程沟通和业务办理。沈北新区网上审批模式功能丰富、特色鲜明,有力推进了政府行政审批制度的改革,规范了审批行为,提升了审批效能。

(贺　亮)

【东北总部基地首批百栋总部楼竣工交付使用】 5月30日,东北总部基地首批百栋总部楼竣工交付暨企业入驻仪式在沈阳市沈北新区隆重举行。东北总部基地西区开工建设247栋总部楼,已有100多栋总部楼顺利竣工交付使用中国邮政储蓄银行有限责任公司、中国吉运集团、四川长虹集团等近百家企业签约入驻。随着百栋总部楼的竣工交付,企业将陆续进驻。总部基地集群成势,企业聚集效应正在形成,总部经济的强大驱动力将逐渐显现。

(贺　亮)

【蒲河生态经济带项目】 10月9日,沈北新区举行了蒲河生态经济带项目签约仪式,与武汉光谷沈阳金融港等24个项目进行集中签约,计划总投资达560亿元。此次集中签约的24个项目中,包括现代服务及商贸类、产业类、房地产类、科技教育类等四大类别。其中:现代服务业及商贸项目12个,房地产类项目7个,产业类项目3个,科技教育类项目2个。项目的签约落地将进一步助推新区产业结构优化升级,带动工业经济持续快速发展,同时进一步完善新区的城市功能,不断提升核心区域的形象和品位。

(贺　亮)

【沈北获"十大自然生态旅游休闲名区"】 11月26日,第十八届亚洲旅游业金旅奖盛典暨大中华区旅游文化榜颁奖仪式在北京举行。沈阳沈北新区摘得"2012亚洲金旅奖·十大自然生态旅游休闲名区"桂冠,成为辽宁省惟一获此殊荣的县区(市)。

(贺　亮)

【建成首个国家级出口禽肉示范区】 12月4日,沈阳市沈北新区出口禽肉产品质量安全示范区通过国家验收,成为辽宁省首个国家级出口禽肉产品质量安全示范区。沈北新区出口禽肉产品质量安全示范区集肉禽繁育、养殖、加工为一体,是按照国家标准创建的"源头无隐患、投入无违禁、管理无盲区、出口无障碍"的禽肉产品出口地区,已经形成集肉禽繁育、养殖、加工及食品深加工为一体的大型禽肉出口基地,年出口量达到1.2万吨。

(贺　亮)

新　民　市

【概况】 2012年,新民市地区生产总值实现415.76亿元,比上年增长13%,三次产业比为17.9∶56.5∶25.6。公共财政一般预算收入实现25.4亿元,增长16.6%。税收收入实现20.2亿元,增长32.1%。规上工业企业374家,实现工业总产值1089亿元,比上年增长26.3%。限上批发零售和住宿餐饮业企业103家,实现社会消费品零售总额93亿元,比上年增长17.0%。固定资产投资实现343.8亿元,增长27.4%。实际利用外资1.0亿美元,增长35.7%。城镇从业人员年人均收入33829元,比上年增长6.3%;其中在岗职工年平均工资34187元,增长6.6%。农民人均纯收入12432元,增长13.5%。

(张　强)

【农业经济】 新民辖区为辽河冲积平原,土地肥沃,农用地占80%,是名副其实的农业大县和沈阳地区粮、菜、肉、蛋、鱼等农副产品供应大县及全国重点产粮县之一。2012年,全市农作物总播种面积达到20.05万公顷,其中:粮豆作物15.17万公顷,经济作物播种面积4.88万公顷。猪、牛、羊、禽饲养量分别达到219.80万头、21.67万头、43.85万只、4555.51万只,水产品总产量6万吨。农业总产值140亿元,比上年增长7.6%。

种植业以粮、油、菜、瓜为主。粮食产量达到103.2万吨;油料以花生、向日葵为主,油料总产量1.52万吨;蔬菜总产量186.4万吨,;瓜果以西瓜为主,梁山西瓜闻名全国,瓜果总产量75.2万吨。

林业作为新民市防风、固沙、保护农田、净化环境、减少风沙对城镇和乡村侵扰的功能性产业,不断得到完善、巩固、提高。2012年,全市完成造林面积1.7万公顷,其中:沈西北边界防风阻沙带完成2067公顷,蒲河生态廊道建设工程完成933公顷,河流水系绿化完成2067公顷,绿色通道完成400公顷,农田林网完成1133公顷,水果经济林完成2000公顷,一般治沙完成7933公顷。畜牧业伴随粮食连年增产,畜牧业生产稳中有增。生猪出栏139.35万头,比上年增长5.07%;牛出栏9.80万头,比上年增长1.87%;奶牛存栏2.01万头,比上年增长5.77%;羊出栏23.34万只,比上年增长1.93%;家禽出栏2480.34万只,比上年增长11.71%;蛋鸡存栏1545.85万只,与上年持平。肉类总产量16.49万吨,比上年增长6.20%。规模化、设施化养殖蓬勃发展。全市标准化畜牧养殖场(小区)223个,规模饲养畜禽大户达到9000户,全市规模化生产比重达到65%。渔业为淡水养殖。放养水面4333公顷,水产品产量6万吨。

(张　强)

【工业经济】 2012年,全市374家规模以上工业企业实现产值1091.3亿元,同比增长26.7%。其中:农副食品加工业企业71户,实现产值212亿元,形成了以工促农、工农互惠的良性发展模式。产业布局更加合理,集群建设卓有成效,形成了胡台新城包印、经济开发区医药食品两个百亿集群。沈阳胡台新城工业园区,现有工业生产企业98家。其中:规模以上企业65家,完成工业总产值220.8亿元,比上年增长36.2%;销售产值221.3亿元,增长30.6%。税收完成2.99亿元,比上年增长180%。工业园区环境进一步改善,新增绿化面积6750平方米,对重点街路进行了补植,对开发区三条主要干线、近6公里的排水管网进行了改造。新民经济开发区入驻企业69家,正式运营企业45家。其中:规模以上企业34家,完成工业总产值100.8亿元,比上年增长25.8%;销售产值99.98亿元,增长25.2%。新建工业企业相继投产。金新浆纸生活用纸项目一号生产线(6万吨原纸,3万吨纸制品)2012年8月29日正式投产,年产值可实现9亿元,利税1.6亿元。辽宁海吉诺保健食品项目一期于10月末正式投产,主要产品为圣宣彼得胶囊、诺诚平和胶囊,年产值可实现1.2亿元。重点企业经营情况良好。新亚铜业完成产值13.8亿元,比上年增长22.9%;修正保健品完成产值8.6亿元,增长21.1%;三九药业完成产值8.3亿元,增长33.9%;东进化工完成产值7.4亿元,增长13.7%;绿洲制药完成产值5.9亿元,增长21.6%。

(张　强)

【第三产业】 2012年,服务业增加值达到106.46亿元,增长11.5%。全年实现社会消费品零售额93.01亿元,增长17%。商品交易市场长足发展,特别是亿元以上商品交易市场经过不断改造升级和精心培育,成交规模日益扩大。公主屯鲜蛋交易市场、吉盛隆市场和西湖市场实现成交额45.7亿元,增长29.2%。新增城际班线2条,分别为新民至凤城、新民至铁岭。更新客运班车4台。全市现共有客运线路161条,营运里程1.06万公里,日发班次392个。货运能力持续增长,全年新增营运性载货汽车220台,共有营运性载货汽车1.03万台,货运量达到94.5万吨。旅游业资源得到开发。围绕温泉资源,辽河、蒲河生态建设,充分开发仙子湖和雁沙湖风景旅游度假区,森林氧吧、周坨子蔬菜、柳河沟无公害瓜果、梁山西瓜等自然生态和农业生态旅游观光,新民文化博览园和辽滨塔历史文化名胜景区,沈水马业马术游乐区,西蒲河生态温泉养生谷旅游度假区等旅游资源。2012年旅游接待人数68万人次,旅游营业收入6500万元。其中:首届中国·新民小梁山西瓜节期间旅游接待人数5万人次,旅游营业收入800万元;第十一届荷花节期间旅游接待人数9万人次,旅游营业收入1100万元;温泉旅游节期间旅游接待人数2万人次,旅游营业收入160万元。完成房地产开发项目35项,开工总面积350万平方米,累计投资额49.3亿元,房屋销售面积36.37万平方米。成功举办了浑南、铁西劳动公园、潢南广场三次房交会。

2012年,招商引资3000万元以上服务业项目达到67个,总投资714亿元。投资80亿元的中豪威尔沈阳东北城项目一期竣工。投资30亿元的东北工程机械市场主体已经完工,成为东北最大的工程机械市场。投资5亿元的家乐福购物中心项目6公顷土地已经挂牌。投资20亿元的农机商贸城项目正在建设之中,果蔬批发市场2013年5月运营,农机商贸城列入辽宁省100个重点服务业项目之一。

(张　强)

【城市建设】 2012年,城镇建设资产投资完成42.5亿元,亿元以上新开工项目4个。城市基础设施进一步完善。完成了开发区道路排水改造工程、站前大街南段新建道路工程和城南小区巷道改造工程;安装了城区LED景观灯687盏,路灯76盏,启动城区灯饰亮化工程;潢南河带状公园清淤5.3公里,补植新植乔木1312棵,完善了带状公园园区设施;在城区内19条街路补植树木820棵,补植灌木树种12000株;城区供水管线铺设3.6公里。集中供热改造面积260万平方米。加快了森林公园全民健身中心一期工程建设。4个弃管小区改造工程已基本完成。完成了集中供热改造热源厂进场道路的基础路面及排水工程。加快了城市现代服务业建设,推动城镇房地产开发。完成中兴地下商业城建设项目。加强城乡环境综合治理。为确保城乡环境达到良好效果,成立了硬环境巡查中队,加大了整治力度。强化城区卫生保洁,扫保面积增加30万平方米,已达到580万平方米。建设了10个农村垃圾中转站,累计配备各类型号垃圾收运车辆76台,启动了兴隆堡、前当堡两座垃圾中转站,同时制定了农村垃圾清运环境整治管理办法。科学规划小城镇建设,为小城镇建设健康发展打好基础。完成了兴隆堡、胡台开发区两座污水处理厂建设并开始运行。

(张　强)

【社会事业】 2012年教育基本建设项目共有38个,完成总面积15.6万平方米,投资1亿元,涉及学校23所。安排教师培养培训专项经费50万元,招聘新教师97人,培训教师2000人次。10余所乡镇中心幼儿园的办学条件已达到市级乡镇幼儿园标准。162所民办幼儿园符合办园标准。职业技能培训和企业岗前培训年达1.5万人次。更新79台非标准校车。发放国家助学金68.3万元,惠及学生911人。

全市城乡医疗环境进一步改善,参加合作医疗保险总人口47.51万人,参合率99.5%。门诊补偿标准由35%提高到40%,住院补偿比例由50%直接提高到70%。通过药品集中采购平台提供的网上监管系统,对采购双方的购销行为进行实时监控。新民市人民医院被确定为沈阳市惟一一家公立医院综合改革试点单位。装备26家乡镇卫生院、338家村卫生室,总投资2039万元;为市人民医院添置仪器设备2700万元。新民市政府被评为“辽宁省食品安全先进集体”。

举办迎全运庆新春全民健身长跑,迎全运庆新春秧歌、健身操舞展示,第二届元宵节风筝展示等群众文化体育活动13次,武术协会参加“第十届感恩杯香港国际武术节”,荣获1块金牌、3块银牌、7块铜牌。

全年获得科技计划立项11项、获得项目支持资金670万元,立项数量和资金额度均创历史新高。培育国家级高新技术企业2家(双胞胎饲料企业、汉臣氏保健品企业),新民市经济开发区“三园”(医药食品园、造纸产业园、化工产业园)产业列入沈阳市“一区多园”。高新技术产品产值占规上企业增加值比重达到41%。全年专利申请授权48件,其中发明专利7件。国家级高新技术企业绿洲制药有限公司被认定为省级企业技术中心,泰丰胶带、恩帮电器和众友饲料被认定为沈阳市级企业技术中心。成立10家沈阳市农村科技服务站。实施科技特派员科技创新示范项目5项,引进新品种22个,示范推广新技术14项,新品种覆盖率达到99%。农业科技贡献率达到52%。举办科技活动周、知识产权宣传周、科技大集等科技下乡活动30余次。为农民发放技术资料6000份(册),举办农业实用技术培训班140期,培训农民1.2万人(次)。帮助企业柔性引进科技人才20多人。培养出100名农民技术员。全年有3项科技成果、27人获沈阳市农村科学推广奖。

全市养老保险缴费完成7450万元,城镇登记失业率控制在2.52%,零就业家庭动态为零。发放小额担保贷款1500万元,申请创业补贴发放52人、37.1万元。为城镇失业人员、大中专毕业生、返乡农民工举办招聘会4场。全市国有及国有控股企业劳动合同签订率达到100%,非国有企业劳动合同签订率达到98.8%。

社会管理服务体系健全。实现90%的矛盾纠纷化解在基层,85%的矛盾纠纷实现诉前调解。通过新拓展的民意诉求渠道,诉求件按期结案率和群众满意率都达到100%。强化技防工程,市区和乡镇各重点路段共安装视频探头1509个,实现重点部位视频监控"全覆盖";强化人防工程,各乡镇街道成立巡逻队361支,社情民意信息员1579名、矛盾纠纷调解员1589名、公共事业管护员1624名、为民服务代理员1332名;强化物防工程,各乡镇街道分中心办公用房达4033平方米,服务站393个、服务站办公用房314个、责任区1466个、中心户9302户,形成了牢固的四层管理架构。综合治理和平安创建工作深入到全市363个村(社区)、22多万个家庭、45所中小学校、300余家企业、52家机关以及遍布城乡的公路交通网,建立覆盖全社会、各领域、各行业的综治工作和平安创建工作格局。平安志愿者队伍393个,队员4000余人,开展法律服务、矛盾纠纷化解、邻里守望、治安联防等群众自防活动,群众安居感明显增强。办理行政审批事项1.77万件,办结率100%。

(张　强)

辽中县

【概况】 辽中县地处东经122°28′至123°6′,北纬41°12′至41°47′,因在古代辽郡以西、辽水以东,宛在中央而得名。距离母城沈阳52公里,南接台安,东邻辽阳,西连黑山,北界新民,在1个半小时经济圈内有钢都鞍山、煤都抚顺、化纤城辽阳、石化城盘锦等8大工业原料资源主产城市。区域面积1460平方公里,耕地面积7.7万公顷,辖2个街道办事处,15个镇,184个行政村,拥有1个省级经济技术开发区——近海经济区,全县总人口47万,其中农业人口36万。辽河、浑河、蒲河、细河、绕阳河五河过境,形成了典型冲积平原地貌,平畴百里,肥田沃土。年平均日照总时数2575小时、平均温度8.1℃、平均相对湿度65%、平均降水量694毫米、可利用水资源5.91亿立方米、年平均无霜期168天,属中温带、半湿润大陆性气候,适应水稻、玉米、大豆及各种经济作物生长,是一个地域平坦、温度适宜的鱼米之乡。

2012年,辽中经济保持良好发展态势,全年地区生产总值实现404.5亿元,增长10%;固定资产投资实现343.85亿元,增长27.3%;城镇居民人均可支配收入25400元,增长17.5%;农民人均纯收入12825元,增长15.9%。

深入践行"科学发展,生态先行"理念,依托良好区位优势、独特资源及特色产业,围绕城市建设发展了庄园经济、农业地产、旅游地产。东北内陆惟一的国家级综合保税区正式获批,国际级"中法环保生态产业园"正式授牌,获东北首家国家级生态县、东北惟一的"国家出口食品农产品质量安全示范区"、全国首批"国家现代农业示范区"、辽宁首家国家级粮油检测实验室、辽宁省惟一的平原林业示范县等多项殊荣,"辽中鲫鱼"、"辽中寒富苹果"、"辽中玫瑰"三项国家地理标志提升了农产品的附加值和影响力。

(杨波　高继辉　赵百龙)

【项目建设】 扎实开展"项目建设年",落实项目经理制和工作项目化,组建沈阳招商中心等专业招商机构,项目引进数量、体量屡创历史新高。投资5亿元的中北通磁等重大项目签约入驻;投资20亿元的绍兴管业集群,投资20亿元的宇晨重工等重大工业项目,投资10亿元的天赢菌业、梅林正广和、燎原现代农业等农事龙头项目,近海怀义五星级酒店、湖南富兴等20余家地产项目全面建设。新行政中心及全民健身中心两大公建项目进场施工。大东方城市综合体项目激活商贸流通业,富美莱花卉市场将正式运营。全年新引进投资额3000万元以上项目72个,项目总投资达到280亿元。

(杨波　高继辉　赵百龙)

【三次产业】 全县设施农业突破2.3万公顷,完成了667公顷无公害水稻产品认证申报和10个绿色食品标识申报工作,辽中寒富苹果、淡水鱼、有机蔬菜等特色农副产品打入东欧等国际市场。世外桃源等一批庄园经济项目拔地而起。工业经济持续高速增长。深入实施"五项工程",规模以上工业总产值实现1160亿元。以先进装备制造及配套、有色金属加工、静脉环保、新型材料、食品深加工等为支撑的现代工业体系日臻成熟。服务业发展迅猛。富美莱花卉市场将成为东北最大的花卉集散交易中心,城郊、老大房等农贸综合市场成为全国农产品现代流通试点单位。生态水城第一届房地产交易会成果丰硕,成交建筑面积106万平方米。

(杨波　高继辉　赵百龙)

【城乡建设】 实施了中心街、北五路道路打通及新华街、政府路道路改造工程。维修改造县级以上公路81公里,新建改造农村路网114.8公里。投资3100万元完成月牙河泵站主体工程建设,全面完成了弃管小区维修改造工程。"双城"建设异彩纷呈。"四横五纵"路网、人工环城水系拉开新城框架。"东湖"、"莲花湖"公园一期工程顺利完工。全民健身中心开工建设。珍珠水城总长17.8公里道路连接线建成通车,与堤顶路和环湖路构成"一廊十八景"的靓丽景观路。

(杨波　高继辉　赵百龙)

【社会民生】 坚持以人为本,以财力保障和改善民生福祉,社会事业和民生保障资金同比增长21.4%。大幅提高了城乡低保、医疗救助和五保标准。医疗卫生服务水平全面提升,全县15个基层医疗卫生机构全部配备使用了国家基本药物,实行了零差价销售,县医院新综合楼全面改善就医环境,对全县血液病患者实行透析补助,大病托管工作成为全省试点。落实各项惠农补贴,完成老城区149个弃管小区改造。不断加强社会保障,新农保和城保工作被列为国家试点县和省级示范县。

(杨波 高继辉 赵百龙)

康平县

【概况】 2012年,全县实现地区生产总值182亿元,增长11.6%。规模以上工业总产值504亿元,增长21.7%;固定资产投资182亿元,增长27.1%;公共财政预算收入14亿元,增长29.1%;社会消费品零售总额35.9亿元,增长17.4%;农民人均纯收入10544元,增长14%。

(赵海军)

【第一产业】 坚持以农业产业结构调整为主线,大力实施"农业富民"战略,农村经济全面发展,农民生活条件明显改善。沈康高速现代农业示范带工程全面实施,打造了现代农业市级典范,带动了农业主导产业发展。全县花生、棚菜等农业主导产业面积达到6万公顷,其中寒富苹果达到8600公顷,占全沈阳市栽植总面积的1/2、全省的1/4。农民专业合作社达到486个,农事龙头企业发展到27家。农民收入水平不断提高,增幅在全沈阳市处于领先水平。县域农业进入了产业化发展快车道,为加快实现农业现代化目标奠定了坚实基础。

(赵海军)

【第二产业】 坚持以项目建设为抓手,大力实施"工业强县"战略,县域发展核心竞争力明显提高。规模以上工业企业发展到445户,总产值实现504亿元,增长21.7%,以传统能源、新材料和塑编、新能源、纺织服装、农副产品深加工为主的"两大产业、四大集群"工业体系进一步夯实。传统能源产业稳步发展。康平电厂累计发电185亿度,年实现利税近3000万元。大强煤矿主、副、风井到底并贯通,井底车场施工结束,铁路专用线初步达到通车条件,累计完成投资15亿元。高新技术产业快速发展。总投资30亿元的碳纤维项目一期工程正式投产,生产原丝1500吨、碳丝500吨,实现产值1500万元,二期工程设计工艺已完成;总投资20亿元的北京恒基伟业800兆瓦太阳能电池片项目建筑主体已完工,正在订购设备,计划2013年6月投产,这两个项目填补了省市碳纤维新材料产业和太阳能产业空白。总投资12亿元的玄武岩纤维项目计划2013年开工建设。全县风力发电总装机容量达到55万千瓦,成为全省第三风电大县。产业集群迅猛发展。集群项目发展到310家,解决就业3.5万人。总投资13亿元的百锦隆食品加工项目二期已投产、三期土地已摘牌,实现产值800余万元;总投资10亿元的东北最大金针蘑加工项目主体工程已经完工,正在安装设备,这两个项目的引进实现了康平县10亿元以上农事龙头企业零的突破。总投资1亿元的放心豆制品加工项目即将开工建设,投产后将成为沈阳市重要的豆制品供应基地。塑编研发平台、标准化厂房、产品展览馆等工程建设全面推进。成功引进全国最大塑编企业华今集团,塑编及相关配套企业达到178家,实现产值200亿元,成为东北地区规模最大的塑编产业集群。成功举办了全国塑编展洽会,荣获了"中国塑编示范城"称号,康平塑编已走向全国。

(赵海军)

【城乡建设】 把城市开发建设作为县域经济发展突破口,大力实施"拥湖兴城"战略,新老城区"同城化、一体化"进程快速推进。老城区改造提升有序推进。坚持规划先行、多元投入、规范运作的方针,重点实施了一批城市道路改造、园林绿化、市政设施等工程,修建中心路、康懿路等道路4公里,铺设给排水管网9.1公里,栽植绿化树木5.7万株,改造弃管小区11个,新建水洗公厕12座,城区硬覆盖面积达到23万平方米,保洁面积达到160万平方米。将12片棚户区土地房屋征收工作全部列入计划,电影院、高中西地块拆迁改造全面完成。城镇人均居住面积达到33平方米。新城区开发建设全面启动。高标准编制完成了卧龙湖城市段滨水区景观设计等规划,顺康街、滨湖路等9条道路建成通车,各类管网全部铺装完毕,形成了顺畅便捷的新老城区交通格局和"无缝链接"的基础设施网络。滨湖综合楼、胜利学校、司法大厦、卫生服务中心、电影院、图书城等工程主体竣工,博物馆、档案馆、规划展示馆等项目开工建设,中心公园山体堆积基本完成、附属工程全面开工。新城绿化面积达到182公顷、绿化率达到17.8%。城市管理水平全面提高。城市管理机制逐步健全,着力构建大城管格局。彻底取缔了营运三轮车,城市公交投入运营,生态宜居城市功能和形象明显提升。乡村基础设施逐步完善。建成农村垃圾填埋场2座、农村垃圾转运站12座、村服务中心83个,中心城镇建设全面加强。城乡城际大通道基本形成,康平纳入了国家高速公路网。

(赵海军)

【第三产业】 不断完善市场体系,着力搞活商贸流通,积极培育扶持服务业项目,县域发展活力显著增强。辽金风情一条街规划设计全部完成,与成都文旅集团签订运营管理合同。由雄州集团投资、日本鹿岛集团设计的辽吉蒙结合部最大商业综合体项目设计已完成,希尔顿五星级旅游度假酒店已开工,千锦汇花园酒店投入运营,新的三产经济增长点不断涌现。"万村千乡"市场工程完成528家农家店改造,全县各类市场整合提升为18个,金融机构达到8家。"康平甘薯"、"康平寒富苹果"国家地理标志申报工作已公示完毕,"康平羊汤"、"康平花生"已报国家工商总局审批。房地产业快速发展,2012年房地产开发面积达到150万平方米,是前五年建筑面积总和的1.2倍。成功举办了康平县首届房产交易展示会,房屋交易面积达3.1万平方米,交易金额达1.1亿元。编制完成卧龙湖旅游专项规划,成功举办了卧龙湖大辽文化冬捕节和卧龙湖观鸟节,以卧龙湖为核心的康平旅游正逐步融入沈阳经济区大旅游圈。

(赵海军)

【生态建设】 卧龙湖生态区保护与建设继上升为"沈阳战略"后,又被列入全国17个湖泊生态环境保护试点,获得连续4年每年1亿元资金支持,为卧龙湖长期保护利用奠定了坚实基础。投资近10亿元的卧龙湖生态区入湖河道综合整治、内湖建设等16项保护与利用工程全力推进,并且取得了初步成效;与省直11个厅局成功对接,确立了2013年重点生态项目。开发区工业污水处理厂即将投入使用,城北生活污水处理厂投入运营,结束了康平污水直排历史。总投资4000万元的福德店生态治理、引辽济湖渠首、八家子河清淤等8项辽河生态治理工程基本完成，辽河康平段生态环境得到明显改善。新增造林1.8万公顷，全县有林面积达到8.5万公顷，森林覆盖率达到39%。总投资2亿元的城区集中供热工程全面开工建设，当年实现110万平方米供热目标。总投资2亿元的燃气工程启动实施，当年实现近1000户燃气入户，结束了康平无管道天然气的历史。高标准通过国家生态县考核验收，创造了生态脆弱地区生态恢复与保护工作典范。

（赵海军）

【社会事业】 解决群众最关心、最现实的利益问题，大力提升群众福祉。提前两年通过“双高普九”检查验收，基础教育水平显著提升，高考成绩继续保持全沈阳市郊区县领先水平。投资2.4亿元的12所幼儿园新建、4所学校食堂建设等工程基本竣工。医药卫生体制改革深入推进，县医院病房楼扩建工程投入使用，新购进核磁共振、64层CT、彩色超声诊断仪等先进设备，住院环境、医疗水平、设备配备等方面均已达到全省县域一流水平。新建村卫生室162个，有效缓解了群众看病难、看病贵问题。覆盖城乡的社会保障体系更加健全，城乡居民养老保险在全省率先实现全覆盖。安全生产形势平稳，社会治安综合治理成效显著，连续8年获得“省平安县”称号，连续4年保持全国平安建设先进县荣誉。

（赵海军）

法 库 县

【概况】 2012年，全县实现地区生产总值27.0亿元，比上年增长31.7%；固定资产投资248.7亿元，增长54.5%；公共财政预算收入24.0亿元，增长38.6%；规模以上工业总产值1054.6亿元，增长44.3%；实际利用外资8009万美元，增长38.6%；出口创汇700万美元，增长21.7%；社会消费品零售总额46.1亿元，增长18.3%；农民人均纯收入10996元，增长13%。

（县志办）

【农业经济】 完成高标准水田、高产玉米、特色农业、绿色产品4个项目的配套设施；树莓、辣椒、花生、葡萄种植面积分别达到3333公顷、8600公顷、8933公顷和333公顷。丁家房镇、登仕堡子镇分别被评为“中国葡萄之乡”、“中国树莓之乡”；法库成为全国惟一的“出口树莓质量安全示范区”。设施农业面积突破2.7万公顷，成为东北重要的瓜菜生产基地；4000公顷节水滴灌项目全面竣工；1.1万公顷高标准农田建设进展顺利。打造“中国牛县”，建成标准化养牛小区324个，牛饲养量达到78万头；总投资40亿元的辉山乳业集群项目运行良好，英雄辉山奶粉生产线投产，19个养殖场引进荷斯坦奶牛3.7万头；总投资2.5亿元的鑫金肉牛项目竣工投产；国家质检总局正式认证“法库肉牛”为国家地理标志保护品牌，被确定为全国第十二届运动会指定品牌；法库县列入辽宁省“一县一业”牛产业示范县。农业产业化龙头项目引进总投资12亿元的泰国正大项目，规划建设畜禽基地；总投资10亿元的东亚种业项目，规划建设种子研发中心、种子农资大市场。农村科技服务站达到30家；农民专业合作社达到667个，带动农户4万余户；全县获得有机、绿色、无公害产品认证95个；召开果蔬产销对接会30余次，建立了京、沪、吉、黑等地区销售网络。

（县志办）

【工业经济】 全县规模以上工业总产值1088亿元，比上年增长44.3%。法库县由“东北瓷都”成功跃升为“中国瓷谷”，成为东北亚地区最大的领军型陶瓷生产、研发、销售基地。通航产业基地累计投资3亿多元，建成东北第一个通航机场，修建环湖路18公里、通航产业大道3公里；沈飞、通飞、忆家等一批产业项目开工建设；基地成为中国首家低空空域航空服务站试点；“2012沈阳法库AOPA国际飞行大会”观众达到30余万人，9个国家的飞行员作了飞行表演，参展飞行器达211架（具），签约落地项目16个。辽河经济区累计落户企业85家，总投资1.2亿元的正蓉集团总部、总投资5亿元的中技建业等项目开工建设；瀚兴中央空调配件、鑫海舶重型机械、鑫逸州墙体保温材料等沈阳产业转移项目，相继开工投产。孟家绿色食品加工区累计落户48户，总投资4.5亿元的东润桃山白酒、总投资1.2亿元的民生有机食品等项目运行良好；六必居、粒粒香、利丰达等9家企业被评为省、市龙头企业。新能源产业累计投资45亿元，建成龙源和平、大唐十间房等9个风电场，占沈阳市风电场一半以上；5兆瓦卧牛石风电储能电站列入国家“863”计划，已完成设备安装调试；全县风电装机容量达55万千瓦，位列“中国新能源百强县”第四位。

（县志办）

【第三产业】 全县实现社会消费品零售总额46亿元，比上年增长18.3%，法库县被中国名商发展促进会评为东北地区首个“中国商业名县”。总投资21亿元的天阔湖畔新城、总投资10亿元的凯撒蓝湾、总投资10亿元的法姬娜欧洲城等一批项目稳步推进；总投资2.2亿元的鸿福嘉·名都花园、总投资6000万元的泰来铂金公馆、总投资4500万元的领东国际相继竣工；全县房地产开发面积突破200万平方米；成功召开了春季、秋季房交会，成交房屋1053套，销售额达3.35亿元。区域中心市场建设起步良好，年交易额超亿元市场达到10个；总投资32亿元的中贸国际商城被命名为“中国东北商品贸易中心”，列入全国市场“百市万亿“增长计划；总投资6.1亿元的营口内陆港一期投入使用，二期建设稳步展开；以汇丰、秋实项目为主体的钢材炉料市场运行平稳；大东北陶瓷城入驻商户200余家，年销售额达75亿元；全县物流企业146家，物流总量达7300吨；中冠、闵洋等项目促进了陶瓷等建材产品集散；华粮、东盛等项目扩大了农产品交流。旅游产业持续发展，成功举办了“五龙山葡萄节”、“白鹤节”、“巴尔虎山登山节”；财湖、祖家坊被评为国家AAA级景区；法库宾馆、新广地大酒店等星级宾馆入住率达80%以上，全县“农家乐”餐饮达120家；全县接待游客75万人次，实现旅游收入9600万元。

（县志办）

【城乡建设】 以东湖新城为核心区的新县城建设，被列为全省重点支持特色县城之一。实施了县级以上公路和农村路网、水源扩建等工程；完成新一轮电力农网升级，新建和改造二次变6个；建成垃圾处理场3个，垃圾运转站14个。综合服务中心、文体中心建设进展顺利,法姬娜大酒店、法库迎宾馆、帝豪海洋度假酒店等项目提升了接待能力和水平;金沙河治理初见成效,成为城市滨水景观带,东湖公园等公园、广场成为市民休闲佳地;实施东沟、宝隆巷等9个城中村、城边村改造,征收居民5500户、企业70家,腾迁土地11.3平方公里;总投资4.2亿元、33万平方米的"幸福花园"、"和谐佳园"顺利回迁。积极打造"大辽福地、宰相故里、白鹤之乡、人文法库",举办了首届辽文化研究论坛;启动了辽代风情小镇建设,白鹤楼、仿古商业街、19个文化府院等特色景观稳步推进;桃花、柳树、白鹤、歌曲《飞起来》成为县花、县树、县鸟、县歌,彰显了特色文化内涵。加大秀水河子等重点小城镇扶持力度,开发商业综合体项目,商贸辐射功能得到有效发挥。"三北"防护林面积达到9067公顷,水系滩地造林达到1333公顷;村庄绿化达400余个,团山子、东岗子等7个村被评为全省环境优美村;獾子洞湿地获批"国家湿地公园";法库县被授予"中国白鹤之乡"称号。节能减排任务全面完成,全县万元GDP能耗下降4.5%,万元GDP取水量下降4.3%。

(县志办)

【对外开放】 编制了"十二五"规划、城市总体规划,逐步完善了农业、工业、现代服务业发展规划,使全县产业布局更加合理,产业特色更加鲜明,产业集群趋势更加凸显。围绕主导产业和重点发展空间,"走出去"抓了长三角、珠三角地区招商;"请进来"成功举办大型主题招商推介会20余次,累计接待域外客商4000余人次,引进3000万元以上项目433个,召开全国知名陶瓷企业家座谈会,签约项目22个,总投资142亿元。深入开展"产业提升年"活动,开复工3000万元以上项目200个,其中:超亿元项目55个,超10亿元项目12个,数量和投资规模均创历史新高,项目竣工达产后将增加公共财政预算收入10亿元,拉动就业2.1万人。对外影响日益扩大,知名度大幅度提升,《人民日报》头版刊登《看后发地区如何科学崛起——来自辽宁省法库县的实践》;中央电视台多次聚焦法库,现场直播AOPA国际飞行大会,专题宣传报道通航基地,连续16次直播獾子洞湿地白鹤保护情况;人民网、新华网开设专题报道法库发展成就;县政府门户网站点击率超过900万人次。

(县志办)

【社会事业】 累计发放各类救助金1.6亿元,劳务培训1.2万人次,新增就业2.4万人;实施残疾人托养康复中心工程,建成农村区域中心敬老院5所;完成农村安全饮水工程118处;"五险合一"稳步开展;新农保参保率达到95%,5.2万人领取了养老金。科教事业优先发展,完成陶瓷学院建设;总投资4030万元的东湖小学、幼儿园主体工程完工;总投资5.2亿元的东湖中学城主体工程封顶;开展学前教育连锁试点,全县发展连锁幼儿园64所;秀水河子初中"三三四"教学模式广受好评;"双高普九"通过省级验收,高中进入省级示范高中行列;组建院士专家工作站,为产业发展提供科技支撑。卫生事业全面发展,新农合参合率达99.4%;完成卫生监督所建设,改造乡镇卫生院16所,村卫生室232所;大力推进基本药物制度;累计发放计生家庭奖励2480万元;计生综合楼投入使用,软硬件水平全省领先,法库县并评为"国家阳光计生行动"示范县。文体广电事业飞速发展,有线电视实现"户户通",数字电视转换高效推进;建成乡镇文化站7个、乡村广场81个、村文化室110个、农家书屋225个;开展了全民健身、演出等群众文体活动。平安建设扎实推进,食品药品市场监管得到加强,群众安全饮水得到保障,安全生产总体形势平稳,社会治安综合治理成效显著,法库县被评为国家级"平安县"。

(县志办)

【陶瓷产业】 陶瓷产业集群位于法库县城南0.5公里辽宁法库经济开发区,始建于2002年,占地面积20平方公里,经过十年发展建设,实现了跨越式发展,成为法库县支柱产业和主导产业,法库县由"东北瓷都"成功跃升为"中国瓷谷"。

累计投资5.6亿元,实施园区水、电、路等基础设施建设,先后建成污水处理厂和陶瓷公园,使园区得到绿化、美化和亮化;7公里陶瓷专用线投入使用;完成团山子、马家、后魏3个二次变,为陶瓷生产提供电力保障;完成了区域环评和企业环评,推广了煤层气清洁能源和生产污水与工业垃圾的循环利用;搭建金融、人才培训、展览、研发等服务平台12个,运行良好。陶瓷工程技术研究中心完成省部级材料科研项目120余项,其中国家重点军工科研项目近30项,有15项成果获国家和省部级科技进步奖,申报国家专利并授权26项,为法库陶瓷企业做原材料及产成品检测1200余项,形成了完整的自主知识产权体系。在航空发动机用陶瓷粉体材料、陶瓷型芯材料、特种封接材料、高性能隔热材料等相关技术领域始终保持国内领先地位,形成了独特的技术优势。

新中源、博士盖、哈哈尼创意陶瓷、苏泊尔卫浴、弘川建材玻璃、日本伊奈陶板、日本骊住等一批科技含量高、附加值大的国内外知名企业相继落户投产,科达燃气、中冠市场等一批配套项目得到快速推进;每年一届的"中国(法库)陶瓷博览交易会",已成为陶瓷业界有影响力的盛会。截至2012年末,累计引进企业150家,开工建设各类生产线402条,其中竣工投产240条,现有日用陶瓷、艺术陶瓷、创意陶瓷、工业陶瓷、特种陶瓷、电瓷、卫生洁具等13大类27个品种,产品覆盖东北三省及内蒙古东部地区,有的远销美国、俄罗斯、日本、韩国等多个国家和台湾、香港等地区,陶瓷工业产值实现400亿元,公共预算收入实现7亿元,带动就业6.5万余人,成为东北亚地区最大的领军型陶瓷生产、研发、销售基地。

陶瓷产业园区先后获得"新沈阳十大城市名片"、"陶瓷产业集群国际合作基地"、"东北瓷都"、"东北建筑陶瓷产业基地"、"辽宁省示范产业集群"、"中国县域产业集群竞争力百强"、"第三届中国百佳产业集群"等称号,法库县被评为"全国产业发展百强县",名列第66位。

(县志办)

【AOPA国际飞行大会】 2012年8月25—27日,2012沈阳法库AOPA国际飞行大会在法库通航基地举行。开幕式由副市长黄凯主持,市长陈海波、中国AOPA副理事长郝建华先后致辞。

省长陈政高宣布大会开幕,省委常委、市委书记曾维,市人大常委会主任赵长义,市政协主席刘雅琴,沈阳军区空军副司令员张华山,辽宁省军区副司令员王静雨、参谋长李继钊,国际AOPA秘书长克雷洛·斯宾塞,民航东北地区管理局局长陈锡兵等嘉宾出席。

开幕式后,英国“雅皮士”特技飞行表演队进行四机编队飞行表演,来自美国、加拿大、德国、荷兰、西班牙、白俄罗斯、立陶宛等9个国家的12名跳伞队员进行跳伞造型表演。

大会还实现了中国首次对国内实验类航空器大规模的集中展示。

期间,举行了由法库县政府主办、沈阳市工人文工团承办的“飞起来”大型文艺晚会、低空经济论坛、航空器及器材展洽、招商项目签约、文化交流等主体活动,签约项目16个,吸引国内外投资287亿元。

(*县志办*)

【国际白鹤节】 2012年4月10日－5月10日,首届沈阳法库国际白鹤节在法库县獾子洞湿地举行,副市级干部沙波涛、湿地国际项目办主任陈克林、市旅游局局长柳秀芝、法库县委书记冯守权、县长陈佳标等领导,国内外鹤类研究专家、诗人、词作家、摄影家及摄影爱好者、爱鸟人士、媒体记者及当地群众数百人参加了开幕式。期间,举办了“山水法库、白鹤之乡”图片展;湿地观鸟和游览秀水河子战役纪念馆、五龙山广惠寺、爱新觉罗祖家坊等系列旅游活动;白鹤知识讲座暨生态环境保护知识普及活动;邀请国内外摄影家、摄影爱好者、文学爱好者参加摄影、文学作品征文大赛。

(*县志办*)

沈阳经济技术开发区

【概况】 2012年,开发区实现地区生产总值867.3亿元,比上年增长9.7%;规模以上工业总产值2573.7亿元,增长17.1%;固定资产投资402亿元,增长13.1%;公共财政预算收入45.7亿元,增长12.9%;直接利用外资7.9亿美元,增长12.5%;社会消费品零售总额71.5亿元,增长15.3%。

(*黄 颖*)

【主导产业】 开发区机床集团经济总量跃居世界第一,通过实施OEM转移,促进铁西机床产业规模不断扩大,推动机床产品向高端化发展;沈鼓集团加强自主创新能力,通用石化装备达到国际先进水平并打破国外技术垄断,2012年,首台国产20兆瓦电驱压缩机组研制成功,标志着在该领域我国已进入了世界先进行列;特变沈变以百万伏特高压交流输变电装备为代表的输变电设备产业跻身世界前列;北方重工的盾构机、三一重装的煤柱回收成套装备、北方交通重工的千米钻机等为代表的大型成套工程机械装备取得重大进展。

(*黄 颖*)

【产业集群】 2012年,五大千亿产业集群实现产值1360亿元。其中:机床产业集群实现产值220亿元,电气及新能源产业集群实现产值270亿元,汽车及零部件产业集群实现产值360亿元,通用及石化装备产业集群实现产值210亿元,重矿及煤机装备产业集群实现产值300亿元。

与此同时,医药化工产业稳步发展,米其林新工厂、普利司通、松下电池产业园、沈化50万吨CPP、东药制剂厂区等一批重大项目稳步推进,累计产值突破1000亿元。

(*黄 颖*)

【自主创新】 由政府搭台推动,企业与国内大专院校、科研院所合作,组建成立的聚集区研发促进中心向实质性方向发展。建成了省市质量检验检测基地。建成106个国家、省市级技术研发中心、工程中心和重点实验室等,先后研制出51个具有自主知识产权的世界级产品。不断加大研发投入。几年来,政府科技投入近10亿元,企业科技投入约60亿元,重点企业研发投入达到销售收入的5%。

(*黄 颖*)

【两化融合】 信息化与工业化融合,推动装备制造业发展。三一重装、机床集团、沈鼓集团、特变沈变集团、北方重工等大型骨干企业的计算机辅助设计(CAD)、计算机辅助工艺计划CAPP、计算机辅助制造(CAM)等信息技术应用率达到90%以上。

(*黄 颖*)

【农村经济】 农村经济持续健康发展。开发区农村经济总收入实现190亿元,增长10%;农业总产值实现19.09亿元,增长1.32%,种植业、林业、畜牧业、水产业四大产业产值分别占农业总产值的50.76%、0.10%、38.38%、7.05%,农业经济发展结构比例协调。农民人均纯收入实现13350元,增长14.3%,高于全市平均水平。

现代农业发展稳步推进。开发区新发展设施农业53公顷,维修改造日光温室小区33.3公顷,新发展高效特色产业240公顷,清淤改造鱼池面积100公顷。全区种植业农业保险实现全区统保。畜牧、水产、林业健康发展。为农民办理购置政府补贴农机具245台套,购置农民享受政府补贴资金350万元。全区水稻生产机械化综合作业率达到57.5%。

农业服务体系日趋完善。开发区农事企业31家、农民专业合作社104家,其中:8家被评为市级示范社,2家被评为省级示范社;农业保险惠农政策进一步落实,区财政为农户承担保费比例由规定的10%提高到20%,为农户承担保费共计155万元,全区实现粮食作物统保,参保农户获得理赔合计107万元。

(*黄 颖*)

【软环境建设】 开发区出台了加快审批的十大创新举措,即畅通“绿色通道”,推行“联合审批”,提供“现场服务”,导入“全程代办”,开通“网上审批服务”,开展“预约服务”,落实“项目承包”,实行“项目审批超时默许制”,增设“双休日服务窗口”和定期压减、清理审批项目。采取全程代理、优先办理、集中审查、同步审批、限时办结等高效服务方式,积极打造审批事项更少、环节更简、速度更快、效率更高的高标准投资软环境。2012年,开发区审批事项由成立之初的180多项减少到99项。80%以上的审批承诺件改为即办件,实现当天受理当天办结。

(*黄 颖*)

【浑河西峡谷建设项目】 浑河西峡谷生态廊道项目定位为铁西产业新城浑河生态廊道亲水娱乐主题公园,是沈阳区域性生态廊道示范工程。遵循“浑河水系为轴线、南北呼应”的总方针,形成“一水、两带、六岛、七节点、多广场”的总格局,打造成具有当地特色、集生态、娱乐、休闲、度假为一体的综合性主题公园。位于翟家街道郎家村至大挨金村,全长6公里,景观建设以生态绿植为主线,以水景为依托,着力打造集自然景观、群众体育运动、休闲娱乐为一体的综合性带状公园,计划建设观景平台、核心服务区、蚂蚁王国等18处主要景点,投资概算6亿元。

项目自2011年10月23日开工,截至2012年底,已完成8公里机动轴环线建设,9.4万平方米主广场观景平台建设,4处主题雕塑景点、两个五人制足球场及三个标准篮球场建设,9000立方米丁字坝护砌,植树8万株、灌木30万株,滩地整理土方95万立方米。并完成了橡胶坝总工程量的50%,总计完成投资2.3亿元。

(黄　颖)

【国家生态工业示范园区建设】 开发区将创建国家生态工业示范园区工作纳入政府工作报告和"十二五"规划,并按生态文明的理念和工业园区的实际情况开展创建活动。2012年11月19日,开发区国家生态工业示范园区建设规划正式通过三部委批准建设。在24项考核指标中,已有19项指标稳定达标,还有5项指标正在完善。2012年,开发区实现上报工业加生活化学需氧量减排12.33%、氨氮减排12.36%、二氧化硫减排5.44%、氮氧化物减排4.98%。

(黄　颖)

【宝马铁西新工厂项目】 宝马铁西新工厂建设包括分期建设的车身车间、总装车间、物流车间、涂装车间、冲压车间、发动机装配车间、车检中心、配套商集成区、车辆配送中心及大型车辆试验场等内容。2012年,一期10万辆产能,投资额约80亿元人民币,建筑面积为55万平方米,完成了建筑面积40万平方米的建设。总投资约56亿元人民币的二期扩建工程于2012年4月开工建设,至2012年10月底,冲压、焊接、涂装、总装、物流、研发中心等厂房扩建工程基本封顶,并开始室内机电安装,同时,基本完成国内、外设备采购。

2012年10月,华晨宝马公司董事会决定进行三期扩能改造项目建设,投资约83亿元人民币,新增建筑面积22.5万平方米,在铁西工厂现有厂区扩建冲压、焊接、涂装、总装、物流、研发中心及配套相关设施。2012年,宝马铁西工厂共生产4.1万辆整车,工业产值实现118.5亿元,工业销量产值实现99.3亿元。

(黄　颖)

【化学工业园区】 化学工业园区重点发展石油化工、橡胶加工、精细化工和化工新材料产业。致力于打造国内最具影响力精细化工产业基地,国内规模最大、技术含量水平最高的橡胶产业基地,炼化一体化的石化产业基地。截至2012年底,园区已建成面积14平方公里,基础设施配套基本完善,35公里"六横四纵"主干路网全线贯通。园区共有企业90余家,米其林、普利司通、东药、和平轮胎、三聚凯特等一批世界500强或化工500强企业落户园区。

总投资14.5亿美元的米其林沈阳轮胎有限公司搬迁扩产项目,厂房建设全面竣工,设计年产180万条的卡客车轮胎于2012年9月开始生产;总投资10亿美元的普利司通沈阳产业基地项目,完成一期10万平米厂房的基建部分;总投资8.7亿元的沈阳和平子午线轮胎制造项目,2012年实现产值16亿元;总投资7.2亿元沈阳科创化学品有限公司整体搬迁项目,2012年实现产值6亿元。该项目是全国最大的创制农药生产基地;总投资55亿元的东药集团原料药生产基地项目,完成建筑面积约15万平方米;总投资27亿元的沈化股份搬迁改造项目,完成可研编制;总投资3.63亿元的沈阳三聚凯特催化剂有限公司年产1.7万吨各种催化剂及催化新材料项目,2012年实现产值2.2亿元;投资1.5亿元的关西涂料(沈阳)有限公司生产汽车用工业涂料项目,一期年产6000万吨汽车涂料已达产,2012年实现产值1亿元。2012年,园区实现工业总产值40亿元,比上年增长33%,税收7600万元,利润7276万元。

(黄　颖)

【冶金工业园区】 截至2012年底,冶金工业园区先后引进企业103家,建成44家,主要为金属加工、机械制造类企业。2012年,园区规模以上企业完成工业总产值397.6万元;完成利税1.85万元。

2012年底,铁西区委、区政府明确沈阳冶金工业园在原来发展方向的基础上,规划建设中小企业园。先期规划20平方公里,主要用于铁西城区、开发区现有中小企业的腾迁安置及相关产业项目建设,园区实行统一规划、统一市政配套、集中提供公共服务和生活服务。

(黄　颖)

·小资料·

沈阳经济技术开发区内世界500强企业一览

序号	500强企业名称	排名	国别	投资设立企业名称
1	法国米其林	376	法国	米其林沈阳轮胎有限公司
2	法国阿尔卡特	360	法国	沈阳阿尔卡特电讯有限公司
3	液化空气	484	法国	沈阳缔酸液化空气有限公司
4	法国万喜集团	150	法国	法国阿克泰姆沈阳代表处
5	法国万喜集团	150	法国	阿克泰姆(沈阳)工业工程有限公司
6	宝马汽车公司	78	德国	华晨宝马汽车有限公司

序号	500强企业名称	排名	国别	投资设立企业名称
7	德国巴斯夫	59	德国	巴斯夫维生素有限公司
8	德国采埃孚股份公司	485	德国	采埃孚伦福德汽车系统(沈阳)有限公司
9	贺利氏控股集团	327	德国	贺利氏(沈阳)特种光源有限公司
10	贺利氏控股集团	327	德国	贺利氏信越石英(中国)有限公司
11	贺利氏控股集团	327	德国	贺利氏电测骑士(沈阳)有限公司
12	莱茵集团	89	德国	莱茵技术交流(沈阳)有限公司
13	拜耳集团	170	德国	沈阳拜耳斯冷却器有限公司
14	林德集团	483	德国	德国专业气体公司
15	德国戴姆勒-克莱斯勒	23	德国	沈阳戴姆勒-克莱斯勒铁路系统信号有限公司
16	阿西布朗勃法瑞	230	瑞典	沈阳ABB高压开关有限公司
17	美国可口可乐	259	美国	沈阳可口可乐饮料有限公司
18	艾默生电气	350	美国	艾默生环境优化技术(沈阳)冷冻机有限公司
19	美国里尔公司	407	美国	沈阳李尔汽车座椅内饰系统有限公司
20	美国通用电气公司	12	美国	沈阳透平机械股份公司
21	马什麦克里安	467	美国	达信(北京)保险经纪有限公司沈阳办事处
22	麦当劳公司	378	美国	开发区麦当劳食品店
23	日本普利司通	131	日本	普利斯通(沈阳)轮胎有限公司
24	日本普利司通	270	日本	沈阳普利司通有限公司
25	日本普利司通	270	日本	普利司通(沈阳)钢丝帘线有限公司
26	日本普利司通	270	日本	普利司通(中国)投资有限公司沈阳分公司
27	丰田通商	10	日本	沈阳古河液压有限公司
28	丰田汽车	10	日本	广汽日野(沈阳)汽车有限公司
29	日本松下电器	79	日本	松下蓄电池(沈阳)有限公司
30	日本住友商事	229	日本	沈阳住三塑料有限公司
31	伊藤忠集团	238	日本	沈阳古河电缆有限公司
32	伊藤忠集团	238	日本	辽宁东大冷弯型钢有限公司
33	日本日立	52	日本	东北电日立输变电设备(沈阳)有限公司
34	三菱重工株式会社	243	日本	沈阳三菱电机有限公司
35	三菱重工株式会社	243	日本	沈阳菱重水泵工程有限公司
36	三洋电机/丰田通商	359	日本	沈阳华润三洋压缩机有限公司
37	日本鹿岛建设公司	481	日本	沈阳骊住预制混凝土有限公司
38	积水房建	486	日本	积水好施新型建材(沈阳)有限公司
39	积水房建	486	日本	野泽积水好施新型建材(沈阳)有限公司

序号	500 强企业名称	排名	国别	投资设立企业名称
40	日产汽车公司	63	日本	沈阳日产纺织机械有限公司
41	韩国现代重工	87	韩国	沈阳现代重工有限公司
42	韩国 SK	72	韩国	SK 实业有限公司
43	中国银行	92	中国	中行开发区支行
44	中国农业银行	155	中国	农行开发区支行
45	中国建设银行	125	中国	建行开发区支行
46	中国工商银行	87	中国	中国工商银行开发区支行
47	中国石化	9	中国	中国石油开发区分公司
48	中国移动有限公司	99	中国	中国移动开发区分公司
49	中国电信	204	中国	中国电信公司沈阳开发区分公司
50	中化集团	170	中国	沈阳科创化学品有限公司
51	中国石油化工股份有限公司	7	中国	中国石油开发区分公司
52	上海汽车工业(集团)总公司	151	中国	沈阳上汽金杯变速器有限公司

沈阳金融商贸开发区

【概况】 沈阳金融商贸开发区(以下简称开发区),坐落于沈阳中央都市走廊核心地段,占地面积2.97平方公里,是全国除上海陆家嘴金融贸易区以外惟一以金融商贸为属性的开发区。自1991年成立以来,开发区凭借着得天独厚的区位优势,以东北区域金融中心建设为目标,以商务楼宇建设为载体,以金融机构引进为主攻方向,初步形成了以金融商贸为主导,以总部经济和流量经济为重点,以房地产、信息服务、咨询中介等配套设施产业为支撑的产业发展格局,2002年被辽宁省政府批准为省级开发区,肩负着国家、辽宁省委、省政府和沈阳市委、市政府赋予的建设东北区域金融中心和国家优化金融生态综合试验区的光荣使命。2010年4月6日,国务院正式批准设立沈阳经济区国家新型工业化综合配套改革试验区,在国务院批复的《沈阳经济区新型工业化综合配套改革试验框架方案》中明确提出,“以沈阳金融商贸开发区为主体,开展国家优化金融生态综合试验,加快建设区域性金融中心,带动整个东北地区金融生态环境优化”。标志着开发区建设国家优化金融生态综合试验区和东北区域金融中心正式上升为国家战略,开发区成为继上海浦东新区、滨海新区之后,中国第三个金融创新先行先试区。2011年9月16日,国务院正式批复《沈阳经济区国家新型工业化综合配套改革试验总体方案》,进一步指明了今后开发区建设国家优化金融生态综合试验区和东北区域金融中心努力的方向,开发区被确定为省现代服务业集聚区。

(曹兴国)

【经济发展】 2012年,开发区地区生产总值完成99.3亿元,比上年增长12%;财政收入完成25.11亿元,增长18.14%;固定资产投资完成50.7亿元,增长10%。辖区内入区库税收百万元以上纳税大户达到116户。开发区单位面积投资强度、利用外资密度、财政收入和安置就业人数继续保持东北领先地位,品牌带动和产业集聚效应日益明显。

(曹兴国)

【招商引资】 2012年,开发区在对招商队伍进行科学整合基础上,结合开发区发展产业金融定位和未来发展需要,将招商重点由面向内外资银行向新型金融机构转变,重点引进银行、信托、金融租赁、消费金融、小额贷款、融资担保、产业基金及金融要素市场等金融服务业,法律、会计、咨询、评估等商务服务业,餐饮、购物、旅游、培训等商贸文化业,通过强化服务意识,降低招商成本,进一步提高招商效率。截至2012年12月底,已聚集各类金融企业455家,其中:银行、保险、证券期货等金融机构117家;小额贷款、融资担保、保险经纪等金融类机构100家;投资管理、咨询、投资担保等金融服务类机构237家。区域性公司总部近300家。2012年,区内金融机构的存、贷款余额已分别占沈阳市的70%左右,金融聚集和辐射能力不断扩大。金融市场建设不断完善,辽宁沈阳文化知识产权交易所、沈阳环境资源交易所、国家专利技术展示交易中心运营良好。在省银监局、保监局已进驻在开发区基础上,中国人民银行沈阳分行办公大楼正在建设中,省证监局进驻开发区工作也已取得阶段性成果,开发区已经成为全省乃至整个东北的金融管控中心。开发区金融辐射能力迅速扩大,已形成了以金融为主导,公司总部和中介机构为补充的商务平台,金融洼地效应加速显现。

(曹兴国)

【规划建设】 2012年,为更好完成国家和省市政府赋予东北区域金融中心和国家优化金融生态区建设新历史使命,开发区以调整和完善各项规划入手,不断完善规划建设体系。一是聘请中央政研室经济局和国内知名专家学者组成专门课题组，形成了《以沈阳金融商贸开发区为主体加快建设东北区域金融中心战略规划》(2011－2020)(以下简称《战略规划》)，并于2012年4月19日在首都北京的辽宁大厦召开了规划评审会，评审专家认为《战略规划》从国内外发展形势和沈阳的实际出发，全面分析了加快建设东北区域金融中心的战略意义、面临的形势、发展定位、建设步骤、战略举措和保障措施，明确阐述了加快建设东北区域金融中心的指导思想、发展目标、重点工作，强调了加快建设东北区域金融中心是辽宁省、沈阳市承担的国家使命，是必须完成好的重大战略任务，新一轮东北老工业基地全面振兴的关键在金融、突破在金融、核心在金融，必须从过去的产业突破转向金融突破，从率先振兴产业转向优先振兴金融。评审专家一致通过《战略规划》评审，并希望抓紧制定实施方案，尽快落到实处，推动东北区域金融中心建设不断取得明显进展。二是完善静态交通规划建设。为解决开发区停车难问题，2012年开发区规划三处立体停车场建设用地，三处用地已上报市土地、规划和设计部门。完成了迎宾街东侧立体停车库项目的交通影响评价编制工作。对立体停车设备、类型、国内各地的发展趋势、政策支持以及可研等前期工作进行了考察和调研，为下一步操作、建设奠定了坚实的基础。家乐福屋顶停车场2012年底投入使用，提供近300个停车位。三是实施沈阳北站综合交通枢纽规划。为进一步改善北站广场环境，开发区配合市城建部门启动北站南广场规划建设工程。规划建设地下三层、地面层、地上一层共五层，其中地铁站厅和站台层已建成。四是发展空间不断拓展。开发区提前启动了沿金廊沈河段向南运河段扩区规划制定和具体实施工作。完成了开发区南至滨河路、西到三经街、东至奉天街的扩区规划方案，新扩增面积2.6平方公里，三期扩区后开发区总面积将达5.57平方公里。五是强化项目建设。开发区已经完成40余幢总计250余万平方米商务楼宇的开发建设。正在建设的商务楼宇30余幢，建筑面积400余万平方米。

（曹兴国）

【金融创新】 为确保《沈阳金融商贸开发区建设国家优化金融生态综合试验区专项方案》(以下简称《专项方案》)批复后，金融中心和金融生态区建设各项工作能及时落到实处，开发区按照《沈阳市加快建设东北区域金融中心工作实施方案》对有关工作的具体部署，提前做好《专项方案》确定实践任务的分解落实工作，明确部门工作职责、工作任务、完成时限、工作责任，对当前能率先启动的实践内容先行开展前期准备和探索性推进。一是围绕产业金融和优化金融生态，重点发展债券、期货、融资租赁、信用担保、产业基金、风险基金、科技金融、产融结合、后援服务等，支持各类金融主体在金融市场、金融机构、金融产品和金融管理体制等方面开展创新实践，不断发展多层次的资本市场体系，提升区域金融中心的能级。二是成立沈阳市东北区域金融中心建设战略咨询委员会委员。聘请中国国际经济交流中心常务副理事长、原中共中央政策研究室副主任郑新立等12位国家有关部委领导担任沈阳市东北区域金融中心建设战略咨询委员会委员并颁发了聘书，为东北区域金融中心和国家优化金融生态综合试验区建设提供顾问和咨询。三是继续设立1亿元扶持资金，对金融改革创新项目和在金融创新上取得优异成绩的金融机构进行奖励，打造全国最优金融发展政策环境。

（曹兴国）

【投资环境】 2012年，为积极营造适宜建设国家优化金融生态综合试验区和东北区域金融中心的社会环境，开发区从多方面入手，不断优化区域环境。一是完善区域投资政策。为营造适宜东北区域金融中心和国家优化金融生态综合试验区建设的政策环境，开发区紧扣开展国家级优化金融生态综合试验未来发展需要，在充分借鉴我国其他金融区政策体系基础上，对现有支持和鼓励金融产业和总部经济发展政策体系进行进一步的修改和完善，于2012年6月1日正式印发修改完善后的《沈阳金融商贸开发区管理委员会促进金融产业发展鼓励政策》，与原有《鼓励政策》相比，不仅多方面加大了支持力度，也扩宽了享受鼓励政策的受众范围。二是完善政策激励机制。继续设立1亿元扶持资金，对金融改革创新项目和在金融创新上取得优异成绩的金融机构进行奖励，打造全国最优金融发展政策环境。三是继续优化行政审批环境。不断完善金融类企业审批“绿色通道”特色服务，大力推进审批一条龙服务，进一步提高金融项目审批效率。四是加强金融机构服务。认真做好金融机构奖励扶持政策的兑现工作。发挥金融家俱乐部的作用，通过举办金融家联谊会、银企对接会等形式，搭建银企沟通桥梁。发挥金融法庭的作用，严厉打击金融犯罪和逃废金融债务行为，切实提高金融胜诉案件执行率，打造安全、稳定、和谐的法治环境。五是做好人才服务。采取政府雇员制等多种形式，切实加强金融管理人才的引进工作。支持金融监管机构、高等院校、研究机构在开发区设立金融研究、教育和培训机构。强化对金融高管人员的服务，在落户、家属随迁、子女就学等方面提供便利条件。六是完善金融服务合作平台。丰富沈阳金融家俱乐部活动内容，为在沈的金融企业家相互交流与合作搭建平台；不断健全政府间、政府与金融监管机构间工作协调机制，为金融机构提供适宜的监管环境、完善的服务功能和广阔的发展空间，推动金融服务工作实现全面提升。七是不断改善区域社会环境。实施开发区环境提升工程，高标准、高品位做好区域绿化、亮化、美化、环卫、路网建设和社会治安工作，为东北区域金融中心建设提供一个良好稳定的社会发展环境。

（曹兴国）

【社会活动】 2012年，开发区建设东北区域金融中心和国家优化金融生态综合试验区取得以下进展。一是《沈阳市建设国家优化金融生态综合试验区专项方案》专项方案上报工作稳步有序推进。在市发改委和金融办的直接参与下，开发区认真学习和借鉴天津滨海新区综合配套改革试验区金融创新专报方案的成功经验，结合沈阳经济区和沈阳市的实际，起草了《国家优化金融生态综合试验区专项方案》(以下简称《专项方案》)，并于2011年9月正式报送市政府，2012年3月省政府正式行文上报国务院，自此《专项方案》正式进入国家审批阶段。二是2012年9月13日，开发区成功在东北金融大厦召开中国金融论坛2012东北分论坛，论坛设一个主论坛和三个分论坛，围绕“推进金融创新，服务实体经济,助推结构调整,加速东北振兴”主题,深入探讨科技金融服务创新、金融要素市场建设和区域金融中心建设等议题。东北三省及内蒙古自治区金融办、一行三局、大中型企业,以及非银行类新型金融机构和国内金融中心城市及核心区代表200余人参加了论坛。中央电视台、辽宁电视台和沈阳电视台以及中国金融时报、辽宁日报、沈阳日报的省内外媒体对论坛进行了集中宣传报道。三是启动金融生态评价指标体系研究工作。与东北大学合作完成金融生态评价体系前期基础数据模型研究工作,下一步将与中国人民银行研究局合作,邀请国内权威专家学者对这一评价体系进行论证和完善。在此基础上,启动省会城市金融生态评价和比较,借助东北金融高层论坛等平台,对评价成果进行发布,以此不断增强东北区域金融中心和国家优化金融生态综合试验区的影响力和示范作用。

(曹兴国)

沈阳棋盘山国际风景旅游开发区

【概况】 2012年,全区实现地区生产总值55.9亿元,增长17%;服务业增加值46.7亿元,增长19.6%;社会消费品零售总额完成4.48亿元,增长19.7%;公共财政预算收入完成9.0亿元,增长28.5%,其中地方税收收入实现7.58亿元,增长20.4%;农民人均纯收入14607元,增长13.2%。

(翟兴忠)

【品牌建设】 积极推进了建区20周年系列节庆活动,在成功举办冰雪节、郁金香花展、沈阳旅游节暨棋盘山开发区巡礼、央视寻宝走进沈阳棋盘山等大型活动的基础上,各景区还推出了一大批娱乐性强、参与性强的旅游节庆活动,实现了旅游经济的快速增长,全年游客量突破350万人次,旅游总收入18亿元,增长15%。

第十五届中国沈阳国际冰雪节。棋盘山开发区作为冰雪节主会场,打造近80组各类冰雕、雪雕,举办12项大型冰雪活动,冰雪节期间累计接待游客51.3万人次。

寻宝·走进沈阳棋盘山。2012年10月,中央电视台《寻宝》栏目受邀来到棋盘山开发区,成功录制两期《寻宝—走进沈阳棋盘山》节目,并在中央电视台播出,进一步提升了开发区品牌知名度和影响力。

建区二十周年系列活动。成功举办了2012中国沈阳国际旅游节主题晚会暨棋盘山旅游开发区发展巡礼、棋盘山开发区建区二十周年图片展、为民办实事百万市民免费看电影、群众文艺汇演等活动。

(翟兴忠)

【项目建设】 深入开展“双进双解”和“百日攻坚”活动,严格落实区领导牵头、责任部门推进、具体干部抓实、明确时限完成的项目运行机制,通过成功举办蒲河生态经济带项目推介暨签约仪式和棋盘山开发区下半年重点项目集中开工仪式,进一步加快项目建设。全年完成新开工项目16个,完成年计划120%;竣工项目12个,完成年计划150%;签约落地项目28个,完成年计划140%。其中:赛特奥莱、秀湖污水管网工程、何氏眼产业基地等一批项目纷纷建成投入使用,省国际会议中心、万国酒堡、金融家俱乐部、“十二运”比赛场地等一批项目达到计划进度。合众人寿健康养老社区、东北亚企业总部基地、兴齐眼产业园、泉辉老年康复中心、北科干细胞等一批项目平稳推进。泗水科技新城建设全力推进,已签约落地项目已达73个,总投资超过300亿元。其中:10家企业入驻中国眼产业基地,12家企业入驻产业大厦,16家企业入驻科技企业孵化中心。新城荣获“国家创新医疗器械产品应用示范工程示范产业基地”和“国家科技成果转化服务示范基地”称号。何氏医学院何伟博士入选中组部第七批“千人计划”。

(翟兴忠)

【环境建设】 继续加大生态建设投入力度,先后实施了仁望路、马宋路、环保2号线、棋高路改扩建等一批基础设施建设工程。积极推进了沈棋路、马宋路、泗水科技城绿化工程及满堂河整治工程、棋高线加宽改造工程。全年栽植树木达到37万株,新建改造绿化面积150万平方米,全区绿化覆盖率连续第三年提高0.3个百分点。特别是秀湖污水管网工程和泗水污水处理厂工程的顺利实施,使困扰秀湖近40年的污水直排问题得到彻底解决。动员1500余人,迅速扑救多起严重山火,确保了棋盘山森林的绝对安全。开发区荣获国家生态区称号。全面加强社会保障体系建设,重点强化就业服务和就业援助工作,失地农民养老保险全面实现应保尽保,农村优抚对象全部纳入医疗体系,全区教育工作有了新提升。随着安居工程的实施,全区群众幸福指数显著提高。全面加强软环境建设,通过“一度四力”建设,全区党员干部的忠诚度、辨别力、领悟力、执行力、决胜力显著提升,进而促进了党的建设的全面加强。基层党组织建设的科学化水平不断提高,软环境建设进入全市A类行列,圆满完成人大选举工作。

(翟兴忠)

沈阳蒲河新城

【概况】 2012年,蒲河新城实现地区生产总值368.9亿元,比上年增长10.0%;规模以上工业总产值1395.4亿元,增长17.1%;固定资产投资482.3亿元,增长20.0%;实际到位内资148.3亿元,增长24.3%;实际利用外资7亿美元,增长12.5%;财政一般预算收入32.2亿元,税收收入27.6亿元。

(王 莹)

【项目建设】 始终坚持以项目建设为核心,以抓实招商引资、做优企业服务、保障项目落地为举措,项目建设工作取得显著成效。在招商引资方面,全年实现引进单体项目82个,计划投资额达678亿元。重点引进了投资100亿元的武汉光谷沈阳金融港、31.5亿元的沈阳造币公司新产业基地、30亿元的地峰手机、15亿元的盟宝手机、4.5亿美元的香港动漫电影城等重大项目。在项目建设方面,全年实现120个新建项目、151个续建项目全部开工,开工面积达718万平方米,新区承担的50个市重点项目全部开工,重点项目建设工作在全市排名第一。在项目服务方面,率先在全市推出无费区、绿卡制、网上审批等十大服务名片,同时积极搭建企业专项服务平台,帮助企业增资扩产，不断做大做强。

（王　莹）

【产业发展】　始终坚持以增量调结构，以创新促提升，大力发展新兴产业，产业集聚步伐不断加快，主导产业发展势头良好。食品加工产业加速聚集，已有好丽友、辉山乳业等130家龙头企业落户新区。以手机为主的光电信息产业快速发展，已引进中兴通讯、晨讯科技等手机企业32家，全年生产手机整机1650万部，生产物联网无线通讯模块800万块，摄像模组3000万块，产值达95亿元。现代服务业迅猛发展，东北总部基地、尚柏奥特莱斯名品折扣店等一批服务业项目相继建成运营，以七星九龙湾等知名温泉项目为代表的“东北第一温泉城”建设全面启动，雨润农副产品全球采购中心、沙溪国际酒店用品城等专业市场建设大力推进，方特欢乐世界成为省市旅游新亮点。

（王　莹）

【核心区建设】　集中全区资源力量，高标准、大力度推进沈北新区核心区建设，进一步提升新区形象，增强城市承载能力和辐射带动力。高起点编制核心区规划，邀请国际知名规划设计机构，高标准编制沈北核心区城市设计及中央公园景观设计方案，确保核心区品位提档升级，塑造新区崭新形象。高标准建设核心区基础设施，全面启动“六纵十二横”主干路网建设，提前做好水、电、热、气等配套设施地下管网施工设计，认真做好征地拆迁以及道义大街等重点街路改造前期准备工作。全力做好核心区项目工作。按照核心区建设总体规划，已经引进核心区项目24个，其中沙溪国际酒店用品城、酷贝拉青少年体验基地、金科五星级酒店等8个重大服务业项目已全面开工，七星大厦、市民服务中心、盛京医院等公共服务项目建设稳步推进，市民健身中心即将投入使用。

（王　莹）

【城区建设】　始终坚持以绿色生态为标准，高起点规划，高水平运作，全力打造美丽沈北，全面建设生态文明城市新典范。投入45亿元的33公里蒲河生态廊道综合治理工程全面完工，关停81家污染企业，建成10余座城市及农村污水处理设施。累计投入98亿元，实施基础设施建设，黄河大街三环跨线桥胜利竣工通车，七星大街、梅江街全面贯通，陵园街铁路桥下穿工程主体完工，地铁二号线北延长线将在2013年开通。综合改造老旧、弃管住宅小区6.64万平方米，回迁居民3440户，回迁面积26.08万平方米。开设公交线路25条，公交车达454台。引进了盛京医院和维康医院，项目建设进展情况顺利。新建锡伯族文化广场、和平公园、蒲河文化绿岸景观长廊、纪念林广场、冬雪湖广场等5个文化休闲广场，锡伯族文化广场获住建部城市雕塑金奖。

（王　莹）

【改革创新】　始终坚持以改革创新为突破点，以创新的思路、改革的方法解决制约发展的瓶颈问题。深化了干部人事制度改革，全面启动聘任制公务员试点工作；创新了建设资金融资模式，为新区的建设发展提供了可靠的资金保障；完善了土地管理机制，节约集约利用土地，清理闲置低效用地44公顷，新区被评为全国国土资源节约集约模范县区；两化融合工作全面开展，通过设立专项扶植资金，搭建两化融合公共服务平台等方式，逐步提高了信息化与工业化融合的水平，培育了以格微软件为代表的一批科技创新型企业；基层医疗卫生机构全部实施国家基本药物制度，医改工作走在全省前列。

（王　莹）

人 物

新任副市级领导

【李德民】 1978年3月至1981年9月三十九集团军坦克三师十二团修理连战士;1981年9月至1982年2月十六集团军守备九师坦克团八连技术员;1982年2月至1983年4月 十六集团军守备九师坦克团政治处宣传股正排职干事;1983年4月至1986年2月 十六集团军守备九师坦克团修理连副连职政治指导员;1986年2月至1987年8月十六集团军守备九师通信连政治指导员;1987年8月至1988年4月 十六集团军守备九师政治部宣传科正连职干事;1988年4月至1991年2月十六集团军守备九师二十六团政治处宣传股股长;1991年2月至1991年7月 十六集团军守备九师政治部干部科副科长;1991年7月至1994年3月 沈阳军区政治部干部部老干部处正营职干事;1994年3月至1996年4月沈阳军区政治部干部部老干部处副团职干事(1993年3月至1996年3月在中央党校经济管理专业在职大学学习);1996年4月至2002年3月 辽宁省铁岭市银州区人武部政治委员;2002年3月至2007年12月朝阳军分区政治部主任;2007年12月至2008年12月 辽宁预备役后勤保障旅政治委员;2008年12月至2009年5月锦州军分区政委;2009年5月至2012年4月辽宁省锦州市委常委、军分区政委;2012年4月至2012年6月辽宁省锦州市委常委,沈阳警备区政委;2012年6月至今 沈阳市委常委、沈阳警备区政委。

【冯连旗】 1969年12月至1972年12月大连钢厂工人、工会干事;1972年12月至1973年9月沈阳军区工程兵建筑二一三团二营五连文书;1973年9月至1977年9月沈阳军区工程兵建筑二一三团政治处放映员;1977年9月至1979年5月沈阳军区工程兵建筑二一三团政治处书记;1979年5月至1981年11月沈阳军区工程兵建筑二一三团政治处宣传股干事;1981年11月至1984年6月沈阳军区后勤第二分部政治部宣传科新闻组长;1984年6月至1990年5月沈阳军区政治部组织部党务处干事(1983年6月至1986年6月辽宁大学自考党政理论专业学习);1990年5月至1993年5月沈阳军区司令部第一军事调研室专职干部;1993年5月至1996年8月沈阳军区政治部办公室政工研究室正团职研究员(1992年8月至1994年12月中央党校经济管理专业函授在职大学学习);1996年8月至1998年8月大连陆军学院教研部政治工作研究室副师级教员;1998年8月至2000年6月沈阳军区党委综合调研室主任;2000年6月至2001年9月沈阳军区政治部编研室副主任;2001年9月至2004年5月沈阳军区政治部编研室主任、政治部党委委员(1999年10月至2002年7月东北大学管理学院行政管理专业在职研究生学习);2004年5月至2005年4月沈阳军区政治部编研室主任、政治部党委委员兼中国军事历史研究会副秘书长;2005年4月至2005年6月辽宁省沈阳警备区政治委员、党委书记;2005年6月至2008年2月沈阳市委常委,辽宁省沈阳警备区政治委员、党委书记;2008年2月至2008年3月沈阳市委常委,辽宁省沈阳警备区政治委员、党委书记,市人事局局长、党组书记,市机构编制委员会办公室主任,市委组织部副部长(兼);2008年3月至2008年5月沈阳市委常委,市人事局局长、党组书记,市机构编制委员会办公室主任,市委组织部副部长(兼);2008年5月至2009年9月沈阳市人事局局长、党组书记,市机构编制委员会办公室主任,市委组织部副部长(兼);2009年9月至2012年3月沈阳市人力资源和社会保障局局长、党组书记,市机构编制委员会办公室主任,市委组织部副部长(兼);2012年3月至2012年12月沈阳市人力资源和社会保障局局长、党组书记,市委组织部副部长(兼);2012年12月至2013年2月沈阳市副市级调研员,市人力资源和社会保障局局长、党组书记,市委组织部副部长(兼);2013年2月至今 沈阳市副市级调研员。

【安锦荣】 1968年9月至1974年12辽宁省辽中县老观陀乡知青、乡团委书记;1974年12月至1982年9月 沈阳市公安局工作人员;1982年9月至1984年10月沈阳市委政法委工作人员;1984年10月至1991年6月沈阳市委政法委治安综合治理处副处长;1991年6月至1994年4月沈阳市委政法委治安综合治理处处长(1989年9月—1992年6月在吉林大学法律专业在职大学学习);1994年4月至1996年5月沈阳市社会治安综合治理办公室副主任;1996年5月至2000年5月沈阳市委政法委秘书长;2000年5月至2001年2月沈阳市委政法委副书记;2001年2月至2003年1月沈阳市中级人民法院副院长(正局级)、党组成员;2003年1月至2009年6月沈阳市中级人民法院副院长、党组副书记(正局级);2009年6月至2009年9月沈阳市公安局副局长、党组副书记(正局级);2009年9月至2012年5月沈阳市公安局副局长、党委副书记(正局级);2012年5月至2012年8月沈阳市副市级巡视员;2012年08月至 今退休。

【韩晓明】 1970年8月至1974年8月辽宁省铁岭县龙山公社知青;1974年8月至1977年12月中国医科大学临床医学系医疗专业学生;1977年12月至1983年6月沈阳市第四医院内科医生;1983年6月至1989年2月沈阳市第四医院党委副书记;1989年2月至1991年3月沈阳市第四医院副院长;1991年3月至1992年2月沈阳市卫生局医政处副处长;1992年2月至1993年7月沈阳市卫生局医政处处长;1993年7月至

1994 年 6 月沈阳市红十字会秘书长；1994 年 6 月至 2001 年 11 月沈阳市计划生育委员会副主任（1992 年 12 月至 1995 年 12 月在辽宁大学研究生院企业管理学专业在职研究生学习，获管理学硕士学位）；2001 年 11 月至 2012 年 9 月沈阳市人口和计划生育委员会主任、党组书记；2012 年 9 月至 2012 年 10 月沈阳市副市级巡视员；2012 年 10 月至今退休。

【刘永生】 1970 年 9 月至 1980 年 9 月第一砂轮厂胶脂车间班长、调度员、团支书；1980 年 9 月至 1981 年 10 月第一砂轮厂团委副书记；1981 年 10 月至 1983 年 9 月 第一砂轮厂团委书记；1983 年 9 月至 1988 年 1 月第一砂轮厂党委组织部副部长、部长（1982 年 9 月至 1985 年 9 月在沈阳广播电视大学中文专业在职大专学习）；1988 年 1 月至 1990 年 11 月 第一砂轮厂副总调度长；1990 年 11 月至 1992 年 7 月 沈阳市机械局党委组织部组织员（副处级）（1989 年 9 月至 1992 年 6 月在中央党校函授学院经济管理专业在职中央党校大学学习）；1992 年 7 月至 1995 年 3 月 沈阳市机械局党委组织部副部长；1995 年 3 月至 1997 年 6 月 沈阳市机械局党委组织部部长；1997 年 6 月至 2000 年 12 月 沈阳市机械局副局长（1996 年 9 月至 1998 年 7 月在中国社会科学院工业经济专业在职研究生学习）；2000 年 12 月至 2001 年 12 月沈阳市机械局副局长，沈阳机电装备工业集团副董事长、总经理、党委副书记；2001 年 12 月至 2003 年 1 月 沈阳机电装备工业集团董事长、党委书记（正局级）；2003 年 1 月至 2004 年 7 月沈阳市政府副秘书长（正局级）；2004 年 7 月至 2012 年 11 月沈阳市政府国有资产监督管理委员会主任、党委副书记；2012 年 11 月至 2013 年 2 月沈阳市副市级调研员，市政府国有资产管理委员会主任、党委副书记；2013 年 2 月至今 沈阳市副市级调研员。

（*组织部*）

感动沈阳人物

【刘同霞】 2012 年 10 月 19 日上午 10 时，物业保洁员刘同霞及同事在监控中发现了盗窃自行车的可疑男子，询问时男子抽出一把长刀挥舞，刘同霞及同事拿起棍子及扫帚上前抓捕。在抓捕过程中，刘同霞的肚子及大腿各中一刀。她不顾自己受伤在身，仍是上前追赶了近 1000 米，最终在路人的帮助下将小偷抓获。

【牟　玲】 身患癌症仍战斗在传染病治疗第一线，作为省传染病治疗和公共卫生救治的首席专家，先后参与某县炭疽疫情、黑山禽流感疫情、风疹、麻疹手足口病等疫情。诊治 2000 余名患者，无一例死亡，治愈率百分之百。辽宁省发生的“甲型流感”、炭疽疫情，牟玲主任作为会诊专家多次参加省内疑似病例会诊，为全省医务人员进行培训。

【张振杰】 他是掌管着“十二把钥匙”的“大管家”，是诚实守信的典型，他家的墙上挂满了邻居家的门钥匙。同时他还热心帮助贫困居民、孤寡老人做好事，积极参与社区平安义务巡逻队，热衷于社区平安巡视工作，监督辖区内的自然环境和治安环境，从不计较个人得失。他的行为得到居民的称赞。

【李　诗】 家境并不富裕的她主动用自己多年积攒的压岁钱，为 149 路公交车配备了 600 个爱心坐垫，为乘客送去温暖。她的事迹先后被中央电视台、辽宁广播电视台等新闻媒体采访报道，数十家国内媒体转载，在社会上引起强烈反响。

【杨　烁】 他是个 80 后“的哥”，已经连续 13 年为贫困孩子奉献爱心，购买大量学习用品，并经常去学校看望这些贫困孩子。他还多次救助交通事故中的受伤人员，上半年就两次免费载运伤员去医院救治，主动为其垫付医疗费。

【沈阳医学院 2011 级临床医学 7 班】 为了让患有痉挛性截瘫的同学能够平安、愉快地上下课，七班同学担负起了照顾其学习生活的任务。男生负责用自行车接送周福新上下课。女生负责照顾其起居生活。从大学一年级来到沈阳医学院那天起，300 多个日日夜夜的上学路，无论刮风下雨、冰天雪地，同学们从没让她缺席过一节课，也从没迟到过一回。这一幕成为沈医校园一道独特的风景。

【陈德兰】 她两岁时父母离异，父亲不知去向，母亲嫌两个孩子累赘多次改嫁，从小由姥姥抚养长大。但她坚强独立、勤奋刻苦、乐观向上、成绩优异。多年无微不至照顾残疾姐姐和年迈的姥姥。十岁的她就挑起了农村繁重的体力劳动重担，用稚嫩的心经营着这个苦难而破碎的家。

【孟春玉】 康平县方家屯镇东小房身村党支部书记兼村医孟春玉，长年坚持照顾全村 38 个留守儿童和 25 位空巢老人，她是 25 位老人的“闺女”、更是 38 个孩子的“娘”。为全村 1237 人建立健康档案，经常为百姓免费送医送药。同时，带领全村开展农副产品深加工，提高村民收入。一个女人撑起全村老小的家。

【罗　阳】 他投身祖国航空事业 30 年来，秉持航空报国的志向，坚持敬业诚信、创新超越的理念，兢兢业业，攻坚克难，长年超负荷工作，带领工程技术人员完成了多个重点型号研制，为我国航空事业发展作出了突出贡献。2012 年 11 月 25 日，在大连执行任务时，在工作岗位上殉职。

【曹玉兰】 她在乡村行医 40 余年，把毕生精力投入在农村医疗工作上。她不吝家财，免费为贫困患者治病，送钱送物，帮助病患家庭渡过难关，成为患者的贴心人。两次荣获“沈阳市文明市民”荣誉称号，她的事迹多次被《沈阳日报》等新闻媒体报道。

（*杨　光*）

市管领导干部名单

市　委

副秘书长：陈国强（兼）　李建国　许艺伟　王　镇（兼）　朱文蔚（兼）　赵　颖

市纪委

常务副书记：史文昌

副书记：李林畔　孟凡伟

常　委：王　凯　李黎明　李顺瑜　张　淼　么汝兴　赵　岩　刘正凡

监察局局长：李林畔（兼）

副局长：于克力　王　静（兼）

副局级室主任：杨丽莉　崔嘉林　张中人　孔宪才　关卫民　翟　威　何增春　骆　峰　厉　馨　毕成伟　胡　光　程　洁　闫　东　刘凤岐

杨 军 范红刚
赵久平

市委办公厅
主 任:王 镇
副主任:曲向军 刘 波 马志军
赵煜昊 李志民 张小虎
市委督查室主任:李文立
市委机要局局长:贾 群
市委保密局副局长:马万云
市委组织部
常务副部长:安俊辉
副部长:赵 阳 吴奇汉
冯连旗(兼) 凌正康(兼)
部务会成员:韩春声 都向辉
市委宣传部
常务副部长:何淑华
副部长:梁利人 唐 明 马 丽
市委讲师团团长:张龙海
市精神文明办主任:王久成
市外宣办主任:刘壮野
市国防动员委员会主任:廉 辉
市互联网信息办公室主任:赵 晖
市思想政治工作研究会
会 长:马 丽(兼)
市委统战部
部 长:汪 涛
常务副部长:付 刚
副部长:李书鲤 杨志宏
任桂芳(兼) 张文滨(兼)
市委政法委
常务副书记:洪运力(兼)
副书记:徐茂盛 董开德 吴 冬
市综治办副主任:刘大刚
市防范和处理邪教问题办公室
副主任:李俊杰
市法学会第一副会长:徐茂盛(兼)
党组书记、常务副会长:王晓宇
市委政研室
主 任:朱文蔚
副主任:于久元 李 澍 袁国华
市台办
主 任:张文滨
副主任:蒋 新 朱 军
市直机关工委
书 记:齐 进
副书记:张良荣 战 捷
中省直机关工委
书 记:张振洲
副书记:李本石 孙久红
市委群工部
部 长:陈国强
常务副部长:姜 萍
副部长:张雅书 何 艮
刘 军 王海波
市委老干部局
局 长:凌正康
副局长:矫 琚 李 炜
市编委办
主 任:雷雨润
副主任:张金兰 徐克枝
市人大
秘书长:张 宁
驻会委员:杨学锋 孙德英
张桂林 宫文义
卢静艳 罗大明
张继良 栾 英
刘长林 张 利
王树雨 郭君达
冯振和 宛 英
马广文 陈苏玉
李 蒲 韩绍龙
李 铁 铁慧茹
崔敬禹 郑继俊
李志伟 何晓光
虞 思 王柏岩
副秘书长:李志伟 何晓光
孟昭贵
办公厅主任:李志伟
副主任:侯吉庆 董文志
袁立斌 姜 欣
信访办主任:金 平
法工委主任:孙德英
副主任:王锦时 李 萍
财经委副主任:张伟明
人事工委副主任:梁志新 王 义
研究室主任:王建国
副主任:孙淑华 王凯功
开发区工作委员会主任:陈维忠
内务司法委副主任:李英民
农业与农村委副主任:张 鑫
预算工作委员会副主任:陈玉海
市政府
副秘书长:董文秋(兼) 公维伦
陈 军(兼) 陈小平
刘 祥 程晓龙
李 军 刘彦学
徐兴家 闫卫东
张广印 高 杨
孙 明 李 强
市政府办公厅
主 任:肖 枫
副主任:曲向军 李 薇 王炜暐
许 健 赵 斌
纪检组长:孙国远
党组成员:张 荣
督查室主任:孙振山
应急办专职副主任:张 荣
市政府驻北京办事处
副主任:李国栋
市政府驻闽南(福建)办事处
主 任:黄 立
市政府驻浙江(上海)办事处
主 任:苏兴峰
市政府驻深圳(广东)办事处
主 任:王羽轻
副主任:刘振宁
市发改委
主 任:王洪涛
副主任:杨洪峰 何献俊
于 沈 郭向文
赵恒波 孙大军
闫凤和 梁洪杰
胡旺阳
纪检组组长:马学山
总经济师:刘伟奇
重点项目办主任:程 育
项目稽查办主任:李 涓
沈阳经济区办主任:梁洪杰(兼)
医改领导小组办副主任:张 明
金融合作协调办副主任:张洪涛
绿色工程办主任:孙洪科
信用中心主任:李世勇
铁改总公司副总经理:陈伟昌
李 雷
市经信委
主 任:徐凤翔
副主任:刘玉新 张殿军 李纪宁
葛 苏 孟 然 李 屹
刘永熙 曹晓玲 栗文安
张文国
纪检组组长:武木林
世行项目办副主任:李越力
技改基金办主任:宋 军
机电招标公司总经理:刘一民
副总经理:曹慧卿
鞠秀智
胥 薇
市教育局
局 长:苏文捷
副局长:张振忠 沙 钢 倪 左
胡长胜 张晓军
市委教科工委书记:赵日刚
副书记:张 恩

市政府教育督导室
副主任:刘 辉 高 琛
刘志民
市招考办主任:赵仁君
副主任:郑 卫
市科技局
局 长:宋锡坤
副局长:吴希平 李 刚 郭玉福
纪检组长:张引平
沈阳科技总院
院 长:宋锡坤(兼)
副院长:于 胜
市民委(市宗教局)
主任(局长):任桂芳
副主任:金 翔 关艳萍
市公安局
副局长:闫守国 刘晓竞 孙建军
田 维 王晓刚 邓万宏
张振铎
政治部主任:王佩军
警务保障部主任:崔明秀
国保支队支队长:姜凤英
交警支队支队长:尤泽余
政委:刘克军
巡警支队支队长:王大海
刑警支队支队长:李学民
政委:秦 牧
特警支队支队长:宁 勇
政委:张明杰
指挥中心主任:王晓东
国保支队政委:贾连成
监管支队支政委:姜明非
反恐支队支队长:郑 义
政委:裴学臣
禁毒支队支队长:张野驰
公交分局(地铁分局)
局长:唐继栋
政委:关 强
和平分局局长:于 江
政委:曲保国
沈河分局局长:赵金府
政委:窦鸿良
铁西分局局长:曹力钧
政委:徐恩普
大东分局局长:朴 强
政委:祖连生
皇姑分局局长:牟国明
政委:邵 锐
东陵(浑南)分局
局长:高玉斌
政委:王效伟
于洪分局局长:战 涛
苏家屯分局局长:邹 飞
政委:陈景哲
沈北分局局长:金维民
北站地区分局局长:曲廷会
经济技术开发区分局
局长:董 斌
政委:程 山
棋盘山开发区分局
局长:蹇 威
政委:吴东林
辽河保护区分局
局长:徐 洪
政委:王 涛
市维稳办副主任:刘牧野
市民政局
局 长:刘 健
党委书记、副局长:张 哲
副局长:李东辉 冯 凯 张 虹
陈连宽 张 利
纪委书记:王 宏
市司法局
局 长:郑朝权
党委书记、副局长:徐 明
副局长:张宪生 许树文 刘 晶
政治部主任:聂雪松
纪委书记:陶克辉
市财政局
局 长:陈 勇
副局长:张恒玺 吴景峰 曹 鹏
卢 俊
纪检组组长:陈 青
总会计师:吴 玲
投融资中心
副主任:张 弘 刘锦荣
农村综合改革办主任:孙 丽
市人力资源和社会保障局
局 长:冯连旗
副局长:王 军 杨顺昌 房东辉
赵继凯 冯 志 魏喜春
纪检组组长:赵红岩
党组成员:王义东 张剑光
韩春丽 崔剑平
岳茂新 金 凡
社会养老和工伤保险管理局
党委书记:乔佐文
市规划国土局
局 长:关志鸥
副局长:严文复 卢春风 何 军
武利华 曲长令 赵 辉
总规划师:于丽新
土地交易中心主任:李逸群
市环保局
局 长:李 超
副局长:蒋颂杰 陈 阳 丁洪彦
王 阳 于晓东
纪检组组长:王 晖
总工程师:王 莉
市建委
主 任:于振明
副主任:陈 勇 鲁 博 张志刚
宫建昌 马 达 隋明悦
总工程师:孙百如
党委副书记:孙公卿
工会主席:崔雪东
村镇办主任:孙 东
现代建筑产业办主任:居理宏
地源热泵规划建设办
副主任:张振宁
市快速干道建设指挥部
副总指挥:张伯辽
市城管局
局 长:孙晓光
副局长:罗光祥 曾庆元 姚 敏
刘 伟
总工程师:李荣波
党委书记、副局长:王海玉
党委副书记、纪委书记:刘 聪
工会主席:李晓东
纪委书记:李 丹
市执法局
局 长:董文秋
副局长:王毅明 张长胜 徐 强
丁奇志
党委书记、纪委书记:罗建春
市房产局
局 长:纪 凯
副局长:张顺成 李守东 赵正心
范 民 王 镭
总工程师:刘 戈
党委书记、副局长:赵 萍
市交通局
局 长:于沈光
纪委书记、副局长:董 强
副局长:高 虹 石 坚 王晓民
赵 光(兼)
党委书记、副局长:余新民
工会主席:汤 泓
城际轨道交通建设办
副主任:左志清
市农经委
主 任:于 波

副主任:史仕成 朱文波(兼)
张俊华 王 谦
李 晔 邸瑞峰
张丽君
新农村建设办副主任:李春禄
市水利局
局 长:于 灏
副局长:石 军 赵晓明
防汛抗旱指挥办主任:杨绍华
市林业局
局 长:赵奎礼
副局长:付毅慧 尚明铸
森林公安分局局长:张国强
市粮食局
局 长:刁永桐
副局长:高 潮
党委副书记:李四文 那崇石
市中小企业局
局 长:陈 弘
副局长:王晓林 关 怀 岳贵君
市服务业委
主 任:张士勇
副主任:马 闯 刘杰然 宁 纯
石宝晔 于喆光 李 斌
纪检组组长:任凤云
市外经贸委
局 长:顾少清
副局长:米鸿森 闫凤霞 崔建英
赵 烈 宋 超 张 明
李旭臣
纪检组组长:凌伯山
韩国代表处主任:朱 杰
副主任:鲜于光
东南亚代表处主任:李力铭
日本代表处主任:王晶莹
副主任:马 宁
欧洲代表处主任:孙 利
美国代表处主任:杨 卓
市文广局
局 长:冯 彦
副局长:杜春华 杨 弘 李虹伟
宋振虹 刘 坤 王建华
党委书记、副局长:于连胜
纪委书记:李国宏
文化市场行政执法总队
总队长:张宪宏
市体育局
局 长:程晓龙
副局长:张心江 张晓权 马 强
市旅游局
局 长:柳秀芝
副局长:陈日杰 刘延民
市卫生局
局 长:闫 石
副局长:赵 午 裴庆双 苏立明
许 明 丛雪枫
党委副书记:都英杰
纪委书记:刘 虹
疾控中心主任:董丽君
党委书记:张春青
食品安全委员会办公室
副主任:王长钟
市人口计生委
主 任:徐爱秋
党组书记、副主任:赵月英
副主任:毛印百 刘桂荣
市审计局
局 长:毕华峰
副局长:韩 力 付 立 高洪光
刘宝石
纪检组组长:张秋艳
市质监局
局 长:隋 莉
副局长:张立文 于 力 刘 波
黄志勇
市食品药品监督局
局 长:王黎宁
副局长:石晓峰 李蔚天 袁 革
纪检组组长:王世林
市统计局
局 长:路玉甫
副局长:李长斌 陈玉涛 李争时
市经济调查局
局 长:王克林
副局长:刘 奇 田喜斌
市安监局
局 长:陈建智
副局长:陈树奎 孙有铁 秦焕凤
陈 杰
纪检组组长:刘 强
总工程师:谢 辉
市外办
主 任:方向东
副主任:郭翼青 范泉水 马立新
纪检组组长:高华山
党组成员:周宝峰
市金融办
主 任:马智天
副主任:宣安东 那 娜 徐 阳
市信访局
局 长:陈国强
副局长:姜 萍 张雅书 何 畏
刘 军 王海波
纪检组组长:梁 威
市法制办
主 任:李宏吉
副主任:裴胡锁
正局级待遇:于海鹰
市政府研究室
主 任:魏海军
副主任:孙玉娟 穆淑娟
市人防办
主 任:徐学东
党组书记:王勇进
副主任:侯树纲 牛 勇
王辅东(兼)
总工程师:冯 勇
纪检组组长:杨淑君
市国资委
副主任:孟 宏 郭志祥 孙连政
吴向国
党委书记:马绍武
党委副书记、纪委书记:张 强
工会主席:牟 莉
联合产权交易所主任:王琳琳
国企监事会工作办
主 席:杨志安 赵庆春
赵庆文 刘 聪
李 军 刘延辉
市工商局
局 长:程云伟
副局长:许艺伟 张国宾 王 群
王伟民 韩玉芹
纪检组组长:白冬生
市物价局
局 长:杨洪峰
副局长:谢东明
市畜牧兽医局
局 长:朱文波
副局长:杨松林
市发展建设资金办
主 任:李忠信
副主任:刘莹光 李露萍
市政务服务管理办
主 任:邹 昊
纪检组组长:王 静
副主任:罗 丽 崔 放 付晓慧
市公共资源交易管理办
副主任:龙 加
市政协
秘书长:徐大地
副秘书长:祁荣安 李 力
杨大勇 赵永宪

孙元志
提案委主任:马建萍
副主任:苏效众
经济委主任:孙元志
人资城建委主任:王晓非
教科文卫体委主任:李 力(兼)
社会和法制委员会主任:王文忠
民族和宗教委主任:刘仁刚
学习宣传文史委主任:石 敏
港澳台侨外委主任:祁荣安(兼)
委员工作委员会主任:赵永宪
副主任:马 骧
研究室副主任:周 斌
开发区工作委副主任:王 杰
办公厅副主任:宗景海

市中级法院

副院长:刘 伟 杨欲兵 杨 悦 王武范 张延丹
政治部主任:张明强
纪检组组长:椰永涛
执行局局长:孔 岩
政委:吴红专
审判委员会专职委员:王 桅 曲阿翔
沈阳经济技术开发区法院
院 长:王文艳
沈阳高新技术产业开发区法院
院 长:宋丽君

市检察院

副检察长:许传钊 王 锋 梁建勇 王 勇 高 峰
反贪局局长:刘祥耀
反渎职侵权局局长:刘晓东
政治部主任:李冠山
城郊地区检察院
检察长:李亚光
沈阳高新技术产业开发区检察院
检察长:朱 海

市总工会

常务副主席:赵春平
副主席:刘阁臣 段 阳(兼) 邵敬联 王义清 杨顺昌(兼) 杨利群(兼)
纪检组组长:刘智勇
经费审查委员会主任:陈国青
农民工维权中心主任:傅宏宇

团市委

书 记:王志刚
副书记:张洪利 刘晓虹 吴 波

市妇联

主 席:初立华
副主席:杨利群(兼) 段 阳(兼) 高 峰(兼) 韩春丽(兼)

市科协

党组书记:韩燕子
副主席:张丽茹 李宏印 吕 波 韩恩厚(兼)

市社科联

主 席:唐 明(兼)
副主席:张 涛 刘庚杰

市文联

主 席:关蓉晖
副主席:王哲年

市侨联

主 席:王庆伟

市残联

理事长:陶庆才
副理事长:孙淑君 马爱民 才 利
纪检组组长:王伟华

市贸促会

会 长:赵 凯
副会长:沈 跃 王丽杰

市工商联

党组书记:李书鲤(兼)
副主席:王 罡 王英勤 闫守祝

市红十字会

副会长:宿 鲁

市委党校

常务副校长:韩玉奇
副校长:吴 歌 刘成果 王传民 陈 静
校务委员:孙德平 王凤敏

市委党研室

主 任:赵 阳(兼)
副主任:鲁 颖

沈阳日报报业集团

总 裁:姜 军
副总裁:陈 波 潘艳君 葛 君 兰宝刚 吴秀娥 罗宪杰

市档案局

局 长:荆绍福
副局长:许光明 赵建伟 马凤云

市地震局

局 长:程文海
副局长:石盛昌

市政府地方志办

主 任:朱 慧
副主任:孙 勇

市接待办

主 任:陈 军(兼)
副主任:赵 丹 杨 良

市文史馆

副馆长:薛春毅 武 斌(兼)

沈阳广播电视台

台 长:张东毅
总编辑:李依群
纪委书记:佟伟仁
副台长:廉 杨 贾 欧 关 金

沈阳仲裁办

主 任:李宏吉(兼)
副主任:韩庆升(主持工作)

市住房公积金管理中心

主 任:唐玉辉
副主任:刘旭辉 王 彦
纪检组组长:富晓露

市政府采购中心

主 任:张学伟

市地铁建设指挥部

常务副总指挥:王 刚
副总指挥:陈 涛 仝学让 张 锐
纪检组组长:赵 旸
总会计师:王广洲
总经济师:岳红旗

市供销社

主 任:王帅英
党委书记:王兴国
副主任:王玉晗 孔德树 侯景林 刘 成 林福国

市辽河保护区管理局

局 长:陈 勇
常务副局长:鲁 博
副局长:姜 涛 孙 博 徐 洪

市光辉现代农业示范区

党工委书记:陈双伟
副主任:夏君轶 卢文经 曹承佳

沈阳大学

副校长:王 滨
党委副书记:张黎明
党委常委:王明友 李 鹏 刘克斌 王晓初

沈阳医学院

党委书记:陈 刚
院长、党委副书记:肖纯凌
党委副书记:王凯军
党委常委:李振林 朱启文 任 冰 韩 松 毕 建

沈阳广播电视大学
党委书记:谭惠苓
校长、党委副书记:阴训法
副书记:齐 舒 曾丽艳
副校长:关德章 周东辉
沈阳职业技术学院
党委书记:高秀兰
副院长:杨 明 李晓峰 夏宗光
沈阳市装备制造工程学校
校 长:张春雨
党委书记:杨 克
沈阳市化工学校
校 长:杨维满
党委书记:胡显伟
沈阳现代制造服务学校
校 长:贲志宇
党委书记:李富全
沈阳市教育研究院
院 长:符泰民
党委书记:穆道欣
沈阳中兴商业集团有限公司
董事长、党委书记:刘芝旭
党委副书记、纪委书记:梁大栓
副总经理:李文鹤 高 仲
潘德平 屈大勇
朱会君
沈阳副食集团公司
董事长:李 军
总经理:刘玉东
副总经理:张定国 仉树立
顾清华
党委副书记、纪委书记:杨万年
沈阳物资集团有限责任公司
董事长:江崇军
党委书记:孟凡凯
总经理:孙忠霖
常务副总经理:汪惠先
副总经理:周卫东
沈阳水务集团有限公司
董事长:张国祥
总经理:王军锋
副总经理:张英健 闫 明
张亚峰 刘 石
赵 雷
党委副书记、纪委书记:陈显利
工会主席:邹 军
沈阳国际经济技术合作公司
总经理:唐乐珍
副总经理:范希臣 任月强
王宝东
党委副书记、纪委书记:王红军
盛京银行股份有限公司
董事长、行长:张玉坤
监事长:杨 林
党委副书记、工会主席:黄永久
副行长:王春生 赵光伟 许敬畏
王亦工 吴 刚
总稽核、纪委书记:胡 光
沈阳机床(集团)有限责任公司
董事长:关锡友
党委书记:刘鹤群
东北制药集团有限责任公司
董事长:刘 震
总经理:汲 涌
副总经理:周 凯 刘 琰
孙景成 张正伟
党委副书记、纪委书记:王建华
工会主席:王 燕
北方重工集团有限公司
董事长:耿洪臣
党委书记:金光根
沈阳鼓风机集团股份有限公司
董事长:苏永强
沈阳基础产业建设发展集团有限公司
董事长、总经理:苏庆祥
副总经理:那洪宇 李 侠
李文彦
沈阳达锐投资管理有限公司
董事长、总经理:连 军
副总经理:韩 波 李治民

铁西区

铁西区委
副书记:阎秉哲 彭俊和
常 委:张坚强 李 军 孙常福
杨振清 刘树敏 康 勇
侯绍立 李宝军 赵 安
宁兴华
铁西区人大
主 任:周荣生
副主任:李奇星 姜玉田 陈卓桃
陈政卫 刘文博
铁西区政府
区 长:阎秉哲
常务副区长:李 军
副区长:刘树敏 曹力钧 韩 博
赵永圣 佟 颖 安亩沙
铁西区政协
主 席:王泽胜
副主席:金 文 申维民 李海波
姜晓娟 袁庆伟
铁西区法院
院 长:张东波
铁西区检察院
检察长:邵 杰
沈阳经济技术开发区管委会
主 任:阎秉哲
常务副主任:张坚强
副主任:刘 斌 李 军 王玉辰
刘 文 李 慈 刘守宇
董 峰 董 斌
总工会主席:孟祥锁
化学工业园
副主任:黄士硕 王铁利 王林祥
沈阳冶金工业园
主 任:刘 斌
副主任:任宝箭 高 潮 李 贤

和平区

和平区委
书 记:林 强
副书记:田 家 陈世海
常 委:陈源志 吴智丰 袁 柳
王 菁 周以胜 权晓艳
黄福生 解润泽
和平区人大
主 任:张维伦
副主任:张 伟 马英奎 李艳萍
詹爱云 金 川
和平区政府
区 长:田 家
常务副区长:孙源志
副区长:宋 丽 于 江 吴开华
朱 翎 王泓伟
和平区政协
主 席:孔 羽
副主席:初良广 李红光 康景波
李红实
和平区法院
院 长:李清杰
和平区检察院
检察长:史启林
沈阳长白岛管委会
主 任:田 家(兼)
副主任:周以胜 杨 波 荆 伟

沈阳满融经济区
主　任：田　家（兼）

沈河区

沈河区委
书　记：庞洪波
副书记：王　健　蔡效军
常　委：李晓东　崔　隆　刘阳春　王志刚　王　林　杨文凯　孙海辉　骆　颖
沈河区人大
主　任：吴晓冰
副主任：肖振亮　王敬党　高　璇　张怡中　巩俊海
沈河区政府
区　长：王　健
常务副区长：李晓东
副区长：董雪峰　赵金府　田晓晶　徐　强　唐　纲
沈河区政协
主　席：赵玉文
副主席：任永辉　王卓刚　戴丽梅　李　哲　刘　颖
沈河区法院
院　长：李雅君
沈河区检察院
检察长：黄　伟
沈阳金融商贸开发区
主　任：李晓东
党组书记：刘　岩
副主任：曹连全　孙伟山　曲廷会

大东区

大东区委
书　记：王开军
副书记：王　健　李英华
常　委：衣　甫　陈玉光　王庆海　杨大巍　张鸿雁　刘恩举　王永刚　叶　胜
大东区人大
主　任：白　实
副主任：哈　林　孙良法　许国安　孟广川　刘希刚
大东区政府
区　长：王　健
常务副区长：衣　甫
副区长：陈大为　张春风　张艳红　栾　峰　朴　强
大东区政协
主　席：陈　列
副主席：邢　军　郭　玲　王芝庭　康长安　田　亮
大东区法院
院　长：朱晓光
大东区检察院
检察长：田桂娟
沈阳－欧盟经济开发区
主　任：衣　甫
副主任：王　东　张　梅　吴　迪　冷雪峰　赵　韬

皇姑区

皇姑区委
书　记：刘慧鸣
副书记：曾　波　张昕光
常　委：蹇　骞　唐　励　于明海　张红军　李　凯　林学家　关文玉　谷军营
皇姑区人大
主　任：柏　野
副主任：张　敏　齐　放　石宝焕　张传东　邓　华
皇姑区政府
区　长：曾　波
常务副区长：蹇　骞
副区长：高　斌　戴纪锋　贺　燕　牟国明　刘占福
皇姑区政协
主　席：张黎光
副主席：徐国瑾　李　跃　蓝东芝　刘庆瑞　常胜权
皇姑区法院
院　长：张立斌
皇姑区检察院
检察长：徐宏捷
皇姑区北部经济区
主　任：赵晓明

东陵区（浑南新区）

东陵区（浑南新区）委
副书记：赵世宏　白风华　李桂盛
常　委：吕　凡　王新北　王欢苗　王忠武　江　勇　孙晓慧　张　哲　王信权　纪德宇　林宇航
东陵区（浑南新区）人大
主　任：贺程鹏
副主任：孙　敏　朱　杰　唐绍远　刘汉君　赵恒君
东陵区（浑南新区）政府
区　长：赵世宏
常务副区长：吕　凡
副区长：王新北　顾　瑛　高玉斌　徐　强　陈含欣　陆长春
东陵区（浑南新区）政协
主　席：罗颖力
副主席：隆　楠　宋崴嵬　郭福有　苏丽岩　郑向东
东陵区（浑南新区）法院
院　长：程起华
东陵区（浑南新区）检察院
检察长：吴　波
浑南新区（沈阳高新技术产业开发区）
主　任：赵世宏（兼）
副主任：吕　凡
党工委副书记：白风华　李桂盛
党工委委员：银　鹰　郝　欣　方铁林　王忠武　刘绍东　郭士全　裴希岩　周　武　金光熙
工会主席：王颖坤
浑南新城管委会
主　任：李广杰　张　哲
沈抚新城管委会
主　任：方铁林
航高基地管委会
主　任：方铁林
副主任：钱乃生　李宏德（兼）
浑南国际新兴产业园
主　任：裴希岩
副主任：杨　琦
浑南现代商贸区
主　任：刘绍东
副主任：郝　毅　乔　伟
浑南现代农业示范区
主　任：周　武
浑南生态观光区
主　任：郭士全（兼）
国家大学科技城

主　任:郝　欣
副主任:赵世宏(兼)　宋锡坤(兼)

于洪区

于洪区委
书　记:戴贺臣
副书记:连茂君　姜　雷
常　委:戚　宇　张海涛　黄宝晖
戴英杰　赵伟祺　李洪泉
郭忠孝

于洪区人大
主　任:孙铁夫
副主任:刘俊英　曲万成　黄　斌
宋　威　马占信

于洪区政府
区　长:连茂君
常务副区长:戚　宇
副区长:于　龙　战　涛　崔　颖
罗丽萍　张　泰

于洪区政协
主　席:刘　虹
副主席:付彦明　韩立克　何　伟
刘志强　李永贺

于洪区法院
院　长:李万涛

于洪区检察院
检察长:徐　适

沈阳北陵国家星火技术密集区
主　任:赵胜龄

沈阳大工业区管委会
主　任:连茂君(兼)
副主任:李福天

沈阳丁香湖新城
主　任:连茂君(兼)
副主任:石广鹏

苏家屯区

苏家屯区委
书　记:邓福林
副书记:李宏德　侯晓东
常　委:徐晓勇　程　心　赵志坚
刘志寰　王德利　刘显峰
李志强　刘学政

苏家屯区人大
主　任:李剑秋
副主任:赵德林　魏邦伟　孟令山
沈凤娟　何有祥

苏家屯区政府
区　长:李宏德
常务副区长:徐晓勇
副区长:刘金英　邹　飞　王志刚
王知非　王兆生

苏家屯区政协
主　席:李洪吉
副主席:郝巨东　田志远　羿冰华
关　英　崔浩然

苏家屯区法院
院　长:高铁军

苏家屯区检察院
检察长:张丰才

沈阳浑河新城
主　任:李宏德(兼)
副主任:张信宇　吴旭日　佟文刚

沈北新区

沈北新区区委
副书记:李鹏宇　刘东耀
常　委:金志生　王忠昆　陈国聆
金玉龙　周鹏举　杨宇光
衣丽娜　陈　亮　杨学超

沈北新区人大
主　任:陈　航
副主任:王东红　王　艳　韩奎全
宋永贵　付献春

沈北新区政府
区　长:李鹏宇
常务副区长:金志生
副区长:金玉龙　蒋　勇　侯　巍
金维民　刘　欣　李　盛

沈北新区政协
主　席:于宜贤
副主席:周海杰　孙兴武　魏庆杰
王凤久　吴凤立

沈北新区法院
院　长:侯献生

沈北新区检察院
检察长:孟秋野

沈阳蒲河新城
主　任:李鹏宇
党工委副书记:王忠昆　刘克武
副主任:唐　迪　曹永刚

辽中县

辽中县委
副书记:杨　树　张江徽
常　委:丁　宇　翟　克　葛海军
马立伟　陶志伟　高　东
孙宪锋　王洪超

辽中县人大
主　任:张作武
副主任:闵加奇　年桂菊　李徽章
王玉杰

辽中县政府
县　长:杨　树
常务副县长:丁　宇
副县长:葛海军　李　诗　张新波
刘艳玲

辽中县政协
主　席:沈晓维
副主席:关荣伟　郭　兵　何　岩
万秀英

辽中县法院
院　长:马　巍

辽中县检察院
检察长:颜国军

沈阳近海经济区
主　任:杨　树(兼)
副主任:张荣国

沈阳综合保税区
常务副主任:杨　树
副主任:周　航　赖立明　徐　磊

新民市

新民市委
书　记:高　航
副书记:刘澜波　邢　鹏
常　委:王华峰　赵志一　李淑文
苗初印　张春彦　庞　挺
宋一甲　张广辉

新民市人大
主　任:杨树德
副主任:吴志中　钱静菊　王昌佑
李泽民

新民市政府

市　长:刘澜波
常务副市长:王华峰
副市长:宋一甲　范庆军　王宏伟　李晓萌

新民市政协
主　席:吕建伟
副主席:赵红霞　安　秋　赵　潇　徐占海

新民市法院
院　长:樊志军

新民市检察院
检察长:张遂志

沈阳胡台新城
主　任:刘澜波(兼)
副主任:孙海燕　吴绍斌　佟宏伟

新民经济开发区
主　任:郭浩然

法库县

法库县委
书　记:冯守权
副书记:陈佳标　周长旭
常　委:林　涛　孟繁凯　刘连恒　段秀华　李　然　赵　丹　刘亚杰　周　左

法库县人大
主　任:徐凤贵
副主任:银海泉　王树生　段绍英　何云波

法库县政府
县　长:陈佳标
常务副县长:林　涛
副县长:赵　丹　盖燕风　王冠木　杜　波

法库县政协
主　席:彭书国
副主席:乔治国　田久荣　王桂艳　陈宝良

法库县法院
院　长:王文革

法库县检察院
检察长:靳　伟

法库经济区
主　任:姜春杰

康平县

康平县委
书　记:王一兵
副书记:李晓航　尹　凛
常　委:吕明臣　姜　涛　王一平　代国斌　张继明　刘景山　林　海

康平县人大
主　任:田百祥
副主任:安景才　李奎兴　田立爽　刘　财

康平县政府
县　长:李晓航
常务副县长:吕明臣
副县长:张继明　孔德军　包艳艳　张　龙

康平县政协
主　席:李鸿志
副主席:张首先　葛　峰　窦海龙　杨　泉

康平县法院
院　长:张　宁

康平县检察院
检察长:赵永林

康平经济开发区
主　任:高　原

棋盘山开发区

开发区管委会
主　任:田东泉
常务副主任:高士范
党工委副书记、纪工委书记:刘文选
副主任:常　亮　洪　波　徐　莉　高　峰　任立辉　蹇　威

沈阳泗水科技新城
主　任:田东泉(兼)
副主任:常　亮　卫大同

[注]此名单依据2012年12月31日在职干部名册列出,由市委组织部提供。

光　荣　榜

全国"五一"劳动奖状

沈阳水务集团有限公司

全国"五一"劳动奖章

姜　妍　沈阳鼓风机集团股份有限公司透平设计部设计三室主任
汪义钢　沈阳市夏云龙房屋修缮有限公司维修队队长
王　崴　沈阳造币有限公司造币一部生产保障班班长
董丽娜　中兴——沈阳商业大厦（集团）股份有限公司超市收银员
张志洪　沈阳市铁西区应急抢修服务队队长
臧广颐　沈阳市公安局皇姑分局寿泉派出所民警
陈晓东　沈阳环境科学研究院副院长
路振富　中国医科大学附属口腔医院院长
武文争　沈阳市排水管理处主任
孙　艺　沈阳医学院奉天医院肾内科主任
陆永华　江苏南通二建集团有限公司沈阳分公司项目经理
李　萍　沈阳客运集团公司通利公共交通有限公司230路驾驶员

全国工人先锋号

特变电工沈阳变压器集团有限公司大型项目公司器身组
东北制药集团股份有限公司203车间成盐工段
中航工业沈阳黎明航空发动机（集团）有限责任公司发动机试车厂2工段5号台第1试车小组
沈阳三洋建筑机械有限公司油漆喷涂车间
沈阳市沈河区城市管理局第五环境卫生管理所
沈阳燃气有限公司管网输配分公司抢修中心

辽宁省"五一"劳动奖状

红塔辽宁烟草有限责任公司沈阳卷烟厂
中国联合网络通信有限公司沈阳市分公司
沈阳市第七中学
沈阳市沈北新区地方税务局
沈阳市第七人民医院

辽宁省"五一"劳动奖章

张振英（女）沈阳第一机床厂加工管理部大型精磨生产线工人
刘　权　沈阳中辰钢结构工程有限公司制造分公司二车间铆工二班班长
王明伟　沈阳石蜡化工有限公司CPP分厂厂长
穆红雨　沈阳惠天热电股份有限公司第五分公司沈东热源厂锅炉所所长
马　红（女）东北中山中学校长
李凤义　沈阳航天新光集团有限公司机加车间班长
孔繁霁　中航工业沈阳飞机工业（集团）有限公司副总工程师
姚振华　沈阳市宝能泰盛地产有限公司沈阳宝能环球金融中心项目负责人
李宏杰（女）东北育才学校副校长
李润东　沈阳航空航天大学能源与环境学院院长
范立南　沈阳大学信息工程学院院长
孙文卿（女）沈阳副食集团商超部店长助理
史纯贺　沈阳市中华劳模出租汽车有限公司驾驶员
胡中兴　中冶交通沈阳市浑南新城路网工程项目经理部常务副经理
宋翠玲（女）沈阳市于洪区城东湖街道阳光100社区主任
张　静（女）新民市工商行政管理局企业注册科科长
李凤飞　法库县市政管理处工程队队长
彭雪芳（女）康平县地方税务局办税服务厅主任
曾宪东　沈阳市肛肠医院院长
宋思官　中国石油天然气股份有限公司辽宁沈阳销售分公司工会主席
白景慧　沈阳市市政工程养护管理处主任
吕　超　华润雪花啤酒（辽宁）有限公司副总经理
和　宁（女）沈阳市皇姑区对外贸易合作局局长
曹志奇　沈阳市沈河区房产局局长
邴静煦（女）盛京银行营业部经理
李　皓　中国建设银行股份有限公司沈阳北站开发区支行行长
明立军　辽宁丰田金杯技师学院院长
孟　军　中航工业沈阳黎明航空发动机（集团）有限责任公司董事长、总经理、党委副书记

李兴国 沈阳北方建设股份有限公司董事长
刘廷毅 中国航空工业集团公司沈阳发动机设计研究所所长
姚 辉 沈阳春天百货有限公司总经理
姜 成 辽宁雪松医药连锁有限公司董事长
刘 岚(女) 沈阳维康医院院长
王东明 沈阳金杯江森自控汽车内饰件有限公司总经理
常 玲(女) 辽中县环境卫生管理处工人
李 想 沈阳市沈河区金乐李想水果店店长

辽宁省工人先锋号

华晨宝马汽车有限公司大东工厂总装车间
中国移动通信集团辽宁有限公司沈阳分公司沈北新区分公司
中国医科大学附属第一医院心脏外科
招商银行沈阳兴顺支行理财服务部
沈阳市老虎冲垃圾处理有限责任公司现场作业班
沈阳市和平区地方税务局南湖税务所
沈阳市沈河区总工会困难职工服务帮扶中心
沈阳市公安局铁西分局凌空派出所
沈阳市皇姑区地方税务局昆山税务所
瓦克华磁性材料(沈阳)有限公司手绕线班组
沈阳市苏家屯地方税务局人事教育科
沈阳辽冶重工机械制造有限公司铆工班组
法库县地方税务局法库镇地税所
沈阳棋盘山国际风景旅游开发区市容环境管理中心车队
普利司通(沈阳)轮胎有限公司制造一课C班
沈阳市城市管理行政执法局直属二支队一大队

沈阳市"五一"劳动奖状

沈阳兴华航空电器有限责任公司
沈阳华润热电有限公司
沈阳师范大学
辽宁林业职业技术学院
市勘察测绘研究院
市儿童医院
市第107中学
中国邮政储蓄银行沈阳市分行
市直属粮食储备库
沈阳兴隆大天地购物中心有限公司
招商银行股份有限公司沈阳分行营业部
中国石油天然气股份有限公司辽宁沈阳销售分公司
沈阳金秋实农资有限公司
中铁东北投资发展有限公司
市城市建设管理局城市管理大东综合监管中心
沈阳水务集团有限公司一水厂
国电东北环保产业集团有限公司
和平区对外贸易经济合作局
和平区新华街道办事处
沈河区城市管理局
沈河区社会管理服务指挥中心
铁西区卫生局
铁西区兴华街道办事处
皇姑区工商行政管理局
皇姑区国家税务局
大东区大北街道办事处
大东区民政局
东陵区热力供暖公司
中冶交通(沈阳)建设工程有限公司
沈阳中海新海汇置业有限公司
于洪区城乡建设局
苏家屯区环境卫生管理处
苏家屯区行政审批服务中心
中共沈北新区区委组织部
沈北新区财落街道大辛二社区居民委员会
新民市地方税务局
辽中县招商综合服务中心
康平县地方税务局
沈阳通航产业基地管理委员会
沈阳远大压缩机股份有限公司
市体育局
沈阳京剧院
市公安局刑事警察支队
市公安局大东分局

沈阳市"五一"劳动奖章

李晓亮 中航工业沈阳飞机工业(集团)有限公司数控加工厂一单元二工段先锋班工人
崔 岩 沈阳兴华航空电器有限责任公司生产运营部计划员
隆 泽 中航工业沈阳飞机工业(集团)有限公司技术装备中心模具单元一工段精车班工人
梁 涛 沈阳航天新星机电有限责任公司23厂数控加工中心工段长
李 海 中国北车沈阳机车车辆有限责任公司制备分厂技术组技术员
李 英 中航工业沈阳黎明航空发动机(集团)有限责任公司导管喷嘴加工厂工人
梁 岩(女) 中航工业沈阳黎明航空发动机(集团)有限责任公司技术部冶金处二级技术专家
李 玲(女) 辽沈工业集团有限公司检验部无损检测室主任
李洪军 中航工业沈阳发动机设计研究所航空发动机总体设计二部高级工程师

王碧玲(女) 中航工业沈阳飞机工业(集团)有限公司技术中心科技发展规划管理处工程师
宋明冬 中航工业沈阳黎明航空发动机(集团)有限责任公司发动机装配厂传装班二级技能专家
崔晓春 中国航空工业空气动力研究院副总工程师
侯　波 中航工业沈阳黎明航空发动机(集团)有限责任公司国际业务事业部技术处三级技术专家
梁　军 沈阳造币有限公司造币技术研究所材料研究室主任
李刚毅 中国北车沈阳机车车辆有限责任公司货修分厂打砂一班班长
王怀武 中国移动通信集团辽宁有限公司沈阳分公司技术管理员
李　静(女) 和平区邮政局砂阳路储蓄所所长
宋　杨(女) 和平区邮政局太原街中心支局支局长
李金辉 国电康平发电有限公司运行部主任
梁宝逵 中航工业沈阳发动机设计研究所总师办副总设计师
宋春坤 中国联合网络通信有限公司沈阳市分公司营销部经理
辛思华 东北煤田地质局物探测量队总工程师
洛欣钢 中智沈阳经济技术合作有限公司客服经理
顾慧良 中国联合网络通信有限公司沈阳市分公司工会副主席
许柏林 中航工业沈阳黎明航空发动机(集团)有限责任公司副总经理
奚继兴 中航工业沈阳飞机设计研究所副所长
李长强 中航工业沈阳飞机工业(集团)有限公司零件生产部部长
陈光伟 中国联合网络通信有限公司新民市分公司经理
刘国华 沈阳兴华航空电器有限责任公司工会主席
姜　华 中国移动通信集团辽宁有限公司沈阳分公司沈河分公司经理
郭俊三 沈阳航天新光集团有限公司总经理
何金结 沈阳辽海装备有限责任公司总经理
佟胜利 沈阳际华三五四七特种装具有限公司总经理
景　罡 沈阳华晨金杯汽车有限公司涂装车间维修工段段长
张春永 华晨汽车集团控股有限公司华晨中华汽车公司涂装车间值班长
杨　涛 沈阳金杯车辆制造有限公司采购物流处叉车班班长
张亚琴(女) 沈阳金杯江森自控汽车内饰件有限公司宝马内饰生产车间主任
张　岩(女) 红塔辽宁烟草有限责任公司沈阳卷烟厂制丝车间甲班切丝组班组长
董长松 华润雪花啤酒(辽宁)有限公司包装二车间保全班维修班长
吴　宁 沈阳化工股份有限公司设备管理处处长
鲍旭东 沈阳石蜡化工有限公司加氢分厂厂长
刘晓辉 沈阳化工股份有限公司安环处处长
鞠秀云(女) 沈阳东北大药房连锁有限公司人事行政部部长
许峰臣 华晨宝马汽车有限公司建筑规划部专员
刘　宏 华晨汽车集团控股有限公司华晨汽车销售公司经理
胡文海 华晨宝马汽车有限公司大东工厂总装车间操作工
贾万春 东北制药集团销售有限公司销售事业部营销总监
赵利军(女) 东北制药集团股份有限公司工艺部副部长
季福云 沈阳第一机床厂营销部东北营销部部长
陈丽文(女) 沈阳机床股份有限公司沈一车床厂营销部部长
朱　慧(女) 上海通用(沈阳)北盛汽车有限公司人力资源部经理
马长好 沈阳鼓风机集团股份有限公司转子车间工人
张　伟 北方重工集团有限公司设计研究院副所长
陈立新 沈阳铸锻工业有限公司铸造分公司造型车间气缸二组组长
李　鹏 沈阳鼓风机集团股份有限公司客服公司部长助理
翟军民 沈阳抗生素厂供热公司经理
杜立刚 沈阳机床股份有限公司齿轮分公司磨齿工段工人
田　丹 东药集团沈阳第一制药有限公司102车间主任
赵　彪 沈阳机床股份有限公司副总裁
于爱国 沈阳鼓风机集团股份有限公司往复机事业部设计室主任
王　玲(女) 金杯汽车股份有限公司财务总监
李铁昌 特变电工沈阳变压器集团有限公司副经理
刘晓春 中捷机床有限公司副总经理
韩　健 华晨宝马汽车有限公司工会主席
王日清 北方重工集团有限公司矿山冶金设备分公司经理
杨　溢 北方重工集团有限公司进出口分公司经理
姚　勤 上海通用(沈阳)北盛汽车有限公司工会主席
刘建昌 东北大学信息科学与工程学院教师
何仲贵 沈阳药科大学药学院教师
金元哲 中国医科大学附属第四医院心血管内科主任
艾延廷 沈阳航空航天大学航空航天工程学部副部长
王　宇(女) 沈阳师范大学图书馆馆长
赵立民 沈阳工业大学教务处处长
徐送宁(女) 沈阳理工大学理学院教师
张　伟 鲁迅美术学院文化传播与管理系主任
原忠虎 沈阳大学信息工程学院教师
葛铁军 沈阳化工大学材料科学与工程学院教师
刘雅锋 沈阳铝镁设计研究院有限公司技术研发部主任
于祥苓(女) 中国电子科技集团公司第四十七研究所检测中心副主任
刘　红(女) 市骨科医院手术室护士长
谷海波 东北育才学校教师
王　凯 和平区南京街第一小学校长
顾　军 市化工学校教师
郭　萍(女) 市第53中学校长

郎亦农(女) 沈阳音乐学院声乐系教师
赵维江 市共青团实验学校校长
高真东 市第二中学教师
李　威(女) 苏家屯区特殊教育学校校长
卢敞荣(女) 浑南新区第二小学党支部副书记
刘广林 沈阳农业大学副校长
王铁玉 中国医科大学后勤服务集团经理
唐晓华 辽宁大学商学院院长
马胜凯 沈阳工程学院总务长
笪可宁(女) 沈阳建筑大学研究生院院长
李　柯 中交煤气热力研究设计院有限公司第一综合设计所所长
张晓云(女) 市规划设计研究院副院长
孙钢强 中橡集团沈阳橡胶研究设计院总工程师
栾　虹(女) 市妇女儿童保健中心副主任
刘　富 市汽车工程学校工会主席
刘　刚 市第120中学校长
魏忠厚 于洪区教育局党委书记
李天舟 市教育研究院义务教育教学研究中心主任
李国信 辽宁中医药大学附属第二医院院长
马培忠 中煤国际工程集团沈阳设计研究院院长
刘　阳 交通银行辽宁省分行个金部商管经理
杭　涛 哈尔滨银行沈阳分行小企业金融服务部小微企业中心经理
贺　娜(女) 中国建设银行股份有限公司铁西支行经理
郑晓东 沈阳铁西百货大楼有限公司储运部工人
毕海波(女) 沈阳大东兴隆百货有限公司运动休闲商场女鞋部布鞋坊柜组营业员
刘广霞(女) 沈阳兴隆大天地购物中心有限公司兴隆百货丽人服饰部营业员
刘向智 沈阳副食集团冷链物流部白塔堡冷库班班长
程　宇 沈阳金秋实农资公司通辽区域业务员
董　蕾(女) 沈阳兴隆大家庭购物中心有限公司时尚流行馆黄金屋部黄金组组长
张丽洁(女) 沈阳钢材配送中心(有限公司)保管科工人
付宝成 中国人民银行沈阳分行营业管理部主任科员
李懿祺(女) 沈阳商业城股份有限公司超市美食商场营业组长
张志斌 吉林银行沈阳分行风险部授信评审中心经理
南乐群(女) 中国工商银行股份有限公司沈阳皇姑支行客户经理
刘锡燕(女) 沈阳兴隆大家庭购物中心有限公司财务部经理
金晓光(女) 招商银行股份有限公司沈阳分行零售金融事业部副总裁
孙红雨 沈阳商业城股份有限公司招商部部长
毕晓红(女) 盛京银行股份有限公司沈阳市沈河支行行长
孙卫东 中兴——沈阳商业大厦(集团)股份有限公司儿童世界卖区经理
潘振海 市金融护卫中心副总经理
丁学范 中兴——沈阳商业大厦(集团)股份有限公司鞋品皮具卖区经理
冯康柏 中国邮政储蓄银行沈阳市分行行长
郭　颖(女) 沈阳家乐福商业有限公司文化店店长
何　伟 市中华劳模出租汽车有限公司第九车队队长
张　宇 沈阳客运集团黄河公共汽车分公司236线路0037号单车驾驶员
李　民 市老虎冲垃圾处理有限责任公司作业班班长
石永军 市北陵公园管理中心门票服务部陵寝班班长
姚春才 沈阳水务集团有限公司管网中心抢修分队副队长
佟福林 沈阳水务集团有限公司四水厂维修工段段长
董　辉(女) 沈阳燃气管理集团有限公司大东营业分公司经营部地区经营管理员
宋　欣(女) 沈阳燃气管理集团有限公司和平营业分公司经营部地区经营管理员
刘志国 中国建筑第二工程局有限公司东北分公司沈阳裕景项目经理
陈　刚 中建七局第一建筑有限公司沈阳澳海西湖印象二、三期项目经理
卢伟华(女) 沈阳城市通有限公司制卡中心充值员
洪运成 沈阳国际展览中心管理有限公司保障部部长
全维海 志立建筑劳务有限公司沈阳公司碧桂园·银河城项目部经理
程学利 沈阳安运巴士有限公司166线路车长
司景利 沈阳康福德高安运巴士有限公司工会主席
李晓宇 市交通局公路管理处副处长
邹　军(女) 沈阳水务集团有限公司工会主席
于志江 沈阳经纬客运有限公司副总经理
刘　阳 国电东北环保产业集团有限公司副总经理
王国平 中铁九局集团第四工程有限公司副总工程师
王绍民 沈阳热电厂厂长
郭正学 市城乡建设委员会十二运城管基础设施建设办公室主任
常会宇 市房产局房地产信息中心主任
刘洪清 市第20中学副校长
汪　洋 和平区浑河湾社区卫生服务中心医师
孔　杰 和平区招商二局招商科科长
李　军 市公安局和平分局沈水湾派出所所长
易启相 市工商行政管理局和平分局南湖工商所所长
吴红军 和平区房产局房屋维修中心电工
陈建层(女) 和平区八经街道办事处工会副主席
郑春莲(女) 中共和平区委党校副校长
王文成 和平区人民法院副院长
李春波 和平区财政局副局长
张毅成 和平区太原街街道办事处主任
曾　野 和平区地方税务局计划财务科科长
桑家鹤 和平区城市管理局太原城管环卫管理所所长
冯洪军 沈河区总工会办公室主任
宋　杰(女) 沈河区总工会困难职工救助中心主任科员

章东声(女) 沈河区教育局职业与成人教育科科长
李　丽(女) 沈河区城市建设局办公室主任
王黎明　中共沈河区委办公室调研科科长
李玉萍(女) 沈河区城管局五里河公园党支部书记
李　喆(女) 沈河区第二中医院院长
张宏伟(女) 沈河区工商局副局长
王从广　市同泽高级中学校长
王　凡(女) 市地方税务局直属分局副局长
李　岩　沈阳博世高级人才培训学校校长
李国锋　华夏外企劳务服务有限公司总经理
董景林　市规划和国土资源局沈河分局局长
李　岩　沈河区残疾人联合会理事长
杨红松　博宇金属股份有限公司技术总监
孙海坚(女) 铁西区地方税务局人事教育科科长
崔敬龙　中共铁西区委政法委员会办公室主任
董晓东　铁西区艳粉环境卫生管理所管理员
门棣华(女) 市培英中学校长
刘同霞(女) 沈阳天方物业管理有限公司保洁员
王　聪　铁西区残疾人联合会专职干事
辛晓光　铁西区工商行政管理局副局长
马忠宪　沈阳高盛劳务派遣有限公司董事长
辛　微(女) 沈阳山盟建设集团有限公司保利溪湖林语项目经理
张宏宇　中国移动通信集团辽宁有限公司沈阳皇姑区分公司经理
于春锋　皇姑区城市建设管理局明廉城管所所长
王　晶(女) 皇姑区园林绿化管理处党支部书记
董　颖(女) 皇姑区黄河中心商务区长江南社区党委书记
张　岩　皇姑区土地房屋征收管理办公室副主任
刘　怡(女) 皇姑区审计局副局长
李宏宇　中共皇姑区纪律检查委员会常委
卢　明　皇姑区科学技术局局长
赵　东　辽宁北方模特职业培训学校校长
吴芝红(女) 大东区城市管理局东塔环卫所清运管理员
黄　进　大东区行政审批服务中心综合管理科科长
方俊远　大东区东塔街道办事处工会主席
栾　笑　大东区教育局基建房产办公室主任
蔡世毅　大东区人力资源和社会保障局养老保险科科长
赵　洪　沈阳东源供热有限责任公司电工
李铁军　沈阳捷众汽车零部件有限公司工段长
朱园园(女) 大东张丽口腔诊所保洁员
王　莹(女) 市地方税务局大东分局局长助理
张　硕(女) 市第107中学教师
钱铸山　大东区妇幼保健所所长
李勤龙　大东区司法局副局长
金巍松　市第五中学校长
连志萌(女) 市德济医院院长
周玉环(女) 市东营塑料包装有限公司副总经理
邵忠强　沈阳浑南现代商贸区综合服务中心科长
冯　宇(女) 沈阳浑南现代农业示范区总工会副主席
施仲山　沈阳浑南现代商贸区世纪新城社区残疾人专职干事
赵　伟　市地方税务局高新技术产业开发区分局计划财务科科长
亓明华(女) 沈阳悦达置业发展有限公司办公室主任
王国东　沈阳全密封变压器股份有限公司工会主席
刘蕴贤　于洪区北陵街道办事处财经办主任
刘洪泉　于洪区土地房屋征收补偿中心副科长
尹　亮　沈阳勇翔供暖有限公司运行部部长
王玉晶(女) 辽宁冠隆建设集团有限公司工会主席
姜　彬　中国移动通信集团辽宁有限公司于洪分公司经理
鲍晓龙　沈阳富兴房地产开发有限公司董事长
李月仁(女) 于洪区残疾人联合会理事长
王　峰　苏家屯区公安分局巡警大队副大队长
金跃铭　苏家屯区新农村建设办公室主任
关文新　市第二中医院后勤管理科科长
肖　洋　苏家屯区地方税务局八一税务所副所长
聂　民　市兴大建设集团副总经理
安凤洛　新生活集团(中国)有限公司董事长
郭　颖(女) 沈北新区中心敬老院院长
王治禄　沈北新区地方税务局管理科科长
赵　岩(女) 沈北新区职工服务帮扶中心主任
马丽娅(女) 沈北新区劳动争议调解中心办公室主任
张　波(女) 沈北新区民政局残疾人专职干事
刘金库　市公安局交通警察支队沈北新区大队大队长
孙晓雷　沈阳雷明企业集团董事长
郑　鑫　辽宁电力总公司沈阳新民分公司工人
李长有　新民市环境卫生管理处清运科科长
曹春彩(女) 新民市运输管理处驻行政审批大厅首席代表
郑英德　市新民福源食品有限公司维修工
金荣贵　新民市交通局局长
宋艳文　辽中县农村电力服务有限公司副经理
马吉生　辽中县政府投资重大项目建设管理办公室科长
刘玉双　辽中县规划和国土资源局土地储备交易中心办公室主任
张海丰　辽中县农民工维权中心科员
滕卫宁　辽中县人民医院院长
马仁勇　辽中县杨士岗镇人民政府党委书记
刘志顺　市综合保税区规划建设局局长
王红彦(女) 沈阳兴康塑业有限公司生产车间副主任
孙　波　康平县公路管理处养护公司作业队队长
马翠芳(女) 康平县妇幼保健站检验师
温海峰　康平县城镇环境卫生管理处清扫队队长
韩效东　法库县残疾人联合会科员
张玉庆　法库县环境卫生管理处清运队司机
杨万亮　法库县爱鹤护鸟队队长
孙玉强　沈阳亿豪陶瓷有限公司董事长
王德琦　沈阳龙源风力发电责任有限公司总经理
赵　韧　沈阳水泥机械有限公司销售员
刘　畅(女) 沈阳经济技术开发区总工会组宣部部长

张　雷　沈阳远大企业集团铝业工厂 A2 车间主任
黄向阳　三一重型装备有限公司副总经理
吴　斌　沈阳潜水泵业有限公司董事长
汪　洋(女)棋盘山国际风景旅游开发区新屯中心小学教师
刘汉广　沈报集团沈阳晚报执行总编
陈东光　市中级人民法院民五庭驻京工作组负责人
郝爱军　市检察院公诉处检察员
付奇志(女)市委办公厅人事处调研员
李东武　市直属机关工作委员会调研员
徐德庆　市直属机关工作委员会宣传部长
孟凡彪　市中级人民法院法警支队警卫科科长
付子龙　市总工会调研员
刘工力　中共沈阳市委党校党建教研室主任
谢振华　市科学宫主任
孙　菲(女)市地方税务局社保处副处长
富宏鹏　中共沈阳市委组织部干部教育处处长
路站稳　市关心下一代工作委员会办公室主任
姜　威　市政府采购中心综合信息处处长
王　伟　市编委办机关党委专职副书记
王　锐　沈阳储运集团公司第五分公司配送队队长
房延茂　中北(沈阳)物流有限公司副总经理
姚家元　沈阳惠天热电股份有限公司总经理
刘　英(女)沈阳电影有限公司总经理
颜雪飞　市殡葬管理处处长
李文彤　市公安局刑警支队专案一大队副大队长
赵志生　市公安局东陵(浑南新区)分局监管大队大队长
路　阳　市公安局铁西分局刑警大队民警
杨成东　市公安局特警(维稳)支队一大队大队长
黄春英(女)市公安局交警支队女子特勤大队大队长
王浦育　市农民工维权中心(市局派驻)副主任
崔　明　市龙山劳动教养管理所所长
陈良伟　市行政执法局工会调研员
杨海涛　特变电工沈阳变压器集团有限公司金属结构公司自动焊组班长
王培伟　沈阳黎明航空发动机(集团)有限责任公司工装制造厂模具工部三级技术专家
高庆毓　市汽车工程学校职业技能鉴定所所长
王吉鑫　北方重工集团有限公司装卸设备分公司装配车间工人
李跃光　辽宁丰田金杯技师学院副院长
王家强　辽宁东鹰电器集团有限公司检验员
陈鹏富　沈阳菲拉特服饰有限公司业务经理
景亚栋　沈河区锦绣嘉伦美术图文设计中心经理

沈阳市工人先锋号

特变电工沈阳变压器集团有限公司大型项目公司
中航工业沈阳黎明航空发动机(集团)有限责任公司盘轴加工厂压气机轴工段一班
际华三五二三特种装备有限公司技术中心
中国移动通信集团辽宁有限公司沈阳分公司沈河分公司虎石台旗舰店
中国联合网络通信有限公司沈阳市分公司沈河分公司
辽中县邮政局
沈阳机床股份有限公司沈一车床厂 ETC 产品线部装配工段
东北制药集团股份有限公司 302 车间运行工段
华晨中华汽车公司车身车间主车身甲班
华晨宝马汽车有限公司大东工厂总装车间
沈阳鼓风机集团股份有限公司定子车间
北方重工集团有限公司传动设备分公司滚齿车间一班
沈阳大学工商管理学院会计系
沈阳建筑大学天作建筑研究院
市第四人民医院眼科
招生考试通讯杂志社编辑部
中兴——沈阳商业大厦(集团)股份有限公司客户接待中心
招商银行股份有限公司沈阳分行兴顺支行理财服务部
市金融护卫中心驻招行沈阳分行辽 OA1292 车组
辽宁省电力有限公司沈阳供电公司检修公司输电运检工区运维二班
沈阳炼焦煤气有限公司电工工段
国电沈阳热电有限公司维修部电气试验班
中铁九局集团第四工程有限公司沈阳职工之家建设工程项目经理部
和平区经济促进局节能监察中心
和平区国家税务局税源一科
中共沈河区委、沈河区人民政府信访局信访受理科
市公安局北站地区分局站前治安派出所
泰豪沈阳电机有限公司装配分厂
市公安局铁西分局贵和派出所
沈阳中海兴业房地产开发有限公司青年突击队
大东区洮昌街道如意社区
东陵区卫生监督所监督二科
沈阳浑南热力有限责任公司热力二部金地中心换热站
于洪区城乡管理局迎宾路环境卫生管理所
苏家屯区国家税务局办税服务科
沈阳冬冬食品有限公司蒸制班组
沈阳东新药业有限公司提取车间
中国移动通讯集团辽宁有限公司辽中分公司政企客户部
沈阳百锦隆食品有限公司乡巴佬车间
沈阳博泰混凝土构件有限公司原料车间
沈阳远大企业集团沈阳博林特电梯股份有限公司信息部
市张士综合机动车检测有限公司检测室
棋盘山国际风景旅游开发区森林消防队
市政务服务管理办公室文广局行政审批办(党支部)
市审计局案件审计处
沈阳惠天热电股份有限公司郭家热源所
市儿童福利院儿童抚育科

市公安局特警（维稳）支队一大队
市公安局交通警察支队女子特勤大队
市康家山监狱狱政科

中国青年"五四"奖章

方文墨　中航工业沈阳飞机工业（集团）有限公司14厂钳工

沈阳市"五四"奖章

沈阳市十佳青年道德模范

王　宇　辽宁大学生命科学院生活部部长、实验室负责人
王大鹏　沈阳市和平区残疾人联合会志愿者
王东雪　辽宁中医药大学学生
田　童　沈阳市大东区盲人协会主席
刘　羽　辽宁公安司法管理干部学院学生
佟思琦　沈阳师范大学学生
张　程　沈阳工程学院学生
张志勇　沈阳青春志愿者协会会长、团委书记
董　强　沈阳市第九人民医院内三科主任
景亚栋　沈阳市沈河区锦绣嘉伦美术图文设计中心店长

沈阳市十佳公益青年企业家

刁光全　沈阳全成广告印务有限公司董事长
王　罡　沈阳华浩西服有限责任公司董事长
王庆波　沈阳绿生源农副产品有限公司董事长
史　霞　沈阳金贸医药集团总裁
史俊萍　沈阳博仁医院院长
刘炳旭　辽宁万豪平安客运有限公司董事长
张　斌　沈阳坤为房地产开发有限公司董事长
胡野枫　沈阳市和平区枫嘉小额贷款股份有限公司总经理
程利国　辽宁标榜创美服务有限公司董事长
窦凌君　新民市花满楼礼仪庆典公司总经理

沈阳市十佳青年卫士

马光辉　沈阳市康家山监狱狱政科科长
王光宇　沈阳市卫生监督所科长
王羽佳　沈阳市地方税务局稽查管理处主任科员
王彦洋　沈阳市和平区人民法院少年庭庭长
边　锋　沈阳市中级人民法院刑二庭审判长
吕倩竹　大东区人民检察院副主任科员
刘　昱　沈阳市安全生产监督管理局执法支队二大队队长
李　欣　沈阳市疾病预防控制中心科长助理
赵　磊　中航工业沈飞保密处处长
董　政　沈阳市公安局特警支队副中队长

沈阳市十佳青年岗位能手

马立强　沈阳计量测试院科技部部长
王一楠　沈阳市经济体育管理中心主任科员
刘　宁　沈阳京剧院演员
池贵义　华晨中华汽车公司值班长
李晓明　沈阳市人社局政策研究处副主任科员
张文良　沈阳东兴机电设备有限公司职工
张秀林　中航工业沈阳飞机设计研究所控飞室副主任
陈　亮　沈阳市房地产交易权属登记中心疑难登记部部长
倪　翌　辽宁装备制造职业技术学院教师
曹丽颖　沈阳铁路信号有限责任公司一车间信号钳工

沈阳市十佳农村青年致富带头人

于　青　沈阳市沈北新区春秋农机专业合作社理事长
王　涛　沈阳秋实种苗有限公司总经理助理
毕雪飞　共青团新民市委员会副书记
关　键　沈阳老北味酒业有限公司总经理
严雪瑞　沈阳农业大学植物病理教研室副主任
吴　瑞　沈阳光辉现代农业示范区管委会团委书记
周晓艳　沈阳狮子王工贸有限公司总经理
胡　帅　共青团沈阳市苏家屯区委员会副书记
韩大鹏　沈阳市农村经济委员会县域经济处处长
穆禹辰　沈阳市木春牧业有限公司总经理

沈阳市十佳创业青年标兵

文　明　沈阳强盛兄弟网络科技有限公司总经理
吕剑锋　辽宁德曼动力工程有限公司执行董事
李　阳　沈阳久利计算机培训中心校长
李文睿　沈阳昊诚兴亚科技发展有限公司总经理
杨　风　法库中贸置业有限公司董事长
沈　军　沈阳力和博得家具制造有限公司董事长
赵　戬　沈阳市金山水产养殖公司经理
袁　波　沈阳市聚成企业管理顾问有限公司总经理
蒋　宇　沈阳大华制冷设备有限公司总经理
程玉新　辽宁丰田牧业有限公司董事长兼总经理

沈阳市十佳青少年思想道德建设工作者

马 娜 辽宁省广播电视大学学生资助工作负责人
王春雨 沈阳化工大学环境与安全工程学院团委书记
王春艳 沈阳工业大学信息科学与工程学院团委书记
李 营 鲁迅美术学院团委书记
李 黎 辽宁省沈阳监狱管理分局副主任科员
沈 健 沈河区一经二校校长
周 宇 沈阳工程学院商务英语系副主任兼党总支副书记
郑海超 辽宁省交通高等专科学校团委书记
赵浩轩 沈阳建筑大学信息与控制工程学院学办副主任
魏 鹏 共青团铁西区委员会书记

沈阳市"五四"荣誉奖章

王世海 沈阳市信访局副巡视员
王佩军 沈阳市公安局政治部主任、党委委员
王泰斌 中国医科大学附属第一医院纪委书记、工会主席
刘富家 沈阳供电公司党委书记兼副总经理
汲 涌 东北制药集团有限责任公司党委副书记、总经理
吴文生 沈阳发动机设计研究所党委副书记、纪委书记
何 伟 辽宁何氏医学院院长
赵 旸 沈阳市地铁建设指挥部机关党委书记
侯晓东 中共苏家屯区委副书记
彭 霞 中国移动辽宁公司沈阳分公司总经理

沈阳市"五四"奖状

地铁第一时间报社
沈阳市城市规划展示馆
沈鼓集团研究院硝酸四合一主风机设计小组
共青团沈阳地铁集团有限公司运营分公司委员会
浑南新城建设工作领导小组办公室综合建设部绿化景观组
沈阳广播电视台《沈视晚报》栏目组
共青团国家开发银行股份有限公司辽宁省分行委员会
共青团沈阳中辰钢结构工程有限公司委员会
共青团沈阳市和平区委员会
共青团沈阳体育学院委员会

全国"三八"红旗集体

中航工业沈飞37厂电缆工段

辽宁省"三八"红旗手

杨怡畔 沈阳市皇姑区行政事业单位财务集中管理办公室主任
唐乐珍 中国沈阳国际经济技术合作公司党委书记
王 静 沈阳市信访局办公室主任
吴丽华 沈阳市骨科医院党委书记兼副院长
房国荣 国税大东分局珠林所所长
田丽娇 沈阳机床(集团)有限公司沈一车床厂涂装车间整机喷漆工
赵月英 沈阳市妇联副主席
郭 艳 中航工业沈飞工会女工生活部部长
唐翠颖 新民市翠颖畜牧专业合作社理事长
孙 波 沈阳地铁集团有限公司运营分公司副总经理

辽宁省"三八"红旗集体

沈阳市行政审批服务中心管理办公室
沈阳华晨东兴汽车零部件有限公司冲压车间一工段
沈阳晚报活动部
沈阳市新开河园林管理所北陵班
沈阳市中级人民法院立案一庭

沈阳市"三八"红旗手

丁玉莲 市司法局公证管理处处长
丁庶君 市政府采购中心监察处副处长
丁雅妮 沈阳名流美容医院院长
于 莹 沈阳铁路第五小学校长
于红砚 市科技局农村与社会发展处副处长
马利戎 市第三十三中学校长
王 纯 和平区城市协同服务监督指挥中心主任
王 霞 大东区晚霞托老所院长
王 莹 市地方税务局货物和劳务税处主任科员
王 萍 沈阳棋盘山国际风景旅游开发区财政局副局长
王冬梅 沈阳蒲河新城监察局局长
王永丽 苏家屯区八一街道来胜村妇代会主任
王丽清 苏家屯区浑南灌区管理处业务主任
王怡平 中兴——沈阳商业大厦(集团)股份有限公司毛织品卖区经理
王桂杰 康平县地方税务局人事监督科科长
王爱武 沈河区教育局工会主席兼纪委书记

王素丽 辽中县辽中镇胜利社区书记
王素慧 辽中镇第一小学教师
王银华 市中级人民法院民二庭审判长
王颖坤 东陵区(浑南新区)财政局局长
左　冬 中国北车集团沈阳机车车辆有限责任公司工会干事
边　波 新民市公路管理处主任、党委副书记
乔　旭 市环保局宣传教育中心主任
关　健 浑南新城农民工维权中心办公室主任
关　艳 市新兴中学教师
刘　洋 沈阳日报经济新闻部记者
刘　丽 沈阳城市公用集团有限公司财务审计部部长
刘　俏 皇姑区妇联组宣部部长
刘　琪 康平县东关屯镇妇联主席
刘力佳 市公安局交警支队女子特勤大队副主任科员
吕荣文 市第一粮库品控部部长
孙　菲 市地方税务局社保处副处长
孙晓梅 市环保局机关党委专职副书记
安春鸿 市公安局刑警支队技术二处主任科员
曲　越 省黄金管理局高级工程师
朱丽艳 沈阳康利托老养护院院长
何　红 于洪区妇联副主席
吴丽华 市骨科医院党委书记兼副院长
宋　莉 市财政局行政政法处处长
宋桂英 辽宁新北方装饰建材城有限公司董事长
张　秀 于洪区城乡管理局南阳湖环境卫生管理所副所长
张　杰 市金融商贸开发区地税分局契税大厅负责人
张　莉 市城建房地产开发有限公司工会主席
张　琳 市政府研究室主任科员
张　滨 市统计局服务业与社会科技处副处长
张大鹏 市城市管理行政执法局指挥调度处副处长
张亭亭 皇姑区好女人家庭服务中心总经理
张雪松 市城乡建设委员会计划处处长
李文梓 沈北新区中心医院党委书记
李英娜 沈阳广播电视台新闻频道《沈视早报》栏目主持人
李爱华 新民市第一高级中学教师
李旗红 沈阳京剧院党委副书记兼青年团团长
李静茹 沈河区招商管理服务局局长
杨君霞 市委政法委机关党委专职副书记
汪　虹 铁西区工人村街道清乐社区党委书记
沈　毅 中国航空工业集团公司沈阳发动机设计研究所自然科学研究员
陈　萍 沈阳广播电视台办公室工作人员
陈冬梅 铁西区勋望小学校长
宝兆明 市妇联机关党委专职副书记
武怡如 市地方税务局机关党委组织员
范俐娟 和平区卫生局党委书记
郑肖立 市信访局区县指导处副处长
郑襄勤 市建筑节能墙体材料改革管理办公室副主任
金　丽 东陵区(浑南新区)妇联权益部部长
金　莉 第十二届全国运动会沈阳赛区组委会财务部预算审核处副处长
信醒鹏 沈河区东陵街道办事处主任
羿素贤 苏家屯区永乐街道宝相屯村支部书记
胡　喆 铁西区凌空社区卫生服务中心党支部书记
赵　琳 市公安局铁西分局法制大队民警
赵　薇 市烟草专卖局机关党委专职副书记
赵　伟 法库县教育局党办主任
赵桂芝 辽宁大学经济学院财税系主任
赵萍萍 市城市节约用水管理办公室给排水工程师
姜凤英 市公安局党委委员、国保支队队长
唐　彦 市信访大厅积案化解办公室工作人员
徐　瑶 市公安局于洪分局刑警大队民警
徐志杰 中兴——沈阳商业大厦(集团)股份有限公司男装卖区经理
栾晶晶 市法院未成年庭审判员
耿　爽 新民市周坨子镇妇联主席
贾英莉 市工商行政管理局人事处副处长
贾鸣峰 皇姑区辽河街道办事处党工委副书记
贾洪扬 大东区尚品学前教育集团总园长
郭　卓 沈阳化工大学材料学院副教授
高　岩 市规划和国土资源局大东分局局长
高丽华 市养老院书记
高丽莎 市食品药品监督管理局皇姑分局局长
崔婀娜 沈阳大学信息工程学院教师
康　敏 市气象局机关党委专职副书记
梁宝娟 沈阳三生制药有限责任公司车间主管
阎志伟 沈北新区地方税务局人事教育科科长
黄彦红 市妇女儿童保健中心主任
焦春青 和平区集贤街道办事处党办主任
董继英 法库县政府办公室副主任
董蓓蓓 第十二届全国运动会沈阳赛区组委会综合办公室副主任
谢　湘 市妇联宣传部干事
韩　冰 康平县精神病防治院行政副院长
窦丽丽 辽中县妇联组织部部长
鄢春华 市私营企业协会副秘书长
管连霞 法库县中心医院党总支副书记、副院长
潘　伟 铁西区工人村街道阳光家园园长
魏　蕾 市公安局大东分局审计科科长
李金婷 沈河公安分局社区警务大队民警
王　丹 于洪公安分局经侦大队民警
沈翔宇 沈阳市第一看守所民警
李　蔷 和平公安分局社区警务大队大队长
付　瑶 市公安局交警支队女子特勤大队民警

翟　鹏　皇姑公安分局刑警大队政委
孙　静　棋盘山公安分局刑警大队民警
于　薇　康平县公安局镇南派出所民警
赵予晨　辽中县公安局国保大队民警
赵博云　市公安局社区警务大队居民证科民警

沈阳市十佳工业女标兵

王　宏　沈阳工业国有资产经营有限公司副总经理
王晓娟　华晨汽车工程研究院传动处处长
王聪梅　沈阳黎明航空发动机(集团)有限责任公司首席技术专家
卢　敏　红塔辽宁烟草有限责任公司沈阳卷烟厂制丝车间乙班切丝组班长
田丽娇　沈阳机床股份有限公司沈一车床厂涂装车间喷漆工
刘　颖　沈阳国有控股集团有限公司资产经营部部长
陈立新　沈阳鼓风机集团股份有限公司定子车间工人
赵颖梅　东北制药集团销售有限公司副总经理
梁春颖　北方重工集团有限公司进出口公司业务九部部长
富　莉　沈阳轻工研究设计院党委副书记

沈阳市十佳致富女能手

于洪萍　新民市农联种子有限公司副经理
张晓华　辽中县肖寨门镇文武酒厂经理
邵　冰　市金凤牧禽养殖专业合作社董事长
周晓艳　沈阳狮子王工贸有限公司总经理
屈淑莲　新民市联友养殖专业合作社理事长
庞成娟　法库县马鞍山树莓专业合作社理事长
祝旭东　东陵区(浑南新区)农林技术推广中心副主任
赵星梅　于洪区光辉街道西老边村农机合作社理事
常淑娟　康平县农村经济局科教科副科长
梁桂荣　苏家屯区陈相街道桃木村农民

沈阳市十佳白衣天使

王树公　市骨科医院骨伤二病房护士长
王静娥　市第一人民医院神经内三科主任
刘继辉　市口腔医院正畸科副主任
孙艳杰　沈阳急救中心院前出诊护士
宋　巍　市疾病预防控制中心艾滋病性病防制科科长
张　娟　市胸科医院院长兼党委副书记
张红敏　市第九人民医院特病科主管护师
李　丹　市第四人民医院党委书记兼副院长
郑　钰　市第五人民医院心内一科主管护师
魏　棣　市中医院心病内科主任

沈阳市十佳女园丁

王　鑫　市信息工程学校教师
王丽君　大东区善邻路第二小学校长
关亚静　市第一二六中学教师
回　丽　沈阳航空航天大学机电工程学院副院长
孙　丽　沈阳建筑大学土木工程学院副教授
张　芳　市第七中学教师
李　昕　招生考试通讯杂志社副社长
李淑云　辽宁大学党委组织部部长、国际关系学院院长
郑敏越　新民市高级中学教师
高建华　市培英中学教师

沈阳市十佳交通女使者

王金桂　沈阳地铁集团有限公司运营分公司质量工程师
包丽华　市交通局公路管理处养护科科长
叶　松　沈阳经纬客运有限公司乘务员
刘　萍　市道路运输管理处副处长
吕文芹　沈阳高等级公路建设总公司材料设备公司项目工程科科长
朱翠翠　沈阳客运集团公司黄河公共汽车分公司217路车驾驶员
张秀艳　沈阳安安运输有限公司总经理
李玉芳　沈阳地铁集团有限公司运营分公司客运中心调度部运输策划主任工程师
赵海巍　沈阳地铁集团有限公司运营分公司收益审核结算员
崔海英　沈阳自由出租汽车有限公司经营户

沈阳市十佳服务女明星

王　宁　法库县超市发生活购物广场总经理
王春梅　中兴——沈阳商业大厦(集团)股份有限公司儿童世界卖区欧琪达专柜店长
刘　毅　沈阳副食集团东副超市有限公司菜组班长
吕玉琴　沈阳水务集团有限公司大东营业分公司用户服务中心主任兼调度长
张迎春　市供销合作社联合社合作指导处处长
张桂杰　沈阳燃气铁西营业分公司地区经营管理员

李　莉　盛京银行沈阳市万泉支行营业室经理助理
郑丽华　沈阳丽华姐妹手工编织站站长
崔铁平　市服务业委员会生产资料流通处主任科员
黄　琳　中兴——沈阳商业大厦(集团)股份有限公司收银员

沈阳市十佳城市美容师

王　莹　沈阳环境科学研究院环评二室副主任
冯　岩　市市政公用工程监理有限公司副经理
冯　涛　于洪区绿化委员会城市办公室副主任
杨　桢　市环境监察支队副支队长
陈　岩　市园林科学研究院科研办主任
金丽文　市运河风景管理处新开河管理所维修班班长
钟立英　和平区城市管理局太原街城管环卫管理所清扫班班长
高秀华　市老虎冲垃圾处理有限责任公司填埋部地衡班操作员
曹　忠　市市政工程养护管理处桥梁修建一队党支部书记
鲁　瑶　市城市建设管理局市容景观管理处处长

沈阳市十佳女新闻工作者

付　饶　沈阳广播电视台新闻频道记者
叶　青　沈阳日报科教新闻部主任记者
刘玉蕾　沈阳广播电视台主持人
张红军　沈阳晚报体育部主任
李　丹　沈阳广播电视台广告部主任
李英莉　沈阳广播电视台制片人
杨　曼　沈阳广播电视台交通都市广播副总监
侯佳音　沈阳网新闻中心编辑
赵红霞　沈阳晚报编辑中心副主任
韩　冰　沈阳日报政治新闻部记者

沈阳市十佳女检察官

乔玉英　苏家屯区人民检察院公诉科科长
刘　洋　大东区人民检察院公诉科科长
佟　彤　市人民检察院民事行政检察处检察员
吴海伦　市人民检察院法律政策研究室检察员
宋　阳　市人民检察院控申处检察员
张　新　市人民检察院反渎职侵权局侦查处检察员
杨艳丽　市人民检察院反贪局副主任
林　巍　市人民检察院侦查监督处检察员
赵凤兰　市人民检察院公诉处主诉检察官
肇艳波　新民市人民检察院纪检监察室主任

沈阳市十佳女社区工作者

刁　璇　皇姑区黄河街道珠东社区党委副书记兼副主任
王　革　皇姑区华山街道鲲鹏社区党委书记兼主任
吕兆梅　和平区新华街道华光社区党委书记兼主任
闫　华　大东区洮昌街道北海社区党委书记兼主任
吴丽君　铁西区保工街道繁荣东社区党委书记兼主任
杨丽华　铁西区兴工街道九委社区党委书记兼主任
苏玲俐　沈河区山东庙街道三八南社区党委书记兼主任
郑　秀　沈河区风雨坛街道永环社区党委书记兼主任
胡静琴　和平区南湖街道文安路社区党委书记兼主任
穆桂荣　大东区津桥街道莱茵河畔社区党委书记兼主任

沈阳市“巾帼建功”标兵

王玉文　和平区公园管理处党支部书记
王杨丽　沈阳福迪丰实业公司总经理
刘红宇　沈阳二O四医院副院长
刘黎明　中共沈阳市委组织部组织一处处长
孙艳凤　市儿童福利院副院长
张　琰　苏家屯区中心医院工会干事
李佳旻　市公安局出入境管理处主任科员
陈立杰　沈阳农业大学植物保护学院教授、博士生导师
罗　丽　市教育局机关党委副书记
姚春艳　沈阳地铁集团有限公司总工办主任
秦　思　市人力资源和社会保障局妇委会主任
程立平　市人口计生委宣教处处长

沈阳市“双学双比”标兵

马秀华　新民市周坨子镇安坨子村妇代会主任
王焕玲　沈阳棋盘山国际风景旅游开发区满堂街道上木社区个体户
可敬华　沈北新区尹家乡尹家村村民
刘　敏　康平县北四家子乡三合堡村计生主任
刘晶晶　辽中县沈宏寒富苹果种植专业合作社董事长
冷　杰　法库县卧牛石乡孙家屯村洪元油坊经理
吴忠莲　东陵区(浑南新区)王滨街道尖山子村村民
张素兰　苏家屯区姚千街道刘千村村民
李桂杰　铁西区新民屯街道(镇)新东社区村民
杨　洋　市众磊科技示范基地总经理
康永梅　于洪区马三家街道皮台村书记
富晓梅　辽中县冷子堡镇社甲村村民

沈阳市“三八”红旗集体

和平区行政审批服务中心管理办公室
沈河区南塔街道办事处
市城市管理行政执法局沈河分局女子勤务区大队
铁西区行政事业单位财务核算中心
三一重型装备有限公司财务本部
皇姑区卫生局妇委会
皇姑区地方税务局
大东区财政局
大东区人民法院民事审判一庭
东陵区(浑南新区)工商局宣传教育科
于洪区实验幼儿园
沈北新区地方税务局办税服务厅
苏家屯区湖西街道葵花社区
沈阳棋盘山国际风景旅游开发区党工委管委会办公室
市国税局直属税务局收入核算科
沈阳化工股份有限公司聚氯乙烯分厂分析室
沈阳供电公司档案管理中心
沈阳航天新乐有限责任公司三十七厂
沈阳城市通有限公司黄河大街业务受理中心
沈阳恒信国有资产经营有限公司人力资源(党群工作)部
中国家具城股份有限公司财务核算中心
鲁迅美术学院染织服装艺术设计系
东北育才实验学校小学部
皇姑区怒江街小学
市第六人民医院九病房
市第七人民医院皮肤科
市城市建设档案馆项目科
沈阳12319建设事业热线服务中心
沈阳薇薇美容有限公司
市司法局基层指导处
市公安局苏家屯分局审批大厅
市中级人民法院督查室
市公安局交警支队女子特勤大队
辽宁地税12366沈阳市呼叫中心
沈阳日报政治新闻部
沈阳交通服务热线(96123-3)
沈阳儿童活动中心实验幼儿园

统　计　资　料

1—1 行　政　区　划
Administrative Divisions

单位:个 (unit)

地　区	Region	街道办事处 Subdisrtict Offices	社区管委会 Resident's Committees	乡人民政府 Township Government	镇人民政府 Town Government	村民委员会 Village Committees
全　市	**Total**	**141**	**856**	**18**	**55**	**1524**
市　区	**Districts under City Administration**	**131**	**782**			**575**
5个中心区	**Five Central Districts**	**74**	**552**			**91**
和平区	Heping	13	91			10
沈河区	Shenhe	15	108			
大东区	Dadong	14	103			14
皇姑区	Huanggu	12	122			3
铁西区	Tiexi	20	128			64
其它4个区	**Other Four Districts**	**57**	**230**			**484**
苏家屯区	Shujiatun	17	51			121
东陵区	Dongling	14	44			125
沈北新区	Shenbei New	14	46			154
于洪区	Yuhong	12	89			84
市辖县(市)	**Counties under City Administration**	**10**	**74**	**18**	**55**	**949**
辽中县	Liaozhong	2	21		18	218
康平县	Kangping	3	12	7	5	163
法库县	Faku		8	5	14	233
新民市	Xinmin	5	33	6	18	335

1—2 分地区土地面积、户数和人口数
Land Area, Households and Population By Region

地 区	Region	土地面积（平方公里）Land Area (sq. km)	户数（万户）House Hold (10000 units)	人口数（万人）Population (10000 persons)	人口密度（人/平方公里）Population Density (person/sq. km)
全 市	**Total**	**12860**	**257.6**	**724.8**	**564**
和平区	Heping	60	22.5	64.1	10754
沈河区	Shenhe	60	26.1	72	12096
大东区	Dadong	100	25.5	69.7	6952
皇姑区	Huanggu	66	28.5	81	12209
铁西区	Tiexi	286	32.5	88.7	3099
苏家屯区	Shujiatun	782	15.9	43	550
东陵区	Dongling	742	10.9	30.6	412
沈北新区	Shenbei New	878	11.2	32	364
于洪区	Yuhong	499	14.9	41.2	826
辽中县	Liaozhong	1648	19.2	53.6	325
康平县	Kangping	2161	11.9	35.1	162
法库县	Faku	2285	13.8	44.6	195
新民市	Xinmin	3294	24.7	69.4	211

1—3 人民物质文化生活
People's Material and Cultural Life

指 标	Item	2000	2005	2010	2012
城镇非私营单位职工平均工资(元)	Average Wage of Employeers in Non - private Sector in Cities and Towns(yuan)	6995	16393	38553	48719
城市居民人均可支配收入(元)	Per Capita Annual Disposable Income of Residents (yuan)	5850	10098	20541	26431
农村居民人均纯收入(元)	Per Capita Annual Net Income of Rural Residents (yuan)	3135	5050	10022	13045
人均社会消费品零售总额(元)	Per Capita Retail Sales of Consumer Goods(yuan)	8310	13144	25675	34157
人均储蓄额(元)	Per Capita Balance of Saving Deposit(yuan)	14152	25028	46390	59607
城市人均住宅建筑面积(平方米)	Per Capita Living Floor Space of Building Construction in Urban Areas(sq. m)	17.4	23.4	32.84	26.26
农民人均住房面积(平方米)	Per Capita Housing Floor Space of Rural(sq. m)	21.8	25.1	26.51	27.73
燃气普及率(%)	Percentage of Households With Access to Tap Gas %	97.3	92.5	100	100
人均日生活用水(升)	Per Capita Water Consumption For Living (litre)	192.2	143.4	152.46	150.5
人均日生活用电(千瓦/小时)	Per Capita Electricity Consumption for Living(kwh)	0.9	1.2	1.7	1.8
每百户城市居民家庭拥有	Number of Sets Per 100 Households in City				
家用汽车(辆)	Home Cars (set)	1.0	2.4	14.8	23.2
家用电脑(台)	Home Computer(set)	9.6	45.8	88.2	83.5
移动电话(部)	Mobile Telephone(set)	18.8	104.0	206	202
每千人口拥有医院床位(张)	Number of Beds in Hospital Per 1000 Persons (unit)	5.3	4.9	6	7.03
建成区绿化覆盖率(%)	Green Land Coverage Rate in Eslablished Zone(rate)	23.9	40.7	42.01	42.22
城区人均公园绿地面积(平方米)*	Per Capita Park Green Land Area in Urban Areas(sq. m)	4.3	12.0	12.72	12.5

注:2005 年及以前为建成区人均公共绿地面积。

Note: It was per capita public green land area in established zone before 2005.

1—4 平均每天主要社会经济活动
Average Daily Main Social and Economic Indicators

指　　标	Item	2000	2005	2010	2012
每天创造的财富	**Daily Production**				
地区生产总值(万元)	Gross Domestic Product(10000 yuan)	29233	57100	137467	180399
农林牧渔业总产值(万元)	Cross Output Value of Agriculture, Forestry, Animal Husbandry and Fishery(10000 yuan)	3659	6522	12189	16529
公共财政预算收入(万元)	Budget Incom of Public Finance(10000 yuan)	1624	3785	12749	19590
每天服务量	**Daily Service Supply**				
用电量(万千瓦/时)	Output of Electricity(10000 kwh)	3107	4226	6523	7397
供水量(万吨)	Output of Water(10000 tons)	162.4	153.4	143.7	155.2
货运量(万吨)	Freight Traffic(10000 tons)	41.7	42.7	47.5	59.5
铁路、公路、民航客运量(万人)	Passenger Traffic of Railways, Highways and CivilAviation (10000 persons)	18.1	23.6	84	90.1
市内公交客运量(万人次)	Passenger Traffic of Buses in City(10000 persons)	221.1	229.5	328.8	315.1
邮电业务量(万元)	Telecommunication Services(10000 yuan)	1261.4	3152.1	7671.6	3337.3
每天人口变动	**Population**				
出生人口(人)	Birth(person)	156	135	149	171
死亡人口(人)	Death(person)	126	118	161	173
迁入人口(人)	Move In(person)	196	246	191	155
迁出人口(人)	Move Out(person)	121	134	100	96

1—5 国民经济和社会发展结构
Structure on National Economic and Social Development

指　　标	Item	2000	2005	2010	2012
人口结构	Struture of Population				
#男　性	#Male	50.6	50.2	49.8	49.7
女　性	Female	49.4	49.8	50.2	50.3
地区生产总值结构	Structure of Gross Domestic Product by Region				
第一产业	Primary Industry	7	6.1	4.6	4.8
第二产业	Secondary Industry	39	43.5	50.4	51.2
#工业	#Industrial	34.5	37.7	45.5	46.1
第三产业	Tertiary Industry	54	50.4	44.9	44.0
全社会固定资产投资结构	Structure of Tolal Investment in Fixed				
#房地产开发	#Real Estate Development Assets	24.4	30.3	35	34.5
第一产业	Primary Industry	2.9	1.8	2	1.7
第二产业	Secondary Industry	28.9	38.2	35.7	34.1
第三产业	Tertiary Industry	68.2	60	62.3	64.3
规模以上工业总产值结构	Structure of Gross Industrial Output Value above Designated Size				
轻工业	Light Industry	23.8	26.2	26.1	26.3
重工业	Heavy Industry	76.2	73.8	73.9	73.7
农林牧渔业总产值结构	Structure of Gross Output Value of Farming, Foresty, Animal Husbandry and Fishery				
农　业	Farming	54.5	38.4	39.2	40.2
林　业	Forestry	1	2.2	1.7	1.7
牧　业	Husbandry	37.5	48.7	50.6	50.5
渔　业	Fishery	7	6.7	4.5	4.1
农林牧渔服务业	Farming, Forestry, Animal Husbandry, Fishery and Service		4	4	3.5

注:从2000年起调整为新行业分类口径。

Note: It was adjusted to a new principle of industrial classification from 2000.

1—6 国民经济主要指标
Main Indicators of National Economy

指标	Item	2000	2005	2010	2012
年末总人口(户籍人口)(万人)	Year—end Total Population(10000 persons)	685.1	698.6	719.6	724.8
#市区人口	Urban	485	495.9	515.4	522.1
城镇非私营单位从业人员数(万人)	Employees in Non-private Sector in Cities and Towns(10000 persons)	127.8	100.2	110.4	121.9
地区生产总值(亿元)	Gross Domestic Product(100 million yuan)	1067	2084.1	5017.5	6602.6
第一产业	Primary Industry	74.3	126.3	232.7	315.2
第二产业	Secondary Industry	416.4	906.3	2529.9	3383.2
#工业	#Industry	367.7	786.3	2283.5	3046.9
第三产业	Tertiary Industry	576.4	1051.5	2254.9	2904.2
人均地区生产总值(元)	Per Capita Gross Domestic Product(yuan)	14911	28089	62357	80480
规模以上工业总产值(亿元)	Gross Industrial Output Value(100 million yuan)	714.3	2195.2	9612.5	12702.3
规模以上工业高新技术产品产值(亿元)	High-new Technology Industrial Output Value above Designated Size(100 million yuan)		977.8	3890	5026.6
规模以上工业增加值(亿元)	Value-added of Industry above Designated Size Industrial Enterprises(100 million yuan)	190	652.1	2361.4	3304.7
规模以上工业主营业务收入(亿元)	Revenue from Principal Business above Designate Size Industrial Enterprises(100 million yuan)	705.3	2045.5	9399.6	12609
规模以上工业固定资产净值(亿元)	Net Value of Fixed Assets above Designated Size Industrial Enterprises(100 million yuan)	621.1	876.2	2236.8	2651.6
规模以上工业实现利润(亿元)	Profit on Industry above Designated Size Industrial Enterprises(100 million yuan)	29.1	46.2	673.3	730.5
规模以上工业实现利税(亿元)	Pre—tax Profit on Industry above Designated Size Industrial Enterprises(100 million yuan)	64.2	118.5	996.8	1144.4
规模以上工业能源最终消耗总量(万吨标煤)	Total Energy Consumption above Designate Size Industrial Enterprises(10000 tons of SCE)		805.5	1334.1	1400.6
#工业生产用(万吨标煤)	#Industry(10000 tons of SCE)		782.2	1244.5	1379.3
农林牧渔业总产值(亿元)	Total Output Value of Farming, Forestry, Animal Husbandry and Fishery(100 million yuan)	133.5	238	444.9	603.3
固定资产投资(亿元)	Total Investment in Fixed Assets(100 million yuan)	262.2	1363.2	4139.1	5625.4
#国有经济	#State-owned Investment in Fixed Assets	116.2	336.3	669	1035.1
集体经济	Investment of Collective Units in Fixed Assets	14.2	51.9	116	80.4
个体经济	Investment of Individuals on Buildings	9.5	26.3	37.2	40.5
社会消费品零售总额(亿元)	Total Retail Sales Value of Consumer Goods(100 million yuan)	566	915.1	2105.6	2802.2
进出口总额(亿美元)	Total Exports and Imports (USD 100 million)	26.8	45.9	78.6	127.5
出口总额(亿美元)	Total Exports(USD 100 million)	13	23.7	40.8	59.7
进口总额(亿美元)	Total Imports(USD 100 million)	13.9	22.2	37.8	67.8
实际利用外商直接投资(亿美元)	Total Foreign Capital Actually Used(USD100 million)	7.1	21.2	50.5	58
全社会用电量(亿千瓦时)	Total Electricity Consumption(100 million kwh)	110.4	154.3	238.1	270
货运总量(万吨)	Total Freight Traffic(10000 tons)	15221.2	15571	17348	21720
客运总量(万人)	Total Passenger traffic(10000 persons)	6620	8629	30658	32869
公共财政预算收入(亿元)	Budgetary Revenue of Public Finance(100 million yuan)	59.3	138.1	465.3	715
公共财政预算支出(亿元)	Budgetary Expenditure of Public Finance(100 million yuan)	89.4	217	516.6	766.1
金融机构本外币存款余额(亿元)	Deposits of Banking System including Ren Ming Bi and Foreign Currency(100 million yuan)		3696.6	8254.2	10441.6
金融机构本外币贷款余额(亿元)	Loans of Banking System including Ren Ming Bi and Foreign Currency(100 million yuan)		2355.7	6068.4	8070.7
城乡居民储蓄本外币年末余额(亿元)	Year—end Deposit of Residents including Ren Ming Bi and Foreign Currency(100 million yuan)		1847.1	3394.9	4370.8
在校学生总数(万人)	Total Students Enrollment(10000 persons)	189.3	125.5	119.4	119.8
#高等教育院校在校学生数	#Institutions of Higher Education	20.6	35.3	42.8	45.9
中等专业学校在校学生数	Secondary Schools	3.7	5.8	7.5	6.7
普通中学在校学生数	Regular Secondary Schools	36.5	37.2	30.2	28.2
小学在校学生数	Primary Schools	52.5	39.7	33.8	34.4
各种卫生机构床位数(万张)	Number of Beds in Health Institutions(10000 units)	36116	34033	42822	50933
医生数(万人)	Number of Doctors(10000 persons)	20656	19255	20859	22699
居民消费价格指数(%)	General Consumer Price Indices(%)	100.1	100.7	102.9	103
商品零售价格总指数(%)	General Retail Price Indices of Commodities(%)	98	99.3	102.6	102.4
城市居民人均可支配收入(元)	Per Capita Annual Disposable Income of UrbanResidents(yuan)	5850	10098	20541	26431
农村居民人均纯收入(元)	Per capita Annual Net Income of Rural Residents(yuan)	3135	5050	10022	13045
城镇非私营单位从业人员工资总额(亿元)	Total Salary of Staff in Non-private Sector in Cities and Towns(100 million yuan)	121.7	196.7	446.2	602.8
城镇非私营单位从业人员年平均工资(元)	Per Capita Salary of Staff in Non-private Sector in Cities and Towns(yuan)	9394	19580	40565	48719

注:①在校学生总数包括普通教育和成人教育;②2011 年开始,固定资产投资指标口径调整,2010 年以前为全社会口径。

Note: ①The total number of students at school includes general education and adult education.

② The caliber of total investment in fixed assets has been adjusted since 2011. Before 2010, it was the range of total society.

1—7 国民经济主要指标发展速度
Major Indicators of Development Speed of National Economy

上年为 100%（Preceding Year = 100）

指　　标	Item	2000	2005	2010	2012
年末总人口(户籍人口)	Year—end Total Population	101.2	100.7	100.4	100.3
#市区人口	Urban	100.7	100.7	100.6	100.6
城镇非私营单位从业人员数	Year - end staff in Non - private Sector in Cities and Towns	94.0	100.4	104.9	101
地区生产总值	Gross Domestic Product	110.3	116	114.1	110
第一产业	Primary Industry	101.9	109.4	106	105.1
第二产业	Secondary Industry	109.8	122.3	115.2	111.3
#工业	#Industry	109.9	122.2	115.1	111.5
第三产业	Tertiary Industry	112.4	111.7	113.7	108.9
人均地区生产总值	Per Capita Gross Domestic Product	108.8	115.4	112.5	109.1
规模以上工业总产值	Gross Industrial Output Value	122.6	139.6	125.9	116.7
规模以上工业高新技术产品产值	High - new Technology Industrial Output Value above Designated Size		129.5	121	108.9
规模以上工业增加值	Value - added of Industry above Designated Size Industrial Enterprises(100 million yuan)	114	140.5	119.1	111
规模以上工业主营业务收入	Revenue from Principal Business above Designated Size Industrial Enterprises	128.2	139	126.3	116.3
规模以上工业固定资产净值	Net Value of Fixed Assets above Designated Size Industrial Enterprises	122.3	107.2	112.9	116
规模以上工业实现利润	Profit on Industrial above Designated Size Industrial Enterprises	177.4	83.8	175.8	102.5
规模以上工业实现利税	Pre—tax Profit on Industry above Designated Size Industrial Enterprises	141.4	105.7	143.7	108.1
农林牧渔业总产值	Total Output Value of Farming, Forestry, Animal Husbandry and Fishery	103.2	110.4	106.5	105.4
固定资产投资	Total Investment in Fixed Assets	109.2	140.3	122.5	123.3
#国有经济	#State - owned Economy	100.3	151	109.1	123.7
集体经济	Collective Economy	132	117.2	105.7	101.3
个体经济	Individual Economy	49.5	166.5	51.2	203.5
社会消费品零售总额	Total Retail Sales Value of Consumer Goods	109.7	113.1	118.4	115.5
进出口总额	Total Value of Imports and Exports	147.7	87.4	119.5	120.1
出口总额	Total Exports	162.5	98.8	115.7	123.6
进口总额	Total Imports	136.3	77.8	124	117.2
实际利用外商直接投资	Total Foreign Capigal Actually Used	142.9	87.6	93.4	105.5
全社会用电量	Total Electricity Consumption	109.7	108.5	114.6	104.8
货运总量	Total Freight Traffic	98.9	105.5	114.4	111.9
客运量	Total Passenger traffic	86.4	108.4	110.8	103.9
公共财政预算收入	Budgetary Revenue of Public Finance	110	126.1	117.6	115.3
公共财政预算支出	Budgetary Expenditure of Public Finance	117.3	126.4	108.6	119.8
金融机构本外币存款余额	Deposits of Banking System including Ren Ming Bi and Foreign Currency		115.3	121.2	115.5
金融机构本外币贷款余额	Loans of Banking System including Ren Ming Bi and Foreign Currency		99.3	117.4	114.6
城乡居民本外币储蓄年末余额	Year—end Deposit of Residents including Ren Ming Bi and Foreign Currency		110.5	112.7	115.7
在校学生总数	Total Students Enrollment	100.3	98.7	97.6	98.9
#高等教育院校在校学生数	#Institutions of Higher Education	120.2	109.8	98.4	100.4
中等专业学校在校学生数	Secondary Schools	92.5	90.8	105.6	94.4
普通中学在校学生数	Regular Secondary Schools	109.3	97.7	95.6	97.2
小学在校学生数	Primary Schools	93.9	95.2	98.5	100.3
各种卫生机构床位数	Number of Beds in Health Institutions	96.6	101.3	113.2	114.1
医生数	Number of Doctors	100.8	106.3	105	103.2
城市居民人均可支配收入	Per Capita Annual Disposable Income of Urban Residents	109.1	113.2	111.2	113.3
农村居民人均纯收入	Per capita Annual Net Income of Rural Residents	101.1	116.2	114.5	112.7
城镇非私营单位从业人员工资总额	Total Salary of Staff in Non - private Sector in Cities and Towns	102.5	114.6	114.2	113.7
城镇非私营单位从业人员年平均工资	Per Capita Salary of Staff in Non - private Sector in Cities and Towns	111.1	115.7	108.6	109.3

注:2005 年起,规模以上工业增加值发展速度为可比价之比。

Note: From 2005, the development speed of above - scale industrial added value has been the ratio of comparable price.

1—8 地区生产总值及指数
Cross Domestic Product and Indices

年 份 year	地区生产总值（万元）	GDP(10000 yuan) 第一产业 Primary Industry	第二产业 Secondary Industry	第三产业 Tertiary Industry	地区生产总值指数(%)	(以上年为100) Indices(Indices Preceding Year = 100) 第一产业 Primary Industry	第二产业 Secondary Industry	第三产业 Tertiary Industry
1986	1255307	115992	720955	418360	110.0	97.0	111.7	110.0
1987	1541602	145997	852985	542620	114.2	112.7	111.4	119.8
1988	1937656	201048	993239	743369	110.6	117.9	105.9	117.3
1989	2175936	164028	1104194	907714	101.2	73.9	100.1	108.3
1990	2348819	238243	1071207	1039369	105.5	144.2	97.4	112.1
1991	2547241	254456	1133609	1159176	104.4	106.4	103.8	104.5
1992	3266072	292526	1506390	1467156	117.8	113.2	123.1	113.3
1993	4245977	349600	1955557	1940820	114.1	109.1	118.7	110.0
1994	5520457	447409	2464203	2608845	112.5	90.4	117.4	111.6
1995	6728642	513541	2848009	3367091	109.9	103.0	109.5	111.7
1996	7476656	549340	3021457	3905859	110.0	105.8	111.4	108.9
1997	8258248	590113	3364808	4303326	110.0	101.8	112.8	107.5
1998	9070368	653720	3620331	4796317	110.9	114.8	111.2	109.8
1999	9716730	703659	3815358	5197713	110.0	107.7	111.1	108.7
2000	10669908	742519	4163501	5763887	110.3	101.9	109.8	112.4
2001	11740239	801228	4463658	6475353	110.1	106.4	110.2	110.5
2002	13260183	874178	4956707	7429298	113.1	108.0	114.6	112.5
2003	15018961	893233	5974341	8151387	114.2	106.8	121.6	108.1
2004	17729334	1140852	7262813	9325668	115.5	114.2	119.8	111.1
2005	20841339	1263299	9062862	10515178	116.0	109.4	122.3	111.7
2006	25196339	1351958	11391228	12453153	116.7	104.1	122.2	113.6
2007	31596939	1661506	15004185	14931247	120.5	106.1	127	116.1
2008	37808727	1836782	18648432	17323513	116.3	108	118.3	115.0
2009	42685137	2070681	21274319	19340137	114.1	107.3	116.4	112.3
2010	50175427	2327484	25299343	22548600	114.1	106	115.2	113.7
2011	59157142	2790615	30268802	26097725	112.3	106.5	114	111
2012	66025865	3152016	33831544	29042305	110	105.1	111.3	108.9

2—1 人口及构成
Population and It's Composition

单位:人 (年底数)(year—end) (person)

年 份 Year	总人口 Total Population	按性别分 By Sex		按农业非农业分 By Agriculture	
		男 Male	女 Female	农业人口 Agriculture Population	非农业人口 Non—agriculture Population
1949	2942443	1548628	1393815	1796406	1146037
1952	3295179	1753754	1541425	1763036	1532143
1957	4251709	2221391	2030318	1755161	2496548
1962	4376555	2251101	2125454	1818709	2557846
1965	4845081	2492378	2352703	2042320	2802761
1970	4897417	2504140	2393277	2543171	2354246
1975	5187372	2640878	2546494	2700459	2486913
1978	5404700	2751185	2653515	2756720	2647980
1980	5667669	2881247	2786422	2631852	3035817
1985	6063377	3084886	2978491	2549105	3514272
1990	6460649	3282141	3178508	2572537	3888112
1995	6667917	3384270	3283647	2517142	4150775
1996	6710376	3401134	3309242	2512109	4198267
1997	6737910	3412197	3325713	2511640	4226270
1998	6748628	3416423	3332205	2506427	4242201
1999	6770792	3423899	3346893	2505546	4265246
2000	6850969	3464878	3386091	2517760	4333209
2001	6893397	3480301	3413096	2536439	4356958
2002	6889182	3473915	3415267	2506510	4382672
2003	6890947	3468893	3422054	2485201	4405746
2004	6938708	3484920	3453788	2475337	4463371
2005	6985663	3503856	3481807	2477089	4503735
2006	7035617	3524664	3510953	2486188	4546156
2007	7097715	3551216	3546499	2537032	4557554
2008	7135053	3563878	3571175	2524076	4604896
2009	7165490	3573438	3592052	2521086	4640956
2010	7196048	3584164	3611884	2498483	4692388
2011	7226910	3595345	3631565	–	–
2012	7247929	3602013	3645916	–	–

注:从2005年起,因有“未落常住户口人员”,故“农业人口”+“非农业人口”小于合计。

Note: Because having not signed number of households, total population from 2005 was less than Agriculture population added non – agriculture population.

2—2 人口自然变动情况
Natural Change of Population

年　份 Year	出生人口(人) Birth (person)	出生率(‰) Birth Rate (‰)	死亡人口(人) Death (person)	死亡率(‰) Death Rate (‰)	自然增长率(‰) Natural Growth Rate(‰)
全市数 Total					
1980	86089	15.4	30846	5.5	9.9
1985	81526	13.5	34028	5.6	7.9
1990	79799	12.4	37894	5.9	6.5
1995	53100	8	40957	6.2	1.8
1996	52466	7.8	43268	6.5	1.4
1997	49443	7.4	43118	6.4	0.9
1998	43627	6.5	42760	6.3	0.1
1999	44189	6.5	44829	6.6	-0.1
2000	57008	8.4	46094	6.8	1.6
2001	43950	6.4	38166	5.6	0.9
2002	45609	6.6	39785	5.8	0.9
2003	36731	5.3	42323	6.1	-0.8
2004	47795	6.9	47605	6.9	0.03
2005	49381	7.1	43150	6.2	0.89
2006	48554	6.93	40725	5.81	1.12
2007	58089	8.22	41442	5.86	2.36
2008	54821	7.7	60720	8.53	-0.83
2009	52206	7.3	51014	7.13	0.17
2010	54378	7.57	58637	8.17	-0.59
2011	55736	7.73	56625	7.85	-0.12
2012	62597	8.65	63231	8.74	-0.09
市区数 Districts under					
1980	52863	14	20057	5.3	8.7
1985	55851	13.4	22461	5.4	8
1990	49412	10.9	26600	5.9	5
1995	32324	6.9	29318	6.2	0.6
1996	31615	6.7	31120	6.6	0.1
1997	29980	6.3	30999	6.5	-0.2
1998	25690	5.4	31079	6.5	-1.1
1999	26756	5.6	31770	6.6	-1
2000	32874	6.8	34330	7.1	-0.3
2001	26194	5.4	30438	6.3	-0.9
2002	28888	5.9	32518	6.7	-0.7
2003	21105	4.3	33825	6.9	-2.6
2004	27359	5.6	35253	7.2	-1.6
2005	29425	6	36624	7.4	-1.46
2006	29849	6	34979	7.03	-1.03
2007	38397	7.64	35345	7.04	0.61
2008	35833	7.07	36824	7.26	-0.19
2009	35928	7.04	37078	7.26	-0.23
2010	36908	7.18	39728	7.73	-0.55
2011	39823	7.7	39082	7.56	0.14
2012	47284	9.08	41837	8.04	1.05

2—3 总户数及总人口
Total Households and Population

单位:户、人 (household, person)

指标	Item	2000	2005	2010	2012
总户数	**Total Households**	**2181144**	**2319795**	**2512831**	**2575661**
市　区	**District under**	**1554476**	**1675849**	**1823458**	**1880018**
和平区	Heping	203271	213799	226335	225326
沈河区	Shenhe	196165	207049	262859	260779
大东区	Dadong	211195	231315	252474	254566
皇姑区	Huanggu	224230	247580	279700	284974
铁西区	Tiexi	245918	276746	310208	325297
苏家屯区	Sujiatun	135484	145668	156293	159047
东陵区	Dongling	129544	138179	91896	109336
沈北新区	Shenbei New	90606	93282	109811	111727
于洪区	Yuhong	118063	122231	133882	148966
市辖县(市)	**Counties under**	**410653**	**425971**	**689373**	**695643**
辽中县	Liaozhong	176763	182591	191494	192061
康平县	Kangping	102403	108083	118007	118579
法库县	Faku	131487	135297	138195	138103
新民市	Xinmin City	216015	217975	241677	246900
总人口数	**Total Households**	**6850969**	**6985663**	**7196048**	**7247929**
市　区	**District under**	**4850371**	**4958861**	**5154241**	**5221186**
和平区	Heping	633932	640541	656271	640629
沈河区	Shenhe	599707	613365	735333	720077
大东区	Dadong	641664	645848	702987	696564
皇姑区	Huanggu	714447	752289	808460	809811
铁西区	Tiexi	760325	803188	857827	887295
苏家屯区	Sujiatun	413498	422014	428730	429651
东陵区	Dongling	413690	421854	257855	305597
沈北新区	Shenbei New	296069	291707	318809	319751
于洪区	Yuhong	377039	368055	387969	411811
市辖县(市)	**Counties under**	**1312365**	**1330893**	**2041807**	**2026743**
辽中县	Liaozhong	522248	534156	541714	536235
康平县	Kangping	344456	349559	353605	350848
法库县	Faku	445661	447178	448107	445880
新民市	Xinmin City	688233	695909	698381	693780

2—4 从业人员
Number of Employees in Non - private Sector in Cities and Towns

单位:万人　　(年末数)(year - end)　　(10000 persons)

年份 Year	从业人员年末人数 Staff	国有单位 State - owned Units	集体单位 Collective owned Units
1980	186.4	121.2	65.2
1985	218.7	133.7	79
1990	230.5	146.9	75.3
1995	225.5	139.6	66.8
1996	218.7	137	61.7
1997	210.2	133.9	55.5
1998	193.5	123	44.1
1999	181.2	115.8	39
2000	175.8	110.8	36.1
2001	162.5	96.5	34.2
2002	142.2	82.6	25.6
2003	126	71.4	20.5
2004	119.3	65.6	18.4
2005	100.17	57.95	7.81
2006	100.19	59.34	6.99
2007	100.26	59.41	6.74
2008	104.42	60.75	6.67
2009	105.22	60.75	6.12
2010	110.42	62.21	5.73
2011	120.80	66.39	5.74
2012	121.95	66.75	5.53

注:统计口径为城镇非私营单位。2004 年及以前为职工人数。
Note:The statistical standards has been urban non - private unit. Before 2004 it was the number of employees.

2—5 从业人员工资总额和平均工资
Total and Average Wages of Employees in Non – private Sector in Cities and Towns

年 份 Year	工资总额（亿元） Total Wages（100 million yuan）	国 有 State – owned Units	集 体 Collective – owned Units	为上年（%） Compare With last year	平均工资（元） Average Wages（yuan）	国 有 State – owned Units	集 体 Collective – owned Units	为上年（%） Compare With last year
1980	14.07	10.19	3.88		755	841	595	
1985	25.29	16.24	8.29	125.3	1156	1215	1049	123
1990	52.56	37.12	13.6	110.2	2309	2527	1806	109.2
1995	110.45	77.81	21.22	109.4	4900	5593	3164	111.3
1996	113.79	81.51	20.31	103	5198	5939	3283	106.1
1997	122.86	88.36	20.02	108	5801	6547	3564	111.6
1998	119.59	86.33	15.42	97.3	6090	6910	3491	105
1999	120.36	87.36	13.72	100.6	6517	7371	3472	107
2000	123.46	89.57	12.12	102.6	6995	8052	3296	107.3
2001	139.2	96.98	11.36	112.7	8249	9608	3264	117.9
2002	149.87	100.3	9.91	107.7	9811	11174	3662	118.9
2003	157.98	102.93	8.87	105.4	11630	13256	4001	118.5
2004	170.1	109.04	8.23	107.7	13815	15781	4341	118.8
2005	196.73	125.03	8.14	114.6	19580	21173	10053	115.7
2006	228.78	152.05	8.49	116.3	22832	25651	11627	116.6
2007	271.97	185.36	9.46	118.9	26696	30740	13319	116.9
2008	340.32	229	10.85	125.1	32469	37534	15927	121.6
2009	390.73	261.05	12.57	114.8	37361	43625	19781	115.1
2010	446.16	287.95	14.12	114.2	40565	46895	24434	108.6
2011	530.13	325.20	14.95	118.8	44585	49999	26545	109.9
2012	602.79	365.06	19.08	113.7	48719	53823	34700	109.3

注：统计口径为城镇非私营单位。2004 年及以前为职工工资。

Note：Statistical standards has been urban non – ptivate unit. Before 2004 they were wages of workers.

3—1 规模以上各行业工业总产值
Gross Output Value above Designated Size

单位:万元 (10000 yuan)

		2012
总　　计	**Total**	**127023272**
采矿业	**Mining and Quarrying**	**1863744**
煤炭开采和洗选	Coal Mining and Processing	931008
黑色金属矿采选		11262
有色金属矿采选		19095
非金属矿采选	Nonmetals Mining and Dressing	864123
开采辅助活动		38257
制造业	**Manufacturing**	**121715647**
农副食品加工	Agricutalural Food Processing	13300845
食品制造	Food Production	3101622
酒、饮料和精制茶制造		2255577
烟草制品	Tobacco Products	274857
纺　织	Textile Industry	511009
纺织服装、服饰	Products of Textile Garments、Shoes and Caps	1425724
皮革、毛皮、羽毛及其制品和制鞋	Leather,Furs,Down and Related Products	433674
木材加工及木、竹、藤、棕、草制品	Timber Processing,Bamboo,Cane and Straw Products	2847726
家具制造	Furniture	1642736
造纸和纸制品	Papet Making and Paper Products	1543529
印刷业和记录媒介的复制	Printing and Record Medium Reporduction	684980
文教、工美、体育和娱乐用品制造	Cultural,Education and Sports Goods	697182
石油加工、炼焦及核燃料加工	Petroleum Refining,Coking and Nuclear Fuel Processing	2063241
化学原料和化学制品制造	Raw Chemical Materials and Chemical Products	3938453
医药制造	Medical and Pharmaceutical Products	2531779
橡胶和塑料制品	Rubber Products and Plastic Products	6010943
非金属矿物制品	Nonmetsl Mineral Products	8901034
黑色金属冶炼与压延加工	Smelting and Pressing of Ferrous Metals	4292791
有色金属冶炼与压延加工	Smelting and Pressing of Nonferrous Metals	2572492
金属制品	Metal Products	7250153
通用设备制造	Universal Machinery	13550961
专用设备制造	Special Purposes Equipment	6871401
汽车制造		15274427
铁路、船舶、航空航天和其他运输设备制造		3046467
电气机械及器材制造	Electric Equipment and Machinery	10828425
计算机、通信和其他电子设备制造	Telecommunications Equipment、Computer and other Electric	4495367
仪器仪表制造	Instruments,Meters,Cultural and Office Machinery	705761
其他制造	Handicraft Article and Other Manufacturing	202352
废弃资源综合利用	Recycling and Disposal of Waste	134067
金属制品、机械和设备修理业		326071
电力、热力、燃气及水生产和供应	**Production and Supply of power,Gas and Water**	**3443881**
电力、热力生产和供应	Production and Supply of Power,Steam and Hot Water	2968117
燃气生产和供应	Production and Supply of Gas	214779
水的生产和供应	Production and Supply of Water	260985

3—2 主要工业产品产量
Main Industrial Products

年份 Year	彩色电视机（万台）Color TV Sets（10000 units）	灯泡（万只）Lamps（10000 units）	机制纸及纸板（吨）Machine - made Paper and Paperboards（ton）	卷烟（万箱）Cigarettes（10000 cases）	白酒（千升）Liquor（kiloliter）
1980		3299	98210	25.5	17351
1985	3.97	4975	135064	21.98	28643
1990	10.77	6819	124469	24.2	64242
1995	1.3	30700	122916	20.1	69566
1996	12.38	37423	134108	18.5	92544
1997	26.15	8922	102612	18.71	124741
1998	56.1	7918	84000	20	120400
1999	59.76	7389	59922	11	108111
2000	175	4583	55245	8	162533
2001	139.62	11885	37053	15	13333
2002	179.35	4248	45453	16	4173
2003	241.55	13101	46857	17.8	2032
2004	248.42	10079	47355	20.4	50577
2005	472.04	12813	44573	20	74784
2006	271.8	51066	33775	21	100716
2007	344.09	90343	160909	22.57	207136
2008	398.47	80890	4546	23	284921
2009	340.38	33636	36382	23	271949
2010	329.87	36874	17314	24	352588
2011	362.31	40038	44982	22.83	381700
2012	426.43	47430	12085	23	505044

3—2 续表 1 Continued

年份 Year	啤酒（千升）Beer（kiloliter）	味精（吨）Gourmet Powder（ton）	瓷砖（万平方米）Ceramid Tile（10000 sq. m）	合成洗衣粉（吨）Synthetic Detergents（ton）	皮鞋（万双）Leather Shoes（10000 pairs）
1980	60259	3460		9352	408.38
1985	111834	5326		22870	569.49
1990	185726	9508		28766	418.8
1995	345145	16991		26130	1155.92
1996	331934	19309		19106	2067.48
1997	343490	21100		12378	1891.56
1998	345600	25237		6681	1124.4
1999	419617	28347		3578	1959.59
2000	429682	34142		4253	1367.24
2001	420156	33001		28532	160.36
2002	411680	37026		31440	134.86
2003	437475	43318		22180	172.04
2004	484340	42513		12825	2003.47
2005	540721	46016	6770	17100	2126.42
2006	613793	51560	8493	17411	3190.9
2007	801908	45990	13078	14541	4486.4
2008	801450	37947	21538	28185	3881.59
2009	869598	40318	29776	24246	988.40
2010	897814	35250	41413	42600	97
2011	1046896	–	56758.7	57577	83
2012	1106614	–	73464.4	59980	88

3—2 续表2 Continued

年份 Year	发动机（万千瓦）Motor Engine (10000 kw)	气体压缩机（台）Gas Compressed Motor (unit)	风 机（台）Pneumatic Machine (unit)	金属切削机床（台）Metal - cutting Machines (unit)	房间空气调节器（台）Air Conditioner (unit)	交流电动机（万千瓦）AC Motors (10000 kw)
1980		2245	14510	9817		129.4
1985		5782	19549	11356		148
1990		2731	23600	10013		170
1995		15730	15456	9294	72512	206.74
1996		7029	8262	6986	79651	542.41
1997		5414	14081	6658	72685	312.04
1998		3719	8123	6174	38733	124
1999		1656	4747	5661	95150	160.08
2000		2444	6346	8426	230692	133.97
2001	361	1003	4900	10513	362297	129.4
2002	850	771	3559	16586	300172	156.85
2003	1615	1077	5841	32241	271345	205.48
2004	1410	1431	4737	53261	344462	314.69
2005	1476	1525	5559	68209	609916	404.39
2006	2870	20372	4061	80681	498287	302.5
2007	3674	4332	14101	90224	480158	294.66
2008	2491	4756	4262	93121	555223	210.07
2009	3011	14718	4613	73355	434312	124.93
2010	4382	13080	5944	95244	338397	106.2
2011	4727	11816	5167	76471	244679	143.91
2012	5574	12591	4954	67327	62929	120.82

3—2 续表3 Continued

年份 Year	变压器（万千伏安）Transformer (10000 kVA)	电力电缆（公里）Electric Cables (km)	汽 车（辆）Motor Vehicls (unit)	原 煤（万吨）Coal (10000 tons)	发电量（万千瓦时）Electricity (10000 kwh)
1980	1140	15191	4032	586	29489
1985	1330	15534	25306	564.1	51587
1990	1336	18752	22572	608.8	96561
1995	2265	54156	21541	383.2	475859
1996	2121	20453	25430	360.9	355811
1997	2321	59420	37155	404.2	351646
1998	2119	8572	41321	477.8	336316
1999	1938	1263	54214	489.6	320007
2000	2283	33012	79211	477.4	351420
2001	1844	24005	75461	486.2	344856
2002	1645	37226	86809	760.9	365347
2003	1264	114816	125598	689.4	597813
2004	3457	122879	124394	1006.4	491293
2005	3586	108916	138496	992.2	443340
2006	4613	98730	267710	1453.3	453090
2007	5518	183289	352439	960.8	554708
2008	8157	179110	299061	898.9	613092
2009	9488	234305	482001	822.1	806217
2010	9728	279638	665791	881	1114482
2011	9919	333088	715121	939	1691038
2012	9841	349382	832591	916	1660180

3—2 续表 4 Continued

年份 Year	煤气生产量（万立方米）Coal Gas（10000 cu. m）	钢（万吨）Steel（10000 tons）	成品钢材（万吨）Steel Products（10000 tons）	铜（吨）Copper（ton）	铅（吨）Lead（ton）	铜材（吨）Copper Products（ton）	铝材（吨）Aluminum Products（ton）
1980	21978	22.86	51.41	56618	52294	21618	4700
1985	26220	32.2	46.86	56562	54643	31281	7638
1990	17008	38.6	49.2	54897	62970	26472	17519
1995	26683	24.25	38.17	51700	56701	25578	24674
1996	33044	23.04	42.63	51412	58589	23465	36469
1997	25112	15.73	31.33	57377	67721	25549	29082
1998	21200	6.27	34.43	67589	67518	12487	12070
1999	7719	1.56	41.28	35309	54477	24035	13026
2000	8026	12.57	35.82	17815	5945	50094	27995
2001	18970	18.44	17.13	11890	22213	51673	18704
2002	19927	8.81	34.99	7586	4975	359980	16132
2003	21831	10.53	23.87	8212	1280	73464	18954
2004	23992	14.35	40.09	4823	2485	80362	18299
2005	29866	20.57	151.15	3140	5222	116555	25864
2006	30926	20.17	241.28	13115	7356	77853	45854
2007	34867	40.94	230.84	11480	8771	102443	51310
2008	27215	39.6	153.11	8034	8843	125681	89998
2009	19320	21.73	52.64	9457	2139	144691	40596
2010	18910	21.51	57.19	4594	2963	118808	34626
2011	27747	6.87	48.95	15000	3922	69057	35030
2012	32935	4.19	43.58	35660	4791	78216	37268

3—2 续表 5 Continued

年份 Year	焦炭（万吨）Coke（10000 tons）	轮胎外胎（万条）Tires（10000 units）	水泥（万吨）Cement（10000 tons）	平板玻璃（万重量箱）Plate Glass（10000 weight cases）	砖（亿块）Brick（100 million units）
1980	26.52	21.2	20.46	156.9	10.35
1985	31.41	37.4	29.3	151.4	21.61
1990	29.69	67.3	35.51	212.9	24.81
1995	28.01	39.91	73.48	270.4	20.83
1996	24.99	23.77	51.84	459.4	29.03
1997	24.96	45.43	55.49	491.2	29.83
1998	24.96	104.61	40.7	487	8.42
1999	25.09	128.41	47.04	486.8	7.72
2000	26.13	165.16	40.75	495.8	7.81
2001	28.28	189.6	62.73	522.5	0.34
2002	31.73	208.5	55.8	607.4	0.43
2003	34.54	272	147.33	531.5	0.42
2004	40.87	291.8	172.78	765.9	1.71
2005	67.04	314.99	179.24	744.33	5.84
2006	76.35	362.6	231	519.7	53.82
2007	90.96	358.58	285.43	552.2	22.59
2008	83.37	371.11	275.9	429.18	21.99
2009	90.84	343.76	397.53	325.5	28.2
2010	82.9	402.41	363.72	373.26	28.53
2011	121.25	400.69	186.25	471	38.05
2012	102.41	503.43	462.33	576	38.23

3—3 规 模 以 上 工 业
Main Indicators of Industrial

单位:万元

项 目	Item	企业单位数(个) Number of En-terprise (unit)	亏损企业 Loss-suffering Enterprise (unit)	工业总产值(当年价格) Gross In-dustrial Output (at current prices)
总 计	**Total**	**4034**	**268**	**127023272**
在总计中:亏损企业	Of the Total:Enterprises in Deficit	268	268	6820006
在总计中:国有控股企业	Of the Total:Stater Holding Enterprises	202	49	24072163
在总计中:农村工业	Of the Total:Village Industry	31	2	340329
在总计中:轻工业	Of the Total:Light Industry	1179	63	33537067
重工业	Heavy Industry	2855	205	93486204
在总计中:大型企业	Of the Total:Large sized	68	12	30938272
中型企业	Medium - sized	370	43	21198975
小型企业	Small - sized	3529	202	74585687
微型企业		67	11	300338
在总计中:中央企业	Of the Total:State	44	11	4827013
省属企业	Province	33	3	2087185
市属企业	City	207	43	12092175
其他企业	Others	3750	211	108016899
在总计中:公有制企业	Of the Total:State - owned Enterprises	437	64	28629651
非公有制企业	Privately - owned Company	3597	204	98393621
按登记注册类型分	**Grouped by Registered Categories**			
内资企业	**Domestic Funded Enterprises**	**3606**	**182**	**99790806**
国有企业	State - owned Enterprises	75	25	5288999
中央企业	Ceutral Euter Prises	20	7	1578175
地方企业	Local Enter Prises	55	18	3710823
集体企业	Collective - owned Enterprises	163	10	2153179
股份合作企业	Share - holding Cooperative Enterprises	54	1	699772
联营企业	Joint Ownership Enterprises	3		37039
国有联营企业	State Joint Ownership	1		8287
集体联营企业	Collective Joint Ownership	1		3797
其他联营企业	Other Joint Ownership	1		24955
有限责任公司	Limited Liability Corporations Ltd.	486	56	22757500
国有独资公司	State Funded Corporations	14	2	2478880
其他有限责任公司	Others	472	54	20278621
股份有限公司	Share - Holding Corporations Ltd.	97	7	5119776
私营企业	Private Enterprises	2680	79	62845957
私营独资企业	Private Funded	828	12	14539098
私营合作企业	Private Partnership	28	1	751524
私营有限责任公司	Private Limited Liability	1731	65	43744842
私营股份有限公司	Private Share - holding Corporations Ltd.	93	1	3810492
其他企业	Others	48	4	888584
港、澳、台商投资企业	**Hongkong,Macao and Taiwan Funded Enterprises**	**122**	**28**	**4599404**
合资经营企业(港或澳、台资)	Joint Venture	66	13	1730037
合作经营企业(港或澳、台资)	Cooperative Operation	3	1	120482
港澳台商独资经营企业	Hongkong,Macao and Taiwan Exclusive Funded	49	12	2653747
港澳台商投资股份有限公司	Share - holding Corporations Ltd. Funded by Hongkong,Macao and Taiwan	3	2	71180
其他港澳台商投资企业		1		23959
外商投资企业	**Foreign Funded Enterprises**	**306**	**58**	**22633061**
中外合资经营企业	Joint Venture	154	19	15962171
中外合作经营企业	Joint Cooperate Operation	7	1	163333
外资企业	Foreign Exclusive Investment	139	37	6091463
外商投资股份有限公司	Foreign Investment Share - Holding Ltd.	2		374462
其他外商投资企业		4	1	41633

企业主要经济指标
Enterprises above Designated Size

(10000 yuan)

工业销售产值（当年价格）Industrial Sales (at current prices)	出口交货值 Export	资产合计 Total Assets	流动资产 Circulating Funds	负债合计 Total Liabilities	流动负债 Circulating Liabilities
125370582	**2429362**	**74203411**	**35440836**	**40018419**	**32183289**
6597693	334649	9927869	5197426	7461841	6093375
23666218	1130153	30920416	16338946	21854952	17814506
338081	7156	110823	43108	40192	22607
33108245	699989	14683327	5811434	5368299	4290787
92262337	1729373	59520084	29629401	34650120	27892502
30460851	1208955	34398613	19640734	22698442	19475791
20955798	589129	13565729	6279086	7150654	5470342
73631937	628564	25903432	9412748	10050491	7182437
321995	2713	335636	108269	118831	54718
4780418	205743	7331657	3347015	4945452	3737100
2125126	35762	5440415	2648982	4266161	3209295
11854839	525459	12959994	8039509	9323938	8064069
106610199	1662398	48471345	21405329	21482868	17172825
28162380	1225502	32891685	17317585	22856432	18482320
97208203	1203860	41311726	18123251	17161987	13700969
98568627	**1537934**	**54249237**	**24460298**	**28669293**	**22315271**
5196303	130917	7802786	3102490	4849373	3296666
1535948	2038	1808072	586460	1130732	726325
3660354	128879	5994713	2516030	3718641	2570340
2142038		467483	214505	147399	113647
694491	7233	203690	51016	49110	32513
36480		19245	6611	4468	4242
8047		6927	5985	4174	3948
3797		540	348	30	30
24636		11778	278	264	264
22499819	1213191	23100783	12838753	16117122	13065947
2477268	234856	5433665	3227584	4567901	3920923
20022551	978335	17667118	9611168	11549221	9145024
4884067	37052	3977983	2125761	1933516	1679542
62244738	139337	18189054	5877782	5315064	3929884
14448091	87100	3379449	981680	958771	628814
748385		207439	69554	54228	44967
43266958	52238	13750581	4552771	4057046	3043728
3781305		851586	273778	245019	212375
870691	10204	488214	243381	253241	192831
4420764	**152498**	**5058910**	**2928140**	**2656829**	**2151862**
1694245	35449	2333849	1520018	1492995	1218233
120640		12197	3620	4262	3799
2514173	117049	2508600	1296964	1067968	845549
70442		164628	85926	81958	80636
21264		39637	21612	9645	3645
22381191	**738930**	**14895264**	**8052398**	**8692297**	**7716155**
15816571	330146	9223880	5215355	5918556	5449865
147899		64002	40746	43317	35519
6009926	408784	4871670	2528266	2439033	2012746
374005		651498	230862	236030	166007
32790		84215	37168	55361	52018

3—4 全社会能源物资消费总量
Total Consumption of Energy and Material

年 份 Year	能源消费总量（万吨标煤）Total Consumption of Energy（10000 tons of SCE）	工业用 Industry Use	煤炭消费总量（万吨）Total Consumption of Coal（10000 tons）	电力消费总量（亿千瓦时）Total Consumption of Electricity（100 million kwh）	焦 炭（万吨）Coke（10000 tons）	燃料油（含原油）（万吨）Fuel oil（include Crude oil）（10000 tons）	汽 油（万吨）Gasoline（10000 tons）	柴 油（万吨）Diesel Oil（10000 tons）
1980	733.7	466.1	592.1	34.77	22.2	111.2	7.7	5.5
1985	839.7	507.8	829.6	42.03	26.1	85.7	9.7	8.5
1990	925.4	558.8	773	50.75	22.2	73.4	11.4	18.9
1995	1187.0	886	1158.9	82.2	14.5	71.9	14	16.7
1996	1 058.8	809.2	902.5	87.6	12.5	69.1	8.6	15.5
1997	1 013.7	780.3	856.9	92.32	11.3	53.5	8.7	19.7
1998	952.9	747.2	938	92.4	11.5	68.6	11.3	18.8
1999	905.3	732.5	897.6	100.6	9.8	84.1	10.3	18.4
2000	960.3	752.9	951.4	110.36	3.8	90.1	14.1	21.4
2001	640.0	599.2	838.4	43.3	3.7	85.9	2.3	3.4
2002	662.0	626.0	899.4	43.0	3.6	99.4	2.5	3.7
2003	718.3	687.0	1068.2	48.1	4.8	90.2	2.7	4.4
2004	764.7	733.1	1351.8	58.1	7.5	92.2	4.6	5.6
2005	805.5	782.2	1731.2	73.0	6.5	75.2	3.9	5.9
2006	968.4	942.8	2057.5	87.0	13.5	87.1	8.2	12.2
2007	1043.4	1023.9	2023.4	95.7	20.1	102.1	17.9	23.1
2008	1202.9	1165.6	2316.4	122.9	19.5	78.1	28.3	32.7
2009	1251.0	1104.9	2522.7	105.3	14.3	77.4	62.5	38
2010	1334.1	1244.5	2877.4	114.0	13	76.7	40.4	42.9
2011	1422.9	1403.5	2951.2	119.0	12.1	110.5	39.3	51.8
2012	1400.6	1379.3	2802.5	122.0	10.3	141.4	44.7	56.6

注:2001 年后除电力消费外,其余均为规模以上工业口径。

Note: Others have been above designated size industrial enterprises except consumption of electric after 2001.

3—5 全市民用车辆拥有量
Nnmber of Civil Motor Vehicles Owned

单位:辆 (unit)

指 标	Item	2000	2005	2010	2012
民用汽车	Total Number of Civil Motor Vehicles Owned	210893	420609	831759	1129026
载客汽车	Passenger Vehicles	115195	257501	653360	932092
大 型	Large	5854	9813	13063	15443
载货汽车	Ordinary Trucks	73857	98145	139829	173305
大 型	Large	25457	22944	25344	34756
其他汽车	Other Trucks	21841	64963	38570	23629
拖 拉 机	Tyre Tractors	32544	42437	64358	69948
摩 托 车	Motors	115791	135401	81301	93368
其他机动车	Number of Other Motor Vehicles	1459	4571	1439	1694

注:其他汽车 2004 年以前为其他专用汽车。

Note: Other motor vehicles before 2004 were other special trucks.

3—6 运 输 量
Transportation

年份 Year	客运量(万人次) Passenger Traffic (10000 persons times)	铁路 Railways	公路 Highways	民航 Civil Aviation	货运量(万吨) Freight Traffic (10000 tons)	铁路 Railways	公路 Highways	民航 Civil Aviation
1980	4788	3669	1084	5	1679	563	1108	0.24
1985	6462	4508	1941	13	9279	702	8577	0.34
1990	7386	3760	3595	31	11777	549	11227	0.59
1995	11227	3388	7747	92	13052	584	12467	1.06
1996	9661	2966	6589	106	13858	582	13275	1.18
1997	8273	2789	5375	110	14536	607	13926	3.02
1998	7598	2750	4753	95	14809	449	14358	2.3
1999	7663	2784	4778	100	15396	496	14898	2.31
2000	6620	3084	3385	151	15221	566	14652	3.2
2001	6790	3035	3587	168	15157	472	14682	3.1
2002	7053	2951	3913	189	14451	537	13910	3.5
2003	6691	2649	3819	223	14656	501	14150	4.7
2004	7964	2895	4783	285.8	14757	542	14210	4.95
2005	8629	2886	5432	310.7	15571	545	15020	5.72
2006	9598	3096	6152	350	17264	558	16700	6.3
2007	10062	3035	6641	386	19092	586	18500	6.3
2008	26101	3581	22143	377	13979	466	13507	5.7
2009	27668	3982	23316	370	15164	431	14728	5.4
2010	30658	3979	26285	394	17348	538	16804	5.5
2011	31625	3542	27734	349	19406	504	18897	4.3
2012	32869	3348	29121	400	21720	456	21259	4.5

注:1. 铁路运输数据,2002 年以前来自沈阳铁路分局,以后来自沈阳铁路局;
2. 2009 年公路运输口径调整。

Note:1. The Data of railway transportation came from Shenyang Railway Branch before 2002. After 2002 it came from Shenyang Railway Bureau.
2. In 2009, the highway transportation coverage was adjusted.

3—7 邮电业务量
Post and Telecommunication Services

年份 Year	邮电业务总量(万元) Business Value of Post and Teleco－mmunication (10000 yuan)	函件(含机要)(万件) Number of Letters (include confidential document (10000 pcs)	报刊(万份) Newspapers and Magazines (10000 copies)	网络用户(万户) Number of Subscribers of Internet Services (10000 subscribers)	移动电话(万户) Number of Mobile Telephone Subscribers (10000 subscribers)	市话年末到达户数(万户) Number of Subscribers Of Urban Telephone (10000 subscribers)	农话年末到达户数(万户) Number of Subscribers Of Rural Telephone (10000 subscribers)
1980	4282	3427	25306			2.77	0.72
1985	7680	5782	38099			4.33	0.71
1990	21338	7452	13508			9.37	1.01
1995	119095	8897	12315		6.47	60.91	4.62
1996	152734	8366	13653		11.46	79.35	7.98
1997	171756	7398	12854		20.6	91.24	14.35
1998	197460	7991	13138		40.97	104.53	18.17
1999	442059	7637	12988		73.42	120.09	22.22
2000	460398	6581	11752	21.04	125.17	137.72	27.96
2001	581223	5553	9027	52.85	170.01	161.69	34.89
2002	647436	3691	8698	96.53	216.03	180.4	41.86
2003	792470	3887	8239	93.18	274.81	224.7	48.9
2004	950202	3963	7990	72.02	304.71	261.76	55.06
2005	1150519	4241	8107	75.68	348	298	64
2006	1439394	3269	8706	83.4	412	305	69
2007	1862260	2498	8693	103	434	316	68
2008	1997828	2578	9808	108	513	281	67
2009	2369386	2313	9517	128	747	271	66
2010	2800119	2419	10368	136	855	260	63
2011	1123520	2469	10840	153	882	242	61
2012	1218100	2495	11880	176	996	–	–

注:邮电业务总量2011年开始采用2010年不变价。

Note:The total business value of post and telecommunication began to use the constant prices of 2010 from 2011.

4—1 农村基层组织、户数、人口及劳动力
Farm, Township and Towns, Population and Labor Force

单位:个、户、人 (unit, person)

指　　标	Item	2000	2005	2010	2012
乡镇场个数	Number of Farms, Township and Towns	208	166	98	85
村　　数	Number of Villages	1938	1537	1252	1524
乡镇场户数	Number of Households of Farms, Township and Towns	772472	804681	911432	872540
乡镇场人口数	Population of Farms, Township and Towns	2680574	2708885	2844962	2732809
农村劳动力资源	Rural Labor Force	1199985	1482438	1674832	1621644
劳动力年龄内人口	Number of Laborers within Labor Ages	1178311	1272312	1456802	1435664
实有从业人员	Real Employment	1065350	1233875	1432356	1397236
第一产业从业人员	Employment of Primary Industry	700193	778440	770874	762189
第二产业从业人员	Employment of Secondary Industry	136879	188834	277966	276673
工　业	Industry	89270	118367	179146	177252
建筑业	Construction	47609	70467	98820	99421
第三产业从业人员	Employment of Tertiary Industry	137033	266601	496195	358374
交通、运输、邮电、仓储	Transportation, Storage, Post and Telecommunication	42378	45663	55495	52022
贸易、餐饮	Trade and Catering Services	51589	84797	136358	127648
其　它	Others	18032	136141	191663	178704

4—2 农 林 牧 渔
Gross Output Value of Farming, Forestry, Animal

单位:万元

项 目	Item	沈阳市 Total	苏家屯 Sujiatun
农林牧渔业合计	**Total**	**6033186**	**590064**
农业产值	**Farming**	**2424269**	**214846**
谷物及其他作物	Cereal and other Farm Crops	890657	55338
谷 物	Cereal	764020	51430
小 麦	Wheat	2671	
稻 谷	Rice	273320	28398
玉 米	Corn	478341	22532
薯 类	Tubers	18073	427
油 料	Oil – bearing Crops	82795	1009
花 生	Peanuts	73060	1009
豆 类	Beans	24325	1794
大 豆	Soy Bean	22353	1789
棉 花	Cotton	33	
糖 类	Sugar Crops		
其他农作物	Other Crops	1411	678
饲料作物	Drinke crops	218	218
蔬菜、食用菌及花卉盆景园艺产品	Vegetables、Mushrooms、Flowers and Rockery	1187381	105652
蔬 菜(含菜用瓜)	Vegetables(include Melon)	1065570	70737
食用菌	Mushrooms	35516	95
花卉	Flowers	85425	33950
盆景园艺	Rockery	870	870
水果、坚果、饮料和香料作物	Fruits	340277	52656
水果(含瓜果类)	Fruit and Nut	340173	52552
苹 果	Apples	69523	2687
梨	Pears	13832	9791
中药材	Traditional Chinese Medicine	5954	1200
林业产值	**Forestry**	**104502**	**1742**
林木的培育和种植	Woods	78233	1700
育种育苗	Breading and Growing seedlings	5890	
造 林	Afforestation	13032	1143
抚育和管理	Fostering and Management	59311	557
竹木的采运	Timber Cutting	26049	42
村及村以下	Timber Cutting by village	3931	
林产品	Woods Products	220	
牧业产值	**Animal Husbandary**	**3044933**	**353369**
牲畜饲养	Raising livestock	921724	35655
牛的饲养	Cow	693466	22796
羊的饲养	Sheep and Goats	77625	3362
其他牲畜饲养	Others	7181	89
奶产品	Milk	137049	9283
牛 奶	Cow Milk	136140	9255
毛绒产品	Cashmere Products	2747	125
羊 毛	Sheep Wool	2026	17
羊 绒	Cashmere	231	93
其他牲畜副产品	Others	3656	
猪的饲养	Raising Pork	948143	77691
家禽饲养	Raising Poultry	1121355	239950
肉 禽	Meat	582048	170200
禽 蛋	Eggs	539307	69750
其他畜牧业	Others	53711	73
蚕 茧	Silkworn	60	60
兔	Rabbit	676	13
渔业产值	**Fishery**	**247103**	**13561**
农林牧渔服务业	**Farming, Forestry, Animal Husbandry, Fishery and Service**	**212379**	**6546**

业 总 产 值 （现价）
Husbandry and Fishery（at current price）

（10000 yuan）

东陵区(浑南新区) Dong ling (Hunnan new)	东陵区 Dong ling	沈北新区 Shen bei new	于洪区 Yu hong	辽中县 Liao zhong	康平县 Kang ping	法库县 Fa ku	新民市 Xin min
142406		**592736**	**220334**	**1332115**	**640080**	**875256**	**1399905**
90035		**213662**	**114263**	**442582**	**246100**	**340837**	**648565**
32164		58742	42382	142650	172711	171186	177563
29045		58109	39543	133995	107237	146752	161321
				207	456	690	1318
4792		28512	19594	85423	10062	11613	68217
23693		29579	19659	47610	91250	132558	91605
856			6	865	5769	2964	7035
1408		259		5604	51267	16756	5828
1408		259		5604	41540	16751	5825
855		294	2184	2182	8438	4681	3379
812		280	2184	2182	7424	3821	3343
						33	
		80	649	4			
45783		137510	65186	269363	39967	80723	387268
31988		122553	40920	252646	39869	70872	380506
840		974	20147	576	95	8198	4521
12955		13983	4119	16141	3	1653	2241
12058		12866	6533	30551	33422	88928	83734
12058		12866	6533	30551	33422	88928	83734
3673		2178	4610	12714	29746	3442	7124
207		1333		90	144	628	116
30		4544	162	18			
400		**3514**	**5307**	**34490**	**9100**	**29000**	**8435**
180		3133	5301	22863	6370	26217	
180		265	236	5112	12	85	
		2459	307	5080	2199	514	
		409	4758	12671	4159	25618	
		381	6	11627	2730	2783	8435
				3478	453		
220							
47548		**333309**	**81752**	**660863**	**361600**	**482469**	**631254**
12765		99597	17989	281813	115016	248533	101183
5553		52627	10204	265406	83964	193370	54158
1592		6275	975	3510	24525	19466	16062
76		2		381	2237	3079	1186
5443		40632	6794	10461	1432	32434	28814
5283		40632	6650	10461	1432	31964	28707
97		61	16	55	1206	184	963
90		61	16	45	731	184	850
7				10			113
4				2000	1652		
19798		56412	32183	192052	132282	140708	249305
14985		176200	16934	149935	113476	93225	280766
6956		94042	4144	81416	86386	47798	79545
8029		82158	12790	68519	27090	45427	201221
		1100	14646	37063	826	3	
					660	3	
		7629	**7885**	**117180**	**3780**	**2100**	**81506**
4423		**34622**	**11127**	**77000**	**19500**	**20850**	**30145**

4—3 农林牧渔
Gross Output Value of Farming, Forestry, Animal

单位:万元

项目	Item	沈阳市 Total	苏家屯 Sujiatun
农林牧渔业合计	**Total**	**5634616**	**565067**
农业产值	**Farming**	**2162595**	**200251**
谷物及其他作物	Cereal and other Farm Crops	835027	52923
谷物	Cereal	719558	49381
小麦	Wheat	2671	
稻谷	Rice	274115	28481
玉米	Corn	433084	20400
薯类	Tubers	18934	376
油料	Oil - bearing Crops	72587	868
花生	Peanuts	62853	868
豆类	Beans	22504	1620
大豆	Soy Bean	20174	1615
棉花	Cotton	33	
糖料	Sugar Crops		
其他农作物	Other Crops	1411	678
饲料作物	Drinke crops	218	218
蔬菜、食用菌及花卉盆景园艺产品	Vegetables、Mushrooms、Flowers and Rockery	995221	92922
蔬菜(含菜用瓜)	Vegetables(include Melon)	874206	58034
食用菌	Mushrooms	34745	93
花卉	Flowers	85425	33950
盆景园艺	Rockery	845	845
水果、坚果、饮料和香料作物	Fruits	326705	53270
水果(含瓜果类)	Fruit and Nut	326626	53191
苹果	Apples	73090	2825
梨	Pears	14665	10381
中药材	Traditional Chinese Medicine	5642	1137
林业产值	**Forestry**	**85238**	**1421**
林木的培育和种植	Woods	63812	1387
育种育苗	Breading and Growing seedlings	4804	
造林	Afforestation	10630	932
抚育和管理	Fostering and Management	48378	454
林木的培训和种植	Timber Cutting	21247	34
村及村以下	Tibe Cutting by village	3206	
林产品	Woods Products	179	
牧业产值	**Animal Husbandary**	**2945379**	**344165**
牲畜饲养	Raising livestock	831010	32102
牛的饲养	Cow	631572	20761
羊的饲养	Sheep and Goats	61209	2651
其他牲畜饲养	Others	6994	87
奶产品	Milk	124876	8455
牛奶	Cow Milk	123967	8427
毛绒产品	Cashmere Products	2704	148
羊毛	Sheep Wool	1925	16
羊绒	Cashmere	289	116
其他牲畜副产品	Others	3656	
猪的饲养	Raising Pork	954154	78184
家禽饲养	Raising Poultry	1106520	233807
肉禽	Meat	554942	162591
禽蛋	Eggs	551578	71216
其他畜牧业	Others	53695	72
蚕茧	Silkworn	60	60
兔	Rabbit	660	13
渔业产值	**Fishery**	**233800**	**12831**
农林牧渔服务业产值	**Farming, Forestry, Animal Husbandry, Fishery and Service**	**207604**	**6399**

业总产值（可比价）
Husbandry and Fishery（at comparable price）

（10000 yuan）

东陵区(浑南新区) Dong ling (Hunnan new)	东陵区 Dong ling	沈北新区 Shen bei new	于洪区 Yu hong	辽中县 Liao zhong	康平县 Kang ping	法库县 Fa ku	新民市 Xin min
132732		**554541**	**207552**	**1241465**	**600417**	**816052**	**1292344**
81796		**188056**	**104553**	**392536**	**225552**	**311980**	**556410**
29560		55963	40365	137491	158158	156340	168294
26817		55393	37740	129739	98633	134244	152852
				207	456	690	1318
4806		28595	19651	85671	10091	11647	68415
21451		26780	17799	43106	82617	120016	82938
754			5	958	6270	3065	7368
1211		223		4821	45463	14416	5014
1211		223		4821	35736	14411	5011
778		266	1971	1969	7792	4582	3059
733		253	1971	1969	6700	3449	3017
						33	
		80	649	4			
40020		115480	57400	223978	32805	67817	318835
26243		100544	33571	207274	32709	58144	312172
822		953	19710	564	93	8020	4423
12955		13983	4119	16141	3	1653	2241
12187		12308	6634	31049	34589	87823	69281
12187		12308	6634	31049	34589	87823	69281
3861		2290	4847	13366	31272	3619	7490
220		1413		95	153	666	123
28		4306	154	17			
326		**2866**	**4329**	**28132**	**7423**	**23654**	**6880**
147		2556	4324	18649	5196	21384	
147		216	193	4170	10	69	
		2006	250	4144	1794	419	
		334	3881	10335	3392	20896	
		311	5	9484	2227	2270	6880
				2837	370		
179							
46286		**322557**	**80333**	**634657**	**344805**	**458050**	**622469**
11456		89937	16277	256437	102113	224210	90341
5057		47930	9293	241718	76470	176111	49324
1255		4948	769	2768	19338	15349	12665
74		2		371	2179	2999	1155
4971		36999	6199	9526	1304	29576	26247
4811		36999	6055	9526	1304	29106	26140
94		58	15	55	1170	175	949
86		58	15	43	695	175	808
9				13			141
4				2000	1652		
19924		56770	32387	193270	133121	141600	250886
14907		174751	17023	147887	108761	92237	281243
6714		90822	3957	77787	80771	45387	75837
8193		83929	13066	70100	27990	46850	205406
		1100	14646	37063	810	3	
					644	3	
		7218	**7461**	**110871**	**3577**	**1987**	**77118**
4324		**33844**	**10877**	**75269**	**19062**	**20381**	**29467**

4—4 农 林 牧 渔
Value - added of Farming, Forestry, Animal

单位:万元

指 标	Item	沈阳市 Total	苏家屯 sujiatun
农林牧渔业	**Farming, Forestry, Animal Husbandry and Fishery**		
总产值	Gross Output Value	6033186	590064
中间消耗	Middle Consume	2881170	290230
增加值	Value - added	3152016	299834
农 业	**Farming**		
总产值	Gross Output Value	2424269	214846
中间消耗	Middle Consume	1037535	85939
增加值	Value - added	1386734	128907
林 业	**Forestry**		
总产值	Gross Output Value	104502	1742
中间消耗	Middle Consume	44245	697
增加值	Value - added	60257	1045
牧 业	**Amimal Husbandry**		
总产值	Gross Output Value	3044933	353369
中间消耗	Middle Consume	1584424	192757
增加值	Value - added	1460509	160612
渔 业	**Fishery**		
总产值	Gross Output Value	247103	13561
中间消耗	Middle Consume	129745	8545
增加值	Value - added	117358	5016
服务业	**Service**		
总产值	Gross Output Value	212379	6546
中间消耗	Middle Consume	85221	2292
增加值	Value - added	127158	4254

业 增 加 值
Husbandry and Fishery

(10000 yuan)

东陵区(浑南新区) Dong ling (Hunnan new)	东陵区 Dong ling	沈北新区 Shen bei new	于洪区 Yu hong	辽中县 Liao zhong	康平县 Kang ping	法库县 Fa ku	新民市 Xin min
142406		592736	220334	1332115	640080	875256	1399905
71796		279743	100954	620155	302610	442256	654350
70610		312993	119380	711960	337470	433000	745555
90035		213662	114263	442582	246100	340837	648565
45017		86662	49548	182188	104050	161526	273597
45018		127000	64715	260394	142050	179311	374968
400		3514	5307	34490	9100	29000	8435
196		1912	2152	13700	4090	13000	3634
204		1602	3155	20790	5010	16000	4801
47548		333309	81752	660863	361600	482469	631254
24725		171968	41229	332764	184640	259405	323729
22823		161341	40523	328099	176960	223064	307525
		7629	7885	117180	3780	2100	81506
		4102	3867	60249	1980	900	41450
		3527	4018	56931	1800	1200	40056
4423		34622	11127	77000	19500	20850	30145
1858		15099	4158	31254	7850	7425	11940
2565		19523	6969	45746	11650	13425	18205

4—5 农作物播种面积
Total Sown Areas of Farm Grops

单位:公顷 (hectare)

指 标	Item	2000	2005	2008	2010	2012
农作物总播种面积	**Total Sown Areas**	**599212**	**587940**	**608562**	**654813**	**667424**
粮豆作物	**Grain Crops**	**449028**	**511446**	**479656**	**506848**	**503291**
谷 物	Cereal	382819	470994	441458	477680	474332
水 稻	Rice	113829	115876	127149	126849	121053
春小麦	Spring Wheat	26577	5686	2275	2381	2517
玉 米	Corn	227919	336970	304809	344800	348261
高 粱	Sorghum	11636	6718	3321	2007	1507
谷 子	Millet	2785	2650	2400	772	614
薯 类	Tubers	19120	7039	11308	12045	13627
土 豆	Potatoes	11623	5667	9774	9407	11760
豆类合计	Total Beans	41540	33413	26890	17123	15332
大 豆	Soybeans	36653	29158	25780	16255	14692
杂 豆	Mixed Beans	4887	4255	1109	868	640
棉 花	Cotton	552	275	353	25	8
油料作物	Oil - bearing Crops	33171	13772	38741	43763	47574
花 生	Peanuts	26378	12635	33786	40094	40515
芝 麻	Seasame	872	148	37	17	29
向日葵	Sunflower	1348	802	4867	3652	2363
甜 菜	Beetroots	4459	18	15		
药 材	Medicial Material	700	30	1462	1112	1306
蔬菜、瓜类	**Vegetables and Melon**	**83782**	**45200**	**69086**	**85193**	**104517**
蔬菜(含菜用瓜)	Vegetables	75360	45200	51705	67385	85300
西甜瓜	Muskmelon and Watermelon	8422	6365	15985	16665	17646
西瓜	Watermelon	5933	4126	13838	12546	12234

4—6 分地区农作物播种面积
Sown Areas by District and County

单位:公顷 (hectare)

项 目	Item	沈阳市 shenyang	苏家屯 sujiatun	东陵区(浑南新区) Dongling (Hunnan new)	沈北新区 Shen bei new	于洪区 Yuhong	辽中县 Liaozhong	康平县 Kangping	法库县 Faku	新民市 Xinmin
农作物总播种面积	**Total Sown Area**	**667424**	**38649**	**20568**	**409.9**	**22937**	**84536**	**101999**	**131596**	**200535**
粮食作物合计	**Total Grain Crops**	**503291**	**28289**	**18519**	**30622**	**18589**	**67502**	**68154**	**100113**	**151689**
其中:夏收粮食	Grain in summer	14273				0	888	4096	1826	7463
谷 物	Cereal	474332	27242	17567	30419	16958	65088	59915	95528	142204
稻 谷	Rice	121053	10458	2256	10923	7299	35098	4074	4728	39407
小 麦	Wheat	2517					208	368	813	1128
春小麦	Wheat in spring	2517					208	368	813	1128
玉 米	Corn	348261	16752	15306	19486	9659	29710	54383	88846	101532
谷 子	Millet	614			3			311	287	13
高 粱	Sorghum	1507		5	7			709	709	63
其他谷物	Others	380	32				72	70	145	61
荞 麦	Buckwheat	7						7		
豆类合计	Total Beans	15332	886	624	203	1629	1710	3946	3301	2662
大 豆	Soybeans	14692	886	618	193	1629	1710	3559	3105	2621
绿 豆	Green Gram	316		2				169	127	18
红小豆	Red bean	324		4	10			218	69	23
薯类(折粮)	Tubers	13627	161	328		2	704	4293	1284	6823
马铃薯	Potatoes	11760					680	3728	1013	6335
油料作物	**Oil bearing Crops**	**47574**	**328**	**688**	**110**		**3270**	**28777**	**8416**	**5648**
花 生	Peanuts	40515	328	688	110		3270	24059	8411	3337
芝 麻	Seasame	29						24	2	3
向日葵籽	Sunflower	2363						27	3	2308
棉 花	**Cotton**	**8**								
药材类合计	**Medicial Material**	**1306**	**123**	**44**	**762**	**7**	**52**	**6**	**13**	**277**
蔬菜(含菜用瓜)及食用菌	**Vegetables**	**85300**	**6647**	**1042**	**8196**	**3669**	**12310**	**4177**	**16820**	**27918**
瓜果类	**Melon**	**19217**	**683**	**238**	**608**	**51**	**639**	**796**	**2884**	**12735**
西 瓜	Watermelon	12234	49	11	218	51	112	484	186	11013
甜 瓜	Muskmelon	5412	190	13	355		503	192	2689	1430
草 莓	Strawberry	1137	399	4	35		24	1		251
其他农作物	**Others**	**10728**	**2579**	**37**	**621**	**621**	**763**	**89**	**3342**	**2268**
青饲料	Succulence	1151							1001	150

4—7 农 作 物 总 产 量
Total Output of Farm Crops

单位:吨 (ton)

指　标	Item	2000	2005	2008	2010	2012
粮豆作物	**Grain Crops**	**2338012**	**3427232**	**3586659**	**3251122**	**4006863**
谷　物	Cereal	2172834	3297557	3442275	3138162	3846733
水　稻	Rice	937905	898757	1124874	1000833	1055144
春小麦	Spring Wheat	55116	18845	7999	8732	10703
玉　米	Corn	1122542	2318518	2270352	2107704	2764045
高　梁	Sorghum	52423	42035	22787	14680	12471
谷　子	Millet	4390	9570	10538	3098	2357
薯　类	Tubers	81076	41811	64936	63364	110085
土　豆	Potatoes	44894	28164	56805	41144	90013
豆类合计	Total Beans	77483	87864	79448	49596	50045
大　豆	Soybeans	73140	78391	77253	47830	48021
杂　豆	Mixed Beans	4343	9473	2191	1766	1750
经济作物	**Economic Crops**					
棉花	Cotton	1584	155	958	21	11
油料作物	Oil - bearing Crops	58914	32691	116343	128346	162582
花　生	Peanuts	51697	30445	107336	116784	140013
芝　麻	Seasame	671	198	55	16	53
向日葵	Sunflower	1405	1757	8724	3605	5160
麻　类	Fiber Crops	20	2			
甜　菜	Beetroots	131141	438	450		
烟　叶	Leaf Tobacco	24				
其他作物	**Other crops**					
蔬菜(含菜用瓜)	Vegetables	2842299	2390541	3567179	4218129	5018148
西甜瓜	Muskmelon and Watermelon	271798	206062	566152	754443	985084
西瓜	Watermelon	203818	151685	494722	599030	723770

4—8 主要农产品产量
Yield of Major Farming Products

单位:万吨 (10000 tons)

年 份 Year	粮食及大豆 Grain Crops	蔬 菜 Vegetable	猪牛羊肉 Pork, Beef and Mutton	禽 蛋 Poultry Eggs	牛 奶 Cow Milk	水产品 Aquatic Products	水 果 Fruits
1980	210.6	94.6	5.2	0.9	1.7	0.2	0.5
1985	205	107.8	7.1	4.4	3.1	0.5	1.2
1990	307.7	158.5	13	11.2	5.6	1.8	2.5
1991	308.9	175.9	15.3	14.2	6.8	2.4	3.6
1992	333.4	209.2	17.5	16.3	7.4	3.1	4.4
1993	318.3	246	17.5	16.6	6	4.3	6
1994	201.7	198.8	23.5	19.8	6.2	5.6	7
1995	215.1	196.1	15.3	18.2	6.1	6.5	7.4
1996	329.8	260	28.8	20.3	6.1	7	7.3
1997	252.5	216.7	17.3	21.6	5.1	8.4	6.9
1998	325.9	256.1	17.3	21.4	5.3	9	7.9
1999	343.3	277.2	18.5	22.5	5	9.5	8.6
2000	233.8	284.2	19.7	24.5	5.7	10	9.1
2001	251.7	272.2	20.9	27.5	6.6	11.4	8.3
2002	278.2	284.1	23.3	29.2	8.1	11.5	8.5
2003	283.2	255.9	27.8	30	12.5	13.5	9.1
2004	365.4	206.6	34.9	37.9	18.8	14.1	10.7
2005	342.7	239.1	41.7	42.5	21.2	15	11.1
2006	321.4	271.5	40.7	37.7	28.8	16.2	11.8
2007	390.9	315.1	41.8	39.4	31.2	16.8	13.5
2008	358.7	356.7	46.9	53.7	32.3	18.7	17.5
2009	344.6	422.1	53.8	57.5	37.1	20.6	17.4
2010	325.1	421.8	57	60.6	39.2	16.7	17.6
2011	406.1	463	60.2	69.2	44.7	17.7	21.2
2012	400.7	501.8	64.8	74.9	48.1	18.7	24.4

4—9 畜牧业生产情况
Production of Animals Husbandry

指 标	Item	2000	2005	2010	2012
年末大牲畜头数(头)	Large Animal at Year - end (head)	417310	643755	932803	1150626
马(头)	Horses (head)	79925	52712	37251	26742
骡(头)	Mules (head)	61070	31636	18014	11546
驴(头)	Donkeys (head)	117014	73007	49365	39042
牛(头)	Cattle and Buffaloes (head)	159301	486400	828173	1073296
奶牛(头)	Cows (head)	13698	63986	106628	133334
改良肉用牛(头)	Meat Cattle (head)	145603	422414	713837	933788
从事农事劳役的大牲畜(头)	Large Draft Animal (head)	200085	134689	63783	51097
年末生猪存栏(头)	Hogs at Year - end (head)	1582263	2264380	3180598	3636594
能繁殖母猪(头)	Female Pigs for Breeding (head)	119835	198119	455391	504378
年末羊存栏(只)	Sheep and Goats at Year - end (head)	229111	605442	706166	846038
能繁(只)	For Breeding(head)	159826	315642	313651	379760
山 羊(只)	Goats(head)	60478	190106	262837	314302
能繁(只)	For Breeding (head)	33661	87292	112706	125329
绵 羊(只)	Sheep (head)	168633	415336	443329	531736
能繁(只)	For Breeding(head)	126165	228350	200945	254431
年末家禽存栏(万只)	Poultry at Year - end (10000 heads)	3749.4	5107	8902.9	10344
蛋禽(万只)	Egg Poultry (10000 heads)	1937.2	3216	4380.1	5290
年末兔存栏(只)	Rabbits at Year - end (head)	35685	317147	16733	14637
年末生猪出栏(只)	Slaughtered Hogs (head)	2047009	3622753	5112792	5690789
年内牛出栏(头)	Slaughtered Cattles (head)	88581	417457	957008	1261686
年内羊出栏(只)	Slaughtered Sheep and Goats (head)	152623	653519	861293	995212
年内家禽出栏(万只)	Slaughtered Poultry (10000 heads)	6059.5	12067	16325.8	18437
年内兔出栏(只)	Slaughtered Rabbits (head)	34202	124886	91442	114351
肉类总产量(吨)	Total Output of Meat (ton)	333202	703703	865705	999342
猪肉产量(吨)	Pork (ton)	179694	320041	401175	433740
牛肉产量(吨)	Beef (ton)	15822	87693	156737	199518
羊肉产量(吨)	Mutton (ton)	1944	9405	12309	14316
禽肉产量(吨)	Meat of Poultry (ton)	131284	281473	286572	346093
奶类总产量(吨)	Total Output of Milk (ton)	56863	215163	396286	484074
牛奶产量(吨)	Output of Milk (ton)	56601	212045	392220	481048
绵羊毛产量(公斤)	Output of Sheep's Wool (kg)	817081	1187683	1048351	1278893
蜂蜜产量(公斤)	Output of Honey (kg)	3410	3500	8900	15008
禽蛋产量(吨)	Output of Poultry Eggs (ton)	245421	425281	605919	748527

5—1 固定资产投资和房屋建筑面积
Investment in Fixed Assets and Floor Space of Buildings

单位:万元 (10000 yuan)

指　标	Item	2000	2005	2010	2012
投资总额	**Total Investment(10000 Yuan)**	**2622376**	**13632196**	**41391498**	**56253999**
城镇合计	**Total Investment in Cities and Towns**	**2477006**	**12900364**	**40213418**	
农村合计	**Total Investment in Village**	145370	731832	1178080	
按经济类型分	**Grouped by Ownership**				
国有经济	State - owned Economic Units	1162197	3362737	6689922	10350820
集体经济	Collective - owned Economic Units	141911	519442	1163203	804254
私营经济	Private Economic Units	100306	2564698	11059531	16502143
个体经济	Individual Economic Units	95272	263043	371778	404966
联营经济	Joint Ownership Economic Units	1150	6787	7486	12000
股份制经济	Share Holding Economic Units	556574	4474851	12888690	16718544
外商投资经济	Foreign Funds Economic Units	232579	1431421	4015920	4878074
港澳台投资经济	Economic Units with Funds from Hong Kong, Macao and Taiwan	311676	783999	4229736	4403685
其他经济	Others	20711	225218	965252	2179513
本年资金来源小计 *	**Total Captal Grouped by Sources**	**2430557**	**13922412**	**46421286**	**64058098**
国家预算内资金	State Budgetary Appropritation	171614	506864	1069311	2987875
国内贷款	Domestic Loans	552477	1428722	5966940	9031056
利用外资	Foreign Investment	202513	395983	1352801	858722
自筹投资	Fundraising	1060442	9711051	33020709	43740896
其他投资	Others Investment	443511	1879792	5011525	7439549
按构成分	**Grouped by Form**				
建筑工程	Construction	1434026	7330954	24389016	32566171
安装工程	Installation	198366	790705	3551058	2932768
设备工具器具购置	Purchasing of Equipment, Tool and Appliance	613019	2820645	8210713	12099054
其他费用	Others	376965	2689892	5240711	8656006
按三次产业分	**Grouped by Type of Industry**				
第一产业	Primary Industry	75996	246696	839524	940068
第二产业	Secondary Industry	759410	5203346	14763194	19157833
工　业	Industry	687304	5102628	14424706	18641312
第三产业	Tertiary Industry	1786970	8182154	25788780	36156098
房地产开发	Real Estate Development	640395	4135710	14500794	19429642
房屋建筑面积(万平方米)	**Floor Space of Buildings(10000 sq. m)**				
施工面积	Floor Space under Construction	1643.7	5488.6	14448.2	18233.6
住　宅	Residential Building	936.2	2674.5	6720.1	8164
竣工面积	Floor Space Completed	808.2	2175.3	3839.8	4040.7
住　宅	Residential Building	540.9	1111.7	1193.6	1673.8

注:2011 年开始统计口径调整,2010 年及以前为全社会口径,下同; * 为城镇口径。

Note: Since 2011 the statistic standards has been adjusted . Before 2010 it was the whole society . The same below.

* represents the Towns caliber.

5—2 城镇固定资产投资和新增固定资产
Investments and Newly Increased in Fixed Assets

单位:亿元 (100 million yuan)

年份 Year	投资总额 Total Investment	国有单位 State - owned	新增固定资产 Newly Increased in Fixed Assets	交付使用率(%) Rate of Fixed Assets Put into Use
1980	9.3	8.8	6.6	71
1985	21.1	19.2	13.6	64.5
1990	39.9	36.5	39.9	100
1995	127	84.1	85.9	67.6
2000	241.4	116.2	180.2	74.6
2001	281.2	126.1	193.8	68.9
2002	378.8	166.7	257.3	67.7
2003	553.9	192.8	424.2	79.1
2004	936.6	222.7	560	59.8
2005	1287.8	328.4	792.8	61.6
2006	1701.1	373.4	967.7	56.9
2007	2245.7	476.4	1293.3	57.6
2008	2842.4	515.9	1588.2	55.9
2009	3434.2	601.8	2120.1	61.7
2010	4021.3	633	2772.3	68.9
2011	4412.2	827.6	2124.9	48.2
2012	5350.1	1022.5	2954.2	55.2

5—3 城镇工业固定资产投资额和新增固定资产
Industrial Investment and Newly Increased in Fixed Assets

年份 Year	投资额(亿元) Total Investment (100 million yuan)	占总投资(%) Percent to the Total	新增固定资产(亿元) Newly Increased in Fixed Assets (100 million yuan)	交付使用率(%) Rate of Fixed Assets Put into Use
1980	4.8	51.6	3.4	70.8
1985	10.8	51.2	7	64.8
1990	18.8	47.1	14.9	79.3
1995	41.5	32.7	29.5	71.1
2000	68.7	26.2	62.2	90.5
2001	74	24.4	43	58.1
2002	95.8	23.8	64	66.8
2003	146.7	25.2	114.3	77.9
2004	277.7	28.6	201.1	72.4
2005	488.9	35.9	333.3	68.2
2006	664.5	37.1	408.8	61.5
2007	847.3	37.7	591.9	69.9
2008	1020.9	35.9	708	69.4
2009	1219	35.5	1107.3	90.8
2010	1402.7	34.9	1003.3	71.5
2011	1432.3	32.5	811.5	56.7
2012	1648.9	30.8	1161.2	70.4

注:不包括农村集体和个人投资。

Note: Data in this table do not include rural Collective - owned and individuals invesment.

5—4 房地产开发投资主要指标
Major Indicators of Investment on Real Estate Development

单位:万元、万平方米 (10000 yuan,10000 sq. m)

指　标	Item	2000	2005	2010	2012
本年完成投资	Investments Completed in This Year	640395	4135710	14500794	19429642
本年新增固定资产	Newly Increased in Fixed Assets	502732	1929399	3727811	8637043
本年施工房屋面积	Floor Space of Buildings under Construction	828.4	3102	8851.4	11002.6
住　宅	Residential Buildings	635.3	2438.3	6634.2	8039.8
本年竣工房屋面积	Floor Space of Buildings completed	349.5	1057.7	1393.2	2066.4
住　宅	Residential Buildings	289.8	927.7	1107.7	1644.8
商品房销售面积 *	Sold Floor Space of Commercial Houses	210.5	761.3	1746.5	2469.7
住　宅	Residential Buildings	184	713.9	1516.1	2201.5
商品房销售额	Total Sales of Commercial Houses	565412	2367695	9450487	15611316

* 2006 年起包括预售。

Note: Data after 2006 has covered selling in advance.

5—5 建筑安装企业主要经济指标
Major Indicators of Construction and Installation Enterprises

指　标	Item	2000	2005	2010	2012
全　市	**Total**				
建筑业总产值(亿元)	Gross Constructive Output Value (100 million yuan)	162.6	328.6	1055.2	1741.2
施工房屋面积(万平方米)	Floor Space of Buildings under Construction(10000 sq. m)	1929	2669.4	5733	10485
竣工房屋面积(万平方米)	Floor Space of Buildings Completed (10000 sq. m)	915.4	1262	1839.5	2349.2
竣工率(%)	Completed Rate (%)	47.6	47	32.1	22.4
职工平均人数(万人)	Average Staff and Workers (10000 persons)	25.1	26.8	67.7	74.5
年末固定资产原值(亿元)	Origial Value of Fixed Assets at Year - end (100 million yuan)	49	78.6	155.9	186.7
年末固定资产净值(亿元)	Net Value of Fixed Assets at Year - end (100 million yuan)	33.3	57.9	102.1	139.4
利润总额(万元)	Total Profits (10000 yuan)	18237	59971	350891	464680
国有企业	**State - owned Enterprises**				
施工产值(亿元)	Output of Construction (100 million yuan)	57.3	196	149	190.9
施工房屋面积(万平方米)	Floor Space of Buildings under Construction(10000 sq. m)	430.4	1794.6	835	1618.7
竣工房屋面积(万平方米)	Floor Space of Buildings Completed (10000 sq. m)	181.1	712.1	242.1	254.3
竣工率(%)	Completed Rate (%)	42.1	39	29	15.7
职工平均人数(万人)	Average Staff and Workers (10000 persons)	7.6	14.3	10.5	13.2
年末固定资产原值(亿元)	Origial Value of Fixed Assets at Year - end (100 million yuan)	24.6	43.1	22	35.7
年末固定资产净值(亿元)	Net Value of Fixed Assets at Year - end (100 million yuan)	15.5	30	13.5	30.6
利润总额(万元)	Total Profits (10000 yuan)	231	13772	23899	28919

6 国内贸易主要综合指标
Main Indicators of Domestic Trade

单位:万元 (10000 yuan)

指　　标	Item	2000	2005	2010	2012
社会消费品零售总额 *	Total Retail Sales of Consumer Goods	5660080	9150855	21056471	28022020
私营批发零售贸易业	Private Wholesale and Retail Trade				
户数(个)	Number of Economic Active Unit (unit)	8598	15860	27073	39963
人数(人)	Number of Persons (person)	98300	146020	174964	254180
个体批发零售贸易业	Indivial Wholesale and Retail Sale Trade				
户数(个)	Number of Economic Active Unit(unit)	116156	107227	136957	164182
人数(人)	Number of Persons(person)	251283	273743	332817	338508
限额以上批发零售贸易业主要财务指标	Above Designated Size in Wholesale and Retail Trade				
资产总计	Total Assets	3556223	5198536	12812620	19127713
负债总计	Total Liabilities	3006513	4365904	9673985.2	14375224
商品销售收入净额	Net Revenue of Sales	8107213	21755862	47371585	69792505
商品销售成本	Total Sales Cost	7694821	19766987	45169503	67077843
经营费用	Total Operating Cost	274810	554449	1180551	1067252
管理费用	Total Management Cost	138332	224695	553619	967869
营业利润	Total Operating Profits	-26819	32235	320385	359000
利润总额	Total Profits	6956	123740	283120	381349

注:2003 年开始,社会消费品零售总额不含制造业和农对非零售额。2011 年开始,社会消费品零售总额中不含其他行业零售额。

Nate:Total retail sales of consumer goods from 2003 didnt include retail sales of manufacture and farmer sold nonfarmer. The total retail sales of consumer goods have not included other industry since 2011.

7—1 进出口总额
Total Imports and Exports

单位:万美元 (USD 10000)

年 份 Year	进出口总额 Total Imports and Exports	进口总额 Total Imports	出口总额 Total Exports
1990	44199	11130	33069
1995	161834	70177	91657
1996	172664	85943	86721
1997	160173	74875	85298
1998	158746	81199	77547
1999	181662	101740	79922
2000	268348	138646	129702
2001	279178	154085	125093
2002	285596	145531	140065
2003	426037	225599	200438
2004	525161	285026	240135
2005	458998	221876	237122
2006	528931	263100	265831
2007	606943	275007	331936
2008	712863	300527	412336
2009	657028	304679	352349
2010	785604	377887	407717
2011	1062025	579513	482512
2012	1274827	678313	596514

注:1990 年以后为地区口径,1995 年以后为海关统计数字。

Note: Data in this table refer to local calculation methods since 1990, and refer to Custom's statistics since 1995.

7—2 国际旅游事业发展情况
Development of International Tourism

年 份 Year	接待国家及地区数(个) Number of Foreign Countries and Regions (unit)	接待的境外旅游人数(人) Number of Foreign Tourists (person)	外国人 Foreigners	港澳台胞 Hongkong, Macao and Taiwan Compatriot
1990	100	41899	26269	15045
1995	119	103696	86665	16913
1996	123	107946	91806	16051
1997	134	118740	100987	17656
1998	137	120700	96001	24642
1999	133	137576	109833	27726
2000	138	161245	132688	28497
2001	151	176961	144086	32623
2002	152	237627	194984	42643
2003	148	184255	150769	33486
2004	148	272838	222758	50080
2005	148	326513	264221	62292
2006	148	400037	332027	68010
2007	148	456013	378773	77240
2008	148	476357	399555	76802
2009	148	495517	415356	80161
2010	148	550313	460885	89428
2012	–	750011	587028	162983

注:旅游收入 1994 年以前计量单位为万元外汇券。

Note: Measured unit of tourism revenue before 1994 refer to 10000 FEC.

7—3 利用外资
Used Foreign Capial

单位:万美元 (USD 10000)

年份 Year	新签项目数(个) New Signed Projects (unit)	新签合同外资额 New Signed Contracts of Foreign Capital	外商直接投资 Direct Foreign Investment
1985	29	5661	24
1986	33	4349	150
1987	25	4737	597
1988	89	11008	1411
1989	75	8166	2806
1990	104	15899	2747
1991	186	39615	3348
1992	708	93801	8009
1993	1129	118035	33254
1994	835	181928	40662
1995	666	116977	46052
1996	512	109669	39551
1997	492	93864	53760
1998	475	103278	56636
1999	598	110734	49836
2000	646	176835	71230
2001	569	154633	85217
2002	661	205188	140880
2003	743	225074	224237
2004	771	259650	242277
2005	901	616732	212312
2006	863	852098	303444
2007	772	1284685	504451
2008	518	1026288	600138
2009	710	1205220	541039
2010	473	812110	505369
2011	221	542149	550247
2012	158	299188	580435

8—1 公共财政预算收入
Local Financial Revenue

单位:万元 (10000 yuan)

年份 Year	合计 Total	增值税 Value - added Tax	营业税 Business Tax	个人所得税 Individual Income Tax
1980	145226			
1985	209685			
1990	310726	85402	89474	
1995	355684	85863	118226	21213
2000	611225	102329	181231	48684
2001	808178	116022	207681	66601
2002	1018511	138751	267568	71808
2003	1039268	99954	239212	40968
2004	1395086	91920	319011	51943
2005	1815157	126103	364924	59377
2006	2457841	143852	450114	62807
2007	2308085	167666	553293	77831
2008	2910381	189969	645841	84298
2009	3202070	206245	725216	86929
2010	4653540	399458	1295086	173245
2011	6201243	464531	1629897	201518
2012	7150377	520788	1803516	175968

注:2010 年财政指标口径调整。
Note:The caliber of financial index was adjusted in 2010.

8—2 公共财政预算支出
Local Financial Expenditure

单位:万元 (10000 yuan)

年份 Year	合计 Total	科技三项费 Three kinds Funds of Science and Technology Promotion	城市维护费 City Maintenance Expenditure	行政管理费 Expenditure for Government Administration
1980	50245	745	5557	4751
1985	105264	1181	8902	8574
1990	230580	3672	31234	13370
1995	458861	7972	42952	30448
2000	924893	16565	102892	50559
2001	1034810	19327	139292	61458
2002	1281673	22304	146385	65118
2003	1608515	27240	172724	71667
2004	2033157	33157	234083	92593
2005	2534094	41829	314929	122771
2006	3393019	62953	395492	140937
2007	3396754			
2008	4067372			
2009	4758822			
2010	5166242			
2011	6392904			
2012	7660854			

8—3 金融机构人民币存款
Saving Deposits of Financial Institution

单位:万元 (10000 yuan)

年份 Year	合计 Total	企业 Enterprises Deposits	财政 Treasury Deposits
1980	241023	110224	5231
1985	592234	246727	1049
1990	1817149	547384	-812
1995	7638677	2259015	96777
2000	17004871	6014533	58446
2001	19070186	6514187	92245
2002	22741574	7045754	234561
2003	26917421	8103598	173388
2004	30504700	9778109	147342
2005	35630020	10435257	141276
2006	39712846	13330155	189634
2007	45497117	17101533	1534609
2008	52759189	18345237	1281317
2009	66574455	25025439	2192293
2010	80919886	25975315	2424321
2011	88956679	46176511	2200122
2012	102753529	53087198	2852221

8—4 金融机构人民币贷款
Loans of Financial Institutions

单位:万元 (年末余额)(Year - end) (10000 yuan)

年份 Year	合计 Total	工业企业 Loans of Industrial Enterprises	商业 Commercial Loans	农业 Agriculture
1980	476909	123914	163466	8448
1985	830225	220910	243665	23350
1990	2481718	954692	669374	37953
1995	7158771	2349455	1714425	145387
2000	13921674	3131357	2659249	275434
2001	15472805	3445679	3051279	300743
2002	18485879	3575166	3258976	359696
2003	21721849	3585917	3272161	328460
2004	22947475	3428991	2860594	389076
2005	22885209	1985803	2365452	923562
2006	25518637	2544607	2501493	955818
2007	26997552	2715724	2472866	1005785
2008	32500508	2746408	2138102	1125437
2009	50848567	3690848	2144433	1409902
2010	59701639			
2011	68889672			
2012	78527063			

注:2006 年起贷款余额包括国家开发银行贷款。

Note: Balance of Loans included Development Bank of China from 2006.

9—1 各类学校数
Number of Schools

单位:个 (unit)

年份 Year	合计 Total	高等学校 Institutions of Highter Education	中等专业学校 Specializde Secondary Schools	普通中学 Regular Secondary Schools	职业中学 Vocational Schools	技工学校 Secondary Technical Schools	小学 Primary Schools
1952	2089	11	22	39			2015
1957	1556	10	27	135			1317
1962	1928	23	27	189			1628
1965	3299	14	19	223			2666
1970	3263	9	14	518			2722
1975	3126	9	22	515		19	2580
1978	2635	15	18	465		46	2137
1980	2732	18	27	385	18	111	2168
1985	2650	22	44	348	44	110	2069
1986	2494	23	50	340	53	118	1900
1987	2483	24	50	339	52	116	1892
1988	2481	21	46	335	52	114	1900
1989	2485	21	46	339	53	111	1892
1990	2469	21	46	334	51	110	1893
1991	2446	21	45	333	51	114	1866
1992	2311	22	45	322	53	113	1742
1993	2265	22	45	330	56	113	1685
1994	2230	22	44	335	76	108	1627
1995	2310	22	48	359	85	113	1664
1996	2344	22	50	369	97	111	1681
1997	2342	22	51	368	98	111	1677
1998	2242	20	52	373	105	63	1584
1999	2112	21	48	367	103	45	1519
2000	2040	21	42	368	92	35	1468
2001	1958	21	40	360	77	30	1415
2002	2004	24	46	365	96	93	1366
2003	1817	36	39	362	89	30	1247
2004	1670	36	40	362	98	33	1087
2005	2064	37	39	354	95	34	977
2006	1398	37	35	348	85	30	849
2007	1185	40	35	337	66	32	649
2008	1090	40	43	334	58	35	545
2009	1011	49	41	334	52	37	482
2010	927	50	41	321	47	37	415
2011	864	51	40	324	46	37	350
2012	834	50	40	322	44	37	325

9—2 学校专任教师数
Number of Full－time Teachers

单位:人 (person)

年份 Year	合计 Total	高等学校 Institutions of Highter Education	中等专业学校 Specializde Secondary Schools	普通中学 Regular Secondary Schools	职业中学 Vocational Schools	技工学校 Secondary Technical Schools	小学 Primary Schools
1952	14580	1527	769	1778			10412
1957	21770	2915	2050	4583			11870
1962	32122	4674	1919	6270			19015
1965	39661	4063	1528	8138			23954
1970	49776	3181	668	16060			29837
1975	57186	3441	1366	23249			28946
1978	58195	5665	1468	26127			24770
1980	59509	6689	1372	25652	114	1634	23628
1985	60749	8513	2433	20318	1673	2175	25453
1986	62448	10418	2687	20289	2099	2436	26812
1987	65869	10235	2898	20891	2370	2540	26857
1988	66920	10023	3183	20402	2704	2493	27781
1989	69801	11224	3125	20330	2607	2572	29582
1990	73080	10353	3055	21255	2733	2746	32641
1991	74189	10202	3042	21792	2835	2828	33166
1992	75262	10440	3169	22174	2576	2694	33875
1993	72734	10442	3193	21976	2816	2594	31309
1994	72396	10434	3207	21487	2966	2550	31096
1995	73318	10594	3203	22313	3142	2439	31216
1996	74195	10421	3197	23209	3268	2361	31340
1997	75095	10241	3435	23668	3574	2137	31566
1998	73511	10305	3364	23258	3736	1705	30781
1999	73240	10537	3310	23449	3903	1486	30208
2000	72508	11514	2822	23693	3570	1294	29276
2001	71675	12016	2756	24032	3451	1090	27989
2002	73476	13538	3070	24689	3437	956	27435
2003	77222	17074	2743	25231	4023	1174	26589
2004	82831	22632	3042	25164	4456	1168	25978
2005	111383	19944	2871	24994	4481	431	25518
2006	77488	20980	2544	24610	3846	430	24714
2007	79167	22702	2423	24224	2464	1074	24081
2008	78461	22981	3637	24052	2339	1296	23336
2009	78831	24079	4178	23943	1616	1357	22852
2010	77644	24058	4044	23873	1552	1299	22023
2011	79764	25665	4098	24329	1452	1705	21715
2012	79750	25986	4146	24015	1373	1444	21963

9—3 在校学生数
Number of Students

单位:万人 (10000 persons)

年份 Year	合计 Total	高等学校 Institutions of Highter Education	中等专业学校 Specializde Secondary Schools	普通中学 Regular Secondary Schools	职业中学 Vocational Schools	技工学校 Secondary Technical Schools	小学 Primary Schools
1952	54.62	1.14	1.34	4.69			47.45
1957	69.59	1.71	2.24	12.25			53.39
1962	88.35	2.81	1.32	13.54			70.68
1965	115.33	1.78	1.46	20.46			91.63
1970	137.37	0.38	0.1	43.95			92.94
1975	141.26	1.11	0.65	57.98			81.52
1978	132.54	2.03	0.81	63.22			66.48
1980	116.06	2.85	1	46.37	0.28	2.17	63.39
1985	96.82	4.18	1.68	31.23	2.17	1.17	56.39
1986	101.58	4.77	2.04	32.61	3.28	1.55	57.33
1987	101.9	4.92	2.32	31.18	3.41	1.64	58.43
1988	103.75	5.85	2.57	29.11	3.8	1.55	60.87
1989	105.35	5.72	2.6	27.41	3.84	1.53	64.25
1990	106.18	5.78	2.44	28.01	2.8	1.45	65.57
1991	106.41	5.92	2.45	30.38	2.7	1.44	63.4
1992	108.37	6.33	2.69	32.92	2.83	1.74	61.7
1993	108.87	6.76	3.04	33.26	3.11	1.87	60.68
1994	111.79	7.61	3.3	34.13	3.95	2.16	60.44
1995	114.49	8.81	3.71	35.63	4.73	1.9	59.55
1996	115.10	8.98	3.85	35.71	5.25	1.81	59.35
1997	115.03	9.19	3.95	34.1	5.99	1.55	60.1
1998	113.38	9.59	3.97	32.57	6.63	1.24	59.23
1999	112.12	10.91	3.95	33.42	6.72	1.03	55.93
2000	113.48	13.97	3.71	36.49	5.67	0.97	52.54
2001	113.99	16.77	3.79	38.75	5.12	0.91	48.43
2002	113.54	20.23	1.6	39.29	5.52	0.93	45.78
2003	129.91	35.16	5.46	38.94	5.69	1.33	43.17
2004	135.02	38.6	8.66	38.1	6.25	1.49	41.77
2005	133.76	43.24	5.78	37.22	5.86	1.77	39.74
2006	133.04	45.61	5.82	36.28	5.57	1.81	37.81
2007	127.42	42.02	5.58	34.93	5.26	1.46	36.39
2008	126.55	42.92	6.47	33.42	4.17	1.71	35.63
2009	122.30	43.54	7.13	31.63	3.21	1.96	34.27
2010	119.37	42.85	7.5	30.22	2.2	2.4	33.78
2011	121.14	45.71	7.12	29.02	2.16	2.45	34.26
2012	119.83	45.85	6.7	28.16	2.07	2.28	34.37

9—4 各类学校毕业生数
Number of Graduates

单位:人 (person)

年 份 Year	合 计 Total	高等学校 Institutions of Highter Education	中等专业学校 Specializde Secondary Schools	普通中学 Regular Secondary Schools	职业中学 Vocational Schools	技工学校 Secondary Technical Schools	小 学 Primary Schools
1980	370563	3960	1863	248745		2394	112823
1985	201168	7160	4245	85095	5047	4813	94156
1990	209420	15629	8293	87316	8346	4485	85140
1995	273662	19869	9050	109834	10319	9778	114609
1996	236019	24557	9192	86467	13916	6506	95111
1997	254420	24090	9563	113397	16354	7733	83023
1998	266049	23452	10512	120606	18745	5802	86685
1999	264571	23705	10789	107561	17195	5346	99975
2000	269752	23551	9619	97953	25769	3123	109518
2001	271328	26413	9087	103424	22408	3074	106658
2002	274188	33231	10423	118056	17536	2592	92122
2003	313895	73804	13514	127278	16618	3204	79265
2004	347418	91386	30060	127782	16086	3552	78291
2005	523406	100424	21379	126222	19886	5330	77078
2006	350156	106576	17274	125129	18055	5481	77432
2007	346035	119269	19240	117579	16899	6674	66672
2008	348551	119175	17117	115242	15570	7040	65761
2009	349546	125736	19296	116806	16210	8129	61952
2010	339456	130736	18827	105937	15167	9322	59206
2011	328563	129345	24478	102857	6518	8103	56683
2012	320474	125059	23005	98521	7191	8884	57293

9—5 卫生事业基本情况
Basic Status of Public Health

年 份 Year	医疗卫生机构数(个) Number of Health Institutions (unit)	医 院 Hospitals	门诊部(所) Clinics	医疗床位(张) Number of Beds (unit)	医 院 Hospitals	卫生技术人员(人) Medical Technical Personnel (person)	医 生 Doctors
1985	1648	251	1224	26578	24881	43849	14452
1990	1753	332	1290	37390	36015	52714	20350
1995	1380	374	857	38818	37344	55332	21964
2000	738	368	243	36116	34893	47943	20656
2001	731	362	246	35759	32555	47672	20772
2002	688	367	180	33495	32498	43637	18290
2003	682	329	177	33905	32148	43726	18678
2004	669	363	174	33588	32472	42870	18122
2005	635	196	146	34033	29618	42109	17329
2006	660	211	156	35377	31129	44784	18414
2007	1856	191	136	34731	30863	48835	19700
2008	1767	183	122	35053	31130	48736	19643
2009	1771	179	118	37528	33575	49699	20303
2010	1752	180	122	42822	38701	52327	20859
2011	1814	181	140	44634	40265	54636	22002
2012	1892	191	155	50933	46259	57989	22699

注:2007 年开始,卫生统计口径调整。
Note:Data on index had adjused Since 2007.

9—6 文化事业基本情况
Basic Conditions of Culture

单位:个 (unit)

年 份 Year	电影放映单位(影剧院) Film Projecting (Theater)	艺术表演团体 Art Performance Troupes	图书馆 Libraries	文化馆 Cultural Centers	博物馆 Museums	广播电台(座) Broadcasting Stations	电视台(座) Television Stations	图书馆藏书(万册) Collections of Libraries (10000 volume)
1990	55	17	18	16	4	2	2	529
1995	54	14	20	16	4	2	2	627
2000	29	12	20	16	5	2	2	685
2001	29	13	20	16	5	2	2	702
2002	29	13	20	16	5	2	2	740
2003	14	12	20	16	5	2	2	731
2004	14	12	20	16	5	2	2	731
2005	12	12	20	15	5	2	2	806
2006	40	12	21	15	5	2	2	839
2007	58	13	21	16	6	2	2	894
2008	59	15	21	16	6	2	2	945
2009	52	14	21	16	6	2	2	1021
2010	30	11	21	16	6	2	2	1089
2011	36	11	21	16	8	2	–	1133.5
2012	37	11	21	16	8	–	–	1199.7

注:2005 年以前电影放映单位数为影剧院数;2010 年起,电影放映单位数、坐席数与全年发行各种影片均来源于市文广局。2011 年起,省、市两级广播电台和电视台均合并成广播电视台。

Note:Before 2005, the number of film playing units was the number of theatres; since 2010, the number of the film playing units, seats and every kind of videos issued through the year all came from the Culture and Broadcast Bureau. From 2011, the provinces and cities′ broadcasting stations and TV stations merged into radio and television stations.

9—7 城市火灾与交通事故
Basic Statistics on Fires and Traffic Accidents

年 份 Year	火灾 Fires			交通事故 Traffic Accidents		
	发生次数（次）Numbers of Fires(case)	死亡人数（人）Deaths (person)	损失折款（万元）Losses Converted into Cash (10000 yuan)	交通事故数（起）Number of Trafffic Accidents (case)	死伤人数（人）Deaths and Injuries (person)	死亡人数 Deaths
1985	164	24	719	5535	4299	280
1990	2058	23	3359	5199	2348	292
1995	2449	19	550	3732	2087	301
1996	1548	17	6000	3150	1806	232
1997	1855	45	2678	3945	2162	233
1998	2469	31	2386	4568	2164	215
1999	2457	46	2221	3889	2185	205
2000	3387	30	2049	5887	4066	705
2001	4469	38	2005	6482	5112	809
2002	4550	41	1827	4780	4612	827
2003	5246	29	1729	3365	3652	718
2004	5683	40	1641	2948	3619	698
2005	4997	28	442	2796	3601	684
2006	6474	29	493	2162	2974	622
2007	2648	18	4164	2093	2900	614
2008	1842	18	286	2005	2652	556
2009	390	5	113	1989	2661	541
2010	396	19	122.5	1825	2496	556
2011	1028	12	464.3	1614	2346	529
2012	853	9	1179.3	1291	1803	502

注：自 1990 年起，公安部对火灾标准重新修订，故统计口径与以前年份不可比。
Note: Standards on fires had been revised by the ministry of public security since 1990, Therefor, statistical standards are not comparable with that before.

10—1 城市公用设施
Urban Public Facilities

年份 Year	自来水供水量(万立方米) Supply of Tap Water (10000 cu. m)	生活用量 For Residential Use	煤气销售量(万立方米) Total Volume of Coal Gas Sold (10000 cu. m)	生活用量 For Residential Use	液化气销售量(吨) Volume of Liquefied Petroleum Sold (ton)	年末公交营运车辆(辆) Number of Public Transpor-tation Vehicles (unit)	年末公交营运线路(条) Number of Routes	客运总量(万人次) Number of Passengers (10000 persons times)	出租汽车(辆) Number of Taxis (unit)
1985	35557	15621	19584	12002	18196	1124	69	65190	370
1990	55670	25395	27439	18746	33039	1356	75	71049	2998
1995	65518	34485	28631	22048	71828	2562	103	54640	13641
2000	59283	27000	21960	17472	64514	3217	111	80663	16609
2001	52535	22721	29326	19624	43653	3590	85	91712	16735
2002	51870	22143	26109	19766	40606	4420	102	108809	16735
2003	53803	13107	26792	19763	45506	4552	119	123626	17015
2004	59359	15548	30654	22473	44885	4751	119	114389	17118
2005	55985	13914	34626	24546	43900	4913	136	83785	17118
2006	66008	13894	21503	13475	44100	5096	142	90558	17316
2007	67940	14396	22403	14075	39564	5096	153	102489	17176
2008	67990	15060	22709	14366	38451	5192	192	110971	17334
2009	56935	16980	26594	11563	35300	5081	199	116000	17357
2010	52461	17128	31889	18081	31800	5013	202	120000	17200
2011	53490	19036	35672	18156	156000	5139	205	117894	17353
2012	56641	20785	39163	18499	156000	5232	206	113200	17844

注:煤气销售量2006年起为天然气销售量。
Note: Total volume of coal gas sold is natural gas after 2006.

10—2 城市市政工程设施及绿化
Urban Municipal Facilities and Green Areas

年份 Year	铺装道路 Paved Roads		桥梁(座) Bridges (unit)	立交桥 Overpass	排水管道长度(公里) Length of Sewer Pipelines (km)	路灯盏数(万盏) Number of Street Lights (10000 unit)	绿地面积(公顷) Green Areas (hectare)	建城区 Developed Area	绿化覆盖率(%) Developed Areas Covering Rate
	公里 (km)	万平方米 (10000 sq. m)							
1985	923	853	80	7	1004	2.8	9128	2183	15
1990	1640	1423	105	14	1578	3.2	11267	3314	22.03
1995	2452	2369	130	30	1793	3.4	18210	3398	19.33
2000	3018	3117	188	47	2116	5.2	20100	4528	23.91
2001	3018	4009	191	50	2116	6.3	20512	4729	22.9
2002	3014	4009	188	51	2209	7.8	12075	6397	28.23
2003	3057	4145	197	47	2221	12.7	13851	8385	34.4
2004	3073	4448	221	52	2284	12.7	19441	9962	38.1
2005	3117	4620	179	95	2888	14	20718	12602	40.65
2006	2533	4323	233	75	2932	15.3	21606	11974	41.1
2007	2590	4418	268	77	3115	19.6	22549	12856	41.65
2008	2603	4544	267	77	3206	20.9	22964	13812	41.81
2009	2833	5261	273	79	3850	21	25994	15159	41.83
2010	2895	5706	296	81	3738	21.3	25994	15836	42.01
2011	2906	6223	296	85	3648	21.9	26686	16533	42
2012	3138	6648	325	92	3797	22.3	28435	17540	42.22

注:铺装道路及桥梁,2006年口径发生变化。
Note: Statistics Standards were changed in 2006 in paved roads and bridges.

11—1 重点城市地区生产总值
Gross Domestic Products of Main Cities

单位:亿元 (100 million yuan)

城市	City	地区生产总值 Gross Domestic Product	第一产业 Primary Industry	第二产业 Secondary Industry	第三产业 Tertiary Industry
沈阳	Shenyang	6602.6	315.2	3383.2	2904.2
大连	Dalian	7002.8	451.4	3634.8	2916.7
长春	Changchun	4456.6	317.5	2291.5	1847.6
哈尔滨	Harbin	4550.1	506.8	1638.9	2404.4
南京	Nanjing	7201.6	184.6	3170.8	3846.2
杭州	Hangzhou	7804	255.9	3626.9	3921.2
宁波	Ningbo	6524.7	270	3516.7	2738
济南	Jinan	4812.7	252.9	1938.1	2621.6
青岛	Qingdao	7302.1	324.4	3402.2	3575.5
武汉	Wuhan	8003.8	301.2	3869.6	3833.1
广州	Guangzhou	13551.2	220.7	4713.2	8617.3
成都	Chengdu	8138.9	348.1	3790.6	4000.3
西安	Xi'an	4369.4	195.6	1893.8	2280
深圳	Shenzhen	12950.1	5.6	5737.6	7206.9
厦门	Xiamen	2817.1	25.2	1374	1417.9
北京	Beijing	17801	150.3	4058.3	13592.5
天津	Tianjin	12885.2	171.5	6663.7	6050
上海	Shanghai	20101.3	127.8	7912.8	12060.8
重庆	Chongqing	11459	940	6172.3	4346.7

11—2 重点城市地区生产总值增长速度
Indices Gross Domestic Product of Main Cities

(上年为100 Preceding Year = 100)

城市	City	地区生产总值 Gross Domestic Product	第一产业 Primry Industry	第二产业 Secondary Industry	第三产业 Tertiary Industry
沈阳	Shenyang	10	5.1	11.3	8.9
大连	Dalian	10.3	5.1	10.6	10.6
长春	Changchun	12	4.3	13.1	11.8
哈尔滨	Harbin	10	9.2	10.9	9.4
南京	Nanjing	11.7	4.9	11.9	11.8
杭州	Hangzhou	9	2.5	8.5	10.1
宁波	Ningbo	7.8	1.6	6	10.9
济南	Jinan	9.5	4.7	9.2	10.1
青岛	Qingdao	10.6	3.2	11.5	10.5
武汉	Wuhan	11.4	4.5	13.2	10
广州	Guangzhou	10.5	3.3	9.9	11.1
成都	Chengdu	13	3.8	15.6	11.5
西安	Xi'an	11.8	6	11.8	12.2
深圳	Shenzhen	10	-18.2	7.3	12.3
厦门	Xiamen	12.1	0.4	12.6	11.7
北京	Beijing	7.7	3.2	7.5	7.8
天津	Tianjin	13.8	3	15.2	12.4
上海	Shanghai	7.5	0.5	3.1	10.6
重庆	Chongqing	13.6	5.3	15.6	12

11—3 固定资产投资及实际利用外资
Total Investment in Fixed Assets of Main Cities and Actual Utilization of Foreign Capital

城市	City	固定资产投资额 Total Investment in Fixed Assets		实际利用外资 actual Utilization of Foreign Capital	
		亿元(100 million yuan)	增长率(%) Increases Rate(%)	亿美元(USD 100 million)	增长率(%) Increases Rate(%)
沈阳	Shenyang	5625.4	23.3	58	5.5
大连	Dalian	5624.4	23.5	123.5	12.2
长春	Changchun	3172.9	30.4	8.5	9.9
哈尔滨	Harbin	3950	31.1	19	18.8
南京	Nanjing	4558.5	21.3	41.3	15.8
杭州	Hangzhou	3722.8	20.1	49.6	5.1
宁波	Ningbo	2901.4	21.6	28.5	1.5
济南	Jinan	2186.1	20.4	12.2	10.9
青岛	Qingdao	4153.9	22.3	46	27.8
武汉	Wuhan	5031.3	20	44.4	18.2
广州	Guangzhou	3758.4	10.1	45.8	7.1
成都	Chengdu	5890.1	17.7	85.9	31.1
西安	Xi'an	4243.4	26.6	24.8	23.6
深圳	Shenzhen	2314.4	12.3	52.3	13.7
厦门	Xiamen	1332.6	18.1	17.8	2.8
北京	Beijing	6462.8	9.3	80.4	14
天津	Tianjin	8871.3	18.1	150.2	15
上海	Shanghai	5254.4	3.7	151.9	20.5
重庆	Chongqing	9380	22.9	105.3	0

11—4 国内外贸易
Domestic and Foreign Trade of Main Cities

城市	City	社会消费品零售额(亿元) Total Retail Sales of Consumer Goods (100 million yuan)		出口总额(亿美元) Total Exports(USD 100 million)	
		2012	增长率(%) Increases Rate(%)	2012	增长率(%) Increases Rate(%)
沈阳	Shenyang	2802.2	15.5	59.7	23.6
大连	Dalian	2224	15.5	346.8	11.2
长春	Changchun	1739.6	15	29	27.9
哈尔滨	Harbin	2394.6	15.7	18.6	-17.8
南京	Nanjing	3080.6	15.4	319	3.4
杭州	Hangzhou	2944.6	15.5	412.6	-0.6
宁波	Ningbo	2329.3	15.4	614.5	1
济南	Jinan	2323.6	14.9	57.2	-5.4
青岛	Qingdao	2564.5	14.9	408.2	3.6
武汉	Wuhan	3432.4	16	107.5	-8.3
广州	Guangzhou	5977.3	15.2	589.1	4.3
成都	Chengdu	3317.7	16	303.6	32.4
西安	Xi'an	2236.1	15.5	73	25.3
深圳	Shenzhen	4008.8	16.5	2713.7	10.5
厦门	Xiamen	882.1	10.2	454	6.5
北京	Beijing	7702.8	11.6	596.5	1.1
天津	Tianjin	3921.4	15.5	483.1	8.6
上海	Shanghai	7387.3	9	2068.1	-1.4
重庆	Chongqing	3961.2	16	385.7	94.5

11—5 公共财政预算收支
Total Local Government General Budgetary Revenue and Expendityre of Main Cities

城　市	City	预算收入(亿元)(100 million yuan) General Budgetary Revenue		预算支出(亿元)(100 million yuan) General Budgetary Expenditure	
		2012	增长率(%) Increases Rate(%)	2012	增长率(%) Increases Rate(%)
沈　阳	Shenyang	715	15.3	766.1	19.8
大　连	Dalian	750.1	15.2	891	21.2
长　春	Changchun	340.8	18.1	555.5	7.1
哈尔滨	Harbin	354.7	18.1	643.6	16.5
南　京	Nanjing	733	15.4	769.8	15.6
杭　州	Hangzhou	860	9.5	786.3	5.2
宁　波	Ningbo	725.5	10.3	828.4	10.4
济　南	Jinan	380.8	17	461.4	16.6
青　岛	Qingdao	670.2	18.4	766	16.3
武　汉	Wuhan	828.6	23.1	874.8	14.3
广　州	Guangzhou	1102.3	12.5	1343.8	13.3
成　都	Chengdu	781	18.9	982.3	15.8
西　安	Xi'an	397	24.6	597.5	20.8
深　圳	Shenzhen	1482.1	10.6	1565.7	-1.6
厦　门	Xiamen	422.9	14.1	460.7	16.8
北　京	Beijing	3314.9	10.3	3685.3	13.6
天　津	Tianjin	1760	21	2112.2	19.2
上　海	Shanghai	3743.7	9.2	4184	6.9
重　庆	Chongqing	1705.1	14.6	3055.7	19.9

11—6 金融机构人民币存贷款余额
Balance on Deposits and Loans of Financial Institutions of Main Cities

城　市	City	存款余额(亿元) Balance on Deposits (100 million yuan)		贷款余额(亿元) Balance on Loans (100 million yuan)	
		2012	增长率(%) Increases Rate(%)	2012	增长率(%) Increases Rate(%)
沈　阳	Shenyang	10275.4	15.5	7852.7	14
大　连	Dalian	10322.3	13.5	8127.4	13.4
长　春	Changchun	6578.3	18.1	5727.2	11.1
哈尔滨	Harbin	7360.3	12.3	5558	14.1
南　京	Nanjing	16131.4	15.7	12314.4	10.7
杭　州	Hangzhou	19599.9	8.2	17215.9	8.3
宁　波	Ningbo	11602.3	11.2	11300.3	10.7
济　南	Jinan	9798.5	18.4	7406.2	7.4
青　岛	Qingdao	9435	9.2	7947	14.3
武　汉	Wuhan	12929.3	13.8	10627.6	12.2
广　州	Guangzhou	29007	12.4	18023	10.3
成　都	Chengdu	20354	19.1	15630	13.6
西　安	Xi'an	12125.5	16.3	8635.2	14.1
深　圳	Shenzhen	27378.6	13.7	18020.1	10.2
厦　门	Xiamen	5151.4	9.7	4555.9	12.9
北　京	Beijing	81389.6	12	36441.3	9.1
天　津	Tianjin	19675.7	14.5	17392.1	14.1
上　海	Shanghai	59892.8	-	36485.9	-
重　庆	Chongqing	18934.8	19.6	15131.2	16.4

文献·法规选编

文　献

沈阳市国家新型工业化综合配套改革试验方案

（2012年1月9日）

为充分发挥我市在沈阳经济区中的核心和引领作用，率先开展国家新型工业化综合配套改革试验，依据国务院批复的《沈阳经济区新型工业化综合配套改革试验总体方案》精神和要求，特制定本方案。

一、综合配套改革试验的总体要求

（一）指导思想

坚持以邓小平理论、“三个代表”重要思想和科学发展观为指导，以新型工业化为主题，以体制机制创新为动力，以推动区域经济一体化及国际化为途径，积极适应国内外市场需求新变化，充分发挥我市产业比较优势，加快推进信息化和工业化深度融合，力争率先在产业结构优化、科技研发、企业发展、空间布局、生态建设五个方面取得重大突破，着力发展结构优化、技术先进、清洁安全、附加值高、吸纳就业能力强的现代产业体系，为完成“五大任务”、实现“三大目标”，推动老工业基地全面振兴作出重要贡献。

（二）试验原则

——坚持解放思想，勇于大胆创新。用足用好国家赋予改革试验区的先行先试权，积极探索适应新型工业化发展的新体制、新机制。

——坚持全面统筹，强化协调配套。充分认识改革对促进发展的重要性，统筹谋划、推进各项改革试验，最大限度地形成综合配套改革试验的合力。

——坚持因地制宜，着力突出特色。学习借鉴其他综合改革试验区经验，结合本地实际和现实需要，积极探索老工业基地全面振兴的新路子。

——坚持市场导向，注重政府推动。着眼于改革的市场化导向，发挥好政府组织实施和政策推动作用，形成全社会支持、参与、推动改革的良好氛围。

——坚持对外开放，建设开放经济。坚持“引进来”和“走出去”相结合，充分利用国际国内两个市场、两种资源，最大限度吸引社会资本。

（三）总体目标

经过“十二五”时期乃至今后一个时期的不懈努力，我市要率先建成国家传统工业改造与老工业基地振兴统筹推进示范区、先进制造业和高端服务业与现代农业协调发展示范区、信息化和工业化深度融合示范区、新型工业化与城市现代化相辅共进示范区，以及区域经济一体化与国际化互动发展示范区，把我市打造成为国家中心城市、先进装备制造业基地、生态宜居之都，实现沈阳老工业基地的全面振兴。

1. 中期目标。到2015年，基本建立符合国家新型工业化要求的体制机制，实现产业生态化、结构高级化、制造智能化、产品高端化。经济效益显著改善，地方财政一般预算收入年均增长13%以上；科技水平明显提高，研究与开发经费支出占GDP比重达到3%以上，具有自主知识产权的高新技术产品产值占全部高新技术产品产值的比重达到60%，发明专利占专利申请量40%以上；战略性新兴产业产值占工业总产值43%以上，规模以上高新技术产品增加值占规模以上工业增加值比重达到45%以上；单位工业增加值能耗、物耗及主要污染物排放量等显著降低；就业环境明显改善，城镇登记失业率控制在4%以内。

2. 远期目标。到2020年，全面建立符合国家新型工业化要求的体制机制。经济效益跻身副省级城市前列，综合实力进入国内城市前列；三次产业协调发展，形成以服务业为主导的经济结构；科技研发实力跃居国内城市前列；建立系统完整的低碳发展模式，资源环境建设达到国内先进水平，实现人与自然和谐共处；区域经济一体化及国际化达到国内先进水平；实现充分就业，人民生活更加富裕。

（四）主要任务

依据《沈阳经济区新型工业化综合配套改革试验总体方案》要求并结合我市实际，创造性地落实国家赋予的先行先试权，推进我市综合配套改革试验，完成十项体制机制创新任务，即：以促进产业结构优化、科技研发、企业发展、空间布局、生态建设等五个方面的体制机制创新为重点，紧扣新型工业化主题，实现率先突破；配套推进投融资管理、城乡统筹、对外开放、社会管理以及行政管理等五个方面体制机制创新。通过完成以上十项改革任务，为实现国家新型工业化综合配套改革目标提供支撑。

二、综合配套改革试验的重点内容

（一）创新产业结构优化体制机制，构建现代产业体系

1. 加快推进铁西装备制造业聚集区体制机制创新。充分发挥铁西区作为国家“老工业基地调整改造暨装备制造业发展示范区”的先行先试优势，率先探索可以示范全国的体制机制新模式。按照国家发改委批复的《沈阳铁西装备制造业聚集区产业发展规划》要求，着力探索建立能够有效增强自主创新能力、重大装备成套能力、基础产业配套能力和生产性服务业支撑能力的新体制、新机制。依托数控机床、通用石化装备、输变电装备、重矿机械、工程机械、汽车及零部件等传统装备制造产业，通过对大型骨干企业以及相关企业配套资源进行整合，开展招商选商工作，形成产业聚集优势，完善装备制造业配套体系，促进装备制造业总体规模不断壮大；推进以数字化、智能化、网络化、集成化为特征的装备自动化控制系统的研发和应用，促

进装备制造业向高端发展;以建设铁西生产性服务业聚集发展示范区为目标,规划、组织、建设以大型骨干企业为主的铁西装备制造业总部基地,积极推进国家服务业综合改革试点工作。争取国家增加铁西“双示范区”土地供给,加大争取国债和中央预算内等专项资金支持以及国家重大项目优先规划安排的力度。争取国家鼓励采购国产设备和推广应用首台(套)重大技术装备等方面优惠政策,争取提高中央预算内资金支持比例,争取国家东北老工业基地调整改造专项资金,加快我市机械、汽车、航空等装备制造业基地建设。

2. 推进国家级信息化和工业化融合试验区建设。以获批国家级信息化和工业化融合试验区为契机,全面落实《沈阳市国家级信息化和工业化融合试验区实施方案》。实施“十百千万”重点工程,实现融合水平整体提升;以装备制造、汽车、航空、电子信息等十大产业为重点,加速“两化”融合,做强优势产业和新兴产业,提升传统产业,提高行业和产业竞争力;在东陵(浑南)、铁西、大东、沈北和于洪等五个区开展“两化”融合试验,打造特色产业园区。同时,加强十大服务平台和五大人才培训基地建设,推进跨部门信息资源共享。在节能减排、安全生产、应急管理、重要基础设施建设等方面,加速推进信息化。

3. 完善战略性新兴产业培育机制。制定推动新兴产业发展的政策措施。设立新兴产业发展专项资金,支持先进装备制造、信息、生物医药、航空、新材料、新能源和节能环保七个战略性新兴产业发展。鼓励半导体、软件等潜力型产业发展,扶持一批高成长性的高新技术企业,并支持做大做强一批核心企业。争取国家在我市优先布局重大战略性新兴产业项目,支持我市建设民用航空国家高技术产业基地以及现代建筑产业园、泗水科技新城、近海静脉产业园等一批战略性新兴产业基地。积极推进国家新能源汽车使用城市试点工作,争取国家对我市生产的混合动力汽车给予专项资金支持。

4. 探索服务业与制造业互动发展新路径。加大消费对经济的拉动作用,大力发展以产业金融、产权和股权交易等为重点的金融业,以制造业与物流联动、保税物流等为重点的现代物流业,以总部经济、商贸流通、会展和中介服务等为重点的商务商贸服务业,以产品研发和设计等为重点的科技服务业,以软件和信息技术服务等为重点的信息技术服务业。建设全国现代物流示范城市,争取国家按工业类安排的现代物流项目用地,在不低于国家最低限价标准的前提下,参照工业用地市场评估价格确定招拍挂底价进行招拍挂。探索实施降低税收等引导扶持政策,鼓励制造业的科技研发、设计等服务业机构从主体分离,鼓励制造业企业发展服务外包,发展第三方生产性服务业。鼓励大型装备制造业企业发展成为总集成商、总承包商、总设计商。争取国家批准我市在服务业与大工业的用水、用电和用气价格方面进行先行先试,实行同水同价、同电同价、同气同价政策。建设沈阳金融商贸集聚区、五里河国际商务集聚区、北站北现代商贸集聚区、浑南软件动漫产业带、近海东北亚国际物流中心、沈海综合物流集中发展区、铁西装备制造业研发设计中心、沈北新区中央商务区、沈阳国际物流港等生产性服务业集聚区。依托泗水科技新城,发展医疗器械、健康管理服务业,争取开展国家医疗器械产业示范区建设试点。培育和发展物联网产业,争取成为国家物联网应用示范东北地区试点城市。

5. 创建现代高效农业体系。加快县域经济发展,创新农业产业化经营模式,围绕发展设施农业、休闲观光旅游农业、高效特色农业,建立和完善农业科技支撑和社会化服务体系,加快农业经济区发展并推进辉山农产品深加工等主导产业区建设。

(二)创新科技研发体制机制,完善自主创新体系

6. 建立企业创新激励机制。鼓励企业技术改造,提高技术创新能力,探索建立落后产能淘汰、退出和援助机制。在国家和省制定的淘汰落后产能标准基础上,根据我市工业实际情况,研究制定我市淘汰落后产能的范围和标准。探索政府支持产学研合作创新的新模式,引导企业以新体制、新模式建立研发机构,支持有条件的企业建立院士专家工作站,建立健全院士“进企、入区、到校”的长效机制,促进院士与我市企事业单位开展项目合作和技术开发。鼓励借鉴先进模式,建立以市场为导向的产学研战略联盟,推动科技成果转化。

7. 大力构筑创新平台。争取国家在我市增设国家工程研究中心、工程实验室、企业技术中心,建立一批市场化运作的开放式公共技术平台。加快建设沈阳国家大学科技城。鼓励在沈高校建设大学科技园,吸引社会多元化资金投资兴建创业园和孵化器。支持以东陵区(浑南新区)、沈北新区、大东区、棋盘山开发区为重点建设综合型孵化器和专业型孵化器。建立完善区域技术产权交易市场。依托泗水科技新城,加快眼产业、医疗器械等科技项目研发,在国内外建立完善一批国际科技合作示范基地。

8. 营造自主创新环境。加大财政对应用技术和共性技术在研发、引进技术消化吸收再创新等方面的引导性投入,支持初创型中小企业发展。鼓励发展创业风险投资和私募股权投资,探索建立跨市创新投资基金,支持重大科技创新项目。鼓励企业实施品牌战略,对拥有驰名商标、名牌产品、地理标志产品称号的企业,优先列入技术改造、新产品开发等扶持计划。深化知识产权管理体制改革,强化知识产权保护。争取国家对我市申报的高新技术产业化专项给予政策倾斜,并在我市积极开展高新技术产业基地培育工作。

9. 建立培养引进高端人才的激励机制。打造高端人才服务平台,实施“科技创新人才工程”,培养一批具有创新思维的优秀科技人才和研发团队。实行人才全球招聘制度,加快引进领军型人才和掌握核心关键技术的高端人才。争取国家加大对我市引进海外高端人才和收购研发团队的支持力度。推行技术要素参与收益分配政策,鼓励企业试行“期权期股”办法。建设统一规范的人力资源市场,促进人才交流与合作。

(三)创新企业发展体制机制,强化市场主体地位

10. 优化国有资本结构。深化大型国有企业股份制改造,推进国有资本证券化,推动沈鼓集团、北方重工集团上市,通过境内外整体上市、增资扩股、出让产权等方式,实现投资主体多元化。支持企业建立现代企业制度,完善公司法人治理结构。推进基础设施、公用事

业、文化产业领域及其他垄断性行业产权制度改革。

11. 创新企业经营模式。鼓励有条件的企业利用掌握的关键核心技术设计和研发新产品,提高核心竞争力,做大做强优势企业,探索我市企业规模扩张的有效途径。

12. 推进重点企业战略性重组。鼓励和支持境内外优势企业参与地方国有企业重组,加快国有企业产权多元化改革,推动国有资本向重点行业和优势企业集中。鼓励发展国际化、世界级大型企业,支持重点国有企业实施跨国界、跨地区、跨行业、跨所有制战略重组;支持企业参与对外并购,开展国际化经营;优先支持兼并重组企业技术改造。

13. 探索解决国有企业历史遗留问题的新途径。通过资产处置、债务重组、盘活存量等多种途径,努力化解国企改制重组遗留问题,切实维护职工合法权益;稳妥处置"壳企业",使其通过注销等多种方式规范退出市场。

14. 健全非公经济政策扶持体系。支持民间资本投向基础设施、公共事业、社会事业、金融服务等领域;发挥财政投入的示范和引领作用,采取加大担保机构资本注入、设立风险补偿金、以奖代补等方式扶持信用担保机构,构建中小企业融资性再担保体系。鼓励发展小额贷款公司,支持非公企业以股权融资和项目融资方式筹集资金;完善农村房屋、土地承包经营权和集体建设用地使用权流转及扶持政策,为扩大中小企业融资抵押范围创造条件。完善中小企业上市育成机制,支持非公企业和中小企业在国内外上市。支持具备条件的非公企业发行企业债券。

15. 营造有利于中小企业发展的良好环境。开展中小企业服务体系建设改革试点,构建统一的中小企业社会化服务体系,形成公益性服务和商业性服务共同推进的新格局。建立完善市、区县(市)、产业园区三级中小企业服务中心和服务网络。整合社会资源,构建创业辅导、融资担保、技术支持、信息网络、人才培训、法律维权、合作交流、企业信用等八个服务子体系。鼓励中小企业与大型企业建立产业链的协作配套关系,促进其向"专精特优"方向发展。完善鼓励创业的体制机制,支持中小企业创业基地建设,积极提供孵化场地和全程创业服务。

(四)创新优化空间布局体制机制,逐步形成新的发展格局

16. 创新产业聚集发展模式。开展产业集群化发展试点,重点推进铁西、东陵(浑南)、大东、皇姑、沈北等主体区和于洪、辽中等配套区。大力发展一批现代服务业集聚区,积极推进金融商贸开发区、金融街、物流园区(中心)、商贸中心、高端服务产业园区建设。打造铁西机床及功能部件、汽车及零部件、现代建筑、电气及配件、医药化工、民用航空等重点产业集群和沈北光电信息和手机、大东汽车、东陵(浑南)软件及电子信息产业集群等一批产出超千亿元的工业园区。

17. 加快沈阳经济区一体化进程。进一步完善有利于区域经济一体化发展的政策支持体系,切实推动沈阳经济区一体化建设向纵深发展。坚持把沈抚同城化作为沈阳经济区战略的重点和突破口,把沈抚连接带作为沈抚同城化规划建设的切入点和实践区,促进沈抚两市在发展、建设和管理上的高度协调,在产业布局、城市功能、生态建设三个方面真正实现统筹规划、协调一致、加快发展。推进沈抚两市交通、信息、环保、能源等重大基础设施的共建共享。完善城际道路网络体系,逐步实现沈阳经济区交通同城化管理。加强与沈阳经济区其他城市的经济合作,打造"一核五带"新型工业化城市群框架体系,形成八城市集群化发展的新模式。探索建立与辽宁沿海经济带及东北其他地区经济合作的新机制,形成良性互动发展的新格局。

18. 深化土地管理制度改革。推进国家城乡建设用地增减挂钩试点,争取国家扩大我市增减挂钩试点范围并适度增加我市建设用地指标。落实工业用地最低价格标准,探索建立工业园区和工业用地预申请制度。建立征地补偿和被征地农民安置新机制,建立征地补偿安置争议协调裁决制度。创新农村集体建设用地管理制度,规范农村土地承包经营权流转市场,建立健全土地流转服务体系,试行耕地占补平衡市场化运作办法。完善城市土地储备制度,改革土地收益分配使用管理制度,优化土地收益支出结构,完善节约集约用地评价指标体系,加强土地利用监管,建立节约集约用地长效机制,逐步建立城乡统一的建设用地市场。要尊重农民意愿,不得强制收回承包地和宅基地,不得强制要求以承包地换社保、以宅基地换户口。

(五)创新生态文明建设体制机制,探索可持续发展道路

19. 创建全国环境建设样板城。鼓励采用生态工业、静脉产业等世界前沿的设计理念和科学方法,在生态园区、静脉产业、低碳城市建设等关键领域力求突破。打造近海经济区国家级环保产业示范基地,争取将辽河保护区治理及生态恢复列为国家级试点。支持蒲河生态廊道建设,促进沿线开发。推进沈北新区、铁西区、和平区、沈河区、东陵区(浑南新区)、于洪区创建国家可持续发展试验区。完善政府绿色采购制度,促进环保技术创新和绿色经济发展。

20. 探索建立经济社会与资源环境协调发展的长效机制。建立资源环境有偿使用的市场调节机制和区域生态补偿机制,健全环境准入和节能评估制度,建立和完善高耗能、重污染企业退出机制。健全城乡环境基础设施运行保障和重要生态保护区保护管理机制,建设农村和农业环境监测体系。建立资源合理、可持续利用和生态环境有效保护的新模式,在棋盘山开发区开展资源节约和环境友好型社会建设试点。

21. 创新资源开发利用管理机制。推进沈阳环境资源交易所建设,争取开展资源环境产权交易试点,探索建立和完善资源产权制度,健全资源产权交易市场,推进排污权、水权等交易。争取将我市列入国家"十二五"水专项"城市水环境改善试点"和"饮用水安全保障"示范城市行列。建立被认证企业激励机制,推行节能环保产品政府强制采购制度。稳步推进资源性产品价格和环保收费改革。争取开展国家北方城市热电联产集中供热节能减排试点,争取国家批准我市建设一批热电联产项目;争取获得相对宽松的"上大压小"政策。争取成为国家天然气分布式能源示范区。积极推进城市燃气和热、电、冷三联供分布式能源系统建设。

22. 探索城市发展循环经济新模式。争取国家对我市节能环保项目的资金支持。推广使用绿色、环保、节能建材,促

进建筑节能逐步向规模化、产业化发展，争取成为国家建筑节能、绿色建筑和可再生能源建筑应用示范试点。建设循环经济产业园和循环农业示范区，构建循环经济产业体系，逐步建立以循环经济为核心的统计指标体系，在价格、税收、信贷、财政补助等方面建立有利于发展循环经济的激励机制。建立和完善促进静脉产业发展的体制机制，制定财政补贴、优惠利率贷款、技术研发专项经费等优惠政策。

23. 完善节能减排激励约束机制。完善政府引导、企业为主的节能减排投入机制，综合运用价格、税收、财政、金融等经济杠杆，有效促进社会、企业节约能源资源。强化节能减排目标责任制，建立完善节能减排指标、监测和考核体系，健全节能减排监督管理机制。

（六）创新投融资管理体制机制，构建资本支撑体系

24. 开展国家优化金融生态综合试点。以沈阳金融商贸开发区为主体，争取国家优先安排金融领域重大改革在我市先行先试，在金融市场、金融机构、金融产品、金融管理体制和金融生态等方面开展综合试验，促进东北地区金融生态环境优化和金融服务业多元化发展。加快沈阳金融街发展。优化金融创新发展环境，建立协调的金融市场发展机制。加快社会信用体系建设，构建金融安全区，带动东北地区金融生态的改善。

25. 创新发展金融市场体系。推动多层次资本市场融资，推进企业上市融资，支持上市公司通过配股增发和可转换债券等方式再融资。争取设立场外交易市场，积极推进我市“新三板”试点城市工作，扩大直接融资渠道。大力发展沈阳联合产权交易所，开展股权、债权交易等创新型业务，增强辐射和服务东北地区的能力。争取国家在我市设立商品现货交易所、农村综合产权交易所和开展碳金融试点，营造可持续发展环境，建立起辐射东北地区乃至全国的资本要素市场体系。发展产业金融，鼓励产业与金融深度融合，支持企业利用企业债券、短期融资券、中期票据、信托等融资工具进行融资。发展各类产业（股权）投资基金和资金信托业务，争取国家在我市开展科技发展、新能源、环保等产业投资基金和股权投资基金试点。深化农村土地承包经营权抵押贷款试点。拓展林权抵押贷款试点。鼓励保险资金投资基础设施建设。

26. 创新金融机构体系。大力发展金融机构总部和区域金融管理总部。争取国家优先支持我市设立信托公司、金融租赁公司等金融机构。争取国家政策支持设立货币经纪公司、消费金融公司、小额外币兑换公司、再担保公司等创新型金融机构。积极探索组建东北亚国际合作银行。鼓励发展小额贷款公司，加快发展村镇银行。依托地方法人金融机构，逐步探索组建金融控股集团。争取国家在我市设立上海期货交易所钢材交割仓库等金融要素市场。

27. 改革财税体制。争取开展地方税制综合改革试点，完善市与区县（市）财政转移支付制度；进一步理顺和完善“税收属地征管、地方税收分享”的市、区县（市）财税体制。探索建立我市与沈阳经济区财税管理协调机制。争取国家提高沈阳经济区各市地方税收留成比例。争取提高中央预算内资金及国债支持我市经济社会发展的比例，争取国家所得税返还政策和税收增量返还政策。

28. 推进投融资主体建设。积极探索政府投融资新模式，规范现有投融资平台，发展具有现代企业制度、符合金融机构贷款要求的新型融资公司。

（七）创新城乡统筹发展体制机制，探索城乡一体化实现形式

29. 创新城乡一体的规划新机制。沈北新区作为我市国家新型工业化综合配套改革试验先导示范区，开展综合改革试验；在东陵（浑南）、于洪、苏家屯开展城乡统筹发展及新型城镇化改革试点，新民、辽中、法库、康平四县（市）全面跟进，加快推进城市化。建立全市国民经济和社会发展规划、土地利用总体规划与城乡规划、城际连接带发展规划相互衔接、有机结合的体制机制。开展统筹城乡基础设施建设试验，逐步加大对农村基础设施的投入，统筹城乡基础设施建设和重大项目布局，明确区域功能定位，实现生产要素优化配置，推动全市经济社会协调发展。

30. 深化农村改革。建立集体林权流转制度，加快森林资源资产评估机构建设。发展多元农业社会化服务组织，全面推进村级公益事业建设“一事一议”财政奖补工作。鼓励各商业银行创新金融产品和服务，扩大涉农贷款业务；鼓励各商业保险公司创新保险产品和服务方式，逐步扩大涉农保险业务范围。

31. 探索新城、新市镇建设新模式。在我市五条城际连接带上，重点规划建设三个层次、十九个新城和新市镇。将城际连接带打造成为联结沈阳经济区八个城市的交通带、城镇带和经济带。争取将我市与沈阳经济区内其他市相连接的城际铁路、公路等交通基础设施建设项目优先纳入国家、省交通建设规划，争取国家和省在建设用地、资金投入等方面予以支持。

（八）创新全方位开放体制机制，提高国际化水平

32. 推进涉外经济体制改革。深化口岸管理体制改革，完善“大通关”制度，争取国家在我市设立出入境检验检疫二级局（直属局）。争取开展贸易通关管理模式改革试点。争取国家、省支持我市开发区的扩区、升级、调整区位工作。加快沈阳综合保税区建设，争取开展自由贸易区试点和扩大服务贸易开放先行试点。争取开展跨境人民币结算试点，实施行业信用保险统保。建设服务外包产业集聚区，积极承接国际离岸服务外包业务，争取成为国家服务外包示范城市。争取国家批准扩大沈阳海关管理覆盖范围，解决沈阳经济区出海口问题，支持我市符合条件的地区按程序申请成为海关特殊监管区域。

33. 建立利用外资导向机制。鼓励外资以参股、并购等方式参与国有企业改组改造和兼并重组；鼓励外商投资优势产业、战略性新兴产业和重大基础设施建设；鼓励跨国公司在我市设立区域总部和研发、采购等功能性机构。鼓励中外企业加强研发合作，支持符合条件的外商投资企业与内资企业、研究机构合作申请各级科技开发、创新能力建设等项目。

34. 创新利用外资方式。争取世行、亚行等国际金融组织和外国政府贷款，投向节能减排、生态环境建设、新城新市镇建设和社会发展等领域。支持符合条件的企业境外上市融资，鼓励外商以“建设——转让”、“建设——经营——转让”等方式参与重大基础设施和公共设施建设，鼓励外商投资设立投资性公

司。

35. 创新"引进来"和"走出去"模式。建立"政府推动、银行融资、企业承建、信保担保"四位一体的"走出去"模式。完善鼓励企业开展对外投资、工程承包和劳务合作的信贷、保险、补贴等政策体系。鼓励企业在境外建立研发、生产、销售和资源供应基地。支持企业并购海外科技型企业和研发中心。鼓励境外投资向服务贸易领域拓展。争取国家允许我市海外投资企业设立外汇专用账户用于境外采购。探索在新兴市场国家建立境外经贸合作区。

(九)创新社会管理体制机制,构建和谐社会环境

36. 完善就业创业促进机制。建立健全创业服务体系,鼓励创业带动就业,推进创业型城市建设。建立城乡统筹的就业机制,争取开展沈阳经济区一体化就业平台建设试点。深化收入分配制度改革,健全完善工资集体协商和集体合同制度,逐步提高劳动报酬在初次分配中的比重,切实增加和维护居民的财产性收入。健全劳动关系调处机制和职工工资共商共决机制、正常增长机制、支付保障机制。

37. 完善社会保障机制。扩大新型农村社会养老保险试点,逐步在全市范围内建立农民个人缴费、集体补助、政府补贴三方筹资的新型农村养老保险制度。制定城镇职工基本养老保险、农村社会养老保险、被征地农民基本生活保障衔接办法,推动有条件的地区实行城乡社会保障并轨,加快推进"五险合一"进程。进一步完善社会救助政策,健全分类救助制度,不断提高低保及优抚对象救助标准,完善社会福利法规体系。努力扩大农民工参加社会保险的覆盖面。

38. 深化教育综合改革。抓好国家装备制造业职业教育沈阳试验区工作,创新职业教育人才培养模式,健全校企合作机制,加强与国际高端培训机构的交流合作;加强数字化学习港建设,在有条件的地方开展社区教育改革试点,构建全民终身教育体系。

39. 推进文化领域改革。坚持政府扶持引导与市场化、企业化运作有机结合,努力形成多元投入、协同发展文化产业的崭新格局。整合演艺、传媒、影视、出版发行等资源,做大做强电影有限公司、出版发行集团等品牌文化企业,推进国有文化资产整合,培育文化企业集团,努力打造一批特色鲜明、竞争力强的文化产业集群。支持棋盘山国家级文化产业示范区建设,争取开展国家文化产业体制机制改革创新试点。积极与周边城市在更大范围内整合各类文化资源,培育文化消费市场。健全完善辽宁沈阳文化知识产权交易服务平台功能。以承办"十二运"为契机,促进形成全民参与健身活动的体制机制。

40. 深入推进医药卫生体制改革。建立覆盖城乡居民的基本医疗卫生制度,完善公共卫生和医疗服务体系。贯彻落实国家基本药物制度,完善食品药品质量监督机制。推进基层医疗卫生机构的体制改革、人事制度改革和财政补助政策改革。开展公立医院改革试点,探索公立医院管理体制和运行机制改革。争取国家、省将驻沈的省及以上医院的管理、监督权下放,授权我市制订区域卫生规划和区域医疗机构设置规划,鼓励社会力量开办医疗机构,形成多元办医、有效竞争的医疗市场。

(十)创新行政管理体制机制,建设公共服务体系

41. 推进政府管理创新。积极推进沈北新区综合配套改革试验先导示范区和于洪区城乡统筹发展综合改革示范区的试点工作,争取两区享有省级综合配套改革试验区的同等政策。推广沈北新区和东陵区(浑南新区)的体制机制创新经验,全面提高各级政府的行政效能。探索在城际连接带新城新市镇设立管委会体制。推进乡镇机构改革,做好乡镇机构改革政策的配套衔接。严格制定涉及企业的行政事业性收费目录,进一步减轻企业负担。完善行政复议制度和政府责任体系,建立行政问责制。健全政府决策的公开征询机制,完善政府信息发布制度,提高政府工作的透明度和公信力。

42. 完善公共服务体系。深入推进政企、政资、政事、政府与市场中介组织分开;充分发挥社会组织作用,大力培育行业专业协会和社区社会组织;建立和完善政府向社会组织购买服务制度。增加公共服务领域财政投入,促进基本公共服务均等化。

43. 推进社会管理创新综合试点工作。做好社会管理创新综合试点的各项工作,全面加强社会矛盾纠纷排查调处、社会公共服务、社会公共安全等六大体系建设。按照关口前移、重心下移的要求,进一步健全和落实社会稳定风险评估机制,从源头上预防和化解社会矛盾纠纷。进一步加强社会治安防控体系建设和基层社会管理工作。

44. 加强基层社区建设。进一步加强基层民主建设,努力改善社区基础设施条件,不断提高社区服务功能,大力推进社区工作者职业化进程,积极开展农村社区建设。

45. 建立符合科学发展观的绩效考核体系。探索建立绿色 GDP 核算体系和政绩考评体系,把体现新型工业化要求的指标作为重要的绩效考评指标,加大生态环保、节能降耗、公共服务等指标考评权重,引导各级政府把工作重点转移到转变经济发展方式、提高经济增长质量和效益上来。

三、综合配套改革试验的保障措施

(一)加强组织领导

沈阳市综合配套改革试验领导小组全面负责全市新型工业化综合配套改革试验工作,协调解决有关重大问题。市综合配套改革办公室主要负责全面推进全市综合配套改革试验工作,组织制订全市综合配套改革试验总体方案(规划)、研究制订全市综合配套改革试验相关政策,组织各地区、各部门与国家、省相关部门搞好衔接;落实国家、省交办的各项任务;组织编制专项试验方案(规划)及实施方案;协调推进各项改革试验的实施并开展动态督促和考核工作;做好市综合配套改革试验领导小组的日常工作;市直有关部门和各区、县(市)、开发区要明确任务、落实责任、充实人员,并在同级财政预算中安排必要的工作经费。

(二)明确职责分工

要依据本《方案》编制综合配套改革试验任务分解表,明确各地区、各部门的责任分工。在市综合配套改革领导小组的领导下,各地区、各部门要依据本《方案》编制各自的专项试验方案,并主动与国家、省有关部门搞好衔接,及时解决好综合配套改革试验中宏观政策的支持问题。各地区、各部门要按照各自的

试验方案，全力推进相关工作，按照市综合配套改革办公室的统一要求，定期反馈进展情况，及时解决有关问题。

（三）推进试点示范

国家业已批准的创新型城市建设、信息化和工业化融合试验、现代建筑产业化试验、环境建设样板城等一批专项改革试点要抓紧启动实施，及时取得经验。沈北新区综合配套改革试验，铁西区生产性服务业专项改革试验，沈阳金融商贸开发区国家优化金融生态专项改革试验，东陵区（浑南新区）、铁西区、大东区、沈北新区和于洪区国家信息化和工业化融合专项改革试验，沈阳综合保税区现代综合保税专项改革试验，东陵区（浑南新区）、于洪区、苏家屯区城乡统筹发展及新型城镇化专项改革试验，要先行先试，率先突破。其他部门和地区的专项改革试验，要全面铺开，形成综合配套改革试验全面推进的新局面。

（四）规范试验管理

建立重点改革事项管理制度，对重点改革事项实行项目管理，规范项目管理程序，建立进程统计、考核、评价体系，定期对改革试验情况进行总结，在不同阶段组织综合评估。及时将综合配套改革试验中的问题、经验、典型上报国家和省。设立必要的国家新型工业化综合配套改革试验基金，支持重大改革事项的咨询、论证、评估等，提高综合配套改革试验的有效性和科学性，防范和减少改革风险。

（五）营造良好氛围

采取多种形式，加强宣传引导，努力营造上下齐心、精诚协作、人人参与的改革氛围。在全社会倡导信息化带动工业化、工业化促进信息化的发展理念，让节约资源、保护环境成为每个社会成员的自觉行动，积极推动国家新型工业化综合配套改革试验顺畅开展。

中共沈阳市委关于进一步加强和改进机关党建工作的意见

（2012年2月15日）

为认真贯彻落实《中国共产党党和国家机关基层组织工作条例》（中发〔2010〕8号）精神，全面提高机关党的建设科学化水平，现就进一步加强和改进全市机关党建工作提出如下意见。

1. 机关党建工作的总体要求。坚持以党的执政能力建设和先进性建设为主线，以建设为民、务实、清廉机关为目标，以加强机关党员、干部党性锻炼和改进机关作风为重点，以开展“讲党性、重品行、作表率”、“四个一”活动和实施“四项工程”（学习工程、创新工程、精品工程、奉献工程）为载体，以改革创新精神全面加强机关党的建设，把服务全市中心工作、建设一流机关队伍贯穿始终，充分发挥协助和监督作用，更好地为全市振兴发展大局服务、为完成机关中心任务服务、为基层和群众服务，推动机关党建工作始终走在全市基层组织建设的前列。

2. 规范机关基层党组织设置。根据工作需要和党员人数，科学设立机关党的基层组织。经上级党组织批准，机关党员在70人以上、100人以下的，可以设立党的基层委员会；30人以上、50人以下的，可以设立党的总支部委员会。机关基层党组织实行任期制，特殊情况需延期或提前换届的，时间不得超过一年。

3. 加强机关党务工作人员队伍建设。机关专职党务工作人员不得低于机关工作人员总数的2%。机关党组织书记一般由本部门党员负责人兼任，也可以由同级党员干部专任。机关党委应配备专职副书记1人，专职副书记由本部门中层正职党员干部担任。专职副书记应参加或列席本部门党员领导干部民主生活会以及重要业务工作、机关事务管理等有关会议。加强机关党务工作人员的选拔、培养、使用、交流，把机关党务工作岗位建设成为培养干部的重要渠道。

4. 加强机关工委领导班子建设。按照政治强、业务精、作风正的要求，进一步配齐配强各级机关工委领导班子。

5. 提高机关基层党的组织生活质量。坚持和完善党的组织生活制度，严格遵守“三会一课”、组织生活会、民主评议党员、党员领导干部民主生活会等基本制度。加强党员领导干部参加双重组织生活的管理。把开展组织生活与建设学习型党组织、开展创先争优活动和党员思想工作交流等结合起来，大力推行开放式组织生活，不断创新组织生活的内容和形式，提高组织生活质量。

6. 扩大机关基层党内民主。坚持民主集中制原则，保障党员主体地位和民主权利。积极推进党务公开，营造党内民主评议、民主监督环境。改进机关基层党组织选举制度，逐步推行机关基层党组织领导班子由机关党员直接选举。

7. 保障机关党组织工作经费。机关党组织工作经费由财政统筹解决。设立市直机关党建专项经费，列入财政预算。市直设立党（工）委的部门，其机关党组织上缴的党费，按自留部分的25%上缴市直机关工委。

8. 理顺机关党组织的领导体制。建立由党委统一领导、组织部门牵头抓总、机关工委直接领导、各部门党组（党委）具体指导、机关基层党组织抓好落实的工作格局。区、县（市）直属机关工委的工作接受市直机关工委的指导。

9. 落实机关党建工作责任制。各区、县（市）委、市直各部门党组（党委）对本地区、本部门机关党建工作负总责，书记是第一责任人，分管领导是直接责任人，领导班子其他成员根据分工抓好职责范围内的机关党建工作。完善督查考评机制，将领导班子和领导干部履行机关党建工作责任制的情况作为其工作实绩的重要内容。区、县（市）委书记由市委组织部负责考评；各部门党组（党委）书记由组织部门会同机关工委督查考评；机关基层党组织书记由机关工委实行考评。

中国人民政治协商会议沈阳市委员会提案工作条例

第一章　总　　则

第一条　为发挥人民政协提案（以下简称提案）在履行政治协商、民主监督、参政议政职能中的重要作用，根据《中国人民政治协商会议章程》、《中国人民政治协商会议全国委员会提案工作条例》和《中国人民政治协商会议辽宁省委员会提案工作条例》，结合政协沈阳市委员会提案工作实际，制定本条例。

第二条　提案是政协委员和参加政

协的各民主党派、工商联、有关人民团体以及政协各专门委员会(以下统称提案者),向政协全体会议或者常务委员会提出的、经提案审查委员会或者提案委员会审查立案后,交承办单位办理的书面意见和建议。提案是履行人民政协职能的重要方式,是坚持和完善中国共产党领导的多党合作和政治协商制度的重要载体,是发扬中国特色社会主义民主的重要形式,是协助中共党委和政府及有关部门实现决策民主化、科学化的重要渠道。

第三条 提案工作以马克思列宁主义、毛泽东思想、邓小平理论和“三个代表”重要思想为指导,深入贯彻落实科学发展观,坚持走中国特色社会主义政治发展道路,遵循“长期共存、互相监督、肝胆相照、荣辱与共”的方针,充分发扬民主,广开言路,调动一切积极因素,为促进科学发展、社会和谐和全面建设小康社会服务。

第四条 提案工作坚持围绕中心、服务大局、提高质量、讲求实效的方针,把推动科学发展作为提案工作的第一要务,加强制度化、规范化、程序化和信息化建设,提高提案质量、办理质量和服务质量,提高提案工作科学化水平。

第五条 提案工作是人民政协的一项全局性工作,政协委员和参加政协的各民主党派、工商联、有关人民团体以及政协各专门委员会,应当密切协作,充分利用提案的方式履行职能。

第六条 政协沈阳市委员会全体会议(以下简称“政协全体会议”)听取并审议政协沈阳市委员会常务委员会(以下简称“常务委员会”)关于提案工作情况的报告,听取并审议提案审查委员会或者提案委员会关于提案审查情况的报告。

第七条 每届政协沈阳市委员会第一次全体会议成立提案审查委员会,由主任、副主任和委员若干人组成,成员从本届政协委员中产生,由第一次全体会议预备会议决定;负责第一次全体会议期间提案的审查立案工作,并向全体会议报告提案审查情况。

第二章 提案委员会

第八条 每届政协沈阳市委员会第一次全体会议闭会后,提案审查委员会即作为提案委员会列入专门委员会序列,在常务委员会和主席会议领导下,负责提案工作,每届任期五年。提案委员会组成人员任期内的调整,主任、副主任的任免由常务委员会决定,委员的任免由主席会议决定。

第九条 提案委员会的职责:

(一)起草常务委员会关于提案工作情况的报告。向政协全体会议报告提案审查情况。向常务委员会会议、主席会议报告工作;

(二)制定政协全体会议期间提案工作方案和提案委员会年度工作计划;

(三)依照本条例的规定,组织征集提案,做好知情明政服务;

(四)对征集的提案审查立案,组织重点提案的遴选与督办,协商确定承办单位;

(五)对提案进行综合分析,采取多种形式向有关单位或部门反映重要意见和建议;

(六)对提案办理进行检查和督促,对办理不符合要求的,及时商请承办单位重新办理;

(七)组织提案工作的宣传报道,逐步推动提案工作公开化;

(八)组织提案工作学习与培训,开展提案工作理论研究和多种形式的研讨活动;

(九)加强与市委办公厅、市政府办公厅和市法院、市检察院以及各承办单位的联系;

(十)加强与政协委员和各民主党派、工商联、有关人民团体以及市政协其他专门委员会的联系与协作;

(十一)加强与区、县(市)政协提案委员会的联系,互通情况,交流经验,指导工作;

(十二)接受全国、省政协提案委员会的工作指导。加强与各省、市政协提案委员会的联系,交流工作。

第十条 以提案委员会名义形成的重要文件,须经提案委员会全体会议或主任会议讨论通过,并由提案委员会主任或副主任审定、签发。

第十一条 提案委员会全体会议每半年举行一次,必要时可以临时召集;提案委员会主任会议根据工作需要举行。

第十二条 提案委员会下设办公室。办公室是提案委员会的办事机构,是政协机关的组成部分。

第三章 提案的提出和要求

第十三条 提案的提出方式:

(一)政协沈阳市委员会委员,可以个人名义或者联名方式提出提案;

(二)政协全体会议期间,可以界别、小组或者联组名义提出提案;

(三)参加政协的各民主党派、工商联、有关人民团体,可以本党派、工商联、团体名义提出提案;

(四)政协沈阳市委员会各专门委员会,可以本专门委员会名义提出提案。

第十四条 提案的基本要求:

(一)提案选题应围绕全市中心工作和人民群众普遍关心的问题进行调查研究和科学论证,使所提提案具有严肃性、科学性、可行性;

(二)提案须一事一案,实事求是,简明扼要,做到有情况、有分析、有具体的建议;

(三)委员联名提出的提案,发起人作为第一提案者,签名列于首位;以界别、小组或者联组名义提出的提案,召集人作为第一提案者,须由召集人签名;以各民主党派、工商联、有关人民团体、政协各专门委员会名义提出的提案,须由该组织负责人署名并加盖公章;

(四)提案必须按照规定的格式以书面形式提交。

第十五条 提案可以在政协全体会议期间提出,也可以在闭会期间提出。

第十六条 提案委员会应加强闭会期间的提案征集工作。提案者应当重视在闭会期间提出提案,可将有关调研报告或在政协全体会议、常务委员会会议和专题协商会议上的发言按照有关要求转化为提案。

第四章 提案的审查和处理

第十七条 提案审查委员会或者提案委员会本着尊重和维护提案者的民主权利、保证提案质量的原则,对收到的提案进行审查,符合本条例第三章规定的,予以立案。经审查立案的提案,应根据提案的内容和有关单位或部门的职责确定承办单位。凡涉及两个或两个以上承办单位办理的提案，应确定主办单位和会同办理单位或分别办理单位。对内容相同且符合立案标准的提案，作并案处理，原提案第一提案者均为并案后提案的第一提案者。并案处理情况应当及时告知提案者。

第十八条 有下列情形之一的，不予立案：

（一）涉及党和国家秘密的；

（二）国家明令禁止的；

（三）本市没有管理权限的；

（四）中共党员对党内有关组织、人事安排等方面有意见的；

（五）民主党派成员反映本组织内部问题的；

（六）进入刑事、民事、行政司法程序或者行政复议、仲裁程序的；

（七）属于学术研讨的；

（八）为本人或亲属解决个人问题的；

（九）宣传、推介具体作品、产品的；

（十）指名举报的；

（十一）执纪执法机关正在审查的违纪违法问题；

（十二）内容空泛、没有具体建议或建议缺乏可行性的。

未予立案的，提案委员会在征得提案者同意后，可以通过委员来信或者反映社情民意信息等方式，将其所提意见和建议视不同情况转送有关部门研究处理或参考；也可作撤案处理。

第十九条 对涉及全局的重大提案，依照《政协沈阳市委员会建议案工作规则（试行）》规定，经审议通过后以建议案形式向有关方面提出。

第二十条 对立案的提案，按归口办理的原则，集中送交市委办公厅、市政府办公厅和市法院、市检察院。

第五章 提案的办理

第二十一条 承办提案的市委有关单位或部门、市政府有关单位或部门、市法院、市检察院，各区、县（市）党委和政府，有关人民团体等，应根据国家法律、法规、政策和有关规定办理提案，并对提案者作出书面答复。

（一）提案办理工作应健全制度，严格程序，保证质量。承办单位应在规定的时限内对提案进行答复。对提案的答复应当按规定的格式行文，并加盖公章。对不予采纳的，要说明情况。

（二）委员联名的提案，办理复文面送第一提案者；各民主党派、工商联、有关人民团体、政协各专门委员会的提案，办理复文面送提案单位；界别、小组、联组的提案，办理复文面送第一提案者；党群系统有关部门承办的提案，办理复文同时抄送中共沈阳市委办公厅；政府系统有关部门承办的提案，办理复文同时抄送市政府办公厅。所有办理复文均须抄送市政协提案委员会。

（三）涉及两个或两个以上单位会同办理的提案，主办单位应当主动协商，会同办理单位应积极配合，及时将会同办理意见告主办单位，由主办单位答复提案者；分别办理的提案，由各承办单位分别答复提案者。

（四）在办理提案中，提案者可以通过提案委员会向承办单位了解有关提案办理情况，可以参与提案办理全过程。提案者在收到办理复文后，应及时向提案委员会反馈办理意见。

（五）承办单位应主动加强与提案者沟通，征询提案者对办理答复的意见。提案者对办理结果不满意，提案委员会应建议承办单位重新研究，作进一步答复。

（六）办理各民主党派、工商联、有关人民团体、政协各专门委员会提案，在书面答复前，应先征求意见。

第二十二条 建议案的办理，承办单位应依照《政协沈阳市委员会建议案工作规则（试行）》的规定，认真办理。

第六章 提案的督办

第二十三条 提案的督办由政协沈阳市委员会办公厅统筹协调，各专门委员会分工协作，提案委员会组织实施。

第二十四条 提案委员会应当加强与市委办公厅、市政府办公厅和提案者的联系，随时了解和掌握提案办理情况。对于未按规定期限办复的、提案者对办理结果不满意的、办理质量不高的提案，应及时协调和督办。

第二十五条 提案委员会应当选择事关全局、影响较大、社会关注、操作性强的提案，在广泛征求意见并进行科学论证基础上，提出重点提案，报请主席会议审定后，作为重点提案进行督办。

第二十六条 经主席会议审定的重点提案，分别送市委、市政府主要领导阅示，由政协主席、副主席，政协各专门委员会督办，各民主党派、工商联、有关人民团体参与督办。

第二十七条 对于重点提案的督办，可以采用提案委员会、提案者、承办单位相结合的协商座谈、实地考察、专题调研、走访等方式，推动办理工作，保证办理质量。对提案中当年不能解决或承诺列入计划解决的，应及时向提案者说明。提案委员会要跟踪督办，促进落实，并适时有选择地做好评议工作。

第二十八条 每年主席会议将听取提案承办单位对重点提案办理情况的汇报；听取各专门委员会对重点提案督办情况的汇报。

第二十九条 每年常务委员会会议将听取并审议党群系统、政府系统提案办理情况的通报；审议市法院、市检察院提案办理情况的书面通报。

第七章 提案工作的表彰

第三十条 对于优秀提案、提案办理先进单位和先进工作者，政协沈阳市委员会给予表彰。

第三十一条 对于优秀提案、提案办理先进单位和先进工作者的表彰工作，按照《政协沈阳市委员会关于评选表彰优秀提案、提案办理先进单位和先进工作者实施办法》的有关规定执行。

第八章 附 则

第三十二条 本条例经市政协常务委员会会议审议通过后施行。提案委员会可结合实际情况，制定相应实施细则。

第三十三条 各区、县（市）政协委员会可以根据本条例，结合实际情况，制定相应的规定。

第三十四条 本条例由政协沈阳市委员会提案委员会负责解释。

中共沈阳市委关于开展向方文墨同志学习活动的决定

（2012年4月27日）

方文墨同志是中航工业沈阳飞机工

业(集团)有限公司钳工、高级技师、中共预备党员。他胸怀理想、立足岗位,勤奋学习、刻苦钻研,以坚韧不拔的毅力和始终不渝的追求勇攀技术高峰,创造了"0.003毫米加工公差"的"文墨精度",被誉为"全国最好的钳工"。2005年以来,他先后获得"沈阳市技术标兵"、"辽宁省技术能手"、"全国技术能手"、沈阳市"五一"劳动奖章、辽宁省"五一"劳动奖章、沈阳市特等劳动模范、辽宁省特等劳动模范、全国"五一"劳动奖章等荣誉称号。

方文墨同志用自己的创造和奉献展示了沈阳当代产业工人的时代风采,取得了不平凡的业绩,树立了80后技术工人的崭新形象。从2003年参加工作至今,他搜集整理了20余万字的钳工技术资料,自制刀、量、夹具100余把(件),改进各种刀、量、夹具200余把(件),改进工艺方法60余项,改进设备2项,研究生产窍门24项,总结先进操作方法和撰写技术论文12篇,申报技术革新项目20项,并取得了"定扭矩螺纹旋合器"、"加工钛合金专用丝锥"、"多功能测量表架"等3项国家发明专利和实用新型专利,显著提高了劳动生产效率,为企业的发展作出了突出的贡献。

方文墨同志继承和发扬了当代工人阶级的伟大品格。他是新时期产业工人勤奋劳动、诚实劳动、创新劳动的模范,是全市各行各业学习的榜样。为此,市委决定,在全市广泛开展向方文墨同志学习活动。学习方文墨同志的先进事迹,就是要学习他志存高远、报效国家的思想境界,忠诚事业、勇于担当,立志岗位成才;学习他刻苦钻研、勇攀高峰的敬业精神,勤于思考、善于学习,争当行业状元;学习他不畏挑战、敢于创造的进取意识,迎难而上、决不服输,争创一流业绩;学习他淡泊名利、甘于奉献的优秀品格,艰苦朴素、助人为乐、忘我工作,为沈阳全面振兴贡献力量。

当前,沈阳已进入科学发展、创新发展、和谐发展的新阶段,处在加快全面振兴的关键时期。学习方文墨同志的先进事迹,对于激励全市广大党员干部群众深入贯彻落实科学发展观,汇聚完成"五大任务"、实现"三大目标"的强大力量,推动"实力沈阳、活力沈阳、宜居沈阳、文明沈阳、和谐沈阳"建设,以优异成绩迎接党的十八大胜利召开,具有重要意义。全市各地区、各部门、各单位要高度重视,加强领导,精心组织,深入开展向方文墨同志学习活动。要将学习活动与"创先争优"和机关干部"四进四加强"活动结合起来,与向郭明义、陈新海、田志永、高光顺、徐占海、石俊英、贾明哲等先进典型学习活动结合起来,充分发挥先进典型的激励和导向作用。各级党委宣传部门和新闻媒体要采取多种形式,广泛宣传方文墨同志的先进事迹,大力弘扬劳模精神,在全市进一步营造"劳动光荣、知识崇高、人才宝贵、创造伟大"和崇尚先进、学习先进、争当先进、赶超先进的浓厚氛围,引导广大党员干部群众在全面振兴沈阳老工业基地的伟大实践中奋力拼搏、开拓进取,不断创造一流业绩,为推动沈阳在科学发展道路上加快全面振兴作出新的更大的贡献。

中共沈阳市委沈阳市人民政府关于2012年深入推进惩治和预防腐败体系建设的实施意见

(2012年5月2日)

为认真贯彻落实《中共辽宁省委辽宁省人民政府关于2012年深入推进惩治和预防腐败体系建设的意见》(辽委发〔2012〕4号)和《中共沈阳市委关于贯彻落实〈建立健全惩治和预防腐败体系2008—2012年工作规划〉的实施意见》(沈委发〔2008〕11号,以下简称《实施意见》)精神,结合沈阳实际,现就2012年深入推进惩治和预防腐败体系建设提出如下实施意见。

一、总体要求

2012年是贯彻落实中共中央《建立健全惩治和预防腐败体系2008—2012年工作规划》(以下简称《工作规划》)的收官之年,也是为谋划新的五年规划奠定基础的重要之年。全市惩治和预防腐败体系建设工作的总体要求是:以邓小平理论和"三个代表"重要思想为指导,深入贯彻落实科学发展观,紧紧围绕全市工作大局,坚持标本兼治、综合治理、惩防并举、注重预防的方针,统筹兼顾,突出重点,强化措施,加大力度,全面完成《工作规划》和《实施意见》部署的各项任务,整体推进惩治和预防腐败体系建设,为切实做好"深化改革、推进创新、提升文明、改善民生"四项重点工作,加快实现沈阳老工业基地全面振兴提供坚强的政治保证。

二、主要任务

(一)加强对领导干部的教育和监督

制定沈阳市加强对领导干部反腐倡廉教育的意见,促进反腐倡廉教育的制度化、规范化。以保持党的纯洁性为主题,深入开展从政道德示范教育和反面典型警示教育;以重要领域和关键岗位党员干部等为重点,着力抓好廉洁自律教育和岗位廉政教育,引导广大党员干部讲党性、重品行、作表率。广泛开展廉政文化创建活动,选树一批示范单位;充分利用新闻媒体等载体资源,加强廉政文化阵地建设,不断深化廉政文化"六进"工作。认真贯彻《廉政准则》,建立健全防止党员干部利益冲突办法以及"三公"经费预算管理、联合审批、专项审计制度。深入开展专项治理,坚决纠正领导干部违规插手微观经济活动和借机敛财问题。严格执行领导干部述职述廉、廉政谈话、廉政征询等党内监督制度,制定出台党政主要领导"四个不直接分管"规定的实施细则,实行党政主要领导经济责任审计制度。

(二)推进反腐倡廉制度建设

全面完成《实施意见》部署的制度建设任务,建立健全适应新形势和新任务需要的反腐倡廉基本制度。制定党代会代表任期制具体实施办法,促进党内民主制度建设;制定行政问责办法,修订行政过错责任追究办法和行政执法责任制,严格规范公务人员执法行为;制定构建廉政风险防控管理机制的规定,探索建立腐败预警机制;制定落实党风廉政建设责任制的实施细则,不断完善反腐败领导体制和工作机制。建立健全反腐倡廉制度备案管理、后续评估和监督检查机制,切实提高制度的执行力。

(三)推进廉政风险防控机制建设

以"五大系统"建设为重点,加快构建廉政风险防控机制,不断提升预防腐败的整体水平。进一步深化行政权力运行制度系统建设。逐步理顺政府部门内设机构职能,实施部门之间相关工作程序对接;建立健全规章制度和监管机制,不断完善综合防范措施;以市级政府部门为重点,推行网上审批,加快实施网上办公步伐;规范各级政务服务中心建设,推进行政权力公开透明运行。按照管办分离和“四统一”原则,在市及四个享有市级经济管理权限的铁西区、东陵区(浑南新区)、沈北新区、张士开发区和新民市、辽中县、法库县、康平县(以下简称“8个区县(市)、开发区”)建立统一规范的公共资源交易市场。制定政府投资项目管理监督内控办法。进一步完善行政绩效管理系统、行政权力电子监察系统和民意诉求反馈系统。深入推进事权规范工作。在全市各级党的机关、人大机关、政协机关、审判机关、检察机关、人民团体以及具有行政职能事业单位推进规范事权工作,认真清理职权,优化工作流程,集中排查廉政风险,制定防范措施,公开权力事项,力争在2012年底前全面完成廉政风险防控机制建设的阶段性任务。以规范市场中介组织为突破口,加强社会领域防治腐败工作。全面清理规范市场中介组织的运行、服务和收费,强化行业自律。加强对非公有制经济组织和新社会组织的监管,加快推进公民和社会信用体系建设。

(四)深化基层党风廉政建设

认真落实《农村基层干部廉洁履行职责若干规定(试行)》,深入开展“两委”干部勤廉双述双评活动,建立健全以台账管理、公开流转、处置登记和定期核查为主要内容的乡村两级“三资”和村民宅基地、承包地常态管理机制,建立村务监督委员会。严格执行国有企业领导人员廉洁从业有关规定,研究制定加强国有及国有控股企业党风廉政建设的实施意见,规范企业领导人员薪酬管理、股权激励和职务消费行为,加大对企业领导人员经济责任审计力度。制定加强城镇社区党风廉政建设实施意见,推进城市社区反腐倡廉建设。不断深化党务、政务、村务、厂务、事务公开,切实保障广大群众的知情权、参与权和监督权。

(五)纠正损害群众利益的突出问题

把治理“庸懒散浮”作为推进软环境建设、纠正损害群众利益不正之风的突破口,深入开展“百千万”活动,以治庸提能力、治懒增效率、治散正风气、治浮求实效,切实解决不作为、乱作为、推诿扯皮、“吃拿卡要”等问题。深入治理违规征地拆迁问题,坚决遏制恶性案件和群体性事件。强化对保障性住房建设分配行为的监管,坚决杜绝骗购骗租、变相福利分房问题。继续巩固规范教育收费和医疗服务行为的工作成果,切实解决乱收费、乱罚款问题。深入开展“越级访、集体访、疑难访”专项治理,集中力量解决信访积案,维护社会和谐稳定。

(六)保持惩治腐败的强劲势头

以查办发生在领导机关和领导干部中贪污贿赂、失职渎职案件和发生在群众身边的案件为重点,严肃查处损害群众经济权益、政治权益、人身权利的案件。严肃查办发生在工程建设、房地产开发、土地管理等领域的案件,违反政治纪律和组织人事工作纪律的案件,司法领域贪赃枉法、徇私舞弊的案件,为黑恶势力充当“保护伞”的案件。严肃查办商业贿赂案件,加大对行贿行为的惩处力度,始终保持惩治腐败的高压态势。

三、保障措施

(一)加强组织领导,形成工作合力

各级党政组织要按照党风廉政建设责任制的要求,切实负起全面领导惩治和预防腐败体系建设的政治责任。领导班子主要负责同志要切实履行第一责任人的职责,对重要工作亲自部署、重大问题亲自过问、重点环节亲自协调、重要案件亲自督办;领导班子其他成员要履行“一岗双责”,把惩治和预防腐败体系建设贯穿于职责范围内工作的各个环节,体现在日常管理活动之中。各级纪检监察机关要切实加强组织协调和监督检查,协助党委和政府督促各级领导班子认真执行党风廉政建设责任制。牵头部门和配合部门要按照责任分工切实履行职责,对已完成的工作,要认真总结经验,纳入常态化管理;对正在开展的工作,要明确时限,积极推进;对尚未启动的工作,要制定措施抓紧启动,确保各项任务按时完成。

(二)强化监督检查,推动工作落实

认真贯彻落实《中共中央纪委关于推进惩治和预防腐败体系建设的检查办法(试行)》,加强对推进惩治和预防腐败体系建设情况的监督检查。要健全监督检查机制,年中市惩防体系建设工作领导小组办公室将对各地区、各部门惩治和预防腐败体系建设任务分解情况、重点任务推进情况进行抽查,年底结合落实党风廉政建设责任制检查,由市委常委带队进行集中检查。检查结果将纳入对各级领导班子和领导干部考核评价的重要内容。

(三)总结推广经验,提升工作水平

要把推动理论创新和实践创新作为提高惩治和预防腐败体系建设科学化水平的重要内容,特别要加强对战略性、全局性、前瞻性问题的研究,为推进惩治和预防腐败体系建设提供理论支持。要注重总结推广新经验、新做法,充分运用创新成果,不断充实、完善惩防体系建设工作思路、方式方法和工作手段。要积极推动现代科学技术尤其是网络信息技术成果的运用,为提高惩治和预防腐败体系建设科学化水平提供科技支撑。

中共沈阳市委沈阳市人民政府关于贯彻落实《中共中央国务院关于加快推进农业科技创新持续增强农产品供给保障能力的若干意见》的实施意见

(2012年5月28日)

为切实做好2012年我市“三农”工作,继续巩固发展农业农村大好形势,促进经济社会又好又快发展,根据党中央、国务院和省委、省政府有关文件精神,结合沈阳实际,现提出如下实施意见。

一、扎实推进“六大工程”,提升现代农业发展水平

1. 推进农民增收统领工程。以发展规模、高效种养业为重点,增加农民生产经营性收入;以推动农民就业创业为重点,增加农民工资性收入;巩固5000贫困户脱贫工程成果,力争贫困地区农民人均纯收入比上年增长15%,确保全市农民人均纯收入增长12%以上。

2. 推进粮食高产创建工程。落实好粮食综合补贴等系列政策,稳定粮食播种面积,提高农业综合生产能力。深入推进粮食作物高产创建工程,突出抓好

玉米吨粮田和水稻超高产田创建，提高65个万亩高产示范区的创建水平，继续在基础条件好、增产潜力大的乡镇开展高产创建整乡推进，力争全市粮食高产示范区辐射面积达到100万亩以上。支持在关键农时、重点区域开展防灾减灾技术指导和生产服务，加快推进以飞防、机防为重点的农作物病虫害专业化统防统治，推广绿色防控，农业有害生物整体危害损失率控制在5%以下。

3. 推进农业结构优化工程。继续扶持设施农业、高效特色农业发展，全面完成中低产田改造和省政府千万亩滴灌建设任务。鼓励设施农业规模发展，力争设施农业面积达到200万亩。加强花卉、食用菌、西甜瓜、树莓、寒富苹果等特色种植业基础建设，使全市高效特色农业生产规模稳定在300万亩，并大力提高亩均产出效益。把中低产田改造与发展设施农业、高效特色农业结合起来，实现3年改造中低产田100万亩。继续扶持畜禽养殖小区、规模养殖场、养殖污染治理、青黄贮窖（壕）建设，新建100个标准化养殖小区，建成15个省级以上标准化示范场。大力推进生态养殖场建设，切实加大畜禽养殖小区治污力度，新建设的养殖小区治污设施要与主体工程同步。全面启动沈康高速现代农业示范带建设，按照“产业集聚、技术集成、土地集约、生态优化”发展方向，实施高起点规划、高标准建设，突出生产、生态两大功能，打造法库、康平两个国家级现代农业示范区，建设东北领先的粮食高产创建示范基地、东北规模最大的寒富苹果生产基地和国家级稻米深加工基地，在近百公里高速公路沿线，形成100万亩规模的现代农业示范带。

4. 推进农产品质量提升工程。完善农产品市场准入制度，重点推进30个蔬菜生产基地和30个农民专业合作社蔬菜产品准出试点工作。筛选培育30个农产品生产基地和企业（合作社），保障“十二运”蔬菜产品供应。加强流通环节质量检测，确保农产品质量安全。开展农产品质量安全风险评估，提前预警，提早采取措施，净化农产品生产、流通环境，降低风险。开展农产品质量追溯体系建设，在部分超市和主要农产品批发市场实行电子追溯试点，将农产品生产及流通全过程纳入追溯管理，实现农产品质量安全追溯目标。

5. 推进农业产业化升级工程。加速推进“公司 + 合作社 + 基地 + 农户”产业化经营模式，重点扶持农产品加工龙头企业发展，继续对新建农产品加工项目给予固定资产投资补贴，择优给予农产品加工龙头企业贷款贴息。大力开展农业招商引资工作，重点包装30个重大涉农招商项目，推进产业化项目建设。全年计划新开工投资500万元以上农事项目100个，其中亿元以上的15个。围绕建大社、强社，规范发展农民专业合作社，继续开展“3A”级示范社评选，新增A级以上示范社80个。积极筹备农业部在沈阳举办的中国国际种业博览会、农博会，搭建农业交流与合作平台。加快外向型农业发展，继续对农产品出口企业给予扶持，支持扩大农产品出口，农产品出口注册基地达到100万亩。

6. 推进“一乡一业、一县一业”工程。完善扶持政策，采取乡企对接、包乡工作组具体指导等措施，新增“一乡一业”专业乡镇10个以上，总数达到60个，占全市涉农乡镇一半以上。大力发展“多乡一业”，加快推进新民梁山西瓜、辽中淡水鱼、法库牛产业和康平花生等“一县一业”发展，力争“一县一业”建设取得新突破。

二、加快农业科技创新，推动农业农村发展

7. 明确农业科技创新主攻方向。面向农业科技发展前沿，针对产业发展需求，积极支持基础性、前沿性、公益性农业科技研究，着力突破一批农业重大关键技术和共性技术。立足沈阳市情实际，把依靠科技创新促进现代农业建设、提高农业综合生产能力作为首要任务，把提高土地产出率、资源利用率、劳动生产率作为主要目标，把增产增效并重、良种良法配套、农机农艺结合、生产生态协调作为基本要求，促进农业技术集成化、劳动过程机械化、生产经营信息化，构建适应高产、优质、高效、生态、安全农业发展要求的技术体系。

8. 突出农业科技创新重点。针对沈阳现代农业发展中的重大关键技术问题开展技术攻关，以玉米和水稻等主要作物丰产栽培、设施农业高效安全生产、畜禽及水产品标准化健康养殖、重大动植物病虫害及疫病防控、节水灌溉、生物质能源开发利用等重大关键技术为重点，攻克一批制约全市农业发展的关键技术问题。针对特色主导产业发展中的技术瓶颈，以种植业、养殖业、农产品精深加工、农机装备制造、农田水利建设、农村生态环境建设、农村循环经济发展等为重点，开展共性技术攻关，取得一批实用性技术成果。重点推广、扶持微生物发酵床养猪、胚胎移植等畜牧业科技创新技术，做好重点示范、技术培训、试点实验、资金扶持等具体工作。加快推进玉米、水稻育种等领域的前沿技术研究，在农业生物技术等方面取得重大自主创新成果。

9. 完善农业科技创新机制。以产业需求为引导，进一步整合科技资源，建立协同创新机制，推动“产学研”、“农科教”紧密结合。完善农业科研立项机制，针对沈阳特色主导产业实际需求，创新农业项目立项方式，强化对科技特派员、农村青年创业人才、科技型农事企业围绕特色主导产业品种更新及技术瓶颈等方面自主选题的支持，通过政府定购、定向委托、招投标等方式解决产业发展中的关键技术和共性技术。培养农业科技创新团队，培育农业产业技术创新战略联盟，发展涉农新兴产业。加强农业知识产权保护，稳步发展农业技术交易。

10. 改善农业科技创新条件。继续加大对农业科技创新领域倾斜支持力度，以农业科研院所、大专院校为主体，建立和支持符合我市现代农业发展需要的农业科技创新平台，引导企业联合科研单位，建立特色产业研发和公共技术服务平台，继续支持涉农大型仪器共享平台建设，提升科研仪器设备使用效率。推进各级农业高新技术产业示范区和农业科技园区建设，加强国际农业科技交流与合作，加大力度引进消化吸收国外先进农业技术。强化农业气象研究试验，重点开展特色产业规模生产聚集区针对性气象服务。

11. 着力抓好种业科技创新。以玉米、水稻、蔬菜、果树、花卉、畜禽等为重点，针对种业发展技术瓶颈问题开展关键技术攻关，加强种子资源收集、保护、鉴定，创新育种理论方法和技术支持，提高种业创新能力。以种业新技术、新成果和新产品研发为重点，加快推动品种更新及科研、生产、推广、经营一体化的种子产业化，重点支持“育繁推”一体化种子企业发展，加快建立以企业为主体的商业化育种新机制。鼓励支持种业企业与育种科研单位按照市场化运行机制，建设现代生物育种技术研发平台，实现科研院所、高等院校科研人员与企业合作共享。

12. 加大农业科技人才引进和培养力度。加大农村人才资源开发投入，逐年增加对农业科技和农村人才队伍建设的财政投入，切实稳定财政扶持主渠道。采取有效措施，构建多渠道农民教育培训体系，广泛开展面向基层农业技术人员、农业管理人员和农民职业教育的分层次、分专业的继续教育。大力培养农村实用科技人才，选送300名青年农民上大学。支持市农民合作经济组织联合会、市农民经纪人协会开展以农产品经纪人为重点的供销合作社行业特有工种职业技能培训，全年完成新型农民职业技能培训3000人。大力培植农村产业带头人，农村产业带头人发展到2000人，推动全民创业。通过组织农村科技培训讲师团和实施农村劳动力培训阳光工程、设施农业培训工程，大力开展农民实用技术培训，全年完成农民科技培训46万人次。

三、健全农业社会化服务体系，加快科技成果转化应用

13. 提升基层公益性农技推广服务能力。进一步深化基层农技推广体系改革，充分发挥乡镇农技推广站、区域站的作用，加强人员培训，全面提高基层农技人员科技素质和实际工作能力。改善基层农技推广工作条件，落实推广工作经费。有条件的行政村可设立1名农技推广员，在基层农业技术推广机构指导下负责新品种新技术示范、信息采集等相关工作。推行乡镇农业公共服务机构人员聘用、绩效考评等制度，严格上岗条件，落实岗位责任。整合利用沈阳农业信息网、“农业110”科技服务热线等现代农业信息服务平台，构建农业技术信息化服务新模式。实施“科技惠三农，致富伴你行”专项行动，开展农村产业引领服务、农业生产全程服务、农情即时信息化服务，为农民提供高效便捷、简明直观、双向互动的科技服务，推动科技信息的低成本、高效率传播。加强气象灾害监测预警、人工影响天气等农业气象服务基础设施建设，提高农村气象灾害预警能力，扩大农业农村公共气象服务覆盖面。

14. 构建“农科教企”联合推广服务机制。充分发挥高等院校、科研院所、农业产业化龙头企业、现代农业示范园区等科技资源优势，加强生产一线农技推广服务。实施农业重大技术推广计划，健全完善重大技术推广协作制度，引导高等院校、科研院所建立农业试验示范基地，集成推广农业技术。深入实施科技特派员示范工程，引导高等院校、科研院所、企业等开展公益性、社会化科技服务，广泛参与农业产前、产中、产后服务。充分调动省、市农科院科技资源向生产一线流动，围绕15个重点项目开展科技共建。以“青年农民上大学”毕业学员为主体，设立乡镇农村科技服务站、村屯农村科技服务点，实现科技下乡、进村、入户，加速农业科技成果推广和示范。

15. 完善农业社会化服务体系。引导鼓励农村集体经济组织、农业龙头企业、农民专业合作社、专业服务组织等参与农业服务，积极发展种子种苗供应、农资供应、农机作业、动植物疫病防控、农产品营销、农业休闲观光、农村金融等农业服务业，加快构建以公共服务机构为主导、合作经济组织和龙头企业为基础、其他社会力量广泛参与，公益性服务与经营性服务相结合、专业性服务与综合性服务相协调的农业社会化服务体系。支持农民专业合作社兴办农产品加工企业或参股农业龙头企业。发挥供销社点多面广、贴近“三农”的优势，以“两社一会”为载体，积极整合资源，搭建农业科技合作平台，支持基层社、专业合作社、综合服务社、行业协会、庄稼医院、信息网站等经营服务网点大力推广新技术、新品种、新产品、新工艺，提供测土施肥、科学用药、技术指导和信息发布等综合服务。

四、加强农产品市场建设，提高市场流通效率

16. 统筹规划农产品市场建设。将农产品市场建设改造规划纳入县域经济总体发展规划，本着与当地农业产业结构调整相结合、有利于推进农业生产规模化以及方便农产品销售的原则进行布局。在市场项目的摆布上，既要合理规划建设一批销地型批发零售市场，又要依托县域地理、交通、产业优势，有重点地规划建设一批集散功能强、牵动力大的产地型和集散型专业批发市场。既要合理规划建设乡镇型市场，又要打破乡镇行政区域界限，从经济区域角度，重点规划建设一批具有较大影响力的品牌批发市场。采取吸收社会资本、自筹资金、银行贷款等多种方式，加快对供销社原有流通设施升级改造，推进“新网工程”参与鲜活农产品流通体系建设。

17. 创新农产品流通方式。培育适应现代市场流通方式的经营主体，加速市场由个体、家族式经营向规范的股份合作制、有限责任公司制等经营组织形式转化；改进落后营销方式，实现市场由低层次的摊位制交易向仓单经营、网上交易、拍卖、竞价和电子统一结算等现代营销方式转化；扩展市场功能，实现由低层次的简单交易向多功能服务转变。加大对县域农产品市场建设改造项目的资金投入，支持农产品市场完善信息系统、冷链系统、检测系统和物流配送中心等基础配套设施。积极推动农超对接、农校对接、农企对接等多种形式的产销衔接，鼓励农产品集中用户与农业生产基地、农民合作社建立长期稳定的产销关系。支持沈阳市农产品展示展销中心和地产特色农副产品直营店项目建设，支持生产基地、农民专业合作社在城市社区增加直供直销网点。开展“农资下乡”和“农产品进城”配送服务，扶持供销社发展联通城乡市场的“双向流通”。支持、推进农产品“大篷车”进社区便民服务项目，实现100个农产品“大篷车”与100个社区对接，推动100个专业合作社鲜活农产品进超市、进社区、进酒店、进院校、进企业、进市场。鼓励参加各类境内外农产品展示展销会，积极开拓农产品市场，促进农产品销售。

18. 强化农产品市场调控。建立健全职责明确、多方联动、反应及时的市场调控体系，形成以大型龙头企业为骨干的应急商品供应基地和投放网络体系，以及政府储备与民间储备相结合、实物储备和资金储备、能力储备相结合的重要商品储备体系，严格落实粮食、食用油、猪肉等储备计划，提高重要生活必需品应急保障供应能力。执行粮食最低收购价格政策，满足农民售粮需求，保障农民种粮收益。加强农产品市场监管，严

肃查处哄抬物价等违法违规行为,规范农产品市场交易秩序。加强农产品市场监测预警与信息发布,建立合理的农产品价格形成机制,促进农产品市场平稳运行。

五、加强农业基础建设,夯实农业发展物质基础

19. 加强农田水利建设。继续推进浑沙、浑南灌区续建配套与节水改造工程,完善大中型灌区灌溉渠系,提高灌溉水有效利用系数。大力加强高效节水灌溉示范工程建设,在基础条件较好、农民积极性较高的地区建设一批灌溉技术含量高,电、路、沟道等配套设施健全,管理模式先进的高标准、高质量的示范工程,带动周边地区加速发展。对桃仙河、民畎、杜屯等重点涝片进行治理,提高涝区综合排涝能力。高度重视高效农田水利工程建后管护工作,落实管护措施和经费,保证工程正常运行和发挥效益。建立以政府为主导、其他经济组织广泛参与的多元化投入机制,调动广大农民参与农田基本建设的积极性,深入开展农田基本建设活动。

20. 做好民生水利工作。把农村饮水安全问题作为重点,解决10.68万人的饮水安全,全面解决原规划内农村人口的饮水不安全问题。完成团结大闸、赵家套拦河闸等病险水闸和任家窝堡病险水库除险加固工程。严把水库移民后期扶持政策,全面落实资金直补的扶持方式,推进扶持项目顺利实施,确保库区和移民安置区社会稳定。

21. 加快高标准基本农田建设。结合正在编制的土地整治规划,将高标准基本农田建设总体规划和相关专项规划一并纳入到土地整治规划中,积极开展高标准基本农田建设、中低产田改造等土地综合整治工作,提高耕地质量,促进耕地持续增产。加大农地质量调查和监测工作力度,将数据成果充分应用到永久基本农田划定、高标准基本农田建设、土地开发整理、土地整治、基本农田补划等相关工作中。深入推进测土配方施肥,促进测土配方施肥技术成果应用。探索建立耕地保护补偿资金,从土地出让收入、新增建设用地土地有偿使用费等资金中提取部分资金,用于对从事耕地、基本农田保护的农户进行补贴,提高农民保护耕地和基本农田的积极性。

22. 提升农业机械化水平。按照因地制宜、合理引导、加快推广的发展思路,全面推进农业机械化建设。抓好农机补贴工作,全市农业机械化综合水平达到76%。继续大力推广保护性耕作、土地深松技术及秸秆综合利用技术,实现农业的可持续发展。继续扶持农机专业合作社和协会发展,加强农机服务体系建设,在机具补贴上给予倾斜,并在跨区作业方面给予扶持。继续加大农机监理工作力度,积极构筑宣传教育、源头管理、监督检查三道防线,严格落实农机安全责任制,确保农机生产安全。

23. 加强农业生态建设。推进农村清洁能源建设,新建农村户用沼气工程6000处、沼气服务网点30处、大型沼气集中供气示范工程1处,积极开展节能炕灶、生物质成型燃料、太阳能利用及沼气综合利用技术示范。推进造林机制创新,开展大规模造林绿化,完成人工造林83.1万亩,抚育幼林50万亩。加强水生态治理,实施好蒲河补水工程、堤防标准化建设和全线治污、两岸生态景观化建设以及建后管理等工作,确保全面完成蒲河生态廊道建设任务。抓好浑河、辽河生态环境治理,启动卧龙湖生态区保护建设工作。

六、进一步采取有力举措,为农业农村发展提供支持保障

24. 加强政策扶持。加大财政对农业农村的投入力度,按照总量增加、比例提高的要求,调整财政支出结构,保证财政对农业投入的增长幅度高于财政经常性收入增长幅度。严格落实土地出让收入、新增耕地占用税、新增城市维护建设税、新增建设用地土地有偿使用费等用于农业农村的各项政策。优化财政支农资金投向,更多地支持农业基础设施建设、促进农民增收、改善农村民生等农民直接得益受惠的领域。健全农业补贴和农产品价格保护制度,全面落实对种粮农民的直接补贴、良种补贴等强农惠农政策,扩大农机具购置补贴受益面,调动农民种粮积极性。发挥财政资金引导作用,综合运用补助、参股、贴息、担保等手段,支持引导社会资本投资现代农业和农村基础设施建设。

25. 深化农村综合改革。引导土地承包经营权规范有序流转,逐步完善土地承包经营纠纷调处机制,抓好新民市农村土地承包经营权登记试点工作。继续深化集体林权制度改革,推进森林政策性保险,加强林果专业合作社、林业综合服务中心规范化建设。加大农村集体“三资”(资金、资产、资源)管理力度,完善村级“三资”委托代理,切实做好清产核资工作,建立健全“三资”台账并实行档案规范化管理。积极稳妥地推进村级公益事业“一事一议”财政奖补工作,加强对筹资筹劳的指导和监管。加强农村金融服务,鼓励银行业金融机构加快开发适合农村发展的金融产品,支持农村经济发展。认真落实《沈阳市2012年国家新型工业化综合配套改革试验工作要点》,加快城乡一体化改革步伐。抓好沈北新区综改试验先导区、于洪区统筹城乡示范区、苏家屯区新型城镇化示范区3个试点,在重点领域率先实现突破。

26. 加强组织领导。各级党委、政府要始终把做好“三农”工作作为重中之重,真正把加快农业农村发展放在优先位置。主要领导要亲自抓,切实把党的各项强农惠农富农政策落到实处。扎实推进社会主义新农村建设,不断提高农村的教育、文化、卫生等社会事业发展水平。切实改善民生,不断提高农村社会保障水平,促进城乡社会保障一体化发展。加强和创新农村社会管理,推进以党组织为核心的农村基层组织建设,着力提高带领农民群众共同富裕和依法管理农村社会事务的能力,确保农村社会和谐稳定、充满活力。充分调动社会各界支农护农的积极性,努力形成全社会关心支持“三农”的强大合力。

中共沈阳市委关于深入开展学雷锋、学郭明义活动的实施意见

(2012年6月27日)

为深入贯彻落实中央、省有关文件精神,推动学雷锋、学郭明义活动深入开展,促进社会主义核心价值体系建设,不断提升公民道德素质和社会文明程度,为和谐沈阳建设提供强大精神动力,现制定如下实施意见。

一、充分认识新形势下深入开展学雷锋、学郭明义活动的重要意义

雷锋是实践社会主义、共产主义思想道德的楷模,以短暂的一生谱写了无比壮丽的人生诗篇,树起一座令人景仰的思想道德丰碑,是全国人民学习的光辉榜样。雷锋精神体现了中华民族的传统美德,顺应了社会进步的时代潮流,彰显了我们党的先进本色,内涵十分丰富,意蕴十分深刻,是一面永不褪色、永放光芒的旗帜。当前,要大力弘扬雷锋热爱党、热爱祖国、热爱社会主义的崇高理想和坚定信念,弘扬雷锋服务人民、助人为乐的奉献精神,弘扬雷锋干一行爱一行、专一行精一行的敬业精神,弘扬雷锋锐意进取、自强不息的创新精神,弘扬雷锋艰苦奋斗、勤俭节约的创业精神。

郭明义参加工作30多年来,始终坚定理想信念,忠诚于党和人民,以共产党员的标准严格要求自己,以雷锋同志为榜样,爱岗敬业,无私奉献,助人为乐,播洒爱心,在平凡岗位上作出了不平凡的业绩,被誉为"当代雷锋"。郭明义的崇高品质就是雷锋精神的传承和新时期雷锋精神的生动诠释。新形势下深入开展学雷锋、学郭明义活动,对于激发人们思想道德建设热情,倡导文明新风,匡正道德失范,矫正诚信缺失,提升社会道德水平,引导人们做中华民族传统美德的传承者、社会主义道德规范的实践者、良好社会风尚的创造者;对于弘扬民族精神和时代精神,促进社会主义核心价值体系建设,形成全民族奋发向上的精神力量;对于凝聚干部群众的智慧和意志,推动沈阳老工业基地在科学发展道路上实现全面振兴具有十分重要的意义。

二、深入开展学雷锋、学郭明义活动的总体要求

认真贯彻落实党的十七届六中全会和省、市党代会精神,以邓小平理论和"三个代表"重要思想为指导,深入贯彻落实科学发展观,着眼于建设社会主义核心价值体系,着眼于推进社会公德、职业道德、家庭美德、个人品德建设,着眼于提升公民思想道德素质和社会文明程度,以学习郭明义、传承和弘扬雷锋精神为主题,以青少年为重点,以社会志愿服务为载体,贴近实际、贴近生活、贴近群众,创新内容、创新形式、创新手段,广泛进行雷锋精神、雷锋和郭明义事迹、雷锋和郭明义式模范人物的宣传教育,广泛开展学雷锋、学郭明义实践活动和社会志愿服务活动,大力普及爱国、敬业、诚信、友善基本道德规范,推动活动常态化、机制化,形成践行雷锋精神、争当先进模范的生动局面,形成我为人人、人人为我的良好社会氛围。

三、扎实推进学雷锋、学郭明义各项活动有效开展

1. 每年3月初,围绕纪念毛泽东同志等老一辈革命家为雷锋同志题词及中央文明委授予郭明义同志"当代雷锋"荣誉称号等契机,集中开展学雷锋、学郭明义系列实践活动,在全市组织召开纪念会、座谈研讨会、参观雷锋纪念馆等形式多样的纪念活动。

2. 把学雷锋、学郭明义活动与"文明沈阳"行动有机结合。推广沈阳城市精神,开展群众性大讨论活动,在全社会形成跟着郭明义学雷锋的舆论氛围和行动热潮,形成全民共同的思想基础和价值追求。引导人们自觉省身修德、自我提升,树立正确的价值观。

3. 把学雷锋、学郭明义活动同"迎全运、爱家乡、建沈阳"、"迎全运、讲文明、树新风"等活动结合起来,将其作为文明创建活动的有效载体和评选文明单位、文明村镇的重要依据。企业要结合自身改革发展和生产经营管理实际,广泛开展"岗位学雷锋,做郭明义式员工"活动,把雷锋、郭明义精神转化为企业精神和企业文化。各窗口服务行业,商场、集市、宾馆、医院、银行、邮局、电信、电力等窗口单位,公园、广场、车站、机场、旅游景区等公共场所,要广泛开展"跟着郭明义学雷锋"活动,使之成为传播雷锋精神的窗口;社区要适应居民需求,广泛开展"学习郭明义、奉献爱心"服务活动,促进邻里关爱、建设和谐社区。

4. 把学雷锋、学郭明义活动同加强校园文化建设结合起来。发挥青少年在学雷锋、学郭明义活动中的骨干作用,开展以"跟着郭明义学雷锋"为主题的主题班日、主题队日、主题团日等活动。组织全市中小学成立学雷锋志愿者服务小队,广泛开展"学雷锋,献爱心"、"保护环境,从我做起"、"先进模范进校园"、"小志愿者进社区"等学雷锋活动。

5. 把学雷锋、学郭明义活动同创先争优活动结合起来。在全市机关和广大党员干部中开展"学习雷锋郭明义,做人民满意公务员、做优秀共产党员"活动,以党支部为单位,发动建立学雷锋组织,倡导就近就便,定点、定时、定向,长期坚持为社区居民、特殊群体开展各类帮扶活动。组建市、县(区)、乡镇(街道)三级宣讲员队伍,面向基层党员干部群众和青年学生,开展学雷锋先进事迹宣讲活动,推动学雷锋活动深入开展。

6. 把学雷锋、学郭明义活动同志愿服务活动结合起来。建立文明委统一领导、文明办牵头协调、志愿者协会自主运行、有关部门各负其责、全社会共同参与的志愿服务活动组织领导体系,健全志愿者招募、培训、管理和激励机制,推动志愿服务工作常态化。以空巢老人、留守儿童、农民工、下岗困难职工和残疾人为重点,广泛开展"学习雷锋、奉献爱心"志愿帮扶活动。以文明礼仪普及、社会秩序维护、文明交通出行、治安巡逻服务、社会文化建设、全民健身运动为重点,广泛开展"学习雷锋、关爱社会"志愿服务活动。大力开展关爱自然志愿服务活动,组织开展普及生态文明理念、"关爱自然、义务植树"和清洁环境卫生志愿服务活动。

7. 把学雷锋、学郭明义活动同评选表彰道德模范、先进典型结合起来。每年总结表彰一批学雷锋先进集体和先进个人,总结推广学雷锋活动的先进经验。各地区、各系统要形成评选表彰道德典型机制,确保层层有典型,行行榜样、身边有标杆。建立并落实困难道德模范和先进典型帮扶机制,定期开展走访慰问活动。

四、大力弘扬雷锋、郭明义精神

1. 编纂学雷锋、学郭明义主题图书。编辑创作一批反映雷锋、郭明义先进事迹的图书,以近年来我市涌现出的学雷锋先进集体和先进个人事迹为宣传对象,编辑出版《雷锋的传人》报告文学集。编辑学雷锋、学郭明义图书画册,选择一批适合青少年成长特点的图书,作为青少年思想道德教育的重要教材。

2. 运用文艺形式传扬雷锋精神。组织市属专业院团、文艺团队等单位开展"学习郭明义,传承雷锋精神"主题公益演出、文艺专场演出和免费艺术培训活动。面向社区(农村)、企业、学校、机关免费放映《雷锋》、《郭明义》主题系列电影、话剧。面向全市征集一批反映雷锋、郭明义精神诗歌,组织开展创作咏诵活

动。组织力量开展形式多样的以“跟着郭明义学雷锋”为主题的诗词创作、读书征文、报告演讲、书法美术、摄影展览等群众文化活动。

3. 加强对学雷锋、学郭明义活动的新闻宣传。市级主要新闻媒体要制定开展学雷锋、学郭明义活动新闻宣传方案，形成常态化宣传报道机制。要拿出重要版面、时段、频率频道，大力宣传学雷锋、学郭明义活动的重要意义，宣传学雷锋、学郭明义先进集体和先进个人，宣传社会各界学雷锋、学郭明义活动的进展和成效，宣传各地区各部门各单位学雷锋、学郭明义活动的先进经验，通过多种形式，扩大学雷锋、学郭明义活动的覆盖面和影响力。

4. 加强学雷锋、学郭明义网络宣传。举办学雷锋网上系列活动，在沈阳网开设学雷锋活动专栏，运用网站举办雷锋精神网上谈，与网民进行互动交流。开展“我身边的郭明义”优秀博文贴文评选活动。制作反映雷锋精神的手机短片，编创弘扬雷锋精神的手机短信。开展“传唱郭明义”网络歌曲大赛、拍摄网络微电影。

5. 加强学雷锋、学郭明义活动社会宣传。以在户外电子显示屏、车载电视、楼宇电视播放公益宣传片，在主要公共场所及社区宣传栏张贴标语口号和海报等形式为主，开展多种形式的社会宣传。

五、工作要求

1. 加强组织领导。全市各级党政组织要充分认识新形势下开展学雷锋、学郭明义活动的重要意义，切实将其摆上重要日程，周密安排部署，精心组织实施。主要领导要亲自安排、亲自部署，切实明确责任，抓好工作落实。各级宣传部门和文明办要负责牵头抓总，制定落实方案，搞好督促检查。各有关部门要积极参与、大力配合，设计好活动载体，共同做好此项工作。

2. 注重群众参与。坚持面向基层、面向群众、面向青少年，多运用群众喜闻乐见的方式，多搭建群众乐于参与的平台，多开辟群众便于接受的渠道，吸引广大群众参与到学雷锋、学郭明义活动中来。充分调动群众的积极性主动性，把统一组织活动与群众自发开展活动结合起来，把集中活动与日常工作结合起来，为活动不断注入新的生机与活力。

3. 创新手段载体。要把坚持优良传统与改革创新结合起来，不断丰富雷锋精神的时代内涵。要尊重和鼓励基层的首创精神，切实把基层干部群众的积极性激发出来，把热情调动出来，把开展活动的成果展示出来，使学雷锋、学郭明义活动深入千家万户，产生广泛而持久的影响。

4. 务求取得实效。学习雷锋、学习郭明义，要同学习市委近些年树立的先进模范人物结合起来，用身边的人教育群众，把“学雷锋、学郭明义”活动引向深入。各地区各部门各单位要结合自身特点、行业特色、群体特征，提出学雷锋、学郭明义活动的具体要求和工作措施。突出重点、区分对象，加强分类指导，强化学雷锋、学郭明义活动特色，增强工作的针对性实效性。

中共沈阳市委沈阳市人民政府关于贯彻落实《中国农村扶贫开发纲要（2011－2020年）》的实施意见

（2012年7月26日）

根据中央、省有关文件精神，结合我市实际，现就贯彻落实《中国农村扶贫开发纲要（2011－2020年）》提出如下意见。

一、指导思想和目标任务

（一）指导思想。高举中国特色社会主义伟大旗帜，以邓小平理论和“三个代表”重要思想为指导，深入贯彻落实科学发展观，坚定不移走共同富裕道路，提高扶贫标准，加大投入力度，坚持政府扶贫与社会扶贫相结合，把集中连片特殊困难地区作为主战场，把提高扶贫对象自我发展能力、实现脱贫致富作为首要任务，更加注重转变经济发展方式，更加注重基本公共服务均等化，更加注重解决制约发展的突出问题，努力推动贫困地区经济社会更好更快发展。

（二）工作方针。认真实施《中国农村扶贫开发纲要（2011—2020年）》和突破沈西北与沈西南战略，坚持开发式扶贫方针，实行扶贫开发和农村最低生活保障制度有效衔接。把扶贫开发作为脱贫致富的主要途径，鼓励和帮助有劳动能力的扶贫对象通过自身努力摆脱贫困；把社会保障作为解决温饱问题的基本手段，逐步完善社会保障体系。

（三）基本原则

——政府主导，分级负责。各级政府对本行政区域内扶贫开发工作负总责，把扶贫开发纳入经济社会发展战略及总体规划。实行扶贫开发目标责任制和考核评价制度。

——突出重点，分类指导。重点支持沈阳西北和西南地区的连片特困区域。加大对民族乡村、边界地区、特困地区扶持力度。因地制宜制定有针对性的扶贫政策，实行差异化的扶持措施。

——部门协作，合力推进。各相关部门要按照国家和省、市扶贫开发总体部署，结合各自职能，在制定政策、编制规划、分配资金、安排项目时向贫困地区倾斜，并形成扶贫开发合力。

——社会帮扶，共同致富。广泛动员社会各界参与扶贫开发，完善机制，拓展领域，注重实效，提高水平，鼓励先富帮后富，实现共同富裕。

——自力更生，艰苦奋斗。尊重扶贫对象的主体地位，充分发挥贫困地区、扶贫对象的主动性和创造性，提高其自我管理水平和自我发展能力，立足自身实现脱贫致富。

——统筹规划，科学发展。坚持扶贫开发与推进城镇化、建设社会主义新农村相结合，与生态建设、环境保护相结合，充分发挥贫困地区资源优势，以人为本，实现可持续跨越式发展。

——改革创新，扩大开放。适应社会主义市场经济要求，创新扶贫工作机制。扩大开放，共享减贫经验和资源。继续搞好扶贫改革试点，积极探索开放式扶贫新途径。

（四）总体目标。到2020年，稳定实现扶贫对象不愁吃、不愁穿，保障其义务教育、基本医疗和住房。贫困地区农民人均纯收入增长幅度高于全市平均水平，基本公共服务主要领域指标接近全市平均水平。贫困地区经济社会较快发展，贫困人口生产生活条件显著改善，扭转发展差距扩大趋势。

（五）主要任务

——基本农田和农田水利。到

2015年,贫困地区基本农田和农田水利设施有较大改善,保障人均1亩高效经济田。到2020年,农田基础设施建设水平明显提高。

——特色优势产业。到2015年,力争实现1户1项增收项目。到2020年,贫困地区初步构建特色支柱产业体系。

——饮水安全。到2015年,贫困地区农村饮水安全问题基本得到解决。到2020年,农村饮水安全保障程度进一步提高。

——生产生活用电。到2015年,完成新一轮农村电网改造升级工程,全面改善贫困村屯生产和生活用电环境。到2020年,进一步提高贫困地区电力服务水平,为贫困地区经济社会发展提供电力保障。

——交通。到2015年,贫困地区农村公路通达深度、通行能力和路网综合服务水平进一步提高,城乡一体化路网体系基本建成,农村公路路面黑色化率达到60%以上。到2020年,现代化农村路网体系完全建成,城乡客运一体化基本形成,全面改善农村交通出行环境。

——教育。到2015年,基本普及贫困地区学前三年教育,学前三年毛入园率达到95%。小学适龄儿童入学率稳定在100%;流动人口随行子女接受义务教育率稳定在100%;适龄三类残疾儿童入学率达99%以上;初中阶段辍学率控制在0.9%以内,义务教育完成率达到98%以上。高中阶段教育毛入学率达到98%以上;高中阶段教育普通高中和职业高中在校生比例稳定在1:1。到2020年,建成覆盖城乡的全民终身教育体系,高水平、高质量普及15年教育,继续教育参与率达到80%以上。素质教育得到扎实推进。

——医疗卫生。到2015年,贫困地区县、乡、村三级医疗卫生服务网基本健全,县级医院的能力和水平明显提高,每个乡镇有1所卫生院,每个行政村有卫生室;新型农村合作医疗常住农业人口参合率稳定在99%以上,门诊统筹全覆盖基本实现;逐步提高儿童重大疾病的保障水平,重大传染病和地方病得到有效控制;每个乡镇卫生院有1名全科医生。到2020年,贫困地区群众公平获得公共卫生和基本医疗服务。

——公共文化。到2015年,建成广播影视公共服务体系,力争实现贫困地区农户收听收看到清晰的广播电视节目。实现乡镇综合文化站建设的全覆盖;贫困村基本通宽带,自然村和交通沿线通信信号基本覆盖,基本实现乡乡设邮政服务设施,村村有收邮件的场所。到2020年,贫困地区乡镇综合文化站达到国家标准,保证贫困村都有文化广场;自然村基本实现通宽带,贫困农村公共文化服务水平进一步提高。

——社会保障。到2015年,农村最低生活保障制度、五保供养制度、临时救助制度和新型农村社会养老保险制度进一步完善。到2020年,农村社会保障和服务水平进一步提升。

——人口和计划生育。到2015年,贫困地区人口自然增长率控制在8‰以内,妇女总和生育率在1.8左右。到2020年,贫困地区低生育水平持续稳定,逐步实现人口均衡发展。

——林业和生态。到2015年,贫困地区森林覆盖率比2010年底增加3.1个百分点。到2020年,贫困地区森林覆盖率比2010年底增加6.4个百分点。

二、扶贫对象和扶贫重点

(六)扶贫对象。按照国家确定扶贫标准的要求和我市实际情况,全市新的扶贫标准为6000元,对应的扶贫对象为26.7万人。建立健全扶贫对象识别机制,实行贫困人口建档立卡销号制管理,切实保证扶贫对象得到有效扶持。

(七)扶贫重点。确定沈阳西北和西南地区两个集中连片特殊困难区域为扶贫重点,西北地区包括康平县的沙金、柳树、张强,法库县的卧牛石、包家屯、叶茂台,新民市的新农、于家等8个乡镇;西南地区包括新民市红旗、大红旗、金五台子,辽中县的大黑、老大房等5个乡镇,其中新民市的红旗、大红旗2个乡镇为新增的贫困乡镇。

三、专项扶贫措施

(八)到户扶贫。按照省、市扶贫标准,对扶贫对象进行建档立卡,以县(市)为基础单元,进行建档立卡数据管理、资金管理和绩效考评。每年按不少于1万贫困户脱贫项目安排,每户按不低于2000元标准进行项目扶持,其中,对省定贫困户项目补助,由市财政按省规定比例配套。优先扶持有劳动能力的残疾贫困家庭和少数民族贫困家庭。

(九)产业扶贫。充分发挥贫困地区生态环境和自然资源优势,壮大特色支柱产业,促进产业结构调整。引导和支持贫困地区发展设施农业及其他高效特色产业项目,对集中连片特困地区和贫困民族乡镇给予政策倾斜,改善生产基础设施,推进贫困地区特色产业稳步发展。

(十)智力扶贫。以促进扶贫对象稳定就业为核心,对农村贫困劳动力进行职业技能培训,提高贫困劳动力的就业能力。开展农民先进实用技术培训,提高科学种养水平。按照省下达指标,力争每年实名制培训贫困劳动力不少于2000人,培训资金由市财政按省规定比例配套。

(十一)贴息扶贫。对贫困地区农户发展特色产业项目的小额贷款予以贴息,每户贴息贷款限额1万元,贷款金融机构不限,按照当年央行基准利率上浮10%予以贴息。根据省下达扶贫龙头企业贷款贴息资金额度,支持扶贫龙头企业带动贫困农户发展特色产业项目。

(十二)互助金扶贫。以财政扶贫资金为主体,市财政每年对贫困村一次性投入一定资金,按照国家和省有关规定,引导村民自愿按一定比例缴纳互助金,建立贫困村互助金制度,有偿借给农户,长年周转使用,放大财政扶贫资金的倍增效应。成立扶贫互助社,并在县(市)民政部门登记注册。

(十三)移民扶贫。根据省下达指标,对生存条件恶劣的贫困农户实施移民扶贫,继续执行每户给予以奖代补资金政策,省财政每户补助不低于1万元,市财政按省规定比例配套。同时,加强与产业扶贫项目的有效衔接,促进贫困群众的生产生活环境改善,确保贫困农户搬得出、稳得住、能致富。

(十四)以工代赈。针对康平县实际,合理布局农田水利和乡村道路建设,在西部丘陵地下水资源匮乏地区,加快实施农田水利片区扶贫开发示范工程,有效增加节水灌溉面积;在东部和西北部地区,重点加强乡村道路建设,全面根治128条“断头路”。

(十五)扶贫试点。创新扶贫开发机制,针对贫困地区实际,通过政府引导,吸引社会各方面力量参与,探索特色产业示范村建设,扩大互助金规模,开展科技扶贫和群体扶贫试点。

四、行业扶贫措施

（十六）明确部门职责。各行业部门要把改善贫困地区发展环境和条件作为本行业发展规划的重要内容，在规划、项目及资金等方面向贫困地区倾斜，在制定本行业中长期发展规划、年度实施计划时，要确保对贫困地区的建设投入比例和绝对值逐年增长，履行行业扶贫职责，实现行业扶贫目标。

（十七）发展特色产业。加强对贫困地区农、林、牧、渔产业的指导，发展各类专业合作组织。围绕主导产品、名牌产品、优势产品，大力扶持建设各类批发市场。合理开发当地资源，积极发展新兴产业，承接产业转移，调整产业结构，加快特色产业发展。

（十八）开展科技扶贫。加大科技攻关和科技成果转化力度，推动贫困地区产业升级和结构优化。建立经济效益好、科技含量高、带动作用强的科技示范典型。完善贫困乡镇特色支柱产业体系建设，培育一批科技型扶贫龙头企业，建立新型科技服务体系，实施科技特派员示范工程。

（十九）完善基础设施。推进贫困地区土地整治，发展高效节水灌溉，加强中小河流治理。积极实施农村饮水安全工程。加快乡、村、屯道路建设。积极发展农村配送物流。继续推进水电新农村电气化、农村电网改造升级。普及信息服务，优先实施集中连片特困地区村村通有线电视、电话、互联网工程。加快农村邮政网络建设，推进电信网、广电网、互联网三网融合。

（二十）发展教育文化事业。加大对贫困地区学前教育的扶持力度，加快城乡基础教育一体化建设工程，做好对经济困难学生的资助工作，完善全民终身学习三级学校网络，加大对各级各类残疾学生扶助力度，继续扶持贫困地区教师培训。

（二十一）改善公共卫生和人口服务管理。大力推进公共卫生服务均等化，进一步提高新型农村合作医疗保障水平，加快提升乡镇卫生院和村卫生室设备水平，进一步完善贫困地区妇幼卫生三级网络建设，进一步强化疾控机构规范化建设和科学管理，继续实施万名医师支援农村卫生工程，进一步加大农村基层卫生人员培训工作力度。加强人口文化建设，促进生育文明。完善贫困地区人口和计划生育服务体系建设，建立稳定增长的投入保障机制，继续完善利益导向机制，加强流动人口计划生育服务管理。

（二十二）加强能源和生态环境建设。加强风能资源丰富的贫困地区风电场建设，积极推进户用沼气和乡村服务网点建设，优化农民生活用能结构。加强贫困地区生态建设。加大贫困地区林业建设投入，推进沈西北边界防风阻沙带、辽河水系绿洲等工程建设。探索建立生态补偿机制，研究完善生态补偿政策，重点向贫困地区倾斜。

（二十三）加强金融信贷扶贫。继续完善扶贫贴息贷款政策。积极推动贫困地区金融产品和服务方式创新，鼓励开展小额信用贷款，努力满足扶贫对象发展生产的资金需求。继续实施残疾人康复扶贫贷款项目。引导民间借贷规范发展，多方面拓宽贫困地区融资渠道。鼓励和支持贫困地区开展特色高效作物农业保险试点，逐步增加特色农业险种和参保面积，降低农民发展特色产业的风险。

（二十四）加强民族乡村扶贫开发。努力帮助民族乡村发挥生态环境和自然资源优势，推广先进实用技术，培育壮大特色支柱产业，大力推进民族乡村旅游扶贫。推进土地整治，加快中低产田改造，提高耕地质量。通过改善产业结构、提高劳动力素质、加快民族乡村经济发展方式的转变，不断提高民族乡村自我发展能力。

（二十五）加大对残疾人扶持力度。扶持残疾人从事现代农业生产，建立残疾人扶贫开发现代产业技能培训和就业基地，辐射带动残疾人脱贫致富。发挥康复扶贫贷款作用，优先扶持农村有劳动能力的贫困残疾人从事种植业、养殖业、手工业和家庭副业等项目，提高自我发展能力。开展不同类型的残疾人专项实用技术培训，扶持残疾人就业创业。实施“阳光助残扶贫”项目，实施“阳光安居工程”，把贫困残疾人优惠政策落实到户。充分发挥党政基层组织和扶贫实体、扶贫基地的作用，广泛开展针对贫困残疾人的社会互助活动。

五、社会扶贫措施

（二十六）加强定点扶贫工作。各级党政机关、人民团体、事业单位和大中型企业、金融机构、科研院所、驻沈部队和武警部队，要积极参加定点扶贫，承担相应的定点扶贫任务。支持各民主党派、工商联参与定点扶贫工作。积极鼓励、引导、支持和帮助各类非公有制企业、社会组织承担定点扶贫任务。定点扶贫单位要“帮村带户”，制定规划，筹措资金，落实项目，主要领导深入贫困村协调解决问题，定期选派优秀中青年干部驻村入户扶贫。定点扶贫要与行业扶贫、专项扶贫有机结合，发挥整体规模效益。

（二十七）动员企业和社会各界参与扶贫。大力倡导企业社会责任，鼓励企业采取多种方式参与扶贫，推进集体经济发展和农民增收。企业用于扶贫事业的捐赠，符合税法规定条件的，可按照规定在所得税税前扣除。加强规划引导，鼓励社会组织和个人通过多种方式参与扶贫开发。积极倡导扶贫志愿者行动，构建扶贫志愿者服务网络。

（二十八）推进区域之间的扶贫协作。继续完善对口帮扶制度和措施。进一步做好我市与阜新市的对口帮扶工作，在资金支持、项目协作、产业发展、干部交流、人员培训以及劳动力转移就业等方面加强协作，优势互补，共同发展，实现双赢。

（二十九）加强人才保障。组织相关专家到贫困地区开展技术咨询等活动。对贫困地区申报市人才资源开发资金项目给予重点支持。对大学生带领村民创业给予鼓励和支持。制定大专院校、科研院所、医疗机构为贫困地区培养人才的鼓励政策，对长期在贫困地区工作的干部制定并落实好相关鼓励政策，对各类专业技术人员在职务、职称等方面实行倾斜政策，对定点扶贫和对口扶贫干部要关心爱护，妥善安排他们的工作、生活，充分发挥他们的作用。加大贫困地区干部和农村实用人才的培训力度。发挥创业人才在扶贫开发中的作用。

六、组织领导和管理

（三十）强化扶贫开发责任。坚持市定规划、县抓落实的管理体制，建立片区为重点、工作到村、扶贫到户的工作机制，实行党政一把手负总责的扶贫开发工作责任制。各县(市)扶贫开发领导小组、行业扶贫部门、定点扶贫单位每年要向市扶贫开发领导小组报告工作。进一步完善对有关党政领导干部、工作部门和县(市)的扶贫开发工作考核激励机制,把扶贫开发工作落实情况纳入对各级党政领导班子和领导干部的考核之中,各级组织部门要积极予以配合。

(三十一)加强基层组织建设。把扶贫开发与农村基层组织建设有机结合起来,选好配强贫困村领导班子,注重从农村致富能手、合作经济组织和产业协会负责人、复退军人和大中专毕业生中选拔优秀人才进入村班子。对表现突出的优秀村党组织书记、村委会主任,可按照规定优先考录乡镇机关公务员。

(三十二)强化扶贫机构队伍建设。各级扶贫开发领导小组要加强对扶贫开发工作的领导,进一步强化各级扶贫机构及其职能,充实工作力量,加强队伍建设,贫困乡镇要有专职干部负责扶贫开发工作。要确保扶贫开发工作有责任部门,有实施主体,有开展工作的必要条件。贫困地区基层领导干部和乡以上扶贫干部的培训要纳入各级党政干部培训规划,切实搞好分级分类培训,不断提高扶贫系统干部的政策理论水平和研究问题、解决问题的能力。

(三十三)加强资金项目管理。进一步完善扶贫资金和项目管理办法,实行扶贫资金项目公示制度,扶贫项目的确定、扶贫资金的分配,都要公开、公示,接受群众监督。实行绩效考核和通报制度,严格考核扶贫资金投入、扶贫项目实施等情况,每季度通报一次。各级扶贫、财政部门要经常检查扶贫资金和项目管理情况,发现问题及时纠正。强化审计监督,扶贫资金至少每两年审计1次,对挤占挪用、截留和贪污扶贫资金的行为,要依法严肃查处。

(三十四)加强扶贫宣传工作。广泛宣传扶贫开发政策和我市扶贫措施,及时报道扶贫开发取得的成就,不断加大对扶贫开发先进典型、先进经验的宣传力度,努力营造全社会关注和参与扶贫的良好氛围。

(三十五)加强扶贫统计监测。建立扶贫开发统计监测信息系统,进一步完善扶贫开发统计与贫困监测制度,不断规范相关信息的采集、整理、反馈和发布工作,更加及时客观反映贫困状况、变化趋势和扶贫开发工作成效,为科学决策提供依据。

本实施意见由市扶贫开发工作机构负责协调并组织实施。

中共沈阳市委关于加强和改进党委办公部门工作的意见

(2012年8月4日)

为深入贯彻落实科学发展观,全面提升全市党委办公部门工作科学化水平,增强党委办公部门决策服务能力,提高党委决策的科学性和执行力,按照中央、省委有关文件要求,结合沈阳实际,现就加强和改进党委办公部门工作提出如下意见。

一、进一步明确新形势下党委办公部门工作的总体要求

党委办公部门是直接为党委服务的综合办事机构,处于党委工作运转的枢纽位置,承担着为领导服务、为机关服务、为基层服务的重要职责。加强和改进党委办公部门工作,对于进一步提高各级党委领导水平和工作效能,发挥党委总揽全局、协调各方的领导核心作用,保障党委各项决策部署贯彻实施,完成“五大任务”、实现“三大目标”、加快推进沈阳老工业基地全面振兴,具有十分重要的意义。党委办公部门要以科学发展观为指导,按照把牢政治方向、善于统筹协调、勇于开拓创新、坚持真抓实干、加强内部管理的要求,不断增强出谋划策能力、综合协调能力、信息处理能力、快速反应能力、督促检查能力、安全保密能力、档案服务能力、运行保障能力,全面提高工作科学化水平,充分发挥参谋助手、综合协调和服务保障作用,努力开创新形势下“三服务”事业科学发展新局面。

二、全面提升党委办公部门工作科学化水平

(一)着力增强综合调研能力。紧密围绕党委中心工作,就重大决策的制定实施、重要会议的相关部署以及亟待解决的重点难点问题,进行前瞻性、系统性、对策性研究,并注重加强调研成果的转化,全面提升以文辅政效能。

(二)进一步提升公文处理工作水平。认真贯彻《党政机关公文处理工作条例》,按照实事求是、准确规范、精简高效、安全保密的原则,优化公文处理流程,进一步推进公文处理工作科学化、制度化、规范化。加强公文审核工作,把好发文关、政治关、政策关、法律关、内容关、体式关、文字关,切实提高公文质量。严密公文运转程序,严格执行行文规则,提高公文处理效率。

(三)严格控制“文山会海”。通过采取“控总量、压篇幅、严程序、信息化、重督查”等有效举措,大力精简文件和简报。严格控制联合行文和文件升格。规范文件和简报的报送程序及格式,压缩、控制文件和简报篇幅。进一步健全并严格执行会议审批制度,加强对领导政务活动和会议活动的统筹,严格控制会议、活动的数量、规模和规格。认真抓好规范性文件清理和备案工作,切实维护文件的权威性和严肃性。

(四)切实加强统筹协调。进一步强化党委办公部门牵头抓总职能,建立联席会议制度,完善党委办公部门之间、各大领导班子办公部门之间、党委办公部门与其他各部门之间的协调机制,更好地服务党委中心工作。加快构建应急服务体系。建立健全值守联络、信息报送、文电运转、通信保障等专项应急预案。依托电子政务网络系统,加快建设集指挥、信息、运行、通信为一体的综合应急指挥平台。成立党委总值班室,选配专职值班干部。抽调精干力量组建应急队伍,加强应急业务培训和实战演练。整合应急资源,健全应急联动机制,实现相关应急平台对接,形成应急防范处置工作的整体合力。

(五)充分发挥党委信息系统主渠道作用。坚持服务大局、及时高效、全面准确、统筹协调、开拓创新的基本原则,按照“拓面、提速、研判、整合”的要求,以信息综合服务为主体,有效整合信息综合、应急值班、社情民意、网络舆情等信息服务职能,加强同人大、政府、政协等信息工作机构的协作配合,不断拓宽信息收集渠道,积极构建党委统一领导、信息工作部门具体负责、有关部门积极配合、社会力量广泛参与的大信息工作格局,不断强化党委信息系统的“信息

总汇”地位。

要把及时报送重要紧急信息摆在信息工作的首位，进一步明确信息报送的责任体系。各区县（市）和市直部门党政主要领导是向市委报送信息的第一责任人，分管领导是直接责任人，办公部门和信息机构负责人是具体责任人。各级领导干部要切实担负起工作职责，坚决防止责任悬空。要把重要紧急信息报送工作作为领导干部考核的重要内容之一，确保责任落到实处。要着力提高紧急信息报送时效，紧急情况发生后，事发地区、事发单位及相关管理部门必须按规定在第一时间向市委信息部门报告，最迟不得晚于事发后一小时。按照减少审批环节、提高报送时效的要求，公安、消防、急救、交警、疾控、公交、地铁、环保、城建、防汛、供水、供电、供气、供热、通讯等指挥调度中心接到重大紧急情况报警时，在迅速开展应急处置的同时，必须第一时间向市委信息部门报告第一手情况及现场处置情况，确保实现“第一手情况”、“第一道研判”、“第一时间报送”的工作目标。

注重做好信息综合加工，加强信息调研工作，提升信息服务质量和水平。密切关注互联网等新兴媒体信息动态，及时收集报送影响现实社会尤其是影响社会稳定的苗头性、倾向性、行动性信息。加强信息基础建设，坚持信息工作例会制度、业务培训考察制度、考评制度和责任追究制度。强化对信息工作的组织领导，加强信息工作力量建设，选配副局级干部担任市委信息工作机构主要负责人，各区县（市）要比照配备。同时，要选配业务精、能力强、素质高的人员从事信息工作，为信息工作有力开展提供坚强保证。

（六）大力加强党委督查工作。做好决策督查工作，坚持围绕中心、服务大局，通过督促检查确保党委重大决策部署贯彻落实，推进干部队伍作风建设。做好专项查办工作，坚持质量与效率并重原则，规范督办程序，强化督查协调，抓好党委领导同志批示交办事项的督办落实与反馈。做好督查调研和理论研究工作，坚持深入实际、求真务实，不断为党委科学决策提供有价值、高质量的参考依据。做好党群系统人大代表建议和政协提案办理工作。探索做好党委决策部署绩效管理、党委委员询问质询受理等党委交办的其他工作。

加强制度建设，建立健全分解立项、落实情况报告、回访复核、督查情况通报、考核评价等党委督促检查工作制度，完善条块联合联动的大督查工作格局，赋予党委督查部门组织协调、调查核实、情况通报、处置问题等方面的职能权限。

加强组织建设，成立市委督查工作领导小组，领导小组办公室设在市委督查室，负责日常工作。选配副局级干部担任市委督查室主任，兼任市委办公厅副主任。选配业务精通、年富力强的同志担任副局级实职督查专员。各区县（市）要比照配备，市直部门也要根据工作需要加强督促检查工作力量。

（七）不断强化运行保障工作。牢固树立安全保密意识，加强保密管理和监督检查，切实做到保密知悉最小化、保密管理全程化、保密措施精确化、保密技术自主化、保密工作法制化。完善密码管理体制，强化密码通信系统、保障系统和电子政务内网建设。做好电报办理工作，严格按时限要求抓好贯彻落实，确保电报办理安全、保密、及时、准确。加强机要交通工作，合理规划交通线路，严格机要人员管理，健全完善核心秘密载体传递安全保障机制，采取切实有效举措，为机要交通工作顺畅开展创造有利条件。加强专用通信基础设施建设，提高党政专用通信保障能力。健全和完善安全防控体系，强化安全保障能力，确保机关安全。

加强党委及党委工作部门档案工作，及时收集整理各类重要资料，尤其要做好重要会议、活动和重大建设项目档案资料的整理归档工作。改善档案保管设施条件，对重要档案实行异质异地备份，确保档案主体安全。完善管理制度，落实管理责任，加快档案存储数字化、管理现代化、利用网络化进程，实现资源共享，提高档案利用效能。强化对国有资产、财务经费、基础建设、政府采购等领域的管理，切实为党委管好家、理好财、用好物。加强基础设施建设，加快技术装备升级，创新保障服务理念，为党委提供全过程、全天候、全方位保障。坚持严细化管理、精细化服务，全面推进后勤保障人性化、规范化，建立权责明晰、协调高效、公开透明、规范有序、充满活力的机关事务管理模式。

三、切实为党委办公部门开展工作提供坚强保障

一是建设学习型机关。鼓励党委办公部门干部深入实际调查研究，有计划地安排干部到发达地区学习考察。依托党校、行政学院等培训机构和高等学校，分层次对党委办公部门干部进行专题培训。支持干部参加在职教育，开展形式灵活的业务研讨活动。加强对党委办公部门工作规律的研究和探索，促进“三服务”事业创新发展。

二是完善内部运行机制。规范各级党委办公部门之间的指导关系，强化工作联系和业务交流，提高工作的协同性。优化工作布局、机构设置和人员配备，集中优势资源和力量服务中心工作、完成重点任务。做好衔接工作，完善业务流程，提高运行效能，形成适应形势任务发展要求的内部运行机制。

三是加强干部队伍建设。加大人才引进力度，注重从各方面、各领域、各条战线选拔高素质人才，从基层和工作一线遴选优秀干部，充实到党委办公部门。鼓励党委办公部门干部到艰苦环境、关键岗位挂职锻炼，有计划地选派优秀干部到上级党委办公部门学习历练。拓宽干部交流使用渠道，有计划地将党委办公部门优秀干部安排到改革发展稳定工作第一线。

四是创造良好工作条件。根据实际需要，切实保障党委办公部门工作运转经费，对涉及基础设施建设、办公设备更新、开展专项调研、公文处理、信息工作、督促检查和人员培训等方面的资金，列入同级财政预算予以保障。如遇重大紧急情况，据实增加必要的经费列支。

五是强化机关文化和作风建设。以社会主义核心价值体系为统领，注入理想信念、爱国情怀、敬业精神、创新动力、团队意识等内容，不断丰富和发展具有党委办公部门特色的机关文化。大力实施“学习工程、创新工程、精品工程、奉献工程”，不断提升服务理念、创新服务方式、提高服务质量、增强服务效能，使“服务为本，忠诚为魂”成为党委办公部门干部职工共同的价值理念，真正以过硬的作风树形象、强队伍、提水平，为推动沈阳又好又快发展作出新的更大的贡献。

中共沈阳市委关于认真学习宣传贯彻胡锦涛总书记在省部级主要领导干部专题研讨班上重要讲话精神的通知

（2012年8月8日）

7月23日，胡锦涛总书记在省部级主要领导干部专题研讨班上发表了重要讲话（以下简称《讲话》）。认真学习、深入宣传、全面贯彻《讲话》精神，是当前全市的一项重大政治任务。按照中央和省委要求，结合沈阳实际，现就学习宣传贯彻《讲话》精神通知如下。

一、充分认识《讲话》的重大意义

《讲话》从坚持和发展中国特色社会主义的政治高度和宽广视野，精辟分析了我国面临的新形势新任务，科学阐述了事关党和国家全局的若干重大问题，深刻回答了党和国家未来发展的一系列重大理论和实践问题，明确提出了坚持和发展中国特色社会主义，全面推进社会主义经济建设、政治建设、文化建设、社会建设以及生态文明建设和党的建设的新要求。《讲话》总揽全局，内容丰富，思想深刻，富有创新，具有很强的政治性、理论性、指导性和针对性，是一篇马克思主义的纲领性文献，对于团结动员全党全国各族人民解放思想、实事求是、与时俱进、开拓创新，满怀信心地为全面建成小康社会而奋斗，具有十分重大的意义。

二、深刻领会《讲话》的精神实质

学习《讲话》精神，关键要深刻领会其精神实质，进而更加强化走中国特色社会主义道路、深入贯彻落实科学发展观的自觉性和坚定性，更加自觉地同以胡锦涛同志为总书记的党中央保持高度一致，踏踏实实做好当前改革发展稳定的各项工作，齐心协力、信心百倍地把沈阳振兴大业推向前进。

1. 深刻认识、准确把握当前和今后一个时期党和国家工作的总要求。要通过学习，深刻领会面对新形势新任务，必须高举中国特色社会主义伟大旗帜，以邓小平理论、“三个代表”重要思想为指导，深入贯彻落实科学发展观，解放思想，改革开放，凝聚力量，攻坚克难，坚定不移沿着中国特色社会主义道路前进，为全面建成小康社会而奋斗。深刻领会这个总要求是基于对当前世情、国情、党情的分析判断提出和确定的，对于我们党团结带领全国各族人民在新的历史征途上继往开来、与时俱进十分紧要。

2. 深刻认识、准确把握党的十六大以来的巨大成就和贯彻落实科学发展观的根本要求。要深刻认识党的十六大以来，以胡锦涛同志为总书记的党中央团结带领全国各族人民紧紧抓住和用好我国发展的重要战略机遇期，战胜一系列严峻挑战，奋力把中国特色社会主义事业推进到一个新的发展阶段。深刻认识取得这样的历史性成就和进步，最重要的就是坚持以马克思列宁主义、毛泽东思想、邓小平理论、“三个代表”重要思想为指导，勇于推进实践基础上的理论创新，形成和贯彻了科学发展观。充分认识深入贯彻落实科学发展观仍然是一项长期艰巨的任务，必须以更加坚定的决心、更加有力的举措、更加完善的制度来贯彻落实科学发展观，真正把科学发展观转化为推动经济社会又好又快发展的强大力量。

3. 深刻认识、准确把握中国特色社会主义是当代中国发展进步的旗帜。要深刻认识我们坚持和发展中国特色社会主义取得了重大理论和实践成果，最重要的就是，开辟了中国特色社会主义道路，形成了中国特色社会主义理论体系，确立了中国特色社会主义制度，这是党和人民90多年奋斗、创造、积累的根本成就，必须倍加珍惜、始终坚持、不断发展。深刻认识坚持和发展中国特色社会主义必须坚定不移依靠改革开放，坚持把改革创新精神贯彻到治国理政各个环节，永不僵化、永不停滞，更加自觉、更加坚定地推进改革开放，不断在制度建设和创新方面迈出新步伐。

4. 深刻认识、准确把握推进经济建设、政治建设、文化建设、社会建设以及生态文明建设的重大部署。要深刻领会、认真贯彻加快转变经济发展方式，把推动发展的立足点转到提高质量和效益上来，不断增强长期发展后劲；推进政治体制改革必须坚持党的领导、人民当家作主、依法治国有机统一；建设社会主义文化强国必须坚定不移走中国特色社会主义文化发展道路；改善民生和加强社会建设必须多谋民生之利，多解民生之忧，解决好人民最关心最直接最现实的利益问题；推进生态文明建设必须把生态文明建设的理念、原则、目标等深刻融入和全面贯穿到我国经济建设、政治建设、文化建设、社会建设的各方面和全过程。

5. 深刻认识、准确把握全面提高党的建设科学化水平的新任务。要深刻认识改革开放以来我们紧紧围绕中国特色社会主义伟大事业，全面推进党的建设新的伟大工程，取得了明显成效。必须坚持党要管党、从严治党，全面加强党的思想建设、组织建设、作风建设、反腐倡廉建设、制度建设，确保党始终成为中国特色社会主义的坚强领导核心。继续推进党的建设新的伟大工程，坚定理想信念，保持党同人民群众的血肉联系，积极发展党内民主，深化干部人事制度改革，坚定不移反对腐败，自觉维护党的集中统一。

三、精心组织《讲话》精神的学习宣传

各级党委（党组）中心组要把《讲话》作为近期学习的重要内容，制定系统学习计划，列出专题进行研讨。领导干部要带头学习好《讲话》精神，力求学深学透，要在抓好自身学习的同时，积极向广大党员和群众进行宣讲。各级党校、干校要把《讲话》精神纳入干部教育培训计划，组织好培训学习。各级教育部门要把学习《讲话》精神作为大中学校思想政治教育和课堂教学的重要内容。工会、共青团、妇联等人民团体要充分发挥自身优势，开展各具特色的学习宣传活动。各级党委宣传部门要制定学习宣传方案，加强组织协调，广泛开展各种宣传活动，切实抓好《讲话》精神的学习宣传工作，集中展示十六大以来我市推动科学发展、加快全面振兴的丰硕成果。各基层党组织要通过各种生动活泼的形式，组织广大党员和群众学习《讲话》精神。要把学习《讲话》精神作为各地区、各部门创先争优活动和学习型党组织建设“排头兵工程”的重要内容。要组织理论宣讲骨干深入企业、农村、机关、社区、学校进行广泛宣讲。各级报刊、广播、电视、网络等媒体要开辟专题、专栏,对《讲话》精神进行有声势、有广度、有深度的宣传报道。要加强跟踪报道,注意总结和推广基层在学习贯彻《讲话》精神中的好经验、好做法,努力营造学习宣传《讲话》精神的浓厚氛围。要组织理论工作者对《讲话》精神进行深入阐释和解读,以《讲话》提出的重大理论和实践问题为重点,结合我市改革发展和党的建设实际,进行专题研究,形成和发表一批有深度、有分量的成果。

四、切实抓好《讲话》精神的贯彻落实

学习贯彻《讲话》精神,要紧密联系沈阳振兴实际,与贯彻落实市委十二届四次全会精神结合起来,牢牢咬定目标,抓住用好机遇,埋头苦干实干,紧紧围绕完成“五大任务”、实现“三大目标”,统筹推进经济建设、政治建设、文化建设、社会建设以及生态文明建设和党的建设,开创沈阳科学发展、创新发展、和谐发展的新局面。要集中精力做好当前工作,着力落实好“稳增长、促振兴”各项任务,以推动沈阳老工业基地全面振兴的崭新成果向党的十八大献礼。

沈阳市贯彻落实《关于实行党风廉政建设责任制的规定》实施办法

(2012年9月13日)

第一章 总 则

第一条 为加强全市党风廉政建设,明确各级领导班子和领导干部在党风廉政建设中的责任,根据中共中央、国务院重新修订的《关于实行党风廉政建设责任制的规定》和《辽宁省贯彻落实〈关于实行党风廉政建设责任制的规定〉实施办法》,结合我市实际,制定本办法。

第二条 本办法适用于全市各级党的机关、人大机关、行政机关、政协机关、审判机关、检察机关的领导班子、领导干部。人民团体、国有和国有控股企业(含国有和国有控股金融企业)、事业单位的领导班子、领导干部参照执行本实施办法。

第三条 实行党风廉政建设责任制,要以邓小平理论和“三个代表”重要思想为指导,深入贯彻落实科学发展观,坚持党要管党、从严治党,坚持标本兼治、综合治理、惩防并举、注重预防,扎实推进惩治和预防腐败体系建设,切实保证中央和省、市关于党风廉政建设决策部署的贯彻落实。

第四条 实行党风廉政建设责任制,要坚持和完善党委统一领导,党政齐抓共管,纪委组织协调,部门各负其责,依靠群众支持、参与的领导体制和工作机制。要把党风廉政建设作为党的建设和政权建设的重要内容,纳入领导班子、领导干部目标管理,与经济建设、政治建设、文化建设、社会建设以及生态文明建设和业务工作紧密结合,一起部署,一起落实,一起检查,一起考核,一起推进。

第五条 实行党风廉政建设责任制,要坚持集体领导与个人分工负责相结合,坚持“一岗双责”,坚持谁主管、谁负责,一级抓一级、层层抓落实。

第二章 责任范围和内容

第六条 各级领导班子对职责范围内的党风廉政建设负全面领导责任。各级领导班子主要负责人是职责范围内的党风廉政建设第一责任人,应当做到重要工作亲自部署、重大问题亲自过问、重点环节亲自协调、重要信访亲自批办、重要案件亲自督办。各级领导班子其他成员根据工作分工,对职责范围内的党风廉政建设负主要领导责任。

第七条 各级领导班子、领导干部在党风廉政建设中应当认真履行职责,承担以下领导责任:

(一)贯彻落实党中央、国务院和上级党委、政府以及纪检监察机关关于党风廉政建设的部署要求,结合实际研究制定党风廉政建设工作计划、目标要求和具体措施,并按照计划推动落实。

(二)贯彻落实党风廉政法规制度,推进制度创新和体制机制改革,建立健全决策权、执行权、监督权既相互制约又相互协调的权力结构和运行机制,加强廉政风险防控管理,提高反腐倡廉建设的制度化、规范化、科学化水平。

(三)开展党性党风党纪和廉洁从政教育,组织党员干部学习党风廉政建设理论和法规制度,加强廉政文化建设。

(四)监督检查本地区、本部门、本系统的党风廉政建设情况,督促下级领导班子和领导干部认真落实《廉政准则》,严格执行《中国共产党党内监督条例》等各项法规。

(五)积极推进党务公开、政务公开、厂务公开、村务公开和公共事业单位办事公开,不断促进权力运行的程序化和公开透明,主动接受社会各界监督。

(六)严格按照规定选拔任用干部,防止和纠正选人用人上的不正之风,营造风清气正的选人用人环境。

(七)加强作风建设,纠正损害群众利益的不正之风,认真解决党风政风方面存在的突出问题。

(八)管好班子,带好队伍,对涉及领导班子成员和下一级领导班子主要负责人思想、工作等方面的问题和不廉洁行为,要直接找本人谈话,进行告诫,及时纠正。

(九)领导、组织并支持执纪执法机关依纪依法履行职责,及时听取重点工作任务完成情况的汇报,帮助解决重大问题,加强重要案件督办,为纪检监察机关有效开展工作创造条件。

(十)严格遵守党纪国法,自觉执行廉洁自律和廉洁从政的各项制度规定,带头开展宣传教育、进行廉政承诺、讲好廉政党课、组织监督检查和接受民主监督,并教育管理好配偶、子女及其配偶、其他亲属以及身边工作人员。

(十一)应当履行的其他职责。

第三章 责任实施

第八条 市和各区、县(市)要建立落实党风廉政建设责任制工作领导小组和反腐败工作协调小组;市直各部门要建立落实党风廉政建设责任制工作领导小组。各级落实党风廉政建设责任制工作领导小组和反腐败工作协调小组组长,分别由党委(党组)和纪检监察机关的主要负责同志担任。

第九条 各级党委、政府每年根据上级关于党风廉政建设和反腐败工作的部署及要求，召开专题研究党风廉政建设的党委（常委）会议和政府廉政工作会议，结合实际，对党风廉政建设和反腐败工作进行部署安排，提出责任目标和任务要求，明确责任领导、牵头单位、配合单位、完成时限和保障措施。

第十条 各级领导班子的正职，每年主持召开专题会议，组织班子成员认真学习贯彻上级党委、政府和纪检监察机关关于党风廉政建设和反腐败工作的部署要求，研究安排反腐倡廉建设的任务和措施；半年和年终都要听取反腐倡廉工作汇报，分析党风廉政建设形势，及时发现和解决苗头性、倾向性问题，组织制定防范性措施和规定，研究解决党风廉政建设中的突出问题；每年参加指导两个以上单位（部门）领导班子廉洁自律专题民主生活会，组织一次以上专题调查研究和监督检查；支持纪检监察机关和其他执纪执法机关开展工作；及时批办处理人民来信来访，认真解决群众反映的热点难点问题。

第十一条 各级领导班子的其他成员，要协助正职加强对分管单位（部门）党风廉政建设和反腐败工作的领导，具体指导、督促分管单位（部门）制定党风廉政建设工作计划、目标任务和具体措施，抓好各项工作落实；每年至少听取一次分管单位（部门）加强党风廉政建设和落实反腐败各项任务总体情况汇报，定期深入分管单位（部门）调查研究，发现解决工作推进中存在的问题；每年参加指导两个以上单位（部门）领导班子廉洁自律专题民主生活会，召集两次以上分管单位（部门）专题会议，组织一至两次专题调查研究和监督检查，指导督查分管单位（部门）开展工作，并定期向领导班子和主要领导报告抓落实的情况；对分管单位（部门）的正职领导干部在党风廉政方面存在的问题，要亲自找本人谈话，进行批评教育和指正；对分管范围内发生的典型案件，要按照有关规定和要求，支持、指导、协调相关职能部门进行查处。

第十二条 各级纪检监察机关（机构）应认真履行职能，及时传达落实上级党委、纪委关于加强反腐倡廉建设的部署要求，准确了解掌握分管地区、部门组织开展反腐倡廉建设情况，认真抓好重点工作任务的组织协调，切实加强对上级指示和工作落实情况的监督检查，针对存在的突出问题和薄弱环节，及时向党委（党组）提出改进工作的意见和建议，严肃查处各类违规违纪问题和腐败案件。

第四章 责任考核与监督检查

第十三条 建立完善落实党风廉政建设责任制情况检查考核制度。

（一）各级党委（党组）应当建立党风廉政建设责任制的检查考核制度，建立健全检查考核机制，制定检查考核的评价标准、指标体系，明确检查考核的范围、内容、方法、程序和成果运用等。

（二）各级党委（党组）每年至少组织一次对下一级领导班子、领导干部落实党风廉政建设责任情况的检查考核。考核工作可以与领导班子和领导干部年度考核、惩防体系建设检查工作结合进行，也可以单独组织。检查考核工作应由班子领导带队。

（三）检查考核工作由各级纪检监察机关（机构）会同有关部门具体负责实施，制定检查考核工作方案，通过组织述职述廉、个别谈话、发放问卷、民主测评等形式，全面了解领导班子、领导干部执行党风廉政建设责任制和廉洁自律规定的情况。

（四）各级纪检监察机关（机构）应当根据实际需要，采取督办等形式，不定期地对一些单位进行重点监督检查；对执行本办法过程中存在的带有普遍性的问题进行分析研究，适时向党委（党组）报告，提出解决问题的建议；对发现的一般性问题，采取《廉洁自律提示书》、《整改建议书》等形式，向有关领导或单位提出整改意见；对构成违纪的要追究有关人员的纪律责任。

（五）各级党委（党组）应当将检查考核结果在适当范围内通报，并记入领导干部绩效档案和廉政档案，作为对领导班子和领导干部业绩评定、奖励惩处、选拔任用的重要依据；对检查考核中发现的问题，应及时研究解决，督促整改落实。

第十四条 建立完善落实党风廉政建设责任制情况报告制度。

（一）各级党委（党组）每年要将贯彻落实党风廉政建设责任制的情况书面报告上一级党委（党组）和纪委。领导班子主要负责人应当每年将贯彻落实党风廉政建设责任制和本人廉洁从政的情况书面报告上一级党风廉政建设责任制领导小组。

（二）党委常委会应当将落实党风廉政建设责任制的情况，作为向同级党的委员会全体会议报告工作的一项重要内容。

（三）各级领导干部要在年度述职述廉和专题民主生活会上，如实报告个人落实党风廉政建设责任制和廉洁自律各项规定的情况。

（四）实行区、县（市）委书记向市委常委会述廉制度和部分区、县（市）、市直部门班子成员向市纪委常委会报告个人履行“一岗双责”及遵守廉洁自律各项规定情况的制度。

第十五条 建立完善落实党风廉政建设责任情况民主测评制度。

（一）各级组织、人事部门要会同纪检监察机关（机构），负责对下一级领导班子、领导干部落实党风廉政建设责任制和遵守廉洁自律各项规定情况的民主评议、民主测评工作，广泛听取党内外干部群众的意见。

（二）民主评议工作每年至少组织一次，可以单独进行，也可以与年度考核中的民主评议、民主测评结合进行。

（三）各级党委（党组）应当结合实际，建立党风廉政建设社会评价机制，采取走访座谈、问卷调查、网络舆情收集分析、委托中介或其他社会组织开展民意调查等方式，动员和组织广大党员和人民群众有序参与，自觉接受社会各界的评价和监督。

第十六条 各级党风廉政建设相关责任部门，应当认真履行职责，充分发挥职能作用，积极配合纪检监察机关（机构）抓好党风廉政建设责任制的检查考核工作。

第五章 责任追究

第十七条 领导班子、领导干部不履行或者不正确履行党风廉政建设责任制规定的，应当在同级党委领导下，由纪委牵头负责组织实施责任追究。

第十八条 领导班子、领导干部违反或者未能正确履行本办法第六条、第七条规定的职责，有下列情形之一的，应当追究责任：

（一）对党风廉政建设工作领导不力，以致职责范围内明令禁止的不正之风得不到有效治理，造成不良影响的；

（二）对上级领导机关交办的党风廉政建设责任范围内的事项不传达贯彻、不安排部署、不督促落实，或者拒不办理的；

（三）对本地区、本部门、本系统发现的严重违纪违法行为隐瞒不报、压案不查的；

（四）疏于监督管理，致使领导班子成员或者直接管辖的下属发生严重违纪违法问题的；

（五）违反规定选拔任用干部，或者用人失察、失误造成恶劣影响的；

（六）放任、包庇、纵容下属人员违反财政、金融、税务、审计、统计等法律法规，弄虚作假的；

（七）放任、包庇、纵容下属人员阻挠、干扰、对抗监督检查或案件查处，或者对办案人、检举控告人、证明人打击报复的；

（八）对配偶、子女及其配偶、其他亲属以及身边工作人员严重违纪违法知情不管或包庇、纵容的；

（九）有其他违反党风廉政建设责任制行为的。

第十九条 领导班子有本办法第十八条所列情形，情节较轻的，责令作出书面检查；情节较重的，给予通报批评；情节严重的，进行调整处理。

第二十条 领导干部有本办法第十八条所列情形，情节较轻的，给予批评教育、诫勉谈话、责令作出书面检查；情节较重的，给予通报批评；情节严重的，给予党纪政纪处分，或者给予调整职务、责令辞职、免职和降职等组织处理。涉嫌犯罪的，移送司法机关依法处理。以上责任追究方式可以单独使用，也可以合并使用。

第二十一条 领导班子、领导干部具有本办法第十八条所列情形，并具有下列情节之一的，应当从重追究责任：

（一）对职责范围内发生的党风廉政建设责任问题进行掩盖、袒护或者弄虚作假欺骗上级组织的；

（二）推卸、转嫁责任的；

（三）干扰、阻碍责任追究调查处理的；

第二十二条 领导班子、领导干部具有本办法第十八条所列情形，并具有下列情节之一的，可以从轻或者减轻追究责任：

（一）及时、如实报告职责范围内发生的问题的；

（二）主动查处或者积极配合纪检监察机关、组织人事部门查处职责范围内发生的问题的；

（三）有效避免损失或者主动挽回影响的；

（四）针对发现的问题及时认真整改，取得明显成效的。

第二十三条 实施责任追究，应当实事求是，分清集体责任和个人责任，主要领导责任和重要领导责任。一般上究一级，后果特别严重的可上究二至三级。追究集体责任时，领导班子主要负责人和直接主管的领导班子成员承担主要领导责任，参与决策的班子其他成员承担重要领导责任。对错误决策提出明确反对意见而未被采纳的，不承担领导责任。错误决策由领导干部个人决定或者批准的，追究该领导干部个人的责任。

第二十四条 对领导干部直接管辖范围内党政干部违纪违法受到处理的，应追究有关领导干部的领导责任。

（一）直接管辖范围内党政干部受到党内严重警告、行政记大过以上处分的，对负有主要领导责任的干部给予批评教育，造成严重后果和恶劣影响的，给予党政纪处分。

（二）直接管辖范围内党政干部因与工作、权力相关的问题被追究刑事责任的，对负有主要领导责任的干部给予党政纪处分，对负有重要领导责任的干部给予批评教育；造成严重后果和恶劣影响的，对负有主要、重要领导责任的干部均给予党政纪处分；对上一级负有主要领导责任的干部，给予批评教育或组织调整。

（三）领导班子集体讨论作出错误决定或者采取错误行动的，应追究党政第一责任人和直接领导者的责任。

（四）两个党政领导干部共同分管同一地区、部门、单位的，其党风廉政建设工作责任一般由为主的领导干部负责，具体事项的责任由实际经管该事项的领导干部负责。

（五）同一地区、部门、单位的不同事务分属两个领导干部管理的，具体事项的责任由实际经管该事项的领导干部负责。

第二十五条 为强化责任追究工作，建立和实施以下制度：

（一）建立"一案双追究"制度。各级纪检监察机关要将责任追究纳入案件检查、案件管理和案件审理工作之中，在查处案件过程中，既要查清当事人的违纪问题，同时还必须查清负有失职、失察责任的主要领导责任者和重要领导责任者的责任，并提出对有关领导实施责任追究的意见。涉及同级或上级领导班子和领导干部的，要按照有关规定报告上级纪检监察机关。

（二）建立责任追究统计报告制度。各级纪检监察机关（机构）每半年都要组织一次对本地区、本部门实施领导责任追究情况（包括行政问责情况）的检查，并将有关情况进行统计分析，及时向上级纪检监察机关（机构）报告。

（三）建立责任追究信息通报制度。要建立领导责任追究的协调机制，由纪检、组织、人事、监察、财政、审计以及公安、检察、审判等机关（部门）的负责人参加，定期通报和分析各类违规违纪问题查处工作情况，研究和确定应进行领导责任追究的案件。

（四）建立责任追究信息归档制度。各级纪检监察机关要会同组织人事部门，及时收集整理领导责任追究信息，并将有关材料装入领导干部廉政档案，充分发挥廉政档案对领导干部廉洁从政方面的监督和管理作用。

第二十六条 实施责任追究不因领导干部工作岗位或者职务变动而免责。已退休但按照本规定应当追究责任的，仍须进行相应的责任追究。

第二十七条 责任追究机关应当将责任追究情况在适当范围内公示。对受到责任追究的领导班子、领导干部，实行"一票否决"，取消当年年度考核评优和评选各类先进的资格。单独受到责令辞职、免职处理的领导干部,一年内不得重新担任与其原任职务相当的领导职务;受到降职处理的,两年内不得提升职务。同时受到党政纪处分和组织处理的,按影响期较长的执行。

第二十八条 各级纪检监察机关应当加强对下级党委、政府实施责任追究情况的监督检查,发现有应当追究责任而未追究、责任追究畸轻、畸重或者责任追究处理决定不落实等问题的,应当及时督促纠正。

第二十九条 实施领导责任追究应按照干部管理权限、处分审批权限和规定程序办理。各级党委、政府是责任追究工作的主体。给予组织处理的,由纪检监察机关或组织部门提出建议,提交同级党委研究决定后,由组织人事部门负责实施;需要追究党政纪责任的,由纪检监察机关依据有关规定负责实施;涉嫌违法犯罪的,由司法机关追究刑事责任。对领导责任的追究意见应同违纪违规问题的处理意见一并提出,处理决定应在案件调查结束后三个月内作出。

第六章 附 则

第三十条 各区、县(市)和市直各部门可结合实际情况,制定实施细则,并报市纪委备案。

第三十一条 本实施办法由市纪委、监察局负责解释。

第三十二条 本实施办法自发布之日起施行。1999年发布的《中共沈阳市委沈阳市人民政府贯彻中共中央国务院〈关于实行党风廉政建设责任制的规定〉的实施办法》(沈委发〔1999〕5号)同时废止。

中共沈阳市委关于追授罗阳同志“共产党员楷模”称号并开展向罗阳同志学习活动的决定

(2012年11月27日)

罗阳同志生前任中航航空装备有限责任公司特级专务、副总经理,中航工业沈阳飞机工业(集团)有限公司董事长、总经理。2012年11月25日,在顺利完成歼—15舰载机航母起降训练任务后,罗阳同志突发急性心肌梗死、心源性猝死,经抢救无效殉职。罗阳同志的一生是航空报国的一生,他凭着对党和人民的无限忠诚,战斗到生命的最后一息,为我国航空事业发展呕心沥血、鞠躬尽瘁,奏响了共产党员矢志不渝为中国特色社会主义共同理想而奋斗的时代强音。在他的身上,体现了共产党员的崇高精神追求,体现了新时期航空人的拳拳赤子情怀,是全市党员干部学习的楷模。为弘扬罗阳同志的先进事迹,市委决定,追授罗阳同志“共产党员楷模”称号,并在全市党员干部中深入开展向罗阳同志学习活动。

学习罗阳同志忠诚于党、矢志报国的政治品格。罗阳同志对党和人民的事业无限忠诚,对祖国的航空事业无限热爱,把自己的理想抱负与实现国家的繁荣富强紧密相连。在30年工作中,罗阳同志前20年研发设计飞机,后10年制造生产飞机,始终以强烈的爱党之情、爱国之心承担起发展航空事业的国家使命,兑现着航空报国、强军富民的铮铮誓言。即使在生命的最后一刻,罗阳同志依然奋战在歼—15舰载机起降航母训练现场,为训练任务的圆满完成作出了重要贡献,为祖国航空事业发展耗尽了最后一滴心血。生为战机,死为战机,是罗阳同志人生轨迹的真实写照。学习罗阳同志,就是要更加坚定中国特色社会主义理想信念,为全面建成小康社会而奋斗,特别是紧密联系老工业基地加快全面振兴的实际,从每一个岗位做起,全身心投入各项工作,在推动沈阳科学发展、创新发展、和谐发展的实践中实现人生价值。

学习罗阳同志勇挑重担、开拓进取的责任意识。罗阳同志任沈阳飞机工业集团董事长、总经理期间,正值企业机遇与挑战并存的关键发展时期,科研和生产任务交叉并行、极其繁重。罗阳同志以强烈的事业心和使命感投身工作,着眼于大型航空企业的长远发展和民族航空工业的振兴,殚精竭虑,夙兴夜寐,带领企业积极跟进世界防务领域发展新方向,在组织开展重点工程研制、深化企业内部改革、抓好人才队伍建设等方面取得了新成绩,使企业焕发出勃勃生机和旺盛活力,迈上了持续跨越发展的快车道。学习罗阳同志,就是要切实把职业当事业,把信任当责任,不辱使命,奋发有为,以勇于担当、争创一流为不懈追求,在沈阳振兴发展的伟大实践中施展新的作为,用优异成绩向党和人民交上一份满意答卷。

学习罗阳同志锐意创新、攻坚克难的拼搏精神。罗阳同志作为歼—15舰载机等国家重点工程项目负责人,面对研制周期短、生产难度高、技术风险多等重大考验,积极组织带领科研团队开展决战攻坚,以追求卓越、不断超越的昂扬斗志,勇攀技术创新和管理创新高峰,取得了一系列关键技术的重大突破,推动了一大批新工艺的广泛应用,使企业产品研发、制造和生产能力实现了新的跨越,创造了新机研制提前18天总装下线、从设计发图到成功首飞仅用10个半月的奇迹,为我国航空制造技术水平快速提升作出了重要贡献。学习罗阳同志,就是要始终保持昂扬向上的发展激情,坚持把创新作为推动发展的不竭动力,大胆解放思想,勇于赶超跨越,自加压力、挑战困难,不畏艰险、敢于胜利,不断把各项工作提高到一个新水平。

学习罗阳同志苦干实干、敬业奉献的高尚情操。罗阳同志长期坚守工作一线,将自己全部的精力和智慧奉献给了祖国的航空事业,无论是在研究所还是在制造厂,都将工作视为生命,勤勤恳恳、兢兢业业。特别是在承担我国自主研制的歼—15舰载机项目后,他带领相关技术团队,昼夜兼程、连续奋战,全身心投入高强度、高压力的设计研制当中,直至牺牲在工作岗位上。学习罗阳同志,就是要坚持高标准、严要求,勤勉敬业,扎实工作,淡泊名利,甘于奉献,始终保持共产党员无私忘我的崇高境界和求真务实的优良作风,永远走在时代前列,当好推动沈阳加快全面振兴的骨干中坚。

全市各地区、各部门、各单位要高度重视开展向罗阳同志学习活动,切实加强组织领导,精心部署安排,丰富学习载体,建立长效机制,注重实际效果。各级党政组织要把开展向罗阳同志学习活动与学习宣传贯彻党的十八大精神结合起来,与完成“五大任务”和实现“三大目标”结合起来,与做好自身工作和完成全年任务结合起来。广大党员干部要带头学习罗阳同志的先进事迹,带头弘扬他的崇高精神,时刻以罗阳同志为榜样,坚定理想、秉持信念,立足本职、爱岗敬业,心系人民、造福群众,脚踏实地、艰苦奋斗,扎实推进我市经济社会又好又快发展。各级宣传部门和新闻单位要广泛深入宣传罗阳同志的先进事迹和崇高精神,在全市大力营造浓厚的学习氛围,引导和激励全市广大党员干部群众,深入贯彻落实科学发展观,从现在做起,从自己做起,同心同德,拼搏实干,为实现沈阳老工业基地的全面振兴作出新的更大的贡献。

中共沈阳市委关于认真学习宣传贯彻党的十八大精神的通知

(2012年12月4日)

为深入学习宣传贯彻党的十八大精神,把全市党员干部群众的思想和行动统一到党的十八大精神上来,把智慧和力量凝聚到实现党的十八大确定的各项任务上来,加快实现沈阳老工业基地全面振兴,根据中央、省委有关要求,结合沈阳实际,现通知如下。

一、充分认识学习宣传贯彻党的十八大精神的重大意义

党的十八大是在我国进入全面建成小康社会决定性阶段召开的一次十分重要的大会,是一次高举旗帜、继往开来、团结奋进的大会,对凝聚党心民心军心、推动党和国家事业发展具有十分重大的意义。大会高举中国特色社会主义伟大旗帜,以马克思列宁主义、毛泽东思想、邓小平理论、“三个代表”重要思想、科学发展观为指导,分析了国际国内形势的发展变化,回顾和总结了过去5年的工作和党的十六大以来的奋斗历程及取得的历史性成就,确立了科学发展观的历史地位,提出了夺取中国特色社会主义新胜利必须牢牢把握的基本要求,确定了全面建成小康社会和全面深化改革开放的目标,对新的时代条件下推进中国特色社会主义事业作出了全面部署,对全面提高党的建设科学化水平提出了明确要求。胡锦涛同志代表十七届中央委员会作的《坚定不移沿着中国特色社会主义道路前进,为全面建成小康社会而奋斗》的报告,描绘了全面建成小康社会、加快推进社会主义现代化的宏伟蓝图,为党和国家事业进一步发展指明了方向,是全党全国各族人民智慧的结晶,是我们党团结带领全国各族人民夺取中国特色社会主义新胜利的政治宣言和行动纲领,是马克思主义的纲领性文献。大会通过的《中国共产党章程(修正案)》,体现了党的理论创新和实践发展的成果,体现了党的十八大确立的重大理论观点和重大工作部署,对以改革创新精神全面推进党的建设新的伟大工程、提高党的建设科学化水平提出了明确要求。

党的十八届一中全会选举产生了以习近平同志为总书记的新一届中央领导集体,一批经验丰富、年富力强、德才兼备、奋发有为的同志进入中央领导机构,实现了党的中央领导集体的又一次新老交替,充分显示了中国特色社会主义事业蓬勃兴旺、薪火相传、后继有人。认真学习宣传贯彻党的十八大精神,关系党和国家工作全局,关系中国特色社会主义事业长远发展,对动员全党全国各族人民在以习近平同志为总书记的党中央领导下,高举中国特色社会主义伟大旗帜,满怀信心为全面建成小康社会、夺取中国特色社会主义新胜利而奋斗,对我市加快实现老工业基地全面振兴,具有重大而深远的意义。

二、全面准确学习领会党的十八大精神

学习宣传贯彻党的十八大精神,首先要认真研读党的十八大文件,原原本本学习党的十八大报告和党章,学习习近平同志在党的十八届一中全会上的重要讲话精神。要深刻领会党的十八大的主题,深刻领会过去5年和10年党和国家事业取得新的历史性成就,深刻领会科学发展观的历史地位和指导意义,深刻领会中国特色社会主义的丰富内涵、夺取中国特色社会主义新胜利的基本要求,深刻领会全面建成小康社会和全面深化改革开放的目标,深刻领会社会主义经济建设、政治建设、文化建设、社会建设、生态文明建设等方面的重大部署,深刻领会全面提高党的建设科学化水平的重大举措。学习宣传贯彻党的十八大精神,要牢牢抓住党的十八大的主题:高举中国特色社会主义伟大旗帜,以邓小平理论、“三个代表”重要思想、科学发展观为指导,解放思想,改革开放,凝聚力量,攻坚克难,坚定不移沿着中国特色社会主义道路前进,为全面建成小康社会而奋斗。要紧紧抓住坚持和发展中国特色社会主义这一贯穿党的十八大报告的主线,进一步明确学习贯彻党的十八大精神的聚焦点、着力点、落脚点,把党的十八大提出的奋斗目标、重大理论观点、重大工作部署等学习得更加深入、领会得更加透彻、贯彻得更加自觉。

三、切实做好党的十八大精神的学习宣传

要统筹安排、结合实际、创新方式,全面准确、深入系统地学习和宣传党的十八大精神,使之更好地为广大干部群众所掌握。

1. 认真抓好学习培训。各级党委(党组)理论学习中心组要把学习党的十八大精神作为当前及今后一个时期理论学习的中心内容,作出计划、列出专题,认真组织集中学习和专题研讨,力求学深、学透,在掌握精神实质上下功夫。各级党校要把党的十八大报告和党章作为重要教学内容,相应调整培训计划,分期分批地组织各级党员干部进行系统学习。要通过组织专题师资班、研修班等形式,培训好各级党校教员、各地区各部门各单位理论骨干和市、区(县、市)、乡镇(街道)、村(社区)四级宣讲员队伍。举办全市新闻出版战线贯彻落实党的十八大精神培训班,培训新闻出版业务骨干。基层党组织要采取多种形式,组织广大党员干部认真学习党的十八大精神。要注意抓好离退休人员中党员的学习,抓好农村党员的学习,抓好失业人员和流动人口中党员的学习。要切实抓好党的十八大精神进教材、进课堂、进学生头脑的工作,把学习党的十八大精神作为学校思想政治教育和课堂教学的重要内容,融入到学校党团组织的各种活动中。

2. 集中开展宣讲活动。要做好省委宣讲团来沈阳宣讲活动的有关工作，确保宣讲任务顺利完成。要抽调有宣讲能力的理论和实际工作者组成市级宣讲团，深入城乡基层开展面对面宣讲活动。组织好先进典型学习党的十八大精神宣讲团和党的十八大代表基层宣讲团的宣讲工作，充分发挥我市先进典型和党的十八大代表宣传党的十八大精神的示范导向作用。要精心组织、统筹安排四级理论宣讲体系在全市城乡的宣讲工作。要围绕干部群众在学习贯彻党的十八大精神过程中遇到的思想和实际问题，开展有针对性的宣讲，提高宣讲工作的实效性。要利用好辽海·沈阳讲坛等宣传平台，积极宣传党的十八大精神，切实推动党的十八大精神进企业、进农村、进机关、进校园、进社区。

3. 精心组织新闻宣传。报刊、广播、电视等新闻媒体要精心筹划、周密安排、集中报道，发挥各自优势和特色，开辟专栏，设立专题，多层次、多角度宣传党的十八大精神。要及时报道中央及省、市委宣讲团的宣讲活动，充分报道学习党的十八大精神的学习会、报告会、研讨会的实际效果和干部群众的积极反响。开展“学习贯彻党的十八大精神”大型主题采访活动，集中推出“聚焦十八大报告”、“百姓心声”等专栏，针对干部群众在学习贯彻党的十八大精神过程中遇到的难点问题进行解答，并通过直接面向基层的采访报道，反映广大干部群众对党的十八大精神的理解和拥护，反映全市人民对贯彻落实好党的十八大精神的期盼和愿望。要结合“走基层、转作风、改文风”活动，组织新闻工作者深入基层一线，推出一批来自群众、生动鲜活的报道。

4. 积极开展网络宣传。要统筹各类网络平台，运用各种网络手段，积极开展隆重热烈的网上正面宣传，在网上迅速形成学习宣传贯彻党的十八大精神的舆论热潮。要精心组织网络媒体开设专题、专栏，及时刊发、转载中央和省市主要媒体关于学习宣传贯彻党的十八大精神的重要报道和重点理论文章。要充分运用微博客、社交网络和移动多媒体等新技术新手段，通过系列报道、在线访谈、论坛跟帖等方式，开展具有网络特点的宣传报道。要用典型、用数据、用事实说话，组织开展积极有效的网上舆论引导，进一步营造网上学习宣传贯彻党的十八大精神的浓厚氛围。

5. 大力开展社会宣传。要丰富创新宣传载体，充分利用公益广告、户外大屏幕、地铁、公交车载电视、宣传栏、阅报栏、手机短信等载体，将党的十八大精神全方位、多层次、多角度地宣传到全市各行各业。要充分发挥爱国主义教育基地的作用，积极开展党的十八大精神宣传活动。

6. 广泛开展文艺宣传。要组织创作一批宣传党的十八大精神的文艺作品，通过党员干部群众喜闻乐见的文艺形式，将党的十八大精神送到机关、企业、社区、村镇、部队、学校。深入推动艺术惠民工作向基层、向农村拓展，最大限度地发挥文化引领风尚、教育人民、服务社会、推动发展的作用，大力营造学习宣传党的十八大精神的浓厚文化氛围。

7. 深入开展理论研究。要紧密结合沈阳老工业基地全面振兴的实际，围绕党的十八大作出的战略部署和提出的一系列新思想、新观点、新论断，围绕事关沈阳经济社会发展的重大问题，通过深入实际的调查研究，开展富有实效的理论研究，组织不同层次、多种形式的座谈研讨，帮助党员干部群众全面准确理解党的十八大精神，为沈阳加快实现全面振兴营造浓厚的理论氛围，提供有力的智力支撑。

四、着力用党的十八大精神指导实践、推动工作

学习宣传贯彻党的十八大精神，要大力发扬理论联系实际的学风，紧密联系沈阳老工业基地全面振兴的具体实践，联系本地区本部门本单位工作实际，联系广大干部群众思想实际，深入调查研究，坚持学以致用、用以促学，以科学发展观为指导，进一步丰富和完善“五大任务”、“三大目标”的科学内涵，努力把党的十八大作出的决策部署转化为推进全市科学发展、创新发展、和谐发展的政策措施和解决问题的有效办法。

1. 加快转变经济发展方式，努力促进全市经济又好又快发展。要把结构调整作为重中之重，把改革开放和科技创新作为强大动力，把生态文明建设摆在更加突出的位置，把优化发展环境作为新的竞争优势，把保障和改善民生作为根本出发点和落脚点，积极探索走出一条老工业基地振兴发展的新路子。当前，全市上下要按照“稳增长、促振兴”的总要求，统筹推进“深化改革、推进创新、提升文明、改善民生”四项重点工作，确保全面完成年初确定的各项目标任务。今后一个时期，各地区、各部门、各单位要以党的十八大精神为指导，进一步明确发展思路和目标任务，着力深化改革、完善制度，着力攻坚克难、破解难题，努力促进经济社会又好又快发展。

2. 加大保障和改善民生力度，全面推进和谐沈阳建设。要深入做好为群众办实事工作，着力解决群众最关心、最直接、最现实的利益问题。要努力办好人民满意的教育，推动实现更高质量的就业，千方百计增加居民收入，加快完善覆盖城乡的社会保障体系，不断提高人民群众的健康水平，加强和创新社会管理。要进一步加强社会治安防控、食品安全和安全生产等工作，维护社会公平正义，让发展成果更多更公平惠及全体人民。

3. 坚持立党为公、执政为民，不断提高党的建设科学化水平。要牢牢把握加强党的执政能力建设、先进性和纯洁性建设这条主线，全面加强党的思想建设、组织建设、作风建设、制度建设和反腐倡廉建设，努力建设学习型、服务型、创新型的党组织。着力加强理想信念教育，突出抓好干部作风建设，大力弘扬无私奉献之风、求真务实之风、清正廉洁之风。积极发展党内民主，深化干部人事制度改革，统筹推进各类人才队伍建设。创新基层党建工作，进一步搞好党风廉政建设，加强党的纪律教育。广大党员干部要自觉遵守党章，自觉按照党的组织原则和党内政治生活准则办事。党员干部要自觉做坚定理想信念的表率，自觉做认真学习实践的表率，自觉做坚持民主集中制的表率，自觉做弘扬优良作风的表率。

4. 着力解放思想、改革开放、凝聚力量、攻坚克难。要准确把握我国发展的重要战略机遇期内涵和条件的变化，充分认识全面建成小康社会、实现沈阳老工业基地全面振兴的艰巨任务，以高度的责任感和强烈的使命感，着力解放思

想、改革开放、凝聚力量、攻坚克难,勇于实践、勇于变革、勇于创新,切实增强忧患意识、风险意识、责任意识,坚定必胜信念,积极开拓创新,全面做好改革发展稳定各项工作,着力解决经济社会发展中的突出矛盾和问题,有效防范各种潜在风险,努力促进经济社会发展,努力保持社会和谐稳定。

五、切实加强对学习宣传贯彻党的十八大精神工作的领导

各级党组织要把学习宣传贯彻党的十八大精神作为当前和今后一个时期的首要政治任务,切实摆上重要议事日程,加强组织领导,精心安排部署,把学习宣传贯彻党的十八大精神工作不断引向深入。

1. 加强组织领导。各地区、各部门、各单位要按照中央和省、市委的部署,结合实际作出专题部署,提出明确要求,着力抓好落实,迅速兴起学习宣传贯彻党的十八大精神的热潮。要加强工作指导和督促检查,及时了解学习宣传贯彻情况,及时总结经验,切忌形式主义,务求取得实效。各级领导干部要带头学习、带头宣传、带头贯彻党的十八大精神,不断提高引领沈阳振兴发展的能力水平。

2. 做好统筹协调。各级组织、宣传等有关部门要在党委的统一领导下,密切配合,抓好党的十八大精神的学习宣传贯彻工作。组织部门要把学习宣传贯彻党的十八大精神与干部教育培训工作、加强领导班子建设和基层党组织建设结合起来。宣传部门要牢牢把握正确导向,扎实做好学习宣传工作,营造学习宣传贯彻党的十八大精神的浓厚氛围。工会、共青团、妇联等人民团体要充分发挥自身优势,开展各具特色的学习教育活动。

3. 加强正面引导。坚持团结稳定鼓劲、正面宣传为主,着力用党的十八大精神统一思想、凝聚力量、振奋精神。要及时了解干部群众的思想状况,密切关注社会舆情,有针对性地做好工作,最大限度地凝聚社会共识。加强对敏感问题和热点问题的正面引导,解疑释惑。加强对宣传思想文化阵地的管理,绝不给错误思想言论提供传播渠道。

4. 创新方式方法。要坚持贴近实际、贴近生活、贴近群众,创新形式载体,探索方法手段,努力增强学习宣传党的十八大精神的吸引力、感染力和针对性、实效性。要善于运用群众喜闻乐见、便于参与的方式,采取富有时代特色、体现实践要求的方法,在拓展学习宣传党的十八大精神的广度深度上下功夫,使党的十八大精神深入人心。

各地区、各部门、各单位要及时将学习宣传贯彻党的十八大精神情况报告市委。

中共沈阳市委沈阳市人民政府关于加快推进科技创新的实施意见

(2012年12月10日)

为贯彻落实《中共中央国务院关于深化科技体制改革加快国家创新体系建设的意见》(中发〔2012〕6号)和《中共辽宁省委辽宁省人民政府关于加快推进科技创新的若干意见》(辽委发〔2012〕16号)精神,进一步加快我市科技创新步伐,现提出如下实施意见。

一、总体要求和发展目标

(一)总体要求。坚持以邓小平理论、“三个代表”重要思想、科学发展观为指导,以建设国家创新型城市为目标,以发展战略性新兴产业为重点,以提高自主创新能力为核心,实施创新驱动发展战略,着力完善有利于科技创新的体制机制,着力推动企业成为技术创新的主体,着力提高社会协同创新的能力,大幅度提升科技创新对经济增长的贡献率,为加快实现沈阳老工业基地全面振兴提供有力支撑。

(二)发展目标。到2017年,力争实现全社会研发投入、研发人员数量、授权发明专利、高新技术产品增加值4项指标比2012年翻一番。全社会研发投入占地区生产总值的比重达到3.5%以上,高新技术产品增加值占地区生产总值的比重达到25%以上,科技进步对经济增长的贡献率达到65%以上,建成国家创新型城市。

二、提升企业科技创新能力

(三)培育创新型示范企业。实施创新型企业工程。聚焦战略性新兴产业,在先进装备制造、信息、生物医药、航空等领域,重点扶持20户大型企业,打造行业创新龙头。培育300户科技型中小企业,对获得省资金支持的,市、区县(市)政府按省要求1:1配套给予补助,连续支持5年。到2017年,20户大型科技创新企业主营业务收入均达到100亿元以上,300户科技型中小企业主营业务收入均突破10亿元。

(四)支持企业建设高水平研发机构。到2017年,力争新增国家级各类企业研发机构16个、省级125个。大中型工业企业要建立研发机构,研发投入占主营业务收入比重达到3%。对新增国家级研发机构给予200万元资金支持。

(五)实施科技创新重大专项。重点支持高档数控机床、IC装备、通用航空、物联网、特高压交直流输变电设备、数字化设备、新能源设备、激光设备、轨道交通装备、现代建筑、生物医药、民用客机、冶金新材料、汽车零部件、循环经济等重大科技专项,突破一批关键技术,开发10项以上国内领先、国际一流的高端装备及相关系列产品,形成一批国家标准。市政府每年统筹1亿元科技创新重大专项资金,对研发项目给予支持。

(六)推动并购海外科技型企业和引进先进技术。落实省支持并购海外科技型企业和引进先进技术政策。到2017年,并购海外科技型企业50户以上,引进海外先进适用技术50项以上,力争掌控3项以上国际尖端核心技术。

(七)支持首台(套)装备研制推广。鼓励企业自主研发首台(套)重大技术装备,支持其推广使用,对获得省专项资金补助的首台(套)重大技术装备企业,市政府给予配套补助。

三、加强产学研合作

(八)推进企业主导的产学研协同创新。依托高新区、大学科技园、特色产业基地和沈阳国家大学科技城,建设产学研示范园区,实现区域内90%的企业与高等学校、科研院所建立长期稳定的产学研合作关系。

(九)促进科技成果转化。充分发挥国家专利技术(沈阳)展示交易中心和沈阳技术交易所的作用,提高高等学校、科研院所科技成果的就地转化率。全面落实省鼓励政策,对高等学校教师、

科研院所科研人员携带科技成果或者有效专利创办科技型中小企业，或者以个人股份进入科技型企业，3年内保留其原有身份和职称，档案工资正常晋升。

（十）加快大学科技园建设。到2017年，新增1家国家级大学科技园，2家省级大学科技园。积极推进沈阳国家大学科技城建设，到2017年，力争引进国内外重点院校、科研院所和500强企业的研发机构100家以上，培育5个创新型产业集群，产业规模达到1000亿元以上。

（十一）加强知识产权创造和运用。到2017年，发明专利申请量和授权量年均增长20%以上，万人有效发明专利拥有量达到10件，规模以上工业企业均拥有发明专利，专利有效实施率达到25%以上。市政府安排专项资金支持专利成果转化。

四、建设高水平创新型区域

（十二）建设两化融合示范区。把促进工业转型升级作为两化融合的出发点和落脚点，以百户示范企业、百项重点项目、五大市级试验区、十大产业、十大公共服务平台为重点，引导重点工业企业两化融合由单向应用向综合集成转变，构建以信息化为支撑、高新技术为主导、先进装备制造业为基础的现代产业体系。到2017年，全市两化融合指数达到75以上。市支持重点产业发展专项资金、财政科技创新专项资金和人才资源开发专项资金等向两化融合方向重点倾斜。

（十三）加快"一区多园"建设。推进沈阳高新技术产业开发区和14个园区建设，到2017年，新增2家省级高新技术产业园区；高新区主要经济指标年均增长30%以上，新建公共研发服务平台10个，孵化器及标准厂房500万平方米，规模以上高新技术产品增加值占规模以上工业增加值的比重达到65%以上，进入国家高新区第一集团。

（十四）支持公共服务平台建设。加快建设公共科技服务平台，到2017年，工业产业集群中公共研发服务平台达到60家以上，其中省级研发平台25家、检测平台5家。积极推进沈西公共检测服务平台建设，拓展大中型电机、机床、低压防爆电器等国家级检测中心服务功能，为促进全市产业转型升级提供有力支撑。市政府对获得省资金支持的公共研发和检测平台，按照有关政策规定给予支持。

五、完善有利于科技创新的体制机制

（十五）规范科技项目管理。进一步完善科技项目经费管理制度，健全科技项目决策、执行、评价相对分开、社会机构参与监督的运行机制。优化科技项目管理组织流程，通过公开招标、稳定支持、股权投资等方式，拓宽科技项目需求征集渠道，建立科学合理的项目储备制度。完善科技项目公平竞争和信息公开公示制度，探索完善网络申报和视频评审办法。

（十六）健全科技创新奖励评价制度。强化第三方评价，根据不同类型科技活动特点，注重科技创新质量和实际贡献，制定导向明确、激励约束并重的评价标准和方法。完善科技奖励制度，优化奖项结构，突出产业创新发展导向，建立公开提名、科学评议、实践检验、公信度高的科技奖励机制，支持和规范社会力量设奖。

（十七）推动科技惠及民生。大力发展农业科技园区，强化基层农技推广服务，重点支持良种繁育、无公害农产品标准化建设等领域的科技创新。加快建设"数字沈阳"，加大对医疗卫生、公共安全、社会管理及生态环境等领域的科技投入，进一步增强科技对经济社会发展的支撑引领作用，促进由"数字城市"向"智能城市"转变。

（十八）加快文化与科技融合。积极推进国家级文化与科技融合示范基地建设，市、区文化产业发展专项资金向文化与科技融合的重点企业、重大项目倾斜，加快建设文化技术装备、数字传媒等百亿产业集群。到2017年，力争培育2个百亿文化与科技融合龙头企业。

六、统筹区域科技资源

（十九）促进高等学校、科研院所科技资源社会共享。鼓励驻沈高校、科研院所及企业共享科学数据、共用科研设施。落实省鼓励政策，支持教师、科技人员在高等学校、科研院所与企业之间双向流动、兼职兼薪。鼓励驻沈高校设置与我市主导产业密切结合的专业学科。做好国家装备制造业职业教育试验区工作，推动装备制造、汽车等职业学校加快发展。

（二十）加强沈阳经济区科技资源整合利用。深入推进新型工业化综合配套改革，深化沈阳经济区科技合作，建立经济区8城市科技局长联席会议制度，在重大技术攻关、科技基础设施、科技服务体系等领域推进协同创新。以沈抚、沈铁、沈阜、沈本和沈辽鞍营城际连接带为载体，加快重点科技园区和重大项目建设。

七、构建创新人才聚集高地

（二十一）引进海外研发团队。积极引进海外高层次专家团队和掌握核心技术的高级人才。今后5年，每年引进海外研发团队50个，开发50个以上达到世界前沿技术水平或填补国内空白，并能实现产业化的新产品。市政府对获得国家、省资金支持的海外研发团队，按照国家、省的有关规定予以配套支持。

（二十二）集聚高端创新人才。深入实施"凤来雁归"工程。到2017年，力争新增院士3名以上、长江学者特聘教授3名以上，选拔培养院士后备人选10名以上。鼓励企业建立院士工作站，对由院士主导的自主创新重大项目、重点课题给予资金支持。对在引进、培养院士和长江学者特聘教授、建立院士工作站中发挥重要作用的单位给予经费支持。

八、创新科技投融资方式

（二十三）鼓励科技企业直接融资。到2017年，完成20户科技企业上市。科技企业境内外首次公开发行上市或买壳上市的，市政府给予不超过300万元资金支持。科技企业通过国家发改委核准发行企业债券或在上海、深圳证券交易所和银行间债券市场完成企业债券融资的，市政府给予100万元资金支持。

（二十四）培育和发展创业（风险）投资。发挥沈阳市新兴产业创业投资引导基金示范带动作用，引导社会资本投入科技创新。鼓励工业产业集群、高新区设立种子资金，加快建立沈阳大学科技城风险投资专项资金，制定使用管理办法，放大资金效应。鼓励社会力量建立科技发展种子资金，对新建种子资金达到省规定的资金规模的，给予适当支持。到2017年，全市主业突出、稳定经营的风险投资机构达到50家，管理资金规模达到200亿元以上。

九、优化科技创新发展环境

（二十五）营造创新文化氛围。大力宣传沈阳科技创新的重大成就，加大对科技创新模范人物、典型企业、高端人才、重大科技成果以及发明专利的奖励力度。强化基层科研队伍建设，对在技术应用、成果转化等方面取得突出成绩的，在技术职称评定时给予倾斜。加强科学技术普及工作，提升市民科学文化素质，培育创新意识，激发创新活力，在全市努力形成鼓励探索、崇尚创新、宽容失败的社会氛围。

（二十六）创新科技投入方式。充分发挥政府在科技投入中的引导作用，带动企业、社会增加科技创新投入。通过贷款贴息、股权投入、风险补偿、融资担保、奖励补助等多种形式支持科技创新。落实企业研发费用税前加计扣除、研发设备加速折旧等税收政策。

（二十七）建立健全考核评价制度。将科技创新指标纳入统计体系，结合国家创新型城市指标，进一步完善市政府对各区县（市）科技创新工作的绩效考核评价制度，加大科技指标权重，对科技创新工作绩效考核成绩优秀的地区，给予通报表彰和奖励。

（二十八）加强组织领导。各地区、各部门、各单位必须坚持“一把手”抓“第一生产力”，切实把加快推进科技创新摆在重中之重的位置。市科技工作领导小组要切实承担起指导协调、督促检查的职责。各相关部门要担当责任，密切配合，形成推进科技创新的强大合力，为加快实现沈阳老工业基地全面振兴作出新的更大的贡献。

法规·规章

沈阳市城市地下空间开发建设管理办法

（沈阳市政府令第32号）

第一条 为了加强城市地下空间的开发建设和管理，促进地下空间资源的合理开发建设，根据《中华人民共和国城乡规划法》等有关法律、法规，结合本市实际，制定本办法。

第二条 本办法所称城市地下空间，是指城市规划区内地表以下的空间。

第三条 本市城市地下空间开发建设的管理，适用本办法。法律、法规涉及国防、人民防空、防灾、文物保护、矿产资源等地下空间利用的，从其规定。

第四条 市建设行政主管部门负责本市城市地下空间开发建设的管理工作，其所属的城市地下空间开发建设管理机构具体负责监督管理工作。发展和改革、规划和国土资源、房产、人防、环保、城建、公安、安监、城市管理行政执法等相关部门应当按照各自职责，做好城市地下空间开发建设的管理工作。

第五条 城市地下空间开发建设应当遵循保护资源、城市基础设施和公共服务设施优先、兼顾安全、防灾需要、统筹规划、综合开发的原则。

第六条 城市地下空间规划是城市规划的重要组成部分。地下空间开发利用总体规划应当符合城市总体规划，并与土地利用规划和人民防空等其他专业规划相协调。控制性详细规划应当依据城市地下空间开发利用总体规划对城市地下空间开发利用作出具体规定，明确地下空间开发利用范围、使用性质、总体布局、开发强度、出入口位置和连通方式等内容。市规划和国土资源行政主管部门负责组织编制城市地下空间开发利用总体规划、控制性详细规划，经市规划委员会审议后报市人民政府批准实施。

第七条 市建设行政主管部门应当依据城市地下空间开发利用总体规划和城市建设需要，组织编制城市地下空间开发建设计划，报市人民政府批准后实施。

第八条 地下空间的开发建设应当充分体现开发利用的整体性和系统性，坚持平面分区、竖向分层、综合利用的基本原则，实现与地上空间相联通、与相邻的地下工程、地下步行街、地铁站点等重要节点应当充分连接，逐步形成功能完整的地下空间网络系统。

第九条 城市地下空间开发建设计划包括以下内容：

（一）项目的名称、性质、建设时限；

（二）总投资、年度计划投资、资金来源；

（三）实施主体、建设内容、规模及层数；

（四）计划执行的具体要求；

（五）地下空间土地使用权范围；

（六）其他需要的内容。

第十条 城市地下空间开发建设项目应当符合城市地下空间开发利用总体规划和城市地下空间开发建设计划，并依法取得城市地下空间土地使用权。地下空间的使用，除法律、法规另有规定外，一律实行有偿使用。市规划和国土资源行政主管部门根据地下空间开发利用总体规划及控制性详细规划确定地下空间规划条件，组织地下空间建设用地出让。具体办法由市规划和国土资源行政主管部门制定。

第十一条 城市地下空间开发建设项目应当经市城市地下空间开发建设管理机构预先审核。开工前，应当按照地上地下一致的原则履行基本建设程序，依法办理立项、环保、规划、土地、施工许可等手续。未取得施工许可证的，不得开工。

第十二条 地下工程的勘察设计、施工安装、工程监理、试验检测等单位应当具备相应的资质等级。

第十三条 地下工程开工前，建设单位应当制定周密的施工方案，内容包括工期计划、工序流程、场地布置、资金调度等；涉及相邻财产安全的关键部位的施工方案应当通过专家论证。地下工程施工方案应当报市地下空间开发建设管理机构备案。

第十四条 地下工程施工涉及挖掘道路、封闭交通的，建设单位应当与各管网单位、市政和交通部门签署拆改、占用协议。

第十五条 城市地下空间的建设单位应当采取有效的安全防护措施，科学合理地协调地表空间和地下空间的承载、震动、污染、噪声及相邻建筑物的安全，不得破坏地下市政管线功能，不得影响树木正常生长和绿地的使用功能，应当减少对地面交通运输的影响，不得妨碍地表的规划功能，不得对其他建筑物、构筑物和附着物造成危害。

第十六条 地下工程的专用设备、器材的定型、生产应当执行国家统一标准。消防设施、器材应当按照国家标准和行业标准配置,并定期组织检验、维修,确保完好有效。

第十七条 地下工程建设应当符合国家有关规定、标准和规范。

第十八条 城市地下空间开发建设项目按照有关规定进行竣工验收;经验收合格的,方可交付使用。城市地下空间开发建设项目竣工验收合格后,建设单位应当在3个月内向市城市建设档案馆移交完整的建设项目档案。

第十九条 城市地下空间开发建设项目应当统筹安排综合配套设施。综合配套设施建设由市城市地下空间开发建设管理机构统一组织实施。城市地下空间开发建设应当缴纳城市基础设施配套费。

第二十条 城市地下空间土地使用权和房屋所有权的权属登记,按照相关法律、法规、规章的规定实施。

第二十一条 城市地下空间的开发建设应当实行动态管理,建立健全城市地下空间开发建设的信用信息系统。除涉及国家安全、保密信息外,地下空间开发建设信息资源应当实行共享。

第二十二条 违反本办法规定,建设单位未取得施工许可证,擅自施工的,由城市管理行政执法部门责令停止施工,限期改正,处工程合同价款1%以上2%以下的罚款。

第二十三条 违反本办法规定,建设单位有下列行为之一的,由建设行政主管部门责令改正,处项目合同价款2%以上4%以下的罚款;造成损失的,依法承担赔偿责任:

(一)未组织竣工验收,擅自交付使用的;

(二)验收不合格,擅自交付使用的;

(三)对不合格的建设项目按照合格工程验收的。

第二十四条 违反本办法规定,城市地下空间开发建设项目竣工验收合格后,建设单位未向市城市建设档案馆移交建设项目档案的,由市建设行政主管部门责令改正,处1万元以上10万元以下的罚款。

第二十五条 建设行政主管部门和有关行政主管部门人员在城市地下空间开发建设管理活动中玩忽职守、滥用职权的,依法给予行政处分;构成犯罪的,依法追究刑事责任。

第二十六条 本办法自2012年2月1日起施行。

沈阳市农业综合开发资金和项目管理办法

(沈阳市政府令第33号)

第一章 总 则

第一条 为了加强农业综合开发资金和项目的管理,保证资金安全运行和有效使用,保证项目顺利实施,根据有关法律、法规,结合本市实际,制定本办法。

第二条 本办法所称农业综合开发,是指经国家和省农业综合开发管理机构批准立项,利用财政设立的专项资金以及其他有关资金,通过土地治理和产业化经营等项目对农业资源进行综合开发利用的活动。

第三条 本市农业综合开发资金和项目管理,适用本办法。

第四条 农业综合开发实行农业综合开发县(以下简称开发县)管理制度。开发县是指经国家农业综合开发管理机构批准实施农业综合开发项目的区、县(市)。

第五条 市人民政府财政部门主管全市农业综合开发资金和项目管理工作。开发县人民政府财政部门主管本辖区内农业综合开发资金和项目管理工作。市和开发县农业综合开发管理机构具体负责农业综合开发资金和项目管理工作。农业、水利、林业、国土资源、环保、电力等部门在各自的职责范围内,做好有关农业综合开发工作。

第六条 市和开发县人民政府应当组织有关部门编制农业综合开发中长期规划,并将农业综合开发工作纳入本行政区域内的经济和社会发展规划。

第七条 市和开发县人民政府建立农业综合开发联席会议制度,研究协调、解决农业综合开发资金和项目管理工作中的重大问题。

第二章 资金管理

第八条 农业综合开发项目资金包括:

(一)中央、省、市财政设立的农业综合开发专项资金;

(二)农业生产经营组织和个人自筹资金、以物折资和村民投劳折资;

(三)通过财政资金投入吸引的金融资金等;

(四)社会捐赠资金;

(五)国家和省规定的其他有关资金。

第九条 农业综合开发财政专项资金的使用实行县级报账制。开发县农业综合开发管理机构应当执行规定的报账程序和手续。农业综合开发资金应当按照农业综合开发财务、会计制度,实行专人管理、专账核算、专款专用,不得挪作他用。任何单位和个人不得骗取农业综合开发财政专项资金,不得将无偿使用的财政专项资金转为有偿使用。

第十条 农业综合开发土地治理项目工程管护资金包括:

(一)按照国家规定开发县按照土地治理项目年度计划中农业综合开发财政资金总额的1%比例计提的工程管护资金;

(二)市、开发县财政分别按照不低于上年度土地治理项目计划财政资金总额3%比例安排的工程管护资金;

(三)通过承包、租赁、拍卖农发工程等方式取得的收入;

(四)乡(镇)人民政府、街道办事处、村民委员会、农民专业合作组织及受益农户等投入的工程管护资金。

第十一条 农业综合开发工程管护资金主要用于在工程设计使用期内的公益性农业综合开发工程及设备的日常维修,必要的小型简易管护工具和运行监测设备购置等。不得用于购置车辆、行政事业单位人员工资、补贴等行政事业费开支。农业综合开发工程管护资金的使用申报和审批由农业综合开发土地治理项目管护主体提出用款计划申请,经所在村民委员会和乡(镇)人民政府、街道办事处财政部门审查同意,有关部门以及相关技术人员对维修工程预算进行造价审核后，报经农业综合开发管理机构审核批准后，依据批准的用款计划，按照县级财政报账制度有关规定支付资金。

第十二条 农业综合开发土地治理项目工程管护资金由农业综合开发管理机构统筹安排和管理，实行分账核算、专款专用。当年结余资金可结转下年继续使用。

第十三条 市和开发县农业综合开发管理机构应当做好农业综合开发资金绩效评价工作，提高资金使用效益。

第三章 项目管理

第十四条 农业综合开发项目包括土地治理项目和产业化经营项目。土地治理项目，包括稳产高产基本农田建设、高标准农田示范工程、粮棉油等大宗优势农产品基地建设、良种繁育、土地复垦等中低产田改造项目，草场改良、小流域治理、土地沙化治理、生态林建设等生态综合治理项目，中型灌区节水配套改造项目。产业化经营项目，包括经济林及设施农业种植、畜牧水产养殖等种植养殖基地项目，农产品加工项目，储藏保鲜、产地批发市场等流通设施项目。

第十五条 市和开发县农业综合开发管理机构应当根据上级年度项目申报指南及农业综合开发规划，逐级下达年度项目立项通知。市和开发县内承担开发任务的乡（镇）人民政府、街道办事处、农民专业合作组织、农事企业以及具有一定土地种植规模的个人为项目申报主体，按照申报指南，向开发县农业综合开发管理机构提出书面申请。受理机构应当组织有关专家实地考察，提出初审意见，对符合条件的，应当公示，并按照规定报市农业综合开发管理机构。市农业综合开发管理机构应当组织专家或者委托中介机构对申报项目进行评审，对符合条件的，报省农业综合开发管理机构审批。

第十六条 农业综合开发项目应当符合国家、省、市规定的建设标准，项目建设期最长不超过两年。经批准的农业综合开发项目实施单位或者个人、建设内容、地点和开发规模等不得擅自变更；确需变更的，应当按照规定报农业综合开发管理机构批准。

第十七条 申报土地治理项目应当具备下列条件：

（一）中低产田改造项目应当符合土地利用总体规划，有明确的区域范围，按照流域或者灌区统一规划，项目区水源有保证，防洪有保障，排水有出路，灌排骨干工程基本具备；地块集中连片，有增产潜力。年度单个项目相对连片开发面积，原则上平原地区不低于1万亩、丘陵地区不低于5000亩；

（二）生态综合治理项目应当有明确的区域范围，治理区集中连片，具有开发治理条件，对改善农业生产条件和生态环境具有明显的效果。年度单个项目相对连片治理面积，小流域治理和土地沙化治理5000亩以上；

（三）中型灌区节水配套改造项目应当符合区域水资源利用总体规划和节水灌溉发展规划，直接为农业综合开发项目区提供水利灌排条件。灌区设计灌溉面积一般不低于5万亩、不超过30万亩。

第十八条 申报土地治理项目，应当经村民委员会采取民主方式，征求村民意见，实行"一事一议"，并按照国家有关规定出具村民同意筹资投劳和项目用地的相关证明材料。

第十九条 申报产业化经营项目应当具备以下条件：

（一）符合国家产业政策和行业发展规划，有明显的资源优势和特色；

（二）申报单位或者其控股单位应当具有独立的法人资格；

（三）已建立符合市场经济要求的经营管理机制，能保证项目按计划建成和财政资金规范、安全、有效使用；

（四）与农户建立紧密、合理的利益联结机制；

（五）经营期限、经济指标、财务指标等符合国家、省农业综合开发管理机构年度项目申报指南等相关要求。

第二十条 农业综合开发项目实行招投标制、工程建设监理制、公示制等管理制度。土地治理项目主要单项工程的勘察设计、施工、监理和主要设备的采购，实行公开招标。土地治理项目主要单项工程的施工，由具备相应资质或者能力的单位进行监理。农业综合开发财政资金、农村集体资金及农民自筹资金使用情况，项目建设主要内容、项目施工单位应当在项目区公示。

第二十一条 项目实施单位应当按照经批准的设计组织实施，施工单位应当严格按照设计施工，不得擅自变更建设地点、规模、标准和主要建设内容。

第二十二条 农业综合开发项目完成后应当按照有关规定进行验收。开发县农业综合开发管理机构应当做好项目验收前的准备工作。

第二十三条 开发县农业综合开发管理机构对竣工验收合格的土地治理项目工程，应当明确管护主体，组织办理移交手续。

第二十四条 土地治理项目兴建的小型水库（塘坝）、排灌站、灌排渠道、桥涵闸、机耕路、输变电线路及附属设备、机电井及附属井房、喷（滴）灌设施等基础设施竣工验收后，由下列组织和个人进行管理和维护：

（一）跨乡水利工程由开发县人民政府确定管理机构；

（二）跨村工程为乡镇有关管理机构；

（三）村内工程为村民委员会或者村集体经济组织；

（四）涉及一农一户的单项工程为受益农户。

第四章 监督检查

第二十五条 市和开发县农业综合开发管理机构应当加强监督检查，做好对农业综合开发工程建设、资金使用和建后管护等情况的监督检查、综合考评等工作。市和开发县人民政府财政部门应当加强对农业综合开发资金和财务工作的监督检查。

第二十六条 市和开发县人民政府审计部门应当按照职责，每年对农业综合开发资金进行检查审计。

第二十七条 农业综合开发管理机构应当公开办事程序，接受社会监督。对农业综合开发工作中违法行为的举报，有关部门应当依法受理，并按照各自的职责，对举报事项查明事实，依法处理。

第五章　法律责任

第二十八条　违反本办法规定，项目申报单位或者个人骗取农业综合开发财政专项资金的，由农业综合开发管理机构追回被骗取的财政专项资金，并处被骗取财政专项资金10%以上50%以下的罚款；构成犯罪的，依法追究刑事责任。

第二十九条　违反本办法规定，开发县未按照要求足额落实项目工程管护资金的，不得申报土地治理项目。

第三十条　违反本办法规定，项目实施单位或者个人有下列行为之一的，由开发县农业综合开发管理机构责令限期改正；逾期不改正的，三年内不得申报农业综合开发项目：

（一）编报项目申报材料弄虚作假的；

（二）未执行建设标准或者擅自变更项目实施单位或者个人、建设内容、地点和开发规模的；

（三）无不可抗力因素延长项目建设期或者项目年度验收不合格的。

第三十一条　违反本办法规定，故意损毁、破坏农业综合开发项目工程设施的，由公安机关依法给予处罚。

第三十二条　农业综合开发管理机构和有关部门的工作人员在农业综合开发工作中滥用职权、玩忽职守、徇私舞弊的，依法给予行政处分。

第六章　附　　则

第三十三条　市、开发县本级财政资金开展的地方立项农业综合开发活动，参照本办法规定执行。

第三十四条　本办法自2012年4月1日起施行。

沈阳市城市道路车辆管理办法

（沈阳市人民政府令第34号）

第一条　为了加强城市道路车辆管理，规范道路车辆通行秩序，提高通行效率，预防和减少道路交通事故，根据《中华人民共和国道路交通安全法》、《中华人民共和国道路交通安全法实施条例》和《辽宁省道路交通安全违法行为罚款执行标准规定》等有关规定，结合本市实际，制定本办法。

第二条　凡在本市三环绕城公路以内从事与道路交通活动有关的单位和车辆驾驶人，应当遵守本办法。

第三条　公安机关交通管理部门负责本办法的实施。

第四条　交通警察实施道路交通安全管理，应当做到公正、严格、文明、高效。

第五条　下列车辆不得在城市道路上通行：

（一）两轮、独轮手推车；

（二）不符合安全标准的载客三轮人力车；

（三）畜力车；

（四）与国家技术标准不相符的残疾人机动轮椅车；

（五）链轨式机械车辆；

（六）与国家技术标准不相符的两轮、三轮电驱动车辆；

（七）燃油助力车；

（八）摩托车。

第六条　公安机关交通管理部门根据交通流量的具体情况，可以对机动车、非机动车采取限制时间、限制路线或者限制区域等限制通行措施。

第七条　接送中、小学校和幼儿园学生的专用车辆应当设置统一校车标识。校车运载学生，可以在公交专用车道以及其他禁止社会车辆通行但允许公交车辆通行的路段行驶。校车上下学生，应当在校车停靠站点停靠；未设置校车停靠站点的路段可以在公交站点停靠。

第八条　在施划公交车专用车道的道路上，公交车应当在专用车道内行驶。其他车辆除转弯不得占用公交车专用车道，借用公交车专用车道右转弯时，可以在距前方右转弯处30米至50米时驶入公交车专用车道。除单行路以外，大型客车载乘人员在10人以上时可以借用公交车专用车道行驶。

第九条　机动车号牌应当按照规定悬挂，并保持清晰；不得对号牌作技术处理。

第十条　不得擅自改装机动车消音器；不得在机动车上擅自加装与警报器音频相同的装置以及强光灯、爆闪灯、高音喇叭等妨碍交通安全的装置。非机动车不得安装、使用警报器。

第十一条　机动车停车应当遵守下列规定：

（一）机动车不得在设有禁停标志、标线的路段停车；

（二）城市公共汽车、城际公共汽车应当在指定的站点停车上下乘客，不得在站点以外的路段停车上下乘客；

（三）机动车在停车泊位里停放，应当按照泊位内的箭头指示停放；无箭头指示的，车头应当朝道路方向停放；

（四）在准许临时停车的城市道路上，机动车应当按照行驶方向停放；

（五）其他有关机动车停放的规定。

第十二条　在城市道路两侧，非机动车应当入架停放；在没有设置非机动车停放架的道路上，非机动车应当按序停放，不得影响其他车辆和行人通行。

第十三条　电动自行车应当经公安机关交通管理部门登记后，方可上道路行驶。具体办法由公安机关制定。

第十四条　公安机关交通管理部门应当定期将交通技术监控设施记录的违反道路通行的机动车辆，向社会公布，供机动车驾驶人或者车主查询。

第十五条　违反本办法第五条第（一）项、第（二）项、第（三）项规定的，由公安机关交通管理部门处50元罚款，拒不缴纳罚款的，扣留其车辆；违反第（四）项、第（五）项、第（六）项、第（七）项、第（八）项规定的，处200元罚款。

第十六条　违反本办法第六条规定，在限制时间、限制路线或者限制区域通行的，由公安机关交通管理部门对非机动车驾驶人处50元罚款；对机动车驾驶人处200元罚款。

第十七条　违反本办法第八条规定的，由公安机关交通管理部门处100元罚款。

第十八条　违反本办法第九条规定的，由公安机关交通管理部门处200元罚款，安装的非法装置予以收缴。

第十九条　违反本办法第十条第一款规定的，由公安机关交通管理部门处200元罚款，并责令当场拆除；违反第二款规定的，处50元罚款，并责令当场拆除。

第二十条 违反本办法第十一条第(一)项规定,在禁止停放和临时停放机动车的地点停车,驾驶人不在现场或者虽在现场但拒绝立即驶离,妨碍其他车辆、行人通行的,由公安机关交通管理部门处100元罚款;违反第(二)项、第(三)项、第(四)项规定的,处100元罚款。

第二十一条 违反本办法第十二条规定的,由公安机关交通管理部门处10元罚款。

第二十二条 违反本办法第十三条规定的,由公安机关交通管理部门处50元罚款。

第二十三条 公安机关交通管理部门及其交通警察的行政执法活动,应当接受行政监察机关依法实施的监察,自觉接受社会和群众监督。公安机关交通管理部门应当建立执法质量考核评议、执法责任和执法过错追究制度,纠正道路交通安全执法中的错误和不当行为。

第二十四条 本办法第五条所称摩托车不包括按照规定喷涂统一标识的行政机关执行公务摩托车。

第二十五条 本办法自2012年6月1日起施行。2006年沈阳市人民政府第60号令《沈阳市城市道路车辆管理办法》同时废止。

沈阳市人民政府关于修改《沈阳市保护消费者权益实施办法》等部分政府规章的决定

(沈阳市政府令第35号)

根据《中华人民共和国行政强制法》的规定,经清理,市人民政府第65次常务会议决定,对下列政府规章进行修改。

一、将《沈阳市保护消费者权益实施办法》(沈政令【1994】26号)第三十一条修改为:"违反本办法第十八条规定的,由技术监督或者工商行政管理部门没收商品,同时处以没收商品销售价五倍罚款;情节严重的,由工商行政管理部门吊销《营业执照》。"

二、将《沈阳市除四害工作管理办法》(沈政令【1999】31号)第十五条修改为:"落实除四害各项措施有困难的单位和居民住户,可委托专业服务机构进行消杀,并支付相应的药物和劳务费用。对四害密度超过规定标准而不采取除灭措施或者措施不力的单位,由所在地区爱卫会按照规定进行处罚,并责令限期整改。"

三、将《沈阳市城市垃圾管理规定》(沈政令【2006】56号)第二十八条修改为:"对未按照规定缴纳城市垃圾袋装费、卫生费、排放及处理费的,由环境卫生管理部门责令补交,逾期不交纳的,对单位可处以应交费用三倍以下且不超过3万元的罚款,对个人可处以应交费用三倍以下且不超过1000元的罚款。"将《沈阳市城市垃圾管理规定》第三十一条删除。

四、将《沈阳市保守国家秘密奖惩办法》(沈政发【1995】3号)第十六条删除。

五、将《沈阳市饮食娱乐服务业环境保护管理办法》(沈政令【1998】7号)第十七条删除。

六、将《沈阳市殡葬管理规定》(沈政令【2001】8号)第二十一条删除。

七、将《沈阳市药品和医疗器械监督管理办法》(沈政令【2008】4号)第二十六条删除。

本决定自发布之日起施行。

沈阳综合保税区管理办法

(沈阳市政府令第36号)

第一条 为了加强沈阳综合保税区(以下简称沈阳综保区)的管理,保障沈阳综保区的建设和发展,根据有关法律、法规和《国务院关于同意设立沈阳综合保税区的批复》以及国家有关政策,结合本市实际,制定本办法。

第二条 沈阳综保区的开发、建设、运营等管理活动,适用本办法。

第三条 沈阳综保区主要开展存储进出口货物和其他未办结海关手续的货物,国际转口贸易,国际采购、分销和配送,国际中转,检测和售后服务维修,商品展示,研发、加工、制造,港口作业等业务。

第四条 沈阳综合保税区管理委员会(以下简称综保区管委会)为市人民政府派出机构,负责沈阳综保区有关行政事务的统一管理,履行下列职责:

(一)制定和实施沈阳综保区中长期发展规划和年度计划;

(二)组织实施沈阳综保区开发建设;

(三)按照规定接受有关行政管理部门的委托,负责沈阳综保区行政审批工作,为企业提供指导和服务;

(四)支持协助海关等监管部门在沈阳综保区推行通关便利措施,创新监管模式;

(五)指导沈阳综保区功能开发,促进投资环境和公共服务的完善,吸引投资,推动制造、现代服务等产业发展;

(六)协调沈阳综保区周边区、县(市)及市人民政府有关行政管理部门,加强沈阳综保区公共事务管理;

(七)行使市人民政府授予的其他职权。

第五条 综保区管委会根据国家、省和市的产业发展规划和区域规划,会同市发展改革、规划等有关部门组织编制沈阳综保区产业发展规划和区域建设规划,经市人民政府批准后组织实施。

第六条 综保区管委会应当会同有关行政管理部门根据国家、省和市有关产业发展战略以及沈阳综保区功能开发的需要,制定并公布沈阳综保区产业发展导向。综保区管委会应当按照沈阳综保区的财力安排,制定鼓励重点产业发展的财政扶持等政策,并负责组织实施。

第七条 沈阳综保区重点发展低碳环保、高技术、高附加值,具有发展战略性新兴产业,按照外向型经济规律,培育发展一批具有全球影响力和创新型企业的国际知名品牌。

第八条 综保区管委会根据市人民政府授权,享有部分市级经济管理权限,并接受市有关行政管理部门委托,在沈阳综保区内实施下列行政审批事项:

(一)企业投资项目核准和备案;

(二)外商投资企业设立审批;

(三)建设项目规划审批,核发《建设项目选址意见书》、《建设用地规划许可证》、《建设工程规划许可证》;

（四）国有土地使用权的划拨、出让等建设项目供地的预审，但征收农民集体所有土地、农用地转为建设用地、建设项目占用未利用地的除外；

（五）建设项目初步设计审查、建设工程施工许可审批以及临时占用道路、挖掘道路的审批；

（六）建设项目环境影响评价、项目环保设施竣工验收以及排污许可的审批；

（七）国有资产管理、处置、国有产权变动的审批；

（八）高新技术企业认定初审；

（九）企业实行非标准工时制度的审批；

（十）民办非企业成立、变更及注销初审；

（十一）其他需要委托的事项。

行政审批事项委托的具体内容，由综保区管委会与有关行政管理部门在委托书中予以明确。综保区管委会应当将接受委托实施行政审批事项的情况报送委托的行政管理部门；委托的行政管理部门应当对综保区管委会实施行政审批事项进行指导和监督。

第九条 在沈阳综保区设立企业和办事机构，申请材料齐全、符合法定形式的，工商行政管理部门应当在受理后按照规定作出准予登记的决定。

第十条 在沈阳综保区设立的企业经海关核准后，可以与海关联网进行电子数据交换，实现无纸通关作业。

第十一条 下列情形可以根据海关规定实行分批送货、集中报关：

（一）沈阳综保区内货物出区进入国内；

（二）国内货物进入沈阳综保区；

（三）沈阳综保区与本市其他海关特殊监管区域之间进行货物流转。

第十二条 除国家另有规定外，沈阳综保区与境外之间进出的货物，不实行进出口许可证管理。

第十三条 从境外进入沈阳综保区的货物，按照海关规定予以保税，或者免征进口关税和进口环节税。除国家另有规定外，从沈阳综保区运往境外的货物免征出口关税。

第十四条 沈阳综保区内企业在区内加工、生产的货物，凡属于货物直接出口的，免征增值税和消费税。从沈阳综保区进入国内销售的货物，按照货物进口的有关规定办理报关手续，并按照货物实际状态征税。沈阳综保区内企业之间的货物交易，不征收增值税和消费税。

第十五条 国内货物进入沈阳综保区视同出口，由沈阳综保区区外企业按照现行税收政策办理退税。沈阳综保区内生产企业生产出口货物耗用的水、电、气，准予退还所含的增值税。

第十六条 出入境检验检疫机关应当依法受理报检、检验检疫、签证和放行，并实施集中检验检疫、分批核销放行的便利化措施。沈阳综保区内企业之间销售、转移进出口应检物，免予实施检验检疫；经沈阳综保区转口的应检物出境，免予检验检疫，法律、法规和规章另有规定的除外。沈阳综保区内企业从境外进入区内的仓储物流货物以及自用的办公用品、出口加工所需原材料、零部件免予实施强制性产品认证。

第十七条 海关等监管部门应当在沈阳综保区建立企业诚信档案，对诚信评价高的区内企业适用通关等方面的便利措施。

第十八条 区内企业按照境内区外外汇管理规定开立、使用和关闭外汇账户。按照现行外汇管理规定，区内企业对境外支付货款，不进行进口付汇总量核查管理。区内企业向境外出口货物，在海关办理保税货物出境备案的，收汇后无需办理出口收汇核销。

第十九条 综保区管委会应当保证出入区人员和运输工具正常、有序通行。人员和运输工具出入区，必须凭专用通行证件在指定通道出入，并接受海关监管和检查。

第二十条 综保区管委会应当为区内企业提供高效、便捷服务，区内企业的设立、登记和投资等活动所涉及的各项行政许可，应当在沈阳综保区内完成。沈阳综保区行政审批等管理事项，应当简化程序、缩短期限、减少层级、优化流程，不断提高行政管理效率和服务水平。

第二十一条 沈阳综保区实行重大行政决策公开征求意见制度和科学论证制度。有关沈阳综保区建设的重大行政决策事项，决策机关应当采取座谈会、论证会、听证会、媒体公开征集意见等方式广泛听取意见，并组织专家或者研究咨询机构对重大行政决策方案进行论证。

第二十二条 综保区管委会应当完善企业信用体系，建立健全企业信用信息的数据库和公共服务平台，推广使用企业信用报告等信用产品，培育信用产品的应用市场。

第二十三条 综保区管委会应当会同海关、检验检疫、边检、外汇、民航、口岸服务、工商、税务、公安等单位建立联席会议制度，为企业提供便捷服务。

第二十四条 市人民政府有关部门和区、县（市）人民政府应当为沈阳综保区内的组织和个人开展国际经济技术交流与合作提供便利，支持企业在境外开展生产、研发、服务、投资等跨国经营活动。综保区管委会应当组织开展与其他国家或者地区科技园区的合作，推动人才交流、协同创新和产业合作。

第二十五条 市人民政府有关部门和区、县（市）人民政府应当通过多种方式，主动公开对沈阳综保区建设所采取的支持措施的适用范围、标准和条件、申请程序以及其他相关信息，方便组织和个人查询。

第二十六条 综保区管委会应当支持、协助有关行政管理部门依照法定程序，在沈阳综保区内履行行政执法职责；有关行政管理部门应当向综保区管委会通报行政执法情况。

第二十七条 本办法自2012年12月1日起施行。

沈阳市建设项目安全设施监督管理办法

（沈阳市政府令第37号）

第一条 为了加强建设项目安全设施监督管理工作，预防和减少生产安全事故，保障从业人员生命安全和财产安全，根据《中华人民共和国安全生产法》和《辽宁省建设项目安全设施监督管理办法》，结合本市实际，制定本办法。

第二条 在本市行政区域内生产经营单位新建、改建、扩建工程项目（以下统称建设项目）安全设施的建设及其监督管理，适用本办法。法律、法规、规章对建设项目安全设施的建设及其监督管理另有规定的,从其规定。

第三条 建设项目安全设施是指生产经营单位在生产经营活动中用于预防生产安全事故的设备、设施、装置、构(建)筑物和其他技术措施的总称。

第四条 市和区、县(市)安全生产监督管理部门负责本级人民政府有关主管部门审批、核准或者备案的建设项目安全设施的监督管理工作。发展改革、城乡建设、经济和信息化、外经、质监等部门应当按照各自职责,做好建设项目安全设施的相关监督管理工作。

第五条 生产经营单位是建设项目安全设施建设的责任主体。建设项目安全设施必须与主体工程同时设计、同时施工、同时投入生产和使用。

第六条 建设项目在进行可行性研究时,生产经营单位应当对其安全生产条件和设施进行综合分析,编制安全条件论证报告。安全条件论证报告应当包括下列内容:

(一)建设项目内在危险和有害因素及对安全生产的影响;

(二)建设项目与周边设施(单位)生产、经营活动和居民生活在安全方面的相互影响;

(三)当地自然条件对建设项目安全生产的影响;

(四)其他需要论证的内容。

第七条 生产经营单位在进行可行性研究时,应当对下列安全风险较大的建设项目进行安全预评价:

(一)化工、冶金、有色、建材、机械、轻工、纺织、烟草、商贸、军工、公路、水运、轨道交通、电力等行业的市级重点建设项目;

(二)使用危险化学品(含监控化学品、属于药品的危险化学品和农药)和处置废弃危险化学品的建设项目;

(三)钢铁、有色冶金行业的建设项目;

(四)粮食、饲料、塑料及木材加工等生产过程中能够产生爆炸性粉尘的建设项目;

(五)造纸及纸制品业、塑料制品业和橡胶制品业等存在重大火灾危险性的建设项目;

(六)涉及化工成套设备,易燃、有毒有害介质的压力容器及管道,大型供暖和发电锅炉及管道的建设项目;

(七)生产、使用毒害性物质,且职业性接触毒物危害程度为Ⅰ、Ⅱ、Ⅲ级的建设项目;

(八)火灾危险性为甲、乙、丙类厂房和仓储及涉及甲、乙类生产场所的建设项目;

(九)其他安全风险较大的建设项目。

法律、法规、标准规范规定的安全风险较小的建设项目,可以不进行安全预评价。

第八条 生产经营单位应当委托具有相应资质的安全评价机构,对其建设项目进行安全预评价。并应当将建设项目安全预评价报告向安全生产监督管理部门备案。

第九条 生产经营单位在建设项目初步设计时,应当委托有相应资质的设计单位对建设项目安全设施进行设计,编制安全设施设计专篇。建设项目安全设施设计专篇应当包括下列内容:

(一)设计依据;

(二)建设项目概述;

(三)建筑及场地布置;

(四)建设项目涉及的危险、有害因素和危险、有害程度及周边环境安全分析;

(五)工艺、技术和设备、设施的先进性和可靠性分析;

(六)可能出现事故的预防及应急救援措施;

(七)属于安全风险较大的建设项目,安全预评价报告中的安全对策和建议采纳情况说明;

(八)采用的安全设施和措施;

(九)结论和建议;

(十)建设项目总平面布置图。

第十条 安全风险较大的建设项目安全设施设计专篇完成后,生产经营单位应当向安全生产监督管理部门提出审查申请,并提交下列文件资料:

(一)有关主管部门审批、核准或者备案文件;

(二)安全预评价报告;

(三)建设项目安全设施设计专篇。

对已经受理的建设项目安全设施设计专篇审查申请,安全生产监督管理部门应当在5个工作日内指派有关人员或者组织专家对申请材料进行审查。审查通过的,核发《建设项目安全设施设计审核书》。

第十一条 安全风险较大的建设项目安全设施设计有下列情形之一的,审查不予通过,不得开工建设:

(一)未委托具有相应资质的设计单位进行设计的;

(二)未按照有关安全生产的法律、法规、规章和国家标准、技术规范的规定进行设计的;

(三)未采纳安全预评价报告中的安全对策和建议,且未作充分论证说明的;

(四)隐瞒有关情况或者提供虚假文件、资料的。

第十二条 安全风险较小的建设项目安全设施设计完成后,由生产经营单位组织项目管理、安全、生产、技术等相关部门,对建设项目安全设施设计进行审查,并报安全生产监督管理部门备案。

第十三条 已经批准的建设项目安全设施设计有下列情形之一的,生产经营单位应当报原批准部门审查同意。未经审查同意的,不得开工建设:

(一)建设项目的规模、生产工艺、原材料、设备发生重大变更的;

(二)改变安全设施设计且可能降低安全性能的;

(三)在施工期间修改设计且可能引起安全问题的。

第十四条 建设项目安全设施的施工应当由取得相应资质的单位进行,施工单位应当按照安全设施设计和相关施工技术标准、规范施工,并对安全设施的工程质量负责。

第十五条 安全风险较大的建设项目竣工后,生产经营单位应当委托具有相应资质的安全评价机构对安全设施进行验收评价,并编制建设项目安全设施验收评价报告。

第十六条 建设项目安全设施验收评价报告编制完成后,生产经营单位应当向安全生产监督管理部门提出安全设施验收申请,并提交下列材料:

(一)施工、监理单位的资质证明文件;

(二)建设项目安全设施验收评价报告。

对已经受理的建设项目安全设施竣工验收,安全生产监督管理部门应当在5个工作日内组织专家对申请材料进行审查并现场验收。验收合格的,核发《建设项目安全设施竣工验收审核书》。

第十七条　安全风险较大的建设项目安全设施竣工验收有下列情形之一的,验收不予通过,并不得投入生产或者使用:

(一)未选择具有相应资质的施工单位施工的;

(二)未选择具有相应资质的安全评价机构进行安全验收评价或者安全验收评价不合格的;

(三)未按照安全设施设计文件施工或者施工质量未达到安全设施设计文件要求的;

(四)安全设施竣工后未进行检验、检测的;

(五)安全设施和安全生产条件不符合国家标准或者行业标准、技术规范的;

(六)未依法设置安全生产管理机构或者配备安全生产管理人员,未制定安全生产责任制、安全生产规章制度、安全操作规程和事故应急预案的;

(七)从业人员未经过安全教育培训或者不具备相应资格的;

(八)安全验收评价报告存在重大缺陷、漏项,包括建设项目主要危险、有害因素辨识和评价不正确的;

(九)隐瞒有关情况或者提供虚假文件、资料的。

建设项目安全设施竣工验收未通过的,生产经营单位经过整改后可以向原验收部门再次申请验收。

第十八条　安全风险较小的建设项目竣工后,由生产经营单位组织项目管理、安全、生产、技术等相关部门对建设项目安全设施进行验收,并报安全生产监督管理部门备案。

第十九条　建设项目安全设施未与主体工程同时设计、同时施工或者同时投入使用的,安全生产监督管理部门对与此有关的行政许可一律不予审批,同时责令生产经营单位立即停止施工、限期改正违法行为,对有关生产经营单位和人员依法给予行政处罚。

第二十条　违反本办法规定,安全风险较大的建设项目有下列情形之一的,由安全生产监督管理部门对生产经营单位责令限期改正;逾期不改正的,责令停止建设或者停产停业整顿,并处1万元以上3万元以下罚款:

(一)建设项目安全设施设计未按照规定审查或者审查未通过就开工建设的;

(二)建设项目未按照批准的安全设施设计施工的;

(三)建设项目安全设施未经验收合格就投入生产或者使用的。

第二十一条　违反本办法规定,安全风险较小的建设项目,未按照规定报送建设项目安全设施设计审查、竣工验收备案材料的,由安全生产监督管理部门对生产经营单位责令改正,并处5000元以上1万元以下罚款。

第二十二条　安全生产监督管理部门工作人员违反本办法规定,玩忽职守、滥用职权、徇私舞弊或者不履行本办法规定职责的,由其所在单位或者有关部门对直接责任人员和主要负责人给予行政处分。

第二十三条　本办法自2012年12月1日起施行。

沈阳大事记(2012年)

一 月

1日 《沈阳市义务教育条例》正式施行。其中规定:沈阳市中小学体育场馆将在周末免费向学生开放,社会体育场馆和体育设施每月也将有一个休息日免费向学生开放。

▲ 沈阳市启动城镇职工补充医疗保险——医疗费个人负担部分按比例获得补偿。

▲ 九区及开发区低保标准从每人每月380元调整为每人每月440元,四县(市)从每人每月310元调整为每人每月370元。

3日 经省政府同意,辽宁省沈阳经济区工作领导小组正式批复,苏家屯区成为沈阳经济区新型城镇化示范区。

4—7日 中国人民政治协商会议沈阳市第十三届委员会第五次会议在八一剧场召开。增选徐大地为政协沈阳市第十三届委员会秘书长,并增选了常委会委员。

5—9日 沈阳市第十四届人民代表大会第五次会议在辽宁人民会堂召开。大会通过了关于《政府工作报告》的决议等,补选了常委会委员。

7日 第十五届中国沈阳国际冰雪节开幕。市长陈海波、市人大常委会主任赵长义、市政协主席刘雅琴、市委副书记邢凯以及省旅游局和沈阳经济区各兄弟城市领导出席开幕式。

9日 省委书记、省人大常委会主任王珉到沈阳市就深入开展创先争优活动进行专题调研指导。

▲ 世界500强企业法国万喜集团在中国的首个实体项目——阿克泰姆(沈阳)工业有限公司开业。

▲ 沈阳地铁二号线正式开始售票试运营。

10日 沈阳市召开抓环境促提升工作总结大会。省委常委、市委书记曾维出席会议并讲话。

11日 由沈阳市委群众投诉受理和权益保障工作部、沈阳市信访局主办的2012年沈阳市信访系统第三届红歌大赛汇报演出晚会在辽宁大剧院举行。

▲ 沈阳泗水科技新城管委会召开成立大会。市委副书记邢凯为新城管委会揭牌,市委宣传部部长王凤波出席大会并讲话。12日经沈阳市餐饮行业首届一次职工代表大会审议通过,沈阳市餐饮行业工资专项集体合同正式诞生。这是沈阳市签订的首个市级行业性工资集体合同。这份合同将使沈阳2.1万户餐饮企业,近20万名从业人员受益。

▲ 位于法库县秀水河子镇的英雄辉山(沈阳)营养品有限公司首条生产高端婴幼儿配方奶粉的生产线成功产粉,实现辽宁省内生产婴幼儿奶粉生产线零的突破。

14日 黄河大街北出口综合改造工程中的公铁桥拓宽主体工程顺利完工,铁路运营由临时便桥转回新建主桥。

18日 沈阳市"五险合一"社会保障卡正式发放。首批万名市民获新卡。

20日 市政府举行2011年度沈阳纳税百强单位颁奖仪式,市长陈海波为获奖单位颁奖并讲话。授予华晨宝马汽车有限公司等十户企业或单位"沈阳市2011年度纳税十强单位"荣誉称号,授予华润雪花啤酒(辽宁)有限公司等九十户企业或单位"沈阳市2011年度纳税百强单位"荣誉称号。

二 月

6日 市长陈海波会见德国欧绿保集团董事长施威茨,双方就沈阳生活垃圾处理进行合作事宜深入洽谈。沈阳拟与德国欧绿保集团合作,在沈北新区建设一个新型生活垃圾处理厂,采用世界领先技术,对生活垃圾进行无害化处理和再利用。

10日 沈阳市第一例公司债权转股权登记业务由沈阳市工商局注册分局办结。维康医药集团成功将3569万元的债权转为股权,欠债企业沈阳延风制药有限公司增加注册资本,降低负债率,扩大公司实力。

▲ 由中国改革年会暨年度评选组委会主办的"中国改革(2011)年会"在北京举行,沈北新区在全国百余个候选县区中脱颖而出,获得"中国改革(2011)年度县(市、区)十佳"称号。

17日 浑南新区举行2012年重大项目暨现代有轨电车项目开工仪式。省委书记、省人大常委会主任王珉,省委常委、常务副省长许卫国,省委常委、市委书记曾维,中国北车股份有限公司董事长崔殿国,市长陈海波,市人大常委会主任赵长义出席仪式,共同启动开工按钮。现代有轨电车项目预计投资48.6亿元,一期建设4条线路,全长约60公里,2013年6月投入运营。

▲ 沈阳市首个公共租赁住房项目——安图小区首批保障对象进行电脑派位配租。安图小区共有房源318套,是市政府回购的公共租赁住房项目,并对室内进行重新装修,达到"拎包即住"的条件。这个小区的配租对象主要面向全市低收入无房家庭、新就业普通高校毕业生及外来务工人员。

17—18日 全国文化体制改革工作会议在太原召开。会上,沈阳市被中宣部等四部门授予全国文化体制改革"先进地区"称号,这是沈阳市连续第三次获得此项殊荣。

18日 农业部发布全国第二批现代农业示范区名单,于洪区成功晋升为国家现代农业示范区。

20日 沈阳市召开第十二届全运会沈阳赛区筹备工作誓师大会。

23日 全市区县级第一家市政集团——铁西区市政集团有限公司挂牌成立,铁西区城管局将区属排水处、道桥处、市政处进行合并重组。

24日 沈阳绕城高速公路改扩建工程黄河北大街高架桥项目开始施工。

27日 沈阳市重大项目开工暨普利司通(沈阳)轮胎有限公司搬迁改造项目奠基仪式在沈阳经济技术开发区举行。

▲ 中国民生银行沈阳分行在沈阳皇朝万鑫国际大厦举行开业庆典。

▲ 全国双拥模范城(县)命名暨双拥单位和个人表彰大会在北京举行。会上,沈阳市再次被命名为"全国双拥模范城",从而实现市委、市政府创建双拥模范城"七连冠"的目标。

三　　月

1日 沈阳市召开2012年政府绩效考评工作会议,表彰在2011年度政府绩效考评工作中取得优异成绩的单位和个人,铁西区政府等7个区、县、开发区,市人力资源社会保障局等30个市直部门在绩效综合考评中名列前茅获得表彰。于洪区政府获晋位突出奖;皇姑区政府等14个单位获单项工作优胜奖。许文有等16名领导同志因所在单位在政府各类绩效考评中成绩优异获"市长特别奖"。

▲ 沈阳市政府举行仪式,新聘、续聘13位市政府参事,其中新聘参事11位、续聘参事2位。

▲ 沈阳市启动统一管理的补充工伤保险。用人单位在足额缴纳工伤保险的基础上,按三类不同行业,为每位员工每月缴纳5元、8元、10元不等的补充工伤保险费,可一次性获得5000元到10万元不等的伤残补偿金;工亡者可一次获得工亡补偿金20万元。

2日 沈阳市工商局举行纪念"3·15"国际消费者权益日活动月启动式并公开曝光十大消费侵权典型案件。十大案件包括:刘立纳制售假黄花鱼案、谭双经销侵权"CASIO"计算器案、王炎炎和黄金玲制销侵权彩色电视机案、洪海滨制售假羊肉卷案、沃尔玛长青店销售不符合食品安全标准食品案、曾庆国销售侵权品牌服装案、大兴安岭加格达奇区天然补品厂发布使用与药品相混淆用语食品广告案、沈阳星宇丰商贸有限公司销售侵权白酒案、王晶销售侵权泸州老窖白酒案、沈阳家乐福北站店销售超过保质期食品案。

3日 华晨宝马汽车有限公司在广州举行产品发布会,宣布由华晨宝马(沈阳)铁西工厂制造的产品X1正式上市。

6日 沈阳大学女子学院成立仪式暨女职工道德讲堂首场讲座在沈阳大学举行。

8日 沈阳蓝英工业自动化装备股份有限公司在深圳交易所创业板挂牌上市。至此,沈阳市上市公司数量达44户,累计融资额超过250亿元人民币。

9日 机场客运换乘中心正式开通两条往返沈阳站和北站的旅客班车运输线路。原来桃仙机场—马路湾线路将继续保留。桃仙机场正式开通的1号线为:桃仙机场—沈阳北站长客站;市内到机场线路:北站长客站—沈阳城市候机楼—桃仙机场。2号线:桃仙机场—沈阳站客运车站。票价每人次15元。

15日 市行政审批服务中心管理办公室被授予"全国文明单位"牌匾,成为沈阳市直机关单位中首家获此殊荣的单位。

16日 东一、二环高架桥建设二期工程开始施工。

19日 位于胡台新城的辽宁新闻出版职业技术学院、乾元印刷包装文化产业园、格林豪森华怡城综合体以及位于大民屯镇方巾牛村的大民屯新市镇国际田园小镇等一批重点项目同时开工奠基,掀起新民市项目建设的新热潮。

20日 世界500强企业——法国法雷奥集团与大东区签约,在沈阳汽车城建设汽车照明系统项目。项目总投资1亿美元,占地面积约6万平方米,分两期建设,一期工程投资4000万美元。

23日 沈阳国际特种机床装备城三期项目启动建设,标志着于洪区特种机床产业集群正向千亿产业集群迈进。

▲ 沈北新区的沙溪酒店用品商城、苏泊尔总部大厦等8个重点服务业项目开工建设。项目总投资190亿元,全部位于道义服务业发展核心区,涵盖总部经济、金融、会展、文化创意等多种业态。

▲ 法库县举行首批66个重点项目集中开工仪式。这批项目总投资317亿元。

25日 "十二运"志愿者标识发布仪式在沈阳奥体中心网球馆举行。

27日 2012年亚洲商务航空会议和展览会在上海举行,(沈阳)中一太客商务航空有限公司携旗下的"挑战者850型公务机"参加展览。中一太客商务航空公司为中国首家专业公务机运营公司。

▲ 全市413个弃管住宅区改造工程正式开工,预计于10月底前完工。

28—29日 2012年全国经济体制改革工作会议在沈阳召开。

四　　月

1日 从即日起,沈阳市取消原发票刮奖,实行发票摇奖。发票摇奖所涉服务行业扩展到20多个,最高奖项奖金由5万元调整至80万元。

5日 全市环卫系统在北京街、市府路等地举行2012年环卫街路湿式作业启动仪式。沈阳借鉴北京经验,对30条精品街路进行湿式(夏季机械化清扫)作业,在每天凌晨2点到早7点增加洗路作业,开启沈阳环卫作业的新模式。

6日 沈阳绕城高速(三环)西、北环启动改扩建工程开始封闭施工。

10日 省政府召开一季度经济运行暨2011年度政府绩效考评工作情况通报电视电话会议。会议表彰了2011年度政府工作取得突出成绩的市政府。沈阳市政府荣获"2011年度政府绩效综合考评第一名"。

▲ 由东软医疗系统有限公司与日本株式会社A&T共同投资组建的东软安德医疗科技有限公司正式揭牌成立。双方共同出资6000万元,致力于成为中国最大的临床检验实验室自动化系统解决方案供应商,服务于健康事业。

▲ 沈阳电力机械总厂举行中法联合运营广东台山核电站鼓形滤网立式组装空载试验启动仪式。

11日 中意集团沈阳科技产业园奠基暨苏家屯区重点项目集体开工仪式举行,涉及工业、农业、现代服务业、基础设施、社会事业等多个领域的87个重点项目集中开复工。

13日 由延锋彼欧汽车外饰系统有限公司和沈阳达美实业有限公司共同

建设的延锋彼欧汽车外饰系统有限公司达美工业园，与沈阳经济技术开发区实现签约。

▲ 沈阳市对2012年各级别区域普通住房价格标准进行调整。一级区域由原来8290元/平方米调整为9470元/平方米，二级区域由原来6720元/平方米调整为7810元/平方米。将东陵区划入一级区域。这是自2011年1月之后的又一次调整。

14日 沈阳市第十三个"共产党员社区奉献日，活动的主题是"清洁沈阳我先行，共建家园当先锋"。当日，全市共有36万余名党员参加活动，共植树5.4万株，清理垃圾杂物1.9万吨，种植花草平整绿地21万平方米，清除小招贴22万余张。

15日 由日本积水住宅株式会社投资建设的积水好施新型建材（沈阳）有限公司举行竣工典礼。

16日 辽中县举行重点项目集体开工奠基仪式，42个项目实现开复工。有8个项目为市级重点项目，有12个项目投资额超过10亿元。

▲ 被誉为"中国数控机床产业发展风向标和晴雨表"的第七届中国数控机床展览会在南京开幕。沈阳机床（集团）有限责任公司推出20台具有国际化水准的智能化、客户化产品，全新演绎沈阳机床"新技术、新设计"的参展主题。

▲ 由辽宁省政府和中国建筑节能协会举办的"2012东北亚绿色建筑博览会"在沈阳国际展览中心开幕。

17日 卧龙湖生态区保护利用建设工程全面启动。卧龙湖位于科尔沁沙地南缘，是辽宁省最大、东北地区第二大平原淡水湖泊，2001年被省政府批准为省级自然保护区。

▲ 第67届中国国际医疗器械博览会在深圳会展中心开幕。参会企业东软集团公布：东软集团数字医疗领域最高水平的自主创新产品、中国首台64层CT在沈阳问世，国产CT迈入国际高端产品行列。该产品可使图像精度提高4倍，最多可降低射线剂量50%以上，达到国际先进水平，可全面满足临床需求。

21日 沈阳市开展"清洁沈阳"卫生大清扫活动暨"擦亮沈阳大行动"。全市有2150个单位、53万人参加活动，出动环卫专业车辆230辆，共擦拭道路交通护栏29万延长米，清理街心绿地和住宅小区绿地5.6万平方米，清理垃圾残土1101吨，清理小招贴喷涂广告1.2万个。

23日 沈阳市与新加坡经贸合作说明会在喜来登酒店召开。市长陈海波会见由新加坡卫生部部长、新加坡辽宁经贸理事会联合主席颜金勇，新加坡驻华大使罗家良，新加坡国际企业发展局中国司司长林瑞光率领的新加坡经贸代表团一行。

▲ 辽宁省首届全民读书节暨沈阳市第四届全民读书月在辽宁大剧院广场开幕。

25日 2012中国（沈阳）国际现代建筑产业博览会在沈阳国际展览中心开幕。

▲ 中国医科大学附属盛京医院在全国率先启动"银医互联自助服务系统"，刷二代身份证即可完成挂号、交费等就医流程。

26日 广汽集团在沈阳举行"广汽、日野品牌客车产品推介会"，推出广汽、日野两个品牌、五个类别11款客车。

▲ 全球汽车防音隔热行业龙头企业——瑞士欧拓集团，就其在沈阳的隔音系统生产基地二期扩建项目与沈阳汽车城签约。

29日 沈阳市先进集体和劳动模范表彰大会在辽宁人民会堂召开。省委常委、市委书记曾维出席会议并讲话。市长陈海波主持会议，市人大常委会主任赵长义、市政协主席刘雅琴出席。

▲ 沈阳市举行庆祝"五一"国际劳动节文艺晚会。市长陈海波与劳动模范、职工群众共同观看主题为"我们工人"的文艺演出，向全市广大劳动者致以亲切问候和崇高敬意。

五 月

5日 国家工商总局公布一批新认定的中国驰名商标名单，沈阳共有10件注册商标上榜，分别是：沈阳高压成套开关股份有限公司的"SHVS"商标，辽宁波尔莱特农牧实业有限公司的"波尔莱特POWERLIGHT"商标，沈阳水泥机械有限公司的"第1119007号图形"商标，沈阳市富士包装材料有限公司的"新富士及图"商标，沈阳海为电力设备有限公司的"海为及图"商标，沈阳中本木业有限公司的"中本"商标，沈阳市创奇游乐设备有限公司的"创奇及图"商标，辽宁东祥金店珠宝有限公司的"东祥"商标，沈阳新松机器人自动化股份有限公司的"新松公司及图"商标，沈阳惠成调料有限公司的"惠成HUICHENG及图"商标。至此，全市企业已拥有54件中国驰名商标。

8日 "世界微笑日"，中国首部微笑漂流书——《此致微笑》漂流启动仪式在沈阳奥体中心南广场举行。

9日 沈阳市实行地税发票摇奖第一期开奖仪式在辽宁省彩票发行中心举行。经过严格的摇奖程序，共产生一等奖一个，奖金80万元；二等奖三个，每个奖金10万元；三等奖10个，每个奖金1万元。奖金总额120万元。

13日 2012年（第七届）中国零售商大会暨展会在江苏昆山开幕。中兴——沈阳商业大厦集团股份有限公司董事长刘芝旭获得"2011－2012中国零售业年度人物"称号。刘芝旭是获此殊荣的11人中惟一一位东北企业家。

15日 沈北新区立晶光电产业基地等5个重点工业项目集体开工。这批项目合同投资总额37亿元。

▲ 由全球领先的汽车零部件供应商——法国法雷奥集团投资建设的沈阳法雷奥车灯有限公司一期建设项目，在大东区沈阳汽车城奠基。

16日 首批由沈阳客运集团通过招标采购的505台新车在奥体中心南广场举行新公交车投入运营仪式，这批新车是沈阳市公交行业近10年投入车辆中档次最高的，包括20台18米长龙车、100台油电混合动力新能源车、154台天然气车、231台柴油车。车辆长度全部在11.5米以上。其中，18米铰接式长龙车为沈城目前载客量最大的公交车型。

18日 第36个国际博物馆日。中国工业博物馆（一期）在沈阳铸造博物馆原址上改造扩建而成并举行开馆仪式，宣告这座全国唯一的综合性工业博物馆正式对外开放。

▲ 全国公安系统英雄模范立功集体表彰大会在北京人民大会堂举行。沈阳市消防支队启工中队被国务院、中央军委授予"英勇善战的消防铁军"荣誉称号，沈阳市公安局特警支队一大队等

3个单位被评为“全国优秀公安基层单位”，沈阳市公安局东陵（浑南新区）分局局长高玉斌被评为“任长霞式优秀公安局长”，沈阳市局特警支队一大队大队长杨成东被评为“全国特级优秀人民警察”，沈阳市公安局刑警支队副支队长李建军等9名民警被评为“全国优秀人民警察”。

▲ 为期4天的第八届中国（深圳）国际文化产业博览交易会在深圳会展中心开幕。截至5月20日，沈阳市在本届文博会上已签下150.3亿元大单。其中，和平区以全国第四名的成绩成为首批国家级文化和科技融合示范基地，标志着和平区文化科技综合实力进入北京、上海等第一集团。

▲ 位于沈阳市于洪区黄海路22号，注册资本1亿元的永安村镇银行正式挂牌开业，成为总部设在沈阳市区内的第一家村镇银行。

20日 11时许，沈阳煤业集团下属的沈阳焦煤有限责任公司清水二井煤矿发生顶板冒落事故。经过2天时间的抢险救援，截至到22日晚11时，被困井下的5名工人尸体已经被找到，至此该次事故造成9人死亡，3人受伤。

22日 沈阳市法院执行指挥中心启动仪式在沈阳市中级人民法院举行。

24日 华晨宝马汽车有限公司位于沈阳市铁西区的新工厂正式建成投产。

28日 由日本精工株式会社（NSK）先后投资2亿美元建设的沈阳恩斯克有限公司、沈阳恩斯克精密机器有限公司正式竣工投产，在位于沈阳经济技术开发区的厂区举行开业庆典。

29—30日 沈阳经济区政协论坛第九次会议在沈阳市举行。

30日 沈北新区的东北总部基地项目首批121栋总部楼竣工交付使用。

六　月

1日 全国人大常委会原副委员长热地一行到沈阳故宫参观考察。

2日 第十二届全国运动会吉祥物在沈阳揭晓，形象生动、活泼可爱的斑海豹“宁宁”被确定为本届全运会吉祥物。

3日 法库县举办“法库桃山酒业全国首发封坛大典暨产品上市启动仪式”，“桃山白”再振雄风，重返沈阳人的餐桌。

5日 第41个世界环境日，“2011盛京环保奖暨沈阳市十佳环保市民”颁奖典礼在沈阳宾馆举行。

6日 国家林业局局长赵树丛一行到沈阳，就沈阳市青山工程和蒲河生态廊道建设进行调研。

▲ 沈阳市与韩国仁川广域市签署建立友好城市关系意向书。仁川广域市是韩国第三大城市，面积为1032平方公里，人口280万，拥有韩国最大的国际机场和第二大港口。

9日 由中国经济与环境发展研究院、总部经济（中国）战略发展研究中心、中国城市战略发展研究院、总部基地（中国）控股集团、中共沈阳市委政策研究室、沈阳市人民政府研究室联合主办，沈北新区、于洪区、新民市、辽中县、棋盘山开发区联合承办的首届中国新母城暨蒲河经济高峰论坛在东北总部基地举行。

▲ 第三次全国文物普查沈阳地区成果展在新乐遗址博物馆举办。

10—11日 全国政协原副主席张怀西到沈阳考察。

11日 全国政协副主席孙家正带领全国政协教科文卫体委员会组织部分全国政协委员，文化部、国家博物馆有关部门负责人组成的“博物馆馆藏文物保护现状和发展”专题调研组到沈阳调研。

▲ 第26届奥林匹克日。沈阳市百万市民迎全运健康跑暨沈阳市首届体育大会在奥体中心南广场举行启动仪式。

11—12日 团中央书记处第一书记、中央综治委预防青少年犯罪专项组组长陆昊来沈调研。

12日 沈阳市召开创建全国文明城市动员大会。全国文明城市称号是反映城市整体文明水平的综合性荣誉称号。沈阳市于2005年获得“全国文明城市创建工作先进市”称号，2011年6月通过省文明办开展的全国文明城市提名资格测评，被确定为2014年第四批全国文明城市参评城市。

▲ 16时34分，沈阳市于洪区迎宾路一家加工润滑油的蜡化工厂发生两次爆炸。爆炸发生后27台消防车，135名消防官兵赶赴现场进行扑救。

13日 全国知名陶瓷企业家座谈会在沈阳召开。

16日 沈阳金马凯旋家居CBD项目奠基。该项目由中国家居行业龙头、国内最大的家居产业链运营商——香港金马凯旋集团建设，项目总投资230亿元。

18日 铁西区与沈阳经济技术开发区合署办公十周年大会在铁西体育馆举行。

▲ 梅江街开通，该街直接与沈北地区的盛京大街相连接，成为市内通向沈北的又一条通道。

19日 省委书记、省人大常委会主任王珉在沈阳市就第十二届全运会场馆建设等筹备情况进行专题调研。

20日 由水利部党组副书记、副部长矫勇带队的中央加快转变经济发展方式第三检查组来沈检查指导工作。

▲ 沈阳机床（集团）股份有限公司金融管理中心正式揭牌成立。该中心由沈阳机床集团和华夏银行联手打造，成为国内首家企业与金融机构管理合作的全产业链金融平台，将惠及该集团上下游产业链上的近千家企业。

22日 四川航空公司沈阳至温哥华直航往返航班成功首航。这是除“北上广”外首条直飞北美的航线，告别了东北地区无直飞加拿大航线的历史。

26日 中共沈阳市委下发《关于表彰创先争优先进基层党组织、优秀共产党员、优秀党务工作者和创先争优活动先进区（县、市）委的决定》，授予和平区长白街道万科城社区党支部等200个基层党组织“沈阳市创先争优先进基层党组织”荣誉称号，授予李桂芹等299名共产党员“沈阳市创先争优优秀共产党员”荣誉称号，授予贾德义等150名党务工作者“沈阳市创先争优优秀党务工作者”荣誉称号，授予铁西区委等5个区（县、市）委“沈阳市创先争优活动先进区（县、市）委”荣誉称号。

28日 中国医科大学附属第一医院国际医院浑南院区在浑南新城奠基。医院占地约25万平方米，预计总投资31.5亿元。

▲ 沈阳市城市客运交通工会联合会与城市公共交通行业协会分别代表职工方和行政方签订《沈阳市公交行业工资集体合同》，这是国内公交行业第一

份行业性工资集体合同。工资集体合同覆盖沈阳14家公交企业、1.5万余名职工,涉及驾驶员、车辆修理工、调度员、管理人员以及后勤及其他辅助岗位等5个工种。

七　月

1日　沈阳市再次调整失业保险金标准。根据《沈阳市人民政府关于调整沈阳市失业保险金标准的通知》,和平区、沈河区、铁西区、皇姑区、大东区、东陵区(浑南新区)、于洪区、沈北新区、苏家屯区、沈阳经济技术开发区、蒲河新城、沈阳棋盘山国际风景旅游开发区累计缴纳失业保险费满1年不足10年的失业人员,失业保险金标准由每月630元调整到770元;累计缴纳失业保险费满10年以上(含10年)的失业人员,失业保险金标准由每月720元调整到880元。新民市、辽中县、法库县、康平县累计缴纳失业保险费满1年不足10年的失业人员,失业保险金标准由每月525元调整到630元;累计缴纳失业保险费满10年以上(含10年)的失业人员,失业保险金标准由每月600元调整到720元。

▲　辽宁省实行阶梯电价,每户家庭一年用电在2160度以内不涨价,仍为0.50元/度的标准。月均用电量在181—280度以及281度以上的,分别上涨0.05元/度和0.3元/度。对未实行"一户一表"的合表居民用户和执行居民电价的非居民用户(如学校等),暂不执行居民阶梯电价,而是按此次分档电量价格的平均提价水平调整,每度提高0.02元。试行居民阶梯电价后,由省电力公司对全省城乡"低保户"和农村"五保户"每户每月按现行电价标准0.50元,采取先收后返的办法,给予10度免费电量。

6月29—7月3日　中共中央政治局常委李长春在辽宁调研。在沈期间,李长春先后到特变电工沈阳变压器公司、中航工业沈飞公司和黎明公司、沈阳机床公司以及华晨汽车控股公司等,就贯彻落实党的十七届六中全会精神、加快转变经济发展方式、推进文化改革发展等进行调研。

3日　全国政协经济委员会副主任、工信部原部长李毅中带领全国政协部分委员到沈阳,就"推进工业化与信息化深度融合,促进传统产业优化升级"开展专题调研。

▲　沈阳日报报业集团与中央人民广播电台在京签署战略合作协议,建立跨媒体的合作关系,共享重大新闻资源,相互发挥传播优势,实现媒体创新发展。沈阳日报将充分发挥报道本地新闻的权威性,以中央人民广播电台作为新闻发布平台,"第一时间"发布本市政治、经济、文化、社会等各方面发生的重要新闻。

3—4日　江苏省委书记、省人大常委会主任罗志军,省委副书记、省长李学勇率领江苏省党政代表团到沈阳市考察。代表团先后考察沈阳市城市规划展示馆、沈阳飞机工业(集团)有限公司、沈阳北方重工集团等。

4日　黄河高架桥完成加固改造通车。黄河立交桥始建于1994年,位于皇姑区崇山路与黄河大街交会处,全长1308.59米。比计划提前20多天通车。

5日　以江西省委常委、南昌市委书记王文涛为团长的南昌市考察团到沈阳,对沈阳市城市建设、经济先导区建设和工业发展等方面的先进经验进行考察。

6日　沈阳机床(集团)宣布,I5全智能机床操作系统研制成功。I5全智能操作系统是世界上第一台全智能机床操作系统,集工业化、信息化于一体,通过互联网就可以把全世界的生产商、供应商、客户连接在一起。

9日　沈阳综合保税区一期顺利通过预验收。由沈阳海关牵头,省发改委等单位组成的预验收小组与辽宁省人民政府共同签署《沈阳综合保税区预验收纪要》。

10日　省委常委、市委书记曾维会见来访的黑龙江省鸡西市委书记、市人大常委会主任许兆君。许兆君此次来沈重点考察法库县陶瓷产业,并推进合作事宜。

12日　华晨中华品牌第80万辆车在华晨汽车A级工厂诞生,同时宣告装配BM1.5T发动机的中华H530开始量产。

13日　江苏省委常委、南京市委书记杨卫泽,南京市委副书记、市长季建业率领南京市党政代表团一行到沈阳进行考察。

15日　沈阳北站北出口正式启用。当日零时起,新建子站房和高架候车室正式投入使用,00：05分,第一班列车——由长春开往广州的T122次列车在沈阳北站新建子站房发车。与此同时,北站南广场封闭。

16日　全国政协人口资源环境委员会副主任张基尧一行14人,就辽河治理和水资源管理情况到沈阳进行调研。

17日　沈阳博林特电梯有限公司在深圳交易所中小板挂牌上市,股票代码002689,发行股数7750万股,每股发行价格8元,融资6.2亿元人民币。年内沈阳市已有蓝英装备、荣科科技、博林特电梯三家企业挂牌上市,融资额超过10亿元。

18日　全国总工会"两个普遍"工作推进会议在沈阳举行。

20日　全省街道社区党建工作示范点揭牌仪式在沈阳市和平区南湖街道文安路社区举行。

▲　早7时,和平大街立交桥全面竣工通车。立交桥在平面设计上采用标准喇叭口立交,向南下穿二环路,竣工后现有的平交路口信号灯取消。

16—21日　第十一届中国国际合唱节暨国际合唱联盟世界合唱峰会在北京举行。沈阳有六支代表队参加,其中,沈阳市群众艺术馆爱乐女子合唱团、沈阳市铁西区"工人之声"合唱团、辽宁枫之韵合唱团获得金奖。

23日　中共沈阳市委十二届四次全体会议举行。市委常委会主持会议。省委常委、市委书记曾维代表市委常委会作题为《保持发展激情,坚定必胜信心,以振兴发展的新业绩向党的十八大献礼》的工作报告。会议审议通过市委常委会工作报告和《关于市委候补委员关锡友同志递补为市委委员的决定》。

▲　欧中可持续城市化园区项目启动建设。市长陈海波与欧盟驻华代表团团长艾德和共同按下项目启动器,并分别在项目启动仪式上致辞。

27日　2012中国沈阳国际珠宝展在辽宁工业展览馆开幕。

28日　法库中贸国际商城被中国商业联合会正式授予"中国东北商品交易中心"和"中国市场'百市万亿'增长计划重点扶持项目"两大殊荣。

30日　二环新立堡高架桥上午9时正式竣工通车。工程位于南二环与东二环交汇处，采用全线高架桥方式进行建设，共48跨，全长1.6公里，桥面跨度23.5米，双向6车道，建成后南二环与东二环车辆可通过新立堡高架桥实现连续快速通行。

▲　沈阳站西出口正式“迎客”。进出站采取“上进下出”流线方式；公交设立东西出口转运专线。

八　月

1日　从即日开始，沈阳灵活就业人员参加基本医疗保险的缴费基数将从2857元/月上调至3212元/月。灵活就业参保人员有两种缴费比例，一种缴费比例是6.8%，一种是10%。调整缴费基数之后，前者每个月要多缴24.14元；后者则每月多缴35.5元。

▲　沈阳军区总医院综合医疗楼正式启用并举行落成典礼。新大楼建筑面积12.98万平方米，占地面积1.1万平方米，地下3层、地上23层。

7月30日—8月1日　以国家税务总局副局长丘小雄为组长的国务院房地产市场调控第七督查组到沈阳，对沈阳市落实国家房地产调控政策情况进行督促检查。

2日　华晨宝马汽车有限公司新发动机工厂项目签约仪式在沈阳宾馆举行。该项目紧邻宝马铁西工厂，规划产能为年产80万台发动机，一期年生产能力为40万台。

▲　纪念中日邦交正常化40周年——太平洋国际音乐节管弦乐团沈阳演奏会在辽宁大剧院举行。

3日　国家卫生部部长陈竺到沈阳，针对全国信访工作“沈阳经验”和沈阳市卫生系统信访工作进行调研。

▲　沈阳润恒国际食品交易中心举行奠基仪式。润恒城是2011年于洪区重点招商项目，由江苏润恒集团投资建设。项目选址于洪区永安新城，占地约3000亩，总投资约50亿元。

▲　新民市、法库县、康平县通过环保部国家生态县验收组的验收。至此，沈阳涉农区县(市)全都通过国家生态县(市)验收，成为全省第一个生态县全覆盖城市。

2—4日　中国国民党荣誉主席吴伯雄率中国国民党参访团一行到沈阳参观访问。参访团先后参观了沈阳故宫、张氏帅府、沈阳世博园、“九一八”历史博物馆和辽宁博物馆。

5日　沈阳赛特奥莱在棋盘山风景区中旅国际小镇盛大开业。作为东北首家奥特莱斯，沈阳赛特奥莱汇集150余家中外知名品牌。除了品牌集合“大而全”，沈阳赛特奥莱最具吸引力的地方还在于其“大品牌、小价格”的核心理念。沈阳赛特奥莱项目总占地面积12.5万平方米，拥有1000余个停车位。

6日　沈阳经济区八城市人大常委会依法推进辽河流域水污染治理协调行动主任联席会议在铁岭市召开。

7日　省委常委、市委书记曾维，市长陈海波与铁岭市委书记潘利国、市长吴野松率领的铁岭市党政代表团一行，就加快推进沈铁二号公路建设、支持西丰县脱贫工作和联合开发万泉河两岸等工作进行会商座谈。会上，铁西区向对口帮扶的铁岭市西丰县捐赠200万元帮扶款。

8日　沈阳市调整城镇居民基本医疗保险参保人员的政府补助标准及个人缴费标准。在校大学生、中小学生及其他未成年人2012年参加居民基本医疗保险政府补助标准由每人每年200元调整为每人每年240元，个人缴费标准由每人每年40元调整为每人每年50元。其中属于低保人员和重度残疾人员，个人不缴费，由政府全额补助(290元)；属于低保边缘户人员，个人缴费50元，政府补助240元。学龄前儿童及婴幼儿2012年参加居民基本医疗保险政府补助标准由每人每年200元调整为每人每年240元，个人缴费标准仍为100元。

9日　“芯飞扬、铸未来”沈阳机床智能化装备培训基地建设启动仪式暨智能化装备捐赠仪式和校企战略合作签约仪式在沈阳机床数控产业园区举行。

10日　以“世外桃源·大美辽中”为主题的第二届中国·沈阳国家湿地旅游文化节暨庄园经济宣传推介活动，在辽中县国家湿地公园开幕。

11日　贵州省政协主席王正福率驻黔全国政协委员一行30人就“加快经济战略性调整、促进经济社会又好又快发展”专题在沈阳市考察。

13日　南二环上新建的天坛一街立交桥建成通车，平交路口信号灯同时取消。

15日　由沈阳市政府和澳大利亚驻华大使馆联合主办的“2012中国沈阳澳大利亚周”活动开幕。

17日　新民市蒲河生态经济带招商推介会在沈阳皇朝万鑫酒店举行。来自广州、香港、浙江、山东等地的企业家共200余人参加推介会。推介会上，共有168个项目成功签约，签约总额210.8亿元。

▲　2012中国(沈阳)国际手机博览会在辽宁工业展览馆开幕。

▲　铁西区签订沈阳首份汽车行业女职工劳动权益保护专项集体合同，合同规定在女职工孕期、产期、哺乳期期间，单位不得解除其劳动合同等。

18日　在第十二届全运会倒计时一周年即将来临之际，全运会沈阳赛区组委会在沈阳市五里河公园秦开广场举行“迎全运盛会、创文明城市”沈阳市群众体育成果展示活动。

22日　沈阳市召开国家级文化和科技融合示范基地启动动员大会。市长陈海波出席会议并为示范基地揭牌。

24日　由沈阳市政府、大韩民国驻沈阳总领事馆联合举办的2012中国沈阳韩国周开幕式在辽宁大剧院举行。

25—27日　沈阳市政府和中国私用航空器拥有者及驾驶员协会(AOPACHINA)主办的“2012沈阳法库AOPA国际飞行大会”在沈阳法库通用航空产业基地举行。

28日　中航工业沈飞民机庆祝公司成立五周年暨新园区入园仪式在位于浑南新区航高基地的企业新园区举行。

▲　棋盘山开发区举行蒲河生态经济带项目推介暨签约仪式，100余家企业代表参加推介会，现场共进行8个项目的签约，总投资额288亿元。

▲　2012全国塑编产业链技术交流与市场对接会暨康平塑编经贸展洽会在沈阳召开。

▲　第十二届全运会组委会在沈阳召开新闻发布会，正式对外公布：2013年第十二届全运会将于2013年8月31日至9月12日在辽宁举行。

▲　沈阳造币有限公司新建硬币生产项目签约落户沈北新区，一期投资10亿元，项目投产后将主要生产一角和一

元硬币，届时沈阳造币有限公司将成为世界最大的造币企业。

▲ 中国北车沈阳机车车辆有限责任公司员工经过60天的艰苦奋战，终于完成首批360辆“沈阳造”C80B新型铁路运煤货车生产任务。这批车辆将发往西北地区投入我国“西煤东运”。这一新型铁路专用货车，载重80吨，是铁路运输装备制造企业自主研制、采用国内最先进的铁素体不锈钢生产的铁路运煤和矿石的车辆。

▲ 受台风“布拉万”影响，沈城遭受雷雨大风，共造成全市7区倒伏树木1.43万株，其中街路行道树倒伏9522株，公园绿地内树木倒伏4767株。多处倒伏树木砸坏车辆；同时造成沈阳多处发生停电，并造成12处供水泵站停水。为确保一、二级马路的安全畅通，28日夜，全市绿化系统共出动抢险车辆100台次、2000余人参加绿化应急抢险活动，截至29日清晨，共处理倒伏行道树9235株，保证交通顺畅。供电供水部门同时投入抢修，保证全市正常供电供水。

29日 《迎全运爱家乡建沈阳》沈阳市直属机关大型团体操汇演在沈阳航空航天大学举行。来自市直机关69个单位、4000多名干部职工参加大型团体操汇演。

31日 第十二届全运会倒计时一周年启动仪式晚会在沈阳建筑大学举行。

▲ 中国蓝星·沈化集团沈化股份及金碧兰公司搬迁扩产改造项目举行开工仪式，项目坐落在沈阳经济技术开发区化学工业园。搬迁扩产改造项目新征土地100万平方米，项目一期预计总投资30亿元，将于三年内建成。

▲ 北一路万达广场正式对外营业。

▲ 于洪区全民健身中心正式建成并投入使用，成为沈阳市第一个建成并投入使用的全民健身中心。

九 月

1日 第十一届中国国际装备制造业博览会暨国家新型工业化装备制造产业示范基地成果展，在沈阳国际展览中心开幕。全国政协副主席李金华宣布开幕。

▲ 2012中国装备制造业发展高峰论坛在皇朝万豪酒店召开。

2日 早6时，北海高架桥维修加固工程全部竣工通车，一环路的交通压力得到缓解。

3日 省委书记、省人大常委会主任王珉到辽河流域就治理工作进行专题调研，察看七星湿地公园、石佛寺水库工程、昌图福德店生态示范区等。

▲ 宁夏回族自治区政协副主席解孟林率代表团到沈阳考察，参观第十一届中国国际装备制造业博览会暨国家新型工业化装备制造产业示范基地成果展。

4日 沈阳首例因拒不支付劳动报酬获刑案在苏家屯区法院宣判：包工头颜某欠薪近18万，被判处有期徒刑8个月，并处罚金2万元。

5日 国土资源部部长、党组书记、国家土地总督察徐绍史到沈阳，就土地管理和利用等情况进行工作调研，听取沈阳市土地管理和利用情况的工作汇报等。

▲ 第十一届中国国际装备制造业博览会暨国家新型工业化装备制造产业示范基地成果展闭幕。共签约销售合同金额2.56亿元、意向合同金额4.78亿元，合计7.34亿元。

6日 沈阜开发大道续建工程竣工，沈阳至新民的车程缩短半个小时。

6—7日 中央纪委副书记、监察部部长、国家预防腐败局局长马駇到沈阳调研，考察沈阳市行政审批服务工作等。

10日 第28个教师节，沈阳市召开2012年教师节表彰暨庆祝大会，表彰教育系统先进集体和优秀个人。授予市第七中学等21家单位沈阳市教育系统先进集体，市委办公厅等87家单位沈阳市尊师重教先进单位，辽宁方大集团实业有限公司等32家单位沈阳市捐资助学先进单位称号；授予潘晓宏等16名同志沈阳市教育专家，韩笑等170名同志沈阳市名教师，李阳等448名同志沈阳市优秀教师，曹晶等52名同志沈阳市优秀教育工作者称号。

12日 由国家农业部、辽宁省政府支持，沈阳市政府、辽宁省农村经济委员会、农业部农业贸易促进中心主办的“2012中国国际种业博览会·中国沈阳国际农业博览会”在沈阳国际展览中心开幕。

▲ 由市政府主办、市房产局承办的中国·沈阳2012秋季房地产展示交易会在沈阳奥体中心开幕。本届秋季房交会为期5天，共有参展企业110家、楼盘130座，可售商品房套数34721套、面积近300万平方米。

13日 由民建中央、科技部、辽宁省政府、沈阳市政府联合主办，沈阳市政府、辽宁省科技厅与中国风险投资研究院承办的2012第七届中国风险投资论坛——振兴东北投资高峰会在沈阳举行。全国人大常委会副委员长、民建中央主席陈昌智在论坛开幕式上致辞。

▲ 辽宁省首家有限合伙制创业投资基金——辽宁联盟中资创业投资企业（有限合伙）揭牌。

▲ 中华思源工程扶贫基金会牵手公益基金成立仪式在沈阳举行。

15日 2012中国沈阳国际旅游节主题晚会暨棋盘山国际风景旅游开发区发展巡礼仪式，在棋盘山秀湖开幕。

16日 沈阳坤业城项目在于洪区开工建设。市长陈海波出席开工仪式并为项目奠基。沈阳坤业城项目选址于洪区永安新城沙岭副城，由香港坤业投资集团股份有限公司建设。项目总投资80多亿元人民币，总占地面积187公顷。

▲ “中华H230、中华H320东北区域上市发布会”在辽宁鑫晨汽车服务公司举行，开始东北地区销售。

17日 二环大堤路高架桥、黄河北大街跨三环高架桥建成通车。

18日 在沈阳“九一八”历史博物馆广场残历碑前，辽宁省和沈阳市举行2012年勿忘“九一八”主题撞钟鸣警仪式，纪念“九一八”事变爆发81周年。

▲ 沈阳至辽中、新民两条城际铁路的勘察工程正式开工。沈辽城铁工程勘察孔在辽中县政府前的近海大路上开钻，同时，沈新城铁工程在新民市北环路上也开始勘察工作。

19日 沈阳化工大学建校60周年庆典在校体育场举行。

21日 2012未来城市可持续发展论坛暨第十届中国地产经济主流高峰论坛在沈阳开幕。

22日 沈阳航空航天大学建校60周年庆祝大会在校体育馆举行。

▲ 投资30亿美元、占地面积达

300万平方米、能容纳9万人生活的大型国际化社区——逸景盛熙城在沈北新区蒲河生态经济带的蒲河岛上举行项目开工仪式。

▲ 沈阳市开展第6届“中国城市无车日活动”，同时公共自行车体验活动正式启动，活动将持续一个月，市内以青年大街地铁站为中心、半径1公里的范围内设置9个公共自行车服务点，共安装130个锁柱，投放150辆自行车。

23日 沈阳农业大学在学校“十二运”橄榄球体育场举行60周年校庆庆祝大会。中共中央政治局委员、国务院副总理回良玉发来贺信。全国政协副主席白立忱出席大会并讲话。

24日 由市委、市政府主办，市纪委、市监察局承办，市科技局协办的“党旗飘扬、廉洁沈城”——沈阳市反腐倡廉建设成就展在市科学宫举行开幕式。

25日 2012中国国际农业机械展览会在沈阳国际展览中心开幕。

▲ 2012沈阳法库国际陶瓷博览交易会在法库国际会展中心开幕。

▲ 沈阳市与俄罗斯新西伯利亚市签署友好城市关系意向书。

▲ 沈阳市第七个农民工维权日。市总工会在奥体中心综合馆门前广场举办“自豪的建设者”——2012年沈阳市农民工维权日大型电视文艺晚会。

26日 由国家发展和改革委员会、俄罗斯联邦地区发展部、中国人民对外友好协会、中国人民外交学会、辽宁省人民政府主办，沈阳市人民政府、辽宁省发展和改革委员会、辽宁省外事办公室承办的2012东北亚发展论坛，在沈阳皇朝万鑫酒店开幕。

▲ 2012东北亚发展论坛主体活动之一的中国(沈阳经济区)—俄罗斯(远东及西伯利亚地区)沈阳经贸合作会议召开。

▲ 全国文化体制改革工作表彰大会召开，对成绩突出的32个地区、296个先进单位和198名先进个人予以表彰。沈阳市被授予“全国文化体制改革工作先进地区”称号，这是沈阳市继2009年、2010年、2011年之后连续第四年被中宣部、文化部、国家广电总局、新闻出版总署四部委授予该荣誉。

▲ 国家出入境检验检疫总局专家正式宣布，法库县通过出口树莓质量安全示范区验收。全国第一个树莓出口示范区在法库县诞生。

28日 市府恒隆广场购物中心开业。

▲ 由沈阳市委宣传部、黑龙江电影制片厂联合摄制的中国第一部主旋律3D电影《国徽》，在沈阳机床集团举行开机仪式。

29日 浑南新城举行中央公园等基础设施竣工、金阳大街高架桥通车、白塔公园竣工仪式，集中展示浑南新城建设两年来所取得的重要阶段性成果，同时举行“绿城杯”万人健康跑活动。

▲ 中国首届(沈阳)庙会文化节暨老北市文化园开园、省非物质文化遗产展示馆启动仪式在和平区北市地区锡伯家庙举行。

十　月

1日 新立堡跨浑河桥竣工通车。新立堡跨浑河桥位于沈阳市市区东南部，北与二环路新立堡立交桥相连，南与东陵区(浑南新区)的浑南东路相接。新立堡跨浑河桥总长1337.75米，由主桥、引桥、引道三部分组成，桥梁长790米，桥梁宽度为40米，机动车道设计为双向8车道，设计时速60公里/小时。

5日 东一环快速路改造工程一期工程部分路段竣工并正式通车。此次竣工项目为北陵大街至柳条湖立交桥段及柳条湖至吉祥一路段共两段高架桥，为双向6车道，通车后实现北陵大街至吉祥一路段无信号快速通行。

6日 二环快速路改造工程黄河大街至望花立交桥段高架桥工程正式竣工通车。高架桥为双向6车道，桥下主线为双向8车道，桥梁引道及匝道区域地面道路为双向6车道，通车后实现望花街至黄河大街路段无信号快速通行。

▲ 南阳湖大桥正式竣工通车。南阳湖大桥北起于洪区于洪新城，南至和平区满融经济区，全长1378米，由主桥、引桥、引道三部分组成。主桥为矮塔斜拉桥，三塔四跨，水上两个主跨跨径各120米，两侧边跨跨径各72米，桥长384米，宽43米。北引桥长495米，南引桥长66米，北引道长139米，南引道长294米。机动车道为双向8车道。

7日 哈大高铁进入正式开通前的最后准备阶段——全线(哈尔滨西站到大连北站)试运行，沈阳到大连运行时间为80分钟。

▲ 据铁路部门统计，双节期间沈阳站、沈阳北站共发送旅客130余万。

9日 由深圳华强集团投资150亿元建设的沈阳华强商业金融中心在金廊中部核心地块开工建设。项目东至青年大街、南至西滨河路、西至南一经街、北至东纬路，总建筑面积约120万平方米。

▲ 沈北新区蒲河生态经济带项目签约仪式在沈阳皇朝万鑫酒店举行，武汉光谷沈阳金融港等24个项目在仪式上集中签约，预计总投资额560亿元。

10日 2012年度沈阳“玫瑰奖”颁奖。沈阳机床(集团)有限责任公司葛兴福等十位外国专家获奖，这是沈阳市政府对在沈工作的外国专家的最高褒奖。

▲ “沈阳经济区网”正式开通，标志着沈阳经济区内八城市能在共同维护的网站内最大程度地实现资源分担、信息共享。

11日 全市建成胜利等6座CNG(压缩天然气)加气站，机动车加气难的现状得到一定程度的缓解。

12日 德意志联邦共和国驻沈阳总领事馆正式开馆，这是德国在中国设立的第5个总领事馆。

13日 沈河区人大代表换届选举日，也是全市区县(市)和乡(镇)两级人大换届选举的第一个选举日。省委常委、市委书记曾维，市长陈海波，市人大常委会主任赵长义，市政协主席刘雅琴分别在各自选区投票。

15日 “沈阳法库院士工作站”在法库县陶瓷研发中心大厦举行揭牌仪式。这在全市郊县属首例。

16日 沈阳市交通运输运行监测调度指挥中心正式投入使用。通过指挥系统，交通部门可实现对公交车等公共运输车辆的实时监控。

17日 法库县举行项目集中开工仪式。总投资86亿元的23个重点项目，涵盖通用航空、商业地产、建筑材料、物流仓储、农资农贸、休闲旅游、商务接待、绿色食品、生物科技等多个领域。

▲ 沈阳市政府与辽宁省交通厅签署康平海洲窝堡(辽蒙界)至北四家子段高速公路(简称沈康三期)、灯塔至辽中高速公路沈阳段两项目征地补偿投资

协议。这标志着沈康三期和灯辽高速公路沈阳段建设进入正式实施阶段。

▲ 北方重工集团有限公司在越南公青电厂招标中成为项目总承包方，同时成为“交钥匙工程”的总承包商。两期项目金额分别为6.59亿美元和9.03亿美元，折合人民币近百亿元。这是北方重工集团实行“重大装备、高端成套”战略获得的重大成果，也是迄今为止沈阳市乃至辽宁省企业获得的最大的单项海外订单。

18日 第九届沈阳科学学术年会暨科技创新与沈阳老工业基地两化融合高端论坛盛大开幕。中国工程院常务副院长潘云鹤为年会作特邀报告。

19日 沈阳市第五次妇女儿童工作会议召开。会议全面总结过去10年沈阳市妇女儿童工作取得的成绩，对新一轮妇女儿童发展规划实施进行部署，并表彰沈阳市实施妇女儿童规划先进集体和个人。

20日 和平区蓝海经济区11个重点项目集中开工，投资总额达214.5亿元。

▲ 东二环快速路改造工程沈抚立交桥到望花立交桥段高架桥竣工通车。桥梁长度为6.1公里。

24日 由市委宣传部、市文广局、沈阳广播电视台联合主办，由沈阳演艺集团承办的“爱在金秋放歌沈阳”——沈阳市喜迎十八大专题文艺晚会在辽宁大剧院隆重举行。

25—26日 “第五届中国报刊广告峰会暨2011－2012中国报刊广告投放价值排行榜发布会”在天津举行。《沈阳日报》在全国百余城市日报广告投放价值角逐中荣膺“城市日报十强”，总编辑陈波同时获得“2011－2012中国报刊广告发展推动力人物卓越成就奖”。

26日 沈阳市暨新民市高标准基本农田建设工程启动仪式在新民市举行，沈阳市2012年高标准基本农田建设和农村土地整理项目进入施工阶段。

28日 由沈阳市政府主办的辽宁（沈阳）生物化工产业发展研讨会在沈举行。沈北新区政府、沈阳同联集团分别介绍生物化工产业发展情况。与会专家围绕生物化工产业发展状况、发展前景等议题进行研讨。

29日 北方重工营口有限公司奠基仪式在营口经济技术开发区举行。北方重工将在这里建设极限制造产业区、配套产业区、集港保税区和重大装备研发中心，占地面积达130万平方米。

30日 沈阳综合保税区顺利通过国务院验收组联合验收，成为东北地区内陆第一家通过验收的综合保税区。

31日 省委常委、政法委书记苏宏章，副省长、省公安厅厅长薛恒受中共中央政治局常委、中央政法委书记周永康及公安部领导的委托，代表省委、省政府，亲切看望慰问任长林的家属并送去慰问金。沈阳市公安局铁西分局巡警大队案审中队中队长任长林，在十八大安保工作岗位上连续工作30余个小时，因心脏病突发而牺牲。

十一月

1日 全国水利风景区建设与管理工作会议在福建省莆田市召开。沈阳市蒲河生态廊道景区被水利部批准为国家级水利风景区。这是自浑河沈阳城市段后，沈阳市第二个获此称号的风景区。

5日 经国家粮食局批复，沈阳粮食物流中心正式晋升为“沈阳国家粮食交易中心”。地处铁西区保工街2号的沈阳粮食物流中心，是东北最大的现货粮食批发交易中心。

▲ 全长124公里的沈阳四环快速路全线贯通。经过一年半奋战，沈阳市有史以来投资最多、技术最新、绿化最好、智能化水平最高的城市快速路已具备通车条件。

6日 由沈阳市畜牧兽医局与沈阳出入境检验检疫局重点打造的辽宁省首个集肉禽繁育、养殖、加工于一体的出口禽肉产品质量安全示范区——沈北新区出口禽肉产品质量安全示范区顺利通过国家专家组的验收，成为辽宁省首个国家级出口禽肉产品质量安全示范区。

7日 沈阳市召开庆祝第十三个记者节暨“六个十佳”新闻出版工作者表彰会。市委宣传部、市新闻工作者协会、市出版工作者协会、市广播电视协会决定，授予刘强等10名同志“十佳记者”荣誉称号；授予佟鑫等10名同志“十佳主持人”荣誉称号；授予纪刚等10名同志“十佳编辑”荣誉称号；授予汪洋等10名同志“十佳经营人员”荣誉称号；授予廉成甦等10名同志“十佳工程技术人员”荣誉称号；授予李治国等10名同志“十佳基层新闻工作者”荣誉称号。

9日 沈阳外事服务学校等4所学校被中华全国总工会批准为“全国职工职业技能实训基地”。其中：沈阳市外事服务学校为烹饪和酒店服务与管理工种的实训基地；辽宁丰田金杯技师学院为汽车维修和数控加工工种的实训基地；沈阳汽车工程学校为汽车驾驶与维修和焊工工种的实训基地；沈阳职工大学为计算机和数控工种的实训基地。

13日 沈阳美国工业村项目正式落成竣工。项目位于沈阳经济技术开发区，由美国美东有限公司投资2.8亿元人民币建设，是美东有限公司在中国建设的第六个统一模式和标准的大型花园式现代化工业物流园区。

15日 “沈阳市美德少年”命名表彰仪式在东北育才外国语学校举行。该校高一四班学生李诗被市文明委授予“沈阳市美德少年”荣誉称号。

16日 由商务部、国家工商总局、国家质检总局、中国消费者协会指导支持的“2012·CCTV中国年度品牌”揭晓仪式暨发布盛典在北京举行。华晨汽车获得“2012·CCTV中国年度品牌”殊荣，华晨汽车集团董事长、总裁祁玉民荣获“2012·CCTV中国品牌杰出人物贡献奖”。

23日 沈阳市召开弃管住宅区综合改造工作总结表彰大会。市房产局及范民等6位同志获弃管住宅区综合改造工作“特殊贡献奖”；市政府办公厅等25个单位、王炜暐等203位同志被评为“先进单位”和“先进个人”；杨树林等46位同志被授予“优秀监督员”称号。

▲ 市编委会正式批准将沈阳长白岛管委会、满融经济区管委会合并为沈阳蓝海经济区管委会，享有市级管理权限。满融经济区和长白岛合并后，蓝海经济区面积达34.37平方公里（占和平区总面积56%），人口近50万。

25日 沈阳飞机工业（集团）有限公司董事长、总经理罗阳在大连执行任务时突发心肌梗死、心源性猝死，经抢救无效于25日12时48分在工作岗位上殉职，享年51岁。

26日 中共中央总书记、中央军委主席习近平做出重要指示，要求广大党员、干部学习罗阳同志的优秀品质和可贵精神。

▲ 市总工会做出决定，授予罗阳同志“沈阳劳动功勋”奖章，号召全市广大职工以罗阳同志为榜样，学习他的崇高精神和优秀品质。

27日 中共辽宁省委、省人民政府决定，授予罗阳同志辽宁省特等劳动模范光荣称号。

▲ 中共沈阳市委决定追授罗阳同志“共产党员楷模”称号，并开展向罗阳同志学习活动。

▲ 东北大学浑南校区在浑南新城奠基。校区总规划面积93.54万平方米。一期规划建设图书馆、信息科学大楼、生命科学大楼、两栋文科楼、操场、学生生活服务中心、学生宿舍等，预计2014年将有第一批新生入住。

28日 中共中央组织部印发决定，追授罗阳同志“全国优秀共产党员”称号。

▲ 中华全国总工会授予罗阳同志全国“五一”劳动奖章、证书。

▲ 中共辽宁省委决定追授罗阳同志“优秀共产党员”称号

▲ 人力资源社会保障部、国务院国有资产监督管理委员会发布决定，追授罗阳同志“中央企业劳动模范”荣誉称号。

29日 中航工业的优秀领导干部，中航工业沈阳飞机工业（集团）有限公司董事长、总经理，歼15舰载机研制现场总指挥罗阳同志追悼会在沈阳回龙岗殡仪馆举行。

▲学习贯彻党的十八大精神中央宣讲团成员、中央党校常务副校长李景田一行到和平区南湖街道文安路社区，与群众交流学习党的十八大精神的体会。

30日 民政部评定在执行武器装备科研试验任务中因公殉职的罗阳同志为烈士。

十二月

1日 哈大高铁正式开通。上午9时，列车在沈阳、大连、哈尔滨、长春四地同时首发。哈大高铁是世界上第一条投入运营的穿越高寒地区的高速铁路。高铁列车设计时速350公里，全线共设23座车站。

11月30—12月4日 九三学社第十次全国代表大会在北京召开，沈阳市政协副主席、九三学社沈阳市委员会主委、中国科学院金属研究所材料科学专家、研究员卢柯，当选为九三学社第十三届中央委员会副主席。

5日 市公安局在中街兴隆大家庭举行“帮‘失智老人’回家——黄手带大型公益活动”启动仪式。市公安局现场为患有阿尔茨海默病的“失智老人”发放黄手带，建立有关人员数据库，实行信息化管理服务，方便人们及时查找走失老人。

10日 沈阳市污水处理厂污泥处理工程竣工投产，日处理污泥能力达到1000吨。这是国内目前处理规模最大的污泥处理工程，也是国内首个全部采用机械化和自动控制系统控制生物干化反应处理污泥的工程。

▲ 2011年全国县域经济与县域基本竞争力百强县排行榜在中国县域经济网公布，新民市名列全国百强县第88位，比2010年前进了41位；辽中县名列第90位，比上一年前进了42位。

11日 新设立的沈阳市邮政管理局正式办公。该局成立后，设在本地的邮政企业更名为“邮政分公司”。

12日 沈阳机床集团董事长关锡友被评为2012CCTV中国经济年度人物。

12—15日 由市城建局园科院设计、施工建设的沈阳园《满族人家》荣获第五届中国月季花展暨首届三亚国际玫瑰节惟一大奖——造景艺术特别金奖。该展由世界月季联合会、三亚市人民政府、中国花卉协会月季分会联合主办。

17日 十二运沈阳赛区组委会召开主任办公会议，全面总结沈阳赛区各项筹备工作，对2013年任务进行具体部署。

18日 2012年沈阳经济区书记市长联席会在本溪市召开。

19日 中共沈阳市委十二届五次全会暨经济工作会议举行。

20日 省委书记、省人大常委会主任王珉到沈阳市检查贯彻落实党风廉政建设责任制和惩防体系建设情况。

▲ 沈阳市“我最喜爱的公安民警”评选揭晓暨颁奖典礼在辽宁大剧院举行。本次活动由市总工会、团市委、市妇联、市公安局、沈报集团共同主办，从沈阳市公安系统涌现的优秀民警中评选产生任长林、杨成东、高玉斌、鲁振伟、臧广颐、李文彤、郭立复、翟继春、聂畅、马志德等10名“我最喜爱的公安民警”，以及启工消防中队、交警女子特勤大队两个特别奖。

23日 沈阳燃气集团有限公司重奖因及时报告东中街燃气泄漏、从而避免发生严重事故的市民迟学军3万元奖金（税后），这是燃气集团自2002年设立此项奖励制度以来，发出的奖励金额最多的一笔。

27日 沈阳环保服务业集聚区建设工作推进会在省环保科学园举行，沈阳环保服务业集聚区项目选址在棋盘山开发区，定位于建设东北最大、全国最好的环保服务业集聚区，国家环保产业发展新的集聚平台。

附　　录

2012 年沈阳市新增辽宁省著名商标

序号	注册人/使用人	商　标
1	沈阳三洋建筑机械有限公司	沈建
2	辽宁天禹星科技股份有限公司	天禹星
3	沈阳华年饲料有限公司	新华年 + 图
4	辽宁津享逸实业有限公司	津享逸
5	荣科科技股份有限公司	BRING SPRING 及图
6	际华三五二三特种装备有限公司	SY3523
7	康平县憨馥土特产品有限公司	年粘黄金圆
8	沈阳世润重工有限公司	世润 + 图
9	沈阳九州阳光木业有限公司	世纪阳光及图
10	沈阳恒生农业发展有限公司	和鲜菇 + 图 + 拼音
11	中纺粮油(沈阳)有限公司	金石
12	沈阳辽北七星米业有限公司	沈北七星
13	沈阳新纪化学有限公司	新纪
14	沈阳天通电气有限公司	天通
15	沈阳天泽农业生产资料有限公司	粱满仓
16	辽宁众友饲料有限公司	SANA + 图
17	沈阳辽滨饲料有限公司	博天
18	沈阳深井潜水泵有限公司	沈深
19	沈阳宇宸酒店家具有限公司	图形
20	沈阳汇丰机械厂	HF
21	沈阳雄洲食品工业有限公司	沈洲
22	沈阳市必胜复合肥厂	必胜
23	辽宁塑力电线电缆有限公司	前进及图
24	沈阳市九豪管业有限公司	九豪及图
25	沈阳隆亿木业有限公司	布兰德及图

2012年新增沈阳市著名商标

序号	注册人/使用人	商　标
1	沈阳茶城有限公司	图形
2	沈阳澍熙航空服务有限公司	WLDS 网络都市
3	沈阳三洋建筑机械有限公司	沈建
4	沈阳储隆沥青设备有限公司	储隆及图
5	沈阳全密封变压器股份有限公司	利林
6	沈阳市晨光塑料制品厂	春意及图
7	沈阳市喜地果蔬种植专业合作社	喜奎
8	沈阳大光明钟表眼镜有限公司	图形
9	沈阳市凤泰海悦商贸有限公司	凤泰及图
10	沈阳市诚诚王守廉羊肉片经销处	王守廉及图
11	沈阳航达机载设备公司	E
12	沈阳市缘盛源饮料厂	爽力达
13	康平县康韵食用菌专业合作社	鑫城绿野
14	沈阳宝鼎农产品加工有限公司	鼎稷尚品
15	辽中县金属门窗厂	金刚山
16	沈阳世润重工有限公司	世润及图
17	沈阳恒生农业发展有限公司	和鲜菇及图
18	辽宁中稻股份有限公司	喜稻
19	沈阳昌泰医疗科技有限公司	海龟及图
20	沈阳金威智能消防设备有限公司	图形
21	沈阳大富科世管业有限公司	科世
22	沈阳市美津火锅店	美津
23	沈阳农丰商贸有限责任公司	农丰及图
24	沈阳市大东副食品商场	新帝
25	沈阳不老林食品有限公司	不老林及图
26	沈阳市耘垦有限公司	耘垦及图
27	沈阳天通电力设备有限公司	天通
28	沈阳盛成牧业有限公司	盛成及图
29	沈阳希尔斯池典商务休闲有限公司	希尔斯池典
30	沈阳市铁西区一头牛清真饭店	一头牛
31	沈阳五爱实业有限公司	图形
32	沈阳凯鹏电线电缆制造有限公司	凯鹏
33	新民市联友养殖专业合作社	莲友及图
34	新民市福德蔬菜种植专业合作社	好年缘
35	沈阳天泽农业生产资料有限公司	天泽星
36	沈阳方正农牧科技有限公司	方驰及图标
37	沈阳金海隆兴农牧科技有限公司	金海隆兴
38	沈阳通风机有限公司	沈通及图

序号	注册人/使用人	商　标
39	沈阳市于洪焱丞供暖有限公司	焱丞及图形
40	沈阳市于洪消防器材厂	冰花及图
41	沈阳深井潜水泵有限公司	沈深
42	沈阳宇宸酒店家具有限公司	图形
43	沈阳汇丰机械厂	HF
44	沈阳中光电子有限公司	KODENSHI
45	沈阳市啊美丽烧烤店	啊美丽及图
46	沈阳雄洲食品工业有限公司	沈洲

2012 年沈阳市名牌产品

序号	品牌	产品名称	生产厂家
1	飞宇	胶管、胶布制品	沈阳第四橡胶(厂)有限公司
2	沈重	烧结球团设备	北方重工集团有限公司
3	图标	Φ4－Φ6.1M 回转窑系列	沈阳水泥机械有限公司
4	重工	肉制品	沈阳重工食品有限公司
5	顺达	重矿 SD 高效圆锥破碎机	沈阳顺达重矿机械制造有限公司
6	沈重	球磨机	北方重工集团有限公司
7	沈重	中厚板轧制生产线精整区设备	北方重工集团有限公司
8	荟华楼	首饰	沈阳荟华楼黄金珠宝首饰有限公司
9	金杯	0.5－3 吨轻型载货汽车	沈阳金杯车辆制造有限公司
10	图标	电梯、扶梯和人行道	沈阳三洋电梯有限公司
11	沈建	塔式起重机	沈阳三洋建筑机械有限公司
12	萃华	纯金饰品	沈阳萃华金银珠宝股份有限公司
13	沈一冷	S 系列制冷压缩机	沈阳沈一冷冷冻机有限公司
14	中华	轿车	华晨汽车集团控股有限公司
15	HB 汇博	波纹管系列产品	沈阳仪表科学研究院
16	HB 汇博	IC、装备系列产品	沈阳仪表科学研究院
17	沈防	气相防锈纸	沈阳防锈包装材料有限责任公司
18	沈防	气相防锈塑料薄膜	沈阳防锈包装材料有限责任公司
19	双圣	过滤纸板	沈阳市长城过滤纸板有限公司
20	邦迪	地板	沈阳好百年木业有限公司
21	海为	金属波纹膨胀储油柜	沈阳海为电力设备有限公司
22	金晨	风幕机	沈阳金晨伟业冷暖设备有限公司
23	克拉古斯	系列肉制品	沈阳克拉古斯食品有限公司
24	好利来	月饼	沈阳好利来食品有限公司
25	金石	大豆油	中纺粮油(沈阳)有限公司
26	贝格尔	橱柜	沈阳贝格尔实业有限公司

序号	品牌	产品名称	生产厂家
27	欧宝	乳胶漆	沈阳美狮化工有限公司
28	绿心	丰 速冻食品、冰鲜牛肉、分割牛肉	沈阳绿丰食品有限公司
29	雷诺玛	系列床上用品	沈阳雷诺玛床饰品有限公司
30	皇盾添彩	浸渍纸层压木质地板	沈阳市永森竹木业有限公司
31	大清宝泉	瓶(桶)装饮用天然矿泉水	沈阳大清宝泉矿泉水饮品制品有限公司
32	北美金象	浸渍层压木质地板	沈阳北美木业有限公司
33	菲乐	强化地板	沈阳市凯隆木业有限公司
34	东鹰	电器 高低压成套电器开关设备	辽宁东鹰电器集团有限公司
35	长龙	35KV 及以下交联聚乙烯绝缘电力电缆	沈阳长城电缆实业有限公司
36	北阳	35KV 交联电缆	沈阳北阳电缆制造有限责任公司
37	佳德	联益 热计量表	沈阳佳德联益能源科技有限公司
38	攀峰	高低中压锅炉用无缝钢管	沈阳特种无缝钢管有限公司
39	礼拜天	系列雪糕	沈阳礼拜天食品有限责任公司
40	沈北	七星 大米	沈阳辽北七星米业有限公司
41	NBM	饲料	辽宁华达牧业有限公司
42	鼎稷尚品	糯米、糯米粉系列产品	沈阳宝鼎农产品加工有限公司
43	沈桥	输送带	沈阳长桥橡胶机带有限公司
44	泉城	鲤鱼	沈阳市金山水产养殖公司
45	克达	畜禽饲料系列	沈阳市克达饲料有限公司
46	金威廉	内墙砖	沈阳王者陶瓷有限公司
47	蒙村	黄金家族酒	沈阳黄金家族酒业酿造有限公司
48	新恒丰	内墙砖	沈阳新恒丰瓷业有限公司
49	憨馥	杂粮	康平县憨馥土特产品有限公司
50	沈冶	混合机	中国有色(沈阳)冶金机械有限公司
51	凌勃欣义	管道防腐	辽宁凌勃防腐工程科技有限公司
52	好年缘	绿色蔬菜	新民市福德蔬菜种植专业合作社
53	毛皮大王	貉配合饲料	沈阳双良饲料有限公司
54	创奇	游乐设备	沈阳市创奇游乐设备有限公司

2012 年度沈阳市纳税十强单位

序号	纳税人名称	法人代表	纳税总额(万元)
1	华晨宝马汽车有限公司	吴小安	1017392
2	上海通用(沈阳)北盛汽车有限公司	李添泽	365173
3	红塔辽宁烟草有限责任公司沈阳卷烟厂	魏 利	151759
4	中国移动通信集团辽宁有限公司	高步文	108234
5	盛京银行股份有限公司	张玉坤	106019
6	辽宁省烟草公司沈阳市公司	邱崇宝	104588

序号	纳税人名称	法人代表	纳税总额(万元)
7	国家开发银行股份有限公司辽宁省分行	闫晓辉	70416
8	东北电网有限公司	李一凡	69826
9	沈阳鼓风机集团股份有限公司	苏永强	59248
10	辽宁省电力有限公司沈阳供电公司	牟景旭	55189

2012年度沈阳市纳税百强单位

序号	纳税人名称	法人代表	纳税总额(万元)
1	华润雪花啤酒(辽宁)有限公司	王　群	52759
2	沈阳焦煤股份有限公司	林守信	51790
3	沈阳机床股份有限公司	关锡友	49070
4	沈阳远大铝业集团有限公司	康宝华	47605
5	沈阳华晨金杯汽车有限公司	祁玉民	44534
6	北方重工集团有限公司	耿洪臣	39617
7	沈阳航天三菱汽车发动机制造有限公司	牛养慈	38598
8	顶新集团康师傅控股有限公司	赵慧敬	34966
9	招商银行股份有限公司沈阳分行	史兆斌	30353
10	沈阳化工股份有限公司	王大壮	29699
11	三一重型装备有限公司	赵想章	29014
12	沈阳万达房地产有限公司	丁本锡	27795
13	特变电工沈阳变压器集团有限公司	叶　军	26610
14	华晨汽车集团控股有限公司	祁玉民	26209
15	新世界(沈阳)房地产开发有限公司	何耀焜	25986
16	中海地产(沈阳)有限公司	张贵清	24943
17	沈阳万科永达房地产开发有限公司	黄　凯	24688
18	沈阳造币有限公司	顾　军	24530
19	上海浦东发展银行沈阳分行	王　刚	23978
20	中信银行股份有限公司沈阳分行	于文波	23945
21	沈阳金地长青房地产开发有限公司	张晓峰	23446
22	沈阳华锐置业有限公司	杨文杰	23049
23	沈阳中海兴业房地产开发有限公司	张贵清	22936
24	中国石油天然气股份有限公司辽宁销售分公司	王学泠	21410
25	交通银行股份有限公司辽宁省分行	刘喜昌	21008
26	华润置地(沈阳)有限公司	王　印	20853
27	恒大长基置业有限公司	梁伟康	20631
28	中国南方航空股份有限公司北方分公司	孙建华	20461
29	东软集团股份有限公司	刘积仁	20298
30	沈阳金地全胜房地产开发有限公司	郝一斌	19375

序号	纳税人名称	法人代表	纳税总额(万元)
31	中兴——沈阳商业大厦(集团)股份有限公司	刘芝旭	19042
32	东北制药集团股份有限公司	刘　震	18714
33	万祥置业(沈阳)有限公司	赵新强	18173
34	沈阳焦煤有限责任公司林盛煤矿	张乐有	18095
35	辽宁成大生物股份有限公司	李　宁	17871
36	沈阳焦煤集团有限责任公司红阳二矿	焦文德	16747
37	兴业银行股份有限公司沈阳分行	方智勇	16695
38	安斯泰来制药(中国)有限公司	黑田昌利	16657
39	沈阳飞机工业(集团)有限公司	谢根华	16566
40	辽宁卓展时代广场百货有限公司	王乐天	16210
41	沈阳北方建设股份有限公司	李兴国	15998
42	中国联合网络通信有限公司辽宁省分公司	南新生	15969
43	普利司通(沈阳)轮胎有限公司	池田一也	15520
44	沈阳中海新海汇置业有限公司	张贵清	15339
45	华润置地(沈阳)开发有限公司	王　印	15207
46	沈阳延锋江森座椅有限责任公司	贾健旭	15095
47	广发银行股份有限公司沈阳分行	陈静波	14926
48	沈阳三生制药有限责任公司	娄　竞	14917
49	沈阳浑南置业房地产开发有限公司	钱　洋	14628
50	恒大鑫源(沈阳)置业有限公司	梁伟康	14447
51	沈阳万科恒祥置地有限公司	黄　凯	14287
52	中国移动通信集团辽宁有限公司沈阳分公司	彭　霞	14245
53	中国联合网络通信有限公司沈阳市分公司	王　冕	14217
54	中国邮政储蓄银行股份有限公司辽宁省分行	焦玉泉	13789
55	中国平安财产保险股份有限公司沈阳市沈河支公司	侯　婧	13660
56	沈阳悦通置业有限公司	梁伟康	13428
57	沈阳金杯江森自控汽车内饰件有限公司	约翰尼斯·娄特斯	13409
58	中国光大银行股份有限公司沈阳分行(中国光大银行沈阳分行)	李晓远	13408
59	中国石油天然气股份有限公司辽河油田分公司沈阳采油厂	修景涛	13349
60	百胜餐饮(沈阳)有限公司	陈光全	12955
61	中国石油天然气股份有限公司东北销售分公司	刘宪华	12728
62	国电康平发电有限公司	王慕文	12468
63	沈阳兴隆大家庭购物中心有限公司	徐银彪	12383
64	沈阳荣耀房地产开发有限公司	郝一斌	12382
65	沈阳华润热电有限公司	王玉军	12212
66	辽宁省彩票发行中心	孟庆生	11851
67	采埃孚伦福德汽车系统(沈阳)有限公司	安德烈斯·克莱恩	11809
68	沈阳奥园新城置业有限公司	郭梓宁	11352
69	东北电网有限公司信息网络运行分公司	张学东	11120
70	中国农业发展银行辽宁省分行	刘定华	10836

序号	纳税人名称	法人代表	纳税总额(万元)
71	华润(沈阳)地产有限公司	王 印	10587
72	辽宁广播电视台	史联文	10136
73	华夏银行股份有限公司沈阳分行	孙红兵	9558
74	中国银行股份有限公司沈阳分行	李 民	9512
75	沈阳铁路信号有限责任公司	张心植	9468
76	沈阳煤业(集团)有限责任公司	林守信	9459
77	沈阳农村商业银行股份有限公司	韩 清	9330
78	中国工商银行股份有限公司沈阳和平支行	张铁平	9285
79	沈阳李尔汽车座椅内饰系统有限公司	沈 毅	9018
80	沈阳印象名流置业有限公司	熊晟楼	8706
81	沈阳浑南新城碧桂园房地产开发有限公司	杨文杰	8453
82	贝卡尔特沈阳精密钢制品有限公司	范德文	8407
83	沈阳万科东漫置业有限公司	黄 凯	8318
84	沈阳全运村建设有限公司	罗钊明	8287
85	沈阳东软医疗系统有限公司	刘积仁	8273
86	沈阳荣盛中天房地产开发有限公司	台文献	8066
87	阳光一百置业(辽宁)有限公司	范小冲	7854
88	新生活集团(中国)有限公司	安凤洛	7705
89	中国石油天然气股份有限公司管道沈阳结算站	何维强	7541
90	沈阳保利溪湖房地产开发有限公司	黄 兵	7418

沈阳市旅游星级饭店一览表

五星级饭店(8 家)

单 位 名 称	地 址	邮 编
沈阳皇朝万豪酒店	和平区青年大街 388 号	110003
沈阳中山皇冠假日酒店	和平区南京北街 204-208 号	110001
沈阳丽都索菲特酒店	和平区青年大街 386 号	110004
沈阳黎明国际酒店	大东区长安街 10 号	110042
沈阳凯宾斯基饭店	沈河区青年大街 109 号	110014
东北大厦	沈河区哈尔滨路 99 号	110013
北约客维景国际大酒店	和平区同泽街 35 号	110001
沈阳皇朝万鑫酒店	和平区青年大街 390 号	110003

四星级饭店(24 家)

单 位 名 称	地 址	邮 编
沈阳凯莱大酒店	沈河区北站迎宾街 32 号	110013

单位名称	地址	邮编
沈阳商贸饭店	和平区中华路68号	110001
沈阳格林大饭店	沈河区北站路72号	110013
沈阳金都饭店	和平区太原南街189号	110001
沈阳高登大酒店	沈河区青年大街52号	110014
沈阳假日酒店	和平区南京北街204号	110001
沈阳时代广场酒店	沈河区北站路99号	110013
沈阳世星国际饭店	铁西区启工街8号	110026
沈阳七宝山饭店	和平区十一纬路79－81号	110003
辽宁凤凰饭店	皇姑区黄河南大街109号	110031
辽宁大厦	皇姑区黄河南大街105号	110031
辽宁政协会馆	皇姑区崇山东路73号	110032
沈阳玫瑰大酒店	沈河区中街路201号	110011
沈阳房地产大厦	沈河区大西路289号	110014
辽宁天都饭店	和平区南五马路238号	110006
辽宁瑞心国际城市酒店	沈河区敬宾街3－3号	110013
沈阳市华人大酒店	和平区青年大街314号	110003
辽宁荣富饭店	铁西区北二东路17号	110025
沈阳沈飞宾馆	皇姑区陵北街1号	110034
沈阳天伦瑞格酒店	沈河区朝阳街23号	110011
沈阳迎宾馆	沈河区北三经街9号	110013
沈阳悦客来柏晶酒店	皇姑区华山路93号	110031
沈阳南阳华人国际酒店	和平区和平北大街176号	110003
沈阳天丰国际酒店	铁西区兴华南街31号	110023

三星级饭店(53家)

单位名称	地址	邮编
辽宁宾馆	和平区中山路97号	110001
沈阳鸿翔宾馆	沈河区万柳塘路53号	110015
辽宁省华峰宾馆	皇姑区崇山东路32号	110032
沈阳亚泰大酒店	沈河区沈阳路265号	110011
沈阳空港来登饭店	东陵区沈阳桃仙国际机场	110169
沈阳鸿宇山庄	棋盘山风景区	110013
沈阳市紫薇仙庄	苏家屯区佟沟乡	110003
沈阳金海岸大酒店	于洪区黄海路35号	110141
沈阳华苑大酒店	苏家屯区海棠街39号	110101
辽宁工会大厦	皇姑区崇山东路40号	110032
辽宁东盛大厦	沈河区北京街9号	110013
沈阳瑞心东方酒店	沈河区北站路112号	110013
沈阳民航宾馆	大东区小河沿路3号	110043

单 位 名 称	地 址	邮 编
沈阳邮政大厦	沈河区北站路 78 号	110013
辽宁省人民大厦	皇姑区崇山东路 41 号	110032
辽宁金三角饭店	和平区中华路 43 号	110001
辽宁瑞心快捷北站酒店	沈河区北站路 102 号	110013
沈阳文华酒店	辽中县东环街 59 号	110200
沈阳金辉大厦	和平区南八马路 27 号	110005
辽宁省老道口大厦	和平区胜利北街 1 号	110001
沈阳正兴宾馆	沈河区一经街二纬路 23 号	110013
辽宁金剑宾馆	皇姑区崇山东路 8 号	110032
沈后金辉宾馆	铁西区沈辽东路 34 号	110021
沈阳金山宾馆	和平区昆山北街 62 号	110001
沈阳雷格酒店	沈河区沈洲路 2 号	110011
辽宁瑞心商旅东旭酒店	和平区南京南街 40 号	110001
沈阳金杯汽车大厦	和平区中华路 57 号	110001
沈阳金星宾馆	和平区太原北街 9 号	110001
沈阳金城宾馆	和平区太原北街 1 号	110001
沈阳金利宾馆	沈河区文化路 83 号	110016
辽宁金科大厦	和平区文化路 19 号	110004
辽宁大剧院宾馆	沈河区市府大路 363 号	110013
辽宁国大酒店	皇姑区昆山东路 28 号	110032
新民市迎宾馆	新民市辽河大街 135 号	110300
沈阳科隆酒店	沈河区朝阳街 238 号	110011
沈阳兰亭宾馆	皇姑区北陵大街 37 号	110032
沈阳北辰大酒店	沈河区惠工街 169 号	110013
辽宁省柳湖宾馆	皇姑区崇山东路 30 号	110032
沈阳市和平宾馆	和平区胜利北街 104 号	110001
沈阳毓英楼宾馆	沈河区六纬路 23 号	110014
辽宁东湖度假村	棋盘山风景区秀湖南岸	110163
辽宁杏林苑宾馆	棋盘山风景区满堂乡观音阁村	110163
沈阳中城商务酒店	铁西区景星南街 38 号	110021
沈阳军交大厦	沈河区北站路 110 号	110013
沈阳市共达宾馆	大东区东顺城街 17 号	110024
辽宁阳光宾馆	于洪区长江北街 56 号	110036
新民市丽景宾馆	新民市兴隆堡沈阳采油厂	110316
神鹏国际商务酒店	法库县南大街	110418
辽宁省玉龙山庄	棋盘山国际旅游开发区秀湖北岸 8 号	110164
沈阳圣有声大酒店	和平区砂山南路 5 号 5 甲	110005
沈阳军区金泉宾馆	铁西区云峰街 45 号	110021
沈阳市康平宾馆	康平县康平镇建设街	110500
沈阳地中海印象酒店	沈北新区马刚乡洋什水库	110121

二星级饭店(11 家)

单位名称	地址	邮编
沈阳宾馆	皇姑区泰山路 2 号	110033
沈阳天源宾馆	沈河区惠工街 235 号	110013
沈阳怪坡金源宾馆	新城子区怪坡风景区	110121
沈阳石化大厦	皇姑区长江街 17 号	110031
沈阳铁建宾馆	沈河区敬宾街 3－1 号	110013
沈阳市政府招待所	沈河区正阳街 212 号	110011
沈阳市国兴大酒店	于洪区黄海路 46 号	110141
沈阳金碧大厦	于洪区沈新路 188 号	110141
沈阳市老天合宾馆二部	沈河区热闹路 62 号	110011
沈阳市老天合宾馆	沈河区热闹路 60 号	110011
沈阳翔云楼宾馆	皇姑区北陵大街 9 号	110032

一星级饭店(3 家)

单位名称	地址	邮编
沈阳泉银宾馆	大东区小河沿路 68 号	110042
沈阳翰皇国际商务酒店	大东区北顺城路 188 号	110041
法库宾馆	法库镇兴法路吉祥街	110400

沈阳市旅行社一览表

序号	单位名称	通讯地址
1	辽宁海外国际旅行社	皇姑区北陵大街 26 甲 1
2	沈阳市海外国际旅行社	和平区和平南大街 39 号嘉环 3 层
3	辽宁省中国国际旅行社	皇姑区黄河南大街 113 号
4	辽宁中辽国际旅行社	和平区光荣街 35 号
5	沈阳市中国旅行社	沈河区市府大路 189 号 1 号楼
6	辽宁省中国青年旅行社	和平区北四经街 28 号
7	辽宁省中国旅行社	皇姑区岐山中路 50 号
8	辽宁国际商务旅行社	和平区和平区十一纬 12 号
9	沈阳青年国际旅行社	和平区中山路 111 号亚贸 12 层
10	辽宁世纪国际旅行社	和平区广州街 81 号
11	沈阳国际旅行社	沈河区市府大路 290 号摩根甲 4
12	辽宁康辉国际旅行社	和平区和平北大街 69 号 C1408
13	沈阳铁道国际旅行社	和平区新兴街 19 号
14	沈阳金桥国际旅行社	沈河区中山路 355 号大厦 602

序　号	单 位 名 称	通 讯 地 址
15	沈阳文教国际旅行社	沈河区青年大街48甲1号
16	辽宁四方蓝天国际旅行社	沈河区北京街19-3号
17	沈阳美景商务国际旅行社	沈河区北站路57号财富D22-2
18	辽宁欧美亚国际旅行社	和平区绍兴街18号
19	辽宁光大国际旅行社	沈河区奉天街340号甲1格林A
20	辽宁和平国际旅行社	沈河区北京街7号1808
21	中国国旅(辽宁)国际旅行社	和平区市府大路55号年华1-02
22	辽宁招商国际旅行社	和平区十四纬路19号
23	辽宁九洲假日国际旅行社	沈河区奉天街346号格林2408室
24	辽宁省职工国际旅行社	和平区北五经街1号
25	辽宁祥瑞国际旅行社	沈河区北站路55号C座2-7-2
26	辽宁银洲国际旅行社	和平区市府大路228号
27	辽宁省国际体育旅行社	和平区和平南大街24号
28	辽宁新亚国际旅行社	皇姑区北陵大街45-6号6-2-1
29	辽宁汇点国际旅行社	沈河区沈阳路68号216
30	辽宁天兴国际旅行社	和平区文化路48-1号281
31	沈阳招商国际旅行社	沈河区惠工街21号
32	辽宁远洋国际旅行社	皇姑区宁山中路58号
33	沈阳春秋国际旅行社	和平区广州街81号
34	沈阳东方旅行社	东陵区文化东路52号
35	辽宁北国旅行社	沈河区山东堡路11甲2号
36	辽宁森林旅行社	皇姑区长江街126号富林605
37	辽宁老年旅行社	沈河区北三经街51号
38	沈阳天平旅行社	皇姑区北陵大街9号
39	沈阳市金飞马旅行社	沈河区沈阳路40巷5号303
40	沈阳友好旅行社	和平区北三经街66号
41	沈阳市玉麒麟旅行社	沈河区南清真路52-3号济源11楼
42	沈阳山水旅行社	沈河区中山路200号
43	沈阳铁道青年国际旅行社	和平区南京北街113号和泰813
44	沈阳市名流旅行社	沈河区友好街53号
45	沈阳鸿宇旅行社	沈河区友好街19号奉天A1303
46	沈阳故宫旅行社	沈河区沈阳路171号
47	沈阳天马旅行社	沈河区朝阳街238号
48	沈阳安运旅行社	铁西区艳华街3号3门
49	沈阳奉天旅行社	沈河区沈阳路61号金海岸317
50	辽宁先锋旅行社	和平区南五马路228号党刊404
51	辽宁友谊国际旅行社	皇姑区崇山东路48号
52	沈阳风采旅行社	沈河区大西路1号
53	沈阳纵横旅行社	和平区十一纬路云集东巷32号经纬A5

序号	单位名称	通讯地址
54	沈阳市宏信旅行社	皇姑区陵东街29号
55	沈阳长白山旅行社	和平区十一纬路51号皇城2313
56	沈阳教育旅行社	和平区南五经街云集西巷32号
57	沈阳金旅旅行社	沈河区十三纬路123号甲
58	沈阳喜来多旅行社	东陵区文富北路42号
59	沈阳佳信旅行社	东陵区长青街35号万泉商务1层
60	沈阳沪春秋旅行社	大东区东顺城街137号
61	沈阳兰鹰旅行社	和平区十四纬路23号
62	沈阳市阳光假期旅行社	沈河区北京街21号许兄弟503
63	沈阳市康泰旅行社	大东区东顺城街152号中化4楼
64	沈阳战友旅行社	沈河区奉天街346号自由城B320
65	沈阳华远旅行社	和平区南京南街52号
66	沈阳众合旅行社	东陵区泉园一路49-3号
67	沈阳国泰旅行社	沈河区北京街19号先锋大厦905
68	辽宁君安旅行社	于洪区崇山东路30号
69	沈阳旅游集散中心	铁西区建设东路33号
70	沈阳新联旅行社	新民市南市西路9号
71	沈阳澳中旅游有限公司	和平区和平北大街28号18-4
72	沈阳海棠旅行社	沈河区小西路87甲号智慧1405
73	沈阳春天旅行社	苏家屯区枫杨路139号
74	沈阳卓越旅行社	铁西区建设东路57号爱都B1-14-6
75	辽宁中桥旅行社	沈河区北站路55号财富C341
76	沈阳神舟旅行社	大东区津桥路20号
77	沈阳四海旅行社	沈河区北京街19-3汇宝A441
78	沈阳金运旅行社	和平区和平南大街39号
79	沈阳一通旅行社	沈河区南清真路52-2号
80	沈阳市光大旅行社	沈河区朝阳街192号
81	沈阳好运旅行社	和平区中华路200号
82	沈阳绿城假期旅行社	铁西区建设东路72号爱都912
83	沈阳辽之旅旅行社	皇姑区泰山路17号
84	沈阳誉湾旅行社	和平区十三纬路19号冶金406
85	沈阳客运天天旅行社	沈河区北站路78号邮政751室
86	沈阳永安旅行社	沈河区北站路77-1号光达C836
87	沈阳运通旅行社	沈河区青年大街35号国贸909
88	沈阳嘉航旅行社	和平区文化路45号机械大厦805
89	沈阳假期旅行社	沈河区友好街19号银座B1306
90	沈阳市国奥旅行社	苏家屯区迎春街135号9门
91	沈阳清风海岸旅行社	和平区市府大路55号年华725
92	辽宁海峡旅行社	和平区南五马路17号

序　号	单　位　名　称	通　讯　地　址
93	辽宁寰宇旅行社	和平区十一纬路88号皇城702
94	沈阳润博旅行社	沈河区奉天街346号格林B1611
95	沈阳浪漫假期旅行社	沈河区北站路112号东方1136
96	辽宁虎跃旅行社	沈河区友好街21－4号
97	沈阳市鹏宇旅行社	康平县康平镇中心街585号
98	辽宁神洲旅行社	大东区东顺城街17号13幢4009
99	辽宁华亿旅行社	沈河区北站路77－1号光达1223
100	沈阳枫林假期国际旅行社	铁西区建设中路15号
101	沈阳博客旅行社	铁西区南滑翔路1号
102	沈阳鑫源旅行社	康平县中兴街客运站北巡警楼4
103	沈阳云升旅行社	和平区十三纬路19号冶金809
104	沈阳现代方向国际旅行社	皇姑区北陵大街6号3门
105	沈阳美好时光旅行社	和平区中华路121号SOHO1917
106	沈阳市樱桃树旅行社	沈河区大西路59号
107	沈阳洲际旅行社	和平区南京北街109号恒运A1505
108	沈阳太和旅行社	沈河区市府大路433号峰景1604
109	沈阳飞海包机旅行社	皇姑区崇山中路63号
110	沈阳龙腾假期旅行社	沈河区市府大路290号摩根A1610
111	辽宁汇展旅行社	和平区和平南大街39号
112	沈阳启顺旅行社	沈河区北站路146号嘉兴1823
113	沈阳海华国际旅行社	和平区市府大路55号年华808
114	沈阳远东旅行社	沈河区热闹路60号民政312
115	沈阳天然旅行社	皇姑区步云山路26巷1号612
116	沈阳大运通国际旅行社	和平区和平北大街69号C座
117	沈阳新视野旅行社	和平区南五马路17号商巢3114
118	沈阳卓逸旅行社	皇姑区岐山中路1号东机1310
119	沈阳关东旅行社	和平区南京北街18号银调1－25－2
120	沈阳黄金海岸旅行社	沈河区沈阳路61号金黄岸415B
121	沈阳世博国际旅行社	沈河区盛京路28号
122	沈阳金盛旅行社	东陵区森林路36号
123	沈阳新时代旅行社	沈河区北站路146号嘉兴2023
124	沈阳佳通旅行社	和平区中山路111号1028
125	沈阳海洋青年旅行社	和平区中山路70号新华大厦10楼
126	沈阳嘉华旅行社	沈河区惠工街205号恒基1217
127	沈阳恒通旅行社	和平区太原南街16－1号万达3－15
128	沈阳华之信旅行社	大东区大北关街50－1号
129	沈阳百信达旅行社	沈河区朝阳大街238号科隆8
130	沈阳嘉艺旅行社	和平区三好街55号1009
131	沈阳黑龙旅行社	沈河区北站路78号邮政624

序 号	单 位 名 称	通 讯 地 址
132	沈阳金玉满堂旅行社	和平区市府大路224号4-18-5
133	辽宁诚盟旅行社	和平区文化路三巷3-1号131
134	沈阳国宾旅行社	沈河区青年大街165-9号金廊A1716
135	沈阳阳光祥云旅行社	于洪区长江北街56号
136	辽宁天鸿国际旅行社	和平区市府大路200号
137	沈阳金华旅行社	和平区太原南街97号
138	沈阳金土地旅行社	和平区同泽南街37号
139	沈阳中青国际旅行社	沈河区惠工街124号6楼
140	沈阳林苑旅行社	苏家屯区枫杨路186号
141	沈阳福卡斯旅行社	沈河区北中街路123号
142	沈阳中意国际旅行社	和平区太原南街97号
143	沈阳金之舟旅行社	沈河区北站路146号嘉兴2314
144	沈阳明珠旅行社	和平区南京北街18号
145	辽宁盛京国际旅行社	皇姑区北陵大街49号
146	沈阳青华旅行社	沈河区北京街51号银河A1206
147	辽宁辽之旅旅行社	沈河区团结路7-1华府1-27-9
148	沈阳港中国际旅行社	和平区三好街87号
149	沈阳乐游国际旅行社	沈河区北站路77号君悦2408
150	沈阳仙梦旅行社	和平区市府大路55号年华1803
151	沈阳远洋旅行社	和平区三好街54号
152	沈阳天地之旅旅行社	铁西区建设东路43号和谐B513
153	中国旅行社总社(辽宁)	和平区和平南大街43号
154	辽宁春风假期旅行社	铁西区北二东路17号
155	沈阳江南假期旅行社	和平区南二马路33号
156	沈阳永宏国际旅行社	沈河区北站路1246号1-18-3
157	辽宁海内外旅行社	沈阳市大东区上园路43-1-1门
158	沈阳红枫旅行社	沈阳市沈河区南文会街22号512
159	辽宁印象旅行社	沈阳市皇姑区黄河南大街70号
160	沈阳看天下旅行社	和平北大街55号407室
161	辽宁畅游国际旅行社	沈阳市沈河区友好街19号(奉天银座A座1308室)
162	沈阳金锘安康旅行社	沈阳市沈河区小西路85甲2号一楼
163	美中国际旅行社(沈阳)	沈阳市沈河区市府大路290号摩根凯利大厦A座2409室
164	沈阳兴伟旅行社	沈阳市沈河区市府大路290号(1-10-7、1-10-8)
165	沈阳途胜旅行社	沈阳市和平区太原南街90号
166	沈阳易途旅行社	沈阳市和平区和平北大街28号
167	沈阳宾客来旅行社	辽中县辽中镇北一路19号2门
168	沈阳沈安国际旅行社有限公司	法库县经济开发区法库沈安运输有限公司
169	沈阳鑫鸿运旅行社	沈阳市皇姑区长江街62号

沈阳市公共交通线路一览表

线路	起始站点	途经站点
环路	沈阳站南(南一马路)——沈阳站北	沈阳站南(南一马路)、市文化宫、体育广场、和平广场、南五马路中兴街、南五马路振兴街、南湖公园、盛京医院南湖院区、展览馆、陆军总院、南塔、省医院东门、大南边门、第二十七中学、大南街热闹路、大南门、故宫东华门、商业城、北中街皇城恒隆广场、中街鼓楼、小西门、市红十字会医院、中山路杏林街、辽宁日报社、中山路和平大街、中山广场东、中山路太原街、沈阳站北
101	弓匠小区——工业大学中央校区东门	弓匠小区、五号路、北方交通重工集团、沈鼓集团、中央大街地铁站、丽都新城、优诗美地、中央湖畔、熙湖公园、中央大街沈辽路、
103	长客西站——五爱市场	长客西站、仙女湖公园、西部货运中心、齐贤街、艳粉街、沈阳工业大学东门、南十东路、兴华公园、铁西百货、铁西广场、云峰街、兴工街、南五马路、南一马路、太原街、中华路、马路湾、光荣街、五经街、十三纬路、大西菜行、顺通路、第七中学、五爱市场西区、五爱市场
105	嘉华新城——沈阳北站	嘉华新城、嘉华学校、文源街、文澜苑、坤泰新界、奥体中心、艺术家园、文萃路(富民桥)、出租汽车公司、富民街、泉园三路、泉园二路、东陵区医院、泉园一路、万泉实业公司、东方宾馆、翠园小区、先农坛路、大南门、小河沿、大东门、东中街、小津桥、横街、小北街、房产超市、惠工广场、沈阳北站
107	东方御景——龙之梦亚太城	东方御景、美林逸墅、三江紫香园、东陵路农科院、省农业技术学校、沈抚立交桥东、东北汽贸、一汽福达、良城美景、辽宁奥通、新东安居小区、新光红璎小区、丰城公交公司、三家子、善邻路东塔街、善邻路黎明三街、善邻路地坛街、龙之梦衡园、龙之梦丽晶大酒店、龙之梦海洋馆、龙之梦亚太数码、龙之梦亚太城
109	彩霞街临波路——药王庙路大西电子市场	彩霞街临波路、临波路夹河街、浑南西路夹河街、泛华广场、沈营路浑河堡、三义街浦江苑、营盘北街新华社、五里河公园西、夏宫、五里河茂业中心、青年大街彩电中心、展览馆、盛京医院南湖院区、鲁迅美术学院、领事馆、第七医院、十一纬路二经街、大西边门、房地产大厦、药王庙路大西电子市场
111	东北制药——松花江街南口	东北制药、昆明湖街、张士果品市场、巢湖街(沈新路)、开发大路东口、洪湖二街、洪湖小区、长客西站、仙女湖公园、西部货运中心、齐贤街、艳粉街、沈阳工业大学东门、云峰南街、沈辽东路、南七东路、云峰街、云峰北街北四东路、北三东路、北二东路、虹桥路、霁虹街、光明街、天山路、华山路、珠江街、碧塘公园、第四医院、昆山东路、沈阳有线电视台、沈阳北站北、松花江街南口
112	保利花园——皇姑屯火车站	保利花园、保利花园五期、新宁街东平路、新立堡、东北汽贸、一汽福达、良城美景、辽宁奥通、二〇一、民贵家园、东贸库、黎明金叶家园、沈海热电厂、珠林桥东、莱茵河畔、市骨科医院、辽沈二街、文华园小区、洮昌小区、沈阳大学南门、小北边门、省高法、敬宾街、沈阳北站北、沈阳有线电视台、昆山东路、第四医院、碧塘公园、珠江街、昆山中路、怒江街、皇姑屯火车站
113	观音村——富民街泉园广场	观音村、观音、观音路、德孚润滑油、空训基地、鸭绿江北街天仙路、鸭绿江街北陵开发区、新锐防爆电器、鸭绿江街上岗子、鸭绿江街城建北尚、富丽阳光、中驰汽贸、剑苑小区、梨园剧场、长客总站、恒驰物流、沈阳大学西门、望花南街临河路、小北关街二〇二巷、联合路小北边门、沈阳大学南门、八王寺、八王寺街横街、德增街横街、东顺城街小津桥、东顺城街中街、大东门、南顺城路小河沿、大南门、大南街热闹路、第二十七中学、大南边门、省医院东门、文化路南塔鞋城、文化东路天坛南街、文化东路出租汽车公司、和美妇产医院、富民街泉园广场
114	保利心语花园——沈阳北站前	保利心语花园、铁西区体育中心、北四路重工街、美好愿景、北四路肇工街、北四路启工街、北四路卫工街、市交通技术学校、新北方装饰建材城、陶林居、北四路贵和街、兴华街北四路、铁西区政府、北三路云峰街、北三路兴工街、沈阳站西广场、沈阳站北、中山路太原街、中山广场东、中山路和平大街、辽宁日报社、八一公园东、市人大、北京街、沈阳北站前
115	望花工业园——新华路	望花工业园、侯家岗子、三五四七装具厂、望花新村、上海通用北盛汽车、海鲜市场、北大营街、上园路、华美英语学校(老瓜堡)、合作街、洮昌小区、沈阳大学南门、小北边门、省高法、家乐福北站店、惠工广场、北京街、市人大、北三经街、八一公园西门、中山路、和平北大街、中山广场、医科大学、中华路、中山公园、体育广场、铁路中学、新华广场、和平法院、新华路

线路	起始站点	途 经 站 点
116	恒大城——龙之梦亚太城	恒大城、桃源欣城、万科魅力之城、恒盛广场、亚都名苑、教师公寓、教师新村、红田地产、格林阳光、格林梦夏、怒江北街新开河、市委党校、百鸟公园、辽宁大学崇山校区、宁山路北行、宁山路黄河大街、地质局、北陵电影院、龙江广场、沈阳北站北、敬宾街、省高法、市物价局、小北关街天后宫、小北街、小北门、大北门、小津桥、津桥路小什字街、市群众艺术馆、龙之梦会展中心、龙之梦亚太数码、龙之梦亚太城
117	腾飞二街——小北边门	腾飞二街、盛京医院滑翔院区、腾飞一街、生日城、滑翔公园、天华医药、诗波特小区、兴工南街、东北汽配商贸中心、太原南街、新华广场、沈阳急救中心、南湖公园西门、方型广场、南湖公园、盛京医院南湖院区、展览馆、陆军总院、地王国际花园、交通执法支队、五爱市场西区、五爱市场、大南街、大南门、故宫东华门、商业城、大北门、大北横街、八王寺、小北边门
118	沈阳出口加工区(浑南东路)——北中街	沈阳出口加工区(浑南东路)、沈阳建筑大学、文汇街、沈音南校区、在水一方社区、和泰东方园、万科花园新城、金杯汽车制造有限公司、东陵加工厂、六〇六所、江东街、莲花街、万泉公园东门、四六三医院、大什字街(魁星楼路)、小河沿、大南门、故宫东华门、商业城、北中街
123	揽军路——五十中学	揽军路、南滑翔路、盛京医院滑翔院区、腾飞一街、飞翔路、第十五中学、沈辽东路、南七东路、云峰街、兴工街、南五马路、沈阳站、沈阳站北、中山路太原街、中山广场、和平北大街、中山路、八一公园西门、北市场、总站路、市行政执法局、北京街、市建委、敬宾街、市消防局、小北二库、望花南街、沈阳大学、恒驰物流、五十中学
125	宏达家园——南通天街热闹路	宏达家园、朝鲜一中、向工一校、昆山路前塔湾、中海寰宇天下塔湾西、塔湾邮局、太平庄、崇山路淮河街、海华新居、延河街昆山路、小白楼、华山路怒江街、皇姑公安分局、华山路珠江街、华山路长江街、皇寺广场、南京街北市场、沈医二院、南京街北六马路、中山广场东、中山路和平北大街、辽宁日报社、中山路一经街、市红十字会医院、奉天街大西路、房地产大厦、奉天街热闹路、热闹路五爱西区、五爱市场、南通天街热闹路
126	奥体中心枢纽站(浑南四路)——上园路望花南街	奥体中心枢纽站(浑南四路)、泛华广场、沈营路浑河堡、三义街浦江苑、营盘北街新华社、五里河公园西、夏宫、五里河茂业中心、文萃路彩电中心、五爱街文萃路、陆军总院东门、五爱街地王国际花园、风雨坛街西滨河路、奉天街五爱市场西区、奉天街热闹路、奉天街房地产大厦、万寿寺街大西路、万寿寺街小西路、市信访大厅、令闻街教场路、令闻街天后宫、令闻街房产超市、小北关街市物价局、联合路小北边门、沈阳大学南门、联合路洮昌小区、联合路辽沈二街、沈铁路北方客运公司、上园小区东、上园小区、上园路合作街、上园路望花南街
129	金奥新城——药王庙路	金奥新城、仙女河北路、金龙湖街、大通湖街、吉力湖街、仙女河路、路官二街、西部货运中心、沈辽中路、路官一街、今日阳光家园、艳粉新村、艳璐街、家乐福铁西店、沈阳工业大学东门、南十东路、兴华公园、铁西百货、铁西广场、兴华北街北四东路、云峰北街北四东路、北四东路、北三东路、兴工北街、沈阳站北、中山路太原街、中山广场、和平北大街、辽宁日报社、一经街、市红十字会医院、药王庙路
131	七三九医院(沈阳医学院)——大东门	七三九医院(沈阳医学院)、沈飞一中(第十中学)、百花小区、辉山路、三台子、沈飞四中(第110中学)、沈飞集团、航空博览园、客运出租公司、金山小区、北陵东门、武功山小区、省游泳馆、省教育厅、北塔、长客总站、恒驰物流、沈阳大学、望花南街、小北二库、市物价局、天后宫、小北街、小北门、大北门、小津桥、东中街、大东门
132	沈阳工贸学校——科普公园	沈阳工贸学校、大东科技园、沈阳东站北、明堂街、新生二街、市骨科医院、如意三路、工农路、草仓路、东边城街、市群众艺术馆、津桥路小什字街、小津桥、大北门、小北门、中街、故宫西华门、市环保局、五爱市场、五爱市场西区、交通执法支队、地王国际花园、陆军总院、文萃路、科普公园
133	保利花园东——东滨河路小南街	保利花园东、新宁街东平路、新立堡、东北汽贸、一汽福达、良城美景、辽宁奥通、二〇一、民贵家园、东贸库、黎明金叶家园、沈海热电厂、珠林桥东、天江老龙口、市群众艺术馆、津桥路小什字街、小津桥、东中街、大东门、南顺城路小河沿、大南门、市环保局、小南街五爱服装城、成城花园、小南街文艺路、省金秋医院、东滨河路小南街
134	路官一街——龙之梦亚太城	路官一街、路官一街沈辽路、保工街南十四路、保工街南十二路、保工街南十中路、南九路第五医院、南九路中国家具城、兴华公园东、铁西百货、铁西广场、建设东路云峰街、建设东路兴工街、南五马路胜利大街、南五马路民族街、铁路中学、和平广场、南五马路中兴街、南五马路振兴街、方型广场北、鲁迅儿童公园、文艺路彩塔街、文艺路华润中心、青年公园南、风雨坛街西滨河路、风雨坛街五爱西区、风雨坛街热闹路、南顺城路风雨坛街、市环保局、大南门、东顺城街小河沿、大东门、东中街、小津桥、津桥路小什字街、市群众艺术馆、龙之梦会展中心、龙之梦亚太数码、龙之梦亚太城

线路	起始站点	途 经 站 点
135	沈阳机床城——南塔客运站	沈阳机床城、沈胡路东平湖街、和泰馨城、东平湖街沈大路、北李官、沈大路巢湖街、沈大路太湖街、沈大路洪湖街、于洪新村、铁西森林公园、康利汽车公司、建设大路肇工街、建设大路启工街、建设大路卫工街、建设大路保工街、建设大路兴顺街、铁西广场、建设大路云峰街西、建设大路兴工街、南五马路胜利大街、南五马路民族街、铁路中学、和平广场、南五马路中兴街、南五马路振兴街、南湖公园、盛京医院南湖院区、展览馆、陆军总院、南塔、南塔鞋城、南塔客运站
136	英守村(丁香湖公园)——北站站前	英守村(丁香湖公园)、白山路、大芳士、保利上林湾、靓马新村、巴黎香榭、白山中路、万科四季花城、西江街、怒江北街、龙逸花园、北方医院、香炉山路、新乐宿舍、新乐遗址、凤凰饭店、辽宁大厦、北陵公园、辽宁中医、黑龙江街、松花江街、宁山路小学、省消防总队、市建委、沈阳北站、北站站前
138	沈阳医学院——马路湾	沈阳医学院、何氏眼科医院、百花山路、国奥现代城、赤山路、川江街、松山小区、黑山路、五彩新村、陵西二小区、四十中学、北方医院、香炉山路、新乐宿舍、新乐遗址、辽宁大厦、实验中学、宁山中路、岐山路、第四医院、皇寺广场、民族电影院、八一公园西门、中山路、市自来水公司、八纬路、九纬路、马路湾
140	新湖小区——上木厂	新湖小区、和平家园、虹桥路、霁虹街、光明街、西塔、民族电影院、北市场、北三经街、市中级法院、清真寺、市信访大厅(太清宫)、小北门、中街、故宫西华门、市环保局、大南门、小河沿、大东门、大东车库、小什字街、大东边门、滂江街、长安小区、二四五医院、东塔机场、东塔、八里堡、凌云街、方凌路、上木厂
141	辽宁大学北校区——兴华公园北	辽宁大学北校区、沈阳航空航天大学、唐轩公馆、道义大街正良二路、沈阳师范大学、四台子、黄河大街万山路、沈阳医学院、何氏眼科医院、国奥现代城、赤山路黄河大街、赤山路川江街、松山小区、长江街黑山路、五彩新村、陵西二小区、教师公寓、教师新村、红田地产、格林阳光、格林梦夏、怒江北街新开河、市委党校、怒江广场、昆山路怒江街、小白楼、淮河街华山路、淮河街天山路、重型文化广场、兴华街小北一路、兴华街北二路、铁西区政府、兴华街北四路、铁西广场、铁西百货、兴华公园北
146	绿色家园——奥体中心枢纽站(浑南四路)	绿色家园、华瑞家园、营城子、后桑林子、璟悦香湾、上深沟建材市场、金水湾家园、大甸子、教场、泰莱十六区、文澜苑、坤泰新界、营盘、奥体中心、女人街、新华社、奥体中心枢纽站(浑南四路)
147	小北一路——莲花街	小北一路、沈阳国际服装城、小北一路兴华北街、和平家园、虹桥路、霁虹、富云花都、克俭小区、珠江桥、天山路、华山路、珠江街、碧塘公园、第四医院、昆山东路、肇东街、北京街、家乐福北站店、省高法、小北边门、沈阳大学南门、八王寺、大北横街、横街、大什字街、大悦城、小什字街、大东边门、世纪联华、滂江市场、莲花街
148	东陵公园——惠宾街沈阳北站	东陵公园、东陵路前陵堡、东陵路绕城高速、农业大学、农科院、省农业技术学校、东陵路榆树屯、东北汽贸、水晶城街一汽福达、水晶城街八家子、东贸路水晶城、东贸路水暖城、观泉路铁道口、工农路东毛君屯、工农路世捷教育、工农路铁路物资公司、工农路东建街、沈阳东站、工农路东辽街、第一四一中学、工农路北海街、北海街市骨科医院、大东工人俱乐部、辽沈二街东北大马路、辽沈二街文华园、联合路洮昌小区、沈阳大学南门、联合路小北边门、省高法、家乐福北站店、惠宾街沈阳北站
149	陶林居——三菱发动机厂北门	陶林居、兴顺街、铁西广场、云峰街、兴工街、胜利南大街、民族街、太原南街、南十马路、新华路、砂川街南、砂山、玉屏路、胜利桥北、万科城、格林生活坊、长白西路、下夹河、中海国际社区、沙岗子、上夹河、金家湾东、前榆树台、三菱发动机厂北门
150	三菱发动机厂北门——大悦城	三菱发动机厂北门、三菱发动机厂、沈营路、东大软件园、变压器研究所、东海电子、海外学子园、亚泰花园、区政府、报业印务中心、21 世纪广场、辽宁移动通信、彩霞街公铁桥、彩霞街、泛华广场、奥体中心、新华公寓、艺术家园、富民桥、出租汽车公司、沈阳客运集团、泉园广场、血磁医院、万柳塘公园、大南边门、第二十七中学、大南街、大南门、小河沿、大东门、大东路、大悦城
151	二台子街观泉路——第七医院南	二台子街观泉路、观泉路望花新村、观泉路二台子街、观泉路沈铁路、沈阳宝钢、观泉路五金建材市场、钢花小区、联合路东建街、金地铂悦、康福食品、新颖宾馆、联合路东辽街、联合路北海街、文华园小区、辽沈二街吉祥五路、辽沈二街如意三路、辽沈二街工农路、北边城路草仓路、东边城街珠林路、市群众艺术馆、大悦城、大东路小什字街、大东门、大南门东、大南门西、市环保局、风雨坛街沈州路、风雨坛街热闹路、五爱西区北、第七中学、顺通食街、大西菜行、十三纬路三经街、第七医院南
152	沈阳理工大学——沈阳北站	沈阳理工大学、嘉华新城、嘉华学校、文源街、文澜苑、教场、飞云路、金辉街、市气象局、会展中心、女人街、五里河公园、夏宫、五里河茂业中心、彩电中心、展览馆、盛京医院南湖院区、南湖公园、振兴街、省委、市体育局、体育广场、中山公园、市文化宫、沈阳站、沈阳站北、太原北街、西塔、南京街北市场、皇寺广场、总站路、北京街、沈阳北站

线路	起始站点	途经站点
153	胡台新城——东平湖街	胡台新城、繁荣三路、后胡台、宋岗、前七线、昂邦牛、集贤、诺木珲、沙坨、新蔡线、繁荣、爱国、西爱线、兴盛、后民屯、东民、宏发小学、宏发家具、和泰馨城、东平湖街
154	东大软件园——大润发和平店	东大软件园、变压器研究所、亿达唯美品格、东海电子、海外学子园、亚泰花园、区政府、报业印务中心、21世纪广场、彩霞街公铁桥、榆树路、豪华拉闸门厂、昌盛修配厂、浑南大道、伊丽雅特湾、铸造厂、上夹河、沙岗子、中海国际社区、下夹河、长白西路、特种电缆分厂、盛发花园、省体院、市第六医院、南七马路、和平广场、体育广场、市文化宫、大润发和平店
155	汪家——奥体中心枢纽站(浑南四路)	汪家、汪家新村、汪家鞋业园、汪家信用社、沈抚立交、石庙子、石庙子东街、刘付屯、东岗子、李巴彦、恒大江湾、杨官屯、沈阳出口加工区、水家屯、东亚国际城、浑南东路文华街、沈阳建筑大学、沈音学院南校区、文汇街南堤路、南堤路长青街、长青桥南、万科金域蓝湾、南堤路朗月街、朗云街南堤路、河畔新城、艺术家园、新华公寓、奥体中心枢纽站(浑南四路)
156	中学堂路——北站北广场	中学堂路、小什字街(鸿基园小区)、大北关街(枫合万嘉)、八王寺街、甘泉路、小北街、天后宫、市物价局、第四十七中学、敬宾街、北站北广场
157	道义大街道义——五爱市场西区	道义大街道义、龙腾碧玉湾、瀚博皇家御湾、太湖国际花园、瀚博皇家御院、辽宁大学北校区、沈阳航空航天大学、唐轩公馆、沈阳师范大学、四台子、黄河大街万山路、沈阳医学院、七三九医院、何氏眼科医院、黄河大街百花山路、松陵文化宫、莲花山路三台子、沈飞集团、航空博览园、客运出租公司、金山小区、北陵东门、武功山小区、省游泳馆、松花江街崇山路、宁山路小学、省消防总队、敬宾街、省高法、市物价局、小北关街天后宫、广宜街太清宫、小西门、大西门、风雨坛街沈州路、风雨坛街热闹路、
158	金水港湾——凌空一街揽军路	金水港湾、锦水街大榆桥南、塔湾欣城、锦水街苍山路、明廉路锦水街、明廉路食品公司、北一路保工街东、沈阳国际服装城、景星街北一路、景星街北二路、景星街北三路、景星街北四路、建设大路兴顺街、兴顺街南六路、兴顺街南八路、南九路九路市场、南九路兴华街、南九路云峰街、腾飞一街沈辽路、市第十五中学、腾飞一街北滑翔路、滑翔路生日城、滑翔路凌空二街、凌空一街揽军路
159	山水文园——皇寺广场	山水文园、毛望公路、东山嘴子、华晨汽车、陶瓷城、东陶路、沈阳宝钢(钢花小区)、东建街(化工设备厂)、东站街、康福食品、新颖宾馆、东辽街、北海街、市胸科医院、沈阳北方客运公司、恒驰物流、沈阳大学、望花南街、小北二库、市物价局、天后宫、太清宫、清真寺、市中级法院、市府广场、市政府、北京街、皇寺广场
161	六号街十一号路——金沙江街北行	六号街十一号路、丽水金阳、六号街十四号路、家宁花园、宁官市场、沈辽路大明湖街、沈辽路昆明湖街、鹏程花园、山东堡、三隆碧桂园、新型建材厂、鼓风机一分厂、冶金机械公司、沈辽路赞工街、肇工街沈辽路、劳动公园西、肇工街工人村、肇工街南十路、启工机械学校、南九路卫工街、南九路保工街、南九路第五医院、南九路中国家具城、兴华公园东、铁西百货、铁西广场、建设大路云峰街、建设大路兴工街、兴工街建设大路、兴工街北四路、兴工街北三路、兴工街北二路、兴工街霁虹街、兴工街北一路、珠江街天山路、珠江街华山路、金沙江街北行
162	西三家子——铁西广场(贵和街)	西三家子、望花三小、东机正门、老年公寓、沈阳职业技术学院、劳动广场、西门、望花新村木材市场、东方欧博城、望花立交桥北、金山路鸭绿江东街、金山路城建北尚、富丽阳光、中驰汽贸、剑苑小区、梨园剧场、长客总站、北塔、省教育厅、华商晨报、崇山路黑龙江街、辽宁中医、崇山路嘉陵江街、辽宁大学、长江街宁山路、长江街北行、碧塘公园西、珠江街华山路、珠江街天山路、兴工街北一路、兴工街霁虹街、兴工街北二路、兴工街北三路、兴工街北四路、兴工街建设大路、建设大路兴工街、建设大路云峰街、铁西广场、铁西广场(贵和街)
163	汾河街——观泉路(大二台子)	汾河街、虹桥中学、太平庄、崇山西路、延河街、怒江街、荆江街、大渡河街、北行、北行(长江街)、碧塘公园、第四医院、昆山东路、北京街、沈阳北站、惠工广场、家乐福北站店、省高法、小北二库、望花南街、沈阳大学、恒驰物流、九一八历史博物馆、通利汽车公司、上园路、上园小区、小二台子、三洋空调、沈铁路东、大二台子、观泉路(大二台子)
165	苏家屯沙柳路——家乐福铁西金牛店	苏家屯沙柳路、苏家屯客运站、民主路、牡丹街、铁路客车厂、山榆路、十里锦城、木材防腐厂、大官房、可济药业、玉皇药业、加工厂宿舍、馨丽康城、九洲湾景汇、胜利南街公铁桥、环城高速、金家湾、新加坡城、马总屯、万科城、胜利桥北、玉屏路、砂山、砂山商店、滑翔路、生日城、腾飞一街、盛京医院滑翔院区、家乐福铁西金牛店

线路	起始站点	途经站点
166	阳光100——金杯汽车制造有限公司	阳光100、阳光100新城、汪河路阳光100一号路、凌空二街南滑翔路、凌空二街生日城、滑翔路凌空二街、砂阳路砂山街、省妇婴医院、市第六医院南、省体院、盛发花园、文体西路和平大街、交通安全教育学校、东北大学南门、市交通局西门、文体路三好街、世茂百货、五里河茂业中心、文萃路彩电中心、沈阳教育学院、宏伟新都、南塔公园、文萃路南塔鞋城、天坛小区、文萃路富民桥、溪林花园、文萃路丰乐二街、文萃路长青街、和泰东方园、万科花园新城、长青街文化东路、金杯汽车制造有限公司
167	细河南路——三号街	细河南路、永盛水调歌城、于洪新城、汪河路、凌空二街、生日城、滑翔路、滑翔公园、天华医药、诗波特小区、沈辽东路(八一仓库)、南六东路、铁西区中心医院、铁西百货、勋望街、兴顺街、南八中路、第五医院、南十二路、沈阳工业大学、南十三路、南十四路、西部货运中心、仙女湖公园、长客西站、洪湖小区、洪湖二街、水产市场、燕塞湖街、张士开发区管委会、大明湖街、沈辽路(东方家园)、宁官市场、家宁花园、广全中学、张士四号街、三号街
168北线	沈阳北站——秀湖广场	沈阳北站、市建委、敬宾街、省高法、小北边门、沈阳大学南门、八王寺、大北横街、横街、小津桥、津桥路小什字街、市群众艺术馆、天江老龙口、珠林桥、沈海热电厂、一汽惠华、二〇一、辽宁奥通、良城美景、东北汽贸、榆树屯、辽宁省农业技术学校、农科院(马官桥)、沈阳农业大学、东陵路(绕城高速)、前陵堡、东陵公园、鸟岛、盛京高尔夫、欧陆风情小镇、桑提亚纳庄园、奥林匹克花园、世博园西门、世博园、海洋世界、上满堂、满族风情村、下木、中木、上木、清韵百园、棋盘山景区、冰川动物乐园、秀湖广场
168南线	马路湾——秀湖广场	马路湾、招商银行、交通银行、二经街、大西边门、铁通公司、沈州路、市环保局、大南门、小河沿、大东门、东中街、小津桥、津桥路小什字街、市群众艺术馆、天江老龙口、珠林桥、沈海热电厂、一汽惠华、二〇一、辽宁奥通、良城美景、东北汽贸、榆树屯、辽宁省农业技术学校、农科院(马官桥)、沈阳农业大学、东陵路(绕城高速)、前陵堡、东陵公园、鸟岛、盛京高尔夫、欧陆风情小镇、桑提亚纳庄园、奥林匹克花园、世博园西门、世博园、海洋世界、上满堂、满族风情村、下木、中木、上木、清韵百园、棋盘山景区、冰川动物乐园、秀湖广场
169	水晶城——长白港湾站	水晶城、水晶城街八家子、水晶城街一汽福达、良城美景、辽宁奥通、新东安居小区、八里堡小学、东陵环卫所、八里堡、凌云街、方凌路、上木厂、东陵油库、第五十一中学、德氏冷饮、方方园小区、方家栏、金杯汽车制造有限公司、文化东路长青街、东北大学基础学院、文化东路富民街、文化东路出租汽车公司、文化东路天坛一街、南塔鞋城、南塔、陆军总院、青年大街彩电中心、五里河茂业中心、世贸百货、市交通局、新世界花园、三好桥北、长白东路长白四街、长白港湾站
175	包道屯——圣工街	包道屯、包道社区、辉山路川江街、川江街千山西路、川江街赤山路、赤山路川江街、长江街松山小区、长江街黑山路、长江街五彩新村、长江街陵西二小区、第四十中学、长江街北方医院、长江街铸铁管件厂、长江街第九印刷厂、长江街沙河子小区、长江街泰山路、长江街建赏欧洲、辽宁大学、长江街宁山路、岐山路北行、岐山路珠江街、岐山路荆江街、怒江街岐山路、昆山路怒江街、小白楼、中海寰宇天下、昆山路塔湾、中海寰宇天下塔湾西、昆山路前塔湾、向工一校、飞跃实验中学、向工街明廉路、卫工街北一路、卫工街北二路、卫工街北三路、北四路卫工街、圣工街
176	砂山街玉屏路——塔湾家乐福	砂山街玉屏路、砂山街玉屏二路、万和花园、砂山商店、滑翔路凌空二街、滑翔路生日城、盛京医院滑翔院区、万科花园、南滑翔路腾飞二街、艳粉新村、艳粉街沈辽路、景星街南十二路、景星街南十中路、九路市场、景星街南八路、南六路兴顺街、南六路保工街、南六路卫工街、建设西路、卫工街建设大路、卫工街北四路、卫工街北三路、卫工街北二路、卫工街北一路、向工街明廉路、飞跃实验中学、向工一校、昆山路前塔湾、昆山路塔湾西、塔湾家乐福
177	大溪地——沈阳北站	大溪地、东北育才沈北校区、沈北路人和街、中信银行沈北支行、水木康桥、辽宁装备学院、蒲河新城管委会、通远街闽南石材城、兴农路通顺街、奥森环境公司、沈闫公路赵家沟、沈闫公路王家沟、沈闫公路上王家沟、沈闫公路八棵树、沈闫公路罗家沟、沈闫公路南赵家沟、沈闫公路祥和汽校、山水文园、东望街东山嘴子、东望街陶瓷城、国瑞商城、中铁物资集团、建筑机械厂、沈阳东站北、东北大马路明堂街、东辽街联合路、联合路东辽街、联合路北海街、联合路辽沈二街、联合路洮昌小区、沈阳大学南门、联合路小北边门、省高法、敬宾街、市建委、沈阳北站
178	郭七——长客总站	郭七、沈阳航空航天大学、唐轩公馆、沈阳师范大学北门、沈北巴士、郭七小区、蒲昌路盛京大街、沈阳师范大学东门、梅江街文大路、万山路梅江街、北三台子、第九十七中学、三台子一校、陵北街辉山路、陵北街三台子、沈飞四中(第110中学)、沈飞集团、航空博览园、客运出租公司、金山小区、陵园西街金山路、银山小区、陵园街银山路、陵园街铜山路、陵园街锡山路、北塔、长客总站

线路	起始站点	途经站点
179	蒲河镇——五爱市场	蒲河镇、蒲河大路、禾丰牧业、黄泥河子、香雪面粉、安宁医院、飞龙包装、大志新村、大洼、沈阳机电市场、王家沟、榆林后村、东山公墓、大富豪家俬、榆林堡、省劳经学校、前进乡政府、化工油漆厂、大二台子、沈铁路东、三洋空调、小二台子、上园小区、有机玻璃厂、联合路、文华园小区、辽沈二街、莱茵河畔、天江老龙口、市群众艺术馆、津桥路小什字街、小津桥、东中街、大东门、小河沿、大南门、五爱市场
180	道义北——世博园	道义北、自来水五厂、弓匠屯、俪景小区、瀚博皇家御湾、太湖国际花园、瀚博皇家御院、辽大道义校区、沈北路、招商银行(祥瑞小区)、航空工业学院、辽宁美术学院正门、郭七、青杨林公园、国土督察局沈阳局、孝信、北方软件园、光电产业园、沈阳国际科技园、小桥道口、经济管理干部学院、省城市建设学校、双楼子、蒲河大道(鸭子场村)、联东U谷、市汽车工程学校、沈阳市化工学校、中古城子、大古城子、虎石台、黄楼、虎石台镇政府、兴盛街、辽宁交通高等专科学校、省金融职业学院、蒲裕路、省交校南门、虎石台管委会(詹屯)、蒙牛乳业、柳岗屯、欧盟工业园、捷众汽车配件、吉隆公司、新东方供热、辉山大街、宏业街、冯道社区、翔宇中学、明珠路、蒲河新城管委会、辽宁装备学院、水木康桥、人和街、沈阳二中辉山校区、育才双语学校、大溪地、天时街、金河湾、棋盘山西门、沈棋路、中木、下木、满族风情村、海洋世界、世博园
181	广业西路西湖俪景东——腾飞二街	广业西路西湖俪景东、广业西路西湖俪景西、东平湖街世代书香、第五十六中学、东平湖街红旗石材城、东平湖街姚家、东平湖街新塔湾钢材市场、东平湖街于洪职教中心、东平湖街于洪动监、东平湖街沈胡公路、东平湖街和泰馨城、东平湖街沈大路、北李官、沈大路巢湖街、沈大路太湖街、太湖街于洪家乐福、于洪广场、于洪南里、强工二街南十路、铁西劳动局、南十二路重工街、南十二路赞工街、劳动公园北、卫工街南十二路、南十三路保工街、南十三路齐贤街、沈阳工业大学、沈辽路万达广场、沈辽路云峰街、腾飞一街沈辽路、市第十五中学、腾飞一街北滑翔路、盛京医院滑翔院区、腾飞二街
182	虎石台职教园——辽宁广告职业学院	虎石台职教园、经济管理干部学院、小桥子、孝信东二街、东场、郭三、道义中学、蒲昌路盛京大街、郭七路口、沈北巴士、沈阳师范大学北门、唐轩公馆、正良、沈阳航空航天大学、柳岸新居、雷鸣雅阁、香槟新坐标小区、郭大桥村、辽宁广告职业学院
183	干部学校——省城市建设学院	干部学校、天赋新居、省交校南门、虎石台管委会(詹屯)、大陆超市(财富广场)、省金融职业学院、辽宁交通高等专科学校、兴盛街大陆超市、虎石台第一小学、老市场、益民医院、虎石台、古城新都、大古城子、中古城子、沈阳市化工学校、市汽车工程学校、联东U谷、蒲河大道(鸭子场村)、双楼子、省城市建设学院
184	北站北广场——铁西龙之梦(启工街建设大路)	北站北广场、省公安厅、岐山路黄河大街、岐山路嘉陵江街、北行、碧塘公园西、家具广场、储备局、西塔、胜利大街北四马路、胜利大街北二马路、北二路兴工街、北二路云峰街、北二路兴华街、北二路景星街、保工街北二路、北三路保工街、北三路圣工街、圣工街北四路、北四路卫工街、北四路启工街、铁西龙之梦(启工街建设大路)
186	东湖市场——于洪五金工业园	东湖市场、于洪广场、依云首府北门、于洪区委、和谐广场、于洪运管处、东平湖街、和泰馨城、安捷巴士于洪分公司、洪汇路西三环、圣吉木业、宏发家具、旺达金属公司、工业园管委会、洪汇路永兴街、索坤玻璃公司、洪汇路车桥厂、于洪五金工业园
188	白塔堡——马路湾	白塔堡、白塔市场、阳光新嘉园、沈营路新秀街、交警白塔一中队、万科新榆公馆、糖厂子、世纪路(亚泰花园)、区政府、报业印务中心、21世纪广场、浑南新区医院、沈营路榆树路、融城时代、首创国际城、浑南大道、伊丽雅特湾、临波路浦江御品、夹河、长白五街、翰逸华园、新世界花园、三好街、百脑汇、沈阳音乐学院、盛京医院南湖院区、鲁迅美术学院、领事馆、五经街、省水利厅、光荣街、马路湾
190	环北家园——皇姑屯火车站	环北家园、环际酒店、新北浅食品、保利溪湖林语、沈阳计算机学校、方溪湖村、沈师大附属学校、沈师大学生公寓、黄河大街万山路、沈阳医学院、何氏眼科医院、国奥现代城、松山路黄河大街、松山小区、长江街黑山路、五彩新村、陵西二小区、第四十中学、北方医院、第九印刷厂、沙河子小区、长江街泰山路、建赏欧洲、辽宁大学、长江街宁山路、北行、碧塘公园南、珠江街昆山路、华山路珠江街、皇姑公安分局、怒江街华山路、皇姑屯火车站
191	沈阳师范大学——方特欢乐世界	沈阳师范大学、道义大街正良二路、唐轩公馆、沈阳航空航天大学、沈北路招商银行、沈阳航空航天大学南门、辽宁美术职业学院、郭七、盛京大街蒲南路、碧桂园太阳城、总部基地、总部基地北、盛京大街蒲田路、方特欢乐世界
201	惠泽园西——沈阳站西广场	惠泽园西、临河街大通湖街、临河街宏发华城、仙女河路、路官二街、西部货运中心、沈辽路齐贤街、沈辽路艳粉街、兴华街万达广场、兴华街南十路、兴华公园东、铁西百货、铁西广场、兴华街北四路、铁西区政府、北二路兴华街、北二路云峰街、北二路兴工街、沈阳站西广场

线路	起始站点	途 经 站 点
202	河北街——塔南公园	河北街、万和花园、砂山商店、砂山体育场、南十马路、太原南街、东北汽配商贸中心、南五马路、沈阳站、沈阳站北、兴工北街、霁虹、富云花都、克俭小区、珠江桥、珠江街(新安江街)、皇姑屯火车站、天山路西口、同江街、小白楼、东北玩具城、昆山西路、崇山西路、太平庄、塔湾邮局、塔南公园
203	艳粉新村——沈阳北站	艳粉新村、南滑翔路、万科花园、盛京医院滑翔院区、滑翔二小区、天华医药、诗波特小区、兴工南街、东北汽配商贸中心、南五马路、沈阳站、太原街、中华路、马路湾、九纬路、八纬路、市自来水公司、中山路、八一公园西门、北市场、北京街、哈尔滨路、惠工广场、沈阳北站
204	和泰馨城——沈阳站北	和泰馨城、洪汇路、东平湖北街、北李官、巢湖街、太湖街、洪湖二街(省残中专)、于洪新村、南七西路、重工南街南十西路、肇工南街、启工街二校、卫工南街、保工南街、南八中路、香江大市场、市交通技术学校、北三路、保工北街北二中路、景星街、兴华北街、云峰北街、兴工北街、沈阳站北
205	富山花园——沈阳站北	富山花园、富山花园西门、银山路鸭绿江街、富丽阳光南区、陵东装饰材料市场、北陵东门、省军区北门、北陵公园、辽宁中医、市金融学校、辽宁大学崇山校区、百鸟公园、市委党校、崇山路淮河街、太平庄、塔湾邮局、中海寰宇天下西、食品公司、第一粮库、北二路保工街、北二路景星街、北二路兴华街、北二路云峰街、北二路兴工街、沈阳站北
206	沈阳化工学院——沈阳站	沈阳化工学院、化工学院东门、工业大学中央校区(北门)、开发区中央大街、翟家乡政府、翟家开发区、家宁花园、宁官市场、沈辽路(东方家园)、杨士、鹏程花园、山东堡、三隆碧桂园、新型建材厂、鼓风机一分厂、冶金机械公司、老年病院、仙女湖公园、西部货运中心、齐贤街、艳粉街、沈阳工业大学东门、云峰南街、沈后招待所、兴工南街、东北汽配商贸中心、南五马路、沈阳站
207	沈阳工业大学——龙之梦亚太城	沈阳工业大学、齐贤街南十二路、齐贤街南十路、齐贤街南八路、齐贤街南六路、建设大路兴顺街、铁西广场、建设东路云峰街、建设东路兴工街、胜利大街南五马路、沈阳站南、中华路太原街、中华路南京街、马路湾、中山公园东门、十三纬路光荣街、十三纬路五经街、十三纬路三经街、十三纬路大西菜行、第七中学、热闹路五爱西区、西顺城街沈州路、大西门、小西门、北顺城路太清宫、小北门、大北门、小津桥、津桥路小什字街、市群众艺术馆、龙之梦亚太城
208	保利上林湾东门——沈阳站北	保利上林湾东门、保利上林湾北门、保利上林湾、白山路元江街、白山路丁香湖路、重工北街高架桥北、昆山路宠物市场、昆山路东北汽配城、向工北小区、向工一校、飞跃实验中学、向工街明廉路、明廉路锦水街、明廉路食品公司、北一路保工街东、沈阳国际服装城、重型文化广场、兴华街小北一路、北二路兴华街、北二路云峰街、北二路兴工街、沈阳站北
209	东北汽配城——沈阳北站	东北汽配城、向工北小区、向工一校、昆山路前塔湾、昆山路塔湾、中海寰宇天下、小白楼、昆山路怒江街、昆山路荆江街、昆山路珠江街、碧塘公园南、昆山路第四医院、皇寺广场、市检察院、北市场、北三经街市府大路、市人大、北京街、沈阳北站
210	金山小区——马路湾	金山小区、北陵东门、省军区北门、北陵公园、辽宁中医、市金融学校、辽宁大学、宁山路、北行、皇姑法院、华山路、天山路、光明街、霁虹街、兴工北街、沈阳站北、中山路太原街、医科大学、马路湾
211	东望北街——大北门	东望北街、东山嘴子、华晨汽车、陶瓷城、东陶路、观泉路、中铁物资集团、建筑机械厂、沈阳东站北、明堂街、新生二街、市骨科医院、大北边门、第五中学、枫合万嘉、横街、大北门
212	东机正门——科普公园	东机正门、正新路、建新街、西门、望花新村木材市场、东方欧博城、望花立交桥、圣淘沙家园、紫竹茗郡、通利汽车公司、九一八历史博物馆、恒驰物流、沈阳大学、望花南街、小北二库、市物价局、天后宫、广宜街、太清宫、小西门、大西门、沈州路、风雨坛、五爱市场西区、交通执法支队、地王国际花园、陆军总院、文萃路、科普公园
213	纺织研究院——乐购超市	纺织研究院、宏伟新都、南塔、省医院东门、大南边门、建设大厦、成城花园、小南街(南关路)、辽宁奉天中医院、五爱市场西区、五爱市场、大南街、大南门、故宫东华门、商业城、大北门、横街、枫合万嘉、第五中学、大北边门、市骨科医院、第二十八中学、市胸科医院、沈阳北方客运公司、长客总站、北塔、省教育厅、华商晨报、黑龙江街、辽宁中医、北陵公园、辽宁大厦、乐购超市
214	浑南管委会——北站北广场	浑南管委会、辽宁移动通信、彩霞街公铁桥、彩霞街、泛华广场、沈营路浑河堡、三义街浦江苑、营盘北街新华社、五里河公园西、夏宫、五里河茂业中心、青年大街彩电中心、青年大街华润中心、青年公园西、彩电塔、大西菜行、市委、一经街、市府广场东、市政府、北京街、沈阳有线电视台、北站北广场

线路	起始站点	途经站点
215	长江街泰山路——莲花街万柳塘路	长江街泰山路、建赏欧洲、辽宁大学、长江街宁山路、北行、碧塘公园南、第四医院南门、皇寺广场、市检察院、北市场、市府大路北三经街、市府广场南、小西路、小西门、中街鼓楼、故宫西华门、市环保局、东顺城街小河沿、大东车库、小什字街大东路、省肿瘤医院(四六三医院)、万泉公园、莲花街万柳塘路
216	保工南街(南十四路)——沈阳北站	保工南街(南十四路)、南十三路、艳粉街、沈阳工业大学东门、南十东路、兴华公园、铁西百货、铁西广场、云峰街、兴工街、南五马路、沈阳站、沈阳站北、太原北街、铁路局、西塔、民族电影院、北市场、北三经街、市政府、惠工广场、沈阳北站
217	北三台子——沈阳北站	北三台子、第九十七中学、三台子一校、辉山路、三台子、沈飞四中(第110中学)、松山路、二四二医院、省中医二院、新乐宿舍、凤凰饭店、辽宁大厦、北陵公园、辽宁中医、宁山东路、省公安厅、昆山东路、北京街、沈阳北站
218	东陵公园——大东门	东陵公园、前陵堡、东陵路(绕城高速)、沈阳农业大学、农科院(马官桥)、辽宁省农业技术学校、榆树屯、东北汽贸、一汽福达、良城美景、辽宁奥通、二〇一、一汽惠华、沈海热电厂、珠林桥、天江老龙口、市群众艺术馆、津桥路小什字街、小津桥、东中街、大东门
219	王家沟——五爱市场	王家沟、榆林后村、东山公墓、大富豪家私、榆林堡、省劳经学校、前进乡政府、化工油漆厂、大二台子、沈铁路东、三洋空调、小二台子、上园小区、有机玻璃厂、第二十八中学、市骨科医院、莱茵河畔、天江老龙口、市群众艺术馆、津桥路小什字街、小津桥、东中街、大东门、小河沿、大南门、五爱市场
220	金山小区——沈阳站	金山小区、北陵东门、省军区北门、北陵公园、辽宁中医、宁山东路、省公安厅、昆山东路、北京街、市人大、八一公园、辽宁日报社、和平北大街、中山广场、医科大学、太原街、沈阳站
221	沈阳东站北——沈阳站	沈阳东站北、明堂街、新生二街、市骨科医院、大北边门、第五中学、枫合万嘉、横街、小北街、太清宫、清真寺、市中级法院、八一公园、辽宁日报社、沈阳日报社、交通银行、招商银行、马路湾、太原街、沈阳站
222	大北门——长白二街长白五路	大北门、小北门、正阳街中街、故宫西华门、市环保局、风雨坛街沈州路、风雨坛街热闹路、风雨坛街五爱西区、风雨坛街西滨河路、青年公园南、文艺路华润中心、三好街鲁美学院、三好街盛京医院、三好街音乐学院、三好街百脑汇、三好街华强广场、三好街新世界花园、三好桥北、长白西路丽湾国际、长白西路格林生活坊、长白二街长白西路、长白二街长白五路
223	和泰东方园——南一马路	和泰东方园、万科花园新城、汽车制造厂、长青街、泉园一路、万泉实业公司、东方宾馆、翠园小区、大南街、五爱市场、五爱市场西区、第七中学、顺通路、大西菜行、十三纬路、五经街、光荣街、和平大街、体育广场、中山公园、市文化宫、南一马路
224	杨官屯——沈阳北站	杨官屯、杨官、沈阳出口加工区、水家屯、浑南东路、沈阳建筑大学、张官、沈音南校区、在水一方社区、和泰东方园、万科花园新城、汽车制造厂、东北大学基础学院、富民街、出租汽车公司、东陵区政府、南塔鞋城、南塔、陆军总院、地王国际花园、交通执法支队、五爱市场西区、风雨坛、沈州路、大西门、小西门、太清宫、天后宫、房产超市、惠工广场、沈阳北站
225	东塔机场——南一马路	东塔机场、江东街、莲花街、四六三医院、省东方医院、荣昌集团、科学家花园、万柳塘公园、省医院、小南边门、五爱街、地王国际花园、陆军总院、展览馆、盛京医院南湖院区、南湖公园、方型广场、光荣街、市体育局、中山公园、市文化宫、南一马路
226	于洪区委——和平广场	于洪区委、黄海路、于洪广场、于洪南里、轻工街、重工南街南十西路、肇工南街、启工街二校、卫工南街、保工南街、第五医院、中国家具城、兴华南街、云峰南街、沈后招待所、兴工南街、东北汽配商贸中心、太原南街、新华广场、和平广场
227	金山小区——煤炭设计院	金山小区、北陵东门、省军区北门、北陵公园、辽宁中医、黑龙江街、松花江街、宁山路小学、省消防总队、敬宾街、省高法、市物价局、天后宫、广宜街、太清宫、小西门、大西门、沈州路、风雨坛、五爱市场、大南街、先农坛路、煤炭设计院
228	昆山路宠物市场——金觉寺街小河沿	昆山路宠物市场、东北汽配城、向工北小区、向工一校、昆山路前塔湾、中海寰宇天下塔湾西、塔湾邮局、太平庄、崇山路淮河街、市委党校、怒江广场、宁山路金沙江街、宁山路北行、宁山路嫩江街、地质局、北陵电影院、宁山路小学、省消防总队、敬宾街、家乐福北站店、惠工广场、市政府、小西路、小西门、中街鼓楼、故宫西华门、市环保局、大南门、金觉寺街小河沿

线路	起始站点	途 经 站 点
229	沈阳东站——沈阳北站	沈阳东站、沈阳东站北、明堂街、新生二街、市骨科医院、第二十八中学、市胸科医院、沈阳北方客运公司、恒驰物流、沈阳大学、望花南街、小北二库、省高法、惠工广场、沈阳北站
230	新东安居小区——沈阳北站	新东安居小区、丰城公交公司、黎明文化宫、二〇四、和睦路、珠林桥、天江老龙口、市群众艺术馆、津桥路小什字街、小津桥、大北门、小北门、市信访大厅(太清宫)、清真寺、市中级法院、市政府、惠工广场、沈阳北站
231	金山小区——天华医药	金山小区、北陵东门、省军区北门、北陵公园、辽宁大厦、实验中学、宁山中路、岐山路、第四医院、皇寺广场、南京街北市场、沈医二院、北六马路、医科大学、中华路、中山公园、体育广场、铁路中学、新华广场、南十马路、南十二马路、省妇婴医院、砂阳桥、滑翔路、腾飞一街、滑翔公园、天华医药
232	三台子——沈阳站	三台子、松陵文化宫、松山路、二四二医院、省中医二院、新乐宿舍、新乐遗址、辽宁大厦、实验中学、宁山中路、岐山路、第四医院、皇寺广场、南京街北市场、沈医二院、北六马路、中山路太原街、沈阳站北、沈阳站
233	中海城北——沈阳站西广场	中海城北、中海城、中海城南、西江街白山路、万科四季花城、太岳山路西江街、塔湾小学、刑警学院、塔南公园、中海寰宇天下西、食品公司、北一路保工街东、沈阳国际服装城、小北一路景星街、小北一路兴华街、和平家园、云峰街北二路、沈阳站西广场
235	丁香湖畔新城——马路湾	丁香湖畔新城、丁香屯、丁香小学、广业西路、广业路、薄板厂、长城宾馆、东北制药厂、肇工北街、北启工街、卫工北街北二中路、电池厂、保工北街北二中路、景星街、兴华北街、云峰北街、兴工北街、沈阳站北、太原街、中华路、马路湾
236	蒲河大道——沈阳北站	蒲河大道、瀚博皇家御湾、太湖国际花园、瀚博皇家御院、辽宁大学北校区、沈阳航空航天大学、唐轩公馆、道义大街正良二路、沈阳师范大学、四台子、黄河大街万山路、沈阳医学院、何氏眼科医院、国奥现代城、黄河大街松山路、松山小区、长江街黑山路、五彩新村、陵西二小区、第四十中学、北方医院、第九印刷厂、沙河子小区、长江街泰山路、建赏欧洲、辽宁大学、长江街宁山路、长江街北行、碧塘公园南、第四医院、昆山路嫩江街、沈阳北站北、市建委、沈阳北站
237	和睦路——铁西广场	和睦路、二〇四、三家子、善邻路、航天新光集团、东塔、东塔机场、二四五医院、长安小区、滂江街、大东边门、小什字街、大东车库、大东门、小河沿、大南门、市环保局、沈州路、大西门、天光街、大西边门、二经街、交通银行、招商银行、马路湾、中华路、太原街、沈阳站、南一马路、南五马路、兴工街、云峰街、铁西广场
238	天泰翰宇苑——五爱市场西区	天泰翰宇苑、沈阳建筑大学、沈音南校区、朗明街、精神卫生中心北门、慧缘新村、金地国际花园、沈阳乐府艺术学校、坤泰新界、营盘、奥体中心、新华社、夏宫、五里河茂业中心、彩电中心、华润中心、青年公园、彩电塔、第七中学、五爱市场西区
239	康利汽车公司——泉园小区	康利汽车公司、建设大路肇工街、建设大路启工街、建设大路卫工街、建设大路保工街、建设大路兴顺街、铁西广场、建设大路云峰街西、建设大路兴工街、南五马路胜利大街、南五马路民族街、铁路中学、和平广场、南五马路中兴街、南五马路振兴街、南湖公园、盛京医院南湖院区、展览馆、陆军总院、南塔、南塔鞋城、文化东路天坛一街、出租汽车公司南、和美妇产医院、泉园二路、泉园小区
240	铁西教师新村——马路湾公交总站	铁西教师新村(世纪联华超市)、南十三西路、万聚隆超市、勋业三路、劳动公园、工人村、南十西路、肇工南街南七西路、肇工街、启工街、卫工街、保工街、兴顺街、铁西广场、云峰街、兴工街、南五马路、南一马路、沈阳站、太原街、马路湾、马路湾公交总站
241	广业路——长客西站	广业路、薄板厂、长城宾馆、东北制药厂、北三西路、水泵总厂、北四西路、第二水泵厂、南七西路、重工南街南十西路、南十二西路、南十三西路、长客西站
242	金山小区——保工街南十四路	金山小区、北陵东门、省军区北门、北陵公园、辽宁大厦南、长江街泰山路、辽宁大学、长江街宁山路、长江街北行、碧塘公园、昆山路珠江街、昆山路荆江街、昆山路怒江街、小白楼、中海寰宇天下、昆山路塔湾东、塔湾街昆山路、食品公司、第一粮库、保工街北二路、保工街北三路、市交通技术学校、香江大市场、保工街南八路、保工街南十路、保工街南十二路、保工街南十四路
243	东陵西路——沈阳站北	东陵西路、新东三街、丰城公交公司、黎明文化宫、二〇四、和睦路、珠林桥、天江老龙口、市群众艺术馆、津桥路小什字街、小津桥、大北门、小北门、市信访大厅(太清宫)、清真寺、市中级法院、北三经街、北市场、民族电影院、西塔、市交通医院、沈阳站北

线路	起始站点	途 经 站 点
244	东北大学——沈阳北站	东北大学、安全教育学校、文体西路、盛发花园、省体院、市第六医院、南湖公园西门、方型广场、南湖公园、盛京医院南湖院区、展览馆、华润中心、青年公园、彩电塔、大西菜行、市委、一经街、市府广场东、市政府、惠工广场、沈阳北站
245	金山小区——南塔客运站	金山小区、省军区北门、北陵公园、辽宁中医、黑龙江街、华商晨报、省教育厅、北塔、长客总站、沈阳北方客运公司、市胸科医院、第二十八中学、市骨科医院、工农路、莱茵河畔、珠林桥南、龙之梦衡园、矿山文化宫、世纪联华、滂江市场、汽车装具厂、万莲路、万泉旅社、沈空司令部、南塔电子市场、南塔客运站
246	方凌路(上木厂)——沈阳站	方凌路(上木厂)、东陵油库、凌云公司、德氏冷饮、方方园小区、方家栏、东陵加工厂、六〇六所、万莲小区、万莲路、东方宾馆、翠园小区、大南街、五爱市场、五爱市场西区、交通执法支队、彩电塔、鲁迅美术学院、领事馆、南五经街、省水利厅、光荣街、市体育局、中山公园、市文化宫、沈阳站
247	玉屏路——家乐福北站店	玉屏路、万和花园、河北街二校、南京南街(砂山货运站)、省妇婴医院、市第六医院、南七马路、省委、中山公园东门、马路湾、九纬路、八纬路、市自来水公司、八一公园西门、北三经街、市人大、北京街、家乐福北站店
248	大东门——东北玩具城	大东门、东中街、小津桥、大北门、小北门、市信访大厅(太清宫)、清真寺、市中级法院、北三经街、北市场、民族电影院、皇寺广场、长江南街、华山路、昆山中路、怒江街、小白楼、东北玩具城
249	万科四季花城——砂阳路	万科四季花城、皇姑热电厂、西江街、水榭花都、淮河街崇山路、市委党校、怒江广场、昆山中路、珠江街、家具广场、储备局、西塔、铁路局、太原北街、中山路太原街、中山广场、市自来水公司、物资局、沈阳日报社、第七医院、领事馆、南五经街、省水利厅、回民中学、方型广场、南湖公园西门、砂阳路
250	青阳四季园——北站北广场	青阳四季园、瑞丰嘉园、青阳四季园北门、方明街、中房凌云花园、民航南路江东街、六零六所、万莲小区、万莲路、市盲校万泉街、万泉公园西门、大什字街育才巷、大什字街大东路、大悦城、大什字街草仓路、小什字街中学堂路、枫合万嘉、市第一医院、清泉路八王寺街、沈阳大学南门、小北边门、省高法、敬宾街、沈阳北站北、北站北广场
252	于洪新城管委会——沙河子	于洪新城管委会、大通湖街(惠泽园小区)、大通湖街、仙女河路、吉力湖街、细河路、东北机电五金城、南滑翔路、万科花园、凌空二街、生日城、滑翔公园、天华医药、诗波特小区、沈辽东路(八一仓库)、兴工街七马路、建设东路、北四东路、北三东路、兴工北街、北二马路、市交通医院、西塔、储备局、家具广场、碧塘公园、北行、宁山路、辽宁大学、市金融学校、实验中学、辽宁大厦、泰山路、沙河子小区、沙河子
253	东方玫瑰园——市第六医院	东方玫瑰园、和惠家园、梧桐馨园、北大营街上园路、通利汽车公司、九一八历史博物馆、恒驰物流、沈阳大学西门、望花南街临河路、小北关街二〇二巷、省高法、家乐福北站店、惠工广场东、惠工广场南、奉天街市府大路、奉天街小西路、奉天街大西路、大西边门、十一纬路二经街、第七医院、五经街十三纬路、光荣街十四纬路、方型广场北、方型广场南、南湖公园西门、沈阳急救中心、市第六医院
254	保利心语花园——龙之梦亚太城	保利心语花园(牛心屯五街)、铁西区体育中心、牛心屯三路重工街、美好愿景北门、北三路北启工街、北三路卫工街、北三路圣工街、北三路保工街、北三路齐贤街、北三路景星街、铁西区政府、云峰街北三路、北二路云峰街、北二路兴工街、胜利大街北二马路、胜利大街北四马路、老道口、三洞桥、皇寺广场、哈尔滨路北京街、哈尔滨路华府天地、天后宫路友好街、天后宫路令闻街、天后宫路小北街、天后宫路横街、草仓路大什字街、草仓路小什字街、东边城街珠林路、龙之梦亚太城
255	蒲河大道——沈阳站北	蒲河大道、瀚博皇家御湾、太湖国际花园、瀚博皇家御院、辽宁大学北校区、沈阳航空航天大学、唐轩公馆、道义大街正良二路、沈阳师范大学、四台子、黄河大街万山路、沈阳医学院、何氏眼科医院、国奥现代城、松山路黄河大街、松山小区、松山路长江街、恒盛广场、青山路怒江街、青山路、依云北郡A区、加州花园、大禹蘭庭花园、西江街白山路、万科四季花城、皇姑热电厂、怒江公园西、水榭花都、淮河街崇山路、淮河街昆山路、小白楼、华山路怒江街、华山路珠江街、华山路长江街、储备局、西塔、铁路局、太原街中山路、沈阳站北
256	辽宁美术印刷厂——河北街	辽宁美术印刷厂、北大营街、上园路、上园小区、有机玻璃厂、辽沈二街、洮昌小区、沈阳大学南门、市物价局、天后宫、太清宫、清真寺、小西路、大西路、房地产大厦、热闹路、顺通路、大西菜行、十三纬路、五经街、省水利厅、回民中学、方型广场、南湖公园西门、市第六医院、市第六医院南、省妇婴医院、南京南街(砂山货运站)、砂山街、万和花园、河北街

线路	起始站点	途 经 站 点
257	于洪新城管委会——龙之梦亚太城	于洪新城管委会、惠泽园社区、临河街大通湖街、临河街宏发华城、宏发三千院、细河路吉力湖街、东北机电五金城、南滑翔路腾飞二街、万科花园、滑翔六小区、南滑翔路凌空二街、凌空二街生日城、滑翔公园东、天华医药、诗波特小区、沈辽路兴工街、东北汽配商贸中心、南五马路胜利大街、南五马路民族街、铁路中学、和平广场、南五马路中兴街、南五马路振兴街、方型广场北、鲁迅儿童公园、文艺路彩塔街、文艺路华润中心、青年公园南、文艺路五爱街、小南边门、省医院、大南边门、第二十七中学、大南街热闹路、大南门、故宫东华门、商业城、大北门、小津桥、津桥路小什字街、市群众艺术馆、龙之梦亚太城
258	洮昌小区——艳粉新村	洮昌小区、联合路辽沈二街、第二十八中学、市骨科医院、大北边门、第五中学、枫合万嘉、横街、小津桥、大北门、小北门、太清宫、小西门、市红十字会医院、一经街、辽宁日报社、沈阳日报社、交通银行、第七医院、领事馆、鲁迅公园、方型广场北、方型广场、南湖公园西门、市第六医院南、省妇婴医院、砂阳桥、生日城、盛京医院滑翔院区、万科花园、南滑翔路、艳粉新村
259	望花新村——丰乐一街	望花新村、上海通用北盛汽车、海鲜市场、北大营街、上园路、华美英语学校(老瓜堡)、第二十八中学、市骨科医院、大北边门、第五中学、枫合万嘉、横街、小津桥、大悦城、小什字街(天龙家园)、大东路、省东方医院、先农坛路、科学家花园、万柳塘公园、南塔电子市场、南塔客运站、东陵区政府、出租汽车公司、富民街、东北大学基础学院、丰乐二街文萃路、丰乐一街
260	中海城北——南通天街	中海城北、中海城、中海城南、白山路西江街、大禹蘭庭花园、加州花园、教师新村、陵西二小区、四十中学、北方医院、第九印刷厂、沙河子小区、泰山路、长江街、辽宁大学、宁山路、北行、碧塘公园、第四医院、皇寺广场、民族电影院、北市场、北三经街、市中级法院、小西路、药王庙路、大西门、沈州路、市环保局、五爱市场、南通天街
261	曹后路——中山公园	曹后路、曹家屯、翟家开发区、家宁花园、宁官市场、沈辽路(东方家园)、杨士、鹏程花园、山东堡、三隆碧桂园、大通湖街(郑家)、仙女河北路、仙女河路、路官二街、西部货运中心、南十四路、南十二路、南十中路、保工南街、第五医院、中国家具城、兴华南街、沈辽东路、南七东路、兴工四校、兴工街南七东路、南五马路、沈阳站、太原街、中山公园
262	砂山——沈阳北站	砂山、砂川街、新华路、南九马路西、东北汽配商贸中心、南六马路、南五马路、沈阳站、沈阳站北、北二马路、市交通医院、老道口、西塔、南京街北市场、皇寺广场、总站路、北京街、沈阳北站
263	御龙逸城——西塔	御龙逸城、方文路、方明街方兴路、方方园小区、方家栏、汽车制造厂、东北大学基础学院、文化东路富民街、和美妇产医院、泉园广场、血磁医院、万柳塘公园、大南边门、建设大厦、南关小区、南关路小南街、辽宁奉天中医院、五爱市场西区、五爱西区北、顺通食街、大西菜行、十三纬路三经街、十三纬路五经街、十三纬路光荣街、十三纬路和平大街、中山公园东、马路湾、中华路南京街、中华路太原街、沈阳站北、胜利大街北二马路、胜利大街北四马路、西塔
264	长客西站——沈阳北站	长客西站、南十三西路、南十二西路、重工南街南十西路、南七西路、肇工南街南七西路、市中心医院、卫工街、保工街(南七中路)、兴顺街、勋望街、铁西百货、铁西区中心医院、云峰街、兴工街、南五马路、市文化宫、中山公园、中华路、医科大学、北六马路、沈医二院、南京街北市场、皇寺广场、总站路、北京街、沈阳北站
265	银山小区——丰乐二街	银山小区、北陵东门、省军区北门、北陵公园、辽宁中医、北陵电影院、宁山路小学、省消防总队、敬宾街、家乐福北站店、惠工广场、市政府、八一公园、辽宁日报社、沈阳日报社、交通银行、第七医院、领事馆、鲁迅美术学院、盛京医院南湖院区、展览馆、陆军总院、沈阳教育学院、宏伟新都、南塔公园、文萃路南塔鞋城、天坛小区、文萃路富民桥、溪林花园、丰乐二街
266	人大附小沈阳分校——泉园一路	人大附小沈阳分校、于洪广场、于洪南里、轻工街、重工南街南十西路、南七西路、康利汽车公司、肇工街、启工街、卫工街、保工街、兴顺街、铁西百货、兴华公园、南十东路、沈阳工业大学东门、家乐福铁西店、盛京医院滑翔院区、生日城、滑翔路、砂阳桥、省妇婴医院、南十二马路、南十马路、新华广场、和平广场、省委、中山公园东门、招商银行、交通银行、二经街、大西边门、房地产大厦、五爱市场西区、五爱市场、大南街、先农坛路、翠园小区、东方宾馆、万泉实业公司、泉园一路
267	丁香屯——沈阳北站	丁香屯、丁香小学、重工街广业路、北一路重工街、北一路肇工街、博宇金属贸易集团、北启工街北二西路、卫工北街北二路、向工街明廉路、飞跃实验中学、向工一校、昆山路前塔湾、中海寰宇天下塔湾西、中海寰宇天下、东北玩具城、小白楼、华山路怒江街、皇姑公安分局、华山路珠江街、华山路长江街、皇寺广场、哈尔滨路北京街、哈尔滨路华府天地、惠工广场、沈阳北站

线路	起始站点	途经站点
268	中海城北——砂山货运站	中海城北、中海城、中海城南、西江街白山路、万科四季花城、皇姑热电厂、怒江公园西、水榭花都、淮河街崇山路、淮河街昆山路、小白楼、昆山路怒江街、皇姑公安分局、珠江街天山路、新湖小区、北一东路65号、重型文化广场、兴华街小北一路、兴华街北二路、铁西区政府、兴华街北四路、铁西广场、建设东路云峰街、建设东路兴工街、兴工街南七路、兴工街沈辽路、凌空一街沈辽路、凌空一街北滑翔路、凌空一街滑翔路、砂阳桥东(砂山商店)、砂山货运站
269	于洪新城管委会——沈阳北站	于洪新城管委会、大通湖街(惠泽园小区)、于洪新城供暖公司、细河路、东北机电五金城、南滑翔路、万科花园、盛京医院滑翔院区、生日城、滑翔路、砂阳桥、省妇婴医院、市第六医院南、南湖公园西门、方型广场、方型广场北、回民中学、光荣街、二〇二医院、电业体育馆、七纬路、市自来水公司、中山路、八一公园西门、北三经街、市政府、惠工广场、沈阳北站
271	炮兵学院——沈阳站	炮兵学院、第三干休所、省行政学院、榆树屯、新立堡、高官台、水暖城、观泉路、东望街、沈阳宝钢(钢花小区)、东建街(化工设备厂)、东站街、康福食品、新颖宾馆、东辽街、北海街、市胸科医院、沈阳北方客运公司、长客总站、北塔、省教育厅、松花江街、宁山路小学、省消防总队、敬宾街、惠工广场、北京街、皇寺广场、华山路东口、储备局、西塔、太原北街、沈阳站
272	前榆新村——南十三纬路	前榆新村、制控电机厂、前榆村、铸造厂、后榆村、柴油机厂、金地檀郡、沈营路榆树路、融城时代、首创国际城、泛华广场、沈营路浑河堡、三义街浦江苑、营盘北街新华社、五里河公园西、夏宫、五里河茂业中心、青年大街彩电中心、展览馆、盛京医院南湖院区、南湖公园、方型广场、鲁迅公园、领事馆、南十三纬路
273	沈阳东站——市第六医院	沈阳东站、东辽街(山川喜悦都)、第一四一中学、北海街(工农路)、工农路、草仓路、东边城街、大东交通分局、大悦城、小什字街(天龙家园)、小什字街、大东车库、大东门、小河沿、大南门、大南街、五爱市场、五爱市场西区、交通执法支队、彩电塔、鲁迅美术学院、鲁迅公园、方型广场北、方型广场、南湖公园西门、市第六医院
274	中房基安花园——五爱市场西区	中房基安花园、东陵西路、新东安居小区、丰城公交公司、黎明文化宫、二〇四、和睦路、善邻路(地坛街)、矿山机器厂、矿山文化宫、世纪联华、滂江市场、汽车装具厂、万莲路、东方宾馆、翠园小区、大南街、小南街、五爱市场西区
276	沈阳理工大学——龙之梦亚太城	沈阳理工大学、东方钛业、观象台、罗官屯、中科院计算所(高精数控)、水家北、沈阳出口加工区西区、东亚国际城、浑南东路文华街、沈阳建筑大学、沈音学院南校区、在水一方社区、文萃路长青街、丰乐二街文萃路、摩托车城、东北大学基础学院、文化东路富民街、和美妇产医院、泉园广场、血磁医院、万柳塘公园、万柳塘公园西、科学家花园、热闹路东滨河路、大南街热闹路、大南门、故宫东华门、商业城、大北门、小津桥、津桥路小什字街、市群众艺术馆、龙之梦亚太城
277	东药宿舍——五爱市场西区	东药宿舍、重工北街(薄板厂)、薄板厂(北一西路)、肇工北街北一西路、北启工街北一西路、卫工街公铁桥、粮食批发市场、北一中路、保工北街、沈阳国际服装城、北一中路兴华北街、北一东路、新湖小区、光明街、霁虹街、兴工北街、沈阳站北、太原街、医科大学、中山广场、和平北大街、辽宁日报社、一经街、市红十字会医院、大西路、房地产大厦、五爱市场西区
278	黄河汽车公司——滑翔三小区	黄河汽车公司、东药宿舍、北一路重工街、长城宾馆、东北制药厂、水泵总厂、北四路重工街、美好愿景、肇工街建设大路、肇工街南七路、肇工街南十路、启工二校、南十路卫工街、劳动公园北、保工街南十二路、南十三路齐贤街、沈阳工业大学东区、艳粉街沈辽路、艳粉新村、艳阳小区、盛京医院滑翔院区、滑翔路腾飞一街、滑翔路生日城、滑翔公园东、滑翔三小区
279	金山北路永安街——兴华公园北	金山北路永安街、居易青年城、鸭绿江街城建北尚、富丽阳光、中驰汽贸、剑苑小区、梨园剧场、锡山路陵园街、省教育厅、华商晨报、崇山路黑龙江街、北陵电影院、地质局、宁山路黄河大街、黄河大街岐山路、第四医院、皇寺广场、三洞桥、老道口、胜利大街北四马路、胜利大街北二马路、沈阳站北、胜利大街南一马路、胜利大街南五马路、建设大路兴工街、建设大路云峰街、铁西百货、兴华公园北
280	陵东街金山小区——砂阳路	陵东街金山小区、陵东街北陵东门、陵东街武功山小区、陵东街省游泳馆、崇山路华商晨报、崇山路黑龙江街、黑龙江街北陵电影院、宁山路地质局、北陵大街省公安厅、北陵大街昆山东路、北京街、三经街市人大、三经街八一公园、三经街辽宁日报社、三经街沈阳日报社、三经街交通银行、三经街第七医院、五经街、光荣街、光荣街回民中学、方型广场、南湖公园西门、砂阳路

线路	起始站点	途 经 站 点
281	七二四文化宫——沈阳站西广场	七二四文化宫、劳动广场、西门、市殡仪馆、观音屯、北陵开发区、省邮电仓库、上岗子、城建北尚、金山路鸭绿江街、烈士陵园、金山小区、北陵东门、武功山小区、省游泳馆、华商晨报、崇山路黑龙江街、北陵电影院、龙江广场、省公安厅、北京街、市人大、北三经街市府大路、北市场、市检察院、太原北街市府大路、铁路局、太原北街中山路、沈阳站北、沈阳站西广场
282	沈阳环科院——东北玩具城	沈阳环科院、纺织研究院、宏伟新都、南塔、陆军总院、展览馆、盛京医院南湖院区、南湖公园、方型广场、回民中学、光荣街、和平大街、市体育局、体育广场、中山公园、中华路、医科大学、北六马路、沈医二院、西塔、光明街、霁虹街、霁虹、富云花都、克俭小区、珠江桥、珠江街(新安江街)、皇姑屯火车站、天山路西口、同江街、小白楼、东北玩具城
283	工业大学中央校区(南门)——万科四季花城	工业大学中央校区(南门)、工业大学中央校区(东门)、沈辽路中央大街、翟家乡政府、翟家开发区、家宁花园、宁官市场、沈辽路大明湖街、沈辽路昆明湖街、鹏程花园、沈辽路燕塞湖街、三隆碧桂园、新型建材厂、鼓风机一分厂、冶金机械公司、沈辽路赞工街、仙女湖公园、西部货运中心、沈辽路齐贤街、沈辽路艳粉街、兴华街万达广场、兴华街南十路、兴华公园东、铁西百货、铁西广场、兴华街北四路、铁西区政府、兴华街北二路、兴华街小北一路、重型文化广场、淮河街天山路、淮河街华山路、淮河街昆山路、淮河街崇山路、水榭花都、怒江公园西、万科四季花城
284	渤海路巢湖街——沈阳站西	渤海路巢湖街、于洪区委南、依云首府、于洪广场、于洪南里、强工二街南十路、强工二街建业路、建业路重工街、建业路富工四街、建业路肇工街、南八路启工街、市中心医院南、南八路卫工街、南八路保工街、香江家居、市交通技术学校、保工街北三路、小北二路保工街、小北二路齐贤街、小北二路景星街、小北二路兴华街、小北二路应昌街、小北二路云峰街、云峰街北三路、小北三路爱工街、沈阳站西
286	万科新榆公馆——龙之梦亚太城	万科新榆公馆、糖厂子、世纪新城、华园东路沈营路、浑南新区医院、彩霞街公铁桥、彩霞街沈营路、浑河堡南、泛华广场、沈营路浑河堡、三义街浦江苑、营盘北街新华社、五里河公园西、夏宫、五里河茂业中心、文萃路彩电中心、沈阳教育学院、宏伟新都、南塔、省金秋医院、文艺路小南街、省医院、大南边门、万柳塘公园西、科学家花园、先农坛路、荣昌集团、省东方医院、大什字街育才巷、大什字街大东路、大悦城、津桥路小什字街、市群众艺术馆、龙之梦亚太城
287	天河家园——龙之梦亚太城	天河家园、南京街下夹河、南京街长白西路、工农桥南、工农桥北、省妇婴医院、市第六医院南、中兴街南八马路、中兴二巷中兴街、省委、中山公园东门、马路湾、十一纬路招商银行、十一纬路交通银行、十一纬路二经街、大西边门、房地产大厦、铁通公司、南顺城路风雨坛街、市环保局、大南门、故宫东华门、商业城、大北门、小津桥、津桥路小什字街、市群众艺术馆、龙之梦会展中心、龙之梦亚太数码、龙之梦亚太城
288	南十二路重工街——北站北广场	南十二路重工街、重工街十三路、长客西站、沈新东路、勋业三路、勋业一路、南十二西路、南十西路、肇工南街、肇工南街南七西路、市中心医院、建设西路、卫工街北四路、卫工街北三路、卫工街北二路、电池厂、保工北街北二中路、第一粮库、保工北街、沈阳国际服装城、重型文化广场、北一东路、新湖小区、西塔、南京街北市场、皇寺广场、总站路、市行政执法局、肇东街安达路、昆山路北陵大街、沈阳有线电视台、北站北广场
289	新华壹品——华强广场(三好街)	新华壹品、上园小区、联合路、东辽街、北海街、辽沈二街、洮昌小区、沈阳大学南门、市物价局、天后宫、广宜街、太清宫、小西门、大西门、天光街、大西边门、二经街、第七医院、领事馆、鲁迅美术学院、盛京医院南湖院区、沈阳音乐学院、百脑汇、华强广场(三好街)
290	包道社区——小河沿	包道社区、辉山西路、川江街千山西路、赤山路、川江街、松山小区、黑山路、五彩新村、陵西二小区、四十中学、北方医院、第九印刷厂、沙河子小区、泰山路、辽宁大厦、北陵公园、辽宁中医、北陵电影院、龙江广场、沈阳北站北、敬宾街、省高法、市物价局、天后宫、小北街、小北门、中街、故宫西华门、市环保局、大南门、小河沿
291	天泰翰宇苑——家乐福北站店	天泰翰宇苑、沈阳建筑大学、沈音南校区、朗明街、慧缘馨村、朗日街、浑南三路、沈阳乐府艺术学校、河畔新城、富民桥、出租汽车公司、沈阳客运集团、泉园广场、血磁医院、万柳塘公园、大南边门、省医院、小南边门、五爱街、交通执法支队、热闹路、房地产大厦、大西门、小西门、小西路、市政府、惠工广场、家乐福北站店
292	铜山路陵园街——方文路御龙逸城	铜山路陵园街、陵园街铜山路、陵园街锡山路、省教育厅、华商晨报、崇山路黑龙江街、北陵电影院、黑龙江街龙江广场、昆山路沈阳北站北、敬宾街、惠工街省高法、市物价局、小北关街天后宫、小北街白塔路、小北门、正阳街中街、故宫西华门、市环保局、大南门、东顺城街小河沿、育才巷、四六三医院、小河沿路莲花街、江东街小河沿路、六〇六所、东陵加工区、方家栏、方方园小区、方兴路方明街、方文路、方文路御龙逸城

线路	起始站点	途 经 站 点
293	保利上林湾东门——南通天街	保利上林湾东门、靓马新村、巴黎香榭、西江街白山路、北陵法庭、万科四季花城北二门、万科四季花城北一门、北苑明珠、红田地产、格林阳光、格林梦夏、怒江北街新开河、市委党校、怒江广场、宁山路金沙江街、宁山路北行、宁山路嫩江街、北陵大街宁山路、省公安厅、北陵大街昆山路、北京街、市政府、市府广场、清真南寺、奉天街小西路、奉天街房地产大厦、奉天街热闹路、热闹路五爱西区、五爱市场、小南街五爱服装城、南通天街
294	三台子——五爱市场(南乐郊路)	三台子、沈飞四中(第110中学)、松山路、松山小区、黑山路、白山路(五彩新村)、陵西二小区、四十中学、北方医院、香炉山路、新乐宿舍、新乐遗址、辽宁大厦、实验中学、宁山中路、岐山路、第四医院、皇寺广场、北京街、哈尔滨路、友好街、令闻街、小北街、小北门、中街、故宫西华门、市环保局、五爱市场(南乐郊路)
295	家乐福北站店——西部货运中心	家乐福北站店、惠工广场、市政府、北三经街、北市场、民族电影院、西塔、西塔(太原北街)、铁路局、太原北街、沈阳站北、兴工北街、云峰北街、兴华北街、铁西区政府、兴华北街北四东路、铁西广场、铁西百货、勋望街、兴顺街、南六中路、南八中路、南十中路、南十二路、西部货运中心
296	滑翔三小区——龙之梦亚太城	滑翔三小区、滑翔公园东、滑翔路凌空二街、砂阳路砂山街、省妇婴医院、南京街南十二马路、南京街南十马路、新华广场、铁路中学、体育广场、市体育局、中山公园东门、马路湾、十一纬路招商银行、十一纬路交通银行、十一纬路二经街、大西边门、房地产大厦、铁通公司、南顺城路风雨坛街、市环保局、大南门、故宫东华门、商业城、大北门、小津桥、津桥路小什字街、市群众艺术馆、龙之梦会展中心、龙之梦亚太数码、龙之梦亚太城
297	市工人文化宫——万柳塘公园北门	市工人文化宫、南八中路、香江大市场、新北方装饰建材城、陶林居、贵和街、北四路兴华街、北四路云峰街、兴工街北四路、兴工街建设东路、胜利南大街、民族街、铁路中学、和平广场、中兴街、振兴街、方型广场、回民中学、省水利厅、南五经街、领事馆、十三纬路、大西菜行、第七中学、五爱市场西区、五爱市场、大南街、翠园小区、万柳塘公园北门
298	东机正门——大东路	东机正门、文官街、文体中心、劳动广场、西门、望花新村木材市场、东方欧博城、望花立交桥、圣淘沙家园、紫竹茗郡、通利汽车公司、九一八历史博物馆、沈阳北方客运公司、市胸科医院、第二十八中学、市骨科医院、大北边门、第五中学、枫合万嘉、横街、小津桥、东中街、大东门、大东路
299	卫士家园——沈阳站西广场	卫士家园、联合路、上园小区、上园路、通利汽车公司、九一八历史博物馆、长客总站、北塔、省教育厅、华商晨报、黑龙江街、辽宁中医、市金融学校、辽宁大学、百鸟公园、市委党校、汾河街、昆山西路、淮河南街(东北玩具城)、重型文化广场、小北一路兴华街、新湖北国之春、小北一路兴工街、兴工街虹桥路、兴工街北二路、沈阳站西广场
324	苏家屯——北站北广场	苏家屯、新石代石材城、省血栓医院、迎春街、苏家屯区政府、中顺汽车、苏白路市场、辽宁中医职技学院、湖畔绿洲、吉水暖气公司、满融村、苏家屯区委党校、下河湾、民族开发区、浑河站、三山集团、马总屯、万科城、格林生活坊、远洋天地、特种电缆分厂、南十二马路、南十马路、新华广场、铁路中学、沈阳站、沈阳站北、太原北街、铁路局、西塔、储备局、家具广场、第四医院、昆山东路、北站北广场
325	虎石台(辽宁交通高等专科学校)——沈阳北站	虎石台(辽宁交通高等专科学校)、兴盛街、虎石台邮局、虎石台第一小学、老市场、市益民医院、矿务局中学、欧盟工业园(黄楼)、虎石台开发区、辽宁金融职业学院、詹屯、三〇一、朱尔屯、朱尔屯道口、西三家子、文官屯、西门、望花新村木材市场、东方欧博城、望花立交桥、圣淘沙家园、紫竹茗郡、通利汽车公司、九一八历史博物馆、长客总站、北塔、省教育厅、松花江街、宁山路小学、省消防总队、沈阳北站
326	新城子火车站——五爱市场西区	新城子火车站、新城子邮局、新城子大市场、红楼小区、五五村口、道树子东、道树子西、七家子东、七家子西、财落一村、财落市场、姚家东、姚家西、大辛二村、全胜北、全胜西、三家子检查站、三家子、依生制药厂、道义大街大三线、自来水五厂、弓匠村、俪景小区、太湖国际花园、瀚博皇家御院、辽宁大学北校区、沈阳航空航天大学、唐轩公馆、沈阳师范大学、四台子、黄河大街万山路、沈阳医学院、何氏眼科医院、国奥现代城、黄河大街松山路、二四二医院、省中医二院、新乐宿舍、辽宁大厦、省实验中学、黄河大街宁山路、黄河大街岐山路、第四医院、皇寺广场、市检察院、北市场、市中级人民法院、西顺城街太清宫、小西门、大西门、风雨坛街热闹路、五爱市场西区
327	碧桂园凤凰城——沈阳站	碧桂园凤凰城、苏家屯工商局、枫杨路青年桥、苏家屯客运站、香杨路玫瑰街、苏家屯火车站、玫瑰街北九路、十里锦城、木材防腐厂、大官房、可济药业、银杏路雪莲街(原加工厂)、沈阳市工业技术学校、华府丹郡、恒大名都、上河湾、王士村、榆树台、上夹河、沙岗子、中海国际社区、下夹河、工农桥南、工农桥北、南京街砂阳路、南京街南十马路、新华广场、铁路中学、沈阳站

线路	起始站点	途经站点
328	新城子——马路湾	新城子、沈北客运站、新城子中心大市场、沈北新区政府、新星广场、王驿屯、西五旗、崔公堡、孟家屯、大望、小望、吴三家子、大古城子、虎石台、虎石台开发区(黄楼)、辽宁金融职业学院、詹屯、三〇一、朱尔屯、西三家子、新楼、文官屯、西门、望花新村木材市场、东方欧博城、望花立交桥、圣淘沙家园、紫竹茗郡、九一八历史博物馆、长客总站、北塔、省教育厅、松花江街、宁山路小学、省消防总队、市建委、沈阳北站、惠工广场、北京街、市政府、皇寺广场、南京街北市场、西塔、太原北街、沈阳站北、中华路、马路湾
329	北市百货大楼——马三家	北市百货大楼、沈铁分局、第四医院、岐山路北行、市委党校、太平庄、中海寰宇天下塔湾西、昆山路前塔湾、元江街大芳士、小转弯桥、大转弯桥、刘家窝棚、朝鲜小学、永安桥、小三家、兰屯、马三家
333	苏家屯客运站——沈阳北站	苏家屯客运站、苏家屯老客运站、青年桥、公园商场、铁路医院、雪松路牡丹街、北国奥林匹克花园、交通驾校考试场、南京街银杏路、体育学院北门、新沈阳南站(在建)、小羊安、城建学院、白塔堡、白塔市场、阳光新嘉园、沈营路新秀街、交警白塔一中队、万科新榆公馆、糖厂子、世纪新城、沈营路榆树路、融城时代、首创国际城、泛华广场、沈营路浑河堡、三义街浦江苑、营盘北街新华社、夏宫、五里河茂业中心、青年大街彩电中心、陆军总院、五爱街地王国际花园、风雨坛街西滨河路、风雨坛街五爱西区、风雨坛街热闹路、大西门、小西门、广宜街太清宫、广宜街天后宫、房产超市、惠工广场、沈阳北站
334	百荷湾(白塔堡) ——沈阳北站	百荷湾(白塔堡)、白塔市场、阳光新嘉园、穗港公园里、理想新城、三环辅路、卓越平方、双E港小区、白塔河路(上深村)、飞云路金辉街、飞云路新岛街、教场、泰莱十六区、文澜苑、坤泰新界、省浑南训练基地、奥体中心南门、新华公寓、科普公园东、五爱街文萃路、陆军总院东门、地王国际花园、风雨坛街西滨河路、风雨坛街五爱西区、风雨坛街热闹路、大西门、小西门、广宜街太清宫、广宜街天后宫、房产超市、惠工广场、沈阳北站
335	金宝台二手车市场 ——21世纪广场	金宝台二手车市场、金宝台村、金宝花园、三十中学、桂花街北青松路、省血栓医院、公园商场、铁路医院、雪松路牡丹街、北国奥林匹克花园、雪莲街山榆路、华润雪花啤酒厂、大羊安村、毡匠村、毡匠路口、火石桥、东北花卉大世界、小羊安村、城建学院、白塔堡、白塔市场、阳光新嘉园、沈营路新秀街、东大软件园、变压器研究所、高科路世纪路、高科路新明街、下深工业园、21世纪广场
381	石佛寺—— 大渡河街	石佛寺、孟家、立新、张家、鲁家、中心台、兴鲜村、兴隆台、救兵台、永丰村(粮库)、尹家(世家沈北新城)、纸板厂、下坎子、全胜、三家子(沈北)、道义工业新区、弓匠屯、瀚博小区、道义镇政府、道义中学、道义开发区、正良村、沈阳师范大学、四台子、沈阳医学院、国奥现代城、松山路、二四二医院、省中医二院、新乐宿舍、新乐遗址、辽宁大厦、实验中学、辽宁大学、宁山路、北行、大渡河街
382	新城子——大渡河街	新城子、五五村、道树子、七家子、德胜台、财落、七十五中学、姚家、大辛屯二村、全胜、三家子(沈北)、道义工业新区、弓匠屯、瀚博小区、道义镇政府、道义中学、道义开发区、正良村、沈阳师范大学、四台子、沈阳医学院、国奥现代城、松山路、二四二医院、省中医二院、新乐宿舍、辽宁大厦、实验中学、辽宁大学、宁山路、北行、大渡河街
383	依路——市骨科医院	依路、拥屯、怪坡风景区、阎家沟、万米、后腰堡、前腰堡、清水台、泥沟堡、二井、孙家洼子、蒿甸子、马家堡子、蒲河镇、华康牧业公司、好利来工业园(黄泥河子)、希杰饲料公司(转盘/百事可乐)、聚农路(千禧鹤/雨润食品)、泉涌新镇(辉山畜牧场/阳光洛可可)、冯道社区、翔宇中学、闽南石材城、奥森环境公司、赵家沟(中南陶瓷城)、王家沟、上王家沟、八棵树、罗家沟、南赵家沟、祥和汽校、山水文园(花园新城)、东山嘴子、陶瓷城、东陶路、观泉路、中铁物资集团、建筑机械厂、沈阳东站北、明堂街、新生二街、市骨科医院
384	棋盘山——白塔路	棋盘山、宋家、清韵百园、中木、下木、小东沟、上满堂、碧桂园、上水泉、中水泉、老年公寓、下水泉、英达桥头、英达、御湖开发区、后陵、东方御景、炮校东门、金家屯、农科院(马官桥)、辽宁省农业技术学校、榆树屯、东北汽贸、良城美景、辽宁奥通、二〇一、一汽惠华、沈海热电厂、珠林桥、天江老龙口、市群众艺术馆、小津桥、白塔路
385	下洼子村——白塔路	下洼子村、大夫村、皇家极地海洋世界、晓仁镜村、砖瓦村、大仁镜村、化工厂、旧站、高坎镇桥头、三家子村、上马村、世博园南门、万科兰乔圣菲、烟台村、七间房、工人医院、司法干校、东陵公园、少林武校、前陵堡、东陵路(绕城高速)、沈阳农业大学、农科院(马官桥)、辽宁省农业技术学校、榆树屯、东北汽贸、良城美景、辽宁奥通、二〇一、一汽惠华、沈海热电厂、珠林桥、天江老龙口、市群众艺术馆、小津桥、白塔路
386	深井子——白塔路	深井子、大甸子村、小甸子、上伯、下伯、后汪家、前汪家、石庙子、东陵路(绕城高速)、沈阳农业大学、农科院(马官桥)、辽宁省农业技术学校、榆树屯、东北汽贸、良城美景、辽宁奥通、二〇一、一汽惠华、沈海热电厂、珠林桥、天江老龙口、市群众艺术馆、小津桥、白塔路

线路	起始站点	途经站点
387	沈阳水洞——南塔客运站	沈阳水洞、白清寨、顺山子、太平山、山城子、老瓜洼、上高士、下高士、祝家、常王寨、小常王寨、常家湾、红旗岭、畜牧场、李相、古城子、麦子屯、沈阳出口加工区、沈阳建筑大学、沈音南校区、在水一方社区、和泰东方园、万科花园新城、东北大学基础学院、出租汽车公司、南塔客运站
388	老塘峪——南塔客运站	老塘峪、石官屯、杏树村、馒首山、李相、邦士台、得胜屯、高八寨、永安道口、保和、施加寨、元科蜡厂、东陵殡仪馆、下家道口、孙家寨、新大地公司、营城子、后桑林子、大甸子、教场、泰莱十六区、文澜苑、奥体中心、河畔花园、文萃路、陆军总院、南塔、南塔客运站
389	陈相——南塔客运站	陈相、公墓、皮家湾、下庙子、电池厂、刘后地、佟沟、佳地园、胜利、绿岛、信盟花园、荒山子、舞蹈学校、桃仙镇、万家岭、美地庄园、班家寨、前桑林子、营城子、后桑林子、大甸子、教场、泰莱十六区、文澜苑、奥体中心、河畔花园、文萃路、陆军总院、南塔、南塔客运站
390	桃仙——南塔客运站	桃仙、富家屯、荒山子、舞蹈学校、桃仙镇、万家岭、美地庄园、班家寨、前桑林子、营城子、后桑林子、大甸子、教场、泰莱十六区、文澜苑、奥体中心、河畔花园、文萃路、陆军总院、南塔、南塔客运站
393	光荣——北陵公园	光荣、茨榆、曙光、马家、穆家、新农村、全胜、三家子检查站、沟子沿、平罗、上蒲河、黄土坎、道义中学、道义开发区、正良村、沈阳师范大学、四台子、沈阳医学院、国奥现代城、松山路、二四二医院、省中医二院、新乐宿舍、辽宁大厦、北陵公园
394	陈相——南塔客运站	陈相、柳匠屯、胡老屯、小东沟、前三道岗子、后长岭子、沙河堡佟古家子、于家道口、沙河堡、沙河桥北、后桑栏子、鲍家、毡匠路口、火石桥、东北花卉大世界、大羊安村、小羊安村、白塔市场、阳光新嘉园、浑南开发区、万科新榆公馆、糖厂子、昊诚集团、榆树路、豪华拉闸门厂、浑河堡、五里河公园、河畔花园、文萃路、陆军总院、南塔、南塔客运站
395	姚千——南塔客运站	姚千、上瓦房、朱家庄、刘千户、小堡屯、奉集、刘后地、佟沟、佳地园、胜利、绿岛、信盟花园、荒山子、舞蹈学校、桃仙镇、万家岭、美地庄园、班家寨、前桑林子、营城子、后桑林子、大甸子、教场、泰莱十六区、文澜苑、奥体中心、河畔花园、文萃路、陆军总院、南塔、南塔客运站
396	光辉农场——薄板厂	光辉农场、三台子市场、光辉乡政府、三台子养鸡场、高台子、门台加油站、集体、西大林子、东大林子、曹台、范家屯、大兴、新兴村、西桥、大兴乡政府、大兴沙岗子、陈孤家子、第五十六中学、红旗台、丁红、丁香屯、丁香小学、薄板厂
397	解放——大渡河街	解放、解放市场、于金台、万金台、大尚义、小尚义、达连屯、周家、陆家、青堆子、马家甸、监狱城、白辛台、北刘家、东二台子、西二台子、平罗镇政府、平罗市场、广告学院、关家、旺牛屯、白家、造化、中海城(北)、中海城、加州花园、教师新村、陵西二小区、四十中学、北方医院、第九印刷厂、沙河子小区、泰山路、长江街、辽宁大学、宁山路、北行、大渡河街
398	新城子——北陵公园	新城子、福州路、高力屯、郎家寺、大桥村、佟古家子、前坟村、新华村、鸭子场、虎石台综合大市场、乾弘超市、虎石台镇政府、省金融学校、省交通学校、辽宁经济管理干部学院、小桥子村、万和次校、消防训练基地、观音屯(沈阳德孚润滑油)、北陵开发区、省邮电仓库、上岗子、城建北尚、烈士陵园、金山小区、北陵公园
399	虎石台——沈阳站北	虎石台、老市场、矿务局中学、虎石台开发区、辽宁金融职业学院、詹屯、三〇一、朱尔屯、西三家子、新楼、西门、望花新村木材市场、东方欧博城、望花立交桥、圣淘沙家园、紫竹茗郡、通利汽车公司、九一八历史博物馆、长客总站、北塔、省教育厅、松花江街、宁山路小学、省消防总队、市建委、北京街、总站路、皇寺广场、南京街北市场、沈医二院、西塔、铁路局、太原北街、沈阳站北
501	沙岭客运站——五爱市场西区	沙岭客运站、大成公司、永森木业、家具园管委会、俪锦城、沙岭小区、沙岭街道、粮旺集团、兰胜台、金威橡胶公司、高明台、连云塔机、沈新路七号街、天津汽贸、张士屯、沈新路松花湖街、沈新路巢湖街、巢湖街渤海路、于洪区委、于洪广场、于洪南里、南十路轻工街、南十路重工街、南十路肇工街、启工机械学校、南九路卫工街、南七路保工街、南七路兴顺街、南七路勋望街、铁西百货、铁西广场、建设东路兴工街、胜利南街南五马路、胜利南街南一马路、中华路太原街、中华路南京街、二〇二医院、十三纬路光荣街、十三纬路五经街、十三纬路三经街、十三纬路大西菜行、热闹路顺通路、第七中学、五爱市场西区
503	沈阳北站——五爱市场(小南街)	沈阳北站、惠工广场、房产超市、小北关街天后宫、广宜街天后宫、广宜街、西顺城街太清宫、小西门、大西门、市环保局、五爱市场(小南街)

线路	起始站点	途 经 站 点
523	丰乐二街文萃路——南一马路	丰乐二街文萃路、摩托车城、东北大学基础学院、富民街、出租汽车公司、东陵区政府、南塔鞋城、省医院东门、大南边门、建设大厦、南关小区、小南街(南关路)、辽宁奉天中医院、五爱市场西区公交总站、五爱市场西区、第七中学、顺通路、大西菜行、十三纬路、五经街、光荣街、和平大街、体育广场、中山公园、市文化宫、南一马路
800	陵园西街——三好桥	陵园西街、金山路91号、金山小区、北陵东门、省军区北门、北陵公园、辽宁中医、北陵大街宁山路、省公安厅、北陵大街昆山东路、北站路北京街、友好街沈阳北站、惠工广场南、奉天街市府大路、奉天街小西路、奉天街大西路、房地产大厦、风雨坛街沈州路、风雨坛街热闹路、风雨坛街五爱西区、风雨坛街西滨河路、地王国际花园、陆军总院东门、五爱街文萃路、文萃路彩电中心、五里河茂业中心、世贸百货、市交通局、新世界花园、三好桥
铁西新区1线	张士灯具城——西塔	张士灯具城、张士开发区管委会、燕塞湖街、水产市场、洪湖二街、洪湖小区、长客西站、南十三西路、南十二西路、重工南街南十西路、南七西路、肇工南街南七西路、肇工街、启工街、卫工街、保工街、兴顺街、铁西广场、云峰街、兴工街、南五马路、沈阳站、沈阳站北、太原北街、铁路局、西塔
铁西新区2线	久利公司——南湖公园西门	久利公司、七号街、六号街、五号街、四号街、开发大路、十一号路、十四号路、家宁花园、宁官市场、沈辽路(东方家园)、杨士、鹏程花园、山东堡、三隆碧桂园、新型建材厂、鼓风机一分厂、冶金机械公司、老年病院、仙女湖公园、西部货运中心、齐贤街、艳粉街、沈辽路万达广场、云峰南街、沈后招待所、兴工南街、东北汽配商贸中心、太原南街、新华广场、沈阳急救中心、南湖公园西门
铁西新区产业一线	曹后路六合苑——长客西站	曹后路六合苑、曹后路大青村、浑河二十街积水房屋、细河四北街沈西燃气、细河四北街日本工业园、细河四北街中床物流、细河四北街橡胶四(厂)公司、开发大道安川电机、开发大道申克动力、开发大道特变电工、开发大道兴华电器、开发大道北车集团、开发大道地铁大厦、十三号街、十三号街远大集团、十一号路机床集团3号门、十一号路丽都新城、十一号路机床集团、十一号路高中压阀门、开发大道沈鼓集团、开发大路(中央大街)、开发大道施道克电力公司、七号街、久利公司、七号路、六号街、五号街、四号街、一号街、松花湖街、云海路(东北制药)、昆明湖街普力司通、昆明湖街(张士开发区管委会)、昆明湖街星海路、星海路、星海路澳海西湖印象、洪湖一街、沈新路(洪湖小区)、长客西站
浑南新区一线	理想新城——方荣路	理想新城、高远路东大软件园、变压器研究所、东海电子、海外学子园、亚泰花园、区政府、报业印务中心、21世纪广场、辽宁移动通信、彩霞街公铁桥、彩霞街、泛华广场、浑河堡、浦江苑、新华社、新华公寓、艺术家园、河畔新城、沈音乐府艺术学校、浑南三路、金海园、长青桥、南堤东路、文汇街、沈音学院南校区、在水一方社区、和泰东方园、万科花园新城、方青北路、青阳四季园、方荣路
开发区地铁接驳1线	荣盛锦绣天地——张士开发区管委会	荣盛锦绣天地、化工大学、工业大学中央校区北门、荣盛幸福大道、开发区行政大厦、地铁巴士西区、金色枫景、四号街十四号路、中光电子、国电东北分公司、地铁四号街站、张士灯具城、张士开发区管委会
开发区地铁接驳2线	荣盛锦绣天地——小津桥	荣盛锦绣天地、沈阳化工大学正门、滨河社区B区、滨河社区A区、金泰集团、十三号街十三号路、远大集团、地铁大厦、地铁十三号街站、沈鼓集团南门、地铁中央大街站、地铁七号街站、七号街七号路、七号街六号路、七号街五号路、康师傅、三洋压缩机、四号街六号路、四号街七号路、四号街开发大路、地铁四号街站、沈阳站、市交通医院、西塔、北市场、市中级法院、小津桥
苏家屯东西环	新兴——新兴	新兴、新兴绿色家园、大淑市场、锦绣家园、富民小区、种子公司(林校)、香柏路、苏家屯消防中队、雪松开发区管委会、省血栓医院、公园商场、金色月光、朝鲜小学、铁路医院、苏家屯区教委、劳动公园、科圣花园、铁路俱乐部、沈阳南站、老圈楼(文化馆)、商业大厦、青年桥、广特超市、维康药房、丁香小区、苏家屯工商局、种子公司(林校)、富民小区、锦绣家园、大淑市场、新兴绿色家园、新兴
苏家屯南北环	花苑新村——花苑新村	花苑新村、圣为供热分公司、苏家屯客运站、苏家屯妇婴医院(民主市场)、598部队、老圈楼(文化馆)、沈阳南站、铁中铁小、苏白路、六库(人民路)、高楼子、湖畔绿洲、窑地、敬老院、金宝台道口、金宝花园、彩虹桥、路灯管理所、巡警大队、桂花市场、省血栓医院、公园商场、轻工市场东门、青年桥、广特超市、维康药房、176中学、工人村市场、花苑新村

线路	起始站点	途经站点
苏家屯中环	苏家屯金山小区——苏家屯金山小区	苏家屯金山小区、路灯管理所、巡警大队、桂花市场、省血栓医院、苏家屯交通局、苏家屯公安局、苏家屯消防中队、苏家屯工商局、丁香小区、维康药房、枫杨路市场、青年桥、苏家屯客运站、海棠街、苏家屯妇婴医院(民主市场)、商业大厦、玫瑰街电业局、沈阳南站、军人招待所、铁中铁小、苏白路、六库(人民路)、带锯厂、苏白路市场西门、中顺汽车、苏家屯区教委、朝鲜小学、北青松路、苏家屯金山小区
苏家屯新环城	华天汽配维修中心——华天汽配维修中心	华天汽配维修中心、金昌石业、雪松开发区管委会、苏家屯消防中队、苏家屯工商局、河畔花城、苏家屯区房屋开发公司、圣为供热分公司、花苑新村、合力德电气设备厂、文成堡、沈阳通用航空公司、圣东波纹管制造公司、新生活实业有限公司、建材市场、富城国际花园西门、富城国际花园北门、598部队、民主派出所、沈阳南站、老圈楼(文化馆)、好乐多超市、华苑商场、苏家屯区医院、朝鲜小学、朝二中学、电业小区、苏家屯金山小区、青松中学、金宝花园、金宝花园北门、大川玻璃钢、隆康医疗器械、金宝台村、沈阳二手车交易市场、金宝台村、隆康医疗器械、大川玻璃钢、鹏达电气、华天汽配维修中心
K801	苏家屯沙柳路——五爱市场	苏家屯沙柳路、溪畔人家、苏家屯客运站、大润发、青年桥、公园商场、朝鲜小学、白松桥、金山北桥、秀水花城、热电厂、吉水暖气公司、满融村、苏家屯区委党校、下河湾、民族开发区、浑河站、三山集团、马总屯、万科城、格林生活坊、远洋天地、工农桥南、南十二马路、省妇婴医院、南湖公园西门、方型广场、南湖公园、盛京医院南湖院区、展览馆、陆军总院、小南街文化路、省金秋医院、五爱市场
K802	苏家屯客运站——龙之梦亚太城	苏家屯客运站、沙柳路、一克拉、青年桥、华苑商场、铁路医院、十里锦城、会展中心、体育学院、王士、上夹河、中海国际社区、工农桥、南十二马路、省妇婴医院、南湖公园西门、盛京医院南湖院区、展览馆、陆军总院、南塔、大南边门、第二十七中学、大南街热闹路、大南门、小河沿、大东门、东中街、小津桥、龙之梦亚太城
地铁一号线	十三号街——黎明广场	十三号街、中央大街、七号街、四号街、张士、开发大道、于洪广场、迎宾路、重工街、启工街、保工街、铁西广场、云峰北街、沈阳站、太原街、南市场、青年大街、怀远门、中街、东中街、滂江街、黎明广场
地铁二号线	全运路——三台子	全运路、白塔河路、世纪大厦、营盘街、奥体中心、五里河、市图书馆、工业展览馆、青年公园、青年大街、市府广场、金融中心、沈阳北站、岐山路、中医药大学、北陵公园、新乐遗址、陵西、三台子

索　　引

一、本索引采用分析索引方法，按英语26个字母的顺序排列。
二、本索引依据编目、分目及主要条目所在的列序位置，分别注明页码(其中黑体字为编目)，其后“a、b、c”表示所在栏目，供读者在检索时查阅。

Y